第一批四川省珍貴古籍名錄

主　編　李忠昊

副主編　王嘉陵　彭邦明

上冊

四川大學出版社

責任編輯：徐燕　莊劍
責任校對：王冰　徐凱
裝幀設計：墨創文化
責任印制：李平

圖書在版編目（CIP）數據

第一批四川省珍貴古籍名録／四川省圖書館，四川省古籍保護中心編．——成都：四川大學出版社，2010.4
ISBN 978-7-5614-4804-5

Ⅰ．①第…　Ⅱ．①四…　②四…　Ⅲ．①古籍—圖書目録—四川省②善本—圖書目録—四川省　Ⅳ．①Z838

中國版本圖書館CIP數據核字(2010)第061273號

書名	第一批四川省珍貴古籍名録
編者	四川省圖書館　四川省古籍保護中心　編
出版	四川大學出版社
地址	成都市一環路南一段24號（610065）
發行	四川大學出版社
書號	ISBN 978-7-5614-4804-5
印刷	四川錦祝印務有限公司
成品尺寸	210 mm×285 mm
印張	51.375
字數	837千字
版次	2012年5月第1版
印次	2012年5月第1次印刷
定價	460.00元

ISBN 978-7-5614-4804-5
9 787561 448045 >

《第一批四川省珍貴古籍名錄》編委會

四川省古籍保護工作廳際聯席會

組　長：黃彥蓉

副組長：陳保明　鄭曉幸（召集人）

成　員：李兆權　何曉平　王　康　張其昌　王　偉

楊伯明　趙川榮　李君臣　李忠昊

四川省文化廳古籍保護領導小組

組　長：鄭曉幸

副組長：李兆權　李忠昊（執行）

成　員：唐　明　楊紅梅　王嘉陵　馬繼剛　龍　彥

四川省古籍保護專家委員會

主　任：胡昭曦

副主任：王嘉陵

成　員：譚繼和　舒大剛　沈伯俊　龍　彥　林　平

釋宗性　彭邦明

目錄

前言

中國是世界四大文明古國之一。源遠流長的中華文化是世界上唯一未曾中斷的文化，在世界文明史上具有舉世公認的重要地位和影響。其中重要的原因之一，蓋源於中國古代書寫記錄的優良傳統和綿延傳承的浩瀚典籍。三千多年中華古代文獻史上的甲骨文辭、青銅器銘文、石刻文、簡帛書和寫、印在紙上的古代典籍，不僅具有歷史悠久、前後銜接、品種數量繁多的特點，就其內容而言，無不彰顯着中華民族特有的精神價值、思維方式和想象力、創造力，是中華民族數千年文明發展史所創造的重要成果和歷史見證，堪稱人類文明的瑰寶。

巴蜀文化是中華文化的重要組成部分。以四川為核心區域的古代巴蜀物質文化特別發達，其頗具代表者為茶、酒、鹽、蜀錦、川菜等尤富於創造性與開發性者。文化教育，成就卓著。漢景帝時文翁守蜀，既興學蜀中，又送才士就學京師，《漢書》有『蜀地學於京師者比齊魯』之謂，文章之風大盛，才士俊彥，彬彬輩出，代有俊傑。文學方面，漢之司馬相如、王褒、揚雄，唐之陳子昂、李白，宋之蘇洵、蘇軾、蘇轍，元之虞集，明之楊慎，清之李調元，堪稱巨擘，世載其英。史學方面，晉之陳壽、常璩，宋之范祖禹、李燾、李心傳、王稱、李攸，其《三國志》、《華陽國志》、《續資治通鑑長編》等，皆鴻篇鉅製，影響卓著。巴蜀為中華文化的發展譜寫了秀麗的華章。

中國書籍在世界上最先使用紙作為載體，而且首先把墨刷印在紙上，成就了『世界文明之母』——雕版印刷術——的出現和成熟。四川是中國最早發明和使用雕版印刷術的地區之一。據《全唐文》記載：唐太和九年（西元835年），『劍南西川及淮南道，皆以版印曆日鬻於世』。時『每歲司天臺未奏頒下新曆，其印已滿天下』。一九四四年，在成都市郊一唐墓中又發現唐成都府（唐肅宗至德二年（西元757年）蜀郡改成都府）卞家刻梵文版印《陀羅尼經咒》，為現存國內的最早印刷品。文獻和實物，俱證明唐中蜀中已行雕版印刷之業。至兩宋，以成都、眉山為中心的四川刻書業與杭、閩並為三大中心。所刻之書，世稱『蜀本』，向以刊印精美著稱於世，為歷世所重。所雕印的《開寶藏》、《眉山七史》等書，不僅是四川刻書史上的壯舉，在中國雕版印刷史上也具有重要地位和影響。凡此種種，都是巴蜀文化對中華文明的傳承、中華文化的發展所作出的巨大貢獻。

書籍作為記錄、學習和傳播知識的主要載體，既是社會的精神產品，亦是物質產品，對人們的社會生活，特別是文化生活有着極其重要的作用，在古代社會則更是如此。巨大的社會需求必然會促進書籍產品生產的興盛和發展，從西元十世紀起，直到十五世紀末，中國書籍的產量『比世界上各國書籍的總數還要多』。豐富多彩的古代文明不僅通過書籍以前所未有的速度發展和傳播開來，於中華文化的傳承亦發揮着不可替代的作用。儘管我國古籍浩如煙海，由於其載體的特殊性質和歷史久遠的因素，注定它的生命更加脆弱，更易被侵害。古代典籍除因使用頻繁所造成的損害以外，更由於封建專制統治者的禁毀，戰亂兵燹的荼毒，水火蟲鼠的無情吞噬，如『大業漂沒』、『靖康之難』、『絳雲烈焰』之類的『書厄』累累發生，大量的珍貴典籍不復存在，留存至今的約三千萬冊件古籍，已是百不存一，十分珍貴。

四川自古也是藏書重地。清末民初以前，古代典籍主要依賴書院、寺觀、私人藏書家和政府藏書樓机构收藏。清嘉慶《四川通志》載：自康熙四十三年（西元1704年）四川按察使劉德芳在文翁石室建錦江書院，其後約一百年，四川各地廣建書院逾二百三十所。時寺院則有一千八百七十九座，其中有始建於東漢，重建於唐的新都寶光寺；始建於隋大業的青城山常道觀；始建於唐，重建於康熙的成都文殊院；始建年代無考，重建於唐的成都青羊宮；始建於唐，重建於清康熙的成都昭覺寺；以及建於明代的三台雲台觀等。此外，四川自古有私家藏書的傳統，近世有李調元、李鴻裔、王秉思、李嘉績、傅增湘、劉咸炘、嚴雁峰父子等藏書家名聞於世。二十世紀興辦圖書館，書院、寺觀、私人藏書和府藏皆成為圖書館藏書的重要來源。據不完整統計，四川省現存漢文古籍的公藏部分應在一百七十萬冊件以上，當屬古籍文獻大省。

新中國成立以來，四川的古籍保護工作遵循『保護為主、搶救第一、合理利用、加強管理』總指導原則的要求進行工作，成績是顯著的：在藏書條件改善方面，為相當數量的各級圖書館、博物館及相關古籍藏書單位修建了古籍專用書庫，配備藏書保護的設施設備，大批珍貴古籍得到有效保護；在古籍的原生性保護方面，搶救修復了一大批破損嚴重的古籍，眾多的宋元明清善本和其他重要典籍得以恢復昔日風貌，重新發揮它應有的作用；在古籍再生性保護方面，通過影印出版和縮微複製的方式，使一批具有重要文獻和版本價值、且使用頻繁的古籍善本得以化身千百，既滿足了社會需求，又實現了古籍原本的有效保護；在古籍保護工作人才方面，多數藏有古籍的圖書館都成立了古籍部，或有專門人員從事古籍保護工作，參與並開展培訓和古籍實踐活動，初步建立了一支古籍管理工作隊伍，為全省的古籍保護工作做出了積極貢獻。

四川省的古籍保護工作雖然取得了很大成績，但從總體上看，也還存在着一些突出的問題：古籍家底不清。由於尚未對全省古籍進行過普查，對古籍情況缺乏全面系統的掌握；古籍破損嚴重。就目前所掌握的情況看，破損古籍應佔全省古籍的三分之一以上；保護條件的滯後，由於自然物候和環境污染及書庫設施設備配置不足等原因，導致我省古籍文獻的酸化、脆化和霉蝕的情況有日漸加速的趨勢；圖書館古籍修復專業人員嚴重缺乏，全省從業人員不足五十人，且平均年齡普遍偏大；古籍修復手段落後。目前的古籍修復工作基本停留在手工和經驗傳授階段，修復工作進展緩慢。上述問題說明，四川省的古籍保護工作可謂任重而道遠。然而令人欣慰的是，近年來，隨着全社會文化遺產保護意識的日益增強，及我國綜合國力的顯著提高，古籍保護工作迎來了新的春天。胡錦濤總書記在黨的十七大報告中指出：要『加強對各民族文化的挖掘和保護，重視文物和非物質文化遺產保護，做好文化典籍整理工作』。為加強古籍保護工作，2007年1月19日，國務院辦公廳發佈《關於進一步加強古籍保護工作的意見》（國辦發[2007]6號），四川省人民政府辦公廳於2007年9月15日發佈《關於進一步加強古籍保護工作的意見》（川辦發[2007]61號），批准建立省文化廳、教育廳、財政廳、省民委、省宗教局、省新聞出版局、省文物局等省屬廳局組成的四川省古籍保護工作廳際聯席會議，作為我省古籍保護工作的領導機構，在四川省圖書館建立四川省古籍保護中心，作為省廳際聯席會議的辦事工作機構，並對全省古籍保護工作作出統一規劃和具體工作部署，四川省的古籍保護工作進入了加快發展的新階段。2008年、2009年，四川省古籍善本藏量較多的四川省圖書館、四川大學圖書館、四川師範大學圖書館、成都杜甫草堂博物館、瀘州市圖書館、富順縣圖書館共有156種珍貴典籍入選國務院批准頒佈的一、二批《國家珍貴古籍名錄》；藏書保護條件較好的四川大學圖書館、成都市圖書館、瀘州市圖書館、南充市圖書館、成都杜甫草堂博物館被命名為『全國古籍重點保護單位』，標誌着我省的古籍保護工作取得了重大的階段性成果。按照《四川省古籍保護工作規劃》提出編纂《四川省珍貴古籍名錄》的要求，四川省古籍保護中心參考國家相關標準，並結合我省現存古籍的實際，制定了《四川省珍貴古籍名錄收錄標準》，以規範典籍的遴選和編纂工作。並擬隨着我省古籍普查定級工作的進展，分批次的完成《四川省珍貴古籍名錄》的編纂工作。2009年省古籍保護中心在我省兩次《國家珍貴古籍名錄》申報文獻的基礎上，經過嚴格遴選和專家工作組的評選審定，編成《四川省第一批珍貴古籍名錄》，經四川省人民政府批准頒佈。

《四川省第一批珍貴古籍名錄》（簡稱《名錄》）共收錄古籍三百七十三種，均為漢文古籍。在編排體例上，《名錄》努力體現科學性並尊重學術傳統，以時代先後為序的原則。分為唐宋元時期、明清時期兩個部分。各個時期內的古籍按照經史子集順序編排。《名錄》的入選古籍，均已定級，符合文化部《古籍定級標準》規定的三級古籍以上標準。符合《四川省珍貴古籍名錄收錄標準》收錄條件的古籍，具有如下特點：以歷史文物性、學術資料性、藝術代表性考量其書，或諸項皆具，或兼具一、二項者，皆為年代久遠，傳世稀少，文獻價值、版本價值重要者；以時代計，唐、宋、元、明、清諸代皆備；以版本形制計，有寫本、抄本、稿本、刻本、套印本、活字印本、瓷版印本、批校題跋本；以出版單位計，有內府本、藩刻本、官刻本、書院本、寺院本、家刻本、坊刻本等；中國古代書籍諸形態基本賅備。因此，入選《名錄》的古籍，可以說在一定程度上和一定範圍內，反映了我省的古籍善本的收藏特色和水準。為了使社會對《名錄》的入選古籍有更多的瞭解，也為了發揚古典目錄學『辨章學術，考鏡源流』的作用，《名錄》擇其重要部分附有敘錄體提要。因古籍分屬各館的原因，這些提要文字出自眾手，會有詳略、側重各異的不同，文字風格不能做到完全統一，這是需要說明的。民族文字古籍亦為《名錄》的收錄範圍，因多方面的原因，此次未有申報者。因此，無民族文字古籍的入選，應屬《名錄》的一個缺憾，這一點只有在以後的《名錄》編纂中去作彌補了。《第一批四川省珍貴古籍名錄》和我省『全國古籍重點保護單位』的公佈，不僅在我省歷史上尚屬首次，也是四川古籍保護史上具有重要歷史意義的事件。為誌紀念，四川省古籍保護中心兹將入選《第一批四川省珍貴古籍名錄》的珍貴古籍圖影彙編成冊，以服務於學界和社會各界，留後世書香。

作為中華優秀傳統文化的重要載體，中華古籍不僅是祖先留給我們的寶貴文化遺產，更是中華文明世代薪火相傳的根本所在。保護古籍，就是維繫中華文化的根脈，是一項功在當代、利在千秋的工作，更是我們必須承擔的歷史責任。堅持『保護為主、搶救第一、合理利用、加強管理』的方針，做好我省古籍的全面普查工作，通過《四川省珍貴古籍名錄》和『四川省古籍重點保護單位』的申報、評審、命名工作，促進古籍保管條件的不斷改善，加強保護隊伍建設，逐步建立科學、規範、有效的古籍保護制度，大力推進古籍的修復和開發利用，讓歷經滄桑多舛命運的古代典籍煥發活力，為實現中華民族的偉大復興增添精神動力，也為輝煌的巴蜀文化續寫華章。

凡例

收錄依據和收錄範圍

一、本書依據國務院辦公廳《關於進一步加強古籍保護工作的意見》（國辦發[2007]6號）和四川省人民政府辦公廳《關於進一步加強古籍保護工作的意見》（川辦發[2007]61號）文件精神編纂，旨在加強對珍貴古籍的重點保護和利用。

二、本书所錄古籍，皆为纸本，唐、宋、元、明、清各代皆備。有寫本、抄本、稿本、刻本、套印本、活字印本、瓷版印本、批校題跋本；有內府本、藩刻本、官刻本、書院本、寺院本、家刻本、坊刻本等；中國古代書籍諸形態基本賅備。以歷史文物性、學術資料性、藝術代表性考之，或諸項皆具，或兼具一、二項者，皆為年代久遠，傳世稀少，文獻價值、版本價值重要。

三、本書所錄古籍，皆收藏於四川省內圖書館、博物館及相關單位，經對全省所藏古籍進行普查，各單位據標準遴選、申報，又經省古籍保護專家組反復評議、審查、論證，並徵求省古籍保護工作廳際聯席會議成員單位及有關方面的意見，由四川省人民政府審批。

著錄

四、本書是一敘錄體目錄性質書籍，按著錄規則對收錄珍貴古籍進行著錄。

五、著錄文字依照古籍文字特點採用漢語繁體字。

六、著錄項目包括：書名、全書卷數、作者、版本、批校題跋、流傳過程、裝幀形式（線裝形式不著錄）、收藏單位、存卷、提要等。

七、本書對收錄的珍罕和重要的古籍，就其內容和學術價值、作者事蹟、版本和流傳情況等作提要式介紹，以期對這些珍貴古籍的價值有更好的揭示和傳播。

書影的收錄

八、本書收錄的每種古籍選其書影圖像一至二幀載入，或視其需要可略作多選，以能反映載籍的版本特徵。具體原則如下：

（1）題名頁。多卷本，原則上選取正文第一卷卷端原刻原印頁，如卷一首頁缺失、補刻、補抄等，則另選其他卷端的原刻原印頁；單卷本，即不分卷或一卷，原則上選取正文首頁卷端原刻原印頁，如首頁缺失、補刻、補抄等，則選取其他的原刻原印頁；合刻本，原則上選取合刻書的題名頁，如沒有或缺失，則選擇反映該書爲合刻本的原印頁。

（2）責任者頁。選取正文首卷卷端，或序跋等反映責任者的書頁。

（3）出版者頁、出版時間頁。選取牌記、刻書題記，或與出版者、出版時間相關的序、跋等頁。

（4）彩色套印頁。盡可能選取色彩最多最清晰的書頁。

（5）版印方式頁。選取具有本書版本或材料特徵的書頁，或具有相關文字記載的序、跋等書頁。如瓷版印刷，選取反映瓷版印刷的書頁或序跋等。

（6）特色頁。本書特有的著名藏書家印章、批、校、題、跋等頁。

（7）裝幀特色。具有裝幀特色的古籍，可選取反映特色裝幀的圖片。

正文編排与检索途径

九、本書正文所收錄古籍，包括著录事项、收藏单位和叙录体提要，依照先時間後內容的順序排列。所有古籍先按唐、宋、元版本和明、清版本编排；不同時期版本，又依照《中國古籍善本書目分類表》分類編排。

十、此外，依書名、著者名號、刻印者及堂名等項编製索引，附於正文之後，以方便多途径查找檢索所收录古籍。

其他

十一、本書收錄珍貴古籍計三百七十三種，分別由不同的圖書館和單位所藏。古籍所屬圖書館或單位名稱，均列於各條著錄條目之後。

十二、有個別古籍名稱和版本完全相同者，因其為不同圖書館和單位所藏，則不作並項而分列，以便反映各圖書館或參與單位收藏該古籍的情況。

四川省人民政府办公厅

川办函[2010]135号

四川省人民政府办公厅
关于公布第一批四川省珍贵古籍
名录的通知

各市(州)人民政府,省政府各部门、各直属机构:

第一批四川省珍贵古籍名录(373部)已经省政府批准,现予公布。

各地各有关部门要继续贯彻落实国务院关于古籍保护工作“保护为主、抢救第一、合理利用、加强管理”的指导方针,认真总结经验,加强科学规划,加大工作力度,切实做好我省珍贵古籍的保护、管理和合理利用工作。

附件:第一批四川省珍贵古籍名录(373 部)

四川省人民政府办公厅

二〇一〇年七月二十三日

第一批四川省珍貴古籍名録

唐、宋、元版本

0001 春秋左氏傳補注十卷（元）趙汸撰　元至正二十四年（1364）休寧商山義塾刻明弘治六年（1493）高忠重修本
四川省圖書館藏

0002 監本附音春秋公羊注疏二十八卷（漢）何休注（唐）徐彦疏（唐）陸德明音義　元刻明修本
四川師範大學圖書館藏

0003 春秋胡氏傳三十卷（宋）胡安國撰　林堯叟音注　春秋名號歸一圖一卷（蜀）馮繼先撰　諸國興廢説一卷　春秋二十國年表一卷
元刻本
四川省圖書館藏

0004 春秋師説三卷附録二卷（元）趙汸撰　元至正二十年（1360）至二十四年（1364）休寧商山義塾刻明弘治六年（1493）高忠重修本
四川省圖書館藏

0005 春秋屬辭十五卷（元）趙汸撰　元至正二十年（1360）至二十四年（1364）休寧商山義塾刻明弘治六年（1493）高忠重修本
四川省圖書館藏

0006 春秋屬辭十五卷（元）趙汸撰　元至正二十年（1360）至二十四年（1364）休寧商山義塾刻明弘治六年（1493）高忠重修本
四川師範大學圖書館藏

0007 廣韻五卷（宋）陳彭年撰　元刻本
四川師範大學圖書館藏

0008 通志二百卷（宋）鄭樵撰　元大德三山郡庠刻元明遞修本
四川大學圖書館藏

0009 通志二百卷（宋）鄭樵撰　元大德三山郡庠刻元明遞修本
四川師範大學圖書館藏

0010 南史八十卷（唐）李延壽撰　元大德十年（1306）刻本
四川省圖書館藏

0011 南齊書五十九卷（梁）蕭子顯撰　宋刻元明遞修本
四川大學圖書館藏

0012 陳書三十六卷（唐）姚思廉撰　宋刻本
四川省圖書館藏

0013 魏書一百十四卷（北齊）魏收撰　宋刻宋元遞修公文紙印本
四川省圖書館藏

0014 北齊書五十卷（唐）李百藥奉敕撰　宋刻元明遞修本
四川大學圖書館藏

0015 隋書八十五卷（唐）魏徵等撰　元大德饒州路儒學刻明正德嘉靖遞修本
四川師範大學圖書館藏

0016 資治通鑑二百九十四卷（宋）司馬光撰（元）胡三省音注　通鑑釋文辨誤十二卷（元）胡三省撰　元刻明弘治正德嘉靖遞修本
四川省圖書館藏

0017 漢雋十卷（宋）林鉞輯　元刻本
四川省圖書館藏

0018 新編方輿勝覽七十卷（宋）祝穆輯　元刻本
四川師範大學圖書館藏

0019 文獻通考三百四十八卷（元）馬端臨撰　元泰定元年（1324）西湖書院刻元明遞修本
四川師範大學圖書館藏

0020 通鑑紀事本末四十二卷（宋）袁樞撰　南宋寶祐五年（1257）趙與簒刻元明遞修本
四川師範大學圖書館藏

0021 漢藝文志考證十卷（宋）王應麟撰　元刻明修本
四川師範大學圖書館藏

0022 至大重修宣和博古圖錄三十卷（宋）王黼等傳　元刻明修本
四川省圖書館藏

0023 呂氏春秋二十六卷（秦）呂不韋等撰（漢）高誘注　元至正嘉興路儒學刻明修本
四川師範大學圖書館藏

0024 韻府群玉二十卷（元）陰時夫輯　陰中夫注　元刻本
四川師範大學圖書館藏

0025 新增說文韻府群玉二十卷（元）陰時夫輯　陰中夫注　元至正十六年（1356）劉氏日新堂刻本
四川師範大學圖書館

0026 平江府磧砂延聖院大藏經　（宋）紹定四年（1231）至元至治二年（1322）平江府磧砂延聖院刻本
四川大學圖書館藏

0027 大般若波羅蜜多經卷廿二 唐寫本
四川大學圖書館藏

0028 四經合卷 元刻本
四川大學圖書館藏

0029 注華嚴法界觀門一卷（唐）釋宗密撰 宋刻本
四川省圖書館藏

0030 分類補注李太白詩二十五卷（唐）李白撰（宋）楊齊賢集注（元）蕭士贇補注 元至大四年（1311）建安余氏勤有堂刻本
四川大學圖書館藏

0031 草堂先生杜工部詩集二十卷（唐）杜甫撰 宋刻本
成都杜甫草堂博物館藏

0032 杜工部草堂詩箋五十卷外集二卷 （唐）杜甫撰（宋）魯訔編次（宋）蔡夢弼箋注 宋刻本
成都杜甫草堂博物館藏
存二十六卷（詩集卷二十六至五十，外集卷一）

0033 杜工部草堂詩箋五十卷（唐）杜甫撰（宋）魯訔編次（宋）蔡夢弼箋注 宋刻本
成都杜甫草堂博物館藏

0034 集千家注分類杜工部詩二十五卷（唐）杜甫撰（宋）徐居仁編次（宋）黃鶴補注 元皇慶元年（1312）建安余志安勤有堂刻本
成都杜甫草堂博物館藏

0035 集千家注分類杜工部詩二十五卷文集二卷（唐）杜甫撰（宋）徐居仁編次（宋）黃鶴補注 元廣勤堂刻本
成都杜甫草堂博物館藏

0036 王狀元集百家注分類東坡先生詩二十五卷（宋）蘇軾撰 題（宋）王十朋纂集 宋刻本
四川省圖書館藏

0037 增刊校正王狀元集注分類東坡先生詩二十五卷 （宋）蘇軾撰 題（宋）王十朋纂集（宋）劉辰翁批點 元刻本
四川省圖書館藏

0038 晦庵先生文集一百卷目录二卷（宋）朱熹撰 宋刻元明遞修本
四川師範大學圖書館藏

0039 晦庵先生朱文公文集一百卷目錄二卷續集十一卷別集十卷（宋）朱熹撰 宋咸淳元年（1265）建寧府建安書院刻宋元明遞修本
四川師範大學圖書館藏

明、清版本

0040 易傳八卷（宋）蘇軾撰 王輔嗣論易一卷（魏）王弼撰 明萬曆吳興閔齊伋朱墨套印本
四川省圖書館藏

0041 易傳八卷（宋）蘇軾撰 王輔嗣論易一卷（魏）王弼撰 明萬曆吳興閔齊伋刻朱墨套印本
四川大學圖書館藏

0042 周易本義十二卷易圖一卷五贊一卷筮儀一卷（宋）朱熹撰 清康熙內府刻本
四川大學圖書館藏

0043 周易傳義十卷（宋）程頤 朱熹撰 上下篇義一卷（宋）程頤撰 易圖集錄一卷易五贊一卷筮儀一卷（宋）朱熹撰 易說綱領一卷（宋）程頤 朱熹撰 明正統十二年（1447）司禮監刻本
四川省圖書館藏

0044 周易傳義十卷（宋）程頤 朱熹撰 上下篇義一卷（宋）程頤撰 易圖集錄一卷易五贊一卷筮儀一卷（宋）朱熹撰 易说纲领一卷（宋）程頤朱熹撰 明正統十二年（1447）司禮監刻本
四川大學圖書館藏

0045 周易輯聞六卷易雅一卷筮宗一卷（宋）趙汝楳撰 明朱睦㮮聚樂堂刻本
四川省圖書館藏

0046 周易傳義大全二十四卷易五贊一卷筮儀一卷綱領一卷朱子圖說一卷（明）胡廣等輯 明弘治九年（1496）余氏雙桂書堂刻本
四川省圖書館藏

0047 周易說略八卷（清）張爾岐撰 清康熙五十八年（1719）徐氏真合齋瓷版印本
四川省圖書館藏

0048 定齋易箋八卷（清）陳法撰　首一卷　清乾隆三十年（1765）敬和堂刻本

四川省圖書館藏

0049 易筌五卷（清）趙大煊撰　稿本

四川大學圖書館藏

0050 詩經四卷（明）鍾惺評點　詩經大序一卷　明淩杜若刻朱墨套印本

四川省圖書館藏

0051 讀風臆評一卷（明）戴君恩撰　明萬曆四十八年（1620）閔齊伋刻朱墨套印本

四川省圖書館藏

0052 韓詩外傳十卷（漢）韓嬰撰　明嘉靖十八年（1539）薛來芙蓉泉書屋刻本

四川師範大學圖書館藏

0053 周禮集說十一卷綱領一卷（元）陳友仁輯　復古編一卷（宋）俞庭椿撰　明刻本

四川師範大學圖書館藏

0054 考工記二卷（明）郭正域批點　明萬曆四十四年（1616）吳興閔齊伋刻套印本

四川省圖書館藏

0055 考工記二卷（明）郭正域批點　明萬曆四十四年（1616）吳興閔齊伋刻朱墨套印本

四川大學圖書館藏

0056 禮記集說十六卷（元）陳澔撰　明正統十二年（1447）司禮監刻本

四川師範大學圖書館藏

0057 檀弓一卷（宋）謝枋得（明）楊慎批點　明萬曆四十四年（1616）閔齊伋刻朱墨套印本

四川省圖書館藏

0058 檀弓一卷（宋）謝枋得（明）楊慎批點　明萬曆四十四年（1616）閔齊伋刻朱墨套印本

四川大學圖書館藏

0059 大戴禮記十三卷（漢）戴德撰（北周）盧辨注　明嘉靖十二年（1533）袁氏嘉趣堂刻本

四川省圖書館藏

0060 樂律全書四十九卷（明）朱載堉撰　明萬曆鄭藩刻增修本

南充市圖書館藏

0061 春秋經傳集解三十卷（晉）杜預集解（唐）陸德明釋文　明刻本

四川師範大學圖書館藏

0062 春秋集傳大全三十七卷（明）胡廣等輯　明刻本

四川大學圖書館藏

0063 四書集注三十卷（宋）朱熹撰　明成化十六年（1480）吉府刻本

四川省圖書館藏

0064 釋名八卷（漢）劉熙撰　明刻本

四川師範大學圖書館藏

0065 新刊埤雅二十卷（宋）陸佃撰　明刻本
瀘州市圖書館藏

0066 佩觿三卷（宋）郭忠恕撰　清康熙四十九年（1710）張士俊刻澤存堂五種本
四川大學圖書館藏

0067 金石韻府五卷（明）朱雲等撰　學古編二卷（元）吾丘衍撰　正韻箋五卷（明）沈延銓輯　吟齋錄古四卷（清）胡維楫輯　清抄本
四川大學圖書館藏

0068 小學答問一卷　章炳麟撰　清手稿本
四川大學圖書館藏

0069 廣韻五卷（宋）陳彭年等撰　明刻本
四川大學圖書館藏

0070 大明弘治甲子重刊改併五音集韻十五卷（金）韓道昭撰　明弘治十七年（1504）至十八年（1505）刻本
四川省圖書館藏

0071 大明正德乙亥重刊改併五音類聚四聲篇十五卷五音集韻十五卷（金）韓道昭撰　新編經史正音切韻指南一卷（元）劉鑒撰　新編篇韻貫珠集八卷直指玉鑰匙門法一卷（明）釋真空撰　明正德十一年（1516）金台衍法寺釋覺恒募刻本
四川師範大學圖書館藏

0072 洪武正韻十六卷（明）樂韶鳳、宋濂等撰　明嘉靖二十七年（1548）衡藩刻藍印本
四川大學圖書館藏

0073 洪武正韻十六卷（明）樂韶鳳　宋濂等撰　明肅府刻本
四川省圖書館藏

0074 本韻一得二十卷（清）龍為霖撰　清乾隆十六年（1751）刻本
四川大學圖書館藏

0075 史記一百三十卷（漢）司馬遷撰（劉宋）裴駰集解（唐）司馬貞索隱（唐）張守節正義　明嘉靖四年（1525）至六年（1527）王延喆刻本
四川省圖書館藏

0076 史記一百三十卷（漢）司馬遷撰（劉宋）裴駰集解（唐）司馬貞索隱（唐）張守節正義　明嘉靖十三年（1534）秦藩朱惟焯刻二十九年（1550）重修本
四川大學圖書館藏

0077 通志二百卷（宋）鄭樵撰　清乾隆十二年（1747）武英殿刻本
四川大學圖書館藏

0078 前漢書一百卷（漢）班固撰　明德藩最樂軒刻本
四川大學圖書館藏

0079 三國志六十五卷（晉）陳壽撰（劉宋）裴松之注　明萬曆二十四年（1596）南京國子監刻本
四川大學圖書館藏

0080 宋書一百卷（梁）沈約撰　明萬曆二十二年（1594）南京國子監刻二十一史清順治康熙遞修本
四川大學圖書館藏

0081 宋書一百卷（梁）沈約撰　明萬曆二十六年（1598）北京國子監刻本
四川大學圖書館藏

0082 南史八十卷（唐）李延壽撰　明萬曆南京國子監刻二十一史明清遞修本
四川大學圖書館藏

0083 北史一百卷（唐）李延壽撰　明萬曆南京國子監刻二十一史本
四川大學圖書館藏

0084 唐書二百二十五卷（宋）歐陽修　宋祁撰　釋音二十五卷（宋）董沖撰　明南京國子監刻二十一史明清遞修本
四川大學圖書館藏

0085 五代史記七十四卷（宋）歐陽修撰　徐無黨注　明萬曆四年（1576）南京國子監刻二十一史清順治、康熙遞修本
四川大學圖書館藏

0086 東都事略一百三十卷（宋）王偁撰　清振鷺堂影宋刻眉山程舍人宅本
四川大學圖書館藏

0087 遼史一百十六卷（元）脫脫等撰　明嘉靖八年（1529）南京國子監刻二十一史明萬曆、清順治、康熙、乾隆遞修本
四川大學圖書館藏

0088 金史一百三十五卷（元）脫脫撰　明嘉靖八年（1529）南京國子監刻二十一史明清遞修本
四川大學圖書館藏

0089 資治通鑑二百九十四卷（宋）司馬光撰　明嘉靖二十年（1544）至二十四年（1545）孔天胤刻萬曆十四年（1586）蘇濬重修本
四川大學圖書館藏

0090 少微通鑑節要五十卷外紀四卷（宋）江贄撰　資治通鑑節要續編三十卷（明）張光啟撰　明正德九年（1514）司禮監刻本
四川大學圖書館藏

0091 宋元通鑑一百五十七卷（明）薛應旂撰　明嘉靖四十五年（1566）自刻本。
四川大學圖書館藏

0092 歷代通鑑纂要九十二卷（明）李東陽　劉機等撰　明正德二年（1507）內府刻本
四川師範大學圖書館藏

0093 歷代通鑑纂要九十二卷（明）李東陽　劉機等撰　明正德十四年（1519）慎獨齋刻隆慶元年（1567）崇正書院重修本
四川省圖書館藏

0094 中興小紀四十卷（宋）熊克撰　清鈔本
四川大學圖書館藏

0095 皇清開國方略三十二卷首一卷（清）阿桂等纂　清乾隆五十一年（1786）內府刻本
四川大學圖書館藏

0096 蜀鑑十卷（宋）郭允蹈撰　明嘉靖三十四年（1555）刻本
四川省圖書館藏

0097 金川紀略四卷（清）程穆衡撰　清抄本
四川大學圖書館藏

0098 國語九卷（明）閔齊伋裁注　明萬曆四十七年（1619）閔齊伋刻三色套印本
四川師範大學圖書館藏

0099 鮑氏國策十卷（宋）鮑彪校注　明嘉靖七年（1528）龔雷影宋刻本
四川省圖書館藏

0100 戰國策十卷（漢）劉向輯（宋）鮑彪校注（元）吳師道補正　明萬曆劉懷恕刻春秋戰國評苑本
四川師範大學圖書館藏

0101 越絕書十五卷（漢）袁康撰　明嘉靖三十三年（1554）張佳胤雙柏堂刻本
四川大學圖書館藏

0102 華陽國志十二卷（晉）常璩撰　明嘉靖四十三年（1564）楊經刻本
四川省圖書館藏

0103 華陽國志十二卷（晉）常璩撰　清嘉慶十九年（1814）題襟館刻本
四川大學圖書館藏

0104 貞觀政要十卷（唐）吴兢撰（元）戈直集論　明成化元年（1465）內府刻本
四川省圖書館藏

0105 貞觀政要十卷（唐）吴兢撰（元）戈直集論　明成化十二年（1476）崇府刻本
四川大學圖書館藏

0106 貞觀政要十卷（唐）吴兢撰（元）戈直集論　清康熙四十八年（1709）徐惺大易閣刻本
四川師範大學圖書館藏

0107 當陽避難記不分卷（清）彭延慶撰　稿本
四川省圖書館藏

0108 全蜀土司記不分卷（清）佚名輯　清抄本
四川大學圖書館藏

0109 上諭內閣一百五十九卷（清）允祿　弘晝等輯　清雍正九年（1731）內府刻乾隆六年（1741）武英殿續刻本
四川大學圖書館藏

0110 硃批諭旨不分卷（清）世宗胤禛敕纂　清乾隆三年（1738）內府刻朱墨套印本
四川大學圖書館藏

0111 大義覺迷錄四卷（清）世宗胤禛撰　清雍正內府刻本
四川省南充市圖書館藏

0112 荆川先生右編四十卷（明）唐順之輯　劉曰寧補遺　明萬曆三十三年（1605）南京國子監刻本
四川大學圖書館藏

0113 秦漢書疏十八卷　明嘉靖三十七年（1558）吳國倫刻本
四川大學圖書館藏

0114 宋包孝肅公奏議四卷（宋）包拯撰　明萬曆十六年（1588）黃兆聖刻本
四川省圖書館藏

0115 張允隨奏疏稿不分卷（清）張允隨撰　清抄本
四川大學圖書館藏

0116 劉向古烈女傳七卷（漢）劉向撰　續烈女傳一卷　明萬曆三十四年（1606）刻本
四川省圖書館藏

0117 古今烈女傳三卷（明）解縉等撰　明永樂元年（1403）內府刻本
四川省圖書館藏

0118 伊洛淵源錄十四卷（宋）朱熹撰　續錄六卷（明）謝鐸撰　明嘉靖八年（1529）高賁亨刻本
四川省圖書館藏

0119 伊洛淵源錄十四卷（宋）朱熹撰　續錄六卷（明）謝鐸撰　明嘉靖八年（1529）高賁亨刻本
四川大學圖書館藏

0120 聖跡圖不分卷　明崇禎刻本
四川省圖書館藏

0121 松生府君年譜不分卷（清）丁立中撰　清光緒二十五年（1899）稿本
四川師範大學圖書館藏

0122 多爾袞攝政日記不分卷（原題皇父攝政王起居注）（清）李若琳等記錄　清順治抄本
四川師範大學圖書館藏

0123 海虞錢氏家乘二卷（清）錢謙益撰　清抄本
四川大學圖書館藏

0124 崇禎六年（1633）四川鄉試錄一卷（明）崇禎刻本
四川省圖書館藏

0125 歷代史纂左編一百四十二卷（明）唐順之輯　明嘉靖四十年（1561）胡宗憲刻本
四川大學圖書館藏

0126 史記纂二十四卷（明）淩稚隆輯　明萬曆淩稚隆刻朱墨套印本
四川省圖書館藏

0127 太平寰宇記二百卷目錄二卷（宋）樂史撰　清乾隆三十二年（1767）樂氏活字本
四川大學圖書館藏

0128 太平寰宇記二百卷目錄二卷（宋）樂史撰　清乾隆三十二年（1767）樂氏活字本
四川大學圖書館藏

0129 大明一統志九十卷（明）李賢　萬安等纂修　明天順五年（1461）內府刻本
四川大學圖書館

0130 大明一統志九十卷（明）李賢　萬安等纂修　明萬壽堂刻本
四川師範大學圖書館藏

0131 肇域志不分卷（清）顧炎武撰　清抄本
四川省圖書館藏

0132 [隆慶]華州志二十四卷（明）李可久　張光孝纂修　明隆慶刻萬曆增修本
四川省圖書館藏

0133 四川全圖一百五十幅（清）董邦達等繪　清乾隆初董邦達等工筆設色手繪（絹）本
四川大學圖書館藏

0134 [光緒]溫江縣鄉土志十二卷　曾學傳纂　清稿本
四川省南充市圖書館藏

0135 [道光]鄰水縣志四卷首一卷（清）廖寅　李嘉佑　蔣夢蘭等纂修　清道光元年（1821）刻本
四川大學圖書館藏

0136 [乾隆]大竹縣志十卷（清）陳仕林纂修　清乾隆五十二年（1787）刻本
四川省瀘州市圖書館藏

0137 蜀典八卷附張介侯先生詩鈔一卷（清）張澍撰　稿本
四川省圖書館藏

0138 西嶽華山志一卷（金）王處一撰（明）王民順增補　明萬曆三十四年（1606）王民順刻本
四川省圖書館藏

0139 水經注四十卷（漢）桑欽撰（北魏）酈道元注　明嘉靖十三年（1534）黃省曾刻本
四川省圖書館藏

0140 西湖遊覽志二十四卷志餘二十六卷（明）田汝成撰　明嘉靖二十六年（1547）嚴寬刻本
四川省圖書館藏

0141 四明延慶天臺講寺志八卷（明）釋傳燈纂修　明天啟刻本
四川省圖書館藏

0142 武林靈隱寺志八卷（清）孫治初修　徐增重修　清康熙十一年（1672）刻本

四川省圖書館藏

0143 遊記十卷（明）徐弘祖撰　清乾隆四十一年（1776）徐鎮孩浦村莊刻本

四川省南充市圖書館藏

0144 西洋雜志八卷（清）黎庶昌撰　清稿本

四川省圖書館藏

0145 西洋雜志八卷（清）黎庶昌撰　手稿本

四川省圖書館藏

0146 大唐六典三十卷（唐）李隆基撰　李林甫等注　明正德十年（1515）席書、李承勳刻本。

四川省圖書館藏

0147 大唐六典三十卷（唐）李隆基撰　李林甫等注　明正德十年（1515）席書・李承勳刻本

四川師範大學圖書館藏

0148 通典二百卷（唐）杜佑撰　明刻本

四川大學圖書館藏

0149 新刊增入諸儒議論杜氏通典詳節四十二卷（唐）杜佑撰　明刻本

四川師範大學圖書館藏

0150 文獻通考三百四十八卷（元）馬端臨撰　明嘉靖三年（1524）司禮監刻本

四川大學圖書館藏

0151 五代會要三十卷（宋）王溥纂　清抄本

四川大學圖書館藏

0152 皇明泳化類編一百三十六卷續編十七卷（明）鄧球撰　明隆慶刻本

四川省圖書館藏

0153 明倫大典二十四卷（明）楊一清　熊浹等撰　明嘉靖七年（1528）內府刻本

四川師範大學圖書館藏

0154 馬政志四卷（明）陳講撰　明嘉靖刻本

四川省圖書館藏

0155 泊如齋重修宣和博古圖三十卷（宋）王黼撰（明）程士莊重修　明萬曆十六年（1588）泊如齋刻本

成都圖書館藏

0156 石墨鐫華六卷附二卷（明）趙崡撰　明萬曆四十六年（1618）自刻本

成都圖書館藏

0157 集古印譜六卷（明）王常輯　明萬曆三年（1575）顧氏芸閣刻朱印本

四川師範大學圖書館藏

0158 考古正文印藪五卷（明）張學禮等輯　明萬曆鈐印本

四川大學圖書館藏

0159 通鑑彙編十卷 明嘉靖中刻本
四川大學圖書館藏

0160 太史史例一百卷（明）張之象輯 明嘉靖四十四年（1565）長水書院刻本
四川大學圖書館藏

0161 六子書六十卷（明）顧春編 明嘉靖十二年（1533）顧春世德堂刻本
四川省圖書館藏

0162 六子書六十卷（明）顧春編 明嘉靖十二年（1533）顧春世德堂刻本
四川大學圖書館藏

0163 劉向說苑二十卷（漢）劉向撰 明嘉靖二十六年（1547）何良俊刻說苑新序本
四川省圖書館藏

0164 劉向說苑二十卷（漢）劉向撰 明刻本
四川省圖書館藏

0165 劉向說苑旁注評林二十卷（明）黄從誡撰 明見岡堂刻本
四川省圖書館藏

0166 中說十卷（隋）王通撰 （宋）阮逸注 明初刻本
四川大學圖書館藏

0167 大學衍義四十三卷（宋）真德秀撰 明嘉靖六年（1527）司禮監刻本
四川大學圖書館藏

0168 性理大全書七十卷（明）胡廣等撰 明永樂十三年（1415）内府刻本
四川師範大學圖書館藏

0169 四存編十一卷（清）顔元撰 清康熙刻本
四川省南充市圖書館藏

0170 日知薈說四卷 清高宗（弘曆）撰 清乾隆元年（1736）内府刻本
四川大學圖書館藏

0171 劉止唐先生手稿不分卷（清）劉沅撰 稿本
四川大學圖書館藏

0172 李衛公望江南集一卷 明抄本
四川省圖書館藏

0173 管子二十四卷（明）趙用賢 朱長春等評點 明萬曆四十八年（1620）淩汝亨刻朱墨套印本
四川省圖書館藏

0174 秘傳花鏡六卷（清）陳淏子撰 清康熙文會堂刻本
四川省南充市圖書館藏

0175 汪石山醫書七種二十六卷（明）汪機撰 明嘉靖刻本
四川省圖書館藏

0176 重廣補注黄帝内經素問二十四卷（唐）王冰注（宋）林億校正 孫兆改誤 明嘉靖二十九年（1550）顧從德影宋刻本
四川省圖書館藏

0177 八十一難經經絡解四卷（明）熊宗立撰　明萬曆六年（1578）唐氏富春堂刻本
四川省圖書館藏

0178 重修政和經史證類備用本草三十卷（宋）唐慎微撰　寇宗奭衍義　明嘉靖二年（1523）陳鳳梧刻本
四川省圖書館藏

0179 重修政和經史證類備用本草三十卷（宋）唐慎微撰　寇宗奭衍義　明嘉靖三十一年（1552）周珫、李遷刻本
四川省圖書館藏

0180 本草綱目五十二卷附圖二卷瀕湖脈學一卷脈訣考證一卷奇經八脈考一卷（明）李時珍撰　明萬曆三十一年（1603）張鼎思刻本
四川省圖書館藏

0181 千金翼方三十卷（唐）孫思邈撰　明萬曆三十三年（1605）王肯堂刻本
四川省圖書館藏

0182 太平聖惠方一百卷（宋）王懷隱等撰　清抄本
四川省圖書館藏

0183 丹溪心法附餘二十四卷卷首一卷（明）方廣輯　明嘉靖刻本
四川省圖書館藏

0184 魁本袖珍方大全四卷（明）李恒撰　明正德二年（1507）楊氏清江書堂刻本
四川省圖書館藏

0185 心印紺珠經二卷（明）李湯卿撰　明嘉靖二十六年（1527）趙瀛刻本
四川省圖書館藏

0186 諸症辨疑四卷（明）吴球撰　明抄本
四川省圖書館藏

0187 明醫指掌圖前集五卷後集五卷（明）皇甫中撰　明嘉靖三十五年（1556）自刻本
四川省圖書館藏

0188 古今醫統大全一百卷（明）徐春甫輯　明刻本
四川省圖書館藏

0189 欽定儀象考成三十卷首二卷　清乾隆中内府刻本
四川大學圖書館藏

0190 大明正德五年歲次庚午大統曆一卷　明正德刻本
四川省圖書館藏

0191 太玄經十卷（漢）揚雄撰　說玄一卷（唐）王涯撰　釋文一卷　明嘉靖孫沐萬玉堂刻本
四川省圖書館藏

0192 大觀帖十卷（宋）蔡京等輯　明刊明拓本
四川省圖書館藏

0193 庚子銷夏記八卷附閑者軒帖考一卷（清）孫承澤撰　清乾隆刻本
四川大學圖書館藏

0194 草韻辨體五卷（明）郭諶輯　明崇禎六年（1633）閔齊伋刻三色套印本
四川省圖書館藏

0195 陳章侯畫水滸葉子不分卷（明）陳洪綬繪　清初刻本
四川省圖書館藏

0196 印經一卷（明）朱聞撰　印圖二卷（明）朱聞篆刻並輯　白新注　明崇禎二年（1629）鈐印本
四川省圖書館藏

0197 食憲鴻秘二卷附録一卷題（清）朱彝尊撰　清刻本
成都圖書館藏

0198 吕氏春秋二十六卷（漢）高誘注　明嘉靖七年（1528）許宗魯刻本
四川省圖書館藏

0199 淮南子二十八卷（漢）劉安撰　明嘉靖九年（1530）王鎣刻本
四川省圖書館藏

0200 淮南鴻烈解二十八卷（漢）劉安撰　許慎、高誘注　明安正堂刻本
四川省圖書館藏

0201 論衡三十卷（漢）王充撰　明嘉靖十四年（1535）蘇獻可通津草堂刻本
四川省圖書館藏

0202 論衡三十卷（漢）王充撰　明嘉靖十四年（1535）蘇獻可通津草堂刻本
四川師範大學圖書館藏

0203 元城語録解三卷附行録解一卷（明）王崇慶撰　明嘉靖八年（1529）顧鐸刻本
四川省圖書館藏

0204 西溪叢語二卷（宋）姚寬撰　明嘉靖二十七年俞憲鴸鳥鳴館刻本
四川師範大學圖書館藏

0205 藏一話腴甲集二卷乙集二卷（宋）陳鬱撰　明抄本
四川省圖書館藏

0206 草木子四卷（明）葉子奇撰　明嘉靖二十二年（1543）王宏刻本
四川省圖書館藏

0207 古言二卷（明）鄭曉撰　明嘉靖四十四年（1565）項篤壽刻本
四川省圖書館藏

0208 蓬窗日録八卷（明）陳全之撰　明嘉靖四十四年（1565）刻本
四川大學圖書館藏

0209 丹鉛總録二十七卷（明）楊慎撰　明嘉靖三十三年（1554）梁佐刻本
四川大學圖書館藏

0210 丹鉛總錄二十七卷（明）楊慎撰　明嘉靖三十三年（1554）梁佐刻本
四川省圖書館藏

0211 秇林伐山十一卷（明）楊慎撰　明崇禎元年（1628）陳錫堅安雅閣藍格抄本
四川師範大學圖書館藏

0212 古今原始十四卷（明）趙釴撰　明嘉靖四十一年（1562）自刻本
四川大學圖書館藏

0213 世說新語三卷（南朝宋）劉義慶撰（梁）劉孝標注　明刻本
四川省圖書館藏

0214 世說新語三卷（劉宋）劉義慶撰（梁）劉孝標注　明刻本
四川大學圖書館藏

0215 孤樹裒談十卷（明）李默撰　明刻本
四川省圖書館藏

0216 何氏語林三十卷（明）何良俊撰　明嘉靖二十九年（1550）何氏清森閣刻本
四川師範大學圖書館藏

0217 悅容編評林一卷（題）長水天放生輯　（明）屠隆評　明刻朱墨套印本
四川省圖書館藏

0218 聊齋志異十二卷（清）蒲松齡撰　清乾隆初黃炎熙鈔本
四川大學圖書館

0219 藝文類聚一百卷（唐）歐陽詢撰　明嘉靖六年（1527）至七年（1528）胡纘宗、陸采刻本
四川師範大學圖書館藏

0220 初學記三十卷（唐）徐堅等輯　明嘉靖十年（1531）錫山安國桂坡館刻本
四川大學圖書館藏

0221 初學記三十卷（唐）徐堅等輯　明嘉靖十年（1531）錫山安國桂坡館刻本
四川省富順縣圖書館藏

0222 唐宋白孔六帖一百卷目錄二卷（唐）白居易（宋）孔傳輯　明刻本
四川大學圖書館藏

0223 新刊監本冊府元龜一千卷目錄十卷（宋）王欽若等輯　明南岑書舍抄本
四川省圖書館藏

0224 錦繡萬花谷四十卷後集四十卷續集四十卷　明嘉靖十四年（1535）徽藩崇古書院刻本
四川師範大學圖書館藏

0225 錦繡萬花谷前集四十卷後集四十卷續集四十卷　明刻本
四川省圖書館藏

0226 錦繡萬花谷前集四十卷後集四十卷續集四十卷別集三十卷　明刻本
四川大學圖書館藏

0227 古今合璧事類備要前集六十九卷後集八十一卷續集五十六卷（宋）謝維新輯　古今合璧事類備要别集九十四卷外集六十六卷（宋）虞載輯　明嘉靖三十一年（1552）至三十五（1556）年夏相刻本
四川省圖書館藏

0228 新編事文類聚翰墨全書甲集十二卷乙集十八卷丙集十二卷丁集十四卷戊集五卷己集十二卷庚集二十四卷辛集十卷壬集十二卷癸集十一卷（元）劉應李輯　明刻本（有補配）

0229 聯新事備詩學大成三十卷（元）林楨輯　明内府刻本
四川省圖書館藏

0230 淵鑑類函四百五十卷目録四卷（清）張英、王士禛等輯　清康熙四十九年（1710）内府刻本
四川大學圖書館藏

0231 洪武南藏六千零六十五卷　明洪武间南京刻大藏经本
四川省圖書館藏

0232 妙法蓮華經七卷（後秦）鳩摩羅什譯（明）仇英繪圖　明萬曆陳文華泥金寫本
四川省瀘州市圖書館藏

0233 五燈會元二十卷（宋）釋普濟撰　明嘉靖四十年（1561）徑山寺釋道興等募刻本
四川大學圖書館藏

0234 水月齋指月録三十二卷（明）瞿汝稷撰　明萬曆二十九年（1601）嚴澄、嚴澤等刻本
四川師範大學圖書館藏

0235 三子合刊十三卷　明閔齊伋刻朱墨套印本
四川省圖書館藏

0236 老子道德真經二卷音義一卷　明閔齊伋刻三子合刊朱墨套印本
四川大學圖書館藏

0237 老子道德經二卷 題（漢）河上公章句　明刻本
四川省圖書館藏

0238 莊子南華真經四卷（唐）陸德明音義　明閔齊伋刻三子合刊朱墨套印本
四川大學圖書館藏

0239 道藏五千三百零五卷（明）張宇初等編　明正統十年（1445）刻本
四川大學圖書館藏

0240 道藏五千三百零五卷（明）張宇初等編　明正統十年（1445）内府刻萬曆二十六年（1598）官印本 經首護勑一卷明萬曆二十七年（1599）内府寫本
四川省圖書館藏

0241 抱樸子内篇二十卷外篇五十卷（晉）葛洪撰　明抄本
四川省圖書館藏

0242 形神俱妙篇二卷（明）潛圃野叟撰　明萬曆三十七年（1609）刻藍印本
四川省圖書館藏

0243 楚辭二卷（楚）屈原　宋玉（漢）賈誼等撰　明萬曆四十八年（1620）閔齊伋刻三色套印本
四川省圖書館藏

0244 楚辭十七卷附錄一卷（漢）王逸敘次（明）陳深批點　淩毓枬校　明萬曆二十八年（1600）吳興淩毓枬刻朱墨套印本
四川省圖書館藏

0245 楚辭十七卷附錄一卷（漢）王逸敘次　（明）陳深批點　淩毓枬校　明萬曆二十八年（1600）吳興淩毓枬刻朱墨套印本
四川師範大學圖書館藏

0246 楚辭集注八卷辨證二卷後語六卷（宋）朱熹撰　反離騷一卷（漢）揚雄撰　明嘉靖十四年（1535）袁褧刻本
四川省圖書館藏

0247 蔡中郎集八卷（漢）蔡邕撰　明萬曆天啟間汪士賢刻漢魏六朝二十一名家集本
四川省瀘州市圖書館藏

0248 陶靖節集十卷（晉）陶潛撰（宋）湯漢等箋注　總論一卷年譜一卷（宋）吳仁傑撰　明嘉靖二十五年（1546）蔣孝刻本
四川省圖書館藏

0249 梁江文通文集十卷（南朝梁）江淹撰　明刻本
四川省圖書館藏

0250 陳伯玉文集十卷（唐）陳子昂撰（明）楊春輯附錄一卷（明）杨春重编　明隆慶五年（1571）邵廉刻萬曆二年（1574）楊沂補刻本
四川省圖書館藏

0251 劉隨州文集十一卷外集一卷（唐）劉長卿撰　明弘治十一年（1498）韓明、李紀刻本
四川省圖書館藏

0252 分類補注李太白詩二十五卷分類編次李太白文五卷（唐）李白撰（宋）楊齊賢集注（元）蕭士贇補注　明嘉靖二十二年（1543）郭雲鵬寶善堂刻本
四川省圖書館藏

0253 分類補注李太白詩二十五卷分類編次李太白文五卷（唐）李白撰（宋）楊齊賢集注（元）蕭士贇補注　明嘉靖二十二年（1543）郭雲鵬寶善堂刻本
四川大學圖書館藏

0254 分類補注李太白詩二十五卷分類編次李太白文五卷（唐）李白撰（宋）楊齊賢集注（元）蕭士贇補注　明嘉靖二十二年（1543）郭雲鵬寶善堂刻本
四川省瀘州市圖書館藏

0255 集千家注杜工部詩集二十卷文集二卷（唐）杜甫撰（宋）黄鶴補注 附録一卷 明嘉靖十五年（1536）玉几山人刻本
四川省圖書館藏

0256 集千家注杜工部詩集二十卷文集二卷（唐）杜甫撰明嘉靖十五年（1536）玉几山人刻本
成都杜甫草堂博物館藏

0257 集千家注杜工部詩集二十卷文集二卷（唐）杜甫撰（宋）黄鶴補注 附録一卷 明嘉靖十五年（1536）玉几山人刻本
四川大學圖書館藏

0258 集千家注杜工部詩集二十卷文集二卷（唐）杜甫撰（宋）黄鶴補注附録一卷 明嘉靖十五年（1536）玉几山人刻明易山人印本
四川省圖書館藏

0259 集千家注杜工部詩集二十卷文集二卷（唐）杜甫撰（宋）黄鶴補注 明嘉靖十五年（1536）玉几山人刻明易山人印本
四川師範大學圖書館藏

0260 杜詩選六卷（唐）杜甫撰（明）杨慎等评 閔暎璧集評 明吴興閔氏刻朱墨套印本
成都杜甫草堂博物館藏

0261 杜律單注十卷（唐）杜甫撰（明）單復注 陳明輯 明嘉靖景姚堂刻本
四川大學圖書館藏

0262 杜工部詩通十六卷（明）張綖撰 明隆慶六年（1572）張守中刻本
成都杜甫草堂博物館藏

0263 杜詩鏡銓二十卷（清）楊倫撰 年譜一卷附録一卷清 乾隆九柏山房刻本
四川大學圖書館藏

0264 朱文公校昌黎先生文集四十卷外集十卷遺文一卷（唐）韓愈撰（宋）朱熹考異（宋）王伯大音釋 集傳一卷 明刻本
四川師範大學圖書館藏

0265 柳文四十三卷別集二卷外集二卷（唐）柳宗元撰別集二卷附録一卷後录一卷 明嘉靖二十八年（1549）王士翹刻三十一年（1552）朱有孚續刻本
四川省瀘州市圖書館藏

0266 柳文四十三卷别集二卷外集二卷 （唐）柳宗元撰附録一卷（明）遊居敬校 嘉靖三十五年（1556）莫如士刻韓柳文本
四川師範大學圖書館藏

0267 增廣注釋音辨唐柳先生集四十三卷別集二卷外集二卷（唐）柳宗元撰（宋）童宗説注釋 張敦頤音辨 潘緯音義 年譜一卷 附録一卷 明初刻本
四川省圖書館藏

0268 安陽集五十卷（宋）韓琦撰 別録三卷（宋）王巖叟撰 遺事一卷（宋）強至撰 忠獻韓魏王家傳十卷 明正德九年（1514）張士隆刻本
四川省圖書館藏

0269 徂徠石先生全集二十卷（宋）石介撰　附錄一卷　清康熙五十六年（1717）石鍵刻本

四川省圖書館藏

0270 司馬文正公集略三十一卷詩集七卷（宋）司馬光撰　明嘉靖四年（1525）呂柟刻本

四川省圖書館藏

0271 趙清獻公文集十卷（宋）趙抃撰　明成化七年（1471）閻鐸刻本

四川大學圖書館藏

0272 趙清獻公文集十卷（宋）趙抃撰　附錄一卷　明嘉靖四十一年（1562）汪旦刻本

四川省圖書館藏

0273 伊川擊壤集二十卷集外詩一卷（宋）邵雍撰　明成化畢亨刻十六年（1480）劉尚文重修本

四川省圖書館藏

0274 歐陽文忠公文抄十卷（宋）歐陽修撰（明）茅坤評　明刻朱墨套印本

四川省圖書館藏

0275 重刊嘉祐集十五卷（宋）蘇洵撰　明弘治刻本

四川省圖書館藏

0276 蘇老泉文集十二卷蘇老泉詩集一卷（宋）蘇洵撰（明）茅坤　焦竑等評　明淩蒙初刻朱墨套印本

四川省圖書館藏

0277 臨川先生文集一百卷目錄二卷（宋）王安石撰　明嘉靖三十九年（1560）何遷刻本

四川省樂山市圖書館藏

0278 蘇文忠公全集一百十二卷（宋）蘇軾撰　東坡先生年譜一卷（宋）王宗稷撰　明嘉靖十三年（1534）江西布政司刻本

四川師範大學圖書館藏

0279 王狀元集注東坡詩二卷（宋）蘇軾撰　題（宋）王十朋纂集（明）趙克用輯　明弘治十六年（1503）趙克用刻本

四川省圖書館藏

0280 蘇長公表啟五卷（宋）蘇軾撰　（明）李贄等評　啟二卷（明）錢櫝輯　明錢櫝刻朱墨套印本

四川省圖書館藏

0281 蘇長公合作八卷補二卷（宋）蘇軾撰（明）高啟等批點　附錄一卷（明）鄭圭輯　明萬曆四十八年（1620）淩啟康刻三色套印本

四川省圖書館藏

0282 蘇文六卷（宋）蘇軾撰（明）茅坤等評　明烏程閔爾容刻三色套印本

四川省圖書館藏

0283 蘇長公小品四卷（宋）蘇軾撰（明）王訥諫輯並評　明淩啟康刻朱墨套印本

四川大學圖書館藏

0284 蘇長公密語十六卷（宋）蘇軾撰（明）李一公輯　首一卷　明天啟元年(1621)刻朱墨套印本
四川省圖書館藏

0285 蘇長公密語十六卷（宋）蘇軾撰（明）吳京輯　明天啟四年(1624)刻朱墨套印本
四川省圖書館藏

0286 欒城集五十卷目錄二卷後集二十四卷三集十卷（宋）蘇轍撰　明活字本
四川省圖書館藏

0287 斜川集十卷（宋）蘇過撰　清抄本
四川師範大學圖書館藏

0288 龜山先生集三十五卷（宋）楊時撰　龜山先生文靖楊公年譜一卷（宋）黃去疾撰　附錄一卷　明正德十二年（1517）沈暉刻本
四川省圖書館藏

0289 三餘集四卷（宋）黃彥平撰　清陸心源抄本
四川師範大學圖書館藏

0290 滄浪先生吟卷二卷（宋）嚴羽撰　明正德十五年(1520)尹嗣忠刻本
四川省圖書館藏

0291 晞髮集十卷（宋）謝翺撰　明萬曆四十六年(1618)郭鳴琳刻本
四川省圖書館藏

0292 詠物詩一卷（元）謝宗可撰　清乾隆五十六年（1791）冰絲館刻本
四川省圖書館藏

0293 新刊宋學士全集三十三卷（明）宋濂撰　韓淑陽彙集　張元中編次　明嘉靖三十年（1551）韓淑陽刻本
四川省圖書館藏

0294 潛溪集八卷（明）宋濂撰　附錄一卷　明嘉靖十五年（1536）徐嵩、溫秀刻本
四川省圖書館藏

0295 潛溪先生集十八卷（明）宋濂撰　附錄一卷　明天順元年（1457）黃溥、嚴塤刻本
四川省圖書館藏

0296 遜志齋集二十四卷（明）方孝孺撰　附錄一卷　明嘉靖四十年（1561）王可大刻本
四川省圖書館藏

0297 東岡文集十二卷（明）柯暹撰　明嘉靖刻本
四川省圖書館藏

0298 商文毅公集十一卷（明）商輅撰　明隆慶六年（1572）鄭應齡刻本
四川大學圖書館藏

0299 楓山章先生文集九卷（明）章懋撰　明嘉靖九年（1530）張大綸刻本
四川省圖書館藏

0300 定山先生集十卷（明）莊昶撰　明嘉靖十四年（1535）劉緡等刻蕭惟馨等增修本
四川省圖書館藏

0301 翰林羅圭峯先生文集十八卷續集十五卷（明）羅玘撰　明嘉靖五年（1526）陳洪謨、余載仕刻本
四川省圖書館藏

0302 河東重刻陽明先生文錄五卷外集九卷別錄十卷（明）王守仁撰　明嘉靖三十二年（1553）宋儀望刻本
四川大學圖書館藏

0303 張文定公覲光樓集十卷紆玉樓集十卷靡悔軒集十二卷環碧堂集十八卷養心亭集八卷四友亭集二十卷（明）張邦奇撰　明刻本
四川省圖書館藏

0304 鳥鼠山人小集十六卷後集二卷近取編二卷願學編二卷可泉擬涯翁擬古樂府二卷擬漢樂府八卷附錄二卷補遺一卷雍音一卷唐雅八卷（明）胡纘宗撰　榮哀錄二卷　明嘉靖刻清順治十三年（1656）周盛時修補印本
四川大學圖書館藏

0305 芝園定集五十一卷別集十卷外集二十四卷（明）張時徹撰　明嘉靖刻本
四川省圖書館藏

0306 遵巖先生文集四十一卷（明）王慎中撰　明隆慶五年（1571）邵廉刻本
四川省圖書館藏

0307 念庵羅先生集十三卷（明）羅洪先撰　明嘉靖四十三年（1564）甄津刻本
四川大學圖書館藏

0308 南沙先生文集八卷（明）熊過撰　明泰昌元年（1620）熊胤衡刻本
四川省瀘州市圖書館藏

0309 方山薛先生全集六十八卷（明）薛應旂撰　明嘉靖刻本
四川大學圖書館藏

0310 丘隅集十九卷（明）喬世寧撰　明嘉靖刻本
四川大學圖書館藏

0311 無聞堂稿十七卷（明）趙釴撰　附錄一卷　明隆慶四年（1570）趙鴻賜玄對樓刻本
四川大學圖書館藏

0312 滄溟先生集三十卷（明）李攀龍撰　附錄一卷　明刻本
四川大學圖書館藏

0313 滄溟先生集三十卷（明）李攀龍撰　附錄一卷明刻本
四川省圖書館藏

0314 陳恭介公文集十二卷（明）陳有年撰　明萬曆陳啟孫刻本
四川省圖書館藏

0315 蛣蜣集八卷(明)鄭若庸撰　明隆慶四年（1570）胡迪刻本
四川大學圖書館藏

0316 溪山堂草四卷（明）沈思孝撰　明萬曆刻本
四川省圖書館藏

0317 中川遺稿三十三卷（明）王教撰　王在阡編　明嘉靖三十九年（1560）清白堂刻本
四川大學圖書館藏

0318 牧羊山人詩集四卷（明）程頊撰　明程遠抄本
四川省圖書館藏

0319 鳩茲集十二卷（明）徐時進撰　明萬曆三十六年（1608）張萱刻本
四川省圖書館藏

0320 李小有詩紀二十五卷（明）李盤撰　清順治刻本
四川省圖書館藏

0321 張船山手書詩稿不分卷（清）張問陶撰　手稿本
四川省圖書館藏

0322 味餘書室全集定本四十卷味餘書室隨筆二卷（清）仁宗顒琰撰　清嘉慶五年（1800）內府刻本
四川大學圖書館藏

0323 二張詩集四卷（明）高叔嗣編　明刻本
四川省圖書館藏

0324 李杜詩選十一卷（明）張含輯　楊慎等評　明刻朱墨套印本
四川省圖書館藏

0325 韓柳文一百卷（明）游居敬編　明嘉靖三十五年（1556）莫如士刻本
四川省圖書館藏

0326 選詩補注八卷補遺二卷續編四卷（梁）蕭統選　（元）劉履補注　明嘉靖三十一年（1552）顧存仁養吾堂刻本
四川師範大學圖書館藏

0327 選詩三卷（明）許宗魯輯　明嘉靖六年（1527）劉士元、王鎣刻本
四川大學圖書館藏

0328 選詩七卷（梁）蕭統輯　詩人世次爵里一卷（明）郭正域評點　淩濛初輯評　明淩濛初刻朱墨套印本
四川省圖書館藏

0329 文選後集五卷（梁）蕭統輯（明）郭正域評　明閔於忱刻朱墨套印本
四川省圖書館藏

0330 文苑英華一千卷（宋）李昉等輯　明隆慶元年（1567）胡維新，戚繼光刻本
四川師範大學圖書館藏

0331 文苑英華一千卷（宋）李昉等輯　明隆慶元年（1567）胡維新，戚繼光刻萬曆六年（1578）三十六年（1608）遞修本
四川大學圖書館藏

0332 玉臺新詠十卷（南朝陳）徐陵輯　明崇禎六年（1633）趙均刻本
四川大學圖書館藏

0333 樂府詩集一百卷目錄二卷（宋）郭茂倩編　明末毛氏汲古閣刻本
四川大學圖書館藏

0334 古樂府三卷（明）何景明輯　明崦西精舍刻本
四川大學圖書館藏

0335 詩紀一百三十卷前集十卷外集四卷別集十二卷(明)馮惟訥輯　明嘉靖三十九年（1560）甄敬刻本
四川大學圖書館藏

0336 古詩歸十五卷（明）鐘惺　譚元春輯　明閔振業刻三色套印本
四川省圖書館藏

0337 佩文齋詠物詩選四百八十六卷（清）張玉書　汪霦等輯　清康熙四十六年（1707）內府刻本
四川大學圖書館藏

0338 御定歷代題畫詩類一百二十卷（清）陳邦彥輯　清康熙四十六年（1707）內府刻本
四川大學圖書館藏

0339 西山先生真文忠公文章正宗二十四卷（宋）真德秀輯　明嘉靖四十三年（1564）李豸　李磐刻本
四川大學圖書館藏

0340 西山先生真文忠公文章正宗二十四卷（宋）真德秀輯　明嘉靖四十四年（1565）鐘沂刻本
四川省圖書館藏

0341 真文忠公續文章正宗二十卷（宋）真德秀輯　明嘉靖二十一年（1542）晉藩刻本
四川省圖書館藏

0342 諸儒箋解古文真寶前集十卷後集十卷（元）黃堅輯　明萬曆十一年（1583）司禮監刻本
四川省圖書館藏

0343 秦漢文鈔六卷（明）閔邁德等輯　楊融博批點　明萬曆四十八年（1620）刻朱墨套印本
四川省圖書館藏

0344 古文淵鑒六十四卷（清）徐乾學等輯并注　清康熙內府刻五色套印本
四川大學圖書館藏

0345 赤牘清裁二十八卷（明）楊慎輯　王世貞增修　明嘉靖三十七年（1558）刻本
四川師範大學圖書館藏

0346 重校正唐文粹一百卷（宋）姚鉉輯　明嘉靖三年（1524）徐焴萬竹山房刻本
四川省圖書館藏

0347 萬首唐人絕句一百一卷（宋）洪邁輯　明嘉靖十九年（1540）陳敬學德星堂刻本
四川大學圖書館藏

0348 唐詩品匯九十卷拾遺十卷詩人爵里詳節一卷（明）高棅輯　明嘉靖十六年（1537）姚芹泉刻本
四川大學圖書館藏

0349 唐詩品匯九十卷拾遺十卷（明）高棅撰　明嘉靖十八年（1539）牛斗刻本
四川師範大學圖書館藏

0350 唐詩選七卷（明）李攀龍輯　王穉登評　明閔氏刻朱墨套印本
四川大學圖書館藏

0351 御選唐詩三十二卷目錄三卷（清）聖祖玄燁輯　陳廷敬等注　清康熙五十二年（1713）內府刻朱墨套印本
四川大學圖書館藏

0352 全唐七律分韻集七絕分韻集（清）程祖潤輯　清咸豐六年（1856）手稿本
成都圖書館藏

0353 新雕宋朝文鑑一百五十卷目錄三卷（宋）呂祖謙輯　明天順八年（1464）嚴州府刻本
四川大學圖書館藏

0354 御訂全金詩增補中州集七十二卷首二卷（金）元好問輯（清）郭元釪補輯　清康熙五十年（1711）內府刻本
四川大學圖書館藏

0355 皇明經濟文錄四十一卷（明）萬表輯　明嘉靖三十三年（1554）曲入繩、游居敬刻本
四川大學圖書館藏

0356 池陽遺愛集五卷何公去思奏議一卷（明）李呈祥　施宗道輯　明嘉靖元年（1522）刻遞修本
四川省圖書館藏

0357 劍閣芳華集二十卷附原目一卷（明）費經虞輯（清）費密補　清鈔本
四川大學圖書館藏

0358 三蘇先生文粹七十卷（宋）蘇洵　蘇軾　蘇轍撰　明刻本
四川師範大學圖書館藏

0359 大宋眉山蘇氏家傳心學文集大全七十卷（宋）蘇洵　蘇軾　蘇轍撰　明正德十二年（1517）劉弘毅慎獨齋刻本
四川省圖書館藏

0360 文心雕龍十卷（南朝梁）劉勰撰　明嘉靖十九年（1540）汪一元刻本
四川省圖書館藏

0361 劉子文心雕龍二卷（南朝梁）劉勰撰（明）楊慎・曹學佺等批點　注二卷（明）梅慶生撰　明閔繩初刻五色套印本
四川師範大學圖書館藏

0362 唐詩紀事八十一卷（宋）計有功撰　明嘉靖二十四年（1545）張子立刻本
四川師範大學圖書館藏

0363 詩人玉屑二十卷（宋）魏慶之輯　明處順堂刻本
四川大學圖書館藏

0364 類編草堂詩餘四卷（宋）何士信輯（明）武林逸史編次　明嘉靖二十九年（1550）顧從敬刻本
四川省圖書館藏

0365 草堂詩餘四卷（宋）何士信輯（明）武林逸史編次　明萬曆刻本
四川省圖書館藏

0366 草堂詩餘五卷（明）楊慎評點　明閔暎璧刻朱墨套印本
四川省圖書館藏

0367 草堂詩餘五卷（明）楊慎評點　明閔暎璧刻朱墨套印本
四川大學圖書館藏

0368 新刊古今名賢草堂詩餘六卷（明）李謹輯　明嘉靖十六年（1537）劉時濟刻本
四川省圖書館藏

0369 太和正音譜三卷（明）朱權撰　明鈔本
四川師範大學圖書館

0370 中原音韻二卷（元）周德清撰　明錢穀抄本
四川師範大學圖書館

0371 古今說海一百三十五種一百四十二卷（明）陸楫等編　明嘉靖二十三年（1544）刻本
四川師範大學圖書館藏

0372 古今說海一百三十五種一百四十二卷（明）陸楫等編　明嘉靖二十三年（1544）刻本
四川省圖書館藏

0373 抱蘭軒叢書（清）陳太初撰　清嘉慶八年（1803）抱蘭軒活字印本
四川大學圖書館藏

四川省珍貴古籍名錄提要

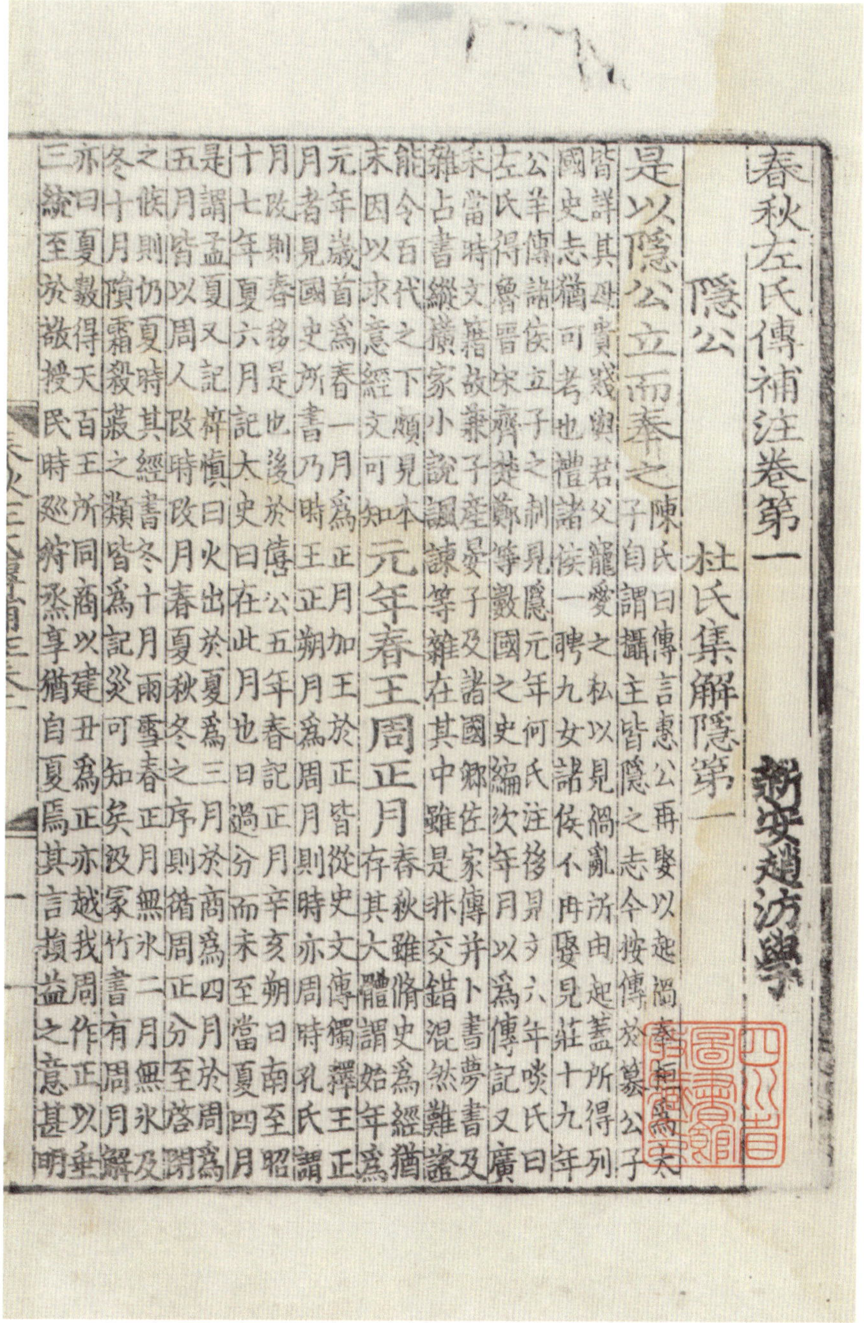

春秋左氏傳補注卷第一
隱公　杜氏集解隱第一　新安趙汸學
是以隱公立而奉之陳氏曰傳言惠公再娶以起禍[illegible]子自謂攝主皆隱之志今按傳於募公子
皆詳其叙貴賤與君父寵愛之私以見禍亂所由起蓋所得列
國史志猶可考也禮諸侯一聘九女諸侯不再娶見莊十九年
公羊傳諸侯立子之制見隱元年何氏注後昇之六年啖氏曰
左氏得魯晉宋齊楚鄭等數國之史編次年月以爲傳記又廣
采當時文籍故兼子產晏子及諸國卿佐家傳并卜書夢書及
雜占書縱橫家小說諷諫等雜在其中雖是非交錯混然難證
能令百代之下頗見本末因以求意經文可知元年春王周正月春秋雖脩史爲經猶存其大體謂始年爲
元年歲首爲春一月爲正月加王於正皆從史文傳獨釋王正
月者見國史所書乃時王正朔月爲周月則時亦周時孔氏謂
月改則春移是也後於僖公五年春記正月辛亥朔日南至昭
十七年夏六月記大史曰在此月也日過分而未至當夏四月
是謂孟夏又記梓愼曰火出於夏爲三月於商爲四月於周爲
五月皆以周人改時改月春夏秋冬之序則循周正分至啓閉
之候則仍夏時其經書冬十月雨雪春正月無冰二月無冰及
冬十月隕霜殺菽之類皆爲記災可知矣汲冢竹書有周月解
亦曰夏數得天百王所同商以建丑爲正亦越我周作正以垂
三統至於敬授民時巡狩烝享猶自夏焉其言損益之意甚明

0001　春秋左氏傳補注十卷　（元）趙汸注

元至正二十四年（1364）休寧商山義塾刻明弘治六年（1493）高忠重修本　二册

匡高17釐米，廣13.8釐米。半葉十二行，行字數不等，小字雙行二十四字，黑口，左右雙邊，版心有字數。

趙汸（1319—1369），字子常，休寧（今屬安徽）人，入明後卒，《明史》有傳。是書以《左傳》為主，其所不及者，以《公》、《穀》二傳補之。注宗杜預，其所不足者，則採陳傅良［（1137—1203）字君舉，號止齋，溫州人。光宗、寧宗間官中書舍人。《宋史》有傳。］《左傳章旨》之說，力補其短。所謂『去兩短，補兩長，集兩長而補其所不及』。趙汸所作補注，辨釋較為精審，是為元人研究春秋三傳的重要著作之一。陳氏之書，今已不傳，其所採錄者，亦有保留資料的作用。是書僅此版本存世。

四川省圖書館藏。

（元）趙汸注

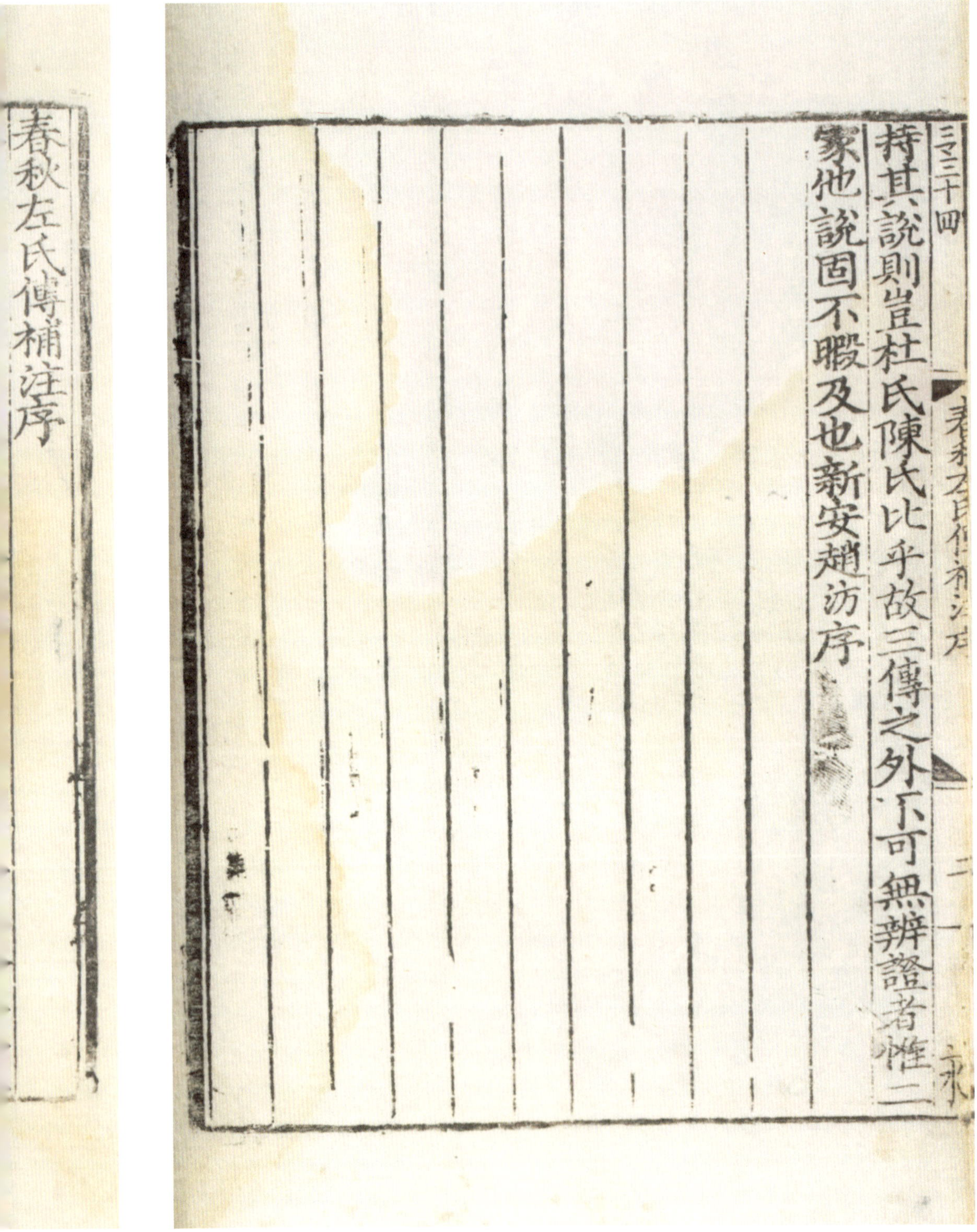

持其說則豈杜氏陳氏比乎故三傳之外不可無辨證者惟二
家他說固不暇及也新安趙汸序

曰竊取之矣此三者述作之源委也自三傳失其旨而春秋之義不明左氏於二百四十二年事變略具始終而赴告之情策書之體亦一二有見焉則其事與文庶乎有考矣其失在不知以筆削見義公羊穀梁以書不書發義不可謂無所受者然不知其文之則史也夫得其事究其文而義有不通者有之未有不得其事不究其文而能通其義者也故三傳得失雖殊而學春秋者必自左氏始然自唐啖趙以來說者莫不曰兼取三傳而於左氏取舍尤詳則宜有所發明矣而春秋之義愈晦何也凡春秋之作以諸侯無王大夫無君也故上不可論於三代盛

0002　監本附音春秋公羊註疏二十八卷

（漢）何休注（唐）徐彦疏（唐）陸德明音義

元刻明修本　二冊

匡高18.8釐米，廣13.1釐米。半葉十行，行十七字，小字雙行二十三字；白口，左右雙邊。（存四卷：十五至十八）

《漢書・藝文志》中『春秋家』所列，西漢時代的《春秋》傳有《左氏傳》《公羊傳》《穀梁傳》《鄒氏傳》《夾氏傳》五家。《左氏傳》流傳最早，後四家之中，《公羊》《穀梁》立於學官，自是官方所承認的學說。關於《公羊傳》的作者，唐人徐彦疏引東漢戴宏《春秋說序》：『子夏傳與公羊高，高傳於其子平。』子夏爲孔子弟子，子夏弟子中有公羊高其人，是《公羊傳》的創始者。《公羊傳》最早只是口耳相傳，至漢景帝（前157—前141）時由公羊壽和胡毋子都寫定，始成定本。但它的第一個系統整理者應是董仲舒，《史記・儒林・董仲舒傳》說董仲舒『名爲明於《春秋》，其傳公羊氏也』。《公羊傳》的主要内容，以解釋《春秋》義理爲主，不像《左傳》那樣保留了大量史料，因其開宗明義提出『大一統』之說，並强調『撥亂世反諸正，莫近乎《春秋》』，所說『君君、臣臣、父父、子子』之義，又利於鞏固封建秩序，得到統治者的大力提倡，至成顯學，歷代研習者衆。何休（129—182），東漢傑出經學家，字邵公，任城樊（今山東兗州西南）人。太傅陳蕃徵他參政，蕃敗，罹黨錮。黨禁解，辟司徒，拜議郎，遷諫議大夫。何休為人質樸多智，精研六經，對『三墳五典，陰陽算術，河洛讖緯，莫不成誦』。歷十七年成《春秋公羊傳解詁》，這是一部爲《公羊》傳文作注的著作，唐徐彦爲何注作疏，他們的注疏對董仲舒的學說又有所發揮推衍。何休又爲《公羊傳》制定『義例』，說《公羊傳》有三科九旨，並作了分析說明。何休之說可謂漢代《公羊》學的總結，後世《公羊》學家大多同意何休的意見，成爲今文經學家議政的主要依據。又注《孝經》、《論語》等，另作《春秋漢議》十三卷，以春秋大義，駁正漢朝政事六百多條。陸德明（約550—630），名元朗，以字行。蘇州吳縣（今屬江蘇）人。唐經學家、訓詁學家。有《經典釋文》，是研究中國文字、音韻及經籍版本、經學源流等的重要參考書。《監本附音春秋公羊註疏》一書爲後世研究春秋三傳的重要文獻之一。是本傳世不多，版本價值重要。

四川師範大學圖書館藏。

監本附音春秋公羊註疏成公卷十七　起元年盡十年

何休學

元年春王正月公即位。二月辛酉葬我君宣公。無冰周一月夏十一月尚書曰舒恒燠若易京房傳曰當寒而溫倒賞也是時成公幼少季孫行父專權而委任之所致。舒柏如字緩也尚書作豫與本又作燠於六反煖也少詩召反（疏）注尚書至若。解云洪範文舒遲也恒常也若順也言人君舉事太則有常燠之咎氣來順之是也。注易京至賞也。解云凡為賞罰宜出君門而臣下行之故曰倒賞也是以洪範云惟辟作福惟辟作威惟辟玉食鄭氏云此凡君御臣之言也作福專慶賞作威專刑罰玉食備珍美又云臣之有作福作威玉食其害于而家凶于而國鄭氏云害于毀家禍去室凶凶于故國亂下民是也然則是時成公幼少季孫專政是以無冰矣桓十四年無冰之下何氏云此夫人淫泆陰而陽行之所致襄二十八年無冰之下何氏云陪臣為政之所致皆與此注合。三月作丘甲何以

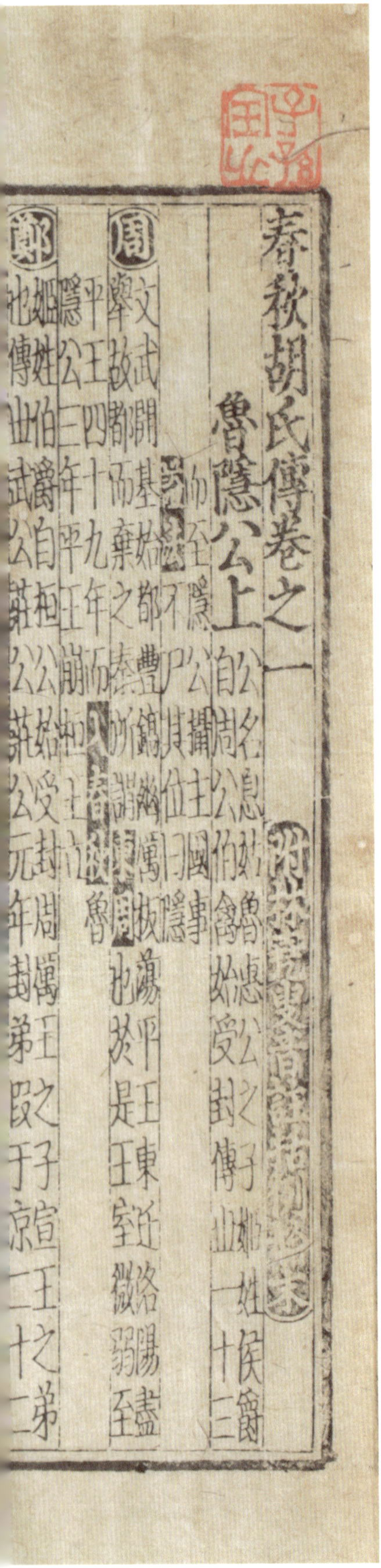

0003 春秋胡氏傳三十卷 （宋）胡安国撰 林尧叟音注 春秋名號歸一圖一卷 （蜀）冯继先撰 諸國興废說一卷 春秋二十國年表一卷

元刻本。

匡高19.5釐米，廣12.4釐米。半葉十五行，行二十字，小字雙行同，黑口，四周雙邊，左耳題。

胡安國（1074-1138），字康侯，建甯崇安（今福建武夷山市人）。宋經學家。宋哲宗紹聖四年（1097）進士，高宗時官給事中，以氣節稱于時。畢生專治春秋，學宗程頤，尊王攘夷乃此書大旨。所謂「尊君父，討亂賊，辟邪說，正人心」。面對宋廷偏安江南，而「中國」卻在金人統治之下的現實，胡氏則更突出攘夷的一面，「有攘卻之謀而不可忽，則聖人之意也」。書中「以古為鑒」，伸張「大義」的議論隨處可見，報國之情可謂急切。時人有博贍精切，議論開闔之評，由是胡氏之學大盛於南宋，故推之為「官書」。主要原因在於符合了執政者中主戰派以及絕大部分士人複國的強烈願望。降及元明，胡氏之學成為科舉制度中《春秋》經義的標準，影響更甚，為治《春秋》者所必備。《左傳》中，列國君臣名字，有一人多至四五者，《左傳》於此，均一仍其舊。此雖有資料的原始性，然于初習者卻有紛錯難記之苦。繼先所集，有一百六十篇之多。以每人為一條，列出異名，並注其出自經傳何處，按周、魯、齊、晉、楚、鄭、衛、秦、宋……雜以小國排列，成《春秋名號歸一圖》。此于研習春秋經傳有便利之處。馮繼先，五代後蜀人，事蹟不詳。此本刊印俱佳，流傳稀少，彌足珍貴。

四川省圖書館藏

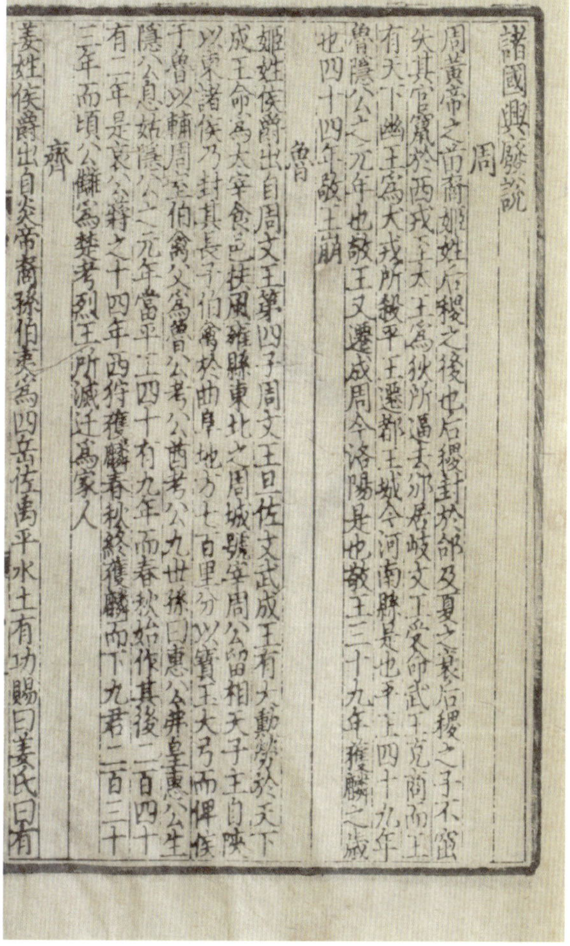

諸國興廢說

周

周黃帝之苗裔姬姓后稷之後也后稷封於邰及夏之衰后稷之子不窋失其官竄於西戎至太王爲狄所逼去邠居岐文王受命武王克商而王有天下幽王爲犬戎所殺平王遷都王城今河南縣是也平王四十九年魯隱公之元年也敬王又遷成周今洛陽是也敬王三十九年獲麟之歲也四十四年敬王崩

魯

姬姓侯爵出自周文王第四子周文王曰佐文武成王有大勳勞於天下成王命爲太宰食邑扶風雍縣東北之周城號宰周公留相天子主自陝以東諸侯乃封其長子伯禽於曲阜地方七百里分以寶玉大弓而俾侯于魯以輔周至伯禽父爲魯公考公煬公九世孫曰惠公弗皇惠公生隱公息姑隱公之元年當平王四十有九年而春秋始作其後二百四十有二年是哀公蔣之十四年西狩獲麟春秋終獲麟而下九君二百二十二年而頃公讎爲楚考烈王所滅遷爲家人

齊

姜姓侯爵出自炎帝裔孫伯夷爲四岳佐禹平水土有功賜曰姜氏曰有

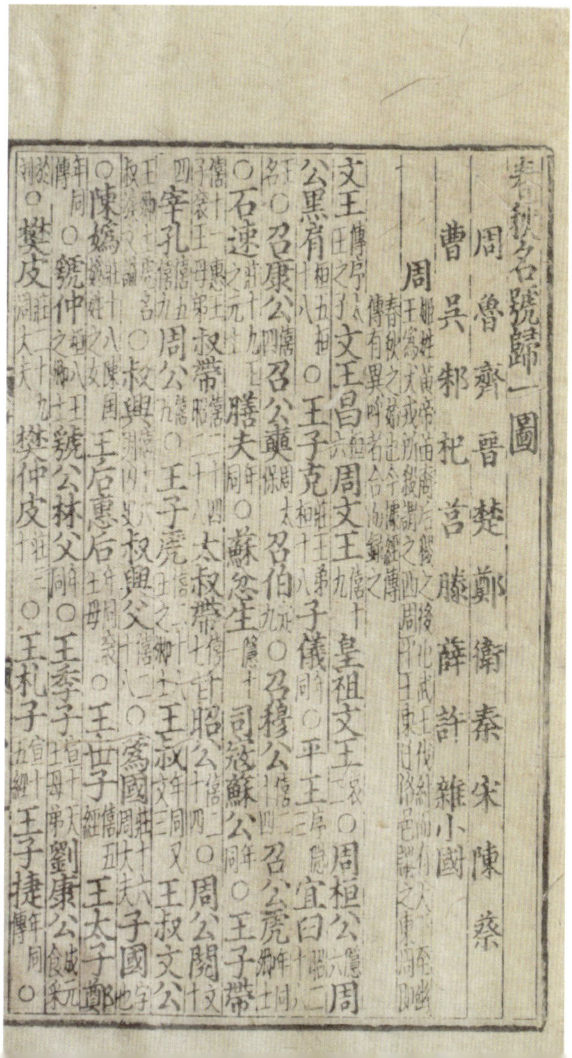

春秋名號歸一圖

周 魯 齊 晉 楚 鄭 衛 秦 宋 陳 蔡

曹 吳 邾 杞 莒 滕 薛 許 雜小國

周

文王 ○文王昌 ○周文王 ○皇祖文王 ○周桓公 ○周公黑肩 ○王子克 ○子儀 ○平王 ○宜臼 ○召康公 ○召公奭 ○召伯 ○召穆公 ○召公虎 ○石速 ○膳夫 ○蘇忿生 ○司寇蘇公 ○王子帶 ○宰孔 ○叔帶 ○太叔帶 ○甘昭公 ○周公閱 ○周公 ○王子虎 ○王叔 ○王叔文公 ○叔興 ○叔興父 ○蔿國 ○子國 ○陳嬀 ○王后惠后 ○王世子 ○王太子鄭 ○虢仲 ○虢公林父 ○王季子 ○劉康公 ○樊皮 ○樊仲皮 ○王札子 ○王子捷 ○

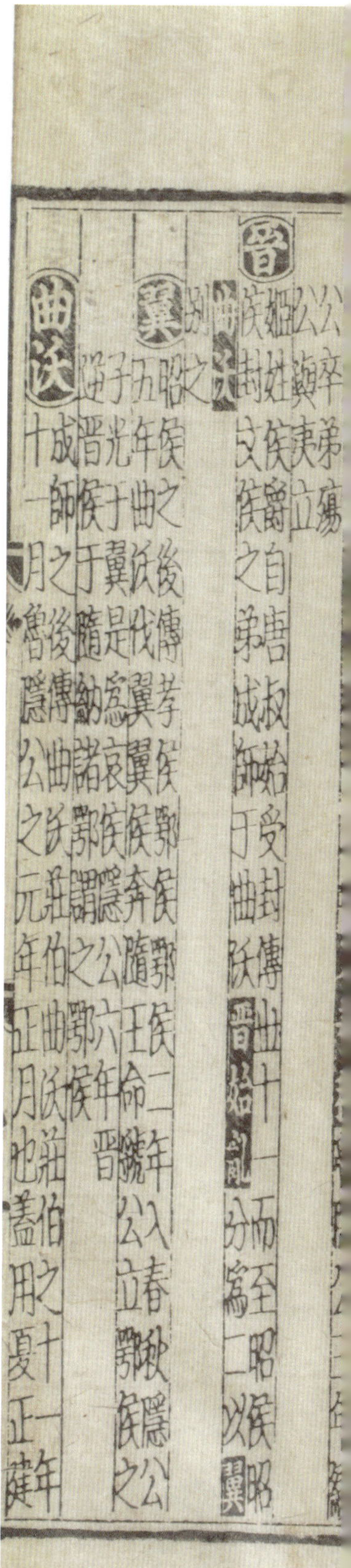

公辛弟殤
公輿夷立

晉

姬姓侯爵自唐叔始受封傳出十一而至昭侯昭侯封文侯之弟成師于曲沃晉始亂分爲二以翼別之

翼

昭侯之後傳孝侯鄂侯鄂侯二年入春秋隱公五年曲沃伐翼翼侯奔隨王命虢公立鄂侯之子光于翼是爲哀侯隱公六年晉逆晉侯于隨納諸鄂謂之鄂侯

曲沃

成師之後傳莊伯莊伯之十一年十一月魯隱公之元年正月也蓋用夏正建

0004　春秋師說三卷附錄二卷

（元）趙汸撰

元至正二十年（1360）至二十四年（1364）休寧商山義塾刻明弘治六年（1493）高忠重修本　二冊

匡高16.2釐米，廣13.6釐米；半葉十三行，行二十七字；黑口，左右雙邊，版心有字數。有『海寧趙月卿刊』、『胡仲水重修』牌記。

元代《春秋》經傳之學，黃澤、趙汸被認為是最有成就的學者。黃澤［（1269—1340），字楚望，資州（今四川資中縣）人。大德（1297—1307）中，授江州景星書院山長，又爲山長於湖北東湖書院。《元史·儒學》（卷一百八十九）有傳。澤生有異質，慨然以明經學道爲志；治經，於名物度數，考覈精審，義理一宗程、朱。元代著名學者吳澄有『以爲平生所見明經士，未有能及之者』的評價。於《春秋》以明書法爲主，其大要則在考覈三傳，以求向上之功，而脈絡盡在《左傳》。門人惟新安趙汸爲高第，得其《春秋》之學爲多。］自己並沒有著作留存，他的學說都是通過門人趙汸的著作保存下來的。《春秋師說》雖題趙汸撰，但所記皆為黃澤的意見，而且文中稱『澤』，作黃澤語氣，所以等於是黃澤自己的著作。所題《師說》者，蓋因趙汸常師九江黃澤，『得口授六十四卦大義與學《春秋》之要』，以明不忘所自。因此，《春秋師說》應是師徒二人的共同著作。是書推尊《左傳》，認為『說《春秋》，當據《左傳》事實而兼採《公》《穀》大義，此最為簡要』，『別無他巧』。於近世之學，則尚朱熹，所謂其於大義已得，『澤之用工，亦大略如先生所說』。抨擊胡安國，『胡文定公《春秋》解，某亦信不及』意多穿鑿，『知得聖人意思如此否？』此於《春秋》之學，可謂自成一家，且黃澤之學得以傳世。是書僅以此版本傳世。

四川省圖書館藏。

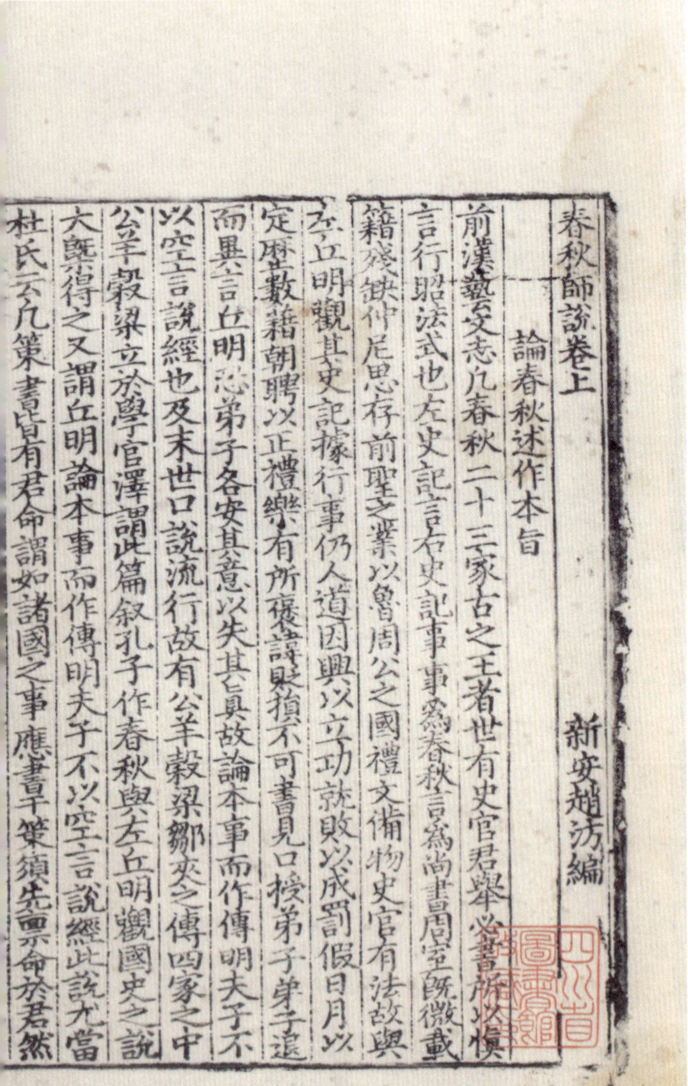

春秋師說卷上　新安趙汸編
論春秋述作本旨
前漢藝文志凡春秋二十三家古之王者世有史官君舉必書所以慎言行昭法式也左史記言右史記事事爲春秋言爲尚書周室既微載籍殘缺仲尼思存前聖之業以魯周公之國禮文備物史官有法故與左丘明觀其史記據行事仍人道因興以立功就敗以成罰假日月以定歷數藉朝聘以正禮樂有所褒諱貶損不可書見口授弟子弟子退而異言丘明恐弟子各安其意以失其真故論本事而作傳明夫子不以空言說經也及末世口說流行故有公羊穀梁鄒夾之傳四家之中公羊穀梁立於學官澤謂此篇敘孔子作春秋與左丘明觀國史之說大槩得之又謂丘明論本事而作傳明夫子不以空言說經此說尤當杜氏云凡策書皆有君命謂如諸國之事應書于策須先稟命於君然

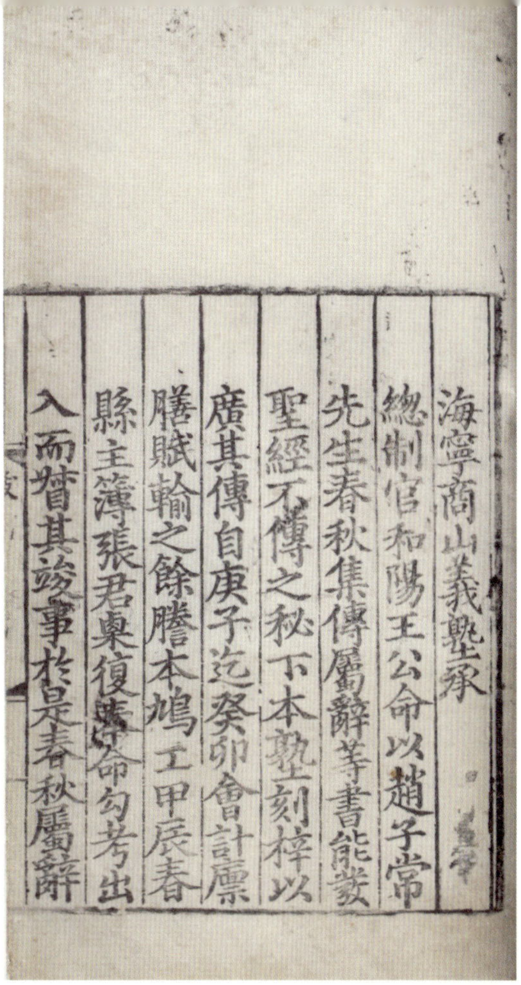
海寧商山義塾承
總制官和陽王公命以趙子常
先生春秋集傳屬辭等書能發
聖經不傳之秘下本塾刻梓以
廣其傳自庚子迄癸卯會計廩
膳賦輸之餘謄本鳩工甲辰春
縣主簿張君臬復奉命勾考出
入而贊其竣事於是春秋屬辭

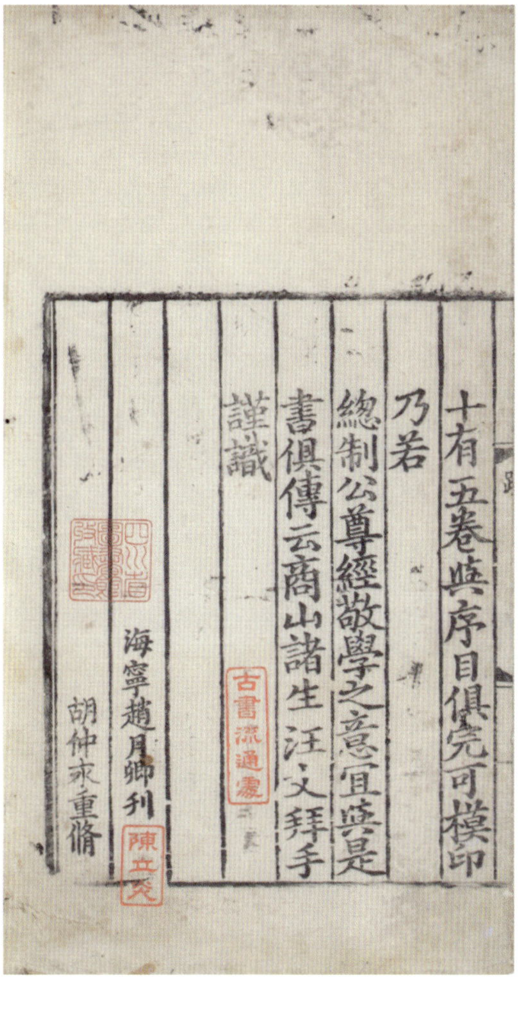
十有五卷與序目俱完可模印
乃若
總制公尊經敬學之意宜與是
書俱傳云商山諸生汪文拜手
謹識
海寧趙月卿刊
胡仲永重脩
古書流通處
陳立炎

0005　春秋屬辭十五卷　（元）趙汸撰

元至正二十年（1360）至二十四年（1364）休寧商山義塾刻明弘治六年（1493）高忠重修本　八冊

匡高16.8釐米，廣13.6釐米。半葉十三行，行二十七字，黑口，左右雙邊。版心有字數。

趙汸之於《春秋》用力甚深，『學《春秋》，以考據《左傳》國史事實為主，然後可以求義法』。乃其著述之總原則。至正間，因《禮記》經解之語，悟《春秋》之義在於比事屬辭，所謂『連屬其辭，以月繫年，以日繫月，以事繫日』，本《春秋》之法，行筆削之旨，以成是書。《春秋屬辭》是一部申發筆削之義的著作，其筆削之義有八條原則：一，存策書之大體；二，假筆削以行權；三，變文以示議；四，辨名實之際；五，謹華夷之辨；六，特筆以正名；七，因日月以明類；八，辭從主人，並逐一加以說明。每一條中又分細目，『存策書之大體』最多，計一百二十一目，『辨名實之際』最少，僅六目，共計二百八十五目，可謂條分縷析。以之比次史事，筆則筆，削則削，其說以杜預《釋例》、陳傅良《後傳》為本，刪除繁瑣，淹通貫穿，以傳求經，亦多所補正，其論義例頗確，多由考證得之，可謂《春秋》治學史上的一家之言。就其方法論，也是自成體系者。此書亦僅以此版本傳世。

四川省圖書館藏。

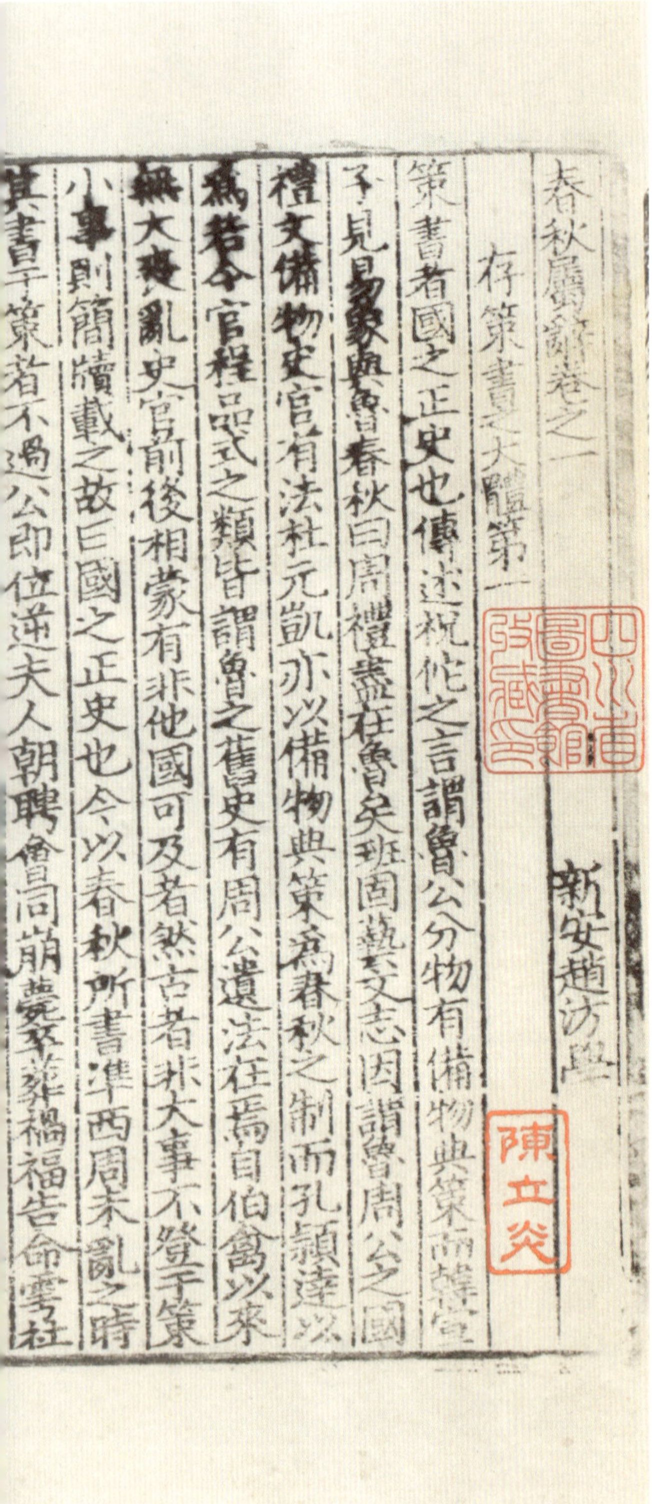
春秋屬辭卷之一
存策書之大體第一　　新安趙汸學
策書者國之正史也傳述祝佗之言謂魯公分物有備物典策而韓宣
子見易象與魯春秋曰周禮盡在魯矣班固藝文志因謂魯周公之國
禮文備物史官有法杜元凱亦以備物典策為春秋之制而孔穎達以
為若今官程品式之類皆謂魯之舊史有周公遺法在焉自伯禽以來
無大變亂史官前後相蒙有非他國可及者然古者非大事不登于策
小事則簡牘載之故曰國之正史也今以春秋所書準西周末亂之時
其書于策者不過公即位逆夫人朝聘會同崩薨卒葬禍福告命雩社

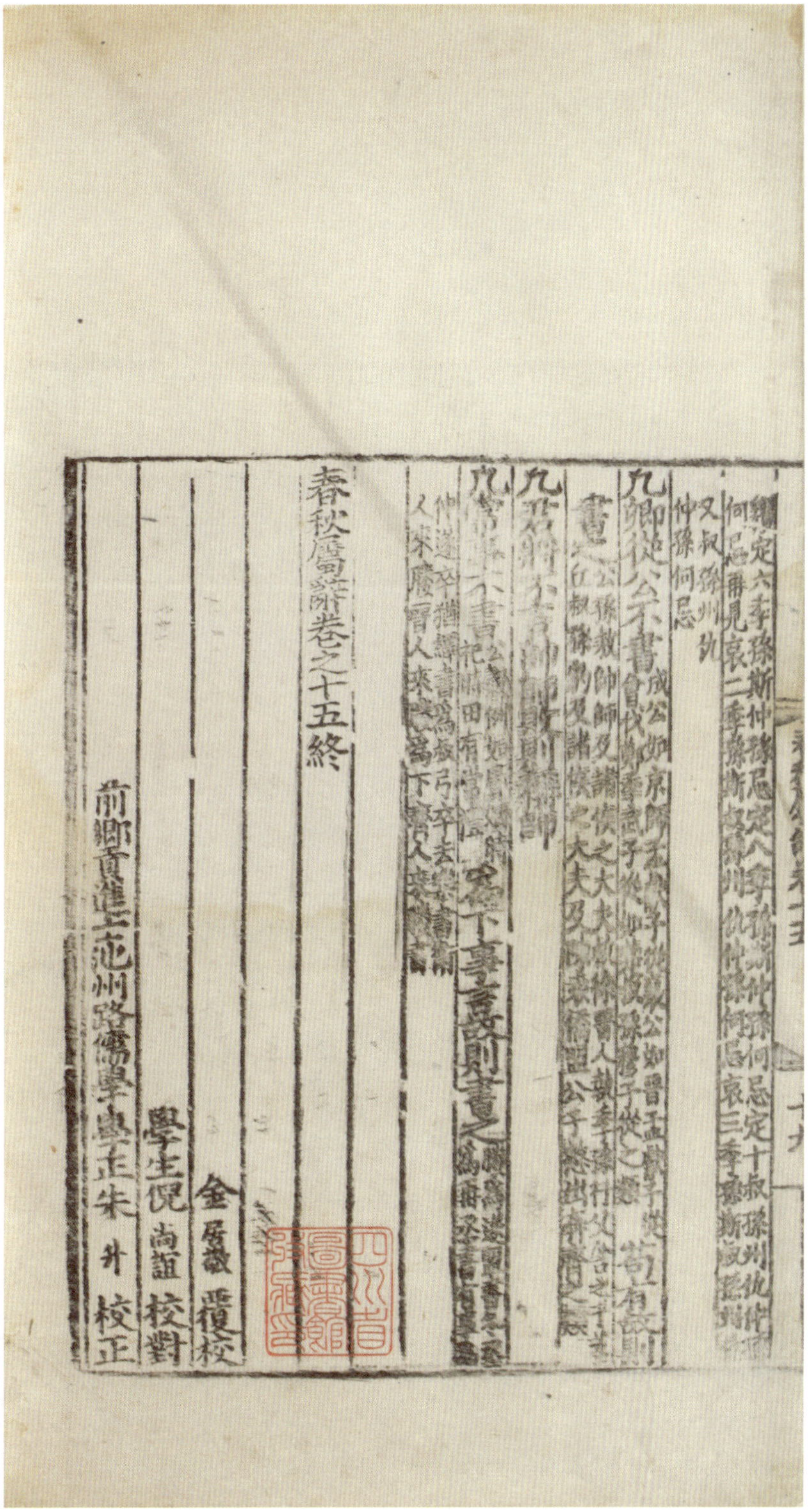

經定六年季孫斯仲孫忌定八年季孫斯仲孫何忌定十叔孫州仇仲孫何忌再見哀二年季孫斯叔孫州仇仲孫何忌哀三年季孫斯叔孫州仇仲孫何忌

又叔孫州仇 仲孫何忌

凡卿從公不書 成公如京師 [illegible] 公如晉 [illegible] 書 [illegible] 公孫敖帥師及諸侯之大夫 [illegible]

凡君將不言帥師 [illegible]

凡常事不書 [illegible] 下事書之則書之 [illegible]

仲遂卒猶繹書 [illegible] 人來 [illegible] 晉人來 [illegible] 下 [illegible] 人 [illegible]

春秋屬辭卷之十五終

金居敬 覆校

學生倪尚誼 校對

前鄉貢進士池州路儒學學正朱升 校正

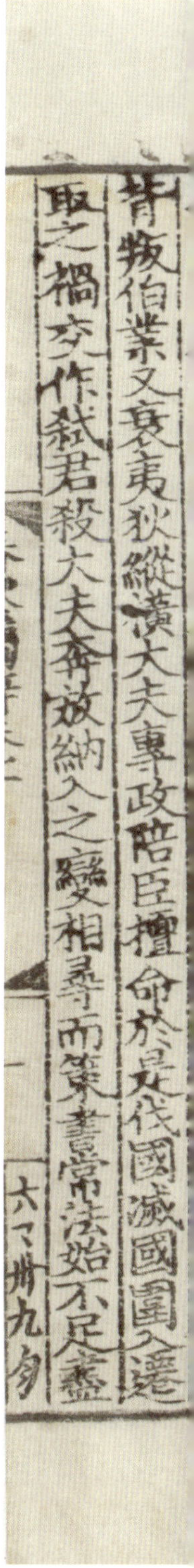

背叛伯業又裹夷狄縱橫大夫專政陪臣擅命於是攻伐國滅國圍入遷

取之禍交作弑君殺大夫奔放納入之變相尋而策書常法始不足盡

六 冊九

0006　春秋屬辭十五卷

（元）趙汸撰

元至正二十年（1360）至二十四年（1364）休寧商山義塾刻明弘治六年（1493）高忠重修本　八冊

匡高16.8釐米，廣13.6釐米。半葉十三行，行二十七字，黑口，左右雙邊。版心有字數。

四川師範大學圖書館藏。

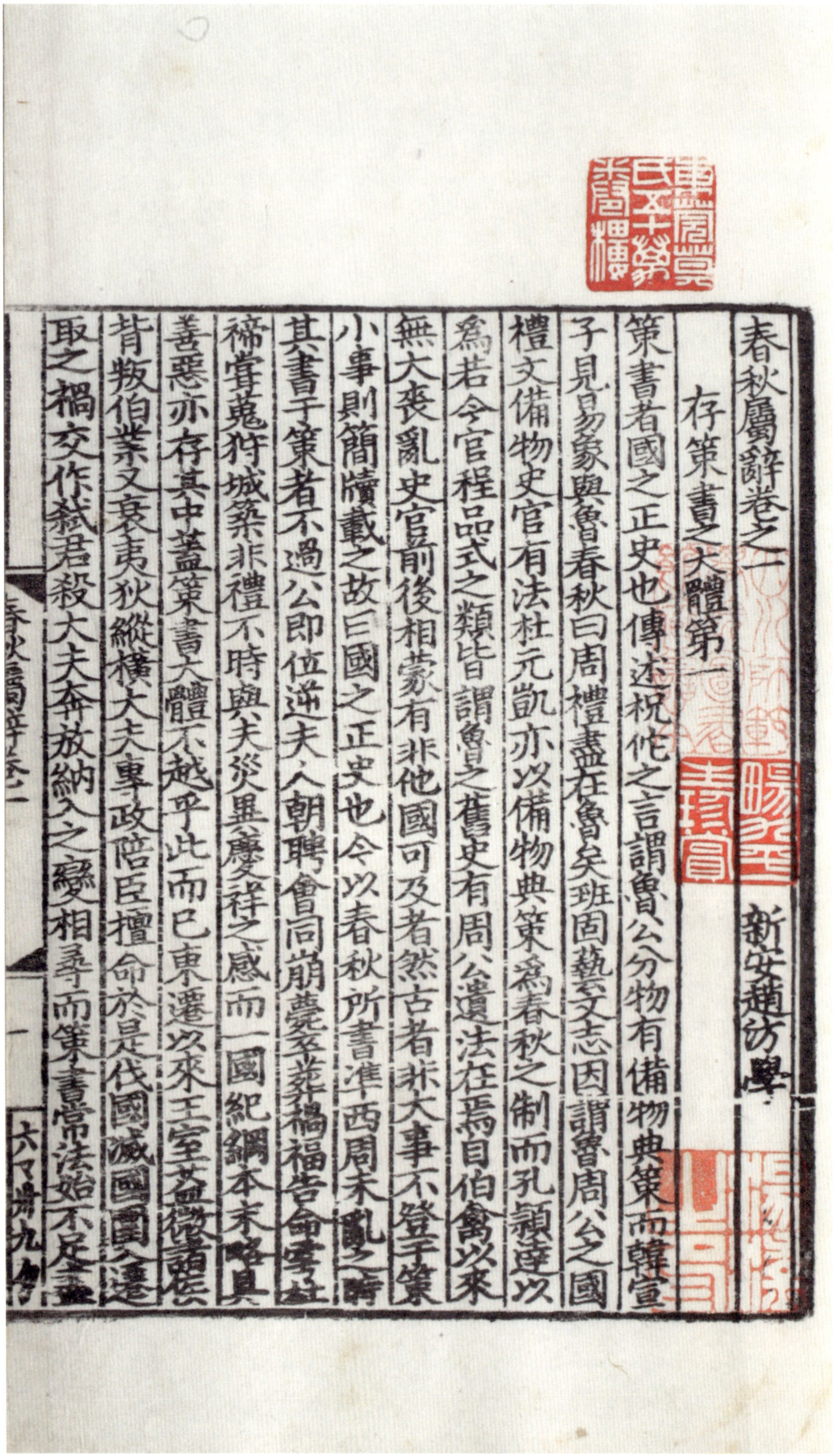

春秋屬辭卷之二

存策書之大體第一　新安趙汸學

策書者國之正史也傳述祝佗之言謂魯公分物有備物典策而韓宣子見易象與魯春秋曰周禮盡在魯矣班固藝文志因謂魯周公之國禮文備物史官有法杜元凱亦以備物典策爲春秋之制而孔穎達以爲若今官程品式之類皆謂魯之舊史有周公遺法在焉自伯禽以來無大喪亂史官前後相蒙有非他國可及者然古者非大事不登于策小事則簡牘載之故曰國之正史也今以春秋所書凖西周未亂之時其書于策者不過公即位逆夫人朝聘會同崩薨卒葬禍福告命雩社禘嘗蒐狩城築非禮不時與夫災異慶祥之感而一國紀綱本末略具善惡亦存其中蓋策書之大體不越乎此而已東遷以來王室益微諸侯背叛伯業又衰夷狄縱横大夫專政陪臣擅命於是伐國滅國圍入遷取之禍交作弑君殺大夫奔放納入之變相尋而策書常法始不足盡

春秋屬辭卷之二　二

襄定六年季孫斯仲孫何忌[illegible]何忌[illegible]哀二[illegible]定八年季孫斯仲孫何忌[illegible]叔孫州仇仲孫何忌[illegible]定[illegible]

又叔孫州仇
仲孫何忌

凡卿從[illegible]書成[illegible]如京師王[illegible]會[illegible]子從[illegible]伐鄭季武子從如楚[illegible]

書之公孫敖帥師及諸侯之大夫救徐[illegible]丘叔孫豹及諸侯之大夫及陳袁僑盟公子[illegible]

凡君將不言帥師敗則稱師

凡常事不書公觀[illegible]如晉如[illegible]時[illegible]祀時田有常事[illegible]為下事[illegible]故則書之[illegible]

仲遂卒猶繹[illegible]書為叔弓卒去樂卒事[illegible]人來[illegible]晉人來[illegible]為下齊人來[illegible]

春秋屬辭卷之十五終

金　居敬　覆校
學生倪尚誼　校對
前鄉貢進士池州路儒學學正朱　升　校正

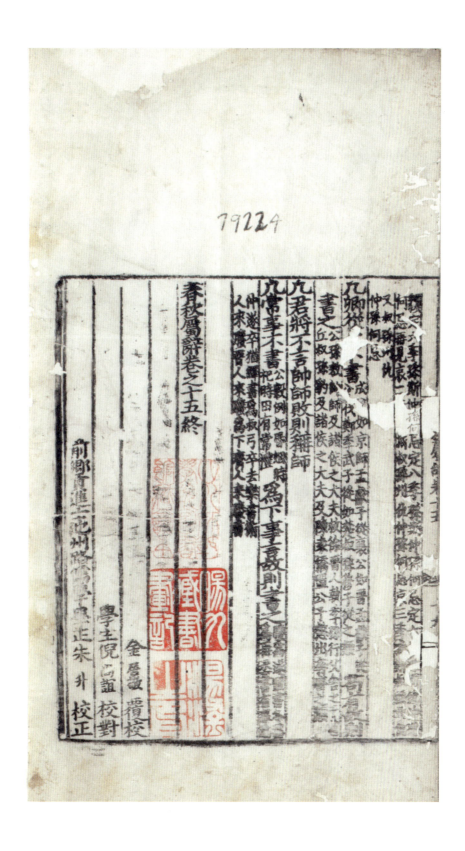

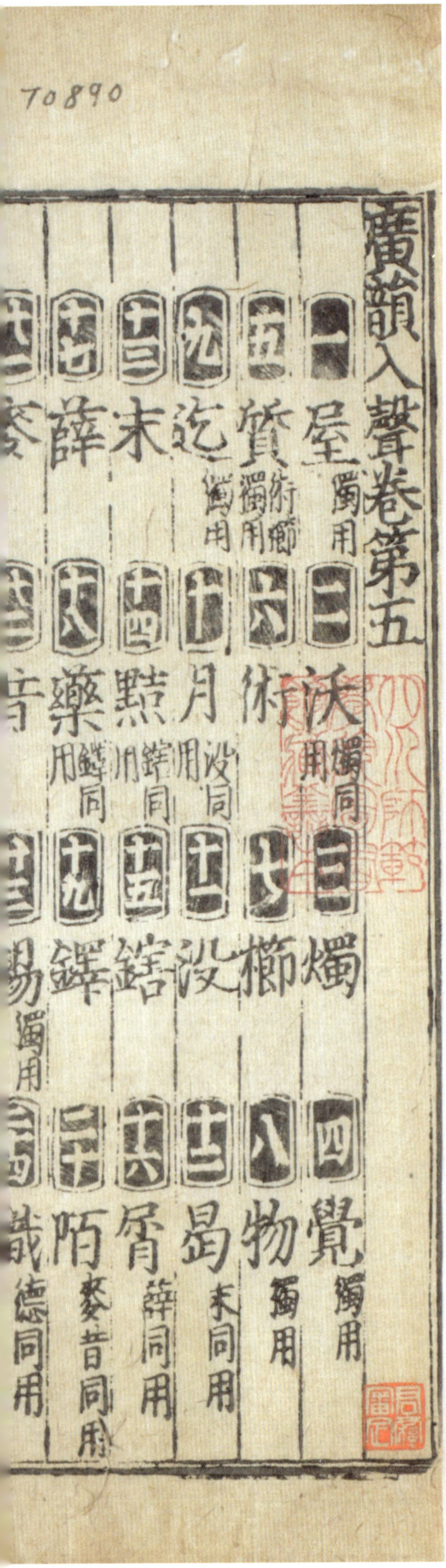

0007　廣韻五卷

（宋）陳彭年撰

元刻本　五冊

匡高26釐米，廣20.9釐米。半葉十二行，字數不等，小字雙行字數不等，黑口，四週雙邊，版心有字數。

陳彭年（961—1017），字永年，南城（今屬江西）人。雍熙（984—987）進士。官至兵部侍郎。自陸法言《切韻》成書以來，從唐至五代，又有《刊謬補缺切韻》《唐韻》《廣切韻》《廣唐韻》等韻書相繼出現。但這些韻書都是就《切韻》作部分增訂修改。宋景德四年（1007），因舊本偏旁差訛，傳寫漏落，注解未備，朝廷乃命重修。同年崇文院上校定《切韻》五卷，依例頒行，大中祥符元年（1008）改名《大宋重修廣韻》，又稱《廣韻》。《廣韻》共收字二萬六千一百九十四個，較《切韻》增加一萬四千零三十六字；注文共十九萬一千六百九十二字，也較陸書爲詳。所書之字按平、上、去、入分成四部，平聲因字多分上、下兩卷，上、去、入各一卷。全書分二百零六韻，其中包括平聲五十七韻、上聲五十五韻、去聲六十韻、入聲三十四韻。每韻以開頭一個字作為該韻的名稱。《廣韻》不僅把同韻字歸在一起，而且進一步把同音字歸在一起，注明反切讀音，有同字異形的又列出異體，辨析正俗。清人潘耒曾說：『此書之作，不專爲韻也。取《說文》《字林》《玉篇》所有之字而畢載之，而增其未備，釐正其字體，欲使學者一覽而聲音、文字包舉無遺。』所以《廣韻》既是韻書，又是字書；且引經據典，對每韻所錄之字的字義做解釋，釋文詳細，其資料『凡經史子志、九流百家、僻書隱籍，無不摭採』，『不惟學者可以廣異聞，資多識，而《世本》《姓苑》《百家譜》《英賢傳》《續漢書》《魏略》《三輔決錄》等古書數十種不存於今者，賴其徵引，斑斑可見，有功於載籍亦大矣。』（《重刊古本〈廣韻〉序》）故又具有類書的性質。《廣韻》一書所記錄者爲中古漢語的字音和字義，特別是數以千計的反切注音，不僅爲後人研究這一時期的語音面貌保存了完整詳細的資料，同時它還成爲上溯漢語上古音的必經橋梁，因而也是漢語語音史上一部承上啟下的著作。《廣韻》作爲檢索文字的重要和常用工具書之一，歷代刊印較多，版本亦衆，此元代所刊者，屬此書存世較早的版本。

四川師範大學圖書館藏。

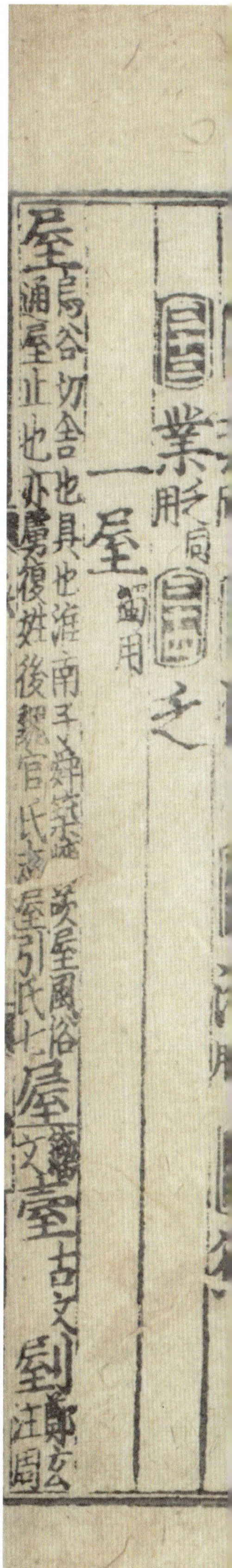

一屋獨用

屋烏谷切舍也具也淮南子

通屋止也亦複姓後魏官氏志

屋引氏 屋 古文 剭 鄭玄注周禮

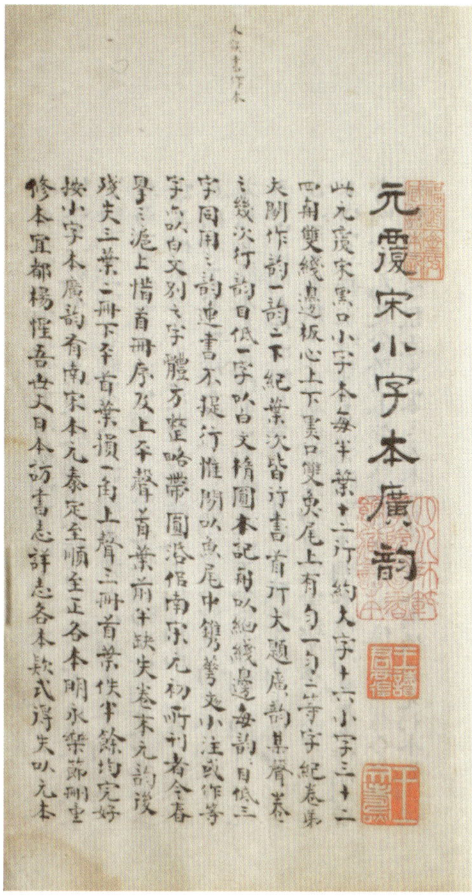

元覆宋小字本廣韵

此元覆宋黑口小字本每半葉十二行〻約大字十六小字三十二四角雙綫邊板心上下黑口雙魚尾上有白一白二等字紀卷弟次附作韵一韵二下紀葉次皆行書首行大題廣韵某聲卷〻幾次行韵目低一字以白文楕圓木記分以細綫邊每韵〻目低三字同用〻韵連書不提行惟陰以魚尾中鐫篆文小注或作等字亦以白文別之字體方整略帶圓活似南宋元初所刊者今春學〻滬上惜首冊序及上平聲首葉前半缺失卷末元韵後殘失三葉二冊下平首葉損一角上聲三冊首葉佚半餘均完好按小字本廣韵有南宋本元泰定至順至正各本明永樂節刪重修本宜都楊惺吾世丈日本訪書志詳志各本款式得失以元本

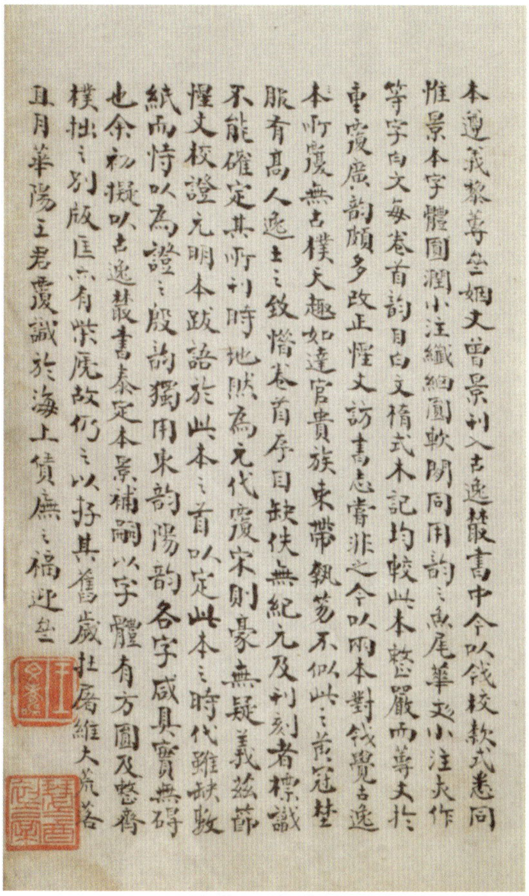

本遵義黎尊斋姻丈曾景刊入古逸叢書中今以錢校款式悉同惟景本字體圓潤小注纖細圓軟陰同用韵〻魚尾華文小注夾作等字白文每卷首韵目白文楕式木記均較此本整嚴而尊丈於重覆廣韵頗多改正惺文訪書志嘗非之今以兩本對勘覺古逸本所覆無古樸天趣如達官貴族束帶執笏不似此〻黃冠埜服有高人逸士之致惜卷首序目缺佚無紀元及刊刻者標識不能確定其所刊時地然為元代覆宋則豪無疑義茲節惺文校證元明本跋語於此本〻首以定此本〻時代雖缺敗紙而恃以為證〻殷韵獨用東韵陽韵各字咸具實無碍也余初擬以古逸叢書泰定本景補闕以字體有方圓及整齊樸拙〻別故匡亦有寬庬故仍〻以存其舊歲在屠維大荒落且月華陽王君覆識於海上賃廡〻〻福迎丝

0008　通志二百卷　（宋）鄭樵撰

元大德三山郡庠刻元明遞修本　一百六十冊

匡高28.7釐米，廣20.2釐米。半葉九行，行二十一字，小字雙行同；白口，左右雙邊，版心有字數。

鄭樵（1104—1162），南宋史學家。字漁仲，自號西溪逸民，宋興化軍莆田（今屬福建）人。因在莆田的夾漈山旁苦讀三十年，學者稱夾漈先生。生平著述豐富，所著可考者有八十餘種。除《通志》外，還有《夾漈遺稿》、《爾雅注》、《詩辯妄》等書。其於史學，主張尊通史而抑斷代，褒司馬遷而貶班固。雖曾致書朝廷以自薦，表示『使樵直史苑，則地下無冤人』（《夾漈遺稿》卷三），但未受重視。《通志》的編撰始於紹興二十九年（1159），至三十一年（1161）書成，上表奉獻朝廷，得授樞密院編修。《通志》是以人物為中心的紀傳體通史。全書二百卷，有《帝紀》十八卷、《后妃傳》二卷、《年譜》四卷、《略》五十一卷、《列傳》（包括世家、載記、列傳）一百二十五卷。各個部分均起自上古，下限則各有不同，或訖於隋，或訖於唐。《年譜》仿《史記》年表而作，所記者，三皇五帝至隋各代重要史實；《略》，所記者，上古至唐各代典章制度的演變，相當於正史的書、志。《通志·略》分為《氏族略》、《六書略》、《七音略》、《天文略》、《地理略》、《都邑略》……《災祥略》、《昆蟲草木略》等二十略。略者，綱略之意。因其相當於正史之『志』，為免重複本書之名而名之『略』。在這『二十略』中，天文、地理、禮、器服、樂、職官、選舉、刑法、食貨、災祥十略，基本取自前史和《通典》，略作加工而成。屬於文化方面的六書、七音、藝文、校讎、圖譜、金石六略，除藝文外，前少有涉及者，其中最為重要的是《藝文略》和《校讎略》。前者為宋以前的圖書分類目錄，它突破了傳統的四部分類，建立了比較健全的三級分類法，在中國目錄學史上佔有重要地位；後者則指明了目錄學的主要任務是辨別和分清學術源流。提出了圖書的分類原則、目錄的編輯方法、搜訪圖書的具體辦法，《校讎略》是目錄學和校讎學的重要著作。氏族、都邑、謚三略是本書新增者。《昆蟲草木略》則是它史所無者。其例仿《爾雅》，搜求各種方言異名，匯釋草木蟲魚名稱，於《爾雅》之誤，多所糾正。《通志》之精華和貢獻就在這『二十略』，所謂『總天下之大學術，而條其綱目，名之曰略，凡二十略，百代之憲章，學者之能事，盡於此矣。』（《通志·總序》）足見鄭樵的自負。通志的《總序》和《二十略》不僅是作者頗具創見的用力之作，還因其取材廣泛，內容豐富，史料價值高的特點為後世所肯定。除此之外的其他部分，因其所取不是第一手資料，價值有限，後世亦多有譏議者。鄭樵於史，主張『會通』，所謂『百川異趣，必會於海，然後九州無浸淫之患；萬國殊途，必通諸夏，然後八荒無壅滯之憂，會通之義大矣！』以之作為治史的主要指導原則和評價標準，並從理論上予以論述，且身體力行踐行之，他的《通志》一書就是其史學主張的成果。清人章學誠有『卓識名理，獨見別裁，古人不能任其先聲，後代不能出其規範』之評。《四庫全书》則有『穿鑿掛漏，均所不免』之說。評說殊異，缺陷自在，但仍不失為一部較有系統，有着重要影響的史學名著。此系該書現存最早版本。

四川大學圖書館藏。

五帝紀第二　　通志二

帝少昊　帝顓頊　帝嚳

帝堯　帝舜

帝少昊青陽氏即玄囂也亦謂之摯或言名摯以金德王天下亦謂之金天氏邑于窮桑帝初爲己姓之祖後改爲嬴作都于曲阜樂曰九淵用度量制樂器有鳳鳥之瑞故以鳥紀官爲鳥師而鳥名鳳鳥氏歷正也玄鳥氏司分者也伯趙氏司至者也青鳥氏司啓者也丹鳥氏司閉者也祝鳩氏司徒也鴡鳩氏司馬也鳲鳩氏司

0009 通志二百卷 （宋）鄭樵撰

元大德三山郡庠刻元明遞修本 一百二十冊

匡高28.7釐米，廣20.2釐米。半葉九行，行二十一字，小字雙行同，白口，左右雙邊，版心有字數。

四川師範大學圖書館藏。

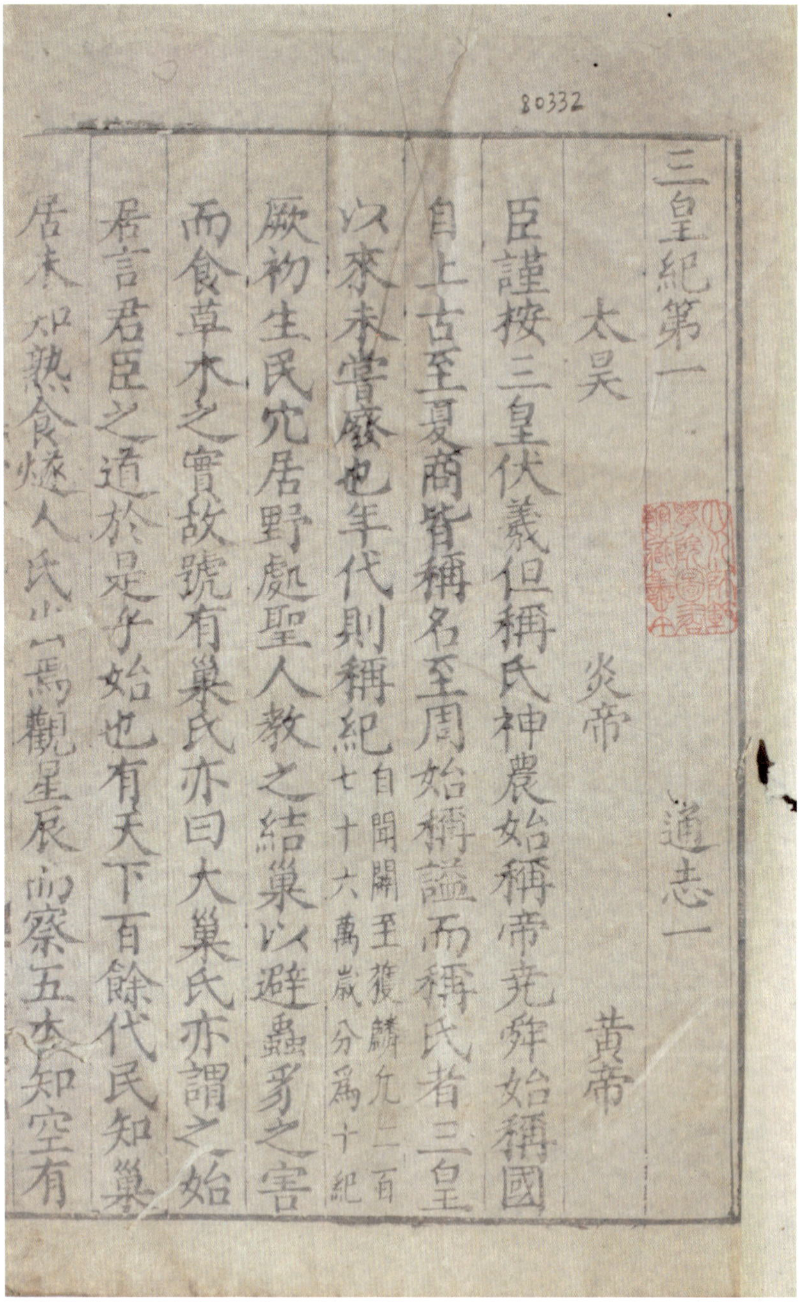
80332
三皇紀第一 通志一
太昊 炎帝 黃帝
臣謹按三皇伏羲但稱氏神農始稱帝堯舜始稱國
自上古至夏商皆稱名至周始稱謚而稱氏者三皇
以來未嘗廢也年代則稱紀自開闢至獲麟凡二百七十六萬歲分爲十紀
厥初生民穴居野處聖人教之結巢以避蟲豸之害
而食草木之實故號有巢氏亦曰大巢氏亦謂之始
居言君臣之道於是乎始也有天下百餘代民知巢
居未知熟食燧人氏出焉觀星辰而察五木知空有

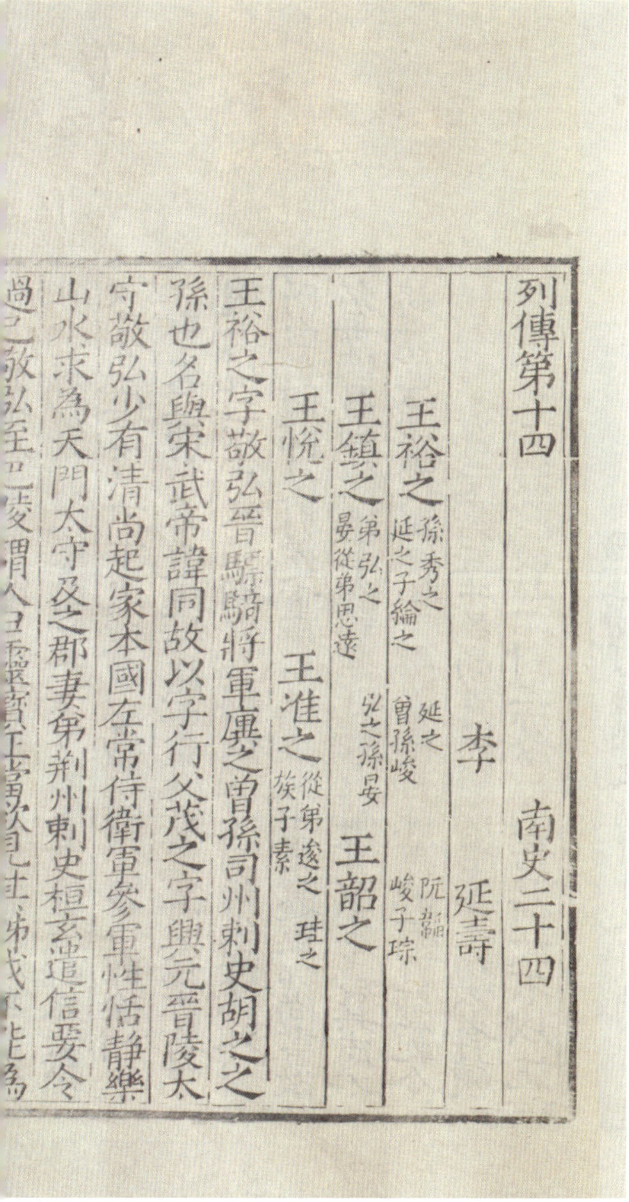

0010 南史八十卷

（唐）李延壽撰

元大德十年（1306）刻本　二十冊

匡高22.4釐米，廣16釐米。半葉十行，行二十二字，白口，四週雙邊。馮舒批。

《南史》計本紀十卷、列傳七十卷，為劉宋武帝劉裕永初元年（420）至陳後主陳叔寶禎明三年（589），共計一百七十年的南朝宋、齊、梁、陳四代紀傳體史籍。李延壽（約581—約676），字遐齡，原籍隴西（今甘肅洮南），世居相州（今河南安陽），遂籍焉。約卒於高宗顯慶、調露（660—679）年間，唐初史學家。《南史》爲李延壽因其父李大師（570—628）舊稿（李大師認為南北八朝書各顧一朝，不成一體，遂仿《吳越春秋》的編年體修撰南北朝史，未成而卒），延壽承其稿，並在其基礎上，改用《史記》的紀傳體，以一人之力，著成此編。是書僅立紀、傳，無志、表，蓋因《隋書》十志，已涵括南北朝各史之故。其書立傳，頗重門第，常採用家傳形式，即後朝的子孫系於前朝父祖的傳下，不僅一傳多至數十人，進而出現人物跨越朝代的現象，如褚淵、王儉系齊臣，而他們的傳卻分別附入宋書的《褚裕之傳》和《王曇首傳》中。這應是一種缺陷，然於高門世族之研究有鎖鑰之效。李延壽的《南史》，於南朝四書既有訂謬糾誤外，於詔、奏、表、疏、文賦進行刪繁就簡，然於內容亦有大量的史料增補，且具重要史料價值。如南朝官『典簽』之述，則其例也。北宋宋祁認為它超過了宋、南齊、梁、陳四書，他說《南史》：『頗有條理，刪落讓辭，過本書遠甚。』（《新唐書・李延壽傳》）清人趙翼則認為《南史》有『過求簡淨之失』；於其立傳方式有『竟以代人作家譜』的指責。本書版本：宋刻僅存嘉祐殘卷，此元大德刊者，乃完帙之最早版本也，具有重要的版本和文獻價值。本書有清馮舒批點。馮舒，字己蒼，號默庵，又號癸巳老人，常熟（今屬江蘇）人。肆力經史百家，尤以詩著。生卒年不詳，明末清初在世，坐《懷舊集》謗訕案，被曲殺。

四川省圖書館藏。

讀南北史例

凡本傳有其事而此加詳者曰本傳略

有其事而略者曰本傳詳

本傳無其事而此增入者其事應載曰本傳無其事可刪曰本傳不載本史無人而此增入者曰

南史宋齊梁陳目錄

李延壽

凡八十卷

紀十卷

列傳七十卷

宋本紀上第一　南史一

武帝 諱裕 姓劉氏

少帝 諱義符

宋本紀中第二　南史二

文帝 諱義隆

孝武帝 諱駿

前廢帝 諱子業

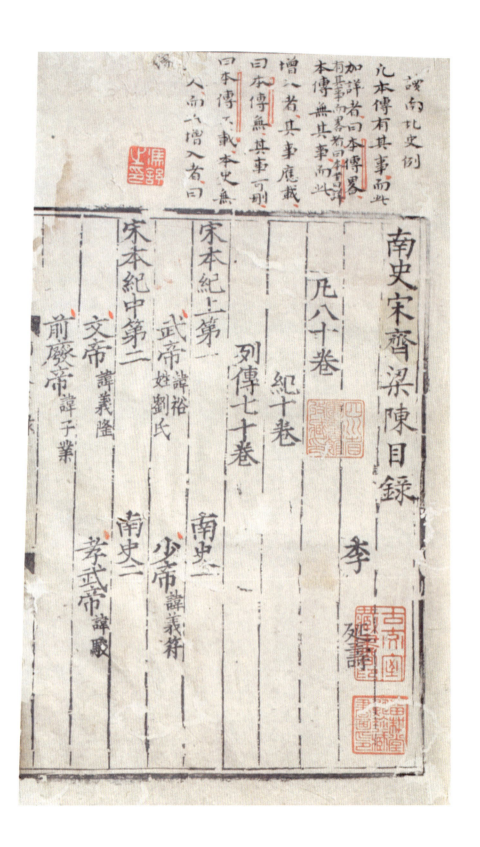

祏等謀告左興盛又說劉暄曰始安一旦南面則劉渢劉
晏居卿今地但以卿為反覆人爾暄陽驚馳告始安王及
江祏始安欲出朓為東陽郡祏固執不與先是朓常輕祏
為人祏常詣朓朓因言有一詩呼左右取既而便停祏問
其故云定復不急祏以為輕己後祏及弟祀劉渢劉晏俱
候朓朓謂祏曰可謂帶二江之雙流以嘲弄之祏轉不堪
至是構而害之詔暴其過惡收付廷尉又使御史中丞范
岫奏收朓下獄死時年三十六臨終謂門賓曰寄語沈公
君方為三代史亦不得見沒初朓告王敬則反敬則女為
朓妻常懷刀欲報朓朓不敢相見及當拜吏部謙挹尤甚

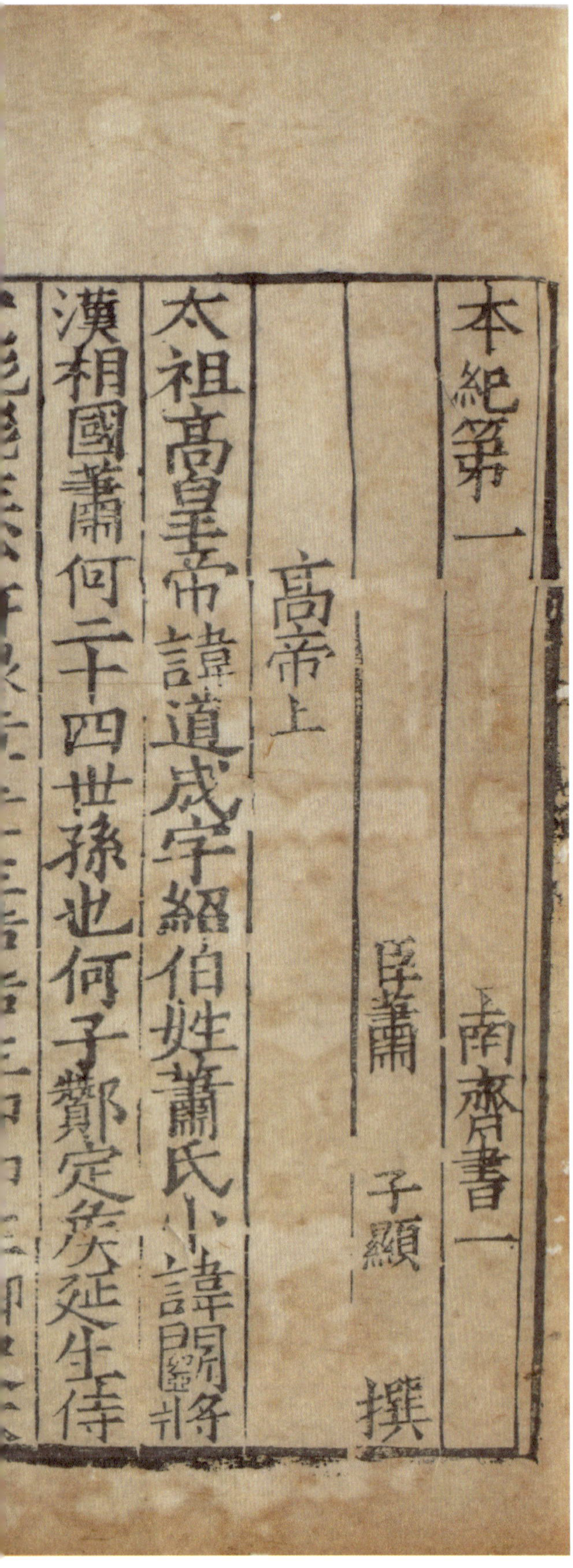

0011　南齊書五十九卷

（梁）蕭子顯撰

宋刻元明遞修本　十六冊

匡高21.8釐米，廣18.5釐米。半頁九行，行十八至十九字，白口，左右雙邊，版心有字數。

蕭子顯（489—537），字景陽，南蘭陵（今江蘇武進西北）人。齊高帝蕭道成之孫。累官至吏部尚書、侍中，後出為吳興太守。據齊所修國史，參酌眾書，以成《齊書》，今稱《南齊書》。本書原為六十卷，唐玄宗朝整理書籍目錄時已缺《序録》一卷，故今存五十九卷。《南齊書》是紀傳體南朝齊史。記載蕭道成建齊至蕭寶融被廢七帝二十三年（479—502）的歷史，為研究蕭齊史的基本史料之一。《南齊書》有文字簡潔、記事簡略的特點。蓋因其書乃為本朝人書本朝事之故。蕭子顯曆事齊、梁武帝兩代，書中的許多人和事都與他有關係，寫作時的顧忌則是必然的。為避免政治上的糾葛，他採取了大量省略的辦法。這使他注意那些與政治無關的人物，如《祖沖之傳》篇幅就較多，則《南齊書》的禮、樂、天文、州郡、百官、輿服、祥瑞、五行等八志，較為可取。如《州郡志》記齊之行政區、兼及水利、農業、風土人情；《百官志》講職官制度，間及沿革源流，敘說簡要，裨益頗多；《五行志》的自然現象、自然災害的記載等。其《本紀》、《列傳》部分，如《褚淵傳》等，略得司馬遷的風格，寫得頗為生動。南齊是一個國祚短促的王朝，《南齊書》的規模卻並不小，但因其文字簡潔、記事簡略，保存原始資料並不豐富，是其不足；然其各篇之後多有論、贊，表明作者的看法。多數的志和類傳前有小序，闡述本篇要旨，其體例和文筆簡潔的特點，為許多學者所推崇。此宋、元、明諸代刻印遞修本，版本足資重視。

四川大學圖書館藏

莊歌宋太祖亦無完句建元初詔黃門郎謝超
宗造明堂夕牲等辭并採用莊辭建武二年雩
祭明堂謝朓造辭一依謝莊唯世祖四言也
賓出入奏肅咸樂歌辭二章
彝承孝典　恭事嚴聖　浹夫奉賁
鏧壤齊慶　司儀且序　羽容夙章
芬枝揚烈　黼構周張　助寶尊軒
酎珍玄庭　璆縣凝會　肯朱竚聲
先期選禮　肅若有承　祗對靈祉

生光祿勳閎閎生濟陰太守闡闡生吳郡太守
永永生中山相苞苞生博士周周生蕗丘長繪

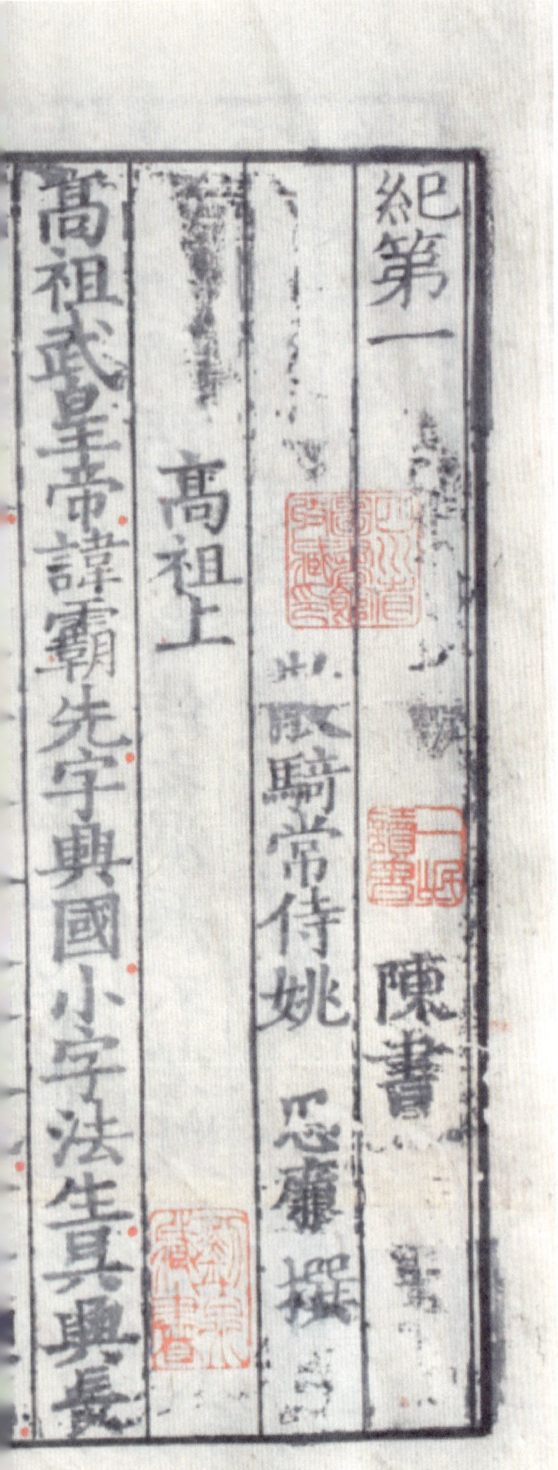

0012 陳書三十六卷

（唐）姚思廉撰

宋刻本　一冊

匡高17.3釐米，廣22.3釐米。半葉九行，行十八字，白口，左右雙邊，版心有字數。存一卷（卷一：目錄抄配六葉。）

姚思廉（557—637），名簡，字思廉，以字行。唐初史學家。本吳興（今浙江湖州）人，陳亡，遷關中，爲萬年（今陝西西安）人。入唐爲秦王府文學館學士。《陳書》爲紀傳體斷代史書。所載為南朝陳，上自陳武帝永定元年（557），下至陳後祖禎明三年（589）史事。隋開皇九年（589）姚察（思廉父，歷仕梁、陳、隋三朝，博通經學，精于文史。）受命編撰梁書、陳書，未畢卒。唐貞觀三年（629），姚思廉奉詔與魏徵同撰梁陳二史；魏徵裁其總論，姚思廉『憑其舊稿，加以新錄，彌曆九載，方始畢功』（史通?古今正史）。其時，有世傳顧野王、傅宰、陸瓊三家舊史，和陳諸帝起居注及相關史料，姚氏撰《陳書》，『實兼三家』，多有參考。《陳書》三十六卷，分本紀六卷，列傳三十卷，是二十四史中份量最少的一部。《陳書》無表和志，是一大缺憾。然在內容上，採用包括類傳、合傳、專傳、附傳等方式，以類相從，組合排序合理。《陳書》《梁書》同出姚氏父子之手，雖有文體清新通俗，用字簡練的特點，但前者品質卻遠不及後者，且於重要史實的記載過於簡略，清人趙翼《陔餘叢稿》中多有批評。儘管如此，陳代許多史實在書中得到反映。如『新屯塢壁』（《華皎傳》）的特殊社會組織；『員外、常侍，路上比肩；諮議、參軍，市中無數』（《徐陵傳》），記載官僚機構臃腫龐大狀況的資料是極珍貴的。此本雖僅存一卷，然為該書現存最早的版本，極為珍罕。

四川省圖書館藏。

自魏及隋
亦無二百
餘歲

陳書六本紀三十列傳凡三十六篇唐散騎常
侍姚思廉撰始思廉父察梁陳之史官也録二
代之事未就而陳亡隋文帝見察甚重之每就察
訪梁陳故事察因以所論載每一篇成輙奏之
而文帝亦遣虞世基就察求其書又未就而察
死察之將死屬思廉以継其業唐興武德五年
高祖以自魏以來二百餘世統紀數更史事放
逸乃詔撰次而思廉遂受詔爲陳書久之猶不
就貞觀三年遂詔論撰於秘書內省十年正月

鉢今本
旗南史
銔誤字
誤左傳
齊景公
旗名靈
姑銔

又公之功也公克黜禍劬勞皇室而孫甯之
黨翻誓狄心伊洛之間咸爲虜戍雖金陵佳氣
石壘天嚴朝聞戎塵夜喧胡鼓公三築壽既畫八
陳斯張裁舉靈鉢亦抽金僕咸俘醜類悉反高
墉異季廣之皆誅同龐元之盡赦此又公之功
也任約叛換梟聲不悛戎羯貪婪狼心無改穹
廬氈幕抵北闕而爲營烏孫天馬指東都而成
陣公左甄右落箕張翼舒掃是欃槍驅其猃狁
長狄之種埋於國門椎髻之酋盡於軍市投秦

丞相掾歷太子洗馬出爲長城令悦其山水遂
家焉嘗謂所親曰此地山川秀麗當有王者興
二百年後我子孫必鍾斯運達生廉復爲丞相

0013 魏書一百十四卷

（北齊）魏收撰

宋刻宋元遞修公文紙印本　一冊

匡高23.4釐米，廣19釐米。半葉九行，行十八字，白口，版心有字數。存二卷（卷四十七、八十一）。

魏收（506—572），字伯起，小字佛助，下曲陽（今河北晉縣西）人。北齊時任中書令兼著作郎，後累官至尚書右僕射，監修國史。《魏書》爲紀傳體北朝魏史。所載內容，為鮮卑拓跋部從北魏道武帝登國元年（386）至東魏孝靜帝武定八年（550）被北齊取代，計一百六十四年的歷史。全書一百十四卷，分為帝紀十二卷，列傳九十二卷，志十卷三大部分。《魏書》成於天保五年（554），其書列傳，首開家系立傳之方法，若干人物傳中皆有子孫、宗族的附傳，多達十數人，或數十人。其列天象、地形、律曆、禮、樂、食貨、刑法、靈徵、官氏、釋老十志，是南北朝時期八部正史中除《隋書》以外，唯一有《食貨志》的一部史書。其《食貨志》記述了北魏的經濟制度，包括均田制和生產情況，是瞭解北魏時期經濟史的原始資料。其所增《釋老志》《官氏志》則為紀傳體史書體例的創新和發展。特別是《官氏志》對職官制度和氏族部落姓氏的記述，尤其是孝文帝改各族為漢姓的材料，彌足珍貴。由於對西魏的偏見和撰述中的曲筆現象，《魏書》自問世伊始，就屢遭譏議，尤其是以家立傳的體例。『若一人立傳，而其子孫、兄弟、宗族，不論有官無官，有事無事，一概附入，竟似代人作家譜，則自魏收始。』（趙翼《廿二史劄記》）但《魏書》十志，頗具史料價值；全書文筆流暢，敘事生動，有文采，在南北朝八書中亦算佳者。此本僅存二卷，然其為現存《魏書》的最早版本。

四川省圖書館藏。

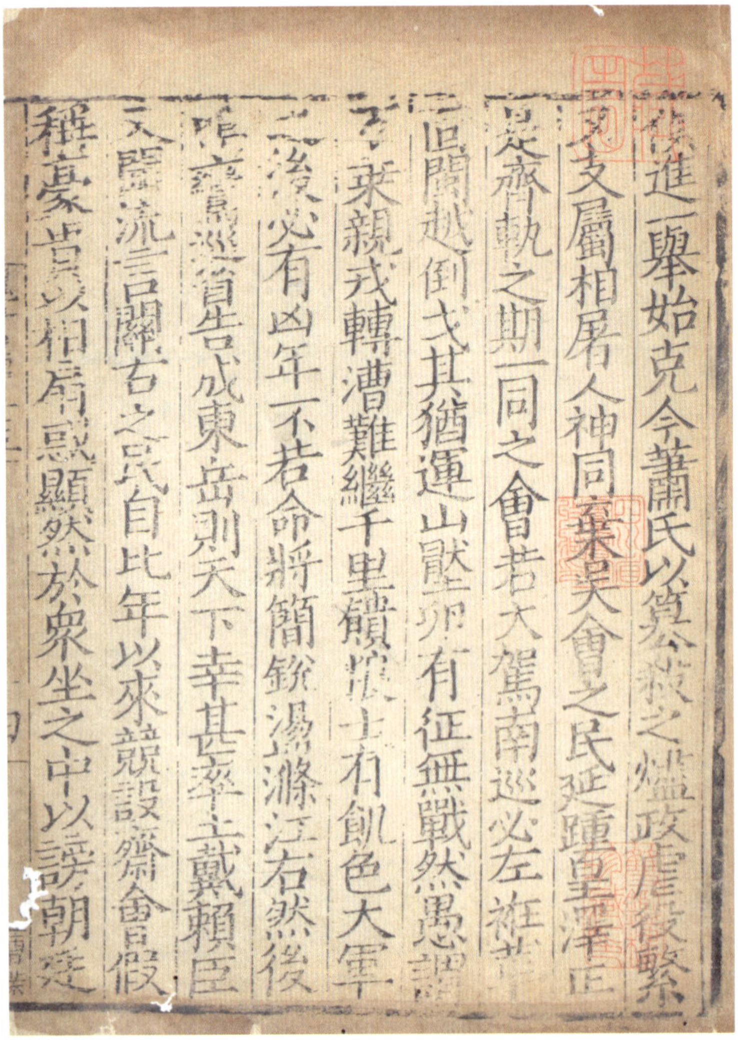

0014 北齊書五十卷

（唐）李百藥奉敕撰

宋刻元明遞修本　十二冊

匡高22.3釐米，廣18.6釐米。半葉九行，行十八字，黑口，左右雙邊，版心有字數。

李百藥（565—648），字重規，安平（今屬河北）人。入唐後歷任中書舍人、散騎常侍、宗正卿。貞觀元年（627），奉詔修《齊書》，據父（李德林）舊稿，兼採他書，經十年，成五十卷，今稱《北齊書》。東魏武定八年（550），高歡之子高洋推翻東魏，建立齊，史稱北齊。是書所載，從東魏孝靜帝天平元年（534）至北齊幼主高恒承光元年（577）間四十四年的歷史。百藥原書包括本紀八卷，列傳四十二卷；唐中葉以後逐漸殘缺，至北宋初已僅存十八卷。今所見《北齊書》據唐李延壽《北史》、高峻《高氏小史》等書所補。原書具有資料豐富的特點，如列傳中的《杜弼傳》中所記有關形神問題同邢邵展開的辯論，是中國哲學史上極有價值的史料；《方伎傳》中綦母懷文在鋼鐵冶煉上的貢獻，信都芳在數學上的成就，張子信在天文學上的造詣等，都是古代科技史的重要資料。有關農民起義的資料多有所載。《北齊書》規模不大，然其記述方式較為得體，注重反映史實，較少存錄繁瑣無用的詔書、奏章、文賦；其體例大致以《後漢書》為楷模，卷末各加論贊，以申作者的看法。《北齊書》同唐初所修梁、陳、北周、隋等書一樣，都無表和志。貞觀十五年（641），唐太宗命史臣集中編纂這五個朝代的史志，至高宗顯慶元年（656）成書。全書共十篇史志，編入了《隋書》，因此要瞭解東魏北齊時的制度史，應參考《隋書》的十篇史志。此本為《北齊書》傳世之較罕版本。

四川大學圖書館藏。

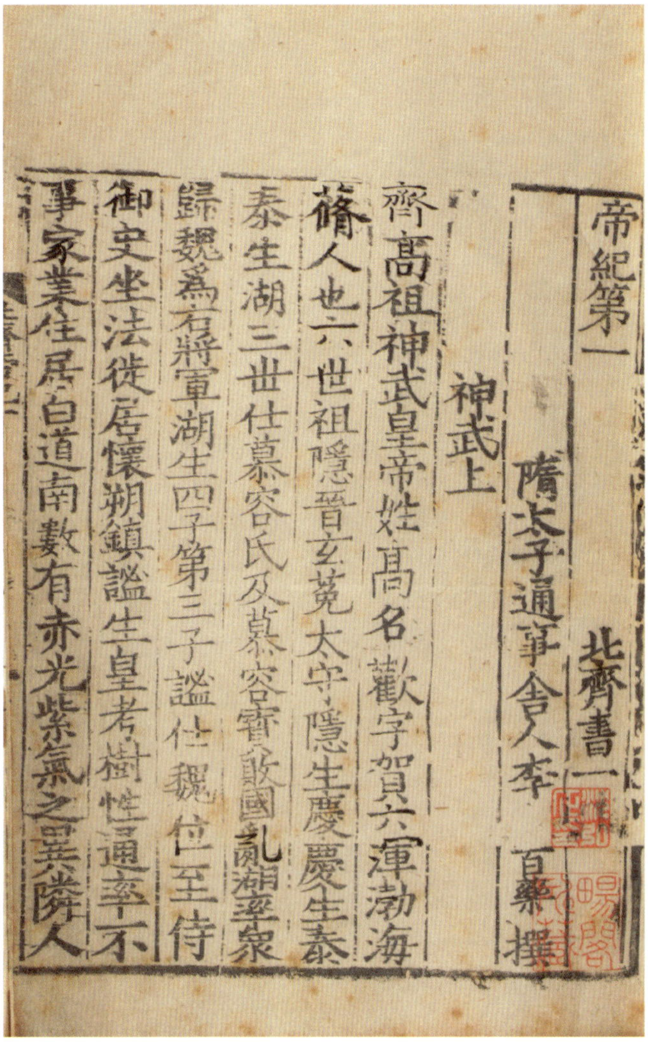

北齊書五十卷

（唐）李百藥奉敕撰

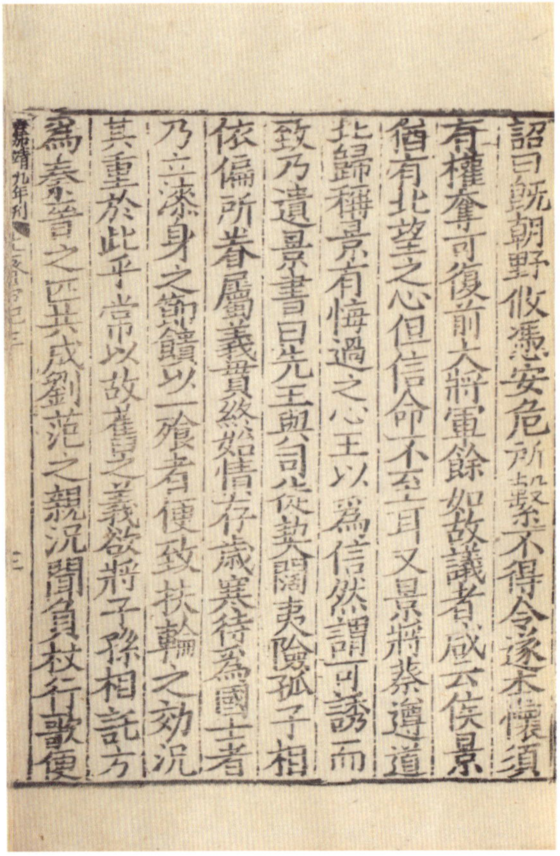
詔曰既朝野攸憑安危所繫不得令遂本懷須
有權奪可復前大將軍餘如故議者咸云侯景
猶有北望之心但信命不至耳又景將蔡遵道
北歸稱景有悔過之心王以為信然謂可誘而
致乃遺景書曰先王與司徒契闊夷險孤子相
依偏所眷屬義貫終始情存歲寒待為國士者
乃立漆身之節饋以一飧者便致扶輪之効況
其重於此乎常以故舊之義欲將子孫相託方
為秦晉之匹共成劉范之親況聞負杖行歌便

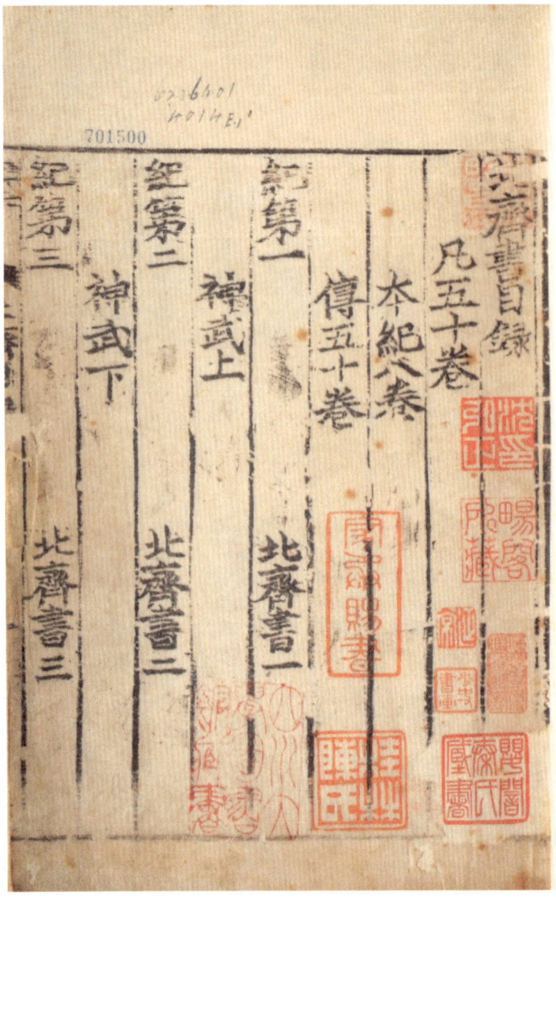
北齊書目録
凡五十卷
本紀八卷
傳五十卷
紀第一　北齊書一
神武上
紀第二　北齊書二
神武下
紀第三　北齊書三

0015 隋書八十五卷

（唐）魏徵等撰

元大德饒州路儒學刻明正德嘉靖遞修本　二十四册

匡高21.4釐米，廣15.8釐米。半葉十行，行二十二字，黑口，左右雙邊或四週雙邊，版心有字數。

魏徵（580—643），字玄成，館陶（今屬河北）人。入唐官至侍中，封鄭國公。長孫無忌（約597—659），字輔機，河南洛陽人。唐太宗長孫后之兄，封趙國公，官至太尉、同中書門下三品。《隋書》共八十五卷，分為兩個部分：一部分是紀傳部分，成書於唐太宗貞觀十年（636）；另一部分為史志部分，始修於貞觀十五年（641），成於唐高宗顯慶元年（656）。《隋書》組織嚴密，文筆簡潔，質量優於唐修其他各代史書，是二十五史中修史水準較高的史籍之一。書中保存了大量的隋代政治、經濟以及科技文化資料。其中十志記載梁、陳、北齊、北周和隋五朝的典章制度，部分甚至追溯到漢魏，以詳今略古、詳北略南爲特點。其中的《經籍志》記古今圖書存佚及其源流，所開創的有別於漢劉歆《七略》以來的『六分法』，以甲乙丙丁標示經史子集部類順序的『四分法』等，以『經史子集』直接標示部類的方法，並創立了一套相對完善的分類體系，在圖書分類和目錄學史上無疑具有極爲重要的意義和深遠影響。《隋書》最早刻於北宋天聖二年（1024），有南宋嘉定間刻本殘卷六十五卷及南宋另一刻本殘存五卷傳世。此刻本亦是比較好的版本。

四川師範大學圖書館藏。

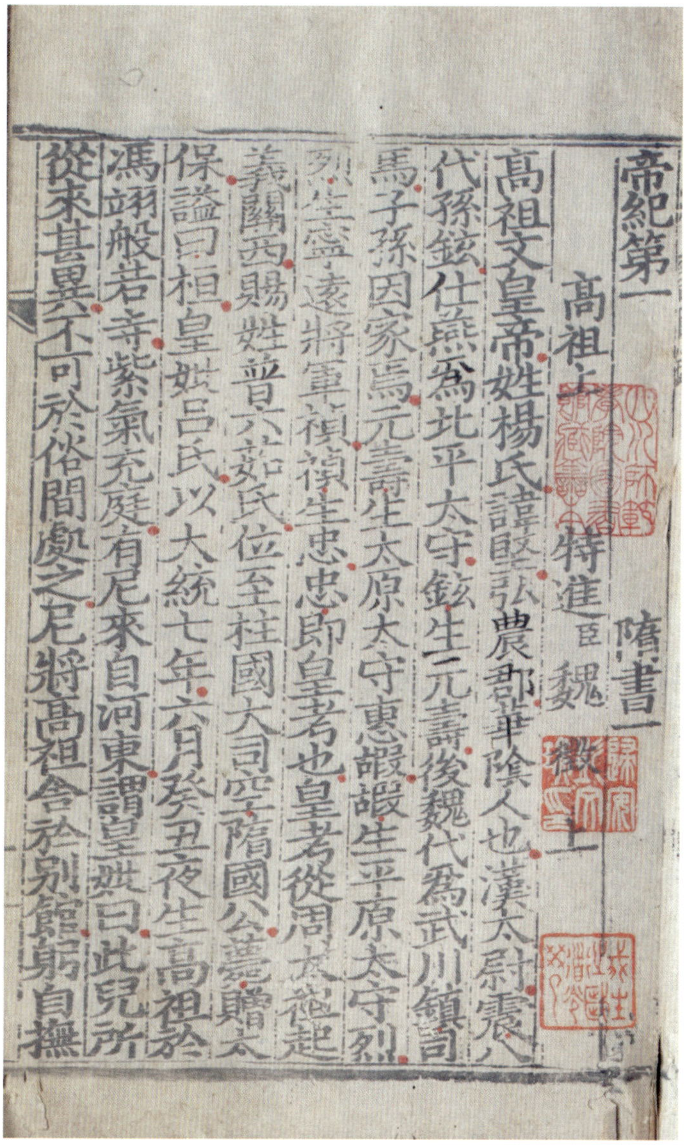

帝紀第一　隋書一
高祖上　特進臣魏徵上
高祖文皇帝姓楊氏諱堅弘農郡華陰人也漢太尉震八
代孫鉉仕燕爲北平太守鉉生元壽後魏代爲武川鎮司
馬子孫因家焉元壽生太原太守惠嘏嘏生平原太守烈
烈生寧遠將軍禎禎生忠忠即皇考也皇考從周太祖起
義關西賜姓普六茹氏位至柱國大司空隋國公薨贈太
保謚曰桓皇妣呂氏以大統七年六月癸丑夜生高祖於
馮翊般若寺紫氣充庭有尼來自河東謂皇妣曰此兒所
從來甚異不可於俗間處之尼將高祖舍於別館躬自撫

得夫人間疾苦無不留意嘗遇關中飢遣左右視百姓所食有得豆屑雜糠而奏之者上流涕以示羣臣深自咎責爲之撤膳不御酒肉者殆將一朞及東拜太山關中戶口就食洛陽者道路相屬上敕斥候不得輒有驅逼男女參厠於仗衛之間逢扶老携幼者輒引馬避之慰勉而去至艱險之處見負擔者遽令左右扶助之其有將士戰沒必加優賞仍令使者就家勞問自強不息朝夕孜孜人庶殷繁帑藏充實雖未能臻於至治亦足稱近代之良主然天性沉猜素無學術好爲小數不達大體故忠臣義士莫得盡心竭辭其草創元勳及有功諸將誅夷罪退罕有存者

太社帝社太稷凡三壇門牆並隨其方色每以仲春仲秋
并令郡國縣祠社稷先農縣又兼祀靈星風伯雨師之屬
及臘又各祠社稷于壇百姓則二十五家爲一社其舊社
及人稀者不限其家春秋祠水旱禱祈祠具隨其豐約其
郡國有五岳者置宰祝三人及有四瀆若海應祠者皆以
孟春仲冬祠之舊太社廩犧吏牽牲司農省牲太祝吏讚
牲天監四年明山賓議以爲案郊廟省牲日則廩犧令牽
牲太祝令讚牲祭之日則太尉牽牲郊特牲云社者神地
之道國主社稷義實爲重今公卿貴臣親執盛禮而令微
吏牽牲頗爲輕末且司農省牲又非其義太常禮官實當

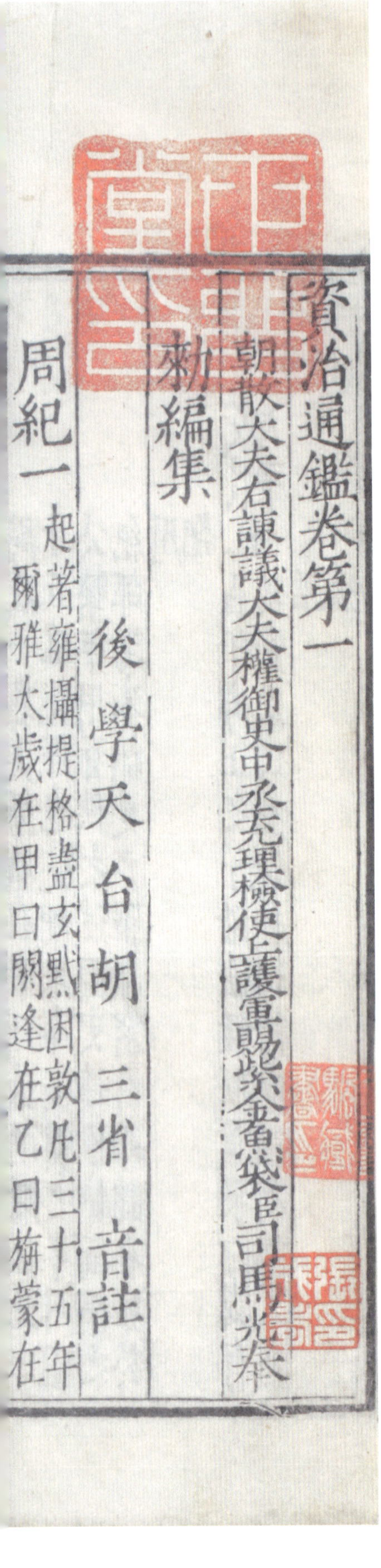

0016 資治通鑑二百九十四卷 （宋）司馬光撰 （元）胡三省音注 通鑑釋文辨誤十二卷 （元）胡三省撰

元刻明弘治正德嘉靖遞修本 八十一册

匡高22.2釐米，廣14.7釐米。半葉十行，行二十字，小字雙行同，黑口，四週雙邊，版心有字數。

司馬光（1019—1086），字君實，號迂叟，世稱涑水先生，陝州夏縣（今屬陝西）人。宋仁宗寶元元年（1038）進士。官至宰相，卒贈太師、溫國公。司馬光生活的時代，紀傳體史書已有《史記》、《漢書》、《後漢書》、《三國志》以及《舊五代史》《新五代史》等十九部之多。司馬光編寫《資治通鑑》，擬编一部包括以前史籍內容，又比較易讀的史書。他没有沿用紀傳體的方式，而以編年體裁集歷代史籍統為一書。初成《通志》八卷，爲英宗首肯，乃置書局，以劉攽、劉恕、范祖禹爲協修，歷十九年，於神宗元豐七年（1084）成編。《通鑑》所記自周威烈王二十三年（前403）至五代後周世宗顯德六年（959），共一千三百六十二年的歷史；以朝代爲紀，自《周紀》始，終於《後周紀》共十六個部分；以《唐紀》爲多，達八十一卷，《秦紀》最少，只三卷。取材博綜十七史、唐以來實錄及雜史、譜錄、碑碣、家傳、行狀、小説、文集凡三百種以上，所謂『簡牘盈積，浩如煙海』，資料極爲豐富。內容以敘政治、軍事爲主，加以陳述論議，『以人爲鑑』、『以史爲鑑』，着眼於古今盛衰之跡，爲君王治世之道提供借鑒乃本書之旨。司馬光爲此書耗盡精力，他在上表中説：『臣無他事，得以研精極慮，窮竭所有，日力不足，繼之以夜。』書成祇二年，他便去世了。《資治通鑑》基本包括了從《史記》至《新五代史》的十九部紀傳體史書近二千卷的內容，而卷數僅為其七分之一，可謂簡矣。《通鑑》全書體例嚴謹，脈胳分明，熔裁貫通，後世有體大思精之譽，可謂把古代編年體史書之例發揮到了極至。有的篇章，文筆亦美，成為文學名篇。宋元之際胡三省於《通鑑》的注釋用力極勤，對《通鑑》所涉及的名物、制度、地理、字音都作了極爲詳盡的注釋，其中尤以地理與字音方面最爲突出，對《通鑑》一書起了很大的補足作用。他的工作有人曾比之於裴松之於《三國志》。胡三省（1230—1302），字身之，又字景參，世稱梅澗先生，浙江天臺人。宋寶祐四年（1256）進士。宋亡後隱居不仕。《通鑑》歷代刊印者衆，此本時代較早，为元刻明遞修者，刻印皆佳。

四川省圖書館藏。

資治通鑑卷第十四

翰林學士朝散大夫右諫議大夫知制誥兼侍讀同提舉萬壽觀公事兼判

集賢院護軍河內郡開國侯食邑一千三百戶賜紫金魚袋臣司馬光奉

勑編集

後學天台胡三省音註

漢紀六（起閼逢困敦，盡重光協洽，凡八年。）

太宗孝文皇帝中

前三年冬十月丁酉晦日有食之十一月丁卯晦日有食之

詔曰前遣列侯之國（事見上年）或辭未行丞相朕之所重其為朕率列侯之國（為于偽翻）十二月免丞

0017 漢雋十卷

（宋）林鉞輯

元刻本 王文燾題識 四冊

匡高21.5釐米，廣16.6釐米。半葉九行，行字數不等，小字雙行三十字；黑口，左右雙邊。

林鉞，字伯仁，龍泉（今屬浙江）人。紹興二十一年（1151）進士。平生學力深於漢史。是書因『固之史亡慮八十萬言，學者驟而讀之，不得其要領』，而輯《漢書》中事語文意相比，並錄注家訓故，以考當時之遺範，標史氏之精語的史抄之作。自稱制、三宮、群僚、調補、按職起，至假設、雲烝、建瓴、鴻濛、匈匈共五十篇，每篇皆以篇首二字爲篇名，以事相繫，使覽之者，以收『漢家制度其存於今者，披卷一閱，則識其顛末，詳其指意；乃若廢於後世者，亦以炳著而不至淹沒古人言語之工』之效。以至『大可以詳其事，次可以玩其詞』。然其書之作，乃爲習宏博便利之需者。《四庫提要》有『割裂字句，漫無端緒』的批評。是本傳世不多。題識者王文燾，民國時期華陽縣人。

四川省圖書館藏。

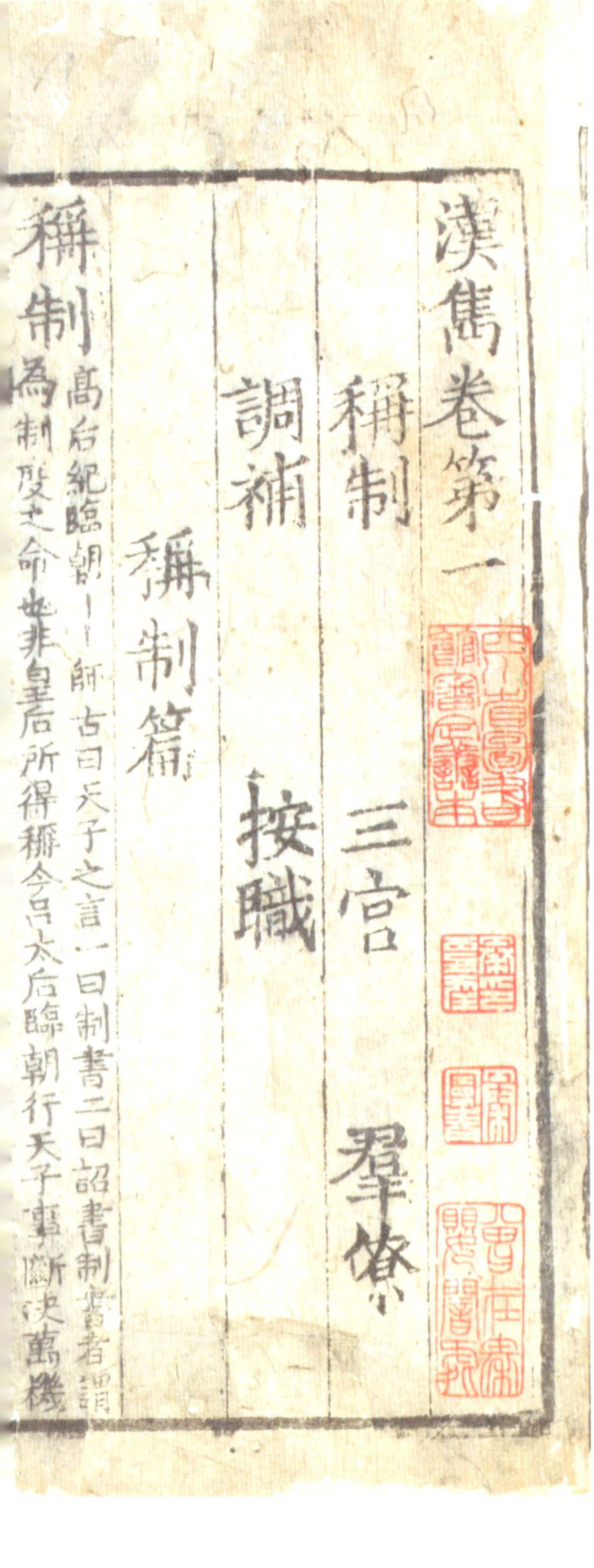

漢雋卷第六

蒸庶　佃作　襛祀

精祲　五樂

蒸庶篇

蒸庶 武紀勸元元厲丨丨師古曰蒸衆也 元元 見上又文紀以全天下丨丨之民師古曰丨丨善意也 黎烝 相如傳喜丨丨師古曰丨丨衆庶也 品庶 賈誼傳丨丨每生師古曰丨丨猶衆品也 黎元 谷永傳天下丨丨咸安家樂業 甿隸 過秦論丨丨之人如淳曰甿古文的字萌民也 氓隸 子虛賦以賤丨丨 民萌 刘向傳丨丨何以勸勉師古曰萌與甿同無知之皃 編列 相如傳丨丨之民師古曰丨丨謂編戶也 編戶 高紀爲丨丨民師古曰丨丨者言列次名籍也 撫福傳孔氏子孫不免丨丨師古曰列爲庶人也 齊民 食貨志亂丨丨如淳曰齊等也無有貴賤謂之丨丨若今言平民矣 懷民

0018　新編方輿勝覽七十卷　（宋）祝穆輯

元刻本　十六冊

匡高17.1釐米，廣11.8釐米。半葉十四行，行二十三字，黑口，左右雙邊，版心有字數。存五十九卷（一至三、九至十二、十六至三十三、三十七至七十）

祝穆，初名丙，字和甫，亦曰和父，歙县（今屬安徽）人。受業於朱熹，刻意問學，以儒學倡其家。曾除迪功郎，為興化軍涵江書院山長。曾隱於南溪，築室樟樹下，人稱樟隱先生。《新編方輿勝覽》，南宋地理總志，成書於宋理宗嘉熙三年（1239年），主要記載南宋臨安府（今浙江杭州）及其轄下的浙西路、浙東路、江東路、江西路等十七路所屬的府、州、軍、監。每郡以郡名、風俗、形勝、土產、山川、學館、堂院、亭台、樓閣、軒榭、館驛、橋樑、寺觀、祠墓、古跡、名宦、人物、名賢、題詠、四六等分類。祝穆在自序中說：『嘗往來閩、浙、江、淮、湖廣間，所至必窮登，與予有舊每相見必孜孜風土事，經史子集，稗官野史，金石刻列，郡志有可采摭，必書夜抄錄無倦色。』故其書於名勝古跡記述甚詳，有關亭、台、橋、市、佛寺、道觀及名宦、人物、詩文的收集可謂賅備，而於傳統地志所詳之建置、沿革、疆域、道里、田賦、戶口、關塞險要等內容則極為簡略。《四庫全書總目提要》稱《方輿覽勝》『蓋為登臨題詠而設』，『雖無益於掌故，而有益於文章』。雖如此，因其『采摭頗富』，保留了不少南宋史實，對於瞭解南宋江南各地經濟、文化、風俗、民情、山川、土產等，是有益的資料。該書並附有編撰是書時『名賢以序詩文及史傳稗官小說』的篇名目錄。

四川師範大學圖書館藏。

新編方輿勝覽卷之六十四

建安 祝穆 和父編

合州

石照 巴川 銅梁 漢初 赤水

建置沿革 禹貢梁州之域秦竝參井之分野古巴子之國秦以其地爲巴郡今州即秦漢巴郡之墊江也東漢及魏晉因之宋於此置宕渠郡南齊以墊江縣屬宕渠郡西魏置合州改墊江爲石鏡縣改宕渠曰墊江郡後復曰宕渠隋廢宕渠郡改合州曰涪州煬帝置涪陵郡唐復爲合州改巴川郡後爲合州 皇朝因之又分川陝爲益梓利夔四路而合隸梓州路今領縣五治石照

事要

郡名 巴川 墊江

風俗 士風朴

越越敗屬楚秦併天下屬會稽郡漢因之東漢分浙西爲呉郡陳立錢塘郡隋平陳置杭州唐改爲餘杭郡後復爲杭州 國朝錢俶納土改爲寧海軍分浙東西爲西路陞爲帥府 中興駐蹕陞杭州爲臨安府仍舊浙西安撫使兼兵馬鈐轄統郡八領縣九治錢塘仁和兩縣

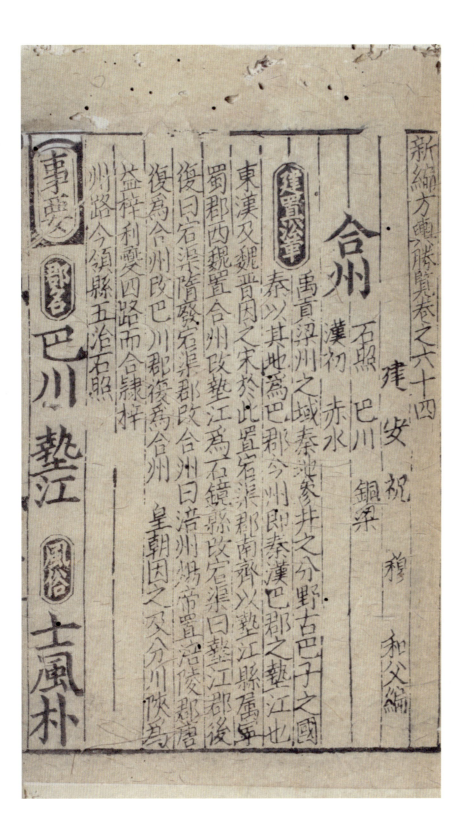

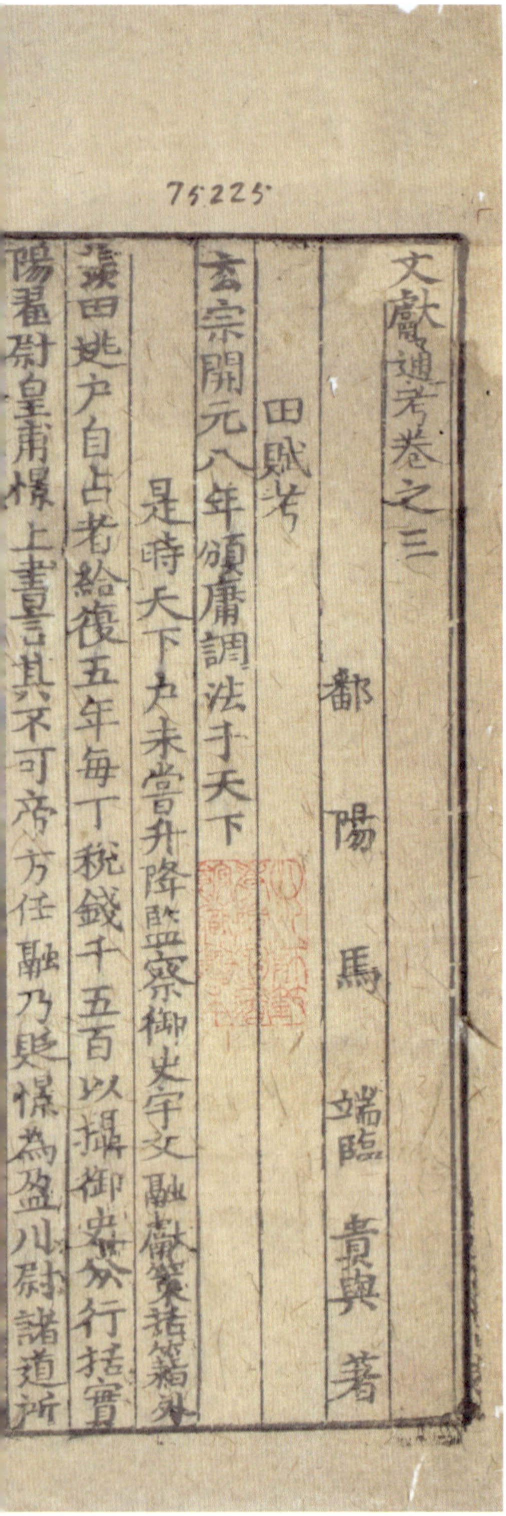

文獻通考卷之三

鄱陽馬端臨貴與著

田賦考

玄宗開元八年頒庸調法于天下

是時天下戶未嘗升降監察御史宇文融獻策括籍外羡田逃戶自占者給復五年每丁稅錢千五百以攝御史分行括實陽翟尉皇甫憬上書言其不可帝方任融乃貶憬為盈川尉諸道所

0019 文獻通考三百四十八卷

（元）馬端臨撰

元泰定元年（1324）西湖書院刻元明遞修本 一百五十八冊

匡高25.1釐米，廣18.8釐米。半葉十三行，行二十六字，小字雙行同，黑口，左右雙邊。存三百四十四卷（一至十二、十七至三百四十八；卷首一至二、十一至十二配舊抄本）

《文獻通考》作為一部探求上古至宋歷代典章制度變化，集歷代著述之大成的學術文化通史，有着極高的學術資料價值。雖門類眾多，規模宏大，卷繁帙重，歷世版刊印者眾多，版本較夥。此本乃《文獻通考》之最早版本。

四川師範大學圖書館藏

陰河船之運積渭口渭船之運入太倉歲轉粟百一十萬石無升斗溺者輕貨自揚子至汴州每馱費錢二千二百減九百歲省十餘萬緡又分官吏主丹楊湖禁引溉自是河漕不涸大曆八年以關内豐穰減漕十萬石度支和糴以優農晏自天寶末掌出納監歲運知左右藏主財穀三十餘年矣及楊炎爲相以舊惡罷晏轉運使復歸度支凡江淮漕米以庫部郎中崔河圖主之及田悅李惟岳李納梁崇義拒命舉天下兵討之諸軍仰給京師而李納田悅兵守渦口梁崇義搤襄鄧南北漕引皆絕京師大恐江淮水陸轉運使杜佑以漢運路出浚儀十里入琵琶溝絕蔡河至陳州而合自隋鑿汴河官漕不通若導流培岸功用甚寡疏鷄鳴岡首尾可以通舟陸行纔四十里則江湖黔中嶺南蜀漢之粟可方舟而下繇白沙起東關歷潁蔡涉汴抵東都無濁河泝淮之阻減故道二千餘里會李納將李洧以徐州歸命淮路通而止戶部侍郎趙贊又以錢貨出淮迂緩分置汴州

總集應退應受之人對共給受謂如里正管百丁田萬畝立法之意欲百家仰事俯育不致困乏耳因制租調以祿君子而養民之意爲多唐文脫戶者有禁漏口者有禁浮浪者有禁占田

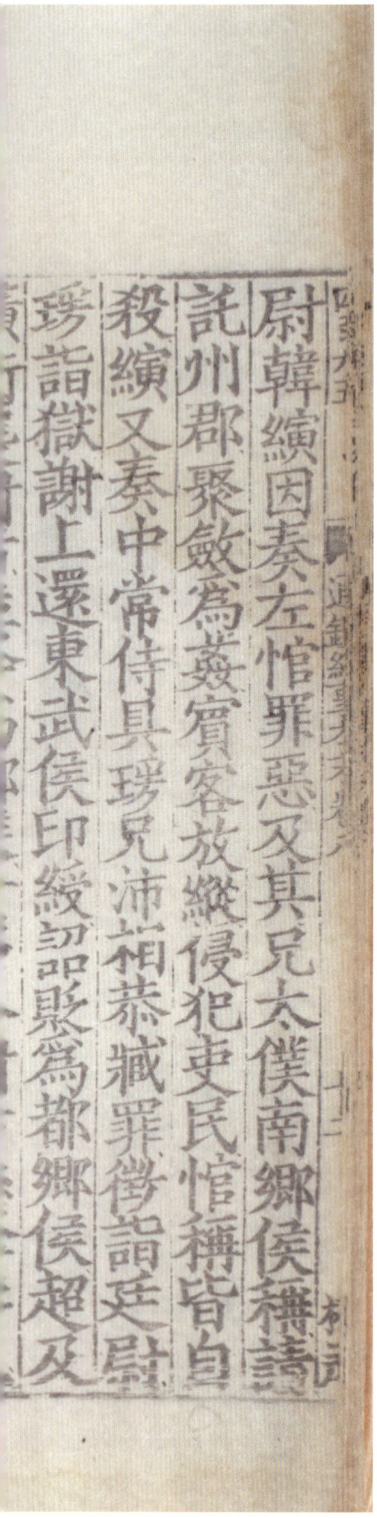

0020 通鑑紀事本末四十二卷

（宋）袁樞撰

南宋寶祐五年（1257）趙與䈞刻元明遞修本　四十二冊

匡高25.8釐米，廣20釐米。半葉十一行，行十九字，白口，左右雙邊，版心有字數。

袁樞（1131—1205），字機仲，建州建安（今福建建甌）人。隆興元年（1163）進士。官至工部侍郎兼國子祭酒。樞精讀《資治通鑑》，苦其浩博，自出新意，因《通鑑》原文，將二百九十四卷一千三百六十餘年史料，歸併爲二百三十九事，自爲標題，一事一篇，每事各詳起訖，每篇各編年月，依時爲序，自為首尾，以成我國古代文獻編纂史上的第一部紀事本末體的史書。該體裁是在編年體的基礎上發展起來的，吸收了編年、紀傳二體之長，彌補了編年、紀傳二體之不足。清人章學誠在《文史通義·書教》中就有『按本末之爲體也，因事命篇，不爲常格，非深知古今大體，天下經綸，不能網羅隱括，無遺無濫。文省於紀傳，事豁於編年，決斷去取，體圓用神』的評價。《通鑑紀事本末》始之於『三家之分晉』，終於『周世宗之征淮』。其內容，詳於軍事政治，重治亂興衰，略於經濟制度之因革、文化發展之嬗變。相對而言，史料價值不如《通鑑》。袁樞新創立的紀事本末體，克服了編年體記事割裂、首尾難稽和紀傳體敘事重複、主次難分的缺點，把與某事相關的散見於不同時段的史料集中編次，清楚闡述重大歷史事件的始末原委，有利於從總體上把握歷史事件及其發展線索，於史學貢獻頗巨。紀事本末體是史書體裁上的一個重要突破，中國傳統史學從此出現編年、紀傳、紀事本末三種基本體裁。趙與䈞（1179—1260），字德淵，號節齋，居湖州（今屬浙江），宋太祖十世孫。嘉定十三年（1220）進士。累官淮浙發運使，差知平江府。

四川師範大學圖書館藏。

奇巧亦載之以歸河南尹李膺表按其罪元羣行
賂宦官膺竟反坐單超弟遷爲山陽太守以罪繫
獄廷尉馮緄考致其死中官相黨共飛章誣緄以
罪中常侍蘇康管霸固天下良田美業州郡不敢
詰大司農劉祐移書所在依科品沒入之帝大怒
與膺緄俱輸作左校　夏五月丙戌太尉楊秉薨
秉爲人清白寡欲嘗稱我有三不惑酒色財也秉
既沒所舉賢良廣陵劉瑜乃至京師上書言中官
不當比肩裂土競立胤嗣繼體傳爵又嬖女充積
穴食空宮傷生費國又第舍增多窮極奇巧掘山
攻石促以嚴刑州郡官府各自考事姦情賕賂皆
爲吏餌民愁鬱結起入賊黨官輒興兵誅討其罪
貧困之民或有賣其首級以要酬賞父兄相代殘
身妻孥相視分裂又陛下好微行近習之家私幸
宦者之舍賓客市買熏灼道路因此暴縱無所不

0021 漢藝文志攷證十卷

（宋）王應麟撰

元刻明修本　三冊

匡高21.8釐米，廣13.7釐米。半葉十行，行二十字，小字雙行字數不等；白口，左右雙邊。（存八卷：卷三至十）

王應麟（1223—1296），字伯厚，號深寧居士，又稱厚齋先生，慶元（今浙江鄞縣）人。淳祐元年（1241）進士。歷官起居舍人兼國史館編修、實錄院檢討、禮部尚書兼給事中等。其學於經史百家、天文地理無所不窺，尤精於史地考證之學，著述頗富。《漢書·藝文志》，乃史志書目，亦爲西漢時期的國家書目。《漢志》因劉歆《七略》考核刪補而成，爲我國現存最早的書目和目錄學文獻。其例：凡句下之注，不題姓氏者皆班固原文；其標某某曰者，則顏師古所集諸家之說。應麟以顏師古注《漢志》失之簡略，疏於考證，如《漢著記》即《起居注》之類，不過三五條而止。王氏據子史諸書，補其未備。具體做法是，不載全文，僅摘錄書名，對其內容、年代、真僞諸方面加以考訂。又《易類》增《連山》《歸藏》《漢志》所未收者二十六部，以類附入，加考語，以『不著錄』語別之。《四庫總目》對其評曰：『論其賅洽，究非他家所及。』此書於後世史志目錄編纂修訂者有一定影響；版本亦罕。

四川師範大學圖書館藏。

樂記二十三篇
禮記正義云樂記者記樂之義此於別録屬樂記
蓋十一篇合爲一篇謂有樂本有樂論有樂施有
樂言有樂禮有樂情有樂化有樂象有賓牟賈有
師乙有魏文侯今雖合此畧有分焉劉向所校二
十三篇著於別録今樂記所斷取十一篇餘有十
二篇其名猶在奏樂第十二樂器第十三樂作第

7490

漢藝文志攷證卷第六
浚儀王應麟伯厚甫
道
伊尹五十一篇
說苑臣術篇呂氏春秋皆引伊尹對湯問周書王會有伊尹朝獻商書愚謂孟子稱伊尹曰天之生此民也使先
知覺後知使先覺覺後覺也予天民之先覺者也
予將以斯道覺斯民也非予覺之而誰也伊尹所
謂道豈老氏所謂道乎志於兵權謀省伊尹太公
而入道家蓋戰國權謀之士著書而託之伊尹也湯

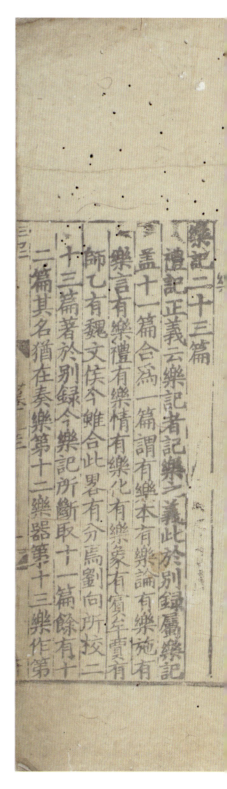

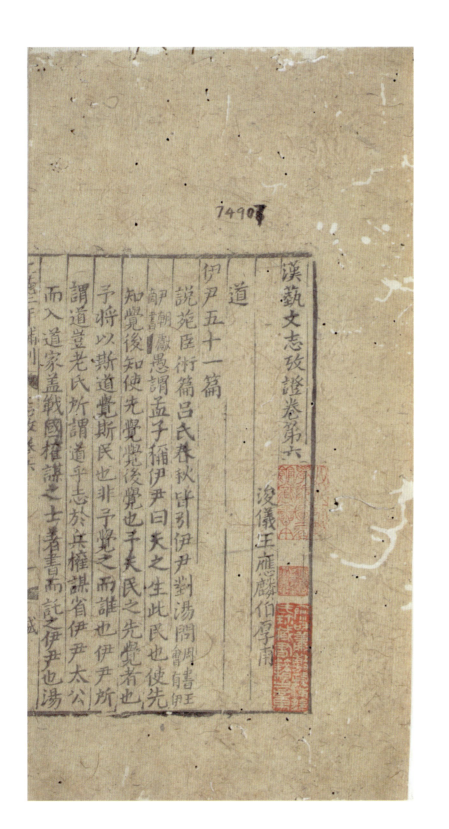

0022　至大重修宣和博古圖錄三十卷

（宋）王黼等撰

元刻明修本　二十四冊

匡高29.8釐米，廣23.2釐米。半葉八行，行十七字，白口，左右雙邊。存二十四卷（卷二至六、八至十、十二至十四、十七至二十九）

王黼，初名甫，後以同東漢宦官，賜名黼；字將明，祥符（今河南開封）人。崇寧（1102—1106）進士。調相州司理參軍，進翰林學士，歷尚書左丞、中書侍郎，拜特進、少宰。古代青銅器之研究，如許慎《說文解字》敘云：『郡國亦往往於山川得鼎彝，其銘即前代之古文。』在宋之前基本是偏重於文字。創造性地把青銅器作爲歷史資料研究的是宋哲宗元祐七年（1092）呂大臨編纂成書的《考古圖》。他於青銅器『每得傳摹圖寫』且『觀其器，誦其言，形容仿佛，以追三代之遺風，如見其人矣；以意逆之，或探其製作之原，以補經傳之闕亡，正諸儒之謬誤，天下後世之君子有意於古者，亦將有考焉。』這裏將器物考古與學術研究的關係和作用說得很明白了。宋徽宗『酷好三代鐘鼎書』（翟耆年《籀史》），王黼奉徽宗趙佶之命有《宣和博古圖》之編。徽宗『選通籀學之士，……親禦翰墨，討論訓釋』，起於大觀（1107—1110）初年，至宣和五年（1123）『以成此書』。《宣和博古圖》多承呂氏《考古圖》之旨，所輯者，為宋代皇宮之宣和殿所藏之八百三十九件古銅器。包括雜器四十，銅鏡一百一十三。全書設類二十，每類皆有總說，每器皆摹繪圖形、款識，兼記大小、容量、重量，並附以考記，可謂圖文並茂。宋代出土的青銅器多見於此書，是宋代有關青銅器研究的重要著作。《宣和博古圖錄》的編纂方法，如在古器物的分類、考訂和著錄方面於後世有較大影響。不僅是當時古器物集大成之作，為古代器物和制度考古的重要工具書，也是後世此類著作編撰之楷模。後世多有刊印者，而此本距成書時代較近。

四川省圖書館藏。

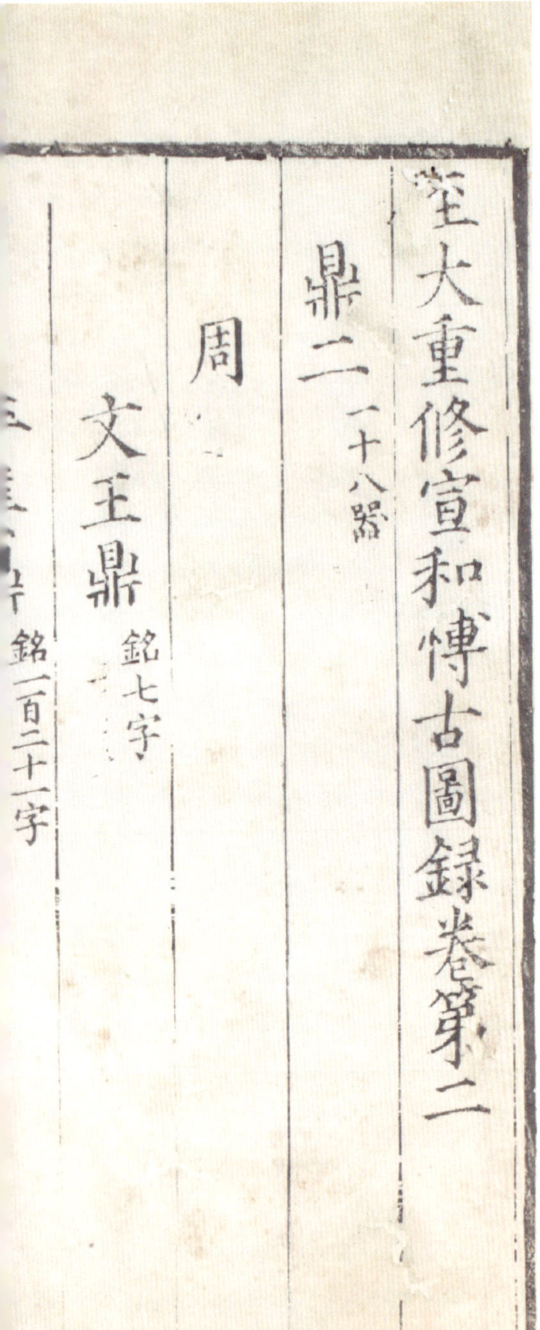

周文王鼎減小樣製

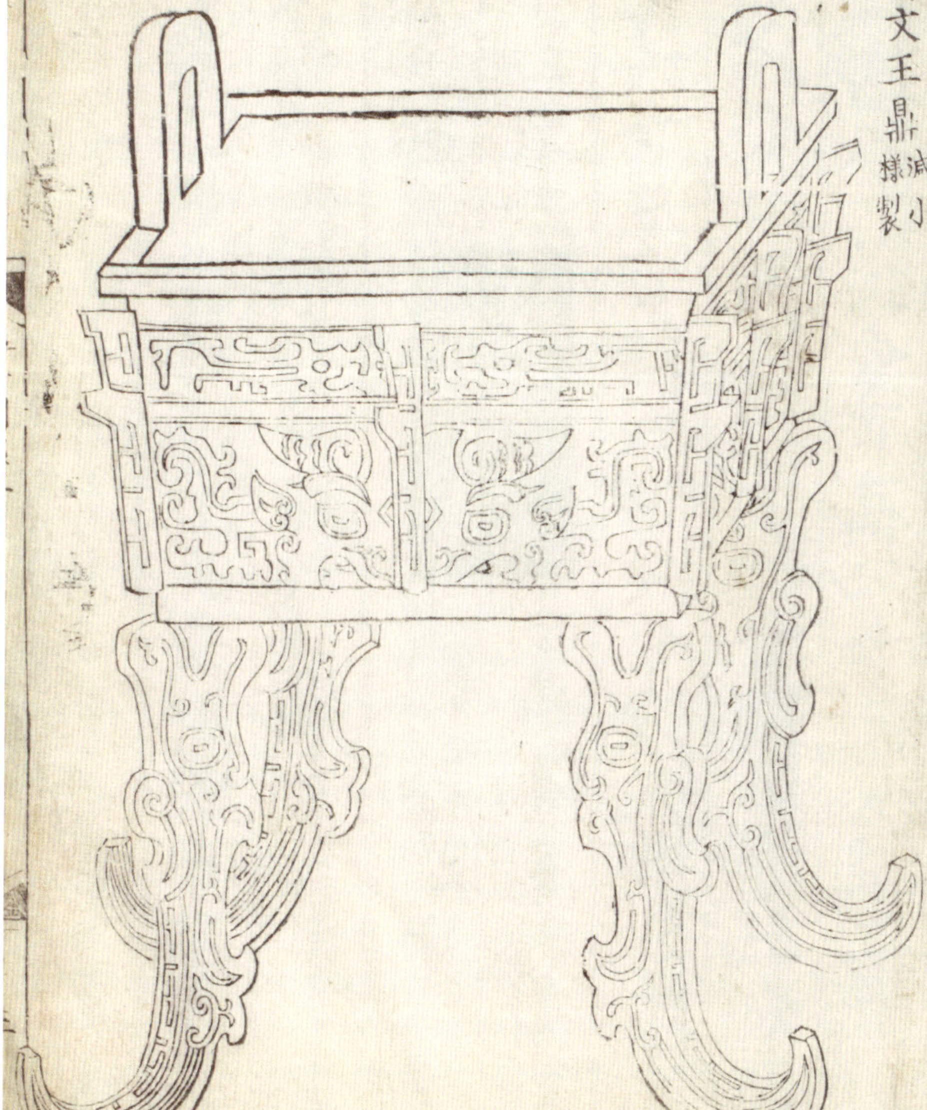

史頙鼎銘四十三字

王伯鼎銘六字

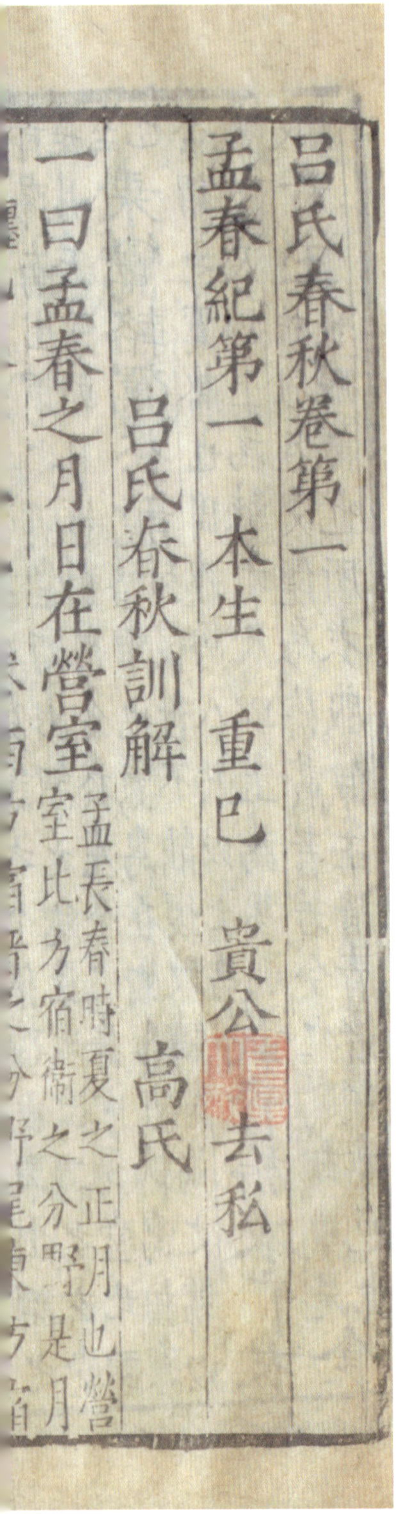

0023 呂氏春秋二十六卷

（秦）呂不韋等撰 （漢）高誘注

元至正嘉興路儒學刻明修本 四冊

匡高22釐米，廣15釐米。半葉十行，行二十字，小字雙行同；黑口，左右雙邊，版心有字數。

呂不韋（？—前235），戰國末衛國濮陽（今河南濮陽西南）人。原爲陽翟（今河南禹州）大商人。秦莊襄王繼位，爲相國，封文信侯。秦王政繼位，繼任相國，稱『仲父』，門下有賓客三千，家僮萬人。《呂氏春秋》乃呂氏命賓客所編著。全書共分為十二紀、八覽、六論，共十二卷，一百十六篇，二十餘萬字；其內容匯合了先秦各派學說，『兼儒墨，合名法』，保存了不少古代的遺文佚事、思想觀念和舊說傳聞。書中有唯物主義因素，也有天人感應的迷信思想，須加以分辨。高誘，東漢末人。生卒年不詳，建安（196—219）時在世。涿郡（今河北涿縣）人。東漢訓詁學家。所注古籍多種，今存較著者有《呂氏春秋注》《戰國策注》等。此本校刻精雋，書品較好，具有特別重要的版本價值。

四川師範大學圖書館藏。

德之帝其不在苦木德之帝死為木官之神　其蟲
鱗其音角東方少陽物去太陰甲散為鱗鱗魚屬也龍為之長角木也位在東方律中
太簇其數八太簇陽律也竹管音與太簇聲和太陰氣衰少陽氣發萬物動生簇地而出故
曰律中太簇五行數五木第三故數八其味酸其臭羶春東方木王木味酸酸者鑽也

曰人之情非不愛其父也其父之忍又將何有於君
公曰諾管仲死盡逐之食不甘宮不治苛病起朝不
肅居三年公曰仲父不亦過乎孰謂仲父盡之乎誰謂仲父言盡可用乎於是皆復召而反之明年公有病常之巫
從中出曰公將以某日薨易牙豎刁常之巫相與作
亂塞宮門築高墻不通人矯以公令令矯公命爲不通人之命有
一婦人踰垣入至公所公曰我欲食婦人曰吾無所
得公又曰我欲飲婦人曰吾無所得言無從得飲食與公公曰
何故對曰常之巫從中出曰公將以其日薨易牙豎
刁常之巫相與作亂塞宮門築高墻不通人故無所

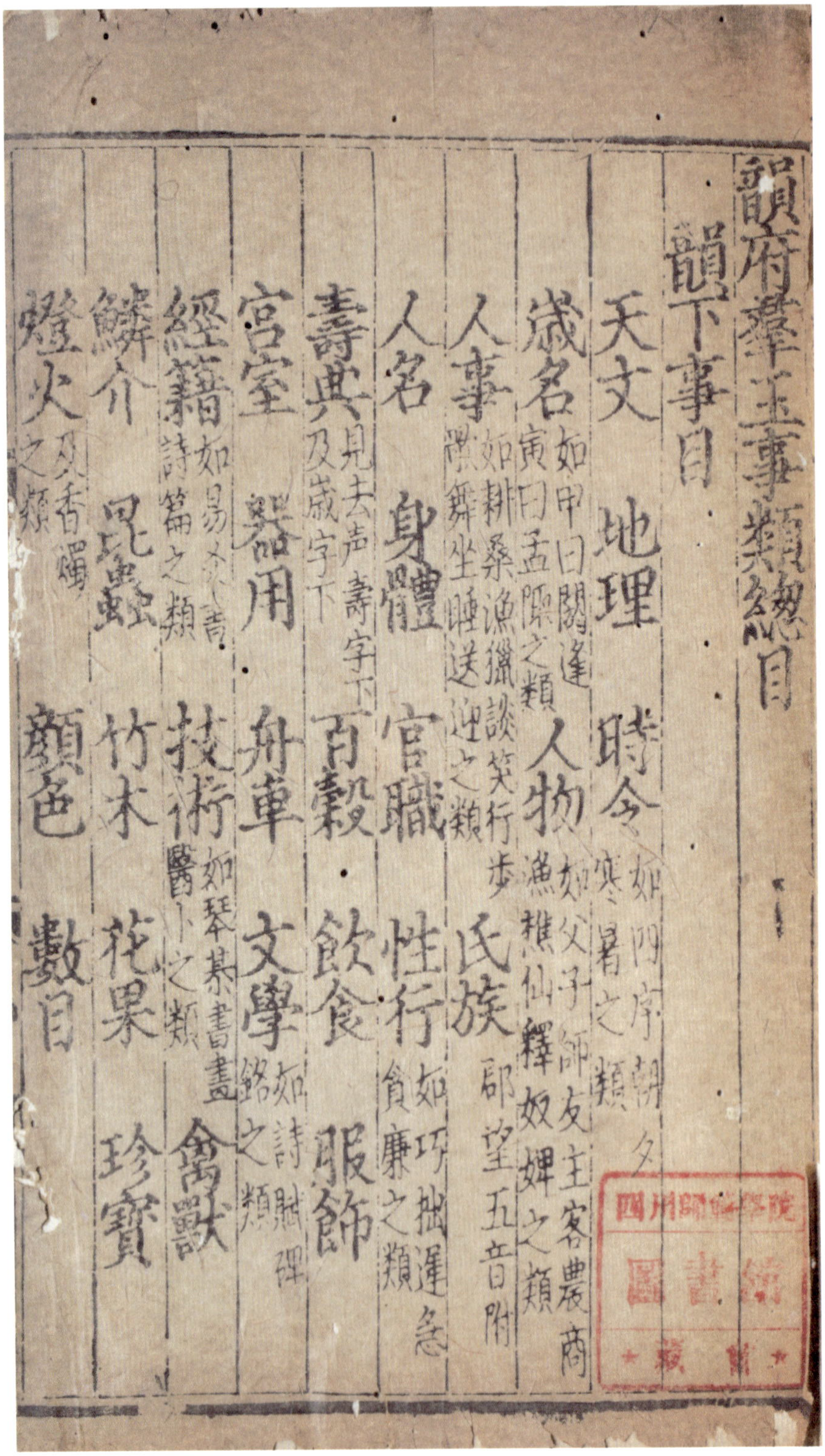
韻府羣玉事類總目
韻下事目
天文 地理 時令如四序朝夕寒暑之類
歳名如甲曰閼逢寅曰孟陬之類 人物如父子師友主客農商漁樵仙釋奴婢之類
人事如耕桑漁獵談笑行步歌舞坐睡送迎之類 氏族郡望五音附
人名 身體 官職 性行如巧拙遲急貪廉之類
壽夭見去声壽字下及歳字下 百穀 飲食 服飾
宮室 器用 舟車 文學如詩賦銘碑之類
經籍如易詩書詩篇之類 技術如琴棊書畫醫卜之類 禽獸
鱗介 昆蟲 竹木 花果 珍寶
燈火及香燭之類 顏色 數目

0024 韻府羣玉二十卷

（元）陰時夫輯 陰中夫注

元刻本 八冊 存八卷（卷三至四、十一至十六）

匡高26.6釐米，廣21.4釐米。半葉十行，行字數不等，小字雙行字數不等，黑口，四週雙邊。

四川師範大學圖書館藏。

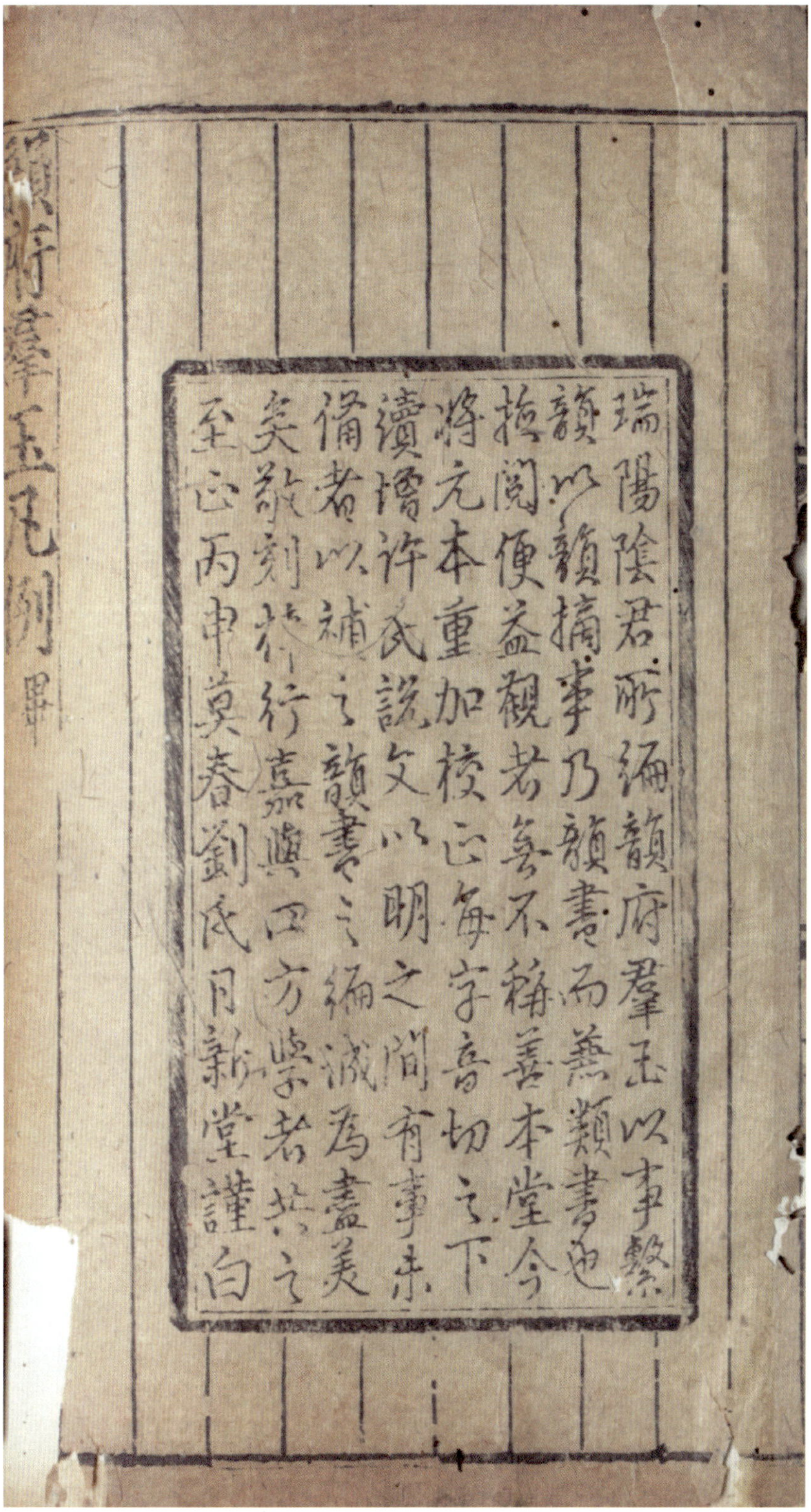
韻府羣玉凡例
瑞陽陰君所編韻府羣玉以事繫
韻以韻摘事乃韻書而兼類書也
檢閱便益觀者無不稱善本堂今
將元本重加校正每字音切之下
續增許氏說文以明之間有事未
備者以補之韻書之編誠爲盡美
矣敬刻梓行嘉與四方學者共之
至正丙申莫春劉氏日新堂謹白

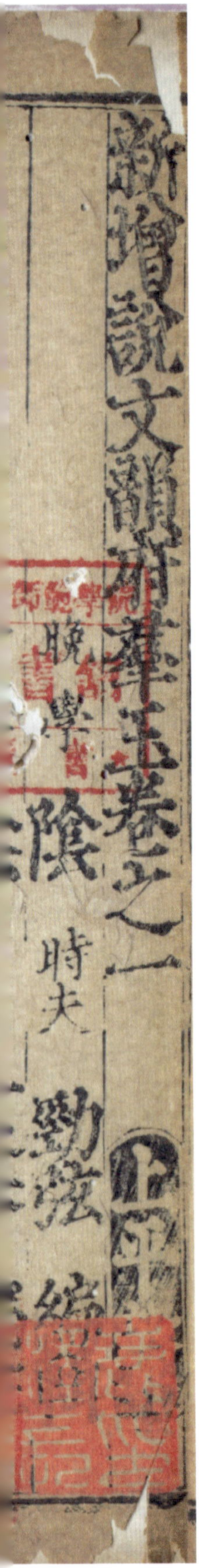

0025　新增說文韻府羣玉二十卷

（元）陰時夫輯　陰中夫注

元至正十六年（1356）劉氏日新堂刻本　十二册

匡高26.6釐米，廣21.4釐米。半葉十一行，行字數不等，小字雙行字數不等；黑口，四週雙邊，版心有字數。存十二卷（卷一至二，五至十，十七至二十）

陰時夫，名幼遇，字時夫，以字行，奉新（今屬江西）人。生卒年不詳。七歲登宋寶祐元年（1253）九經童科。入元不仕。陰中夫，名幼達，一作複春，字中夫，以字行，時夫弟。生卒年及事蹟不詳。《新增說文韻府群玉》的內容包括音切、散事（新增許氏說文、徐氏音義）、事韻、活套、卦名、書篇、詩篇、年號、歲名、地理（附州郡名、地名）、人名（附字與號、帝王名號、國君名號、夷名、妓名）、姓氏、草木（附花名、木名、草名、藥名、果名）、禽獸（禽名、獸名）、鱗介、昆蟲、曲名、樂名（附律名）等項。全書共二十卷，分韻為一百零六部，按詞語最下一字歸韻，即分韻隸字：每部之下，同調、同韻、同聲的字都排列在一起，使之相互統一而又不混雜；每字之下，以反切標音，引《說文》釋義，又援引諸書，並注明出處。其下又列以句尾相同的詞句，摘取各種詞藻的韻語供作詩賦押韻時使用，從二字至四五字不等，每句以雙行小字以繫事，並注明出處。這種編撰方式，開創了一種新的類書編寫體例。因此《新增說文韻府群玉》不僅是以彙集事對文辭，專爲應試而製的韻書，也是以韻隸字自成體系的類書。明代的《永樂大典》即沿用此書的體例。清《佩文韻府》等書也是據此重編，雖加以擴充，但其綱架結構，應是取自本書。此書編排，以經史子集為序；資料選輯，經史子集各部，無不涉及，因而《新增說文韻府群玉》作爲類書，對詩賦創作時的押韻參考、辭彙及典故的出處方面的查檢，具有獨特的意義；又因其是元以前今韻中僅存的、最古老的一部，於後人之古音韻、聲律及語義學的研究具有重要的作用，在中國音韻學史上有很重要的地位。是書的編撰，時夫之父陰竹野曾有凡例舊則，爲《韻府群玉》之始，時夫秉承父志，以三十年之力，撰成是書，其弟中夫爲之注。《韻府群玉》行世後，有人爲之增撰，如引《說文》釋義，時夫原作時無。此類增撰多應是元時書賈之所爲，以圖其售。題此《新增說文韻府羣玉》者，非陰氏原書也，乃增撰也。既爲應製之作，刻印者多，版本亦衆，此元刊日新堂本，傳世極罕。日新堂，一作日新書堂，元代建陽（今屬福建）人劉錦文的書坊名。劉錦文，字叔簡，其後裔世守其業，自元至明中葉，刻書甚多。

四川師範大學圖書館藏。

新增說文韻府羣玉卷之二

四支　與脂之同用

支　章移切分也度也持也又庶也詩本丨百世丨自異之意又鋪丨鮮丨縞也[晉]樂不可丨[...]分支錡[...]以爲[...]
之詩云異日斯對李當如台丨丨○元趙行基紿以絲當中丨之一騰崔立
堅裂一支給府功人一支從門下防巧僞也　支券也　摋支[風俗]公言[...]六月宗
借析支[書禹貢]丨丨渠搜　三支　支謙受業於支亮亮受業於支讖世稱天下博
也[...]知不出丨丨[晉書傳]暫忘丨丨論重參二祖禪[說]燕
支同[國名]古詩多用代作胭脂字西[...]黃支[紀]在日南之南　月支[...]向年別丨丨
支河[...]失我丨丨山婦女無顏色丨丨[...]獻犀牛前至　大里戎王子
[註]洪支[哪落]丨丨[漢書]四支丨暢於丨[漢書]反支[論]用月朔日爲正戊亥朔一日
[唐]偉栖言大族　後明帝以丨丨日不受章疏[衛太]
二日丨丨中戲支呂布謂袁術將曰布射戟小支中者丨丨明日罷兵詳戟　斬鄭支陳湯使外國
丨[申]西朔
首[逐]置度支[書]令戶部　丨尚　一木支大廈之顛非丨　雞栖支[晉]丨之丨丨[蜀]之不期蜀頌
[王]
撐支病骨丨[...]邵陽徵音丨魏傳一其先月丨胡人今琅琊有丨氏[...]
唐高宗表[...]晉大[...]一人字道林[...]僧也[...]毋[...]墓白鶴止其[...]
異其家　枝[...]丨[...]木別生條從木支声一曰丨柯也通作丨漢相如付[...]
丨即[...]枝也[...]錯傳丨支葉茂[...]○桂林一丨[...]桂[...]如

東[木]若木也日所升降在上曰杲在中曰東在下曰杳一曰春方也[說]大
明生於丨[詩]詩[...]我來自丨[東山]駕言徂丨[車攻][...]
決諸丨方則丨流[...]順流而丨行○坦腹丨床詳床　道東漢鄭玄事馬融辭
[困]易東歸[...]曰吾丨丨矣[...]
[...]丁寬字子[...]於田何寬東　乃東夏枯草名丨丨冬至　洛東[...]科斗丨丨[...]蝦蟇名
歸何曰丨巳丨矣[困]　後生丁五月枯[本草]
急就章曰敫東亦曰丁東丨[詩]緝東即當也丁當珮声或謂丨丨　小東丨丨大東杼軸其空[詩]　關
數凍以其凌寒而生　言大小皆取於東國
東西賓入不中門公事自[...]丨丨[記玉藻]門東[杜]詩[...]索飯啼丨丨[杜]　墻
東西私事自丨丨[記玉藻]　[杜]詩[...]厨丨在丨丨天東秀句滿丨丨[開]
亭[傳]避世丨丨王君公[逢萌]江東[莊]項羽敗江無面目見丨丨父老○袁淑謂謝
東[漢]○漢隱士王應仲也　丨丨無我鄉當獨步○丨丨日暮雲
山東丨丨出相山西出將[漢史]○　遼東丨[...]管寧自欲老丨丨[...]○寧至丨　河東
丨丨老[...]思見[...]花[買山]　依公孫度避難若將終焉

0026 平江府磧砂延聖院大藏經

宋紹定四年（1231）至元至治二年（1322）平江府磧砂延聖院刻本　七冊

匡高24.9釐米，半葉六行，行十七字。存七帙（存賴一，賴二，賴五，賴九，心四，交五，被九）

此藏經簡稱《磧砂藏》，蓋因開雕於平江府磧砂延聖院而命名，為南宋紹定四年（1231）至元至治二年（1322），由宏道、法尼二尼發願，僧人法忠、清圭等先後主持，於平江（今蘇州）府磧砂延聖院（在今江蘇吳縣東湖，後改名磧砂禪寺）大藏經坊雕印。大藏經約在南宋紹定（1208—1224）年間開雕；大藏經目錄編定並刊印於端平元年（1234）：分全書為五百四十八函，千字文編序『天』至『合』。寶祐六年（1258）以後，因延聖院火災和南宋垂亡，刻事曾中斷三十年。元大德元年（1297），由松江府僧錄管主八主持，又繼續雕刻，到至治二年（1322），歷兩朝九十餘年，《磧砂藏》方告完成。所經歷的艱辛難以盡言。全藏收經一千五百三十二部六千三百六十二卷，分為五百九十一函，千字文編序自『天』至『煩』；經折裝本。因歲月磨蝕、朝代更疊引起的兵燹及其他自然災害，《磧砂藏》經書損佚和原刻版片出現毀損的現象則是必然的，《磧砂藏》雖是現存宋元本佛教大藏經中最為完整之一者，但現存諸部《磧砂藏》中並無完整者，且藏中諸經亦有以其他元刊本補充者。1935年上海影印磧砂藏版大藏經會，以方冊形式影印出版《磧砂藏》，其缺佚部分雖用《資福藏》和《普寧藏》等補入，仍有十一卷缺佚。此雖為大藏之零本，但作為保存迄今的宋元本典籍亦是極其難得之帙，其文物價值是顯而易見的。

四川大學圖書館藏。

道神足無極變化經卷第二　　被九

西晉安息三藏安法欽譯

於是月天子白佛言世尊甚可怪如來深微乃如是是佛世尊無上正眞甚可怪菩薩所施行如是名爲眼見諸法行不起自好益身敗道之行從久遠已斷離身想之行於無央數劫行而不墮聲聞辟支佛地而不墮落究竟於道滿足佛法有幾法行世尊菩薩於深法行不於億百千萬佛而作證佛語天子菩薩有四事逮深法行不於億百千萬佛所而作證何等爲四如是天子菩薩堅住於諸要持一切智出家大吼逮精進而不弱爲一切

何通刊

0027　大般若波羅蜜多經卷廿二

唐寫本　一卷

行十七字。存一卷（卷二十二）

簡稱《大般若經》，是大乘佛教般若類經典彙編。全書共六百卷，為唐玄奘自高宗顯慶五年（660）迄龍朔三年（663）譯成。所謂『法師於西域得三本，到此翻譯之日，文有疑錯，即校三本以訂之，殷勤省覆，方乃著文。』（《大慈恩寺三藏法師傳》卷十）《大般若經》認為世俗認識及其面對的一切物件，均屬『因緣和合』，假而不實，惟有通過『般若』（即『智慧』）對世俗認識的否定，纔能把握佛教『真理』，達到覺悟解脫。因此『般若』是一種超越世俗認識的特殊認識，這種智慧非世俗人所能獲得，是成佛之必需。作為一切智慧中最為第一者，是佛教特別提倡的一種觀念體系。所謂『般若波羅蜜是諸佛母。諸佛以法為師，法者即是般若波羅蜜』。（《大智度論》卷一百）因此，《大般若波羅蜜多經》可以說是大乘佛教的基礎理論。此雖僅存一卷，然其為唐代寫本，不僅年代久遠，且為中國雕版印刷術大量採用之前的紙本書籍之主要形式，頗具文獻和文物價值。

四川大學圖書館藏。

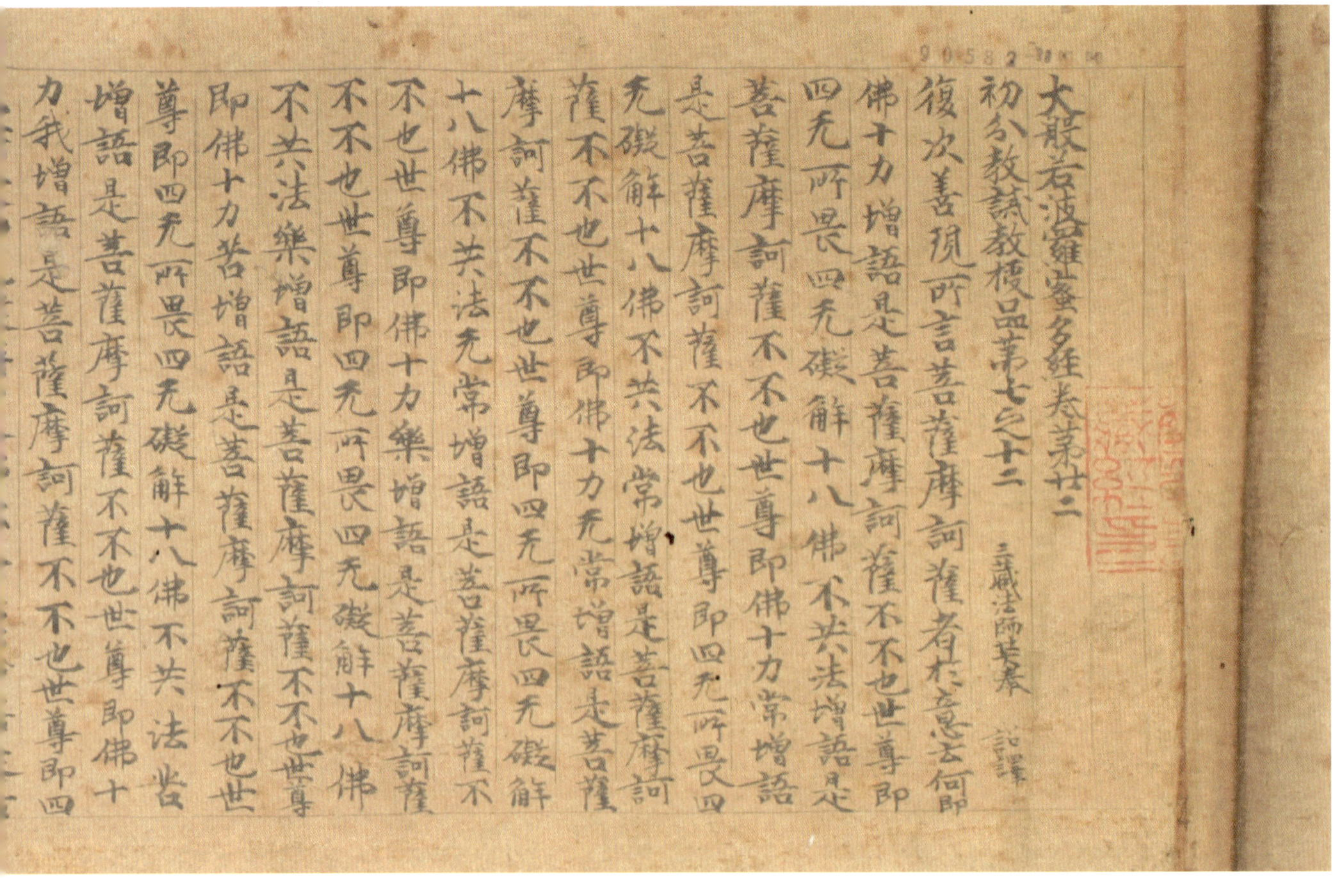
大般若波羅蜜多經卷第廿二
初分教誡教授品第七之十二　三藏法師玄奘奉詔譯
復次善現所言菩薩摩訶薩者於意云何即
佛十力增語是菩薩摩訶薩不不也世尊即
四无所畏四无礙解十八佛不共法增語是
菩薩摩訶薩不不也世尊即佛十力常增語
是菩薩摩訶薩不不也世尊即四无所畏四
无礙解十八佛不共法常增語是菩薩摩訶
薩不不也世尊即佛十力无常增語是菩薩
摩訶薩不不也世尊即四无所畏四无礙解
十八佛不共法无常增語是菩薩摩訶薩不
不也世尊即佛十力樂增語是菩薩摩訶薩
不不也世尊即四无所畏四无礙解十八佛
不共法樂增語是菩薩摩訶薩不不也世尊
即佛十力苦增語是菩薩摩訶薩不不也世
尊即四无所畏四无礙解十八佛不共法苦
增語是菩薩摩訶薩不不也世尊即佛十
力我增語是菩薩摩訶薩不不也世尊即四

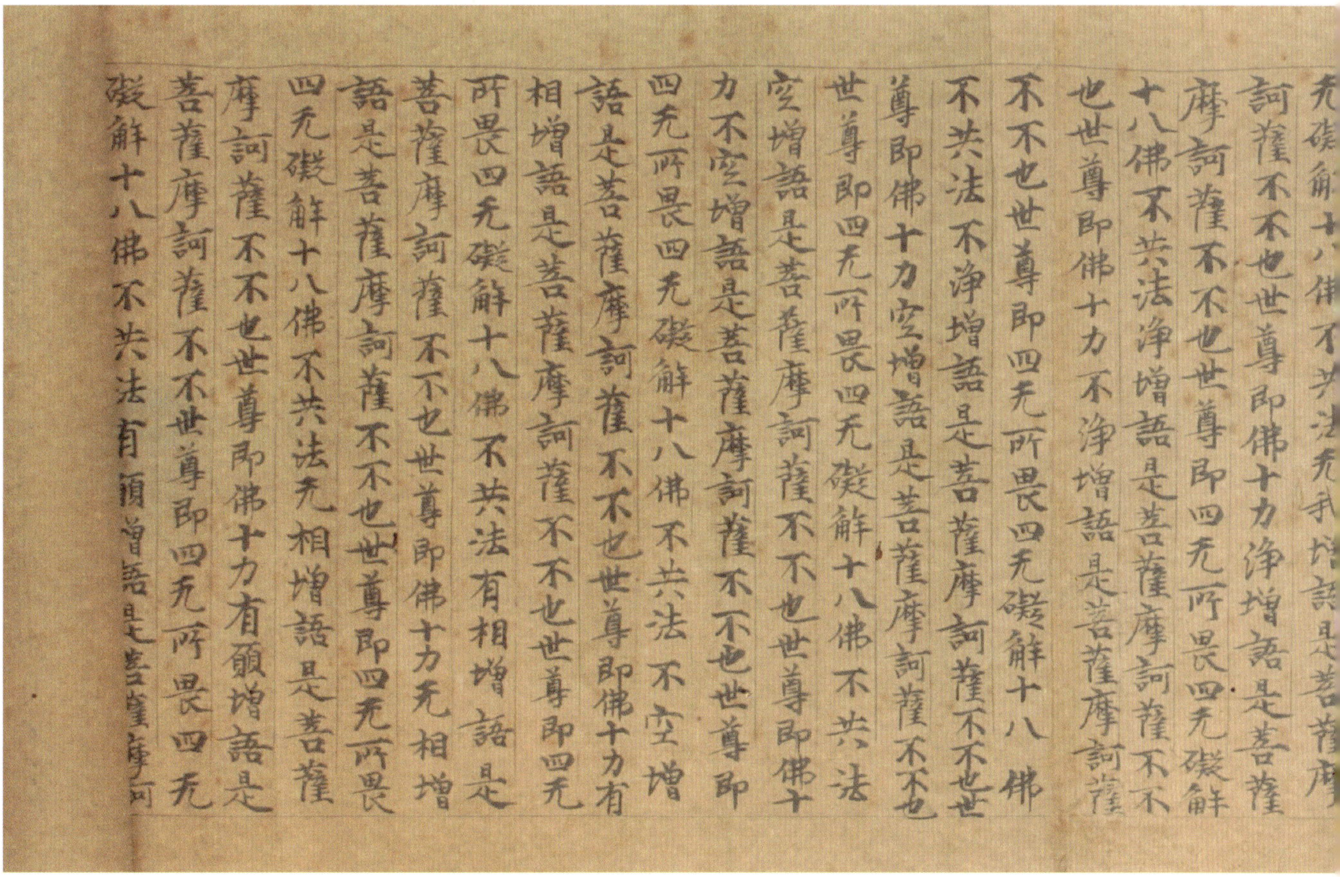

无礙解十八佛不共法无我增語是菩薩摩
訶薩不不也世尊即佛十力淨增語是菩薩
摩訶薩不不也世尊即四无所畏四无礙解
十八佛不共法淨增語是菩薩摩訶薩不不
也世尊即佛十力不淨增語是菩薩摩訶薩
不不也世尊即四无所畏四无礙解十八佛
不共法不淨增語是菩薩摩訶薩不不世
尊即佛十力空增語是菩薩摩訶薩不不也
世尊即四无所畏四无礙解十八佛不共法
空增語是菩薩摩訶薩不不也世尊即佛十
力不空增語是菩薩摩訶薩不不也世尊即
四无所畏四无礙解十八佛不共法不空增
語是菩薩摩訶薩不不也世尊即佛十力有
相增語是菩薩摩訶薩不不也世尊即四无
所畏四无礙解十八佛不共法有相增語是
菩薩摩訶薩不不也世尊即佛十力无相增
語是菩薩摩訶薩不不也世尊即四无所畏
四无礙解十八佛不共法无相增語是菩薩
摩訶薩不不也世尊即佛十力有願增語是
菩薩摩訶薩不不世尊即四无所畏四无
礙解十八佛不共法有願增語是菩薩摩訶

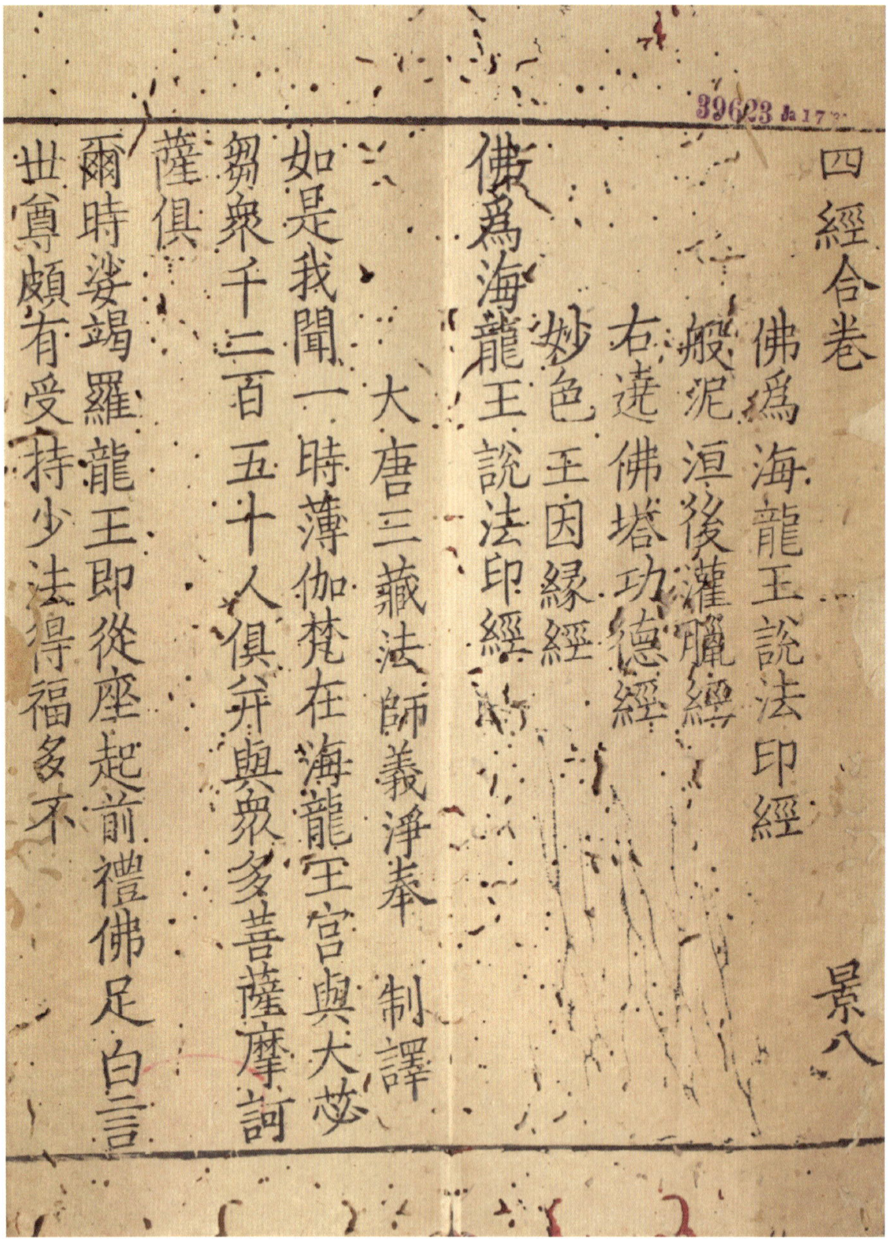
四經合卷　景八

佛爲海龍王說法印經

般泥洹後灌臘經

右遶佛塔功德經

妙色王因緣經

佛爲海龍王說法印經

大唐三藏法師義淨奉　制譯

如是我聞一時薄伽梵在海龍王宮與大苾芻衆千二百五十人俱并與衆多菩薩摩訶薩俱

爾時娑竭羅龍王即從座起前禮佛足白言世尊頗有受持少法得福多不

0028　四經合卷

元刻本　一冊

匡高24.9釐米。半葉六行，行十七字。

四經為：《佛為海龍王說法印經》《般泥洹後灌臘經》《右遶佛塔功德經》《妙色王因緣經》。是書版刻精美，字跡清晰，疏朗有致。

四川大學圖書館藏。

0029 注華嚴法界觀門一卷

（唐）釋宗密注

宋刻本　一册

匡高24釐米，廣11釐米。半葉四行，行十五字。

《華嚴法界觀門》唐杜順撰。杜順（557—640），即釋法順，因俗家姓杜，又稱杜順，雍州萬年（今陝西長安）人。法順是一位有禪定功夫的僧人，曾遊化甘肅、河北、陝西等地。因其說話直顯正理，删去浮詞，而獲得人們的崇敬。唐太宗李世民亦很尊敬他。《續高僧傳》卷二十五載：「今上（太宗）奉其（法順）德，仰其神，引入內禁，隆禮崇敬。」並封法順爲「帝心」，後人尊其爲「帝心尊者」。《華嚴法界觀門》是法順研習《華嚴經》的著作，其內容爲闡述修大方廣佛華嚴法界觀門的三觀，即「真空觀」、「理事無礙觀」和「週遍含容觀」。釋宗密得之於遂州大雲寺，並為之作注，以成本書。宗密（780—841），華嚴五祖圭峰禪師，果州西充（今四川西充縣）人。家本豪盛，初習儒，後轉而向佛。宗密於唐憲宗元和二年（807）在遂州（今四川遂寧）大雲寺遇道圓禪師，從之出家，並受具足戒。元和五年（810）從受華嚴四祖澄觀所著《華嚴經疏》，自此後歸宗華嚴，被尊爲華嚴五祖。因其常住陝西鄠縣圭峰山，又被稱爲「圭峰大師」。宗密爲唐代著名的佛教學者，一生著述二百多種。他的佛學，提倡以「華嚴禪」為核心的禪教一致說。既於華嚴教義中融合禪學，又於禪學中統一華嚴教義。在他看來：「經是佛語，禪是佛意，諸佛心口必不相違。」即教之三種與禪之三宗相對應，以如來三種教義，印禪宗三種法門，「禪教一致」的思想，至宋影響極大。《注華嚴法界觀門》為其研習和弘揚《華嚴》的著述之一。所謂披其文見其法，過三門方可以入華嚴之法界。「雖行於世，而罕能入之。」宗密「直以精義注於《觀文》之下，使人尋注而見門，得門而入觀；由觀以通經，因經以證性。」為樞鑰之用，所謂入法界之術盡於此也。是書刊印精美，疑為北宋時刻者。

四川省圖書館藏。

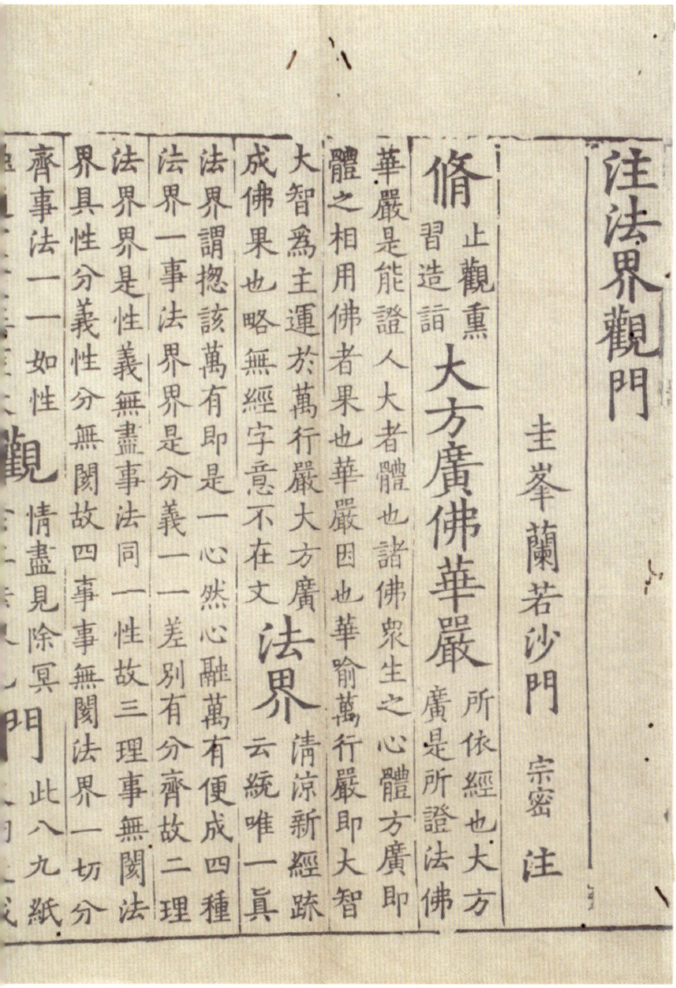

注法界觀門

圭峯蘭若沙門　宗密　注

脩 止觀熏習造詣 大方廣佛華嚴 所依經也大方廣是所證法佛華嚴是能證人大者體也諸佛衆生之心體方廣即體之相用佛者果也華嚴因也華喻萬行嚴即大智大智爲主運於萬行嚴大方廣成佛果也略無經字意不在文 法界 清涼新經疏云統唯一眞法界謂揔該萬有即是一心然心融萬有便成四種法界一事法界界是分義一一差別有分齊故二理法界界是性義無盡事法同一性故三理事無閡法界具性分義性分無閡故四事事無閡法界一切分齊事法一一如性 觀 情盡見除冥 門 此八九紙

0029 注華嚴法界觀門一卷

（唐）釋宗密注

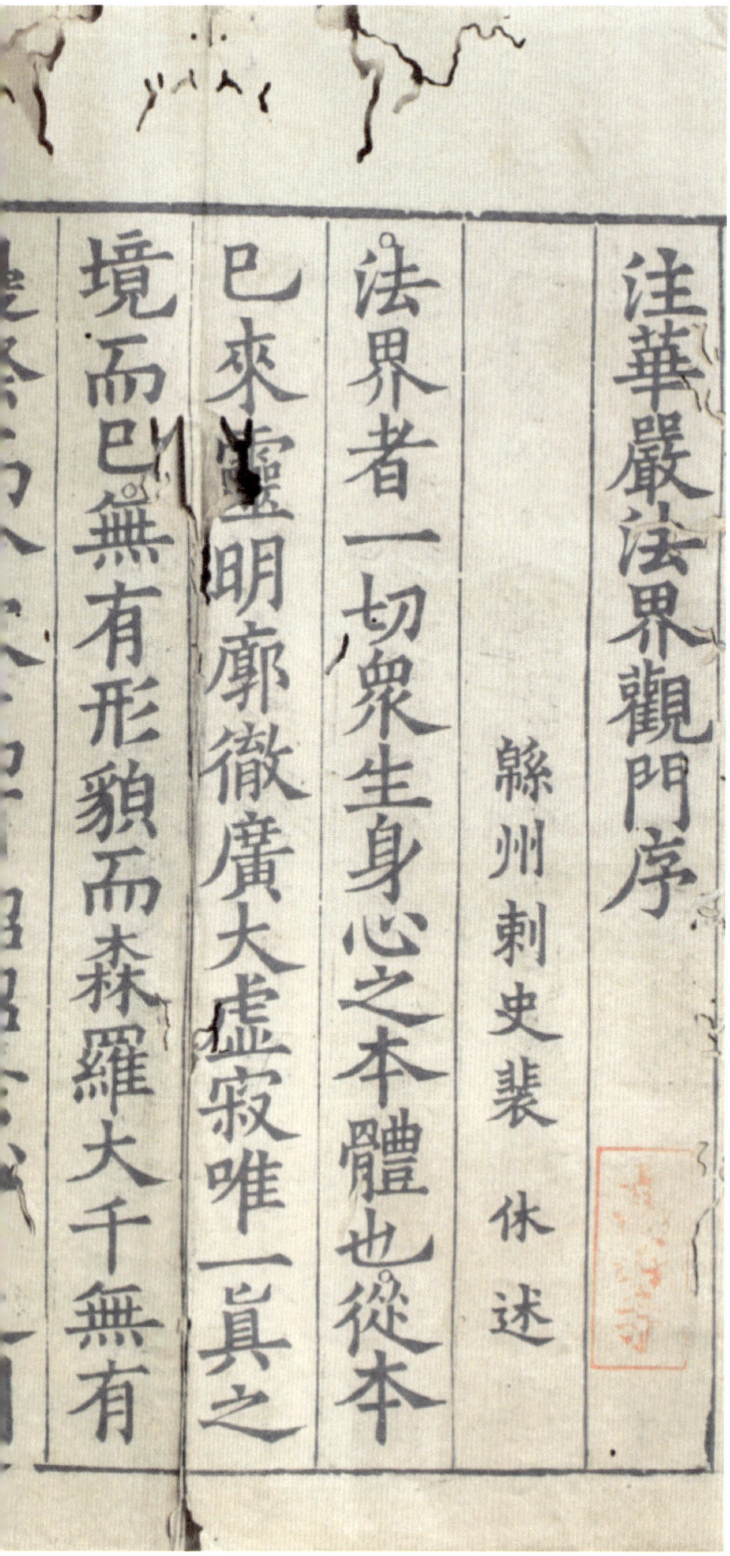
注華嚴法界觀門序

緜州刺史裴　休　述

法界者一切衆生身心之本體也從本
已來靈明廓徹廣大虛寂唯一眞之
境而已無有形貌而森羅大千無有

不可分非徹法之慧目離念之明智

觀故有三重除事法界也事不獨立故法界宗中無孤單法故若獨觀之即是情計之境非觀智之境故若分析義門即有其四今以對能觀之智故唯三重此三但是一道豎窮展轉玄妙非初法界外別有第二第三既不旁橫故云三重不云三段

京終南山釋杜順集姓杜名法順唐初時行化神異極多

傳中有證驗知是文殊菩薩應現身也是華嚴新舊二疏初之祖師儼尊者爲二祖康藏國師爲三祖此是創製理應云作今云集者以祖師約自智見華嚴中一切諸佛一切衆生若身心若國土一一是此法界體用如是義境無量無邊遂於此無量境界集其義類束爲三重直書於紙生人觀智不同製述文字故但云集此則集義非集文也

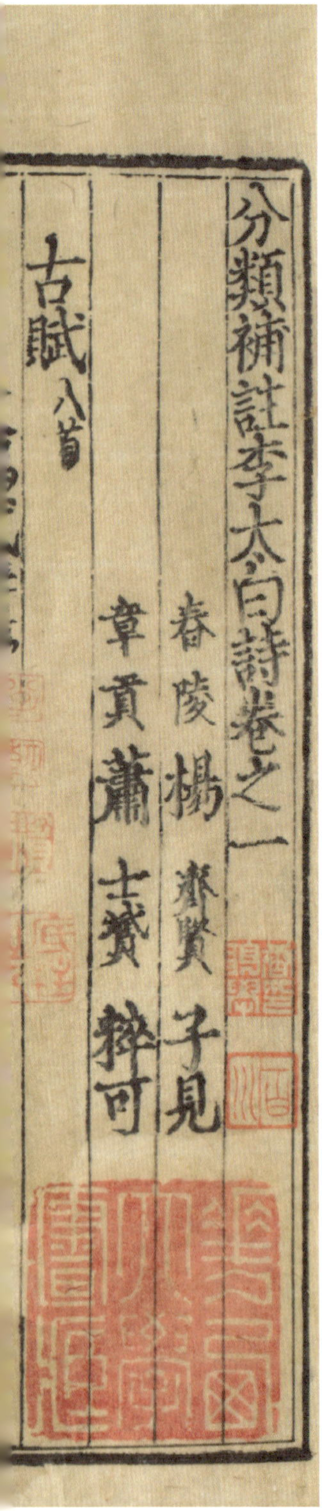

0030　分類補註李太白詩二十五卷

（唐）李白撰　（宋）楊齊賢集註　（元）蕭士贇補註

元至大四年（1311）建安余氏勤有堂刻本　十六冊

匡高19.5釐米，廣13.2釐米，半葉十二行，行二十字，小字雙行二十六字，黑口，四週雙邊，版心有字數。

楊齊賢，字子見，寧遠（今屬湖南）人。慶元五年（1199）進士。穎悟博學，試制科第一，再舉賢良方正，官通直郎。蕭士贇，字粹可，寧都（今屬江西）人。宋辰州通判蕭立之[字斯立，淳祐十年（1250）進士。]子。篤學工詩，所著詩評二十餘篇，獨此傳世者。李白集最早註本爲楊齊賢註《李翰林集》二十五卷本，註釋頗繁多誤。元初蕭士贇刪補楊註，編成《分類補註李太白集》二十五卷本，即是本。宋元人所撰李白集註，今惟此本行世。有至元二十八年（1291）蕭士贇撰《序例》。註中多引故實，兼及意義。雖因卷帙浩博，難免有失當之處，然大致詳贍，足資檢閱。勤有堂，乃刻書名肆。宋政和間建陽人余靖安及其後裔元代余志安的書坊名。是書刊印甚精，保存完整。

四川大學圖書館藏。

板心为「至大辛亥三月印」七字

建安余氏勤有堂刊

分類補註李太白詩目録

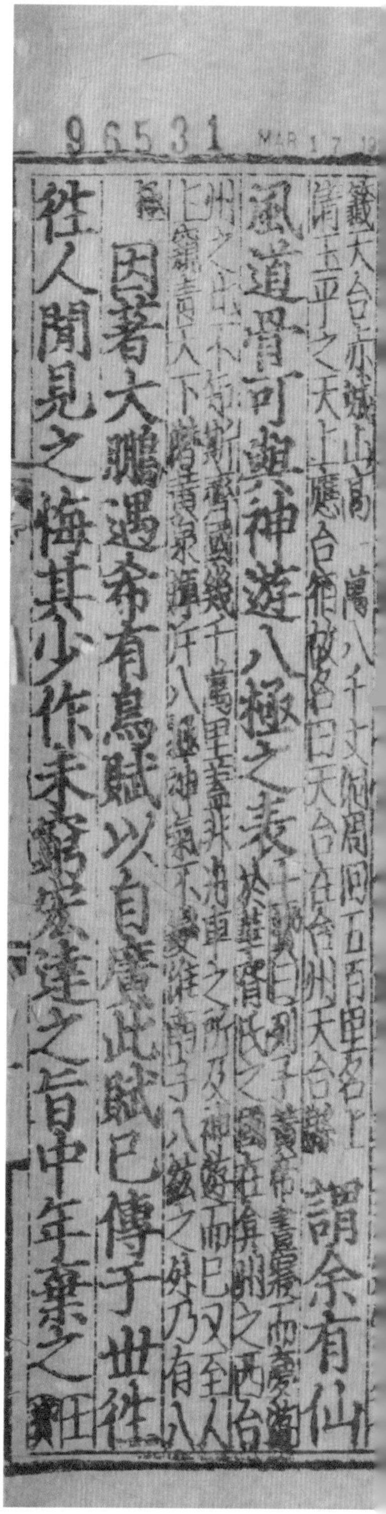

96531 MAR 17

竊天台亦城山高一萬八千丈周回五百里名上清玉平之天上應台星故名曰天台在台州天台縣 謂余有仙風道骨可與神遊八極之表列子黄帝晝寢而夢遊於華胥氏之國在弇州之西台州之北不知斯齊國幾千萬里蓋非舟車足力之所及神遊而已又至人上闚青天下潛黄泉揮斥八極神氣不變淮南子八紘之外乃有八極 因著大鵬遇希有鳥賦以自廣此賦已傳于世往往人間見之悔其少作未窮宏達之旨中年棄之

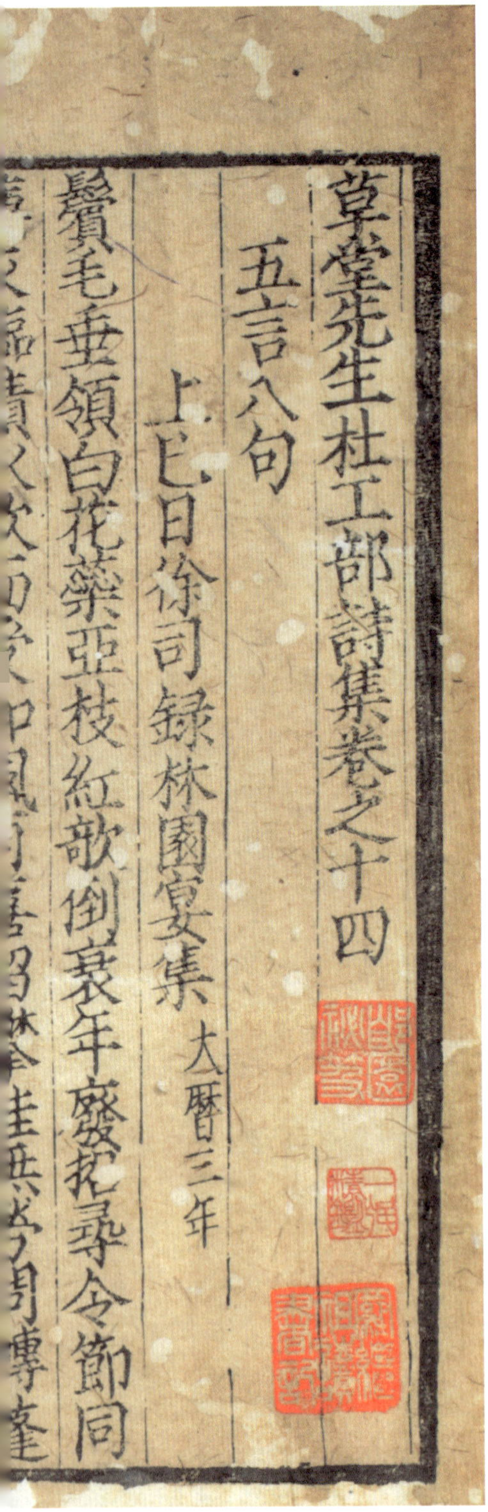

0031 草堂先生杜工部詩集二十卷

（唐）杜甫撰

宋刻本　二冊

匡高22釐米，廣15.6釐米。半葉十行，行二十字，黑口，左右雙邊，版心有字數。存六卷：卷十四（一至十三葉）、卷十六（一至五葉、十七至二十一葉）、卷十七至十九（一至二十二葉）、卷二十（十一至十三葉）。朱德、何香凝、陳毅、陳叔通、郭沫若、齊燕銘、阿英、李初梨、徐平羽題識，李一氓、康生題跋。

此《草堂先生杜工部詩集》，李一氓於1964年為成都杜甫草堂博物館所搜集。是書白文無注，其體例不同於傳世的其他杜詩版本。書中宋諱『匡』、『慎』等字均缺筆，據此，此書約可斷定爲宋淳熙（1174—1189）間刊本。因各種公私書目均未見著錄，北京图書館有『惊为異本』者，被稱為『海內孤本』。該書版本價值自不待言，朱德、陳毅等老一輩革命家和著名學者的題識、題跋更爲其增添了獨特的學術價值和藝術價值。

成都杜甫草堂博物館藏。

海內文章伯湖邊意緒多玉樽移晚興桂檝帶酣歌
春日繁魚鳥江天〻芰荷鄭莊賓客地衰白遠來過
夏日楊長寧宅送崔侍御常正字入京得深

前者途中一相見人事經年記君面後生相動一作勸
何寂寥君有長才不貧賤君今起柂春江流余亦沙
邊具小舟幸爲達書貴府主江花未盡會江樓

折檻行大曆三年

嗚呼房魏不復見秦王學士時難羨青襟胄子困泥
塗白馬將軍若雷電千載少似朱雲人至今折檻空
嶙峋婁公不語宋公語尚憶先皇容直臣

兵車行天寶九年

車轔轔馬蕭蕭行人弓箭各在腰耶孃妻子走相送
塵埃不見咸陽橋牽衣頓足攔道哭哭聲直上干雲

（唐）杜甫撰

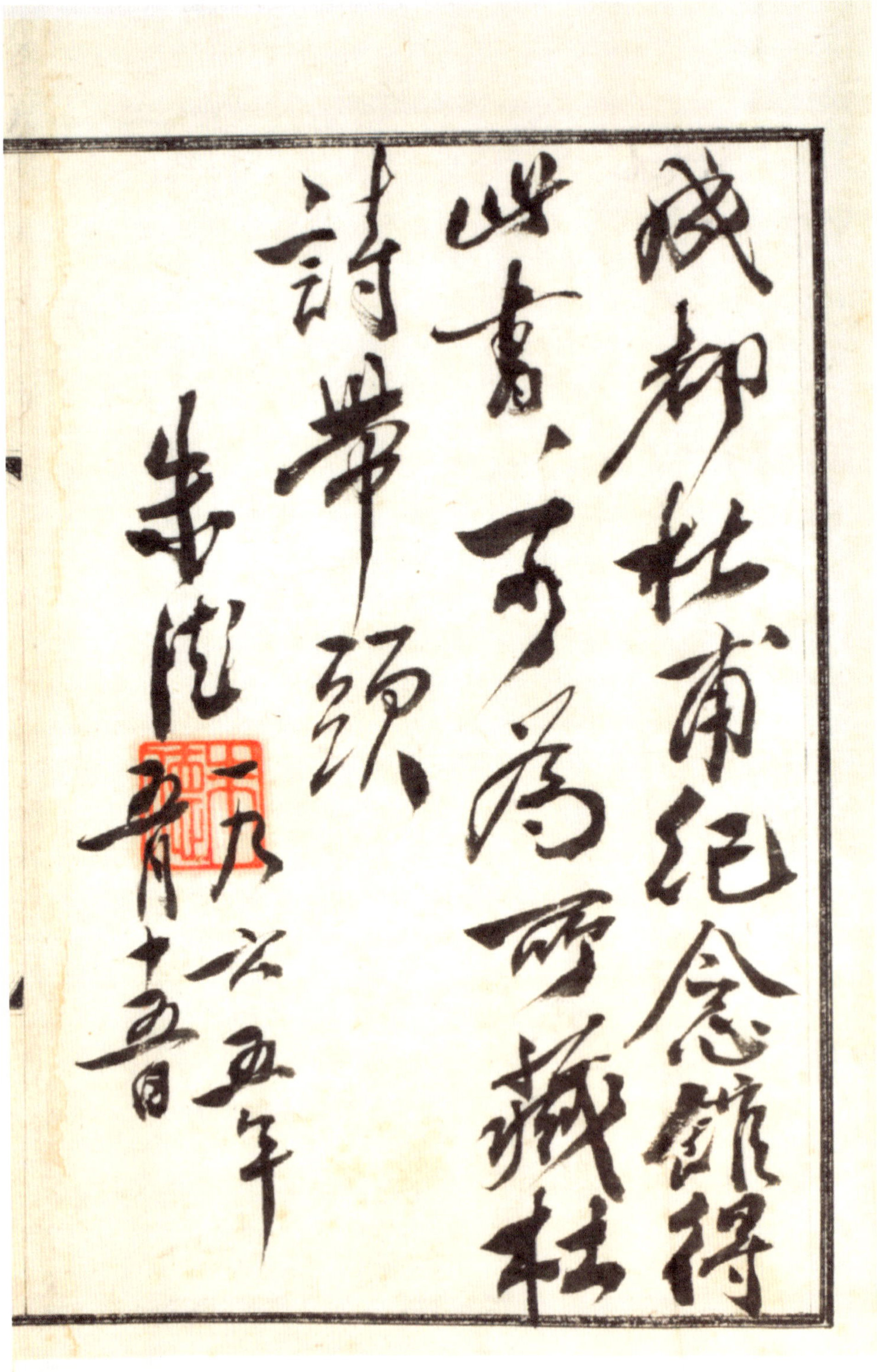
成都杜甫紀念館得此書，可為所藏杜詩帶頭。

朱德

一九五六年五月十五日

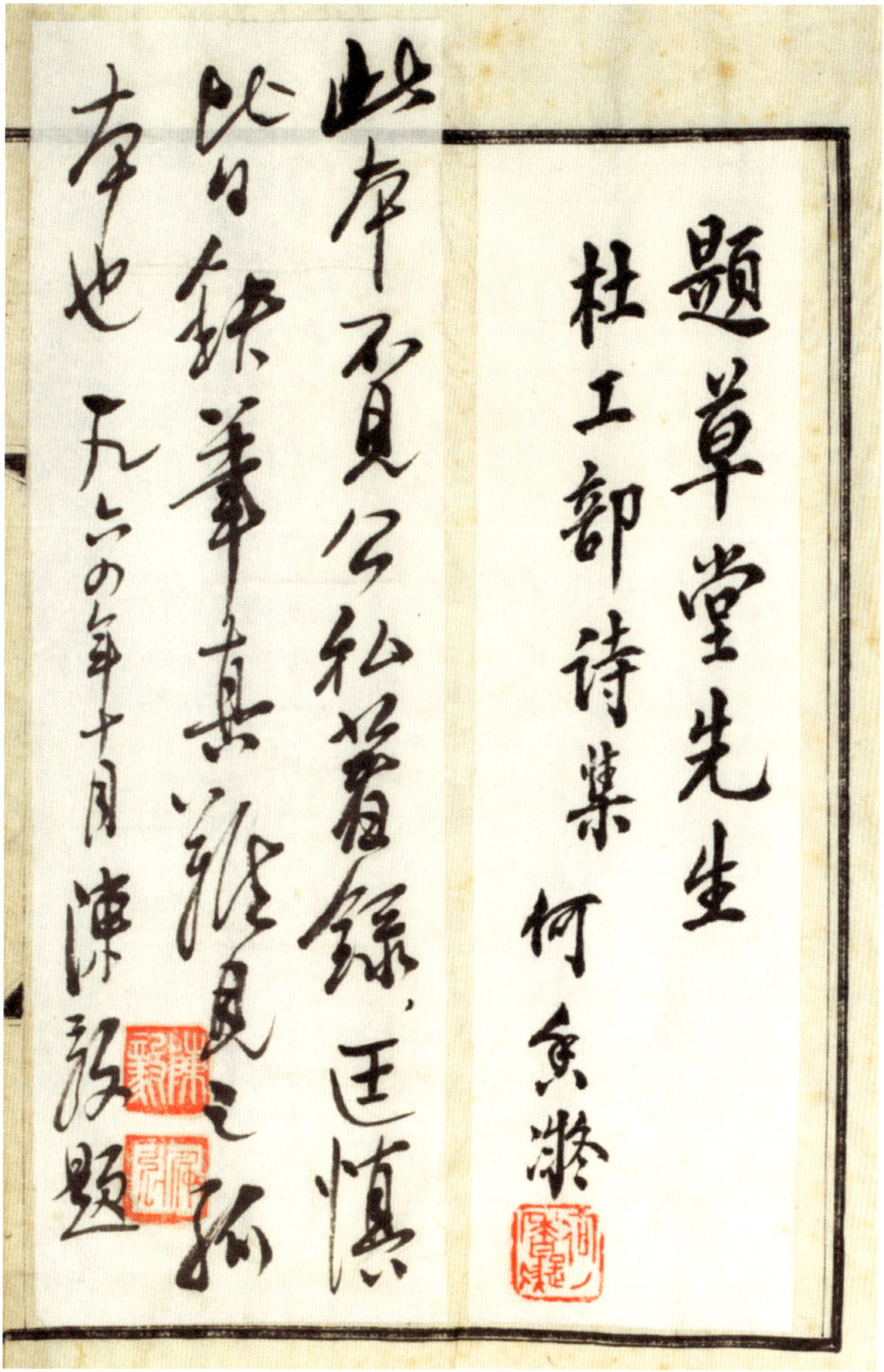

題草堂先生杜工部詩集 何焯

此本不負公私著錄，匪慎比日鈔筆真難見之孫本也 一九六〇年十月 陳毅題

0031 草堂先生杜工部詩集二十卷

（唐）杜甫撰

草堂先生杜工部詩集宋本半葉十行行二十字白文無註書名不載公私紀錄爲極罕見之本或傳清內庫所藏曾有人收得零頁云現殘存第十四卷（一至十三葉）第十六卷（一至五葉十七至二十一葉）第十七卷（全）第十八卷（全）第十九卷（一至二十二葉）第二十卷（十一至十三葉）共六卷八十七葉而已存書既無首葉跋無叙目可查何人所輯爲卷幾何皆不得而詳矣

是書體例甚奇共十四卷分爲五言八句　五言絕句五言七言八句十六卷分爲七言長律　七言八句十七卷分爲七言八句七言絕句十八卷分爲七言歌七言行十九卷分爲五言引七言引二十

書中匡字缺筆（十六卷十九葉十九卷一葉）桓
字缺筆（十八卷十五葉十九卷十三葉）依缺筆約
可斷為淳熙刊本依紙質字體約可斷為建
陽刊本
藏印有葉羅兩姓非閩重要二十卷末有

明人「孫氏家藏」白文印亦不知為誰何也
成都杜甫紀念館所藏杜詩僅一宋本草堂
詩箋忽見此本於北京中國書店急代收之事
為北京圖書館所悉驚為異本曾謀迫讓書原
有錯簡特為重裝因識一九六五年夏末於北
京李一氓

0032 杜工部草堂詩箋五十卷外集二卷

（唐）杜甫撰（宋）魯訔編次（宋）蔡夢弼箋注

宋刻本　七冊

匡高19.7釐米，廣13.2釐米。半葉十一行，行十九字，小字雙行二十五字，黑口，四週雙邊，間有左右雙邊，有書耳。存詩集二十五卷外集一卷（詩集卷二十六至五十、外集卷一）

據新、舊《唐書·杜甫傳》和《新唐書·藝文志》所載，杜集傳世者，有詩文六十卷。唐人樊晃《杜工部小集·序》也說：『文集六十卷，行於江漢之南。』但是杜甫作品六十卷本的體例如何，收錄詩文多少，歷世均未聞其詳。可見此本流傳極少，這應與當時雕版印刷没有廣泛應用有關。王洙在宋仁宗寶元二年（1039），編成二十卷本《杜工部集》，應是杜甫身后所編首部完整的詩文集，收羅了當時能夠收到的全部杜甫詩文。後世各種版本的杜集，雖然有所增損補逸，且卷帙各異，但基本上是以這個本子爲基礎的。其體例有以詩體分編者，也有以詩作年代分編者。宋人魯訔編次，蔡夢弼箋注的《杜工部草堂詩箋》則屬於後者。魯訔編成於南宋紹興三年（1153），蔡夢弼的會箋則是在嘉泰四年（1204），將二者彙爲一帙，版行於世者，即是否爲蔡夢，已無可考。傳世杜集版本很多，魯、蔡二人編注《杜工部草堂詩箋》，能彙聚前說，折衷己見，所採文獻頗富，是傳世注釋本杜集的主要版本之一，於後世的杜集編注有較大的影響。魯訔（1100—1176），字季欽，一字季卿，號冷齋，嘉興（今浙江嘉興）人，徙海鹽（今浙江海鹽）。紹興五年（1135）進士。授餘杭主簿，官至朝請郎·太府卿，以直敷文閣主管台州崇道觀致仕。蔡夢弼，建安（今屬福建）人。事蹟不詳。是書曾經季振宜、瞿氏鐵琴銅劍樓等明清著名藏書家過目或收藏。

成都杜甫草堂博物館藏。

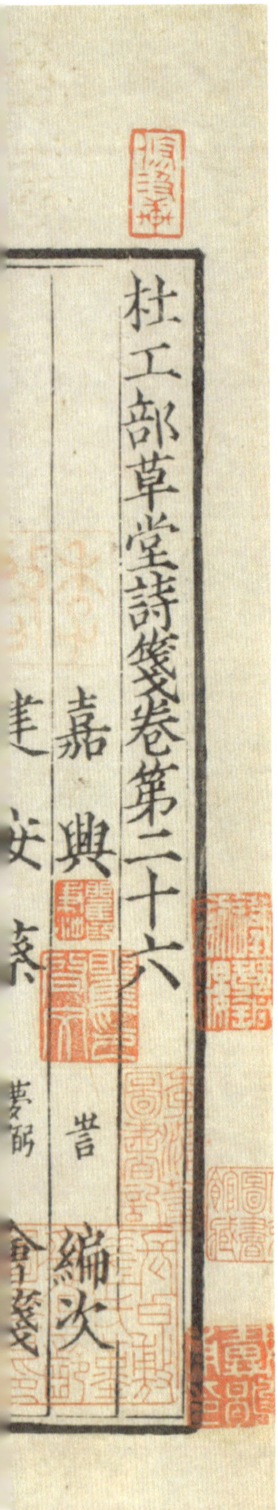

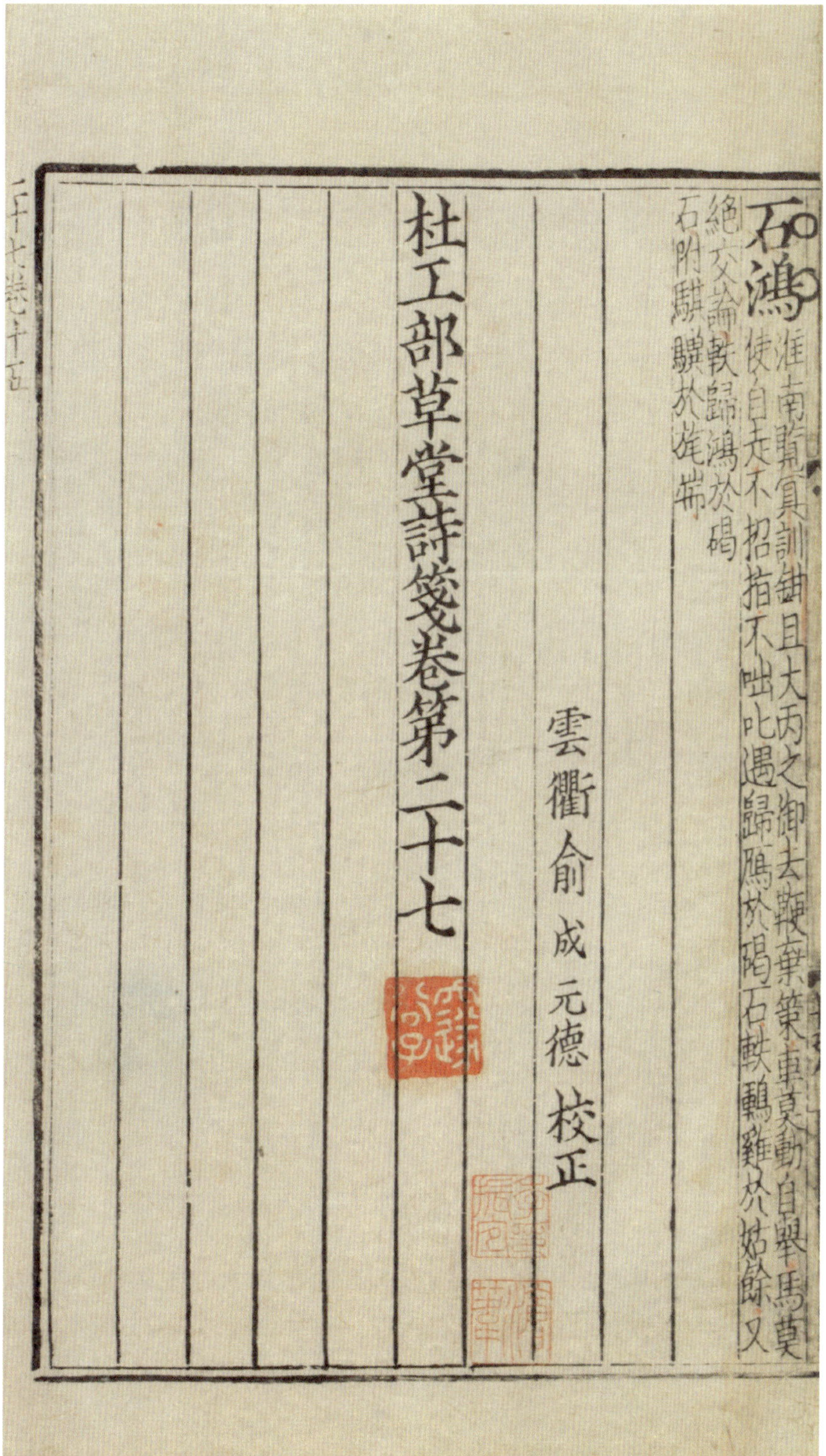
石鴻淮南覽冥訓鉗且大丙之御去鞭棄策車莫動自舉馬莫使自走不招指不咄叱過歸鴈於碣石軼鶤雞於姑餘又絕六論軼歸鴻於碣石胕騏驥於莊嵩

杜工部草堂詩箋卷第二十七

雲衢俞成元德　校正

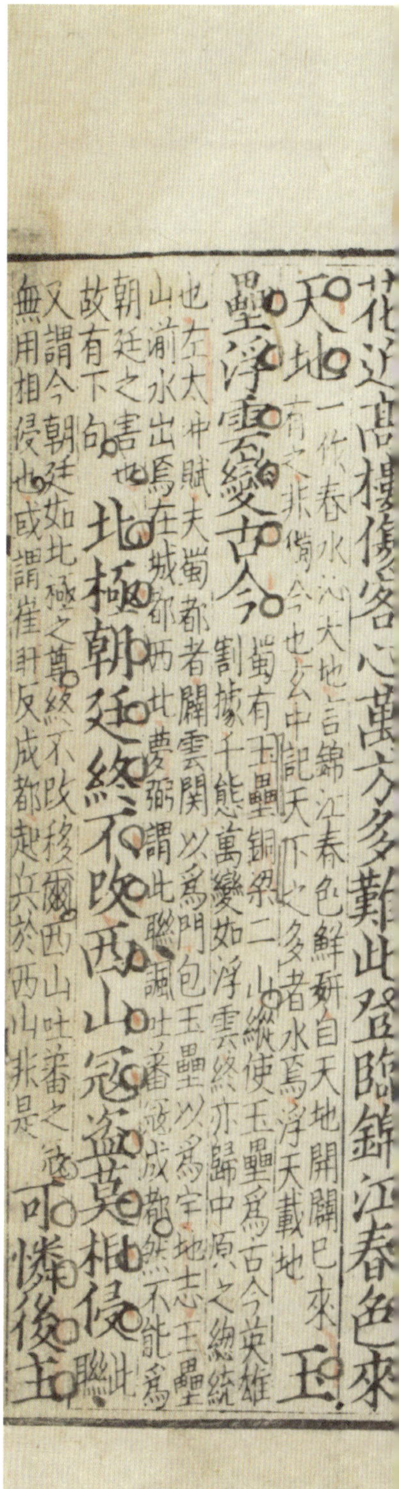
花近高樓傷客心萬方多難此登臨錦江春色來天地一作春水以天地言錦江春色鮮妍自天地開闢已來有之非獨今也公中記天下之多者水焉浮天載地玉壘浮雲變古今蜀有玉壘銅梁二山縱使玉壘爲古今英雄割據千態萬變如浮雲終亦歸中原之總統也左太沖賦夫蜀都者闢雲関以爲門包玉壘以爲宇地志玉壘山湔水出焉在城都西北費瑯謂此聯諷吐蕃寇成都然不能爲朝廷之害也故有下句北極朝廷終不改西山寇盜莫相侵此聯又謂今朝廷如北極之尊終不改移爾西山吐蕃之寇無用相侵也或謂崔旰反成都起兵於西山非是可憐後主

0033 杜工部草堂詩箋五十卷

（唐）杜甫撰 （宋）魯訔編次 （宋）蔡夢弼箋注

宋刻本 十冊

匡高19.5釐米，廣13.2釐米，半葉十一行，行十九字，小字雙行二十五字；黑口，四週雙邊（間有左右雙邊）。李一氓題跋。存二十二卷（卷一至卷十三；目錄、卷十四至卷二十二配另一宋刻本：匡高19.9釐米，廣13.5釐米，半葉十二行，行二十字，小字雙行二十六字，黑口，左右雙邊，間有書耳。『雲瞿俞成元德校正』牌記。

書中宋諱『匡』、『慎』、『敦』三字缺筆，應爲南宋嘉泰（1201—1204）以後刊本。明清藏家鈐印累累，遞傳有序，更可見其彌足珍貴。一氓先生之考證、題跋，於此書的研究，亦爲可資參酌的重要資料。

成都杜甫草堂博物館藏。

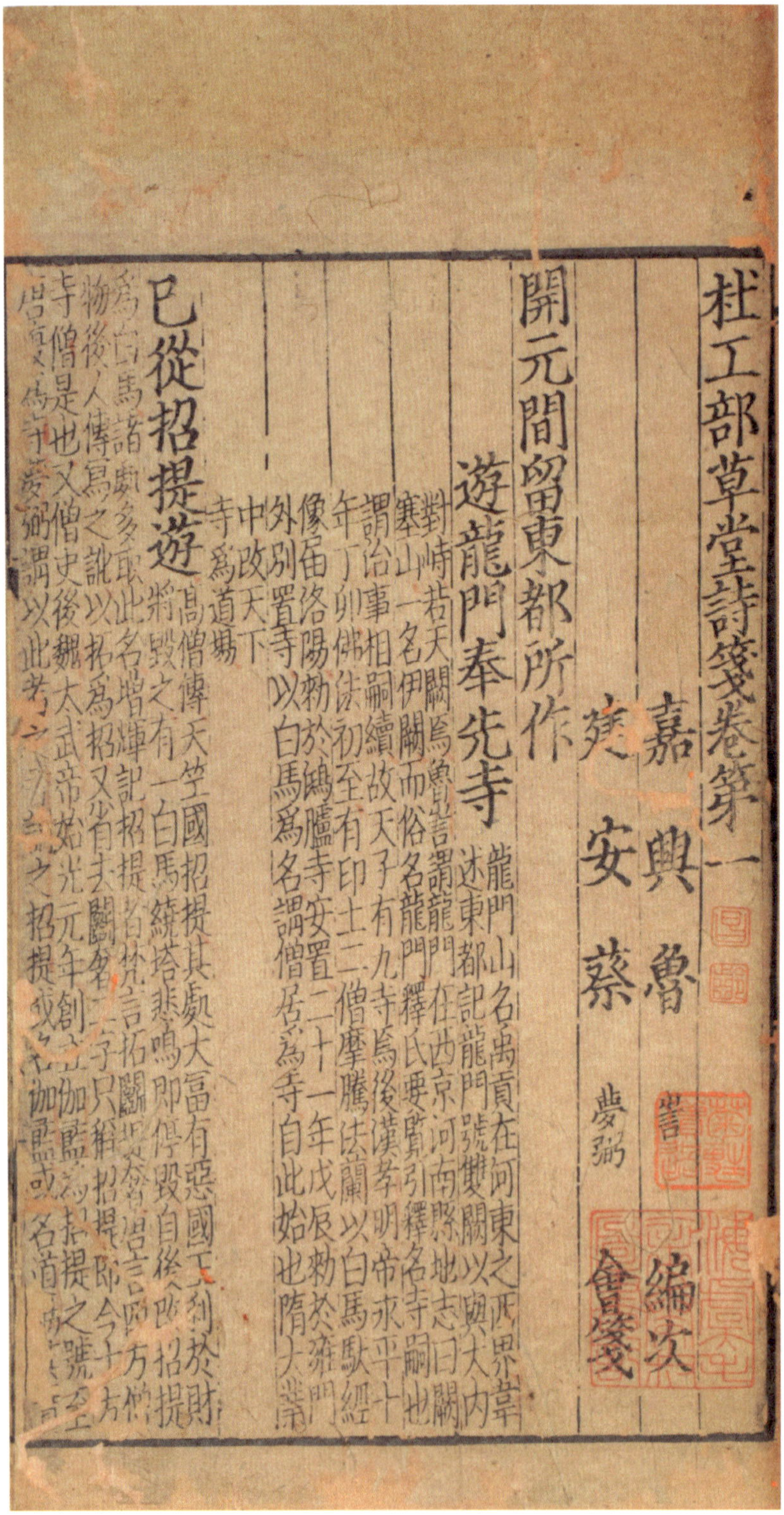

杜工部草堂詩箋卷第一

嘉興魯 訔編次

建安蔡 夢弼會箋

開元間留東都所作

遊龍門奉先寺 龍門山名禹貢在河東之西界韋述東都記龍門號雙闕以與大內對峙若天闕焉魯訔曰龍門在西京河南縣地志曰闕塞山一名伊闕而俗名龍門釋氏要覽引釋名寺嗣也謂治事相嗣續故天子有九寺焉後漢孝明帝永平十年丁卯佛法初至有印土二僧摩騰法蘭以白馬馱經像居洛陽勅於鴻臚寺安置二十一年戊辰勅於雍門外別置寺以白馬爲名謂僧居爲寺自此始也隋大業中改天下寺爲道場

已從招提遊 高僧傳天竺國招提其處大富有惡國王利於財將毀之有一白馬繞塔悲鳴即停毀自後改招提爲白馬諸處多取此名增輝記招提者梵言拓鬬提奢唐言四方僧物後人傳寫之訛以拓爲招又少省去鬬奢二字只稱招提即今十方住寺僧是也又僧史後魏太武帝始光元年創立伽藍爲招提之號[illegible]夢弼謂以此考之[illegible]招提或名伽藍或名道[illegible]

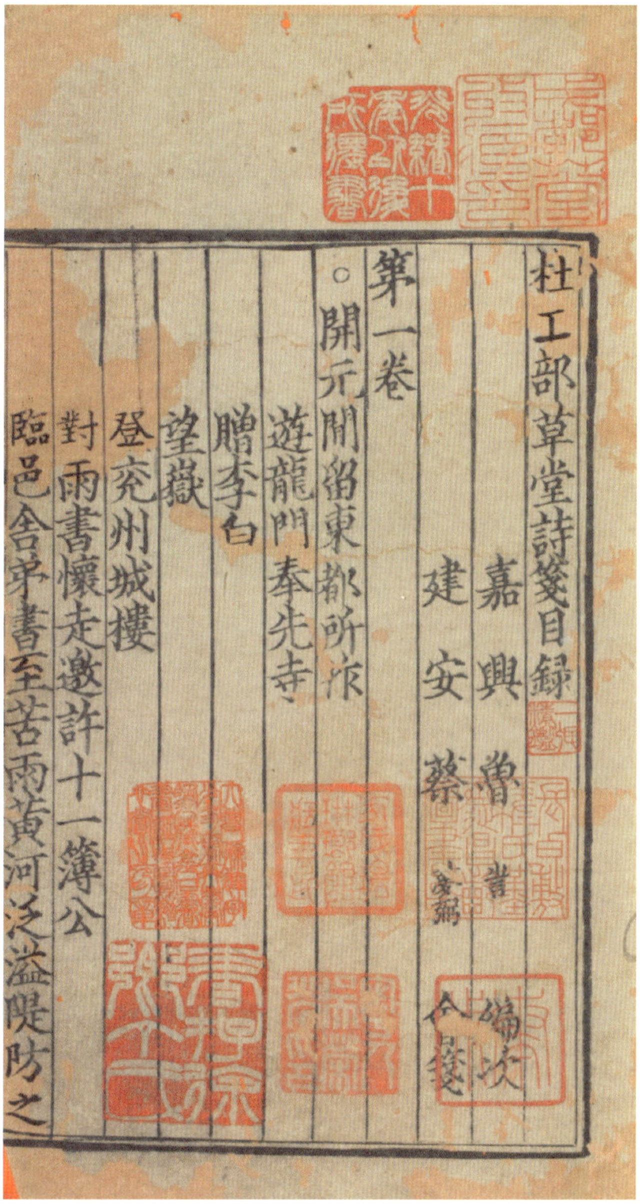

杜工部草堂詩箋目録

嘉興魯 訔 編次

建安蔡夢弼 會箋

第一卷

○開元間留東都所作

遊龍門奉先寺

贈李白

望嶽

登兗州城樓

對雨書懷走邀許十一簿公

臨邑舍弟書至苦雨黃河泛溢隄防之

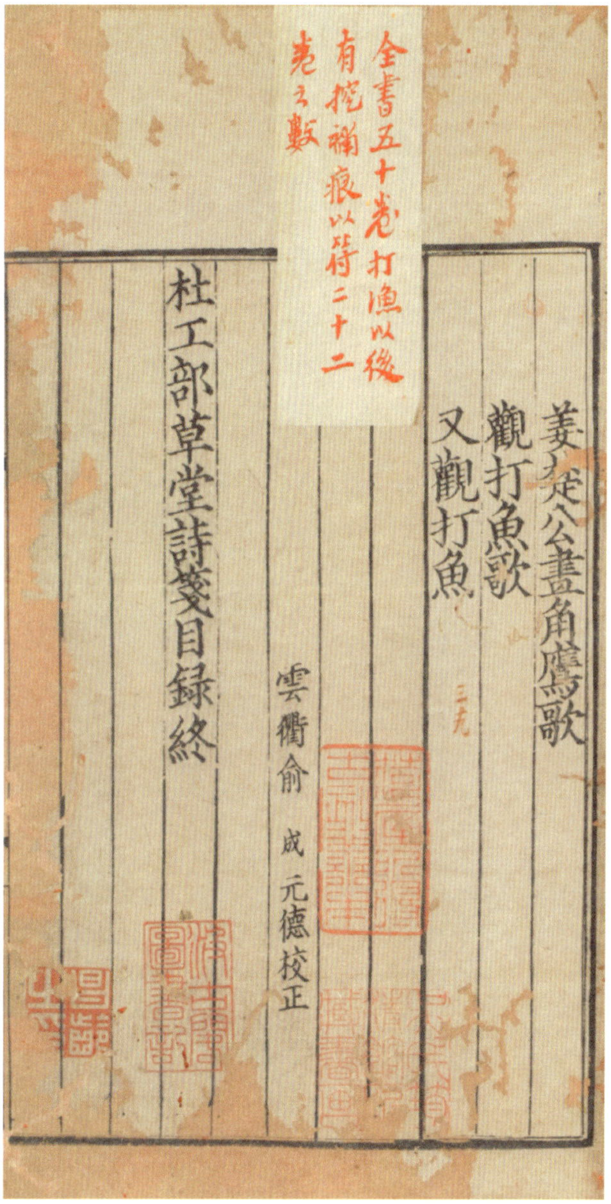

全書五十卷打魚以後有挖補痕以符二十二卷之數

姜楚公畫角鷹歌

觀打魚歌

又觀打魚

雲衢俞 成 元德校正

杜工部草堂詩箋目録終

（唐）杜甫撰 （宋）魯訔編次 （宋）蔡夢弼箋注

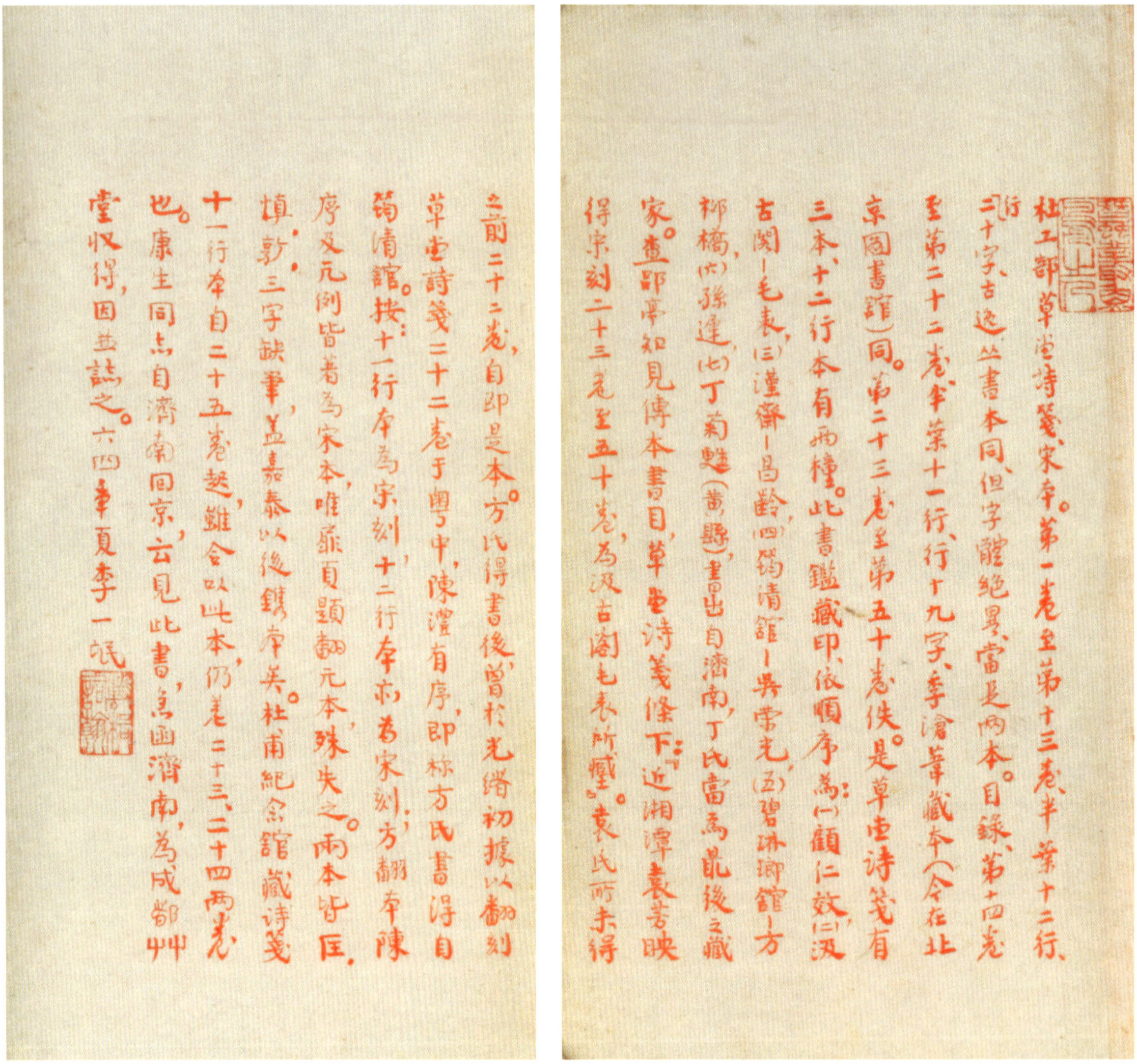

杜工部草堂詩箋，宋本。第一卷至第十三卷，半葉十二行、行二十字，古逸叢書本同，但字體絕異，當是兩本。目錄、第十四卷至第二十二卷，半葉十一行、行十九字，季滄葦藏本（今在北京圖書館）同。第二十三卷至第五十卷佚。是草堂詩箋有三本、十二行本有兩種。此書鑑藏印，依順序為：（一）顧仁效，（二）汲古閣毛表，（三）謙齋吕昌齡，（四）獨清館吳崇光，（五）碧琳瑯館方柳橋，（六）孫逢，（七）丁菊甦（黄縣）。書出自濟南，丁氏當為最後之藏家。查郘亭知見傳本書目，草堂詩箋條下：「近湘潭袁芳瑛得宋刻二十三卷至五十卷，為汲古閣毛表所藏。」袁氏所未得之前二十二卷，自即是本。方氏得書後，曾於光緒初據以翻刻草堂詩箋二十二卷于粵中，陳澧有序，即稱方氏書得自獨清館。按：十一行本為宋刻，十二行本亦為宋刻，方翻本陳序及元例皆著為宋本，唯扉頁題翻元本，殊失之。兩本皆匡、慎、敦三字缺筆，蓋嘉泰以後鐫本矣。杜甫紀念館藏詩箋十一行本自二十五卷起，雖合以此本，仍差二十三、二十四兩卷也。康生同志自濟南回京，云見此書，急函濟南，為成都草堂收得，因並誌之。六四年夏李一氓

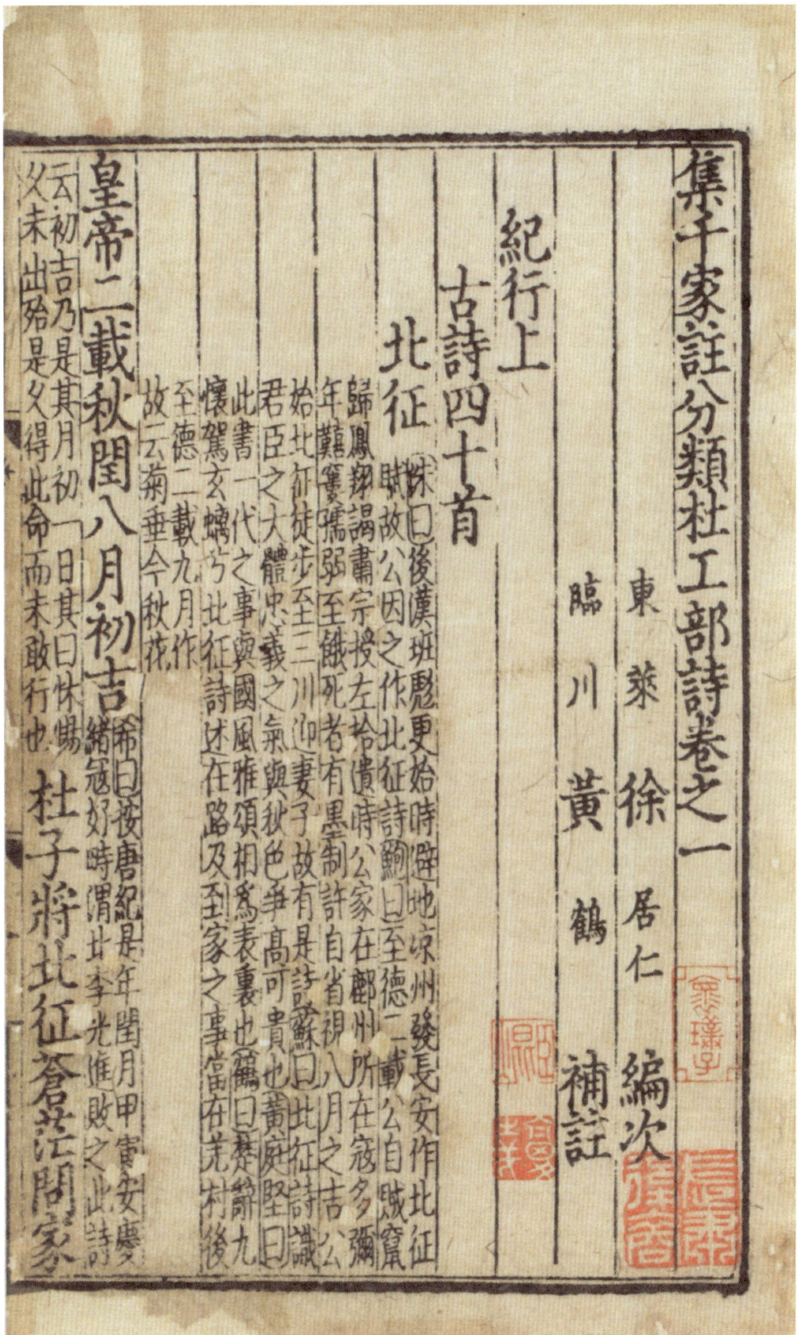
集千家註分類杜工部詩卷之一
東萊徐居仁編次
臨川黃鶴補註
紀行上
古詩四十首
北征 洙曰後漢班彪更始時避地涼州發長安作北征賦故公因之作北征詩駒曰至德二載公自賊竄歸鳳翔謁肅宗授左拾遺時公家在鄜州所在寇多彌年艱窶孺弱至餓死者有墨制許自省視八月之吉公始北征徒步至三川迎妻子故有是詩蘇曰此征詩識君臣之大體忠義之氣與秋色爭高可貴也黃庭堅曰此書一代之事與國風雅頌相爲表裏也鶴曰楚辭九懷駕玄螭兮北征詩述在路及到家之事當在羌村後至德二載九月作故云菊垂今秋花
皇帝二載秋閏八月初吉 希曰按唐紀是年閏月甲寅安慶緒寇好畤渭北李光進敗之此詩云初吉乃是其月初一日其曰怵惕久未出殆是久得此命而未敢行也
杜子將北征蒼茫問家

0034 集千家註分類杜工部詩二十五卷

（唐）杜甫撰（宋）徐居仁編次（宋）黃鶴補註

元皇慶元年（1312）建安余志安勤有堂刻本　二十四冊

匡高20.3釐米，廣13.3釐米，半葉十二行，行二十字，小字雙行二十六字；黑口，四週雙邊。有長方形『建安余氏勤有堂刊』，鐘式『皇慶壬子』，鼎式『勤有堂』，『皇慶壬子余志安刊於勤有堂』牌記。

此分類本杜詩，爲傳世註釋本杜集的主要版本之一，於後世有較大的影響。『千家』者，非實數，乃喻所輯多也。此版本傳世稀少，文獻資料價值較高。是書編次者徐居仁，生平不詳；黃鶴，生卒不詳。字叔似，號牧隱，宜黃（今屬江西）人。黃希〔字夢德。乾道二年（1166）進士。官終永新令。有《補註杜詩》，搜剔微隱，皆前人所未發，未及成而卒，子鶴續成之，重定年譜，名曰《黃氏補註杜詩》〕子。其集名《北窗言》。勤有堂，北宋政和間建陽人余靖安及後裔元代余志安的書坊名。自宋至元世代相傳，乃中國古代著名坊肆刻書家族。是本刻印均屬上乘，校讎亦精。

成都杜甫草堂博物館藏。

0034 集千家註分類杜工部詩二十五卷

（唐）杜甫撰（宋）徐居仁編次（宋）黃鶴補註

贈秦少府短歌行　同元使君舂陵行
偪仄行　錦樹行
嚴氏溪放歌行　虎牙行
負薪行　最能行
惜別行　醉歌行
白絲行　百憂集行
莫相疑行　短歌行
赤霄行　去矣行
貧交行　短歌行

皇慶壬子余志安刊于勤有堂

集千家註分類杜工部詩目錄

薦擢詩三賦飄零放一盃艱難行蜀道感激上燕臺
日月兵前沒江湖笑裏開獨吟千載後肝膽洗塵埃

觀子美畫像　揚蟠

文光萬丈照詞林獨步才難一代欽塵土未論今日
貌篇章空憶舊時心寂寥冠劍無由作零落丹青豈
復吟師法望公千載後仰風三歎感知音

建安余氏
勤有堂刊

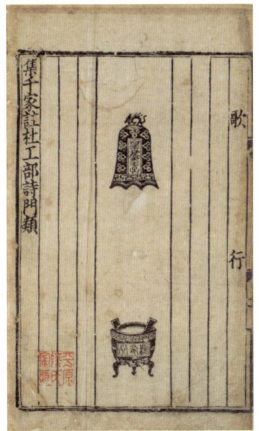

歌　行

集千家註杜工部詩門類

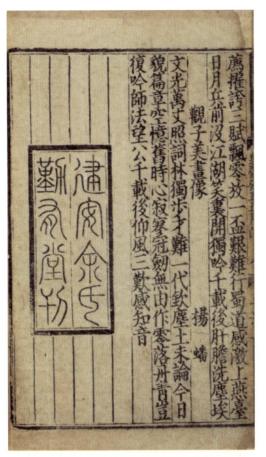

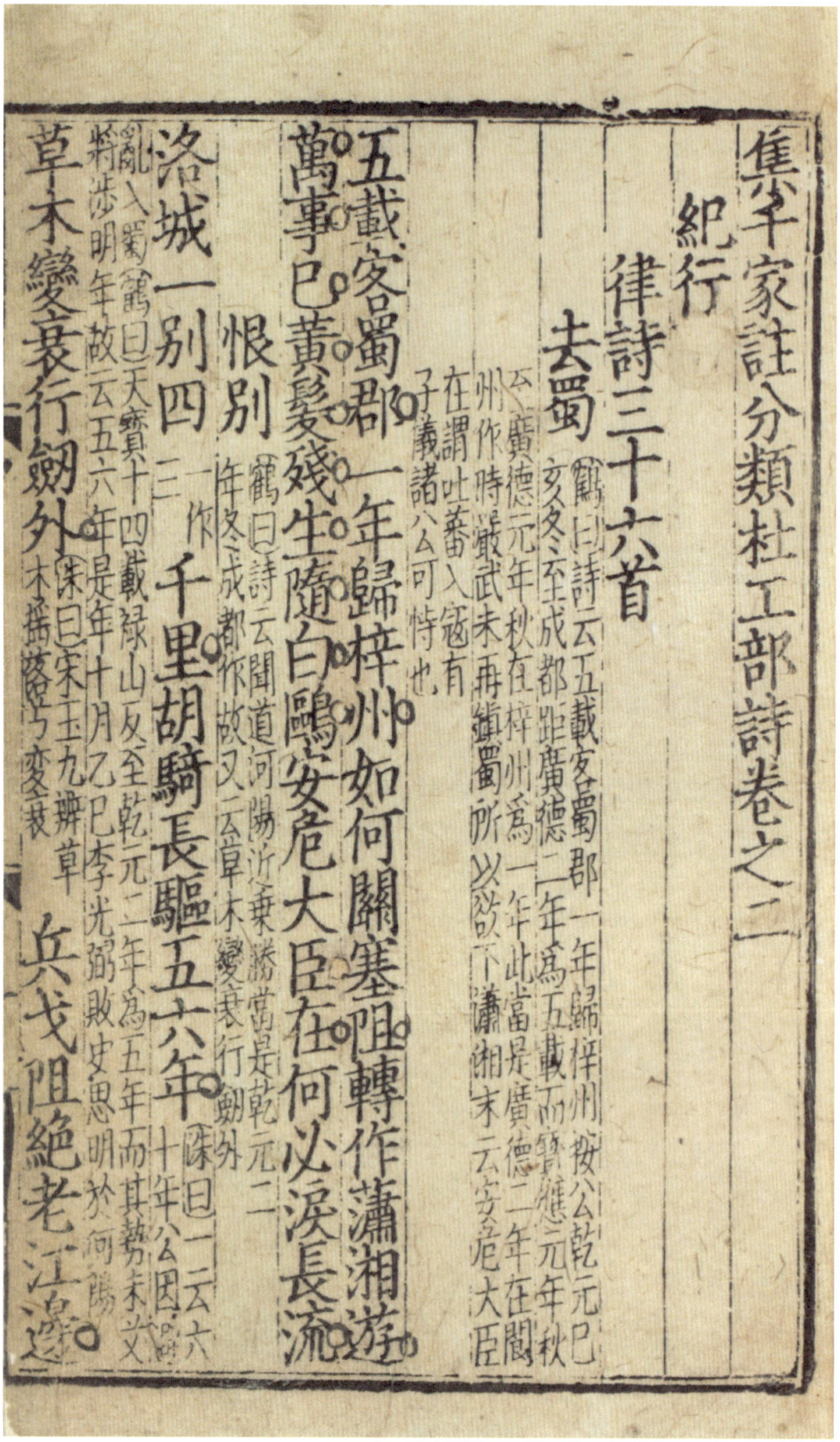
集千家註分類杜工部詩卷之二
紀行
律詩三十六首
去蜀 鶴曰詩云五載客蜀郡一年歸梓州按公乾元已亥冬至成都距廣德二年爲五載而寳應元年秋至廣德元年秋在梓州爲一年此當是廣德二年在閬州作時嚴武未再鎮蜀所以欲下瀟湘末云安危大臣在謂吐蕃入寇有子儀諸公可恃也
五載客蜀郡。一年歸梓州。如何關塞阻。轉作瀟湘遊。
萬事已黃髮。殘生隨白鷗。安危大臣在。何必淚長流。
恨別 鶴曰詩云聞道河陽近乘勝當是乾元二年冬成都作故又云草木變衰行劒外
洛城一別四三一作千里。胡騎長驅五六年。洙曰一云六十年公因祿山亂入蜀鶴曰天寶十四載祿山反至乾元二年爲五年而其勢未艾將涉明年故云五六年是年十月乙巳李光弼敗史思明於河陽
草木變衰行劒外。洙曰宋玉九辨草木摇落而變衰 兵戈阻絕老江邊。

0035 集千家註分類杜工部詩二十五卷文集二卷

（唐）杜甫撰（宋）徐居仁編次（宋）黃鶴補註

元廣勤堂刻本 三十冊

匡高20.3釐米，廣13.3釐米，半葉十二行，行二十字，小字雙行二十六字，黑口，四週雙邊，間有上下單邊。有鼎式『廣勤堂』牌記。

廣勤堂為元福建建陽人葉日增的書坊名。書坊由元入明，存世較長，所刊書籍多較精，為業中名肆。此書繕刻清朗，檢校無誤，甚佳。

成都杜甫草堂博物館藏。

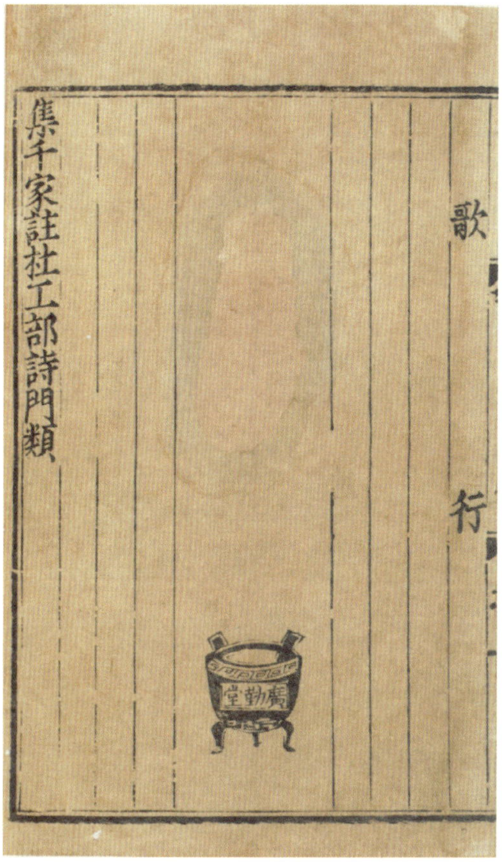

集千家註杜工部詩門類

歌　行

廣勤堂

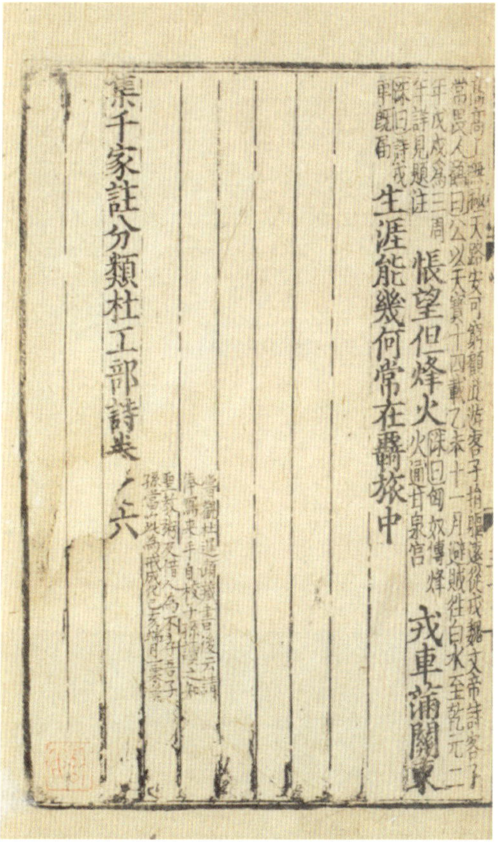

高適高丁難一秘天路安可窮[illegible]游客子[illegible]遠從戎魏文帝詩客子
常畏人鶴曰公以天寶十四載乙未十一月避賊往白水至乾元二
年戊戌爲三周
年詩見題注

悵望但烽火洙曰匈奴傳烽火通甘泉宮　戎車蒲關東

洙曰詩戎
車既飭

生涯能幾何常在覊旅中

集千家註分類杜工部詩[illegible]之六

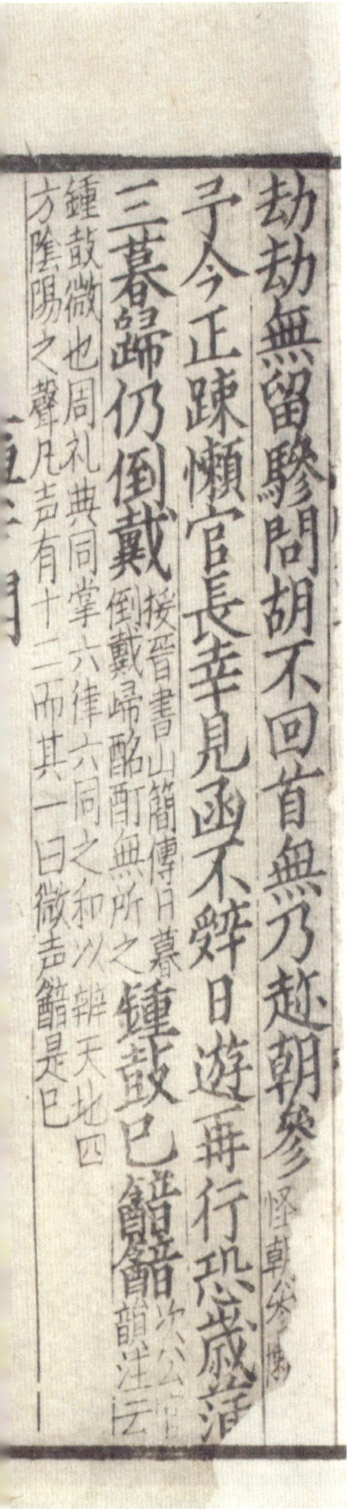
劫劫無留騑問胡不回首無乃趍朝參怪卓參揚
于今正踈懶官長幸見函不辭日遊再行恐歲滔
三暮歸仍倒戴按晉書山簡傳日暮倒戴歸酩酊無所之鍾鼓已鏘鏘次公曰韻注云
鍾鼓微也周礼典同掌六律六同之和以辨天地四
方陰陽之聲凡声有十二而其一曰微声鏘是已

0036 王狀元集百家註分類東坡先生詩二十五卷

（宋）蘇軾撰 題（宋）王十朋纂集

宋刻本 一冊

匡高19.1釐米，廣13釐米。半葉十一行，行十九字，小字雙行二十五字；黑口，左右雙邊，有書耳。僅存卷二計九葉

是書雖僅存卷一。共計九葉，然因其版本稀見，亦彌足珍貴。

四川省圖書館藏。

杜詩孤舟似昨日聞見同一声此閣幾何高何人之所營側身送落日引手攀飛星堯卿李太白詩危樓高百尺手可摘星辰不敢高声語恐驚天上人當年王中令縯名彦超周末国初爲鳳翔節度使斫木南山赬希仲赬赤色猶赭山也寫真留閣下鐵面眼有稜次公晉書劉惔之言桓溫云眼如紫石稜身遣人乞

尺次公杜詩言張鎬云張公一生江海客身長九尺鬚眉蒼與閣兩崢嶸古人雖暴作事今世驚發者尚呀喘作者何以勝曷不觀此閣其人勇且英堯卿太白詩張子勇且英

李氏園自注李茂正園也今爲王氏所有○次公本姓宋名文通唐僖宗光啓三年六月鳳翔節度使李昌符反犯大安門不克奔于隴州七月茂正攻拔之斬昌符十月以茂正爲鳳翔節度使賜姓名帝親製字曰正臣昭宗景福元年七月反遂犯京師以爲中書令進封秦王至後唐莊宗同光二年以鳳翔府節度使秦王卒

朝遊北城東回首見脩竹次公楚辭嬋娟之脩竹下有朱門家破墻園古屋舉鞭叩其戶幽響答空谷入門所見夥厚前漢陳勝傳客曰夥涉之爲王沈沈者楚人謂多爲夥也十步九移目異花兼四方朱杜詩異花開絕域野鳥喧百族其西引溪水[illegible]

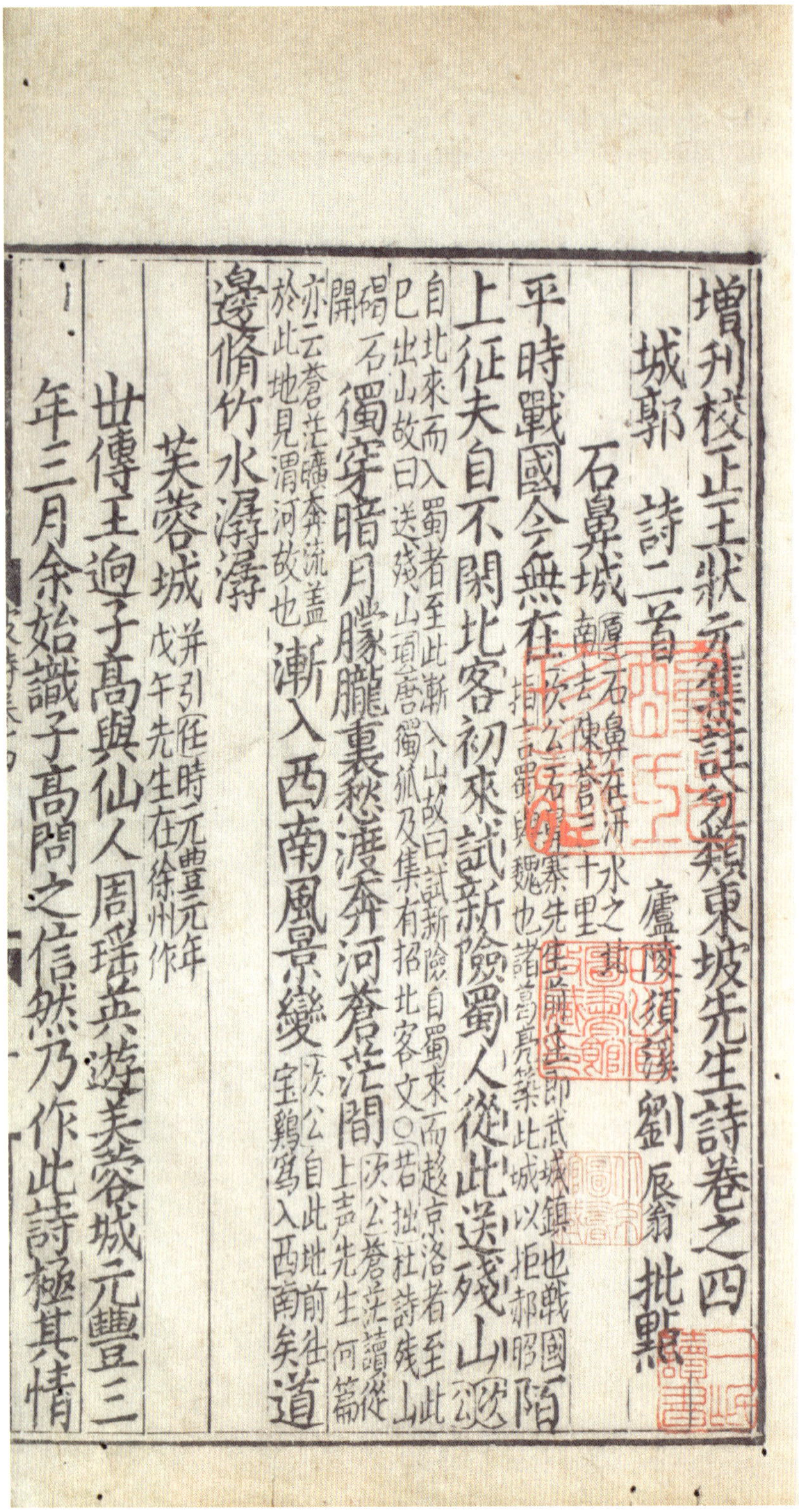

增刊校正王狀元集註分類東坡先生詩卷之四

城郭　詩二首　廬陵須溪劉辰翁批點

石鼻城（原石鼻在汧水之南，去陳倉三十里）

平時戰國今無在，陌上征夫自不閑。北客初來試新險，蜀人從此送殘山。（次公）自北來而入蜀者至此漸入山，故曰送殘山；自蜀來而趨京洛者至此已出山，故曰試新險。○若拙：杜詩殘山碣石開。獨穿暗月朦朧裏，愁渡奔河蒼茫間。（次公）蒼茫讀從上聲，先生何篇亦云蒼茫瀰漫奔流，蓋於此地見渭河故也。漸入西南風景變，（次公）自此地前往寶鷄入西南矣。道邊脩竹水潺潺。

芙蓉城　并引（任）時元豐元年戊午先生在徐州作

世傳王迥子高與仙人周瑶英遊芙蓉城。元豐三年三月，余始識子高，問之信然，乃作此詩，極其情

0037　增刊校正王狀元集註分類東坡先生詩二十五卷

（宋）蘇軾撰　題（宋）王十朋纂集　（宋）劉辰翁批點

元刻本　一冊

匡高20釐米，廣13.2釐米，半葉十二行，行二十一字，小字雙行同；黑口，四週雙邊。存一卷（卷四）李一氓題記

王十朋（1112—1171），字龜齡，號梅溪，樂清（今浙江樂清市）人。南宋高宗紹興二十七年（1157）進士第一。累官太子詹事，以龍圖閣學士致仕。事蹟詳《宋史》本傳。关於王十朋辑注本，有兩說：一爲此蘇集非十朋所纂集者，乃托其名以行；另一說則認爲是王十朋所纂集者，是集王十朋是从四注，五注擴展爲八注、十注。最後积累爲百家註本（实为九十七家），且改編年註爲分类註，所謂『搜索諸家之释，裒而一之，划繁剔冗』，以成此書。於此，兩說并存，是也，非也不作考辯。然此元刊者仍爲傳世蘇集重要版本之一，影響較大。

四川省圖書館藏。

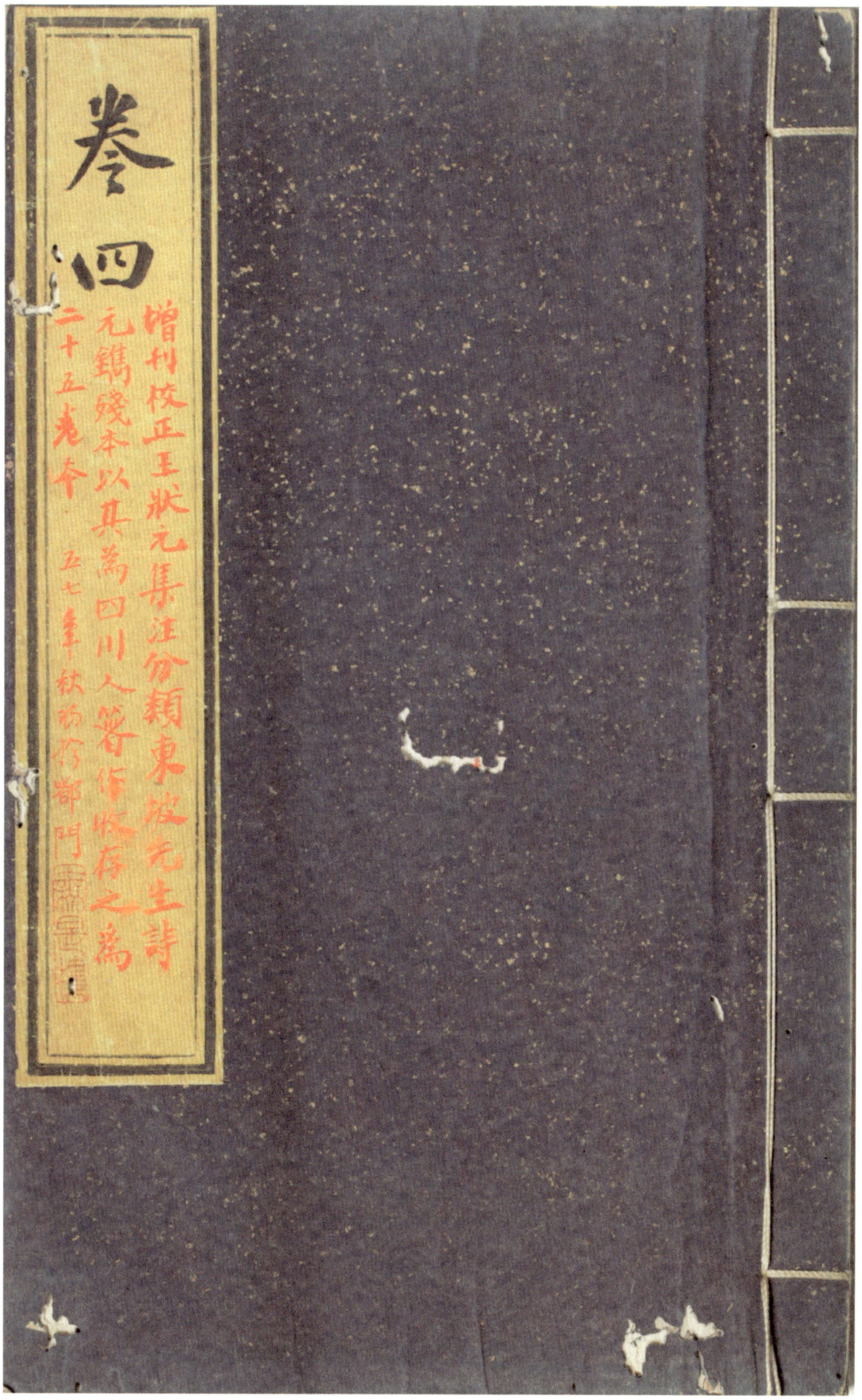
卷四
增刊校正王狀元集注分類東坡先生詩
元鐫殘本以其爲四川人著作收存之爲
二十五卷本
五七年秋杪於都門

0038 晦庵先生文集一百卷目錄二卷

（宋）朱熹撰

宋刻元明遞修本　三十八冊

匡高23.3釐米，廣17.4釐米，半葉十行，行十九字；白口，左右雙邊。存三十六卷（卷六十二至八十一，八十五至一百。）

朱熹（1130－1200），南宋理學家。著述甚多，流傳極廣，但宋刻原書所見極少。本書為朱集成編較早者，凡一百卷。見之諸家著記的宋刊朱集傳世者，有常熟瞿氏《鐵琴銅劍樓藏書目錄》所載之朱熹三子朱在編輯，宋寧宗年間（1195-1224）浙江官刊本《晦庵先生文集》，凡一百卷；入元後書版藏於杭州西湖書院，明代以後又修補印行。其次是《皕宋樓藏書志》記載的宋度宗咸淳元年（1265）福建建安書院刊本，除文集一百卷外，並附王遂所輯續集十一卷及余師魯所輯別集十卷。朱熹學宗二程，雖爲理學集大成者，然其詩文創作有較高的成就。他的文章長於說理，其寫景抒景之文清新可喜；其文學評論的文章，不僅代表了當時的見解，而且具有評論古今作家成敗，言之中肯的特點。此宋刊元明遞修本乃浙本系列者，傳世稀少。

四川師範大學圖書館藏。

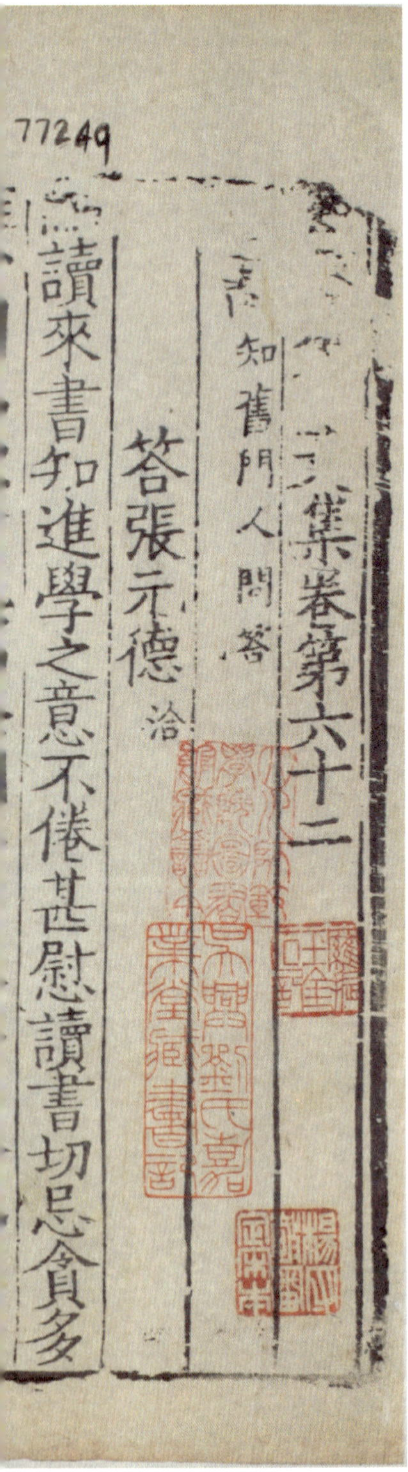

太曉録咨亦有云整此者如論孟兩書甚惟其生
之早也此間事雖不多然亦終日擾擾少得暇看
文字甚覺歲月之可惜也通書太極之旨更宜虛
心熟玩乃見鄙說一字不可易處政使濂溪復生

正法則其餘十律亦當各自爲宮若非正法則其
本調亦當并考然後其法乃備故古說有隨月用
律之法而來教亦謂不必轉軫促弦但依旋宮之
法而抑按之正謂此也然亦難只如此泛論須逐
宮指定各以何聲取何弦爲唱各以何弦取何律
爲均乃見詳實又以禮運正義之說推之則每律
既已各爲一宮每宮亦合各有五調而其逐調用
律取聲亦各有法此爲琴之綱領而前此說者皆
未嘗有明文誠闕典也欲望暇日定爲一圖以宮
統調以調統聲令其賓主次第各有條理則覽者

0039 晦庵先生朱文公文集一百卷目錄二卷續集十一卷別集十卷

（宋）朱熹撰

宋咸淳元年（1265）建寧府建安書院刻宋元明遞修本 五十四冊

匡高20釐米，廣15.8釐米，半葉十行，行十八字，小字雙行同，白口，左右雙邊。（存四十六卷：卷一，卷四至十，卷十三至十四，卷十六至十八，卷二十至二十二，卷二十四至二十五，卷二十八至二十九，卷三十一至三十四，卷三十六至四十，卷四十二至四十四，卷四十七至四十九，卷五十一至五十四，卷五十七至六十一，卷八十二，卷八十四）

此南宋刊一百二十三卷本《晦庵先生朱文公文集》為傳世通行本所祖者。其編定者為朱熹長子朱塾，後人又有所增補。為朱熹詩文、書劄、雜論等的彙編，亦包括朱熹有關論學和部分哲學著作。是集卷一至卷十為詩、賦、樂府；卷十一至二十三為封事、奏劄、奏狀等；卷二十四至卷六十四為書問答；卷六十五至卷七十四為雜著；卷七十五至卷七十六為序；卷七十七至卷八十為記；卷八十一至卷八十四為跋；卷八十五為銘、箴、贊、志、啟等；卷八十六為祝文；卷八十七為祭文；卷八十八至卷九十四為碑、墓誌銘；卷九十五至卷一百為行狀、公移。續集、別集則補充收集與友人的往來書劄。是集中於朱熹的哲學觀點的表述主要在其與友人的書信中，如理與氣的關係：『天地之間，有理有氣。理也者，形而上之道也，生物之本也。氣也者，形而下之器也，生物之具也。』（卷八十五《答黃道夫》）。知與行的關係：『為學之實，固在踐履，苟徒知而不行，誠與不學無異』（卷五十九《答曹無可》）。在一些雜著、記、序中也有所反映。《晦庵集》收錄了朱熹一生著作的大部分，是朱熹思想研究的主要資料之一。宋理宗趙昀曾說：朱熹是將『孔子之道益以大明於世也』，『有補於治道』，甚至『恨不與之同時』（《宋史・理宗紀》）。南宋以來，歷世統治者对朱熹著作推崇備致，故其版本眾多。此為福建刻本，屬傳世朱集的浙刻、閩刻兩大版本系統之閩本系統。

四川師範大學圖書館藏。

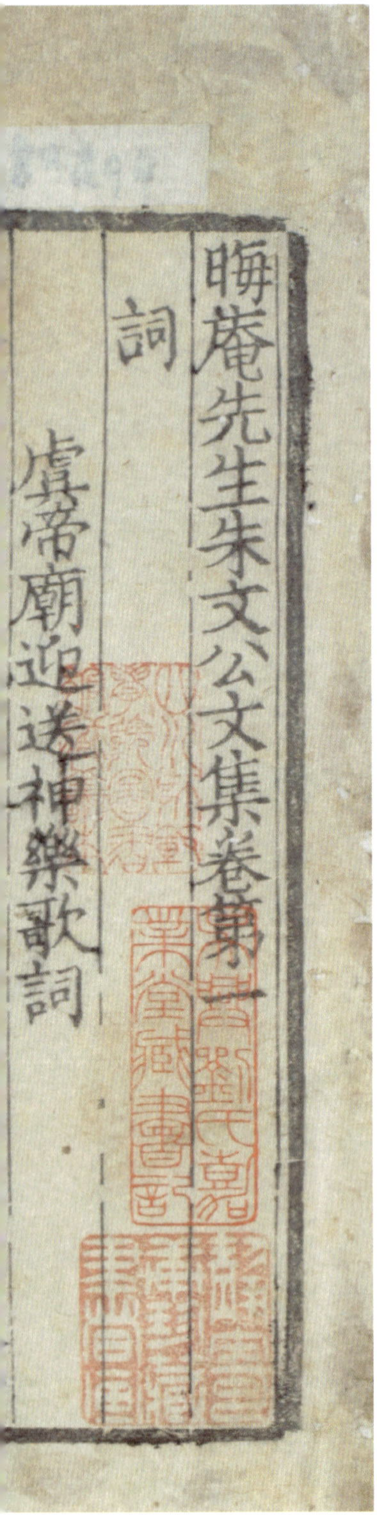

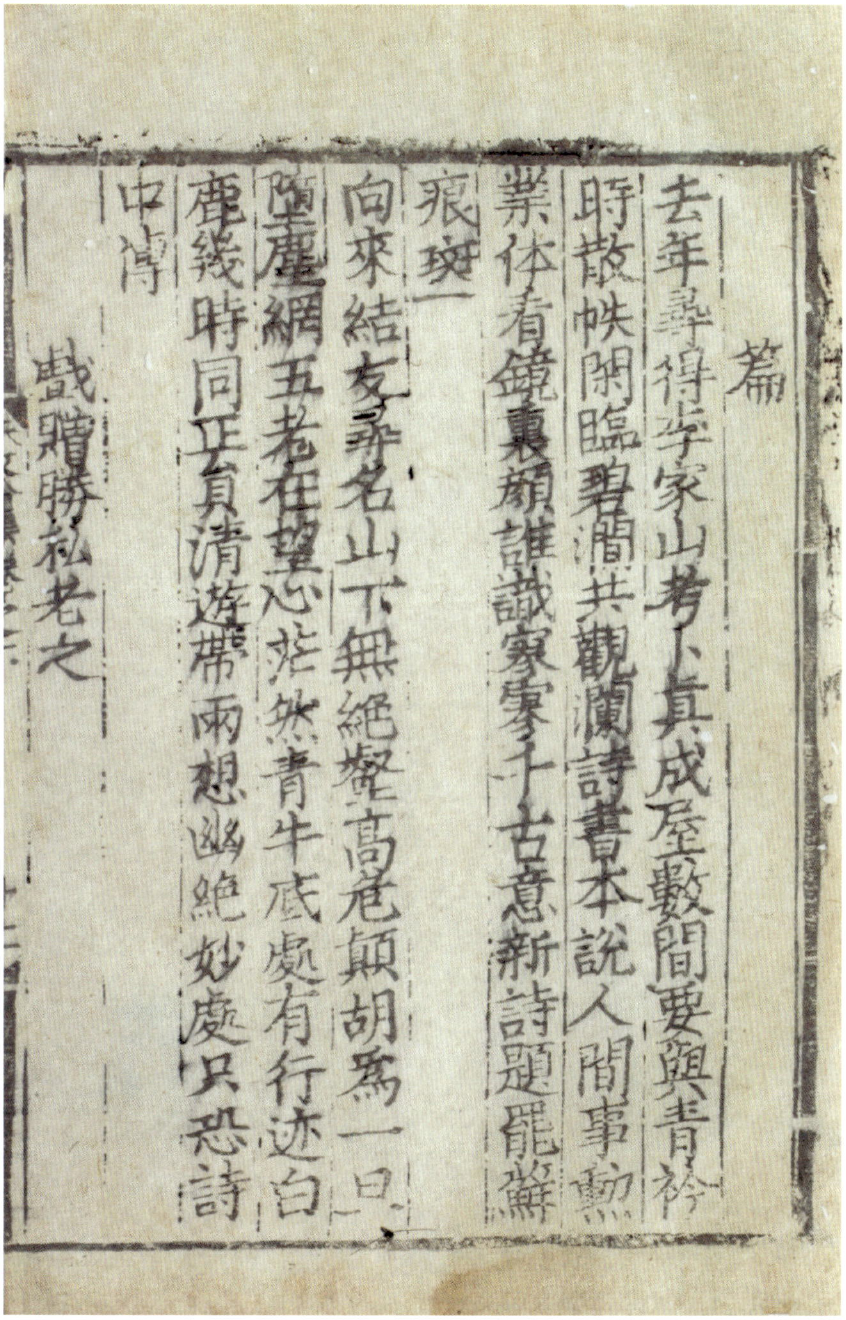

篇
去年尋得学家山考卜真成屋數間要與青衿
時散帙閑臨碧澗共觀瀾詩書本說人間事勳
業休看鏡裏顏誰識寥寥千古意新詩題罷蘚
痕斑一
向來結友尋名山下無絕巘高危顛胡為一日
墮塵網五老在望忽乾然青牛底處有行迹白
雲幾時同正貞清遊帶兩想幽絕妙處只恐詩
中傳
戲贈勝私老之

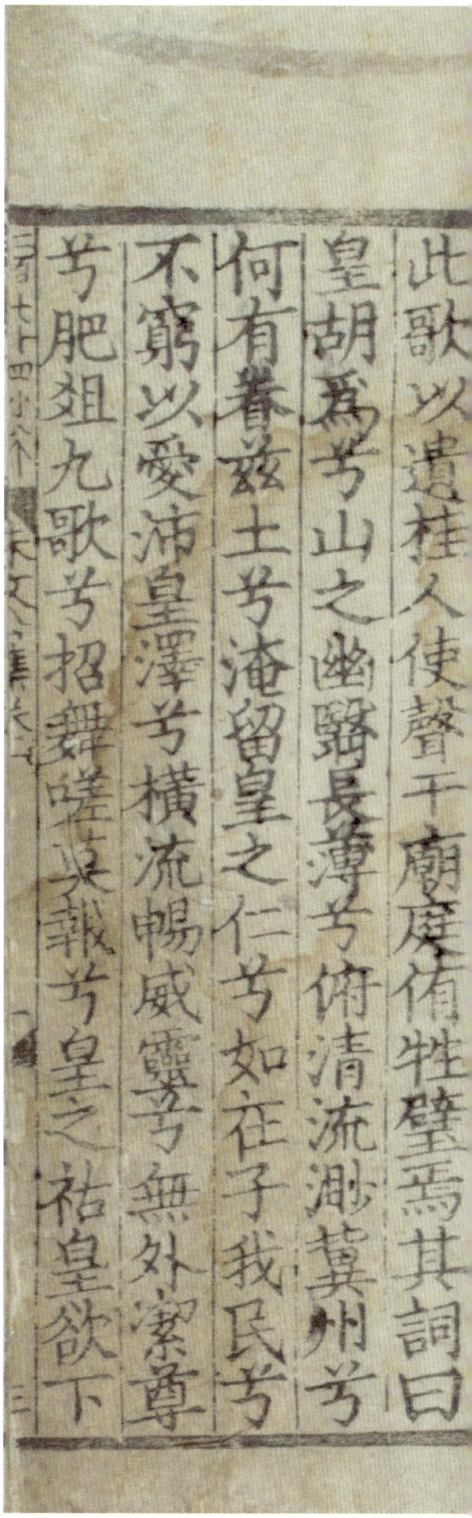

此歌以遺桂人使聲于廟庭侑牲璧焉其詞曰
皇胡為兮山之幽翳長薄兮俯清流渺冀州兮
何有眷茲土兮淹留皇之仁兮如在子我民兮
不窮以愛沛皇澤兮橫流暢威靈兮無外潔尊
兮肥俎九歌兮招舞嗟[illegible]哉兮皇之祐皇欲下

0040 易傳八卷 （宋）蘇軾撰 王輔嗣論易一卷 （魏）王弼撰

明萬曆吳興閔齊伋朱墨套印本 八冊

匡高20.3釐米，廣14.6釐米，半葉八行，行十八字，小字雙行字數不等；白口，四週單邊。

《易傳》，宋代重要的義理派易學著作之一。初以《毘陵易傳》之名（毘陵，常州古名。蘇氏晚年病逝於此。）行世，後又以《蘇氏易解》、《東坡先生易傳》和《蘇氏易傳》等名刊行於世。蘇軾（1037-1101），北宋文學家、書畫家。字子瞻，號東坡居士，眉州（今四川眉山）人。其父蘇洵精通《太玄》，晚年欲作《易傳》未成，遺命蘇軾繼作，軾於黄州任上成編，再訂於儋州，前後歷數十年之久。其間，其弟蘇轍曾作《易解》，並送蘇軾參考。《易傳》『實蘇軾父子兄弟合力爲之，題曰軾撰，要其成耳』。宋代是疑經惑傳、重義理輕訓詁、三教合流時代，蘇氏解易，立足於義理，提出整套解釋《周易》的獨特觀點。如在卦爻關係上，提出『卦合而言之，爻别而觀之』；在卦義上，又發展爲多取爲卦說；在卦時、卦位上也有一定的創見。較之王弼易說的『惟暢玄風』之旨，雖大體相近，卻多切人事，往往足以達難顯之情，而深得曲譬之旨；且文辭博辨，足資啓發。故後世朱震、朱熹、陳夢雷等亦多引述《易傳》。易之爲學，論撰多矣，今之經部文獻，《易》爲大宗，足見其顯。軾之《易傳》乃影響較大者也。是書的流傳，從明末起，分爲兩支：一爲《蘇氏易解》，陳所蘊從杭州卓爾康（1570—1664）處所獲八卷本《蘇氏易解》，刊行於萬曆二十二年（1594），二年後吳之鯨又以《蘇長公易解》爲名重刊；二爲《東坡先生易傳》，焦竑從唐順之（1507—1560）手中所得古本，於萬曆二十五年（1597）收入《兩蘇經解》刊行。此閔本屬卓本一支，爲套印之本，刊印甚精。王弼（226—249），字輔嗣，魏山陽（今河南焦作東）人。三國魏名士，魏晉玄學創始人之一。弼論易，一掃漢代以圖（象與數）解《周易》學說，主張『象者，所以存意，得意而忘象』。即『象』只是存『意』的手段，得『意』則卦『象』可不必拘泥。其『明象』觀對後人，尤其對宋人以『義理』說《易》，具有重要影響。

四川省圖書館藏。

鄭漁仲曰乾之初九一事物也其在天地人蟲之內天地人蟲之外其象如潛龍勿用不可以千萬計也皆乾

其正也不得其正而能潛非天下之至健其孰能之

九二見龍在田利見大人

飛者龍之正行也天者龍之正處也見而在田明其可安而非正也

易傳卷一　上經

六四翩翩不富以其鄰不戒以孚象曰翩翩不富皆失實也不戒以孚中心願也

王弼曰乾樂上復坤樂下復四處坤首六五上六皆失其故處而樂下者故翩翩相從不必富而能用其鄰不待戒而自孚

六五帝乙歸妹以祉元吉象曰以祉元吉中以行願也

楊用脩曰帝乙殷之賢君尚書所謂自成湯至于帝乙罔不明德慎罰是也史記云帝乙時殷道益衰此皆背經之言也後世注易者因史記之言遂以帝乙為成湯則易之與尚書又相背矣信史而疑經其蔽有如此者

妹女之少者也易女少而男長則權在女六五以陰居尊位有帝乙歸妹之象焉坤樂下復下復而奪乾乾則病矣而亦非坤之利也乾病而疾坤坤亦將傷焉使乾不病坤不傷

易傳卷二　上經　六

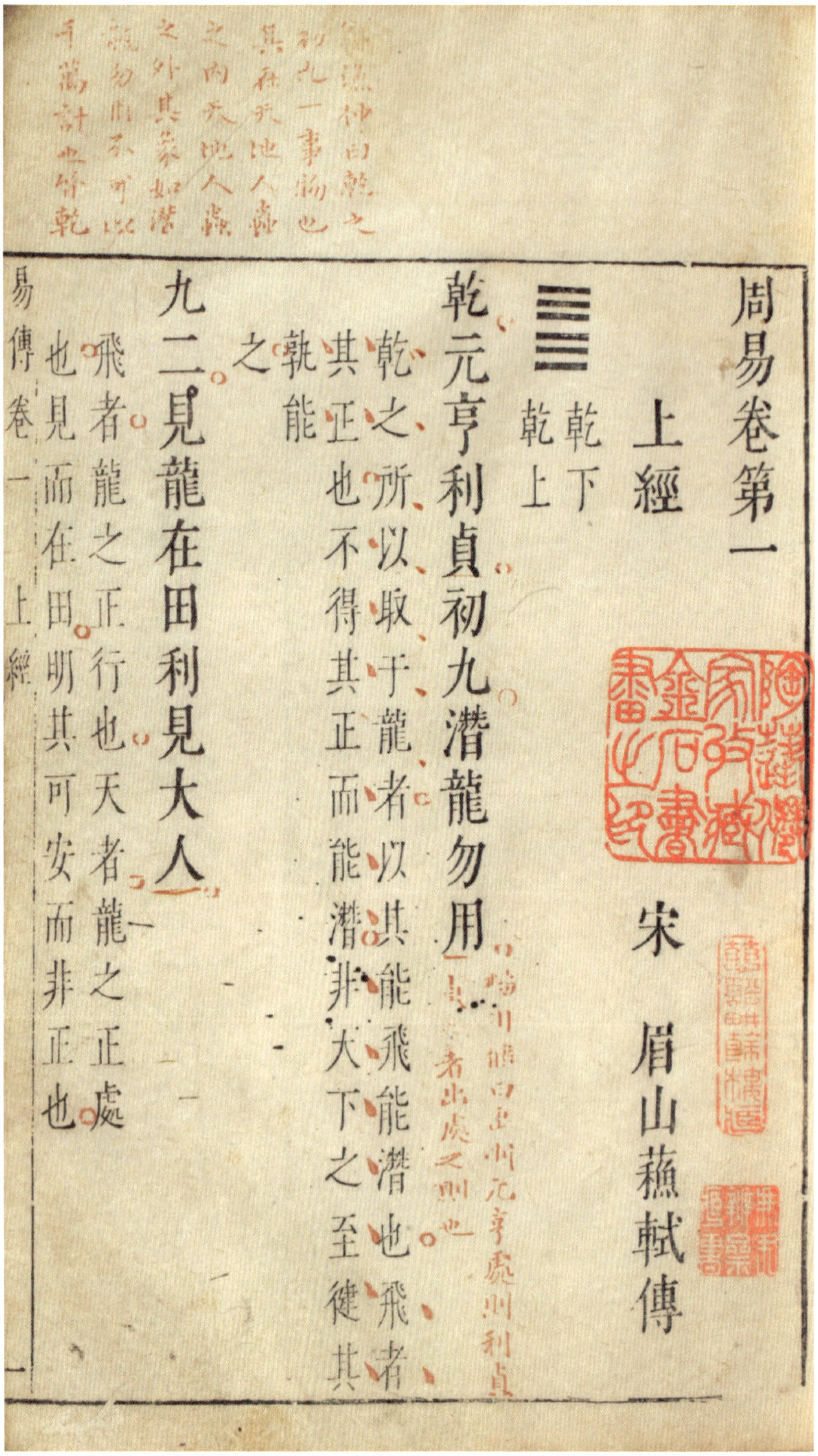

0041　易傳八卷　（宋）蘇軾撰　**王輔嗣論易一卷**　（魏）王弼撰

明萬曆吳興閔齊伋刻朱墨套印本　八冊

匡高20.3釐米，廣14.6釐米，半葉八行，行十八字，小字雙行字數不等，白口，四週單邊。

四川大學圖書館藏。

0042　周易本義十二卷易圖一卷五贊一卷筮儀一卷

（宋）朱熹撰

清康熙內府刻本　五冊

匡高23.1釐米，廣16釐米，半葉六行，行十五字，小字雙行同；白口，左右雙邊。

漢以降，眾多研究、批注《周易》的著述中，朱熹《周易本義》是重要的一部。朱熹认爲《周易》中间颇为诸儒所乱，近世晁氏始正其失而未能尽合古文。吕氏又更定著为經二卷。传十卷，乃复孔氏之旧云。』遂以吕祖謙考定之經文，詳作解釋，在釋文中融入自己的思想和主張，並且經、傳各自為卷，即上、下經二卷，十翼十卷，意在保持古《易》之舊。卷前附《易圖》，卷後附《五贊》和《筮儀》。此康熙間（一說康熙五十三年，見《清代內府刻書圖錄》）內府仿宋咸淳元年吳革刻本。半葉六行十五字，字大如錢。分經二卷傳十卷，猶保存了朱熹成書時的原貌。明以後的《周易本義》多為四卷，除合併卷次外，在內容上也有所改動。故此本非獨版刻精美，其文獻價值亦高於明以後諸本。《增訂四庫簡明目錄標注》載前賢評論稱：『康熙中仿宋刻《四書》、《周易》，極佳』。

四川大學圖書館藏。

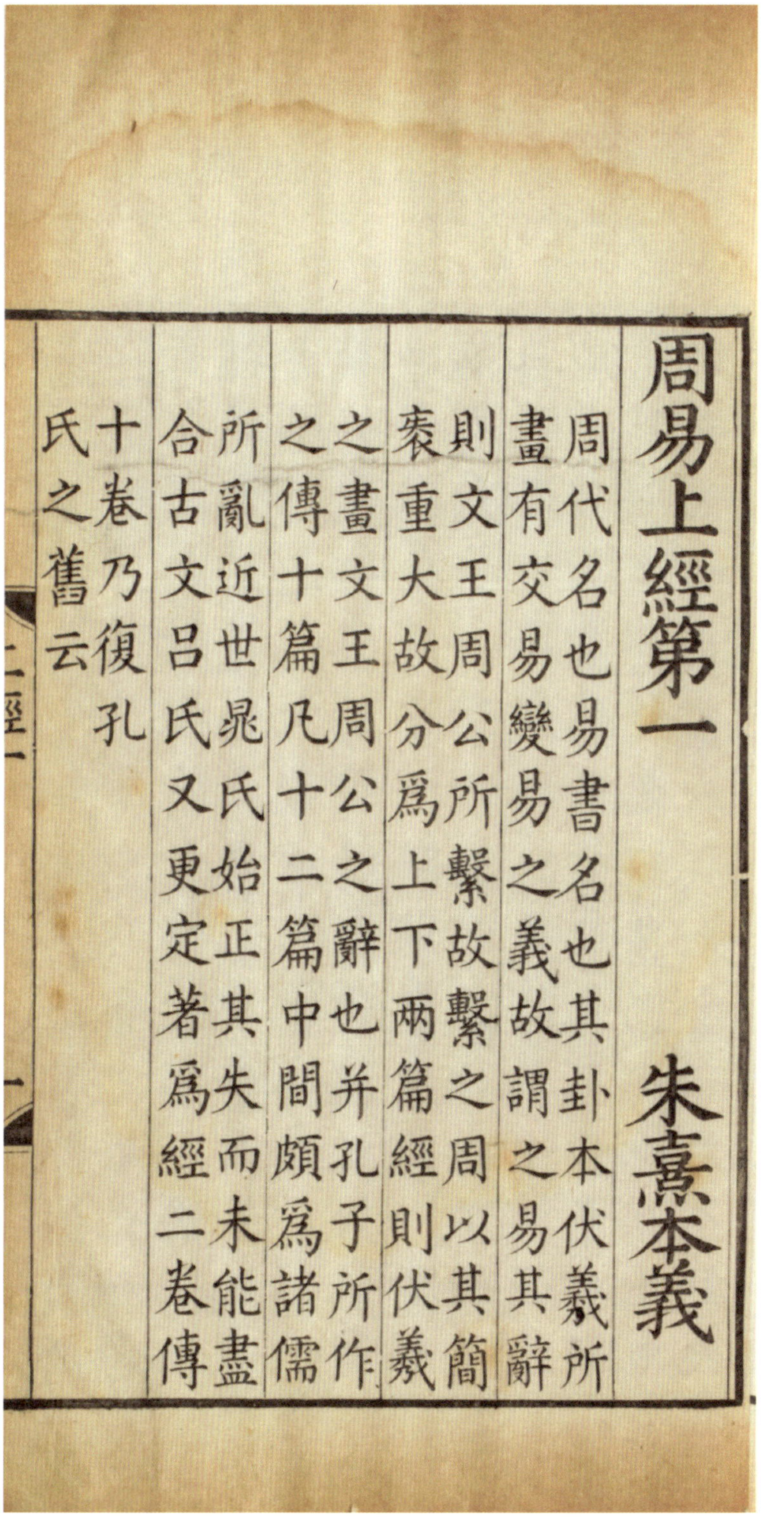

周易上經第一　朱熹本義

周代名也易書名也其卦本伏羲所畫有交易變易之義故謂之易其辭則文王周公所繫故繫之周以其簡袠重大故分爲上下兩篇經則伏羲之畫文王周公之辭也并孔子所作之傳十篇凡十二篇中間頗爲諸儒所亂近世晁氏始正其失而未能盡合古文吕氏又更定著爲經二卷傳十卷乃復孔氏之舊云

0043 周易傳義十卷 （宋）程頤 朱熹撰 上下篇義一卷 （宋）程頤撰 易圖集錄一卷易五贊一卷 筮儀一卷 （宋）朱熹撰 易說綱領一卷 （宋）程頤 朱熹撰

明正統十二年（1447）司禮監刻本 六冊

匡高23釐米，廣16.5釐米；半葉八行，行十四字，小字雙行十八字；黑口，四週雙邊。

《周易傳義》爲宋代理學家程頤、朱熹的易學著作。程頤（1033—1107），字正叔，學者稱伊川先生。洛陽（今河南洛陽）人。北宋哲學家、教育家。有《易傳》四卷，亦稱《程氏易傳》《伊川易傳》，是程氏唯一的哲學著作。朱熹（1130—1200），字元晦，號晦庵，別稱紫陽。徽州婺源（今屬江西）人。南宋哲學家、教育家，有《周易本義》十卷。《周易傳義》乃《易傳》和《周易本義》兩書的合編。兩宋時代，理學大興，程頤爲創始人，朱熹乃集大成者。二人相繼注《易》，雖繼承王氏（弼）傳統，但一掃玄學氣息，詳於事理。程、朱雖同爲宋代理學『程朱學派』的標誌性人物，但於《易》學，兩家各有不同之處。程氏說《易》，以『理』講《易》，他注《繫辭》『生生之謂《易》』說：『老子亦言「三生萬物」，此是「生生之謂《易》」。理自然如此，維天之命，於穆不已，自是理。』『理』成了陰陽的根源，也是天地萬物的根源，能『偏理天地之道……故能知幽明之故』。《周易》成了發揮自己理學思想的工具。朱熹則認爲『先見象數，方得說理，不然，事無實證，則虛理易差』。如他注《繫辭》『寂然不動，感而遂通天下』一名，針對程頤『天理俱備……感只是內感』，『此只言人分上事』的說法，明確表示『「寂然不動，感而遂通天下之故」與「窮理盡性以至於命」本是說《易》，不是說人』。說明他承認《周易》原是筮書。這是一種比較客觀的態度。宋以後，程朱理學成爲社會的正統思想，二人的《易》學著作也就成了《易》學的正統。元明人說《易》多不能出其藩籬。明人將二人注《易》之著合爲一帙，以之行世，尊崇之意是明顯的。此合刊之著，於宋人《易》學的瞭解和研究無疑頗具有益之處，乃研究程朱哲學思想的重要資料。此明正統司禮監刻本，開本闊大，字體疏朗，紙墨俱佳，刊印甚精，乃現存善本之佳者也。

四川省圖書館藏。

易圖　朱子集録

河圖

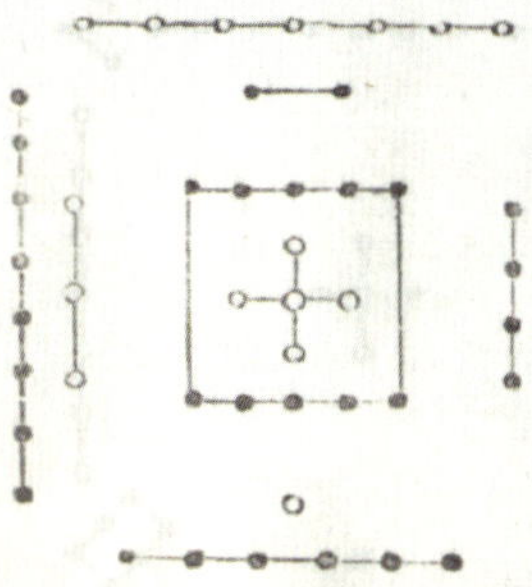

繫辭傳曰河出圖洛出書聖人則之又曰天一地二天三地四天五地六天七地八天九地十天數五地數五五位相得而各有合天數二十有五地數三十凡天地之數五十有五此所以成變化而行鬼神也

易說綱領

程子曰上天之載无聲无臭其體則謂之易其理則謂之道其用則謂之神○陰陽闔闢便是易一闔一闢謂之變○命之曰易便有理若安排定則更有甚理天地陰陽之變便如二扇磨升降盈虛剛柔初未嘗停息陽常盈陰常虧故便不齊譬如磨既行齒都不齊既不齊便生出萬變故物之不齊物之情也而

周易上經

本義周代名也易書名也其卦本伏羲所畫有交易變易之義故謂之易其辭則文王周公所繫故繫之周以其簡袠重大故分爲上下兩篇經則伏羲之畫文王周公之辭也并孔子所作之傳十篇凡十二篇中間頗爲諸儒所亂近世晁氏始正其失而未能盡合古文呂氏又更定著爲經二卷傳十卷乃復孔氏之舊云

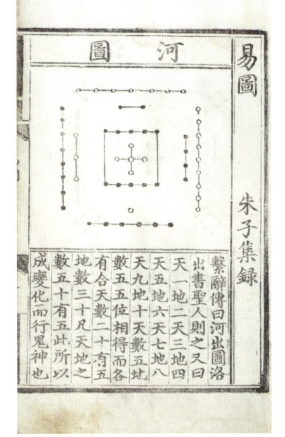

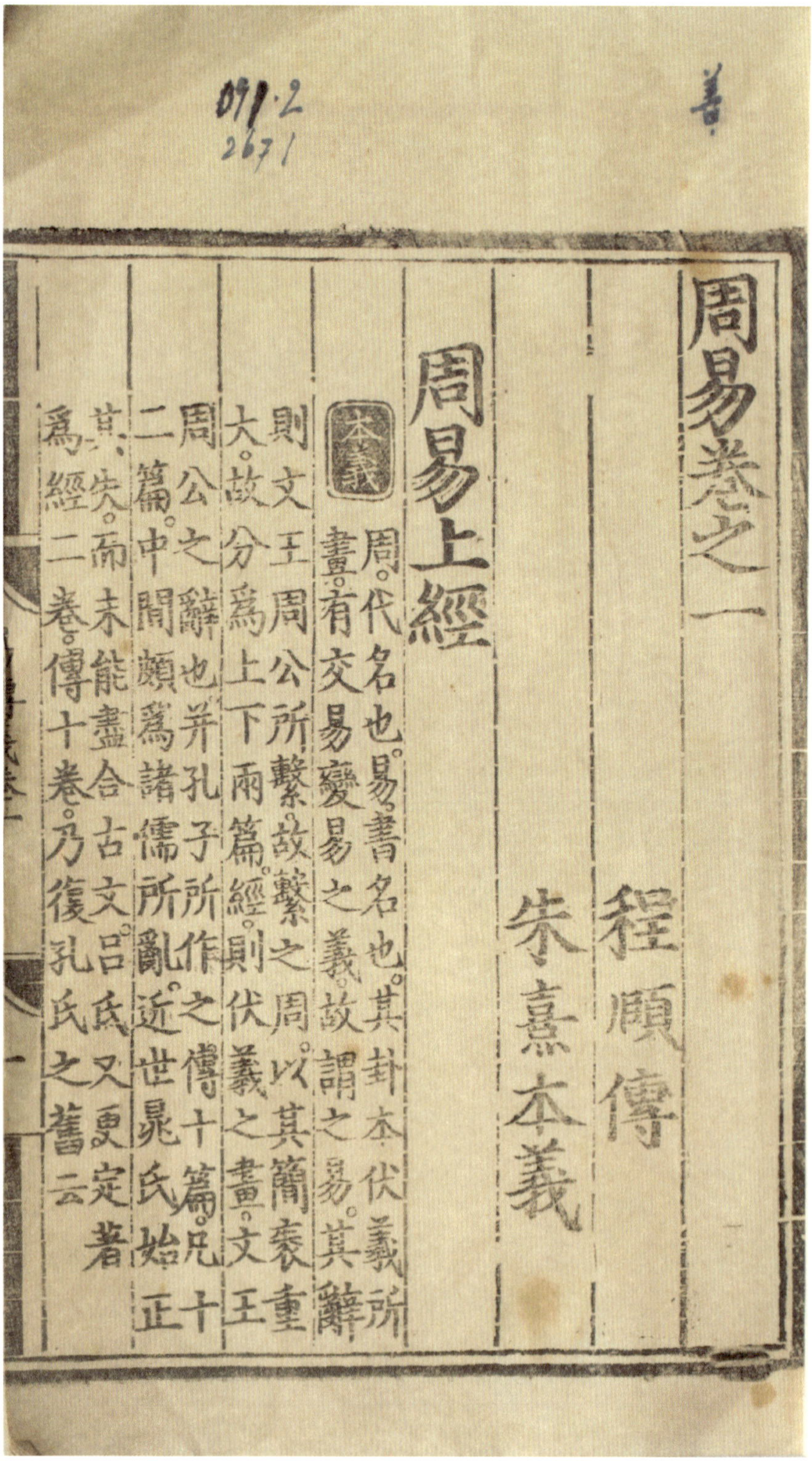
善
091.2
2671

周易卷之一
程頤傳
朱熹本義

周易上經

本義

周代名也易書名也其卦本伏羲所畫有交易變易之義故謂之易其辭則文王周公所繫故繫之周以其簡袠重大故分爲上下兩篇經則伏羲之畫文王周公之辭也并孔子所作之傳十篇凡十二篇中間頗爲諸儒所亂近世晁氏始正其失而未能盡合古文呂氏又更定著爲經二卷傳十卷乃復孔氏之舊云

0044 周易傳義十卷 （宋）程頤 朱熹撰 上下篇義一卷 （宋）程頤撰 易圖集錄一卷 易五贊一卷 筮儀一卷 （宋）朱熹撰 易說綱領一卷 （宋）程頤 朱熹撰

明正統十二年（1447）司禮監刻本 十八冊

匡高23釐米，廣16.6釐米。半葉八行，行十四字，小字雙行十八字；黑口，四週雙邊。存十三卷（易傳義十卷，上下篇義一卷，五贊一卷，筮儀一卷）

四川大學圖書館藏。

上下篇義

乾坤天地之道。陰陽之本。故爲上篇之首。坎離陰陽之成質。故爲上篇之終。咸恒夫婦之道。生育之本。故爲下篇之首。未濟坎離之合。旣濟坎離之交合而交則生物陰陽之成功也。故爲下篇之終。二篇之卦旣分而後推其義以爲之次。序卦是也。卦之分則

易五贊

原象

太一肇判。陰降陽升。陽一以施。陰兩而承。惟皇昊羲。仰觀俯察。奇偶旣陳。兩儀斯設。旣斡乃支。一各生兩。陰陽交錯。以立四象。奇加以奇。曰陽之陽。奇而加偶。陽陰以章。偶而加奇。陰內陽外。偶復加偶。陰與陰會。兩一旣分。一復生兩。三才在目。八卦指掌。奇奇而奇。初一曰乾。奇奇而偶。

0045 周易輯聞六卷易雅一卷筮宗一卷 （宋）趙汝楳撰

明朱睦㮮聚樂堂刻本　八册

匡高19.2釐米，廣13.2釐米。半葉十行，行二十字，白口，四週單邊。

趙汝楳，宋宗室，居鄞縣（今屬浙江）。趙善湘［字清臣，允讓後。慶元二年（1196）進士。淳祐中進觀文殿學士致仕。於易用功最勤，有說易之書多部。］季子。寶慶二年（1226）進士。理宗時官至戶部侍郎、江淮安撫制置使，封天水郡公。汝楳之學，精於易象，《周易輯聞》之撰，既有家學之承，亦為其學之萃。汝楳解易，其以大象移於卦畫之後、彖辭之前，以文言散附乾坤彖傳及小象後；又於每卦之中，皆以卦變立論，其說推闡詳明，於比應乘承之理，盈虛消長之機，皆有所發揮，頗具新意，為宋人易說之中猶為明白篤實者。《易雅》乃總釋名義之著，分為通釋、書釋、學釋……圖釋等十八篇，猶『《爾雅》之釋詩，故名曰雅』。《筮宗》，分釋本、述筮、先傳考三篇，於大衍之數之推明，頗為明白；於諸家舊說，皆一一條辯，亦具考訂之功。《周易輯聞》乃宋代易學的一家之言也。其書版本以此聚樂堂本為最早者，傳世稀少，刊印極精。朱睦㮮（約1513—1582），明代藏書家。字灌甫，號西亭，又號東陂居士，學者稱西亭先生，濠州（今安徽鳳陽縣東北）人。明周藩鎮平王孫。萬曆五年（1577）進士。举文行卓異。爲周藩宗正，領宗學事。通五經，尤邃於《易》、《春秋》。事蹟詳《明史·諸王傳一》。聚樂堂乃其室名。

四川省圖書館藏。

宋汴水趙汝楳述　明後學睦㮮校刻

周者姬姓王天下之國名易變易也易道變易无窮故以名書按周官大卜三曰周易則知為周人之所自名以別於連山歸藏也夫子嘗曰二篇之策今題曰上篇下篇上篇三十卦下篇三十四卦其序皆反對胥從二篇各十八卦合為三十六蓋二其九三其六皆十八四其九六其六皆三十六實函九六之數上篇對卦六反卦十二下篇對卦二反卦十六

䷀乾下乾上

易雅

宋汴水趙汝楳述　明後學睦㮮校刻

通釋第一

昔者聖人之作易也將以明道也道无形曷從而明之唯寓之象數而已象數非所以為易非象數則无以見易易不可見則道何由而明哉是故求道者必於易求易者必於象數象數之於易猶木之本水之源也一陰一陽之謂道奇耦其寓也像之為象陽奇而陰耦數之為數陽一而陰二過此以往則有辭焉辭也者聖人所以發象數之緼而明此道也夫易之

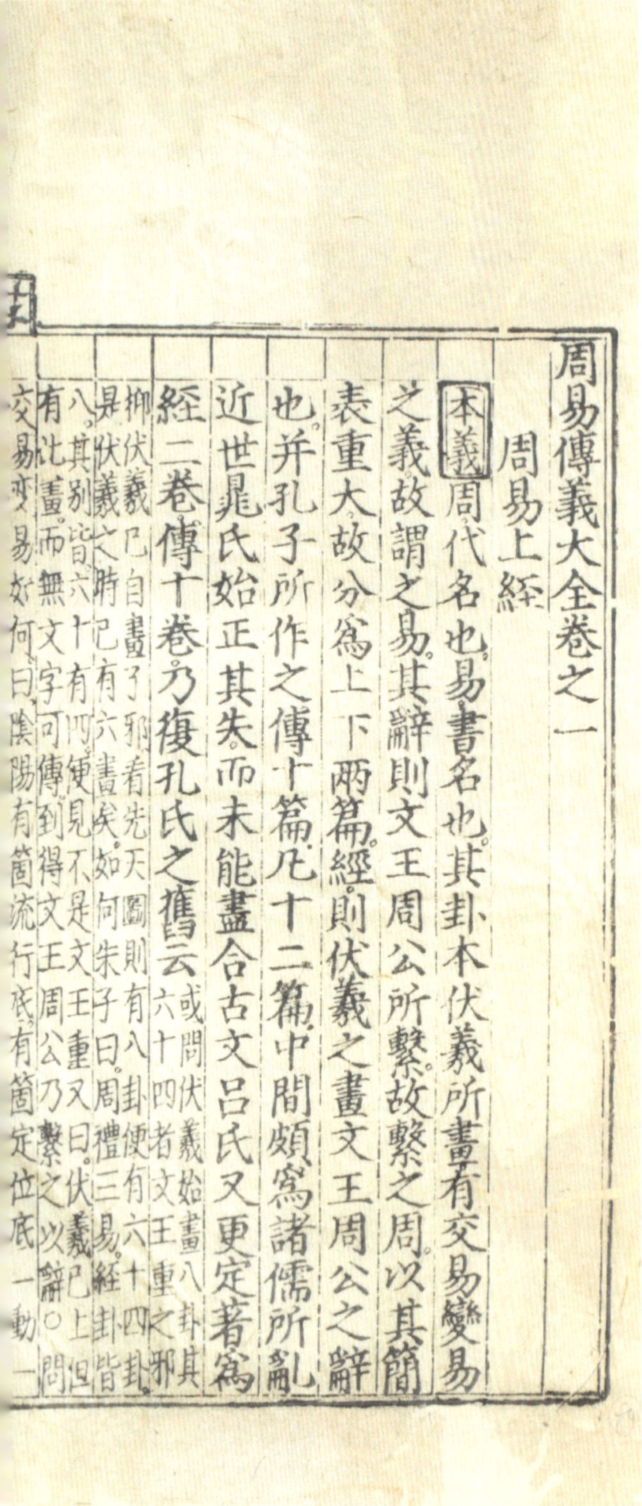
周易傳義大全卷之一

周易上經

本義 周代名也。易書名也。其卦本伏羲所畫，有交易變易之義，故謂之易。其辭則文王周公所繫，故繫之周。以其簡表重大，故分爲上下兩篇。經則伏羲之畫，文王周公之辭也。并孔子所作之傳十篇，凡十二篇。中間頗爲諸儒所亂，近世晁氏始正其失，而未能盡合古文。呂氏又更定著爲經二卷，傳十卷，乃復孔氏之舊云。或問伏羲始畫八卦，其六十四者文王重之耶？抑伏羲已自畫了耶？看先天圖則有八卦，便有六十四卦，是伏羲之時已有六畫矣，如何？朱子曰：周禮三易，經卦皆八，其別皆六十有四，便見不是文王重。又曰：伏羲已上，但有此畫而無文字可傳，到得文王周公，乃繫之以辭。○問交易變易如何？曰：陰陽有箇流行底，有箇定位底，一動一

0046 周易傳義大全二十四卷易五贊一卷筮儀一卷綱領一卷朱子圖說一卷

（明）胡廣等輯

明弘治九年（1496）余氏雙桂書堂刻本　二十八册

匡高19.3釐米，廣13釐米。半葉十二行，行二十字，小字雙行二十二字；黑口，四週雙邊。有『福建憲司提督學校僉事游明大昇校正原本重復刊行』，『弘治丙辰余氏雙桂書堂新刊』牌記。

胡廣（1370—1418），字光大，號晃菴，吉水（今屬江西）人。建文二年（1400）進士第一。授翰林院編修，賜名靖。成祖即位，廣迎降，復名廣。累官至文淵閣大學士，兼左春坊大學士。《周易傳義大全》爲胡廣奉敕所纂。是書採用程頤《易傳》與朱熹《本義》二家注本。又由胡廣等鈔錄其他宋人《易》說而成。如董楷《周易傳義附錄》、董真卿《周易會通》、胡一桂《周易本義附錄纂疏》、胡炳文《周易本義通釋》等。而這些《易》說，全系對程、朱二本的疏釋而已。雖如此，《周易大全》卻被明代統治者作爲科舉取士的標準本，致使當時的讀書人皆世守此書，這決定了明人的《易》說只能是遵從宋人之《易》，或繪《易》圖，或借《易》說理，故有明一代，真正有獨創見解，發宋人所未發的《易》著，可謂鳳毛麟角。對此，清人皮錫瑞有『經學至明爲極衰時代』的結論。這一點從明人對《周易》的研究成果來看，不是沒有道理的。此弘治刊本則僅此一帙，極為罕見。

四川省圖書館藏。

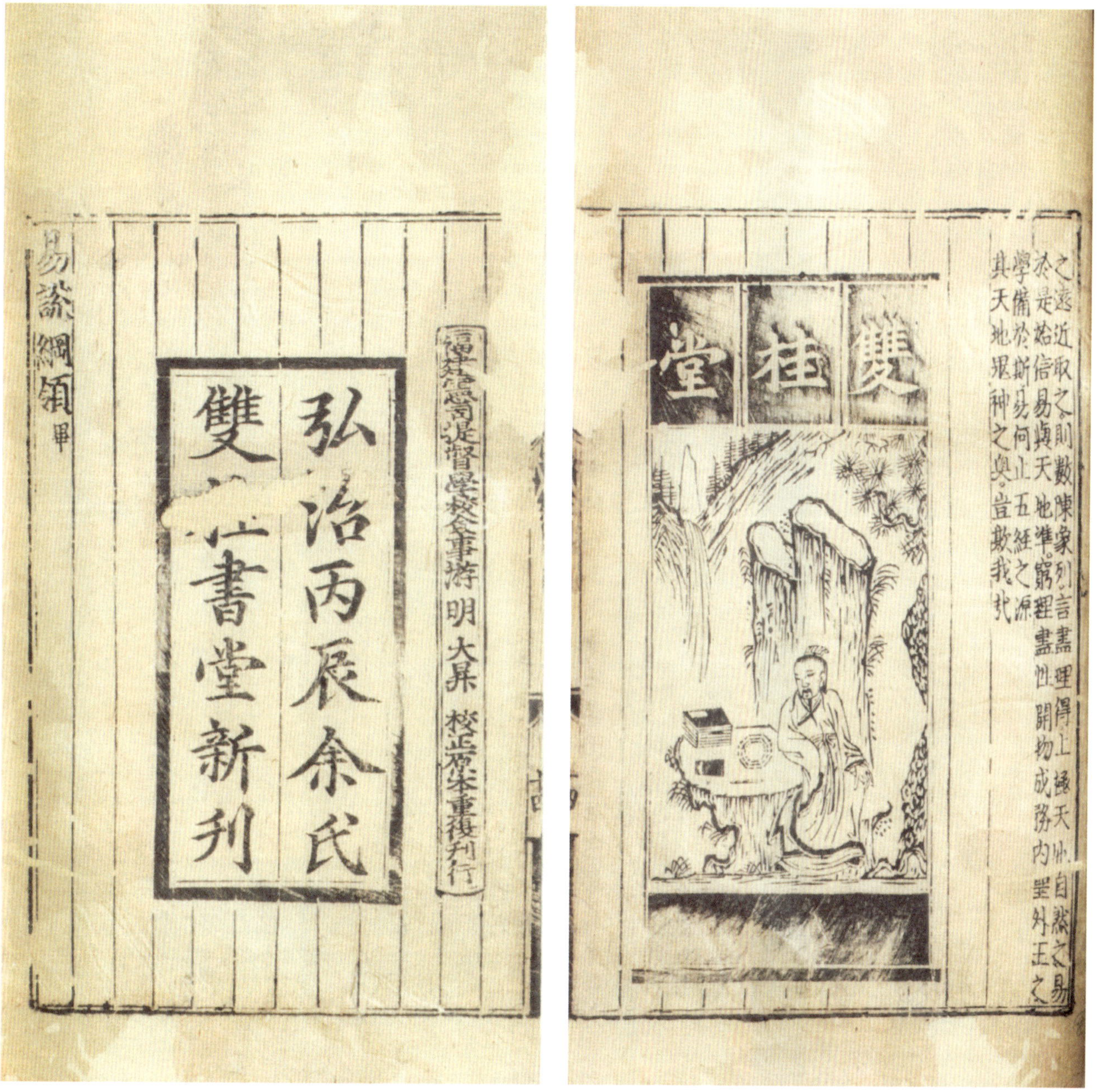

易訟綱領 卑

福建等處提刑按察司提督學校僉事游明大昇 校正原本重復刊行

弘治丙辰余氏
雙桂書堂新刊

之遠近取之。則數陳象列。言盡理得。上縣天心自然之易
於是始信易與天地準。窮理盡性。開物成務。內聖外王之
學備於斯。易何止五經之源
其天地鬼神之奧。豈欺我哉

0047 周易說略八卷

（清）張爾岐撰

清康熙五十八年（1719）徐氏真合齋瓷版印本 八冊

匡高19.2釐米，廣12.3釐米。半葉九行，行二十字，白口，左右雙邊。

張爾岐（1612—1677），字稷若，號蒿庵，濟陽（今屬山東濟南）人。明季諸生。入清，不求聞達，清廷兩次招其入仕，均不就，隱居鄉間，以教授和著述為務，與顧炎武等為友。張爾岐曾專心於《儀禮》，所著《儀禮鄭注句讀》，章分經注，酌定句讀，融以己見，考辨詳博，『深於漢儒之經，而不沿訓詁；邃於宋儒之理而不襲語錄』，其獨創精神是明顯的（錢儀吉：《碑傳集》，卷一百三十，經學上之上，《張處士爾岐墓表》）故顧炎武有『獨精三禮，卓然經師，吾不如張稷若』之歎。（《亭林文集》卷六，《廣師》）《周易說略》是張爾岐《周易》研究的代表作。清初，經學領域有漢《易》宋《易》之爭。對於『五經之首』的《周易》，當時『門戶交爭，務求相勝』的問題，康熙在此問題上採取了比較明智的態度。即『兼收並採，不病異同……蓋數百年分朋立異之見，至是而盡融』。清初出現了《易》學興盛，漢、宋《易》百家爭鳴的局面。《周易說略》就是在這樣一個背景下出現的。書成於康熙六年（1667），其序於是書的撰著目的略有涉及：『予自四十讀《易》時，取以授子侄門人，每病俗說之陋，而《本義》又不易讀，乃本其說，稍為敷衍，名曰《說略》，以便童蒙』。（《周易說略序》）清人治《易》多循宋儒，爾岐也不例外。他的治《易》推崇義理之學，尤其以宋易理學為宗旨，對宋代的圖書象數學也有所吸取，注重理、事、象的分析，在理的基礎上把三者結合起來，詳盡地闡發《易》理。其《周易說略》，以朱子《周易本義》為藍本，加以詮釋，以發明《本義》之旨。他的治《易》，以程頤和朱熹的易學為指歸，對宋以來義理易學的傳統是繼承，其對《周易》義理的抉發，因其明遺民的身份，所著能結合明清之際社會巨變的實際，有對明亡的痛思和憂患，其對《周易》義理的抉發，於易學思想及其基本精神也是豐富發展。《周易說略》不僅是清初《易》說的一家之言，也是清初易學的一部重要著作。張爾岐以治《三禮》名家，蓋因所撰《儀禮鄭注句讀》《監本正誤、石經正誤》、《吳氏儀禮注訂誤》等書，乾嘉學者把其歸結為樸學家，以考據精當而著稱。然綜觀其在《易》學上的成就，他可以算作一位思想家；在治學方面，應是一位考據和義理兼顧的學者。中國古代以磁土製版，用以印書，創製於康熙五十七年（1718）。磁版為中國雕版印刷史上諸多創造發明之一種。創製制者，為泰安人徐志定（字靜夫），真合齋乃其室名。《周易說略》為此法之首印者，可謂刊印俱佳。

四川省圖書館藏。

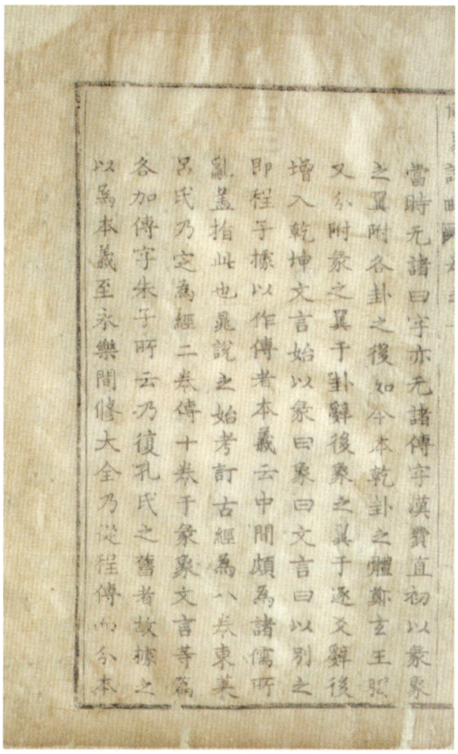
當時无諸曰字亦无諸傳字漢費直初以彖象之篇附各卦之後如今本乾卦之體鄭玄王弼又分附彖之篇于卦辭後象之篇于逐爻辭後增入乾坤文言始以彖曰象曰文言曰以別之即程子據以作傳者本義云中間頗為諸儒所亂蓋指此也鼂說之始考訂古經為八卷東萊呂氏乃定為經二卷傳十卷于彖象文言等篇各加傳字朱子所云乃復孔氏之舊者故據之以為本義至永樂間修大全乃從程傳而分本

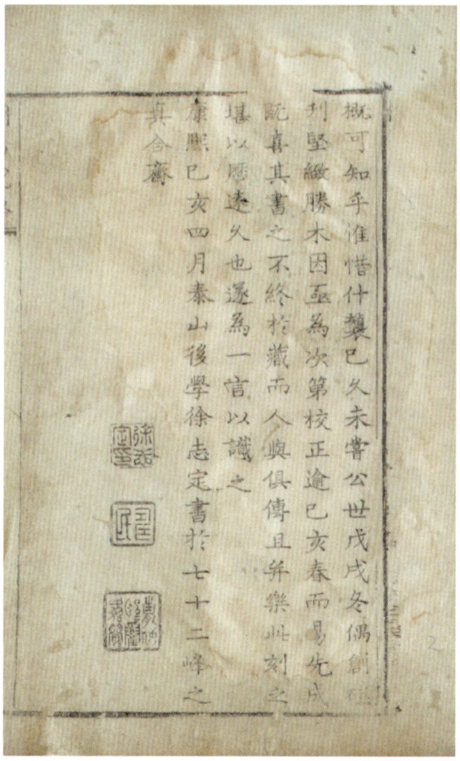
概可知乎惟惜什襲已久未嘗公世戊戌冬偶創刊堅緻勝木因亟為次第校正逾己亥春而易先成記嘉其書之不終於藏而人與俱傳且弁兼此刻之堪以歷遠久也遂為一言以識之
康熙己亥四月泰山後學徐志定書於七十二峰之真合齋

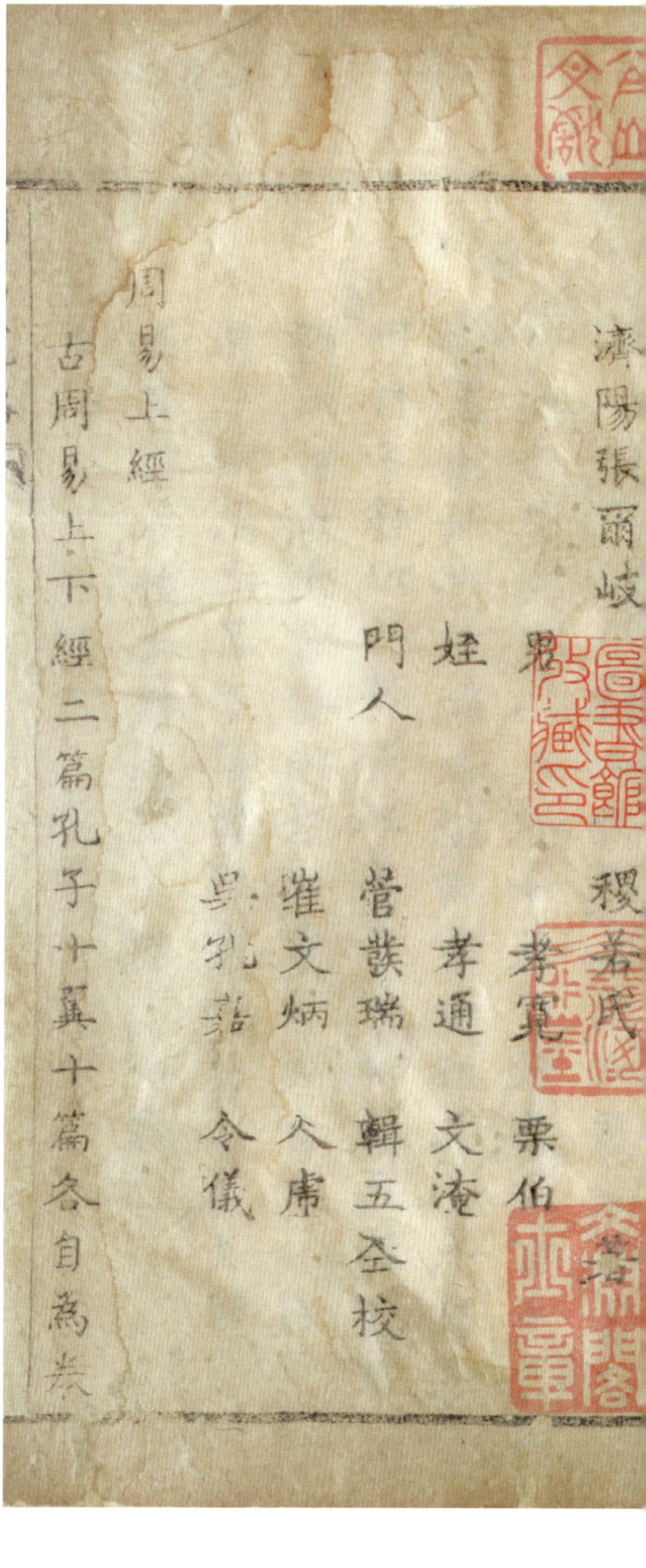
濟陽張爾岐稷若氏著
男　孝寬　栗伯
姪　孝通　文淹
門人　管嶫璘　輯五
崔文炳　人虎
吳凱喆　令儀　仝校
周易上經
古周易上下經二篇孔子十翼十篇各自為卷

0048 定齋易箋八卷 首一卷

（清）陳法撰

清乾隆三十年（1765）敬和堂刻本 六冊

匡高21.6釐米，廣14釐米。半葉十二行，行二十四字，白口，左右雙邊。清莫友芝跋。

陳法，字世垂，又字聖泉，晚號定齋，貴州安平（今屬貴州安順）人。康熙五十二年（1713）進士。陳氏治《易》，自謂效鄭康成之箋《毛詩》，故名曰箋。他認為，世之論《易》者有二弊，一曰求之太深，一曰窺之以私。而《易》為教人以中正之道，非教人以趨吉避凶。故其說，不言天地雷風、陰陽諸象，專以人事立說，『遠之在乎天下國家，近之及於旅訟家人；大之關乎窮通得亡，而小之不外日用飲食』，較之他經更為深切著明。所謂以愚夫愚婦之知能，見天地鬼神之奧。可謂清人治《易》一家之言也。是本刊印甚精，傳世稀少。莫友芝（1811—1871），字子偲，號郘亭，晚號眲叟，貴州獨山（今貴州獨山縣）人。道光舉人，清代學者，詩人。曾客曾國藩幕。通小學，精版本目錄之學。其跋甚長，於陳氏之學論之甚詳。

四川省圖書館藏。

六十四卦圓圖
橫圖
方圖

伏羲作易上古无文字只有圖象連山歸藏既已无傳自文王演易乃序而名之以乾坤爲衆卦之父母故首乾而次之以坤六畫純陽名之爲乾說卦象之以天程子曰乾者天之性情若文周繫辭只言健順不言天地八卦皆言卦德推之諸卦皆然蓋易所言者人事凡言象者皆以况人事也純陽之象剛而健天德也人有是德則剛而无慾健而不息以之進德修業酬酢萬變何所不順遂何所不感通卜筮而遇此卦所爲无不咸宜故繫之詞曰元亨然剛貴乎中正人之行己故當如是占者亦惟貞乃利也此大亨而利于正文王因卦繫詞教人玩詞玩占之意也夫子以乾爲天象周易首乾畫卦本之河圖河圖化育之流行易言人事而人事本於天道故推本天道以明之所以明天人之一理也元者天道生物之仁故爲萬物所資始統天

0048 定齋易箋八卷

（清）陳法撰

乾隆三十年刊

黔南定齋先生著

易箋

採入四庫全書

敬和堂藏板

之以為強探力索而無當持平篤論粹然儒者言矣又頗敷暢程傳朱義而與傳義異者甚多自謂如康成之箋毛詩故名曰箋予研易家其在虛齋蒙引安溪觀彖閒予唯其六十四卦經文在竹簡之中橫分四截首彖辭次彖傳次爻辭次爻傳而大象又別為一條於後繫辭上下據史漢引改為大傳上下非鄭非王不今不古其於雜卦謂傳寫多誤不必協韻以韻正末數卦者未為得首乾坤三十卦而咸恒是卦雖雜而猶不失文王首尾之序則首乾坤宜終坎離首咸恒宜終既未濟為一更正按其次顛倒瞀亂非序非雜且通篇反對頤大過獨不相連莫解其故又以困脫不字柔遇剛剛決柔君子道長小人道憂皆誤添入悉增刪之改親寡旅為旅寡親皆信意武斷不可為訓其酷信宋人圖書不服王韓歸震川毛際可李穆堂之辨而申說嫌於浮游然固不以揜其大醇也黔中前輩說易知者清平孫文恭淮海易譚麻哈艾鳳嵒太史易注及是書而三耳易譚閒有行本未之覯易注未授梓唯是書有榕門刊本頗行於世維桑與梓必恭敬止是書之恭敬奉持益當何如也獨山後學莫友芝跋

0049 易筌五卷

（清）趙大煊撰

稿本 五冊

匡高15.2釐米，廣10.5釐米。半葉九行，行二十七字，白口。

趙大煊，字雲颿，同治十二年（1873）拔貢，任納溪教諭。是書之撰，其自序云：『自楊子雲作《太元准易》，而宋伊川程氏復有易學在蜀之言。於是蜀中學者莫不競喜譚《易》，動輒以一知半解妄測包符，撰述紛紛，汗牛充棟，遂轉為天下所詬病。……煊端居多暇，乃獲潛搜博考問，取陰陽性命之故，撰述成編。卷首並牟以新舊圖說，非妄詡吞易三爻，於道有得也。但以昔人有言得兔者忘蹏，得魚者忘筌，茲之撰述大易之蹏筌也。愚不揣忘陋，竊擬剽取此義，謬以《易筌》名編，欲半解一知思僭附於三十五家之末、諸子之後，而莫解於蜀人譚《易》之誚云。』《周易》，是周人占筮記錄的系統化，古人依據其中的卦象和卦爻辭推斷人事的吉凶，故為占筮之書。易學則是對《周易》所作的種種解釋，通過這些解釋，形成了一套理論體系，《周易》從占筮之書演變成了一部哲理之書了。對《易經》所作理論上的解釋，最終發展成為一種以陰陽變易法則說明一切事物的哲學世界觀，古代的知識界和文化人都以之為解釋世界的工具。易學源遠流長，它的發展經歷了不同的歷史階段，也形成了不同的流派。兩宋時代是易學發展的新階段，最明顯的特徵便是將《周易》的原理高度哲學化，這是宋代易學的重要特徵之一，也是古代易學哲學發展的高峰。宋易對元明清影響極大，這時期的學者多以闡述程朱易學為己任，這時期的易學無多創新便是明證。易學的流派雖然很多，但歸結起來，無非是注重從奇偶之數、九六之數、大衍、天地之數和卦爻象以及八卦所象徵的物象之象數派；以及注重其中的義理，以義理之學為表徵的義理派。前者以劉牧、周敦頤、朱震等為代表；後者則以程頤、張載、朱熹為代表。二者間的長期爭論和互相攻駁，卻推動了易學的發展。清代漢學興起，對《周易》的研究又重拾漢易的傳統，《四庫總目》認為，宋易『守門戶之見者，必堅護師說，尺寸不容逾越，亦異乎先儒之本旨矣！』多有批評。宋代蜀中《易》學尤甚，陳摶、龍昌期、譙定、魏了翁、張栻等尤為翹楚；蜀之《易》著可謂多矣，三蘇之《易傳》乃其著名者也。程頤嘗有『《易》學在蜀』之歎（《宋史・譙定傳》）。趙大煊的《易筌》，於蜀之易學多有評說，論其不足，力補其忘失之『蹏筌』也。大煊之學，並非名家，其述亦非名著，知之者甚少；論《易》之說，允當與否？自無定論，然為蜀中治《易》之一家則是可以肯定的。

四川大學圖書館藏。

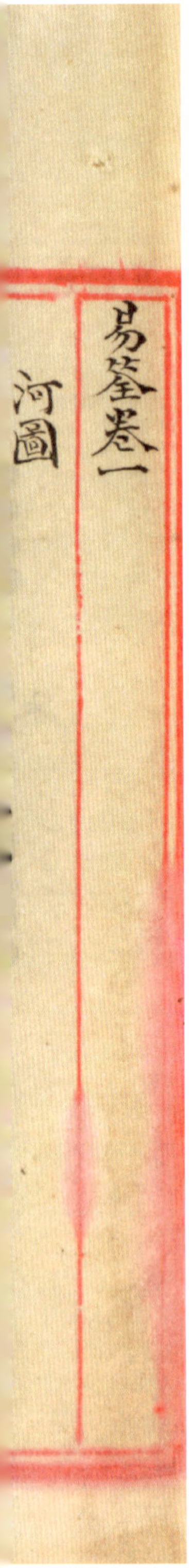

說卦傳

幽贊於神明而生蓍

生興也猶某事從此而生之生蓍本故有至聖人作易之後乃始用之下筮非謂聖人作易之後天地始產此物也舊說何氏楷謂有易以幽贊神明而天地即生此蓍此語未當

將以順性命之理

理與氣數相輔而行不言氣數而秖言理者理統乎氣數也順性

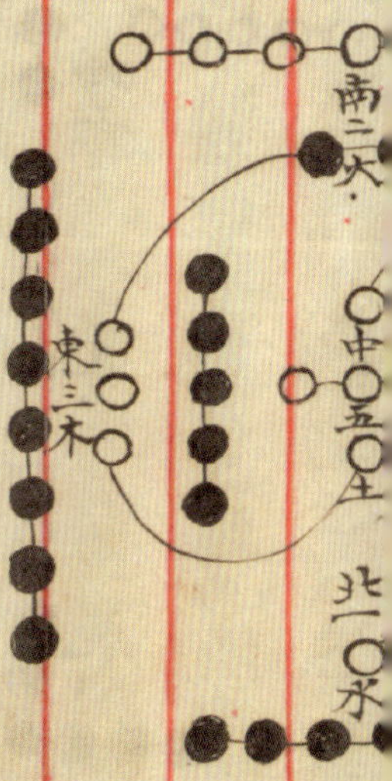

生金天九成之天五生土地十

成之生者生其氣也成者成

其形也易繫曰參天兩地而

倚數即指此五者之生數之

繫天一地二及天數五地數五天數二十有五地數三十等說亦即指此

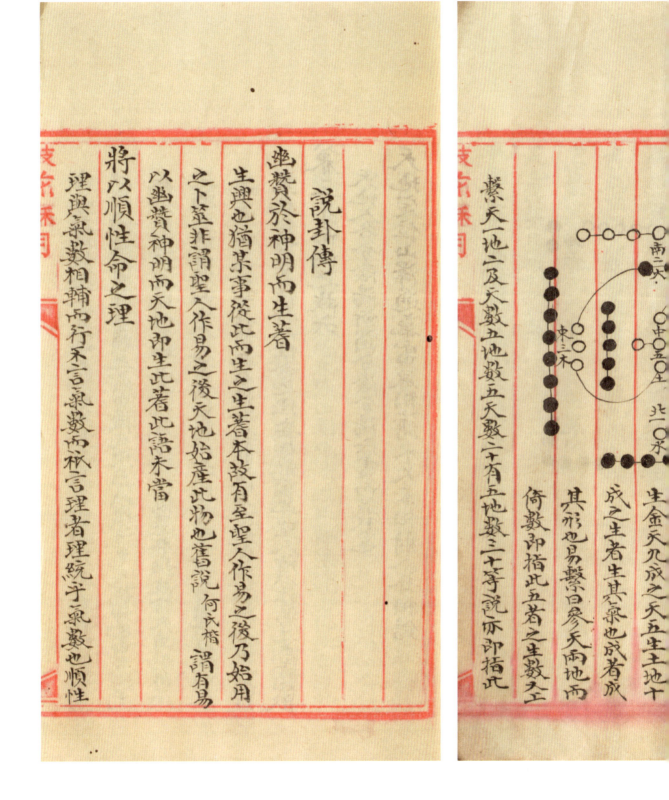

0050　詩經四卷　（明）鍾惺評點　詩經大序一卷

明淩杜若刻朱墨套印本　三冊

匡高21釐米，廣14.5釐米；半葉八行，行十八字，白口，左右雙邊。

《詩經》是我國最古的詩歌總集。為西周初至春秋末（前約1066—前541）的詩歌選錄，共三百零五篇，漢武帝建元五年（前136）之後才有《詩經》之名，並沿用至今。《詩經》在當初都是配樂的歌詞，所以其編纂者應是周王朝各個時期的樂官。漢司馬遷等認為《詩經》由於孔子的删定，從三千多篇而成三百篇。《詩經》分為『風』、『雅』、『頌』三個部分。『風』原為地方樂曲的通名。包括周南、召南至豳等十五國國風，共一百六十篇；『雅』為西周『王畿』（即直屬周天子的地區）的樂曲，分為『大雅』、『小雅』共一百零五篇。『王畿』為貴族聚居地，是政治文化中心，『雅』曲就成為當時樂歌的正宗；『頌』是廟堂樂章，是用於宗廟祭祀的樂歌，分為『周頌』、『魯頌』、『商頌』三部分，四十篇。總的來看，『風』、『雅』中優秀詩篇較多，文學價值高；『頌』的文學價值雖不如『風』、『雅』，但具有史料價值。《詩經》的表現手法，特別是比興手法，多為後世詩人所效法；《詩經》對周代的典章制度、歷史傳說、風俗習慣、語言文化等，都有反映，對周代社會方方面面的研究，都是有價值的史料。近人梁啟超曾說：『現存先秦古籍，真贋雜糅，幾乎無一書無問題；其真金美玉、字字可信者，《詩經》其首也。』（《要籍解題及其讀法》）從中國古典詩歌發展史看，《詩經》是其光輝的源頭；因其為孔子所訂和所重，後世儒家尊為經典。歷代對《詩經》的研究、評論者眾，版本繁多，是本為明代套印本，今已不可多得。鍾惺（1572—1624），字伯敬，號退穀，湖廣竟陵（今湖北天門）人。萬曆三十八年（1610）進士。官工部主事、福建提學僉事，晚年入寺院。明代著名文學家和評論家。是評有『其微言精義皆於文字之外，別闡玄機，足為詞壇標示法門』之謂。

四川省圖書館藏。

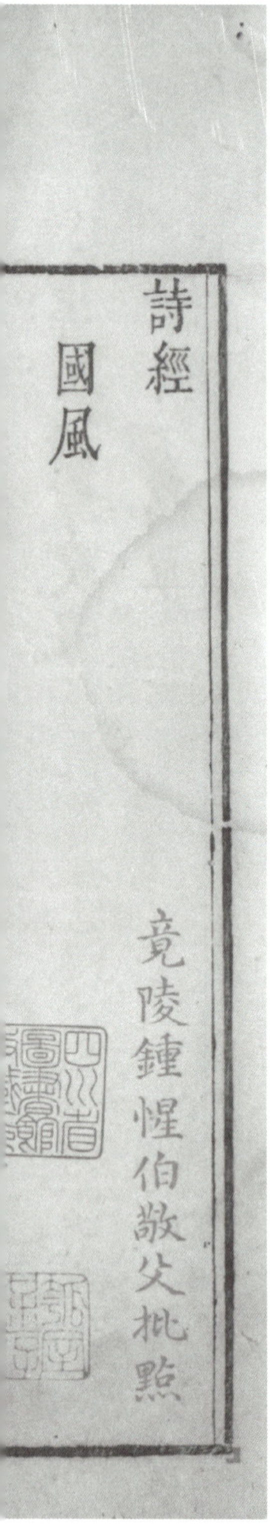

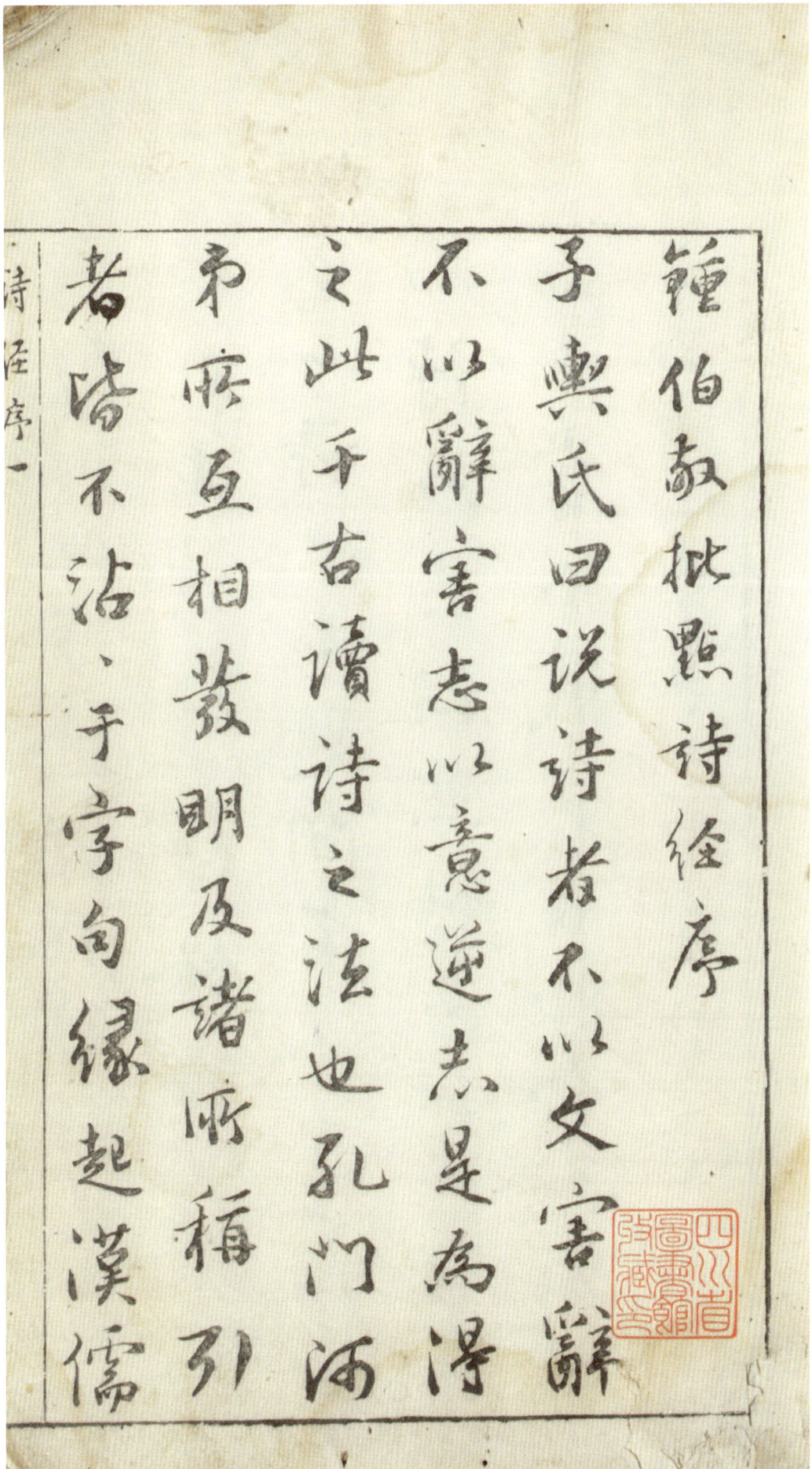

鍾伯敬批點詩經序
予與氏曰說詩者不以文害辭
不以辭害志以意逆志是為得
之此千古讀詩之法也孔門師
弟所互相發明及諸所稱引
者皆不拈拈于字句緣起漢儒

詩經序 一

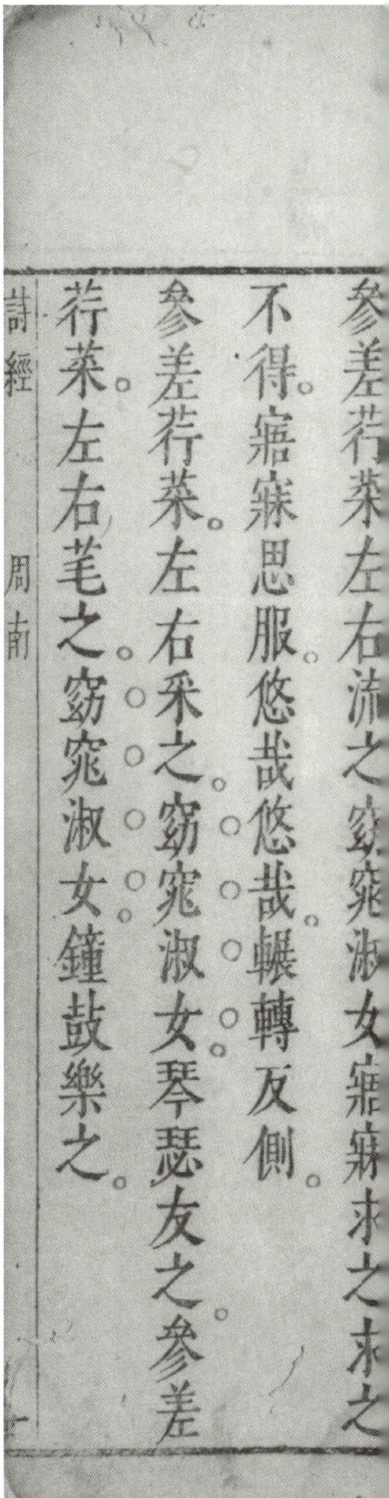

參差荇菜左右流之窈窕淑女寤寐求之求之
不得寤寐思服悠哉悠哉輾轉反側
參差荇菜左右采之窈窕淑女琴瑟友之參差
荇菜左右芼之窈窕淑女鍾鼓樂之

詩經 周南

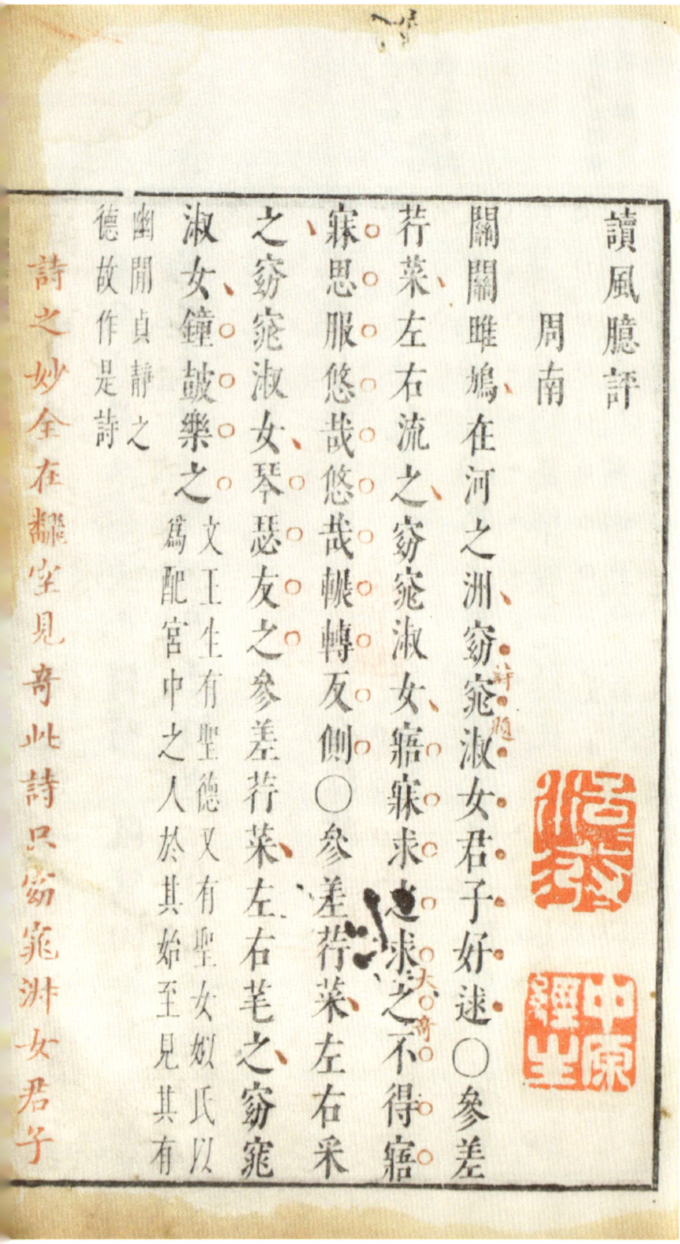
讀風臆評

周南

關關雎鳩在河之洲窈窕淑女君子好逑○參差

荇菜左右流之窈窕淑女寤寐求之求之不得寤

寐思服悠哉悠哉輾轉反側○參差荇菜左右采

之窈窕淑女琴瑟友之參差荇菜左右芼之窈窕

淑女鐘鼓樂之文王生有聖德又有聖女姒氏以爲配宮中之人於其始至見其有幽閒貞靜之德故作是詩

詩之妙全在翻空見奇此詩只窈窕淑女君子

0051　讀風臆評一卷

（明）戴君恩撰

明萬曆四十八年（1620）閔齊伋刻朱墨套印本　一冊

匡高21.2釐米，廣15.1釐米；半葉九行，行十九字，小字雙行同，白口，四週單邊。有『皇明萬曆庚申烏程閔齊伋遇五父校』牌記。

戴君恩，字紫宸，一作仲甫，澧州（今湖南長沙）人。萬曆四十一年（1613）進士。官西充知縣、工部主事、巡撫山西等職。《詩》之風、雅、頌本爲周樂太師所執掌的音樂名稱。『風』是風土之音，『雅』是朝廷之音，『頌』是宗廟之音。《詩》所輯者，就是這些音樂的樂章。《詩》相傳爲孔子所編，所謂『不學《詩》，無以言』。他說：『《詩》可以興，可以觀，可以群，可以怨。邇之事父，遠之事君。』甚至『誦《詩》三百，授之以政』。足見孔子對《詩》是極度尊崇的。這是春秋時代士大夫的必修課程，也是孔門的必修課程，因而一部先秦的詩歌總集就被奉爲儒家經典，成爲『五經』之一的《詩經》。『風』爲《詩》之精華部分，歷世治《詩》者多以爲重點。《讀風臆評》所取，爲《詩》之『風』自《周南》至《豳風》計十五國風，共一百六十篇。戴君恩於《國風》各篇加以評語，逐一點評，語亦簡賅，且於各篇之末均節錄朱熹《詩集傳》語，以示其要。明人治經，多循宋儒，獨創者少，雜糅者多，成就不大。戴氏之《讀風臆評》也不例外。雖如此，亦尚可爲《詩經》研究一家之言，且此版本爲明閔齊伋所刊套印本，印製、紙墨俱佳，仍然頗具價值。

四川省圖書館藏。

0052　韓詩外傳十卷　（漢）韓嬰撰

明嘉靖十八年（1539）薛來芙蓉泉書屋刻本　六册

匡高17.8釐米，廣14.1釐米；半葉九行，行十八字；白口，左右雙邊。

韓嬰，燕人。生卒年不詳。景帝時爲常山太傅。漢文帝時，有魯人申培傳授《詩經》，作訓詁，被稱爲《魯詩》；燕人韓嬰也傳授《詩經》，作內外傳，稱爲《韓詩》；景帝時，齊人轅固傳授《詩經》也作詩傳，被稱爲《齊詩》。這三家詩在漢初都被立為博士。魯齊二家在魏晉時代均已亡佚，韓詩到唐代都還存在，北宋以後，內傳亡佚，三家詩就只剩下這部《韓詩外傳》了。是書多引用先秦諸子的學說以及春秋戰國的事蹟來說明或推衍詩義，因其與經義不相比附，故曰『外傳』。班固《漢書・藝文志》在論三家詩時，就有『或取《春秋》，雜採衆說，咸非詩本義』。王世貞也認爲，《外傳》引詩以證事，非引事以明詩。可見韓氏之傳於詩義沒有多大關係了。《韓詩外傳》因其成書很早，爲現存古來說《詩》之冠。其史料使用的融類引伸的方法於治學亦有借鑑之義，書中保存的先秦史料對古代史的研究應是有價值的資料。此薛氏芙蓉泉書屋刊本爲傳世《韓詩外傳》重要版本之一，且刊印亦精。薛來，濟南人。芙蓉泉書屋，乃其室名。

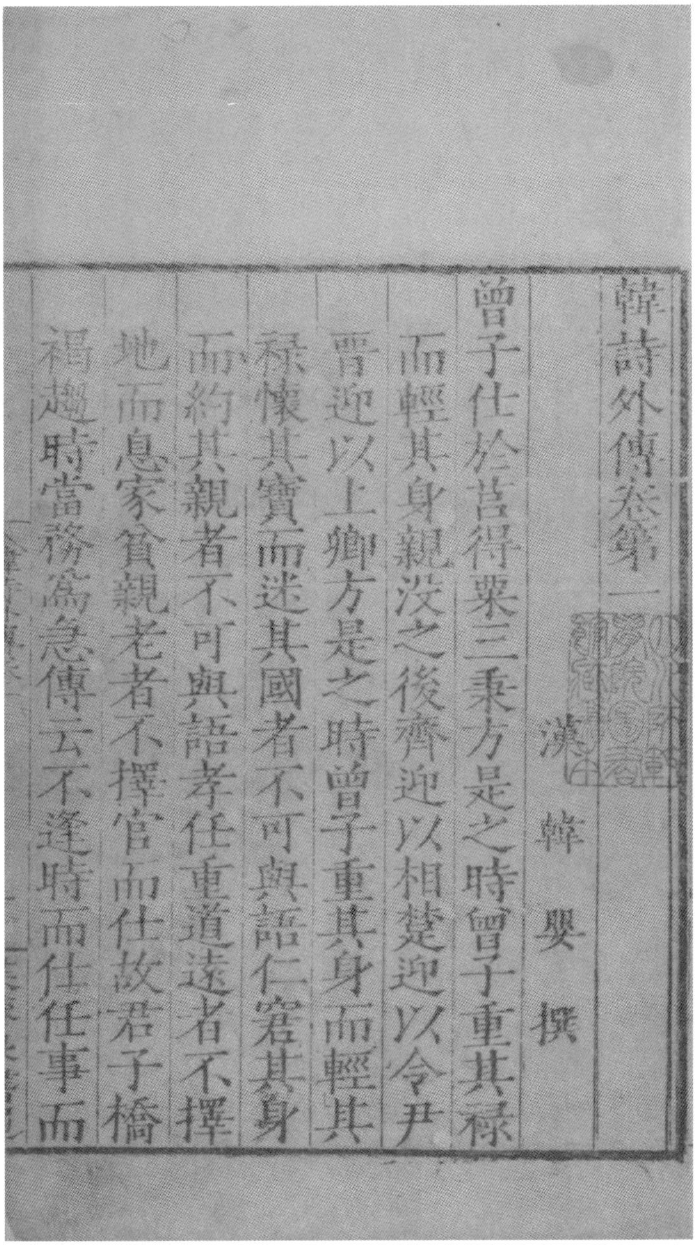
韓詩外傳卷第一　　漢　韓　嬰　撰
曾子仕於莒得粟三秉方是之時曾子重其祿
而輕其身親沒之後齊迎以相楚迎以令尹
晉迎以上卿方是之時曾子重其身而輕其
祿懷其寶而迷其國者不可與語仁窘其身
而約其親者不可與語孝任重道遠者不擇
地而息家貧親老者不擇官而仕故君子橋
褐趨時當務為急傳云不逢時而仕任事而

（漢）韓嬰撰

跋韓詩外傳後

斯道於天地間寔元氣之敷布無所不在而分量之大小則自夫人之所至何如耳六經元氣所鍾後有作者弗可及矣下逮諸子凡言之可以適道者君子欲有所托而傳焉愛道之心也予近閱書家藂得先君子所藏韓詩外傳取而讀之其事肆其變備其義微當為漢人之書無疑也乃以質之鵲湖子鵲湖子曰固遺書也因復梓之使凡讀經者取焉

猶幸可以翼道也夫道一不常明而載之簡策者迺魚兔之筌蹄耳世之能言之士類求之詞章翰墨雖其覃精肆力不無所得要之則去道也遠矣若韓子者可以多得乎哉若韓子者可以多得乎哉於是乎跋

嘉靖已亥秋八月望月泉薛來書於芙蓉泉之秋月亭

0053 周禮集說十一卷綱領一卷 （元）陳友仁輯 復古編一卷 （宋）俞庭椿撰

明刻本 十冊

匡高19.7釐米，廣13釐米。半葉十一行，行二十二字，小字雙行字數不等，白口，四週單邊，版心有字數。

陳友仁，元初時在世。字君復，湖州（今屬浙江）人。生卒不詳。陳氏於是書，『訓詁未詳者，益以賈氏、王氏之疏說；辨析未明者，附以前輩諸老之議論』，蓋因宋人舊著重輯者也。《周禮集說》卷首有《總綱領》一篇、《官制總論》一篇、又《凡例》一篇，分條闡述，極為賅洽。每官之前，又各為《總論》一篇，所引《注》、《疏》及諸儒之說，俱能擷其精粹，而於王安石《新經義》採摘尤多。蓋安石《三經新義》雖為宋人所攻，而《周官新義》則王昭禹述之於前（見所作《周禮詳解》），林之奇述之於後（案：之奇學出呂本中，本元祐一派，而作《周禮全解》亦用安石之說），見王與之《周禮訂義》），故此書亦相承援引，不廢其文也。《考工記》後附俞庭椿《周禮復古編》一卷。俞庭椿，一作廷椿，字壽翁，臨川（今屬江西）人。乾道八年（1172）進士。歷古田令充金國禮物官，終新淦令。《周禮・冬官司空》久佚，漢人補以《考工記》。俞氏認爲，《周禮》司空之官，多散見於五官之屬，謂『五官所屬皆六十，不得有羨，其羨者皆取以補《冬官》』，著《復古編》，以考六官之誤。《四庫提要》謂其說『鑿空臆斷』，然不失爲一家之言。元陳友仁編撰《周禮集說》時，以之附其後，以兼存其說，以待後人之論定。

四川師範大學圖書館藏。

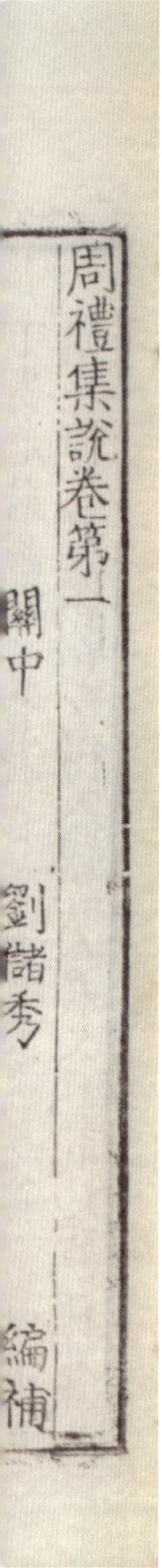

若不得此心欲事事上致曲窮究湊合此心如是之大
必不能得也
天官之職非大其心者不能為
晦庵曰天官之職是總五官者若其心不大如何包得
許多事且冢宰内自王之飲食衣服外至五官庶事自
大至小自本至末千頭萬緒若不是大其心者區處應

周禮集說綱領

周禮廢興傳授　賈氏正義

案書傳周公一年救亂二年伐商三年踐奄四年建侯衛
五年營成周六年制禮作樂所制之禮即此周禮也鄭衆
以書序言成王既黜殷命還歸在豐作周官以周官為此
周禮失之矣周公制禮之日禮教興行後至幽厲衰微已
甚禮樂之書稍稍廢棄其後復更散亂至秦大壞矣漢興
高堂生傳十七篇而魯徐生善為容孝文時徐生為禮官
大夫而瑕丘蕭奮以禮至淮陽太守孟卿事蕭奮以授后
倉后倉說禮數萬言號曰后氏曲臺記以授戴德戴聖自
高堂生蕭奮孟卿后倉戴德戴聖是為五傳弟子也此所

0054 考工記二卷

（明）郭正域批點

明萬曆四十四年（1616）吳興閔齊伋刻套印本 一冊

匡高20.5釐米，廣15.2釐米。半葉八行，行十八字，小字雙行同，白口，左右雙邊。

郭正域（1554—1612），字美命，號明龍，江夏（今湖北武昌）人。萬曆十一年（1583）進士。授編修，歷禮部侍郎。博通載籍，勇於任事，有經濟大略，人望歸之。卒謚文毅。事蹟詳《明史》本傳。《考工記》爲先秦科技類典籍，撰者不詳。因其內容多採用齊國的度量衡制度，引用不少齊國方言，一般認爲《考工記》是齊國人記錄手工業生產技術的官書。相傳西漢河間獻王劉德因《周官》六官（天、地、春、夏、秋、冬）缺《冬官》篇，遂以此單行書補入。劉歆時改《周官》名《周禮》，亦稱《周禮·冬官考工記》。《考工記》作爲經書的一部分流傳下來。是書分爲『攻木之工』七、『攻金之工』六、『攻皮之工』五、『設色之工』五、『刮摩之工』五、『摶埴之工』二（陶、旊）六個部分，凡三十工，謂之『百工之事』。涉及春秋戰國時期的製車、銅器鑄造、兵器、製革護甲、禮樂飲射器物、建築水利、製陶等，於科學道理的探討、製造技術的運用，都有至詳的記述，較爲全面的反映了春秋戰國時期手工業生產發展的狀況。《考工記》作爲一部實際生產技術和科學知識結晶的古代科技文獻典籍，上承古代社會青銅文化之遺緒，下開封建時代手工業技術之先河，其豐富的科技資訊知識，使胼手胝足的工匠奉若經典；其所具有的儒家經典地位，更爲那些窮經皓首的經學家們所傾倒。故歷代注釋研究者衆，著述繁多，此郭批本則其一也。郭正域的批點，略述《考工記》源流，『惟論其章法、名法、文法』，並附注釋，其旨不爲詁經，更非百工之訓，蓋爲論文而作，恐復古運動之餘響矣。雖如此，然不失爲《考工記》研究之一家之言也。此閔氏套印本，刊印較精，版本價值應予重視。

四川省圖書館藏。

秦灰既熄周禮復出於漢而冬官闕焉河間獻王以千金購之弗獲於是以考工記補之嗟乎考工豈周書也然其文瑰奇變化乃天地間一種不可磨滅文字

考工記

上篇

國有六職百工與居一焉或坐而論道或作而行之或審曲面埶（勢）以飭五材以辨（皮莧）民器或通四方之珍異以資之或飭力以長地財或治絲麻以成之坐而論道謂之王公作而行之謂之士大夫審曲面埶以飭五材以辨民器謂之百工通四方之珍異以資之謂之商旅飭力以長地

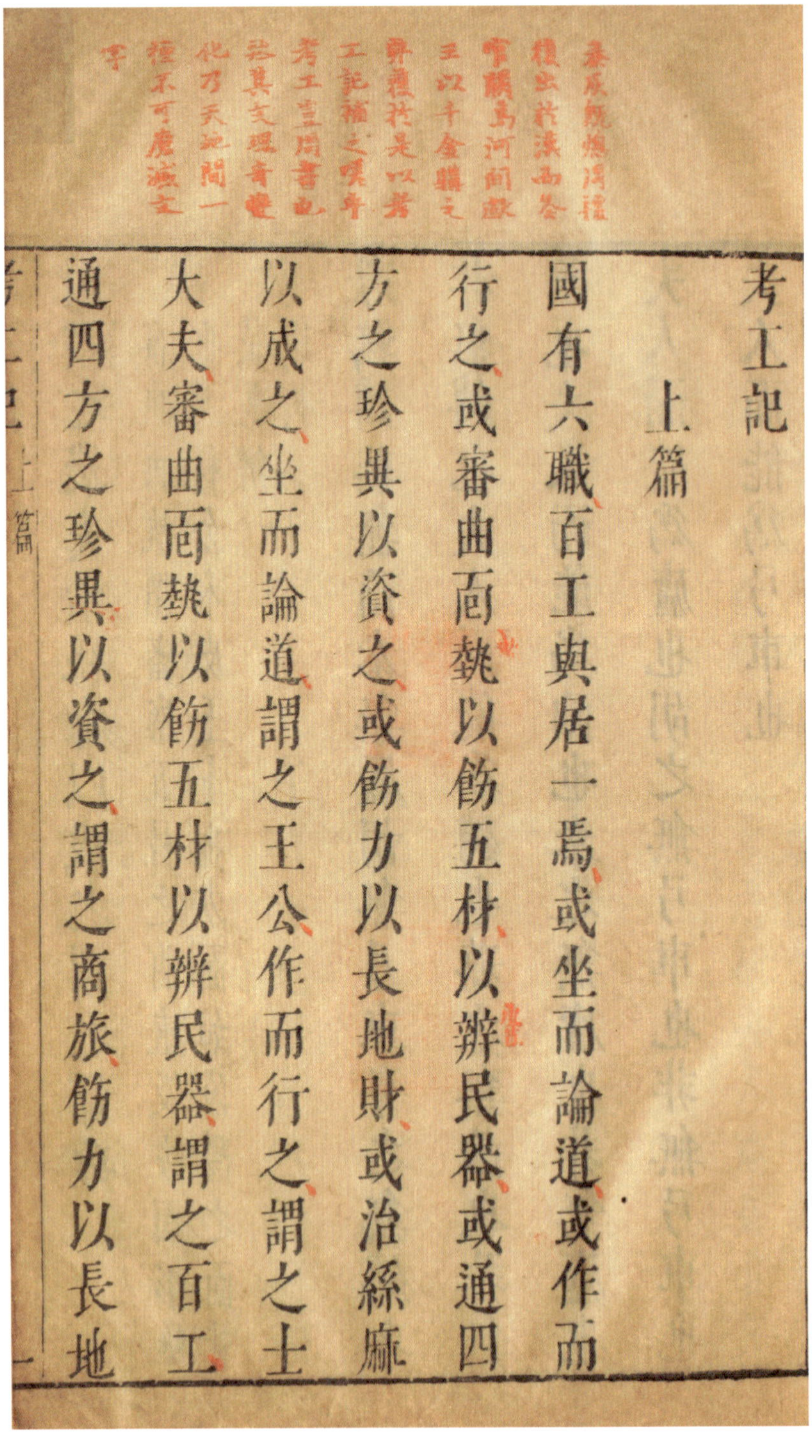
秦火既燬周禮
獲出於漢而冬
官闕焉河間獻
王以千金購之
弗獲於是以考
工記補之噫
考工豈周書也
然其文理奇變
化乃天地間一
種不可磨滅文
字
考工記
上篇
國有六職百工與居一焉或坐而論道或作而
行之或審曲面埶以飭五材以辨民器或通四
方之珍異以資之或飭力以長地財或治絲麻
以成之坐而論道謂之王公作而行之謂之士
大夫審曲面埶以飭五材以辨民器謂之百工
通四方之珍異以資之謂之商旅飭力以長地
考工記上篇 一

0055 考工記二卷

（明）郭正域批點

明萬曆四十四年（1616）吳興閔齊伋刻朱墨套印本 一冊

匡高20.5釐米，廣15.2釐米。半葉八行，行十八字，小字雙行同，白口，四週單邊。

四川大學圖書館藏。

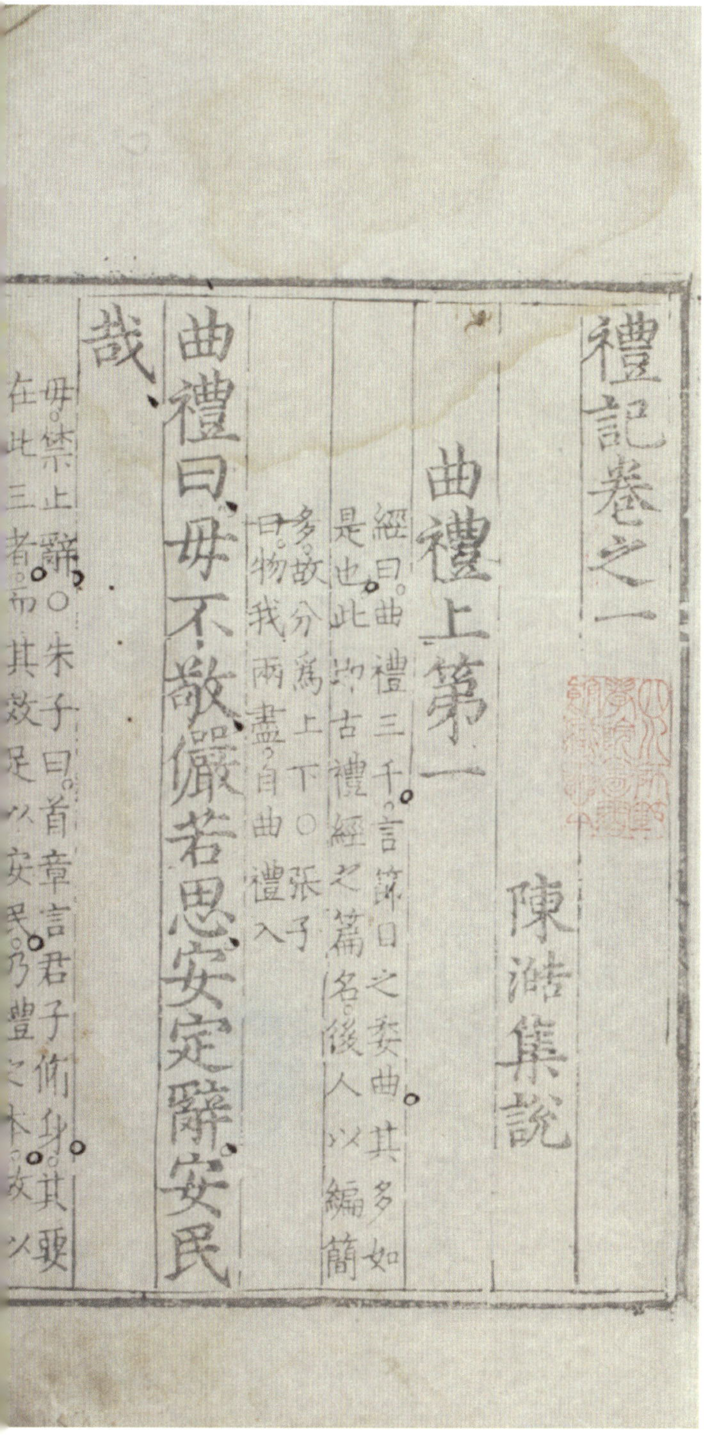

0056 禮記集說十六卷　（元）陳澔撰

明正統十二年（1447）司禮監刻本。　十六冊

匡高22.1釐米，廣16釐米。半葉八行，行十四字，小字雙行同，黑口，四週雙邊，版心有字數。

一名《雲莊禮記集說》。陳澔（1261—1341），字可大，號雲莊，又號北山，都昌（今屬江西）人。西漢時期，人們把對一些稱爲『經』的古書的解釋說明叫做『傳』、『記』、『說』。《禮記》一書，乃戰國至秦漢間，儒家學者詮釋《儀禮》的資料彙編。撰寫時間不一，作者不止一人，較多篇章是孔子的門人及再傳弟子所作，或兼收其他的先秦典籍。是書記載和論述先秦的禮制、禮儀，解釋儀禮，記錄孔子的言談問答，內容幾乎包羅萬象，門類雜多，涉及政治、法律、道德、哲學、歷史、祭祀、文藝、曆法、地理、日常生活等多方面，集中體現了先秦儒家的政治、哲學和倫理思想。清人皮錫瑞有『學術、治術，無所不包』的評價。《禮記》又與《儀禮》《周禮》合稱『三禮』，對中國文化史產生了深遠的影響。西漢後期有戴德、戴聖叔侄二人從事《禮記》的撰集工作，戴德所撰八十五篇，世稱《大戴禮記》，今存三十九篇；戴聖（字次君，梁國（今河南睢陽）人。生卒年不詳，漢宣帝（前73—前50）時在世。）所撰四十九篇，又稱《小戴禮記》，即今常見者。漢末，鄭玄為《小戴禮記》作注，使其地位上昇，逐漸由解說經文之『記』成為『經』，至唐被列入『九經』，宋則被列入『十三經』。漢以後，歷代注釋《禮記》的書很多，陳澔的《禮記集說》則其一也。陳注雖無甚獨創之見，且疏於考證，但簡單明瞭，便於初學。又因其說解源自朱熹，自永樂起，得立於學官，作爲科舉用的法定本，爲儒士們高度重視，影響極大。此明正統十二年司禮監刻本的《禮記集說》，開本寬大，雕鐫古雅，字大如錢，紙墨俱佳，乃經廠刻書之佳者也。

四川師範大學圖書館藏。

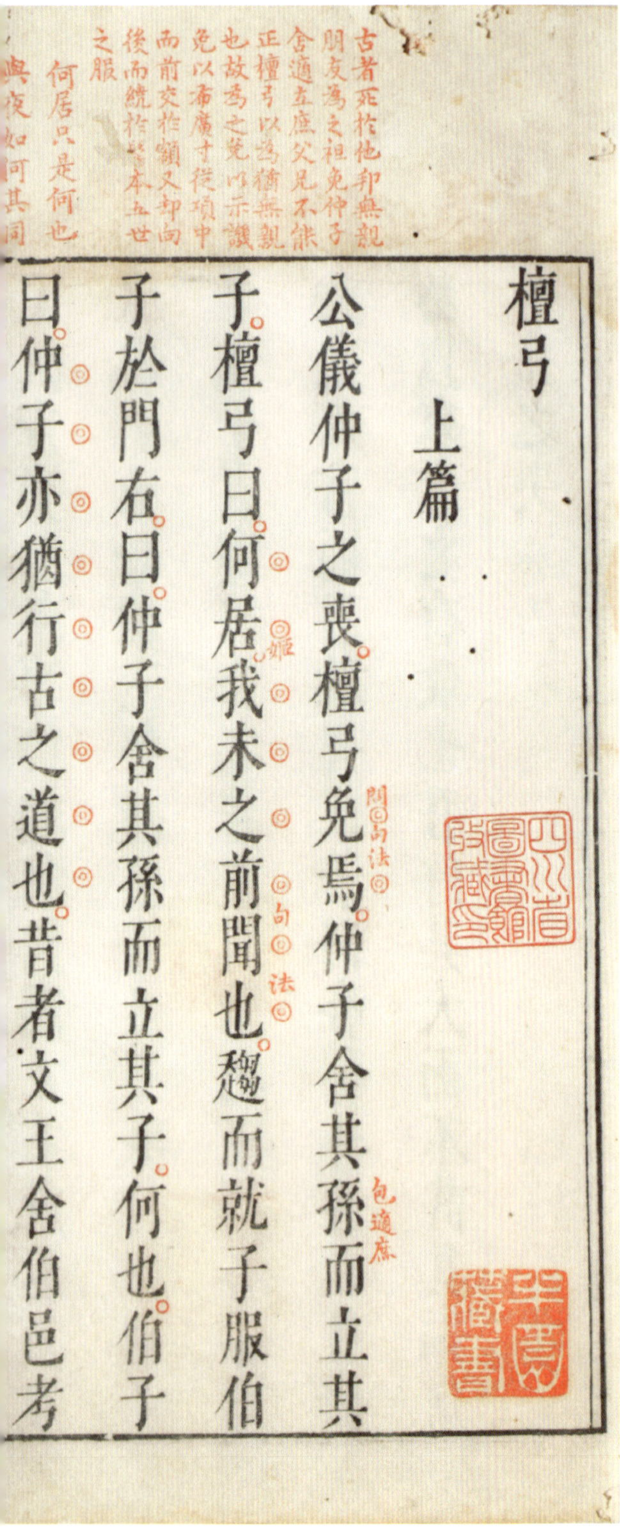
檀弓　上篇

公儀仲子之喪檀弓免焉仲子舍其孫而立其子檀弓曰何居我未之前聞也趨而就子服伯子於門右曰仲子舍其孫而立其子何也伯子曰仲子亦猶行古之道也昔者文王舍伯邑考

0057　檀弓一卷

（宋）謝枋得　（明）楊慎批點

明萬曆四十四年（1616）閔齊伋刻朱墨套印本　一冊

匡高20.5釐米，廣15.2釐米。半葉八行，行十八字，白口，左右雙邊。有『萬曆丙辰秋吳興後學閔齊伋遇五父識』牌記。

謝枋得，字君直，號疊山，信州弋陽（今屬江西）人。寶祐四年（1256）進士。官江東制置使。《檀弓》，《禮記》中的篇名。因首章有檀弓（戰國時魯人）名，記檀弓事，得名。相傳檀弓善於解說貴族禮制。是書雜記各種貴族禮制，以喪禮居多。禮制與國家建制、社會習俗、個人道德修養，均有直接關係，因而與禮制相關的禮學，不僅是實踐致用之學，也是經國濟世之學。這一點，自先秦兩漢至清末的禮學著述中都有論說。諸禮制中，喪禮則是生命力最强的一種。至今我們仍可以看到，古喪禮的某些程式在民間喪事活動中仍保留着，足見其久遠的歷史根源和深厚的社會基礎。記載古代喪禮儀節最爲詳細、最系統的是《儀禮》中的《喪服》、《士喪禮》、《既夕禮》、《士虞禮》諸篇。《檀弓》一書對《儀禮》的喪服制度作了補充和解釋，對行喪的儀式作了更詳細的描寫，使喪服制度更加繁瑣複雜，詳細入微。這些記述，於《儀禮·喪服》所記的喪服制度更完整的理解有極大的幫助。《檀弓》一書對古代禮制的瞭解和研究具有重要的文獻資料價值。書中批點，據閔序云：『得謝高泉先生所校本，蓋舊本也……因彙注疏、集注、集說諸書，去其繁而存其要』而成此書。然其評『則但標章法、句法等字』，乃非訓經，實論文也。其不失爲研說《檀弓》的一家之言。是爲明代著名的閔刻套印本，紙墨俱佳，版本價值重要。

四川省圖書館藏。

題則仍謝〻舊先生丁宋之
季高儀勁節昭〻天壤間斯
真能讀檀弓者安在其不雅
馴哉
皇明萬曆丙辰龝九月剞劂
告成彫鏤既極人工爲之一

箋

吴興後學閔齊伋

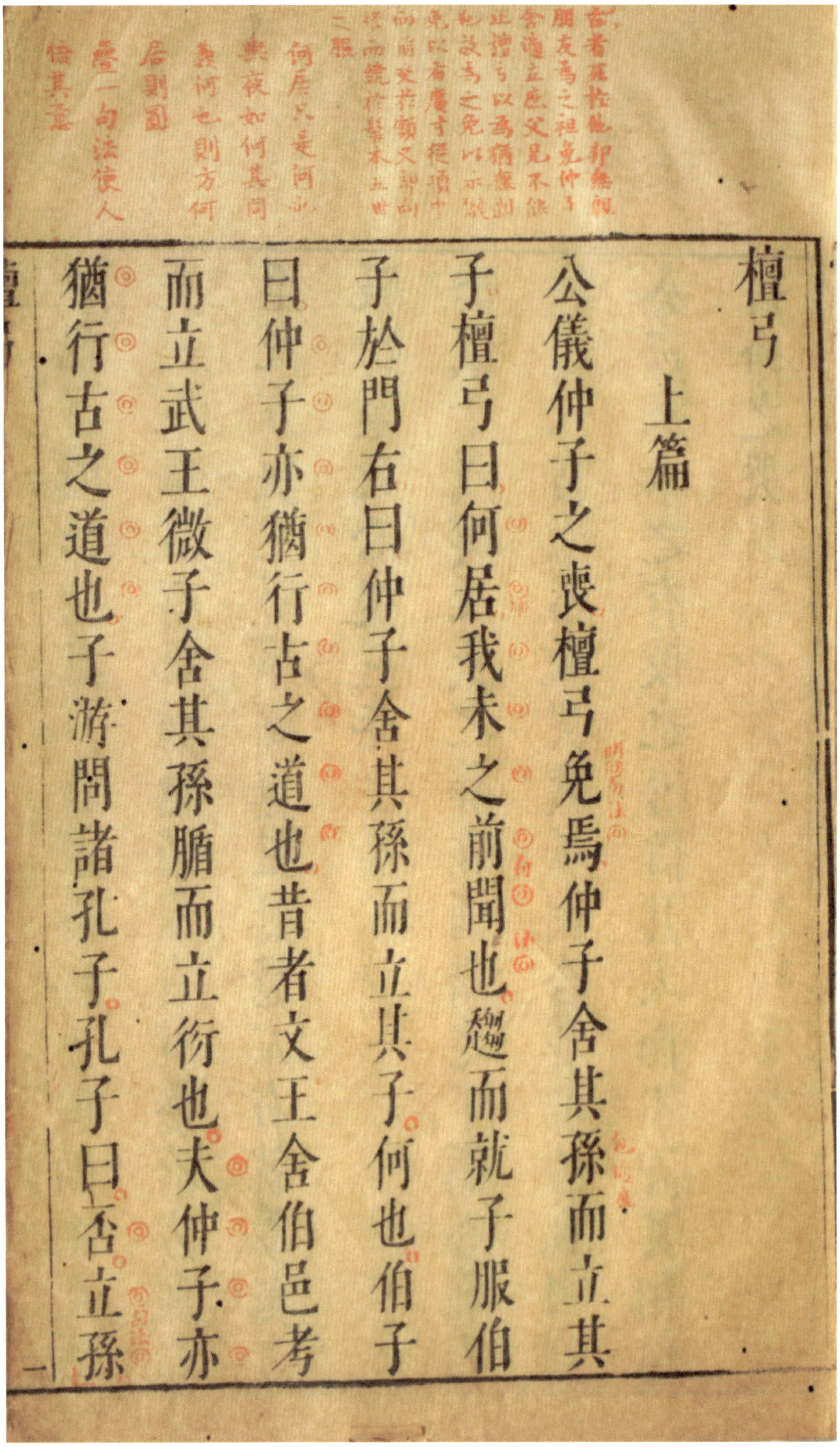
檀弓

上篇

公儀仲子之喪檀弓免焉仲子舍其孫而立其子檀弓曰何居我未之前聞也趨而就子服伯子於門右曰仲子舍其孫而立其子何也伯子曰仲子亦猶行古之道也昔者文王舍伯邑考而立武王微子舍其孫腯而立衍也夫仲子亦猶行古之道也子游問諸孔子孔子曰否立孫

0058 檀弓一卷

（宋）謝枋得　（明）楊慎批點

明萬曆四十四年（1616）閔齊伋刻朱墨套印本　一冊

匡高20.5釐米，廣15.2釐米。半葉八行，行十八字，白口，左右雙邊。

四川大學圖書館藏。

題則仍謝〻舊先生丁宋之
季高儀勤節昭〻天壤間斯
真能讀檀弓者安在其不雅
馴哉
皇明萬曆丙辰龜九月剞劂
告成彫鏤既極人工爲之一

笑

吳興後學閔齊伋

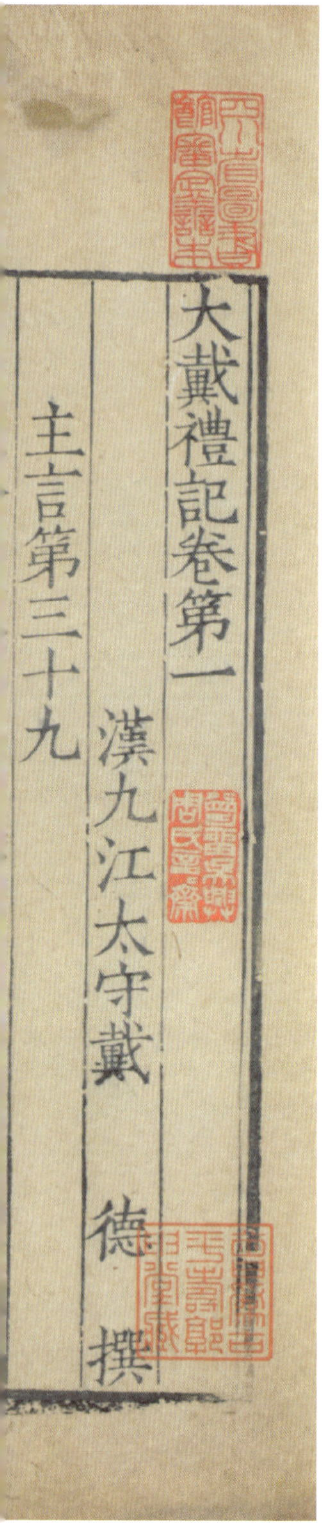

0059 大戴禮記十三卷

（漢）戴德撰 （北周）盧辯注

明嘉靖十二年（1533）袁氏嘉趣堂刻本 四冊

匡高21釐米，廣15.4 釐米。半葉十行，行十八字，白口，左右雙邊。有『嘉靖癸巳吳郡袁氏嘉趣堂重雕』牌記。

戴德，字延君，梁國（今河南睢陽）人。生卒年不詳，漢宣帝（前73—前50）時在世。西漢時，有戴德、戴聖叔侄二人同治《禮經》（《儀禮》），即爲《儀禮》作解說。他們對世存有關資料進行了篩選、整理、編撰。戴德所撰八十五篇，世稱《大戴禮記》；戴聖所撰四十九篇，世稱《小戴禮記》。二人雖同爲治禮，但他們對傳世資料各有取捨，自定篇目，互不相襲。因此，二戴的《禮記》卻是各成體系的。漢代治經，有『今古文之爭』，二戴爲『今文學』派。戴德的《大戴禮記》，至北周時盧辯爲之作注，然注釋極簡略。盧辯，字景宣，范陽（今屬河北）涿人。事蹟詳《周書·盧辯傳》。《大戴禮記》八十五篇，到唐代已逸去四十六篇：一至第三十八篇，第四十二至四十五篇，第六十一篇，第八十二至八十五篇，僅存三十九篇。其所輯資料，據錢玄同先生《三禮通論》所考：『除可以確定爲西周文字及秦漢人所作外，多數篇目大致撰於戰國時期……後於《儀禮》十七篇及《論語》的著作時代，而早於《孟子》、《荀子》的著作時代。』為研究上古社會和儒家思想的重要資料。如中國最古老的科学文獻《夏小正》；儒學的孔子三朝記八篇和曾子十篇；古世系的《五帝德》、《帝系》；古禮的《諸侯遷廟》、《諸侯釁廟》、《投壺》、《公冠》等，均有重要的文獻資料價值。此袁氏嘉趣堂刊本《大戴禮記》，刻印俱精，爲《大戴禮記》傳世諸本中的最佳版本之一。嘉趣堂，明袁褧的室名。袁褧（1495—1573），字尚之，號謝胡，吳郡（今蘇州）人。以藏書、刻書著稱。

四川省圖書館藏。

見風雨不時暴風水旱並興人民夭死五穀不
滋六畜不蕃息

大戴禮記卷第十三終

嘉靖癸巳吳郡袁氏嘉趣堂重彫

主言第三十九

孔子閒居曾子侍孔子曰參今之君子惟士與
大夫之言之間也其至於君子之言者甚希矣
於乎吾主言其不出而死乎哀哉曾子起曰敢

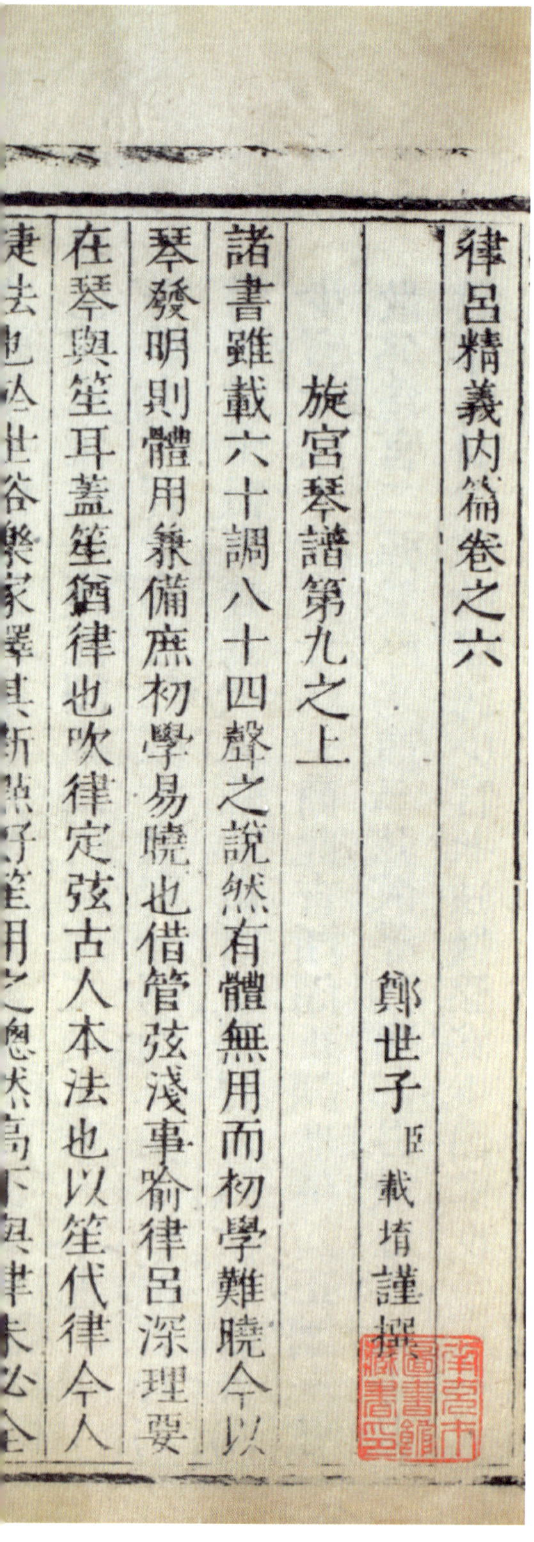

律呂精義內篇卷之六

旋宮琴譜第九之上　　鄭世子臣載堉謹撰

諸書雖載六十調八十四聲之說然有體無用而初學難曉今以琴發明則體用兼備庶初學易曉也借管弦淺事喻律呂深理要在琴與笙耳蓋笙猶律也吹律定弦古人本法也以笙代律今人捷法也今世俗樂家擇其新製子笙用之總然高下與律未必全

0060　樂律全書四十九卷

（明）朱載堉撰

明萬曆鄭藩刻增修本　十九冊

匡高25.2釐米，廣19.2釐米。半葉十二行，行二十五字，黑口，四週雙邊。

朱載堉，字伯勤，號句曲山人，明鄭藩恭王朱厚烷[正德十六年（1521）嗣。嘉靖三十一年（1552）以『厚烷訕朕躬，在國驕傲無禮，大不道』削爵，錮之鳳陽。隆慶元年（1567）複爵。萬曆十九年（1594）卒]世子。因其父非罪見繫，故築土室宮門外，席槁獨處十九年。父還，始入宮。父死，讓爵不襲，以著述終。他在樂學、律學、曆學、算學、舞學等多種學科取得的卓越成就，集中反映在《樂律全書》中。書成於萬曆二十四年（1596）以前，由朱載堉的十四種著作和《樂經古文》匯刊而成，其中以《律學新說》和《律呂精義》最為重要。它們記載了朱載堉最重要的學術貢獻：他以『惟求實理，不事文飾』的精神，在音樂史上最早用等比級數音律系統闡述十二平均律理論；他用兩排八十一檔大算盤計算出精密度達二十五位元數位等比數列，使我國樂律學史上所謂黃鍾還元的千古難題得以解決。朱載堉的著述，不僅對傳統樂律學上的神秘化理論是一種批駁，也是對這種『千載久弊』的破除。《樂律全書》是一部以樂學曆學爲主導，多種相關學科的內容錯綜交叉，體現了古代樂與律密不可分，詩、樂、舞三者結合，以及律、曆、算三者一道的綜合性巨著。它標誌着朱載堉獨特的樂律體系的建立，在中國樂律史上影響極大。書中收錄樂譜甚多，是研究明代音樂的重要文獻。其工尺譜所記之《豆葉黃》、《金字經》等曲，則是对明代民間音樂研究有價值的資料。是書爲明代藩府刻本，刊印甚精。

南充市圖書館藏。

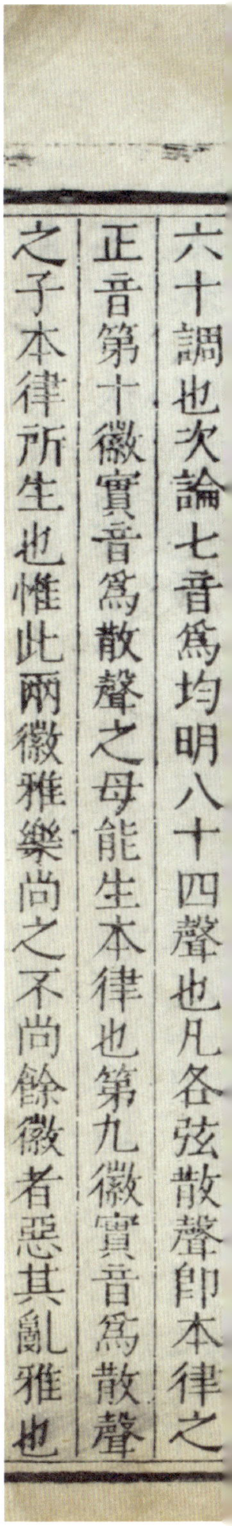
六十調也次論七音爲均明八十四聲也凡各弦散聲卽本律之
正音第十徽實音爲散聲之母能生本律也第九徽實音爲散聲
之子本律所生也惟此兩徽雅樂尚之不尚餘徽者惡其亂雅也

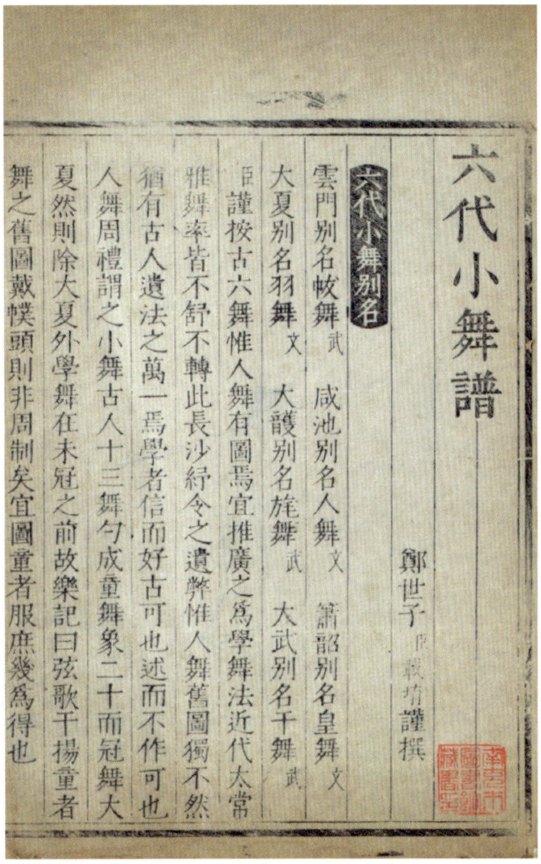
六代小舞譜

鄭世子臣載堉謹撰

六代小舞別名

雲門別名帗舞武　咸池別名人舞文　簫韶別名皇舞文
大夏別名羽舞文　大頀別名旄舞武　大武別名干舞武

臣謹按古六舞惟人舞有圖焉宜推廣之爲學舞法近代太常雅舞率皆不舒不轉此長沙紆令之遺弊惟人舞舊圖獨不然猶有古人遺法之萬一焉學者信而好古可也述而不作可也人舞周禮謂之小舞古人十三舞勺成童舞象二十而冠舞大夏然則除大夏外學舞在未冠之前故樂記曰弦歌干揚童者舞之舊圖戴幞頭則非周制矣宜圖童者服庶幾爲得也

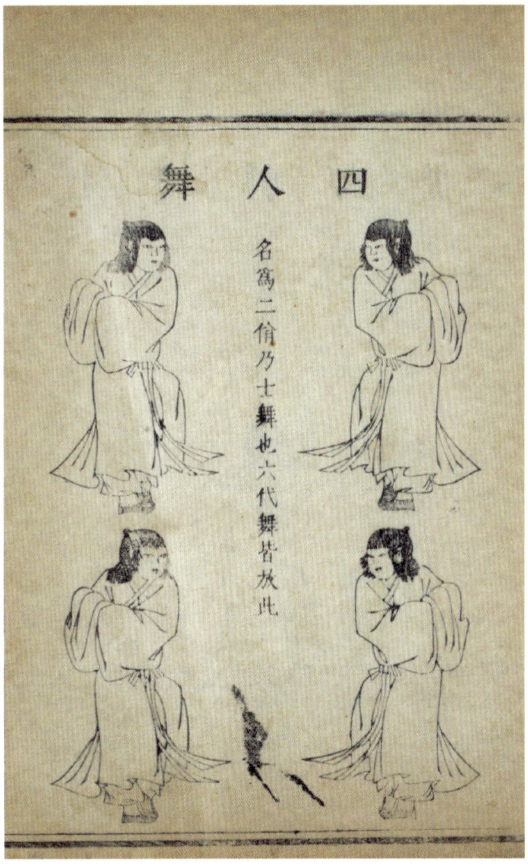

0061 春秋經傳集解三十卷

（晉）杜預集解 （唐）陸德明釋文

明刻本 三十二冊

匡高27.8釐米，廣20.8釐米。半葉八行，行十七字，小字雙行字數不等，白口，四週雙邊，版心有字數，有書耳。

《春秋》是周代魯國國史的名稱。在周代，春、秋兩季是農業、狩獵祭祀和軍事行動的季節。把這些屬於人民和朝廷的大事錄爲國史，以春秋名之，以概括「一年之間的國家大事」，涵義既深且明。相傳《春秋》是孔子編成的。他以魯國爲正朔，用「編年體」記錄了春秋時期從魯隱公起至魯哀公十四年共二百四十二年間的王室檔案、魯史策書、諸侯國史等舊聞，成為我國現存第一部編年體史書。後來，儒家學者把《春秋》尊為「經」，列入「五經」當中，稱為《春秋經》。《春秋》用辭極約，一件大事，只一兩句話，便首尾畢具了；且用字極爲精准，肯定、否定、褒揚、譴責，則以一字出之，所謂「寓褒貶於一字」，又有「孔子作《春秋》，而亂臣賊子懼」的評價。因其用辭簡約，歷時稍遠的人，不知其事，需要加以闡述才能明白，於是又有人著書，對《春秋》作些解釋工作。這樣的書共有三家，即《左傳》、《穀梁傳》、《公羊傳》。三傳之中，又以《左傳》影響最大、流傳最廣。《左傳》亦名《左氏春秋》、《春秋左氏傳》，其作者是魯國太史左丘明。左丘明釋《春秋》是詳列史實，基本上與《春秋》一一相應，即經後繼之以傳，以傳來釋經，使人自見經義。二者亦有不同之處，《春秋》是止於魯哀公十四年（前481），《左傳》是止於魯悼公四年（前464），增加了十七年；有的是有傳無經，有的是有經無傳，這也許是殘缺的原因。《左傳》雖是以史實來映見《春秋》之中的微言大義，其本身也以「君子曰」的形式來表明自己的見解，或者補充一些可與正文相互映襯的材料。這種做法，後來的《史記》、《資治通鑑》都有所繼承。雖同爲編年體，但因其敍事常要追源窮流，卻又略似於紀事本末體史書。《左傳》一書，不論編撰方式，還是編撰體例，於後世影響極大。西晉的杜預將本來分開的《春秋》和《左傳》編在一起，並彙集了前人對《春秋左傳》的注釋，成《春秋經傳集解》一書。他的工作，實現了《春秋》的「經」、「傳」合一，對《春秋》學研究具有里程碑的意義。他的《集解》，是《左傳》注解流傳至今最早的《左傳》注全帙，收入《十三經註疏》中。杜預的《集解》在訓詁學史上還有着相當重要的地位。杜預（222—284），字元凱，京兆杜陵（今陝西西安東南）人。爲鎮南大將軍，他的主要活動在政治軍事方面。他又明律令，精曆法，且工於技藝，又是一位著名學者，朝野號爲「杜武庫」。陸德明的釋文，爲述源流，釋文字，考異同之作。於文字、音韻、經籍版本研究有重要參考價值。陸德明（約550—630），名元朗，以字行。江蘇吳縣（今屬江蘇）人。唐經學家、訓詁學家。

四川師範大學圖書館藏。

傳惠公元妃孟子宋姓。惠公名不皇。謚法。愛人好與曰惠。(適)丁歷反孟子卒不稱薨。不成喪也。無謚。先夫死。不得從夫謚。(謚)實至反繼室以聲子。生隱公聲。謚也。蓋孟子之姪娣也。諸侯始娶。則同姓之國。以姪娣媵。元妃死。則次妃攝治內事。猶不得稱夫人。故謂之繼室。(姪)直結反。又丈一反。兄女也。(娣)大計反。女弟也宋武公生仲子。仲子生

凡三十四萬五千八百四十四字

經十九萬八千八百八十二字

注十四萬六千九百六十二字

0062 春秋集傳大全三十七卷　（明）胡廣等輯

明刻本　六冊　存三十一卷（卷一至十、十三至十八、二十二至二十四、二十六至三十七）。

匡高26.1釐米，廣17.1釐米。半葉十行，行二十二字，白口，四週雙邊。

此書為明初永樂年間胡廣等奉敕纂修五經大全之一。是書用宋胡安國注，其疏錄自元汪克寬【字德輔，祁門（今屬安徽）人。入明不仕，事蹟見《明史·儒林傳》。】《春秋胡傳附錄纂疏》一書。汪疏即在胡傳之外益以其他各家之說，爲胡傳作疏，如孔穎達之於杜預。他的學生吳國英就在序言中稱揚此書『雖一以胡傳爲主，而凡三傳之注疏要語暨諸儒傳注之精義悉附著之。且胡傳博及群經子史，非博洽者不能知其援據之所自與音讀之所當。先生詳究精考，一一附注。』元人治《春秋》的著作，以汪氏此書影響爲最大，除其博洽外，明初官修《五經大全》，其《春秋大全》幾乎照抄汪書，則是另外一個重要的原因。明成祖永樂十三年（1415）頒行欽定《五經大全》和《四書大全》，以八股取士，標誌着經學的進一步政治化，其學術研究則每況愈下。顧炎武《日知錄》卷十八有『自八股行而古學棄，《大全》出而經說亡。』之說，可謂一針見血。有明一代，享國年代三倍於元，然其經學上的成就卻遠不如元，這應是最爲主要的原因。因此《大全》之類的著述，除其資料價值外，於古代經學史研究應是不可或缺的文獻。

四川大學圖書館藏。

春秋集傳大全卷之三

隱公三

乙丑　桓王四年。

七年 齊僖十五。晉哀二。曲沃武公稱元年。衛宣三。蔡宣三十四。鄭莊二十八。曹桓四十一。陳桓二十九。杞武三十五。宋殤四。秦文五十。楚武二十五。

春王三月。叔姬歸于紀。 其不言逆。何也。逆之道微。無足道焉爾。

程子曰　伯姬爲紀侯夫人。叔姬其娣也。待年於家。今始歸。娣歸不書。憫其無終也。

叔姬。伯姬之娣。非夫人也。則何以書。古者諸侯一娶九女（見公羊傳莊公十九年）必格之同時者。所以定名分。窒亂源也。

汪氏曰　同時而行。則妃妾之名不紊。其生子也。嫡庶之分已定。亂何由作。今叔姬待年於宗國。不與嫡俱行。則非禮之常。所以書也。

程氏曰　春秋常事不書。非常而書之者。必有美惡存焉。

孫氏曰　媵書者。爲莊十二年歸于酅起。

眉山蘇轍以謂

0063 四書集注三十卷 （宋）朱熹撰

明成化十六年（1480）吉府刻本　十冊

匡高23釐米，廣16.7釐米。半葉八行，行十四字，小字雙行十七字，黑口，四週雙邊。有『成化庚子吉府重刊』牌記。

《四書》乃《大學》、《中庸》、《論語》、《孟子》諸書之合稱。《大學》原是《禮記》中的第四十二章，朱熹把它抽了出來，單獨成書，成爲《四書》的一個部分。其内容爲誠意、正心、修身、齊家、治國、平天下。明清以來，成爲學童啓蒙書之一。《中庸》，子思所撰。原爲《禮記》中的第三十一章，也是朱熹抽出來單獨成書，爲《四書》之一。所謂『中庸』按程頤的説法：『不偏之爲中，不易之爲庸。中者，天下之正道；庸者，天下之定理。』一部《中庸》不僅包括了儒家視爲根本的『執兩用中』的想法，也是儒家哲學思想的根本所在。《論語》是一部記載孔子的言語行事和孔子部分學生言語行事的著作。因而，《論語》不僅是孔子的言行實錄，也是先秦儒家思想的集中體現和重要文獻。《孟子》是戰國時孟軻的思想和言論的結集，後人根據他門人的筆記整理成書。孟子因其很好地接受了孔子的儒家思想，並加以發揚光大，被奉爲『亞聖』。這四部集中體現先秦儒家思想的重要著作，經南宋理學家朱熹整理編定並作注，以《四書》之名傳世。後與儒家『五經』並列，視爲經書。不僅成了學塾的必讀之書，連後來的科舉考試出題也都出在『五經』、『四書』之中。朱熹的注釋，特別突出地用二程和他的弟子的言論來闡釋《四書》的内容，目的在於建立起程朱理學體系，因此《四書》也是一部重要的宋代理學著作。因歷代封建統治者的推崇，在中國古代政治、經濟、文化衆多方面影響極大，是研究中國古代思想史，特别是儒家思想的基本資料。吉府，明吉簡王朱見浚（1456—1527），英宗第七子。成化十二年（1476）就藩長沙。此明代藩王刻書，具有開本闊大、紙墨俱佳的特點。

四川省圖書館藏。

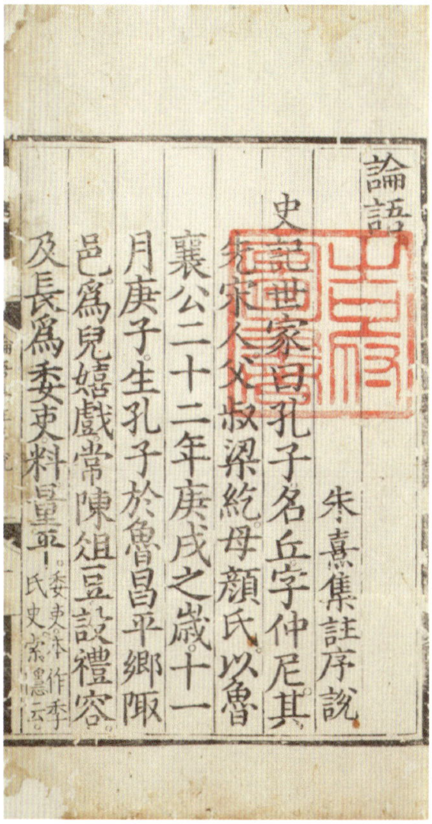

論語

朱熹集註序說

史記世家曰孔子名丘字仲尼其先宋人父叔梁紇母顏氏以魯襄公二十二年庚戌之歲十一月庚子生孔子於魯昌平鄉陬邑爲兒嬉戲常陳俎豆設禮容及長爲委吏料量平委吏本作季氏史索隱云

成化庚子

吉府重刊

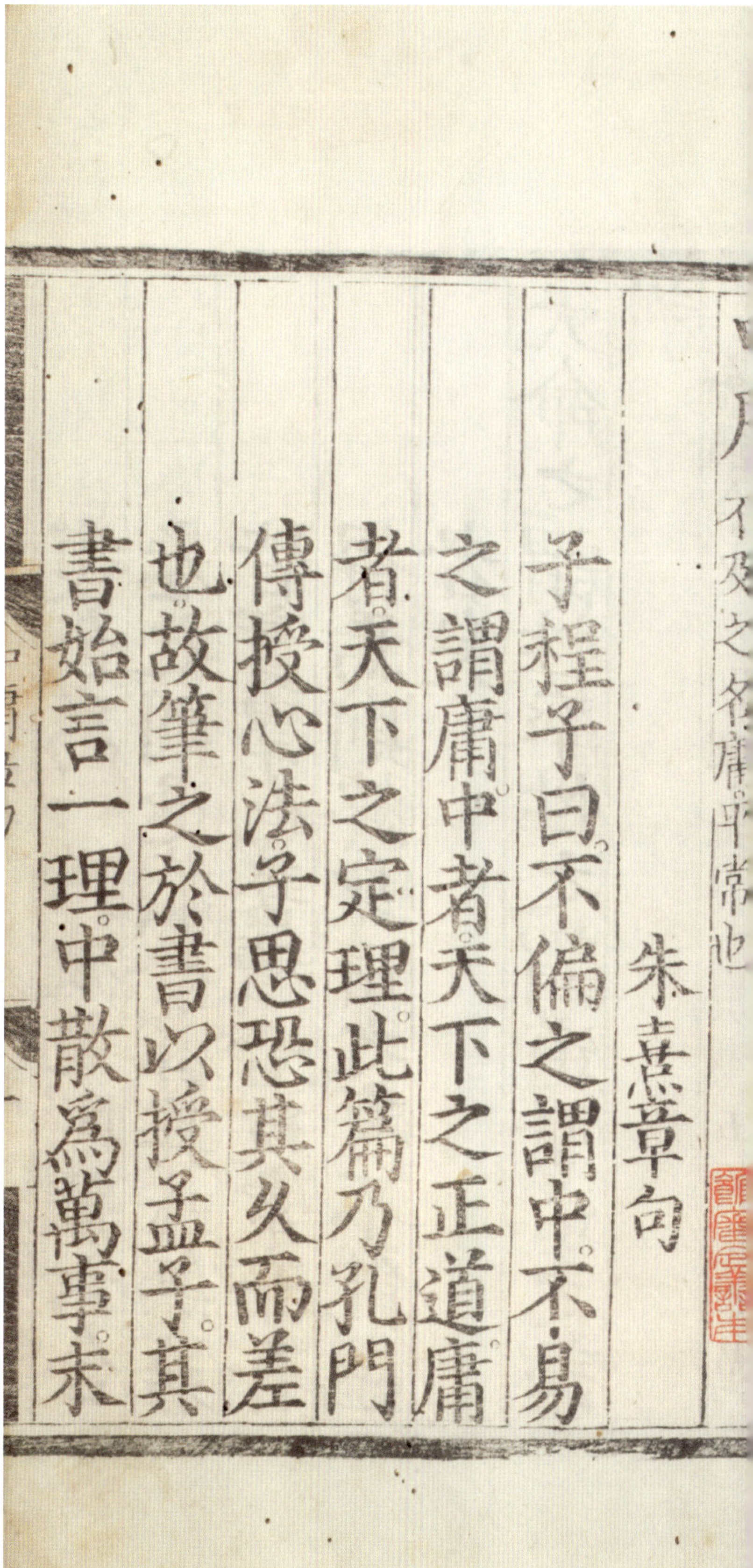

不及之名庸平常也

朱熹章句

子程子曰不偏之謂中不易之謂庸中者天下之正道庸者天下之定理此篇乃孔門傳授心法子思恐其久而差也故筆之於書以授孟子其書始言一理中散爲萬事末

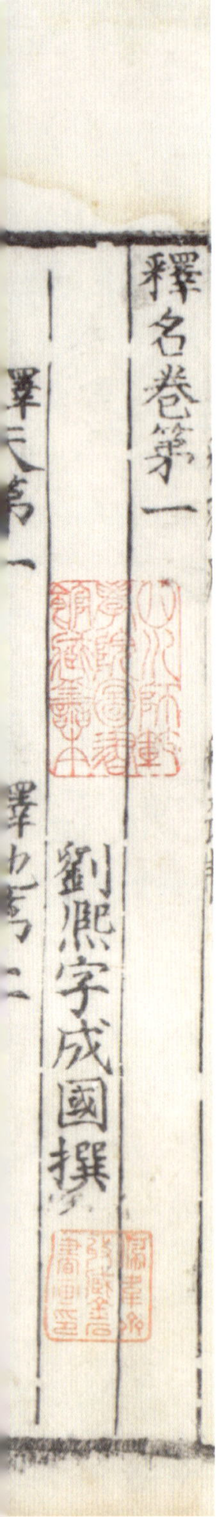

0064　釋名八卷

（漢）劉熙撰

明刻本　二冊

匡高21.3釐米，廣15.2釐米。半葉十行，行二十字，白口，四週單邊，版心有字數。

劉熙，字成國，北海（今山東省壽光、高密一帶）人。曾師從經學家鄭玄。獻帝建安中曾避亂至交州（今之兩廣地）。生活年代當在桓帝、靈帝（147—188）之世，生卒年和事蹟不詳。關於他的仕履，有『徵士』之說。『徵士』乃學行並美而不就徵辟者之謂。《三國志》幾處提到吳蜀之臣曾師事劉熙或與劉熙有交往，可見劉熙很可能是一個著名於時的隱逸徵士。《釋名》是一部專門探求事物名源的著作。共八卷。卷首自序云：自古以來器物事類『名號雅俗，各方名殊……夫名之於實各有義類，百姓日稱，而不知其所以之意，故撰天地、陰陽、四時、邦國、都鄙、車服、喪紀，下及民庶應用之器，論敘指歸，謂之《釋名》』。凡二十七篇。說明劉熙撰此書的目的是使百姓知曉日常事物得名的原由或含義。其篇目依次是：釋天，釋地，釋山，釋水，釋丘，釋道，釋州國，釋形體，釋姿容，釋長幼，釋親屬，釋言語，釋樂器，釋兵，釋車，釋船，釋疾病，釋喪制。所釋名物典禮共計一千五百零二條，雖不夠完備，但已可窺見當時名物典禮之大概。清人畢沅《釋名疏證・序》說『其書參校方俗，考合古今，晰名物之殊，辨典禮之異，洵為《爾雅》、《說文》以後不可少之書』。這一評價是中肯的。因此，《釋名》一書，於古代名物制度的瞭解和研究，無疑具有極爲重要的文獻資料價值。又因《釋名》之旨，在於探索語源，即採用以音求義方式推求語詞音義的來源而闡明其命名所以然之意。其釋訓之法，幾乎全用聲訓，故《釋名》一書，對於訓詁學、語言學，乃至社會學的研究來說，都是極為重要的著作。

四川師範大學圖書館藏。

君子其於答難解惑王父幼孫朝夕侍問以塞可謂
之士聊可省諸

右釋名八卷館閣書目云漢徵士北海
劉熙字成國撰推揆事源釋名號致意
精微崇文總目云熙即物名以釋義凡
二十七目臨安府陳道人書籍鋪刊行

釋天第一

天豫司兖冀以舌腹言之天顯也在上高顯也青徐
以舌頭言之天坦也坦然高而遠也春曰蒼天陽氣
始發色蒼蒼也夏曰昊天其氣布散皓皓也秋曰旻
天旻閔也物就枯落可閔傷也冬曰上天其氣上騰

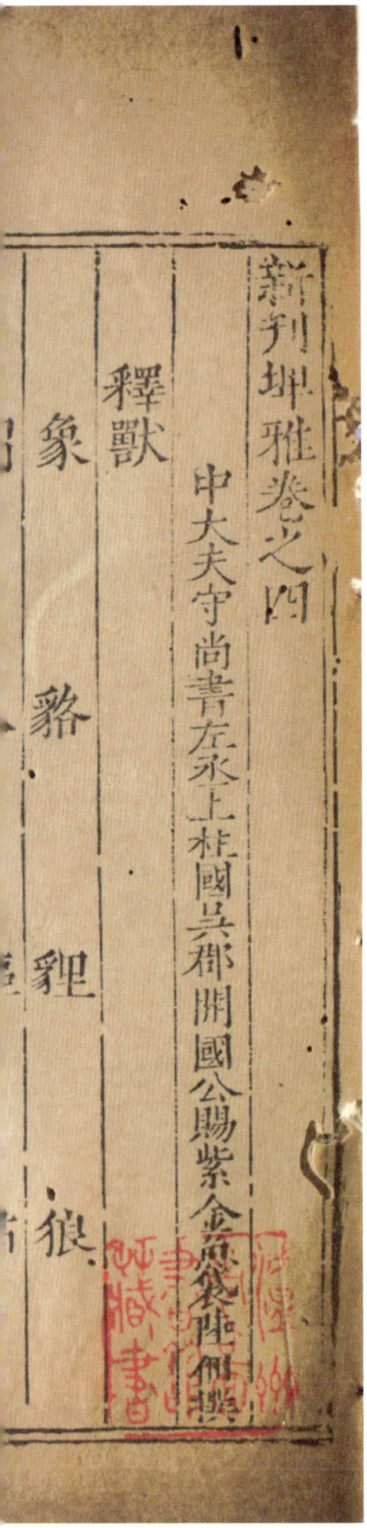

0065 新刊埤雅二十卷

（宋）陸佃撰

明刻本　六冊

匡高19.8釐米，廣14.5釐米。半葉十一行，行二十二字，白口，四週雙邊。

陸佃（1042—1102），字農師，號陶山，越州山陰（今浙江紹興）人。北宋熙寧三年（1070）進士。少從學於王安石。精於《禮》學及名物訓詁。事蹟詳《宋元學案》卷九十八、《宋史》卷四四三。《埤雅》為中國古代研究語言文字學——『小學』之訓詁類著作。小學類著作以其研究問題之所專，漸次類分為訓詁、文字、音韻是在宋代明確的。『訓詁』之學，專論字義，《爾雅》肇其端，陸氏《埤雅》庚其類也。是書卷首有陸佃子宰宣和七年（1125）序，謂神宗時召對，言及物性，因進《說魚》、《說木》二篇，『自是益加筆削，號《物性門類》。後易號《埤雅》，言爲《爾雅》之輔也。』陸氏之撰，歷時四十年。不獨博及群書，而農父、牧夫、百工技藝，下至輿台皂隸，莫不諏詢。苟有所聞，必加實驗，然後記錄，則其深微淵懿宜窮天下之理矣。其所釋名物，大抵略於形狀，而詳於名義，尋究偏旁，比附形聲，務求得其名之所以然。雖曲證旁稽，假物理以明其義，然有說以臆斷之憾。但引證博奧，多異物異言，不乏精鑿之論，有論說精詳，文亦簡要的特點。且所援引之書今已不可見，其文獻價值自顯。是書無具體的刊刻年代，審其風貌，應為明中刊本。

瀘州市圖書館藏。

象

象南越大獸長鼻牙望前如後三年一乳行孕肉兼十牛
命在其鼻其所食物皆以鼻取之盖獸之象以鼻致用而
不以口天之象以氣致用而不以言故天之象與獸之象

標目頂格下同

標目頂格下同

新刊埤雅卷之一

中大夫守尚書左丞上柱國吳郡開國公賜紫金魚袋陸佃撰

釋魚

龍　鯉　魴　鱨
鱧　鰋　鱒　鮪
鱣　魦　鰷　鮒
鱮　鮫　鰌　蛟

龍

龍八十一鱗具九九之數九陽也鯉三十六鱗具六六之
數六陰也龍亦卵生思抱雄鳴上風雌鳴下風而風化有
鱗曰蛟龍有翼曰應龍有角曰虯龍盖蟲莫智於龍龍之

0066 佩觿三卷

（宋）郭忠恕撰

清康熙四十九年（1710）張士俊刻澤存堂五種本　三册

匡高20.5釐米，廣15.3釐米。半葉八行，行十七字，小字雙行二十五字，白口，左右雙邊。清錢吉泰過録、清吳騫、桂馥、羅有高、翁方綱、丁傑校跋

郭忠恕（？—977），字恕先，又字國寶。河南洛陽人。歸宋後爲博士，後授國子監主簿。工書善畫，通小學，尤精篆籀。事蹟見《宋史》卷四四二。書名『佩觿』，取《詩》『童子佩觿』，『觿』音xi（希），爲古代解結之具，言『佩觿』者，謂童子佩之，以解疑惑。是書分上、中、下三卷。上卷從三個方面論説文字變遷的原因。一爲造字。文字起於象形，因寫法上的差別，形體更多變化；後人妄析字形、讀音乖違以及避諱、妄改等，遂使文字訛變繁蕪，有增無已。二爲四聲。由於時代變遷，『音訛字替』和方言分歧，以致『同音異字，同字異言』，甚至音義皆同而字體不一，於是文字四聲難辨，讀音極其複雜。三爲傳寫之誤。遂使文字更加蕪雜。列舉造成俗書訛誤的原因，分析很是透徹。中下兩卷，則取字畫疑似，讀音相近，易於混淆之字，按平上去入四聲分爲『平聲自相對』、『平聲上聲相對』至『入聲自相對』者，共十部；把相對應的字兩兩類聚爲一組，注明其音義之別。如『平聲上聲相對』者，『揩，楷』，注云『上口皆翻，揩摩；下口駭翻，楷式』。所注極爲精審，要言不繁。宋晁公武《讀書志》讚其『極爲辨博』，《四庫提要》也認爲『忠恕所論較他家精確多矣』。《佩觿》爲古代字書形體、形聲訛變研究的重要著作之一。此本為清康熙中張士俊所輯刻《澤存堂五種》之一，其所據者皆宋本，以刊印精良著稱。張士俊，蘇州人，自號六浮閣主人，澤存堂乃其室名。錢吉泰過録之批校題跋者，皆清代文字學之大家也。錢吉泰，字輔宜，號警石，海寧（今屬浙江）人。好古書，借人善本，校勘數過。嘉道時在世。

四川大學圖書館藏。

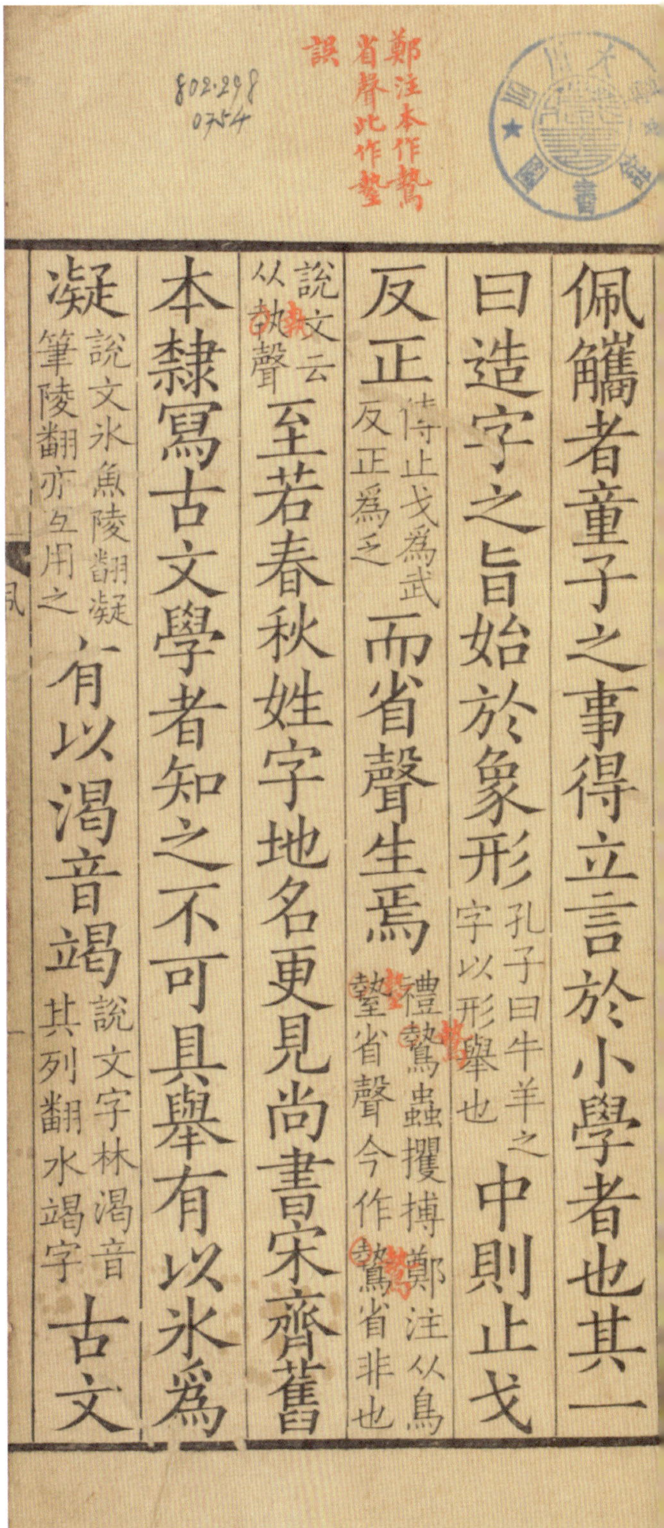
鄭注本作鷙省聲此作摯誤

佩觿者童子之事得立言於小學者也其一曰造字之旨始於象形孔子曰牛羊之字以形舉也中則止戈反正傳止戈爲武反正爲乏而省聲生焉禮摯鳥蟲攫搏鄭注从鳥摯省聲今作鷙省非也說文云从執聲至若春秋姓字地名更見尚書宋齊舊本隸寫古文學者知之不可具舉有以氷爲凝說文氷魚陵翻凝筆陵翻亦立用之有以渴音竭說文字林渴音其列翻水竭字古文

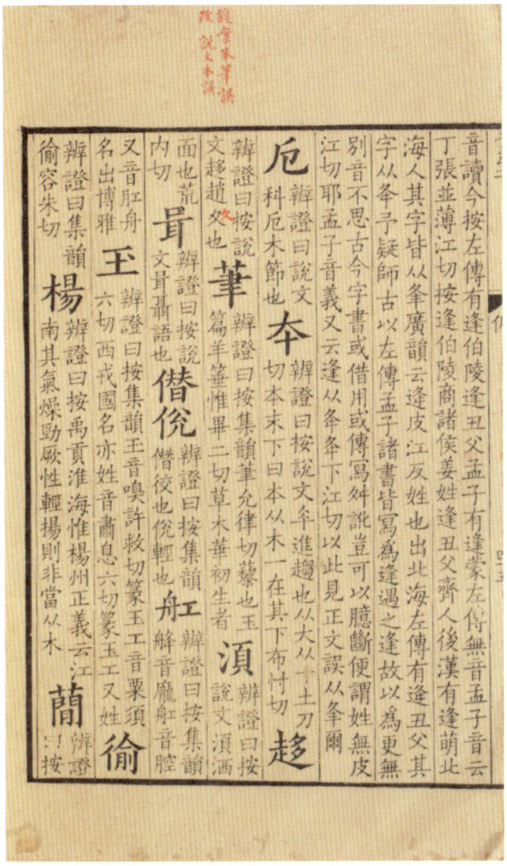
龍案宋本箠誤改 說文本誤

音讀今按左傳有逢伯陵逢丑父孟子有逢蒙左傳無音孟子音云丁張並薄江切按逢伯陵商諸侯姜姓逢丑父齊人後漢有逢萌北海人其字皆从夆廣韻云逢皮江反姓也出北海左傳有逢丑父其字从夆亍疑師古以左傳孟子諸書皆寫爲逢遇之逢故以爲更無別音不思古今字書或借用或傳寫舛訛豈可以臆斷便謂姓無皮江切耶孟子音義又云逢从夆夆下江切以此見正文誤从夆爾

卮 辨證曰說文科卮木節也 夲 辨證曰按說文夲進趨也从大从十土刀切本末下曰本从木一在其下布忖切 趍 辨證曰按說文趍趙久也 筆 辨證曰按集韻筆允律切藜也玉篇羊箠惟畢二切草木華初生者 須 辨證曰按說文須洒面也荒內切 咠 辨證曰按說文咠聶語也 僣俔 辨證曰按集韻僣佼也俔輕也 舡 辨證曰按集韻舽音龐舡音腔又音肛舟名出博雅 玊 辨證曰按集韻玊音嗅許救切篆玉工音粟須六切西戎國名亦姓音肅息六切篆玉工又姓 偷 辨證曰集韻偷容朱切 楊 辨證曰按禹貢淮海惟楊州正義云江南其氣燥勁厥性輕揚則非當从木 蕑 辨證曰按

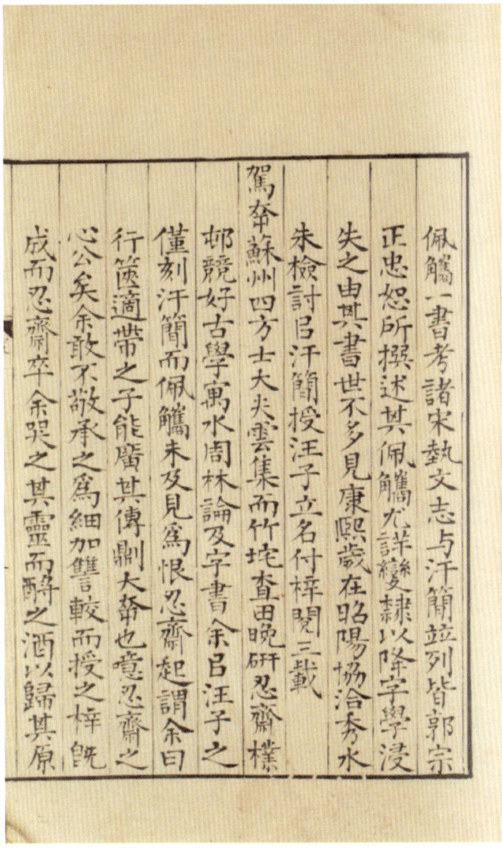
佩觿一書考諸宋埶文志与汗簡並列皆郭宗正忠恕所撰述其佩觿尤詳變隸以除字學浸失之由其書世不多見康熙歲在昭陽協洽秀水朱檢討呂汗簡授汪子立名付梓閱三載駕幸蘇州四方士大夫雲集而竹垞查田晚研忍齋樸邨競好古學寓水周林論及字書余呂汪子之僅刻汗簡而佩觿未及見爲恨忍齋起謂余曰行篋適帶之子能嗣其傳則大幸也意忍齋之心公矣余敢不敬承之爲細加讐較而授之梓既成而忍齋卒余哭之其靈而酹之酒以歸其原

（宋）郭忠恕撰

本嗚呼余可忘此書之所自哉因并誌之於此

時康熙歲在上章攝提格查山子張士俊書

甲辰春二月小疋廣文在武林葵巷寓以是書借予爰令兒子壽照校錄一過昔之入小學者先教以六書今雖學士大夫多忽不之省宜此書之日湮也小子可不勉哉 槎客識

道光戊戌八月讀舊書生錢泰吉錄

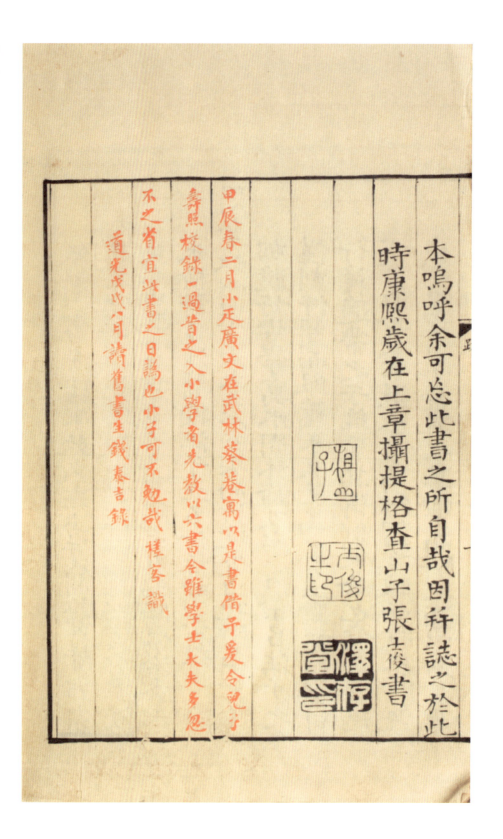

鈔證一篇內引景祐集韻其說出於先可知矣至卷中音釋雖或不盡言出說文而多與說文可相檢證者毛斧季校刊說文識語云忠恕小字說文字源康今不得而見但夢英篆書偏旁咸（今刻本咸誤延）平二年所建者中有五處次序不作汜鶴據之及讀忠恕先汗簡次序與此盡同乃知夢英之誤也徐目於匡承詔校定說文在雍熙三年而恕先卒於太平興國

（以字上空十九字）

爲宋版并指卷上第一葉第八行渴字誤其列翻其字未識爲誤余同金檢亭遞葉互勘惟第一第二卷上第二十三第二十四卷中第三十四第四十二卷下（六葉）雖亦不同修葉字形肥瘠邊闌粗細皆相脗合印刷但變不甚懸豪之異安得指爲二本其六葉不同當是張氏原版與漫漶重刻以補之翁程兩公藏本皆經補刻者也朱又記

以有前跋

不敢爲贊辭以錢辛楣宮詹金石文跋尾爲的羅君校此書有極精者有過拘者（字母之類有未免者地理之）條久欲作一跋恐忌余者以爲詆諆死友也後人見之信爲羅君定論而附刻郭書之內則非所以愛羅君矣區區苦心地下故人諒之爲已同日跋翁學士本

丙辰五月初十日

0067 金石韻府五卷 （明）朱雲等撰 學古編二卷 （元）吾丘衍撰 正韻篆五卷 （明）沈延銓輯 吟齋錄古四卷 （清）胡維楫輯

清抄本　十二冊

半葉六行，行字數不等。

朱雲，字時望，吳江（今屬江蘇）人。善楷書。事蹟不詳。朱氏嘗寓澄江草堂，縱觀所藏古金文，因取夏竦、道泰、薛尚功、楊櫃諸編，增損其文，並遵唐韻，以字形按四聲排列，標曰《金石韻府》。其搜覽較博，取擇亦甚嚴，凡秦漢而下私家印璽概不採錄，筆意結構一如吉金貞珉。對於觀摹和學習各體古金石文字頗具參考價值。

《學古編》，元吾丘衍撰。吾丘衍（1272—1311），一作吾衍，清初避孔丘諱，作吾邱衍，字子行，號貞白，又號竹房、竹素，別署真白居士、布衣道士，世稱貞白先生，太末（今浙江龍遊）人，寓居杭州。嗜古學，通經史百家言，工篆隸，諳音律。《學古編》，印學論著。成書於大德庚子（1300）年。卷一為《三十五舉》，為此書主體，闡述篆隸演變及篆刻知識，甚多創獲，故後人往往直呼該書為《三十五舉》。卷二爲《合用文籍精品目》，分小篆品、鐘鼎品至字源七辨等八目。分類彙編有關印學知識的簡要論述。元危素曰：『吾丘君隱於武林闤闠間，高潔自持，尤攻篆籀，此編之出，可一洗來者俗惡之習。』元夏溥稱此書出，『遂變宋末鐘鼎圖書之謬』，且『寸印古篆，實自先生倡之，直第一手。趙吳興（孟頫）又晚效先生法耳』。吾氏及其《學古編》在印學史裏，無論是學術上還是藝術上，均有着劃時代的地位。《學古編》歷來被許為印學領域裏最早出現的一部經典著作，對後來的篆刻理論和實踐的發展，有着上承秦、漢璽印，下啟明、清流派印章的樞紐作用。故明清作家，如何震、桂馥、姚晏、黃子童、昱查等，每效《三十五舉》體例而一再續之。爲金石篆刻學史上較爲重要的著作之一。

四川大學圖書館藏。

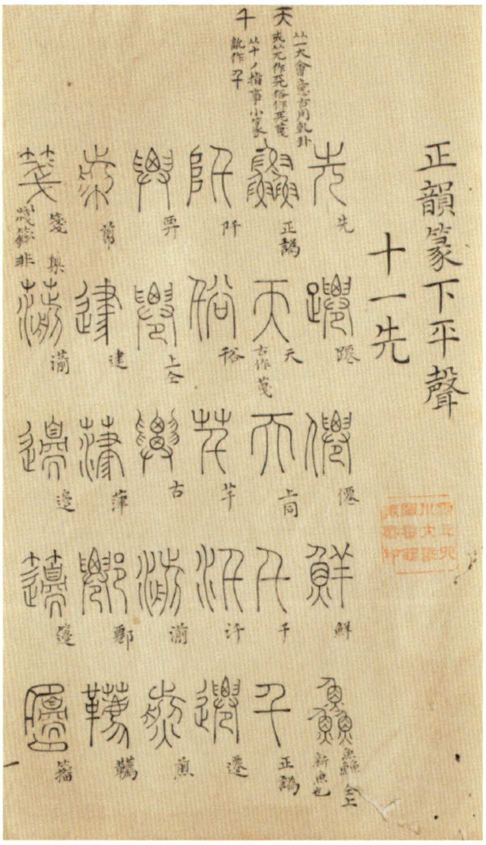
正韻篆下平聲
十一先

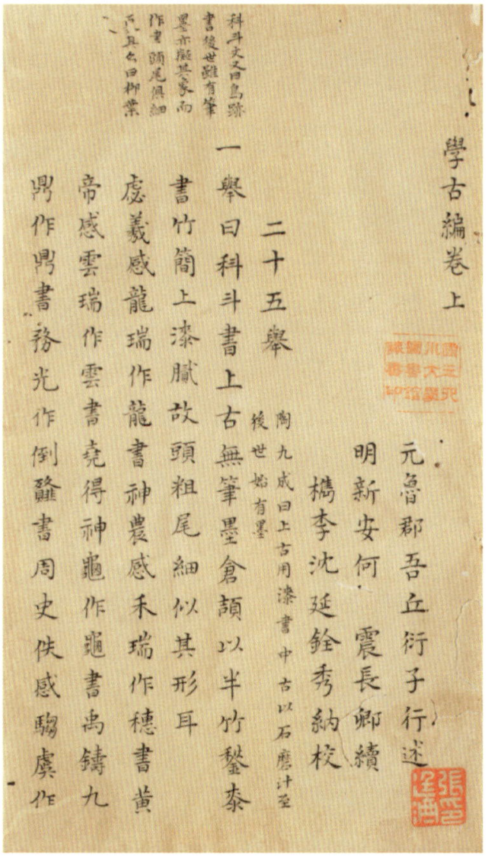
學古編卷上
元魯郡吾丘衍子行述
明新安何震長卿續
檇李沈廷銓秀納校
二十五舉
一舉曰科斗書上古無筆墨倉頡以半竹鑿漆書竹簡上漆膩故頭粗尾細似其形耳
陶九成曰上古用漆書中古以石磨汁至後世始有墨
虙羲感龍瑞作龍書神農感禾瑞作穗書黃帝感雲瑞作雲書堯得神龜作龜書禹鑄九鼎作鼎書務光作倒薤書周史佚感騶虞作

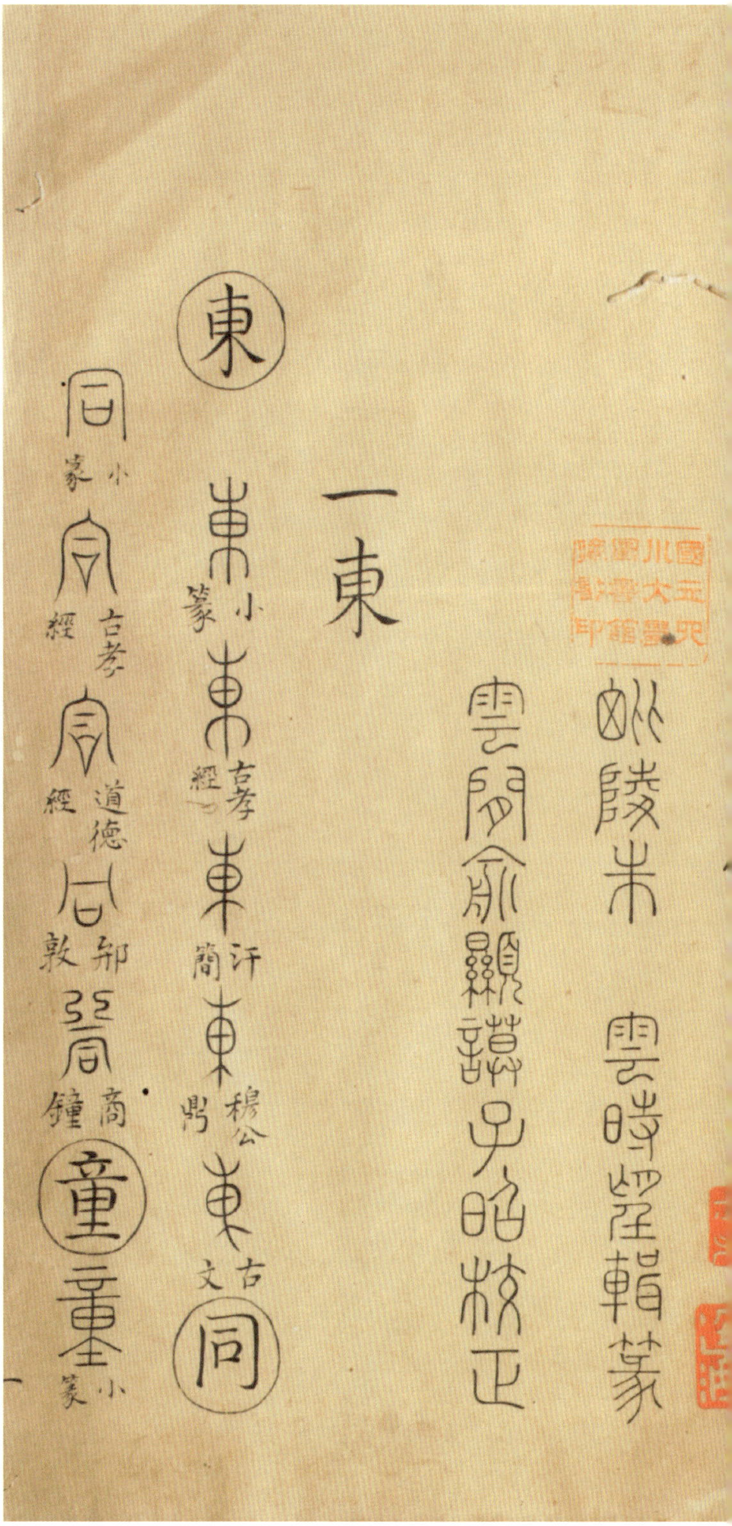
昭陵朱雲時纂輯篆
雲間俞顯謨子昭校正
一東
東
小篆
古孝經
汗簡
穆公鼎
古文
同
小篆
古孝經
道德經
郭敦
商鐘
童
小篆

吟齋録古卷之一

鶴湖胡維楫又陶氏輯

碑篆

禹精神在水。故篆體皆有流水形。

岳州諸名家可為書法者，篆則李斯二十八字。玉女池後 宣和大定二碑額。岳祠 會真宫李白詩四面碑。八分則開元摩崖御書，葉彬補書百八字。回馬嶺三字崖顛有開元紀泰山銘四字如斗申璲補書。秦始皇紀泰山銘。皆有古法。楷則張待制宣和脩廟。岳祠 宋真宗御書青帝贊陰字碑。行則錢夔遊覽記。尹待詔祥符四碑。俱岳祠 草則黄廣洋。詩刻延禧殿前 魏閑許應元。詩刻環亭

0068　小學答問一卷

章炳麟撰

清手稿本　一冊

匡高19.1釐米，廣13.1釐米。半葉十行，行二十二字，白口，四週雙邊。

章炳麟（1869—1936），初名學乘，字枚叔。後改名絳，號太炎。浙江余杭人。清末民初民主革命家、思想家、近代國學大師。具有深厚的小學、經學和史學根底，為中國語言文字學的獨立和理論建設做出了開創性的貢獻。他對訓詁方法的總結，對詞義引申、詞語派生、文字變易等規律的揭示，在訓詁學史上具有重大影響。一生著作頗豐，約四百餘萬字。《小學問答》系答弟子之問，其自序云：『近代言小學者衆矣，經典相承，多用通假，治《雅》訓者，徒以群誼比類相從，不悉明其本字。』……『諸生往往相從問字，既爲陳先正故言，亦以載籍成文鈎校枉章，斷以己意，以明本字、借字流變之跡，其聲義相禪，別為數文者，稍示略例，觀其會通。』此書主於考求本字，頗多精確之論，為治小學者之重要著作也。

四川大學圖書館藏。

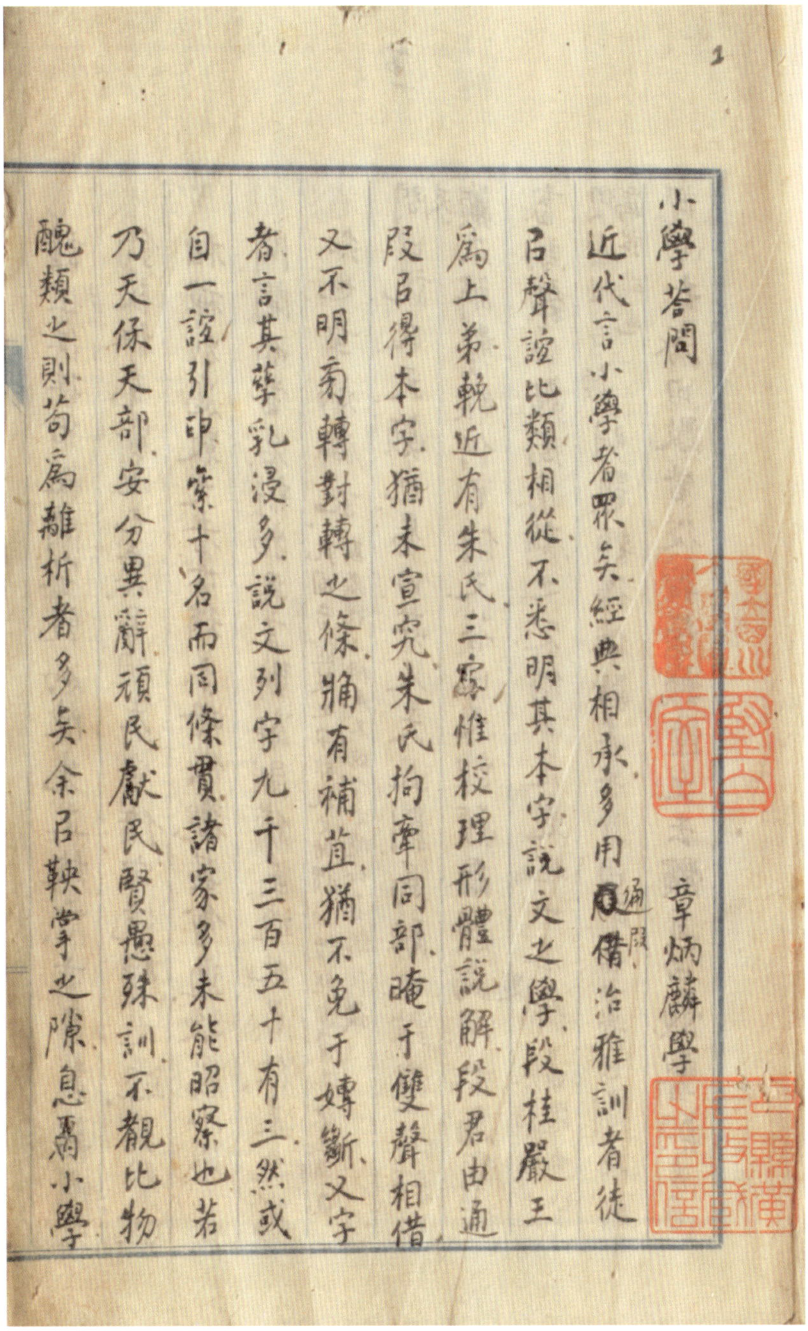
小學荅問　章炳麟學
近代言小學者衆矣經典相承多用叚借（旁改：通叚）治雅訓者徒
以聲誼比類相從不悉明其本字說文之學段桂嚴王
爲上弟輓近有朱氏三家惟校理形體說解段君由通
段以得本字猶未宣究朱氏拘牽同部睎于雙聲相借
又不明旁轉對轉之條牖有補苴猶不免于媾斷又字
者言其孳乳浸多說文列字九千三百五十有三然或
自一誼引申案十名而同條貫諸家多未能昭察也若
乃天保天部安分異辭碩民獻民賢愚殊訓不覩比物
醜類之則苟爲離析者多矣余以鞅掌之隙息爲小學

章炳麟撰

又古無榭字，但書[illegible]射而已。鄉射禮：豫則鉤楹內。注：豫爲榭。蓋射堂本如序，故得作豫也。其字亦當爲而。釋宮：闍謂之臺，有木者謂之榭。[illegible]臺上起屋[illegible]

[illegible]

第八十五

郊祀歌：大朱涂廣，夷石爲堂。[illegible]

屋音借亦作夏，孳乳爲㡏。說文：㡏，廡也。廡，堂下周屋也。廣雅：䆿謂之䆵。齊公孫竈字子雅，竝㡏字也。造文之始，安爲而，于屋爲㡏，爲廡，于帷幕爲幠，魚陽對轉，于艸爲荒。說文：荒，艸奄地也。魯頌遂荒大東，鄭玄引作遂幠大東，荒幠皆有覆誼。禮飾棺有帷荒，亦象宮室爲之矣。夏屋又爲會異者，猶大房之得名于屋也。

問曰：說文濟水出常山房子贊皇山，東入泜。其叚吕爲四瀆者，字作泲。凡訓渡訓止者何字也？荅曰：訓渡者當爲歬。說文：不行而進謂之歬，從止在舟上，是所謂渡。歬齊聲轉。說文：劑，齊斷也。釋言：翦，齊也。士喪禮馬不齊髦，注曰：齊，翦也。文

又釋詁：翦，勤也。翦當讀爲齊，給便利之齊。釋詁云：齊，疾也。本字實當爲齌。說文：齌，炊餔疾也。疾、勤誼近。

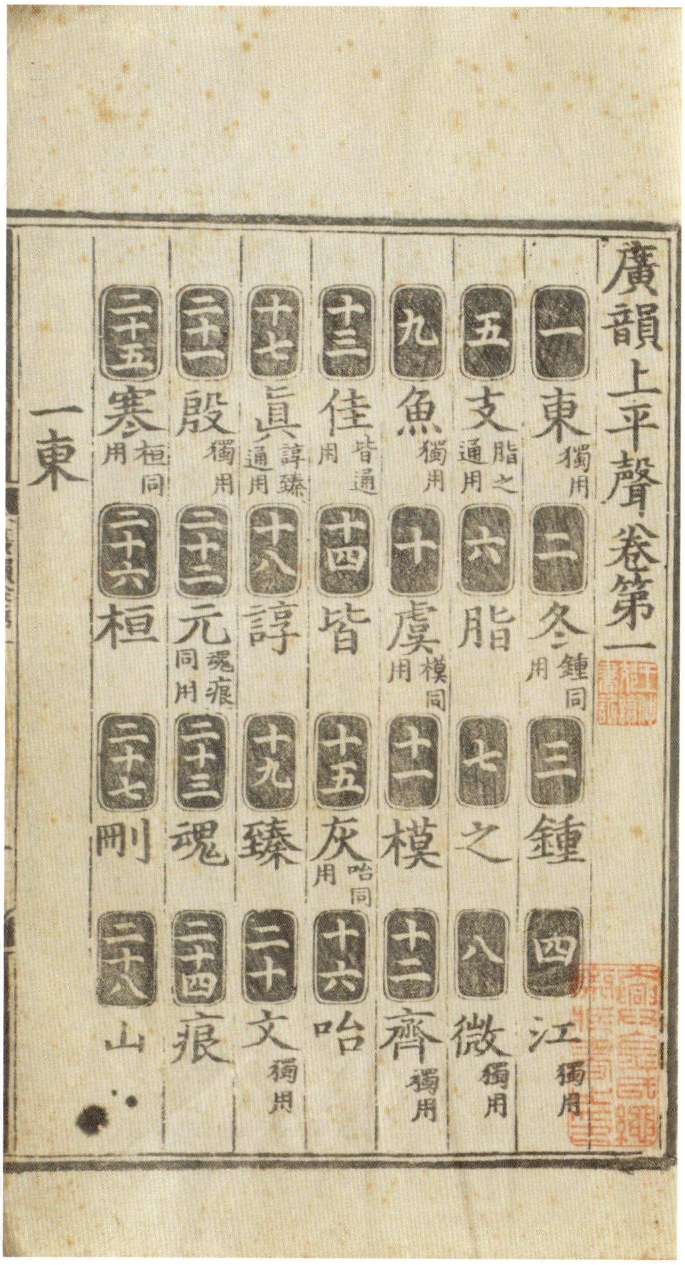
廣韻上平聲卷第一
一東獨用　二冬鍾同用　三鍾　四江獨用
五支脂之通用　六脂　七之　八微獨用
九魚獨用　十虞模同用　十一模　十二齊獨用
十三佳皆通用　十四皆　十五灰咍同用　十六咍
十七真諄臻通用　十八諄　十九臻　二十文獨用
二十一殷獨用　二十二元魂痕同用　二十三魂　二十四痕
二十五寒桓同用　二十六桓　二十七刪　二十八山
一東

0069 廣韻五卷

（宋）陳彭年等撰

明刻本　五冊

匡高24.4釐米，廣17.9釐米。半葉九行，行字數不等，小字雙行字數不等，黑口，四週雙邊。

陳彭年（961—1017），字永年，南城（今江西南城縣）人。雍熙二年（985）進士，官至兵部侍郎。少好學，師事徐鉉，深得其傳。事蹟見《宋史》卷二八七。《廣韻》本爲唐人韻書之名，孫愐《唐韻》，亦稱《切韻》、《廣切韻》，或簡稱《廣韻》。王國維《書吳縣蔣氏藏唐寫本唐韻後》云：『唐人盛爲詩賦，韻書當家置一部，故陸、孫二韻，當時寫本當以萬計。……傳寫既多，故名稱部目不能盡同。』宋初猶承唐制，以詩賦取士，然舊本既訛，學者多誤，景德間，陳彭年等奉敕撰《廣韻》一書，以備當時科舉之用。《廣韻》全書分為上平聲一卷，下平聲一卷，上聲一卷，去聲一卷，入聲一卷。《廣韻》之修，以唐人《切韻》爲基礎，取王仁昫之説，增立『嚴』韻的上去兩聲韻目：『儼』、『釅』；又採用孫愐分出的十一韻；韻目的序次及四聲相配，音韻系統則與《切韻》相同，但多所增益。不僅韻部較《切韻》增加十三個，且收字增加近一倍，是《切韻》系韻書的集大成者。為我國歷史上完整保存至今並廣為流傳的最重要的一部韻書，也是一部按字頭讀音編排的字典。是古代保存最完好最早的切韻系統韻書之一。是上探三代六朝語音，下推近現代語音，研究漢語音韻學、方言學、漢語史不可或缺的重要工具書。是書傳世版本衆多，此爲明代版本之一，刊印較佳。

四川大學圖書館藏。

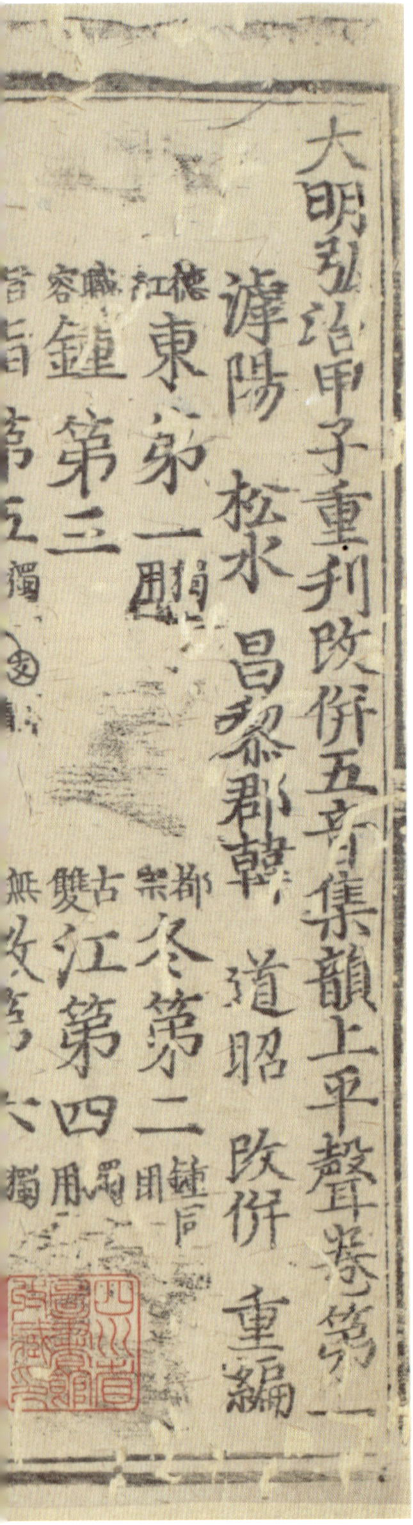

0070　大明弘治甲子重刊改併五音集韻十五卷

（金）韓道昭撰

明弘治十七年（1504）至十八年（1505）刻本　十六冊

匡高23.9釐米，廣15.5釐米。半葉十行，行字數不等，黑口，四週雙邊。

韓道昭，字伯暉，真定（今河北正定縣）人。生卒年不詳。金皇統年間（1141—1149）有荆璞字彦寶，真定汶川（今河北趙縣）人。『善達聲韻幽微，博覽群書奥旨』（韓道生《五音集韻序》），用三十六字母重新編排《廣韻》、《集韻》二百零六韻的所有小韻，編成《五音集韻》，『五音』乃指三十六字母。到十三世紀初，韓道昭在荆氏《五音集韻》的基礎上重新編纂，做了大量增改删併工作，『引諸經訓，正諸訛舛，陳其字母，序其等第』（《五音集韻自序》），於金泰和八年（1208）成《改併五音集韻》一書。全書十五卷，上平聲、中平聲、下平聲各二卷，上聲、去聲、入聲各三卷。是書依據《廣韻》等相關字書，結合當時的實際語音，加以修訂而成，是改良韻書的代表作品。首先是併韻，將《廣韻》的二百零六韻，併爲一百六十韻，可謂語音史研究的重要貢獻。但其最大的改革是在體例編排方面。《廣韻》、《集韻》等書，每一韻下只是把同音字分組排列，各組同音字，也就是各『小韻』之間没有嚴格的内在聯繫；《五音集韻》則把各小韻重新組織，按『三十六字母』順序排列，這就等於為每個小韻標明了聲類。每類則開合分别排列，並注明等列。這種改革對後世韻書産生很大影響，後世韻書多沿用其例，不僅分韻也分聲類。是書出，荆書漸次失傳。是書首刊者爲金皇慶元年（1212）刊本，其後元明兩代均有刊行，現存明代版本有多種，然刊於弘治年間者，僅存此一帙，可謂珍罕。

四川省圖書館藏。

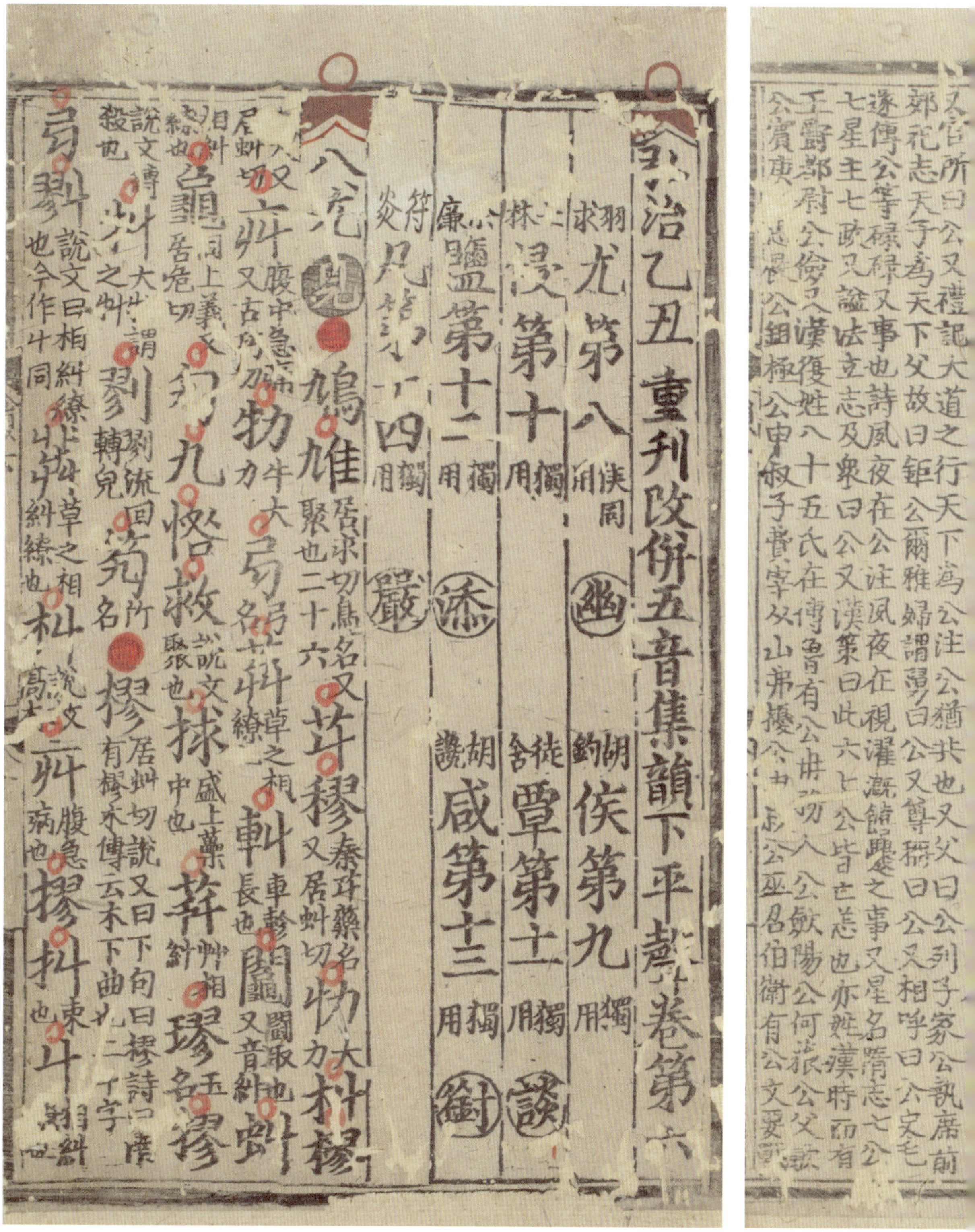

又公官所曰公又禮記大道之行天下爲公注公猶共也又父曰公列子家公執席前
郊祀志天子爲天下父故曰鉅公爾雅婦謂舅曰公又尊稱曰公又相呼曰公又毛
遂傳公等碌碌又事也詩夙夜在公注夙夜在視濯溉饎爨之事又星名隋志七公
七星主七政又謚法立志及衆曰公又漢策曰此六七公皆亡恙也亦姓漢時有
王爵都尉公儉又人漢複姓八十五氏左傳魯有公冉務人公歛陽公何藐公父歜
公賓庚公甚公鉏極公申叔子貴字公山弗擾公巫召伯衛有公文要

弘治乙丑重刊改併五音集韻下平聲卷第六

尤第八 羽求 侯同用　侯第九 胡鉤 獨用　幽

侵第十 七林 獨用　覃第十一 徒含 獨用　談

鹽第十二 余廉 獨用　咸第十三 胡讒 獨用　添　銜

凡第十四 符咸 獨用　嚴

八尤 見

鳩 雉 居求切鳥名又聚也二十六　艽 秦艽藥名又居虯切　朻 大

又居虯切　丩 腹中急病又古火切　物 牛大　句 名　糾 草之相　斗 車軔長也　鬮 鬮取也又音糾

相糾繚也　龜 同上義又音危切　勼 九　救 說文聚也　捄 盛土於中也　荓 艸相糾　璆 玉名　鏐

說文傳 糾 大糾謂之糾 殺也　劉 轉兒　劉流回　究 名　樛 居虯切說又曰下句曰樛詩云南有樛木傳云木下曲也

句 說文曰相糾繚也今作丩同　丩 艸之相糾繚也　朻 高木　丩 腹急病也　樛　斗 也

0071 大明正德乙亥重刊改併五音類聚四聲篇十五卷 五音集韻十五卷 （金）韓道昭撰 新編經史正音切韻指南一卷 （元）劉鑑撰 新編篇韻貫珠集一卷 直指玉鑰匙門法一卷 （明）釋真空撰

明正德十一年金台衍法寺释覺恒募刻本 十二冊

匡高28釐米，廣18.7釐米。半葉十行，行字數不等，小字雙行字數不等，黑口，四週雙邊，版心有字數。

劉鑑，字士明，關中（今屬陝西）人。《經史正音切韻指南》成書於元順帝至元二年（1336）。其自序云：『僕於暇日，因其舊制，以成十六通攝。作檢韻之法，析繁補隙，詳分門類，並私述玄關六段，總括諸門，盡其蘊奥，名之曰《經史正音切韻指南》，與韓氏《五音集韻》互為體用。諸韻字音，皆由此韻而出也。』可見二書的關係是很密切的，但劉書並非完全依據韓書而成。實際上它更接近於元代以前的《四聲等子》。此書將韻部歸納為十六攝，劉書也是十六攝，只是各攝的次序略有不同；韻圖：《四聲等子》為二十圖，劉書是二十四圖；聲母方面，兩者是一致的。從《經史正音切韻指南》一書與《五音集韻》和《四聲等子》兩書的關係看，劉鑑可能是根據『流傳之正宗的』《四聲等子》這個『舊制』，配上《五音集韻》的韻字，編成此書的。一般來講，韻書的編撰總是落後於實際語音變化的。韓道昭的《五音集韻》與劉鑑的《切韻指南》相距一百多年，語音的變化導致《切韻指南》歸韻列字的矛盾。劉鑑總結前人所作韻圖説明，製定若干條例，列音和、類隔、窠切、輕重交互、振救、正音憑切、精照互用、寄韻憑切、喻下憑切、日寄憑切、通廣、侷狹、内外等十三門，以成《門法玉鑰匙》一書。它是對宋元以來等韻門法發展的集中概括，對韻圖中歸等列字的問題也是較為完備的説明。於中古韻書發展史的研究是有價值的資料。

四川師範大學圖書館藏。

大明正德乙亥重刊改併五音集韻上平聲卷第一

滹陽松水昌黎郡韓道昭改併重編

德紅 東第一 獨用

都宗 冬第二 鍾同用

職容 鍾第三

古雙 江第四 獨用

旨夷 脂第五 獨用 支之舊

無非 微第六 獨用

一東 見 一 公 古紅切通也父也正也共也官也三公論道又公者無私也說文𠔁平分也从八从厶八猶背也厶音私韓非曰自營為厶背厶為公也徐曰會意爽際鄭氏曰指事又爵名五等之首曰公又官名周太師太傅太保為三公漢末大司馬大司徒大司空為三公東漢太尉司徒司空為三公又官所曰公又禮記大道之行天下為公注公猶共也又父曰公列子家公執席前郊祀志天子為天下父故曰鉅公爾雅婦謂舅曰公又尊稱曰公又相呼曰公史毛遂傳公等碌碌又事也詩夙夜在公注夙夜在視濯溉饎爨之事又星名隋志七公七星主七政又謨法立志及衆曰公又漢策曰比六七公皆亡恙也亦姓漢有而有王爵都尉公儉又漢複姓八十五氏左傳魯有公冉務人公歛陽公何藐公父歜公賓庚公思展公鉏極公申叔子禮記宰夫山弗擾公申叔公巫召伯衛有公文要戰國

0072 洪武正韻十六卷

（明）樂韶鳳、宋濂等撰

明嘉靖二十七年（1548）衡藩刻藍印本 五册

匡高21.4釐米，廣14.5釐米。半葉八行，行十二字，小字雙行二十四字，黑口，四週雙邊。

衡藩，衡恭王朱祐楎，憲宗（成化）第七子。弘治十二年（1499）之青州（今屬山東）。嘉靖十七年（1538）卒。子莊王朱厚燆嗣，隆慶六年（1572）卒。是書當刊於莊王時。

四川大學圖書館藏。

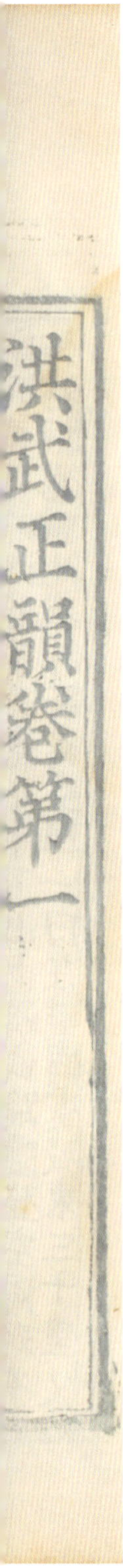

中秘寰宇景仰而鄭得捧閱
閱肆賸鋟殊雠校靡確敬
遵式壽梓以揚同文之化
焉謹題以誌歲月云
嘉靖二十七年戊申歲仲春吉

東 徳紅切春方也說文動也从日在木中漢志少陽者東方東動也陽氣動於時爲春又陽韻俗作東 涷 雨 離騷云使涷雨兮灑塵郭璞曰江東呼夏月暴雨爲涷又水名出發鳩山入河一曰瀧涷沾漬又送韻 蝀 螮蝀虹也 又董送二韻 冬 四時之末漢志冬終也物終藏乃可稱 零 雨貌 ○ 通 他紅切達也徹也 侗 大貌一曰未成器之人又見下及董韻 恫 痛也說文作恫又送韻 侗 同上又倜人又董韻 桐 漢安世房中歌桐生茂豫顏師古曰桐讀爲通藥草有通小乳通 通言草木皆通達而生也

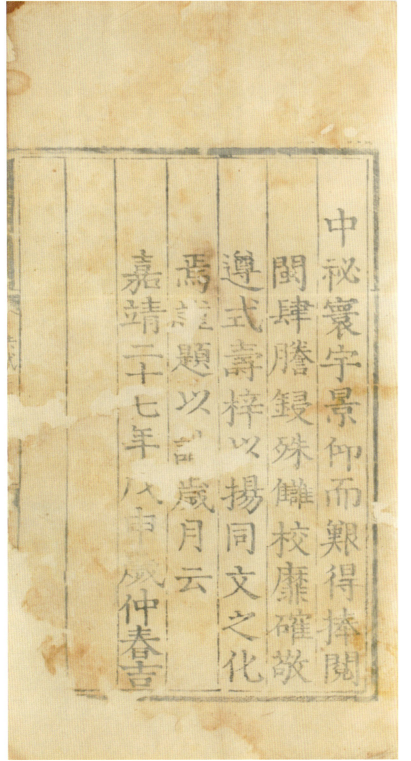

0073 洪武正韻十六卷

（明）樂韶鳳 宋濂等撰

明肅府刻本 五冊

匡高21.6釐米，廣14.4釐米。半葉八行，行字數不等，小字雙行同，白口，四週雙邊。有『肅府刊』牌記。

韶鳳，字舜儀，一字鳴瑞，號廷瑞，全椒（今安徽全椒縣）人。官至兵部尚書、國子祭酒。事蹟詳《明史》本傳。洪武八年（1375）帝以舊韻出江左，多失正音，命與廷臣參考中原雅音正之，書成，名《洪武正韻》。這是一部奉敕編纂的官韻。全書分平上去入四聲，分韻七十六部，未標聲類，但根據反切聯繫，分三十一類。以近古時期北方話為基礎編寫。『其分韻幾乎全是神襲《中原音韻》』（趙陰棠《中原音韻研究》），即所謂『一以中原雅音為定』。然中保留入聲十部，使它摻雜南方方言的特點，不符合當時的語音實際，多為人所詬。這大概是此書的編者不敢完全推翻歷來極爲通行的韻書，不敢毅然改變傳統的平上去入四聲的分配；又因是書的編者絕大多爲南方人，其中又以吴人居多，如果不是精通音韻而且熟悉中原之音，就難免爲自己的方音所影響。因此，《洪武正韻》是一部雜採古今南北之音，調和新舊主張的韻學著作。但正因為如此，這些當時各地方音的痕跡，也不是沒有用處的，如為明代作南曲的人所歡迎，以至明清兩代戲曲界一直流傳着這樣的話：『北主《中原》，南宗《洪武》。』不失為中國語言學史研究的重要資料之一，對於研究元明時代官話的實際讀音具有重要的價值。此爲明代藩府刻書，紙墨精良，刊印精審。肅府，明肅莊王朱楧，太祖第十四子，洪武二十八年（1395）就藩於甘州。隆慶五年（1571）朱縉熿嗣。是書應刻於此時。

四川省圖書館藏。

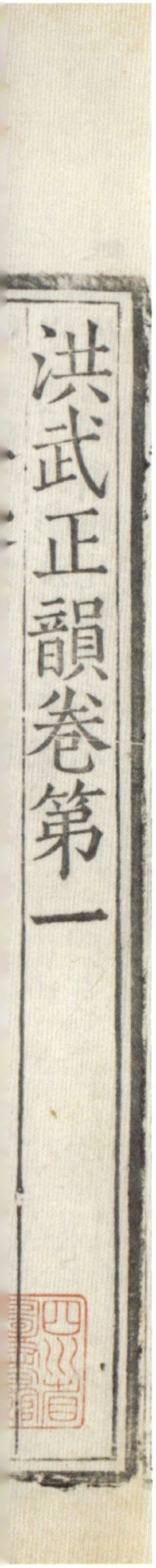

一唐韻至詳舊韻乃其略者以係禮部所頒爲科試詩賦之用號爲禮部韻略其中所載故未免有重複之患今於字畫同而音義同者去之字畫同而音義異者各見之字義同而經史所寫不同者就見本韻下

凡例畢

肅府刊

東 者東方東動也陽氣動於時爲春又陽韻俗作東 凍 雨暴離騷云使凍雨兮灑塵郭璞曰江東呼夏月暴雨爲凍又水名出發鳩山入河一曰瀧凍沾漬又送韻 蝀 螮蝀虹也又董送二韻 冬 四時之末漢志冬終也物終藏乃可稱 零 雨貌 ○通 佗紅切達也徹也

侗 大貌一曰未成器之人又見下及董韻 恫 痛也說文作痌又送韻 痌 同上又偶人又董韻 桐 漢安世房中歌桐生茂豫顏師古曰桐讀爲通言草木皆通達而生與通義同又見下 蓪 藥草有小孔通

0074 本韻一得二十卷

（清）龍為霖撰

清乾隆十六年（1751）刻本　十冊

匡高20釐米，廣12.6釐米。半葉九行，行二十四字，小字雙行同，白口，四週雙邊。

龍為霖，字雨蒼，號鶴坪，四川巴縣（今屬重慶市）人。康熙四十八年（1709）進士。初授雲南太和令，擢潮州府知府，（《四庫提要》作『成都人，由拔貢生官至潮州府知府』，誤。）乾隆《巴縣志》卷九有傳。有清一代，樸學大興，文字音韻之學亦隨之而昌盛，自顧炎武起，開始對前人音韻之學重新審定，龍氏於韻學自視甚高，卷首《答趙國麟論韻書》有此道『自漢以後，如漆室長夜，千數百年於茲』之語，於歷代相傳之舊法之批評持論甚嚴。是書即沿襲顧氏之思想，對古韻進行了另一番探索，其以十二律分平聲，以七音分入聲，又以四聲不備五音，分陽平，陰平為二，以合五聲之數。多發前人未發之論，《四庫提要》云其：『以樂律定聲音，以聲音定部分，端緒井然，言之成理。』《本韻一得》為清代音韻學研究史上一部重要著作。該書流傳頗稀，僅以此清乾隆十六年（4751）刻本傳世。

四川大學圖書館藏。

本韻一得

巴郡龍爲霖雨蒼撰

受業 余見龍 陳廷聞 仝校

論陰陽

陰陽對待天地至理萬物莫能逃焉聲韻亦然但陰陽者無定位無專名如論十二聲則大呂夾鍾中呂林鍾南呂應鍾爲陰黄鍾太簇姑洗蕤賓夷則無射爲陽論五音則宮商角爲陽徵羽爲陰又宮角羽陽而商徵陰又宮陽而餘皆陰論四聲則平爲陽上去入爲陰論平聲則上平爲陰下平爲陽論仄聲則上爲陰去爲陽丶一爲陰論十二韻首則公光之類爲陽孤關之

0075 史記一百三十卷

（漢）司馬遷撰 （劉宋）裴駰集解 （唐）司馬貞索隱 （唐）張守節正義

明嘉靖四年（1525）至六年（1527）王延喆刻本 三十二冊

匡高21釐米，廣13.4釐米。半葉十行，行十八字，小字雙行二十三字，白口，左右雙邊。有『震澤王氏刻於恩褒四世之堂』，『震澤王氏刻梓』牌記。

司馬遷（約前145或前135—？），字子長，夏陽（今陝西韓城縣南）人。初任郎中，元封三年（前108）繼父職，任太史令。《史記》是中國第一部紀傳體通史。《史記》之前，史書多以紀、表、志、傳為體裁，如《禹本紀》、《世本》、《周譜》等；以《春秋》為代表的『編年體』史書。前者有一書一體，不足以反映歷史全貌；以政治事件為主，按年、月、日順序記載歷史事蹟的『編年體』又有事件前後割裂，首尾難以連貫；偏重政治事件而忽略典章制度和人物生平的缺點。司馬迁的《史記》『本紀以序帝王，世家以記侯國，十表以繫時事，八書以詳制度，列傳以志人物。然後一代君臣政事，賢否得失，總匯於一編之中，自此例一定，歷代作史者，遂不能出其範圍，信史家之極則也。』（趙翼《廿二史劄記》）這種以人物為中心的紀傳體史書，對以往史籍的缺點和不足有了很大程度上的克服，體裁上的優點是顯而易見的。《史記》全書共一百三十篇，計十二本紀、十表、八書、三十世家、七十列傳。所載上自遠古黃帝下迄當世之西漢武帝的三千餘年歷史，體制完備，史料翔實，文字生動，極具史學價值和文學價值。被譽為『史家之絕唱，無韻之離騷』。《史記》既是中國古代紀傳體史籍之創始者，亦是此類史籍之最佳和最著者。後世研究《史記》的著作很多，宋代將劉宋裴駰的集解，唐人司馬貞的索隱，張守節的正義等後人注釋同《史記》正文合刻，出現了《史記》三家注本。三家注中，以司馬貞的《索隱》爲佳。司馬貞，字子正，河內（今河南沁陽）人。唐開元中官朝散大夫，宏文館學士。《索隱》採摭徐廣《史記音義》、裴駰《史記集解》、劉伯莊《史記音義》、《史記地名》等諸家注文，及漢魏以來諸家論著，參以己見，撰成是書。有注文翔實，對疏誤缺略補正頗多的特點，故其價值在裴、張二家之上。《史記》三家注本歷代刻之者眾，版本可謂夥也。此王延喆刻本，為明刻本《史記》中較早和較佳者。

四川省圖書館藏。

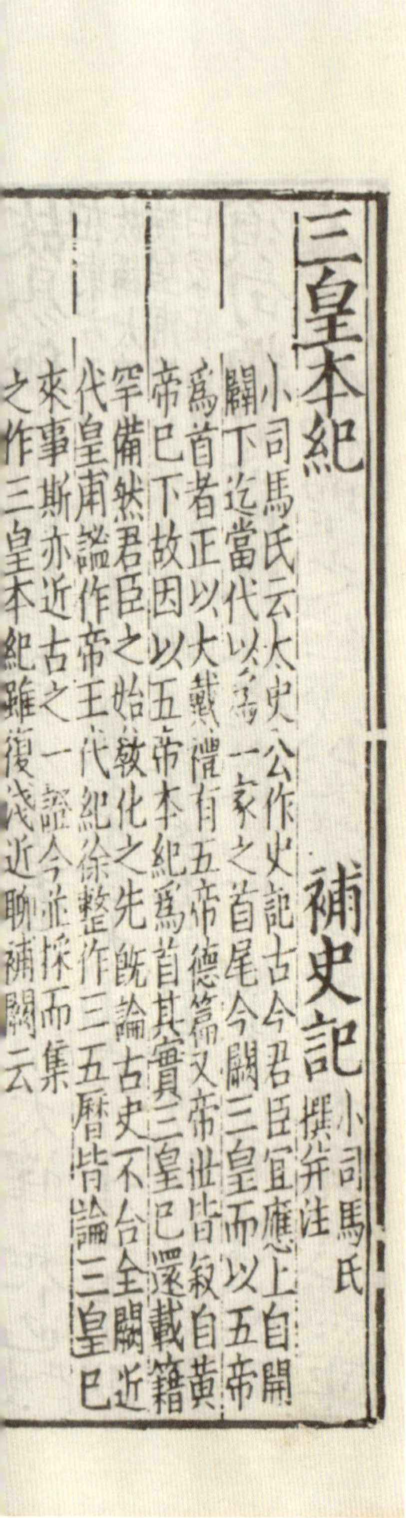

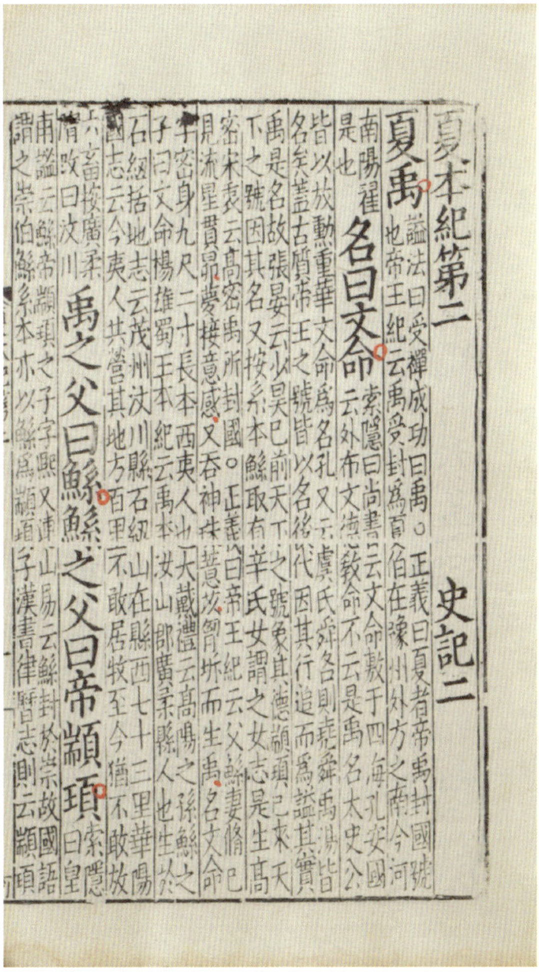

夏本紀第二　史記二

夏禹　謚法曰受禪成功曰禹。正義曰夏者帝禹封國號也帝王紀云禹受封爲夏伯在豫州外方之南今河南陽翟是也　名曰文命　索隱曰尚書云文命敷于四海孔安國云外布文德教命不云是禹名太史公皆以放勳重華文命爲名孔又云虞氏舜名則堯舜禹湯皆名矣蓋古質帝王之號皆以名後代因其行追而爲謚其實禹是名故張晏云少昊已前天下之號象其德顓頊已來天下之號因其名又按系本鯀取有辛氏女謂之女志是生高密宋衷云高密禹所封國。正義曰帝王紀云父鯀妻脩已見流星貫昴夢接意感又吞神珠薏苡胸坼而生禹名文命字密身九尺二寸長本西夷人也大戴禮云高陽之孫鯀之子曰文命揚雄蜀王本紀云禹本汶山郡廣柔縣人也生於石紐括地志云茂州汶川縣石紐山在縣西七十三里華陽國志云今夷人共營其地方百里不敢居牧至今猶不敢放六畜按廣柔隋改曰汶川　禹之父曰鯀　鯀之父曰帝顓頊　索隱曰皇甫謐云鯀帝顓頊之子字熙又連山易云鯀封於崇故國語謂之崇伯鯀系本亦以鯀爲顓頊子漢書律暦志則云顓頊

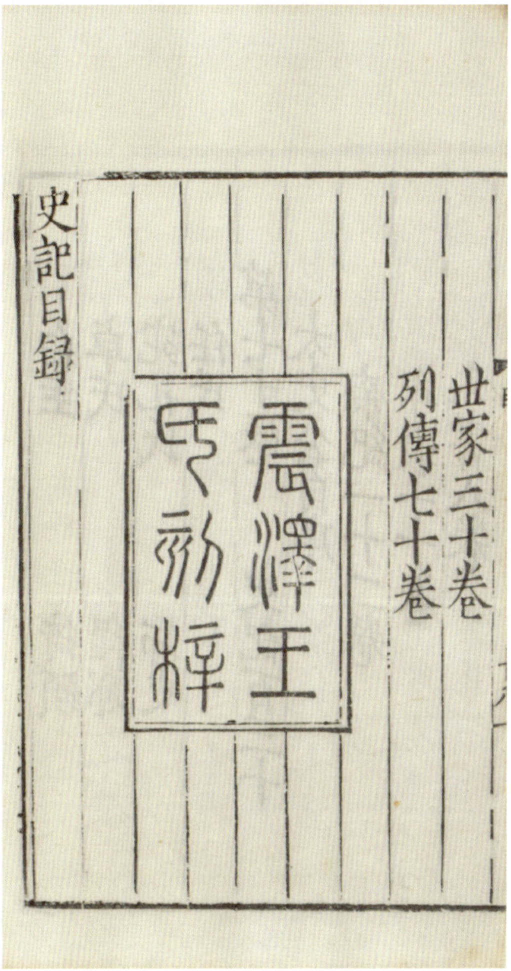

史記目錄

世家三十卷

列傳七十卷

震澤王氏刻梓

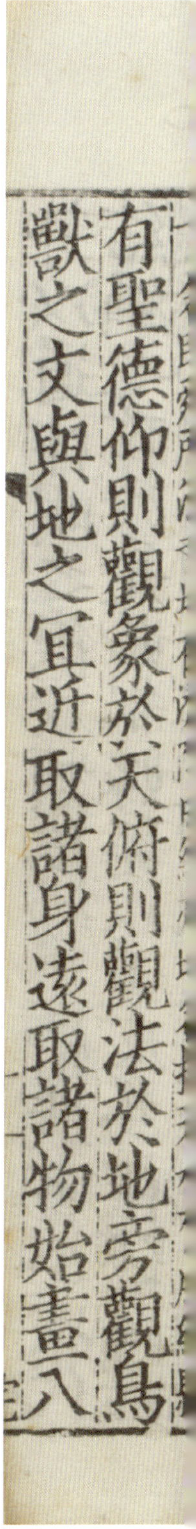

有聖德仰則觀象於天俯則觀法於地旁觀鳥

獸之文與地之宜近取諸身遠取諸物始畫八

0076　史記一百三十卷

（漢）司馬遷撰　（劉宋）裴駰集解　（唐）司馬貞索隱　張守節正義

明嘉靖十三年（1534）秦藩朱惟焯刻二十九年（1550）重修本　二十四冊

匡高21釐米，廣12.9釐米。半葉十行，行十八字，小字雙行二十三字，白口，左右雙邊。

此爲明代藩府刻書。朱惟焯，秦藩定王。正德四年（1509）襲封。嘉靖二十三年（1544）卒。

四川大學圖書館藏

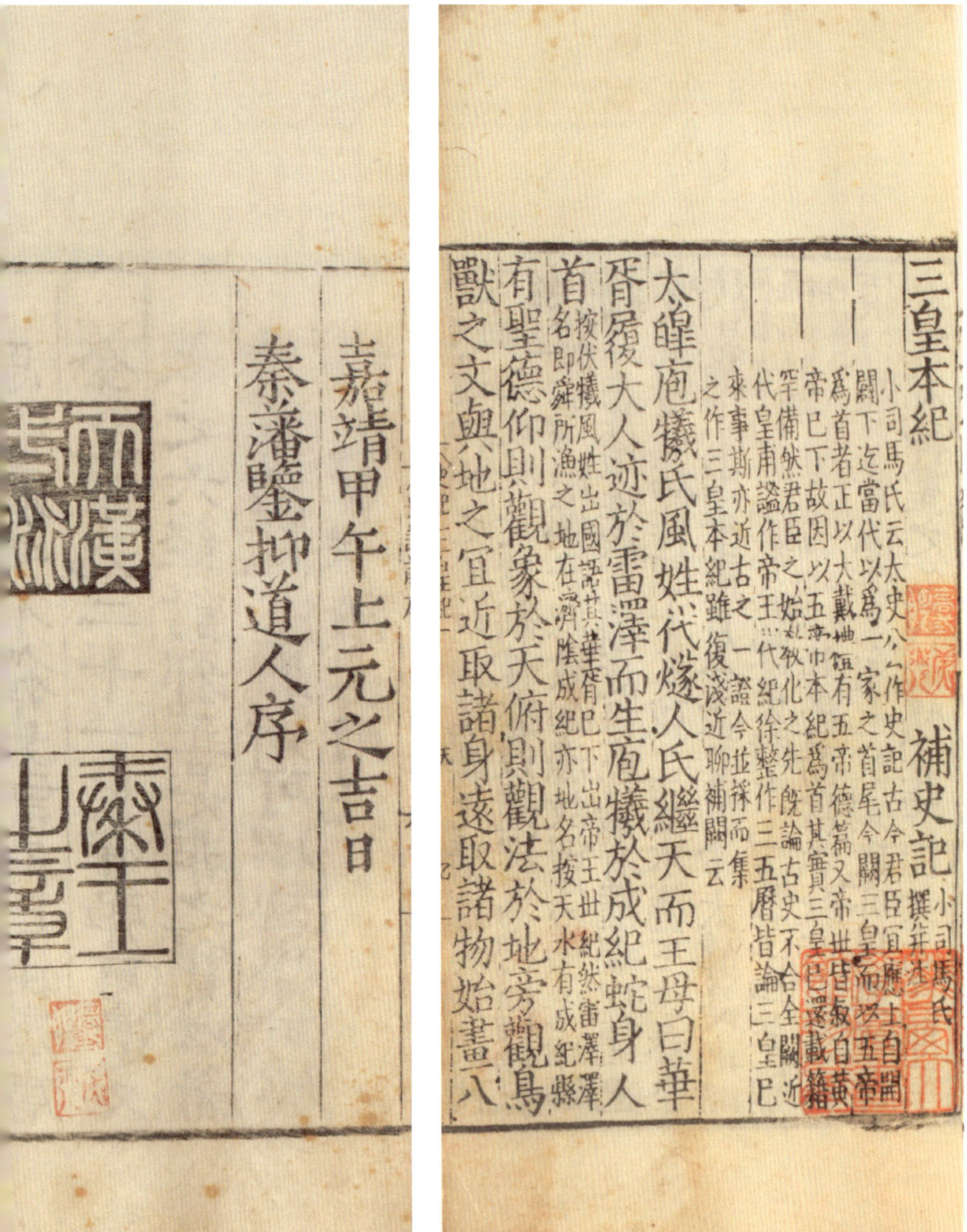
嘉靖甲午上元之吉日

秦藩鑒抑道人序

三皇本紀　補史記　小司馬氏撰并注

小司馬氏云太史公作史記古今君臣宜應上自開闢下迄當代以爲一家之首尾今闕三皇而以五帝爲首者正以大戴禮有五帝德篇又帝繫皆叙自黃帝已下故因以五帝本紀爲首其實三皇已還載籍罕備然君臣之始教化之先旣論古史不合全闕近代皇甫謐作帝王代紀徐整作三五曆皆論三皇已來事斯亦近古之一證今並採而集之作三皇本紀雖復淺近聊補闕云

太皥庖犧氏風姓代燧人氏繼天而王母曰華胥履大人迹於雷澤而生庖犧於成紀蛇身人首按伏犧風姓出國語其華胥已下出帝王世紀然雷澤澤名即舜所漁之地在濟陰成紀亦地名按天水有成紀縣有聖德仰則觀象於天俯則觀法於地旁觀鳥獸之文與地之宜近取諸身遠取諸物始畫八

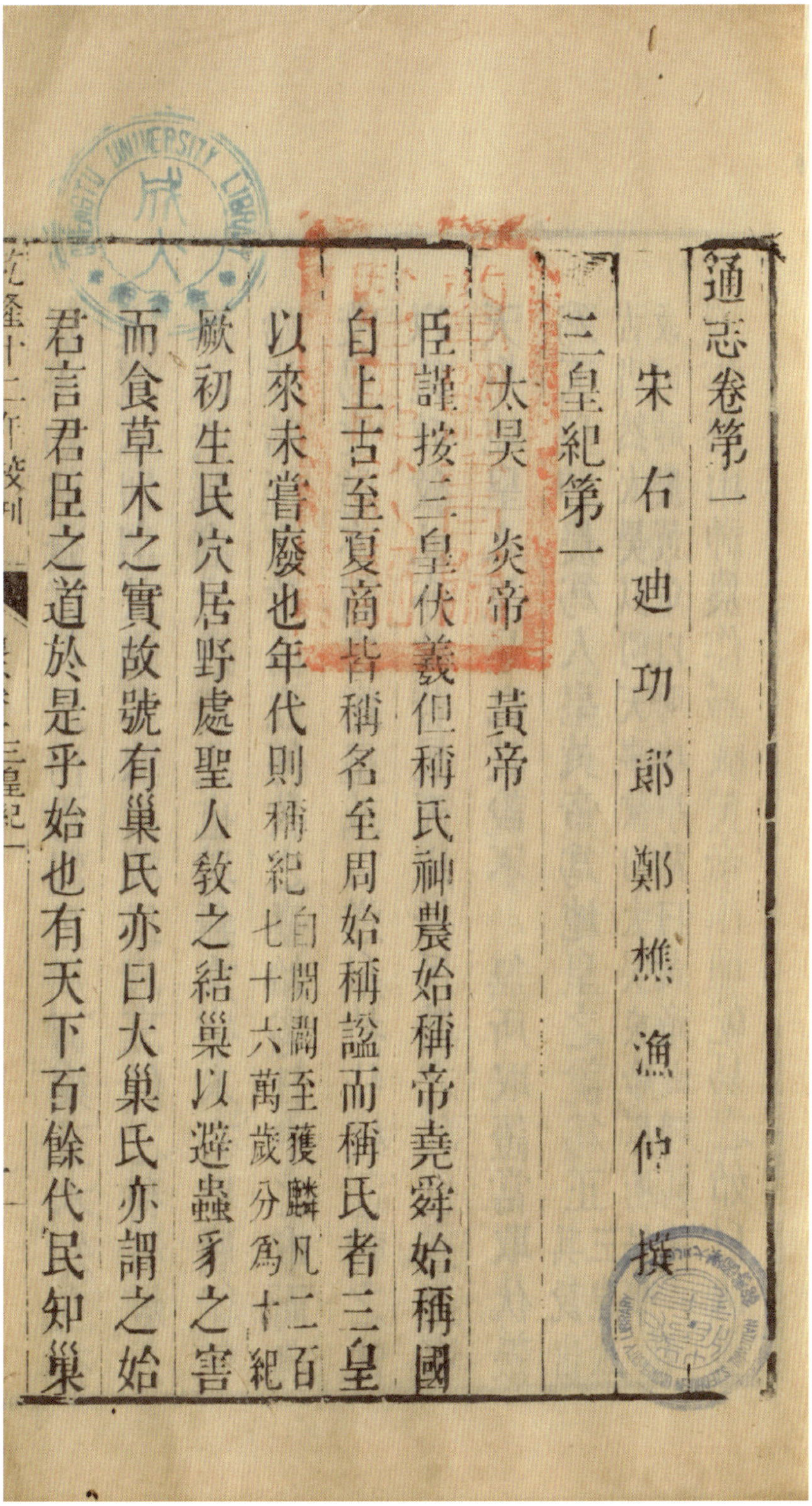
通志卷第一
宋右迪功郎鄭樵漁仲撰
三皇紀第一
太昊　炎帝　黃帝
臣謹按三皇伏羲但稱氏神農始稱帝堯舜始稱國
自上古至夏商皆稱名至周始稱謚而稱氏者三皇
以來未嘗廢也年代則稱紀自開闢至獲麟凡二百七十六萬歲分為十紀
厥初生民穴居野處聖人教之結巢以避蟲豸之害
而食草木之實故號有巢氏亦曰大巢氏亦謂之始
君言君臣之道於是乎始也有天下百餘代民知巢

0077　通志二百卷

（宋）鄭樵撰

清乾隆十二年（1747）武英殿刻本　一百四十四冊

匡高21.8釐米，廣15.1釐米。半葉十行，行二十一字，小字雙行同，白口，左右雙邊。

中國雕版印製史上，於版刻稱謂中有『殿本』或『殿版』之謂。此為專指清代皇家內府武英殿所刻書。康熙十九年（1680），武英殿有修書處之設，以掌刊印裝潢書籍。武英殿的刊書，始於康熙年間，以下各代均有，但其刊書以乾隆年間為最盛。據《清代殿版書目》所載，武英殿的乾隆刊本有一百種之多。所刊之書，因屬最高統治者之所需或所敕者，其於版刻、校讎、紙張、墨印諸方面都極為講究，在歷代版刻中面目獨具。在清代的地方刻書中，『殿本』書的翻刻者甚多，雖也有精良者，終不能與之相埒也。此為殿本《九通》之一者。

四川大學圖書館藏。

0078　前漢書一百卷

（漢）班固撰

明德藩最樂軒刻本　二十四冊

匡高20.3釐米，廣14.4釐米。半葉十行，行二十一字，白口，左右雙邊。

班固（32—92），字孟堅，扶風（今陝西咸陽東北）人。爲蘭台令，典校秘書。坐竇憲案，死於獄中。《漢書》所載上起漢高祖元年（前206），下止於王莽地皇四年（23），西漢一代共二百三十年的史事，所謂「究西都之首末，窮劉氏之廢興，包舉一代，撰成一書」（《史通・六家》），為中國第一部紀傳體斷代史書。全書包括十二紀、八表、十志、七十列傳，凡一百卷，共八十餘萬言。《漢書》基本沿用《史記》的體例，但還是略有不同，省「本紀」、「列傳」為「紀」、「傳」，改「書」為志；取消「世家」，其內容併入「傳」中。就所記史實而言，若以漢武帝中期為界限把西漢的歷史劃分為前後二段的話，前一段雖有新增加的內容，然基本內容是抄自《史記》，後一段則是班固新撰，也最能體現本書特色。《漢書》的十志：《律曆志》、《禮樂志》、《食貨志》、《郊祀志》、《天文志》、《溝洫志》等分別沿用《史記》的八書，然更為系統，為後人所推重。《刑法志》、《五行志》、《地理志》、《藝文志》諸志為新創。其中的《藝文志》，雖主要來自於劉歆的《七略》，以六藝、諸子、詩賦、兵書、術數、方技六略，著錄存世圖書，收書「六略三十八種，五百九十六家，萬三千二百六十九卷」，是我國現存最早的國家書目，亦開史志目錄之先河。《漢書》效仿《史記》紀傳體風格，開創「包舉一代」的斷代史體例，為後來每朝撰寫前朝史確定了規範，整齊了紀傳體史書的形式，在正史系列中有承先啟後的作用，爲後世所效法和稱道。《漢書》不僅寫作謹慎，考覈甚精，有「言皆精練，事甚該密，故學者尋討易為其功」（《史通・六家》）的特點。於《史記》而言，糾正其疏漏；增補了許多第一手的可信資料，如《惠帝記》中「以宗室女為公主，嫁匈奴單於」；《賈誼傳》中收入傳主的《治安策》；《晁錯傳》中收入傳主的《言兵事書》等，重要的政治、軍事和經濟的策論得以比較完整的保留。同時還有不少記事、議論和文學方面文章的收錄，對西漢時期的社會現實、政治思想、學術流派的瞭解和研究有極大的價值。此為明德藩最樂軒刻本，白文無注。據張秀民云：「藩府出版古書，有內府所賜宋、元本作為底本，又經名士校讎，錯誤較少，如濟南德藩最樂軒刻《漢書》，所用紙墨，多選上料，刷印裝禎，比較講究。」德藩，明恭王朱載墱，嘉靖二十年（1541）襲，萬曆二年（1574）卒。最樂軒乃其室名。

四川大學圖書館藏。

股有七十二黑子寬仁愛人意豁如也常有大度不事
家人生產作業及壯試吏爲泗上亭長廷中吏無所不
狎侮好酒及色常從王媼武負貰酒時飲醉臥武負王
媼見其上常有怪高祖每酤留飲酒讎數倍及見怪歲
竟此兩家常折券棄負高祖常繇咸陽縱觀秦皇帝喟

前漢紀一上　李渭

昭帝紀第七　　前漢書七

孝昭皇帝武帝少子也母曰趙倢伃本以有奇異得幸
及生帝亦奇異語在外戚傳武帝末戾太子敗燕王旦
廣陵王胥行驕嫚後元二年二月上疾病遂立昭帝爲
太子年八歲以侍中奉車都尉霍光爲大司馬大將軍
受遺詔輔少主明日武帝崩戊辰太子卽皇帝位謁高
廟帝姊鄂邑公主益湯沐邑爲長公主共養省中大將
軍光秉政領尚書事車騎將軍金日磾左將軍上官桀
副焉夏六月赦天下秋七月有星孛于東方濟北王寬
有罪自殺賜長公主及宗室昆弟各有差追尊趙倢伃

前漢紀七　章亨

0079 三國志六十五卷

（晉）陳壽撰 （劉宋）裴松之注

明萬曆二十四年（1596）南京國子監刻本 二十四册

匡高21.2釐米，廣14.6釐米。半葉十二行，行二十三字，白口，左右雙邊，版心有字數。

陳壽（233—297），字承祚。巴西郡安漢（今四川南充市）人。少好學，師事譙周。在蜀漢為觀閣令史，因不願屈事宦官黃皓，多次遭譴黜。入晉後，歷任著作郎、治書侍禦史。事蹟具《晉書》本傳。《三國志》所記為魏文帝黃初元年（220）至晉武帝太康六年（285）間魏、蜀、吴三國史事。計《魏志》三十卷，《蜀志》十五卷，《吴志》二十卷。無表志。魏爲正統，以本紀稱帝；蜀吴則稱主不稱帝，敘入傳中。魏吴兩國先已有史，如晉土沈《魏書》、吴韋昭《吴書》及魏魚豢私撰之《魏略》，爲壽書之魏吴二志主要依據。蜀國無史，壽本蜀人，又爲良史之才，蜀未亡時，即留心蜀國史事，故《蜀志》亦不遜於魏吴二志。因其文筆簡潔，剪裁得體，爲二十四史中的名著之一。然惟其簡略，有史料不豐之憾。南朝宋文帝劉義，以陳壽《三國志》記事簡略，命裴松之爲之作注。松之（372—451），字世期，河東聞喜（今屬山西）人。東晉時爲殿中將軍、國子博士；入宋後任中書侍郎、司冀二州大中正，封西鄉侯。宋武帝劉裕謂其有『廊廟之才』。松之廣搜博採，引書多達二百餘種，於元嘉六年（429）成書。裴注除少量釋文外，以補缺、備異、懲妄、論辯爲旨，字數三倍於《三國志》，大大地豐富了《三國志》資料，史實故事愈益詳明，與正文具有同等的史料價值。同時也開創了作注的先例，後世效法者衆，影響極大。因其引文完整，所引之書，宋代以後十不存一，使大量古代史籍佚文因裴注得以保存下來，故愈顯珍貴。歷代刻書家，皆以裴注陳文同存。是本為馮夢禎校讎後再為刊刻。馮序云：『南雍書庫具二十一史，而《國志》版最為刓缺。嘉靖十年（1531）以後，續補幾十之七，魚魯帝虎，又不勝其譌也。余既視事，首謀新之，隨行有宋本《魏志》，原缺蜀、吴，乃參監本，手自校讎，隨付剞劂。始春迄夏，五月畢工。』較爲精審。

四川大學圖書館藏。

武帝紀第一　　　　魏書　　國志一

太祖武皇帝沛國譙人也姓曹諱操字孟德漢相國參之後

太祖一名吉利小字阿瞞　王沈魏書曰其先出於黄帝當高陽世陸終之子曰安是爲曹姓周武王克殷存先世之後封曹俠於邾春秋之世與於盟會逮至戰國爲楚所滅子孫分流或家於沛漢高祖之起曹參以功封平陽侯世襲爵土絶而復紹至今適嗣國於容城

桓帝世曹騰爲中常侍大長秋封費亭侯

司馬彪續漢書曰騰父節字元偉素以仁厚稱鄰人有亡豕者與節豕相類詣門認之節不與爭後所亡豕自還其家豕主人大慙送所認豕并辭謝節節笑而受之由是鄉黨貴歎焉長子伯興次子仲興次子叔興騰字季興少除

0080　宋書一百卷

（梁）沈約撰

明萬曆二十二年（1594）南京國子監刻二十一史清順治康熙遞修本　二十八冊

匡高22.1釐米，廣16.1釐米。半葉九行，行十八字，小字雙行同，白口，四週雙邊。

四川大學圖書館藏。

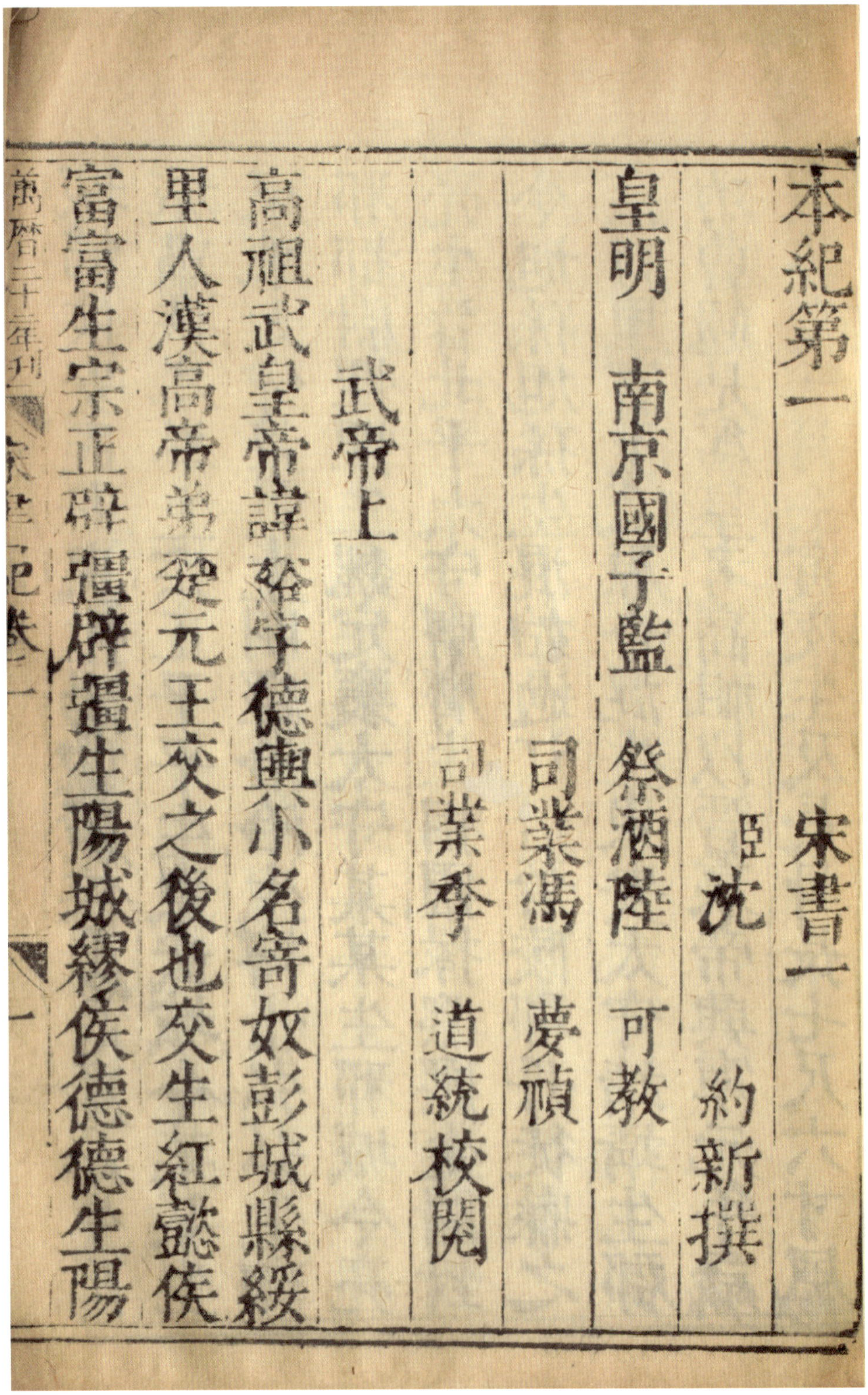

本紀第一　宋書一

臣沈　約新撰

皇明　南京國子監　祭酒陸　可教

司業馮　夢禎

司業季　道統校閲

武帝上

高祖武皇帝諱裕字德輿小名寄奴彭城縣綏

里人漢高帝弟楚元王交之後也交生紅懿侯

富富生宗正辟彊辟彊生陽城繆侯德德生陽

萬曆二十二年刊　宋書紀卷一　一

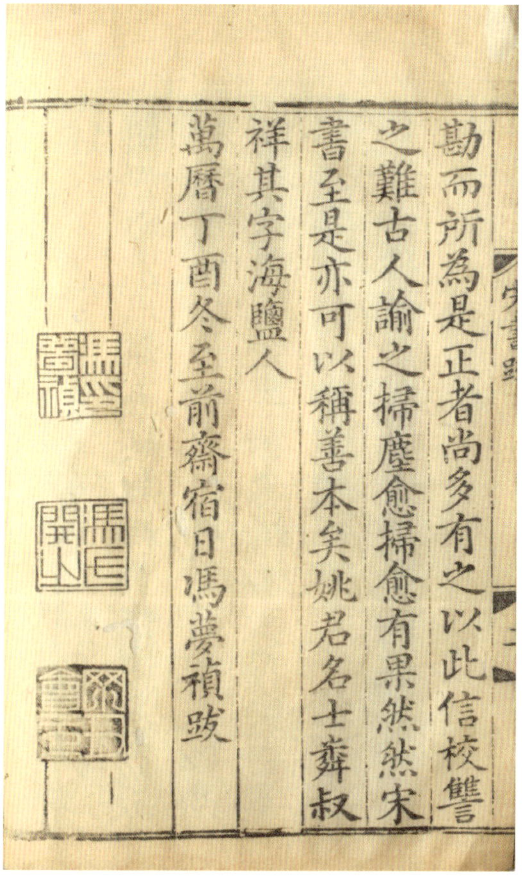
宋書跋　十

勘而所爲是正者尚多有之以此信校讐之難古人諭之掃塵愈掃愈有果然然宋書至是亦可以稱善本矣姚君名士粦叔祥其字海鹽人

萬曆丁酉冬至前齋宿日馮夢禎跋

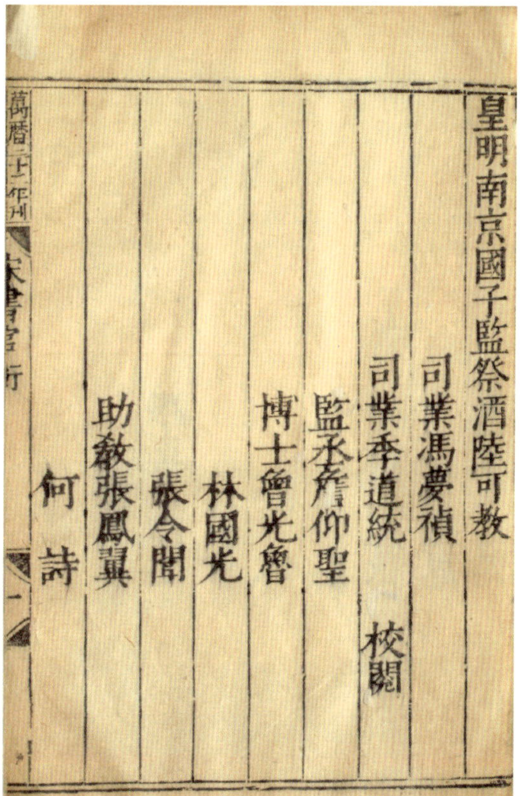
皇明南京國子監祭酒陸可教

司業馮夢禎

司業季道統　校閱

監丞齊仰聖

博士曾光魯

林國光

張令聞

助教張鳳翼

何詩

萬曆二十二年刊　宋書官銜　一

0081　宋書一百卷　（梁）沈約撰

明萬曆二十六年（1598）北京國子監刻本　四十二冊

匡高23釐米，廣15釐米。半葉十行，行二十一字，小字雙行同，白口，左右雙邊。

沈約（441—513），字休文，吳興武康（今浙江德清武康鎮）人。出身江南大族。歷仕宋、齊二代，後助梁武帝登位，官至尚書令。工詩文，其詩浮靡，着意雕飾，注重聲律，被稱為『永明體』。曾自稱『少好百家之言，身為四代之史』。齊永明五年（487），奉詔撰《宋書》。六年（488）完成紀、傳七十卷，後又續修八志三十卷，計一百卷。所記爲上自東晉安帝隆安三年（399），下訖宋順帝昇明三年（479），東晉末二十一年和劉宋五十九年的歷史。全書分為本紀十卷，志三十卷，列傳六十卷三大部分。沈約的《宋書》，於宋徐爰的《宋書》、梁裴子野的《宋略》等書多所承襲，且旁及晉宋的起居注等，以成是編。後人有『世之言宋史者，以裴略為上，沈書次之』（劉知幾《史通》）。沈約的《宋書》以資料豐富著稱，唐劉知幾說：『宋氏年唯五紀，地止江淮，書滿百篇，號為繁富。』（《史通·書志篇》）在南朝諸史中，《宋書》是規模最大，史料最為豐富的一部史書，是研究劉宋史的基本史料。《宋書》尤以《律曆》、《禮》、《樂》、《天文》、《符瑞》、《五行》、《州郡》、《百官》等八志內容爲詳，篇幅幾占全書之半。八志大多取材於宋何承天撰《宋書》時所作的舊志。志前有《志序》，談撰志宗旨，及各目的前因後果和詳述前代修志情況，並上溯各志所記制度源流，可為考補前史缺志之助。《律曆志》記音律、曆法，祖沖之的《大明曆》亦在其中；《州郡志》記三國以來州郡分佈和各地人口數，尤詳於中國南部的歷史地理沿革及東晉以來僑州郡縣情況，有補於史事考證；《樂志》記敍漢魏及兩晉樂府情況，樂府詩章分類開錄，保存了漢魏以來大量樂府詩篇及樂舞文辭，其中『古辭』多為漢代遺篇，是研究樂府及詩史的重要文獻；《符瑞志》為本書所創，所記為五帝三代到劉宋的各種祥瑞的異物奇跡。八志所敘，始自兩晉三國，保留大量前代史料，然其於劉宋一代的典章制度的記載卻失之過略，這應是《宋書》的一大缺陷。《宋書》的紀傳，雖有多抄襲徐（爰）本，因『不暇訂正耳』，存在不少錯誤的批評。但全書列目入載二百三十餘人，又有敍事縝密的特點。紀傳中所收大量的詔令、奏疏、書劄、文章，多爲原始文獻，更具多方面的研究價值。然其於門閥世族多所諱飾，且不立史書中極為重要的食貨、刑法二志，亦為《宋書》的又一重大的缺陷和不足。國子監，封建社會的教育管理機構和最高學府。其刻書之始見諸於記載者，為五代宰相馮道於後唐長興三年（932）至後周太祖廣順三年（955）的《九經》之刊。各代都有國子監之設，明代因在南京、北京均有中央機構之設，故國子監也有兩個：南京者，稱『南監』；北京者，稱『北監』。其所刊典籍有『監本』之謂，因其刊印較為精審，製作品質亦算上乘，故歷世較為重視。

四川大學圖書館藏。

宋書卷一　本紀第一

梁　沈約　撰

皇明朝列大夫國子監祭酒臣方從哲

承德郎右春坊右中允管國子監司業事臣黃汝良等奉

勑重校刊

武帝上

高祖武皇帝諱裕字德輿小名寄奴彭城縣綏里人漢高帝弟楚元王交之後也交生紅懿侯富富生宗正辟彊辟彊生陽城繆侯德德生陽城節侯安民安民生陽城釐侯慶忌慶忌生陽城肅侯岑岑生宗正平平生東

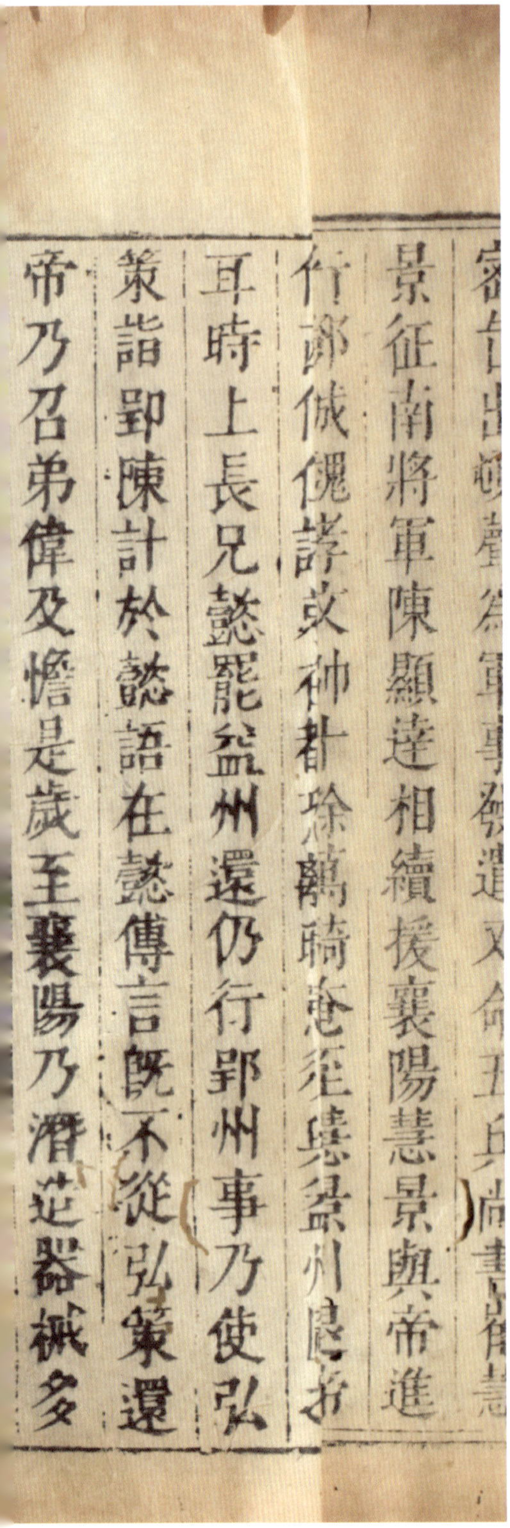

景征南將軍陳顯達相續援襄陽慧景與帝進
行鄧俄傀謗或神者踰鶴騎奄至懸梁州慮者
耳時上長兄懿罷益州還仍行郢州事乃使弘
策詣郢陳計於懿語在懿傳言既不從弘策還
帝乃召弟偉及憺是歲至襄陽乃潛造器械多

0082 南史八十卷

（唐）李延壽撰

明萬曆南京國子監刻明清遞修本　二十二冊

匡高20.3釐米，廣15釐米。半葉九行，行十八字，小字雙行同，白口，四週雙邊。

作為封建時代正史之一的《南史》，其現存版本以元大德（1297—1307）間刊印者為最早。明代的正史匯刊，有以南京、北京兩國子監於嘉靖、萬曆年間以『二十一史』之名匯輯刻印者、明末清初毛氏汲古閣的『十七史』之刻。現存世之明本亦以『兩監本』為多。然或因其印刷次數過多，或在明末清初的戰爭中書版多有磨礪和損毀者，故兩監本『二十一史』於明末清初多有修補重印者。對前代典籍的修補重印，在古代的雕版印刷史上早有開其先河者，亦是一種傳統。南北監『二十一史』本之遞修本，除於文獻的補足者外，不同時代的雕印風貌因此得以並存於一帙，這在明清時期的版刻印製史研究中應有其獨特的意義。

四川大學圖書館藏。

常有氣五色回轉狀若盤龍季秋出九、臺忽
暴風起煙塵四合帝所居獨白日清朗其上紫
雲騰起形如繖蓋望者莫不異焉而大臣相
次誅戮永元二年冬懿又被害言至帝密召長

齊本紀下第五　　南史五

李延壽　撰

廢帝鬱林王諱昭業字元尚小字法身文惠太
子長子也高帝爲相王鎮東府時年五歲牀前
戲高帝方令左右拔白髮問之曰兒言我誰耶
荅曰太翁高帝笑謂左右曰豈有爲人作曾祖
而拔白髮者乎即擲鏡鑷其後問訊高帝指示
賓客曰我基於此四世矣及武帝即位封爲南
郡王時年十歲永明五年十一月戊子冠於東

0083　北史一百卷

（唐）李延壽撰

明萬曆南京國子監刻本　六十冊

匡高20.6釐米，廣15釐米。半葉九行，行十八字，小字雙行同，黑口，四週雙邊，版心有字數。

《北史》爲紀傳體正史。所載為北魏、東魏、北齊、西魏、隋諸朝的歷史。全書分為本紀十二卷，列傳八十八卷。上起北魏道武帝登國元年（386）至隋恭帝義寧二年（618）共二百三十三年的北朝史。是書之修，原始於延壽之父李大師（570—628）。他認為南北朝八書各顧一朝，不成一體，曾以編年史修撰南北朝史，未成而卒。李延壽承父志繼修南北朝史，但改用紀傳體。延壽之於北史用力獨深，在其父舊稿基礎上，對北朝之《魏書》、《周書》、《北齊書》、《隋書》等史書的紀傳進行刪繁增簡，使其貫通，形成為統一的整體。《北史》與《南史》在體例及寫作手法如出一轍，不僅敍事詳密，首尾典贍，且條理清楚，言辭簡潔。『徵北朝之故實者，終以是書為依據，故雖八書具列，二史（《南史》和《北史》）仍並行焉。』（《四庫總目提要》）由是看來，李氏父子矢志如願以償。至於延壽的增刪是否得當，宋人晁公武在他的《郡齋讀書志》中評道：『刪繁補闕，過本書遠甚，至今學者，止觀其書，沈約、魏收等所撰不行。』《北史》可校勘和補充北朝魏、齊、周、隋四書之誤和不足，宋人就做過這樣的工作。然而，《四庫提要》也有『觀延壽敘例，凡累代相承者皆謂之家傳，豈知家傳之體不當施於國史哉』的批評；其無志、表之設，則亦是其不足之處。

四川大學圖書館藏。

魏本紀第二　　　北史二

唐　崇賢館　學士　李　延壽　撰

世祖太武皇帝諱燾明元皇帝之長子也母曰杜貴嬪天賜五年生於東宮體貌瓌異道武奇之曰成吾業者必此兒也泰常七年四月封太平王五月立為皇太子及明元帝疾命帝總攝百揆帝聰明大度意豁如也八年十一月己巳明元帝崩壬申太子即皇帝位大赦天下十二月追尊皇妣為密皇太后進司徒長孫嵩爵為

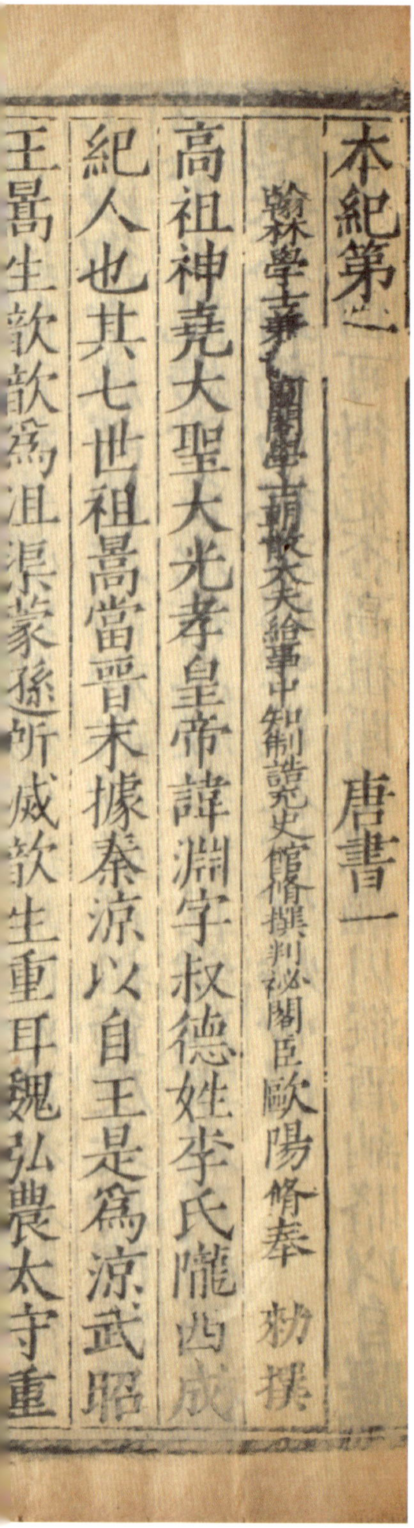
本紀第一
唐書一
翰林學士兼龍圖閣學士朝散大夫給事中知制誥充史館修撰判祕閣臣歐陽修奉　勑撰
高祖神堯大聖大光孝皇帝諱淵字叔德姓李氏隴西成
紀人也其七世祖暠當晉末據秦涼以自王是爲涼武昭
王暠生歆歆爲沮渠蒙遜所滅歆生重耳魏弘農太守重

0084　唐書二百二十五卷　（宋）歐陽修　宋祁撰　釋音二十五卷　（宋）董沖撰

明南京國子監刻明清遞修本　四十二冊

匡高22.7釐米，廣16釐米。半葉十行，行二十二字，小字雙行同，黑口，四週雙邊，版心有字數。存二百三十五卷（《唐書》卷一至一百四、卷一百二十至二百二十五，《釋音》卷一至二十五。）

歐陽修（1007—1072），北宋文學家、史學家。字永叔，號醉翁、六一居士，吉州吉水（今屬江西）人。天聖八年（1030）進士。官至翰林學士、樞密副使、參知政事。與宋祁等合修《新唐書》。宋祁（998—1061），北宋史學家，字子京，開封雍丘（今河南杞縣）人。天聖二年（1024）進士。官翰林學士、史館修撰。與歐陽修等合修《新唐書》，撰寫列傳部分。書成進工部尚書，拜翰林學士承旨。《唐書》爲歐、宋等人於宋仁宗嘉祐五年（1060）修成的另一部唐史，史稱《新唐書》，以區別於劉昫《舊唐書》。《新唐書》之修，蓋因舊史事實零落，沒有文采，善惡不彰，不能垂戒後世之故。所記述的歷史時期，大體與《舊唐書》相當，上起唐武德元年（618），下至唐天祐四年（907）。《新唐書》不僅體例完備，對『志』特別重視，不僅十三志多詳於舊史，且新增《舊唐書》所無《儀衛志》、《選舉志》和《兵志》。其《兵志》是《新唐書》的首創。《選舉志》與《兵志》系統地整理了唐朝科舉制度和兵制的演變資料。王鳴盛《十七史商榷》云：『新書最佳者志、表。』這是公允的評價。自司馬遷創紀、表、志、傳體史書後，魏晉至五代，修史者志、表缺略，至《新唐書》始又恢復了這種體例的完整性。以後各朝史書，多循此制。這也是《新唐書》在我國史學史上的一大功勞。另外，《新唐書》在體例和筆法、風格上顯得比《舊唐書》完整嚴謹得多，在列傳的標名上也作了歸納整理，如把少數民族仕唐將領合併到『諸夷蕃將傳』中，把割據的藩鎮也歸到一起來寫等等。

四川大學圖書館藏。

佐周代魏有功皆爲柱國號八柱國家周閔帝受魏禪虎
已卒乃追録其功封唐國公謚曰襄襄公生昞襲封唐公
隋安州總管柱國大將軍卒謚曰仁仁公生高祖於長安

本紀第五　唐書五

歐陽脩奉勑撰

睿宗玄眞大聖大興孝皇帝諱旦高宗第八子也始封殷
王領冀州大都督單于大都護長而温恭好學通詁訓工
草隸書徙封豫王又封冀王累遷右金吾衛大將軍洛州
牧徙封相王復封豫王武后廢中宗立爲皇帝其改國號
周以爲皇嗣居于東宮中宗自房州還復爲皇太子武后
封皇嗣爲相王授太子右衛率累遷右羽林衛大將軍并
州牧安北大都護諸道元帥中宗復位進號安國相王
景雲元年六月壬午韋皇后弑中宗矯詔立温王重茂爲

0085　五代史記七十四卷　（宋）歐陽修撰　徐無黨注

明萬曆四年（1576）南京國子監刻二十一史清順治、康熙遞修本　四冊

匡高20.8釐米，廣14.9釐米。半葉十行，行二十一字，小字雙行同，黑口，版心有字數。存三十九卷（卷一至二十四、卷六十至七十四）

《五代史記》，爲歐陽修所修的紀傳體五代史，由於前有薛居正主修的五代史，歐陽修的《五代史記》問世後，人們便把薛氏的五代史稱爲《舊五代史》，而將歐氏的五代史稱爲《新五代史》，或稱歐史。歐陽修重修五代史的原因有二：其一是不滿於薛居正《舊五代史》的雜亂失實；二是不滿於舊史之義例。於是『慨然以自任，蓋潛心累年，而後成書』。《新五代史》記事時間斷限與《舊五代史》基本相同。上起梁開平元年（907）朱溫稱帝，下至後周世宗顯德七年（960）北宋代後周，前後共計五十四年的歷史。全書分爲本紀、列傳、考、世家、年譜、附錄六個部分，共七十四卷，是紀傳體正史中除《史記》外唯一的一部『本紀』、『世家』、『列傳』、『志』、『表』五種體例全備的史書。因其書爲私修，他死後，朝廷徵其書，於熙寧十年（1077）頒佈，與薛史並行。《宋史·歐陽修傳》稱歐陽修『自撰《五代史記》，法嚴詞約，多取《春秋》遺旨』。在體例上，取法《南史》、《北史》，打破朝代界限，把五朝的人事綜合統編在一起，按時間順序排列。其列傳部分最有特色：它採用類傳的形式，設立《家人傳》、《臣傳》、《死節傳》、《死事傳》等名目。每類傳目，內寓特定涵義，用以貫徹作者的『褒貶』義例。此外，歐陽修對所採用的史料進行了細致的考辨，訂正了《舊五代史》和其他史籍的不少錯誤。本書結構嚴謹，選材講究，文字凝練。《四庫全書總目提要》中稱『大致褒貶祖《春秋》，故義例謹嚴；敘述祖《史記》，故文章高簡』，『此書一筆一削尤具深心，其有裨於風教者甚大』。徐無黨，永康（今屬浙江）人。歐陽修外甥，從歐陽修學古文辭。皇祐（1049—1053）中登進士第，爲郡教授。嘗爲修注五代史。其注旨在解釋作者的寫作意圖，而無史實考訂和字音訓詁，故其可取之處不多。

四川大學圖書館藏。

五代史記卷第一

歐陽脩撰
徐無黨注
大明南京國子監祭酒余有丁
司業周子義校刊

梁本紀第一

本紀因舊以爲名本原其所始起而紀次其事與時也即位以前其事詳原本其所自來故曲而備之見其起之有漸有暴也即位以後其事畧居尊任重所責者大故所書者簡惟簡乃可立法

太祖神武元聖孝皇帝姓朱氏宋州碭山午溝里人也其父誠以五經教授鄉里生三子曰全昱存溫變諱某書名義

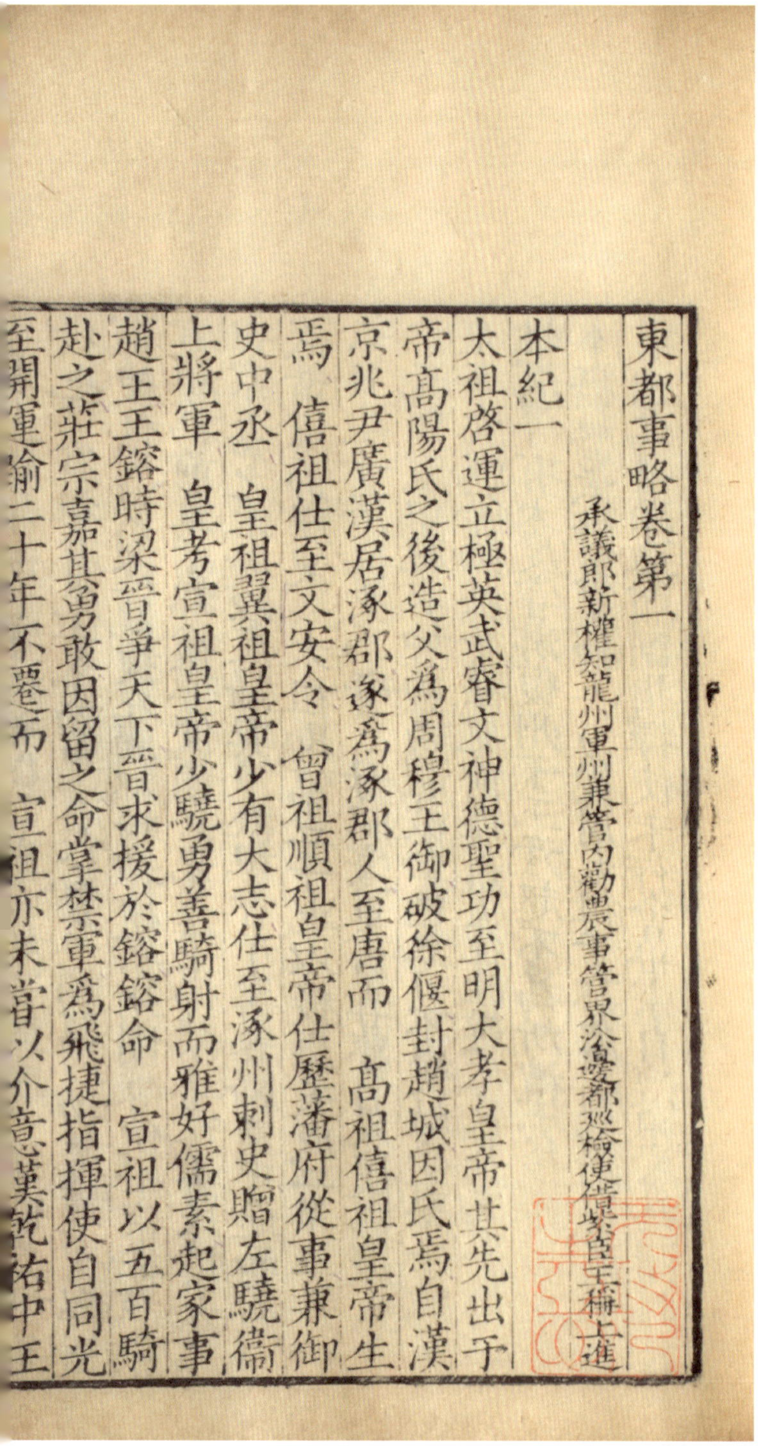
東都事略卷第一

承議郎新權知龍州軍州兼管内勸農事管界沿邊都巡檢使臣王偁上進

本紀一

太祖啓運立極英武睿文神德聖功至明大孝皇帝其先出于
帝高陽氏之後造父爲周穆王御破徐偃封趙城因氏焉自漢
京兆尹廣漢居涿郡遂爲涿郡人至唐而　高祖僖祖皇帝生
焉　僖祖仕至文安令　曾祖順祖皇帝仕歷藩府從事兼御
史中丞　皇祖翼祖皇帝少有大志仕至涿州刺史贈左驍衛
上將軍　皇考宣祖皇帝少驍勇善騎射而雅好儒素起家事
趙王王鎔時梁晉爭天下晉求援於鎔鎔命　宣祖以五百騎
赴之莊宗嘉其勇敢因留之命掌禁軍爲飛捷指揮使自同光
至開運踰二十年不遷而　宣祖亦未嘗以介意莫乾祐中王

0086 東都事略一百三十卷

（宋）王偁撰

清振鷺堂影宋刻眉山程舍人宅本　八册

匡高18.8釐米，廣13釐米。半葉十二行，行二十四字，黑口，版心有字數。有『眉山程舍人宅刊行已申上司不許覆板』牌記。存一百二十六卷（卷一至十、十五至一百三十）。

王偁，字季平，眉州（今四川眉山）人。淳熙（1174—1189）間以承議郎知龍州，特授直秘閣。《東都事略》成書於淳熙十四年（1187），爲南宋人私撰紀傳體北宋史籍。因北宋都城開封亦名東都而名。全書分本紀十二卷、世家五卷、列傳一百零五卷、附録（記遼、金、西夏諸國）八卷，共一百三十卷。所記爲宋太祖建隆至宋欽宗靖康（960—1126）間一百六十年間的史事。所據史料多爲國史、實録，且旁及野史雜記等。其資料較之《宋史》間有多出者，可補《宋史》之不足。有敍事簡而賅，議論亦皆持平的特點。南宋史家洪邁認為此書『非國史所載，而得之於旁搜者居十之一，皆信而有徵，可以據依』，洪邁在撰寫《四朝國史》時，有不少材料就引自該書。爲宋代私撰史籍之較佳者，亦是治宋史者不可或缺的資料。

四川大學圖書館藏。

第一百二十九卷
附録七
西蕃
第一百三十卷
附録八
交趾
東都事畧目録終

眉山程舍人宅刊行
已申上司不許覆板

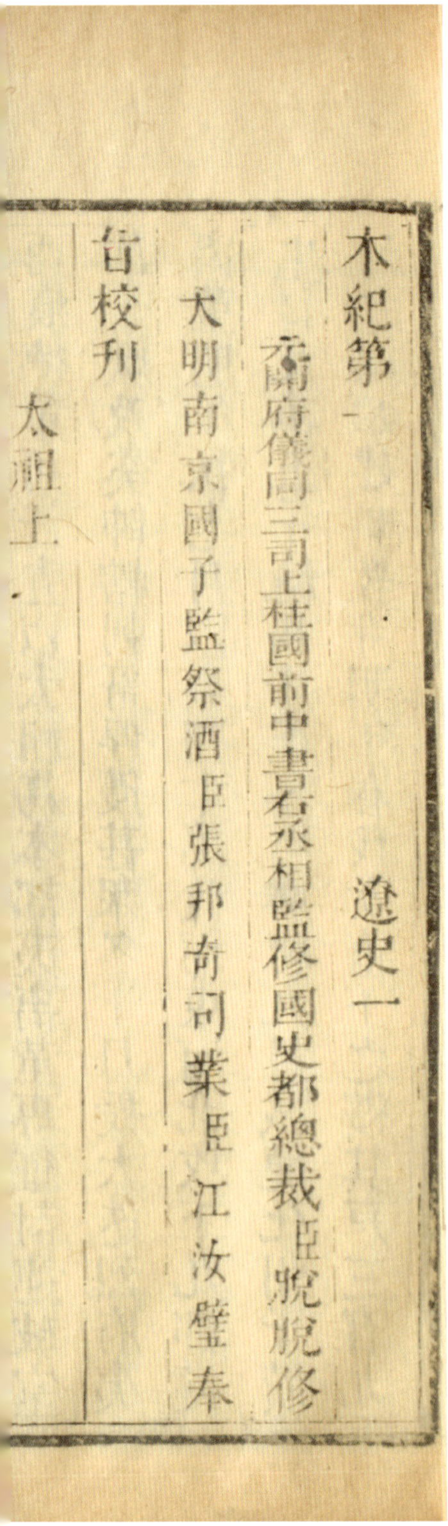

0087　遼史一百十六卷

（元）脫脫等撰

明嘉靖八年（1529）南京國子監刻二十一史明萬曆、清順治、康熙、乾隆遞修本　十六冊

匡高20.8釐米，廣15.5釐米。半葉十行，行二十二字，白口，四週雙邊。

脫脫（1314—1355），字大用，元大臣。蔑裏乞氏。官禦史大夫、中書右丞相，主修宋、遼、金三史。《遼史》是三部史書中最先成書的一部。始修於至正三年（1343），至正四年（1344）成編，時僅一年。其成書之速，蓋因之前已有陳大任《遼史》，葉隆禮《契丹國志》及耶律儼《實錄》都還在，取材不是特別困難。全書包括本紀三十卷，志三十一卷，表八卷，列傳四十五卷，國語解一卷，計一百一十六卷。所記自耶律阿保機成爲契丹部落的『夷離堇』（主帥），至遼天祚帝（耶律延禧）保大五年止（901—1125），二百多年的歷史。《遼史》以《本紀》記述爲最詳，雖只九帝，爲書多達三十卷。其次是表多而詳，世系、皇子、公主、皇族、外戚等都納入表中，且簡而得要。減少了立傳之繁，亦可補紀、志、傳記載的不足。其中的《遊幸》、《部族》、《屬國》三表，是本書的創新。其《地理志》、《百官志》、《營衛志》、《禮志》等，於契丹部落的建置、分佈、風俗習慣記之甚詳。特別是作爲附錄的《國語解》，其所記爲契丹語。若無此卷作釋，《遼史》中很多事情，特別是官職名稱，便無法理解，故極爲重要。雖因成書匆忙，存在史料考訂不及，融会貫通不夠，重複缺漏等問題，但遼代史實終以該書保存最爲豐富、系統。

四川大學圖書館藏。

皇帝長子母曰宣簡皇后蕭氏唐咸通十三年生初母夢
日墮懷中有娠及生室有神光異香體如三歲兒即能匍
匐祖母簡獻皇后異之鞠爲己子常匿於別幕塗其面不

康熙三十九年刊　遼史卷一　一

守太保餘官各有差
二年春正月乙巳以受晉冊遣使報南唐高麗丁未御開
皇殿宴晉使馮道以下賜物有差戊申晉遣金吾衛大將
軍馬從斌考功郎中劉知新來貢珍幣命分賜群臣丙辰
晉遣使謝免沿邊四州錢幣二月戊寅宴諸王及節度使
來賀受冊禮者仍命皇太子惕隱迪輦餞之癸巳謁太祖
廟賜在京吏民物及內外群臣官賞有差丁酉加兼侍中
左金吾衛上將軍王郁檢校太尉三月畋于褭潭之側戊
申女直來貢丁巳封皇子述律爲壽安王罨撒葛爲太平
王己巳大賚百姓夏四月乙亥幸木葉山癸巳東京路奏

嘉靖八年刊　遼史紀四　三

0088 金史一百三十五卷 （元）脱脱撰

明嘉靖八年（1529）南京國子監刻二十一史明清遞修本　二十冊

匡高21.3釐米，廣16.1釐米。半葉十行，行二十二字，小字雙行同，白口，左右雙邊。

《金史》爲脱脱主修的三部紀傳史書之一。傳始修於至正三年（1343），至正四年（1344）十一月成書，用時一年八個月，可謂速也。所據史料，包括《實錄》、張暐《大金集禮》、王鶚《金史》及劉祁、元好問等人的史著。全書分爲本紀十九卷，志三十九卷，表四卷，列傳七十三卷，共一百三十五卷。所記爲上起金太祖收國元年（1115）阿骨打稱帝，下至金哀宗天興三年（1234）蒙古滅金，共一百二十年的歷史。《金史》，史料較《遼史》充實，體例比《宋史》簡明，是元修宋、遼、金三史中編撰得最好的一部。其本紀敘次嚴整，以世宗、章宗爲詳。並以《世紀》、《世紀補》，敘金先世和追尊諸帝。《金史》以諸志最爲詳贍，《天文》等十四志，有三十九卷之多。於金代典章制度和社會特色多有記載，述之甚詳。所創《交聘表》，記與宋、西夏、高麗和戰慶弔，簡明扼要，均具參考價值。其最後的附錄《國語解》一篇，與《遼史》的《國語解》一樣，於釋讀《金史》有極爲重要的作用。清代史學家趙翼評論説：『《金史》敘事最詳略，文筆也極老潔，迥出宋、元二史之上。』（《廿二史劄記》）《四庫全書總目提要》也説：『元人之於此書（《金史》），經營已久，與宋、遼二史取辦倉促者不同，故其首尾完密，條例整齊，簡約而不疏漏，周贍而不繁蕪，在三史之中，獨爲最善。』

四川大學圖書館。

本紀第一　　金史一

元開府儀同三司上柱國前中書右丞相監修國史都總裁臣脫脫修

大明南京國子監祭酒臣張邦奇司業臣江汝璧奉

旨校刊

世紀

金之先出靺鞨氏靺鞨本號勿吉勿吉古肅愼地也元魏時勿吉有七部曰粟末部曰伯咄部曰安車骨部曰拂涅部曰號室部曰黑水部曰白山部隋稱靺鞨而七部並同唐初有黑水靺鞨粟末靺鞨其五部無聞粟末靺鞨始附高麗姓大氏李勣破高麗粟末靺鞨保東牟山後為渤海

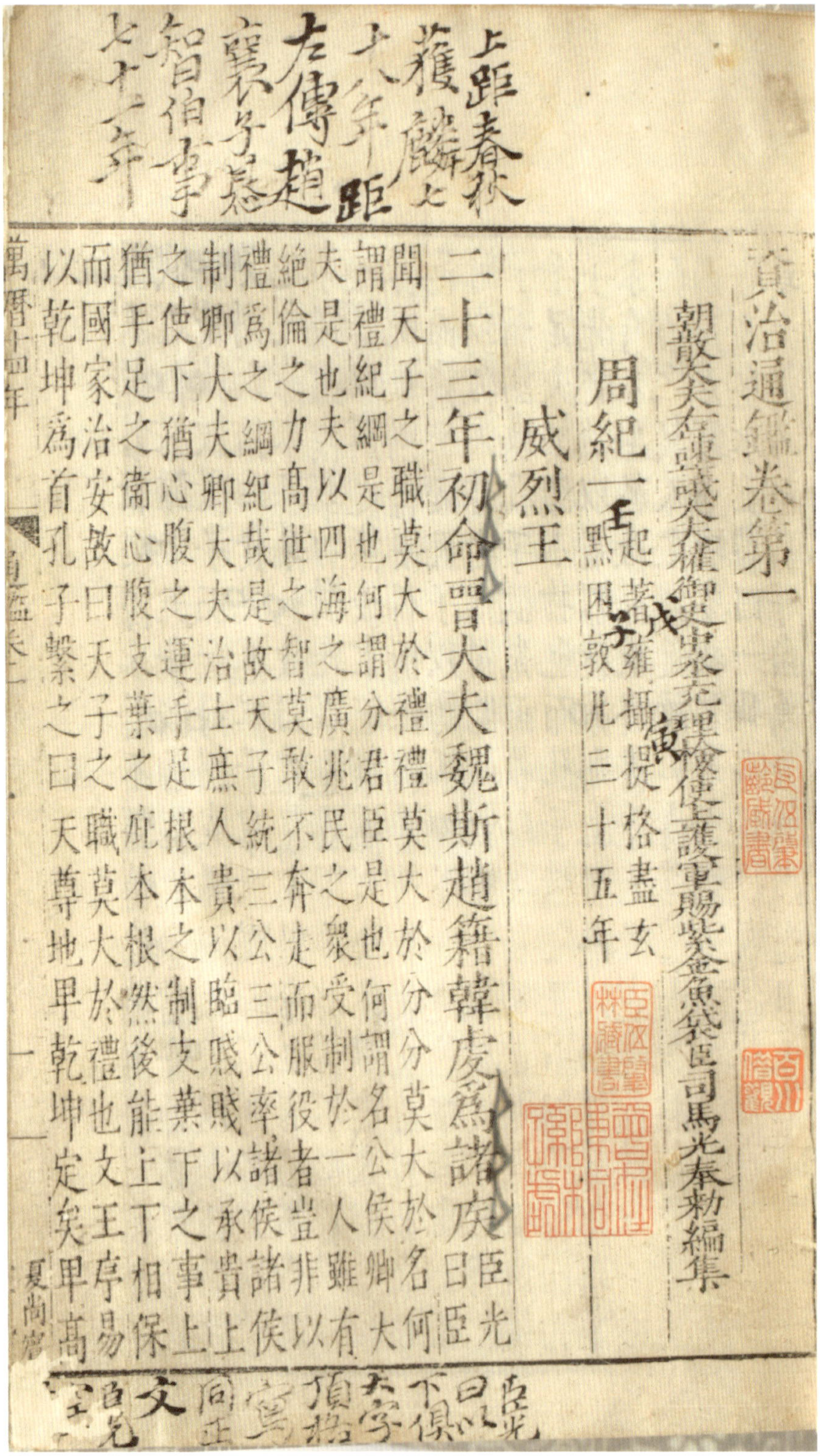
資治通鑑卷第一

朝散大夫右諫議大夫權御史中丞充理檢使上護軍賜紫金魚袋臣司馬光奉勑編集

周紀一 起著雍攝提格盡玄黓困敦凡三十五年

威烈王

二十三年初命晉大夫魏斯趙籍韓虔為諸侯 臣光曰臣聞天子之職莫大於禮禮莫大於分分莫大於名何謂禮紀綱是也何謂分君臣是也何謂名公侯卿大夫是也夫以四海之廣兆民之衆受制於一人雖有絶倫之力高世之智莫敢不奔走而服役者豈非以禮為之綱紀哉是故天子統三公三公率諸侯諸侯制卿大夫卿大夫治士庶人貴以臨賤賤以承貴上之使下猶心腹之運手足根本之制支葉下之事上猶手足之衛心腹支葉之庇本根然後能上下相保而國家治安故曰天子之職莫大於禮也文王序易以乾坤為首孔子繫之曰天尊地卑乾坤定矣卑高

萬曆十四年

0089 資治通鑑二百九十四卷

（宋）司馬光撰

明嘉靖二十三年（1544）至二十四年（1545）孔天胤刻萬曆十四年（1586）蘇濬重修本　八十冊

匡高20.8釐米，廣15.5釐米。半葉十行，行二十字，白口，左右雙邊，版心有字數。

《資治通鑑》，宋世以來刊印者衆，存世版本，不論官私，各代皆備。孔氏所刊者為明代刊印之無注本《資治通鑑》的最早版本。亦為此本的重修本。孔天胤，字汝錫，號文穀，又號管涔山人，汾州（今山西汾陽）人。嘉靖十一年（1532）進士。以藩戚外補陝西提學僉事，官至浙江參政。蘇濬（1541—1599），字君禹，號紫溪，晉江（今屬福建）人。萬曆五年（1577）進士。授南京刑部主事，改工部，歷廣西參政，擢貴州按察使。

四川大學圖書館藏。

並承準裁從事雕繕用布學官弟子擇善而多識之
乃委付杭郡太守陳君一貫總其紘要仁和令程艮
錢塘令龔雲從縣丞周璉歸安學諭浦南金錢塘學
諭張鳴鶴仁和學諭梁木桐鄉學諭謝明德武康學
訓鄔縉錢塘學訓林公惠秀才王文祥郃文珮李東
瀛錢昕鈕經李敬孫等分其校理自嘉靖甲辰六月
開局明歲春三月完其書凡二百九十四卷另考異
三十卷俱從唐太史家宋板文字中憲大夫提督浙
江學校按察副使河汾孔天胤題記

人士令其書頗多漫漶將日就湮圯不佞濬所為懇
也亟請于
司馬溫公
直指王公一舉而新焉書成爰敘古今之變為多士
覩然余亦未操刀而割者因以自儆云
萬曆丙戌秋九月清源蘇濬撰
錢塘縣儒學訓導徐弘道督理編校
生員童　鮫　謝　師
孫思旦　莫　機
許仲春　劉　鐸
卲[illegible][illegible]　凌登[illegible]同[illegible]

0090 少微通鑑節要五十卷外紀四卷 （宋）江贄撰 資治通鑑節要續編三十卷 （明）張光啟撰

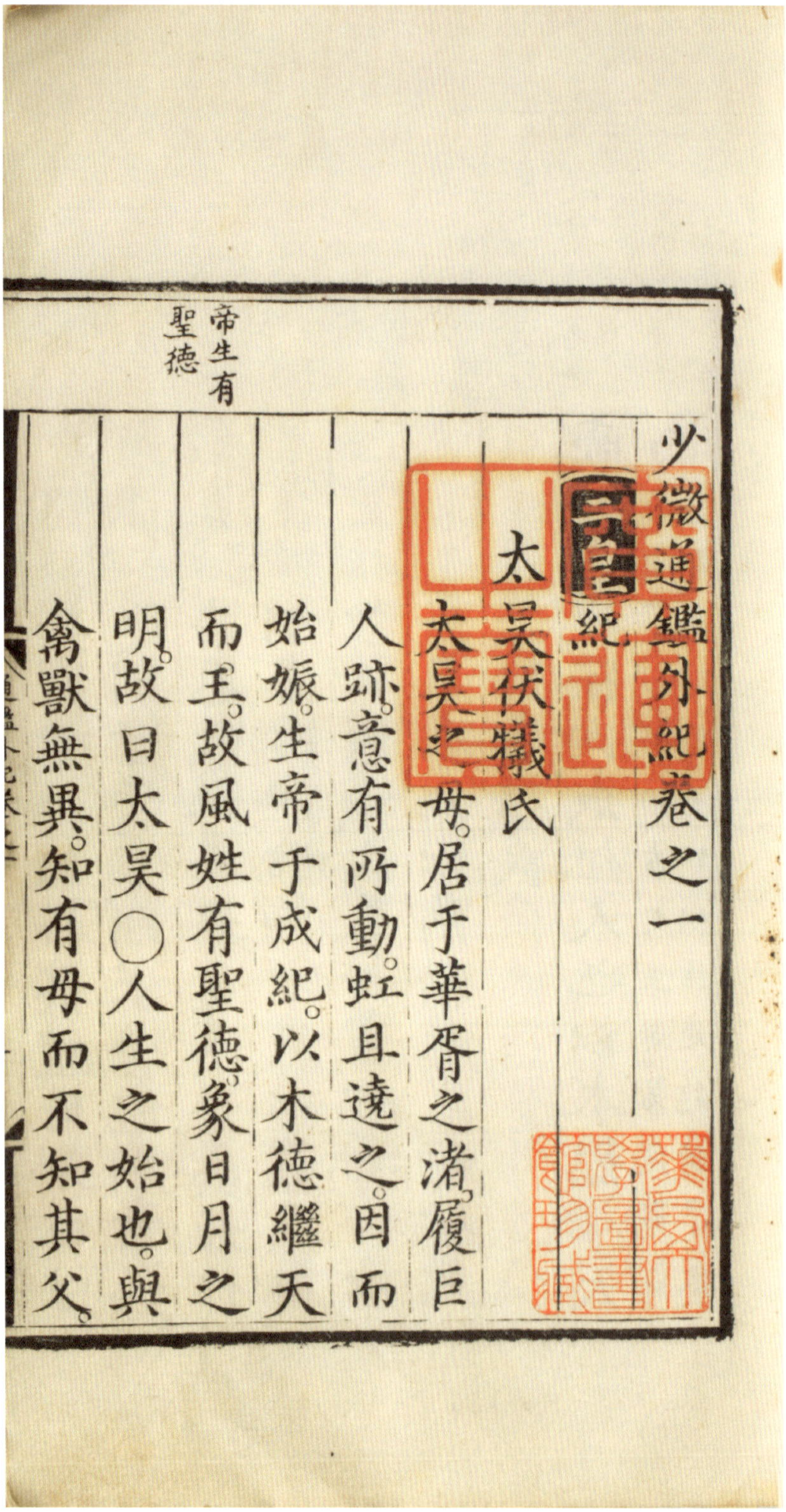

明正德九年（1514）司禮監刻本 四十冊

匡高22.5釐米，廣16釐米。上下兩欄，半葉九行，行十五字，小字雙行同，黑口，四週雙邊。

江贄，字叔直，崇安（今屬福建）人。宋徽宗政和（1111—1116）中，太史奏少微星見，朝命舉遺逸之士。有司以贄應詔，贄辭不赴，賜號『少微先生』。是書取司馬光《資治通鑑》刪存大要而成。在古代的史書編撰史上，對那些至關重要、或篇帙浩繁、或影響極大、或統治者推崇的史籍，作匯要、纂集、削繁、删要式的整理，存其精要，利於推廣普及，這是一種傳統，其效果也是明顯的，以至於很多著名學者也曾從事此類工作。江贄的《少微通鑑節要》作為一部節選類史籍，具有首尾賅貫的特點，可謂一部簡本的《資治通鑑》，於該書的一般性閱讀者來講，是或可選擇者。

四川大學圖書館藏。

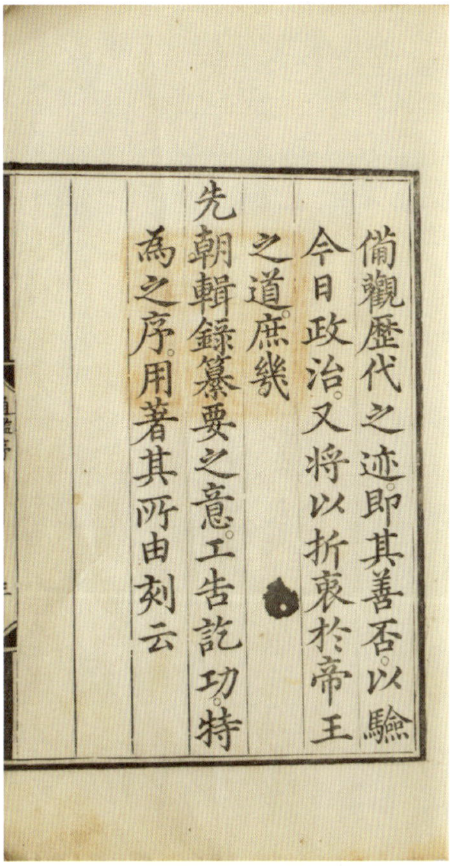
備觀歷代之迹。即其善否。以驗
今日政治。又將以折衷於帝王
之道。庶幾
先朝輯錄纂要之意。工告訖功。特
爲之序。用著其所由刻云

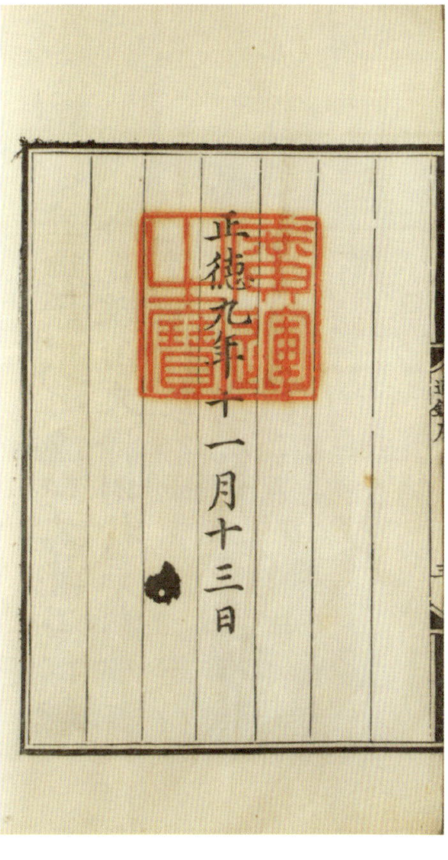
正德九年十一月十三日

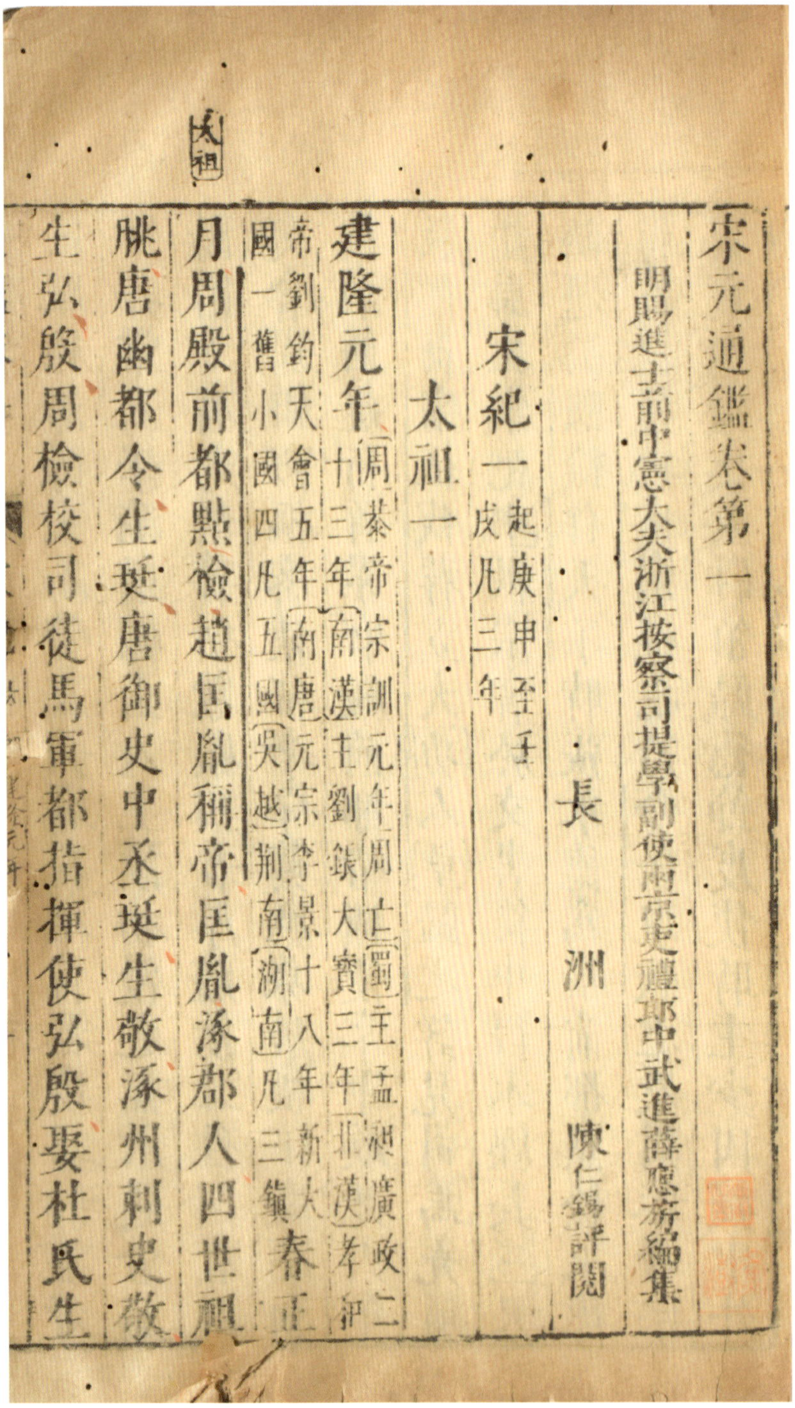

宋元通鑑卷第一
明賜進士前中憲大夫浙江按察司提學副使南京吏禮郎中武進薛應旂編集
長洲　陳仁錫評閱
宋紀一 起庚申至壬戌凡三年
太祖一
建隆元年 周恭帝宗訓元年周亡蜀主孟昶廣政二十三年南漢主劉鋹大寶三年北漢孝和帝劉鈞天會五年南唐元宗李景十八年新大國一舊小國四凡五國吳越荊南湖南凡三鎮
春正月周殿前都點檢趙匡胤稱帝匡胤涿郡人四世祖朓唐幽都令生珽唐御史中丞珽生敬涿州刺史敬生弘殷周檢校司徒馬軍都指揮使弘殷娶杜氏生

0091　宋元通鑑一百五十七卷

（明）薛應旂撰

明嘉靖四十五年（1566）自刻本　四十冊

匡高20釐米，廣14.3釐米。半葉十行，行二十字，小字雙行同，白口，四週單邊。

薛應旂，字仲常，號方山，武進（今屬江蘇）人。嘉靖十四年（1535）進士。授慈谿知縣，遷南京考功郎中，忤嚴嵩，謫建昌通判，歷浙江提學副使，以大計罷歸。《宋元通鑑》，編年體史書。記述內容，承接司馬光《資治通鑑》而作，上起宋太祖建隆元年（960），下訖元至正二十七年（1367），共四百零八年歷史。其中詳記了北宋仁宗朝史事，共十三卷；南宋高宗朝史事，二十一卷；元順帝朝史事，十一卷，共一百八十卷。全書編年次序，仍依照宋為正統，基本上採用司馬光編修《資治通鑑》的寫作手法，以時間為序，依次敘述政治、經濟、文化、軍事諸事，內容十分豐富。薛應旂自謂：『凡有關於身心、性命之微，禮樂、刑政之大，奸良邪正之辨，治亂安危之機，災祥休咎之徵，可以為法，可以為戒者，皆直書備錄。』對歷史人物的描述，亦採用『博綜並觀、據事直述而善惡自不相掩』的手法。此爲宋元史研究的重要資料之一。

四川大學圖書館藏。

0092 歷代通鑑纂要九十二卷

（明）李東陽 劉機等撰

明正德二年（1507）內府刻本 六十冊

匡高24.2釐米，廣17釐米。半葉十行，行二十字，小字雙行字數不等，黑口，四週雙邊，版心有字數。

李東陽（1447—1516），字賓之，號西涯，茶陵（今屬湖南）人。天順八年（1464）進士。授編修，弘治八年（1495）累進文淵閣大學士，預機務，多所匡正，受顧命，輔翼武宗。立朝五十年，清節不渝，以吏部尚書兼華蓋殿大學士致仕。劉機（？—1522），字世衡，順天大興（今屬北京）人。成化十四年（1478）進士。改庶起士。正德中代張綵爲吏部尚書，以人言乞歸。起南京兵部尚書，參贊機務。綱目體史書，編年體史書之一種。創始於朱熹的《資治通鑑綱目》一書。仿《春秋左氏傳》例，每條以提要爲綱，分注敍述爲目。綱如經，目如傳。《歷代通鑑纂要》則屬此類體裁，其記事，始於三皇，終於元末。周威烈王之前，參用《通鑑前編》等書，宋以後則以《續資治通鑑綱目》諸書增損概括而成，是一部貫穿古今的通史。各朝史論，有李東陽所撰，亦有引用前人之說者。亦寓褒貶之意。史實考訂，附於各句之下，於奇字讀音及隱義僻事，則略加音注，附於字句之下，以便閱讀。涉史雖長，亦算簡明，此應為明人所纂之普及性史籍讀本類著作。此種體裁的史書的編纂，因所採用者多爲現成史籍，且便於編纂者的發揮，故於後世有較大的影響。

四川師範大學圖書館藏。

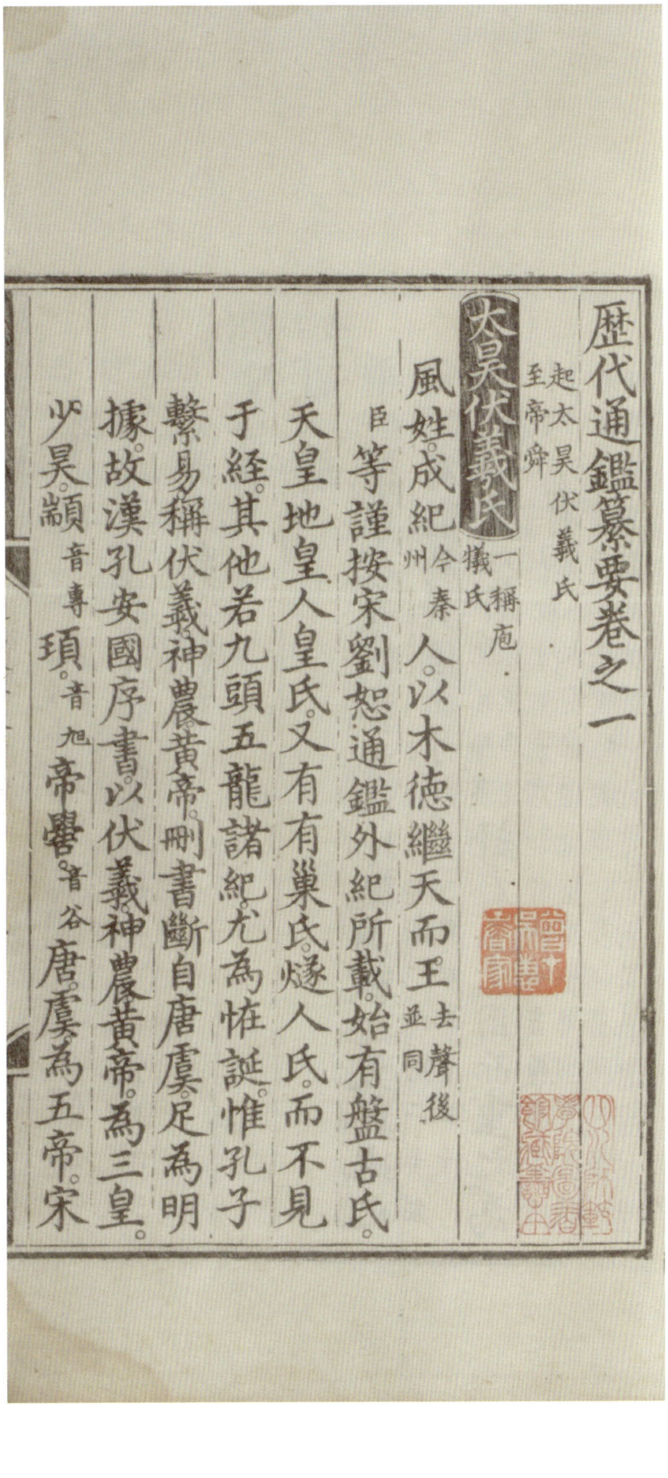

歷代通鑑纂要卷之一

起太昊伏羲氏至帝舜

太昊伏羲氏 一稱庖犧氏

風姓成紀今秦州人以木德繼天而王去聲後並同

臣等謹按宋劉恕通鑑外紀所載始有盤古氏天皇地皇人皇氏又有有巢氏燧人氏而不見于經其他若九頭五龍諸紀尤為怪誕惟孔子繫易稱伏羲神農黃帝刪書斷自唐虞足為明據故漢孔安國序書以伏羲神農黃帝為三皇少昊顓音專頊音旭帝嚳音谷唐虞為五帝宋

0093 歷代通鑑纂要九十二卷

（明）李東陽 劉機等撰

明正德十四年（1519）慎獨齋刻隆慶元年（1567）崇正書院重修本 四十冊

匡高18.6釐米，廣12.6釐米。半葉十行，行二十字，白口，四週雙邊。有『正德己卯夏慎獨齋新刊』，『隆慶改元崇正書院刊行』牌記。

慎獨齋，明弘治間建陽人劉洪及其後嗣的書坊名。劉洪，字宏毅，亦作弘毅，號木石山人，以刻書著稱。慎獨齋所刻，以史部爲多，集部次之。葉德輝《書林餘話》稱：『劉洪慎獨齋刻書極夥，其版本校勘之精，亦頗爲藏書家所貴重。』

四川省圖書館藏。

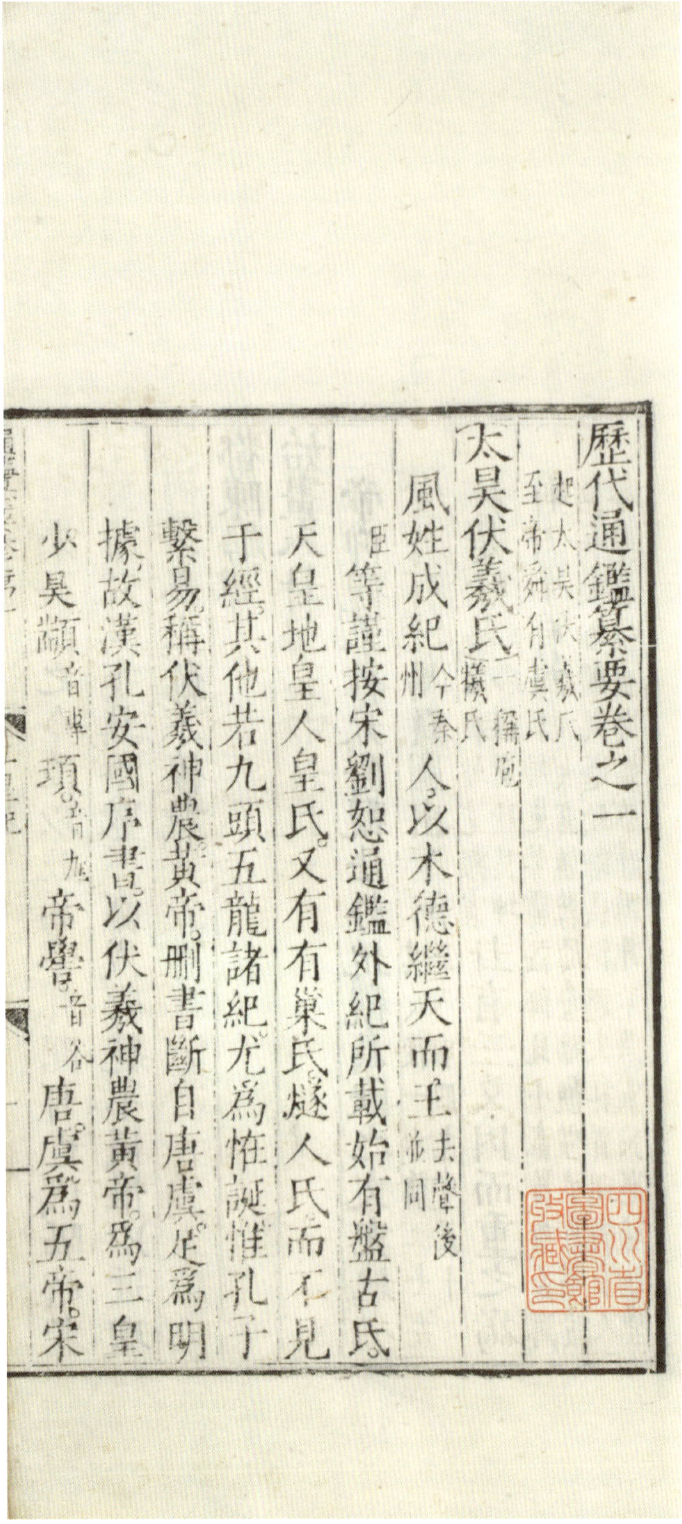
歷代通鑑纂要卷之一
起太昊伏羲氏至帝舜有虞氏
太昊伏羲氏一稱庖犧氏
臣等謹按宋劉恕通鑑外紀所載始有盤古氏
風姓成紀今秦州人以木德繼天而王去聲後倣同
天皇地皇人皇氏又有有巢氏燧人氏而不見
于經其他若九頭五龍諸紀尤爲恠誕惟孔子
繫易稱伏羲神農黃帝刪書斷自唐虞足爲明
據故漢孔安國序書以伏羲神農黃帝爲三皇
少昊顓音專頊音旭帝嚳音谷唐虞爲五帝宋

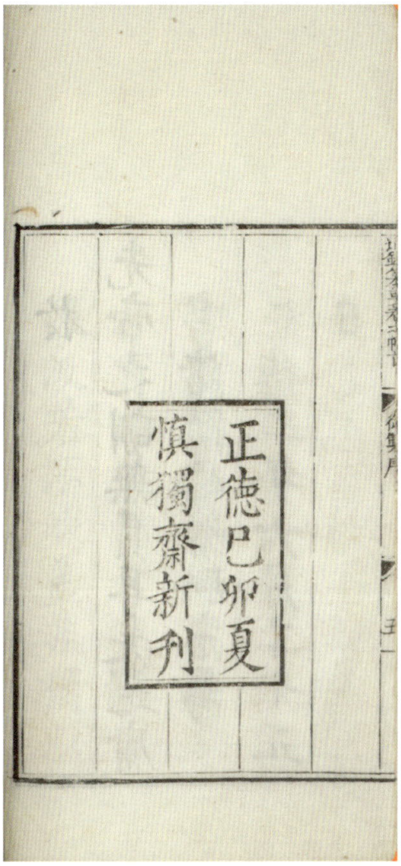
正德己卯夏
愼獨齋新刊

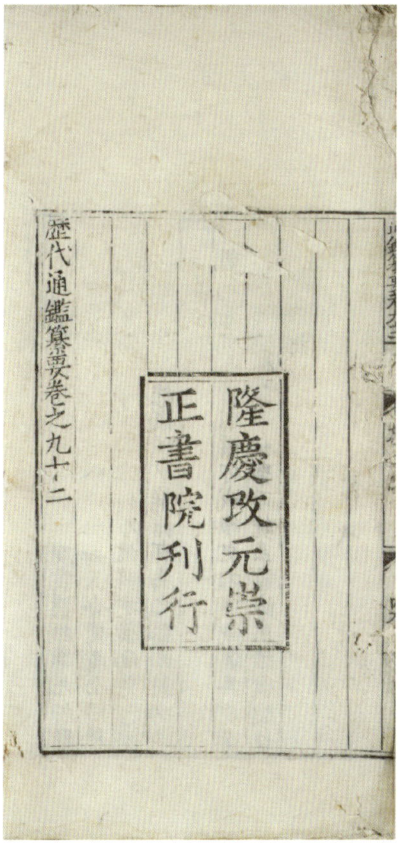
歷代通鑑纂要卷之九十二
隆慶改元崇
正書院刊行

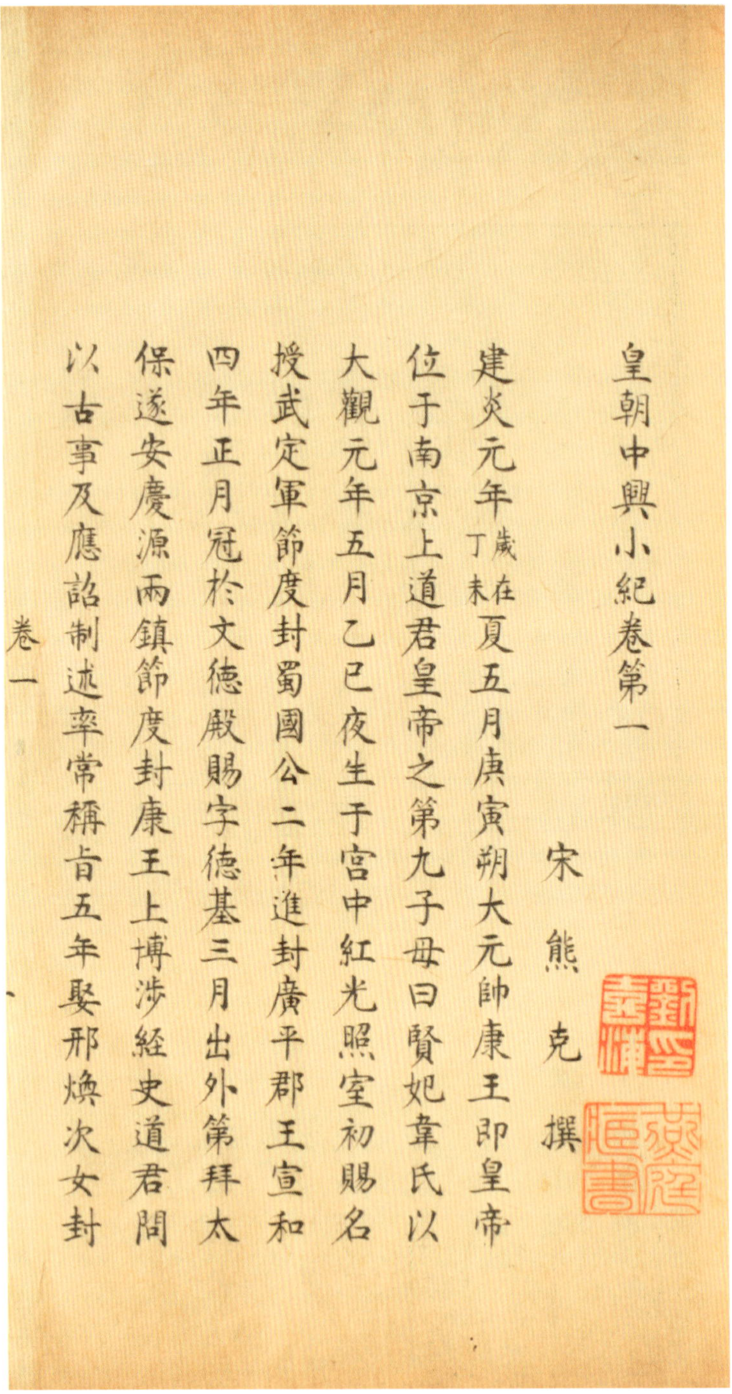
皇朝中興小紀卷第一

宋　熊　克　撰

建炎元年歲在丁未夏五月庚寅朔大元帥康王即皇帝位于南京上道君皇帝之第九子母曰賢妃韋氏以大觀元年五月乙巳夜生于宮中紅光照室初賜名授武定軍節度封蜀國公二年進封廣平郡王宣和四年正月冠於文德殿賜字德基三月出外第拜太保遂安慶源兩鎮節度封康王上博涉經史道君問以古事及應詔制述率常稱旨五年娶邢煥次女封

卷一

0094　中興小紀四十卷

（宋）熊克撰

清抄本　二十冊

半葉九行，行二十字，小字雙行同。

熊克，字子復，建陽（今屬福建）人。南宋紹興（1131—1162）進士。孝宗時官至起居郎，兼直學士，出知台州，事蹟見《宋史·文苑傳》。是書原名《中興小曆》，以避清高宗諱改。按年月日編輯南宋高宗朝建炎元年迄紹興三十二年（1127—1162）共三十五年史事。記事多援朝章，兼及私記，見聞較切，有諸史未載之原始資料。原書久佚，今存者爲四庫館臣從《永樂大典》中輯出者。應是南宋史研究的可用資料。

四川大學圖書館藏。

0095　皇清開國方畧三十二卷首一卷

（清）阿桂等纂

清乾隆五十一年（1786）內府刻本　三十二冊

匡高28.1釐米，廣20.4釐米。半葉八行，行二十一字，小字雙行同，白口，四週雙邊。

阿桂（1717—1797），字廣廷，一字雲巖，章佳氏，清滿州正白旗人。乾隆舉人。歷伊犁將軍、兵部尚書、吏部尚書，累官至武英殿大學士兼軍機大臣。屢任統帥，用兵大小金川。乾隆三十八年（1773）阿桂、梁國治、和珅等奉敕編撰此書，以表彰清太祖功德。乾隆五十一年（1786）成書。首列《發祥世紀》篇，溯紀後金族源，記述頗具神話色彩。正卷以編年紀月、提綱列目的方式，記述後金的建立與清開國史。起於清太祖天命紀元前癸未年（1583）即明萬曆十一年，清太祖努爾哈赤起兵，征尼堪外蘭、克圖倫城，迄於清順治元年（1644）清軍入關，清世祖福臨在北京即位，凡六十一年間清太祖、太宗二朝拓疆建國的歷史過程。《四庫提要》所謂之『蓋神功聖德，史不勝書。惟恭述勳業之最顯著，政事之最重大，謨猷之最宏遠者，已累牘連篇，積為三十二卷矣』。前八卷爲清太祖努爾哈赤事蹟，後二十四卷爲清太宗皇太極事蹟。是書之撰，雖據《實錄》，然於太祖、太宗的失誤或不利之處，仍多有掩飾和篡改之處。儘管如此，仍不失爲後金和清初史研究的史籍之一，資料價值重要。此爲是書首刊，具有重要的版本價值。

四川大學圖書館藏。

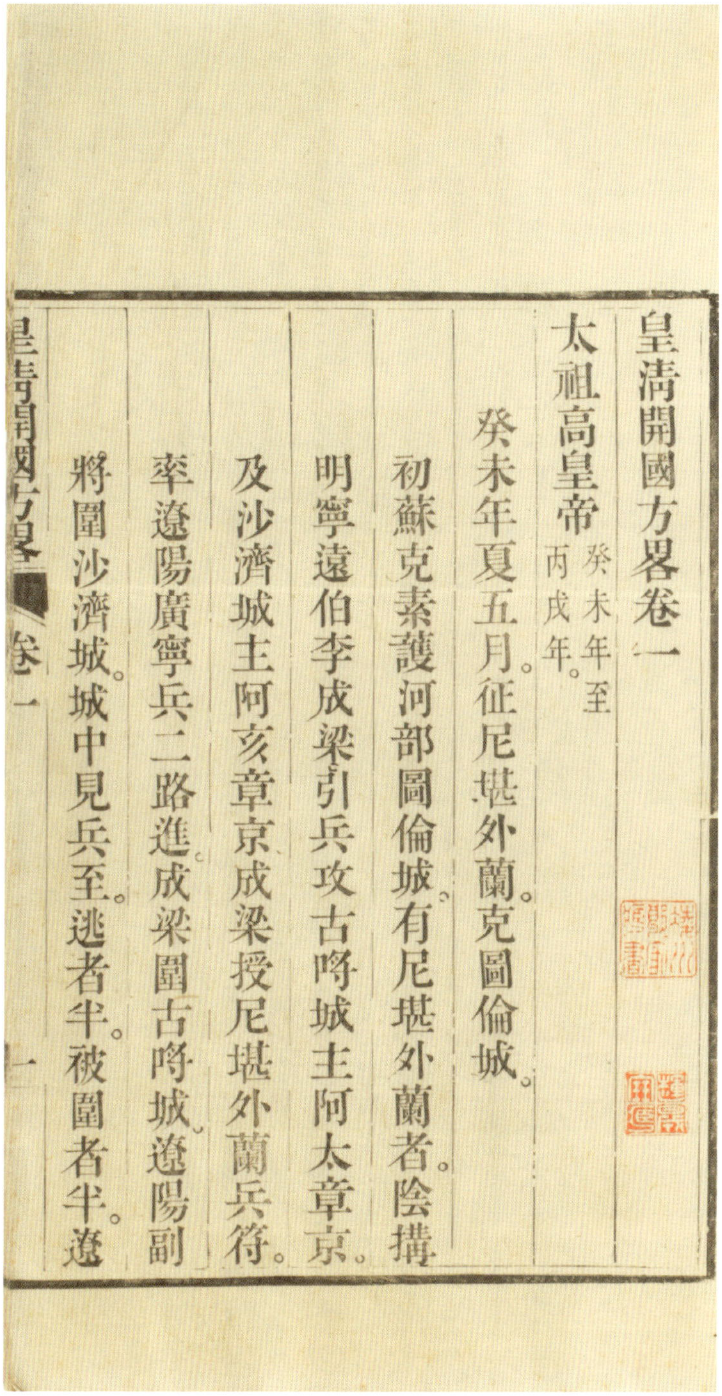
皇清開國方畧卷一

太祖高皇帝　癸未年至丙戌年。

癸未年夏五月征尼堪外蘭克圖倫城。

初蘇克素護河部圖倫城有尼堪外蘭者陰搆明寧遠伯李成梁引兵攻古哷城主阿太章京及沙濟城主阿亥章京成梁授尼堪外蘭兵符率遼陽廣寧兵二路進成梁圍古哷城遼陽副將圍沙濟城城中見兵至逃者半被圍者半遼

皇清開國方畧　卷一　一

0096 蜀鑑十卷

（宋）郭允蹈撰

明嘉靖三十四年（1555）刻本　四冊

匡高21.3釐米，廣15釐米。半葉八行，行十六字，白口，四週單邊。

郭允蹈，字居仁，資州（四川資中）人，生卒年及事蹟不詳。約活動於南宋末期。關於《蜀鑑》之編，是書李文子淳祐五年（1245）跋云：『余與資中士友郭允蹈居仁，既爲《蜀鑑》一編，使凡仕蜀者，知古今成敗興衰治亂之跡，以爲龜鑑。』乃爲仕蜀官紳應讀或必讀之籍。既為編書之旨，鑑古知今用心亦在於斯。宋代蜀中，史學興盛，范祖禹、李燾、李心傳、王偁等史家輩出：《唐鑑》、《續資治通鑑長編》、《建炎以來繫年要錄》、《東都事略》等史著累累。郭允蹈之《蜀鑑》不僅忝列其間，且爲史著中之專史也。《蜀鑑》爲紀事本末體史書。所記蜀中史事，上起秦惠公十三年（前387）伐蜀取南鄭（今陝西南鄭縣），迄於宋平後蜀孟昶（960），及西南夷始末等。每條有綱有目有論。目末兼附考證，極為詳審。於地理頗為精覈，如辨公孫述之據捍關，引用樂史《寰宇記》以證《史記索隱》之誤；斜谷之遮要，引《興元記》以補裴松之注之缺；諸葛亮之築樂城，引《通鑑》以辨《華陽國志》、《寰宇記》之異同。其資料互證之法，以證誤，補缺，或辨異同，皆可概見。所記戰守勝敗之跡，於軍事之得失，地形之險易，敘次甚詳。無異於一部先秦至唐五代，一千三百年間的蜀中戰爭史。名之《蜀鑑》，蓋鑒古誡今之意。《蜀鑑》爲宋代蜀中史學專記蜀中史事的專著，是研究四川古代史的一部極具史料價值的重要著作。明清兩代《蜀鑑》皆有刊本，然以是本爲最佳，傅增湘有『字大如錢，板刻極古』之謂，頗具版本價值。

四川省圖書館藏。

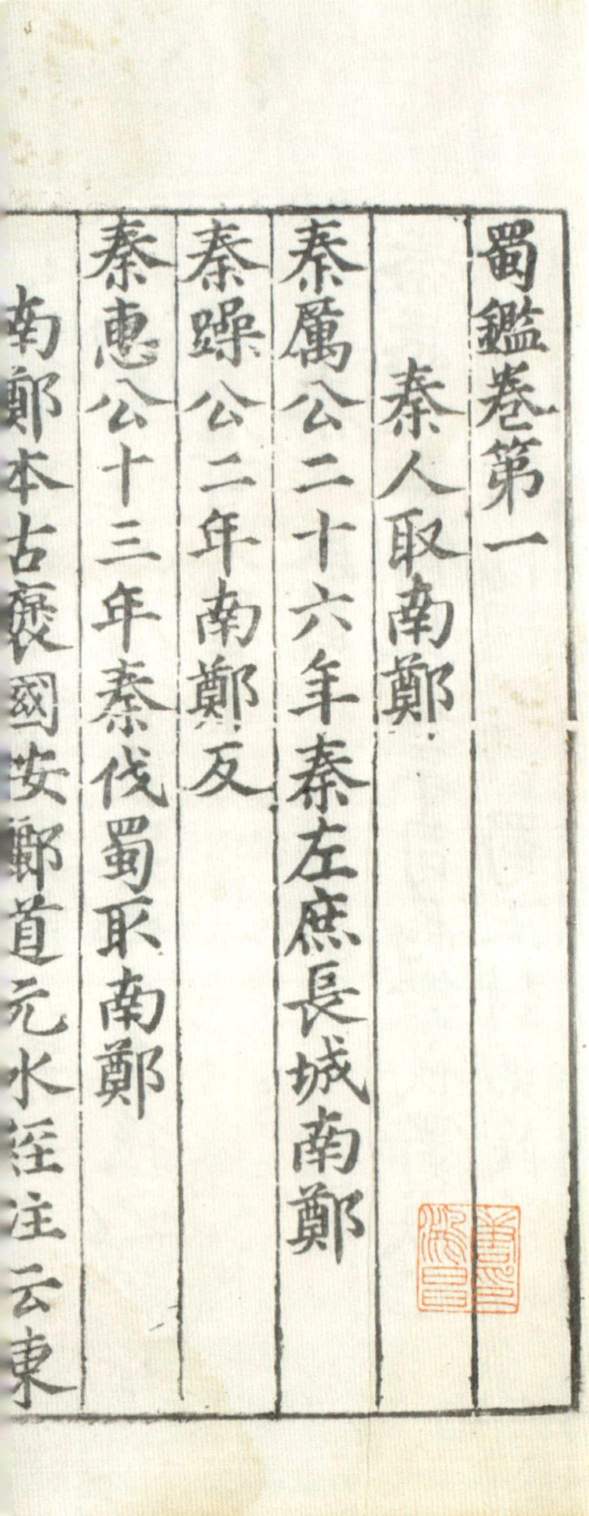
蜀鑑卷第一
秦人取南鄭
秦厲公二十六年秦左庶長城南鄭
秦躁公二年南鄭反
秦惠公十三年秦伐蜀取南鄭
南鄭本古褒國安鄭道元水經注云東

蜀鑑卷第四

晉王濬自蜀平吳

晉武帝泰始十年吳大司馬陸抗卒

抗疾病上疏曰西陵建平國之蕃表旣處上流受敵二境若敵泛舟順流星奔電邁非可恃援他部以救倒懸也此乃社稷安危之機非徒封疆侵陵小害也臣父遜昔在西垂上言西陵國之西門

余與資中士友郭允蹈居仁旣為蜀鑑一編使凡仕蜀者知古今成敗興衰治亂之蹟以為龜鑑其事備矣復取大易習坎設險之義與孟軻氏天時地利人和之說吳起在德不在險之對以附諸編末

0097 金川紀畧四卷

（清）程穆衡撰

清抄本　四冊

匡高12.2釐米，廣16.2釐米。半葉十行，行二十字，小字雙行同，黑口，左右雙邊。

程穆衡，字惟淳，號近亭，先世安徽休寧人，父繼墨始徙居太倉。穆衡，乾隆二年（1737）進士，授榆社知縣。博聞多識，工詩文，生平著述甚富，卒年九十三。此書詳細記述了清乾隆初年第一次征討金川，用兵瞻對。金川[土司名。轄境相當於今之四川阿壩藏族羌族自治州小金和金川二縣地。其時，藏族土司莎羅奔（？—1760），金川人。從岳鍾琪作戰有功，雍正元年（1723）爲金川安撫司。莎羅奔自號大金川，而以舊土司澤旺爲小金川，遂有了大小金川之稱。乾隆十一年（1746），莎羅奔劫持小金川土司澤旺，奪其印信，次年又攻奪革布希咱及明正土司地。清廷以張廣泗、傅恒、岳鍾琪等攻討之。乾隆十四年（1749）莎羅奔降，歸還侵佔各土司地。乾隆二十三年（1758），將金川土司事務交其兄子郎卡主持]的全過程：正文記事自乾隆八年（1743）十二月始，終於乾隆十四年（1749）二月，注文記事則有至乾隆二十一年（1756）者，凡五萬餘言，所記史事非常詳實。且所據多繫奏章上諭，並參以當時親身見聞，史料頗為可靠；其敍事於前因後果皆娓娓道來，文筆簡潔流暢，分析亦頗中肯，尤為可貴的是，作者敍事皆據實直書，不為曲筆，頗有良史之材。其平生著述不下二十種，今日通行之《吳梅村編年詩箋注》即其代表作。穆衡雖著書甚多，但因其家貧著作大多未曾付梓，並且書稿當其在世時就有散佚，今所能見到的惟有《梅村詩箋》、《考定檀弓》、《太倉州名記》、《太倉風俗記》《逐亭雜說》等數種。《金川紀略》一書嚮未刊行，僅以抄本行世。是本抄寫精美，是館藏清代抄本代表之一。

四川大學圖書館藏。

金川紀畧卷一

丁巳進士原任榆社縣知縣臣程穆衡譔

乾隆八年十二月慧星見鶉首歷井至危掃五車犯積尸絕閣道長五六尺至九年正月末猶未滅初見時欽天監監正進愛奏彗星現象已有奏聞因并及時政四事 上怒其所奏鄙謬命察議革職九年開印後一日 上御門見欽天監值班因問監正雅琦監副法林湛露異星今經何宿對在危問主何祥俱奏不能深悉又問危宿何省分野皆不能知 上曰星學甚微欲觀占休咎固難然若各省分野書籍

0098　國語九卷

（明）閔齊伋裁注

明萬曆四十七年（1619）閔齊伋刻三色套印本　四冊

匡高21釐米，廣15釐米。半葉九行，行十九字，小字雙行同，白口，四週單邊。

閔齊伋，字及五，號遇五，明萬曆間烏程（今屬浙江）人。《國語》，又名《春秋外傳》、《左氏外傳》。國別史。《國語》成書於戰國時期，因司馬遷有『左丘失明，厥有《國語》』的說法，一般因以為本書的作者是左丘明。然魏襄王時（前318—前296）仍有人在釐定《國語》，故本書實應成於戰國時代。《國語》分周、魯、齊、晉、鄭、楚、吳、越八國語。所載者：西周末年至春秋末年（約前967—前453）八國史事。起自西周穆王征犬戎，迄於晉國韓趙魏共滅智氏。除《周語》、《鄭語》略及周事外，餘皆不出春秋時期。其記事，略於原委，詳於言論，齊、晉、楚、吳、越等春秋五霸乃其重點，於晉事特詳。於各國政治、軍事、經濟、制度等也有涉及。記事與《左傳》相較，雖多有相同者，然亦多出九十四條，且記事早二百四十六年。史料價值以《周語》、《楚語》為較高，餘皆次之。所創分國記事體例，於後世史籍編纂有較大影響。是書歷代注者較多，現存者以吳韋昭注為最早。《國語》一書，以二十一卷本行世。此本：《周語》一卷、《魯語》一卷、《齊語》一卷、《晉語》二卷、《鄭語》一卷、《楚語》一卷、《吳語》一卷、《越語》一卷，共九卷。如此劃分，閔儕伋所為也。蓋因『二十一卷，雖多割裂，於義無取也』。是本之編，以『春秋獨晉主盟為久，事文繁多，今定自武公至懷公為晉上卷，自文公至晉末為晉下卷；而周及列國每為一卷。』又改『舊本取《語》中各章首句錄為細目，尤為無謂，今不復贅也。』閔氏的裁併不無可取之處，然篇名之棄，就沒有多少道理了。《國語》一書，自西漢以來，訓釋注解、校考補正者，代有所為者，閔氏之編，於眾注多裁輯，可謂仁智之見，一家之舉。其刊別以它色套印標出，多以閱讀之便。明之套印本，以閔氏影響最大，有字體方正，紙色潔白，行疏幅廣，頗為悅目，在中國雕版印刷史上有重要地位。

四川師範大學圖書館藏。

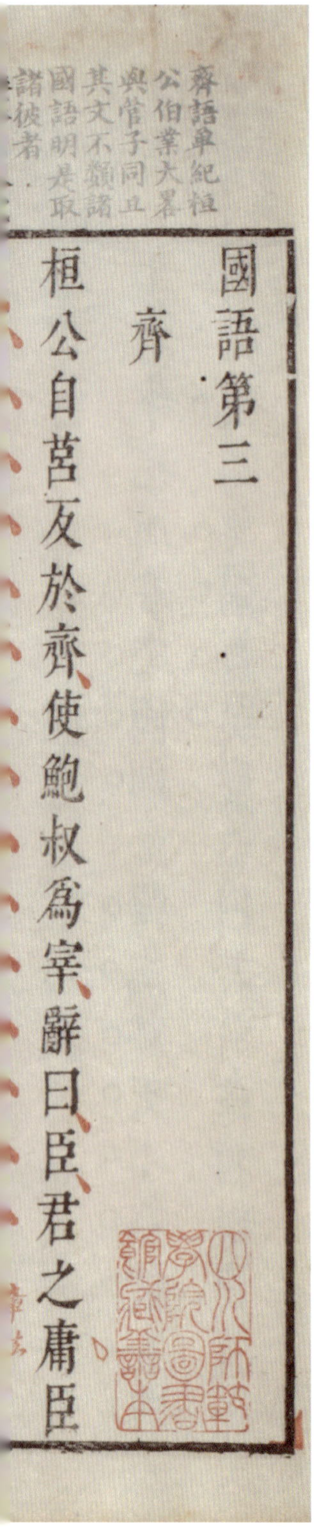

十六井之賦也。制土。制其肥磽以爲差也。藉田。謂稅也。以力。謂三十者受田百畝。二十者受五十畝。六十還田也。砥。平也。平遠近。遠近有差也。周禮。近郊十一。遠郊二十而三。甸稍縣都。皆無過十二也。里。廛也。謂商賈所居之區域也。以入計其利入多少。而量其財業有無以爲差也。周禮國宅無征。園廛二十而一。漆林二十而五。力。謂傜役。以夫家爲數。老幼則有復除也。徵之。徵鰥寡孤疾之賦。無軍旅之出。則止不賦也。其歲有軍旅之歲也。缶。庾也。十六斗曰庾。十庾曰秉。四秉曰筥。十筥曰稯。藉。藉田之法。苟。苟且也。康子不聽。魯哀十二年。春。卒用田賦

皇明萬曆己未仲秋烏程閔齊伋遇五父裁注

枹音孚或音浮

國家不失其柄弗若也忠信可結於百姓弗若也制禮義可法於四方弗若也執枹鼓立於軍門使百姓加勇焉弗若也桓公曰夫管夷吾射寡人中

099　鮑氏國策十卷

（宋）鮑彪校注

明嘉靖七年（1528）龔雷影宋刻本　四冊

匡高21.2釐米，廣15釐米。半葉十一行，行二十字，小字雙行同，白口，左右雙邊。有『嘉靖戊子吳門龔雷刊』，『嘉靖戊子後學吳門龔雷校刊』牌記。

鮑彪，字文虎，縉雲（今屬浙江）人。官至尚書司封員外郎。《戰國策》爲先秦主要歷史典籍之一。它分爲《東周策》、《西周策》、《秦策》、《齊策》、《楚策》、《趙策》、《魏策》、《韓策》、《燕策》、《宋策》、《衛策》、《中山策》等十二策，是戰國時的國別史料彙編，非一時一人所撰。是書曾以多種名目行於世，或稱《國策》，或名《國事》，或題《短長》，或曰《事語》等等。西漢末劉向校書，對之重作整理、編次，並以其內容『爲戰國時遊士輔所用之國，爲之策謀，宜爲《戰國策》』，乃定今名。全書內容上起春秋末智伯與趙氏相爭，下迄戰國末齊王建入秦，約二百四十五年間各國歷史的情況，書中有傳記、故事、書信、論辯，皆與各國時事相關。東漢高誘為之注。《戰國策》唐以後殘缺不全，經宋曾鞏、姚宏等人整理，成三十三卷，即今之通行高注本。鮑彪則據《戰國策》之宋世殘缺本，刪除高注，並考《史記》諸書，重加注釋，以糾高注之訛漏。原書篇第為劉向所定，彪覈其事蹟年月而重新編目，相關部分編排在一起，並改定本文，或改字，或增或刪，釐為十卷，又以西周更置卷首，四易其稿，於紹興十七年（1147）成書。與《戰國策》其他校注本並傳於世，雖後世不無譏議，然不失為《戰國策》研究的重要注本。《戰國策》一書，對當時各國政治、軍事、外交，特別是士人階層的活動多有記述，且文筆華贍流暢，描寫生動精采，特別是關於人物的刻劃，司馬遷《史記》列傳中的人物描寫就深受其影響。後世之賈誼、晁錯、蘇洵、蘇軾等文章大家的散文，都很明顯地受到《戰國策》的影響。因而《戰國策》一書不僅極具史料價值，且文學成就極高。

四川省圖書館藏。

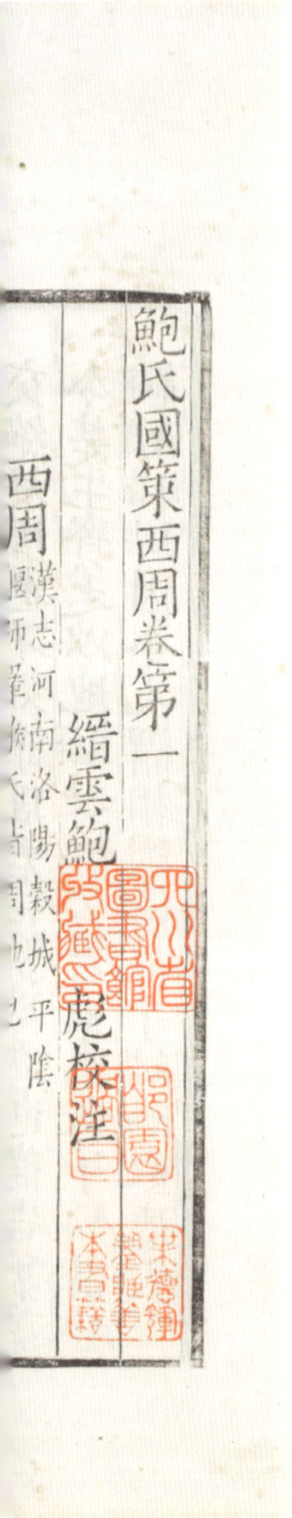

四日載以乘車駟馬而遣之乘四馬也四馬所謂駟馬車韓
使人讓周讓譙責也然則此時周之令已不行於諸侯矣周君患之客謂
周君正語之曰使以留之之情告之寡人孤寡不穀王侯之稱知嚴氏
之爲賊而陽豎與之故留之中四日以待命也待韓
之命小國不足亦衍字以容賊君之使又不至是以遣

利言之合從連衡變詐百出然自春秋之
後以迄于秦二百餘年興亡成敗之迹粗
見於是矣雖非義理之所存而辨麗橫肆
亦文辭之最學者所不宜廢也會有求予
本以開板者因以授之使廣其傳庶幾證
前本之失云清源王覺題

嘉靖戊子后秊吳門龔雷校刊

（宋）鮑彪校注

倣宋本鮑彪校注戰國策十卷

嘉靖戊
子吴門
龔雷栞

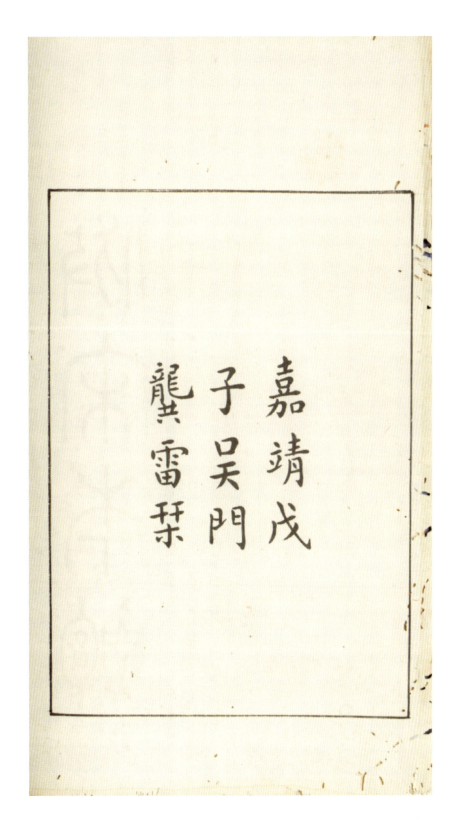

0100 戰國策十卷

（漢）劉向輯　（宋）鮑彪校注　（元）吳師道補正

明萬曆劉懷恕刻春秋戰國評苑本　八冊

匡高23.8釐米，廣14.5釐米。半葉九行，行二十字，小字雙行同，白口，左右雙邊。

《戰國策》是戰國時遊說之士的策謀和言論的彙編，初有《國策》、《國事》、《短長》、《事語》、《長書》、《修書》等名稱和本子。西漢末劉向編定為三十三篇，名之《戰國策》，《七略》著錄之。後東漢高誘爲之注。《戰國策》唐以後已有缺佚，經北宋曾鞏、南宋姚宏等人努力搜求，用力於校勘和訂補，基本恢復到劉向三十三篇的數目，即通行的三十三卷本。宋鮑彪改變原書次序，作新注，以十卷本行世。元吳師道又據鮑本重校《戰國策》，他不僅認真地利用《史記》等書來研究《戰國策》，且參以姚本作校注，以補正鮑注。並於元至正二十五年（1365）刊行於世。三十三卷本《戰國策》流傳至今最早的版本爲宋紹興十六年（1146）剡川人姚宏的刊本；十卷本《戰國策》傳世最早的版本爲宋紹熙二年（1191）會稽郡齋刻本。元代僅以十卷的吳本傳世。現存世者以明本爲多，且以十卷本爲衆，此其一也。然傳世《戰國策》以三十三卷的姚本爲影響最著者，特別是清嘉慶八年（1803）黃丕烈重刊姚本，並據衆本寫了《戰國策劄記》三卷，詳列鮑本、吳師道補正本之異同，參考《史記》等書，以校訂姚本，加以判斷。還採錄同時人段玉裁、顧廣圻等人的一些說法。極具文獻價值和版本價值。

四川師範大學圖書館藏。

剛氣辭容不迫

段

今大國之地半天下有二垂（邊陲）此從生民以來萬乘之地未嘗有也先帝（尊稱之耳時未爲帝）文王（惠文王非孝文）武王王之身三世而不接地於齊（不與通也）以絕從親之要（要約也）今王使成橋（秦人補曰劉伯莊云橋音蹻）守事於韓（守猶待）成橋已（元作以正曰以已通）北入燕（使燕入朝於秦補曰史作盛橋以其地入秦爲是新序同此言韓入地下言取魏地也）是王不用甲不伸威而出百里之地（出言割地燕入秦必割地予秦秦使之出也）王可謂能矣王又舉甲兵而攻魏社（補曰姚本作杜是）大梁之門舉河內（屬司隸正曰正義云即懷州也在河南之北西河之東東河之西）拔燕酸棗虛桃人（燕南燕屬東郡酸棗屬陳留徐注始皇五

王城洛陽周公所營下都以遷頑民是爲成周平王東遷定都王城王子朝之亂敬王徙都成周至是考王以王城故地封桓公焉平王東遷之後所謂西周者豐鎬也東周者東都也威烈王以後所謂西周者河南也東周者洛陽也何以稱河南爲西周自洛陽下都視王城則在西也何以稱洛陽爲東周自河南王城視下都則在東也河南桓公卒子威公立威公卒子惠公

0101 越絕書十五卷

（漢）袁康撰

明嘉靖三十三年（1554）張佳胤雙柏堂刻本　四冊

匡高20釐米，廣14.1釐米。半葉八行，行十七字，白口，四週雙邊。

越即『于越』，活動於我國東南地區的一個古老部族；絕，『絕者，絕也，殆不繼之意』。正是由於《越絕書》的記述，這個春秋部族已經斷絕不繼的歷史得以流傳至今。《越絕書》是記載早期吳越歷史的重要典籍。它所記載的內容，以春秋末年至戰國初期吳、越爭霸的歷史事實為主幹，上溯夏禹，下迄兩漢，旁及諸侯列國，對這一歷史時期吳越地區的政治、經濟、軍事、天文、地理、曆法、語言等多有所涉及。如《吳地傳》和《地傳》二篇，不僅把句吳和于越兩國國都及其附近的山川形勢、城池道路、宮殿陵墓、農田水利、工場礦山等記載得十分詳盡，而且還寫出了這兩個地區的地理特徵。故後人有『其文奧古多奇，《地傳》具形勢、營構始末、道里遠近，是地志鼻祖』，或『一方之志，始於《越絕》』的說法。也有將其視爲兵書者，如張佳胤序稱此書『重讎明勇』；清人錢培名說：『越絕，復仇之書也。』蓋因其《軍氣》等篇，於戰守兵要，戰爭勝負的道理等論述頗詳。《越絕書》不僅內容廣博，其中有些記述，不見於現存其他典籍文獻，而為此書所獨詳；有些記述，則可與其他典籍文獻互為發明，彼此印證，因而嚮為學者所重視。本書對中國古代史、中國文學史、中國民族史、漢語語言學史、中國歷史地理的研究都具有一定的參考價值。張佳胤（1527—1583），字肖甫，號崌崍山人，四川銅梁（今重慶銅梁縣）人。嘉靖二十九年（1550）進士。官浙江巡撫、太子太保、總督薊遼、尚書兼都御史。明代文壇『嘉靖七子』之一。

四川大學圖書館藏。

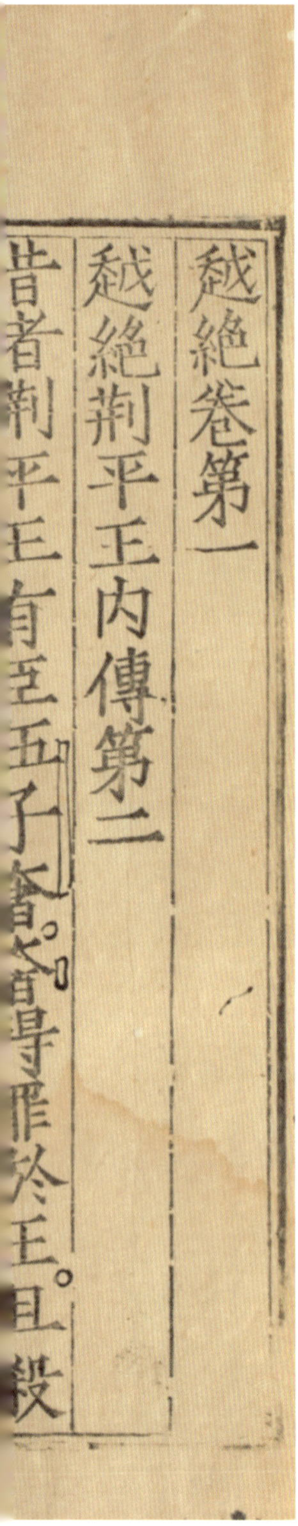
越絶卷第一
越絶荊平王内傳第二
昔者荊平王有臣伍子奢。奢得罪於王。且殺

問臣對而畏死不對不知子之心者尚爲人也仁且智來之必入胥爲人也勇且智來必不入胥且奔吳邦君王必早閉而晏開胥將

是去縣十八里

北郭外路南溪北城者句踐築鼓鍾宮也去縣七里其邑爲龔錢

舟室者句踐船宮也去縣五十里

民西大冢者句踐客秦伊善炤龜者冢也因名冢爲秦伊山

射浦者句踐教習兵處也今射浦去縣五里

射卒陳音死葬民西故曰陳音山

0102 華陽國志十二卷

（晉）常璩撰

明嘉靖四十三年（1564）楊經刻本　八冊

匡高19釐米，廣13.6釐米。半葉十行，行二十字，黑白口相間，四週雙邊。

常璩（約291—361），字道將，東晉蜀郡江原（今四川崇州市）人。幼年家貧，附青城范長生以自存。後受李雄招撫。李期、李壽時，璩爲史官。李勢時，官散騎常侍。入晉後，因受歧視，遂不復仕進。他強學好問，遍讀先世遺書。其成爲漢史官時，又獲讀宮中圖籍版檔。常招流民中熟知遠方地理及離亂故事者，瞭解各地情況，記問既豐，撰述亦多。《華陽國志》爲其晚年所著。是書所記地區屬《禹貢》九州之梁州，即今四川、雲南、貴州及甘肅、陝西、湖北部分地區。書成於東晉永和九年（354），分爲巴志、漢中志、蜀志、南中志，公孫述、劉二牧志，劉先主志、劉後主志，大同志，李特、雄、期、壽、勢志，先賢士女總贊，後賢志，序志並士女目錄等十二篇（卷）。因其所記之地北界華山之陽，故名。卷一至四記載各地歷史、郡縣沿革、山川地理、風俗物産等；卷五至九爲編年紀事，有如本紀；末三卷記述西漢至東晉益、梁、寧三州人物近四百人，略如傳記。其資料取之於《東觀漢記》、《三國志》及成漢的檔案材料和他自己的親身經歷，不少是第一手材料，史料價值極高。其撰述方式：從内容來說，涉及我國西南地理沿革、歷史事件、人物事蹟、民族來源、社會經濟、土風民俗、物産資源、學術著作等各個方面。從體裁上來說，則是地理志、編年史、人物傳三結合。這是《華陽國志》一書的一個顯著特點。故有『中國方志編纂史上的一個創舉』之譽。其所載具有很高的史料價值，是研究西南地區古代歷史、地理的一部重要史籍。該書版本：宋本早已失傳，今存世者以嘉靖張佳胤和此刘大昌校楊經刊校本為最早。研究者有『其校勘審慎，文字的正確，勝於張本』，『堪稱善本』之論。且傳世極罕。楊經，雲南昆明人。嘉靖二十六年（1547）進士。

四川省圖書館藏。

遺文于蠹簡重可爲歎也書成敬述所
聞就正有道甲子仲春成都後學劉大昌
謹書

本府吏張堯謄寫

華陽國志後序終

參伐俯壤華陽黑水江漢爲梁州厥土青黎厥田
惟下上厥賦惟下中厥貢璆鐵銀鏤砮磬熊羆狐
貍織皮於是四奥既宅九州逌同六府孔修庶土
交正厎眘財賦成貢中國蓋時雍之化東被西漸

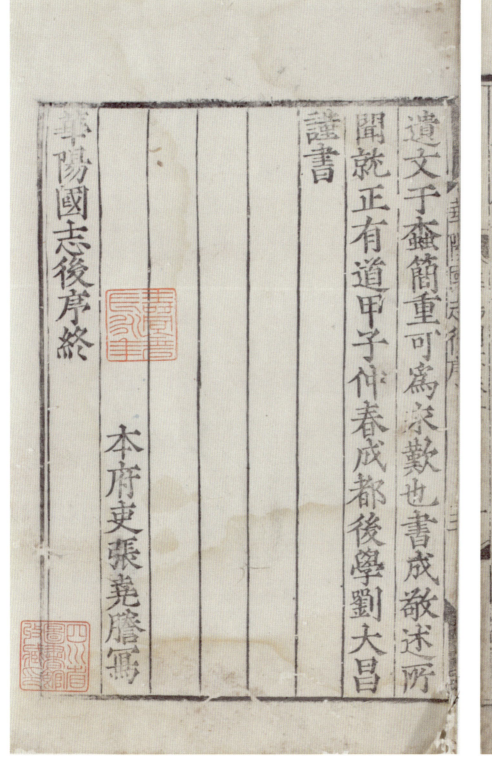

0103　華陽國志十二卷

（晉）常璩撰

清嘉慶十九年（1814）題襟館刻本　四冊

匡高17.7釐米，廣10.3釐米。半葉十行，行二十字，小字雙行同，黑口，左右雙邊。有趙熙、林思進批點

是書版本：據文獻記載，《華陽國志》在宋代曾有兩刻：宋神宗元豐元年（1078）呂大防的成都刻本。此本早已失傳，僅存呂序；南宋寧宗嘉泰四年（1204）丹稜李塈（著名史學家李燾之子。）因舊本錯誤很多，『觀者莫曉所謂』，於是加以校正，重刊於臨邛，即『嘉泰本』。此本至明代中期以後也絕跡於人間，現存於世的明清以來的各種刊本、抄本，都以李塈本為祖本。清順治年間，馮舒又抄錄此本，後為顧廣圻所得，並加以讎校。清嘉慶十九年（1814），四川廖寅題襟館據之重刻此書，即『題襟館本』。顧廣圻［（1770—1839），字千里，號澗蘋，自號思適居士，清元和（今江蘇蘇州）人。有思適齋室名。］為著名校書家，他廣取有關史籍與《常志》參校，故其於訂訛補闕，所得獨多，而題襟館本遂爲諸本之冠。且刊印精審，整理研究者多以之作為工作底本，故文獻版本價值較為重要。題襟館，清乾隆間四川鄰水人廖寅（1751—1824）的室名。寅字亮工，號複堂，曾知葉縣，累官兩淮鹽運使。趙熙（1866—1948）字堯生，號香宋，四川榮縣人。光绪十八年（1892）进士。官翰林院庶吉士、编修、协修、纂修。转官御史，继补江西道监察御史。辛亥革命後回籍。德業文章，鄉里欽崇，尊為五老七賢之一。書法習蘇體，嫵媚有遒勁，川中人家以得其墨蹟為榮幸。著有《香宋詞》、《香宋詩等》。林思進（1873—1953），字山腴，號清寂、清寂翁，室名清寂堂。四川華陽人。光緒三十年（1903）中舉，時已年居而立。次年即東渡日本，考查其政教風俗，回國後授內閣中書。民國建立，屢拒爲官之請，卻注意於文化教育事業，至議設四川省圖書館，自請出任館長，其規模在當時國內尚少。平生尤肆力於詩古文辭，詩作幾數千首，近代凡提到四川詩家時，總是以林、趙並稱。

四川大學圖書館藏。

俯壤華陽黑水江漢爲梁州厥土青黎厥田惟下上
厥賦惟下中厥貢璆鐵銀鏤砮磬熊羆狐狸織皮於
是四隩既宅九州攸同六府孔脩庶土交正厎愼財
賦成貢中國蓋時雍之化東被西漸矣歷夏殷周(當作歷虞夏殷脫虞字衍周字)九州牧伯率職周文爲伯西有九國及
武王克商幷徐合青省梁合雍而職方氏猶掌其地

史隴西太守安平牽宏爲蜀郡金城太守天水楊欣
爲犍爲太守　後主既東遷內移蜀大臣宗預廖
化及諸葛顯等幷三萬家於東及關中復二十年田
租董厥樊建並爲相國參軍　冬分州置梁州遣
厥建兼散騎常侍使蜀慰勞　晉泰始元年春刺
史袁邵以治城將被徵故蜀侍郎蜀郡常忌詣相國
府陳邵撫卹有方遠國初附當以漸導化不宜改易
州將失遐外心相國聽留辟忌爲舍人　冬十月
晉武帝踐祚　二年春武帝宏納梁益引援方彥
用故黃金督蜀郡柳隱爲西河巴郡文立爲濟陰太

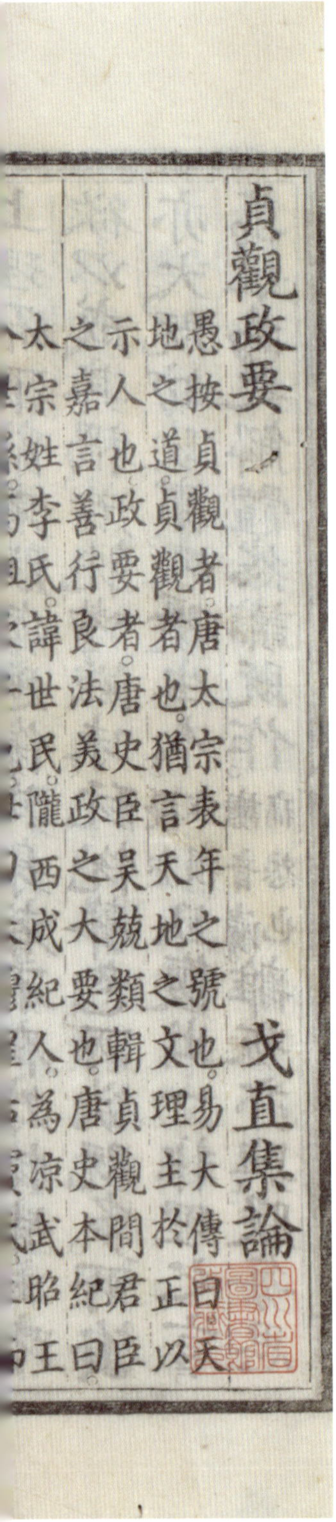

0104 貞觀政要十卷

（唐）吳兢撰 （元）戈直集論

明成化元年（1465）內府刻本 六冊

匡高26.6釐米，廣18.7釐米。半葉十行，行二十字，小字雙行同，黑口，四週雙邊。

吳兢（670—749），汴州浚儀（今河南開封）人。歷官高宗、中宗、武后、玄宗四朝，為著名史家。吳兢供職史館，依據官方卷冊、實錄、奏疏、檔案，詳參舊史，綴集舊聞，撮其要旨，約於開元八年（720）修成《貞觀政要》（一説爲開元十七年後）。在吳兢看來，『太宗文武皇帝之政化，自曠古而來，未有如此之盛者』，『至如用賢納諫之美，垂代立教之規，可以弘闡大猷，增崇至道者，並煥乎國籍，作鑒來葉』。其時政化，良足可觀，至玄宗時已大爲遜色，故編撰本書，進呈玄宗，望其『擇善而行，引而申之，觸類而長』，使『貞觀巍巍之化，可得而致』（《上〈貞觀政要〉表》）。以作施政的鑒戒，這應是本書的編纂目的。全書十卷四十篇，以卷爲類，共二百五十八章，分類記述貞觀年間（627—649）唐太宗與魏徵等大臣間的『嘉言懿行，良法美意』，實爲君臣間的政論問答及大臣諫議、奏疏等，對唐初的政治設施、立國方針、君道政體、歷史借鑒、刑罰貢賦、官員選任、君臣作風、君民關係、道德規範、學術文化、征伐安邊等多有詳述，特别是太宗在貞觀初所說：『治國皆須務本，國以人爲本』，『爲君之道，必須先存百姓，若損百姓以奉其身，猶割股以啖腹，腹飽而身斃』；教育太子時所說『舟所以比人君，水所以比黎庶，水能載舟，亦能覆舟』。相當深刻地指出了國家、百姓、君主三者關係，警世作用是明顯的。唐太宗也成爲後世封建政治家競相稱頌的楷模。《政要》一書，由於對太宗政績及晚年的衰退腐化，均能直書不諱。時有『今董狐』之譽。且記事較新、舊《唐書》及《資治通鑑》爲詳。對唐初『貞觀之治』的歷史經驗亦算一次係統地總結，為研究李世民和初唐政治的重要資料。其所用專題記事，分類排纂的史書編纂方法，亦有獨創特色。元戈直採集柳芳、劉熙等二十二家注釋，於至順（1330—1332）間整理成編，而成『集論』本。今之傳世者多爲此本。

四川省圖書館藏。

元年高祖以唐王受隋禪國號唐明年改元武德封世民為秦王九年立秦王世民為皇太子聽政是年八月即皇帝位明年改元貞觀在位凡二十三年為一代之賢君其言行之美政治之盛與夫任賢使能之方從諫樂善之道大畧皆聚此書也後文宗讀此慨然慕之故太和初政號為清明則是書也不無補於治云

貞觀政要卷第二　戈直集論

論任賢三　論求諫四

論納諫五

任賢第三 凡八章

房玄齡　杜如晦　魏徵　王珪

李靖　虞世南　李勣　馬周

房玄齡名喬以字顯父彥謙仕隋歷刺史玄齡少警敏通經史善屬文開皇中隋方盛容白父曰上無功德徒以周近親妄誅殺亂嫡庶競侈終當滅亡父驚曰無妄言年十八舉進士授羽騎尉校讎秘省侍郎高孝基曰此郎當為國器恨不見其聳壑昂霄耳中原方亂慨然有憂天下之志既事秦王王曰漢光武得鄧禹今我得玄齡猶禹也餘見下文齊州臨淄人也齊州今濟南路隸山

0105 貞觀政要十卷

（唐）吳兢撰　（元）戈直集論

明成化十二年（1476）崇府刻本　六册

匡高26.5釐米，廣18.5釐米。半葉十行，行二十字，小字雙行同，黑口，四週雙邊。有『成化丙申崇府重刊』牌記。

此爲明代藩王刻書。崇府，明吉簡王朱見浚，英宗第七子。天順元年（1457）封，成化十三年（1477）就藩長沙。嘉靖六年（1527）卒。

四川大學圖書館藏。

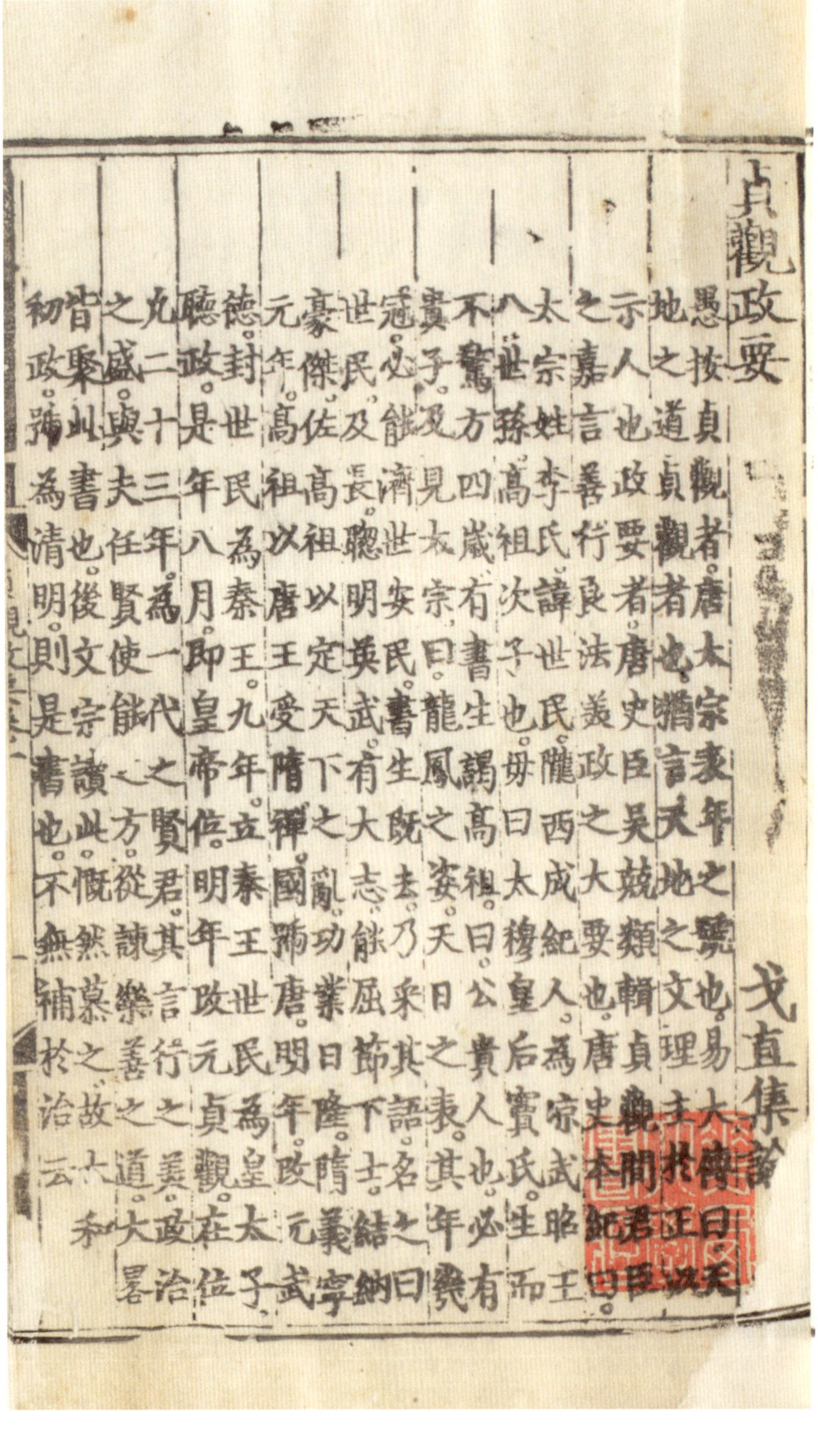
貞觀政要　戈直集論
愚按貞觀者唐太宗表年之號也易大傳曰天
地之道貞觀者也猶言天地之文理主於正以
示人也政要者唐史臣吳兢類輯貞觀間君臣
之嘉言善行良法美政之大要也唐史本紀曰
太宗姓李氏諱世民隴西成紀人為宗武昭王
八世孫高祖次子也母曰太穆皇后竇氏生而
不驚方四歲有書生謁高祖曰公貴人也必有
貴子及見太宗曰龍鳳之姿天日之表其年幾
冠必能濟世安民書生既去乃采其語名之曰
世民及長聰明英武有大志能屈節下士結納
豪傑佐高祖以定天下之亂功業日隆隋義寧
元年高祖以唐王受隋禪國號唐明年改元武
德封世民為秦王九年立秦王世民為皇太子
聽政是年八月即皇帝位明年改元貞觀在位
凡二十三年為一代之賢君其言行之美政治
之盛與夫任賢使能之方從諫樂善之道大畧
皆聚此書也後文宗讀此慨然慕之故大和
初政號為清明則是書也不無補於治云

書立言其托始終之際皆有深意吳
編也始之以太宗問魏徵正身之道終
徵對太宗克終之言其意之所存豈不可
事實考之則二者皆太宗之所不足也何
宗削除禍亂身致升平盈已而納諫任賢而
能恭儉節用寬仁而愛人三代而下之君絶
而僅有者也然於君臣父子兄弟夫婦之
有慚德豈非正身之道有所不足歟太宗之
諫矣而晚年有作碑之失能慎刑矣而晚
君羨之誅能息兵矣復有高麗西域之
用矣復有飛山翠微之作豈非克終之
不足歟合二者而論之則太宗所以不能
者由其不能正身也然則吳氏之
書豈非始言其本而終言其效哉

成化丙申
崇府重刊

貞觀政要卷第十

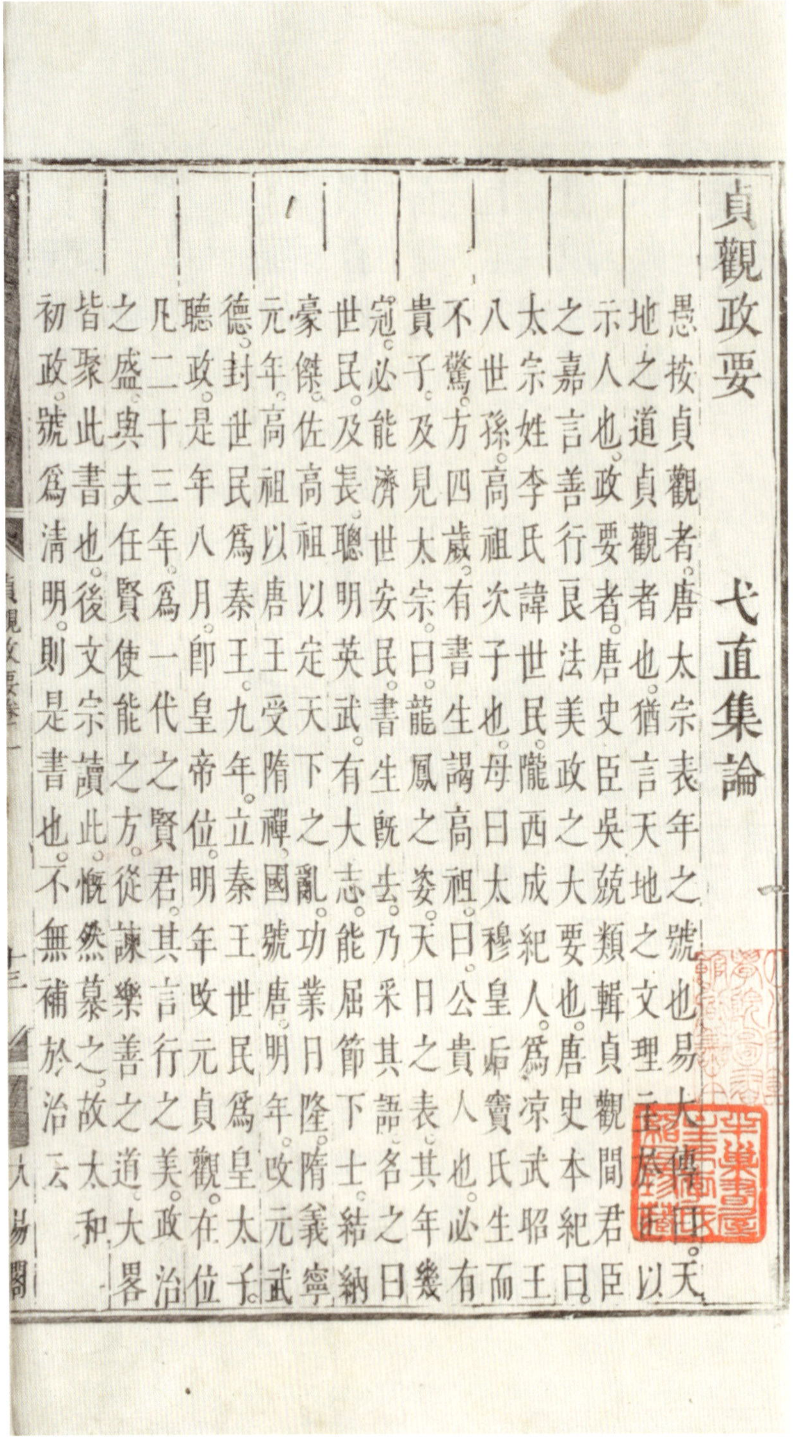

貞觀政要　戈直集論
愚按貞觀者唐太宗表年之號也易大傳曰天
地之道貞觀者也猶言天地之文理云爾以
示人也政要者唐史臣吳兢類輯貞觀間君臣
之嘉言善行良法美政之大要也唐史本紀曰
太宗姓李氏諱世民隴西成紀人爲凉武昭王
八世孫高祖次子也母曰太穆皇后竇氏生而
不驚方四歲有書生謁高祖曰公貴人也必有
貴子及見太宗曰龍鳳之姿天日之表其年幾
冠必能濟世安民書生既去乃采其語名之曰
世民及長聰明英武有大志能屈節下士結納
豪傑佐高祖以定天下之亂功業日隆隋義寧
元年高祖以唐王受隋禪國號唐明年改元武
德封世民爲秦王九年立秦王世民爲皇太子
聽政是年八月即皇帝位明年改元貞觀在位
凡二十三年爲一代之賢君其言行之美政治
之盛與夫任賢使能之方從諫樂善之道大畧
皆聚此書也後文宗讀此慨然慕之故太和
初政號爲清明則是書也不無補於治云
貞觀政要卷一　十三　大易閣

0106　貞觀政要十卷

（唐）吳兢撰　（元）戈直集論

清康熙四十八年（1709）徐惺大易閣刻本　四冊

匡高26釐米，廣18.2釐米。半葉十行，行二十字，小字雙行同，黑口，四週雙邊，版心有字數。

四川師範大學圖書館藏。

0107　當陽縣避難記不分卷

（清）彭延慶撰

稿本　一冊

半葉九行，行二十四至二十五字，白口。有彭蕙芰批，劉鍙、彭述跋。

彭延慶，字衍之，四川丹棱縣人。歲貢生。曾官江西、湖北等地知縣二十餘年。嘉慶元年（1796）『被議來湖北當陽』，行至巫山，遇白蓮教起義，遂避難當陽。是書為彭延慶的事後追記。當陽乃這場戰爭最慘烈之地，彭氏親自參與其中，對當陽城中的攻守戰，城中義軍人物活動，軍中習俗及具體做法，當陽城中各級官員在戰爭中的表現等，都有生動的記述，亦收有以『避難』為主題的詩歌等。書成於嘉慶三年（1798），其所記為作者所親歷者，不失為一部研究清中期遍及五省之域的白蓮教起義問題的第一手材料，具有重要的資料價值。彭蕙芰，丹棱人。嘉慶五年（1800）舉人。

四川省圖書館藏。

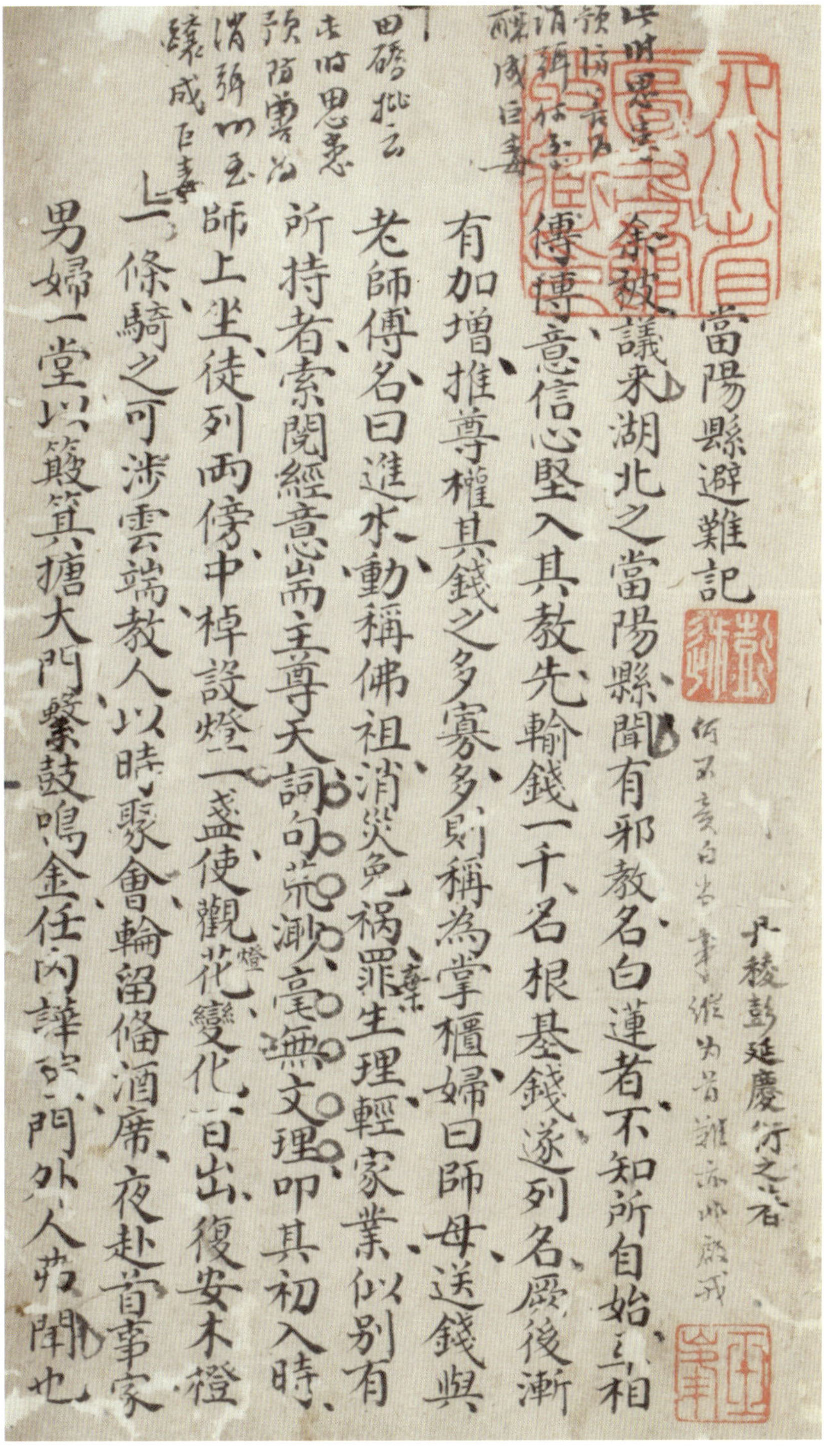

當陽縣避難記

丹稜彭延慶衍之著

余被議來湖北之當陽縣聞有邪教名白蓮者不知所自始立相傳慱意信心堅入其教先輸錢一千名根基錢遂列名厥後漸有加增推尊權其錢之多寡多則稱為掌櫃婦曰師母送錢與老師傳名曰進木動稱佛祖消災免禍罪生理輕家業似別有所持者索閱經意尚主尊天詞句荒謬毫無文理叩其初入時師上坐徒列兩傍中棹設燈一盞使觀花變化日出復安木櫈一條騎之可涉雲端教人以時聚會輪留備酒席夜赴首事家男婦一堂以簸箕擂大門擊鼓鳴金任內譁喧門外人共聞也

（清）彭延慶撰

畧傳

延慶，字衍之，歲貢生，歷江西湖北等省知县，銜二十年。致仕歸。至巫峽之巴东，為白蓮教所劫，乃遷避湖北之當阳。難平返鄉。卒於家。

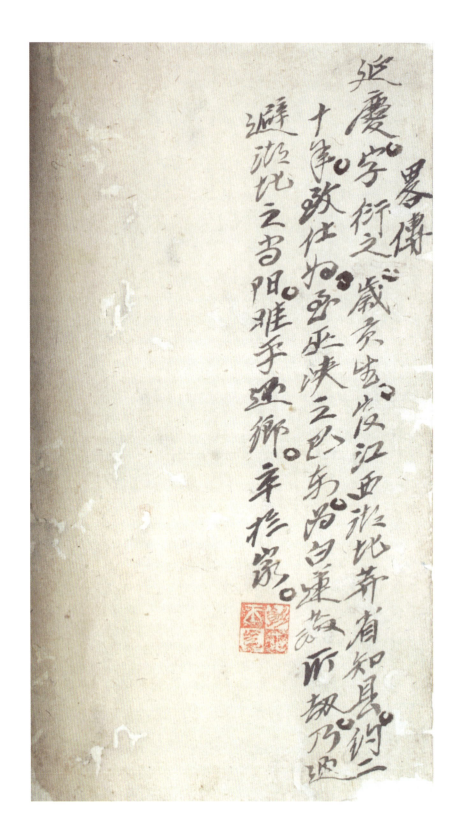

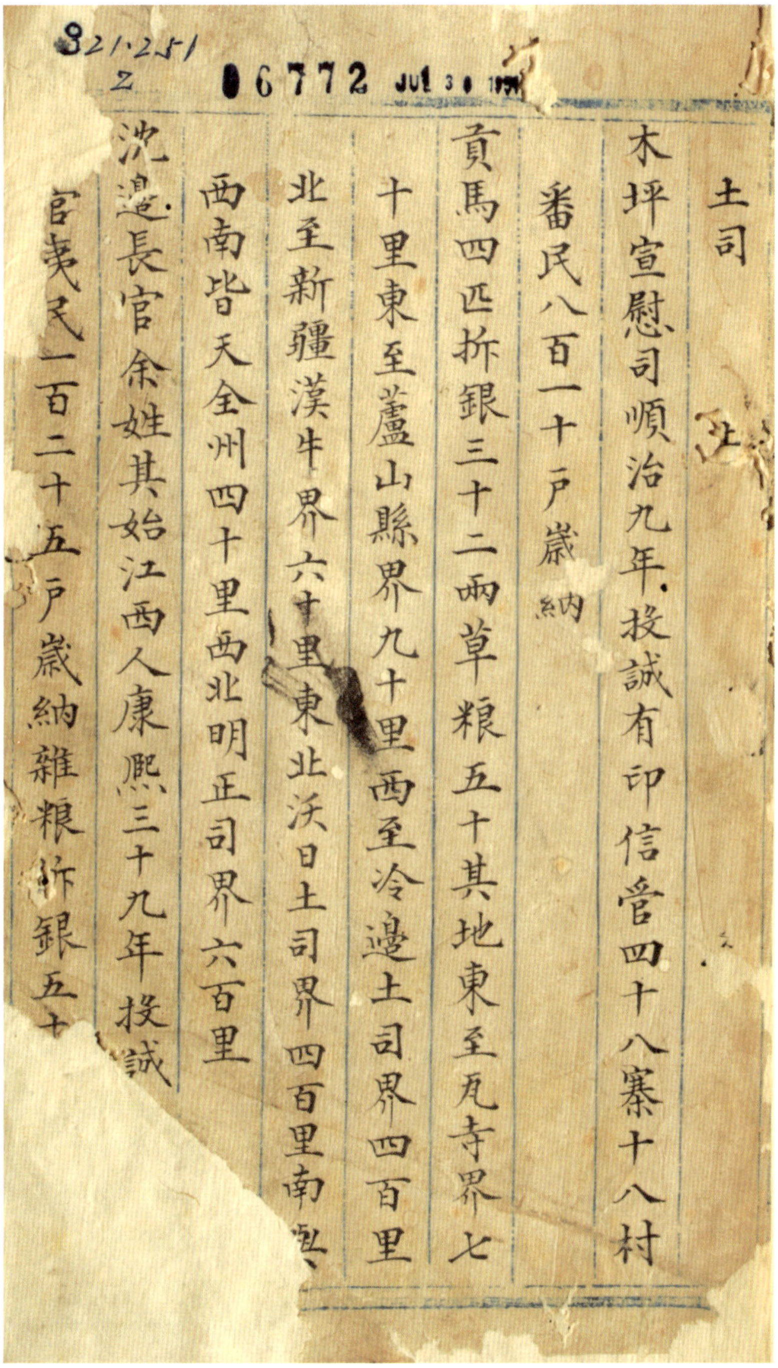
土司
木坪宣慰司順治九年投誠有印信管四十八寨十八村
番民八百一十戶歲納
貢馬四匹折銀三十二兩草粮五十其地東至瓦寺界七
十里東至蘆山縣界九十里西至冷邊土司界四百里
北至新疆漢牛界六十里東北沃日土司界四百里南與
西南皆天全州四十里西北明正司界六百里
沈邊長官余姓其始江西人康熙三十九年投誠
官夷民一百二十五戶歲納雜粮折銀五十

0108　全蜀土司記不分卷

（清）佚名輯

清抄本　一冊

匡高20.7釐米，廣13.8釐米。半葉九行，白口，四週雙邊。

土司，南宋、元、明、清時在西北、西南地區設置的由少數民族充任並世襲的官職。武職有宣慰使、宣撫使、安撫使等；文職有土知府、土知州、土知縣等。所謂以『土官治土民』，即封贈邊疆各族首領官爵以統治本族的辦法。明清時期，特別是雍正以後在民族地區廢除世襲土司，改行臨時任命的流官統治，在原土司地區實行與漢族地區相同的政治制度，即『改土歸流』，土司制度逐漸廢除，但並不徹底，民國時仍有部分土司存在。《全蜀土司記》主要記述了清代四川各地土司的設置情況、管轄範圍、人口、財務、糧草等；駐防設置情況以及駐防官員薪資、報銷、恤養等；協剿、征撫各地的時間以及所用銀兩；免除升科及田地租息收入情況；各書院建築工程花費銀兩及來源，書院官員、教師、學生膏火等。此書存世稀少，且抄寫精美，是四川大學圖書館所藏具有代表性的清代抄本之一。此於清代川省民族地區政治制度，特別是經濟制度史研究是有價值的重要資料。

四川大學圖書館藏。

松坪土千戶康熙四十年投誠頒印管猓玀三十一寨番民七百
五十三戶納條銀一十五兩二分六厘零歸清溪縣東至水登嶺
交峩眉縣界二百里南至峩眉縣太平堡一百二十里西北皆至大
田土界各三百四十里
大田正副土百戶二員康熙十九年頒印乾隆七年改土歸流乾隆
八年因所屬曲曲烏滋釁十年仍改土司管轄十七年改為正副
土百戶管猓玀四十八寨九百八十九戶歲納條粮銀五十兩六錢
七分六厘零於清溪縣東至白岸崗交松坪土司界二十里南
至所九交松坪土司一百五十里西至河道海西底海流交沈村

0109 上諭內閣一百五十九卷

（清）允祿　弘晝等輯

清雍正九年（1731）內府刻乾隆六年（1741）武英殿續刻本　三十二册

匡高20.8釐米，廣14.8釐米。半葉十一行，行二十一字，白口，四周雙邊。

雍正七年（1729）世宗憲皇帝俯允廷臣之請，命和碩莊親王允祿繕錄刊佈上諭。所載起御極之初（1723），止於是年（1729），以雍正九年告成，並刊印。乾隆帝繼位以後，復命和碩和恭親王弘晝編次雍正八年（1730）至十三年（1735）上諭，校正續刻，補為全書。以乾隆六年（1741）告成。雍正朝上承『康熙盛世』、下啓『乾隆盛世』，其在位的十三年間，於國家政治、經濟制度建設等方面，舉措頗多，影響較大，對於清代鼎盛時期的形成具有十分重要的承上啓下作用。《上諭內閣》爲雍正帝告示臣民的命令、詔書類文獻彙編，於清代中期史，特別是雍正時期歷史的研究具有重要的文獻資料價值。

四川大學圖書館藏。

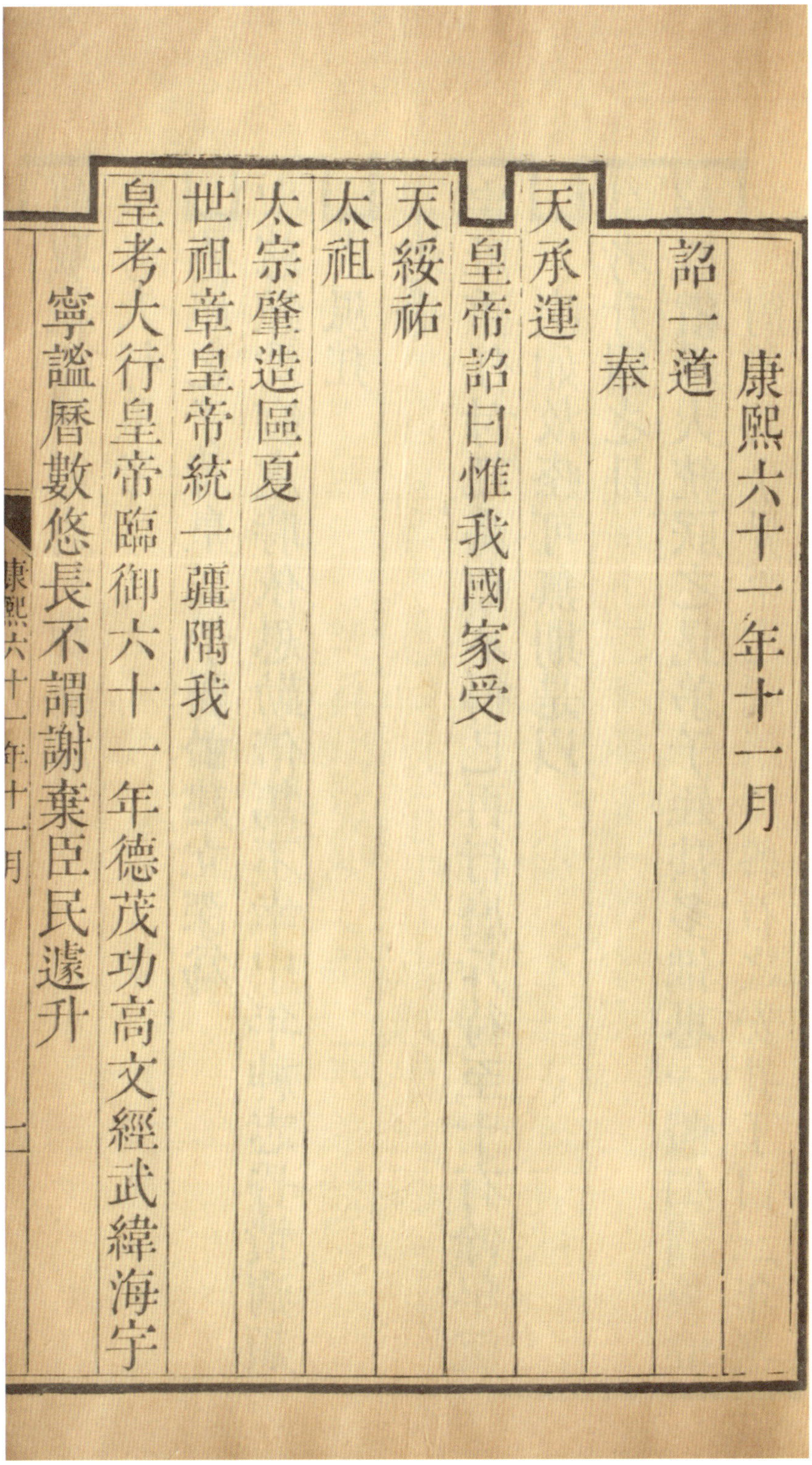
康熙六十一年十一月
詔一道
奉
天承運
皇帝詔曰惟我國家受
天綏祐
太祖
太宗肇造區夏
世祖章皇帝統一疆隅我
皇考大行皇帝臨御六十一年德茂功高文經武緯海宇
寧謐曆數悠長不謂謝棄臣民遽升
康熙六十一年十一月　二

0110 硃批諭旨不分卷

（清）世宗胤禛敕纂

清乾隆三年（1738）內府刻朱墨套印本　一百十一冊

匡高20.5釐米，廣14.7釐米。半葉十行，行二十一字，白口，四週雙邊。

雍正十年（1732）奉敕校刊，乾隆三年（1738）告成。冠以世宗憲皇帝《諭旨》，殿以皇上御制《後序》。所奉硃批，一一恭錄。或在簡端，或在句旁，或在餘幅。少者數十言，多者每至數百言。其肯綮之處，經禦筆圈出抹出者，尤為詳悉。雍正帝在位十三年間，於政之計，無不事必親躬，在除弊制行新政方面力度頗大。吏治的苛嚴，使雍正朝成爲整個封建時代吏治最爲清廉的時期之一。經濟方面，行『地丁稅』，抑制豪強，國庫收入大增。政治制度方面，大規模的『改土歸流』，促進民族地區的穩定和邊疆的安寧，爲清代全盛時期的到來奠定了堅實的基礎。可以說雍正帝應是清代諸帝中最爲勤勉者，卻又因繼位之爭的兄弟相殘，推行新政的嚴刑竣法極大地傷害了既得利益者，以及其個人性格上的刻薄梟乖等問題，而成爲後世毀議最多的一個皇帝。因此，雍正帝應是清史研究中最應重視的皇帝之一。對於他的瞭解和研究，《諭旨》上那些動輒幾百上千言的硃批則是重要的第一手資料。雍正帝的治國思想、行政舉措及個人喜怒哀樂，在硃批中都得到了充分地展現，對我們正確評價雍正帝的功過是非頗具參考價值。

四川大學圖書館藏。

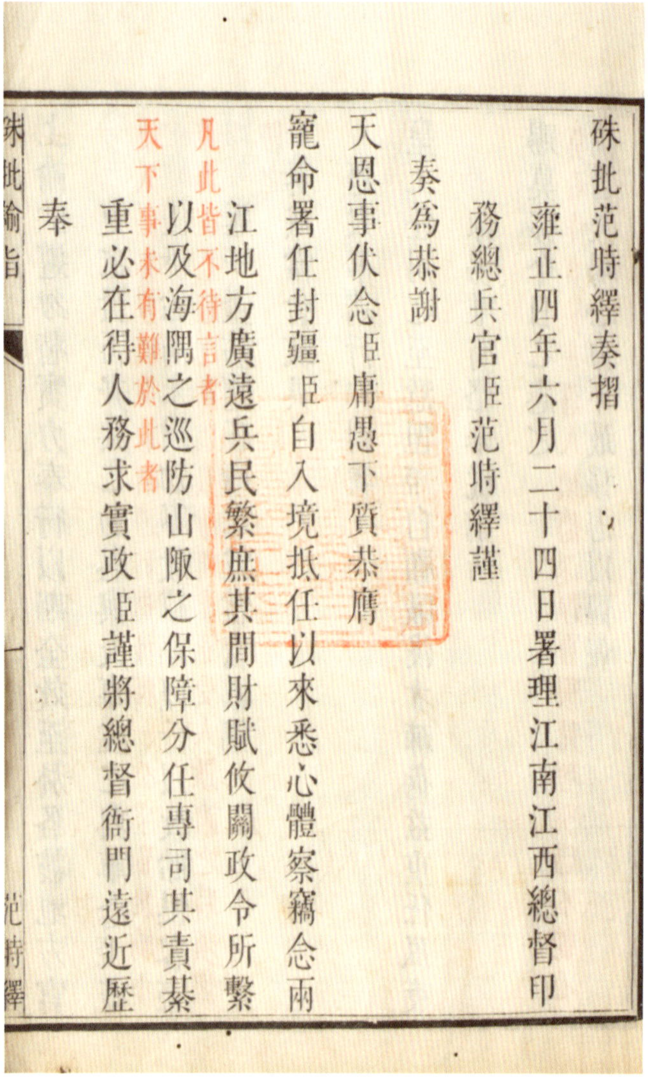

硃批范時繹奏摺

雍正四年六月二十四日署理江南江西總督印

務總兵官臣范時繹謹

奏爲恭謝

天恩事伏念臣庸愚下質恭膺

寵命署任封疆臣自入境抵任以來悉心體察竊念兩

江地方廣遠兵民繁庶其間財賦攸關政令所繫

凡此皆不待言者

以及海隅之巡防山陬之保障分任專司其責綦

天下事未有難於此者

重必在得人務求實政臣謹將總督衙門遠近歷

奏

硃批諭旨　范時繹

0111 大義覺迷錄四卷

（清）世宗胤禛撰

清雍正內府刻本　四冊

匡高21.3釐米，廣15.7釐米。半葉8行，行17字，白口，四週單邊。

《大義覺迷錄》乃雍正帝之詔令。雍正六年（1728），湖南文人曾靜遣徒張熙（化名張倬）赴西安向川陝總督岳鍾琪［（1686-1754）南宋抗金名將岳飛之後。字東美，號容齋，四川成都人。雍正三年（1725）爲川陝總督，後官拜寧遠大將軍投書策反。］信中指責雍正帝為夷狄、暴君、篡位及與岳同謀造反等內容，因岳舉而案發。雍正帝親自參與此案的審訊。曾靜稱：他的『華夷之分大於君臣之倫』源自《呂晚村文集》，導致已死多年的呂留良被銼屍梟首。是為清朝最大的文字獄案。雍正親自編纂了這樁天字號文字獄案的全部諭旨、審訊、口供記錄，共計雍正上諭十道，曾靜口供四十七條，張熙等口供二條，並附曾靜的認罪書《歸仁說》，命名《大義覺迷錄》，刊佈天下。此案的處理結果，呂留良長子呂葆中等相關的一干人等，或刨棺戮屍，梟首示衆，或依律處斬、杖斃、流放。而曾張二人則免罪釋放，讓他們戴罪立功，現身說法，以除流毒。爲示仁懷，留下『朕之子孫，將來亦不得以其詆毀朕躬，而追究誅戮』的遺命。乾隆即位，卻不遵父命，以『曾靜大逆不道，雖處之極典，不足蔽其辜』而凌遲曾靜，《大義覺迷錄》即遭禁毀。作為雍正帝親自編撰的清代最大文字獄案的記錄文獻，雖多矯改隱諱之舉，然是書仍不失為研究清代文字獄的重要資料，頗具文獻價值。因是禁書，流傳不廣，具有重要的版本價值。曾靜，湖南郴州人。

南充市圖書館藏。

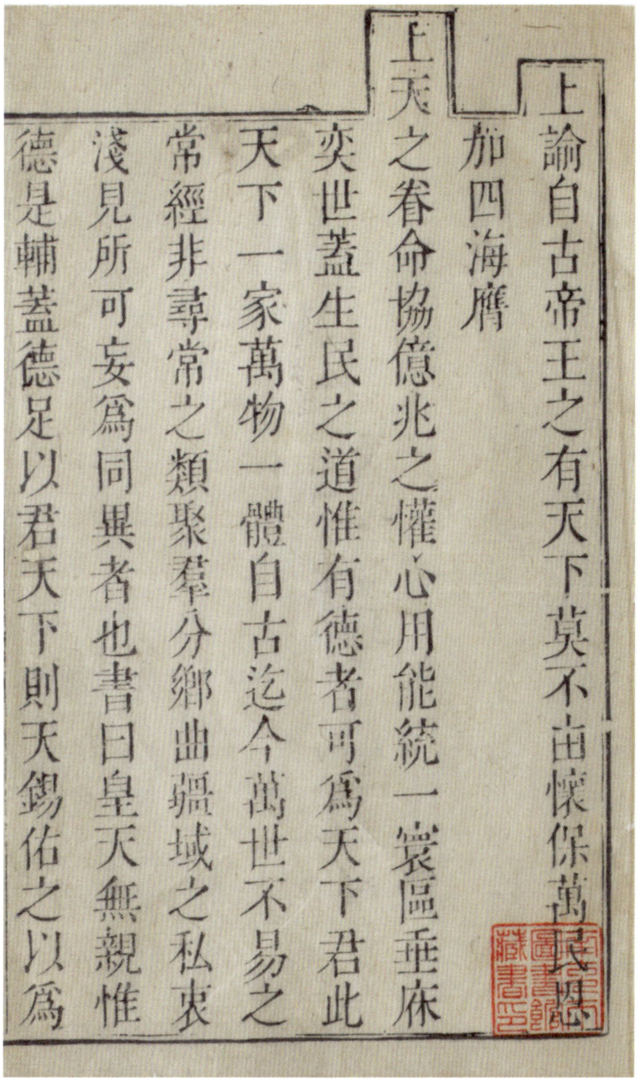
上諭自古帝王之有天下莫不由懷保萬民恩
加四海膺
上天之眷命協億兆之懽心用能統一寰區垂庥
奕世蓋生民之道惟有德者可爲天下君此
天下一家萬物一體自古迄今萬世不易之
常經非尋常之類聚羣分鄉曲疆域之私衷
淺見所可妄爲同異者也書曰皇天無親惟
德是輔蓋德足以君天下則天錫佑之以爲

0112 荆川先生右編四十卷

（明）唐順之輯 劉曰寧補遺

明萬曆三十三年（1605）南京國子監刻本 六十冊

匡高22.3釐米，廣14.5釐米。半葉十行，行二十字，小字雙行同，白口，左右雙邊，版心有字數。

唐順之（1507—1560），字應德，一字義修，號荆川，南直隸武進（今屬江蘇）人。嘉靖八年（1529）進士，官至右僉都御史，巡撫鳳陽。唐氏，於學無所不窺，學識甚博。通曉天文、數學、曆法、地理、兵法、樂律，莫不究其原委。有左、右、文、武、儒、稗六编传於世，学者不能测其奥也。为古文，洸洋纡折有大家风，爲明中葉文章大家之一。事蹟具《明史》卷二百五。《右編》者，取右史記事之義也。是編所錄皆歷代名臣論事之文，凡分二十一門、九十子目。上自先秦下迄元代，古人經綸之跡，『其例起治道，而君相、而宮闈、而方國、而四夷、而六官政事，無不備載』。古來崇論宏議，切於事情，可資法戒者，菁華略備。所謂醫國計者斑斑在焉，經國之士必備者也。然其稿未定而順之歿。後萬曆中焦竑出其所藏稿本，惟其『部分未定，且漢唐名奏遺軼尚多』，南京國子監祭酒劉曰寧[字幼安，南昌（今屬江西）人。萬曆十七年（1589）進士。事蹟見《明史》卷二百一十六。]、司業朱國楨[一作國禎，字文甯，烏程（今屬浙江）人。萬曆十七年（1589）進士。天啓初拜禮部尚書，兼文淵閣大學士。事蹟見《明史》卷二百四十。]仿《左編》義例，惟定其部分，且補其遺軼，刊印行世。是爲此書之首刊本。

四川大學圖書館藏。

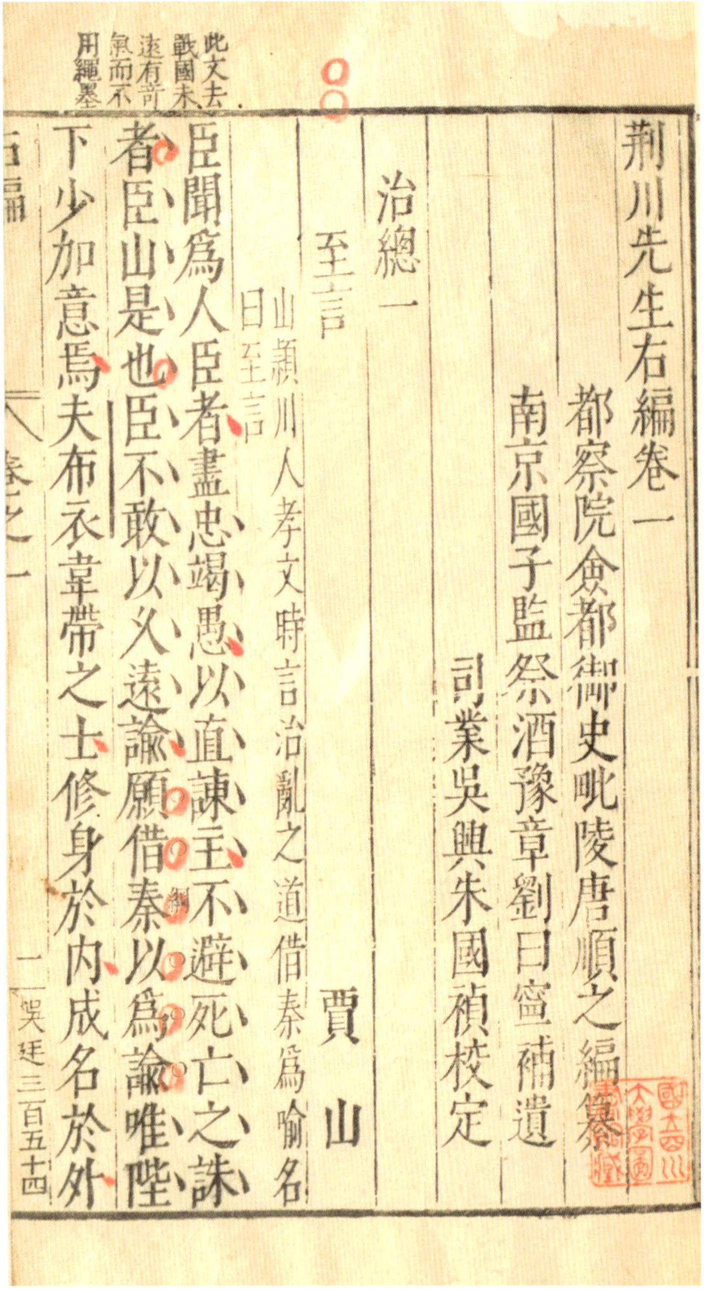
荆川先生右編卷一
都察院僉都御史毗陵唐順之編纂
南京國子監祭酒豫章劉曰寧補遺
司業吳興朱國禎校定
治總一
至言　賈山
山潁川人孝文時言治亂之道借秦爲喻名曰至言
臣聞爲人臣者盡忠竭愚以直諫主不避死亡之誅者臣山是也臣不敢以久遠諭願借秦以爲諭唯陛下少加意焉夫布衣韋帶之士修身於内成名於外

此文去戰國未遠有奇氣而不用繩墨

右編　卷之一

0113　秦漢書疏十八卷

明嘉靖三十七年（1558）吴國倫刻本　十二册

匡高21.3釐米，廣14.8釐米。半葉十行，行二十字，小字雙行同，白口，四週單邊。存十五卷（西漢書疏六卷，東漢書疏九卷）。

是書計秦書疏三卷、西漢書疏六卷、東漢書疏九卷。聶豹序云：『惟是秦漢書疏去古未遠，三代之遺風猶在。敷陳理要，功利生民，裨贊世教，究治亂之原，而不詭乎帝王之道。直而不激，婉而弗迂，曲而中，簡而賅，博而要，使聽之無怒，循之寡失，自六經四書而下，謂文之古不在兹乎！監察徐君獲是本於三泉林監察之所傳，讀而説之，謂是傳宜廣，以不負傳我之教……監察憲古弘化，清治黜穢，奏對有體，稱名禦史是也。嘗訂是編於前巡撫馬中丞，亦謂監察宜刻……校刻為南康推吴國倫。申監察命以速予言，則吉安守黄國卿。刻板藏洞學，使士之遊學於洞者獲縱觀焉，率監察意也。監察姓徐，名紳，字思行，號五台，嘉靖二十年（1541）進士，奉命按江右。』序中所云『洞學』者，當為白鹿洞書院。徐紳，直隸建德（今屬河北）人。此本為吴國倫所刻。國倫字明卿，興國（今屬湖北）人，嘉靖二十九年（1550）進士，擢兵科給事中。因楊繼盛死，倡衆賻送，忤嚴嵩，被謫南康推官。此書之刻，當在其南康任内。

四川大學圖書館藏。

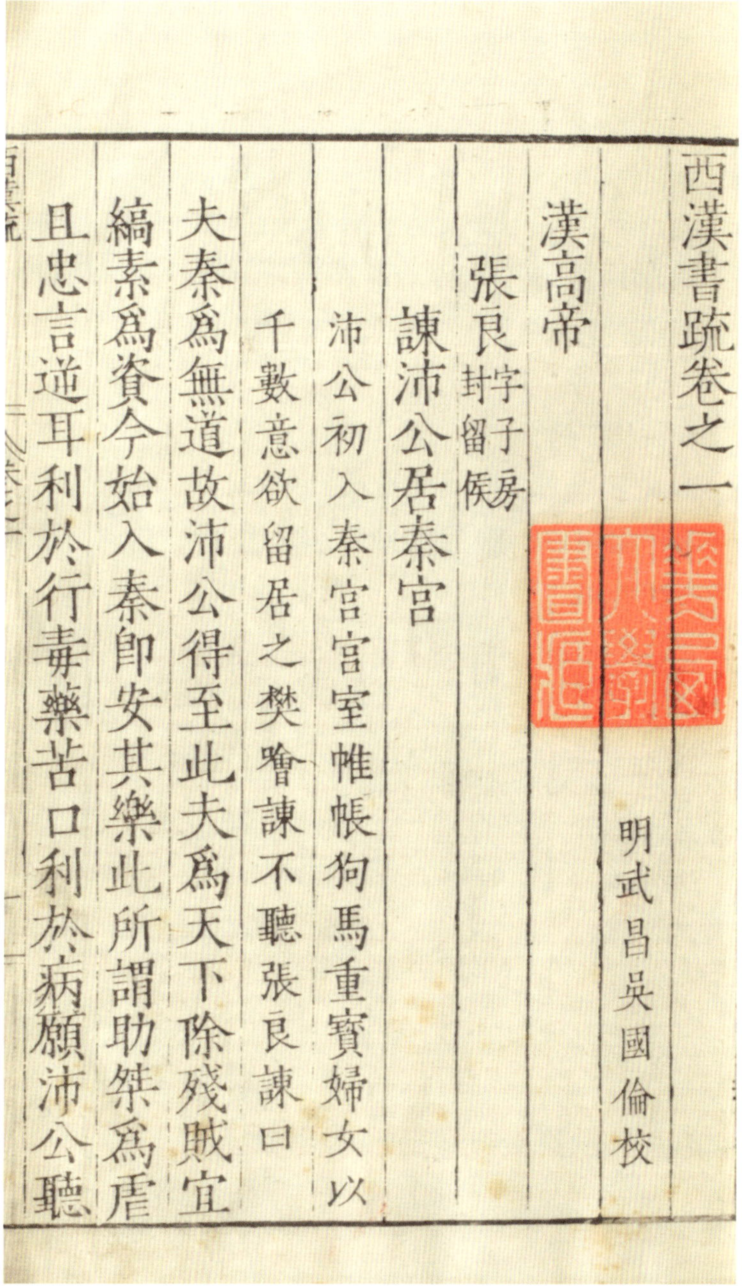
西漢書疏卷之一
明武昌吴國倫校
漢高帝
張良字子房封留侯
諫沛公居秦宫
沛公初入秦宫宫室帷帳狗馬重寶婦女以
千數意欲留居之樊噲諫不聽張良諫曰
夫秦為無道故沛公得至此夫為天下除殘賊宜
縞素為資今始入秦即安其樂此所謂助桀為虐
且忠言逆耳利於行毒藥苦口利於病願沛公聽

東漢書疏卷之一

明武昌吴國倫校

漢光武

耿純字伯山鉅鹿宋子人東光侯

勸光武即位

天下士大夫捐親戚棄土壤從大王於矢石之閒者其計固望其攀龍鱗附鳳翼以成其所志耳今功業即定天人亦應而大王留時逆衆不正號位純恐士大夫望絶計窮則有去歸之思無爲久自苦也大衆一散難可復合時不可留衆不可逆

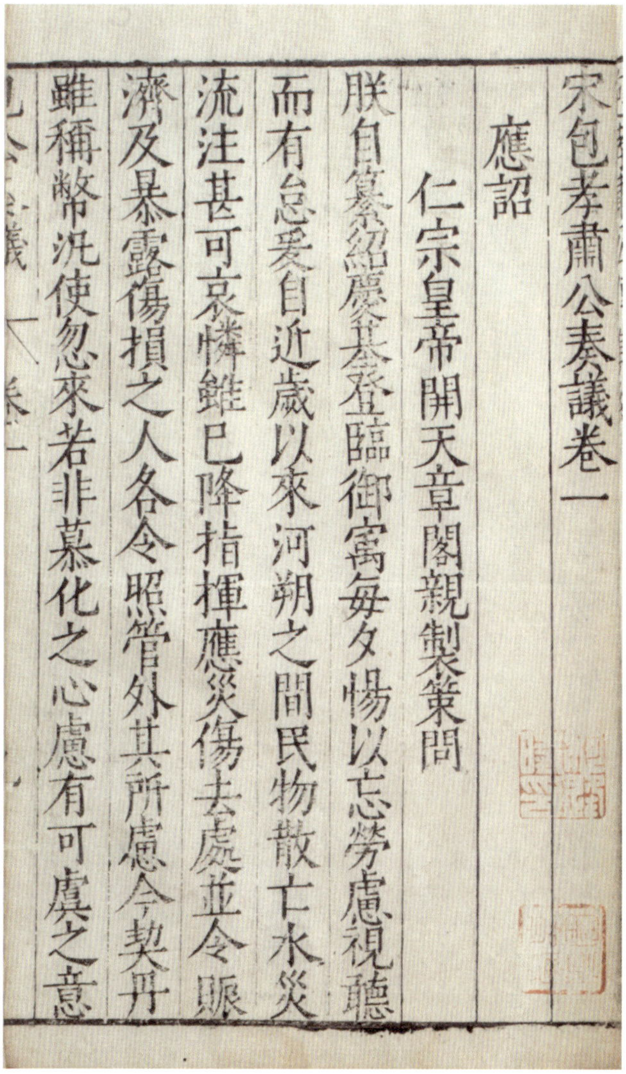
宋包孝肅公奏議卷一
應詔
仁宗皇帝開天章閣親製策問
朕自纂紹慶基登臨御寓每夕惕以忘勞慮視聽
而有怠爰自近歲以來河朔之間民物散亡水災
流注甚可哀憐雖已降指揮應災傷去處並令賑
濟及暴露傷損之人各令照管外其所慮今契丹
雖稱幣況使忽來若非慕化之心慮有可虞之意
包公奏議　卷一

0114 宋包孝肅公奏議四卷

（宋）包拯撰

明萬曆十六年（1588）黄兆聖刻本　四册

匡高22釐米，廣14.3釐米。半葉八行，行十九字，白口，四週單邊。

包拯（999—1062），字希仁，廬州合肥（今屬安徽）人。天聖五年（1027）進士。官監察御史、龍圖閣直學士，累至樞密副使，謚孝肅。《宋史》卷三百一十六有傳。包氏爲官剛正，執法嚴峻，權臣貴戚爲之斂手，爲封建時代清官典型。包拯著述，惟奏議傳世。《包孝肅公奏議》的内容：『民者，國之本也，財用所出，安危所繫』（《請罷天下科率》），爲了富國安天下，應以恤民爲本的政治思想；『法令者，人主之大柄，而國家安危所繫焉，不可不慎』（《上殿劄子》）。法律的製定，必須嚴肅認真，其廢立應慎重行事，反對『製敕才下，未愈月而輒更』（《論詔令數改易》），朝令夕改的做法。這是國家立法的原則；有了法，就必須『賞者必當其功，不可以恩進；罰者必當其罪，不可以倖免』（《上殿劄子》），以法律治天下，要有執法如山的精神。《包孝肅公奏議》所收文章和包拯的議論，對包拯的政治思想、立法思想和執法思想都有基本和完整的展現。於中國法制思想史研究是有價值的資料。這個集子，最初由包拯的門人張田[字公載，澶淵（今屬河南）人。登進士第。熙寧（1068—1077）初直龍圖閣，知廣州。爲人伉直自善，好嫚罵，臨政以清。]以包氏後人所保存的奏稿中選擇一百七十一篇，於治平二年（1065）編成。按其内容分爲應詔、致君、任相、擇官、議兵等三十門，十卷。這個本子，南宋汪應辰於每篇奏章之下一一注明了時間和相關履歷。但汪本流傳極其有限，南宋至明的刻印傳世之本，多本張田的十卷本。此四卷本，爲明黄道月（合肥人）囿於宋張田本『分類繁複，識者病之』而重編者。分為：應詔、君道、舉錯、民事、兵食、求退六部分，都四卷。有甚為簡明合理的特點。此為初刻，且刊印尚佳，今存世者極罕，具有重要的版本價值。

四川省圖書館藏。

宋包孝肅公奏議卷二

君道

晏殊罷相後上

臣聞帝王之德莫大於知人知人則百僚任職天工無曠矣夫宰相者上佐人主以道治天下固非庸材所堪當歷選群卿以補其闕得其人則輿議厭伏非其人則大職隳數治亂之本在茲一舉可不慎之乎臣伏見晏殊罷免　朝廷必更命相此

0115 張允隨奏疏稿不分卷

（清）張允隨 撰

清抄本　十六冊

半葉十一行，行二十三字。

張允隨（？—1751），字觀臣，號時齋，漢軍鑲黃旗人。清朝大臣。張一魁之孫。初入貲為光祿寺典簿，遷江南寧國同知，擢雲南楚雄知府。後長期為官雲南，歷官知府糧儲道、按察使、布政使、巡撫、總督雲貴，至東閣大學士兼禮部尚書加太子太保。雍正、乾隆兩朝中，對雲南銅政貢獻頗大，『允隨綜銅廠事，察知舊廠産尚富，增其值。民樂於開採，舊廠復盛。又開大龍、湯丹諸新廠，歲得銅八九百萬斤供用。乃停採洋銅，國帑省，官累亦除。』（《清史稿・張允隨傳》）張允隨歷官滇黔三十餘年，滇之郡國利病，山川險要，苗、夷情狀，無不熟知。於雲南的軍政、少數民族事宜皆有建樹。如改土為流，請立學，設教職，定學額，軍糧額征等；乾隆初，籌劃雲南農田水利，所謂：『雲南水利與他省不同，水自山出，勢若建瓴。大率水高田低，自上而下，當浚溝渠，使盤旋曲折，承以木梘、石槽，引使溉田』，又疏浚金沙江水道及大理洱海海口，收『海口涸出田萬餘畝』之效。這些符合雲南實際的舉措，對農業生産利益極大。總督雲貴時，在民族問題上，疏言：『苗、倮種類雖殊，皆具人心。如果撫馭得宜，自不至激成事變。臣嚴飭苗疆文武，毋許私收濫派。並禁胥役滋擾。至苗民為亂，往往由漢奸勾結。臣飭有司稽察捕治。』可謂頗具識見。張允隨應是清中期一位具政治識見和實際才幹，且政績頗著的封疆大吏。此為張允隨於雍正八年（1730）至乾隆五年（1740）間的奏疏稿，內容爲其在雲南爲商舶避灘险以筑陸路、疏通水利、鑄造錢幣、開發銅礦等事宜的奏疏，為乾隆中抄本（一般來講，清代官員的奏疏除謄正件上奏外，另有一份底稿留於家中。上奏者，有留中或發還者。此書所據應為張氏家中保存者，既已成編，則應是其後人收集重編者，自非原稿），其傳世者亦僅此帙。於雲南地方史研究是重要的資料。

四川大學圖書館藏。

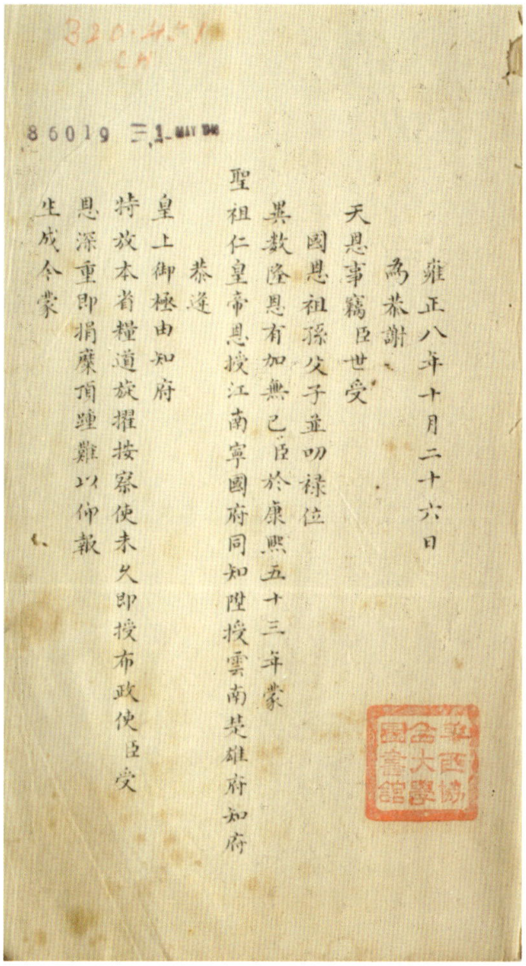

雍正八年十月二十六日
為恭謝
天恩事竊臣世受
國恩祖孫父子並叨祿位
異數隆恩有加無已臣於康熙五十三年蒙
聖祖仁皇帝恩授江南寧國府同知陞授雲南楚雄府知府
恭逢
皇上御極由知府
特放本省糧道旋擢按察使未久即授布政使臣受
恩深重即捐糜頂踵難以仰報
生成今蒙

0115 張允隨奏疏稿不分卷

（清）張允隨撰

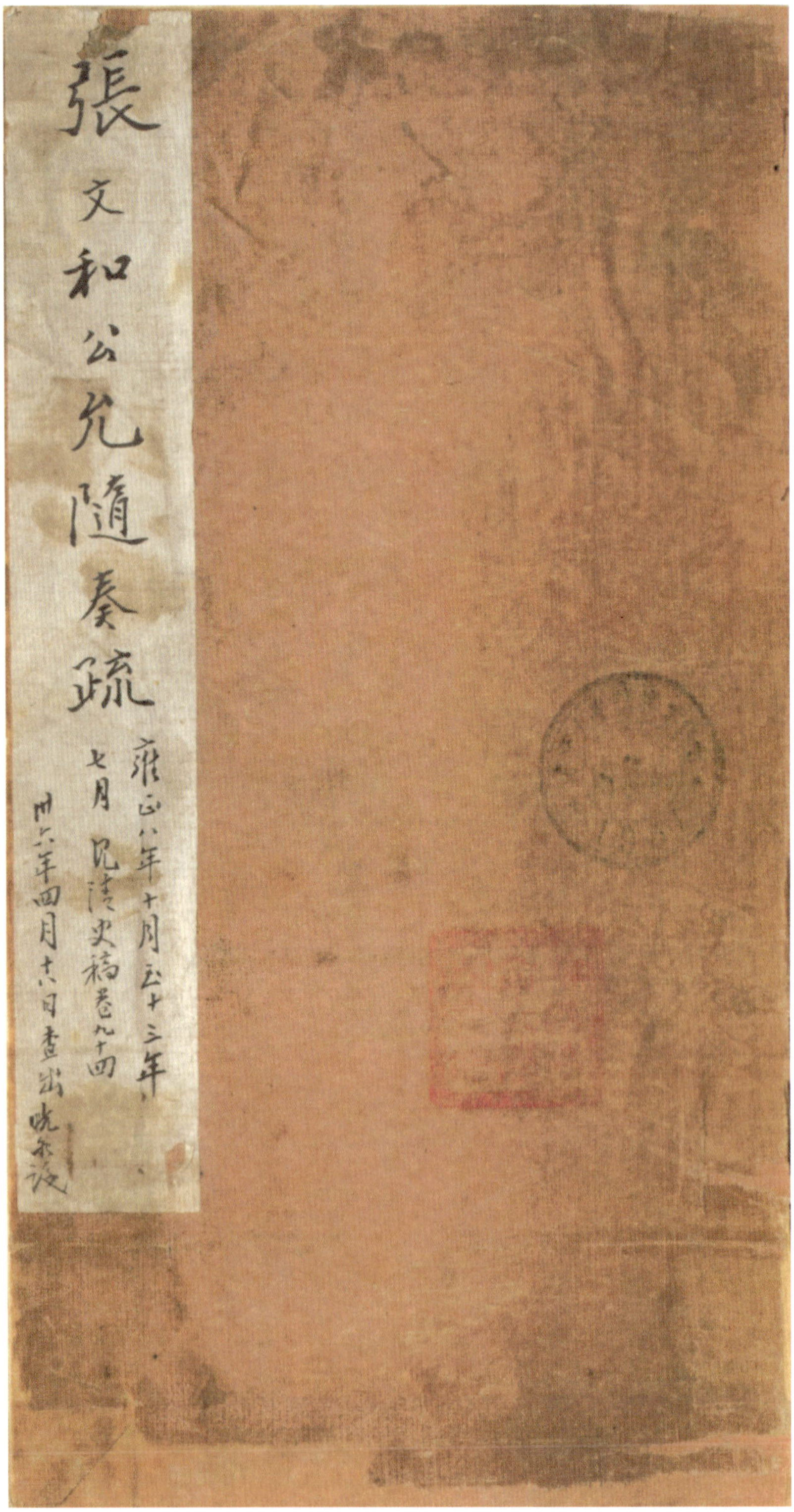

乾隆三年二月十二日

為恭謝

天恩事乾隆三年正月二十七日臣賚摺家奴回賚捧

皇上賜臣

御書福字並野雞鹿肉狍肉到滇臣郊迎至署恭設香案望

闕叩頭謝

恩祗領訖伏念臣以菲才謬膺邊疆重寄毫無報稱之能乃

蒙

聖主隆恩

特頒優賚觀輝煌于

宸翰光帶五雲飫珍錯于

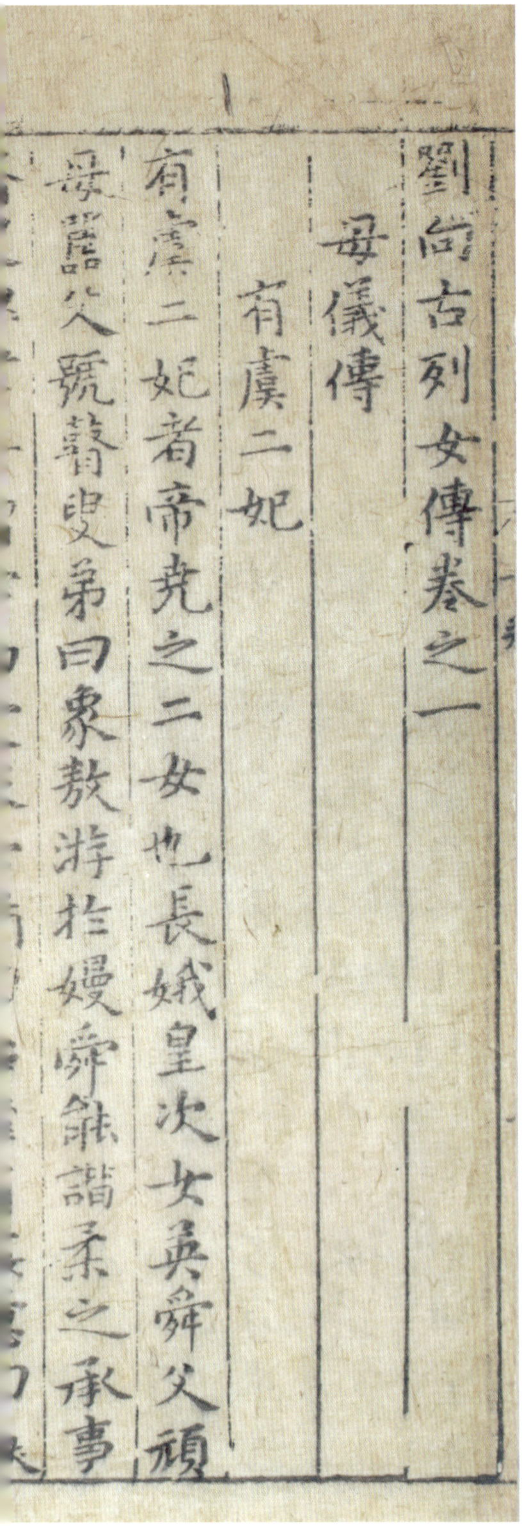

0116 劉向古列女傳七卷 （漢）劉向撰 續列女傳一卷

明萬曆三十四年（1606）刻本 八冊

匡高19.7釐米，廣13.9釐米。半葉十行，行二十字，白口，四週單邊。文字略有抄配，有補圖。李一氓題記，潘潔茲補圖。

劉向（約前77—前6），本名更生，字子政，沛（今江蘇沛縣）人。漢皇族楚元王四世孫。官光祿大夫、中壘校尉。西漢經學家、目錄學家、文學家。曾校閱群書，其《別錄》一書，爲中國目錄學之祖。《劉向古列女傳》全書分母儀、賢明、仁智、貞順、節義、辨通、嬖孽類，以類紀卷，都七卷。每卷記載十五人，卷後有頌，共列一百零五人。始於《母儀·有虞二妃》，終於《嬖孽·趙悼后》。據《後漢書》記載，成帝時趙飛燕姊娣起於微賤，得寵後逾禮制，極奢淫，劉向目睹此景，深爲憂慮，以爲王教由內及外，自控者始，於是採『《詩》、《書》所載賢妃貞婦，興國顯家可法者，及孽嬖亂亡者』，序次爲傳，撰成是書，以諷諫天子。《續列女》傳一卷，爲後人所增，撰人不詳。記東漢以來事，類從劉氏，列出二十人，始於《仁智·周郊婦人》，終於《辯通·梁夫人》等，卷後無頌。《劉向古列女傳》爲中國古代第一部記載著名婦女事蹟的傳記史籍，也開創了史家單爲婦女作傳的先例，《後漢書》增設《列女傳》，自應是受劉向的影響。後世的紀傳體史書也多有《列女傳》的一席之地。至於『列女』到『烈女』之變，則是唐以後的事了，完全是從封建倫理道德出發，爲夫守節方面作想，改變了爲列女作傳是『搜次才行尤高秀者，不必專在一操』（范曄語）的初衷了。是書爲明代著名的徽派新都黃氏所刊，刊印甚精，附圖精美，頗具版本和藝術價值。書中缺損，爲李一氓抄補，並1955、1977年題記兩則。潘潔茲補繪之《周室三母圖》『線條清朗，不輸原刻。既足以完璧，又生面別開』（李一氓語）。潘潔茲，當代著名工筆重彩畫家。

四川省圖書館藏。

後思盡婦道瞽叟與象謀殺舜使塗廩舜歸告二女
曰父母使我塗廩我其往二女[illegible]哉舜既治廩乃

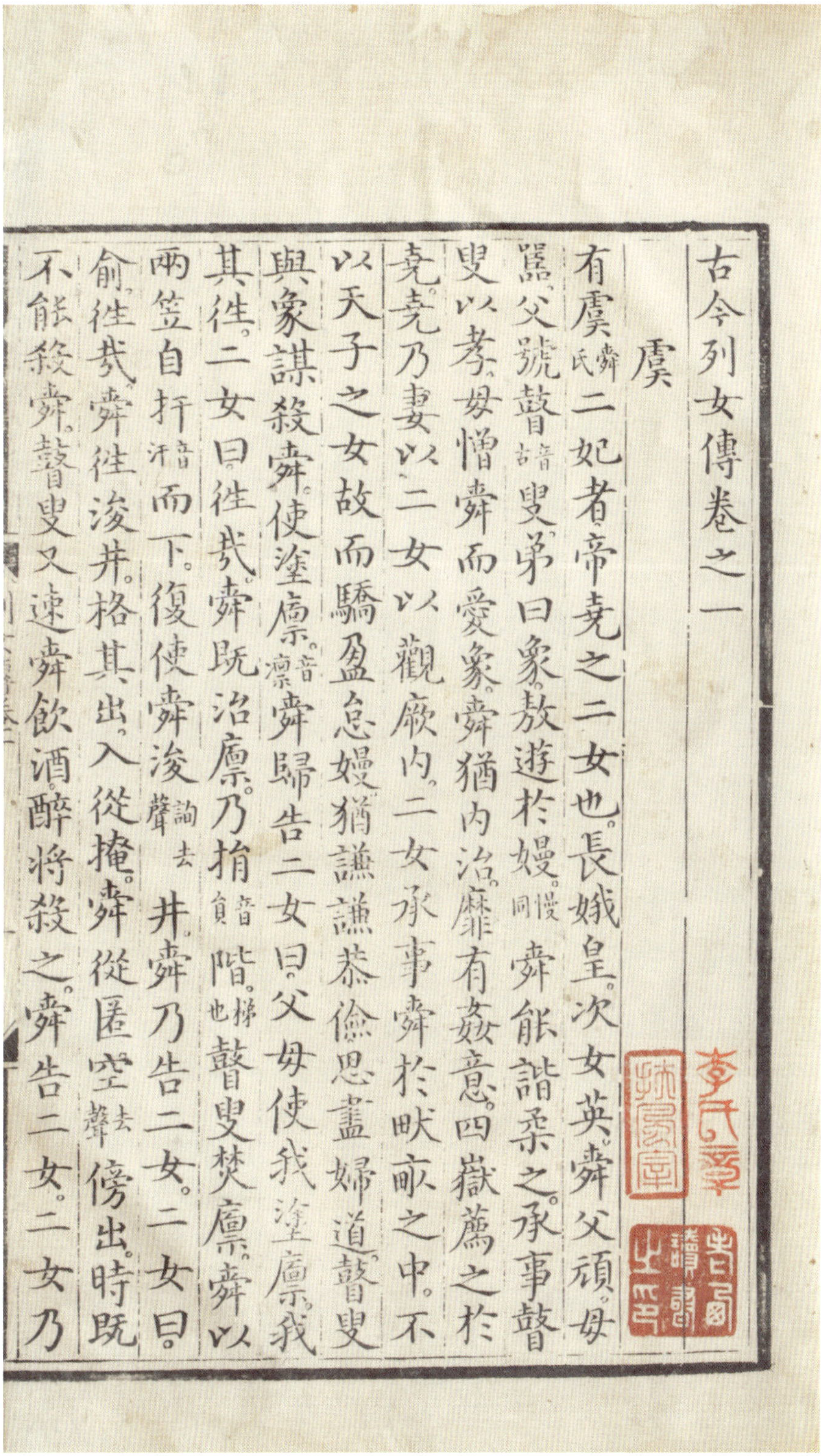

古今列女傳卷之一

虞

有虞（舜氏）二妃者帝堯之二女也。長娥皇。次女英。舜父頑。母嚚。父號瞽（音古）叟。弟曰象。敖遊於嫚（慢同）。舜能諧柔之。承事瞽叟以孝。母憎舜而愛象。舜猶內治。靡有姦意。四嶽薦之於堯。堯乃妻以二女以觀厥內。二女承事舜於畎畝之中。不以天子之女故而驕盈怠嫚。猶謙謙恭儉。思盡婦道。瞽叟與象謀殺舜。使塗廩（音凛）。舜歸告二女曰。父母使我塗廩。我其往。二女曰。往哉。舜既治廩。乃捐（音負）階（梯也）。瞽叟焚廩。舜以兩笠自扞（音汗）而下。復使舜浚（諭去聲）井。舜乃告二女。二女曰俞。往哉。舜往浚井。格其出入。從掩。舜從匿空（去聲）。傍出。時既不能殺舜。瞽叟又速舜飲酒。醉將殺之。舜告二女。二女乃

0117　古今列女傳三卷

（明）解縉等撰

明永樂元年（1403）內府刻本　三冊

匡高21.5釐米，廣14.3釐米。半葉十二行，行二十二字，黑口，四週雙邊。

解縉（1369—1415），字大紳，吉水（今江西吉水縣）人。洪武二十一年（1388）進士。累進翰林學士，兼右春坊大學士。爲人構陷，逮下詔獄死。《古今列女傳》爲解縉等奉敕所撰。是書輯撰歷代后妃、諸侯、大夫妻、士庶人妻生平事蹟。『起自有虞，迄於元明』，計一百七十一人。其資料『漢以前多本之劉向書，後代則略取各史烈女傳，而以明初人附益之，去取頗見審慎』。有『在明代官書之中猶為善本』之謂，是重要的古代婦女傳記資料之一。是刻流傳甚罕。

四川省圖書館藏。

0118 伊洛淵源錄十四卷 （宋）朱熹撰 續錄六卷 （明）謝鐸撰

明嘉靖八年（1529）高賁亨刻本　三冊

匡高19.2釐米，廣14.3釐米。半葉十行，行二十字，白口，左右雙邊。

《伊洛淵源錄》爲宋代理學人物傳記，由理學大家朱熹撰寫，意義不可小視。伊、洛，河南二水名也，以之標誌二程學派發源之地，故名。所記周敦頤、程顥、程頤、邵雍、張載、張戩、呂希哲、范祖禹、楊國寶、朱光庭、劉絢、李籲、呂大忠、呂大鈞、呂大臨、蘇昞、謝良佐、遊酢、楊時、劉安節、尹焞、張繹、馬伸、侯仲良、王蘋、胡安國等的言論和事蹟；及錄入二程門人無記述文字者，近二十人的姓名字型大小以備考；其旨在以前賢矜式後人。是書以二程所開創的『洛學』為理學正宗，突出了二程儒學道統正宗繼承人的地位，對二程的業績記述最詳，並對洛學的為學宗旨作了詳盡的說明。所謂『辯異端似是之非，開百代未明之惑，秦、漢而下，未有臻斯理也』。同時於理學的開山之祖周敦頤，及邵雍、張載等言行事蹟的記載也較詳盡，在史料的選擇上，始終體現他們與二程的密切聯繫。這充分體現了當時洛學的顯學地位。書成於乾道九年（1173），道學宗派之分，則濫觴於此。《伊洛淵源錄》作為第一部記述宋代理學源流、敘其學術思想史的著作，其資料多輯自事狀、行狀、家傳、年譜、奏狀、逸士狀、墓誌銘、祭文、墓表、贊、詩、哀詞、門人書劄、雜記等，可靠性較高，且不少理學資料藉此得以保存，《宋史》之《道學》、《儒林》諸傳多據此書。明人謝鐸仿其例，增補羅從彥、王栢等傳記為續錄。謝鐸（1435—1510），字鳴治，號方石，浙江太平（今屬浙江台州）人。天順八年（1464）進士。授編修，擢南京國子監祭酒。是書為中國哲學思想史，特別是宋代理學學術史研究的重要著作。此為增補本之第一刻。高賁亨，字汝白，號一所，臨海（今屬浙江）人。正德九年（1514）進士。官福建參議。

四川省圖書館藏。

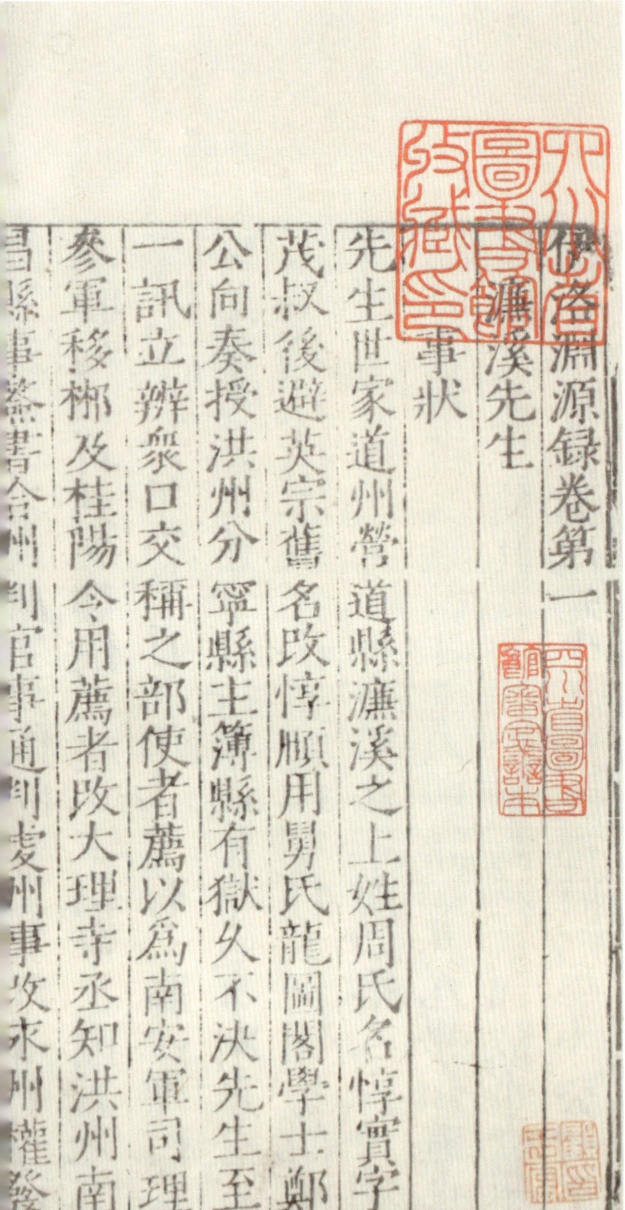
伊洛淵源録卷第一
濂溪先生
事狀
先生世家道州營道縣濂溪之上姓周氏名惇實字
茂叔後避英宗舊名改惇頤用舅氏龍圖閣學士鄭
公向奏授洪州分寧縣主簿縣有獄久不决先生至
一訊立辨衆口交稱之部使者薦以為南安軍司理
參軍移郴及桂陽令用薦者改大理寺丞知洪州南
昌縣事簽書合州判官事通判虔州事改永州權發

0119 伊洛淵源錄十四卷 （宋）朱熹撰 續錄六卷 （明）謝鐸撰

明嘉靖八年（1529）高賁亨刻本 二冊

匡高19.2釐米，廣14.3釐米。半葉十行，行二十字，白口，左右雙邊。存續錄卷一至卷六。

四川大學圖書館藏

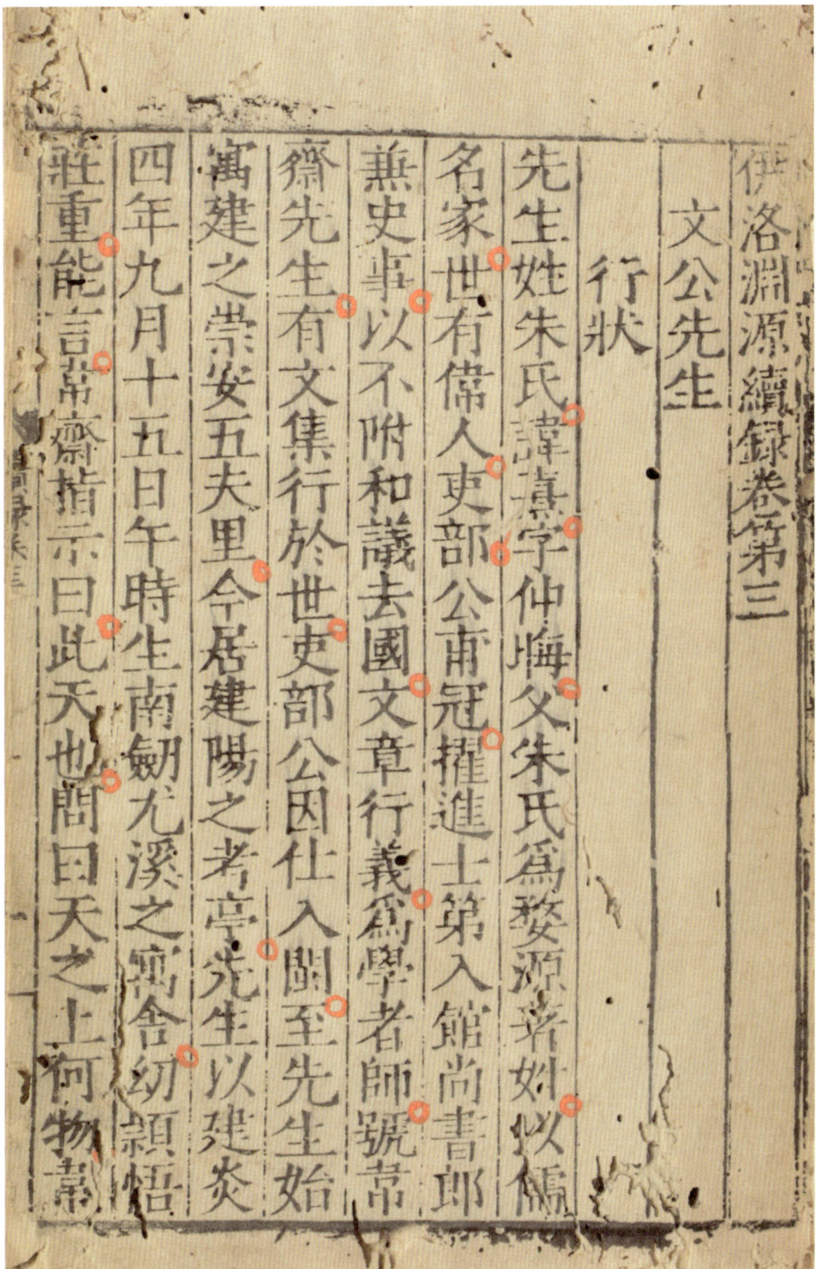
伊洛淵源續錄卷第三

文公先生

行狀

先生姓朱氏諱熹字仲晦父朱氏爲婺源著姓以儒名家世有偉人吏部公甫冠擢進士第入館尚書郎兼史事以不附和議去國文章行義爲學者師號韋齋先生有文集行於世吏部公因仕入閩至先生始寓建之崇安五夫里今居建陽之考亭先生以建炎四年九月十五日午時生南劍尤溪之寓舍幼穎悟莊重能言韋齋指示曰此天也問曰天之上何物韋

0120 聖蹟圖不分卷

（明）孔胤植 呂兆祥輯注

明崇禎刻本 一冊

匡高18.2釐米，廣29.2釐米。行十九字，白口，四週單邊。李一氓題跋。

《聖跡圖》未題撰者。此書的繪事者不詳，據本書韓爌崇禎二年（1629）《聖蹟圖序》云，此書的輯注者應是孔對寰和呂兆祥。孔胤植（1592—1647），字懋甲，號對寰，孔子六十五代孫。天啓元年（1621）襲封衍聖公。七年（1627）加太子太保，崇禎三年（1630）晉太子太傅。呂兆祥，海鹽（今屬浙江）人。生平不詳。明末時在世。有《宗聖志》、《陋巷志》、《東野志》等書。自漢以來，為孔子作畫和塑像成為懷念和歌頌孔子的主要形式。唐人吳道子的《孔子行教圖》就是不可多得的傳世珍品。明代出現了按編年順序反映孔子畢生言論事蹟的連環畫冊，這時的孔子已經脫凡入聖，這些畫冊被作『聖蹟圖』。現今傳世的聖蹟圖，以明正統九年（1444）張楷爲之序者為最早，以下各代多有刊繪者，對孔子事蹟的擷取又各有不同，形成了從內容到版本的不同和多樣。此韓爌序《聖蹟圖》，以圖文形式，記述孔子一生之重要事蹟；輯注者以孔子年譜中的相關文字為其作注。圖始於《至聖先師讚》，至《漢高帝祀太牢圖》，共三十六幅。是書採用左圖右文的刊印形式，圖畫刊印較好。中國古代在書籍中繪以插圖的起源較早，這在宗教類典籍中配有大量的以宗教題材為內容的繪畫得到充分印證。而這種連環圖的形式起源要晚於插圖本形式者，其閱讀物件大概應是蒙童和文化相對較低之人。此書為中國古籍文獻中之早期連環圖畫類典籍，流傳極罕。

四川省圖書館藏。

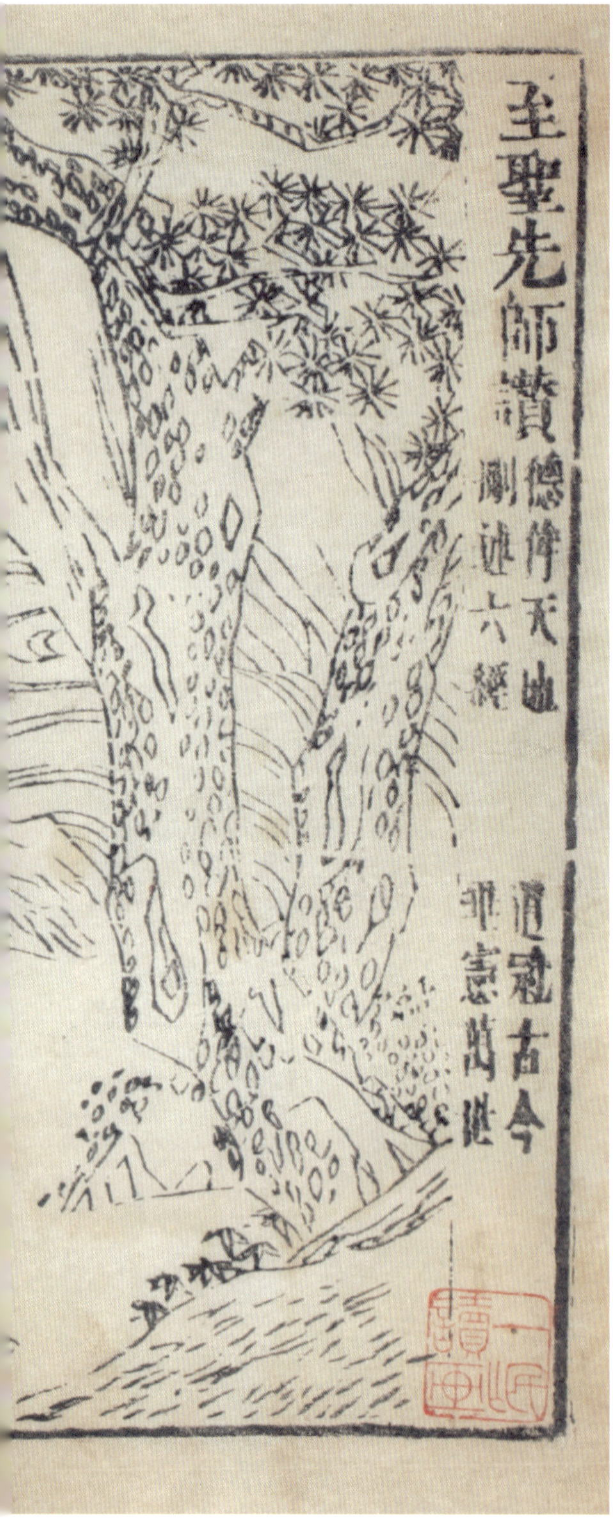

聖蹟圖目錄

0121　松生府君年譜不分卷

（清）丁立中撰

清光緒二十五年（1899）稿本　三冊

匡高19.6釐米，廣11.5釐米。半葉九行，行二十五字，白口，四週雙邊。

《松生府君年譜》爲丁丙年譜。丁丙（1832—1899），字嘉魚，別字松生，晚號松存，錢塘（今杭州）人。清後期全國四大藏書家（丁氏八千卷樓、山東聊城楊氏海源閣、江蘇瞿氏鐵琴銅劍樓、浙江歸安陸氏皕宋樓）之一。太平軍役，清代皇家藏書七閣之一的杭州文瀾閣毀，所藏文瀾閣《四庫全書》散佚，丁申、丁丙兄弟收而藏之，歷時三十年，得書萬餘冊。光緒間重建文瀾閣，丁丙既還其書；是閣之藏，得以流傳至今，丁氏兄弟功莫大焉。丁氏兄弟收藏《四庫》之書，構堂以儲之，額曰『嘉惠』，即『嘉惠堂』，盖因搜求文瀾閣《四庫全书》之举，得到光绪帝的『嘉惠艺林』谕旨，故名。又辟後八千卷樓，皆《四庫》未收書，繼辟小八千卷樓，所藏皆善本，據之以成《善本書室藏書志》。丁氏除收求藏書外，亦抄、刻書籍。其抄本以八千卷樓名之，因其精審，故極有名，藏家多重之；輯刊之書，以嘉惠堂名之，多以錢塘的地方文獻為主。《年譜》撰者，丁立中，字和甫，丁丙之子。有《八千卷樓書目》，所著錄之書一萬五千餘種，每書所錄書名、卷數、版本，為目錄學家譽為『最好最完備之書目』。該《年譜》撰述甚詳，於丁丙研究是極重要的資料。

四川師範大學圖書館藏。

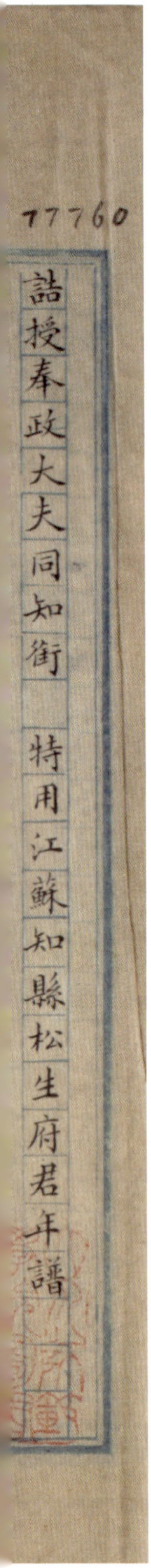

鈞去者仍
留因要改
李口氣不合

君五世祖當明魯藩監國越中　天兵討之土匪乘間掠村落妣
周氏投水盡節事載省志瑞南公遷家於杭以孫可學官
馬　封承德郎是為遷杭之祖又三傳至躍舟公諱大容　授
徵仕郎　純廟南巡迎　駕　賞緞疋妣氏徐氏汪封孺人是為
府君之高祖考妣躍舟公生敬與公諱戟　封中憲大夫錢邑庠

此條亦事實要
閑素之風上
此條擬匿刪
空存
記中並未列名
僅于重陽庵
註中有此一語

一應掩埋有由橫河橋許紳捐資掩埋者有由黃君斯馨中耀經
辦者有由民捐民辦者恐年久湮沒均重加修築每歲由同善
堂致祭焉
五月監造吳山阮文達公祠
方鼎銳碑記吾鄉阮文達公之於浙也為學政為巡撫經術治
績載在國史列諸志乘同治戊辰浙之諸縉紳李品芳杜聯等
議請建公祠於阮墩未果墩以阮名蓋昔日公濬湖之所築也
越六年癸酉再申前議遂呈請由丞具奏奉　旨俞允吳山道
士沈際祥知為公祠願獻重陽福地基址計方千餘尺以經費

有碑記方鼎銳撰

0122 多爾衮攝政日記不分卷（原題皇父攝政王起居注）

（清）李若琳等記錄

清順治抄本　一冊

半葉十四行，行三十一字，白口。王季烈跋，劉文興題識。

多爾衮（1612—1650），清太祖（努爾哈赤）第十四子。愛新覺羅氏。封和碩睿親王。崇德八年（1643）世祖即位，與濟爾哈朗同輔政。後自稱攝政王，獨攬大權。起居注者，乃帝王之言行錄也。多氏攝政，雖有帝王之實，然終非帝王。題作《皇父攝政王起居注》，或攝其威，或示尊崇，非制也。今據文獻著錄規則和是書體例，改題『日記』。所記順治初多爾衮攝政諸事。此為弘文院鈔呈上覽之本。多爾衮的起居注，即《多爾衮攝政日記》所載爲多爾衮與他的大學士們廷議的記錄。《日記》的內容從清初反對之声极大的『剃头』之事，及對地方官員錯誤的酌量處置的討論和建造宮殿所用横樑的尺寸和費用，到明朝皇帝的婚姻習俗，無所不包。如是之載，蓋因進入北京後，創建各項制度之需，故廷議內容與此相關。《日記》遇『王上』、『皇叔父』等字皆提行，以示尊崇。此鈔本起順治二年（1645）五月二十九日，迄七月初九日。李若琳，山東新城人。明天啓二年（1622）進士。官檢討。順治初歸清，授原官，累官禮部左侍郎。《日記》對清初史研究极具史料價值。民國三十六年（1947）一月二十八日《中央日報》刊載《清初皇父攝政王多爾衮起居注跋》對鈔本評介尤詳。

四川師範大學圖書館藏。

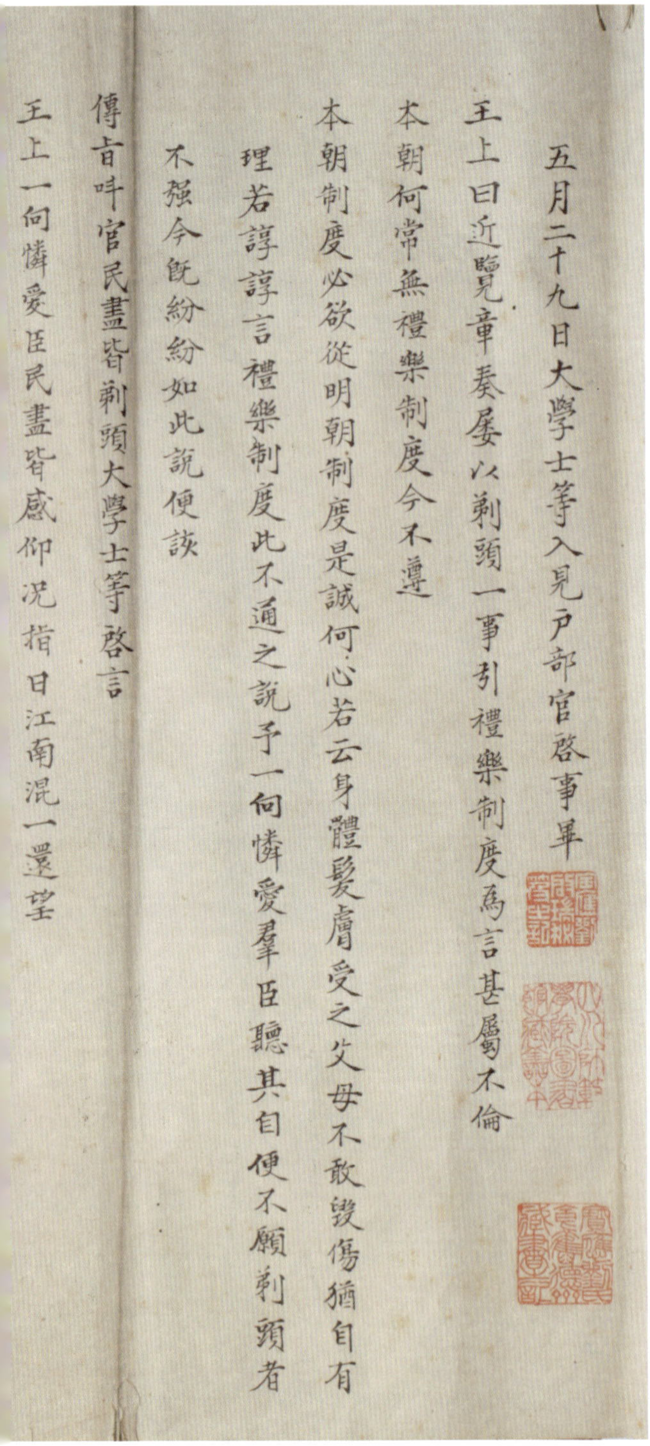
五月二十九日大學士等入見戶部官啓事畢
王上曰近覽章奏屢以剃頭一事引禮樂制度爲言甚屬不倫
本朝何常無禮樂制度今不遵
本朝制度必欲從明朝制度是誠何心若云身體髮膚受之父母不敢毀傷猶自有
理若諄諄言禮樂制度此不通之說予一向憐愛羣臣聽其自便不願剃頭者
不強今既紛紛如此說便該
傳旨叶官民盡皆剃頭大學士等啓言
王上一向憐愛臣民盡皆感仰況指日江南混一還望

清初皇父攝政王起居注

右皇父攝政王起居注紀清初攝政王多爾袞入關諸事順治時弘文院恭寫進呈御覽本也舊藏清廷內閣大庫世固不易見也宣統時始流出後爲　家君得之先是宣統元年己酉內閣大庫東垣圯　家君時方任閣讀奉翰命檢庫藏得宋本玉牒宋三蕃慶系表宋元善本數百種均請諸翰别度之即今北平圖書館藏諸秘笈是也而世誤信王靜安說謂雪堂羅丈請於張南皮相國爲之蓋得諸傳聞余昔年渡遼謁丈丈殊不自承也至於此冊則與清代黑翰起居注同厠庫檔中　家君初未重視僅以其書冊博大與別冊異稍留意而已逮及詳考乃有異

王上又問如何降處大學士等言前朝有降調者亦有降一二級照舊者
王上曰還實降爲是著降兵道用大學士等啓要降兵道須更調地方否在本處

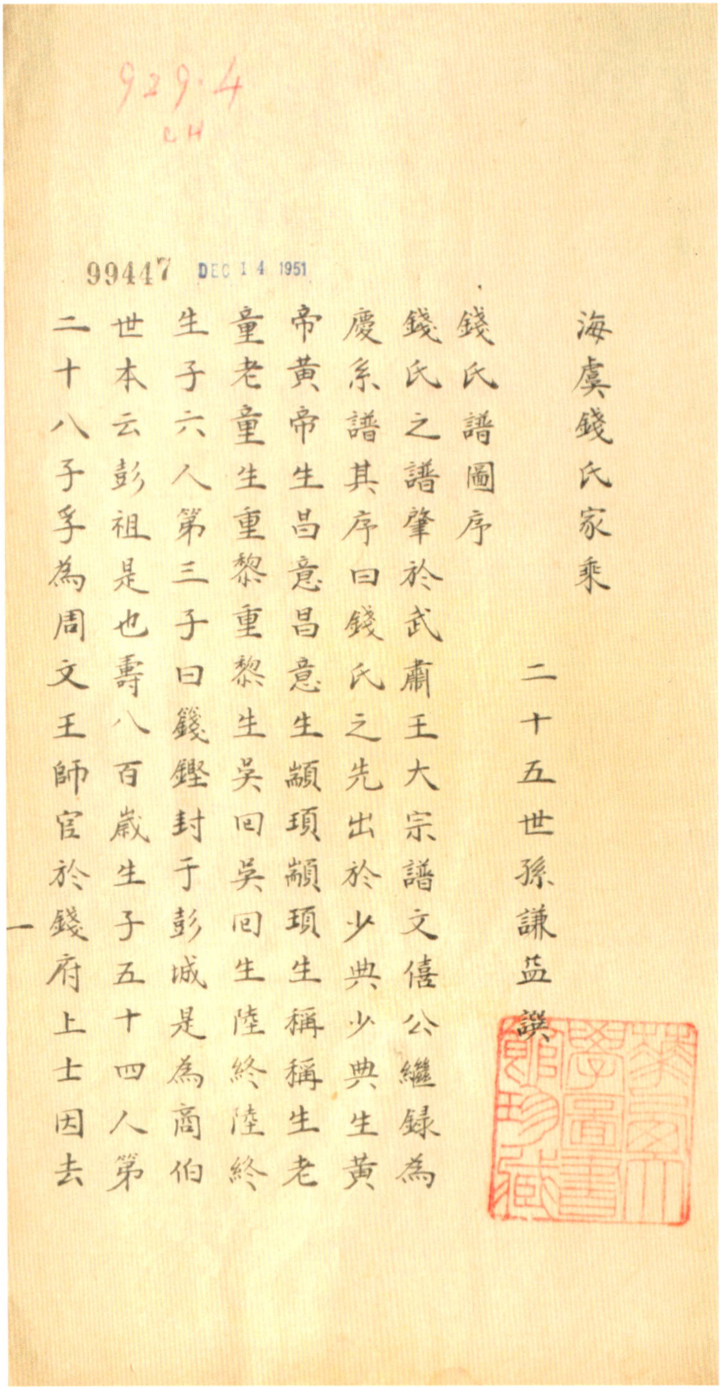

海虞錢氏家乘
二十五世孫謙益譔
錢氏譜圖序
錢氏之譜肇於武肅王大宗譜文僖公繼録為慶系譜其序曰錢氏之先出於少典少典生黄帝黄帝生昌意昌意生顓頊顓頊生稱稱生老童老童生重黎重黎生吴回吴回生陸終陸終生子六人第三子曰籛鏗封于彭城是為商伯世本云彭祖是也壽八百歲生子五十四人第二十八子孚為周文王師官於錢府上士因去

0123 海虞錢氏家乘二卷

（清）錢謙益撰

清抄本　三冊

半葉十行，行十八字，小字雙行不等。

錢謙益（1582—1664）字受之，號牧齋，晚號蒙叟，東澗老人。清初詩壇的盟主之一。常熟（今江蘇常熟）人。明萬曆三十八年（1610）一甲三名進士，他是東林黨的領袖之一，官至禮部侍郎。錢謙益學問淵博，泛覽子、史、文籍與佛藏。作為詩人，他開創了有清一代詩風。作為史學家，他早年撰《太祖實錄辨證》五卷，立志私人完成國史，雖曾兩次欲修明史未能如願，但人們對他史學才能極度推崇，稱『虞山尚在，國史猶未死也』。他作為收藏家，盡得劉鳳、錢允治、楊儀、趙用賢四家書，更不惜高價廣肆購求古本，構築『絳雲樓』，收藏宋元孤本書於其上，『所積充牣，幾埒內府』。他對版本目錄亦十分精通，其《絳雲樓書目》對宋元版本情況多有記載，是一部極有價值的私家藏書目錄。此為錢氏自撰譜牒，於錢氏家族世係之瞭解，謙益之生平活動研究應是有價值的資料。是書作為文化名人家譜，傳世不多。

四川大學圖書館藏。

0124 崇禎六年（1633）四川鄉試錄一卷

明崇禎刻本 二冊

匡高22.4釐米，廣15.6釐米。半葉九行，行字數不等，黑口，四週雙邊。

《崇禎六年四川鄉試錄》，編纂者無考。本書內容：是年鄉試主管人員名錄、全省中舉名錄、三場考試試題、應試佳作範文及考官批語等。此為檔案性質之類的官書，所載資料的準確性和可靠性是其特點。此類文獻，各省皆備，當世絕多，然素不為藏家所重，至傳世稀少。今之科學研究，舉人查檢之難甚於進士。進士之檢，尚有《明清進士題名碑錄》之類工具書可用，然人數更多的舉人之查檢，多賴之於方志，皆資料散佚之故也。此崇禎間者，則更為罕睹。作為明代四川科舉制度研究的第一手資料，具有重要的文獻價值。此本刊印俱佳，為崇禎本中之上佳者。

四川省圖書館藏。

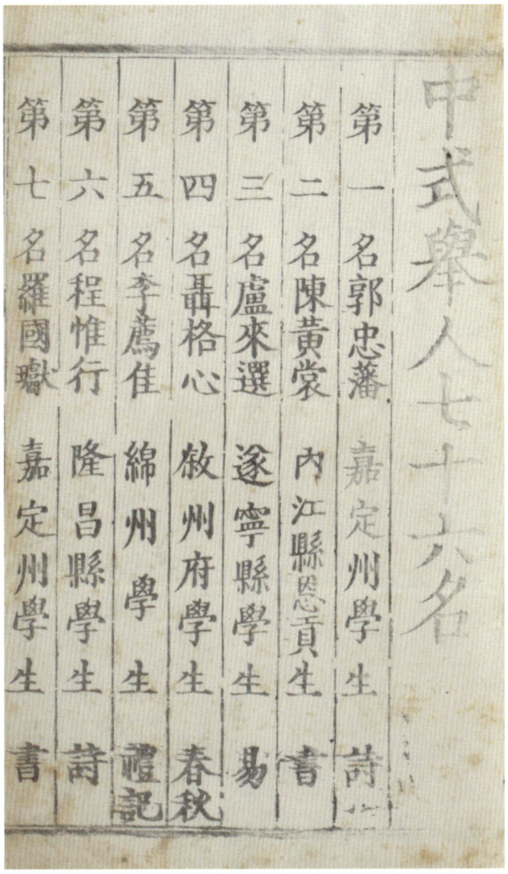
中式舉人七十六名
第一名郭忠藩 嘉定州學生 詩
第二名陳黄裳 內江縣恩貢生 書
第三名盧來選 遂寧縣學生 易
第四名聶格心 敘州府學生 春秋
第五名李薦佳 綿州學生 禮記
第六名程惟行 隆昌縣學生 詩
第七名羅國璥 嘉定州學生 書

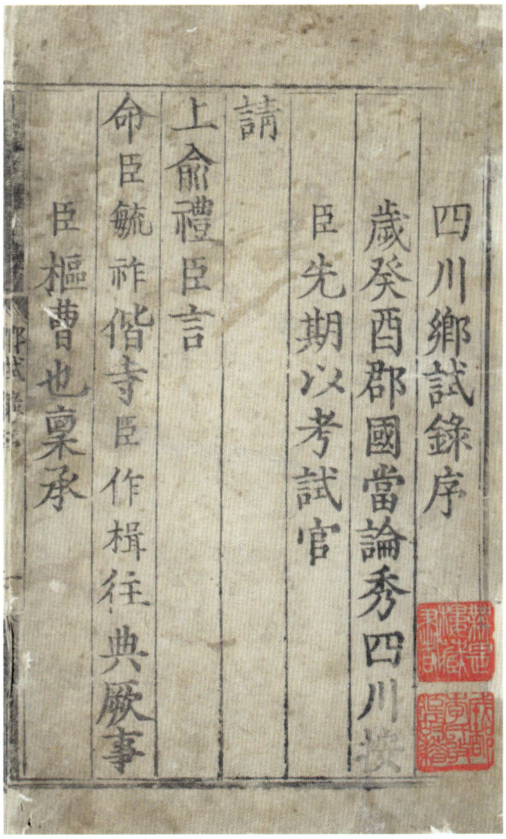
四川鄉試錄序
歲癸酉郡國當論秀四川按
臣先期以考試官
請
上命禮臣言
命臣毓祚偕寺臣作楫往典厥事
臣樞曹也稟承

0125　歷代史纂左編一百四十二卷

（明）唐順之輯

明嘉靖四十年（1561）胡宗憲刻本　九十册

匡高21.3釐米，廣14.4釐米。半葉十行，行二十字，白口，四週單邊，版心有字數。存一百二十四卷（卷三至八十七、卷一百三至一百四十二）

唐順之（1507—1560），字應德，一字義修，武進（今江蘇常州）人。嘉靖八年（1529）進士。歷官兵部主事，轉吏部，入翰林。後罷官入陽羨（今江蘇宜興）山中，讀書十餘年。曾以郎中視師浙江，親身泛海，屢破倭寇，擢右僉都御史。學者稱荊川先生，有《荊川先生文集》。明中文壇與王慎中齊名『唐宋派』代表人物之一。周代史官有左史、右史之設。《禮記·玉藻》：『動則左史書之，言則右史書之。』『左編』之名取之是說。『左編者為治法而纂也，非關於治者勿錄。』（《荊川先生自序》）唐氏有是書之編，蓋因『他日讀史，病今昔將相經營之跡錯出散見，罔以徵稽考鏡。乃取漢史而下諸書，旁及稗官野乘，若諸大家文集、百氏傳記，罔羅蒐獵，貫穿屬比，人以類分，事從人繫，直迄金元而止』。（胡松《史纂左編後序》）乃別立義例，其體與他史稍異。全書分《君》、《相》、《名臣》、《謀臣》、《后》、《公主》、《戚》、《儲》、《宗》、《宦》、《幸》、《奸》、《篡》、《亂》、《莽》、《鎮》、《夷》、《儒》、《隱逸》、《獨行》、《烈婦》、《方技》、《釋》、《道》凡二十四門。由漢迄元，上至歷代帝王將相，下迄邊疆民族、方技釋道之人物事蹟，纂集成編。『宇宙上下，數千百年成敗利鈍、治亂興衰、是非得失之跡，燦然目睫，無煩氾覽。』千古興衰治亂之大者，切著其所以然。《歷代史纂左編》一書，在史論方面無甚創新之意，然其於資料的收集和類編，於史書編纂不無借鑒之舉，對於讀史之人，倒也頗多便利之處。刊者胡宗憲，字汝貞，號梅林，績溪（今屬安徽）人。嘉靖十七年（1538）進士。官知縣，擢御史，巡撫浙江，爲兵部右侍郎，總督軍務，加右都御史，加太子太保。是刻為本書之首刊者，且校讐較精，具有重要的版本價值。

四川大學圖書館藏。

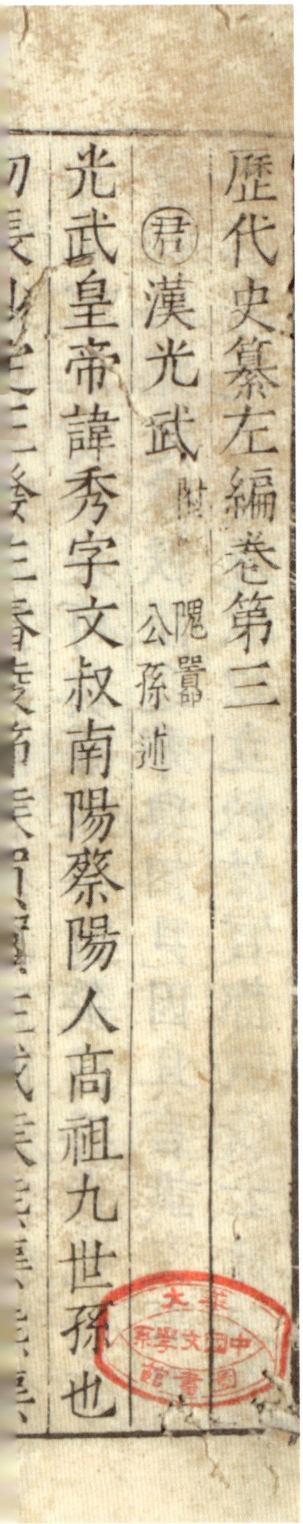

爲鬱林太守外生鉅鹿都尉冏冏生南頓令欽欽娶
湖陽樊重女生三男縯仲秀兄弟早孤養於叔父良
縯性剛毅慷慨有大節王莽簒漢常憤憤懷復社稷
之慮不事家人居業傾身破產交結天下雄俊秀隆

校讐是正卒爲善本蓋其爲勞居多矣二
子以余嘗與聞君採輯意也屬使序著余
重傷君之志而幸此編之猶傳也且深致
望後賢君子云爾若乃程梓敦事則都指
揮戴子冲霄臬司經歷鄭子憲咸與勤爲
嘉靖辛酉秋浙江右布政使滁上友人胡
松序

0126　史記纂二十四卷　（明）淩稚隆輯

明萬曆淩稚隆刻朱墨套印本　十冊

匡高20.3釐米，廣14.6釐米。半葉九行，行十九字，白口，四週單邊。

淩稚隆，字以棟，號磊泉，明萬曆間烏程（今屬浙江）人。明萬曆年間在世，生卒年及事蹟不詳。司馬氏之《史記》，其體例為歷代正史所採；其所具有的史料價值和文學價值則更為歷世所重。就其內容而言的索隱者、補注者、評論者、校訂者，不一而足，代有所庚。《史記纂》為淩氏研習《史記》的著述之一，與其所著《史記評林》為姊妹篇。所謂『凡《評林》之所載者，不復著於篇，往往雜以不佞之論』，擇其要而纂之。是昭明氏之濫觴，而真文忠氏之所合流也。為治太史公者之一家也。對研習《史記》亦有文獻資料價值。此淩刊套印本，乃明代著名的套印版本之一。

四川省圖書館藏。

此文古質興雅詞簡意多而斷制不苟蓋質語之首尤為超絕云發句連用四其字

史記纂卷一

五帝本紀 論

太史公曰學者多稱五帝尚矣然尚書獨載堯以來而百家言黃帝其文不雅馴薦紳先生難言之

伏後◎案

孔子所傳宰予問五帝德及帝繫姓儒者或不傳余嘗西至空峒北過涿鹿東漸於海南浮江淮矣至長老皆各往往稱黃帝堯舜之處風教固殊焉

以上四節著其事

總之不離古文者近是余觀春秋國語其發明五帝德帝繫姓章矣顧第弗深考其所表見皆不虛

0127 太平寰宇記二百卷目錄二卷 （宋）樂史撰

清乾隆三十二年（1767）樂氏活字本　六十三冊

匡高21.4釐米，廣14.1釐米。半葉九行，行二十二字，白口，四週單邊。存一百九十一卷（目錄一至二，卷一至三，卷五至一百一十二，卷一百二十至一百九十七）

樂史（930—1008），字子正，撫州宜黄縣（今江西宜黄縣）人。南唐時官至秘書郎。入宋後，舉太平興國五年（980）進士。知陵州。雍熙三年（986），因獻所著書，受宋太宗嘉獎，遷著作郎，直史館。宋代是地志編纂的繁榮時期，不僅數量超越前代，而且志書的編纂體例也已基本固定。現存的宋修總志中，以《太平寰宇記》編纂最早，在總志編纂史上有着明顯的承前啓後作用，因而影響也最大。樂史深知地志於國家治理的重要作用，他希望趙宋統治者能通過本書有『萬里山河，四方險阻，攻守利害，沿襲根源，伸紙未窮，森然在目。不下堂而知五土，不出戶而觀萬邦，圖籍機權，莫先於此』（《太平寰宇記序》）的認識，找到國家的『久安長治』之道，『太平治世』的局面得以長期保持下去。編纂本書的目的正在於此。《太平寰宇記》始撰於太平興國年間，成書於雍熙年間。所謂『臣今沿波討源，窮本知末，不量淺學，撰成《太平寰宇記》二百並目錄二卷，起自河南，週於海外』。以北宋初行政區劃的十三道（一百七十一卷）和《四夷》（二十九卷）分篇，共十四篇二百卷。詳細敘述宋初行政區劃的變化。太祖、太宗二朝，在地方政區管理方面的變革，如軍、監機構的設置和各地生産情況；山川、古跡，不僅條目多，而且内容詳細。書中的許多考證，以『至於賈耽之漏落，吉甫之闕遺，此盡收焉』，於前人著作多有補闕和糾謬之效。《太平寰宇記》儘管在編纂體例上承襲了《元和郡縣圖志》，但在内容和體例方面卻有創新。如增加了風俗、姓氏、人物、土産、四夷等内容，『後來方志必列人物、藝文者，其體皆始於史』（《四庫總目提要》）；在戶口記載方面，如唐、宋兩個朝代戶口的記述，按州開列主戶和客戶，首次開列了少數民族地區的戶口數；宋初手工業的佈局和生産情況的記述等。這些記述，不僅是志書内容的增加和體例的創新，還是研究唐宋時期人文地理、生産關係、人口變化、民族分佈，及宋初土地問題等，都是極爲珍貴的資料。《太平寰宇記》作爲《元和郡縣圖志》以後的一部大型總志，取材十分廣泛，博採史書、地志、文集、碑刻以至詩賦、雜記約二百種，大大超過了以前的正史地理志和《元和郡縣圖志》。清人洪亮吉說：『史撰此志，徵引繁富，多南宋以來所未見。』《更生齋詩文甲集》卷三許多今已失傳的珍貴資料因《太平寰宇記》得以保存下來。也成爲《太平寰宇記》的另一特點。此爲樂氏後裔所刊，傳世稀少，具重要的文獻和版本價值。

四川大學圖書館藏。

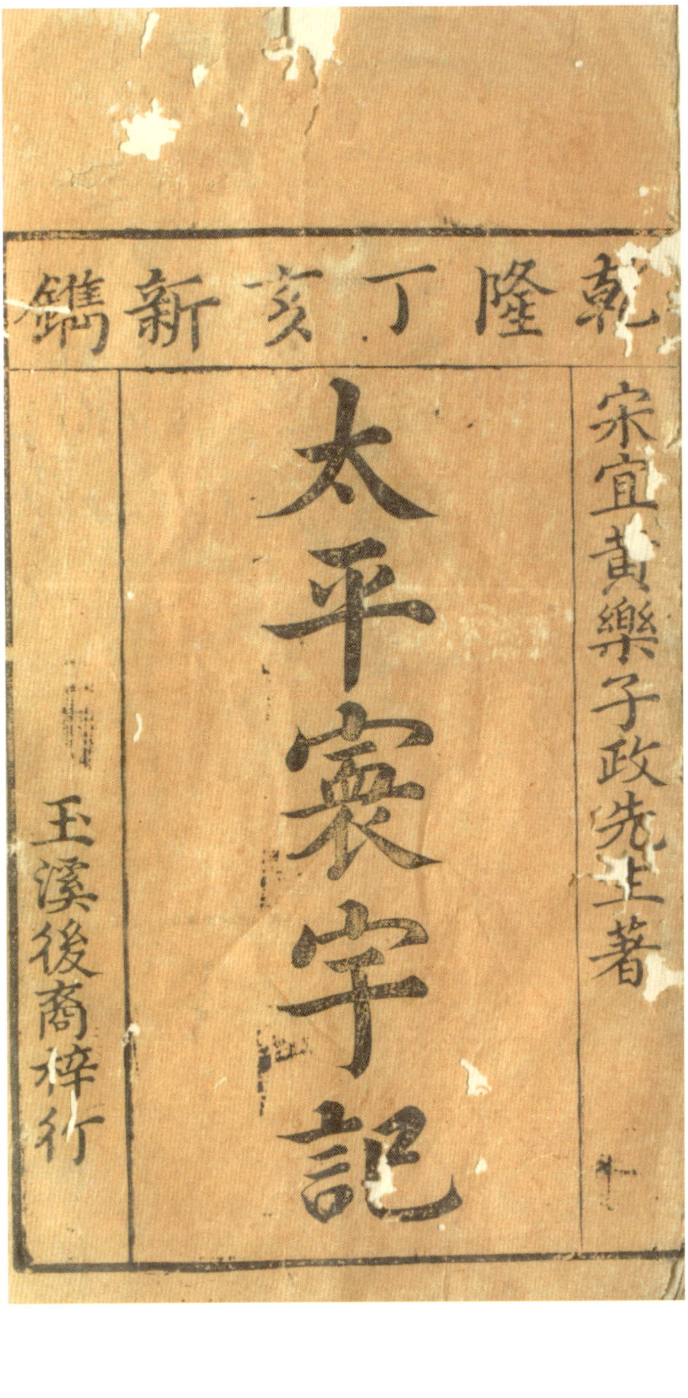

乾隆丁亥新鐫

宋宜黃樂子政先生著

太平寰宇記

玉溪後裔梓行

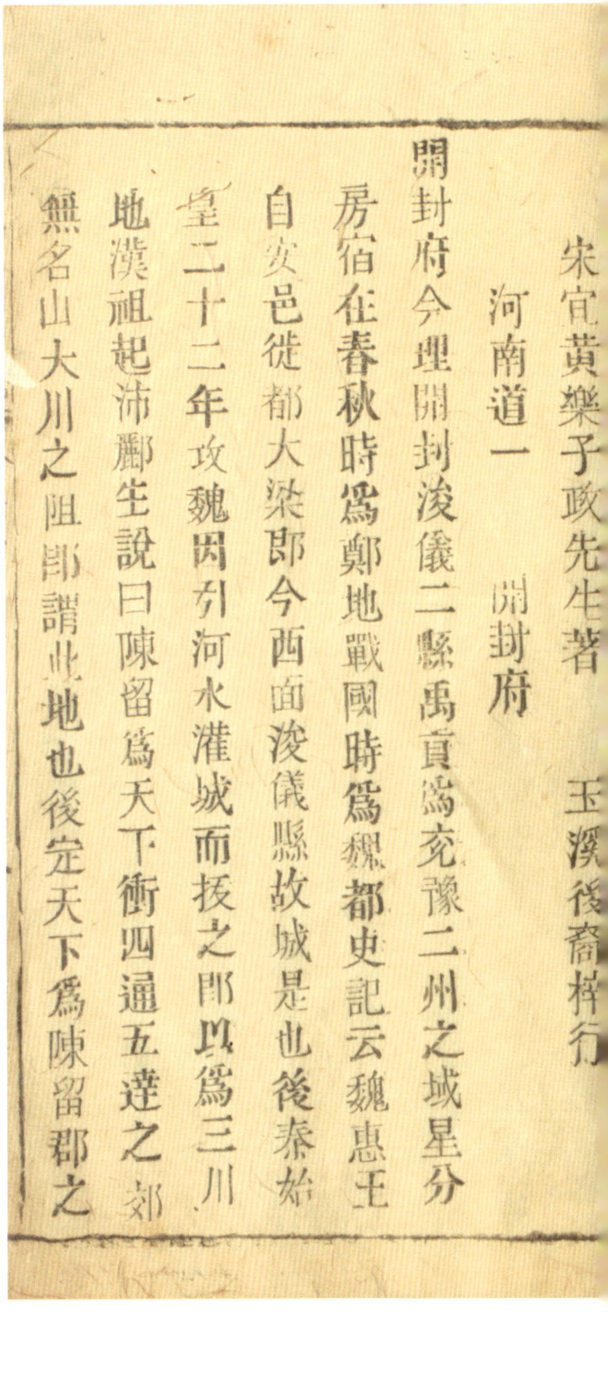

宋宜黃樂子政先生著　玉溪後裔梓行

河南道一　開封府

開封府今理開封浚儀二縣禹貢爲兖豫二州之域星分房宿在春秋時爲鄭地戰國時爲魏都史記云魏惠王自安邑徙都大梁即今西面浚儀縣故城是也後秦始皇二十二年攻魏因引河水灌城而拔之即以爲三川地漢祖起沛酈生說曰陳留爲天下衝四通五達之郊無名山大川之阻即謂此地也後定天下爲陳留郡之

0128　太平寰宇記二百卷　目錄二卷

（宋）樂史撰

清乾隆三十二年（1767）樂氏活字本　七十七冊

匡高21.4釐米，廣14.1釐米。半葉九行，行二十二字，白口，四周單邊。存一百八十四卷（目錄一，卷一至三，卷五至一百一十，卷一百一十二，卷一百二十至一百四十一，卷一百四十八至一百九十八）

四川大學圖書館藏。

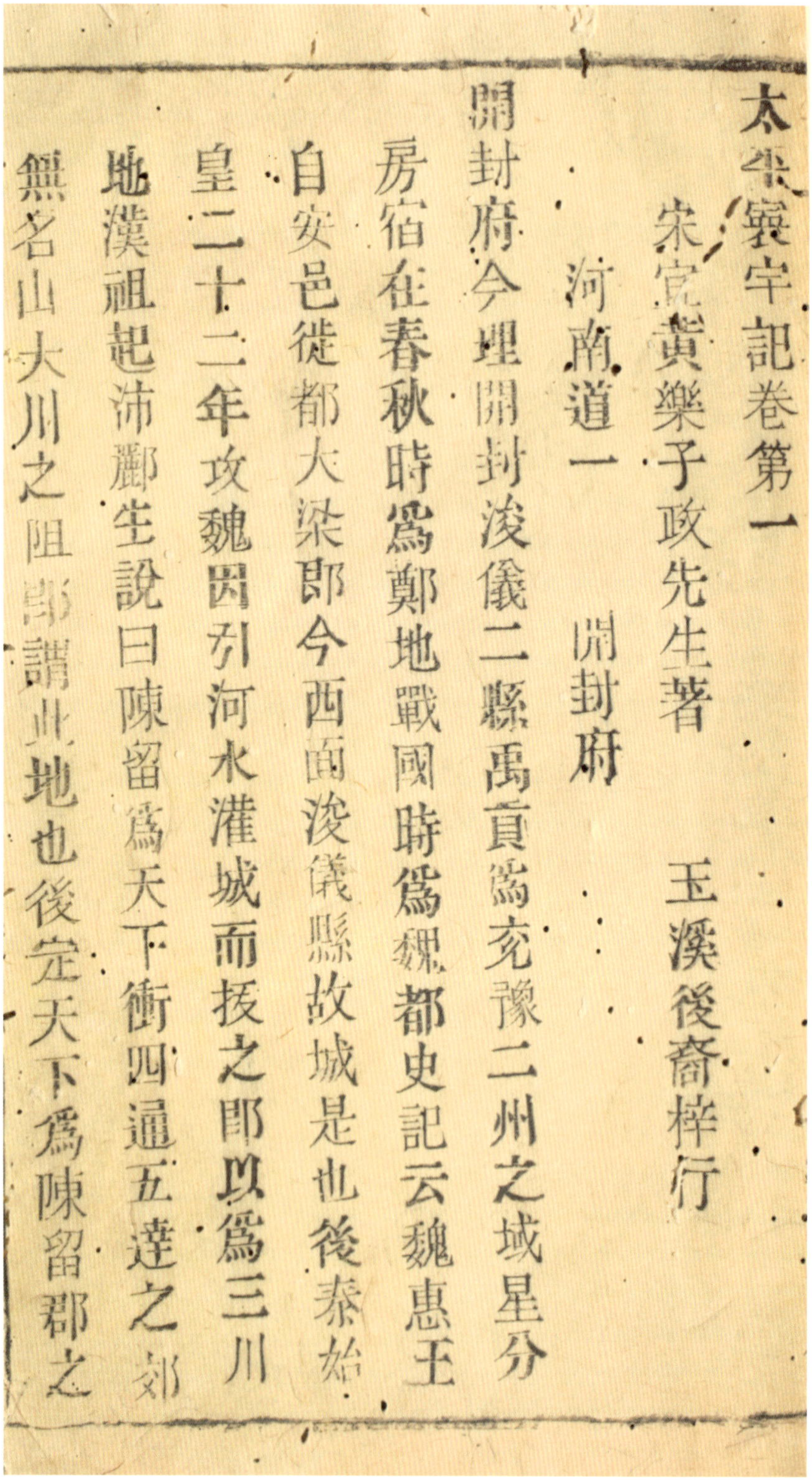
太平寰宇記卷第一
宋宜黃樂子政先生著　玉溪後裔梓行
河南道一　開封府
開封府今理開封浚儀二縣禹貢爲兗豫二州之域星分
房宿在春秋時爲鄭地戰國時爲魏都史記云魏惠王
自安邑徙都大梁即今西南浚儀縣故城是也後秦始
皇二十二年攻魏因引河水灌城而拔之即以爲三川
地漢祖起沛酈生說曰陳留爲天下衝四通五達之郊
無名山大川之阻即謂此地也後定天下爲陳留郡之

0129 大明一統志九十卷

（明）李賢 萬安等纂修

明天順五年（1461）內府刻本 四十冊

匡高26.1釐米，廣17.5釐米。半葉十行，行二十二字，小字雙行同，黑口，四週雙邊，版心有字數。

明代地理总志。此为內府早期刻本，品相較好，保存完整。

四川大學圖書館藏。

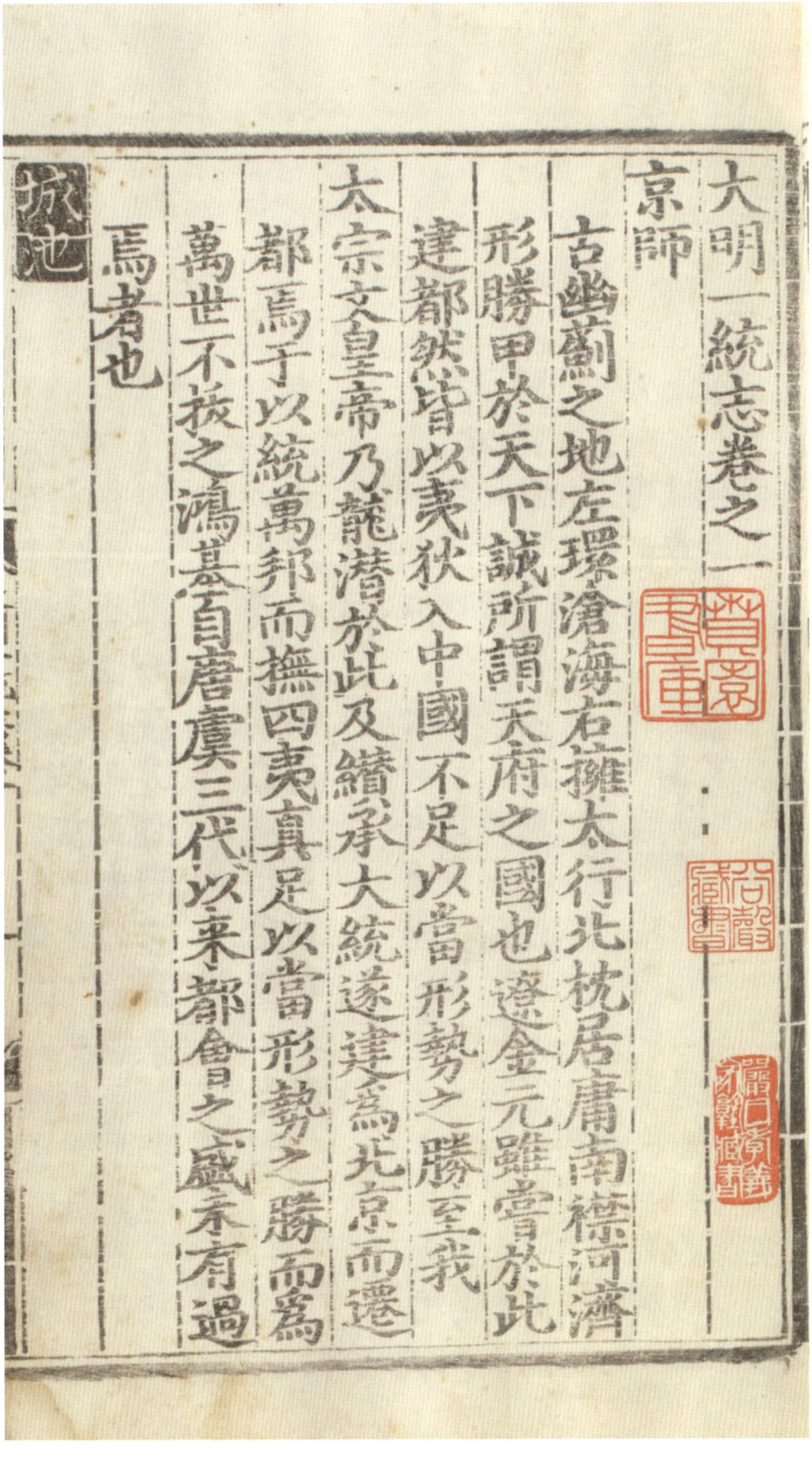
大明一統志卷之一

京師

古幽薊之地左環滄海右擁太行北枕居庸南襟河濟形勝甲於天下誠所謂天府之國也遼金元雖嘗於此建都然皆以夷狄入中國不足以當形勢之勝至我太宗文皇帝乃龍潛於此及纘承大統遂建爲北京而遷都焉于以統萬邦而撫四夷真足以當形勢之勝而爲萬世不拔之鴻基自唐虞三代以來都會之盛未有過焉者也

城池

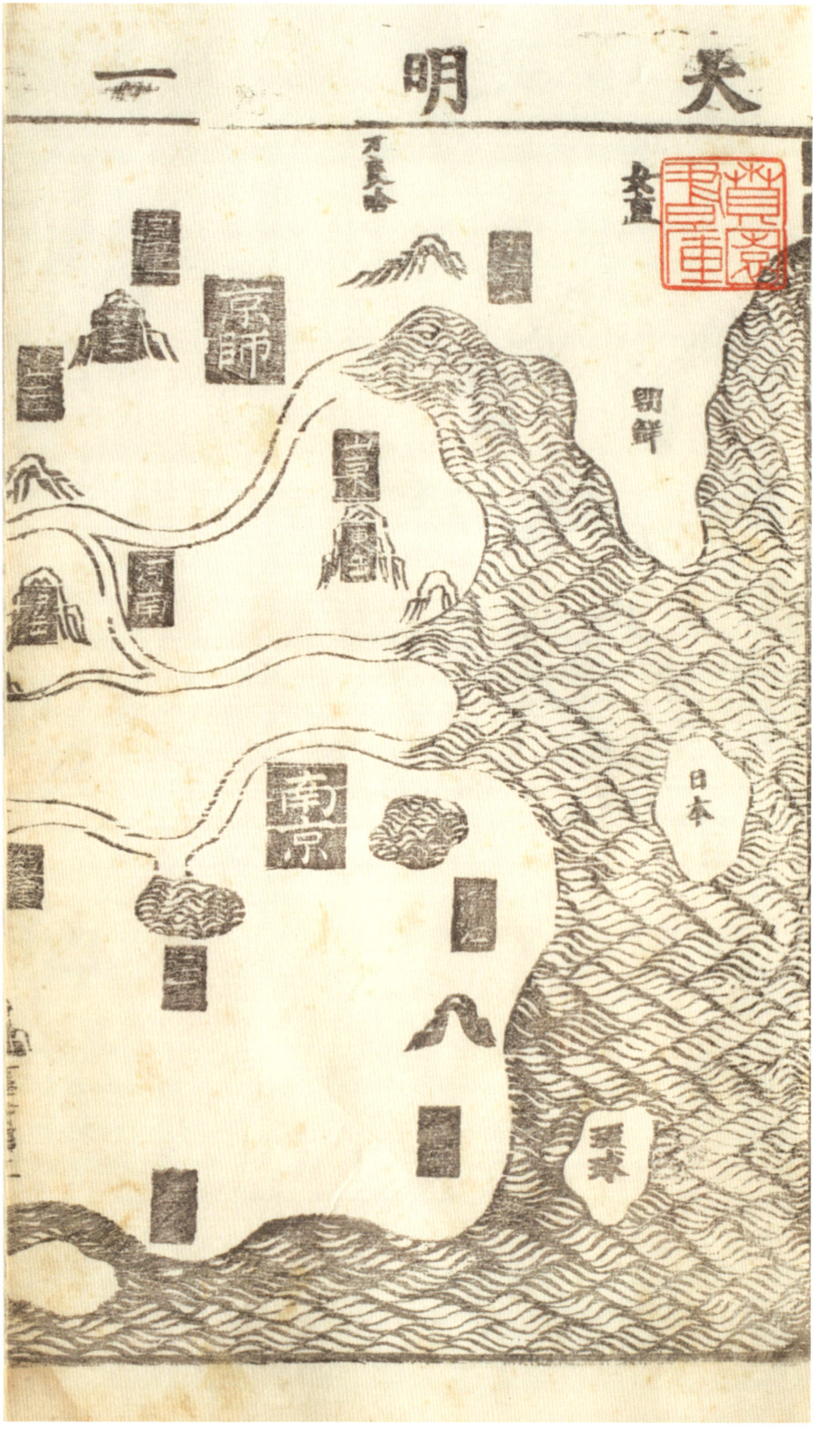

0129　大明一統志九十卷

（明）李賢　萬安等纂修

北狄
西域
西蕃

0130　大明一統志九十卷　（明）李賢　萬安等纂修

明萬壽堂刻本　二十六冊

匡高21釐米，廣14.5釐米。半葉十行，行二十二字，小字雙行同，白口，四週單邊，版心有字數。

李賢（1408—1466），字原德，河南鄧州（今屬河南）人。宣德八年（1433）進士。景泰初由文選郎中超拜吏部侍郎。英宗重定，命兼翰林學士，入直文淵閣，進尚書。憲宗朝爲華蓋殿大學士，知經筵事。傳見《明史》卷一百七十六。萬安，字循吉，眉州（今屬四川）人。正統十三年（1448）進士。選庶吉士，授編修。成化中以禮部侍郎入內閣，進吏部尚書、華蓋殿大學士。傳見《明史》卷一百六十八。明正統十四年（1449）瓦剌貴族也先率軍攻明。英宗親征，在土木堡（今河北懷來東）被俘，史稱『土木之變』。由其弟祁鈺監國，是爲代宗。永樂間，成祖曾詔修志書，『遣使分行四方，旁收故實，凡有關輿地者皆錄進，付編輯』，然未能成編。代宗秉承其意，於景泰五年（1454），命王重等二十九人『分行各部政司及南北各直隸府州縣，採錄事蹟，以備修纂』。又以陳循等總其事，歷時三年，至七年（1456），書成，賜名《寰宇通志》。也先敗，英宗南返。因爭奪帝位，兄弟失和。英宗重定後，政事頗多改易。天順二年（1458），時《寰宇通志》成書僅二年，英宗朱祁镇不願代宗專美於前，遂以《寰宇通志》『簡繁失宜，去取未當』為由，下令『重加編纂』，『以傳後世』。李賢等於天順二年（1458）重修，於天順五年（1461）成書。英宗親自作序，賜名《大明一統志》，鋟版頒行。《寰宇通志》遂遭毀版，流傳甚稀。《大明一統志》沿襲《大元一統志》體例，以兩京十三布政使司以及所屬一百四十九府為綱，以城池、壇廟、山陵、苑囿以及建置沿革、郡名、形勝、風俗、山川、土產、公署、學校、書院、宮室、關津、寺觀、祠廟、陵墓、古跡、名宦、流寓、人物、列女、仙釋為目，作簡略說明。書末記述相鄰國家或地區的地理形勢。凡經書所載，咸在網羅；而子史所傳，則舉當收錄，比較系統而集中地保存了明代政區的有關地理及相關的人文資料。但因纂修的時間倉促，參加人員多雜，書中亦存有地理錯置、張冠李戴、以無說有等弊病，古今學者多有批評。該書約在萬曆時重修，增加了嘉靖、隆慶以後有關建置的內容。此書有字大方正，行氣疏朗，印刷精美的特點。

四川師範大學圖書館藏。

天下一統志卷之一

京師

古幽薊之地左環滄海右擁太行北枕居庸南襟河濟形勝甲於天下誠所謂天府之國也遼金元雖嘗於此建都然皆以夷狄入中國不足以當形勢之勝至我

太宗文皇帝乃龍潛於此及纘承大統遂建為北京而遷都焉于以統萬邦而撫四夷真足以當形勢之勝而為萬世不拔之鴻基自唐虞三代以來都會之盛未有過焉者也

城池

0131 肇域志不分卷

（清）顧炎武撰

清抄本　四十冊

半葉行數不等，行字數不等，小字雙行字數不等。佚名校補。

明代地理總志。顧炎武（1613—1682），初名絳，字寧人，號亭林，江蘇昆山人。學者稱亭林先生。明清之際思想家、學者。顧炎武是清代學術史上一位繼往開來的大學問家，一生著述有三十八種之多。他在經學、音韻學、史學、地理學等方面成就卓著。時值明末，社會矛盾非常尖鋭，社會問題十分嚴重，顧炎武從經世致用的角度出發，努力從書籍中搜集有關兵防、賦役、水利、農業、礦産、交通等方面的資料，編寫一部供治國者參考，以解決各種社會積弊的著作。因戰爭的原因，書未成，他便將多年收集的資料一分爲二，有關經濟的部分名爲《天下郡國利病書》，有關地理的部分就是《肇域志》。《肇域志》是顧炎武地理學著作中氣象規模最爲宏大者之一。其書名，據吴傑《顧炎武〈肇域志〉的内容及其抄本的流傳》考證，出典於《尚書·堯典》『肇十有二州』，藉以表示明代的整個疆域。故《肇域志》實爲明代地理總志。是書旨在究生民之利弊，治亂之得失；考建置沿革之規，山川形勢、兵事成敗之要。其資料取自一千餘部志書，二十一史及實地調查考證所得。《肇域志》始輯於明崇禎十二年（1639），成於清康熙初年。分爲二京十三布政使司，共十五個部分。内容包含沿革、形勢、城郭、宫室、山川、道路、驛遞、街市、坊宅、兵防、風俗、寺觀、水利、陵墓、郊廟等。有的府州後，還附有長篇食貨或職官的資料。是書保存了大量珍貴的地方資料、地名資料、兵防資料及與國計民生相關的經濟史料，具有很高的學術資料價值。從今本《肇域志》來看，它還存在將不同觀點和矛盾的史料兼收並蓄，史料斷限與體例不合，州縣重出和内容錯見現象較普遍的問題。《肇域志》應是顧氏的讀書劄記，爲著書準備的資料長編。可以説是一部未成之書，故並未刊行，僅以稿本傳世。乾隆年間《肇域志》的稿本已佚去京師、江西、四川、廣西四部分，已非足本。其後連這個稿本也不知下落，更以抄本存世。現存抄本《肇域志》大概有四部，這些抄本根據整理者的不同，分爲汪士鐸和成蓉鏡系統及蔣寅昉和楊象濟系統。此藏本屬蔣寅昉和楊象濟系統。抄寫時間當在同光年間，研究者有『較多地保存了原書面貌』之謂。

四川省圖書館藏。

濟南府　古名齊郡城周十二里有奇　漢武帝封齊悼惠王子辟光為濟南王　禹貢青兗二州地　歷城　章丘　鄒平　淄川　長山　新城　齊東　濟陽　屬青州餘屬兗州　南包泰岱北跨清濟西盡平原山東一都會　譚城馬驛西關北五里鋪　西關遞運所　濼口批驗所城西北十三里　州四　縣二十六　屬濟南道　德王封英宗第三子　濟南守巡道駐劄　二判　有塩運司　濟南衛左右前後五所　府治譚城驛七十里至長清縣東北置驛ㄅ十里至肥城縣五道領驛六十至安寍驛九十里至寍陽縣清川縣六十里至兗州府七十里至龍山鎮驛四

羅山　靈山在縣西南一百二十里方輿勝覽云此山比羣山最高　羅山在縣南一百里隋羅山縣治在其下　淮河在縣北二十里入境流入息縣界　澌河在縣西北六十里入淮　小黃河在南門外發源靈山下繞城南東入竹竿河　大隧在縣西南一百二十里九里關即古之黃峴關左傳定公四年蔡侯吳子唐侯伐楚楚司馬戍曰還塞大隧直轅冥阨註三者漢東之隘道直轅冥阨乃武陽平靖也武陽在大寨嶺即大勝關冥阨塞見下　石門有二小石門在縣西南八十里又十里為大石門方輿勝覽曰二門皆鑿石為道以通往來制楚守隘之地也世傳子路宿於

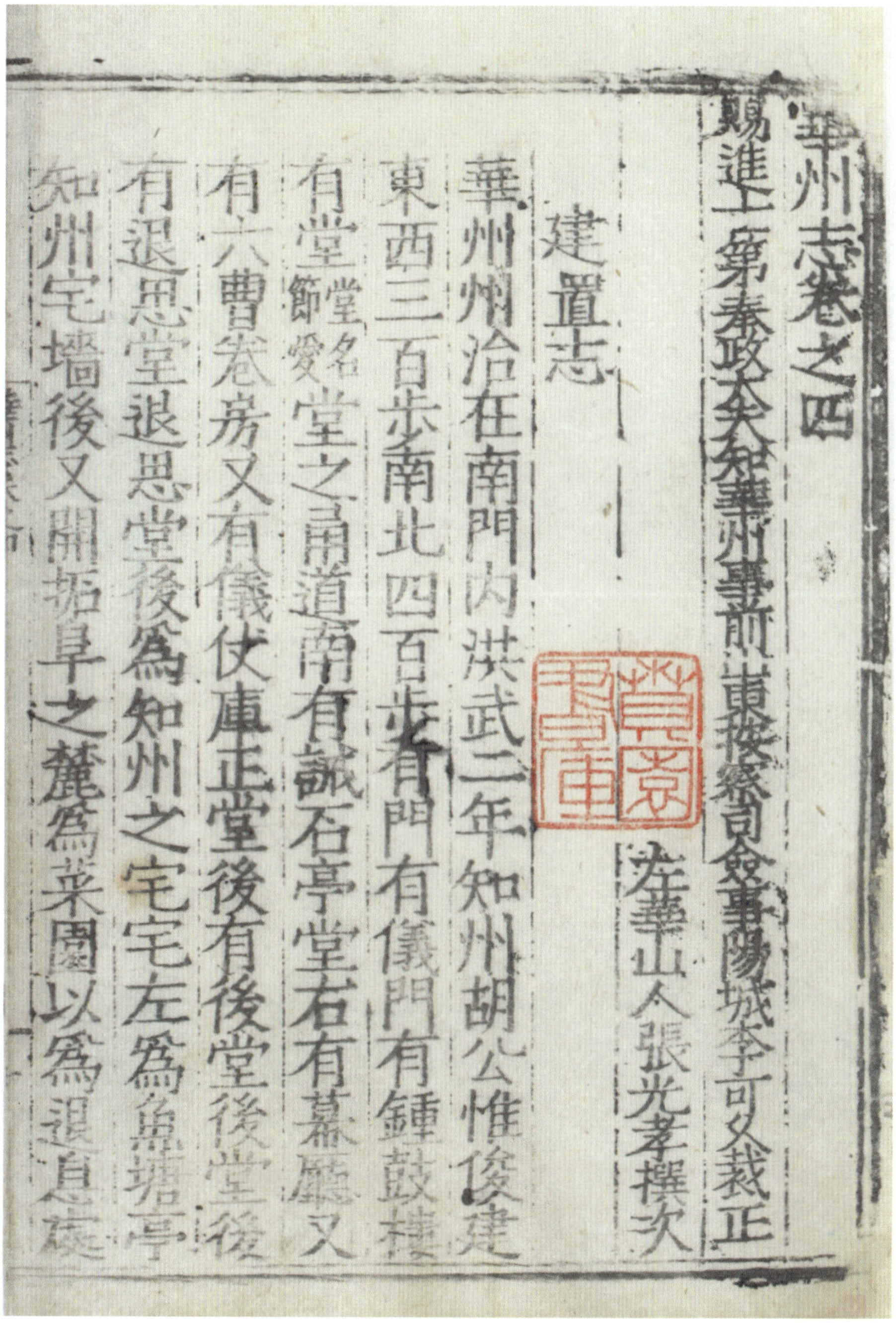
華州志卷之四

賜進士第奉政大夫知華州事前山東按察司僉事陽城李可久裁正

華山人張光孝撰次

建置志

華州州治在南門內洪武二年知州胡公惟俊建東西三百步南北四百步有門有儀門有鍾鼓樓有堂（堂名節愛）堂之南道南有誡石亭堂右有幕廳又有六曹卷房又有儀仗庫正堂後有後堂後堂後有退思堂退思堂後爲知州之宅宅左爲魚塘亭知州宅墻後又開垢阜之麓爲菜園以爲退息處

0132 ［隆慶］華州志二十四卷

（明）李可久　張光孝纂修

明隆慶刻萬曆增修本　四冊

匡高19.5釐米，廣14.7釐米。半葉十行，行十九字，小字雙行同，白口，四週雙邊。存二十卷（卷一至二十）。

陝西地方志書。纂修者之生卒年和事蹟不詳。是本所存者：地理志、建置志、官師志、祠廟志、風俗考、田賦志、物産述、省鑑志（災厄）、藝文志、官師列傳、人物列傳等卷，二十一至二十四卷，因無總目，所志不詳。是志載述，有詳於人物的特點，它類較爲簡略，是其不足。地方志書乃現存古籍文獻之大宗者，然今存者以清代纂修和刊印者為方志文獻之主體者也，明修明刊者存世不多，極為難得。此本雖有缺佚，仍不失彌足珍貴者也。

四川省圖書館藏。

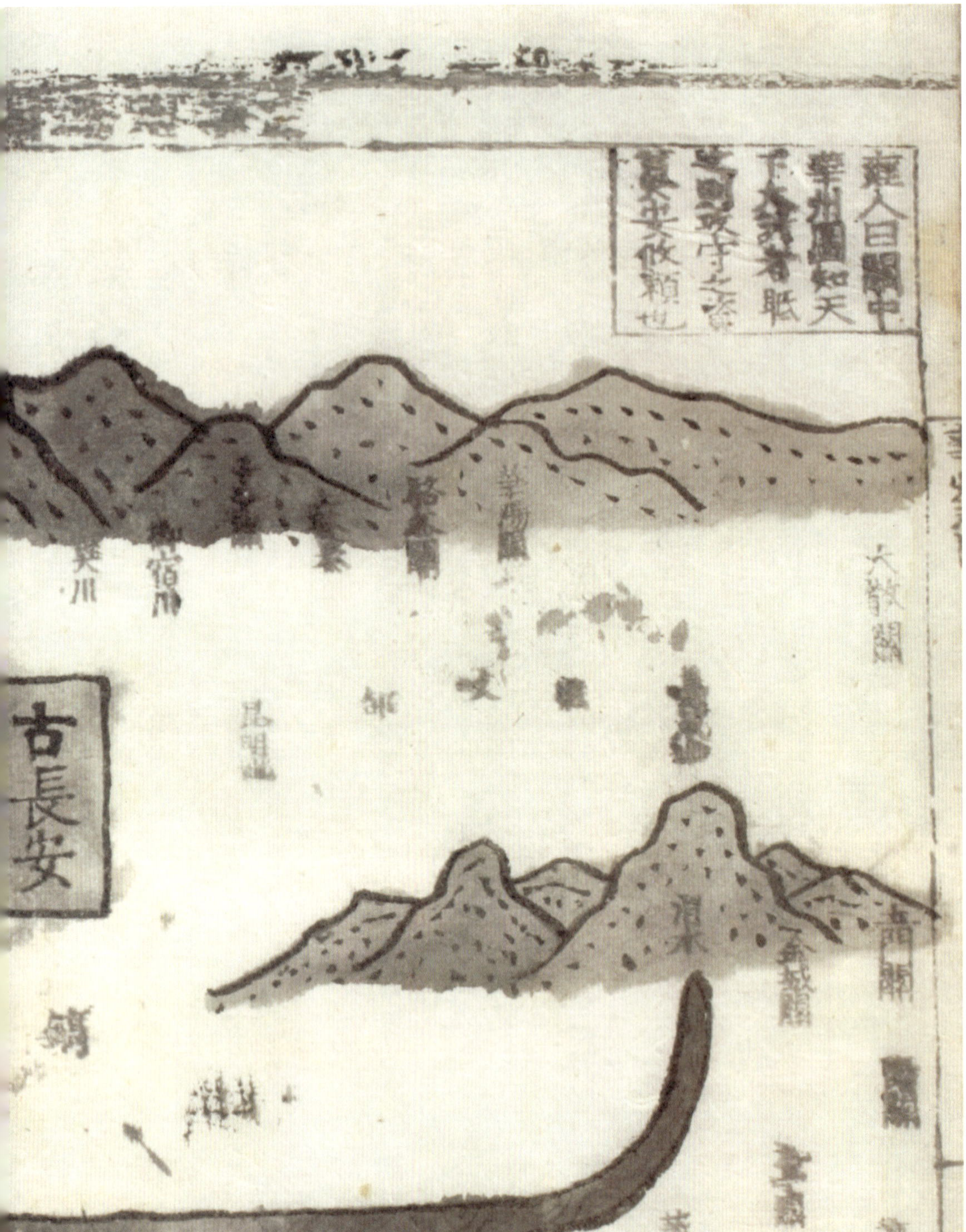

0132 [隆慶]華州志二十四卷

（明）李可久　張光孝纂修

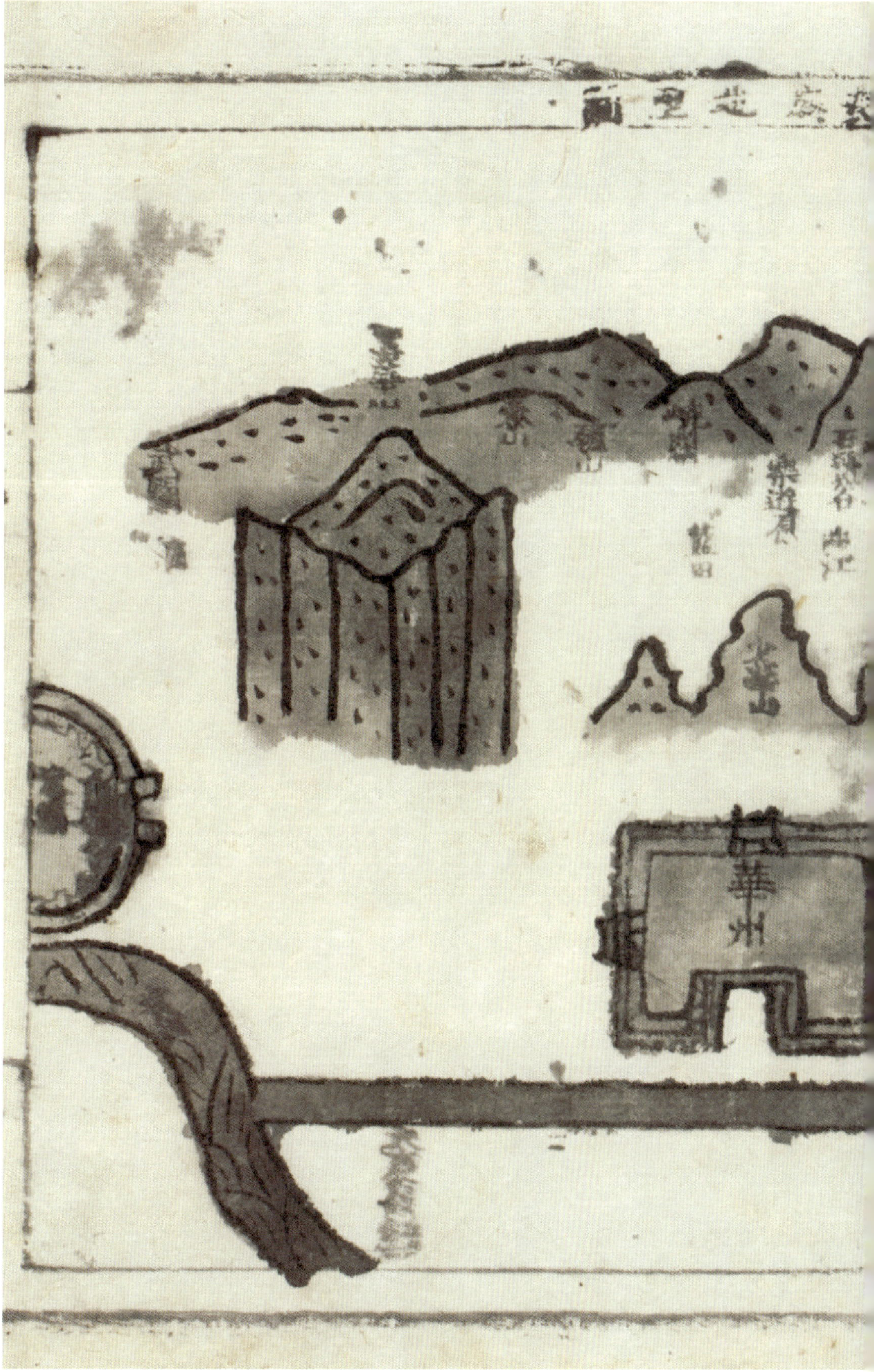
華州

0133　四川全圖一百五十幅

（清）董邦達等繪

清乾隆初董邦達等工筆設色手繪（絹）本　一百五十幅

匡高40.5釐米，廣45.4釐米。

董邦達（1699—1769），其卒年《桐陰論畫》作乾隆四十年（1775），字孚存，一字非聞，號東山，富陽（今屬浙江）人，雍正十一年（1733）進士，乾隆二年（1737）授編修，歷官戶、工、吏諸部。二十九年（1764）官禮部尚書。好書畫，工山水，山水取法元人，蒼逸古厚。論者謂『三董相承，為畫家正軌，目源、其昌與邦達也。』篆隸得古法，善用枯筆。其風格在婁東、虞山派之間。《四川全圖》為乾隆初年董邦達等工筆設色手繪（絹）本計一百五十幅。其形制，以縣為幅，時川省所轄有近一百六十餘州庁縣；其內容，山川形勝，道里城邑，倉儲錢谷，衙署壇廟，記載無遺；且多有關隘險要，軍營兵額等。就其實際而言，這四川疆域形勝圖應是以山水畫的手法所繪。董邦達的官宦生涯，除乾隆三年（1738）充陝西鄉試考官，餘皆任職京師各部，至逝也未離京。因而其《四川全圖》之繪，是因其為山水畫高手，應川省官員之請，抑或朝廷的的要求，不得而知。總而言之，此圖恐非董氏實地考察的結果。董繪之《四川全圖》並

非近世意義上的地圖，就其內容而言，是與軍事相關的專題性質山水圖，且為連環形制者。若以此為行軍作戰之用，恐難勝其任。清雍正間和乾隆初年，清廷於西北和川省多次用兵，關於這些用兵的過程和結果，清廷多以圖畫形式予以彰表或紀念，今亦有傳世者。《四川全圖》之繪，恐怕不是僅僅為了表述巴蜀山水那樣簡單，所表現的內容和採用的與軍事相關的題材，大概是為了顯示乾隆帝的文治武功吧。更主要的是，《四川全圖》無繪製的具體年代和相關的文字記述，故於其繪事目的只能作如是揣測了。據黃陂人黎澍所云，《四川全圖》成編後，藏於京師大內，1900年的八國聯軍之役，是圖散出，幾經輾轉，為一廖姓川人所得，且保存至今。目前此類地圖僅發現兩例。雖歷經二百多年的歲月滄桑，保存基本完好，圖中山水設色依然清晰如初，極具藝術性和觀賞價值。

四川大學圖書館藏。

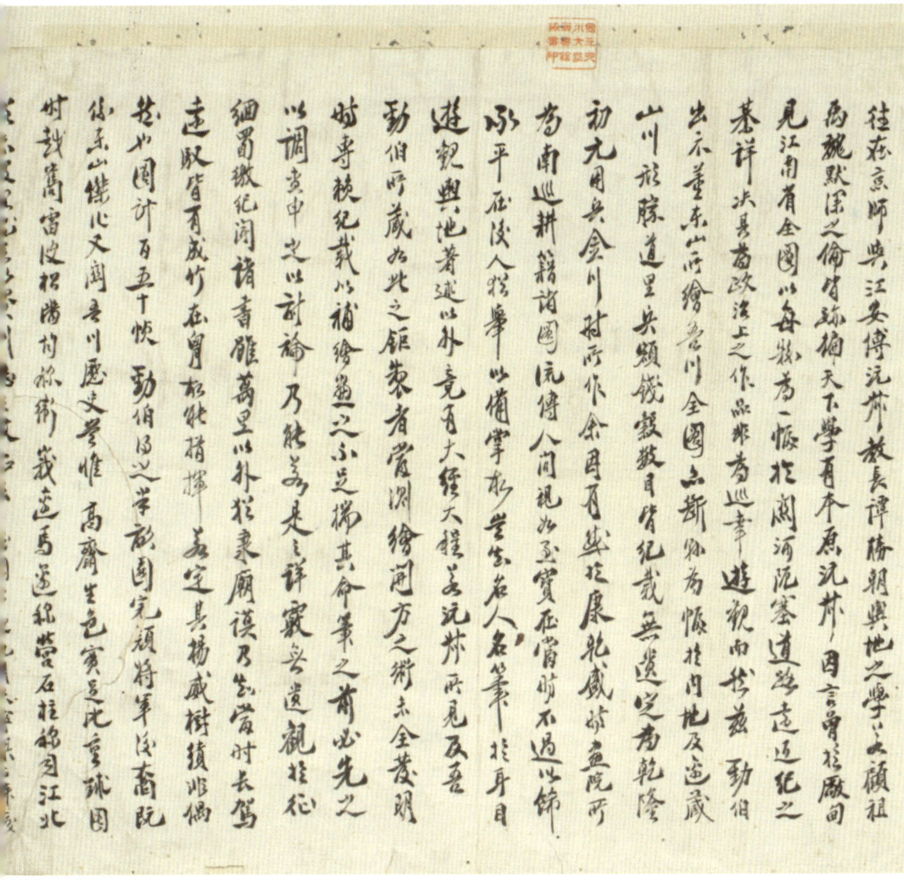

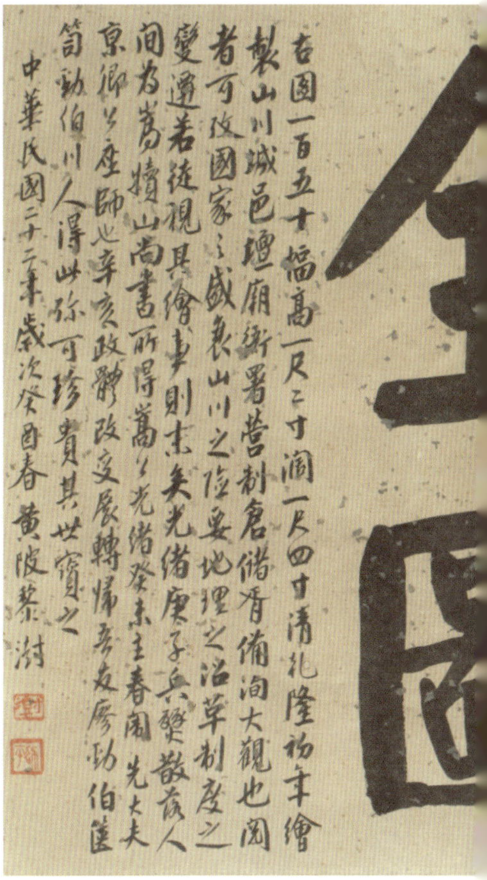
右圖一百五十幅高一尺二寸闊一尺四寸清乾隆初年繪
製山川城邑壇廟衙署營制倉儲均備洵大觀也閱
者可攷國家之盛衰山川之險要地理之沿革制度之
變遷若徒視其繪事則末矣光緒庚子兵燹散落人
間為蔫犢山尚書所得蔫乂光緒癸未主春闈先大夫
京卿乃座師也辛亥政變改變展轉歸吾友廖勁伯蓮
筍勁伯川人得此弥可珍貴其世寶之
中華民國二十二年歲次癸酉春 黃陂黎澍

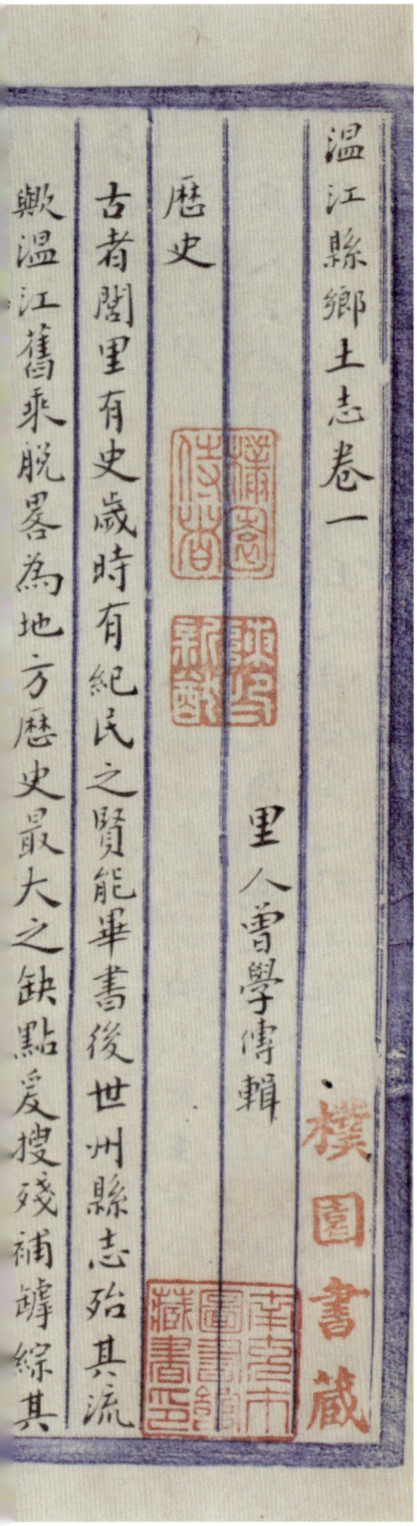

0134 ［光緒］溫江縣鄉土志十二卷

曾學傳纂

清稿本　四冊

匡高22.5釐米，廣15.5釐米。半葉十一行，行二十五字，黑口，四周單邊。

曾學傳，又名紹新，字習之，溫江縣（今屬成都市）人。邑廩生。光緒三十三年（1907），廢科舉、興學堂，應初等小學教授鄉土歷史、地理物產之需，故有鄉土志之纂。鄉土志者，其內容多以本邦之歷史沿革、地理形貌、物產風俗等類爲其重點，實爲傳統方志之簡編者也。是志成於光緒三十三年（1907），計歷史、政績、兵事、耆舊等十五類，十二卷。溫江東接省城，幅員廣袤，爲川省重鎮，鄉以文化繁榮、物產豐富著稱。曾氏乃飽學之士，故本書以資料豐富，敘述賅詳，尤詳於人物、地理、物產等類為其特點，為此類著述中之稀見者。是志有民國間刊本，然此為稿本，僅存一帙，文獻和版本價值均具。

南充市圖書館藏。

萬春縣大業二年又省入郫縣唐武德三年復置萬春縣貞觀元年改爲溫江屬益州今縣名始定

縣治新開江繞其北東楊柳江纏其西南兩水環流舊曾被溫

白二色間有黑斑

螢　生夏秋間其大如粟黃甲翼腹下有火如燐光而不熱其遺卵必於腐草故古謂腐草如螢

蠅　色青蒼似蜂而小不螫生子成蛆蛆復變爲蠅其前足常作蠅狀喜附穢物能收濁氣

蚊　初於不潔水中卵孵爲幼蟲曰孑孓俗名沙蟲無足無翅繼而成蛹既蛻則變爲蚊夏秋之際最盛有二翅甚薄飛時其聲薨薨有六足細弱口細長而銳至夕則出飛入室内刺人而吸其血晝則匿於暗處

蜘蛛　頭胸連合腹肥大無翅八足口有毒牙毒液由是出尻有突起處能出沾液作蛛網足端有毛與爪善走網上常捕食

0135 〔道光〕鄰水縣志四卷首一卷

（清）廖寅　李嘉佑修　蔣夢蘭等纂

清道光元年（1821）刻本　四冊

匡高20.2釐米，廣13.6釐米。半葉九行，行二十一字，小字雙行同，白口，四週單邊。

廖寅（1751—1825），字亮工，號複堂，鄰水縣（今屬四川）人。乾隆六十年（1795）舉人。嘉慶六年（1801）官兩淮鹽運使司，至二十年（1815）卸任。現存《鄰水縣志》：有康熙四十五年刊本（1706）《鄰水縣志》；乾隆二十二年（1757）刊本《鄰水縣志》；道光元年刊本《鄰水縣志》，分別藏於國家圖書館，故宮博物院圖書館和四川大學圖書館。這三種《鄰水縣志》均以孤本傳世。較為常見者為其後的道光十五年（1835）刊本《鄰水縣志》。加上光緒三十三年的《鄰水縣續志》，現存《鄰水縣志》共計五種。有清一代，鄰水縣的方志之修，各個時期均有，可謂川省各縣之中現存方志較夥者。然綜觀這些志書，四卷本為其主體者外，較簡略是其特點。此廖寅所撰之志，就其內容而言，實為嘉慶志，名之曰道光志，蓋其刊於道光元年（1821）也。諸志體例基本一致，各志內容於前略有補葺而已。此志之修主要源於兩個原因：其一，嘉慶十七年（1812）有四川省志之修，所需資料均賴之於各府州縣方志之修或資料之編。『邑侯吳公因增入舊志後事以應』，即進呈本的呈繳之需；其二，嘉慶年間，席捲川東大部地區的白蓮教起義，鄰水縣於嘉慶二年（1797）有王三槐的圍城之役，戰事慘烈，『其間死節死義者甚多，雖經重輯，當兵火之後，採訪未周。志成，復有所訪聞，夫以忠孝節義之重，偶有遺逸，此又鄰人士所心傷而不忍湮沒者也。』此志增補的重點是在人物之輯，當然也算是它的一個特點之一。就內容而言，有承上啟下的作用。然其過於簡略是其不足，其後道光十五年《鄰水縣志》的重修『因其遺漏而補輯之，則遺者不至於終遺，漏者不至於終漏』（吳映敏《鄰水縣誌序》）。其於類目略有增加者，然於內容有較多增纂者，秩以六卷行世。此道光元年刊印本，世無二帙，於鄰水縣之地方史是極重要的文獻，於川省也是應予珍視的重要鄉邦文獻之一。

四川大學圖書館藏。

卷一

候補同知署鄰水縣事子芾王尚錦重輯

星野

星野本諸周禮葢以星辨九州所謂其本在地而上發於天也星之與土其氣相屬因星辨土度地測天仰觀焉而懸象著明矣上而周天三百六十五度四分度之一下而萬八千國皆有其莫麗之實鄰雖彈丸亦分野所不遺是不可以不志原論

（清）廖寅 李嘉佑修 蔣夢蘭等纂

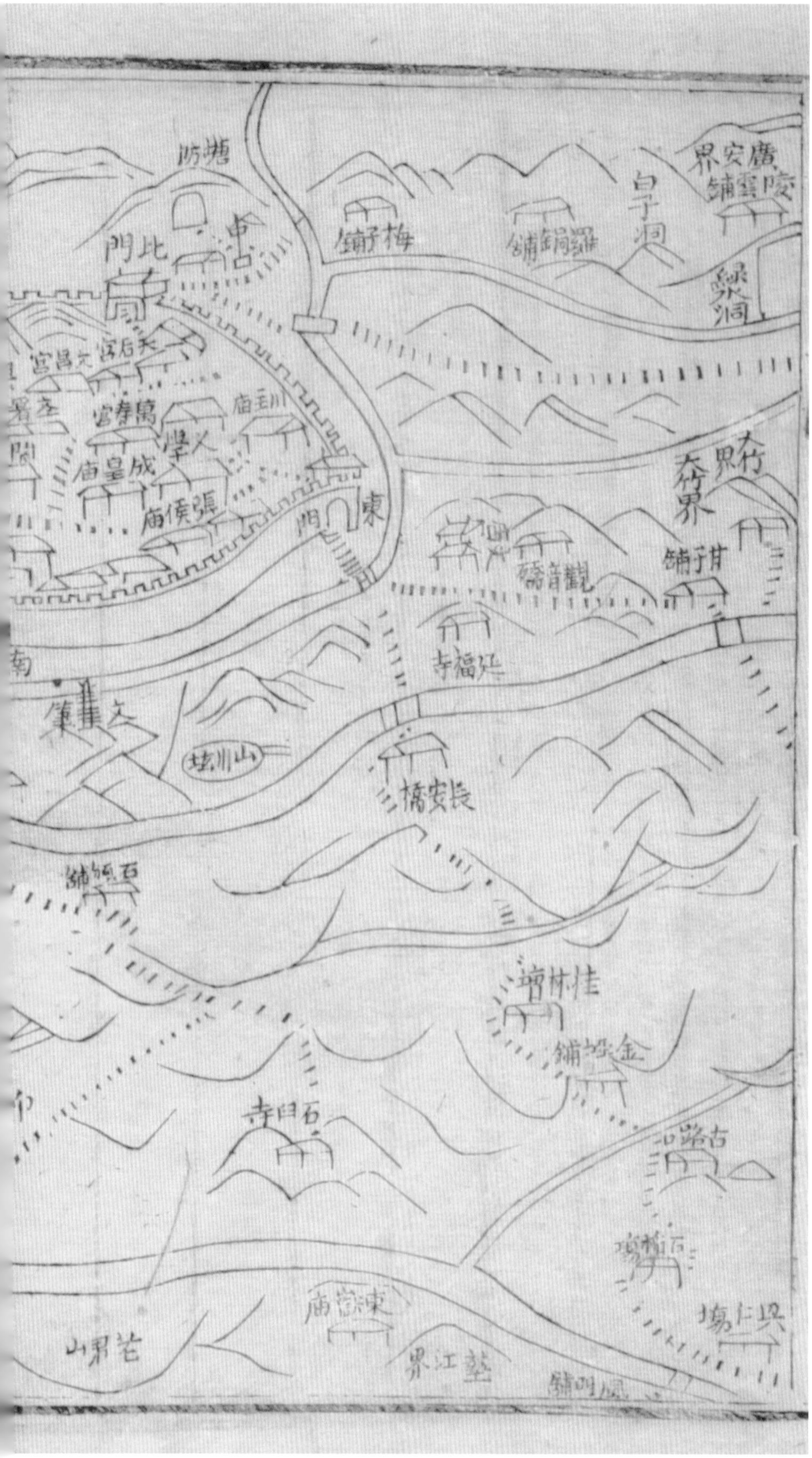

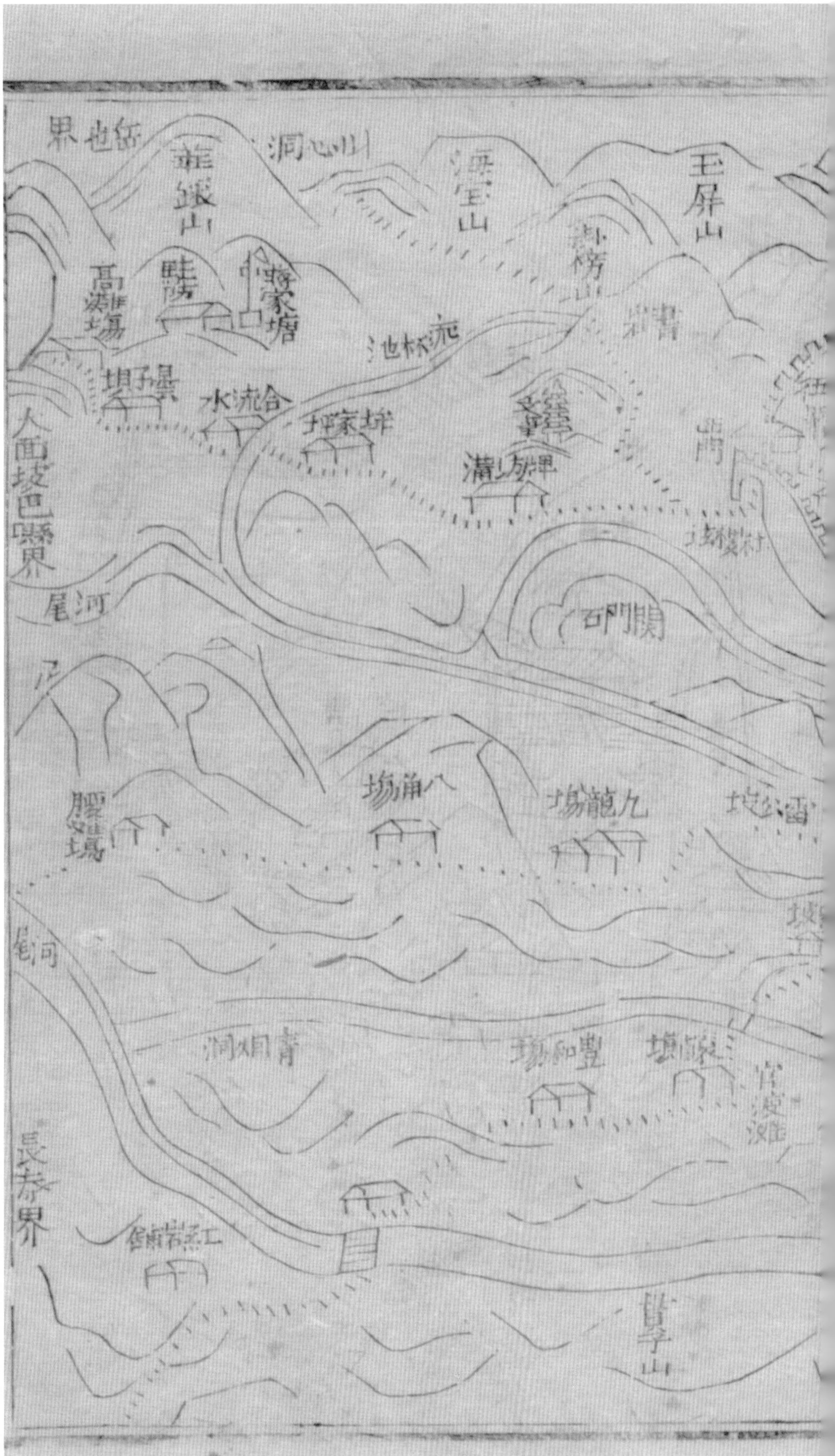

岳也界
川心洞
玉屏山
高灘場
蔣家塘
流杯池
合流水
大面坡巴縣界
尾河
關門石
八角場
九龍場
青烟洞
豐和場
長寿界

0136 [乾隆]大竹縣志十卷

（清）陳仕林纂修

清乾隆五十二年（1787）刻本。十冊

匡高21.2釐米，廣14.9釐米。半葉九行，行二十一字，黑口，四周雙邊。

陳仕林，大興籍，浙江山陰縣人。乾隆四十七年（1782）至五十四年（1789）爲知縣。其以大竹『地當川北三山兩溪，幅員遼闊，甲於他邑。由古迄今，其間政治之因革，風俗之遷移，以及版籍日增，人材輩出，宜乎？美不勝書矣！』然『省志成而竹事因陋就簡，獨從其略，乏志故也。壬寅（乾隆四十七年）冬，予甫下車，即謀之諸紳士，卒未果。今年（乾隆五十二年）夏，雨澤調和，閭閻豐收，訟獄稀少，幸相安無事……佈告六鄉紳士，各舉所知，選邑中之博聞強記、老成端謹者入館修輯』，始有志館之設，志書之修。大竹縣之修志並成之者，明代已有之，因兩遭兵燹，簡編散佚，無可考稽耳。明代的大竹志書，邑人有得見者，已是康熙之世，亦僅殘帙也，後未有傳之於世者。仕林此志之修，乃清代之第一次也。該志體例沿遵清初志書之成制。分封域、營建、秩官、武備、風土、賦役、祀典、選舉、人物、藝文等十志。其體例沿遵清初志書之成制，於歷代大竹建置沿革、典志風俗、人物藝文無不備載，尤詳於當世。對清初大竹史的瞭解和研究是重要資料，極具文獻價值。是書存世極罕，除此部外，另見存者為北京故宮博物院。

瀘州市圖書館藏。

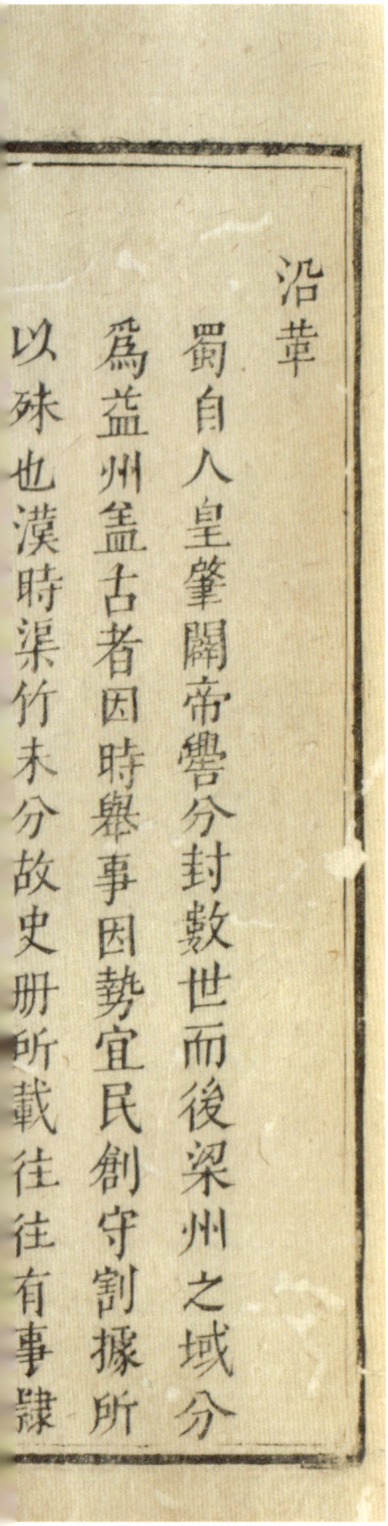
沿革
蜀自人皇肇闢帝嚳分封數世而後梁州之域分
爲益州蓋古者因時舉事因勢宜民創守割據所
以殊也漢時渠竹未分故史册所載往往有事隸

[illegible]古遺集爰於舊志外復從通志一統志寰宇志
詳加校覈俾後之考古者一覽而得焉

禹貢梁州之域商末入於盧㚘春秋時屬巴子國秦

古蹟

右軍序蘭亭至俯仰之間已爲陳迹未嘗不臨文嗟嘆我竹雖疊遭兵燹而溪山如故風物依然舊志盛稱竹陽八景曰鳳山呈瑞曰高寺曉鐘曰竹溪偃月曰雙溪燕尾曰梅村古碣曰雲臺烟雨曰木門懷古曰乾檀石井外此則寥寥無聞焉好事者流連光景前人遺蹟或反湮沒而不彰爰復考文徵獻望古遙集濡毫吮墨亦不勝今昔之感

木門鎮

0137 蜀典八卷附張介侯先生詩鈔一卷

（清）張澍撰

稿本 六冊

匡高20釐米，廣15.5釐米。半葉十行，行二十四字，白口，左右雙邊。存七卷（卷二至卷八） 慕壽祺序並跋

張澍，字介侯，（一説號介侯）武威（今屬甘肅）人。嘉慶四年（1799）進士。選庶吉士，後爲知縣、通判等官。事詳《清史稿·文苑》卷四八六。《蜀典》一書，就其內容和性質，乃清代私撰四川地方志書。嘉慶間川省有《四川通志》之纂，張澍欲與其事，為總纂所拒。嘉慶二十一年（1816）《通志》梓行，張氏閱後歎云：『是（《通志》）何遺漏之多也！』遂據自己所積累的資料，撰成是書。可見《蜀典》一書是為補《四川通志》之不足而作也。該書分為堪輿、人物、居寓、宦績、故事、風俗、方言、器物、動植、著作、姓氏等類，尤詳於姓氏、方言兩類，此為張氏學問之所長也。張澍之《蜀典》有材料豐富、徵引弘博、考證亦詳的特點，於《通志》補充甚多，為川省重要的鄉邦文獻，亦爲清代私撰方志之名著。張澍乃清代著名學者，其研究領域非常廣泛，在文學、史學、地理學、文獻學、輯佚學、姓氏學、方志學、金石學等方面均有建樹，著述豐富，其已刊著作有十一種。梁啓超《近代學風之地理分佈》云：『乾嘉間亦有一二流之學者，曰武威張介侯（澍）。善考證，勤奮輯佚，尤嫻熟河西掌故。』是乾嘉時代西北史與西北文化研究的領軍人物。《蜀典》為其重要的著述之一。本書從分卷、各卷內容排序、敘述文字的詳略等方面，與光緒二年（1876）成都尊經書院刊印本《蜀典》多有不同，故此本應為初纂之稿。

四川省圖書館藏。

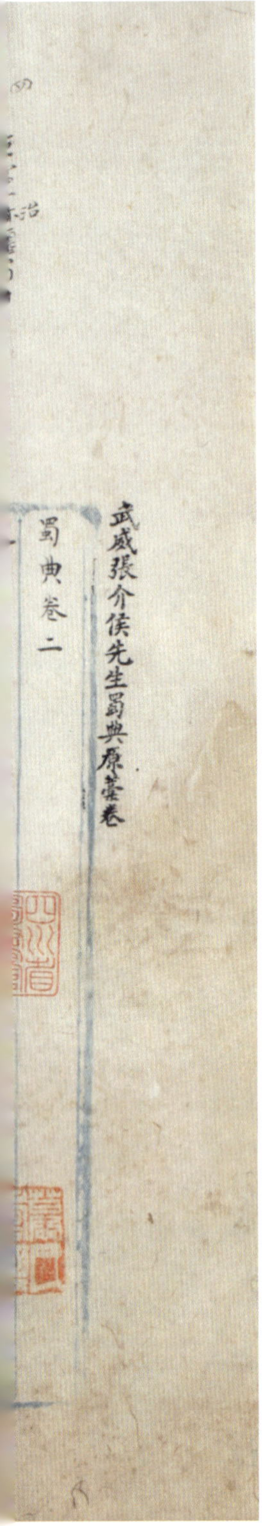

貳鉅靈[illegible]
河神[illegible]擘開山圖云巨靈與
元氣俱生為九元真母治蹟在蜀是巨靈在蜀
有明徵矣
二
[illegible]女媧游[illegible]
[illegible]媧[illegible]陽志[illegible]伏
[illegible]女媧[illegible]
五[illegible]
[illegible]

之國、在斧州之西、台州之北、或謂㝢胥在㝢山之右、胥相、
㝢之相、其渚後曰雷澤、
三
安登游常羊
春秋元命苞云、少典妃安登、游于華陽、有神童首感之
[illegible]樓羅泌云、常羊、華陽之常陽也

武威張介侯先生　原稾殘

叔先雄

成瑞灘險浪湍怒尼和詣郡波㧙艣倏忽淪没歸水府女雄聞
之淚如雨兒頸珠囊繫以組賈身紅　[illegible]尋吾父見夢弟賢容若
覩果然抱屍出江滸太守蕭登高拜箚上書當宁極揚詡立碑
圖形黃綃補嗟乎姚精死賊曹盱沈孝娥前後此丹心永建至
今適千載過客猶恨江水深

張帛

[illegible]學[illegible]韓子方船覆没弟求喪久不得帛徬徨遂亦沈大小惶
十四日出水旁持夫手如頡頏韓子冉[illegible]皇皇聞烈節深[illegible]
召其子列[illegible]行符先絡比芬芳時人指樊道鄉鶯薦圻水[illegible]

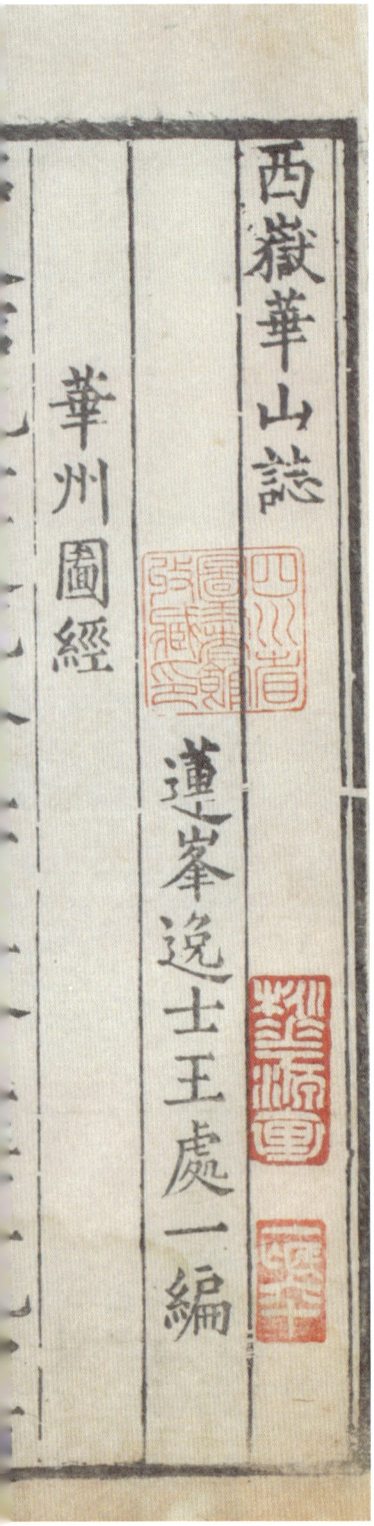

0138　西嶽華山誌一卷

（金）王處一撰　（明）王民順增補

明萬曆三十四年（1606）王民順刻本

匡高18.8釐米，廣13.7釐米。半葉九行，行十八字，白口，左右雙邊。

王處一（1142—1227），號玉陽子，一說號全陽子，寧海東牟（今山東牟平縣）人。大定八年（1168）出家，赴昆嵛山煙霞洞從王喆（王重阳）修道，爲全真『北七真』之一，全真『嵛山派』创立者。『華山』之名有多種說法：《山海經》：『太華之山，削成而四方，其高五千仞，其廣十里。』《水經注·渭水》：『遠而望之，又若華狀。』这是指华山顶上三峰像花一样。古代『華』、『花』二字相通，秘以華山便以狀似蓮花得名。這是最主要的兩種說法。華山又為五嶽之一的西嶽。中國史籍上有堯、舜、禹封禪五嶽的傳說，其實都是漢代經學家的附會而已。五嶽制度始於漢武帝，在漢宣帝時期華山最後確定為西嶽。特別是漢光武帝遷都洛陽後，稱華山為西嶽至今。華山素以巍峨雄險著名，古人說它『勢飛白雲外，影倒黃河里』。宗教的駐足，使得華山更具神秘色彩。唐、五代、北宋時期，華山一直都是道教之聖地，居住者和往來者都是道士或道教徒等。唐人韓愈《華山女》詩中有『華山女兒家奉道，欲驅異教歸仙靈』之句，足見其盛。隨之而來的許多離奇的記載和傳說，與華山有關的藝文和志書的出現則是必然的了。《西嶽華山志》便是華山的地志之一。該志於華山之峰麓名勝、物産藥品、天真勝跡、仙蹤道流、神靈物異皆無不備載，更以『本郡《圖經》及劉向《列仙》等傳，有載華山事者，悉採拾而附益之』，有事詳文簡之特點。明代王民順[江西金溪人。隆慶五年（1571）進士。仕南韶巡撫。]以時人張憲周本《華志》校定整理該志，增以圖二十二幅，皆附圖說，並予以版行。至此《西嶽華山志》不僅資料更為豐富，且圖文並茂，更具文獻價值。該書寫刻俱佳，堪稱萬曆本中之翹楚也。此書雖經王氏增補，然仍應視為『明清時期寫印元代及其以前人著作而成為現存最早的版本』。

四川省圖書館藏。

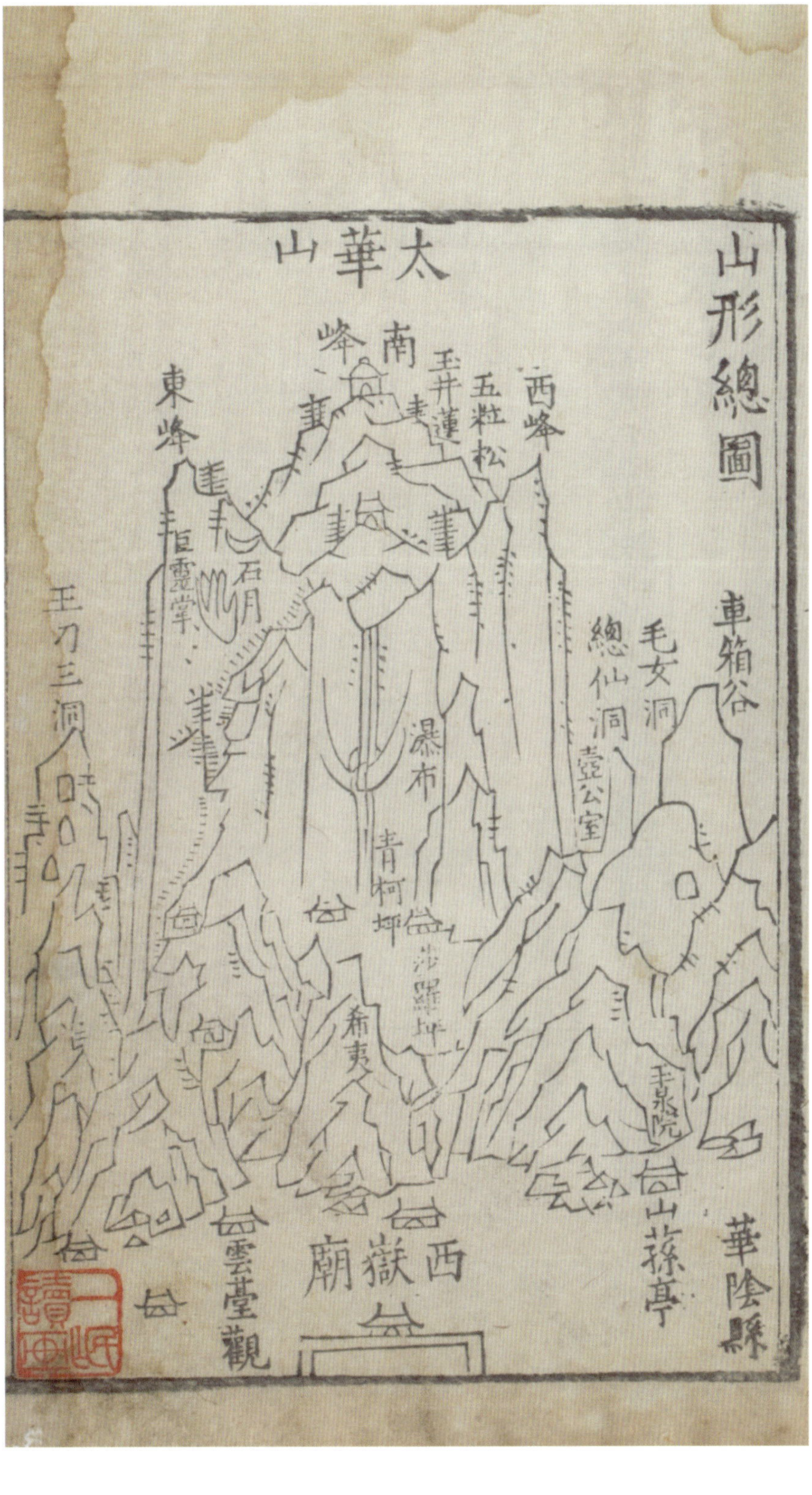

為大帝之别宫迺神仙之窟宅也方域志云華
山在華州華陰縣界華州按禹貢係雍州分野
自周宣王封母弟友於咸林是為鄭國至秦武

0139　水經注四十卷

（漢）桑欽撰　（北魏）酈道元注

明嘉靖十三年（1534）黃省曾刻本　十二冊

匡高20.4釐米，廣16釐米。半葉十二行，行二十字，白口，左右雙邊。

酈道元（約470—527），字善長，范陽涿縣（今河北涿縣）人。曾官荊州刺史、御史中尉、關右大使，被雍州刺使蕭寶寅殺害。酈道元之前有《水經》一書，這是我國第一部記述全國範圍內河川水系的著作。其作者和成書年代，歷代說法不一，稱漢代桑欽所撰，是宋代以後的說法；其成書年代，《四庫全書總目提要》綜合清人的考據成果，推文尋句，認爲其成書大概在三國時，現代學者大多從《四庫》說。酈道元認爲，《水經》有文字極簡略、內容詳北而略南，且地名變易頗多等不足和問題，為之作注。其注以《水經》為綱，據實地考察所得，博引有關地理之書，以成此書。酈注將原書所載河流一百三十七條擴載為一千二百五十二條，約三十萬字。其注以水道河流為主線，對其源頭、流向、河道變遷、名稱改易，一一敘其原委；並因水及地，因地及事，詳述河道流域的山陵、陂澤、郡縣、城邑、關津、亭障、名勝、物產、農田、水利，以至史事、人物、故事、神話、歌謠、諺語、方言等。遇有記載異詞，則詳加考訂，附以按語。以黃河流域敘次最為詳盡，黃淮流域較為明晰。注文於上古迄魏晉歷史掌故和史料保留甚多，過錄碑刻達三百零一塊，多可補訂史缺，或可資考史。可謂中國現存第一部以記水道為主的綜合性地理巨著，不僅資料價值極高，著作體例於後世亦有較大影響。是刻刊印俱佳，為《水經注》的重要版本之一。黃省曾（1490—1540），字勉之，號五嶽，長洲（今江蘇蘇州）人。嘉靖十年（1531）舉人。曾師從王陽明、李夢陽，以博學著稱。

四川省圖書館藏。

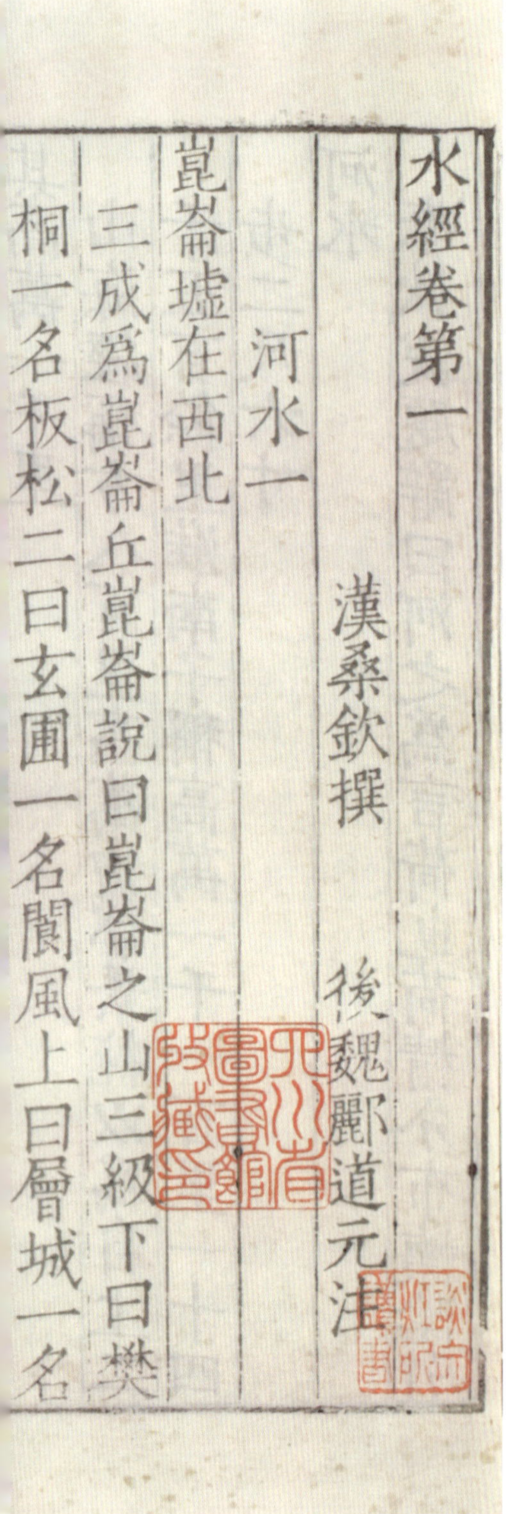
水經卷第一

漢桑欽撰　後魏酈道元注

河水一

崑崙墟在西北

三成爲崑崙丘崑崙說曰崑崙之山三級下曰樊桐一名板松二曰玄圃一名閬風上曰層城一名

刻水經序

吳郡黃　省曾

叙曰水之爲德大矣哉道生天一職統材五發始西極産毋隅也折赴東墟趨子方也瀸涌昭化妙之初質流瀾符於穆之神用厚氣肇之升盛露雨由之感澤象曜資之光朗玄黃本之浮載穹灝倚之配密雲漢會之紀戒圖書託之興瑞袛軸寄之融絡是以寓目者嘆其渾逝臨淵者頌其靈長且兆類非此無以胑阜萬里非此無以準平醴饔非此無以烹繕而育年壤墟非此無以灌漑而興穀法其形勢而樹都廟因其隔限而分州域軸轤興而窮遐互通堤鑿成而堉瘠咸利鍾滙之區則珠玉以登枯絕之野則林壑

千里禹導而通之出積石山按山海經自崑崙至積石一千七百四十里自積石出隴西郡至洛準地志可五千餘里又按穆天子傳天子自崑山入

0140　西湖遊覽志二十四卷志餘二十六卷

（明）田汝成撰

明嘉靖二十六年（1547）嚴寬刻本　十二冊

匡高19.8釐米，廣13.8釐米。半葉十行，行二十字，黑口，四週雙邊。有補版、間有抄配。李一氓批並跋。

田汝成，字叔禾，錢塘（今屬杭州）人。嘉靖五年（1526）進士。授南京吏部主事，累升廣西右參議，分守右江，甚著政績，終福建提學副使。汝成博學，工古文，尤善敘述。歷官西南，諳曉先朝遺事，撰《炎徼紀聞》。《明史》卷二百八十七有傳。杭城西湖，世之名勝，人文匯萃，有『勝甲寰中，聲聞夷服』之謂，然獨無志之者也。田氏致仕後，盤桓湖山，窮遊浙西諸勝，乃『紬集見聞，再證履討』，不僅『敘列山川，附以名勝』，且旁及杭城，以彰西湖之全體。揭綱統目，都二十四卷，以成《西湖遊覽志》。又以『裁剪之遺，兼收並蓄，分門匯種』成《志餘》二十六卷。雖有以體例、內容譏之者，當屬仁智之見。《西湖遊覽志》於文獻搜羅甚富，記述甚詳，為瞭解古代西湖乃至杭城的重要資料。是書乃『西湖』之首志者，流傳甚罕，刊印應屬精審，頗具文獻價值和版本價值。嚴寬，嘉靖間丹徒（今屬江蘇）人。

四川省圖書館藏。

下有淵泉百道瀦而爲湖漢時金牛見湖中人言此
聖之瑞遂稱明聖湖以其介于錢唐也又稱錢唐湖
以其輸委于下湖也又稱上湖以其負郭而西也故
稱西湖云西湖諸山之脉皆宗天目天目西去府治
一百七十里高三千九百丈周廣五百五十里蜿蟺
東來凌深拔峭舒岡布麓若翔若舞萃于錢唐而嶒

朝爽閣爲黄稷虞藏書室名，但此章未審真僞，千頃堂原藏歟？

西湖遊覽志餘第一卷

錢塘田　汝成　輯撰

帝王都會

杭州之名相傳神禹治水會諸侯于會稽至此舍杭
登陸因名禹杭至少康封庶子無餘于越以主禹
祀又名餘杭秦置餘杭縣隋置杭州竊謂當神禹
治水時吳越之區皆懷山襄陵之勢縱有平陸非
浮橋緣延不可徑渡不得于此顧云舍杭登陸也
說文杭者方舟也方舟者並舟也禮大夫方舟士
特舟所謂方舟殆今浮橋是也蓋神禹至此溪壑

0141　四明延慶天台講寺志八卷　（明）釋傳燈纂修

明天啟刻本　二冊

匡高23.2釐米，廣14.1釐米。半葉十行，行二十字，小字雙行十九字，白口，四週雙邊。存七卷（卷一至七）　李一氓跋

釋傳燈，俗姓葉，字有門，號無盡，幽溪，龍遊（今屬浙江）人。少從天台高明寺進賢暎庵禪師剃度爲僧。傳燈戒行清苦，學識高超，博通台教，嫻止觀，兼習淨土、禪宗之義，尤工於八分書法。以弘揚天台宗爲己任，世譽爲天台始祖。天台宗，佛教宗派之一。為陳隋時智顗所創，因浙江天臺山故名。依據《法華經》闡明諸法實相（萬有即實相），主張『一念三千』（千差萬別、包羅萬有的三千種世間皆備於一念），建立了空、假、中三諦圓融並止觀雙運的修行方法，故又稱『法華宗』。是書類分八卷，分別爲：圖經、教源、鼻祖、支傳、靈異、檀越、戒誓、藝文。第八卷藝文缺。有天啟二年（1622）吳用先序，天啟三年（1623）陳繼儒、周應賓兩序。沈猶龍序。據之定此書刊印時間。其寺始建於五代後周廣順年間（951—953），舊名保恩院，宋真宗時賜名延慶講寺，其址在鄞縣四明山（今屬浙江）。依佛教教宗論，蓋屬天台宗者。是書雖為寺志，然其於天台宗之教宗源流、教行律戒、宗傳人物等多所記述，於佛教天台宗史的研究是重要的資料。《四明延慶天台講寺志》一書傳世極罕，具有重要的文獻價值和版本價值。

四川省圖書館藏。

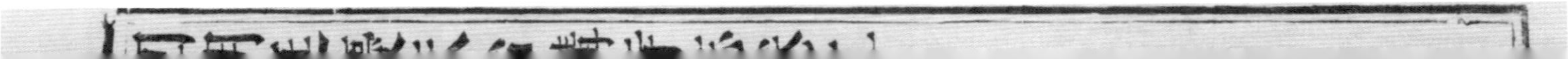

教源

教之有源宗所宗也蓋佛法西來諸宗傳道一掃廉纖而直指者達磨之宗是也諄諄戒定慧下學而上達者天台賢首之宗是也達磨傳法於少林智者唱道於天台賢首揚宗於五臺鼎峙三方佛法於是乎盛今四明延慶法智大師實祖天台中興教觀偉哉抗折百家超過諸說其源遠流長有自來矣

按寺实在寧波南门永寧橋浙江通志鄞縣志均有记載謂為吉寧海者溪後周廣順二年（九五三）建宋嘉定十三年毁後重建元至元二十六年火僧善良重建泰定元年火僧奇無重建明永樂六年大修寺多宋以来碑刻如靖康元年題十六羅漢象靖康元年初祖達摩画象延慶寺四祖信大師画象二像錢大昕定為宋刻以及其他近一九六四年文物普查時寺像碑刻均尚稱完整今全毁留此殘帙彌足珍貴矣一九八二年元旦記

0142 武林靈隱寺誌八卷

（清）孫治初修　徐增重修

清康熙十一年（1672）刻本　四冊

匡高21釐米，廣15.3釐米。半葉九行，行二十字，黑口，四週雙邊。

徐增（1610—1675），字子能，號而庵，長洲（今江蘇蘇州）人。清代佛教學者。工詩善文，有名於時。中年後接觸佛典，與戒顯成爲至交，受戒顯之請，編纂完成《靈隱寺誌》。武林，杭州舊稱。靈隱寺，位於杭州靈隱山麓。屬於佛教的臨濟宗派。靈隱寺始建，源於一個佛教傳說：東晉咸和元年（326），印度僧人慧理來此，見飛來峰歎道：『此乃天竺國靈鷲山之小嶺，不知何以飛來？佛在世日，多為仙靈所隱。』遂面山建寺，取名『靈隱』。該寺於五代吳越國時兩次擴建，盛极一时。此後千餘年間，該寺迭毀迭建，幾經興衰，康熙時賜名『雲林禪寺』，乾隆時達到其鼎盛時期，為中國禪宗十刹之一，杭城之名寺。《靈隱寺誌》前有孫治[孫治，字宇台，仁和（今浙江杭州）人。『西冷十子之一』。清代佛學居士。]所撰十二卷本《靈隱寺誌》，從今不見傳世者的情況看，是書成編後似未刊行。該寺主持戒顯認爲：『孫《志》獨於靈隱名勝，開章發刃，辯論太多，紆回曲折，幾在辯駁山水之書，似乖傳信。』所以，戒顯另請徐增，以孫志為底本，刪訂為八卷。即是本也。全書分序圖，開山、重興、山水（卷一）；梵宇、古塔、古跡（卷二）；禪祖（卷三）；法語、檀越、人物（卷五）；藝文（卷六）；碑文（卷七）；詩、遺事、雜記附山地數（卷八）。所謂『一百餘代禪師，其崩崖裂石之法語，飡冰嚼雪之高風，及古今钜公偉人、奇文異藻，囊括殆盡』。是書類目設置，於寺志內容更具合理性，記述雖多，卻也不繁雜，應爲寺志中之佳者。不失爲佛教臨濟宗研究的重要典籍之一。此本刊印甚精，傳世頗罕。戒顯（1610—1672），俗姓王，名瀚，字愿雲，號晦山，婁東（今江蘇太倉）人。明亡後，舍俗出家。不數年，盡得心印密契，納爲臨濟法嗣。先後兼任疏山、安國諸寺方丈，康熙六年（1667），改住杭州靈隱寺。善於因人施教，故法嗣衆多，法系廣遠。工詩文，勤著述，有著作多種。

四川省圖書館藏。

武林靈隱寺誌卷之一

武林西山樵者孫治宇台初輯
吳門而菴居士徐增子能重修
住靈隱第二代戒顯晦山較訂

開山始迹

原夫西方聖人之教被于震旦也漢明帝兆金身之夢白馬馱經康僧會协舍利之求赤烏建塔由是而降聖教大行彼方聖賢乘運顯迹或遥空振錫或隨處托生所在之處建立道場以

0142 武林靈隱寺誌八卷

（清）孫治初修　徐增重修

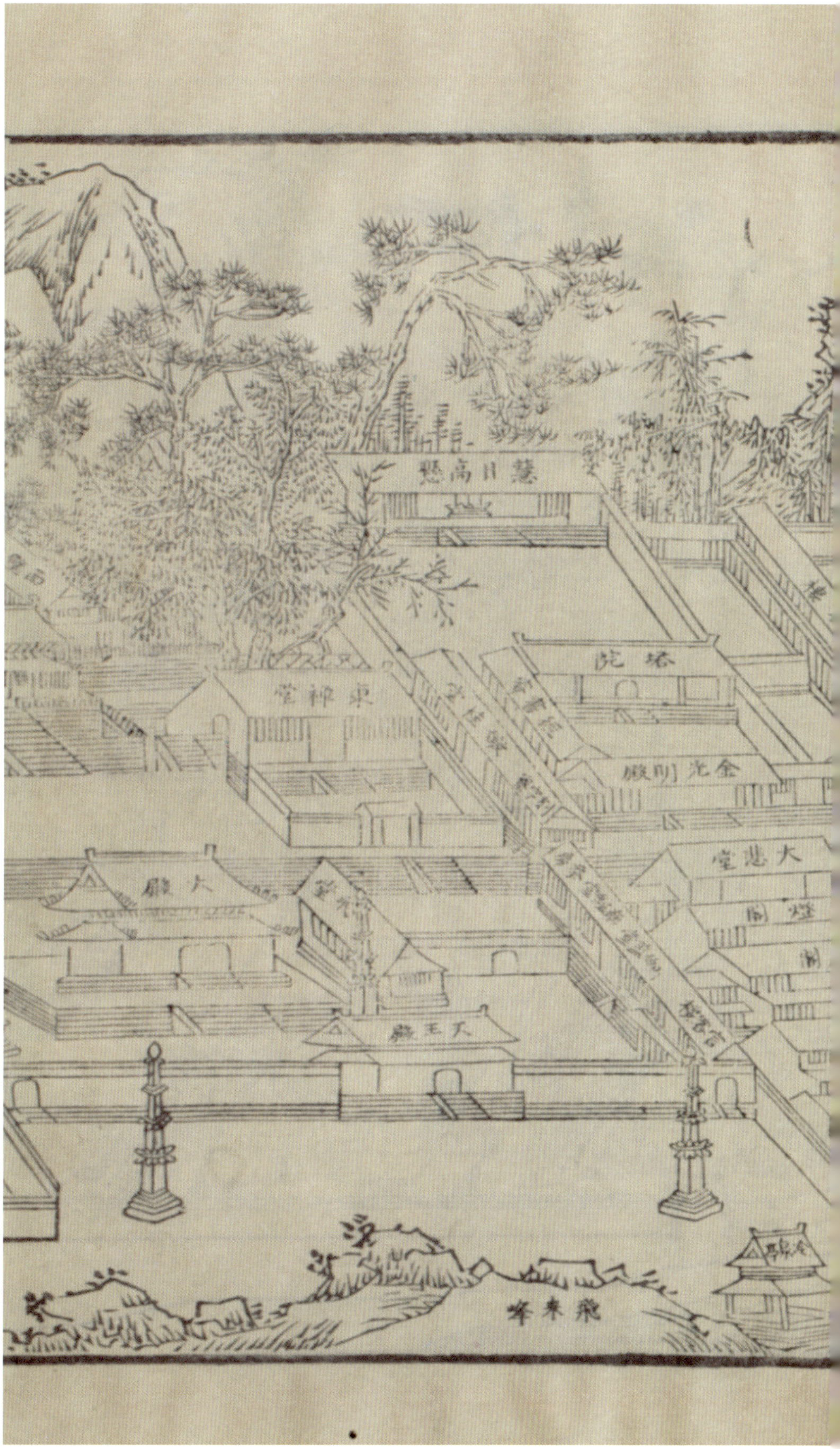
慧日高懸
塔院
東禅堂
金光明殿
大悲堂
大殿
天王殿
飛來峰

0143　遊記十卷　（明）徐弘祖撰

清乾隆四十一年（1776）徐鎮孩浦村莊刻本　十二冊

匡高18.6釐米，廣14.4釐米。半葉十行，行二十三字，白口，四週單邊。

徐弘祖（1587—1641），字振之，號霞客，南直隸江陰（今江蘇江陰）人。明代地理學家。自幼『特好奇書，侈博覽古今史籍及輿地志，山海圖經以及一切沖舉高蹈之跡』（陳函輝《霞客徐先生墓誌銘》），嚮往『問奇於名山大川』的生活。《遊記》是一部日記體裁的地理文獻。同以往的大多數地理學著作不同，它不是書齋的產物，也不是考證資料的結果，而是其從二十二歲起至五十六歲的三十多年中，年年外出遊歷，東至浙東的普陀山，西到雲南騰沖；北至河北薊縣的盤山，南到廣東的羅浮山，足跡所至，遍及今之江蘇、浙江、山東、河北、山西、陝西、河南、安徽、江西、福建、廣東、湖南、湖北、廣西、貴州、雲南等十六個省區。利用野外考察所得的第一手資料，在考察途中寫成的作品。《遊記》的絕大多數內容皆偏重於記述自然地理現象，並注意探索與之有關的內在因素和客觀規律，特別是關於石灰巖地貌和洞穴現象的探討和記述，後來的科學勘測也證明了其內容的真實可靠。《遊記》涉及的自然地理資料，以廣西、雲南為最，具有極高的地理學價值，在地理學史上佔有重要地位。同時《遊記》有關人文地理的資料也不少，西南地區的農業、手工業、交通運輸、民族分佈、風土人情、宗教信仰等多有記載，陳垣的《黔滇佛教考》，就大量引用過《遊記》中的相關資料。《遊記》的文學價值也是很高的，清人錢謙益有『世間真文字，大文字，奇文字』、『當為古今遊記之最』之譽，可謂我國遊記文學中的佳製名篇。《遊記》在徐氏生前未及整理成書，其去世後，由季夢良整理成篇。最早的抄本是崇禎十五年（1642）王忠紉手校，季夢良續成的稿本，傳世者多爲抄本。後經戰亂，加以輾轉傳抄，原稿缺失很多。乾隆四十一年（1776）族孫徐鎮才將其刊印成書，此時距作者去世已一百三十多年。是為此書的最早刻本。

四川省南充市圖書館藏。

遊記第一册上

江陰徐宏祖霞客著　子李寄介立輯

季夢良會明編　無錫吳　峻𪊲仙

同邑　重校

楊名時凝齋閲　族孫徐　鎮鈞峪

遊天台山日記　浙江台州府

癸丑之三月晦、自寧海出西門、雲散日朗、人意山光、俱有喜態、三十里至梁隍山、聞此地於菟夾道、月傷數十人、遂止宿、四月初一日、早雨、行十五里、路有岐、馬首西向台山、天色漸霽、又十里抵松門嶺、山峻路滑、舍騎步升、自奉化來、雖越嶺數重、皆循山麓、至此迂迴臨陟、俱在山脊、而雨後新霽、泉聲

（明）徐弘祖撰

營戚家余獨留寺中爲明晨遍歷之計諸呂留蔬果于僧令供余且導余遊
二十四日晨起索飯即同寺僧從寺後躋危坡而上二里餘
有岐北盤入峽者向寨址道也歷級直上而南越峯頭者向
一女關道也余從其上者一里餘夌坡之脊隨之南轉俯瞰
脊東盤夾中有遺址圍牆即普顏篤之舊寨也反在其下矣
南一里峯頭始有石纍纍從其下東轉南突危崖北臨寨底
線徑橫騣下缺

二十五日至月終俱缺

裔孫　熈海南校字

遊記第七册下終

乾隆丙申較刊

霞客遊記

孫浦郵莊藏版

辨譌嗣出

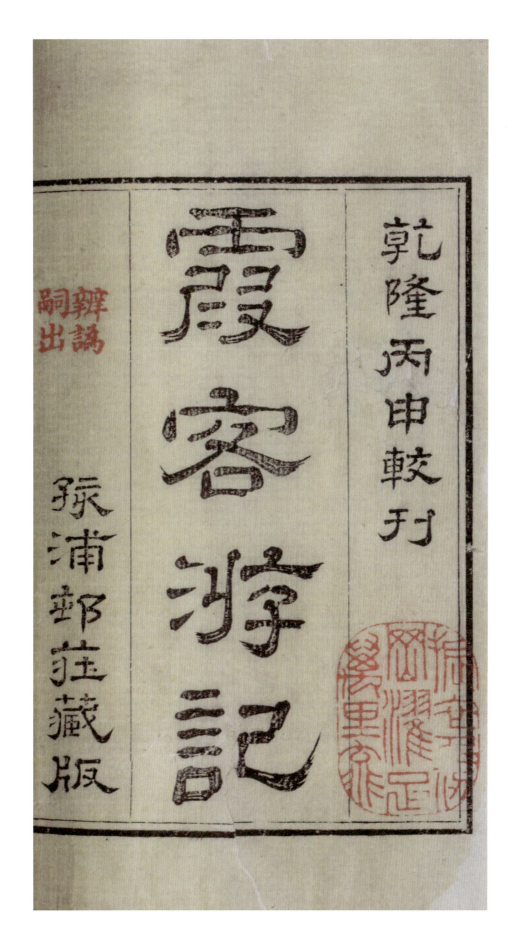

0144　西洋雜志八卷

（清）黎庶昌撰

清稿本　四冊

匡高20.4釐米，廣14.6釐米。半葉十行，行二十五字，小字雙行字數不一，白口，左右雙邊。黎庶昌校。

黎庶昌（1837—1897），字蒓齋，貴州遵義人。廪貢生。初從學於鄭珍，後爲曾國藩僚屬。爲『曾門四弟子』之一。官至川東兵備道。光緒間任駐英、法、德、西班牙四國參贊，後為駐日公使。近代中國著名外交家和學者。《西洋雜志》所記，為黎庶昌駐歐五年間，全面考察歐洲諸國之政治制度、工商產業、城市規模、社會設施的經歷。從書中的記述中，我們不難看出作者不僅親身感受了機器、科學對社會進步的巨大作用，而且西方的政治制度對其思想影響極大，時時流露出中國不亟圖變法維新，即無自立於世的感觸。此為黎庶昌的代表著述之一，也是早期我國知識分子觀察、介紹西方世界的重要著作之一。是書應是付印前之繕正稿，紅格毛裝，黎氏校訂。

四川省圖書館藏。

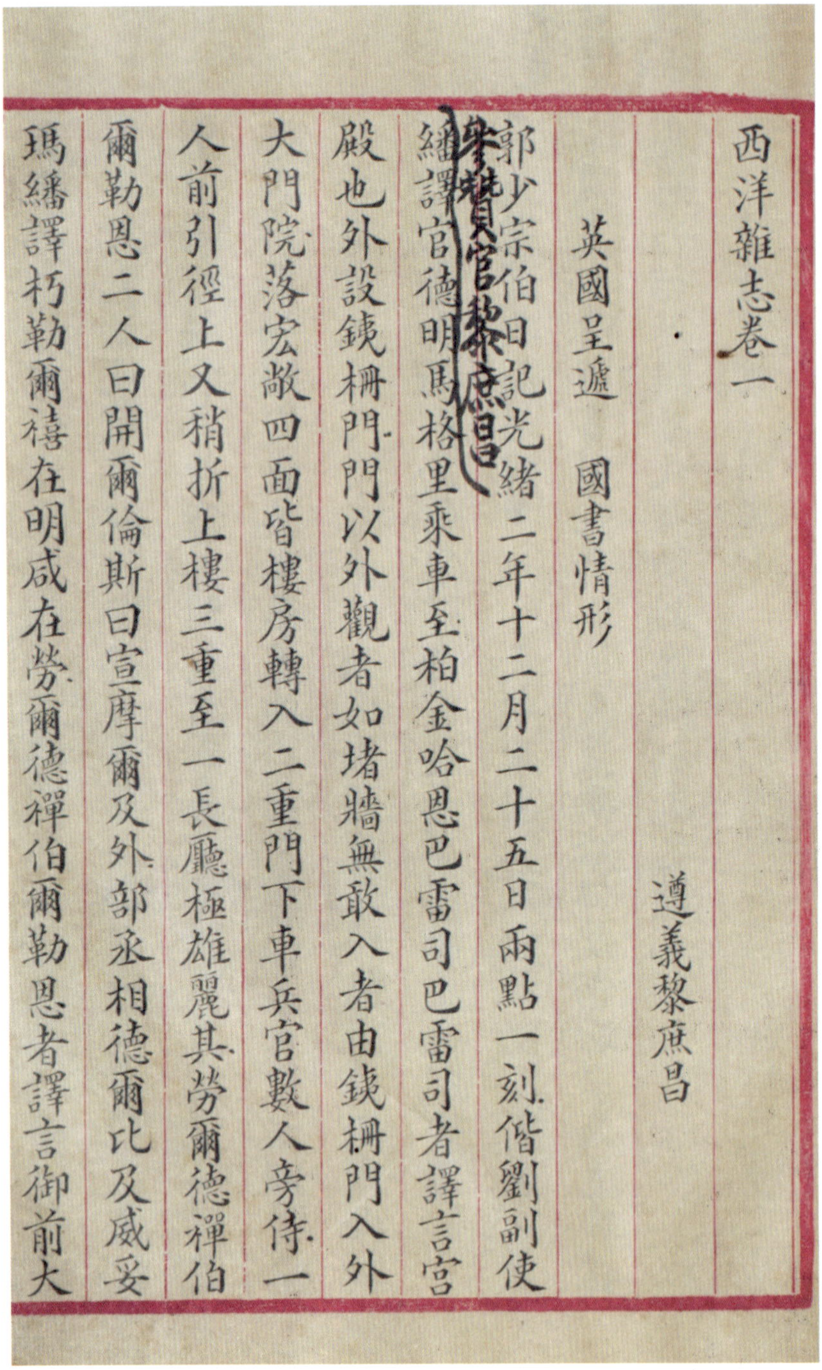
西洋雜志卷一
遵義黎庶昌
英國呈遞　國書情形
參贊官黎庶昌
郭少宗伯日記光緒二年十二月二十五日兩點一刻偕劉副使
繙譯官德明馬格里乘車至柏金哈恩巴雷司巴雷司者譯言宮
殿也外設鐵柵門門以外觀者如堵牆無敢入者由鐵柵門入外
大門院落宏敞四面皆樓房轉入二重門下車兵官數人旁侍一
人前引徑上又稍折上樓三重至一長廳極雄麗其勞爾德禪伯
爾勒恩二人曰開爾倫斯曰宣摩爾及外部丞相德爾比及威妥
瑪繙譯朽勒爾禧在明咸在勞爾德禪伯爾勒恩者譯言御前大

0145　西洋雜志八卷

（清）黎庶昌撰

手稿本　存四卷（卷一至四）

匡高21.3釐米，廣14.5釐米。半葉十一行，行三十至三十四字，白口，左右雙邊。

此為黎氏手稿，用黑格稿紙，間有部分無格白紙書寫，文中多有修改、增補之處。毛裝。

四川省圖書館藏。

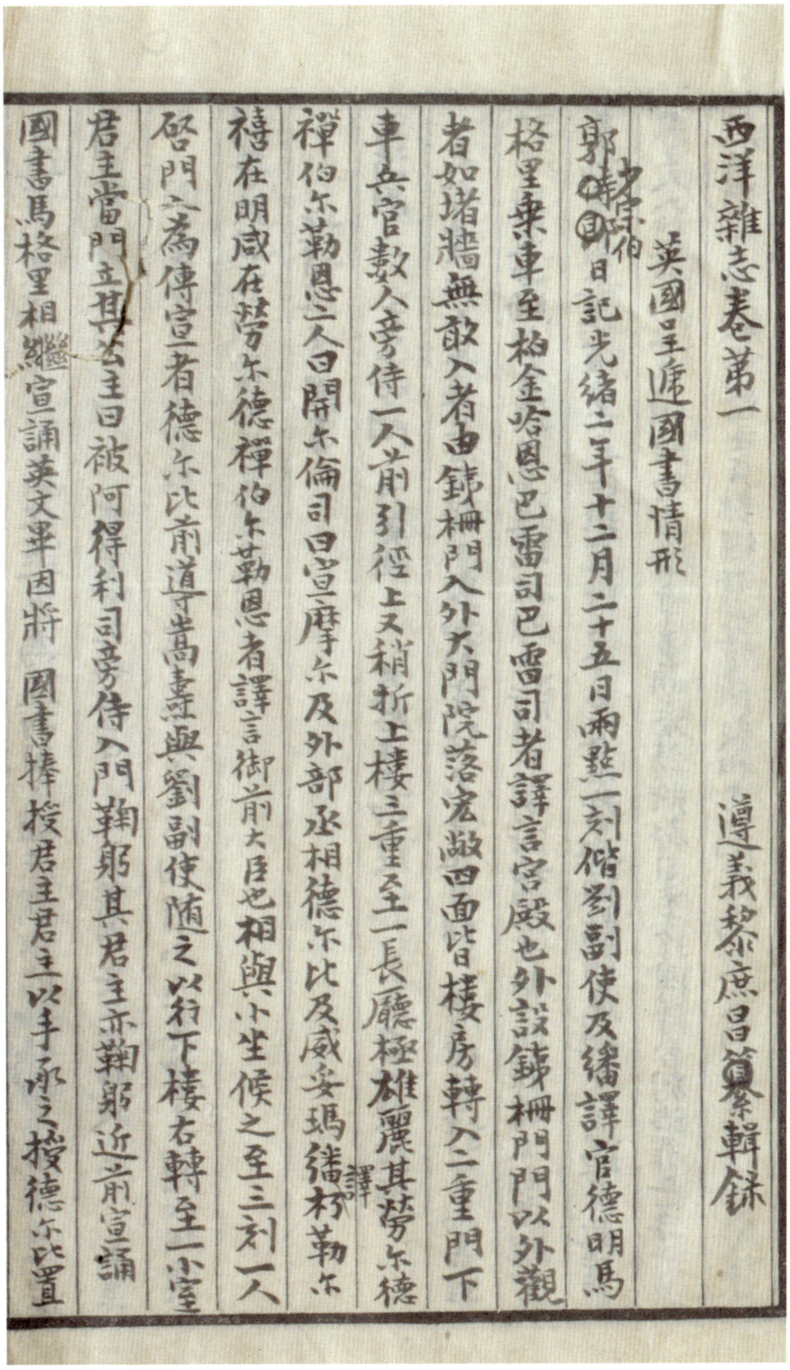

西洋雜志卷第一　　遵義黎庶昌纂輯

英國呈遞國書情形

郭侍郎日記光緒二年十二月二十五日兩點一刻偕劉副使及繙譯官德明馬格里乘車至柏金哈恩巴雷司巴雷司者譯言宮殿也外設鐵柵門以外觀者如堵牆無敢入者由鐵柵門入外大門院落寬敞四面皆樓房轉入二重門下車兵官數人旁侍一人前引徑上又稍折上樓三重至一長廳極雄麗其勞尔德禪伯尔勒恩二人曰開尔倫司曰宣摩尔及外部丞相德尔比及威妥瑪繙譯杉勒尔禧在明咸在勞尔德禪伯尔勒恩者譯言御前大臣也相與小坐候之至三刻一人啓門立為傳宣者德尔比前導嵩燾與劉副使隨之以行下樓右轉至一小室君主當門立其公主曰被阿得利司旁侍入門鞠躬其君主亦鞠躬近前宣誦國書馬格里相繼宣誦英文畢因將國書捧授君主君主以手承之授德尔比置

0146　大唐六典三十卷

（唐）玄宗李隆基撰　李林甫等注

明正德十年（1515）席書、李承勳刻本　十二冊

匡高18.4釐米，廣13.3釐米。半葉十二行，行二十字，小字雙行同，白口，左右雙邊。鄭其鏞題跋。

《唐六典》是我國盛唐時期的一部比較完備的行政法典。唐開元十年（722），唐玄宗親書理（即『治』，因避唐高宗李治的名諱而改）典、教典、禮典、政典、刑典、事典六條，命以《周官》（即《周禮》）爲模式，撰錄唐代官制。雖以唐代官制體例編修，因玄宗早已手書六條，書成後仍以《六典》名之。《唐六典》的編撰，宰相張說[（667—730），一說字說之，洛陽人。開元時任相。]初委之徐堅，徐『思之經歲，莫能定』，遂改委毋煚、徐欽、韋述等，仍『用工艱難，綿歷數載』。後張九齡[（678—740），字子壽，韶州曲江（今屬廣東）人。開元二十一年至二十四年（733—736）任相，爲李林甫所譖罷官。]、[李林甫（？—752），小字奴哥，開元中任相十九年。]相繼委之陸善經、苑委等，歷時十六年，於開元二十六年（738）成書。《唐六典》包括以六部體制為綱的一整套人事制度和國家資源管理使用的財政制度，以及各級行政部門的行政活動原則，相互關係準則，工作程式和涉及社會各個方面的地方行政法規。以三師、三公、三省、九寺、五監、十二衛等為目，列述其職司、官佐、品秩等。它的定製，為唐及唐以後至清各代的沿用，對維護中國封建制國家政府體制超乎尋常的穩定起過相當大的作用，是研究我國古代立法史的一部極為重要的文獻。《大唐六典》最早的刻本是北宋元豐三年（1080）本，已佚。今存最古刊本為南宋紹興四年（1134）溫州刊刻殘本，僅存15卷（內有缺葉），分藏於北京圖書館、南京博物院、北京大學圖書館。正德十年本《唐六典》，為該書現存最完整的最早版本，後世各本均據此刊印。

四川省圖書館藏。

大唐六典三師三公尚書都省卷第一

御撰

集賢院學士兵部尚書兼中書令修國史上柱國開國公臣李林甫等奉

敕注上

三師

太師一人

太傅一人

太保一人

三公

太尉一人

司徒一人

司空一人

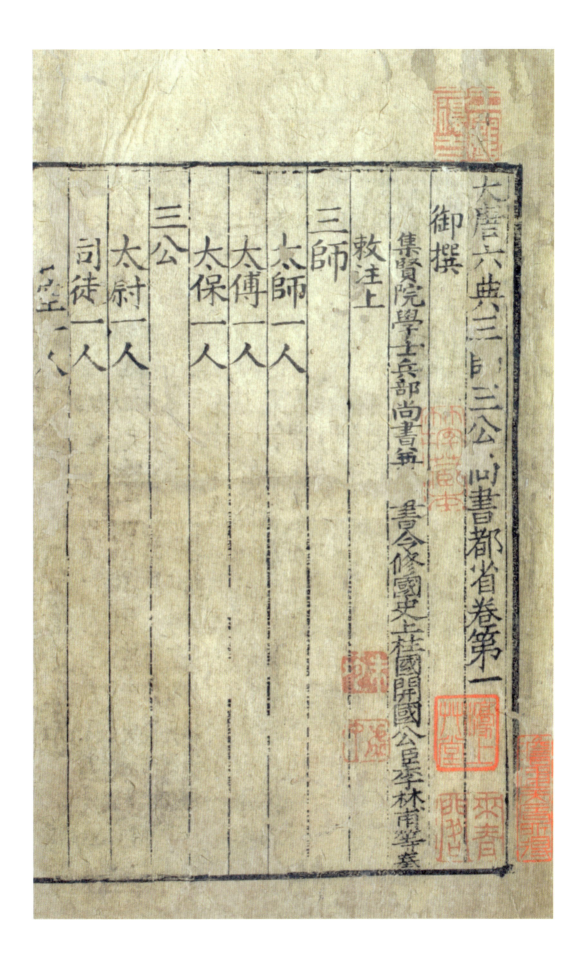

0147 大唐六典三十卷

（唐）玄宗李隆基撰　李林甫等注

明正德十年（1515）席書　李承勳刻本　十冊

匡高18.4釐米，廣13.3釐米。半葉十二行，行二十字，小字雙行同，白口，左右雙邊。

四川師範大學圖書館藏。

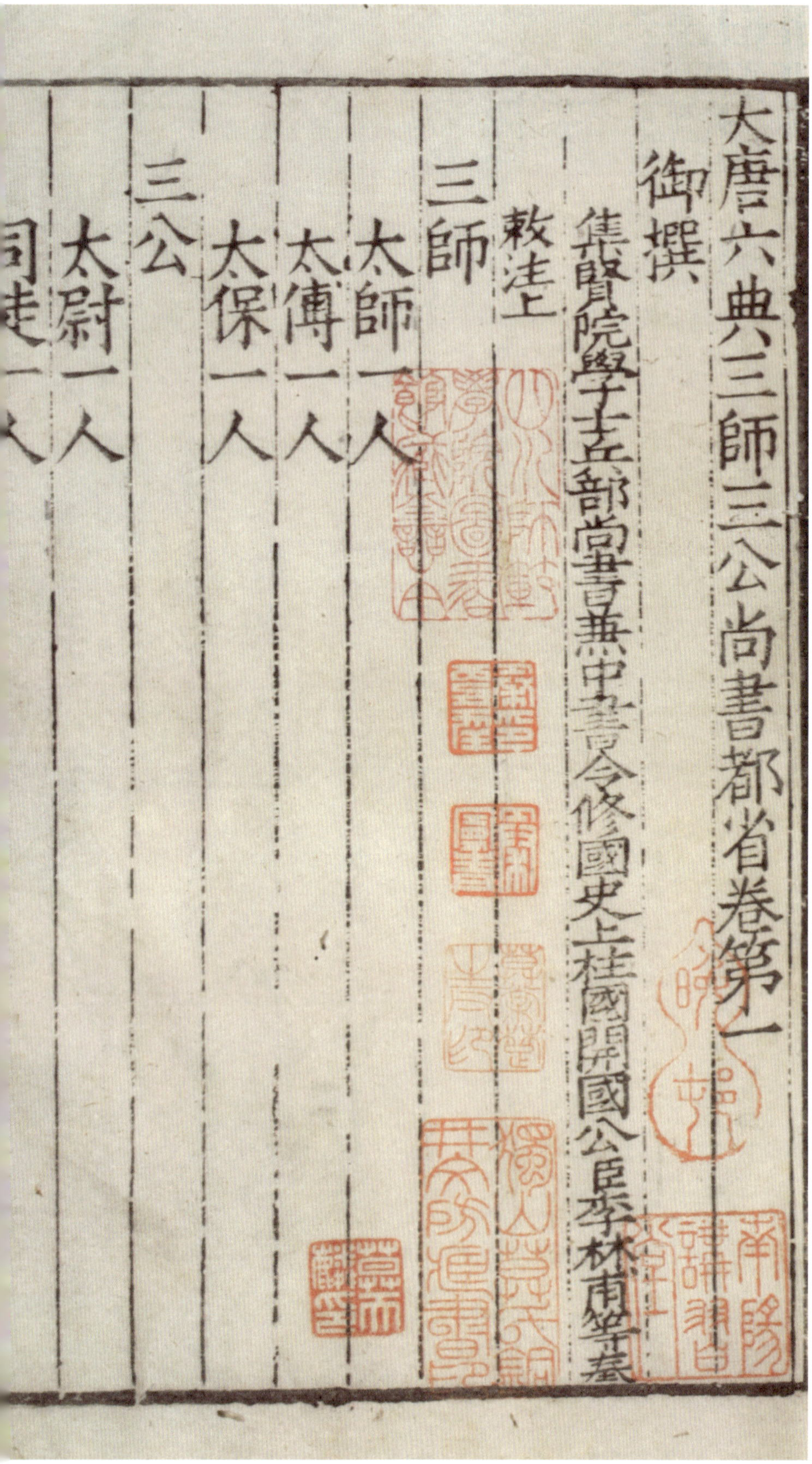
大唐六典三師三公尚書都省卷第一
御撰
集賢院學士兵部尚書兼中書令修國史上柱國開國公臣李林甫等奉
敕注上
三師
太師一人
太傅一人
太保一人
三公
太尉一人
司徒一人

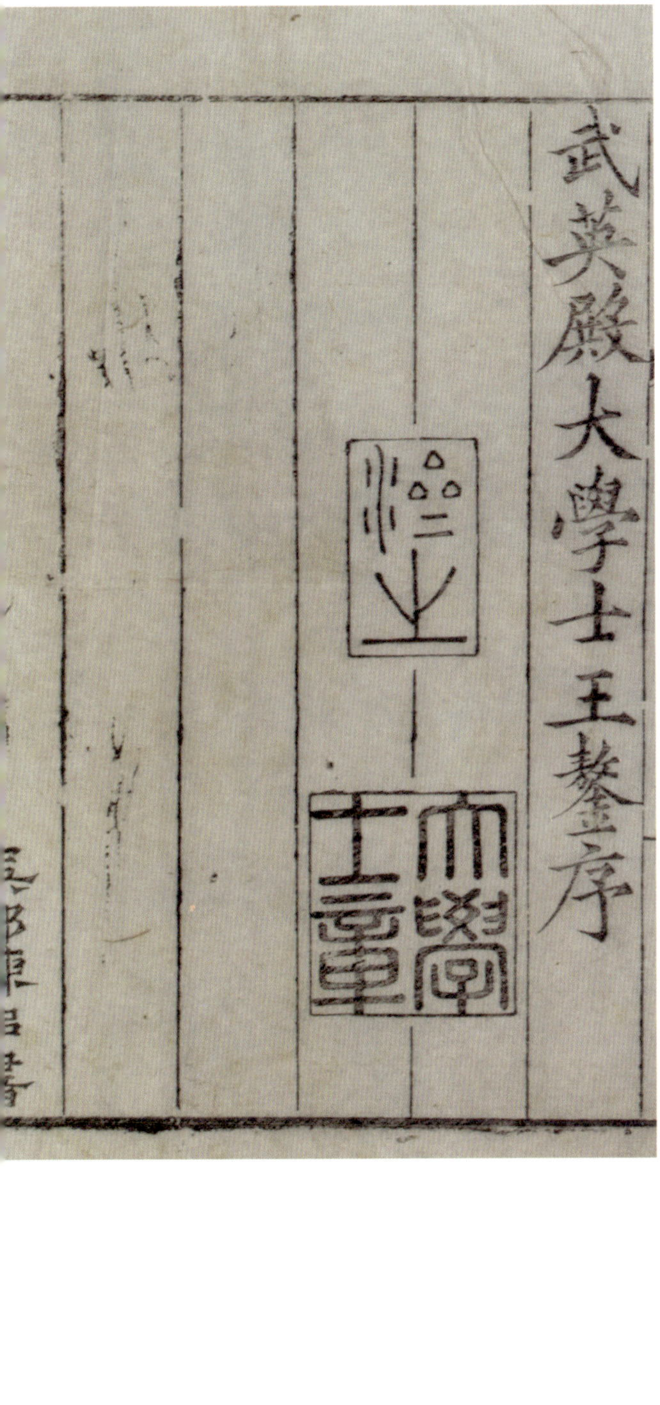
武英殿大學士王鏊序

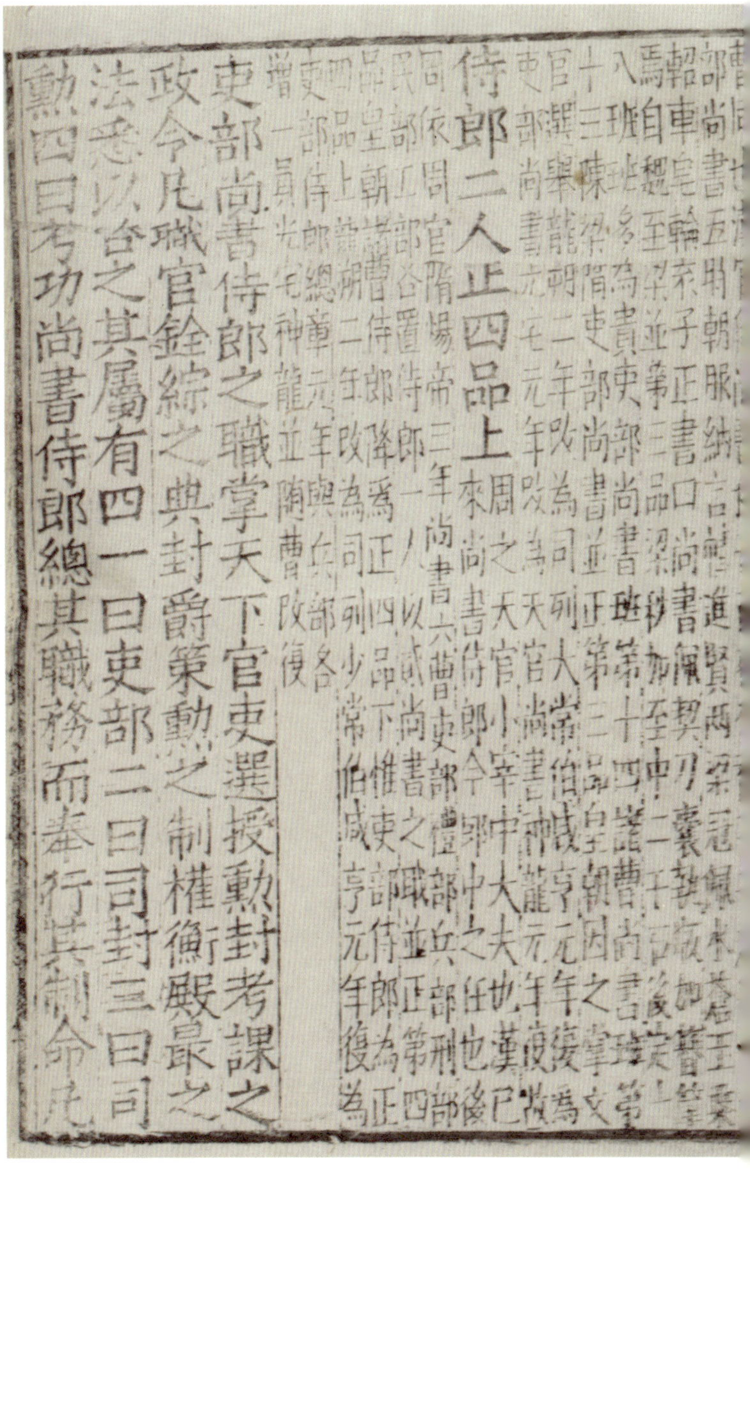
部尚書五時朝服納言幘進賢兩梁冠佩水蒼玉乘軺車皂輪衣子正書口尚書佩契刀囊執笏加簪筆馬自魏至梁並第三品梁秩加至中二千石後魏定上八班北齊為貴吏部尚書班第十四諸曹尚書班第十三陳梁隋吏部尚書並正第三品皇朝因之掌文官選舉龍朔二年改為司列太常伯咸亨元年復為吏部尚書光宅元年改為天官尚書神龍元年復故

侍郎二人正四品上周之天官小宰中大夫也漢已來尚書侍郎令郎中之任也後周依周官隋煬帝三年尚書六曹吏部禮部兵部刑部民部工部各置侍郎一人以貳尚書之職並正第四品皇朝武德諸曹侍郎降為正四品下惟吏部侍郎為正四品上龍朔二年改為司列少常伯咸亨元年復為吏部侍郎總章元年與兵部各增一員光宅神龍並隨曹改復

吏部尚書侍郎之職掌天下官吏選授勳封考課之政令凡職官銓綜之典封爵策勳之制權衡殿最之法悉以咨之其屬有四一曰吏部二曰司封三曰司勳四曰考功尚書侍郎總其職務而奉行其制命凡

0148 通典二百卷 （唐）杜佑撰

明刻本 四十冊

匡高21.3釐米，廣15釐米。半葉十行，行二十三字，小字雙行同，黑口，四週雙邊，版心有字數。

杜佑（735—812），字君卿，唐京兆萬年（今陝西西安）人。十八歲以父蔭補濟南參軍，歷事六朝，曾任嶺南、淮南節度使，擢檢校司徒同平章事。累任德宗、順宗、憲宗三朝宰相。元和初年（806）封岐國公。《通典》約在大曆元年（766）至六年（771）完成初稿，經反復修訂，於貞元十七年（801）定稿，呈獻朝廷。是書爲古代典章制度專史的開創之作。如梁啓超所説：『各史既斷代爲書，乃發生兩種困難：苟不追敍前代，則原委不明；追敍太多則繁複取厭。況各史非皆有志，有志之史，其篇目亦互相出入，遇所缺遺，見斯滯矣，於是乎有統括史志之必要。其卓然成一創作以應此要求者，則唐杜佑之《通典》也。』《通典》一書，貫通歷代史志，獨創專門的典章制度專史，開創了典志體史書之先例，這一體裁成爲傳統史學的一個重要門類，因踵作者衆而出現了一係列典章制度史的專書。《通典》分爲食貨（十二卷）、選舉（六卷）、職官（二十二卷）、禮（一百卷）、樂（七卷）、刑[（包括兵）二十三卷]、州郡（十四卷）、邊防（十六卷）等八典，計二百卷。典下係子目，如『食貨』典下就有：分田制、水利田、屯田、鄉党……平准，輕重等子目。每一子目，以事類爲中心，以便查閲。全書所記内容，上起黃帝，下迄唐玄宗天寶之末（755），附注兼及肅、代二朝（756—779），有一千五百餘事條。資料按朝代順序排纂，以溯源明流，疏通原委，沿革自明。正文之外，有作者夾註，或釋音義，舉故典，或補史實，明互見，翔實可證。其中的唐代部分，價值尤高。八典中，以食貨、職官、州郡、邊防諸典最爲精詳。《通典》取材極為廣博，都是比較原始的第一手資料，具有重要的史料價值。其徵引者且多佚編，爲後世的輯佚校勘工作多所資益。《四庫全書總目提要》云：『然其博取五經群史，及漢魏六朝人文集，奏疏之有裨得失者，每事以類相從。凡歷代沿革，悉為記載，詳而不煩，簡而有要。元元本本，皆為有用之實學，非徒資記問者可比。考唐以前之掌故者，玆編其淵海矣。……似此之類，尤頗有補於經訓。宋鄭樵作《通志》，與馬端臨《文獻通考》，悉以是書為藍本。』《通典》作爲首創的典志體史著，也有其不足之處，馬端臨《文獻通考·自序》説它：『節目之間未爲明備；而去取之際頗欠精審』，這是編纂形式上的。如《禮》典，據有百卷之篇，過於繁冗；《兵》篇，單言兵法，少談兵制，看不出兵制的变化，這是體例方面的問題。

四川大學圖書館藏。

通典卷第一

唐京兆杜佑君卿

佑少嘗讀書而性且蒙固不達術數之藝不好章句之學所纂通典實采群言徵諸人事將施有政夫理道之先在乎行教化教化之本在乎足衣食易稱聚人曰財洪範八政一曰食二曰貨管子曰倉廩實知禮節衣食足知榮辱夫子曰既富而教斯之謂也夫行教化在乎設職官設職官在乎審官才審官才在乎精選舉制禮以端其俗立樂以和其心此先哲王致治之大方也故職官設然後興禮樂焉教化隳然後用刑罰焉列州郡俾分領焉置邊防遏戎狄焉是以食貨爲

0149　新刊增入諸儒議論杜氏通典詳節四十二卷

明刻本　二十冊

匡高22.5釐米，廣16.5釐米。半葉十二行，行二十四字，小字雙行同，黑口，四週雙邊，版心有字數。存三十四卷（卷一至卷三十四，附一卷序）。

是書編纂者不詳。從書籍的編纂形式及無任何序跋、前言凡例的現狀看，這部書當是書賈之所為。杜佑《通典》，治史習典之名著也，仕進之士必備之籍也，行世必廣，增入名家大儒之論，以圖其售也。『諸儒』者，歐陽修、蘇洵、蘇軾、蘇轍、曾鞏、司馬光、范祖禹、石介、邵雍、張耒、秦觀、孫洙、馬子才、蔡元道、黄琮、吕祖謙、陳傅良、葉適等人也。從這個名單看，入選者多為兩宋文壇大家、學術名家。所謂『諸儒議論』，當是宋儒的議論也。據此，是書的編纂時代應是南宋時期。書中所節録的諸儒之説，亦並非諸儒們專論《通典》者，而是節録諸儒們的行世文集或其他著作中有關歷代典制的論述，或與《通典》的各章節内容相涉或有關的論述，附於《通典》相關的章節之下，以成是書。其書之編，於《通典》的内容亦有删節，『於杜氏《通典》八門内汰其《兵制》一門，於《禮制門》内又删去《喪服》之制，故六朝諸儒議禮之文，藉《通典》所傳者，多不見録。』（《四庫全書總目》）確有些不可解之處。至於這些删節的目的何在，無從探尋；至於節録資料的選輯是否高明和合理，應屬仁智之見。雖如此，但是書的編纂，畢竟於《通典》之習增加了不少資料，其文獻價值還是值得重視的。

四川師範大學圖書館藏。

新刊增入諸儒議論杜氏通典詳節卷一

食貨

田制

陶唐以前法制簡畧不可得而詳也及堯遭洪水天下分絶使禹平水土別九州（九州其分別疆理所在具州郡篇）冀州厥土惟白壤（無塊曰壤）厥田惟中中（田第五）兖州厥土黑墳（色黑而墳起）厥田惟中下（第六）青州厥土白墳厥田惟上下（第三）徐州厥土赤埴墳（土粘曰埴）厥田惟上中（第二）揚州厥土惟塗泥（地泉溼）厥田惟下下（第九）荆州厥土惟塗泥厥田惟下中（第八）荆河豫州厥土惟壤下土墳壚（高者壤下者壚壚疎也）厥田惟中上（第四）梁州厥土青黎（色青黑沃壤也）厥田惟下上（第七）雍州厥土惟黃壤厥田惟上上（第一）九州之地定墾者九百一

0150　文獻通考三百四十八卷

（元）馬端臨撰

明嘉靖三年（1524）司禮監刻本　一百一冊

匡高25.6釐米，廣17.6釐米。半葉十行，行二十字，小字雙行同，黑口，四週雙邊。

馬端臨（約1254—1323），字貴與，號竹洲，饒州樂平（今屬江西）人。宋元之際史學家。宋咸淳九年（1273）漕試第一。元初曾任慈湖、柯山兩書院山長，終台州路學教授。馬端臨以二十年之力完成《文獻通考》的編撰，其宗旨是「融會錯綜、原始要終」，以究「其變通弛張之故」。他認爲「理亂興衰不相因者也」，「典章制度實相因者也」。司馬光《資治通鑑》「詳於理亂興衰，而略於典章經制」；杜祐《通典》「未爲集撰述之大成也」，故本書之撰，以補《通鑑》之所無，以備《通典》之所缺。關於「文獻」，其自序稱引古經史謂「文」，參奏疏議論爲「獻」，故以名書。全書共三百四十八卷，分爲田賦考、錢幣考、戶口考、職役考、征榷考、市糴考、土貢考、國用考、選舉考、學校考、職官考、郊社考、宗廟考、王禮考、樂考、兵考、刑考、經籍考、帝系考、封建考、象緯考、物異考、輿地考、四裔考等二十四門，每門有小序。門下又分若干子目。二十四考中的經籍、帝系、封建、象緯、物異諸考爲新創者，餘皆從杜佑《通典》。所記者爲上古到宋寧宗嘉定時期（1208—1224）的典章制度沿革。所據資料，中唐以前者，多據《通典》，略有增益；以後者，則另採史傳、奏書、稗官記錄和宋國史。記事以時間爲序。撰述中汲取前人方法，具體規定為文、獻、注三原則。文，是敍述歷史事實，是史料的薈萃；獻，是論事，是對歷代名人、事件的評論，這些評論出自歷代史家之口；注，即附注，是馬端臨經過分析研究得出的新論。這樣的編寫體例，使史著更具科學和嚴謹性。《文獻通考》之文，五倍於《通典》，二倍於《通志略》，資料網羅，可謂宏富。然其有關宋代內容約佔一半以上，蓋因馬端臨生活的時代在宋末元初，其父馬廷鸞宋末曾官至右丞相。對前朝的顧戀，使得他的《文獻通考》特別注重宋代制度的研究，故對宋史資料的收集特別詳盡，不僅上承正史志表，下取會要的有益因素，且內容詳於《宋史》諸志，頗具參考價值。《文獻通考》一書，是馬端臨對「會通」治史思想的實踐成果。如其所言，既收杜、鄭之長而又有所損益匡正，為繼《通典》、《通志》之後，規模最大的一部記述歷代典章制度及學術文化通史。《文獻通考》現存世最早的版本爲元泰定元年（1324）西湖書院刊本，此爲明代版本中的第二次刻印，亦屬較早的版本。

四川大學圖書館藏。

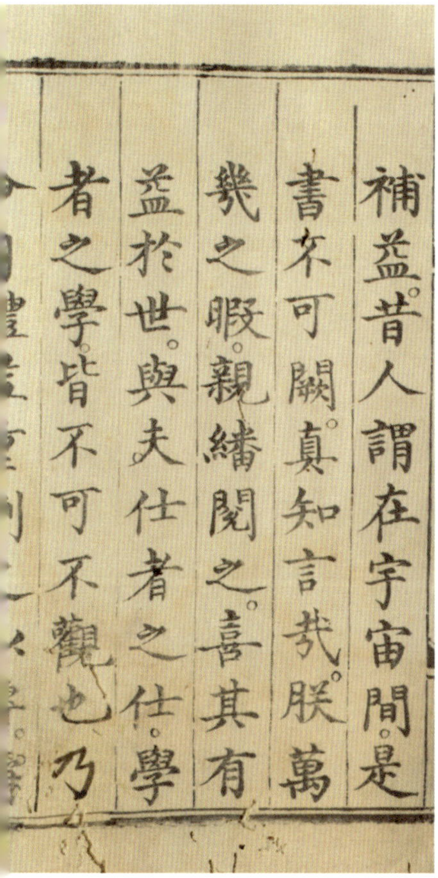
補益。昔人謂在宇宙間。是
書不可闕。真知言哉。朕萬
幾之暇。親繙閱之。喜其有
益於世。與夫仕者之仕。學
者之學。皆不可不覽也。乃

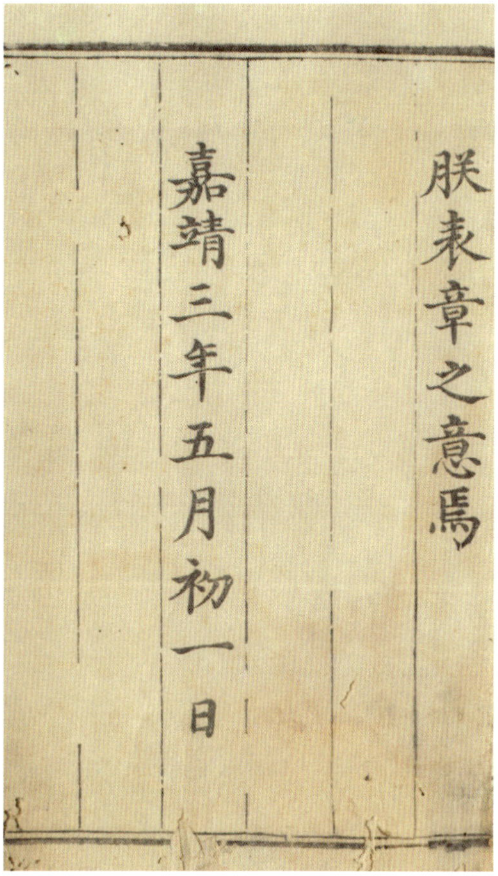
朕表章之意焉
嘉靖三年五月初一日

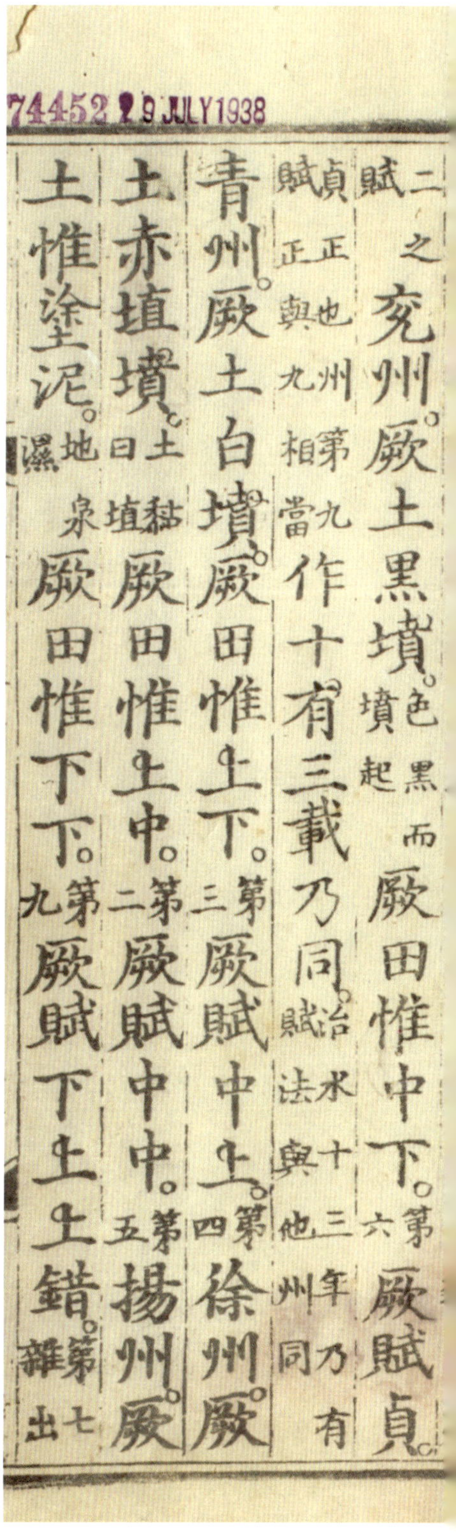

二之賦兗州。厥土黑墳。色黑而墳起厥田惟中下。第六厥賦貞。
貞正也州第九賦正與九相當作十有三載乃同。治水十三年乃有賦法與他州同
青州。厥土白墳。厥田惟上下。第三厥賦中上。第四徐州。厥
土赤埴墳。土黏曰埴厥田惟上中。第二厥賦中中。第五揚州。厥
土惟塗泥。地泉濕厥田惟下下。第九厥賦下上上錯。第七雜出

0151　五代會要三十卷　（宋）王溥纂

清抄本　八冊

匡高22.4釐米，廣14.3釐米。半葉十行，行二十四字，小字雙行同，白口，左右雙邊。

王溥（922—982），字齊物，並州祁縣（今屬山西）人。五代後漢乾祐（947—950）進士，為秘書郎。後周（951—960）時，官至中書侍郎平章事。世宗柴榮時，加官禮部尚書。入宋，進司空，遷太子太師。會要，古代史書體裁之一。它與《通典》等典志體史書的體例一樣，專記典章制度；所不同者，《通典》等所記者，為歷代典制的會通，《會要》則是專記一代典制沿革。『會要』體史書創始於唐蘇冕編輯的自高祖至德宗九朝史實的《會要》四十卷。後經唐崔鉉、楊紹復等續增德宗至宣宗七朝制度，成《續會要》四十卷，宋王溥增補宣宗至唐末資料，又合併蘇、崔二書，以成《唐會要》。王溥是最後完成者，所以又題王溥撰。《唐會要》的完成，標志着這種體裁史書的成熟。宋代重視會要的編撰，前後有十餘次之多。王溥據五代的後梁、後唐、後晉、後漢、後周諸朝《實錄》及舊史、傳聞等，類輯成編，成《五代會要》一書。以二百七十九事目，條分件繫，敘載五代典章制度。舉凡帝號、樂、禮、刑、天文、民族及週邊關係等，俱所包蘊。《五代會要》的編撰，早於新、舊《五代史》成書，所引詔令、奏議較多，且多有未經删改者，具有較高的史料價值；又因其具有所記典章制度，遠較各史志書爲詳的優點，歷爲史家所重。《四庫全書總目提要》有『讀《五代史》者又何可無此一書哉』的評價，為五代史研究必備資料之一。此本鈔寫精良，經傅增湘等著名藏書家收藏。

四川大學圖書館藏。

五代會要卷之一

推忠協謀佐理功臣光禄大夫守司空兼門下侍郎同中書門下平章事脩國史上住國太原郡開國公食邑一千户食實封四百户臣王溥纂

帝號　雜録　追謚皇帝　皇后

雜録　内職　出宫人

帝號

梁太祖神武元聖孝皇帝姓朱氏諱晃追册文穆皇帝第三子母曰文惠皇后氏唐太宗六年十月二十一日生於單州碭山縣以其日爲大明節天復元年正月封梁王天祐二年十一月加相國總百揆改封魏

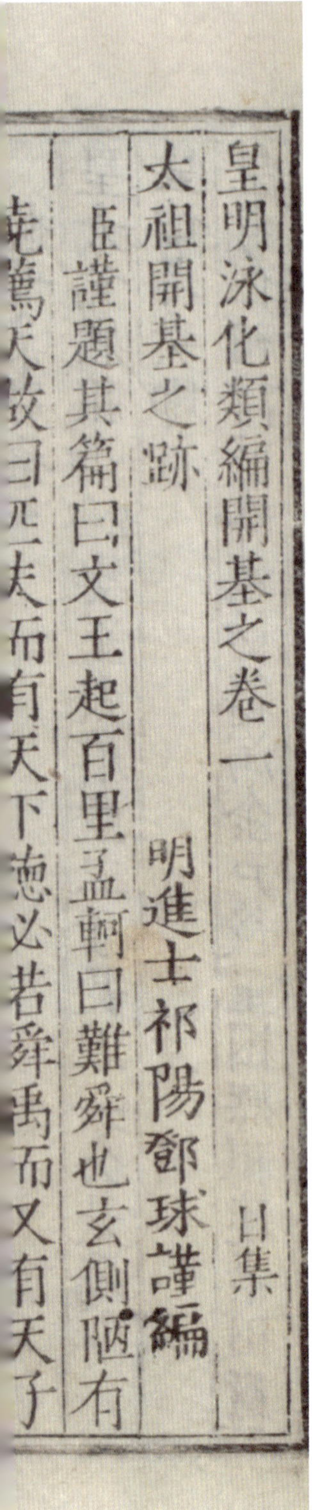

0152 皇明泳化類編一百三十六卷 續編十七卷

（明）鄧球撰

明隆慶刻本 四十八冊

匡高19釐米，廣13.2釐米。半葉十一行，行二十二字，白口，四週雙邊。

鄧球，字應明，嘉靖三十八年（1539）進士，湖南祁陽（今湖南祁陽縣）人。官知縣、戶部主事，遷郎中。全書分二十門（實以『集』名：日月光天德，山河壯帝居，太平無以報，願上萬年書。以字名集，共二十集。）：始《太祖開基之蹟》、《成祖靖難之略》……《四夷》、《仙釋》、《別集》止，共五十八類。所謂『二百餘年以來，治化之隆，日臨月照，燦然闠闠，兆民賴之，可泳而服也。』慮『民日泳其化而不知為之耳』。故有《皇明泳化類編》之輯。是書記述自洪武至隆慶（1368—1572）十四朝帝王和名臣事蹟史實；於明初至隆慶二百年間政治、祀典、經濟、軍事、理學、法律、學制、兵制、邊防、民族、馬政等典章制度，考起訖，述沿革，據之者《一統志》、《會典》、政紀詔制，名公傳集，詔制奏議等，可謂明代典章制度之匯要。《續編》為文章之集，始編於隆慶三年（1569），成於四年（1570）。分為八門[亦以『集』為名：敬所誠，用祈求命。以字名集，共八集]，分為《文翰》、《屯政》、《貞逸》、《使命》、《冠服》、《喪服》六類，共十七卷。《續編》之輯，蓋因《類編》於『當代文人余時未有述也，遂檢閱諸集中名筆，因有當於心者若干篇，發揮於性理而關綱常，係世教不啻文焉……不忍散置，輒以次錄之』，以成《文翰》。『又以涉其餘皆一代之政在是也，次曰屯政，曰貞逸，曰使命，曰冠服，曰喪服之制，隨有所得，各成一帙。』所錄者，起於洪武，止於隆慶二年。是書資料網羅豐富，考訂敘述亦為簡賅，有明一代之典制、文翰名篇，多有述作和輯集，亦算淹博，應是明代史及其典章制度史研究的參考資料之一。是刻刊印甚佳，傳世不多。

四川省圖書館藏。

皇明泳化續編文翰之卷

文翰卷之一（是卷凡關于社稷之大義者錄之）　敬集

諭中原檄（崔銑云諭中原檄聖人出夷夏正也）　宋濂

自古帝皇臨御天下中國居內以制夷狄夷狄居外以奉中國未聞以夷狄治天下也自宋祚傾移元以北狄入主中國四海內外罔不臣服此豈人力實乃天授然達人志士尚有冠履倒置之嘆自是以後元之臣子不遵祖訓廢壞綱常有如大德廢長立幼泰定以臣弑君天曆以弟酖兄至於弟妖兄妻子烝父妾上下相習恬不為怪其於父子君臣夫婦長幼之倫瀆亂甚矣夫人君者斯民之宗主朝廷者天下之根本禮義者御世之

真主納心委命乃渡江據有金陵南征北伐東指西擒歷干戈至洪武癸亥始混一車書四海清廓至于諭將入城懇辭不殺凡二十九載雖不戢兵所至民無鋒鏑之慘蓋天將啓我　國家億萬年令緒而其積累締造

0153 明倫大典二十四卷

（明）楊一清 熊浹等撰

明嘉靖七年（1528）内府刻本 二十四册

匡高35.6釐米，廣27釐米。半葉八行，行字數不等，小字雙行同，黑口，四週雙邊，版心有字數。

楊一清（1454—1530），字應寧，號邃菴，又號石淙，安寧（今屬雲南）人。成化八年（1472）進士。授中書舍人，三爲陝西三邊總制，累至太子太師、進左柱國、華蓋殿大學士。熊浹（1478—1554）字悅之，號北原，南昌（今屬江西）人。正德九年（1514）進士。授禮科給事中。世宗立，浹以議禮得帝眷，累遷吏部尚書。正德十六年（1521）三月，正德帝崩，因無嗣，其弟朱厚熜以『兄終弟及』繼皇帝位。嘉靖元年（1522）尊父爲興獻帝，母爲興獻后。然其繼位的合法性及尊封等問題，多有議論。三年（1524）因『更定章聖皇太后尊號』，『廷臣伏闕固爭』，以『議大禮』而下獄一百三十四人，並廷杖編修楊慎等人。一時輿論紛紛。爲正視聽，以平息和引導輿論，便有了《明倫大典》之修。初命尚書席書將當時相關的重大事件編輯成書，『但恐事未盡詳，公正非未辨』，又命大學士楊一清等為總裁，編訂《大禮全書》，後改名《明倫大典》，以證明『兄終弟及』合乎人倫。這個事關根本的問題得以解決，其他問題便可迎刃而解。記載內容始自正德十六年三月至嘉靖七年三月（1521—1528），仿編年體例，以年繫月，以月繫日。所記者，國之大事，或有異議的事件，都寫明日期；群臣奏疏，被認為如禮者擇其精，不如禮者存其概，據事直書，俱備姓名，並寫按語。於嘉靖七年（1528）六月修成。《明倫大典》於明代典章制度的研究應是有參考價值的資料。是本爲內府刻書，書品寬闊，行格疏朗，頗有皇家氣魄。全書首葉有『欽文之璽』印記，每卷首葉有『廣運之寶』等皇家印記。

四川師範大學圖書館藏。

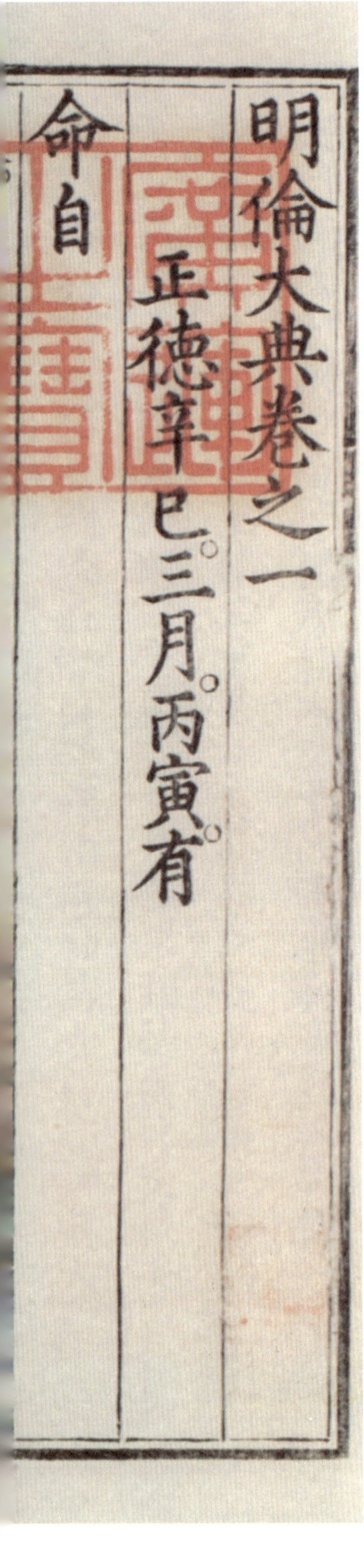

祖訓。以
皇上入繼
大統。曰。朕紹承

明倫大典卷之二

癸卯。

上至京城外

行殿。楊廷和固請

上由

東安門入居

文華殿。上

箋勸

0154　馬政志四卷

（明）陳講撰

明嘉靖刻本　二冊

匡高19.2釐米，廣14.4釐米。半葉十行，行二十一字，小字雙行二十字，白口，四週單邊。

陳講，字子學，號中川，遂寧（今四川遂寧）人。正德十六年（1521）進士。選庶吉士，歷山東按察使、河南布政使。官至山西巡撫。有《中川集》、《如烏集》。《馬政志》計茶馬、鹽馬、牧馬、點馬等四卷。本館藏本存《茶馬》、《點馬》二卷。馬在古代社會不僅是重要的生產工具，於軍事則更為攸關，故有『國之大事在戎，戎之要在馬』之謂。然產馬區多在邊地，故歷代統治者多於相鄰之地多有馬市之設，唐玄宗時（712—755），許突厥每年在西受降城（今內蒙古烏拉特後旗烏加河北岸）用馬匹換金帛，是爲馬市之始。宋神宗（1068—1085）時以茶換馬。明代自永樂以降，各朝均在甘肅、遼東、大同、陝邊、宣府等處開設馬市，以內地之米、布、絹、鹽、茶、銀等物行易馬互市，並設憲臣以司察之，是為馬政。本書為陳講於嘉靖二年（1523）按治陝西馬政，結合陝之制，綜考文獻，上溯唐宋之制，以述有明一代馬政之因革衍變和利弊。考述詳盡，以達『斯志行，測本以求端，舉要以崇實，申禁以防末，飭法以補弊，廣效以興利，咸秩秩然有在矣』之效。《馬政志》一書資料豐富，可謂一部事詳而賅，文簡而明的明代經濟史、軍事史資料著作，其版本傳世極罕。

四川省圖書館藏。

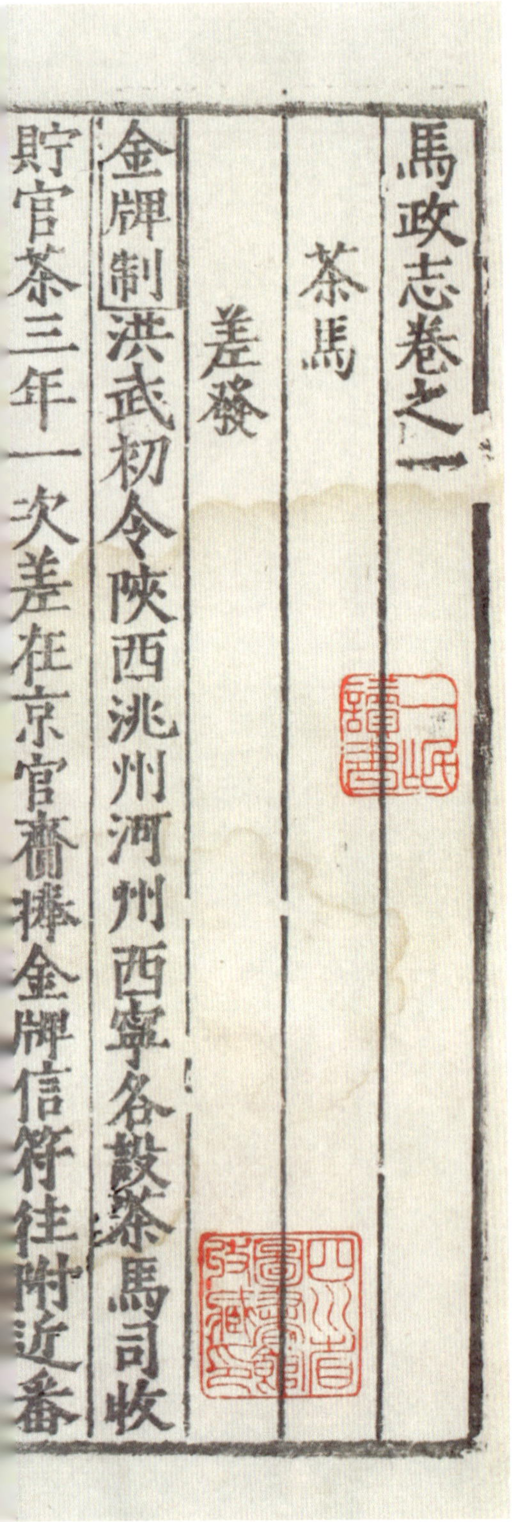
馬政志卷之一
茶馬
差發
金牌制　洪武初令陝西洮州河州西寧各設茶馬司收
貯官茶三年一次差在京官賫捧金牌信符往附近番

日

皇帝聖旨左曰合當差發右曰不信者死

馬額洮州大把藏思曩日等族牌六面納馬三千五十

馬政志卷之四

點馬

僕寺

行太僕寺在平凉府東二百步洪武初於指揮秦虎宅治事三十年建今處原設少卿一寺丞二主簿一馬政科令史一典吏二為京太僕行署後以地方隔遠添正卿一員寺丞一弘治十七年添雜行科令史一典吏三承發典史一所轄陝西都司西安等衛所洎邊營堡府州縣官軍民壯騎操并印烙苑馬寺比較固原等四衛孳牧

0155 泊如齋重修宣和博古圖三十卷

（宋）王黼撰　（明）程士莊重修

明萬曆十六年（1588）泊如齋刻本　二十四冊

匡高23.8釐米，廣15釐米。半葉八行，行十七字，白口，四週單邊，版心有字數。

泊如齋，明萬曆間書坊名。程士莊生卒年及事蹟不詳。

成都圖書館藏。

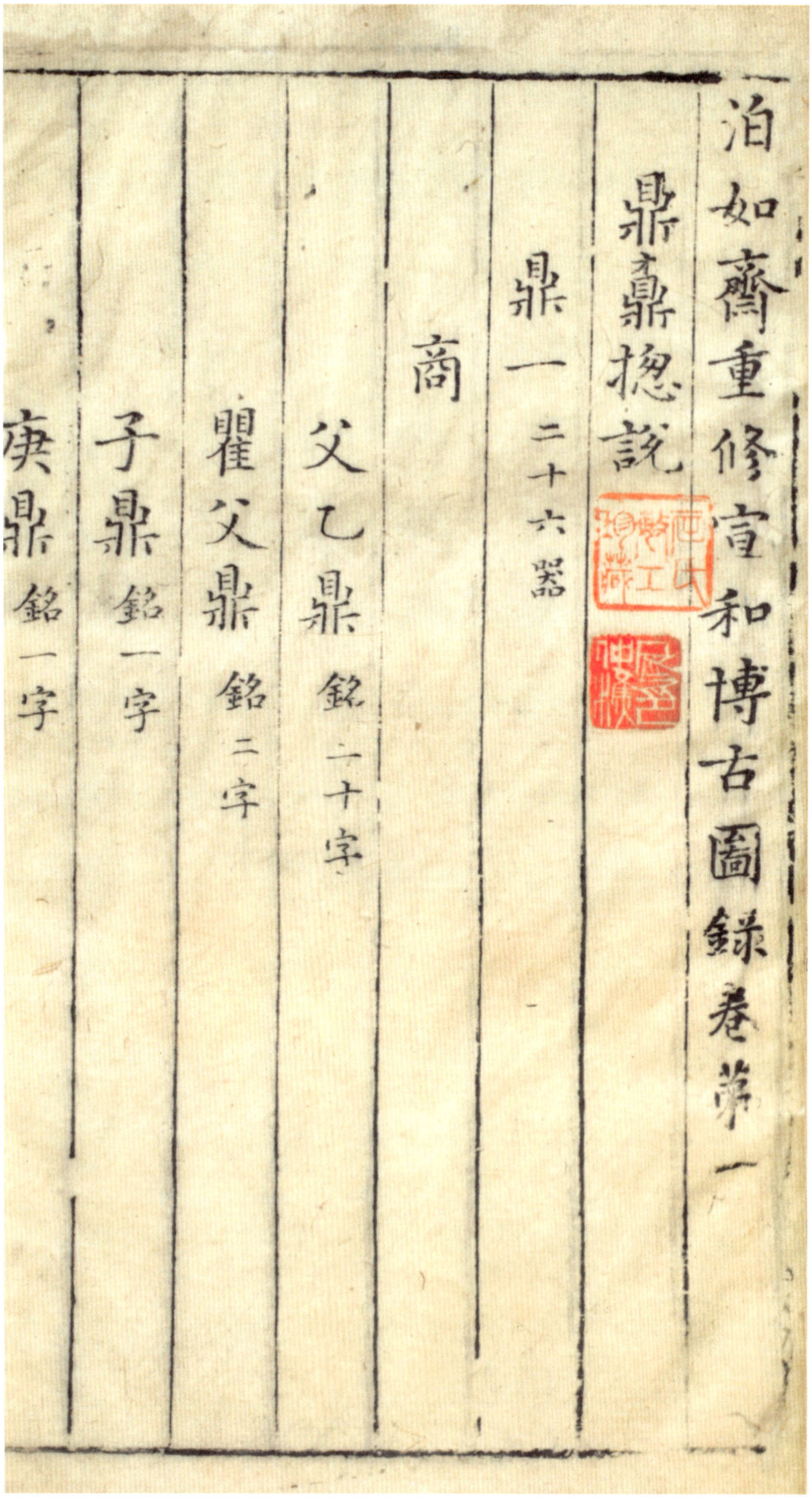
泊如齋重修宣和博古圖録卷第一
鼎鬲總說
鼎一　二十六器
商
父乙鼎　銘二十字
瞿父鼎　銘二字
子鼎　銘一字
庚鼎　銘一字

商父乙鼎

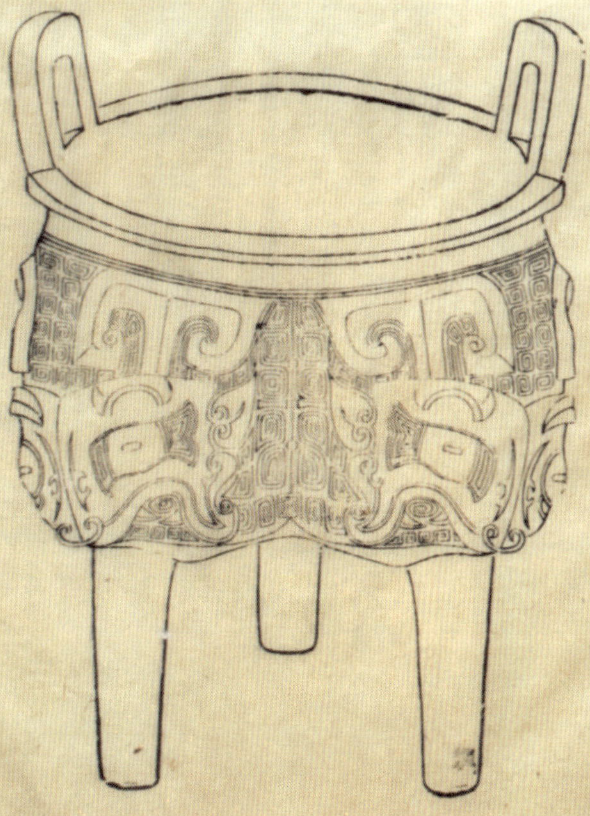

0156 石墨鐫華六卷附二卷

（明）趙崡撰

明萬曆四十六年（1618）自刻本　四冊

匡高21.4釐米，廣13.5釐米。半葉八行，行十八字，白口，四週單邊。

趙崡，字子函，盩厔（今屬陝西）人。萬曆十三年（1585）舉人。崡深心嗜古，於古碑刻，博求遠購，楮墨訪搨，周幾漢甸，足跡迨遍，歷三十餘年，所蓄甚夥。自謂所收，過都穆、楊慎，視歐陽修纔三之一，視趙明誠纔十之一。其所收碑刻中的漢唐名書，多歐、趙所未見者。趙崡欲將其所藏碑刻全文刊行於世，然財力不供，遂刻其碑目與跋尾，凡二百五十三種。仿宋陳思《寶刻叢編》例，每碑目錄之下，皆注其所在之地；於世不多見的金元國書，則仿宋歐陽修《集古錄》摹載鍾鼎之例，鈎勒其文。體例可謂詳備。其所撰跋文，所論詳於筆法，考據亦爲精審。『石墨鐫華』之名，則取劉勰《文心雕龍·誄碑篇》句，以所收有石無金故也。石刻碑誌於古代史和古代藝術研究是極爲重要的資料，有着其他史料無法替代的作用。《石墨鐫華》一書，對於古碑刻的瞭解和研究無疑具有重要的工具書作用。此爲趙氏自刊本，具有重要的版本價值。

成都圖書館藏。

僉憲云宋嘉定中何致子一遊南岳脫其文刻
于岳麓書院用脩又刻于滇中安寧州近世楊
時喬又刻于棲霞山天開巖余所收二本其一

石墨鐫華卷之三

盩厔趙崡子函著

跋四十六首

唐郭敬之家廟碑

碑在今陝西布政司御題額顏魯公撰并書敬
之汾陽忠武王父也夫以汾陽家廟得魯公手
書千載而下猶有生氣其文與書又非所論也
但其碑在殺人雜遝之所雖巋然壁上而不無

0157　集古印譜六卷

（明）王常輯

明萬曆三年（1575）顧氏芸閣刻朱印本　六冊

匡高20.3釐米，廣14.1釐米。有分欄（上下四欄），朱口，四週單邊。梅道人、龍山詞客題識。

古璽印譜。王常[即羅斗南（1535—1606），隱姓改名王常。字幼安，又字延年，號懶軒，別署青羊生，歙縣（今屬安徽）人。]於隆慶六年（1572），受顧從德之托，精選其家蓄和友好所藏古印中的玉印一百五十余方，銅印一千六百方，均以原印鈐拓，輯以成編，名《集古印譜》，行世者僅二十餘部。顧從德（約1520—？），字汝修，武陵（今湖南常德）人（一作上海人）。明代璽印收藏家、印學家。這種以原印鈐拓，輯以成書之法，乃是書首創。《顧氏集古印譜》因係原印所拓，準確、精湛，很好地保存了古印的本來面目和藝術風貌，爲世所重。鈐印本《顧氏集古印譜》原書今存者，僅見上海圖書館藏本。後又依《顧氏集古印譜》並廣以舊譜摹刻於木版，仍以《集古印譜》名書。所輯印章三千余方，並加以考釋，於萬曆三年（1575）成書。王穉登序定名爲《印藪》（通稱《顧氏印藪》）。因摹刻未精，多有『優孟衣冠』之誚。此書翻刻者衆，傳世很廣，影響較大。後世多有將是書與《顧氏集古印譜》混題者，實誤。雖如此，但該書作為古代篆刻史上有較大影響的古印譜選集，於印學之興，功不可沒，亦不失為治印學習的重要工具書之一。

四川師範大學圖書館藏。

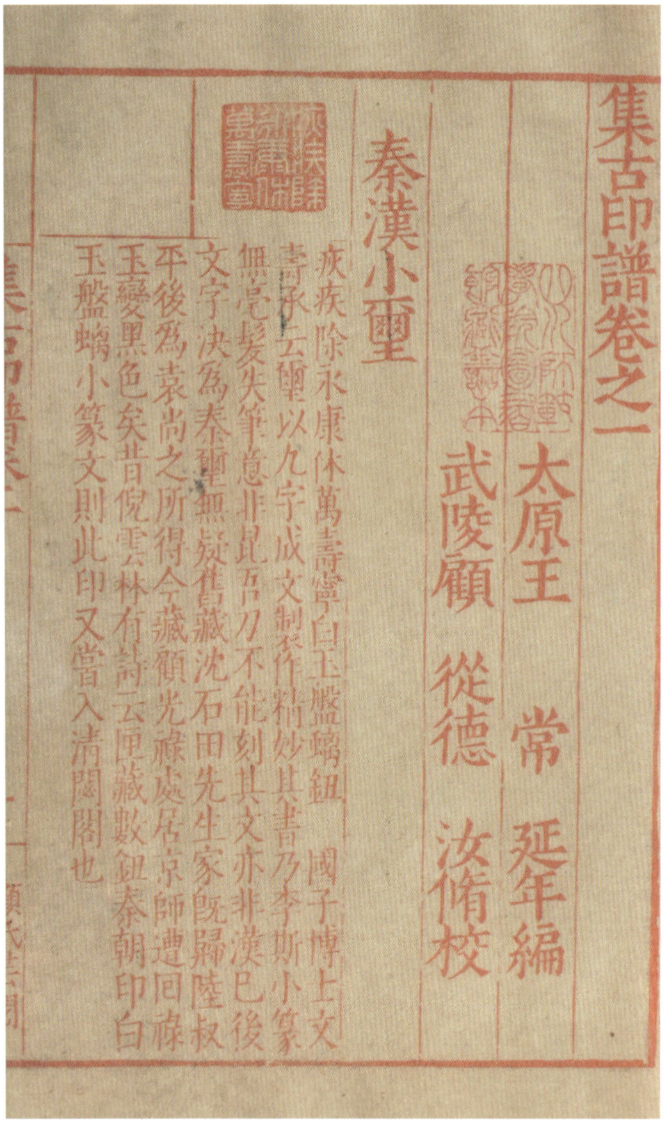

集古印譜卷之一

太原王　常　延年編

武陵顧　從德　汝脩校

秦漢小璽

疢疾除永康休萬壽寧白玉盤螭鈕　國子博士文壽承云璽以九字成文制作精妙其書乃李斯小篆無毫髮失筆意非昆吾刀不能刻其文亦非漢已後文字決為秦璽無疑舊藏沈石田先生家既歸陸叔平後為袁尚之所得今藏顧光祿處居京師遭回祿玉變黑色矣昔倪雲林有詩云匣藏數鈕秦朝印白玉盤螭小篆文則此印又嘗入清閟閣也

0158 玫古正文印藪五卷

（明）張學禮等輯

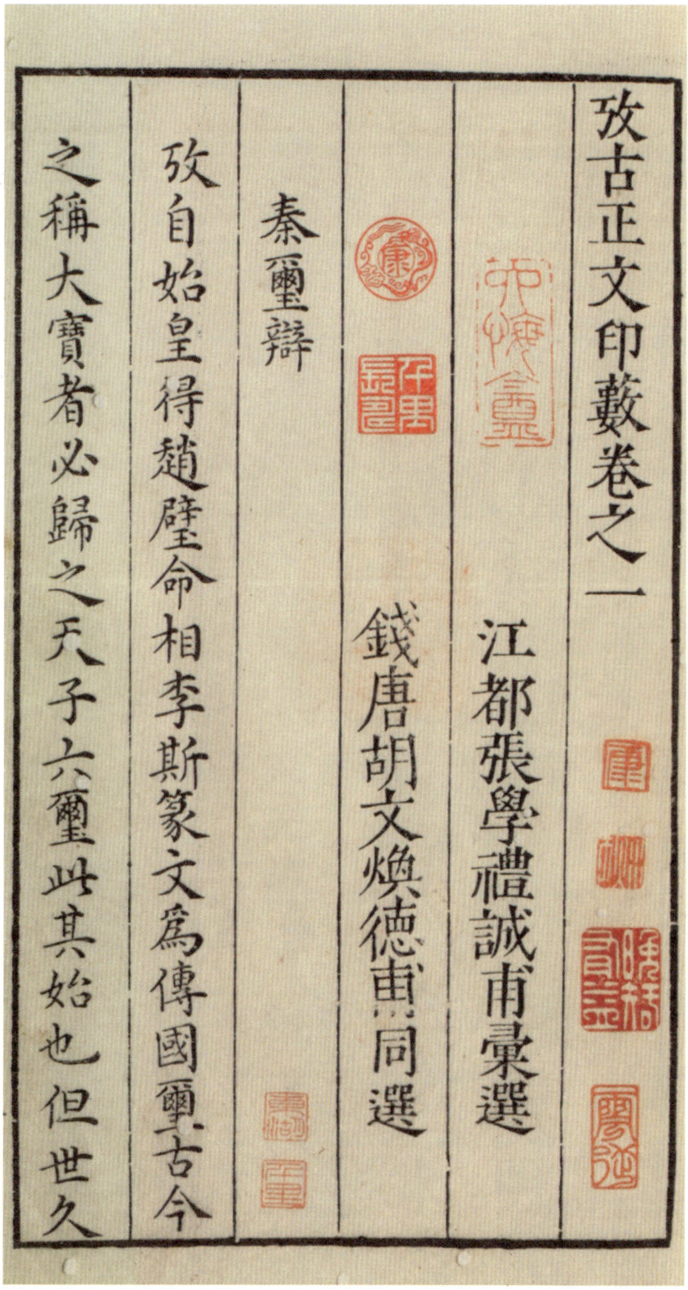

明萬曆鈐印本　四冊

匡高19.1釐米，廣11.4釐米。半葉六行，行二十字，白口，四週單邊。

張學禮，字誠甫，號中和道人，江都（今江蘇揚州）人。明代印章收藏家。嘗自謂：『予篤嗜此，甚於寒之衣，饑之食，緣以龊龊風塵，雖好弗聚，嘗懷一帙，遊於齊、梁、燕、冀間，輒得便印，積七千有奇。』家蓄古印七千多鈕。自隆慶間起，閉戶三祀，『窮六經之源，究偏旁之旨，取三千方出而謀之丘隅吳君、玉溪董君、雪漁何君、魯南吳君，更數十名手，摹其體制，學其豐神。又五祀，始獲十五六，餘參諸譜，茲歷二十載矣，類成一集，名曰《玫古正文印藪》。』書成於萬曆十七年（1589）。爲篆刻家摹印鈐譜之開先河者。所鈐之印，雖爲明人所摹古者，然所爲者，乃何雪漁「即何震（約1530—1606）。字主臣，又字長卿，號雪漁，婺源（今屬江西）人。明代篆刻家。刻印無誤筆，『法古而不泥古』，刀法挺峻清健，開風氣之先。其所創單刀刻款法，爲後世所取法。與文彭合稱『文何』，推爲印壇開山人物。」等篆刻名家，明代篆刻藝術水準得以充分體現，故應爲明代篆刻學的重要作品之一，具有重要的藝術價值和文獻價值。

四川大學圖書館藏。

馮奉世印銅印龜鈕

陳蒼玉印覆斗鈕

陳齒之印玉印覆斗鈕

陳奴玉印覆斗鈕

陳市信印綠寶石覆斗鈕

0159　通鑑纂論十卷

明嘉靖中刻本　三冊

匡高17.3釐米，廣12.7釐米。半葉十一行，行二十五字，小字雙行不等，白口，左右雙邊。存八卷（卷一至五、卷八至十）。

四川大學圖書館藏。

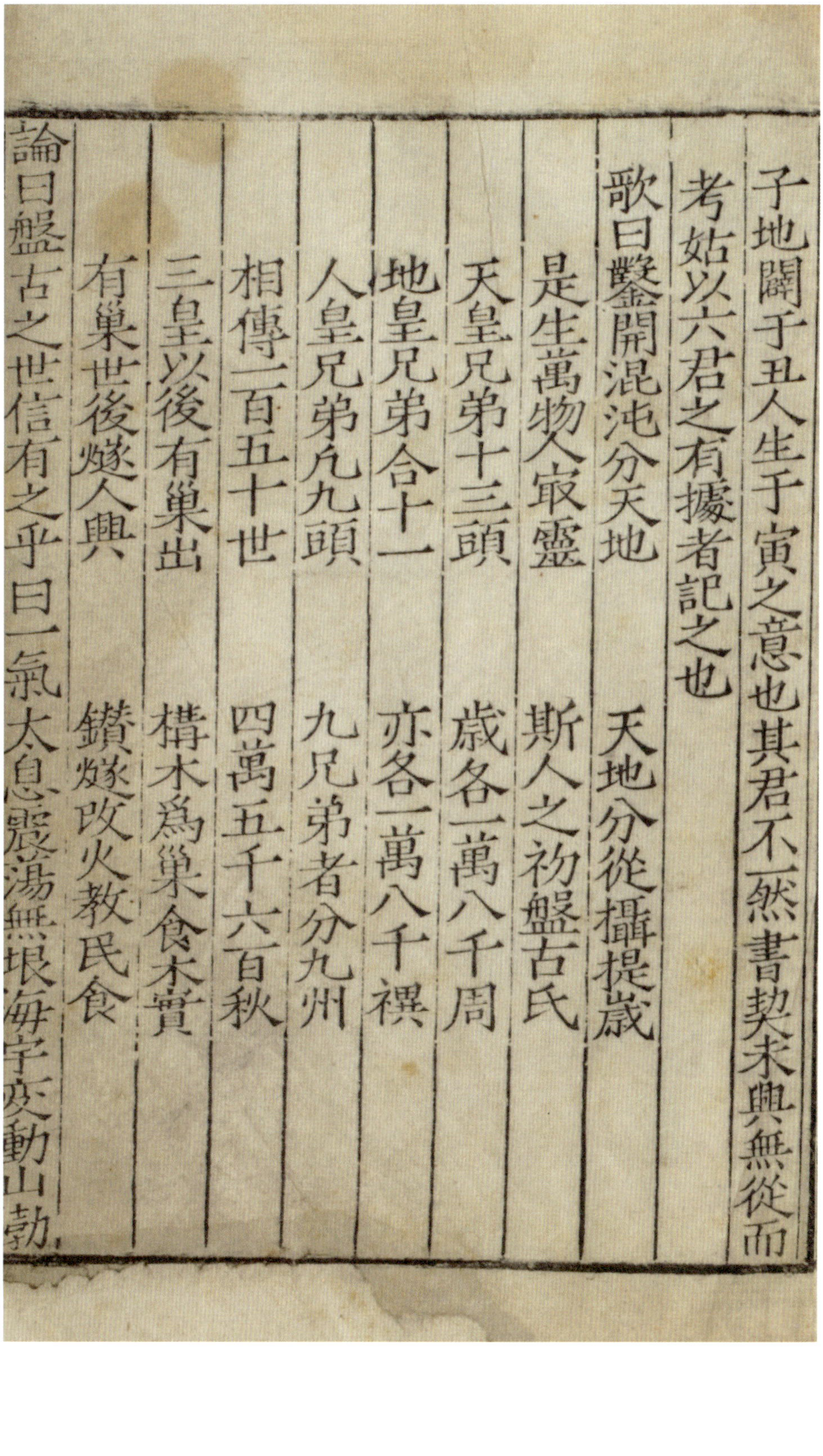
子地闢于丑人生于寅之意也其君不一然書契未興無從而
考姑以六君之有據者記之也
歌曰鑿開混沌分天地　天地分從攝提歲
是生萬物人冣靈　斯人之初盤古氏
天皇兄弟十三頭　歲各一萬八千周
地皇兄弟合十一　亦各一萬八千禩
人皇兄弟凡九頭　九兄弟者分九州
相傳一百五十世　四萬五千六百秋
三皇以後有巢出　構木爲巢食木實
有巢世後燧人興　鑽燧改火教民食
論曰盤古之世信有之乎曰一氣太息震盪無垠海宇変動山勃

通鑑纂鑰卷之二

夏紀

夏王授受之次

大禹 姓似黃帝三代孫在位二十七年

帝啓 禹之子也在位九年

太康 啓之子也在位二十九年

仲康 太康之弟在位一十三年

帝相 仲康之子在位二十七年

少康 帝相之子在位二十二年

帝杼 少康之子在位一十七年

帝槐 帝杼之子在位二十六年

帝芒 帝槐之子在位一十八年

帝泄 帝芒之子在位一十六年

不降 帝泄之子在位五十九年

帝扃 不降之弟在位二十一年

帝廑 帝扃之子在位二十一年

孔甲 不降之子在位三十一年

帝皐 孔甲之子在位一十一年

帝發 帝皐之子在位一十三年

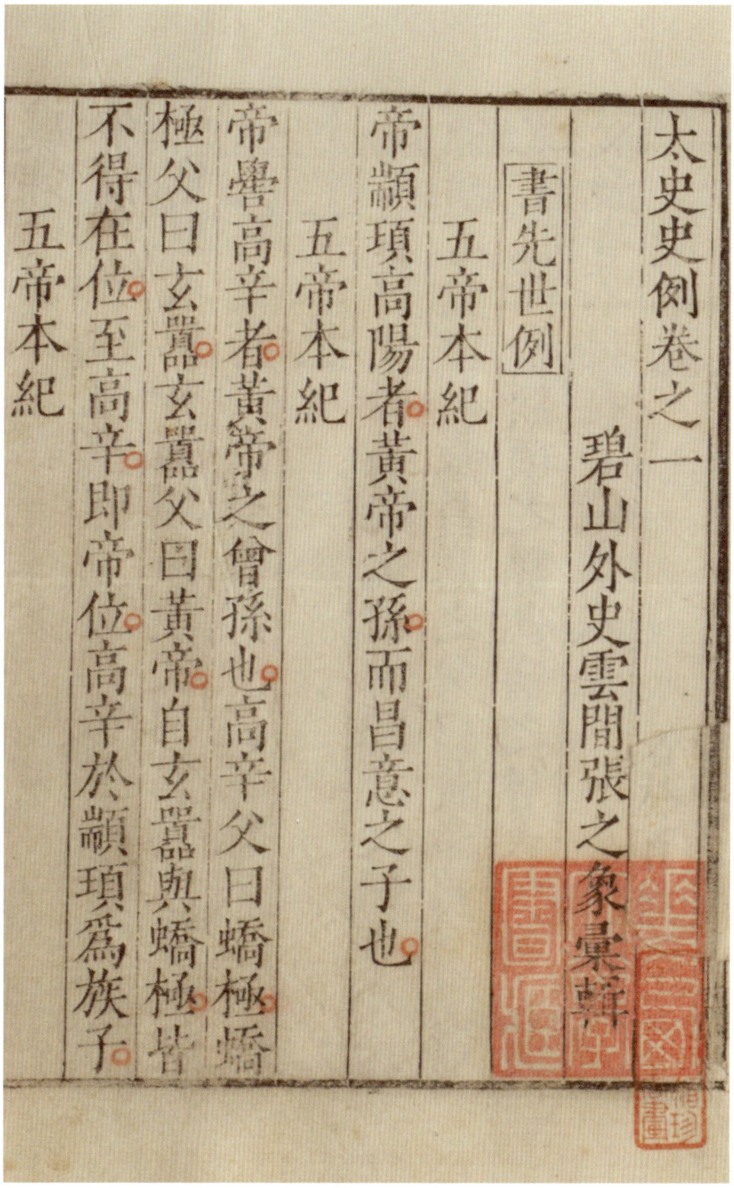
太史史例卷之一
碧山外史雲間張之象彙輯
書先世例
五帝本紀
帝顓頊高陽者黃帝之孫而昌意之子也
五帝本紀
帝嚳高辛者黃帝之曾孫也高辛父曰蟜極蟜
極父曰玄囂玄囂父曰黃帝自玄囂與蟜極皆
不得在位至高辛即帝位高辛於顓頊爲族子
五帝本紀

0160 太史史例一百卷

（明）張之象輯

明嘉靖四十四年（1565）長水書院刻本　三十冊

匡高18.2釐米，廣14釐米。半葉十行，行十八字，小字雙行同，白口，左右雙邊。有『嘉靖乙丑孟夏長水書院刊行』牌記。

張之象（1507—1587），字玄超，一字月鹿，號王屋山人，又號碧山外史，松江華亭（今屬上海）人。嘉靖中官浙江按察司知事。事跡附《明史·文苑傳·文徵明》傳中。張之象序云：『予少無他嗜，耽玩典籍，周覽博涉，尤篤是書（《史記》）。』他認爲『子長之書法，其意愈深則其言愈緩，其事愈煩則其言愈簡。微而顯，絕而續，正而奇，文見於此，而起義於彼』。有鑒於是，之象以《史記》所載，反復鑽味，求端討緒，洞識旨歸於是，並稍加纂理畛分，區別較然，類二百八十七例，成《太史史例》一書。以達『讀是書者，果能參考互觀，引伸融類，因書以見道』之目的；收以便檢閱，以備遺忘，宣明軌範，龜鑑來學之效。自《書先世例》始，至《小序》止，各摘其文以繫於目下，以爲史例，各例文字詳略不一。歷世用功於《史記》者衆，《太史史例》的史料類分未必盡皆合理，且較爲繁瑣，然仍不失爲一家之言，操史筆者未必無可採。於我們今天研習《史記》亦有可取之處。是書刊印甚精，傳世稀少。

四川大學圖書館藏。

0160 太史史例一百卷

（明）張之象輯

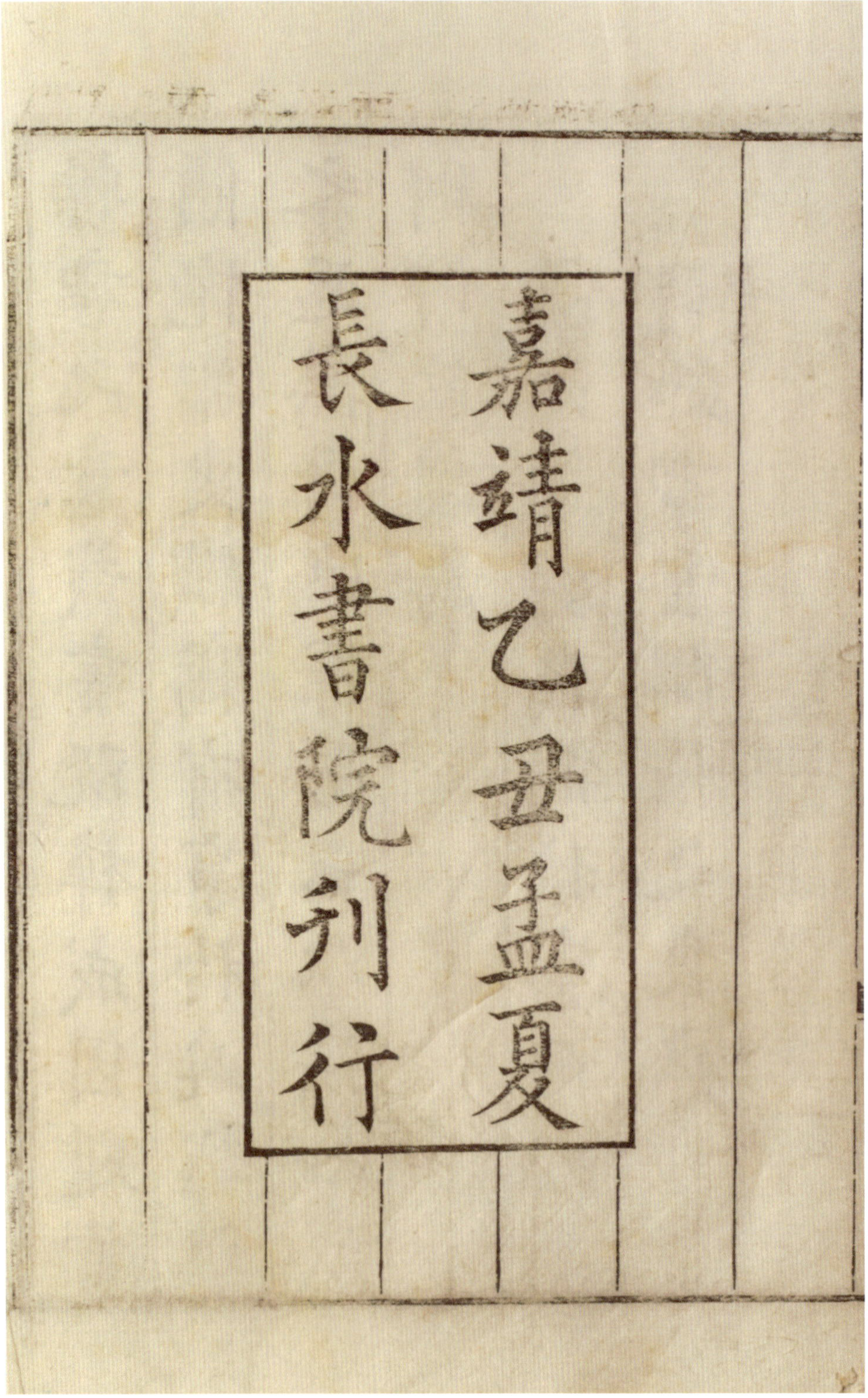
嘉靖乙丑孟夏
長水書院刊行

0161　六子書六十卷

（明）顧春編

明嘉靖十二年（1533）顧春世德堂刻本　二十冊

匡高19.5釐米，廣14.1釐米。半葉八行，行十七字，小字雙行同，白口，四週雙邊。

顧春，字元卿，別號東滄居士，吳郡（今江蘇蘇州）人。所輯者為《老子道德經》二卷（題漢河上公注）、《南華真經》十卷（晉郭象注、唐陸德明音義）、《沖虛至德真經》八卷（晉張湛注）、《荀子》二十卷（唐楊倞注）、《新纂門目五臣音注揚子法言》十卷（晉李軌、唐柳宗元、宋宋咸、吳秘、司馬光注）、《中說》十卷（宋阮逸注）等六種，六十卷。又名《世德堂六子》。是書刊印精審，流傳最廣，葉德輝《書林清話》將其列入明代私家版刻之精品。是先秦至漢初諸子研究重要的版本著作之一。

四川省圖書館藏。

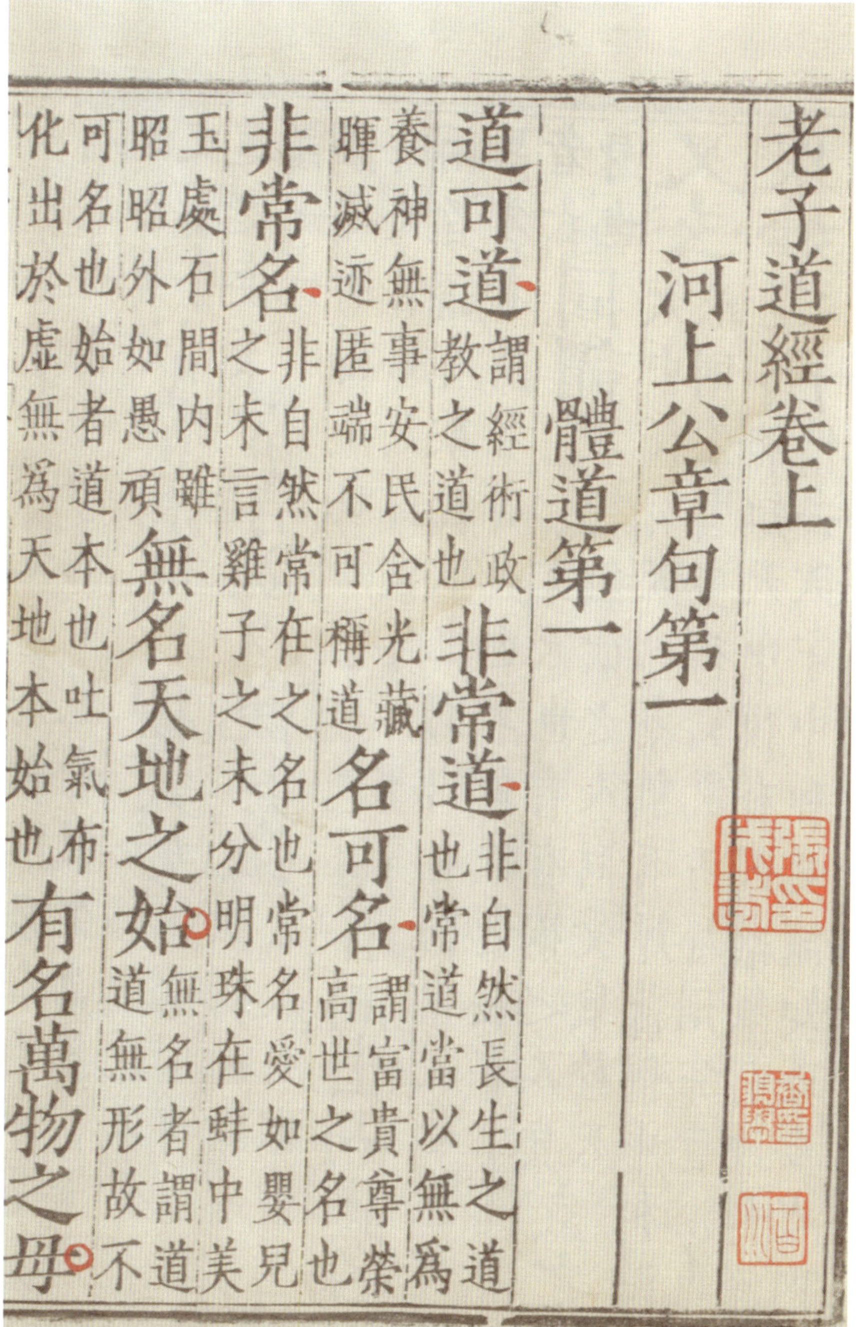
老子道經卷上
河上公章句第一
體道第一
道可道謂經術政教之道也非常道非自然長生之道也常道當以無爲養神無事安民含光藏暉滅迹匿端不可稱道名可名謂富貴尊榮高世之名也非常名非自然常在之名也常名愛如嬰兒之未言雞子之未分明珠在蚌中美玉處石間內雖昭昭外如愚頑無名天地之始無名者謂道道無形故不可名也始者道本也吐氣布化出於虛無爲天地本始也有名萬物之母

南華眞經卷第一

郭象子玄註　陸德明音義

莊子內篇逍遥遊第一

夫小大雖殊而放於自得之場則物任其性事稱其能各當其分逍遥一也豈容勝負於其間哉音義曰內篇內者對外立名説文云篇書也字從竹從非者草名耳非也逍音銷亦作消遥如字亦作搖遊如字亦作游逍遥遊者篇名義取閒放不拘怡適自得夫音符場直良切稱尺證切當丁浪切分符問切

北冥有魚其名為鯤鯤之大不知其幾千里也化而為鳥其名為鵬鵬鯤之實吾所未詳也夫莊子之大意在

0162 六子書六十卷

（明）顧春編

明嘉靖十二年（1533）顧春世德堂刻本　四十冊

匡高19.5釐米，廣14.1釐米。半葉八行，行十七字，小字雙行同，白口，四週雙邊。

四川大學圖書館藏。

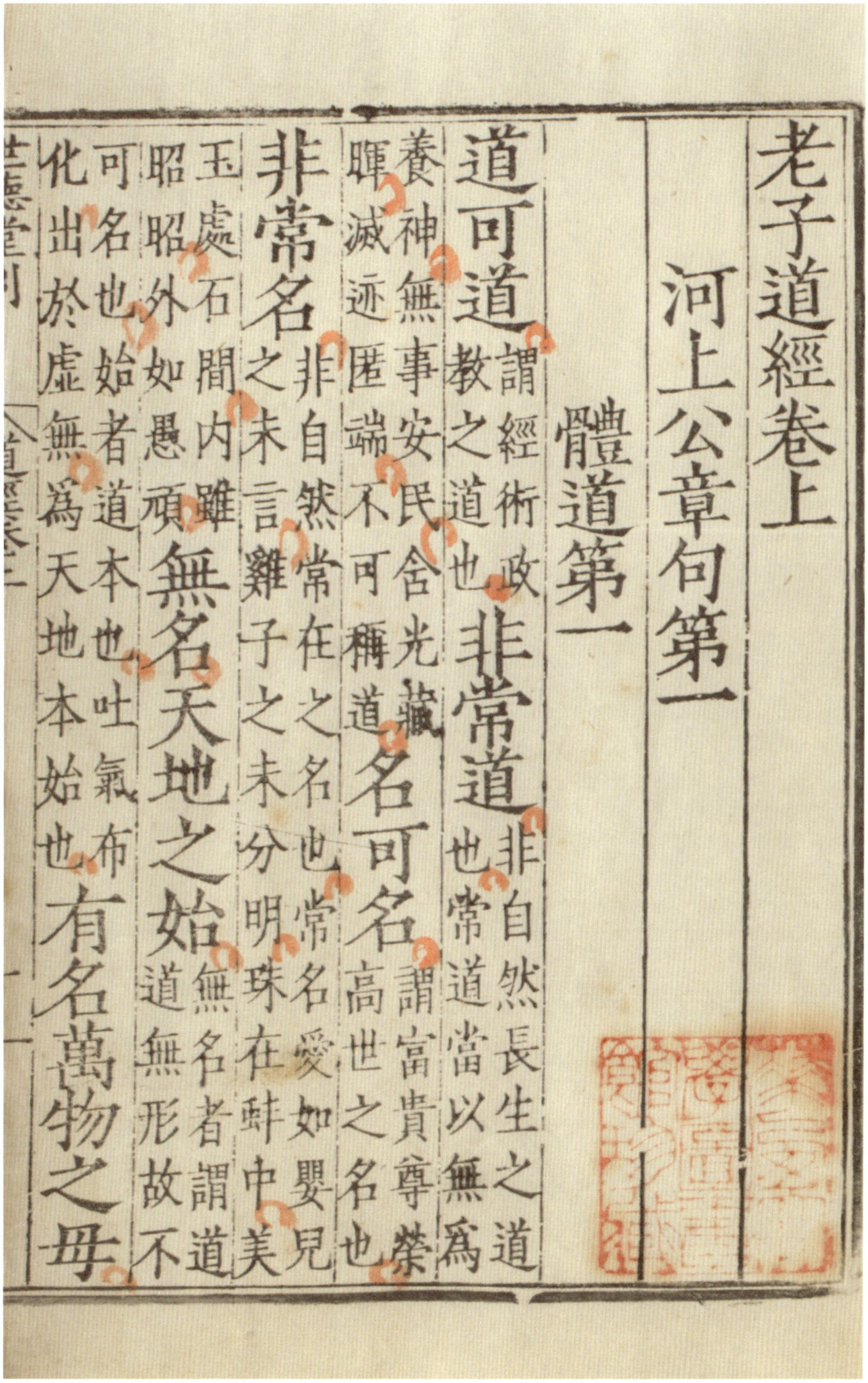
老子道經卷上

河上公章句第一

體道第一

道可道謂經術政教之道也非常道非自然長生之道也常道當以無爲養神無事安民含光藏暉滅迹匿端不可稱道名可名謂富貴尊榮高世之名也非常名非自然常在之名也常名愛如嬰兒之未言雞子之未分明珠在蚌中美玉處石間內雖昭昭外如愚頑無名天地之始無名者謂道道無形故不可名也始者道本也吐氣布化出於虛無爲天地本始也有名萬物之母

世德堂刊　老子道經卷上　一

0163 劉向說苑二十卷 （漢）劉向撰

明嘉靖二十六年（1547）何良俊刻說苑新序本　四冊

匡高19.4釐米，廣14.6釐米。半葉十行，行二十字，白口，左右雙邊。繆荃孫校。

劉向（前77—前6），原名更生，字子政，漢高祖的弟弟楚元王劉交的四世孫。宣帝時任散騎諫大夫。成帝時改名劉向，任光祿大夫。校閱經傳諸子詩賦等書籍，撰成我國第一部圖書分類目錄——《七錄》。劉向的《說苑》，成書約在西元前十七年。全書共分君道、臣術、建本、立節、貴德、復恩、政理、尊賢、正諫、敬慎、善說、奉使、權謀、至公、指武、談叢、雜言、辨物、修文、反質等二十類。是劉向根據皇家所藏和民間流行的書籍資料加以選擇、整理而成。其内容並不僅限於儒家，而是墨、名、法諸家兼而有之。上自周、秦經、子，下及前漢雜著，十分廣博。所記以諸子言論為主，多採用相與往復的對話體，記述的方式往往近似於講故事，多爲春秋戰國至漢代的遺聞軼事。除《談叢》篇外，大多數的章節都有一定的故事性，通過故事闡明和記述有關國家興亡和治國理念等方面的言論和遺聞軼事和頗富哲理性的格言等。短短一段文字，情節跌宕，引人入勝，頗類中國特點的古代『說話』形式，故《漢書·藝文志》有《說苑》一書多取材於『街談巷語，道聽途說』的評價。是書體例對後世的筆記小說創作 有較大的影響。四百年以後的《世說新語》，就明顯受其影響。《說苑》不僅是研究早期儒家思想乃至先秦諸子的重要資料，還因其引述廣博，其中的一部分早已佚亡，《說苑》中還保留遺文瑣語。如《君道》篇第一章載師曠的話，『人君之道……務在博愛，趨在任賢；廣開耳目，以察萬方；不固溺於流俗，不拘系於左右。』就可能出自著錄於《漢書·藝文志·小說家》中的『《師曠》六篇』，而這六篇書早已亡佚了。於古文的考訂是有價值的資料。是本雖為合刻之一，但有刊印甚精的特點，亦彌足珍貴。

四川省圖書館藏。

校正

君道低四格

劉向說苑卷第一

君道

鴻嘉四年三月己亥護左都水使者光祿大夫臣劉向上

晉平公問於師曠曰人君之道如何對曰人君之道清淨無爲務在博愛趨在任賢廣開耳目以察萬方不固溺於流俗不拘繫於左右廓然遠見踔然獨立屢省考績以臨臣下此人君之操也平公曰善

齊宣王謂尹文曰人君之事何如尹文對曰人君之事無爲而能容下夫事寡易從法省易因故民不以政獲罪也大道容衆大德容下聖人寡爲而天下理矣書曰睿作聖詩人曰岐有夷之行子孫其保之宣

0164 劉向說苑二十卷

（漢）劉向撰

明刻本 四冊

匡高19.6釐米，廣14.7釐米。半葉十行，行十八字，白口，左右雙邊。

是為《說苑》諸明刊本之一者。刊印甚精，審其風格，類似嘉靖間刊印者。

四川省圖書館藏。

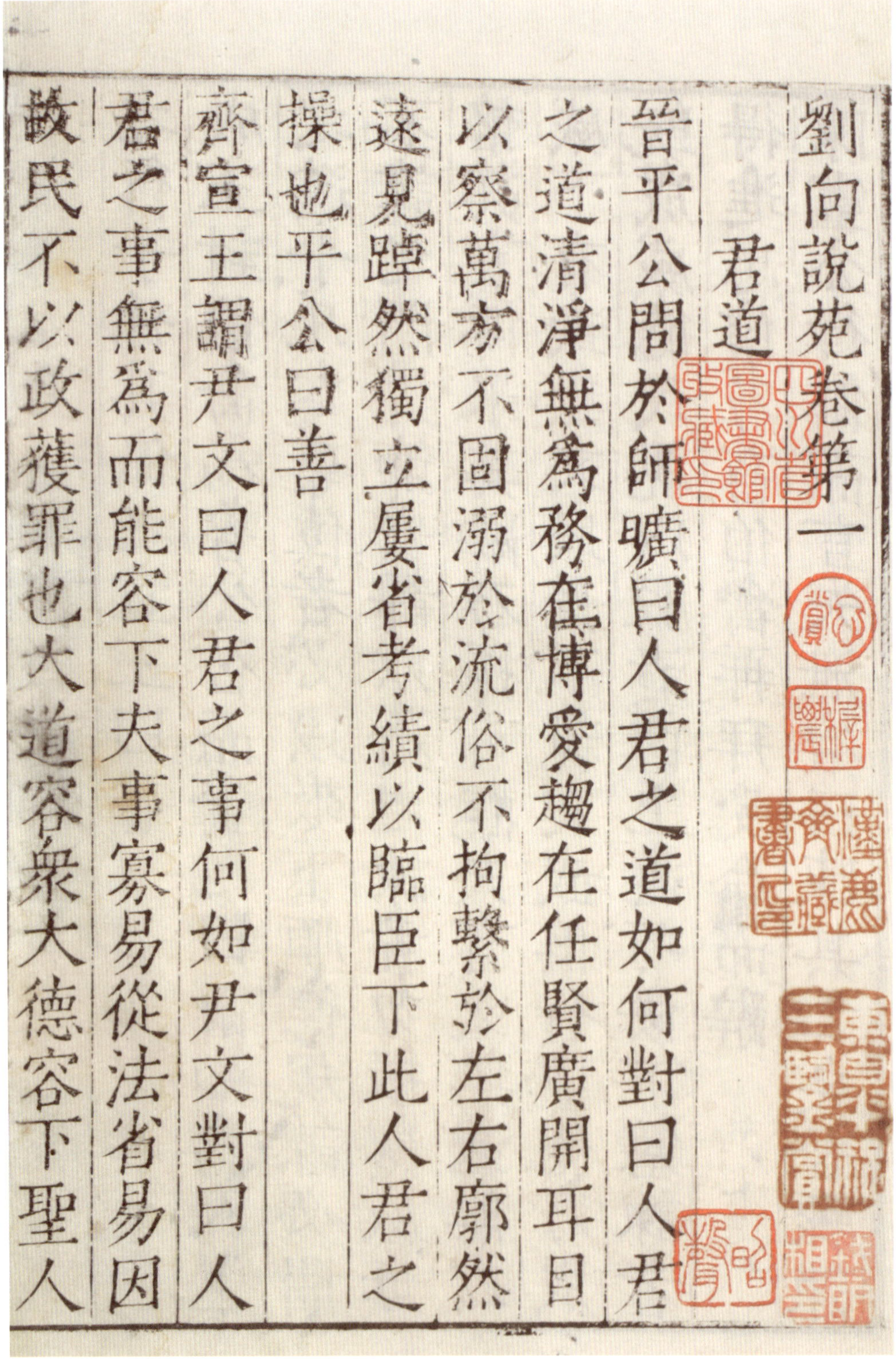

劉向說苑卷第一

君道

晉平公問於師曠曰人君之道如何對曰人君之道清淨無爲務在博愛趨在任賢廣開耳目以察萬方不固溺於流俗不拘繫於左右廓然遠見踔然獨立屢省考績以臨臣下此人君之操也平公曰善

齊宣王謂尹文曰人君之事何如尹文對曰人君之事無爲而能容下夫事寡易從法省易因故民不以政獲罪也大道容衆大德容下聖人

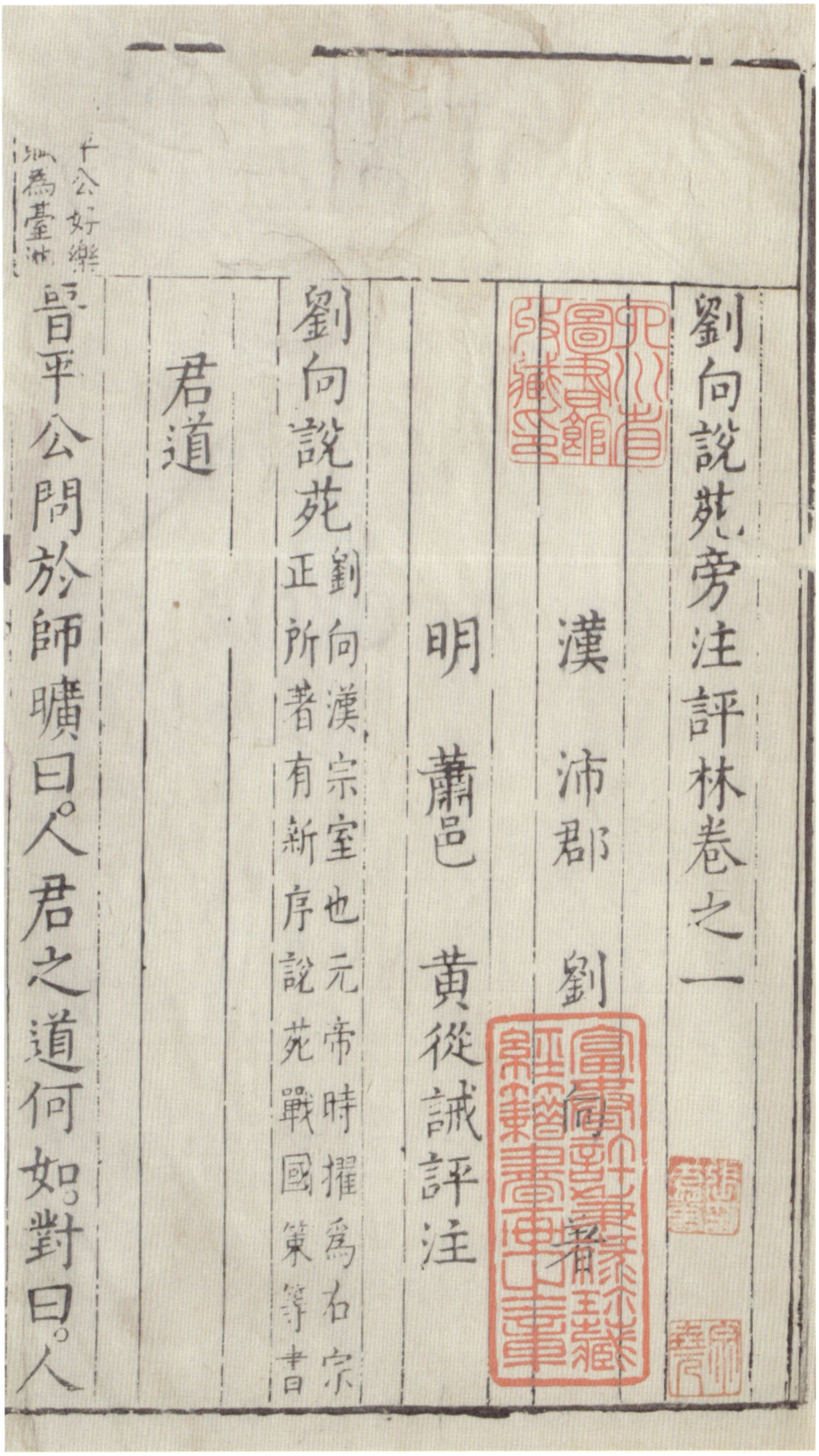
劉向說苑旁注評林卷之一
漢　沛郡　劉向著
明　蕭邑　黃從誠評注
劉向說苑　劉向漢宗室也元帝時擢爲右宗正所著有新序說苑戰國策等書
君道
晉平公問於師曠曰人君之道何如對曰人

0165　劉向說苑旁注評林二十卷

（明）黃從誠撰

明見岡堂刻本　十二冊

匡高23.7釐米，廣15釐米。上下欄，半葉六行，行十七字，白口，四週單邊。

是為明人有關《說苑》研究著述之一。作者黃從誠，生卒年和事蹟不詳。是書版式爲上下欄，上欄為評，行左為注。其注引諸典以喻之，所評亦允，所論尚切，可謂一家之言，治《說苑》者或可佐之。此本傳世不多，審其風貌，似為萬曆時期所刊者。

四川省圖書館藏。

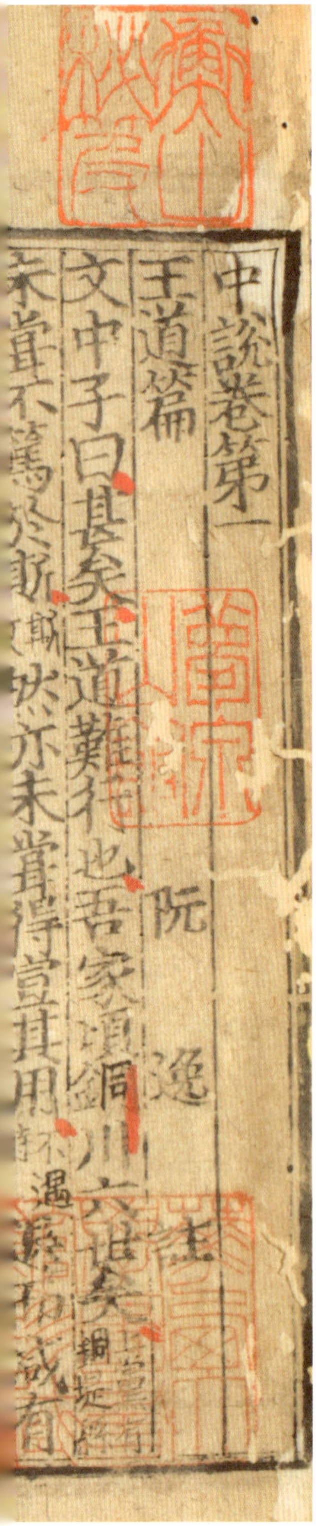

0166 中說十卷

（隋）王通撰　（宋）阮逸注

明初刻本　二冊

匡高17.6釐米，廣12釐米。半葉十一行，行二十一字，小字雙行二十五字，黑口，四週雙邊，版心有字數，有書耳。

王通（584—618）字仲淹，絳州龍門（今山西河津）人。因上隋文帝《太平策》十二篇，為朝臣所疑忌，未見用。後爲蜀郡司戶書佐、蜀王侍讀。煬帝時，棄官歸，以講學著書為業。阮逸，字天隱，建陽（今屬福建）人。天聖五年（1027）進士。景祐（1034—1037）初知杭州。皇祐（1049—1053）中遂典樂事，遷屯田員外郎。王通的《中說》，亦稱《文中子》，系弟子和家人記錄王通言行的彙編。其成書方式類似《論語》的語錄體，由唐王凝彙編、王福疇重編成書。『文中子』，蓋門人私謚，因以名書。全書共十卷，各卷爲王道、天地、事君、周公、問易、禮樂、述史、魏相、立命、關朗等。王通崇尚儒家思想，認為仁義為教化之本。提倡『時異事變』，『通變之謂道』、『通其變天下無弊法』。在認識論上，主張『居近識遠，處今知古』，反對『執古禦今』，強調『知之者不如行之者』。又主張『名實相生，利用相成，是非相明，去就相安』，說明事物的相互依存關係。面對儒、釋、道三者間對立，相互爭長的形勢，王通站在儒家立場上，曾提出儒、釋、道『三教於是乎可一矣』而以儒學爲主的思想。爲後來柳宗元吸取佛教思想的主張和宋明理學對佛道二教思想的吸收開了先河。爲後世儒學的改造和宋明理學的形成影響極大。應該說王通的思想和主張，在古代思想史和哲學史上有着積極意義，為古代中國重要的思想家之一。《中說》一書可謂中國古代思想史和哲學史上有重要影響的著作。

四川大學圖書館藏。

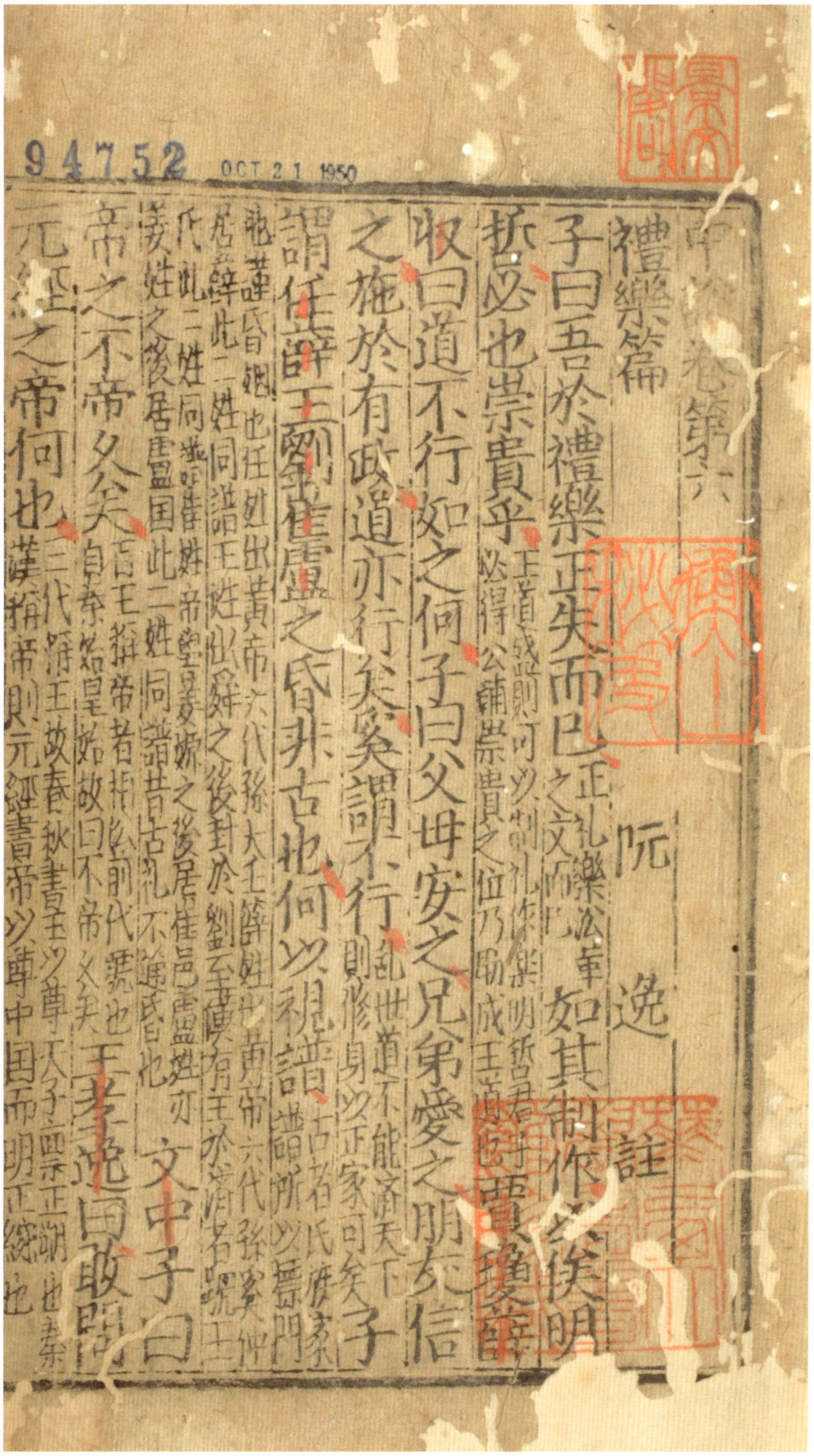
94752 OCT 21 1950
中說卷第六
禮樂篇　阮逸註
子曰吾於禮樂正失而已正礼樂之文而已如其制作以俟明
哲必也崇貴乎王道成則可以制礼作樂明哲君子必得公輔崇貴之位乃助成王道
收曰道不行如之何子曰父母安之兄弟愛之朋友信
之施於有政道亦行矣奚謂不行亂世道不能濟天下則修身以正家可矣子
謂任薛王劉崔盧之昏非古也何以視譜古者氏族譜牒所以晉門
文中子曰
帝之不帝久矣言王霸帝者指秦前代號也自秦始皇始故曰不帝久矣王孝逸曰敢問
元經之帝何也二代謂王故春秋書王以尊天子正朔也秦漢稱帝則元經書帝以尊中國而明正統也
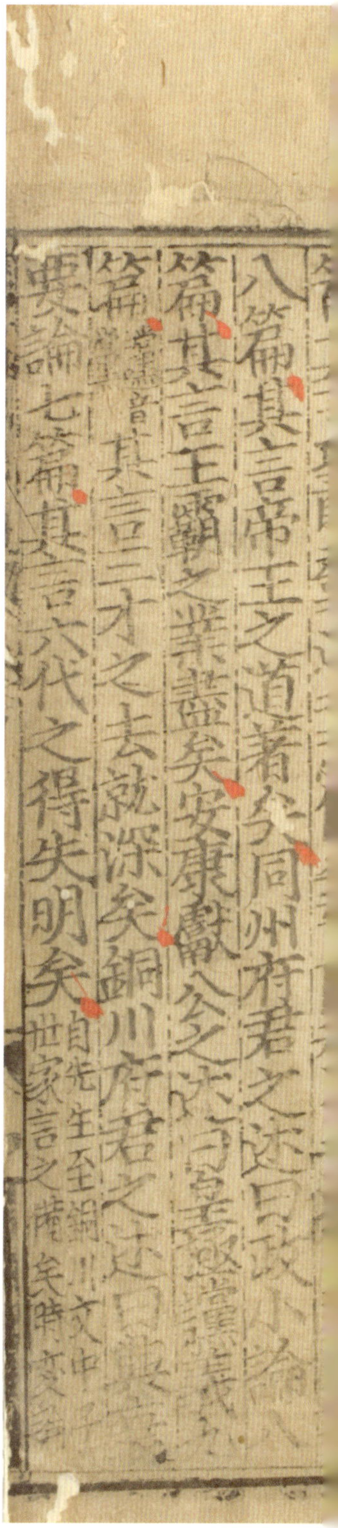
八篇其言帝王之道著矣同州府君之述曰政小論八
篇其言王霸之業盡矣安康獻公之述曰皇極讜義九
篇讜音黨其言三才之去就深矣銅川府君之述曰興衰
要論七篇其言六代之得失明矣自先生至銅川文中子世家言之備矣

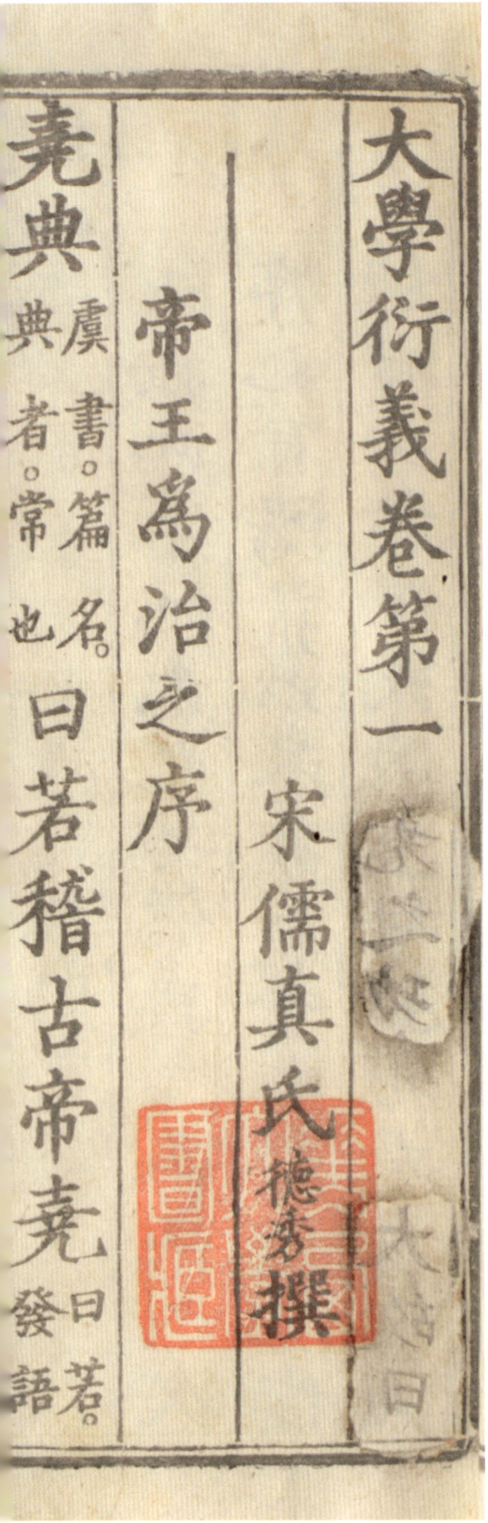

0167　大學衍義四十三卷　（宋）真德秀撰

明嘉靖六年（1527）司禮監刻本　二十冊

匡高22.3釐米，廣16.6釐米。半葉八行，行十四字，小字雙行同，黑口，四週雙邊。

真德秀（1178—1235），字景元，後改字希元，學者稱西山先生，建寧浦城（今屬福建）人。慶元（1195—1201）進士。任起居舍人兼太常少卿。歷知泉州、隆興、潭州，後爲中書舍人、禮部侍郎、戶部尚書，官至參知政事兼侍讀。真德秀之學繼承朱熹，與魏了翁齊名。《大學衍義》為真德秀依朱熹學說對《大學》一書加以發揮、敷衍之作。《四庫全書簡明目錄》說，《大學衍義》『因大學之義，而敷演之，首以爲治之要，爲學之本二篇，次分四大綱，曰格物致知、曰誠意正心、曰修身、曰齊家，分子目四十有四，皆援引經訓，旁徵史事，參以先儒之論，以明法戒。大旨在正本清源，故治平之道，置而弗及焉』。強調『窮理持敬』，『爲正理修身之本』，其最高境界便是『物欲消盡，純乎義理』。君王、百官，應率身作則，扶持綱常，植立人極。全社會的人，都要『存天理，去人欲』。所謂大學之道，有體有用，『本之一身者，本也；達之天下者，用也。』不論爲治之序，還是爲學之本莫不自省心開始，這止是本書的宗旨。《大學衍義》一書在當時和南宋以後產生過較大影響。宋理宗（1225—1264）曾說『《衍義》一書，備人君之軌範焉』。元武宗（1308—1311）謂『治天下此一書足矣』。明成祖（1403—1424）『乃命大書揭之殿兩廡壁』。清聖祖（1662—1722）曾有『力明正學』的高度評價。该書是元、明、清三朝皇族學士的必讀書，其治國之用尤被三朝統治者所推崇，為治《大學》者之重要參考資料之一。

四川大學圖書館藏。

安。欽。敬也。思去聲。允恭克讓。允。信也。克。能也。光被四
表。格于上下。被。及也。四表。四外也。格。至也。上。天。下。地也。克
未精。特命司禮監重刊以遺
來世。書刻可觀。庶使讀之者
不至於厭斁焉。刊成。用序諸
首。以申朕勉強向學之意云

嘉靖六年六月朔旦序

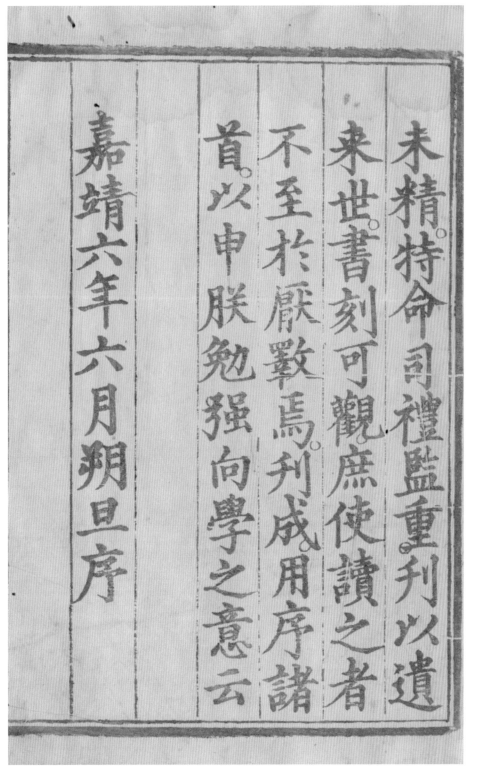

0168 性理大全書七十卷

（明）胡廣等撰

明永樂十三年（1415）内府刻本　三十册

匡高25.8釐米，廣17.6釐米。半葉十行，行二十二字，小字雙行同，黑口，四週雙邊，版心有字數。

明初有《五經大全》、《四書大全》、《性理大全》之編，《性理大全書》則其一也。胡廣等奉敕撰。胡廣（1370—1418），字光大，號晃庵，吉水（今屬江西）人。建文二年（1400）進士第一。任翰林修撰，賜名靖。成祖即位，迎降，改名廣。永樂五年（1407）任翰林學士，官至文淵閣大學士。是書與《五經四書大全》同於永樂十三年（1415）九月告成奏進，並刊賜天下。是書採宋儒之說凡一百二十家。前後可分爲兩個部分，前部分收錄宋儒的著作。周敦頤《太極圖說》、《通書》，張載《西銘》、《正蒙》，邵雍《皇極經世》，朱熹《易學啟蒙》、《家禮》，蔡元定《律呂新書》，蔡沈《洪範皇極内篇》等九種，自為卷帙，共二十六卷。二十七卷以後，為宋儒及其門人記載的有關性理言論的彙編。依《朱子語類》的門目，編纂為理氣、鬼神、性理、道統、聖賢、諸儒、學、諸子、歷代、君道、治道、詩、文等十三類。其内容極其龐雜，多取自程朱及朱熹門人後學之説，很少有其他學派的。雖如此，卻爲理學的研究提供了大批資料，有開理學類著作彙編之先河的作用。並作爲科舉必讀書，因而具有較大的影響。三部《大全》的成書，實際上是確立了程朱理學在明代的地位，性理之名大著於世。清初康熙帝命李光地『刪其支離，存其綱要』成《性理精義》一書，足見其影響。此於明代理學思想史、哲學史研究應是重要的資料。

四川師範大學圖書館藏。

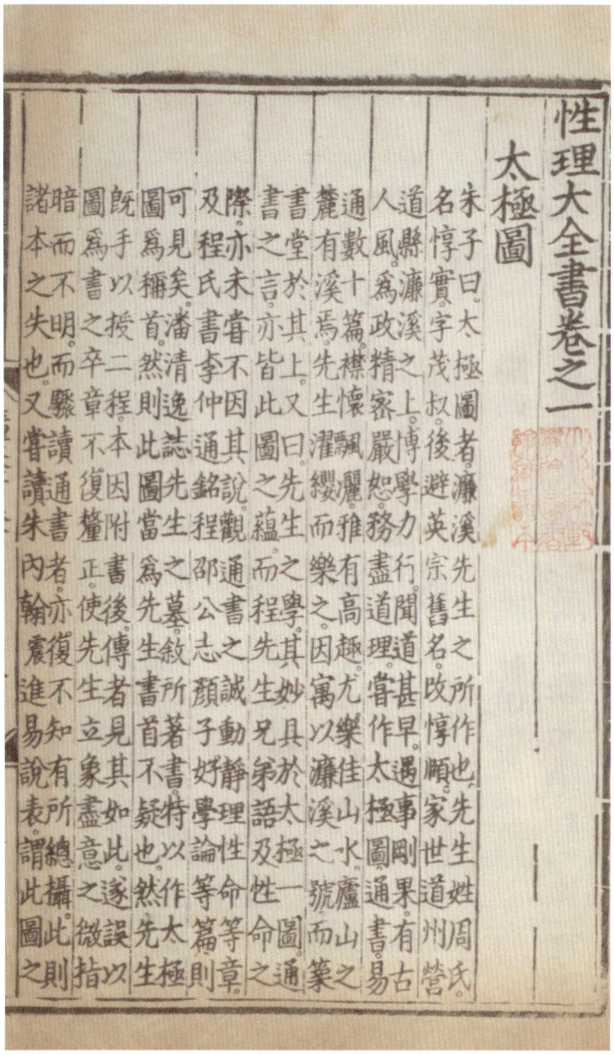
性理大全書卷之一

太極圖

朱子曰太極圖者濂溪先生之所作也先生姓周氏名惇實字茂叔後避英宗舊名改惇頤家世道州營道縣濂溪之上博學力行聞道甚早遇事剛果有古人風爲政精密嚴恕務盡道理嘗作太極圖通書易通數十篇襟懷飄灑雅有高趣尤樂佳山水廬山之麓有溪焉先生濯纓而樂之因寓以濂溪之號而築書堂於其上又曰先生之學其妙具於太極一圖通書之言亦皆此圖之蘊而程先生兄弟語及性命之際亦未嘗不因其說觀通書之誠動靜理性命等章及程氏書李仲通銘程邵公志顏子好學論等篇則可見矣潘淸逸誌先生之墓敘所著書特以作太極圖爲稱首然則此圖當爲先生書首不疑也然先生既手以授二程本因附書後傳者見其如此遂誤以圖爲書之卒章不復釐正使先生立象盡意之微指暗而不明而驟讀通書者亦復不知有所總攝此則諸本之失也又嘗讀朱内翰震進易說表謂此圖之

0169　四存編十一卷

（清）顏元撰

清康熙刻本　五冊

匡高20.5釐米，廣15.3釐米。半葉十一行，行二十二字，白口，四週單邊。存四卷（卷一至四）。

顏元（1635—1704），字易直，又字渾然，號習齋，博野（今屬河北）人。清初思想家、教育家。《四存編》即：《存性編》二卷、《存人編》四卷、《存學編》四卷、《存治編》一卷、共十一卷。《四存編》成書於清順治十五年至康熙二十一年（1658—1682）年間。《存治編》，原名《王道論》，主張恢復三代的井田、封建、學校等制度，反映了顏元的復古觀點。《存性編》，討論人性善惡問題，反對宋儒的人性『天命之性』和『氣質之性』之分。他認爲，人的氣質來自『引蔽習染』，即外物的引誘和環境的感染。《存人編》，原名《喚迷途》，是專爲反對佛道宗教勸人早還人倫的通俗文字。《存學編》討論治學方法的著作。顏氏為學，初奉程朱，轉而批判程朱，抨擊宋儒『讀書靜坐』和空談『心性命理』之學，認爲求學的目的全在經世，主張『實文、實行、實體、實用』，總而言之是『爲天地造實績』，以達『民以安，物以阜』的目的。從經世致用出發，強調習行，『心中醒，口中說，紙上作，不從身上習過，皆無用也』的實學學風，繼而創立以主張『實學』的顏李學派。李即李塨（1653—1733），顏元的學生。字剛主，號恕穀，蠡縣（今屬河北）人。康熙舉人。官通州學正。《四存編》標誌着旨在『復明周孔六德、六行、六藝』的實學之道的『四存』學說的形成遂為顏李學派主要的學術文獻。其學說雖有復古傾向，但就其提倡經世致用，強調實習實行來看，還是有積極意義的，應是中國哲學史研究的重要文獻資料之一，具有十分重要的文獻價值。是書刊印精審，且傳世極罕，具有重要的版本價值。

四川省南充市圖書館藏。

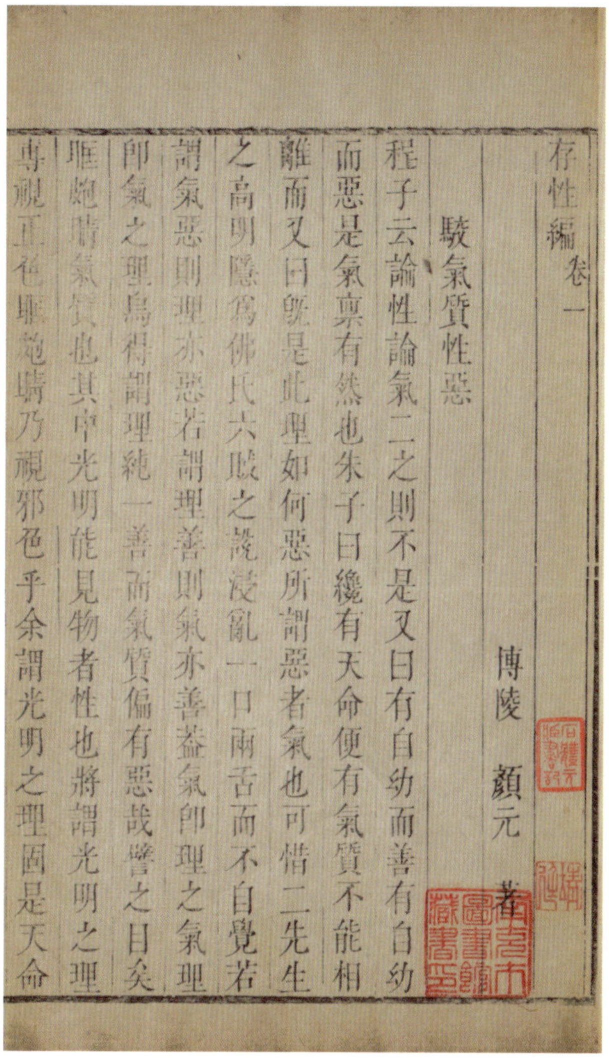

存性編卷一

駁氣質性惡

博陵　顏元　著

程子云論性論氣二之則不是又曰有自幼而善有自幼
而惡是氣禀有然也朱子曰纔有天命便有氣質不能相
離而又曰既是此理如何惡所謂惡者氣也可惜二先生
之高明隱爲佛氏六賊之說浸亂一口兩舌而不自覺若
謂氣惡則理亦惡若謂理善則氣亦善蓋氣即理之氣理
即氣之理烏得謂理純一善而氣質偏有惡哉譬之目矣
眶皰睛氣質也其中光明能見物者性也將謂光明之理
專視正色眶皰睛乃視邪色乎余謂光明之理固是天命

存學編卷一

博陵 顏元 著

由道

聖人學教治皆一致也民可使由之不可使知之是孔子明言千聖百王持世成法守之則易簡而有功失之徒繁難而寡效故罕言命自處也性道不可得聞教人也立法魯民歌怨爲治也他如予欲無言無行不與莫我知諸章何莫非此意哉當時及門皆望孔子以言孔子惟率之以下學而上達非吝也學教之成法固如是也道不可以言傳也言傳者有先於言者也顏曾守此不失子思時異端將盛或亦逆知天地氣薄自此將不生孔子其人勢必失

存治編

思古人 著

王道

昔張橫渠對神宗曰爲治不法三代終苟道也然欲法三代宜何如哉井田封建學校皆斟酌復之則無一民一物之不得其所是之謂王道不然者不治

井田

或問於思古人曰井田之不宜于世也久矣予之存治尚何執乎曰噫此千餘載民之所以不被王澤也夫言不宜者類謂亟奪富民田或謂人衆而地寡耳豈不思天地間田宜天地間人共享之若順彼富民之心即盡萬人之產

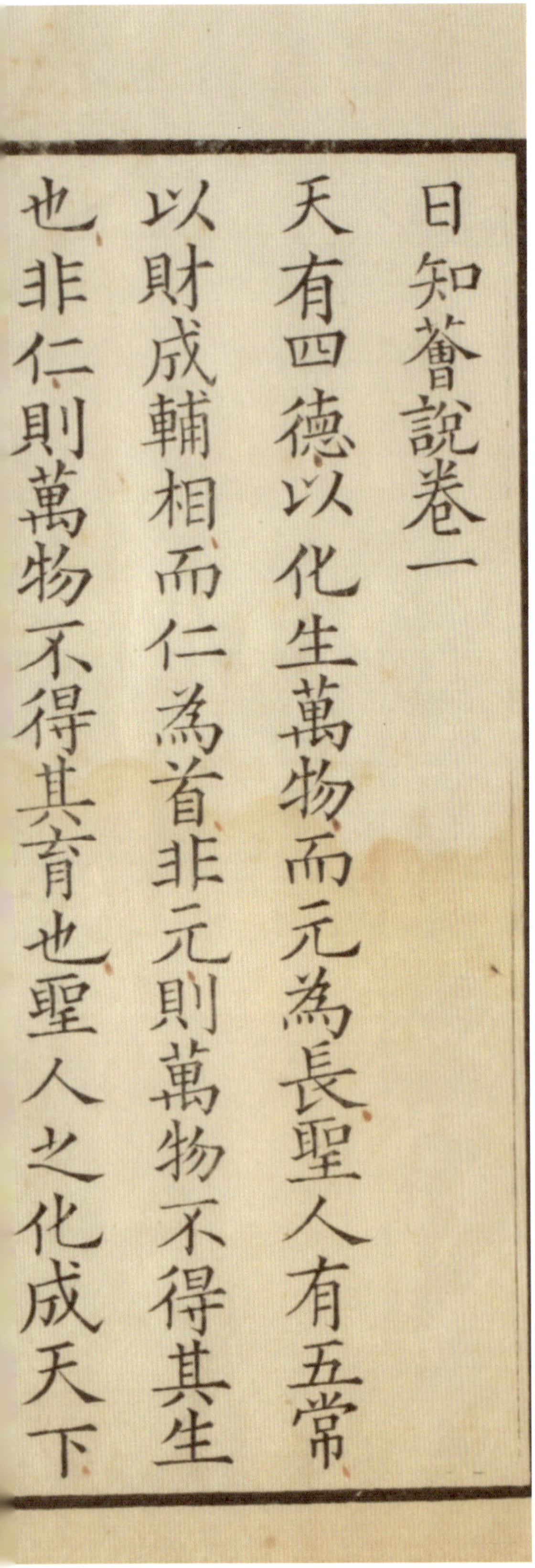
日知薈說卷一
天有四德以化生萬物而元為長聖人有五常
以財成輔相而仁為首非元則萬物不得其生
也非仁則萬物不得其育也聖人之化成天下

0170　日知薈說四卷

清高宗（弘曆）撰

清乾隆元年（1736）內府刻本　六册

匡高19.1釐米，廣14釐米。半葉七行，行十八字，白口，四週雙邊。

全書四卷。第一卷論帝王治化之要，第二卷論天人性命之旨，第三卷論禮樂法度之用，第四卷論古今得失之跡。《四庫全書總目提要》中稱高宗『亶聰首出，念典彌勤，紬繹舊聞，發揮新得』，『取舊制各體文刪擇精要，得二百六十則』，是爲高宗繼位前之讀書筆記。所謂爲天地立心，爲生民立命，爲往聖繼絕學，爲萬世開太平者，即帝王之學。薈此者，足以垂萬世之訓。是書爲乾隆帝於歷代統治之術的得失與成敗的總結，探討程朱理學於治國的運用及相關的各項法度之效用等。此於清代帝王思想的研究、清代儒學思想的研究是有參考價值的資料。

四川大學圖書館藏。

貫故能徧覆包涵運量萬物而有餘不然者挾

值我

國家重熙累洽之期行見海隅日出盡躋於

風動時雍有不覺太和元氣洋溢於

宸章

睿藻間矣臣不勝欣悚輙忘其弇鄙矢口而颺

言焉

乾隆元年秋七月加禮部尚書銜管國子

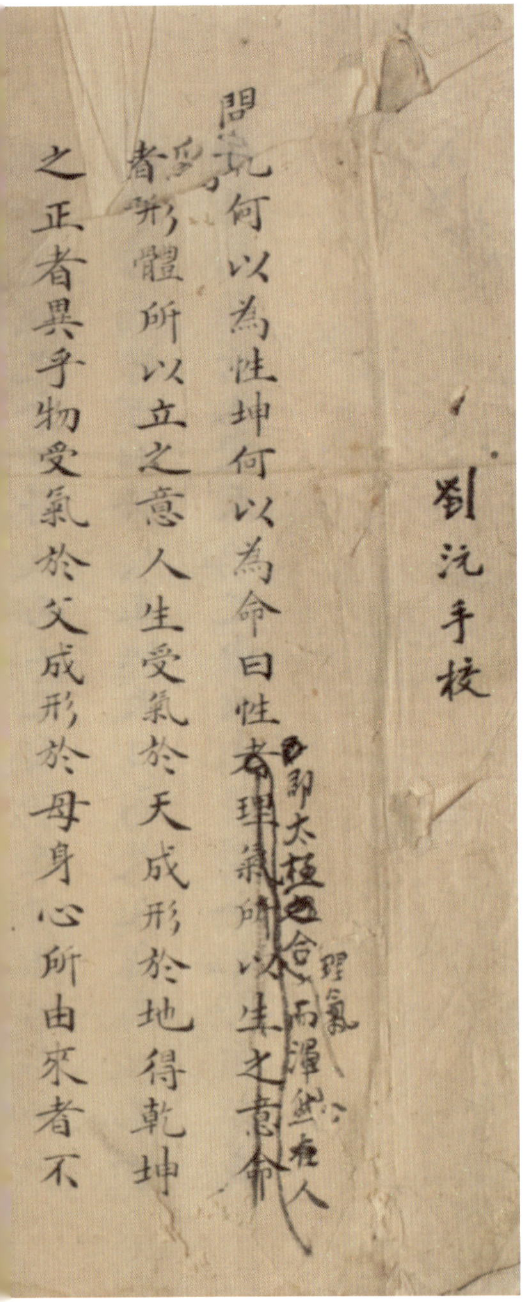

0171 劉止唐先生手稿不分卷

（清）劉沅撰

稿本 六冊

劉沅（1768—1855），字止唐，一字訥如，道號清陽居士、碧霞居士。四川雙流（今四川雙流縣）人。乾隆五十七年（1792）舉人。清國史館本傳謂，道光六年（1826）劉沅『改國子監典簿，尋乞假歸，遂隱居教授』。『著弟子籍者前後以千數，成進士登賢書者百餘人，明經貢士三百餘人。』學術界人士，不少以得遊其門庭，爲高尚其事也。劉沅在世時，其學説已遠播他省，『閩人稱沅為「川西夫子」』。光緒三十一年（1905），四川總督錫良上奏清廷，奏請於清國史館爲劉沅立傳。得獲『著照所請』的批復。南懷瑾《禪海蠡測》云：『乾嘉間，西蜀雙流，有劉沅（字止唐）者出，初以博學鴻儒，不獵功名，歸而學道，相傳得老子親傳，居山八年而成道。以儒者而兼弘佛道之學，著作等身，名震當世，世稱其教曰「劉門」。』劉沅在其近六十年的講學生涯中，究心儒學元典，以『孔孟爲師』，終身以闡揚儒學元典精神爲己任。在他看來，儒氏十三經是儒學元典，是『天地之常經，古今之通義，人道之當然，人人可以知，可以能，亙古而不朽者也』。關於十三經的學問，就是『聖學』。而不論先儒還是後儒，其對『聖學』即儒學元典的解釋多有不合元典精神和孔孟哲學精髓的地方，故著述中對於先儒尤其宋儒多有駁難辯論之詞。同時在以儒家元典精神爲本的基礎上，還包容吸納了佛、道二家的精髓，探討三家學説關於天人之際的精微要義，且相互發明，透徹精研，創立了由『存心養性』達於『至善』、『純一』、『天人合一』的學説。這意味着劉沅對於中國傳統文化的全面理解，具有特殊的文化意義。《槐軒全書》和《槐軒雜著》爲其著作的結集。劉沅作爲有清一代會通儒釋道三家精要並具完整學術體系的通學大儒，其著述在中國思想史、哲學史研究中具有重要的學術價值和文獻價值。此爲劉氏手稿，計《問乾何以爲性》、《一戒淫根本既端》、《一大學之道》、《問士人言》、《俗言》、《萬事起於心》六種。

四川大學圖書館藏。

問性命為天地之眞也而何又云盡性以至於命命其精
於性乎曰然一陰一陽之謂道繼之者善也成之者性
也言有天地而後有人善性秉於天地也若窮乎天地
之始則無聲無臭者無所謂陰陽安所謂性言性則已

一大學之道包一切掃一切易知易行所以息宜共行長享平治（能在上 此立教在下人人）
也天下無事矣
自聖人之師罕有儒者以十偏之見十得之明紛紛妄說所學淺而欲語高深致人遂
以學視道為難事以聖人為天生而不知天下古今雖萬有不齊而其要而稟之吐化為荆棘矣
止在人心人心一正則無論何事天理可以貫之人心不正任良心不壞則一切禮樂而正實行
法制俱易知能俱為有用實學若
百般才能必用之不得其正心如何在大學之道格物欲也致
大學之道而已格物格去物欲致知致
其義理之知也欲寡則心清而義理易明又以學問思辨之功
凡日用倫常動靜語默之理俱細細講明
致其知是非善惡明白了則篤行以行之是為誠意誠意者存
一點一動處便檢點是是非非者刻刻除是者實心去做從
心不欺不苟不怠不肆一念之起必求不背天理不昧良心也

0172 李衛公望江南集一卷

明抄本 一冊

匡高22.4釐米，廣14.8釐米。半葉十行，行十八字，白口，四週雙邊。

《李衛公望江南集》是一部用占卜象辭方式撰寫的兵書。全書列目三十例。內容包括作戰用兵所涉及的除任將外，在軍事行動中，以觀察氣候、天象、動物、植物、陰陽五行、醫藥等，各種物候徵兆的喻意，並以之決定戰事的取捨和進退。本書作者無考。查目，同名者僅國圖存萬曆十年（1582）保定府刻本一帙（本館藏本是否據抄者，不確定），且各種兵書彙編及各類兵學研著均未見涉及此書。是書以衛公名，恐為借托。李衛公者，唐之名將李靖也。李靖（571—649），字藥師，唐京兆三原（今屬陝西）人。隋朝名將韓擒虎之甥。唐初隨李世民四處征戰，戰功卓著，官至行軍大總管，刑部尚書，封衛國公。李靖尤善軍事謀略。『其舅韓擒虎每與論兵，輒歎曰：「可與語孫、吳者，非斯人尚誰哉」』（《新唐書·李靖傳》）。著兵書多種，今大多不存。有明一代，因各種問題引起的兵事頗多，明中葉以後則更是如此，故明代文人有喜談兵論陣之好，這大概也是一種時尚吧。因而明代兵學類著述頗多，雖有重要的經典之作，然亦不乏拼湊空疏者。是書之名，托之衛公，以圖其售，亦不無可能。然從全書內容看，涉及古代兵學的謀略、氣象、物候、醫藥諸方面，或爲彙集前人之說，或出自己見，仍不失為古代軍事史研究的資料之一。

四川省圖書館藏。

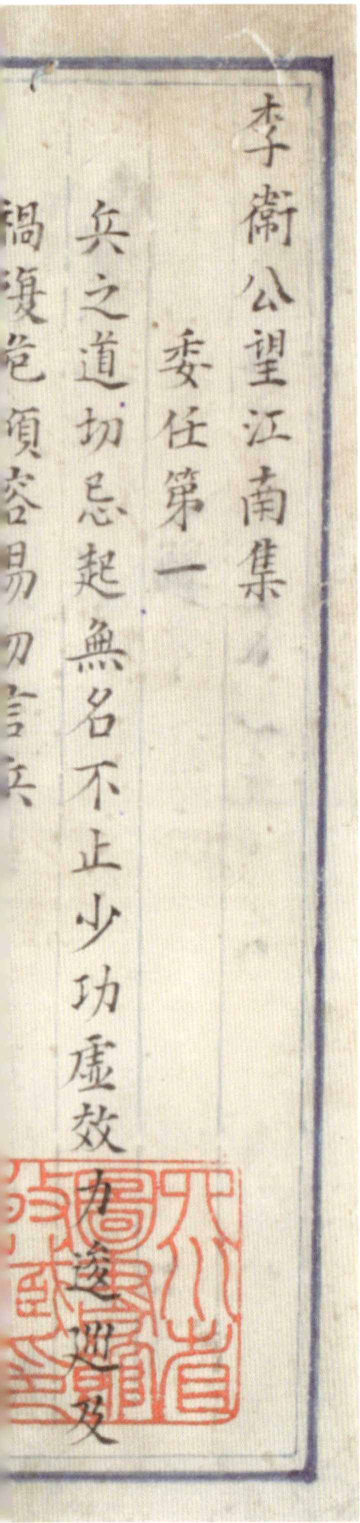

當權將其責重如山社稷存亡全在爾安危君
父一時間爵禄帝王頒
詮大將須要素知兵非是等閑虛譽職莫將軍
印委任生輕擁甲兵行

將有謀方速退莫施張
敵守壘我力有餘攻月下有星相近駐彼城奸
欲亂吾中門户審其蹤
圖彼久月背一星隨壁内敵人謀走北其城沉
潰不須摧捷報凱歌回
觀敵壘月背見三星狀若連珠敵便遁不須攻
打自安平撫衆勿殘生
軍馬進月畔見三星形似三台將月捧攻城不
下戰無成擇地設營停
候過旬月別看氣候

0173 管子二十四卷 （明）趙用賢 朱長春等評點

明萬曆四十八年（1620）淩汝亨刻朱墨套印本 十冊

匡高20.4釐米，廣14.7釐米。半葉九行，行十九字，白口，四週單邊。

管仲（？—前645），名夷吾，字仲，潁上（今屬安徽）人。管仲在齊爲卿，歷四十年，爲齊相，改革舊政，察能授官，行『相地而衰征』，用官方的力量發展鹽鐵業，齊國終於富國強兵，齊桓公得以『九合諸侯，一匡天下』，成就霸業，皆『管仲之謀也』。傳世《管子》一書，原爲西漢劉向校書時所輯定，原爲八十六篇。《漢志》著錄『管子八十六篇』，即此定本。而現存通行本《管子》目錄爲八十六篇，實存七十六篇。蓋因至唐時有十篇亡佚之故。《管子》一書內容涉及哲學、政治、經濟、地理、軍事、醫學等諸多方面。特別是其中的《輕重》等十六篇專論財政經濟問題，是研究經濟史的重要史料。他是法家人物，極重法治和生產、開發的實務，但於精神方面也不偏廢，曾有『禮義廉恥，國之四維，四維不張，國乃滅亡』的看法，把道德教化的作用提得很高。據學者研究，《管子》一書的內容，有記其身後事者，有存有管仲遺說者，如《牧民》、《形勢》等；有記其遺事者，如《大匡》、《中匡》、《小匡》等。當係戰國時人所雜纂者，或西漢學者的附益作品，不一而足。因而關於《管子》一書與管仲其人的關係，歷來存有不同意見。戰國時的韓非、漢之賈誼、晁錯、司馬遷、劉向、班固等認爲是管仲的作品，魏晉傅玄、唐孔穎達、宋人葉適、黃震及近現代多數學者認爲《管子》並非管仲所作，應是戰國至西漢一批學者的論文彙編。不管是誰的作品，《管子》一書因其保存了大量的古代史料，是研究春秋戰國史和法家思想史的重要資料之一，歷爲史家所重。明、清兩代，《管子》的刊本和研究著述大量湧現。明代版本中尤以趙用賢《管韓合刻》本爲代表，蓋因其對傳本大量的補正脫誤而最爲精善。趙用賢（1535—1596），字汝師，號定宇，常熟（今屬江蘇）人。隆慶五年（1571）進士。萬曆時官檢討，因疏論張居正奪情，遭杖戍。居正歿，起官，終吏部侍郎。是刻所據底本爲趙本，爲明代著名的淩氏套印本，刊印俱佳。

四川省圖書館藏。

朱大復曰六家之指同出于道各有本領揭其宗門法家以管氏為太祖往言管氏之本宗也斤斤凛凛要于持國畜民多於政而薄于道察于權而闕于仁于王遠矣然於强禍絕屬之系太宗也

張賓王曰篇中或相承或錯出古人不拘一法

管子卷一

牧民第一

國頌

凡有地牧民者務在四時守在倉廩國多財則遠者來地辟舉則民留處倉廩實則知禮節衣食足則知榮辱上服度則六親固四維張則君令行故省刑之要在禁文巧守國之度在飾四維順民之經在明鬼神祇山川敬宗廟恭祖舊不務天時則財不生不務地利則倉廩不盈野蕪曠則民乃菅

0174　秘傳花鏡六卷

（清）陳淏子撰

清康熙文會堂刻本　六冊

匡高20.3釐米，廣13.5釐米。半葉十行，行二十四字，白口，四週單邊。

陳淏子，又名扶搖，自號西湖花隱翁。約生於明萬曆三十九年（1611），卒於清康熙二十七年（1688）以後。明亡以後退歸田野，終老於西泠。平生好讀書，於養花用力最勤。所著《花鏡》爲專論觀賞植物兼及果樹栽培和動物飼養的專書。該書除名《秘傳花鏡》外，還被稱爲《園林花鏡》、《群芳花鏡》、《群芳花鏡全書》、《百花栽培法》。全書分：花曆新栽、課花十八法、花木類考、藤蔓類考、花草類考、附禽獸鱗蟲考，共六卷。記載園林植物三百五十二種，園林常見動物四十多種。動植物圖一百六十餘幅。卷一的《花曆新栽》，相當於種花月令，每月又分爲『占驗』和『事宜』兩個部分。占驗記當月氣候和物候，事宜則詳列植物栽培的逐月事宜。卷二『課花十八法』爲觀賞植物的十八種栽培原理和管理方法，如『辨花性情法』（即觀賞植物的生理生態）、『種植位置法』（觀賞植物在園林景觀中的位置）、『接換神奇法』（巧奪天工的嫁接技術）等，該卷於園林植物的生育習性、種植技術、無性繁殖、養護與管理、種子收藏與貯藏、花園建設均有系統闡述，所有這一切都是作者畢生經驗的總結，也是全書的精華所在。作爲一部綜合性的園藝著作，其學術價值和實用價值應在明清時代同類著作之上。這對我國花卉園藝學的形成與發展有著重要的作用。《秘傳花鏡》一書可謂清代園林花卉植物著作之最為著名者。該書雖別稱和版本眾多，然此『文會堂』本應為康熙時期所刊，應爲該書的最早刊本，加之僅此一帙，故極為罕睹。

南充市圖書館藏。

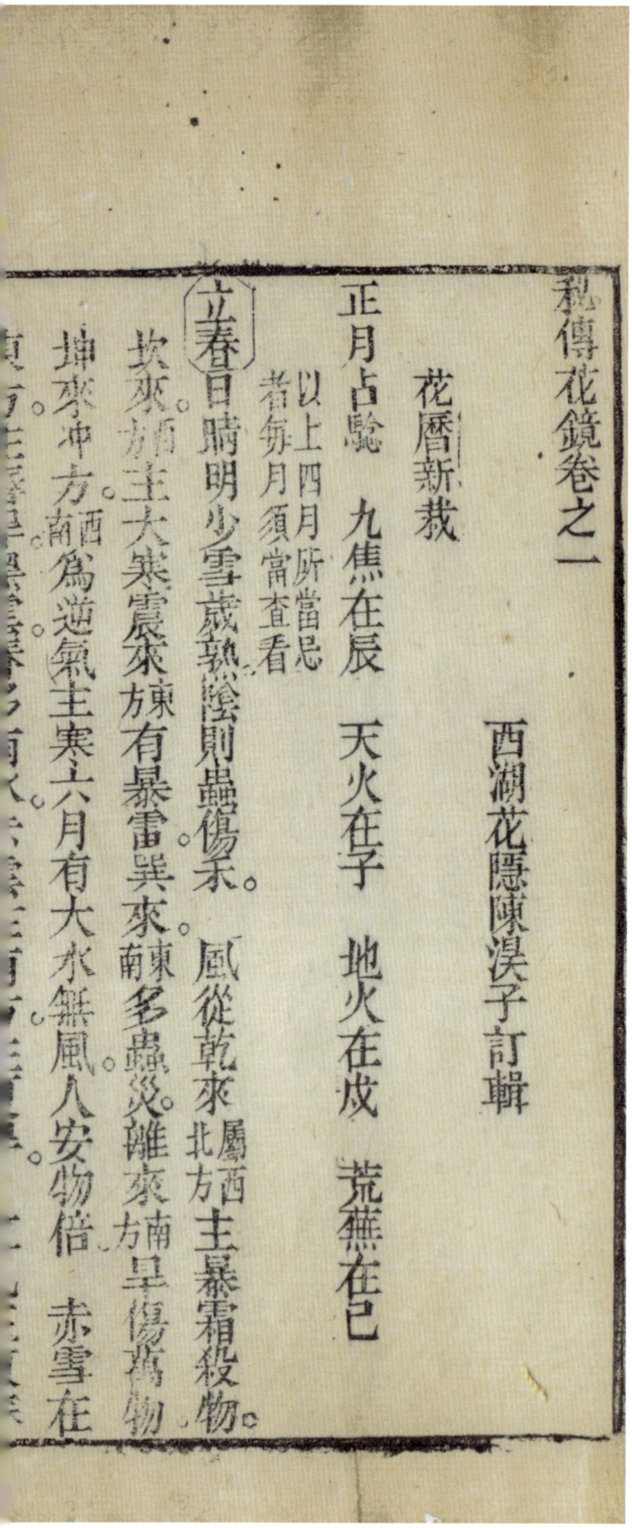
秘傳花鏡卷之一

西湖花隱陳淏子訂輯

花曆新栽

正月占驗　九焦在辰　天火在子　地火在戌　荒蕪在巳

以上四月所當忌者每月須當查看

立春日晴明少雪歲熟陰則蟲傷禾。風從乾來屬西北方主暴霜殺物。坎來屬北方主大寒。震來屬東方有暴雷。巽來屬東南方多蟲災。離來屬南方旱傷萬物。坤來屬西南方為逆氣主寒。六月有大水。無風人安物倍。赤雪在

中旬須用燖牲水澆方茂

櫻桃

櫻桃一名楔又有荊桃含桃謂鸎含食崖蜜蠟櫻色黃皆朱英色赤麥英數名此木得正陽之氣故實先諸果而熟禮薦宗廟亦取其先出也本不甚高而多蔭春初開白花繁英如雪其香如蜜葉團有尖邊如細齒結子一枝數十顆有朱紫蠟三色又有千葉者其實少但果紅熟時必須守護否則為鳥雀白頭翁所食無移也枝節間有根鬚垂下者二月間取栽於肥土中常以糞澆之即活若陽地種者還種陽地陰地種者還種陰地不可用糞實熟時當張葦箔以護風雨一經雨打則蟲自內生人莫之見須用水浸良久候蟲出方可食

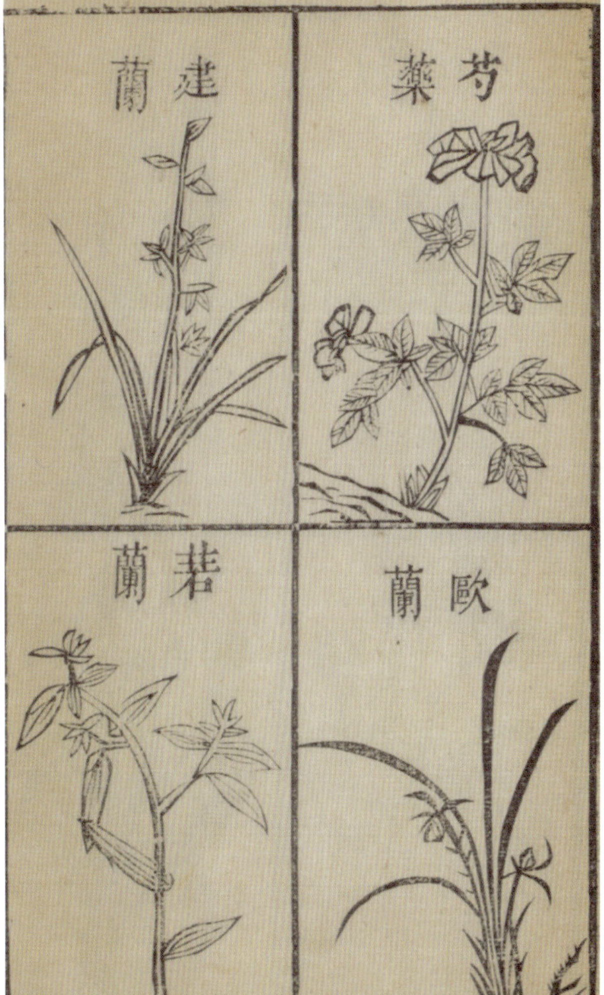

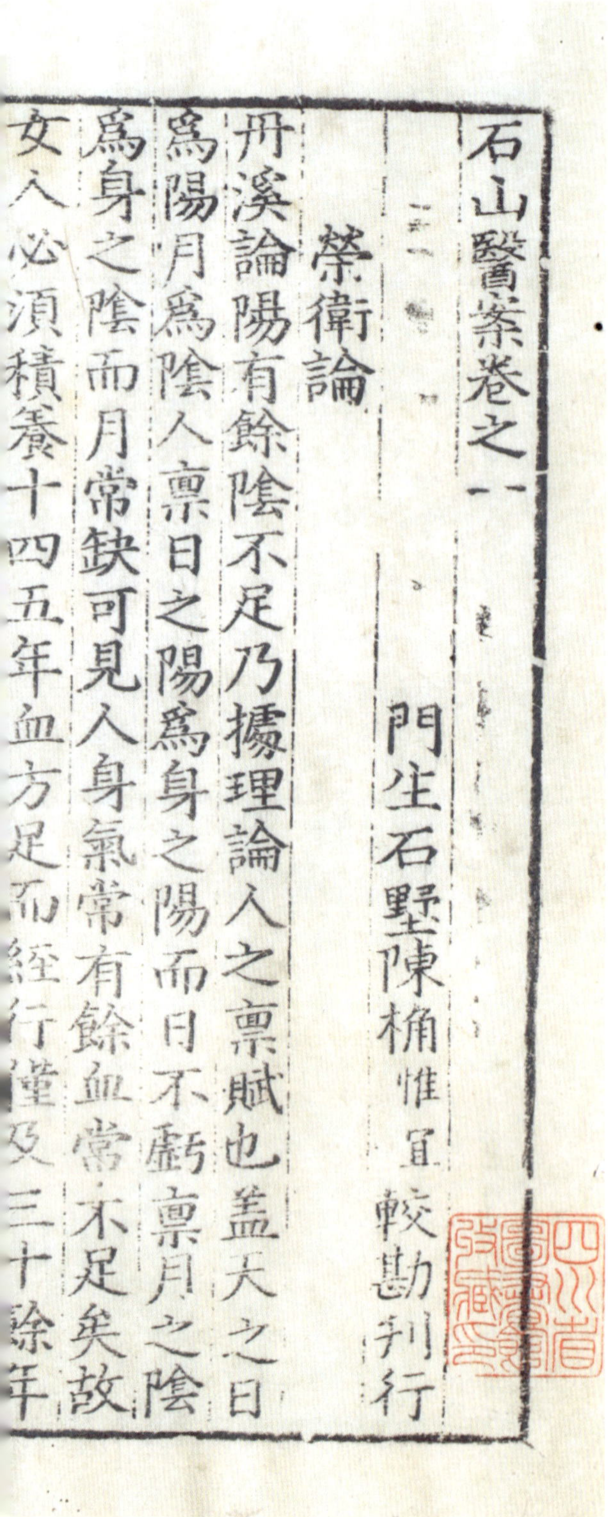
石山醫案卷之一
門生石墅陳桷惟宜較勘刊行
榮衛論
丹溪論陽有餘陰不足乃據理論人之禀賦也蓋天之日
爲陽月爲陰人禀日之陽爲身之陽而日不虧禀月之陰
爲身之陰而月常缺可見人身氣常有餘血常不足矣故
女人必須積養十四五年血方足而經行僅及三十餘年

0175　汪石山醫書七種二十六卷　（明）汪機撰

明嘉靖刻本　二十八册

版框不一，半葉行數不一，行字數不一，小字雙行字數不一，書口黑白皆有，四週單邊。

明代醫學叢書。汪機（1463—1539），字省之，號石山居士，安徽祁門（今屬安徽）人。明代著名醫家。汪機幼習儒，爲邑諸生，屢試不利，遂棄去，肆力於醫，研讀諸家醫書，博採衆長，辯證論治：如病當升陽，治以東垣；若當滋陰，法隨丹溪；異症奇疾，治之則愈，醫名大盛，終成一代名醫。其創言新感溫病之説，促進了明清溫病學説的發展，同時在針灸、痘疹的診治方面亦有一定的成就；且一生著述甚富。《汪石山醫書》為其主要著述的結集。書成於正德（1506—1520）間，由其門人陳桷等輯編並匯刊。分別為《讀素問鈔》三卷補遺一卷、《運氣易覽》三卷、《痘治理辯》一卷附方一卷、《針灸問對》三卷、《外科理例》七卷附方一卷、《石山醫案》三卷附錄一卷、《推求師意》二卷等七種。有汪氏注解前人醫著，自著者，弟子門人所記驗者，裒為一集。內容涉及內科、外科、針灸、痘疹等諸方面。集汪氏行醫數十年臨症經驗和平生論著於一帙，系統反映了汪氏學術思想和臨床醫學經驗，於後世影響極大，可謂中國傳統中醫學的重要文獻。此本為傳世明本汪氏著作較早的版本。

四川省圖書館藏。

石山先生像

[illegible]一敗像貌一為寒儉其容和粹其貌清癯心存仁術志好儒書頗已盡向手不停披　平居不敢干名而抱柔交際不敢口是而心違　事求免乎流俗禮求合乎先儒　謙約節儉樂易肆恐不求聞達甘守窮處寧為禮屈勿爲勢拘不知我者謂我狂妄其知我者謂我正直噫顧我所行未必盡合乎道也然遠大克念惟冀無愧乎心歟

右石山先生自贊

傷神父思傷意凡此數傷皆傷陰也以難成易虧之陰而

0176 重廣補註黄帝内經素問二十四卷　（唐）王冰注　（宋）林億校正　孫兆改誤

明嘉靖二十九年（1550）顧從德影宋刻本　十冊

匡高21.7釐米，廣15.7釐米。半葉十行，行二十字，小字雙行三十字，白口，左右雙邊。唐濟榯跋。

王冰，號啓玄子，寶應元年（762）任太僕令。唐代醫家。《黄帝内經》，又簡稱《内經》，中國醫學現存最古、最重要的經典著作。《黄帝内經》由《素問》和《靈樞》兩大部分組成，『素問』之義，南北朝全元起謂『素者，本也；問者，黄帝問於岐伯也』，故名；『靈樞』之義，明張景嶽謂『神靈之樞要，是謂靈樞』。其書雖託名黄帝，實非出自一時一人之手，其主體内容約成於春秋戰國時期，後在傳抄流佈的過程中，摻入了一些後人補撰的内容，漢魏以後，出現不同傳本，篇目多不一致。唐寶應年間的王冰認爲《素問》之『世本紕繆，篇目重疊，前後不倫，文義懸隔』，『乃精勤博訪』歷十二年，整理訂補，始定八十一篇，厘為二十四卷，以《注黄帝素問》傳世。其注頗多發揮，於後世有很大的影響。王注本《黄帝素問》後經宋林億等校註，改錯字六千餘，增注文二千餘條，題《重廣補註黄帝内經素問》行世。該書内容十分豐富，既有自然界事物運動變化規律，又有人體生理衛生知識，也包含人與外界環境的關係。於人體病理、病因、症狀，以及診斷、治則、藥物性味功效、配伍製方、針灸、養生之道等論證尤詳。為我國古代生理學、病因病機學、診斷學、治則學以及針灸學、方劑學、藥理學及臨床各科辨證施治原則等各方面中醫學理論的創立奠定了基礎。為中醫學的發展發揮了極其重要的作用。《黄帝内經素問》傳世的版本有數十種之多，然此爲最爲完善者，且為影宋刊本，極精美，可謂盡得宋本之神韻，素為藏家所重。顧從德，字汝修，武陵（今湖南常德）人。明代印學家，璽印收藏家。

四川省圖書館藏。

重廣補註黃帝內經素問卷第一

新校正云按王氏不解所以名素問之義及素問之名起於何代按隋書經籍志始有素問之名甲乙經序晉皇甫謐之文已云素問論病精辨王叔和西晉人撰脉經云出素問鍼經漢張仲景撰傷寒卒病論集云撰用素問是則素問之名著於隋志上見於漢代也自仲景已前無文可見莫得而知據今世所存之書則素問之名起漢世也所以名素問之義全元起有說云素者本也問者黃帝問歧伯也方陳性情之源五行之本故曰素問元起雖有此解義未甚明按乾鑿度云夫有形者生於無形故有太易有太初有太始有太素太易者未見氣也太初者氣之始也太始者形之始也太素者質之始也氣形質具而痾瘵由是萌生故黃帝問此太素質之始也素問之名義或由此

啓玄子次註林億孫奇高保衡等奉敕校正孫兆重改誤

上古天眞論篇第一

新校正云按全元起注本在第九卷王氏重次篇第移冠篇首今注逐篇必具全元起本之卷

0177 八十一難經經絡解四卷

（明）熊宗立撰

明萬曆六年（1578）唐氏富春堂刻本　四冊

半葉八行，行十七字，小字雙行同，黑口，四週單邊。有『萬曆六年孟秋富春堂唐氏梓』牌記。

熊宗立，字道軒，建陽（今屬福建）人。明代醫家。生卒年及事蹟無考。《八十一難經》是一部以闡明《黃帝內經》要旨為主的醫著，因其採用問答的體裁，輯為八十一難，故名。是為《黃帝內經》以後的又一重要醫著。關於它的成書，約在東漢之前，一說在秦漢之際，沒有定論。該書的作者亦各說不一，《太平禦覽》引帝王世紀：『黃帝有熊氏命雷公、岐伯論經脈，傍通問難八十一，爲難經。』這是黃帝說；《舊唐志》『黃帝八十一難，一卷，秦越人[號扁鵲，生活於西元前五世紀左右，詳年無考。渤海郡鄚（今河北任丘）人。中國古代傑出醫家]撰』。《難經》唐宋以後各種注釋本、諸家書目一般都題『秦越人撰』。這是『秦越人說』。亦不能算作定論。明代醫家熊宗立有感於《八十一難經》歷代『注家相踵，繁簡醇疵，或有遺憾』，『遂從其俗解』，使『初學蒙士或有取焉』，故有《八十一難經經絡解》之撰。本書內容為熊宗立鑽研《難經》的心得，卷一為所繪解釋《難經》原文的圖表，後三卷是對《難經》原文逐條進行解釋。全書具有文字比較通俗易懂，對初學《難經》者頗有幫助的特點，『俗解』之說不誣矣。熊宗立有《勿聽子俗解八十一難經》，本書所題，大概為該著作的另一名字。此書應是明代關於《難經》學習和研究的一部重要著作。

四川省圖書館藏。

新刊八十一難經纂圖隱栝卷之一

素問曰 經脉一周於身凡長十六丈二尺呼吸脉各行動定息脉又一動則五動計二百七十定息氣可

一難經脉荣

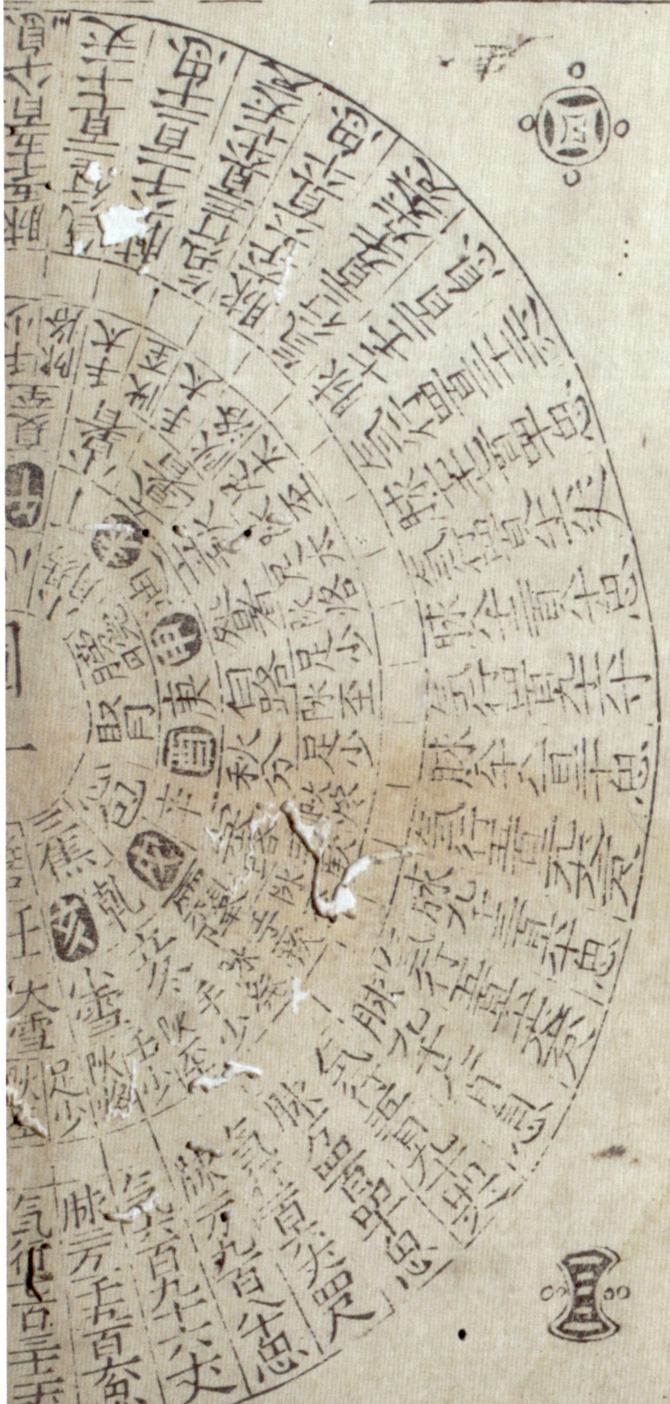

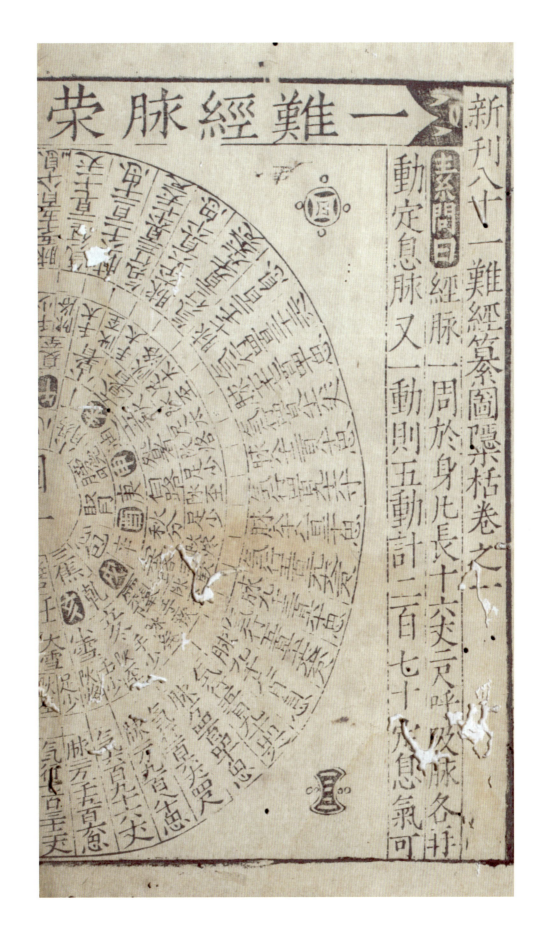

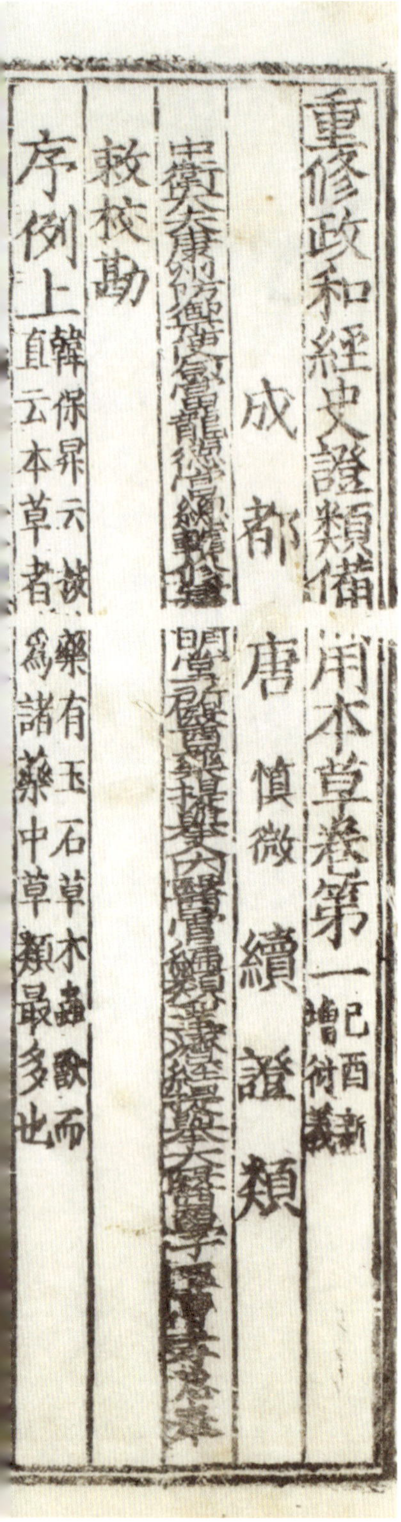

0178　重修政和經史證類備用本草三十卷

（宋）唐慎微撰　寇宗奭衍義

明嘉靖二年（1523）陳鳳梧刻本　二十二冊

匡高26釐米，廣17釐米。半葉十二行，行二十三字，小字雙行不等，白口，四週單邊。

唐慎微（約1056—1136），北宋醫藥學家。字審元，蜀州晉原（今四川崇州）人，後遷居成都。唐慎微出身世醫之家，精於醫藥，治病百不失一，知名於時。爲醫不取診金，只求贈以名方秘錄。好讀書，凡經史、醫藥、佛道之書，無不喜覽，得一方一論必錄之。經多年廣採博輯，於元豐五年至六年（1082—1083）撰成《經史證類備急本草》。因其所輯為《神農本草經》以後至北宋以前各家醫藥名著、經史傳記、佛道典籍中相關資料而成，故名。初爲三十卷本。大觀二年（1103）經醫官艾晟修訂為三十二卷本，名《經史證類備急大觀本草》，又稱《大觀本草》，作爲官定本刊行。政和六年（1116）醫官曹孝忠對該書又重予校訂，為三十卷本，再改名《政和新修經史證類備用本草》，簡稱《政和本草》。後又有南宋紹興二十九年（1159）王繼先、淳祐九年（1249）張存惠的兩次修定，並將寇宗奭衍義隨文附入書中，更名《重修政和經史證類備用本草》，成爲現存《政和本草》的唯一形式。唐氏編撰此書，曾將宋初《補注神農本草》、《圖經本草》兩書合併，所載方藥，民間醫藥經驗、單方、草藥，涉及經史百家的文獻有二百七十多種。《政和本草》全書分序例、玉石部、草部、木部、人部、獸部、禽部、蟲魚部、果部、米穀部、菜部等，卷三十则为本草图经本经外草类、木蔓类及有名未用、草木类等部类等，介紹各種藥品一千七百四十六味，其中新增者為六百二十八種。不僅是對本草學的歷史成就的總結，而且對本草的基本理論，各藥物的名稱、藥性、主治、產地、採收、炮製、附方等，均有較詳的論述。該書資料翔實，內容豐富，可以說是宋以前藥物學成就的集大成者，至明代《本草綱目》刊行前，這五百年間，為本草學研究的範本。因其輯錄的藥學文獻衆多，特別是其中收錄後来失傳的六朝至宋的許多方書，成爲研究六朝、唐、宋時期之亡佚醫書的重要文獻。《重修政和經史證類備用本草》現存世的版本較多，最早的版本爲蒙古定宗四年（1249）平陽張存惠晦明軒刊本，此爲明代刊本中較早和較佳者。陳鳳梧（1475—1541），字文鳴，號靜齋，泰和（今屬江西）人。弘治九年（1496）進士。歷湖廣提學僉事、河南按察使，累擢右副都御史。

四川省圖書館藏。

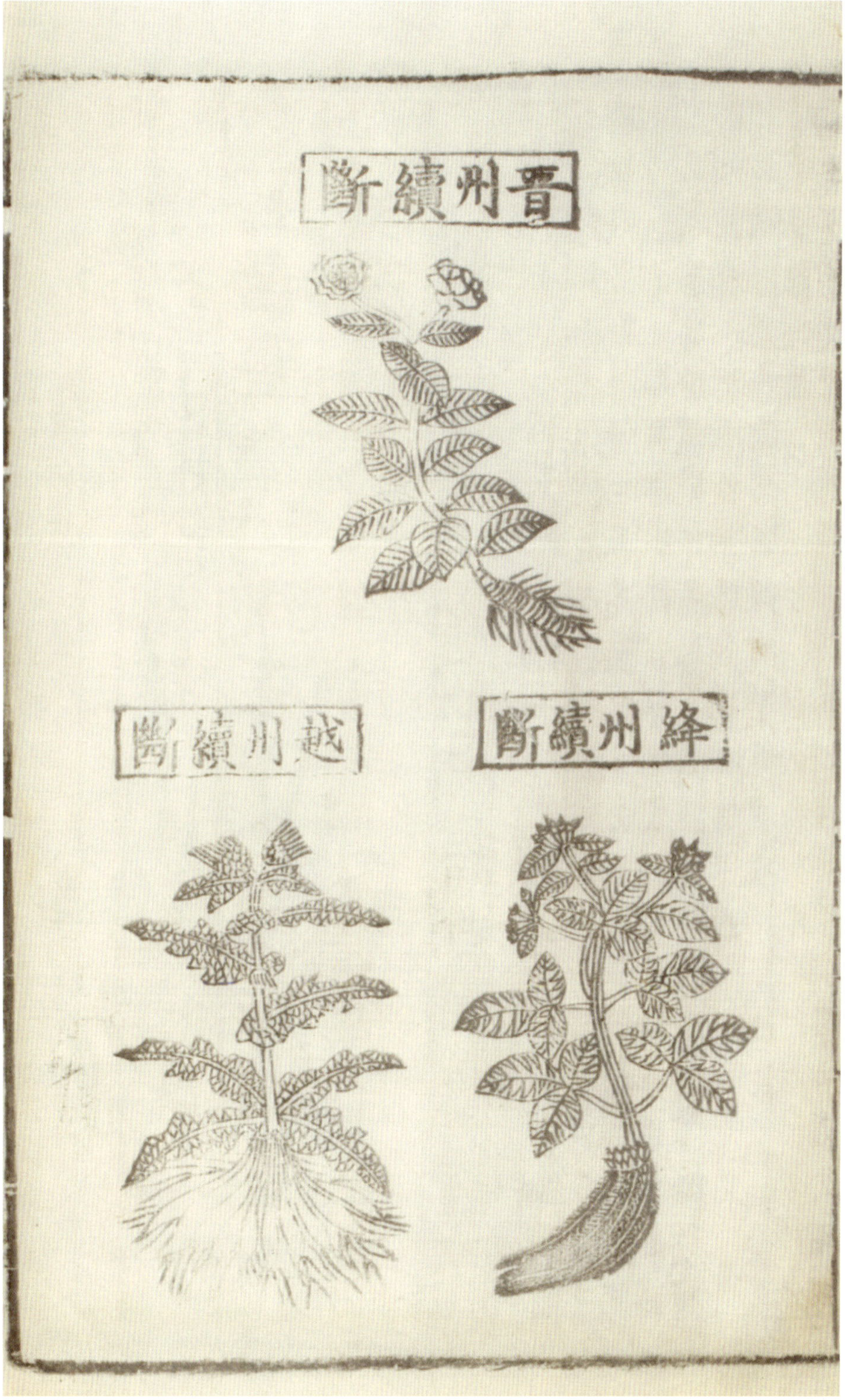

軺傳遣詣京師樓護傳稱護少誦醫經本草方術數十萬言
本草之名蓋見於此而英公李世勣等注引班固敘黃帝内
外經云本草石之寒温原疾病之深淺此乃論經方之語而
無本草之名惟梁七録載神農本草三卷推以為始斯為失

0178 重修政和經史證類備用本草三十卷

（宋）唐慎微撰　寇宗奭衍義

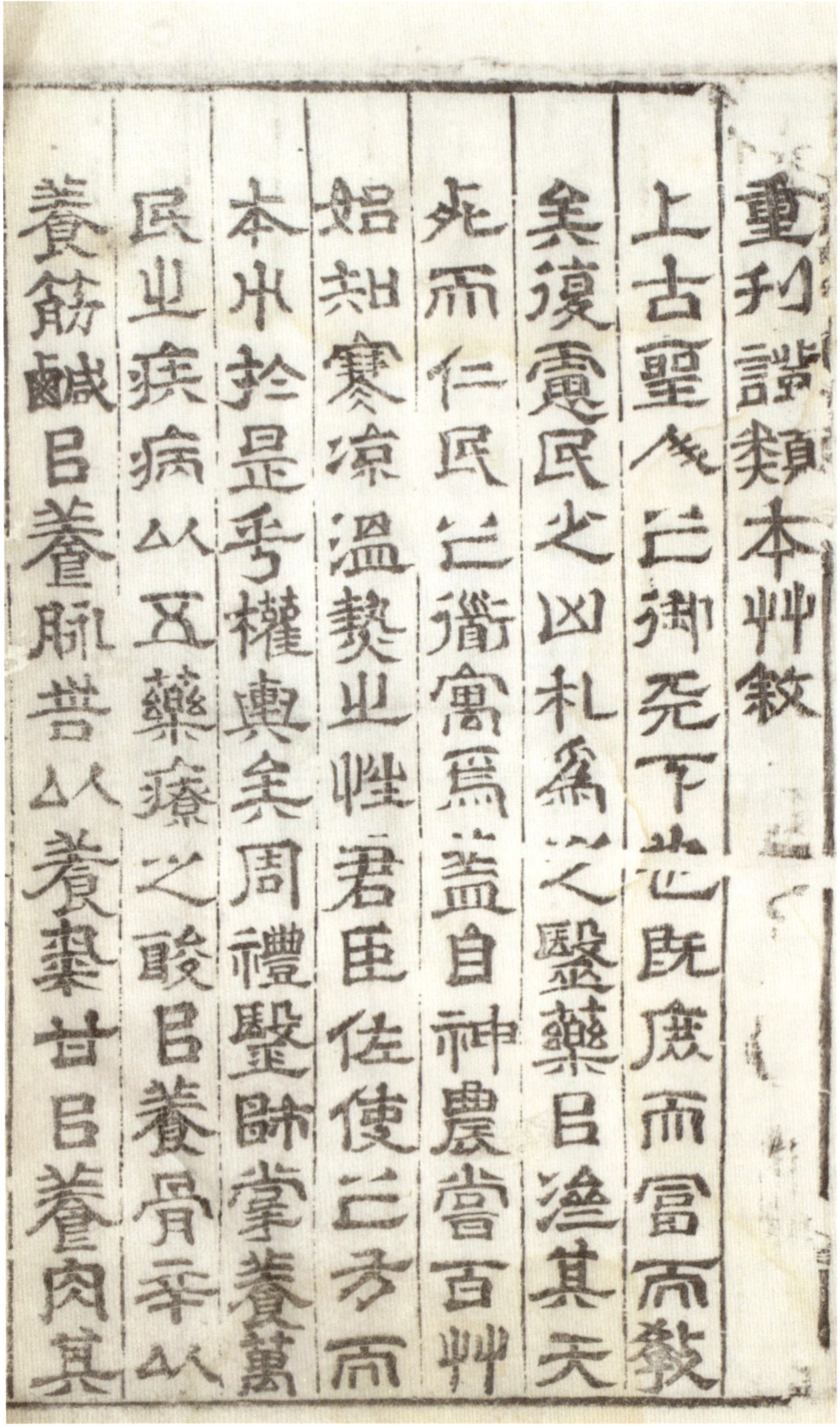

重刊證類本艸敘

上古聖人之御天下也既庶而富而教矣復慮民之凶札為之醫藥以濟其夭死而仁民之術備焉蓋自神農嘗百艸始知寒涼溫熱之性君臣佐使之方而本艸於是乎權輿矣周禮醫師掌養萬民之疾病以五藥療之酸以養骨辛以養筋鹹以養脈苦以養氣甘以養肉其

傳固有所自也歷代名醫梁若陶弘景唐若蘇恭咸深探藥性各增其品自神農三百六十五種並至八百四十六種何謂備矣宋太祖仁宗俱嘗命儒臣刊正補註增藥至千餘品蜀孟昶復參以唐本圖經唐慎微又益以方書證以經史遂成全書凡三十卷成化間巡撫山東巡御史原公傑得平陽舊本刻之臬

對病用藥，此方爲重。民者知養身事親
亡遺，由是推，必以活民命是
國脈而嘉靖無疆之治，豈無補於萬弌
哉！是舉也，始與事者江憲使潮，中其事
者吳憲副山、錢憲副宏，而終其事者洛
憲使珍也。
嘉靖癸未冬十月既望
賜進士出身通議大夫都察院右副都御

安奉

勑巡撫山東墬方盧陵靜盦陳鳳梧敘

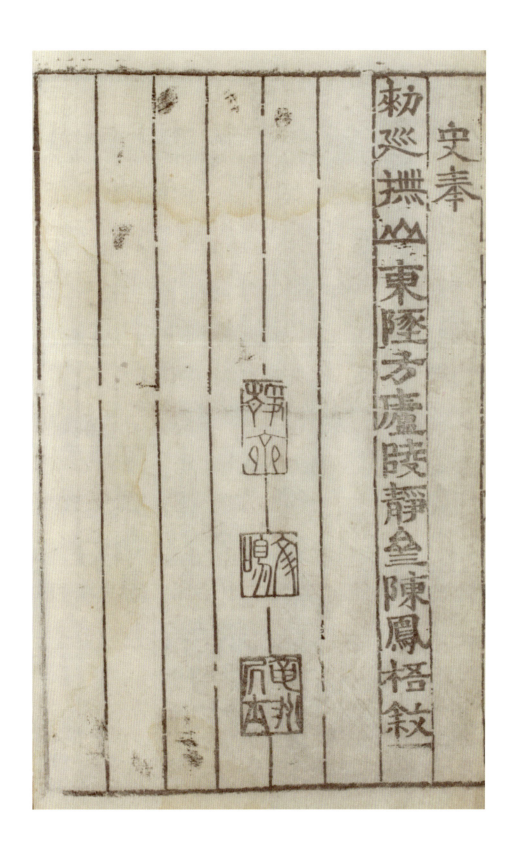

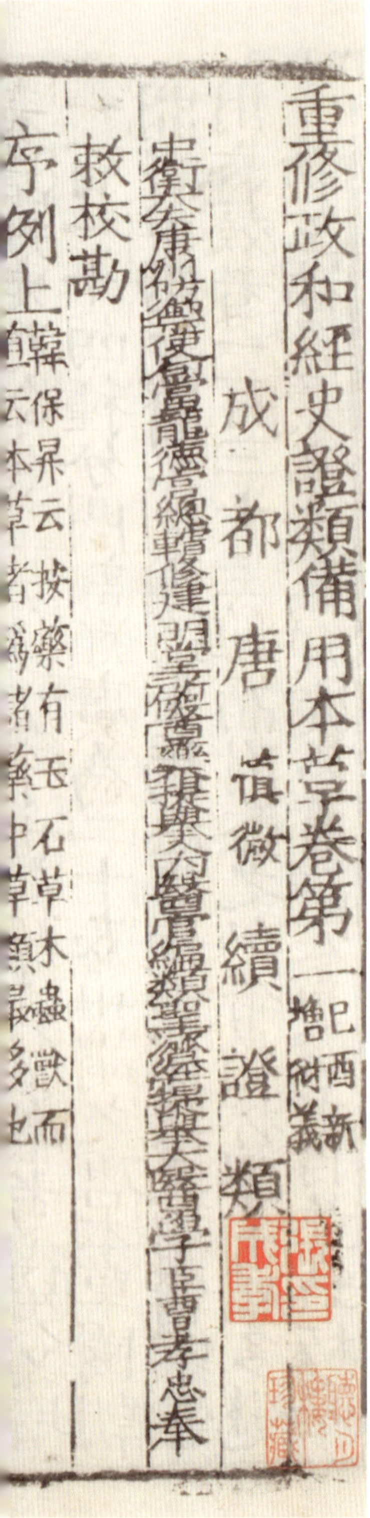

0179 重修政和經史證類備用本草三十卷

（宋）唐慎微撰 寇宗奭衍義

明嘉靖三十一年（1552）周珫、李遷刻本

匡高25.4釐米，廣16.2釐米。半葉十二行，行二十三字，白口，四週單邊。

周珫，字潤夫，號石崖，湖廣應城（今屬湖北）人。嘉靖十一年（1532）進士。官户科給事中，後擢兵部右侍郎，兼右副都御史，總督浙直軍務。

李遷（1511—1582），字子升，更字子安，號蟠峯，新建（今屬江西）人。嘉靖二十年（1541）進士。授中書舍人，萬曆初擢御史，出知河南府，累升右僉都御史巡撫奉天。

四川省圖書館藏。

軒傳遺詣京師樓護傳稱護少誦醫經本草方術數十萬言
本草之名蓋見於此而英公李世勣等注引班固叙黄帝内
外經云本草石之寒溫原疾病之深淺此乃論經方之語而
無本草之名惟梁七録載神農本草三卷推以為始斯為失

唐佐來言其家重刋證類本草已出及増以宋人寇氏衍
義完焉新書求為序引因為書其後已酉中秋日雲中劉祁
云大德丙午歳仲冬望日平水許宅印

嘉靖三十一年歳次壬子春正月重刋
山東濟南府儒學教授胡大慶
訓導[illegible]珩同校督

0180 本草綱目五十二卷 附圖二卷 瀕湖脈學一卷 脈訣考證一卷 奇經八脈考一卷 （明）李時珍撰

明萬曆三十一年（1603）張鼎思刻本 二十四册

匡高22釐米，廣15.5釐米。半葉九行，行十九字，小字雙行同，白口，四週單邊，版心有字數。

李時珍（1518—1593），字東璧，號瀕湖，蘄州（今湖北蘄春）人。明代醫藥學家。其父李言聞爲名醫，曾任太醫院吏目。李時珍少受父命精讀《四書》、《五經》，屢試不第，遂棄儒業醫。他繼承家學，注重藥物研究，重視臨床實踐與革新。認爲傳世醫籍所載藥物訛錯疏漏較多，有的本草「草木不分，蟲魚互混」，應予整理、補充、訂正。遂遍訪名醫宿儒，請教於農民、漁民、樵夫、藥農、鈴醫，廣搜民間驗方，遠涉深山曠野，觀察和收集藥物標本，參考歷代醫籍八百餘種，對藥物加以鑒別考證，對古代本草書中的藥名、品種、産地方面的錯誤予以糾正，又收集宋元以來民間發現的藥物，以宋唐慎微《經史證類備用本草》爲底本，歷二十七年著成《本草綱目》一書。全書收錄舊有諸家《本草》所載藥物一千五百十八種，新增藥物三百七十四種。分爲水、火、土、金、石等十六部，六十二類。插圖千餘幅。附方一萬餘首。其例，對每種藥物分校正、釋名、集解、正誤、修治、氣味、主治、發明等項，引歷代名家論說，加以補充評論。所徵引的醫籍達三百六十一家，除歷代本草外，更重視從醫籍方書中搜集資料以擴充本草。上自《靈》、《素》，下迄宋元明諸家，凡與本草有關者皆在徵引之列。這不僅擴充了本草內容，還確立了編纂本草取材「不厭詳悉」的原則，這也是《本草綱目》一書的重要學術貢獻。同時於藥物的採集炮製鑒定，多有論說。《本草綱目》的藥物分類法較爲科學合理，雖資料巨富博雜，卻能方藥結合，綱目分明，這是藥物學編纂史上的一個創舉。《本草綱目》的編纂，是對我國十六世紀以前藥學理論和經驗的系統總結，極大地豐富了祖國的醫學寶庫，爲藥物學的發展作出了巨大的貢獻，是中醫藥學的寶貴遺産。

《瀕湖脈學》，脈學著作。成書於明嘉靖四十三年（1564）。李時珍鑒於五代高陽生所撰《脈訣》中錯誤和缺漏頗多，貽誤讀者，雖有元戴啓宗《脈訣刊誤》加以辨正，但也僅「斥贗本之非，尚未能詳立一法，明其何以是也」，乃決意爲初學者編寫一部切於實用、內容完備的脈學著作。遂摘取其父李言聞《四診發明》之精華，參以諸家論脈精華，列舉了浮、沈、遲等二十七脈象，對其中同類異脈的鑒別點和各種脈象主病所作辨析，以歌訣形式成編，語句明晰、比喻生動，極便誦讀。因其號瀕湖，以之名。《奇經八脈考》，診斷學著作。是李時珍對歷代醫著中有關奇經八脈的循行、主病等論述彙集和系統整理以及他個人的見解和發揮。《難經·二十七難》：「奇，異也，……不遇之義，謂此八脈，不係正經，陰陽無表裏配合，別道奇行，故曰奇經也。」它包括督脈、任脈等八脈，故稱「奇經八脈」。此八脈乃「先天大道之根，一氣之祖，採之惟陰蹺爲先。此脈方動，諸脈皆通。」李時珍在書中強調了八脈中的任脈、督脈、陰蹺在氣功鍛煉中的重要作用。所謂「仙而知乎八脈，則龍虎升降，元牝幽微之竅秒得也」。《本草綱目》現存世的明代版本有四種，初刊爲萬曆十八年（1590）胡承龍金陵刻本，此張鼎思萬曆三十一年（1603）刻本爲《本草綱目》的第二刻，時距李時珍去世已十年矣。是本改正了金陵本中的一些錯誤，但也有誤改之處。較之初刊，多出《瀕湖脈學》等，是其版本特徵。

四川省圖書館藏。

風寒風溼（草木）麻黃風寒風溼風熱痺痛發汗羌活風溼相搏一身盡痛非此不除

〇同松節煑酒日飲防風主周身骨節盡痛乃治風去溼仙藥蒼朮散風除溼燥痰解鬱發汗

通治上中下溼氣〇溼氣身痛熬汁作膏點服桔梗寒熱風痺滯氣作痛存上者宜加之茜根

治骨節痛燥溼行血紫葳除風熱血滯作痛蒼耳子風溼周痺四肢拘痛爲末煎服牽

牛子除氣分溼熱氣壅腰腳痛羊躑躅風溼痺痛走注同糯米黑豆酒水煎服取吐利〇風

痰注痛同生南星搗餅蒸四五次散之臨時焙丸溫酒下三九靜臥避風芫花風溼痰注作痛草

果部蓏類附圖

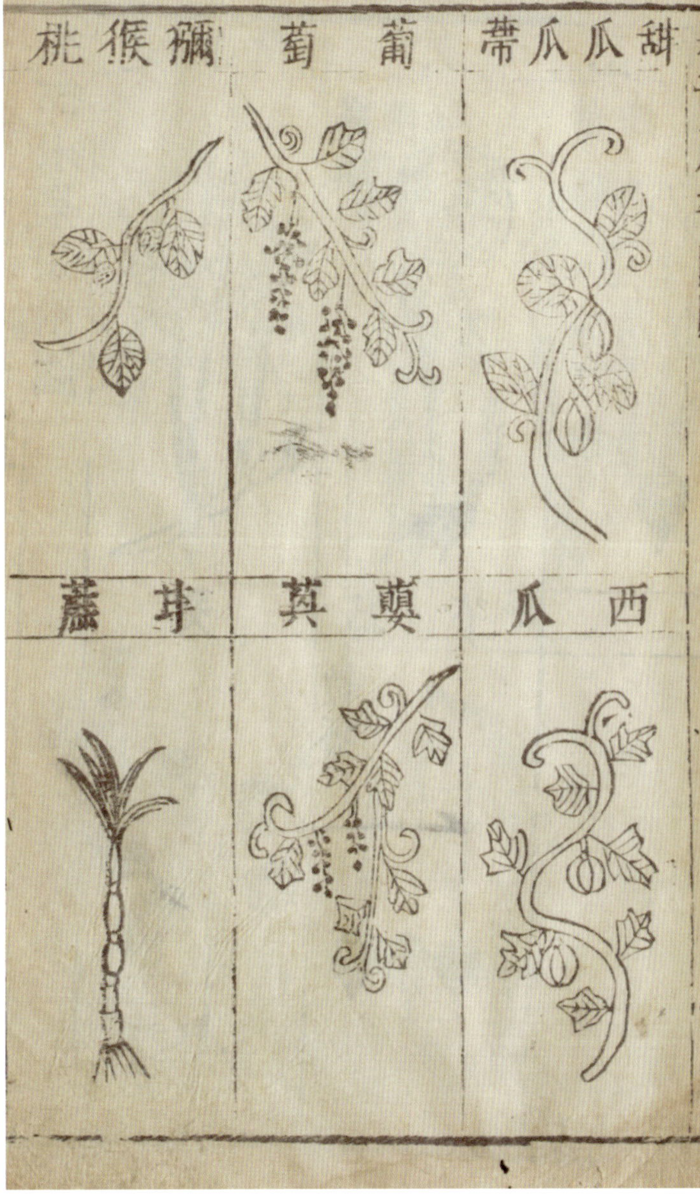

0181　千金翼方三十卷　（唐）孫思邈撰

明萬曆三十三年（1605）王肯堂刻本　十冊

匡高22釐米，廣14.4釐米。半葉十行，行二十字，白口，四週單邊。清孫星衍跋。

孫思邈（581—682），京兆華原（今陝西耀縣）人。唐代醫學家。《千金翼方》成書於唐高宗永淳元年（682）。其自序稱，他撰成《備急千金要方》後，『猶恐岱山臨目，必昧秋毫之端；雷霆在耳，或遺玉石之響。所以更撰《翼方》三十卷，共成一家之學。』與《要方》一書有『羽翼交飛』之用，可見是書乃補充《要方》所未備之作。《翼方》分爲藥錄纂要、本草、婦産科病、傷寒、小兒、養生、辟谷、退居、補益、中風、萬病、飛煉、瘡癰、色脈、針灸、禁經祝由等，是孫氏晚年撰成的一部大型方書。全書取材廣博，不僅輯錄了大量唐以前的醫籍內容，對當時婆羅門、高麗等外域的醫學知識也有收錄。因系晚年所撰，較爲全面地體現出他畢生學術見解和臨床所得。如論藥物的産地之分、炮製對臨床效用的影響；論婦、兒諸病，簡要精當；論傷寒，開『方證同條，比類相附』的新研究方法；老年病防治與養生的關係等。宋代林億有『至纖至悉，無不賅備』的評價。《翼方》一書可謂孫氏一生傑出的醫療實踐和理論探索的結晶。作爲一部臨床醫學百科全書式的經典著作，對中醫理論、方藥、臨床論治的研究極具參考價值。在中國醫學史上極具影響，為歷代業醫者的行醫指南。《金方》一書，宋元以降皆有刻印，獨《翼方》不大傳，《道藏》亦不載，後世多有不聞其名者。此王肯堂刊本，為國內現存之最早版本，文獻價值和版本價值很高。王肯堂（1549—1613），字宇泰，號損庵，自號念西居士，江蘇金壇（今江蘇金壇）人。萬曆十七年（1589）進士。散館授檢討，後以薦補南京行人司副，終福建參政。生平好讀書，尤精於醫，曾輯頗有影響的醫學叢書。鬱岡齋爲其室名。跋者孫星衍（1753—1818），字淵如（一字伯淵），陽湖（今江蘇武進）人。乾隆五十二年（1787）進士。授編修，改刑部主事，歷官山東督糧道。精文字音訓之學，著述甚豐。又工篆隸，精校勘。性好聚書，刻書甚夥，多選擇精審之本。平津館爲其室名。

四川省圖書館藏。

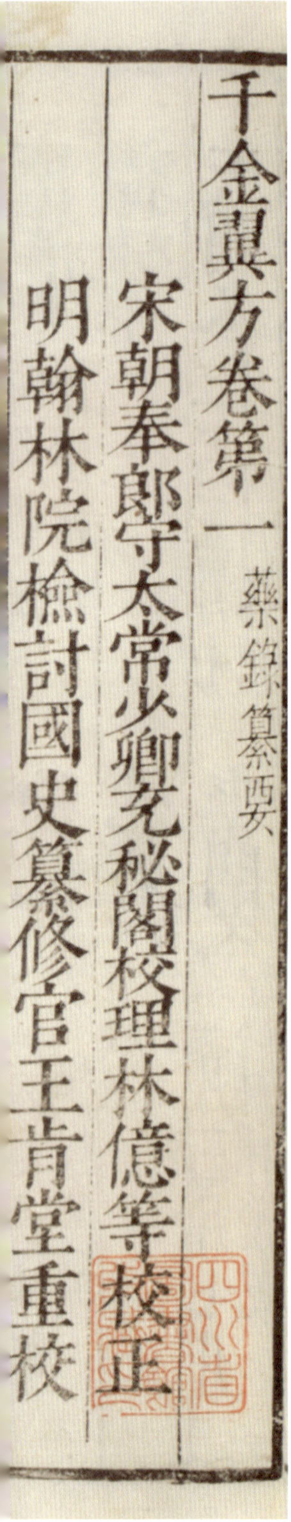
千金翼方卷第一　藥錄纂要
宋朝奉郎守太常少卿充秘閣校理林億等校正
明翰林院檢討國史纂修官王肯堂重校

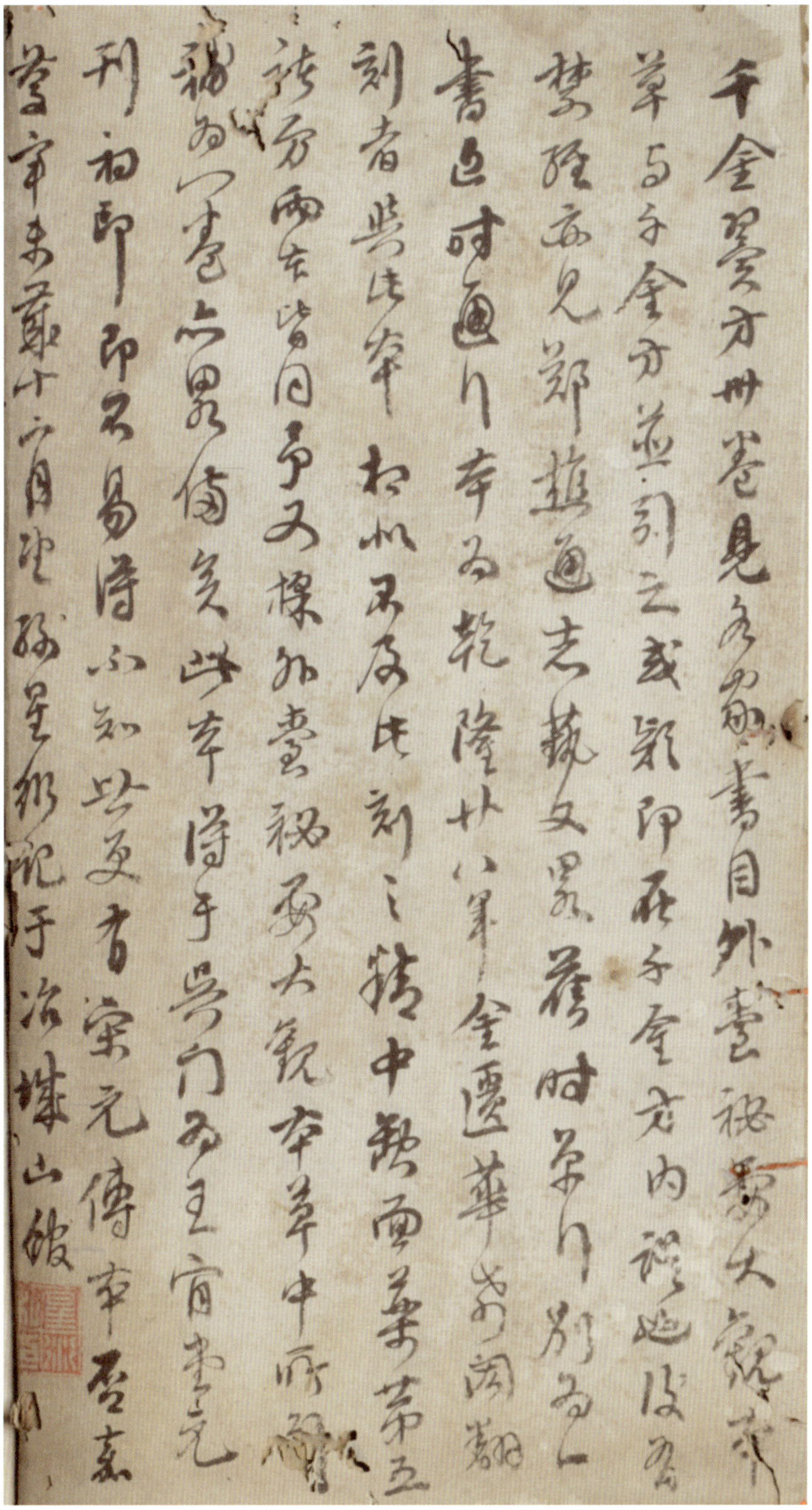

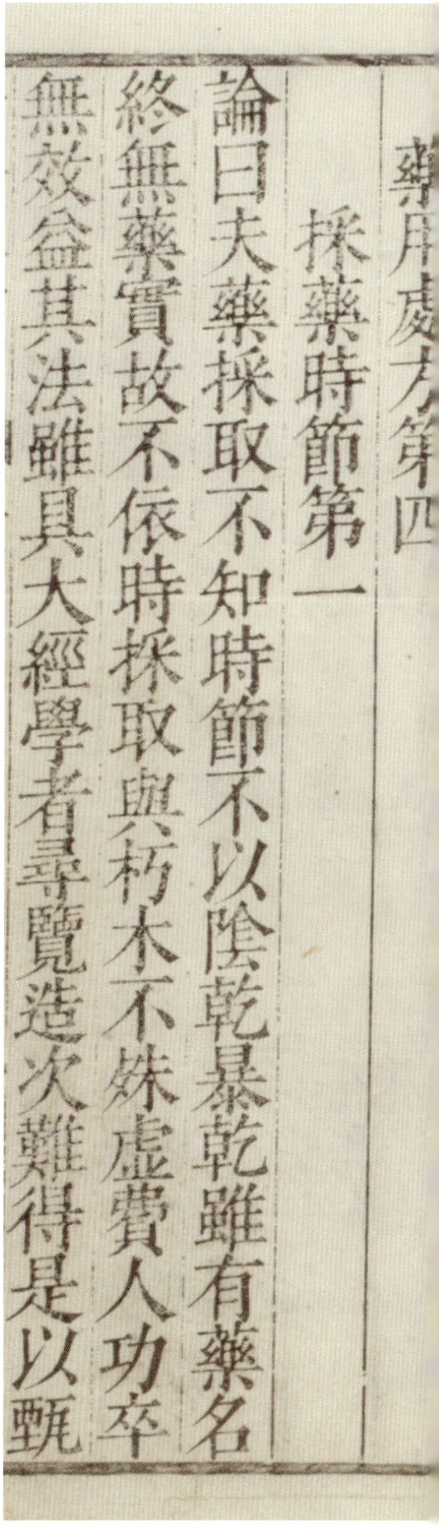

用藥處方第四

採藥時節第一

論曰夫藥採取不知時節不以陰乾暴乾雖有藥名終無藥實故不依時採取與朽木不殊虛費人功卒無效益其法雖具大經學者尋覽造次難得是以甄

0182 太平聖惠方一百卷

（宋）王懷隱等撰

清抄本 五十一冊

匡高22.3釐米，廣16.4釐米。半葉十三行，行二十五字，小字雙行不等，白口，左右雙邊，版心間有字數。楊守敬題跋。

方劑學著作。王懷隱，生卒年不詳，睢陽（今屬河南）人。初爲道士，住京城建隆觀。太平興國初詔歸俗，命爲尚藥奉御，三遷至翰林醫官。《太平聖惠方》始集於宋太宗太平興國三年（978），所據者漢唐以來各家方書，如《千金要方》、《千金翼方》、《外台秘要》等，並廣集民間醫療經驗及加入宋太宗親自收集的醫方千餘首，『凡諸論證品藥功效，悉盡載之』，淳化三年（992）書成，『仍令鏤版頒行天下，諸州各置醫博士掌之』。全書分一千六百七十門，錄方一萬六千八百三十四首，按脈法、處方用藥、五臟病癥、內科、外科、骨傷、金創、胎産、婦科、兒科、丹藥、食治、補益分類；每癥先詳診脈象，辨陰陽虛實，再論述處方用藥原則，分論病因病機及每方適應癥，各組成藥物劑量及用法，所謂『方隨證設，藥隨方施』。集診治、療方於一書。《太平聖惠方》一書，集漢唐迄宋初以來醫方之大成，不僅具有體系龐大、資料宏富的特點，就醫學史和古代方劑學史而言，是宋以前醫方文獻的一次系統整理和總結，較爲充分地體現了宋以前方劑學和醫學的總體水準。堪稱宋代醫方典籍的巨著，於後世業醫者影響較大。作為中華傳統醫學最重要典籍之一的《太平聖惠方》一書，宋以後除見諸明初的記載外，竟未見流傳，僅以抄本見存於日本。這大概是因該書卷帙浩繁，使用和保存不便之故吧。楊守敬於光緒年間將該書抄回，是為國內該書最早之版本。楊守敬（1839—1915），字惺吾，號鄰蘇，湖北宜都（今湖北枝城）人。同治元年（1862）舉人。光緒六年至十年（1880—1884）任出使日本大臣黎庶昌隨員期間，致力於搜集國內散佚書籍，撰有《日本訪書志》，影刻《古逸叢書》等。後在湖北疊任教職。1914年爲參政院參政。楊氏在版本目錄、金石、地理等方面都有很高的造詣，是清末民初的文獻大家。

四川省圖書館藏。

賢猶病設使誦而未能解々而未能别々而未能明々而未能盡
窮此之道者其精勤明智之士歟朕尊居億兆之上常以百姓為
心念五氣之感乖恐一物之失所不盡生理朕甚憫焉所以親閲
方書俾令撰集溥天之下各保遐年同我生民躋於壽域今編
勒成一百卷命曰太平聖惠方仍令雕刻印版徧施華夷凡尒生
靈宜知朕意

太平聖惠方卷第一　凡三十門

（宋）王懷隱等撰

大宋新刊太平聖惠方一百卷排門目録

御製序一首

凡一千六百七十門

序論共一百二十首

病源一千四五十三首

方都計一万六千八百三十四道

第一卷 凡三十門 論三十首

敘為醫　敘診脉法

分寸關尺三部脉位法　辯九候法

辯兩手五藏六腑脉所生法　辯五藏六腑經脉所合法

診五藏脉輕重法　辯脉形狀

分別脉病形狀　平寸口脉法

平關脉法　平尺脉法

年間甚所未有書書僅于外盡秘
為數遍鎮諸天下以之謂士知其脈尚而
至世余再卷浩繁重刻不易藏此孤本
恐致散佚因使書胥鈔寫一部以供
極瀛斯良為己任者
光緒乙酉北月宜都楊守敬識于黃岡
學舍

0183　丹溪心法附餘二十四卷卷首一卷

（明）方廣輯

明嘉靖刻本　二十冊

匡高19.8釐米，廣13.8釐米。半葉十行，行二十二字，白口，四週單邊。

方廣，字約之，號古庵，休寧（今屬安徽）人。明代醫家，生卒年及事蹟不詳。方廣早年習儒，其母因病遽然而卒。覽之《丹溪心法》，始知母病誤於醫者，悲憤之餘，棄儒學醫，後以醫聞名於中原。元人朱震亨［（1281—1358），字彥修，浙江義烏人。元代醫家。世居赤岸丹溪，人稱丹溪先生。］《丹溪心法》一書，係丹溪學派弟子記述朱震亨平生所述醫學觀點及臨床經驗，加以整理編纂而成。以論理清晰、辨證確切、方藥得當著稱於世。後世研習著述者眾，明初程充重訂的《丹溪心法附錄》爲其較著者。其書先引朱氏原論，次記其學生戴元禮關於病症的論述，各病症病名解釋、因、證、治療等，作爲附錄載於書中。方廣認爲，程氏《附錄》所列，多與朱震亨學術思想和理論相矛盾，應予重新整理。遂削刪附錄，並先取後世醫家對丹溪思想的發明論述，附於各論之下，類集重編，以成是書。名曰《附餘》以別之。醫之爲學，各有所宗，論說殊異，承傳有序，以之成派，世所皆然。方廣的《丹溪心法附餘》可謂既有理論又有豐富臨床經驗的丹溪學派傳世醫著之一，頗具臨床實用價值，於丹溪學說研究亦是重要資料。此本刊印俱佳，傳世稀少。

四川省圖書館藏。

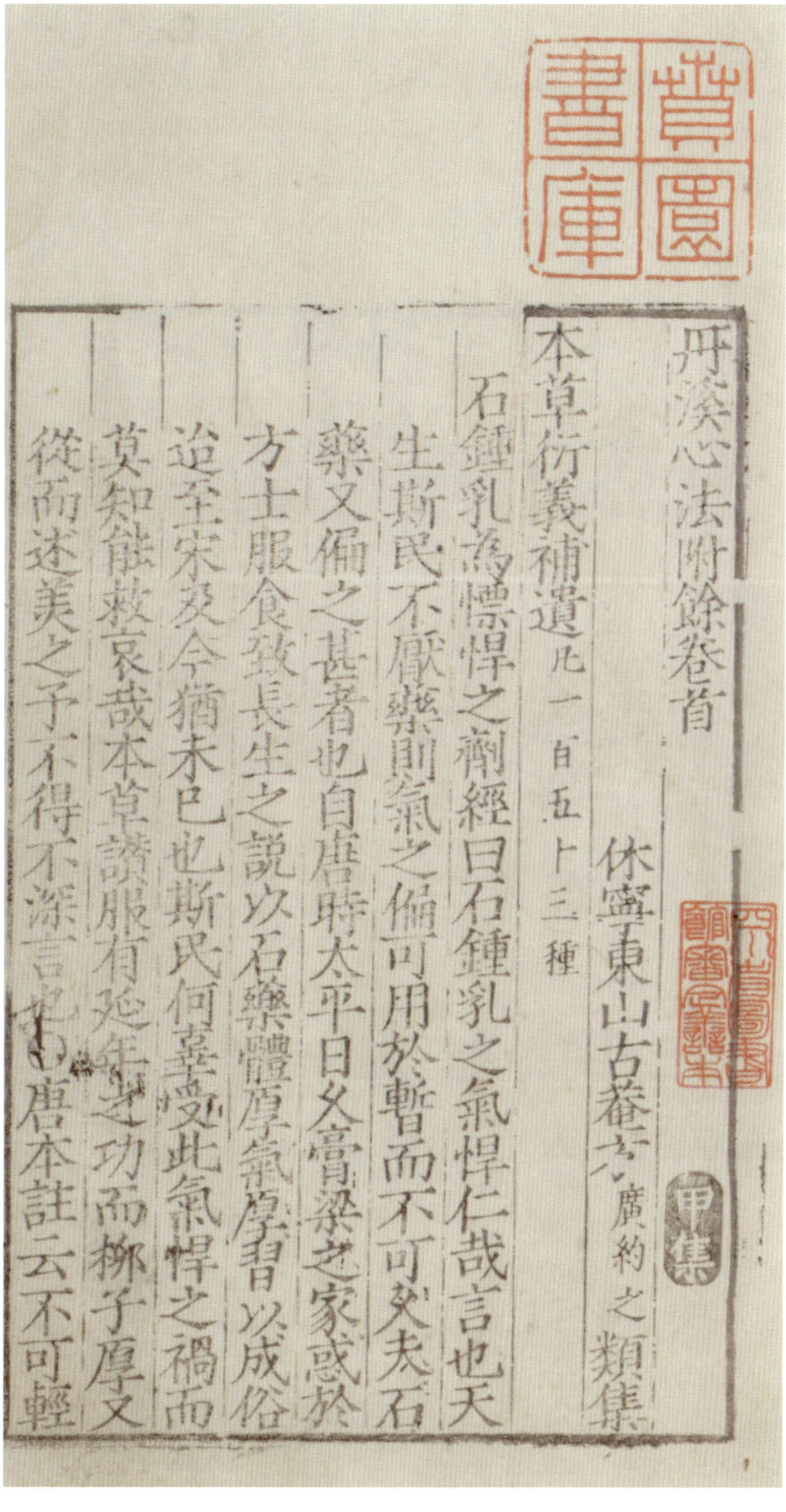

丹溪心法附餘卷首

本草衍義補遺凡一百五十三種

休寧丁東山古菴方廣約之類集

石鍾乳為慓悍之劑經曰石鍾乳之氣悍仁哉言也天生斯民不厭藥則氣之偏可用於暫而不可久夫石藥又偏之甚者也自唐時太平日久膏粱之家惑於方士服食致長生之說以石藥體厚氣厚習以成俗迨至宋及今猶未已也斯民何辜受此氣悍之禍而莫知能救哀哉本草讚服有延年之功而柳子厚又從而述美之予不得不深言也 唐本註云不可輕

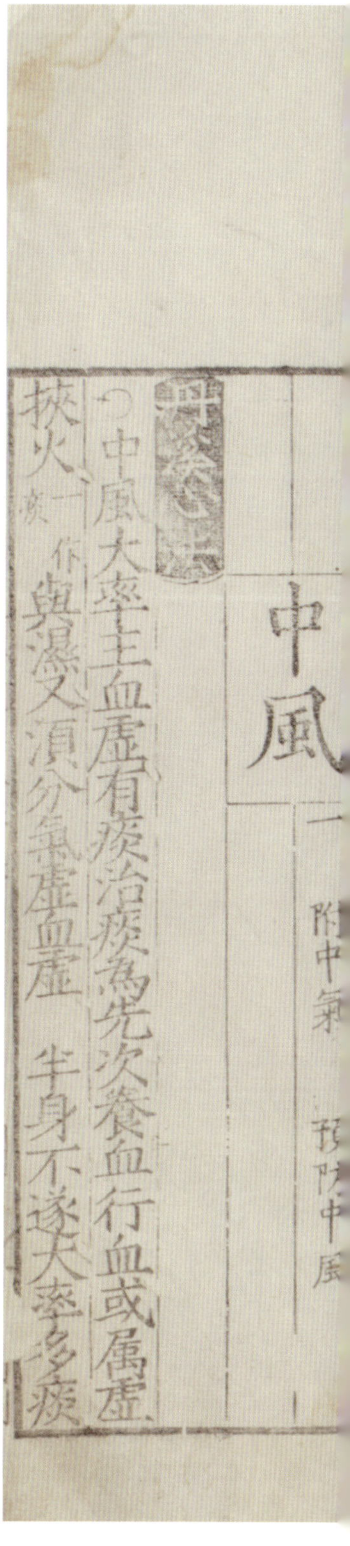

中風

一 附中氣 預防中風

中風大率主血虛有痰治痰為先次養血行血或屬虛挾火一作痰與濕又須分氣虛血虛 半身不遂大率多痰

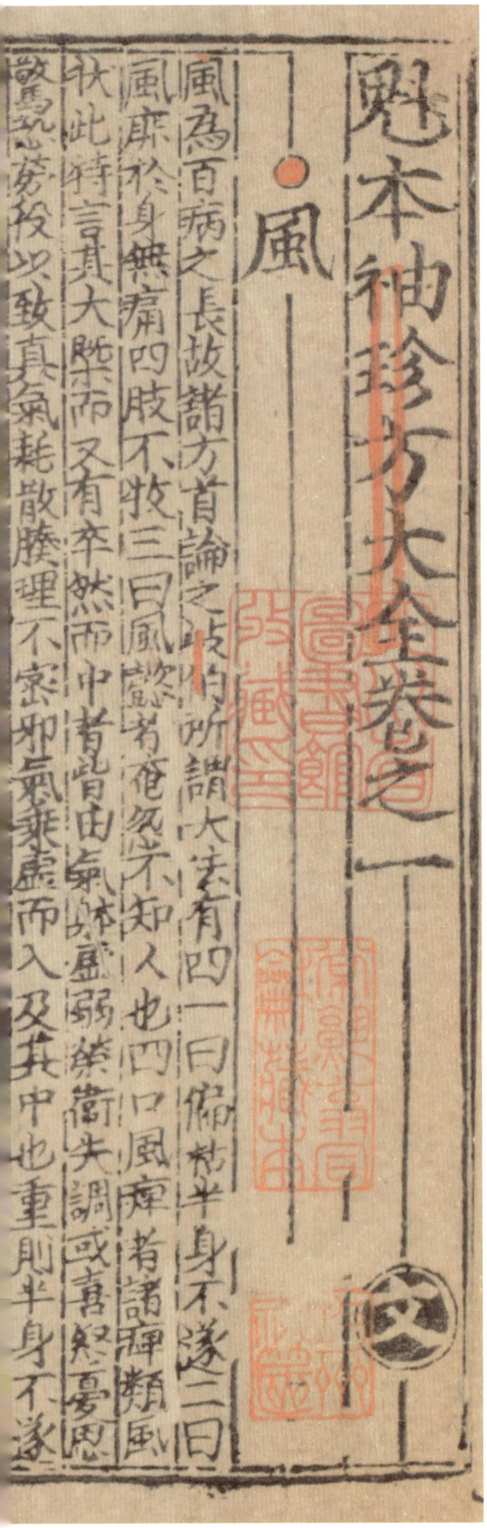
魁本袖珍方大全卷之一
風
風為百病之長故諸方首論之岐伯所謂大法有四一曰偏枯半身不遂二曰風痱於身無痛四肢不收三曰風懿者奄忽不知人也四曰風痹者諸痹類風狀此特言其大槩而又有卒然而中者皆由氣體虛弱榮衛失調或喜怒憂思驚恐勞役以致真氣耗散腠理不密邪氣乘虛而入及其中也重則半身不遂

0184 魁本袖珍方大全四卷　（明）李恒撰

明正德二年（1507）楊氏清江書堂刻本　八冊

匡高19.3釐米，廣13.4釐米。半葉十七行，行三十字，黑口，四週雙邊。有『正德丁卯仲春吉旦清江書堂校正新刊』，『皇明正德丁卯季春楊氏□書堂重刊』牌記。

李恒，字伯常，安徽合肥人。明代醫家。精醫術。洪武（1368—1398）初，入選太醫院，擢周府良醫，寓居滇陽（今屬雲南）。奉周定王（朱橚）之命，根據定王所編之《保生全採》、《普濟方》中選『家傳應效』驗方，撰輯是書，故又名《周府袖珍方》。全書選方三千七十七首，分爲風、寒、暑等八十一門，包括內、外、婦、兒等各科疾病。每病先論後方，以選方爲主。所選方劑附記出處。書成，爲方便攜帶，以小本刊印之，名曰《袖珍》。『袖者，易於出入，便於巾笥；珍者，方之妙選，醫之至寶』，故名。是書有論精方多的特點，可謂明代重要醫方典籍之一，具有極高的中醫臨床醫學實用價值。是本傳世不多。

四川省圖書館藏。

者有所濟云爾旹

洪武二十四年八月望日序

正德丁卯仲春吉旦

清江書堂校正新梨

身軀通黃中於肺者人迎與右寸口脉浮濇而短面浮色白口燥多喘中於腎者人迎與左尺脉浮而滑面耳黑色腰脊痛引小腹隱曲不利中於胃者兩關脉並浮而大額上多汗膈塞不通食寒則泄凡此風證或挾寒則脉帶浮遲挾溫則脉帶浮濇二證俱有則以偏勝者治之用藥更宜詳審若因七情六淫而得者當先調氣而後治風邪此嚴氏至當之論倉卒之際救此急證宜先以皂

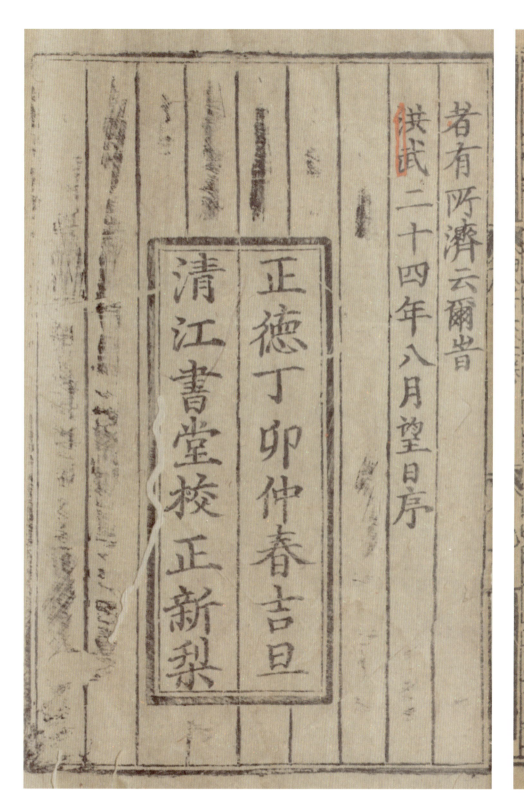

0185　心印紺珠經二卷

（明）李湯卿撰

明嘉靖二十六年（1527）趙瀛刻本　二冊

匡高20.8釐米，廣14.2釐米。半葉十行，行十九字，白口，四週單邊。黃棠跋。

李湯卿，元末明初人。生卒年和事蹟不詳。他認為，治病猶治世，醫儒相通也，通儒乃精醫之要，是為道統之一隅。治病之法，法無定體，應本諸天地之造化，源乎運氣之陰陽，推之可以應萬病之機，所謂應變而施也。試圖以道統、運氣來系統化歸納整理中醫學有關理論。全書分為九個部分，述經絡、運氣、脈法、病證、傷寒及方藥等。其論簡明扼要，融合諸家，並參以己見。所列輕、清、暑、火、解、甘、淡、緩、寒、調、奪、濕、補、平、榮、澀、和、溫等，根據方劑的作用、性味相結合的十八劑分類法為李氏所創，於中醫文獻學有重要價值。是刻甚精。

四川省圖書館藏。
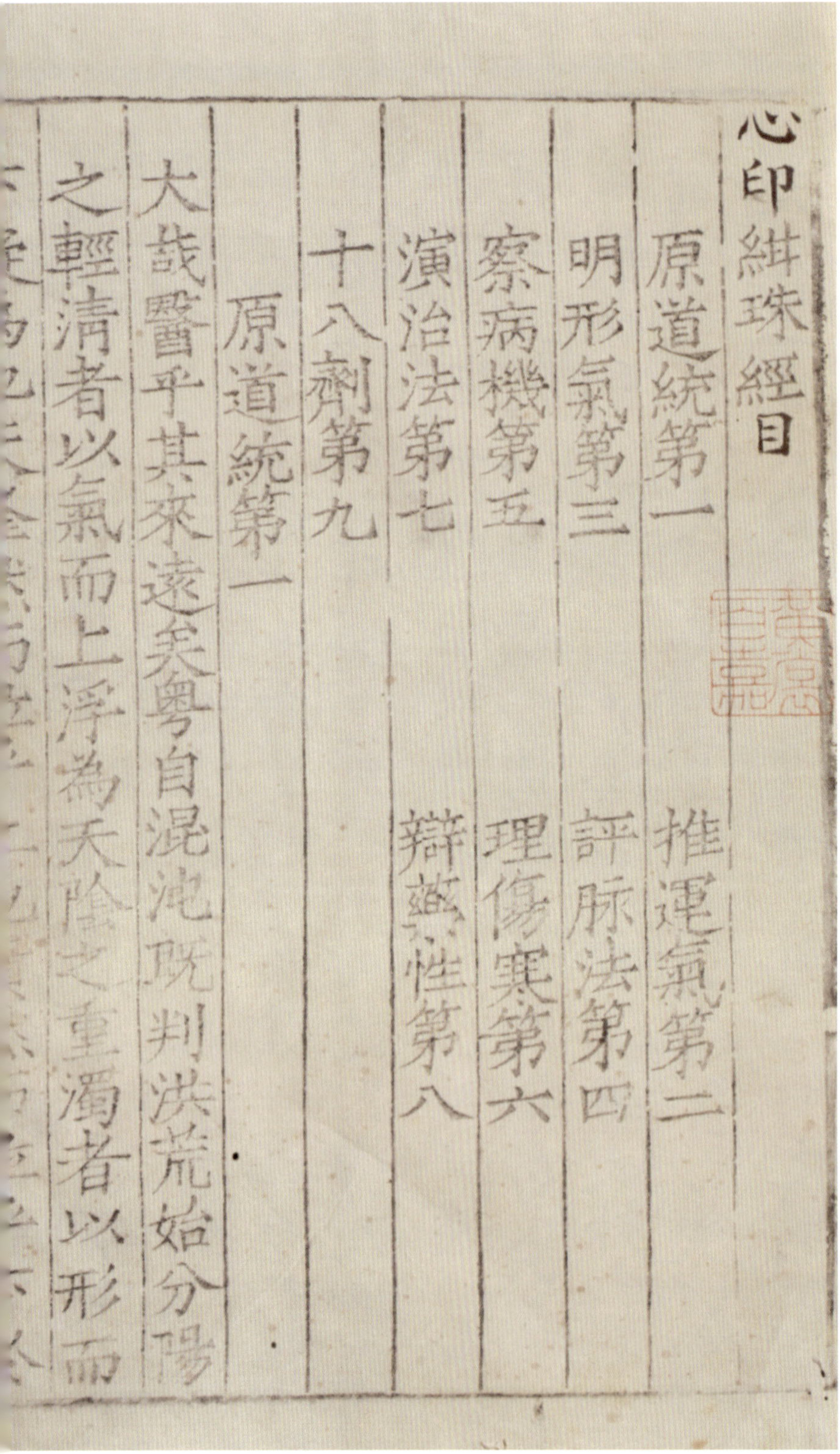
心印紺珠經目
原道統第一　推運氣第二
明形氣第三　評脉法第四
察病機第五　理傷寒第六
演治法第七　辯藥性第八
十八劑第九
原道統第一
大哉醫乎其來遠矣粵自混沌既判洪荒始分陽
之輕清者以氣而上浮為天陰之重濁者以形而

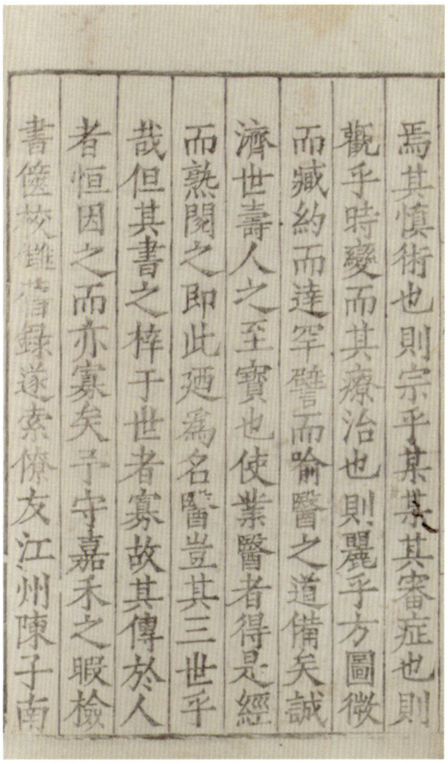

焉其慎術也則宗乎某某其審症也則
覈乎時變而其療治也則麗乎方圓微
而藏約而達罕譬而喻醫之道備矣誠
濟世壽人之至寶也使業醫者得是經
而熟閱之即此廼爲名醫豈其三世乎
哉但其書之梓于世者寡故其傳於人
者恒因之而亦寡矣予守嘉禾之暇檢
書篋校讎舊録遂索僚友江州陳子南

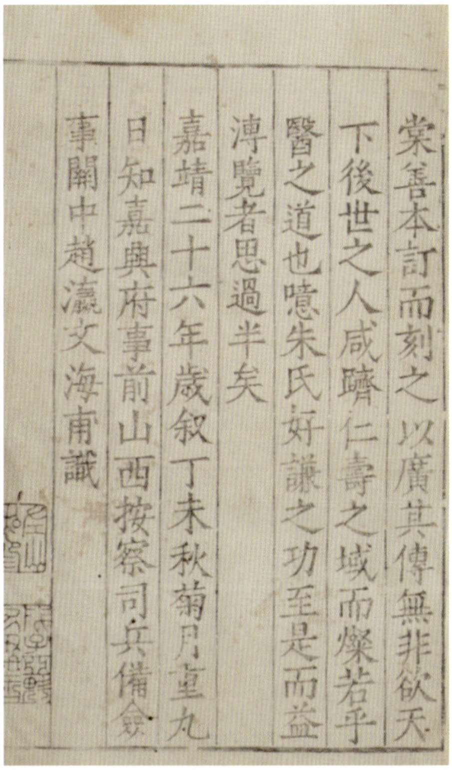

棠善本訂而刻之以廣其傳無非欲天
下後世之人咸躋仁壽之域而燦若乎
醫之道也噫朱氏好謙之功至是而益
溥覽者思過半矣
嘉靖二十六年歲叙丁未秋菊月望九
日知嘉興府事前山西按察司兵備僉
事關中趙瀛文海甫識

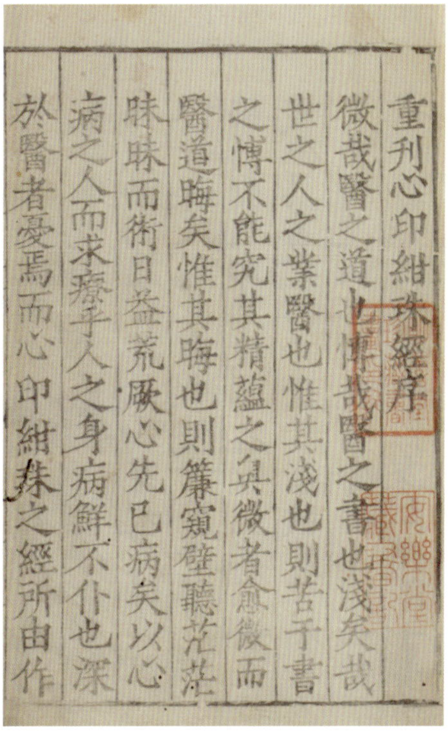

重刊心印紺珠經序
微哉醫之道也博哉醫之書也淺矣哉
世之人之業醫也惟其淺也則苦乎書
之博不能究其精蘊之奥微者愈微而
醫道晦矣惟其晦也則篳窺壁聽茫茫
昧昧而術日益荒厥心先已病矣以心
病之人而求療乎人之身病鮮不仆也深
於醫者憂焉而心印紺珠之經所由作

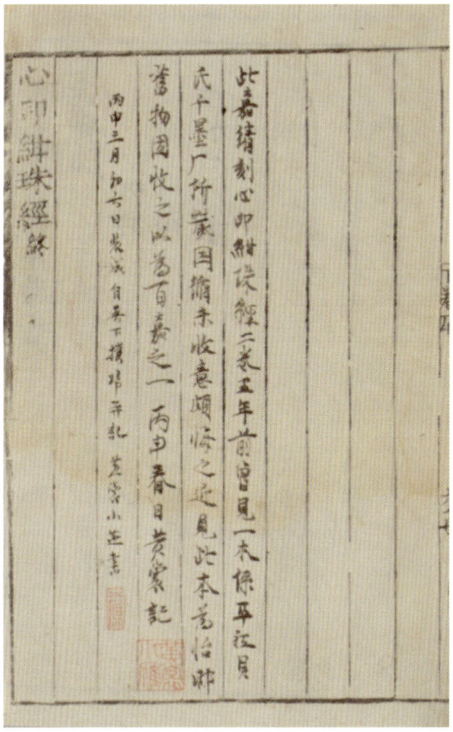

此嘉靖刻心印紺珠經二卷五年前曾見一本係平江貝
氏千墨厂所藏因循未收意頗悔之近見此本竟估肆
舊物因收之以爲百嘉之一 丙申春日黃裳記
丙申三月初六日裝成自吳下攜歸并記 黃裳小燕書
心印紺珠經終

0186 諸症辯疑四卷

（明）吳球撰

明抄本　四冊

匡高19釐米，廣12.7釐米。半葉九行，行二十字，四周單邊。

吳球，麗水（今屬浙江）人。生卒年和事蹟無考，其生活的時代應在明嘉靖以前至嘉靖時期。據其自序，吳球「先考杏林翁，以醫名世」，自云「予少志學，第為病纏」，後易儒務醫，「遂日究醫經、本草、東垣等書……缺者補之，似者訂之……」以成是書。吳球的醫著有《活人心統》、《方脈主意》、《食療便民》、《諸症辯疑》諸書，共計十六卷。對吳球其人和醫著，明人陳莘有「翁博學慕古，輕財重義。少嘗遊心經術，醫業獨得其精」，《諸症辯疑》等書「真醫學之指南也」的評述（陳莘《題茭山吳翁小象後》）。《諸症辯疑》乃其傳世之惟一著作。《諸症辯疑》之論述，涉及現代醫學的內科、外科、婦科、兒科及一些專科方面的內容。具體為各科疾病病因、辨症、施治方面的探討及採用的療方等。《諸症辯疑》首有嘉靖九年（1530）吳球的刻書自序，卷首均題「栝蒼茭山後學吳球撰、奉議大夫西沙董琦校刊、東昌南溪邵瑀訂正」。據此，該書應在此年刊行，然未見其傳，多家目錄著錄者亦僅此抄本，可謂罕睹。此抄本所據者應為董氏所刊者，然其具體的抄寫者和抄寫時間均無考。董琦，字天粹，號東樓，陽信（今屬山東）人。弘治十八年（1505）進士。授南平令。正德時劉瑾黨為禍，琦詰治如法。忤中官，坐不敬下獄。嘉靖時分巡河南，晉少參。《諸症辯疑》僅以抄本傳世，然因其流傳甚罕，文獻和版本價值凸顯。是中國古代醫學史和醫學文獻史上重要典籍之一。

四川省圖書館藏。

人身以血氣而生猶天地以陽而成也故陰陽得其理則四時順而百物生天地以之位血氣得其養則四肢百骸九竅五臟各司其職而人身得以安矣今夫人之一身根於陰成於陽陰之所生本在五味

諸症辯疑卷之四

栝蒼後學芝山吴球撰

奉議大夫同知處州府事西沙董琦校刊

婦人調経論

婦人得陰柔之體以血為本陰血如水之行地陽氣若風之旋天故風行則水動氣暢則血調此自然之理也経云二七而天癸至任脉通太衝脉盛月事以時下交感則有子矣其天癸者天一生水也任脉通者陰用之道泰也太衝脉盛者氣血俱盛也何謂之

0187　明醫指掌圖前集五卷後集五卷

（明）皇甫中撰

明嘉靖三十五年（1556）自刻本　四冊

匡高20.6釐米，廣14.6釐米。半葉十行，行二十五字，小字雙行同，白口，左右雙邊。

皇甫中，字雲洲，仁和（今屬浙江）人。明代醫家。生卒年和事蹟不詳。主要生活時期應在嘉靖年間。『雲洲皇甫翁，以三世良醫，具普利心，發大願力，著為《明醫指掌》。』『指掌』者，『所謂道在目前，凝眸即是，轉盼則非，難言之矣！雖然隱而顯，至理賅焉』。是書體例仿元吳恕《傷寒活人指掌圖》，用歌賦、論述相結合的形式編成。前集卷一為病機賦，卷二為內科雜病，卷三、四為外科、五官諸病，卷五為婦科、兒科；後集五卷為湯歌藥方。每證先列歌括，次論述，再次脈法，並附成方，所謂『內難外攻，病情藥性，絲絲綰合，種種圓通，纖指欲飛，金針得度』，『此盈尺之書，凡人道之生機，天道之化機，畢在是矣！』《明醫指掌》在致病機理探討及臨床各症脈診、用藥等方面具有理論和實用價值。因其有論有方，簡明易懂，又有適於初學的特點。是書明萬曆、天啟間，王肯堂、邵達等人對此書內容、體例作了訂補並重刊，明清及現代諸本皆此修訂本。此嘉靖皇甫氏自刊本，為是書之初刻，傳世極罕。

四川省圖書館藏。

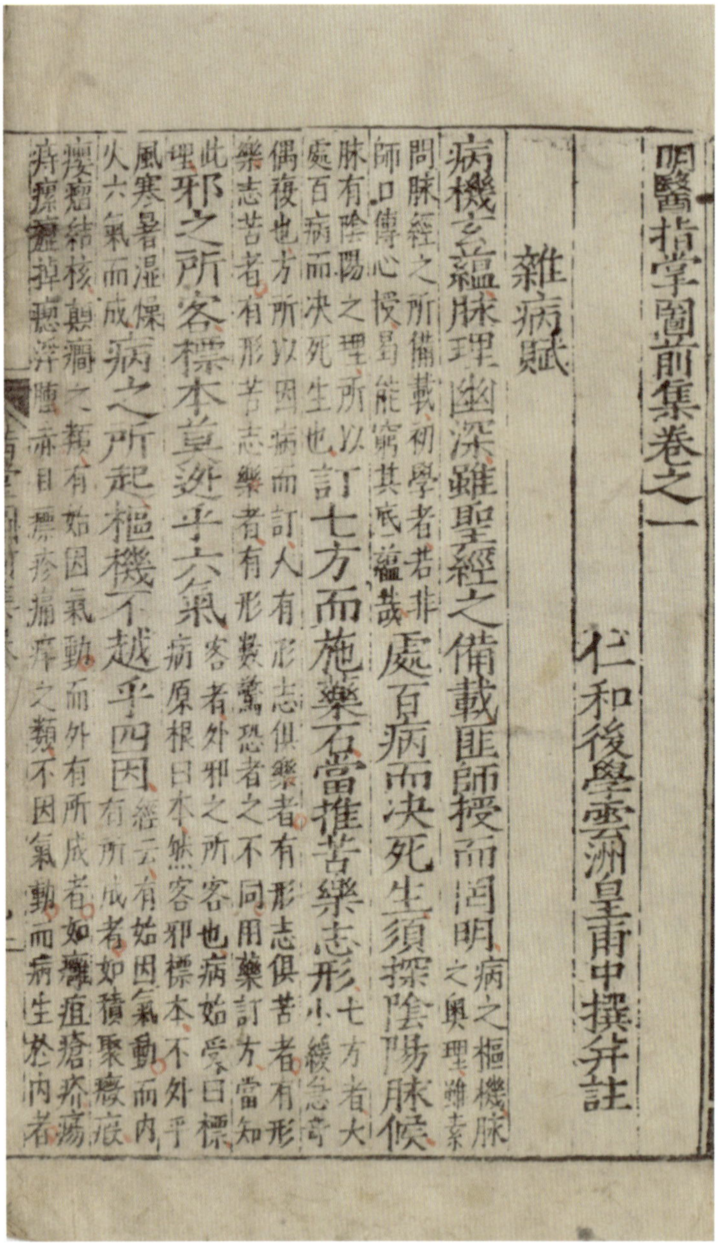
明醫指掌圖前集卷之一
仁和後學雲洲皇甫中撰并註
雜病賦
病機玄藴脈理幽深雖聖經之備載匪師授而罔明病之樞機脈之與理雖素問脈經之所備載初學者若非師口傳心授曷能窮其底藴哉處百病而决死生須探陰陽脈候脈有陰陽之理所以處百病而决死生也訂七方而施藥石當推苦樂志形七方者大小緩急奇偶複也方所以因病而訂人有形志俱樂者有形志俱苦者有形樂志苦者有形苦志樂者有形數驚恐者之不同用藥訂方當知此理邪之所客標本莫逃乎六氣客者外邪之所客也病始受曰標病原根曰本然客邪標本不外乎風寒暑濕燥火六氣而成病之所起樞機不越乎四因經云有始因氣動而內有所成者如積聚癥瘕瘦瘤結核癲癇之類有始因氣動而外有所成者如癰疽瘡疥瘍疔瘰癧……之類不因氣動而病生於內者

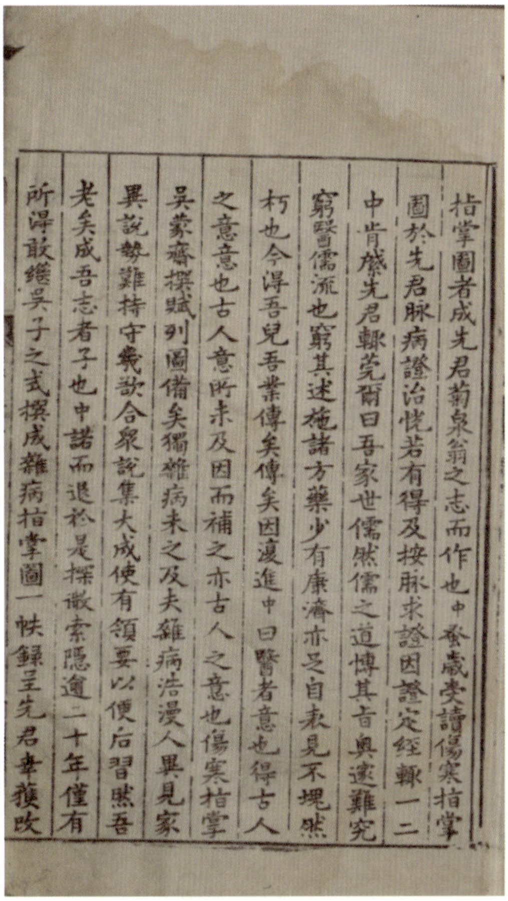
指掌圖者成先君菊泉翁之志而作也中癸歲受讀傷寒指掌
圖於先君脉病證治恍若有得及按脉求證因證定经輙一二
中肯㡬先君輙莞爾曰吾家世儒然儒之道博其旨奥遠難究
窮醫儒流也窮其述施諸方藥少有康濟亦足自表見不愧然
朽也今得吾兒吾業傳矣傳矣因寖進中曰醫者意也得古人
之意意也古人意所未及因而補之亦古人之意也傷寒指掌
吴蒙齋撰賦列圖備矣獨雜病未之及夫雜病浩漫人異見家
異説勢難持守㡬欲合衆説集大成使有領要以便后習然吾
老矣成吾志者子也中諾而退於是採微索隱適二十年僅有
所得敢繼吴子之式撰成雜病指掌圖一帙録呈先君韋獲攺

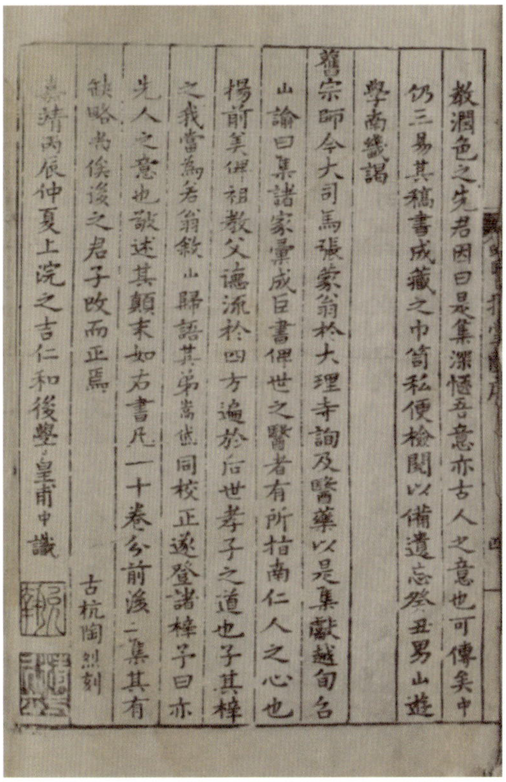
教潤色之先君因曰是集深愜吾意亦古人之意也可傳矣中
仍三易其稿書成藏之巾笥私便檢閲以備遺忘癸丑男山遊
學南畿謁
舊宗師今大司馬張蒙翁於大理寺詢及醫藥以是集獻越旬召
山諭曰集諸家彙成巨書俾世之醫者有所指南仁人之心也
揚前美俾祖教父德流於四方遍於后世孝子之道也子其梓
之我當為君翁敘山歸語其弟嵩岱同校正遂登諸梓予曰亦
先人之意也敬述其顛末如右書凡一十卷分前後二集其有
缺略尚俟後之君子攺而正焉
嘉靖丙辰仲夏上浣之吉仁和後學皇甫中識
古杭陶烈刻

0188　古今醫統大全一百卷

（明）徐春甫輯

明刻本　四十冊

匡高19.4釐米，廣13.5釐米。半葉十行，行二十五字，小字雙行字數不一，白口，四週單邊。

徐春甫，字汝元，祁門（今屬安徽）人。明代醫家。曾師事名醫汪宦。於醫無所不窺，授太醫院醫官。徐氏自謂：『春甫家世業儒，恒讀《素問》諸書，頗探索其醫之賾隱……予不自慚愚陋，以平素按《內經》治驗，諸子折衷，及搜求歷世聖賢之旨，合群書而不遺，折諸方而不紊，舍非取是，聚類條分，共匣百卷，目曰《古今醫統》』。（《古今醫統大全序》）時值嘉靖三十五年（1556）。輯選上自遠古太昊炎黃，下迄明以來『本原醫經藥品禁方，諸名家論著，旁及經史國典諸雜家言，凡二百七十餘家，二百八十餘部，區別類從，巨纖畢舉』（許國《古今醫統大全序》），以會百家之異同，接軒岐之正脈，猶朱子集諸儒大成，而醫家之大成《醫統》之為矣。徐氏『潛心斯道殆三十年，其活人不可以千萬計』。他認為：『今醫學壞於《難經》、《脈訣》，《難經》所引，多非《素問》、《靈樞》本文，而意旨相矛盾。』《脈訣》『皆後人所託名，甚非秦越人、王叔和之本書』，南陽、河間、東垣能讀三家書而不知合變，治未有不誤者。嘗自謂：『醫之精髓奧竅，《內經》一書備之，嗣是人殊代異，門徑雖多，要不能出乎此。』故綜博千古，參伍諸家，旁收曲證，條分縷析，隨論折衷，壹准於《內經》，以律諸名家，合經者宗之，悖經者斥之，兼總條貫，成《內經要旨》，且列諸《醫統大全》之首，於《醫統》猶綱之在網也。意在總統百家以歸《內經》，乃《醫統》之所為作之旨也。為《醫統》之編，始行四方，遍歷坊肆，訪文獻大家，為太醫之官，得觀秘書，聚方滋富。『徐君治病有妙巧，病已輒自記所以治，滿几矣。』广博矣者：歷代醫家傳略、各家醫論、脈候、運氣、經穴、針灸，眾技之所從；臨床各科，內外諸證，治婦女老弱，奇病秘方，為說甚具；歷代醫案、驗方、本草、救荒本草、製藥、通用諸方、養生家言等，無不賅備等。其徵引者，上自黃帝、岐伯、俞跗、和、緩、倉、扁、華陀、叔和、仲景之書，下逮近世名流、曲巷小師之技，裒蓄欲盡，既有引錄古論，又有徐氏闡明發揮，皆精思而慎發，不僅資料豐富，且統集異同而又條理井然。是一部對中醫學理論研究、臨床各科應用和文獻史料研究均具有較高參考價值的綜合性醫著。屬明本校刊和版印較為精審，傳世不多的刊本。

四川省圖書館藏。

古今醫統大全卷之二

都察院掌院事左都御史前刑部尚書葛　捐俸梓
新安徐春甫編集
太倉支秉中校正

内經要旨上

唐太僕令啓玄子王冰序

夫釋縛脫艱全真導氣拯黎元於仁壽濟羸劣以獲安者非三聖道則不能致之矣孔安國序尚書曰伏羲神農黃帝之書謂之三墳班固漢書藝文志曰黃帝內經十八卷素問即其經之九卷也兼靈樞九卷迺其數焉雖復年移代革而授學猶存懼非其人而

瑟以脩身理性反其天真所以六氣六府五藏五行陰陽水火升降得以有象百病之理得以類推炎帝因斯嘗百草以制九鍼以拯夭札矣

炎帝神農氏

按通鑑帝王世紀及本草序炎帝以火德王生于姜水因而姓姜有聖德始教天下耕種五穀故曰神農味草木之滋察寒熱

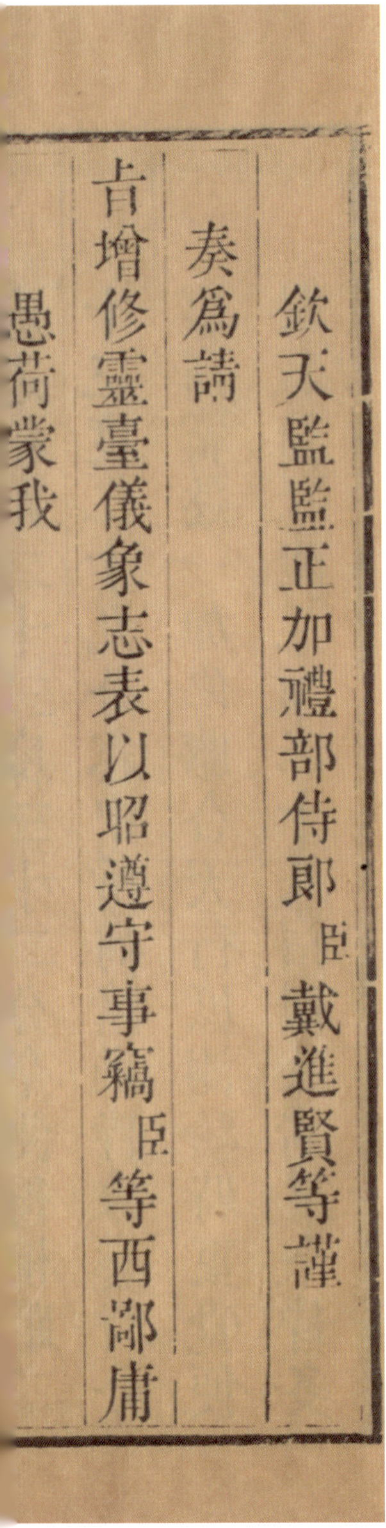

欽天監監正加禮部侍郎臣戴進賢等謹
奏爲請
旨增修靈臺儀象志表以昭遵守事竊臣等西鄙庸
愚荷蒙我

0189 欽定儀象考成三十卷首二卷

清乾隆中內府刻本　十二冊

匡高20.4釐米，廣14.3釐米。半葉九行，行二十字，白口，四週雙邊。

天文曆法著作。戴進賢主編。戴進賢（1680—1746），字嘉賓，德國傳教士。康熙五十五年（1716）來到中國，次年應康熙帝之邀，任欽天監治理曆法之職。雍正三年（1725）任欽天監監正。雍正九年（1731）兼禮部侍郎。戴進賢負責欽天監達二十九年之久。乾隆九年（1744）適逢甲子，欽天監因觀測到黃赤交角比《靈台儀像志》所記已有顯著差別，又發現《靈台儀像法》所載恒星位置諸多不准，因此奏請重測星表。經批准，開始測算編纂，至乾隆十七年（1752）完成。送武英殿刊刻時，又逢製造十年的大型天文儀器『璣衡撫辰儀』竣工。又增加了《璣衡撫辰儀》、《議說》兩卷，全書因此定名『儀象考成』。我國歷代的天文工作大抵可以分爲兩種：一種以推算曆法爲主，一種以觀測天象爲主。《儀象考成》屬後者。戴進賢按照當時的傳統，考訂了《布天歌》（隋丹元子按陳卓所定的星座，把週天各星的步位，編成一篇文辭淺近，便於傳誦的七字長歌。爲初習天文學的必讀歌訣，非常流行。）以來的星，定出了它們的黃赤經緯度。同時還增加了一千六百十四星，並附錄了南天的二十三官五十星，形成了一個含有三百官三千零八十三星的大星表。由於造表所進行的觀測，在當時可以說比較精密，精確度到秒爲止，除了黃赤緯度外，還載有歲差數值到微止。《儀象考成》因其星位數值十分可靠，因而它是考訂中國星官（即現代的星座或星宿。《史記・天官書》把星象分爲五大區，中官北極，東官爲蒼龍，南官爲朱鳥，西官爲北虎，北官爲玄武。）的權威之作。此爲初刻，版本價值重要。

四川大學圖書館藏。

聖祖仁皇帝命原任治理曆法兼工部侍郎臣南懷仁
製造觀象臺測量日月星辰儀器六座又纂成
靈臺儀象志一書有解有圖有表皆闡明儀器

測太陽時刻

法。以四遊圈東西推轉。窺衡南北低昂。令太陽從衡孔透光圓正。或用薰黑玻璃置於下端衡孔。視上端圓孔十字線。正當太陽中心。則窺衡與太陽參直。乃視四遊圈下周指時度表。臨於天常赤道之某時刻分。即太陽時刻也。若二分前後。日影爲赤道所礙。則用窺衡上面立表測之。常時不爲赤道所礙。亦用此表爲便。若午正及卯酉前後。日影爲子午圈及龍柱所礙。則用窺衡上面平行立表測之。以四遊窺衡對準太陽。令上端表

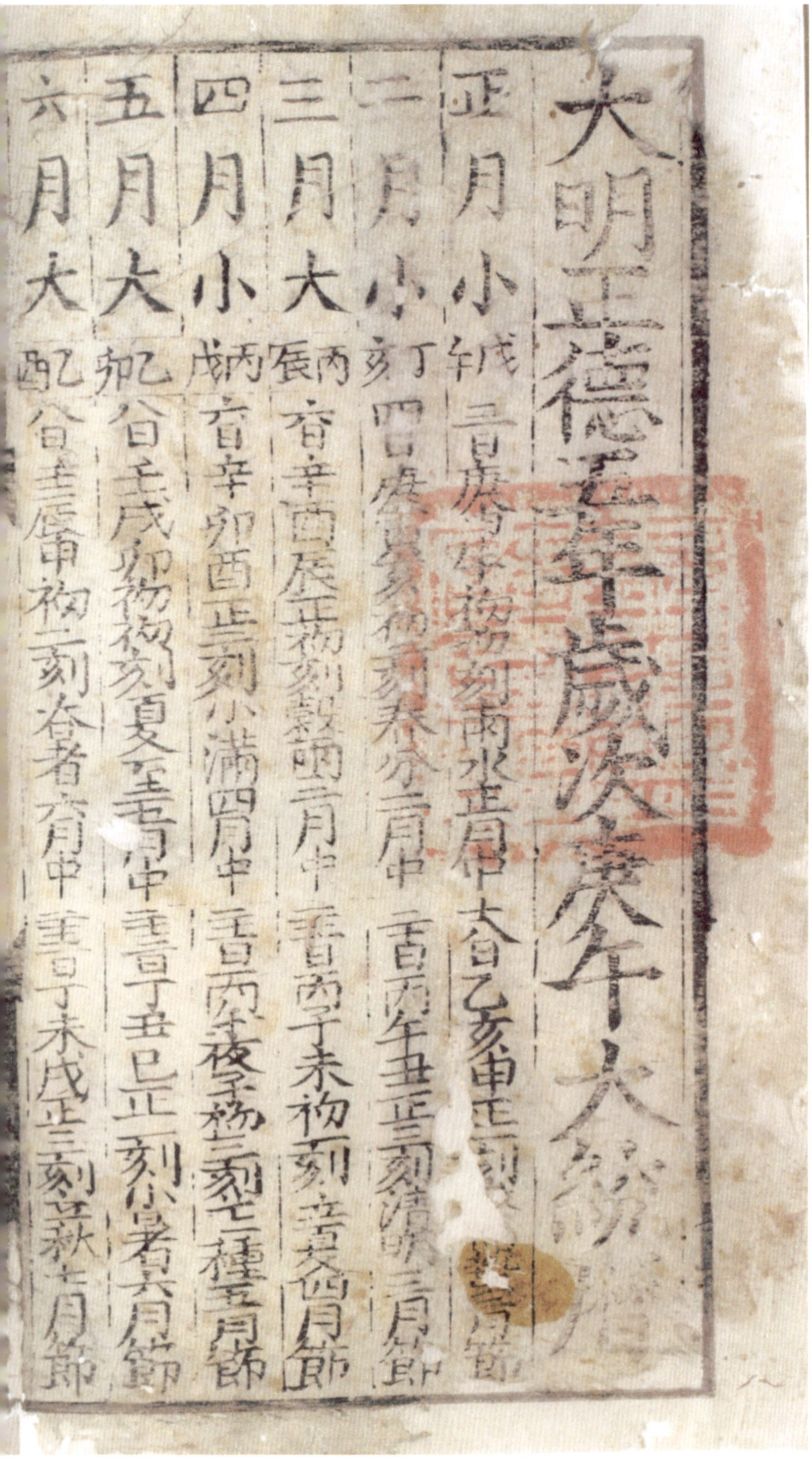

0190　大明正德五年歲次庚午大統曆一卷

明正德刻本　一冊

匡高24.5釐米，廣13.5釐米。半葉七至十九行，行二十六至四十八字，黑口，左右雙邊。

四川省圖書館藏。

三月大 □辰 初□日辛酉□正初刻穀雨三月中 廿四日丙子未初一刻立夏四月節

四月小 丙戌 初六日辛卯酉正三刻小滿四月中 廿二日丙午夜子初三刻芒種五月節

五月大 乙卯 初八日壬戌卯初初刻夏至五月中 廿三日丁丑巳正一刻小暑六月節

六月大 乙酉 初八日壬辰申初一刻大暑六月中 廿四日丁未戌正三刻立秋七月節

七月小 乙卯 初十日癸亥丑正初刻處暑七月中 廿六日戊寅辰初一刻白露八月節

八月大 甲申 十一日癸巳午正二刻秋分八月中 廿六日戊申酉初三刻寒露九月節

九月大 甲寅 十二日癸亥子初初刻霜降九月中 廿七日戊寅巳正一刻立冬十月節

十月小 甲申 十二日甲午巳初一刻小雪十月中 廿七日己酉未正三刻大雪十一月節

十一月大 癸丑 十三日甲子□□□□冬至十一月中 廿八日己卯辰正初刻小寒十二月節

十二月小 癸未 十三日□□□□□大寒十二月中 廿八日庚戌亥初三刻立春正月節

四日

九月大 甲寅 十二日癸亥子初初刻霜降九月中 廿七日戊寅巳正一刻立冬十月節

0191 太玄經十卷 （漢）揚雄撰 說玄一卷 （唐）王涯撰 釋文一卷

明嘉靖孫沐萬玉堂刻本 四冊

匡高20.5釐米，廣13.7釐米。半葉八行，行十七字，小字雙行同，白口，四週雙邊。

揚雄（前53—18），西漢文學家、哲學家。字子雲，蜀郡成都（今屬四川）人。成帝時爲給事黄門郎。王莽時校書天祿閣，官爲大夫。早年好辭賦，晚年潛心於哲學，主張一切著述都應以「五經」爲準則。《漢書·揚雄傳》稱：「以爲經莫大於《易》，故作《太玄》」。將「玄」與《易》相互比擬，仿《易經》作《太玄》。全書分爲一玄、三方、九州、二十七部、八十一首、七百二十九贊，以擬《易》的兩儀、四象、八卦、六十四重卦、三百八十四爻。「玄」是本書的中心。作者認爲「玄」是諸「神」之魁首，是「不見形」的「虛無」；它規劃「神明」，決定人的認識；天地萬物都是由「玄」發動陰陽之氣分合變化而形成的。「玄」不僅是世界的原動力，還是解釋天地萬物變化的總原則，如《老子》之「道」，《周易》之「易」。主張「道有因有循，有革有化」，承認事物的相互轉化，用三分法將事物變化納入以「九」為基礎的格式中，雖有些機械和形而上學，但亦具有某些辯證法的思想。司馬光序謂，《易》與《太玄》，大抵道同而法異，「大則包宇宙，細則入毛髮，合天地人之道爲一」。《太玄經》是揚雄一生花費精力最多、最爲重要的著作之一。但因其內容太玄，晦澀難懂，到了東漢後期已是乏人問津了。儘管《太玄經》作爲一種哲學思想體系，基本上不能算是成功的，但它對於研究古代哲學認識論及秦漢哲學思想是重要的資料。是本刊印甚精。

四川省圖書館藏。

代之法以彰聖人之符子雲志不申顯於是
覃思耦易著玄其道以陰陽爲本比於庖犧
之作事異道同福順禍逆無有主名桓譚謂

唫者陰陽不通象否
卦二四六八當晝當唫之時不能無咎極亦
凶也窮窮者萬物窮極思索權謀自濟也九處
窮極晝亦凶
親者貴以其身下人則親交之道著八雖當
晝而處亢不能下人故君子去之也
太玄說玄五篇

右廸功郎充兩浙東路提舉茶塩司幹辦公事張寔校勘

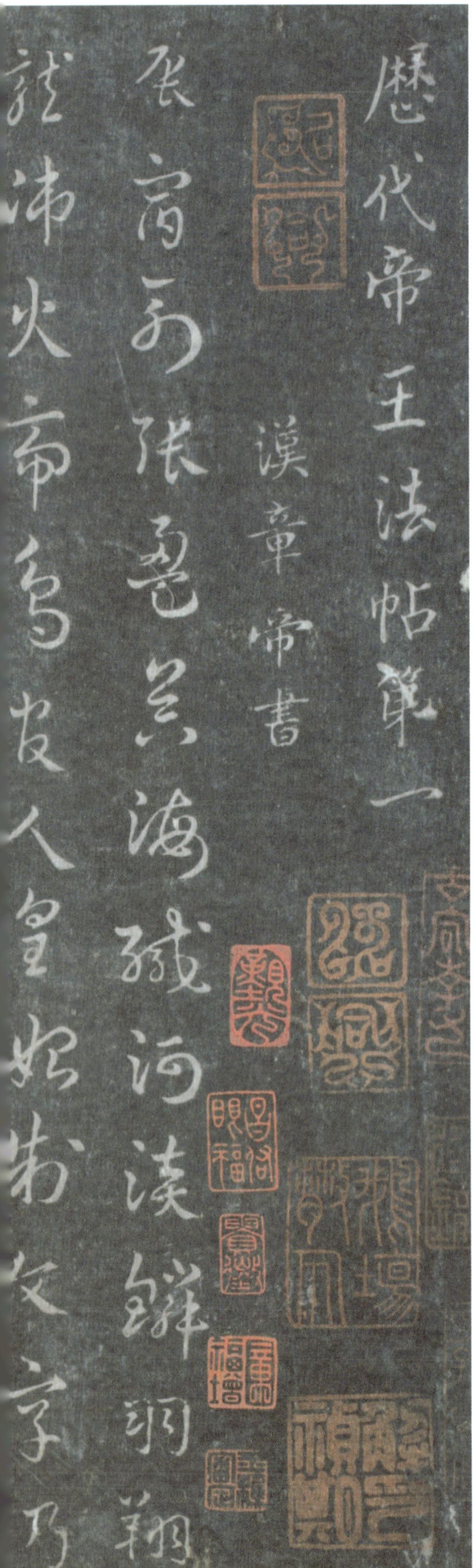

0192 大觀帖十卷

（宋）蔡京等輯

明刊明拓本 十冊

墨本，高29.5釐米，廣17釐米。明天啟錢守廉、清康熙至道光潘耒等二十餘人跋、題識、題箋。彙帖。歷代各家書。分《歷代帝王法帖》、《歷代名臣法帖》、《諸家法帖》、《晉王羲之書》、《晉王獻之書》等五個部分。《淳化秘閣帖》原刻火毀，宋徽宗大觀三年（1109），重出內府真跡，命龍大淵、蔡京等，重摹勒上石而成。因置太清樓，又名『太清樓帖』。北宋兩大名帖之一。今與《第一批國家珍貴古籍名錄》所著錄故宮藏宋拓本《大觀帖》比對，字體略有不同；此本卷三痍亮，『亮』字未刻，應是避金海陵王完顏亮諱。疑其所據者為金翻刻本，又名『榷場本』者，為是帖翻刻本之極佳者。《大觀帖》明代多有翻刻者，既有佳者，亦有劣者。然此帖應屬刻拓較精者，內容基本完整，裝幀古樸，具清代名家題跋者，傳世應不多見。

四川省圖書館藏。

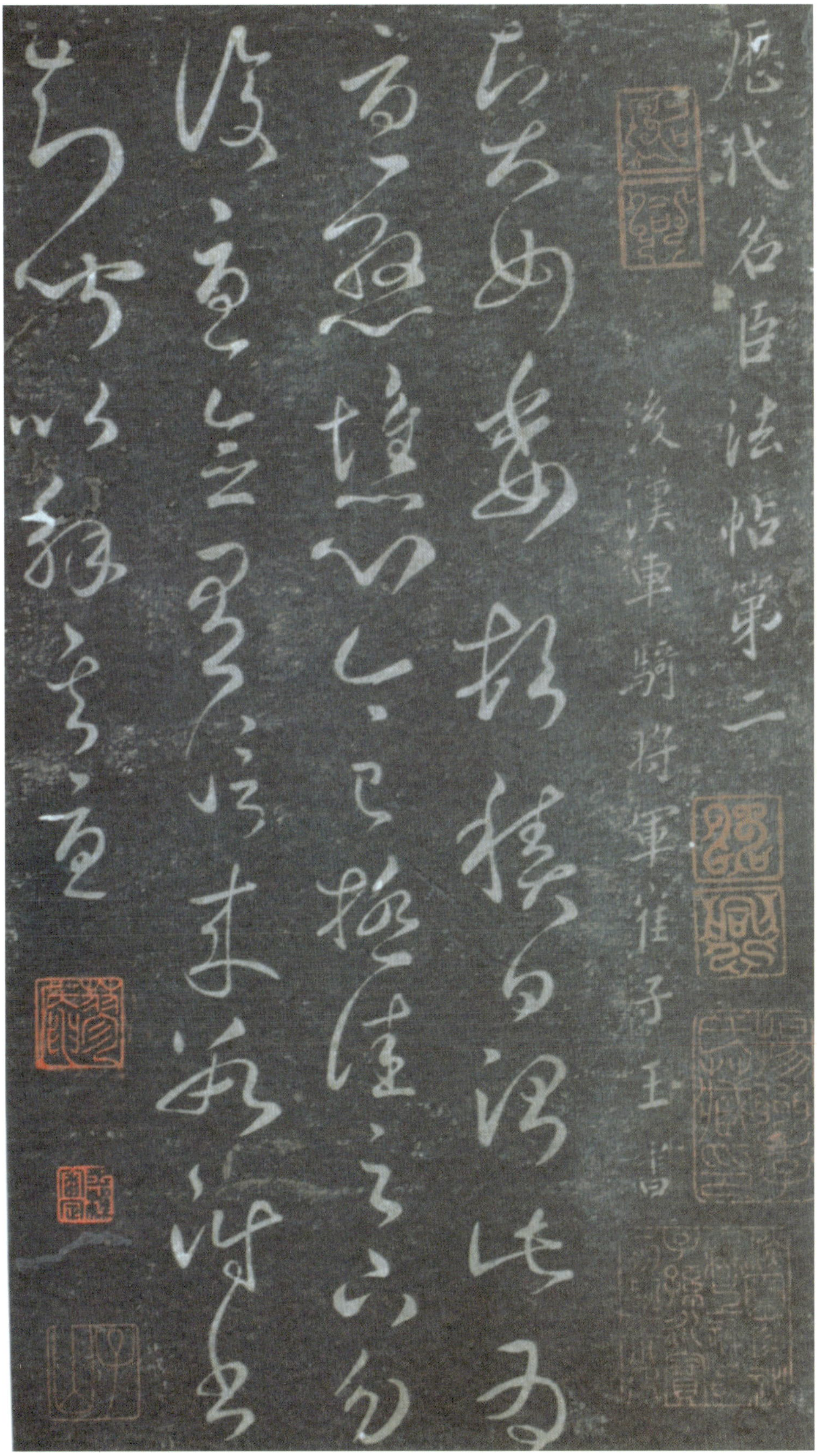
歷代名臣法帖第二
後漢車騎將軍崔子玉書

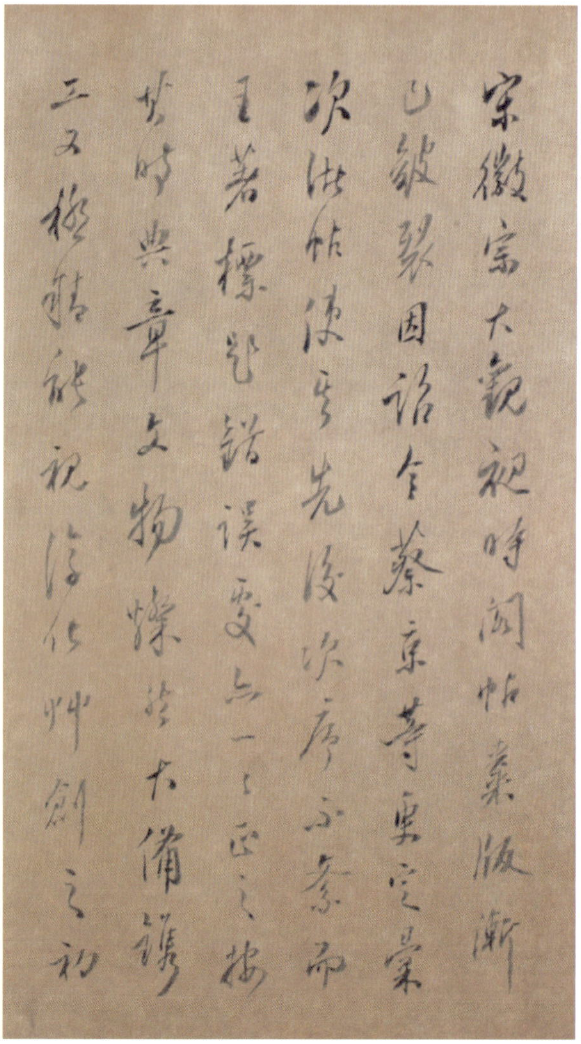
宋徽宗大觀初時閣帖槧版漸已皴裂因詔令蔡京等重定彙次淳帖使其先後次序不紊命王著標題錯誤處一一正之故其時與章文物燦然大備鐫三石極精能視淳化帖刻之初

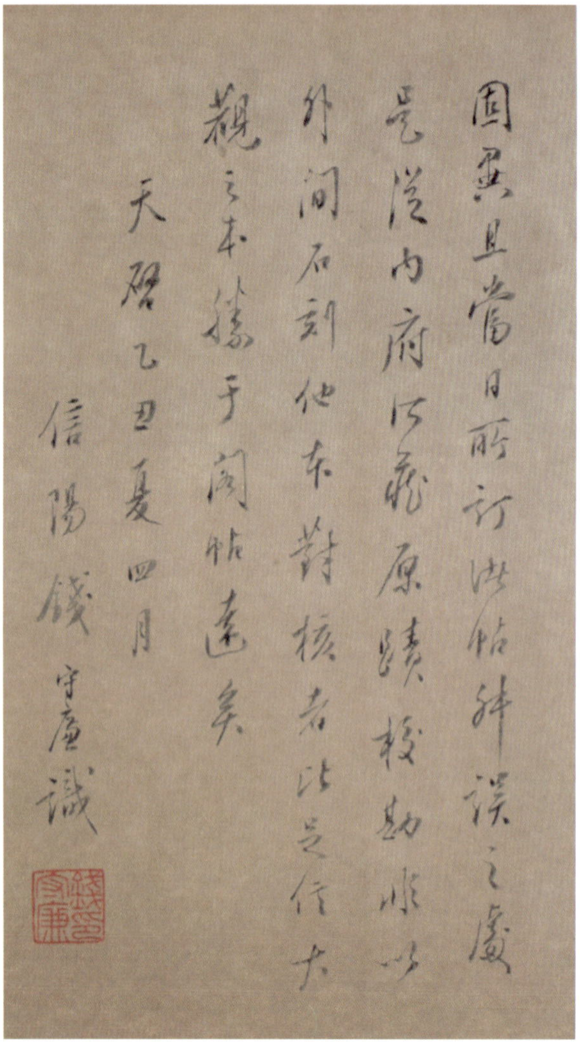
固無且當日所訂淳帖舛誤之處是從內府所藏原蹟校勘非此外間石刻他本對核者比是行大觀之本勝于閣帖遠矣

天啓乙丑夏四月

信陽錢守廉識

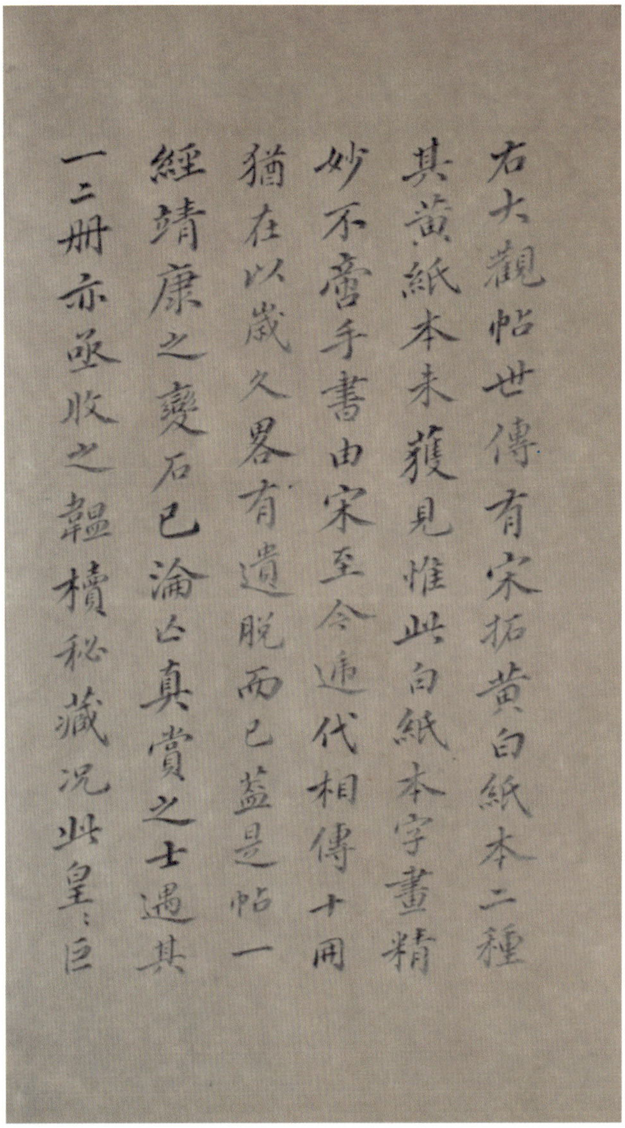

右大觀帖世傳有宋拓黃白紙本二種
其黃紙本未獲見惟此白紙本字畫精
妙不啻手書由宋至今遞代相傳十冊
猶在以歲久畧有遺脫而已蓋是帖一
經靖康之變石已淪亡真賞之士遇其
一二冊亦亟收之韞櫝秘藏況此皇皇巨

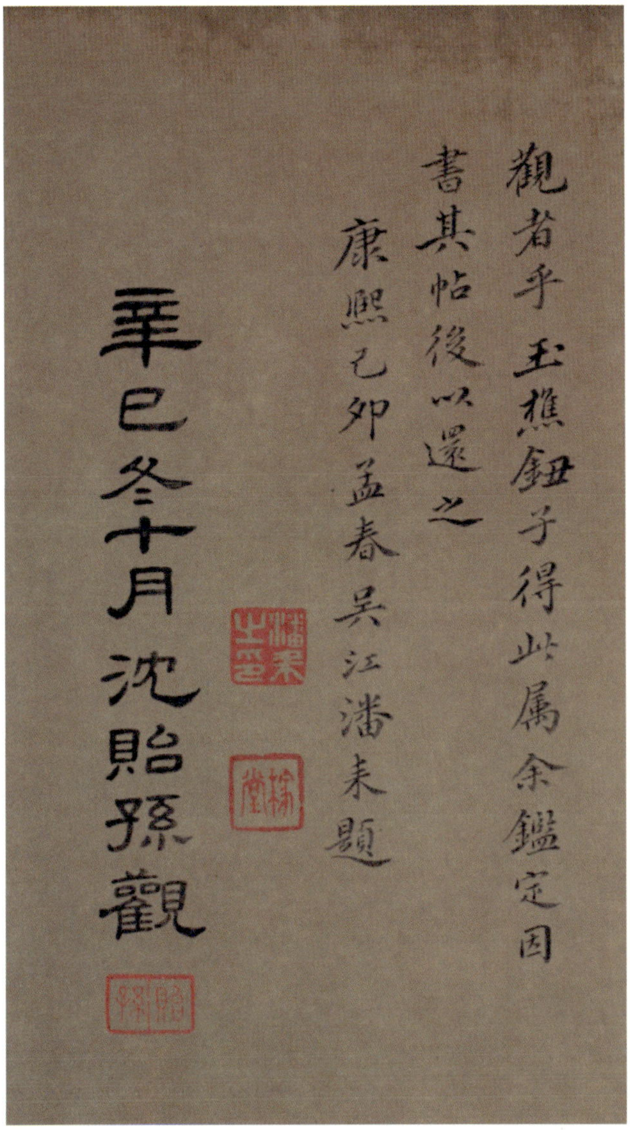

觀者乎 玉樵鈕子得此屬余鑑定因
書其帖後以還之
康熙己卯孟春吳江潘耒題

辛巳冬十月沈貽孫觀

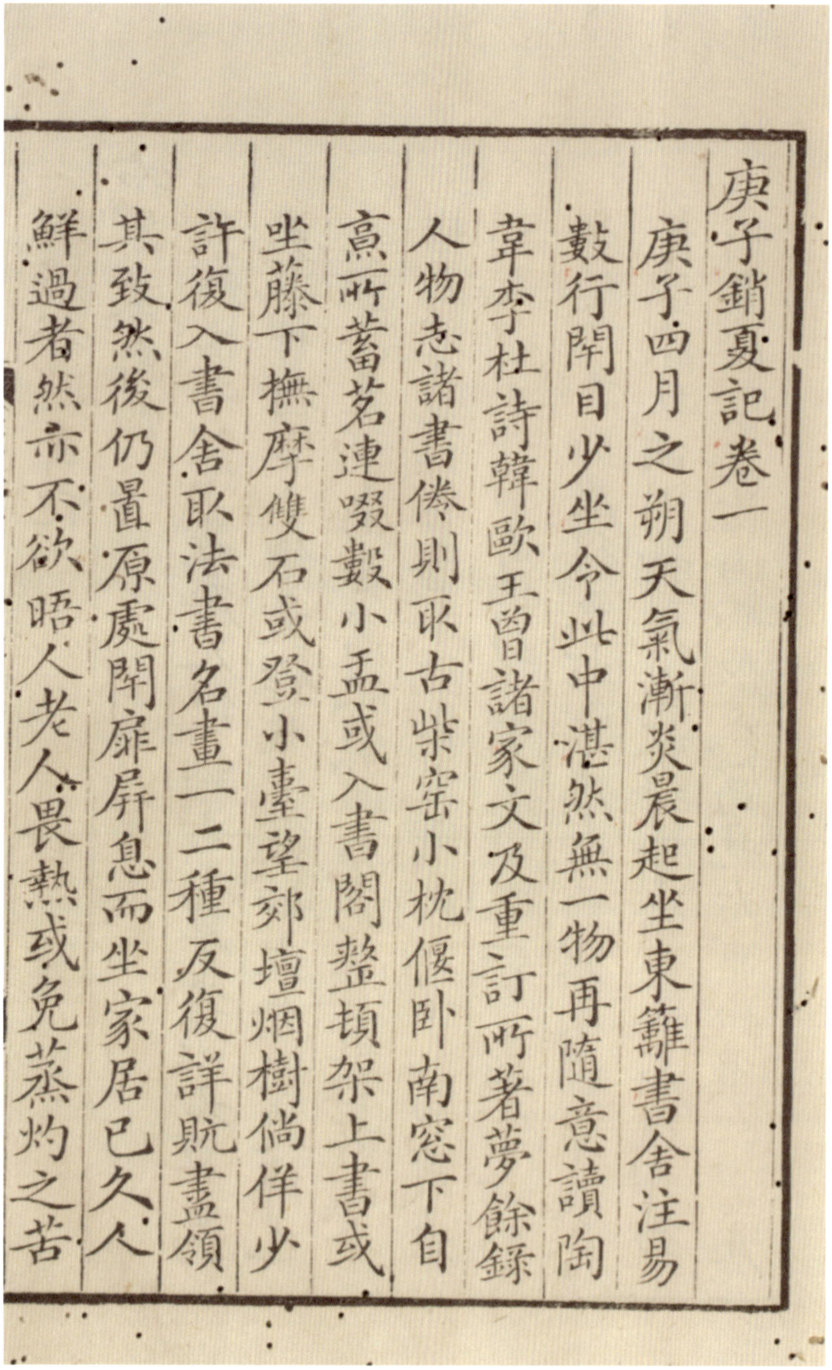
庚子銷夏記卷一
庚子四月之朔天氣漸炎晨起坐東籬書舍注易數行閉目少坐令此中湛然無一物再隨意讀陶韋李杜詩韓歐王曾諸家文及重訂所著夢餘錄人物志諸書倦則取古紫窑小枕偃臥南窗下自烹所蓄茗連啜數小盃或入書閣整頓架上書或坐藤下撫摩雙石或登小臺望郊壇烟樹倘徉少許復入書舍取法書名畫一二種反復詳玩盡領其致然後仍置原處閉扉屛息而坐家居已久人鮮過者然亦不欲晤人老人畏熱或免蒸灼之苦

0193　庚子銷夏記八卷附閑者軒帖考一卷

（清）孫承澤撰

清乾隆刻本　二冊

匡高19釐米，廣13.4釐米。半葉十行，行二十字，黑口，左右雙邊。存九卷（卷一至卷八，附卷一卷）。佚名臨何焯批點，翁方綱批校題跋。

孫承澤（1592—1676），字耳伯，號退穀（又號北海），益都（今屬山東青州）人。精鑒賞。崇禎四年（1631）進士，官至刑科都給事中。入清，歷兵、吏兩部侍郎。年六十引疾歸。書名中的『庚子』應為清順治十七年（1660），即孫氏致仕以後的事了。內容爲自記所藏書畫，卷一至卷三為自晉至明的書畫真跡；卷四至卷七為古石刻；卷八為寓目記，記其所見過的書畫作品。全書以自藏書畫為主，並摘錄精彩的題跋，間亦有簡短的評語。此於書畫鑒賞和考訂具有參考價值。此本為清乾隆二十六年（1761）鮑氏知不足齋原刻後增補印本，此書刊刻極精，所臨者皆清代名家之批校題跋。

四川大學圖書館藏。

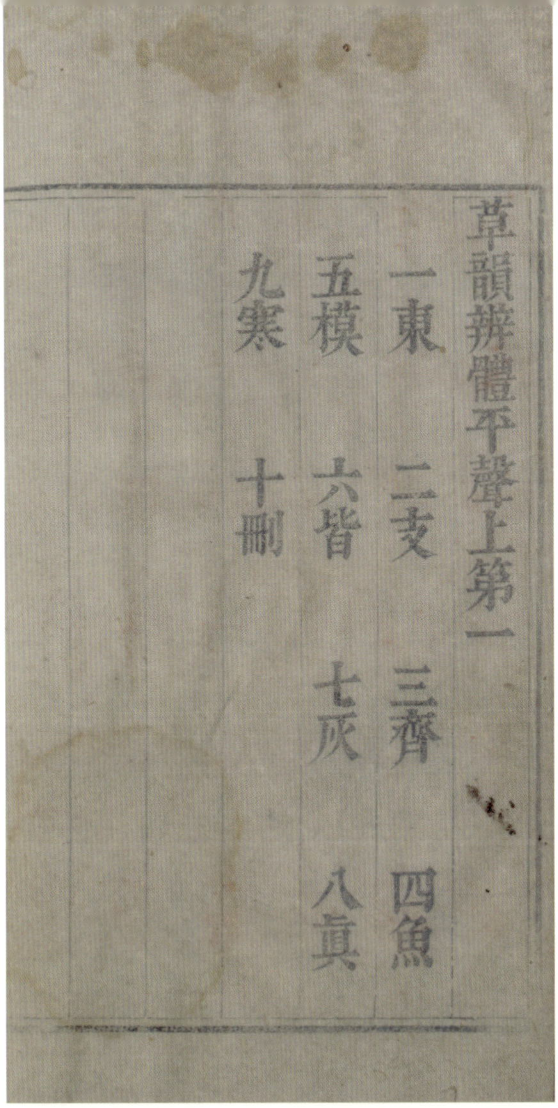

草韻辨體平聲上第一

一東　二支　三齊　四魚

五模　六皆　七灰　八眞

九寒　十刪

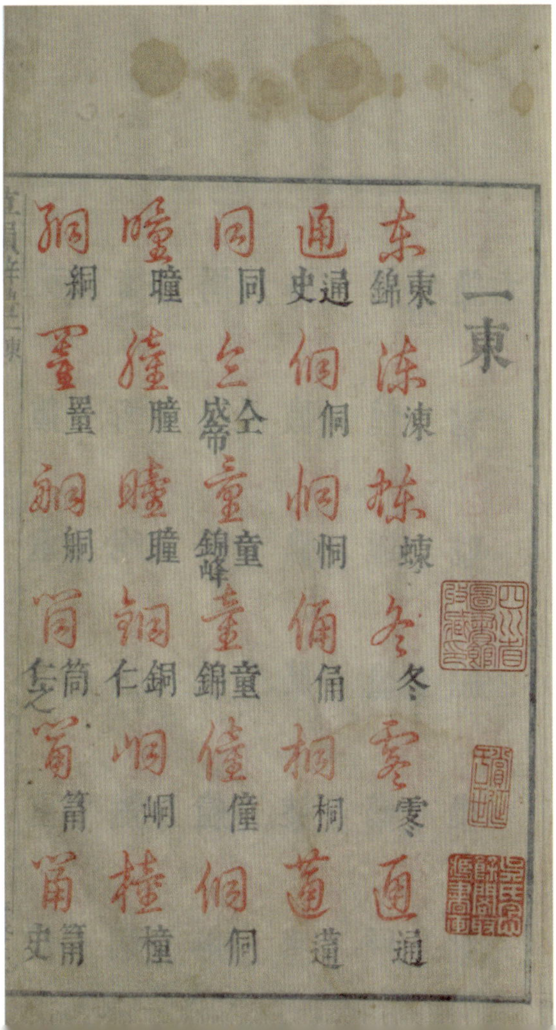

一東

0194　草韻辨體五卷

（明）郭諶輯

明崇禎六年（1633）閔齊伋刻三色套印本　五冊

匡高21.3釐米，廣14.4釐米。半葉六行，行十二字，白口，四週單邊。有『崇禎癸酉歲六月烏程閔齊伋摹』牌記。

書法著作。郭諶（1477—1534），字信夫，號盤澗居士，山東平昌（今屬山東德州）人。精於六書，兼長繪事。嘉靖初選爲武英殿直中書事。《草韻辨體》收錄東漢漢章帝至元周伯奇一百二十五家書家草法，以《洪武正韻》例，以韻繫字，字以類從。每字先列草書，下注楷書並書家名號，所謂『自漢迄元諸體略備』，是研究漢字草體書法的重要資料。是書爲閔齊伋臨摹上版，並以三色套印之，頗精審，傳世不多。

四川省圖書館藏。

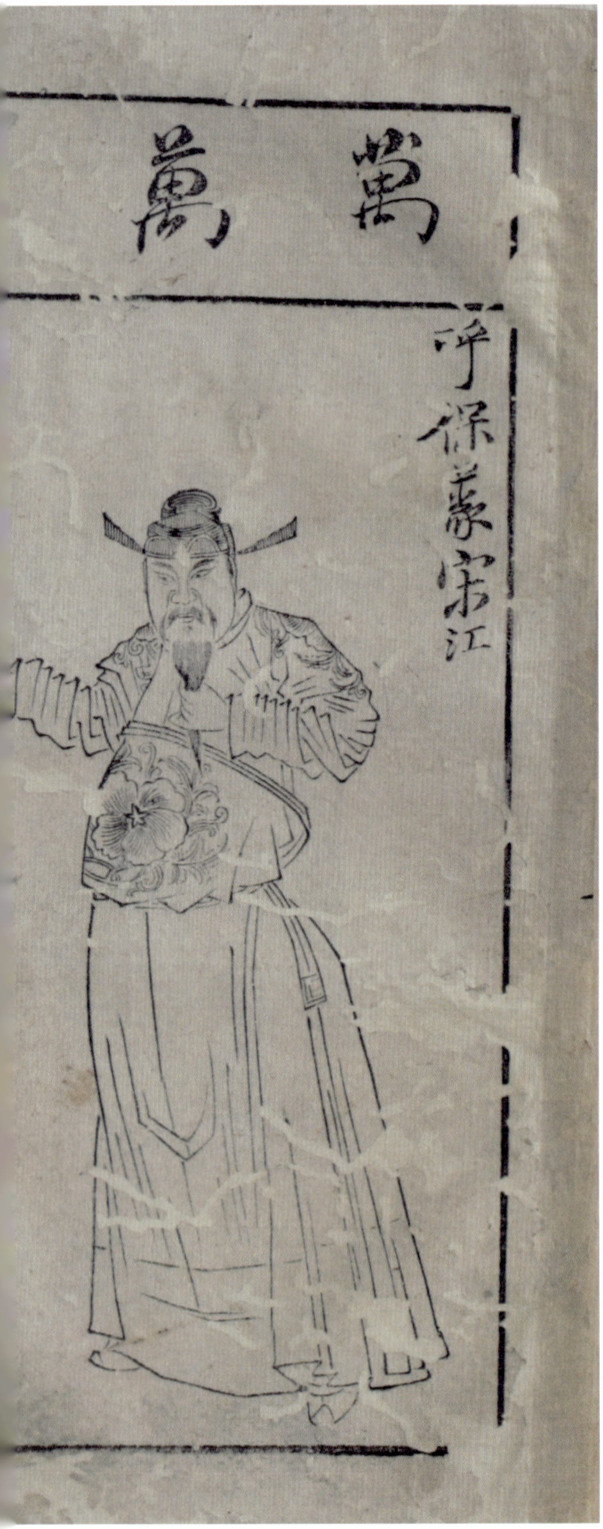

0195 陳章侯畫水滸葉子不分卷

（明）陳洪綬繪

清初刻本　一冊

匡高17.7釐米，廣9.1釐米。白口，四週單邊。盧子樞、賴少其、王貴忱跋。

陳洪綬(1598—1652)，字章侯，號老蓮、小淨，明亡後剃度爲僧，改號悔遲、弗遲、老遲、悔遲、雲門僧、九品蓮台主者等。浙江諸暨（今屬浙江）人。明代最傑出的木刻版畫家。『葉子』，是流行於民間的酒令牌子，晚明頗為盛行。此《陳章侯畫水滸葉子》為陳老蓮應周孔嘉促稿，以四個月時間畫成。所繪者梁山英雄宋江、林沖等四十人。所繪人物造型誇張，神彩各異，『無不令觀者為之駭目損心』，將中國畫的『白描』技法發揮到極致，為老蓮繪事之精品。是本的四十幅人物畫以《千字文》編序，自『天、地、玄、黄……』至『寒、來、暑、往』止，共計二十頁。朱武頁上有『徽州黄君倩刻』六字。黄君倩（1586—？）名一彬，字君倩，又字端甫，住杭州，明歙縣虬村（今屬安徽）人。是明代崇禎前後徽州版畫刻工的名手，陳老蓮此作雖是爲木刻而畫的畫，卻不是粗枝大葉，而是很精細的，細到了劈髮的程度，這就給徽派的版刻藝術家們提供了充分展示其刀上功夫的絕佳機會。黄君倩他做到了，給我們留下了《水滸葉子》這樣徽派版刻藝術的精品。由是，《水滸葉子》應爲陳、黄二人在藝術創作上的完美結合而創作出的古代版畫藝術精品，並是在中國版畫藝術史上佔有重要地位的作品之一。此本傳世極罕。

四川省圖書館藏。

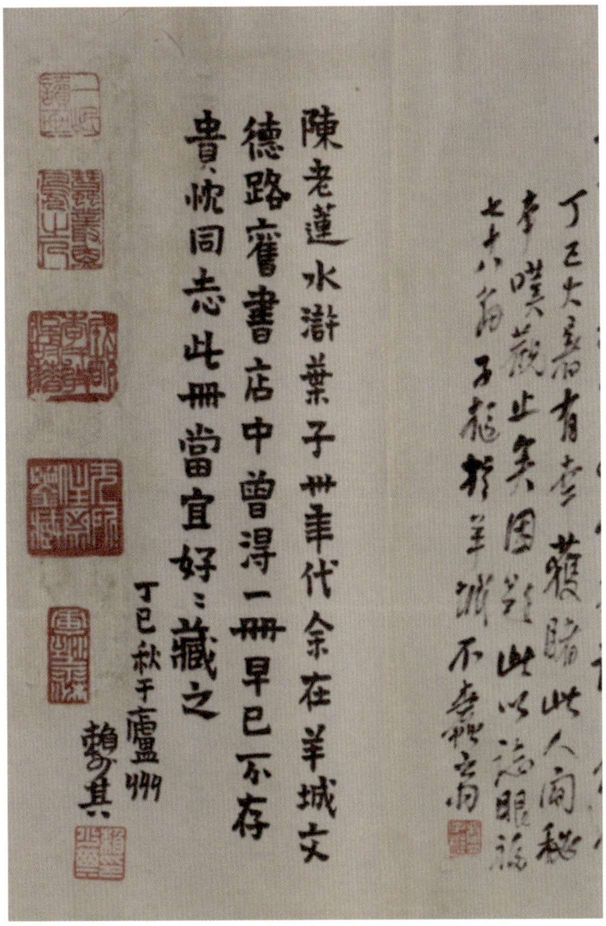
陳老蓮水滸葉子冊年代余在羊城文德路舊書店中曾得一冊早已不存貴恍同志此冊當宜好ミ藏之
丁巳秋于廬州
韜具
丁巳大暑有幸獲睹此人間秘本嘆歲止矣因題此以誌眼福
七十六翁子龍於羊城不

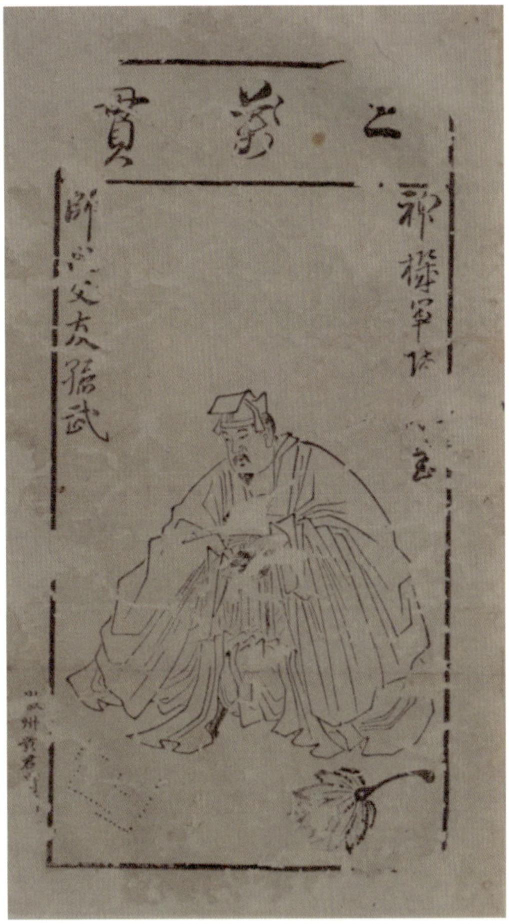

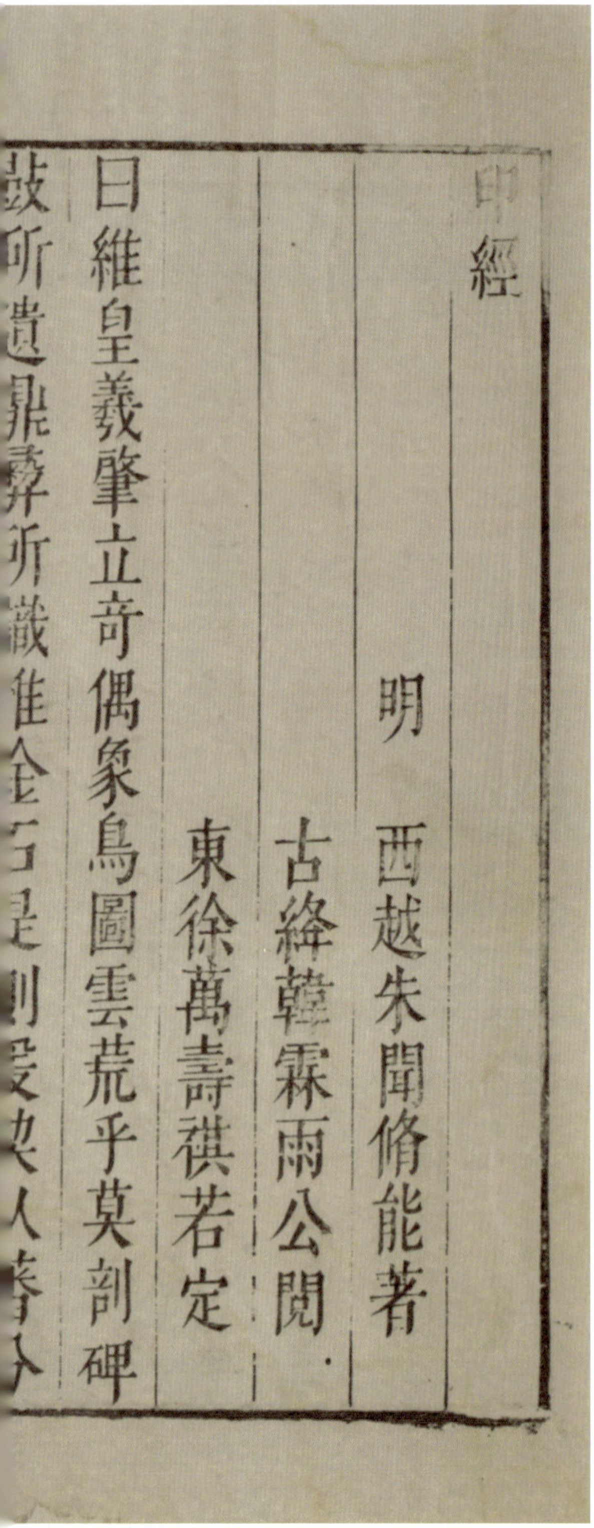
印經
明 西越朱聞脩能著
古絳韓霖雨公閱
東徐萬壽祺若定
曰維皇羲肇立奇偶象鳥圖雲荒乎莫剖碑

0196 印經一卷 （明）朱聞撰 印圖二卷 （明）朱聞篆刻並輯 白新注

明崇禎二年（1629）鈐印本 二冊

匡高20.5釐米，廣14.6釐米。印經一卷（半葉八行，行十七字。白口，四週單邊），印圖二卷（半葉九行，印、字不等）。有『崇禎己巳一陽月至日男朱曦朱草較定俞純甫書劉玄卿刻』牌記。

朱聞（一說初名聞，後改名簡；一說初名簡，後改名聞）字修能，一字畸臣，安徽休寧人。明篆刻家。活動於萬曆、崇禎間。朱氏的篆刻創作，時譽甚高。明人陳繼儒有『修能精識過人，信為六書董狐』之謂。清人董洵更有『其印有超出古人者，真有明第一作手』之說。《印經》，印章美學著作。朱聞關於篆刻創作之『筆意表現論』於書中有詳盡闡述，是明代對印章藝術本質特徵研究的最重要的論著。《印圖》，印譜著作。乃朱聞於萬曆三十六年（1608）至天啓五年（1625）的篆刻作品自編集。所輯之印，可謂體裁靈活、面目多樣，修能之學，盡於斯矣。白新為印釋文。是書於中國篆刻藝術史之研究，明代最爲重要的篆刻藝術家朱聞的瞭解和研究，乃至篆刻技藝的學習都是極具參考價值的資料。是書流傳甚罕。

四川省圖書館藏。

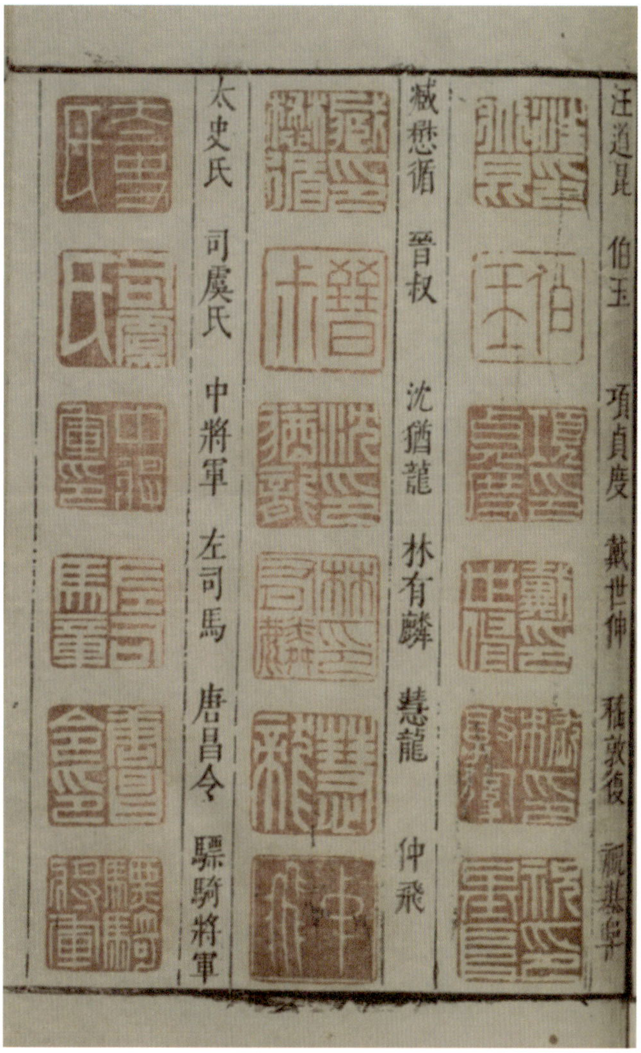

汪道昆　伯玉　項貞慶　戴世伸　嵇敦復　祝基阜

臧懋循　晉叔　沈猶龍　林有麟　慧龍　仲飛

太史氏　司虞氏　中將軍　左司馬　唐昌令　驃騎將軍

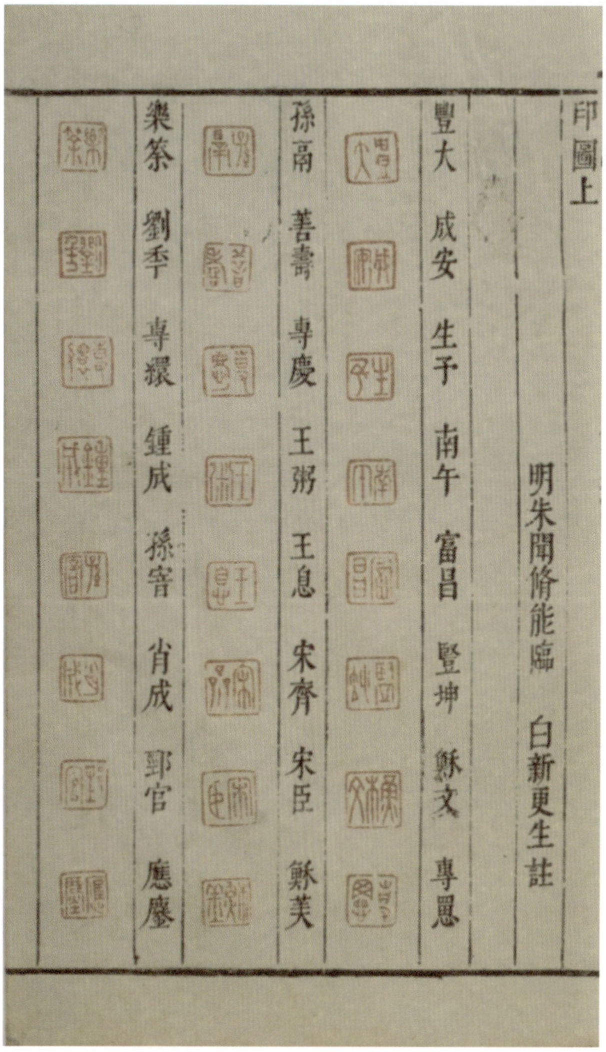

印圖上

明朱簡修能臨　白新更生註

豐大　成安　生予　南午　富昌　豎坤　緐文　專恩

孫高　善壽　專慶　王弼　王息　宋齊　宋臣　緐美

欒笭　劉季　專㪇　鍾成　孫害　肖成　郢官　應鏖

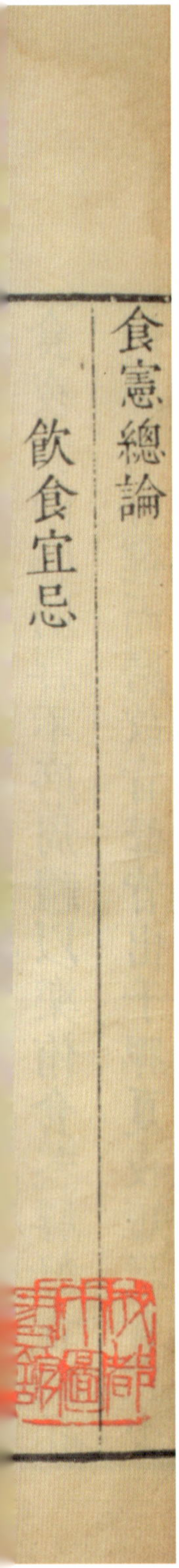

0197 食憲鴻秘二卷附錄一卷

題（清）朱彝尊撰

清刻本　二冊

匡高18.2釐米，廣12.8釐米。半葉九行，行二十一字，白口，版心有字數。

《食憲鴻秘》為食譜類典籍。是書有搜羅宏富、敘述詳盡的特點。此類文獻在古籍中極爲稀少，蓋因業者多無文字撰述能力，技藝多以口口相傳和個人自身的總結體會，世代相襲之故。現存的文獻，多爲好此之道的文化人所記。撰述不多，傳世絕少則是必然的。是書應爲研究中國飲食文化史的重要資料之一。是書紙墨精良，刻工精審，且流傳稀少。

成都圖書館藏。

食生冷瓜菜能暗人耳目驢馬食之即日眼爛況于人乎四時宜戒不但夏月也

夏月不問老少喫煖物至秋不患霍亂吐瀉腹中常煖血氣壯盛諸疾不生

果之屬

青脆梅

青梅必須小滿前採搥碎核用尖竹快撥去仁不許手犯打拌亦然此最要訣 一法礬水浸一宿取出晒乾着鹽少許去仁攤篩內令畧乾每梅三觔十二兩瓶底封固倒乾用生甘草末四兩鹽一觔炒待冷生薑一觔四兩不見水搗細末青椒三兩旋摘晾乾紅乾椒半兩揀净一齊抄拌仍用木匙抄入小瓶止可藏十餘盞湯料者先留些鹽摻面用雙層油紙加綿紙緊札瓶口

白梅

0198 呂氏春秋二十六卷　（汉）高诱注

明嘉靖七年（1528）許宗魯刻本　六冊

匡高17.9釐米，廣13.4釐米。半葉十行，行十八字，小字雙行同，白口，左右雙邊。

《呂氏春秋》又名《呂覽》，爲秦相呂不韋組織門客所撰。呂不韋（？—前235），原是陽翟（今河南禹縣）巨商，因助秦始皇父親子楚繼承秦國王位，被封爲丞相，文信侯。秦王政親理政務後，被免職，後又被遷蜀，憂懼飲鴆而亡。《呂氏春秋》的編纂背景，是在始皇親政前夕，秦國行將統一天下之際的政治形勢下，為即將到來的秦帝國提供治國大計，『呂不韋乃使其客人著所聞，集論以爲八覽、六論、十二紀，二十餘萬言』，以為『備天地萬物古今之事，號曰《呂氏春秋》。布咸陽市門，懸千金其上，延諸侯賓客遊士，有能增損一字者予千金。』（《史記?呂不韋列傳》）。其書思想內容頗爲博雜，如《大樂》、《適音》諸篇，反映儒家思想；《貴生》、《審分》諸篇，反映道家思想；《當染》、《高義》諸篇，反映墨家思想；《振亂》、《禁塞》、《決勝》、《愛士》諸篇，反映兵家思想；《上農》、《任地》、《辨土》諸篇，反映農家思想；《月令》篇反映陰陽家思想；《勸學》、《尊師》諸篇，反映教育思想。雜家者『兼儒墨，合名法，知國體之有此，見王治之無不貫』，《呂氏春秋·用衆篇》中說：『天下無粹白之狐，而有粹白之裘，取之衆白也。』治國安邦就象在治學上，只要善取『衆知』之長，就可以集腋成裘，達到『無畏乎堯舜』的地步。《呂氏春秋》廣融儒、道、墨、法、兵、縱橫、陰陽諸家，可謂採諸各家，又不同於各家，把這些有用的東西集中融匯起來，成為它自己的思想，成爲先秦各家思想的最大綜合者。《呂氏春秋》不但充分反映了呂不韋的治國思想，也可以說是他的治國綱領。《呂氏春秋》問世後，司馬遷曾給予很高的評價，不僅稱它『備天地萬物古今之事』，在《報任安書》中，甚至把它與《周易》、《春秋》、《國語》、《離騷》等並論，後漢高誘[涿郡（今屬河北涿縣）人。東漢訓詁學家。少從盧植學，建安十年（205）辟司空掾，除東郡濮陽令，十七年（212）遷河東太守。]爲之作注，並稱贊它『大出諸子之右』。後世的人們多认为《呂氏春秋》其雜揉各家，不成一家之言，研究者並不多。雖如此，《呂氏春秋》作爲先秦雜家著作中的一部重要典籍，同時還因其保存了許多先秦舊說等古代史料，對先秦思想史研究是有價值的。《呂氏春秋》現存最早的版本爲元至正年間刊本，明代版本有十餘種，此爲是書的重要版本之一。

四川省圖書館藏

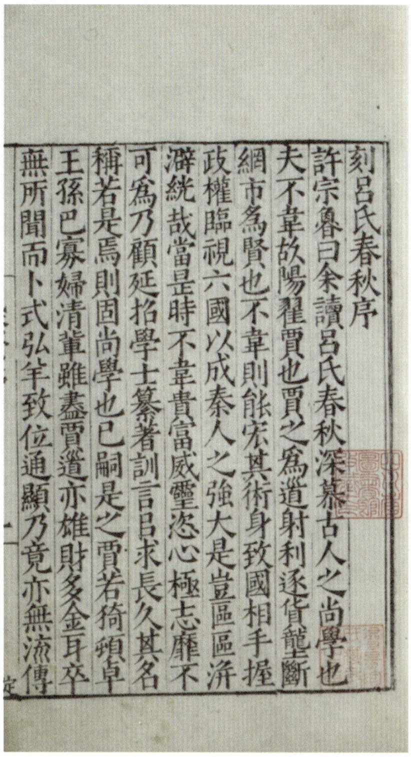
刻呂氏春秋序
許宗魯曰余讀呂氏春秋深慕古人之尚學也
夫不韋故陽翟賈也賈之為道射利逐貨壟斷
網市為賢也不韋則能宋其術身致國相手握
政權臨視六國以成秦人之強大是豈區區济
澼絖哉當是時不韋貴富威靈恣心極志靡不
可為乃顧延招學士纂著訓言呂求長久其名
稱若是焉則固尚學也已嗣是之賈若猗頓卓
王孫巳寡婦清輩雖盡賈道亦雄財多金耳卒
無所聞而卜式弘羊致位通顯乃竟亦無流傳

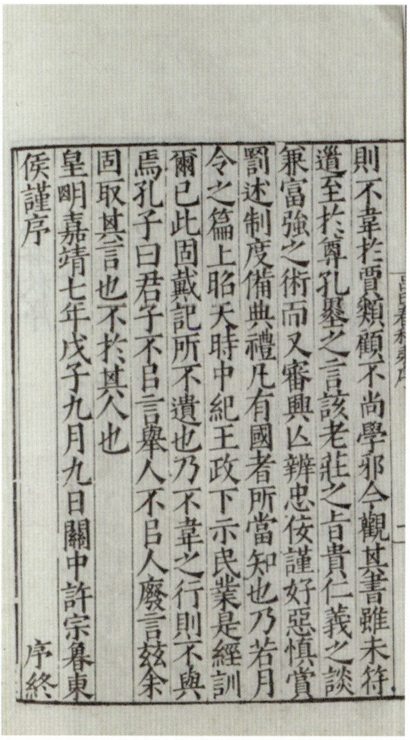
則不韋於賈類顧不尚學邪今觀其書雖未符
道至於尊孔墨之言該老莊之旨貴仁義之談
兼富強之術而又審興亾辨忠佞謹好惡慎賞
罰述制度備典禮凡有國者所當知也乃若月
令之篇上昭天時中紀王政下示民業是經訓
爾已此固戴記所不遺也乃不韋之行則不與
焉孔子曰君子不以言舉人不以人廢言茲余
固取其言也不於其人也
皇明嘉靖七年戊子九月九日關中許宗魯東
侯謹序　序終

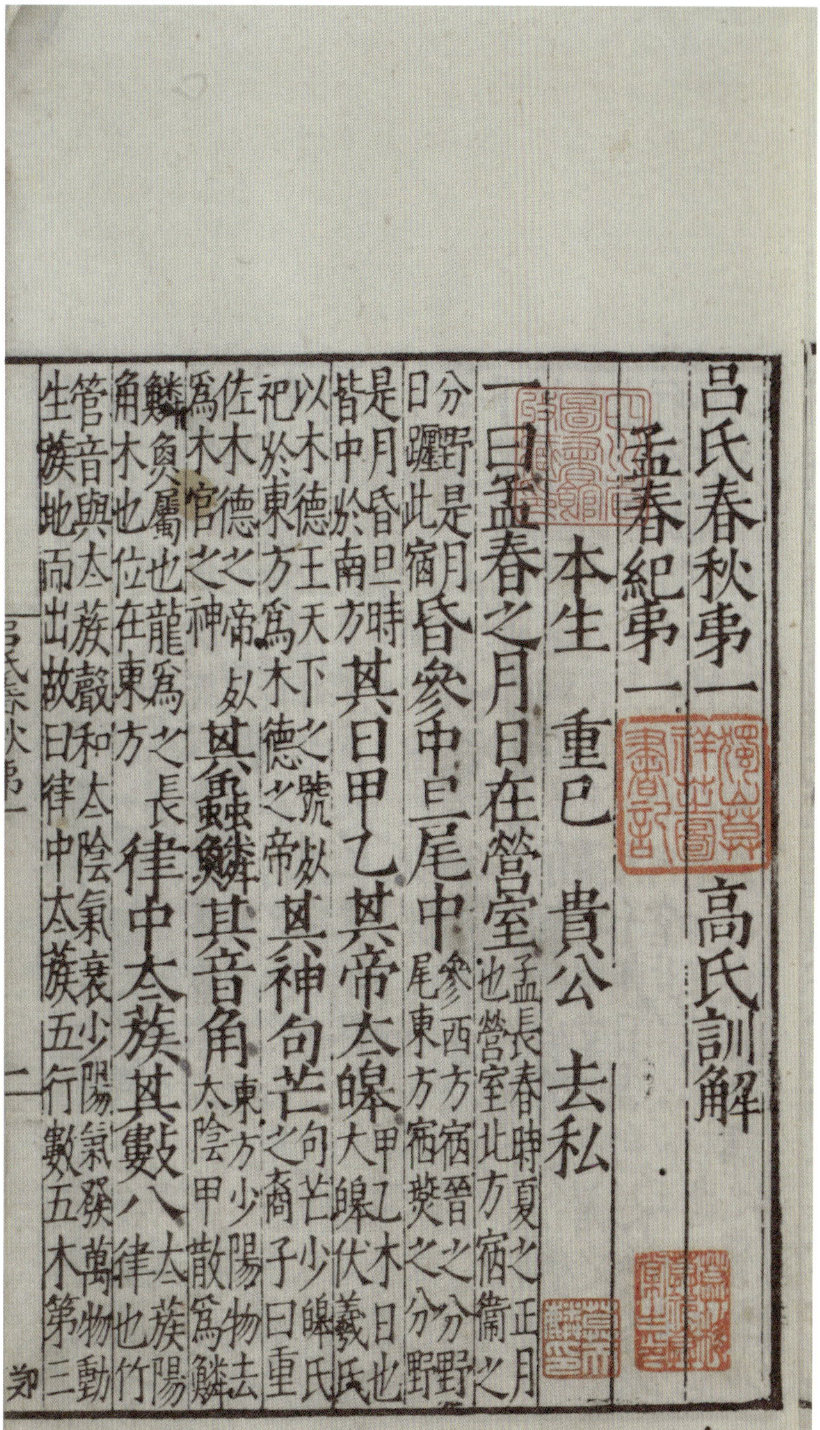
呂氏春秋第一　高氏訓解
孟春紀第一
本生　重己　貴公　去私
一曰孟春之月日在營室孟長春時夏之正月也營室北方宿衛之
分野是月日躔此宿昏參中旦尾中參西方宿晉之分野尾東方宿燕之分野
是月昏旦時皆中於南方其日甲乙甲乙木日也其帝太皞太皞伏羲氏
以木德王天下之號死祀於東方為木德之帝其神句芒句芒少皞氏之裔子曰重
佐木德之帝死為木官之神其蟲鱗其音角東方少陽物去太陰甲散為鱗
鱗魚屬也龍為之長角木也位在東方律中太蔟其數八太蔟陽律也竹
管音與太蔟聲和太陰氣衰少陽氣發萬物動生蔟地而出故曰律中太蔟五行數五木第三

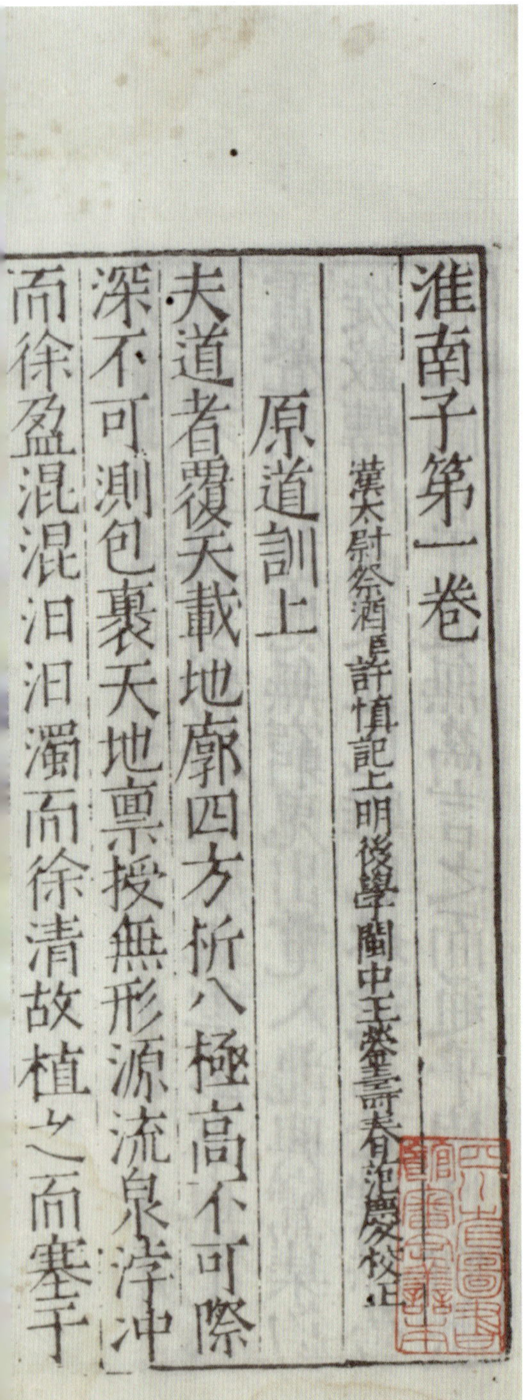
淮南子第一卷
漢太尉祭酒臣許慎記上明後學閩中王鎣壽春范慶校正
原道訓上
夫道者覆天載地廓四方柝八極高不可際
深不可測包裹天地稟授無形源流泉浡冲
而徐盈混混汩汩濁而徐清故植之而塞于

0199 淮南子二十八卷

（漢）劉安撰

明嘉靖九年（1530）王鎣刻本　六冊

匡高17.6釐米，廣12釐米。半葉九行，行十七字，白口，四周單邊。

亦稱《淮南鴻烈》。劉安（前179—前122），沛郡豐（今江蘇豐縣）人。漢高祖劉邦之孫，襲封淮南王。漢初，尚黃老道家之學，社會環境較為寬鬆，劉安憑藉其雄厚的人力財力，廣攬儒道及各家俊士，雜採先秦諸子之說，著成是書。《淮南子》繼承了先秦道家的自然無為論，大量包容儒、法、陰陽、名、墨諸家學說，有綜合有反思，體系龐雜。如《原道訓》、《道應訓》、《俶真訓》，闡發『道』的含義，提出了漢代最典型的宇宙生成論，深化了道家理論。涉及天文地理學的《天文訓》、《地形訓》，則是中國自然科學史的的重要資料。有關人體生理學與養生學的《覽冥訓》；有關民俗的《齊俗訓》；有着生動軍事辯證法的《兵略訓》；有關教育的《修務訓》；評述先秦學術的《要略》等等。總觀全書，雖然各篇主題不同，思想傾向也因作者雜多而有差異，但大體上能做到彼此協調，把全書連貫為一個整體。不少先秦原始資料也因本書得以保留下來。《淮南子》全書雖以道家思想爲基礎，全書從《老子》、《莊子》採擷的思想最多，但它的編纂方式是博採衆家之說，從這個意義上來看，《淮南子》一書的編纂不僅是對先秦百家之學的彙集、融合和反思，也是對西漢前期思想文化的概括和總結。是研究中國古代哲學、政治、軍事、思想的重要典籍，也是古代天文、曆法、地理、物候、養生乃至文學、神話、民俗探尋的珍貴資料。此二十八卷本《淮南子》，白文無注，文字亦有與諸本不同之處，為該書的最早版本，傳世不多。

四川省圖書館藏。

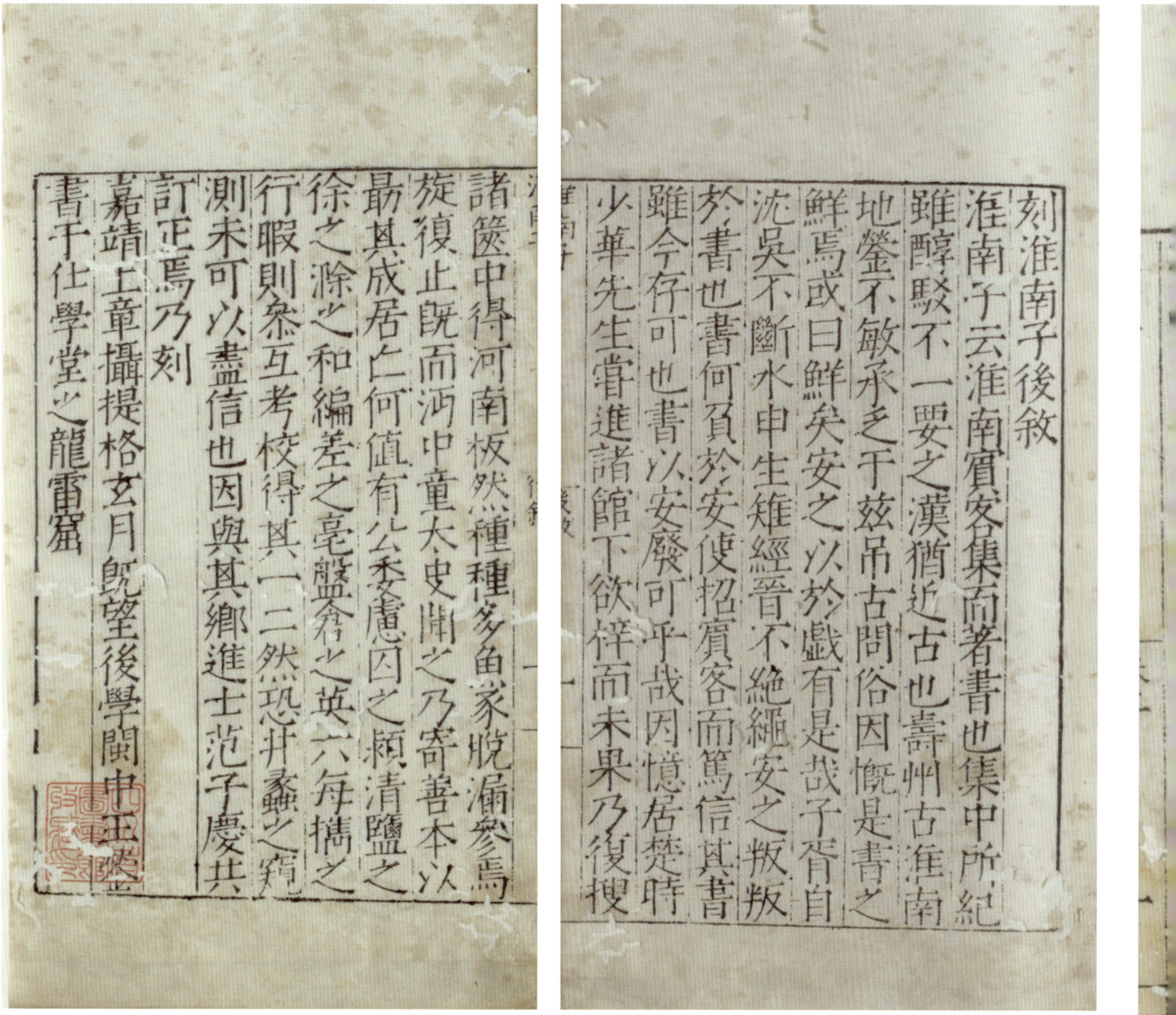

刻淮南子後叙

淮南子云淮南賓客集而著書也集中所紀雖醇駁不一要之漢猶近古也壽州古淮南地鑒不敏承乏于兹吊古問俗因慨是書之鮮焉或曰鮮矣安之以於戲有是哉子胥自沈吳不斷水中生雉經晉不絕繩安之叛叛於書也書何負於安使招賓客而篤信其書雖今存可也書以安廢可乎哉因憶居楚時少華先生嘗進諸館下欲梓而未果乃復搜

淮南子　後叙　一

諸篋中得河南板然種種多魚豕脫漏參焉旋復止既而泗中童太史聞之乃寄善本以勖其成居亡何值有公委慮因之頫清鹽之徐之滁之和編差之亳盤脊之英六每攜之行暇則參互考校得其一二然恐井蠡之窺測未可以盡信也因與其鄉進士范子慶共訂正焉乃刻

嘉靖上章攝提格玄月既望後學閩中王鑒書于仕學堂之龍雷窟

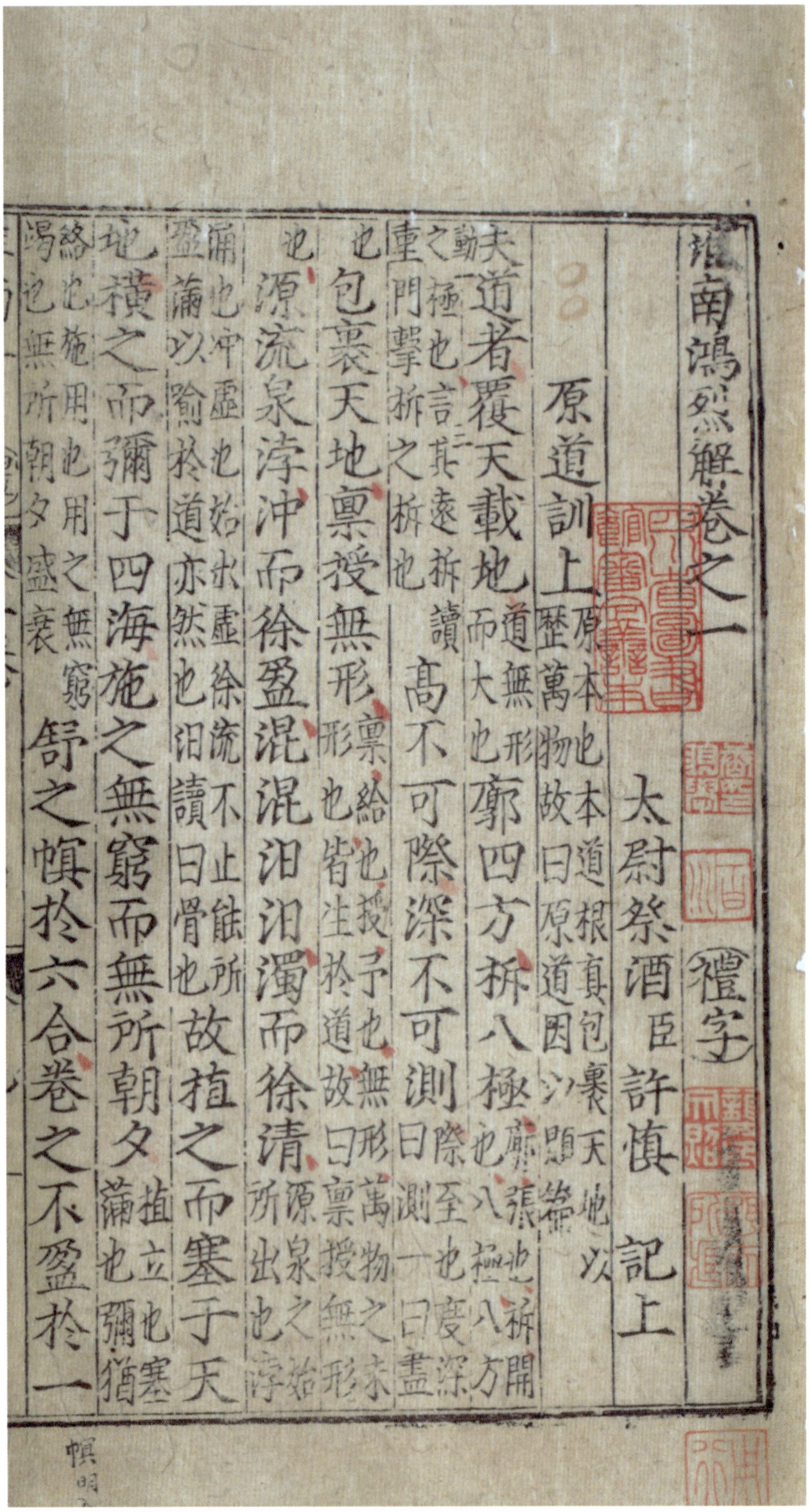
淮南鴻烈解卷之一

太尉祭酒臣許慎記上

原道訓上 原本也本道根真包裹天地以歷萬物故曰原道因以題篇

夫道者覆天載地 道無形而大也 廓四方柝八極 廓張也柝開也八極八方之極也言其遠柝讀重門擊柝之柝也 高不可際深不可測 際至也度深曰測 包裹天地稟授無形 稟給也授予也無形萬物之未形也皆生於道故曰稟授無形也 源流泉浡沖而徐盈混混汨汨濁而徐清 源泉之始所出也浡涌也沖虛也始出虛徐流不止能盈滿以喻於道亦然也汨讀曰骨也 故植之而塞于天地 植立也塞滿也 橫之而彌于四海施之無窮而無所朝夕 彌猶絡也施用也用之無窮無所朝夕盛衰 舒之幎於六合卷之不盈於一

0200 淮南鴻烈解二十八卷

（漢）劉安撰　許慎、高誘注

明安正堂刻本　七冊

匡高19.1釐米，廣12.3釐米。半葉十行，行二十一字，小字雙行同，白口，四週雙邊。有『太歲癸巳孟春安正堂重刊行』牌記。

四川省圖書館藏。

不達注以未聞唯博物君子覽而詳之以勸後學者云爾

太歲癸巳孟春
安正堂重刊行

淮南鴻烈解敘畢

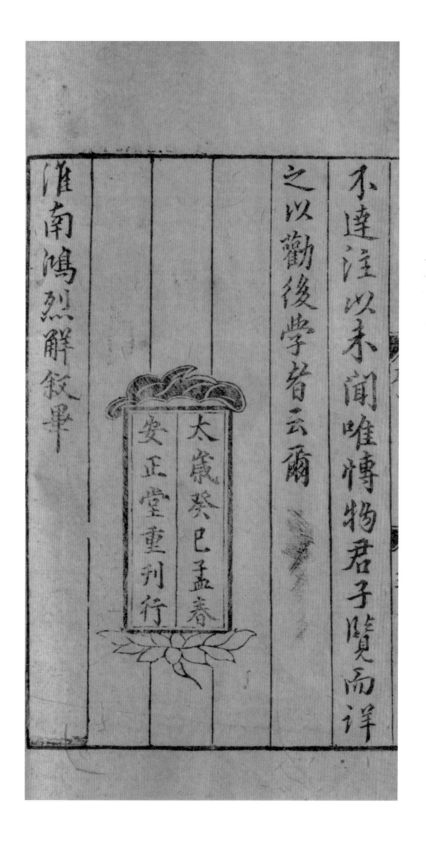

0201 論衡三十卷　（漢）王充撰

明嘉靖十四年（1535）蘇獻可通津草堂刻本　八册

匡高19.2釐米，廣14.5釐米。半葉十行，行二十字，白口，左右雙邊。

王充（27—約97），字仲任，會稽上虞（今屬浙江）人。東漢思想家。曾師從班彪，「好博覽而不守章句」，「博通衆流百家之言」（《後漢書·王充傳》）。因仕途無進，回鄉「屏居教授」，從事著述。《論衡》一書的編撰，始於永平二年（59），至永元二年（90）歷三十年撰成。書名乃「銓輕重之言，立真僞之平」之意，名之《論衡》。是書原爲八十五篇，其中《招致》篇有目無文，今實存八十四篇。《論衡》一書，涉及政治、哲學、文化、宗教諸方面，內容極廣。王充作爲一個古代辯證法唯物論者，反對宗教神學目的論，開創了元氣自然論的樸素唯物主義自然觀等，他認爲，「天地，含氣之自然也」（《談天》）。天地萬物，都由元氣構成。主張「天地合氣，萬物自生」（《自然》），元氣生生不息，帶來自然界萬物的發展變化的自然觀；認識論上，提出「事有證驗，以效實然」（《知實》），爲求「知實」，就要重視感覺器官的作用，「須任耳目以定情實」，也《實知》「天地之間，含血之類，無性（生）之者」（《實知》）。聖人知識淵博，不過是博聞多見的結果。但天地間確有「問之學之不能知曉」的「不可知之事」。強調學用一致，反對「聖人生而知之」說；他的《齊世》、《活期》等篇，體現他的反對崇古非今的歷史觀，「上古岩居穴處，衣禽獸之皮；後世易以宮室，有布帛之飾」。《齊世》這是進步和發展，主張「漢高於周」的發展進化歷史觀。王充的《論衡》一書，以「疾虛妄」的鋭利筆鋒，批判漢代盛行的感生、受命、生知、災異譴告、五行相害等各種迷信，在當代和後世都産生了很大的影響。這些都是對中國古代哲學思想史作出的重要貢獻，因而《論衡》一書為研究中國哲學史和思想史的重要文獻。《論衡》一書的傳世版本分爲十五卷本和三十卷本，二者內容都是八十四篇，僅是卷數的不同。其版本，宋元明諸代皆有，此爲明刻中至爲重要者，刊印極爲精美，具有重要的版本價值。蘇獻可，明嘉靖間吳郡人。通津草堂乃其室名。

四川省圖書館藏。

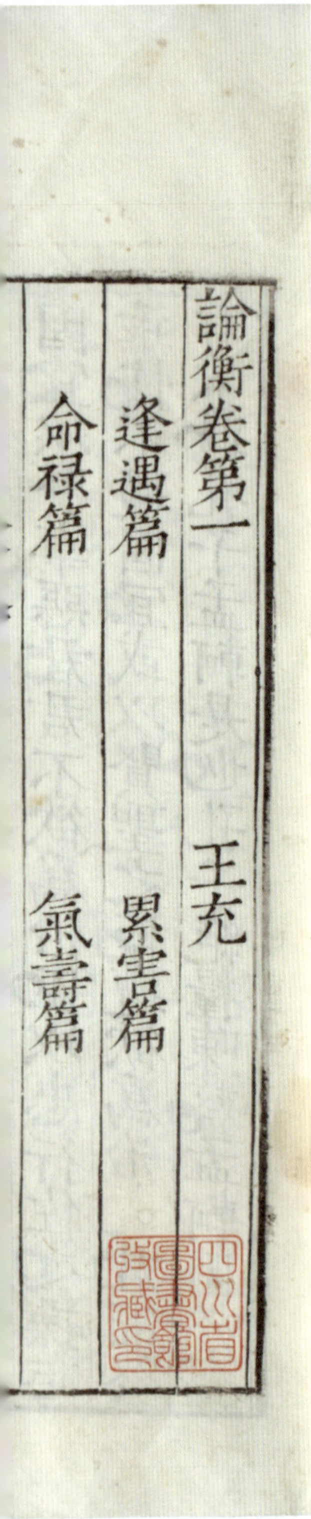

論衡卷第三十

周慈寫
陸奎刻

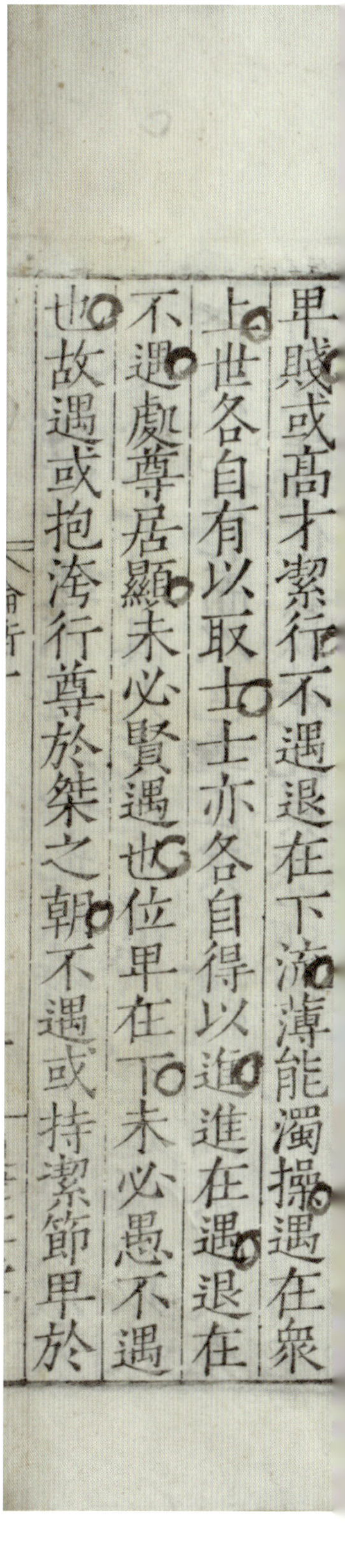
卑賤或高才潔行不遇退在下流薄能濁操遇在衆上世各自有以取士士亦各自得以進進在遇退在不遇處尊居顯未必賢遇也位卑在下未必愚不遇也故遇或抱洿行尊於桀之朝不遇或持潔節卑於

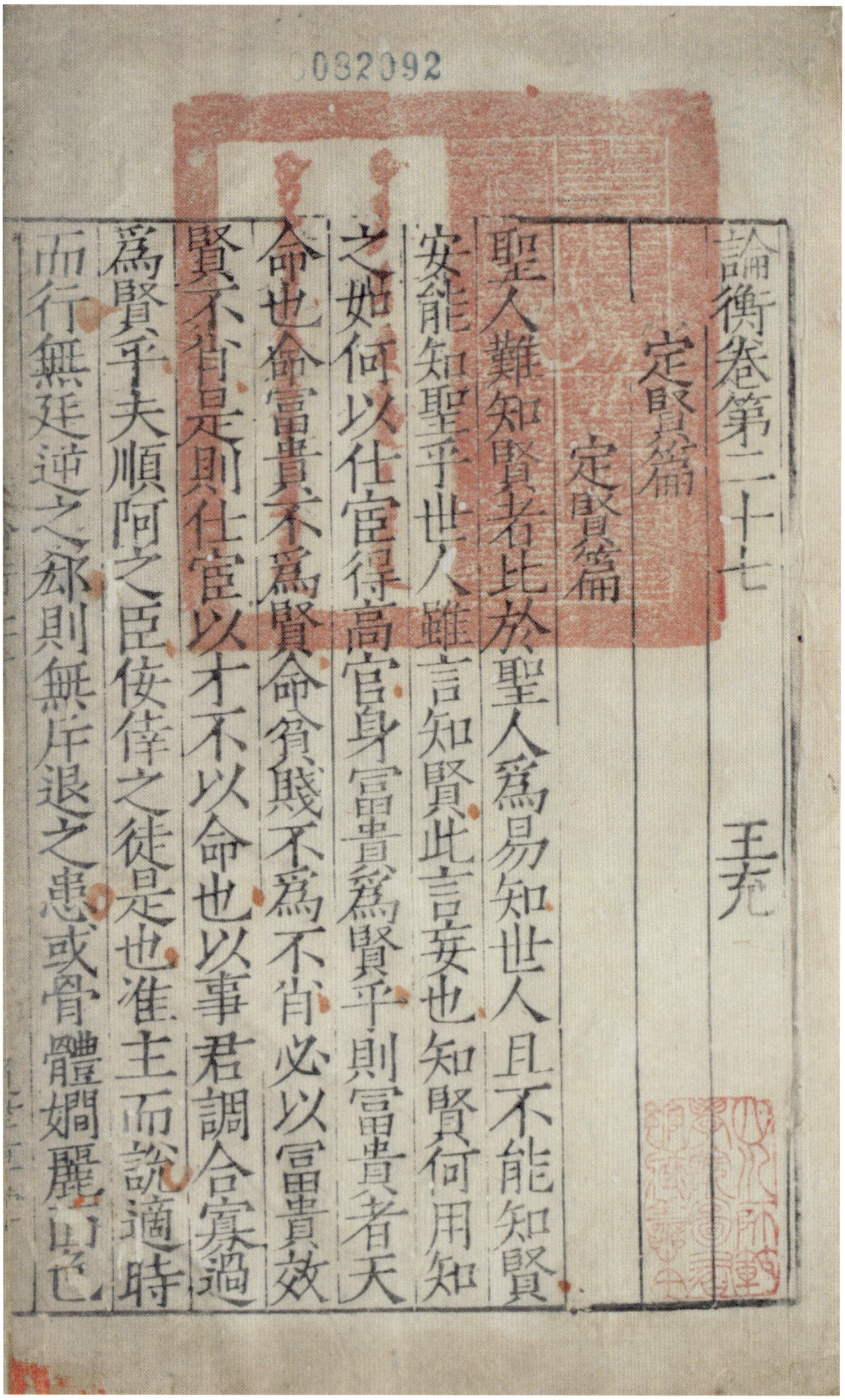
0082092

論衡卷第二十七　王充

定賢篇

定賢篇

聖人難知賢者比於聖人爲易知世人且不能知賢
安能知聖乎世人雖言知賢此言妄也知賢何用知
之如何以仕宦得高官身富貴爲賢乎則富貴者天
命也命富貴不爲賢命貧賤不爲不肖必以富貴效
賢不肖是則仕宦以才不以命也以事君調合寡過
爲賢乎夫順阿之臣佞倖之徒是也准主而說適時
而行無廷逆之郄則無斥退之患或骨體嫺麗面色

0202　論衡三十卷　（漢）王充撰

明嘉靖十四年（1535）蘇獻可通津草堂刻本　二十冊

匡高19.2釐米，廣14.5釐米。半葉十行，行二十字，白口，左右雙邊。

四川師範大學圖書館藏。

0203 元城語錄解三卷附行錄解一卷

（明）王崇慶撰

明嘉靖八年（1529）顧鐸刻本 三冊

匡高21.9釐米，廣15.2釐米。半葉十行，行二十四字，小字雙行同，白口，四週單邊。

王崇慶，字德徵，號端溪，開州（今屬河北）人。正德三年（1508）進士。官南京吏、禮二部尚書。所解者乃北宋諍臣劉安世語錄和其行錄（劉安世，字器之，魏人。從學於司馬光。以『吾欲爲元祐全人，見司馬光於地下』爲其志。爲諫官，正色立朝，扶持公道，面折廷爭，有『殿上虎』之謂）。王氏之解，頗重道學，不界儒墨，持論甚嚴，時人有『元城當日亦恐不違斯解』之謂。且『凡有所疑，必質諸師辨諸友……持冊而講，既明而浚己』。足見其為學之篤。明代士大夫有『廷爭』之好，爲之獲罪者亦不在少數，劉安世之言行恐足資效法者也，故有是解。是本傳世極稀，具有重要的版本和文獻價值。顧鐸，字孔振，山東博興（今屬山東）人。正德十二年（1517）進士。官刑部郎中、汝寧知府、太僕卿。

四川省圖書館藏。

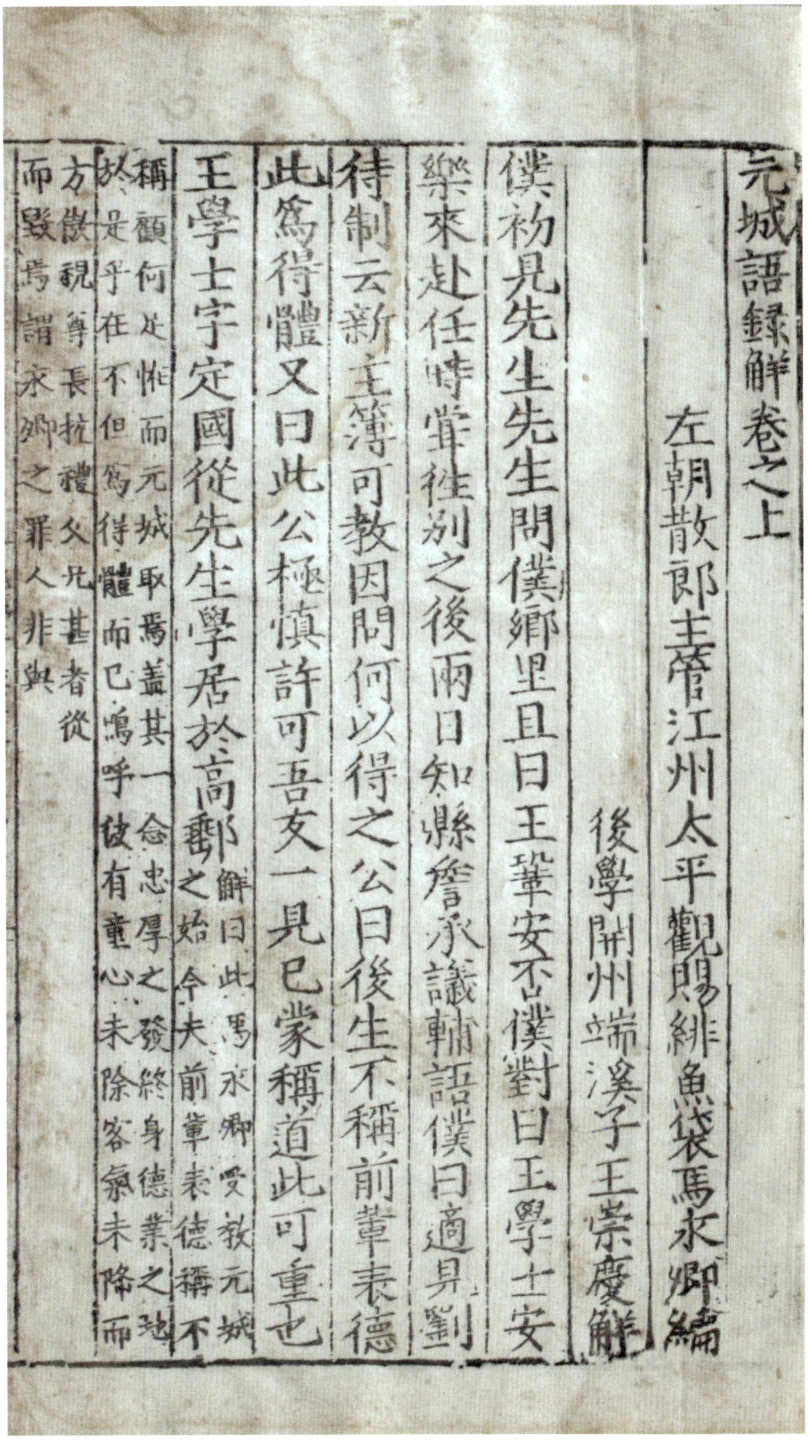

元城語錄解卷之上

左朝散郎主管江州太平觀賜緋魚袋馬永卿編

後學開州端溪子王崇慶解

僕初見先生先生問僕鄉里且曰王華安否僕對曰王學士安樂來赴任時嘗往別之後兩日知縣詹承議輔語僕曰適見劉待制云新主簿可教因問何以得之公曰後生不稱前輩表德此爲得體又曰此公極慎許可吾友一見已嘗稱道此可重也王學士字定國從先生學居於高郵

解曰此馬永卿受教元城之始今夫前輩表德稱不稱顧何足怍而元城取焉蓋其一念忠厚之發終身德業之基於是乎在不但爲得體而已嗚呼使有童心未除客氣未降而方傲視尊長抗禮父兄甚者從而毀焉謂永卿之罪人非與

0204 西溪叢語二卷　（宋）姚寬撰

明嘉靖二十七年俞宪鴸鳴館刻本　二冊

匡高18.2釐米，廣13釐米。半葉十行，行二十一字，白口，四週單邊，版心有字數。

姚寬（1105—1162），字令威，號西溪，嵊（今屬浙江）人。博洽工文。以父蔭補官，權尚書戶部員外郎、樞密院編修官。姚寬乃飽學之士，著述頗多，然多已散佚，唯一完整傳世者，《西溪叢語》也。《西溪叢語》是姚寬的筆記作品，書中的論詩較注意考究詩人遣詞用字之所本，詞義的考訂及典故出處的探討，認為詠物用事應不違實情。《四庫全書總目提要》謂此書『多考證典籍之異同』、『大致瑜多而瑕少，考證家之有根柢者也』。把姚寬定位為考據家，多有不足之處，至少是對於《西溪叢語》的史料價值有忽略之處。如在兩浙實行的《盧秉鹽法》，此法在推行過程中阻力很大，蘇軾有『邇來三月食無鹽』句，頗為誇張。是書所記，盧法的推行，是經過相當周密的調研而實施的，其結果，『公私所便，大抵不易盧法』。這是一條研究王安石熙寧新政的重要資料。《會稽論海潮碑》關於燕肅的《海潮論》的收錄，該文對潮汐的道理進行了深入的探索和論證，是一篇具有很高科學價值的論文。燕氏也是指南車和蓮花漏的發明和製造者，蘇軾有『以創物之智聞於天下』『世推其精密』的盛贊。這些是很重要的古代科技史料。除此之外，本書還記載了一些聲聞不彰的宋人的詩篇，如卷上仵盤艮翁的《仵盤詩》等。多條記敍古器物，如：琴、鏡、鼎等。還有關於古代和當代的職官制度的記載。該書所蘊藏的史料是相當豐富的，它們是研究各有關學科的歷史可資參酌的資料。俞憲，字汝成，號岳率，無錫（今屬江蘇）人。嘉靖十七年（1538）進士。歷官山東按察使。有文學，著有《鴸鳴集》。鴸鳴館乃其室名。

四川師範大學圖書館藏。

西溪叢語卷上

宋剡川姚寬撰

周易遯卦肥遯無不利肥字古作𩇯與古蜚字相似即今之飛字後世遂改為肥字九師道訓云遯而能飛吉孰大焉張平子思玄賦云欲飛遯以保名註引易上九飛遯無不利謂去而遷也曹子建七啓云飛遯離俗程氏易傳引漸上九鴻漸于陸為鴻漸于逵以小狐汔濟汔當為訖豈未辨證此耶

論語云觚不觚觚哉觚哉太平御覽引此注云孔子曰削觚而志有所念觚不時成故曰觚哉觚哉觚小器耳

0205 藏一話腴甲集二卷乙集二卷

（宋）陳鬱撰

明抄本 一冊

半葉十行，行十九字。王振聲校並跋。

陳鬱，字仲文，號藏一，臨川（今屬江西）人。宋理宗（1225—1264）時爲緝熙殿應制，又充東宮講堂掌書。生卒年不詳。宋度宗（1265—1274）對他有『文窺西漢，詩到盛唐』的贊語。《藏一話腴》為陳郁讀書治學隨筆集，內容頗雜。陳氏其人『閉戶終日，窮討編籍。足不蹈毀譽之域，身不登權勢之門』，乃特立獨行之輩。是書所記所論者，多為兩宋掌故遺聞及詩文評。岳珂有『出入經史，研究本末，具有法度。而風月夢怪，嘲戲詭誕，淫麗氣習，淨洗無遺』之評。敍事論評，直抒胸臆，頗類其人。其書可謂宋史研究的資料之一。王氏所校，所據者為毛晉抄本，校勘記甚詳。

四川省圖書館藏。

蔵一話腴甲集卷上

臨川蔵一陳 郁仲文

藝祖微時日詩云欲出未出光辣撻千山萬山如火發須臾走向天上來逐卻殘星趕卻月國史潤飾之乃云未離海嶠千山黑才到天心萬國明文氣卑弱大不如元作辭志慷慨規摹遠大寧之乎已有萬世帝王氣象也

孝廟時一名士解郡文李秩歸用押綱賞格循轉其詞曰爾以師儒之重甘從綱吏之卑衡既不愛其身朕亦何吝於賞勉進一秩以旌厥勞大哉王言

0206 草木子四卷 （明）葉子奇撰

明嘉靖二十二年（1543）王宏刻本 二冊

匡高19.8釐米，廣14.5釐米。半葉十行，行二十字，白口，四週單邊。

葉子奇，字世傑，號靜齋，又號草木子，浙江龍泉（今屬浙江）人。生卒年不詳。元末與劉基、宋濂同為浙西有名的學者。劉、宋都做了明朝的大官，而他卻只做了巴陵縣主簿。洪武十一年（1378），因巴陵縣學生獄訟被牽連下獄，憂憤鬱積，不甘沉淪，用瓦磨墨，隨時筆記，年終攜稿出獄，編次續完。自序云：『幽憂於獄，恐一旦身先朝露，與草木同腐，實切悲之。』雖爲名士，目前的處境與那些生命短暫的草木又有什麼區別呢？這大概是用『草木子』作書名的原因。是書由其裔孫葉溥輯集成編，於正德十一年（1516）刊行於世，時距原書定稿已一百三十多年了。《草木子》原稿二十二篇，正德刊印時改並爲《管窺》、《觀物》、《原道》、《鈎玄》、《克謹》、《雜制》、《談藪》、《雜俎》八篇。是書內容豐富，從天文星躔、律曆推步、時政得失、兵荒災亂以及自然界的現象、動植物的形態，都廣泛搜羅，仔細探討，在明人筆記中，頗為特殊。書中關於元朝的掌故和元末紅巾軍起義的史跡頗詳，有很多是他書所沒有述及的。《原道篇》反映了作者的佛道思想，『離物而言性，此佛氏所以淪於空寂。舍器而言道，此老氏所以溺於虛無』，特具參考價值。論禪宗的分化：『只知能作用者便是，更不論義理。所以疏通者流於恣肆，固滯者歸於枯槁。』這些關於宗教的議論，是頗有見地的；《談藪篇》關於文學的見解：『傳世之盛，漢以文，晉以字，唐以詩，宋以理學。元之可傳，獨北樂府（元曲）耳。』亦頗具見地。《草木子》一書內容涉及廣泛，論述亦頗多卓見或獨具者，所謂『探玄奥，析精微，發前人所未發』，後世評價頗高。對於元代及明初社會史諸方面的瞭解和研究，失意文人心態的瞭解，同樣是有價值的文獻。

四川省圖書館藏。

草木子卷之一上

栝蒼葉子奇世傑著

管窺篇

天始惟一氣爾莊子所謂溟涬是也計其所先莫先於水水中滓濁歷歲既久積而成土水土震蕩漸加凝聚水落土出遂成山川故山形有波浪之勢焉於是土之剛者成石而金生焉土之柔者生木而火生焉五行既具遂生萬物萬物化生而變化無窮焉

洪範五行之生成以微著為漸次蓋以數言之也水

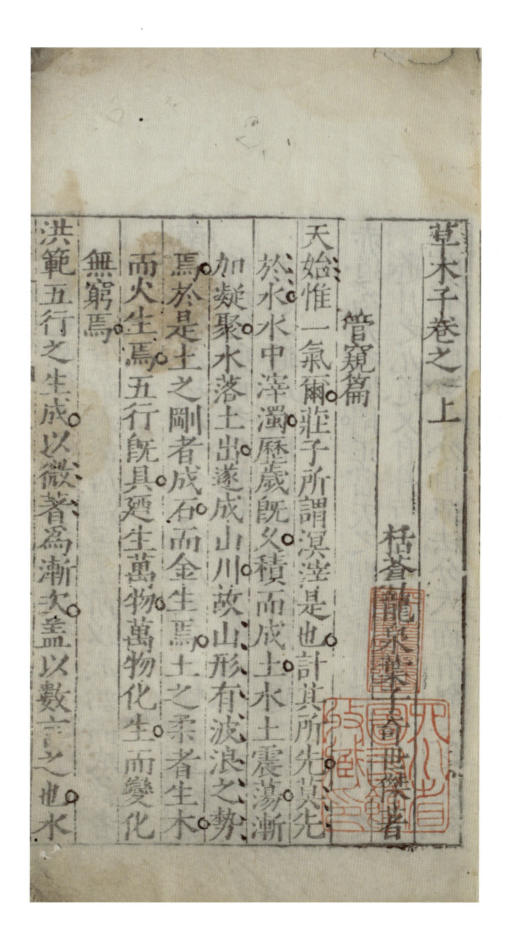

0207 古言二卷

（明）鄭曉撰

明嘉靖四十四年（1565）項篤壽刻本　二冊

匡高20.8釐米，廣13.6釐米。半葉八行，行十六字，白口，四周雙邊。

鄭曉（1499—1566），字窒甫，號淡泉，海鹽（今浙江海鹽）人。嘉靖二年（1523）進士。有『日披故牘，盡知天下阨塞、士馬虛實、強弱之数』之謂，為知兵之臣。明中倭患頻仍，曉所多抗倭之舉，並破倭於通州，且連敗之。官至兵部尚書。《明史》贊其『諳悉掌故，博洽多聞，兼資文武，所在著效，亦不愧名臣云』，頗具時望。《古言》一書，為鄭氏數十年治學隨筆集，因其通經術，習國家典故，故其著雜涉經史，或考制度，或辨成說，或議諸子，或論史地，多所評說，詳略參差。對於鄭曉其人，《四庫》有『清直端諒，號為名臣，其人足以自傳』的評價；對《古言》之其說其論，四庫館臣則多以『議論時有偏僻』、『引據不免疏舛』、『皆務為高論而不近理』譏之，是皆清儒之論，一家之言也。《古言》其書，《四庫全書》僅存其目。然鄭曉之學養，其身列中樞的地位，決定了《古言》其書於明代掌故之瞭解、治明代史不無可取之用也。是刻乃初刊者，傳世不多，文獻和版本價值自是重要。項篤壽（1521—1586），字子長，號少谿，嘉興（今屬浙江）人。嘉靖四十一年（1562）進士。授刑部主事，歷兵部郎中，仕終廣東參議。

四川省圖書館藏。

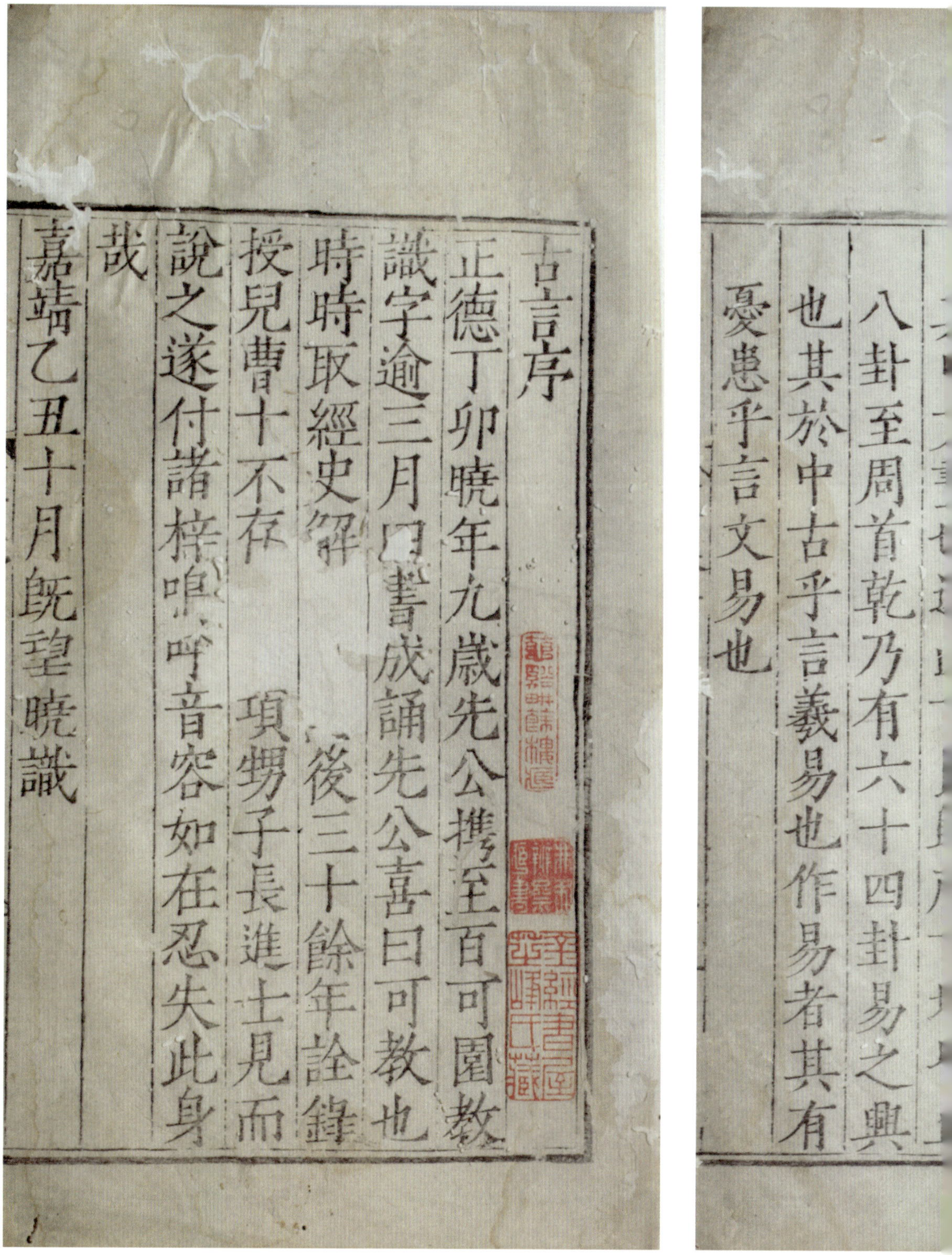

古言序

正德丁卯曉年九歲先公攜至百可園教
識字逾三月日書成誦先公喜曰可教也
時時取經史解　後三十餘年詮録
授兒曹十不存　項甥子長進士見而
說之遂付諸梓嗚呼音容如在忍失此身
哉
嘉靖乙丑十月既望曉識

八卦至周首乾乃有六十四卦易之興
也其於中古乎言羲易也作易者其有
憂患乎言文易也

0208　蓬窗日錄八卷　（明）陳全之撰

明嘉靖四十四年（1565）刻本　八冊

匡高21.8釐米，廣15.2釐米。半葉十一行，行二十一字，小字雙行不等，白口，四週雙邊。

陳全之，字粹仲，閩縣（今屬福建閩侯）人。嘉靖二十三年（1544）進士。是編分世務、寰宇、詩談、事紀四門，各二卷。以內容豐富、資料翔實著稱，尤以『世務』一門涉及明代邊務馬政、驛傳漕運、水利鹽政及地方庶務等各個方面，而且不乏依據仕宦實踐經驗的考訂或見解，對於深化明史研究和社會經濟史研究，都具有重要的參考價值，現代重編的多部古籍叢書於是書多有收錄。是書於明代嘉靖四十四年（1565）有兩次刊印，一為是刻，一為陳邦範刻本，二者不同者，惟其邊欄的單雙之別也。是刻或為其先，且傳世極罕，极具文獻價值和版本價值。

四川大學圖書館藏。

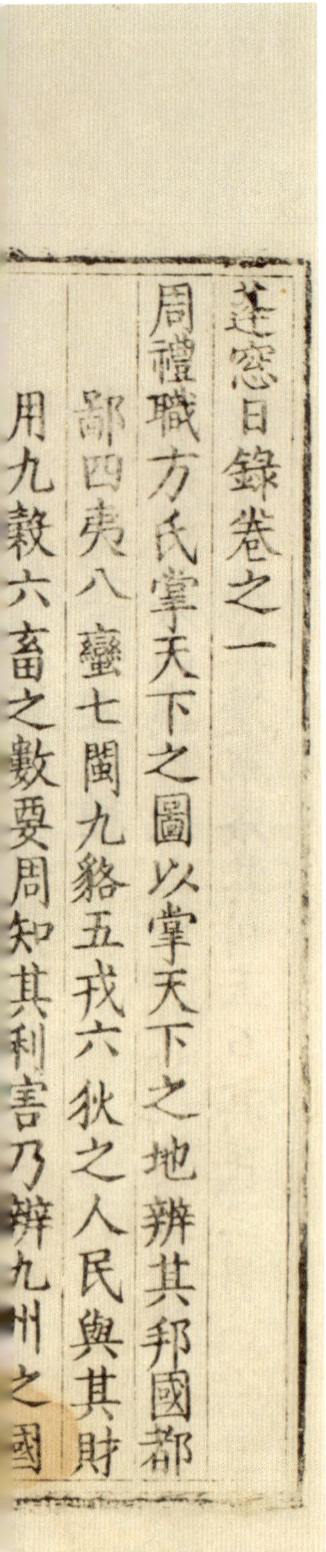
蓬窗日錄卷之一
周禮職方氏掌天下之圖以掌天下之地辨其邦國都
鄙四夷八蠻七閩九貉五戎六狄之人民與其財
用九穀六畜之數要周知其利害乃辨九州之國

其畜宜鳥獸其穀宜稻
正南曰荆州其山鎮曰衡山在今湖廣衡山縣其澤藪曰雲夢其川
江漢其浸潁湛其利丹銀齒革其民一男二女其
畜宜鳥獸其穀宜稻

謾哉然陳公語又曰人臣當順養忠
厚保合太和乃其損益要眇矣仁愛
恢恢殆長者以善養人術不在多也
余竊心慕焉或問録以詩終蓋温柔
敦厚二南所以獨盛也令顧求治于
性情乃益信陳公長者必有深念也
後菴氏曰余晚得耻菴先生遺事而
知陳録之所由来矣夫大河東下且

0209 丹鉛總錄二十七卷

（明）楊慎撰

明嘉靖三十三年（1554）梁佐刻本　十冊

匡高21釐米，廣16釐米。半葉十一行，行二十五字，白口，四週雙邊。

雜考類著作。楊慎（1488—1559），字用修，號升庵，四川新都人。明文學家。正德六年（1511）殿試進士第一，授翰林修撰。世宗時，以『諫大禮』受廷杖，謫戍雲南永昌（今保山）。『慎博覽群書，記誦之博，著述之富，明時推爲第一。除詩文外，喜為雜著，計其平生所敘錄，不下二百餘種，其考證諸書異同者，則皆以丹鉛為名。』丹鉛者，點勘之具也，所謂『校書如塵埃風葉，隨掃隨有，好古者所以丹鉛不去手也』。升庵以丹鉛名書者，多至十種，梁佐《丹鉛總錄序》謂：先生在滇，『著《丹鉛餘錄》、《摘錄》』，嘉靖二十七年（1548），盡出《三錄》、《四錄》、《別錄》、《附錄》、《閏錄》諸稿授之。是佐得於慎者，共有七種，刪除重複，重為編錄，名為《總錄》，刊行於世。是書卷帙浩繁，論古考證範圍頗廣，為楊慎一生的重要著作之一。梁佐，字應台，明滇南大理衛人。嘉靖二十六年（1547）進士。

四川大學圖書館藏。

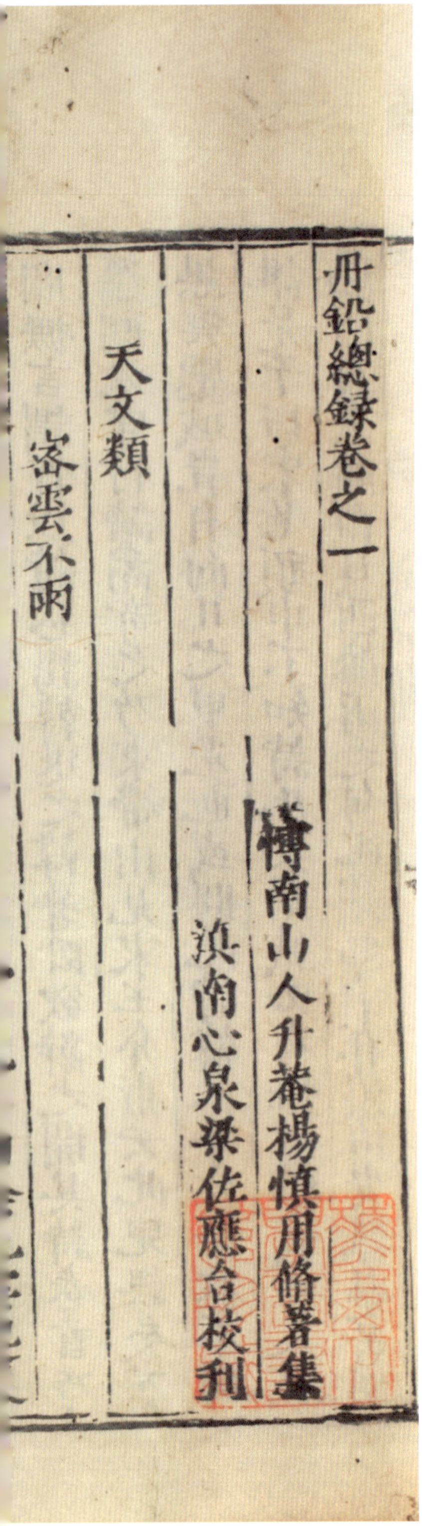

丹鉛總録卷之二

博南山人升菴楊慎用脩著集
滇南心泉梁佐應台校刊

時序類

鑽燧改火

鑽燧改火四時而五物焉朱子謂夏火太盛故再取此意料之言耳先王取火法五行也春行爲木榆柳色青以象木也木生火夏行爲火棗杏色赤以象火也火生土季夏行爲土桑柘色黄以象土也土生金秋行爲金槐檀色白以象金也金生水冬行爲水柞楢色玄象水也四時平分而夏乃有二焉何也土位在中宮而寄王於四時季夏者土之中位故月令於仲夏之後列中央土素問

驗也風雷亦然或問[illegible]方是矣南本陽而屬陰北幽陰而屬陽何也曰一陽生于子子[illegible]天之氣所始也卦又當坎北非陽而何一陰生于午午仲地之氣所始也卦又當離南非陰而何

0210 丹鉛總録二十七卷

（明）楊慎撰

明嘉靖三十三年（1554）梁佐刻本　十五冊

匡高21釐米，廣16釐米。半葉十一行，行二十五字，白口，四週雙邊。存二十六卷（卷二至二十七）。

四川省圖書館藏。

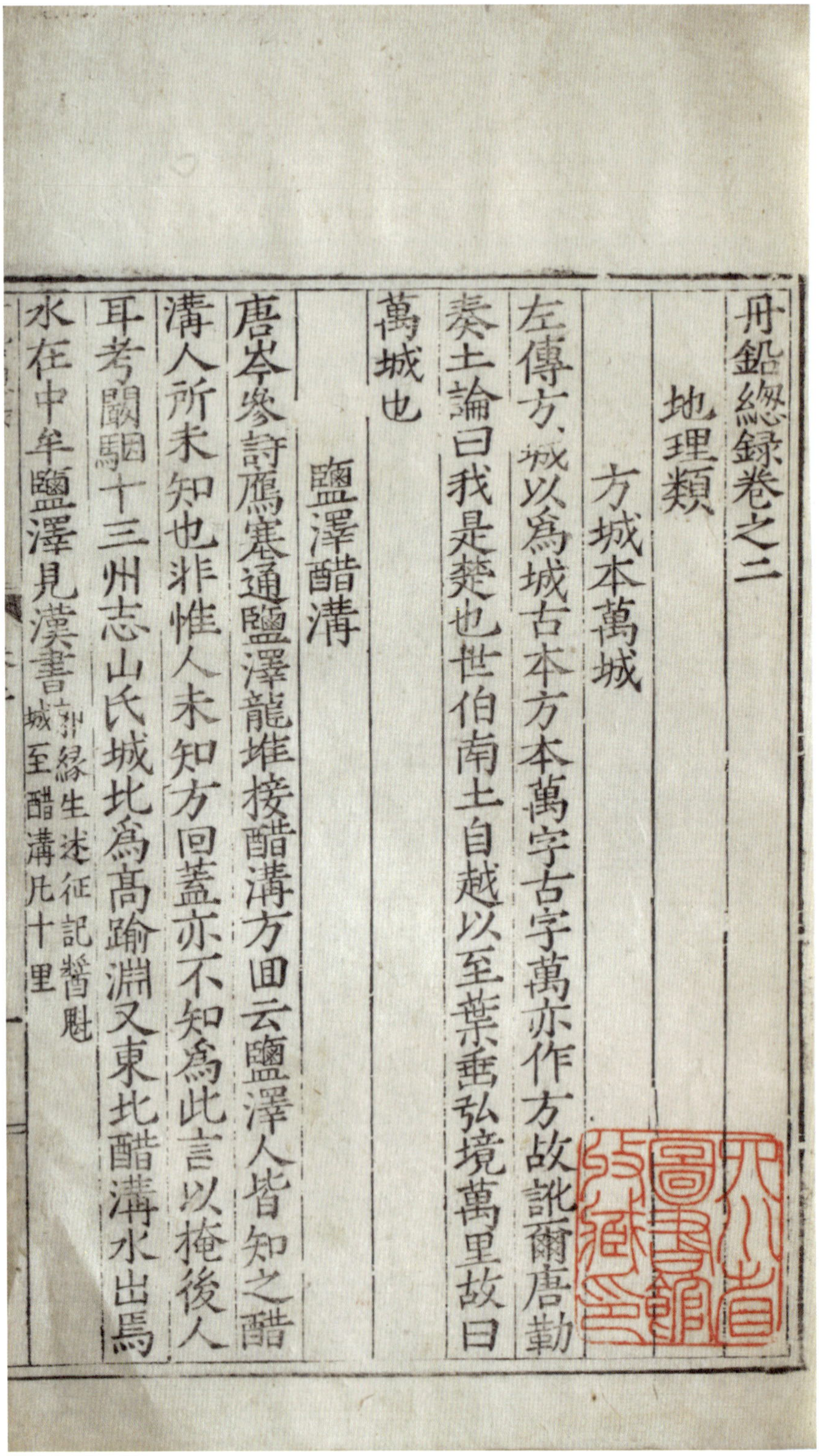

丹鉛總録卷之二

地理類

方城本萬城

左傳方城以爲城古本方本萬字古字萬亦作方故訛爾唐勒奏土論曰我是楚也世伯南土自越以至葉垂弘境萬里故曰萬城也

鹽澤醋溝

唐岑參詩鴈塞通鹽澤龍堆接醋溝方回云鹽澤人皆知之醋溝人所未知也非惟人未知方回蓋亦不知爲此言以掩後人耳考闞駰十三州志山氏城北爲高踰淵又東北醋溝水出焉水在中牟鹽澤見漢書郭緣生述征記曹魁城至醋溝凡十里

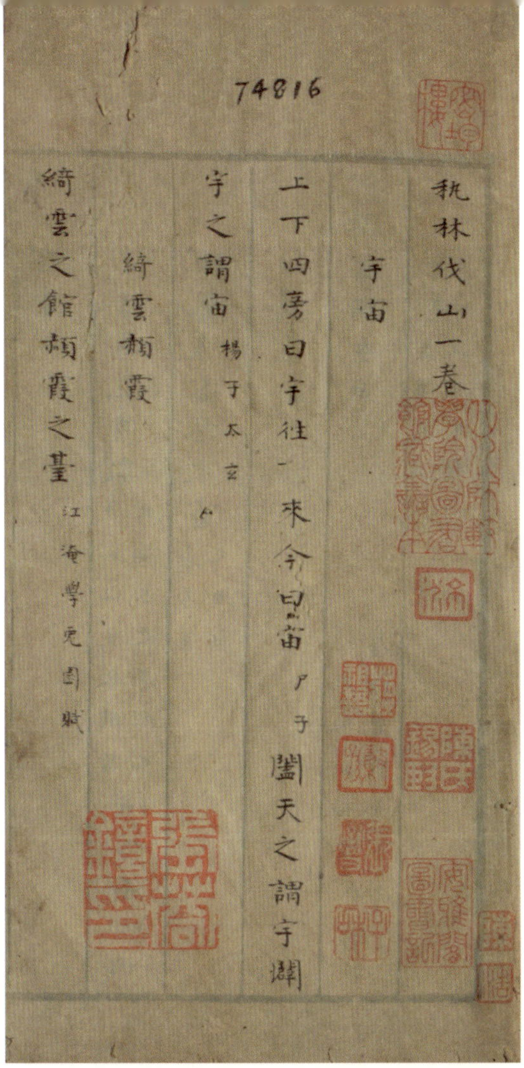

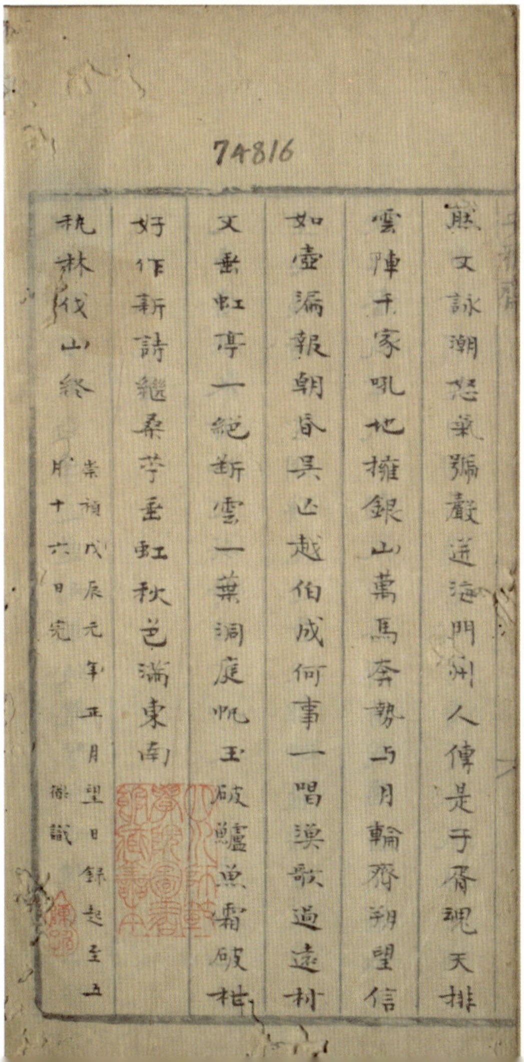

0211　秇林伐山十一卷　（明）楊慎撰

明崇禎元年（1628）陳錫堅安雅閣藍格抄本　一冊

匡高19釐米，廣11.5釐米。半葉六行，行二十字，白口。

《秇林伐山》，楊慎著述之一也。『伐山』者何？明人胡應麟在《藝林學山》中說：『用修諸撰述，獨此無敘，亦不言伐山字面所從出。按王氏（宋王銍）《四六話》云：四六有伐山者，有伐材者。伐材者，已成之柱，略加繩削而已；伐山則蒐山開荒，自我取之。伐山，生事也；伐材，熟事也。楊蓋出此。』循此，楊慎之《秇林伐山》，乃採摘古人之文新奇而不易解者，或一字一句，或一名一物，略為注釋，以備詩賦之用，如伐山取材。其所錄各條，短語碎記，初備遺忘，蓋其隨筆記錄者也。其書原非著述，後人得其遺稿，因其人而重其書，充實立論，以成是編。因其援引賅博，可為秇林增一奇也。從其內容多與《丹鉛雜錄》、《譚苑醍醐》互相出入這一點看，《丹鉛》、《譚苑》二書應源自《伐山》之錄，故其實為二書之底本也。彼此關係，所謂此稿正初伐荒山，《丹鉛》、《譚苑》則成柱材矣。此於楊氏考證之學之研究多所裨益，於古籍的閱讀、古代文化、典故的瞭解和徵引，應是一部有參考價值的典籍之一。《秇林伐山》，撰著於寓滇期間，初刊於明嘉靖三十五年（1556），又刊於隆慶六年（1572），其後萬曆間又有三次刊印本，足見用修其人其著在明時的影響。《秇林伐山》通行者為二十卷本，此明崇禎間陳錫堅安雅閣抄本十一卷，止於李太白、米元章條，異於通行的二十卷本，應系摘錄者。然其每則注引書出處，是為可取者，自有其文獻價值，亦属较为珍贵者。

四川師範大學圖書館藏。

0212　古今原始十四卷　（明）趙釴撰

明嘉靖四十一年（1562）自刻本　四冊

匡高18.5釐米，廣13.5釐米。半葉九行，行十八字，白口，左右雙邊。

趙釴（1512—1569），字子舉，一字鼎卿，桐城（今屬安徽）人。嘉靖二十三年（1544）進士，官至右僉都禦史，巡撫貴州。趙釴『志述作之林，鏡得失之致，著《古今原始》。』《古今原始》的資料編排以帝王繫之，以其朝代先後為序，條記其時期內之事。帝氏者始於遠古之天皇氏，《天皇氏·初制干支之名》，『天皇氏居天子之位，乘天之初開，即立十干以定歲；又立十二支以定時，歲時既定，民始知天道之所向矣。』這裏講的是天干地支的發明權。其後以時代為序，終於明武宗，（正德皇帝）『整理陝西糧儲』，有『西安、延綏、慶陽等府糧草，皆征折色銀兩解邊』之舉，這是一種經濟制度方面的改革。所記者，或傳說，或章制，或掌故，或事件，或藝林等，並於各條，略加按語，以注明所著者為某事之始。如《孝武皇帝》『建元元年』注云：『年之有號起於此。』這些資料涉及古代政治、經濟、軍事、文化、世俗諸多方面。然多簡略，所引者皆不注出處，若以之作為研究資料的引用，恐難足征，但也提供了一個線索。後人以此多詬病之：『此編皆考究事始，提綱列目，而採摭繁蕪，漫無別擇，又多不注所出。』（《四庫全書總目提要》）況叔祺序中認為『原始者，推始作也。一事自為一始，上自天皇，下至當代，大從六經，微至百家，窮搜博採，宇宙內事，無論巨細，必載厥始，附以己說，匪徒以資探索，亦從古得失之林所以自鏡也』。此論亦算公允，其書於古史的學習和探究，亦有參酌之用。是本為趙釴自著自刊者，其文獻和版本價值是重要和独特的。

四川大學圖書館藏。

按十干曰閼逢旃蒙柔兆彊圉著雍屠維上
章重光玄黓昭陽十二支曰困敦赤奮若攝
提格單閼執徐大荒落敦牂協洽涒灘作噩
閹茂大淵獻天皇氏居天子之位乘天之初
開郎立十干以定歲又立十二支以定時歲

十三萬三百八十五人可謂備矣其治
反不若前篇以其逾多而事逾繁
也竟其後者不知補偏救弊復
更張以求勝前之仁爲斷天下之
樸而已散之其害者不可勝言者
矣與此原始仁由作也仁載皆一事自
爲一始後之錯襲而行者其末也有
篇有不篇亦自可致說焉
素請重鐫冬桐國趙鉞書

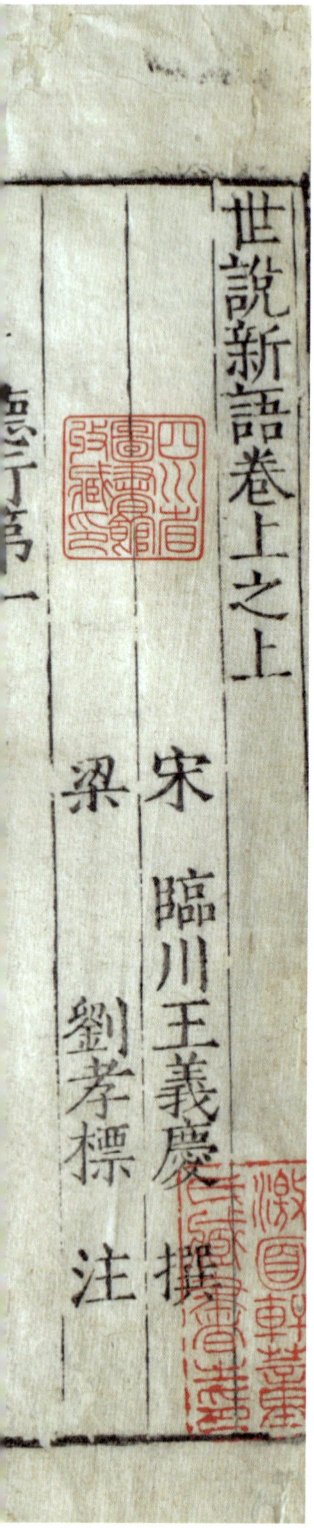

0213　世說新語三卷

（南朝宋）劉義慶撰　（梁）劉孝標注

明刻本　六冊

匡高20.7釐米，廣15釐米。半葉十行，行二十字，小字雙行同，白口，左右雙邊。

劉義慶（403—444），南朝劉宋長沙景王劉道憐次子。因臨川烈武王劉道規無子，遂過繼爲嗣，後襲封臨川王。《宋書·劉義慶傳》有『爲性簡素，寡嗜欲，愛好文義』的評述。彭城（今屬江苏）人。劉宋王朝在劉裕死後，皇室内部權力之爭十分複雜，義慶『爲全身遠禍，於是招聚文學之士，寄情文史，編撰了《世說新語》這樣一部清談之書』。雖爲東漢末年至東晉時豪門貴族和官僚士大夫的言談軼事，其簡約玄澹的語言風格，雖簡煉卻表達力極強，所刻畫的一系列魏晉風流人物的典型形象，頗具風采和時代特色，成爲後世文人雅士的案頭必備之書。梁劉孝標爲之作注。[孝標（462—521），原名法武，後更名峻，字孝標，平原（今屬山東）人。博學多才，勤於撰著，一生著述頗富。]劉注的特點在於補充史料，發明文意；考訂異說，糾駁原文；注明典實，疏釋詞語；先後互見，詳略得當。《世說新語》因其注，内容更爲豐富，人物更爲生動。故其注自問世以來，就一直與《世說新語》相輔而行，成爲不可分割的有機整體，流傳至今。劉孝標注引書達四、五百種，『所引諸書，今已佚其十之九，惟賴是注以傳』。注文已遠遠超出義慶原文。其豐富的史料爲後世史家、考據家所重視和引據。該書原名《世說》，後人為與劉向《世說》相別，又名《世說新書》，大約宋代以後才改稱今名。全書原八卷，劉孝標注本分為十卷，今傳本皆作三卷，分為德行、言語等三十六門，分類繫事。因其篇幅短小，截取精彩片斷，記載軼聞雋語。故《隋書·經籍志》將它列入小說。《世說新語》雖系小說家言，卻『體近於史』，所記皆真人真事，雖爲『叢殘短語』，然於魏晉社會政治、哲學、宗教、文學以及士人之生活風貌、心理狀態莫不有真實記錄，可謂魏晉風流之生動圖畫耳。其所保存的社會、政治思想、文學、語言等方面史料，價值很高。是書以明嘉靖十四年（1535）袁氏嘉趣堂刻本最精審，是爲明刊諸本之一，傳世不多。

四川省圖書館藏。

刻世説新語序

吳郡袁褧撰

嘗攷載記所述晉人話言簡約玄澹爾雅有韻世言江左善清談今閱新語信乎其言之也臨川撰爲此書採掇綜叙明暢不繁孝標所注能收録諸家小史分釋其義詁訓之賞見於高似孫緯略余家藏宋本是放翁校刋本謝湖躬耕之暇手披心寄自謂可觀爰付梓人傳之同好因嘆昔人論司馬氏之祚亡於清談斯言也無乃過甚矣乎竹林之儔希慕沂樂蘭亭之集咏歌堯風陶荆州之勤敏謝東山之恬鎮解

爲豫章太守海內先賢傳曰蕃爲尚書以忠正忤貴戚不得在臺遷豫章太守至便問徐孺子所在欲先看之謝承後漢書曰徐穉字孺子豫章南昌人清妙高跱超世絶俗前後爲諸公所辟雖不就及其死萬里赴弔常預炙雞一隻以綿漬酒中暴乾以裹雞徑到所赴

0214 世說新語三卷

（劉宋）劉義慶撰　（梁）劉孝標注

明刻本　六冊

匡高20釐米，廣15.2釐米。半葉十行，行二十字，小字雙行同，白口，左右雙邊。唐鴻學過錄黃丕烈校記。

黃丕烈（1763—1825），字紹武，號蕘圃，江蘇吳縣（今蘇州）人。乾隆五十三年（1788）舉人。喜藏書，精鑒別，通校勘。嘗購得宋刻百餘種，顧蒓顏其室『百宋一廛』。嘉慶間蘇州最著名的藏書家。所刊《士禮居黃氏叢書》，輯書二十二種，是一部以版本、校讎為特色的叢書。不僅刊印極精，其所附校勘記，刊正謬誤，在校勘學上有較大的成就。唐鴻學，字百川，雲南大關縣人。藏書家，清末民國時在世。

四川大學圖書館藏。

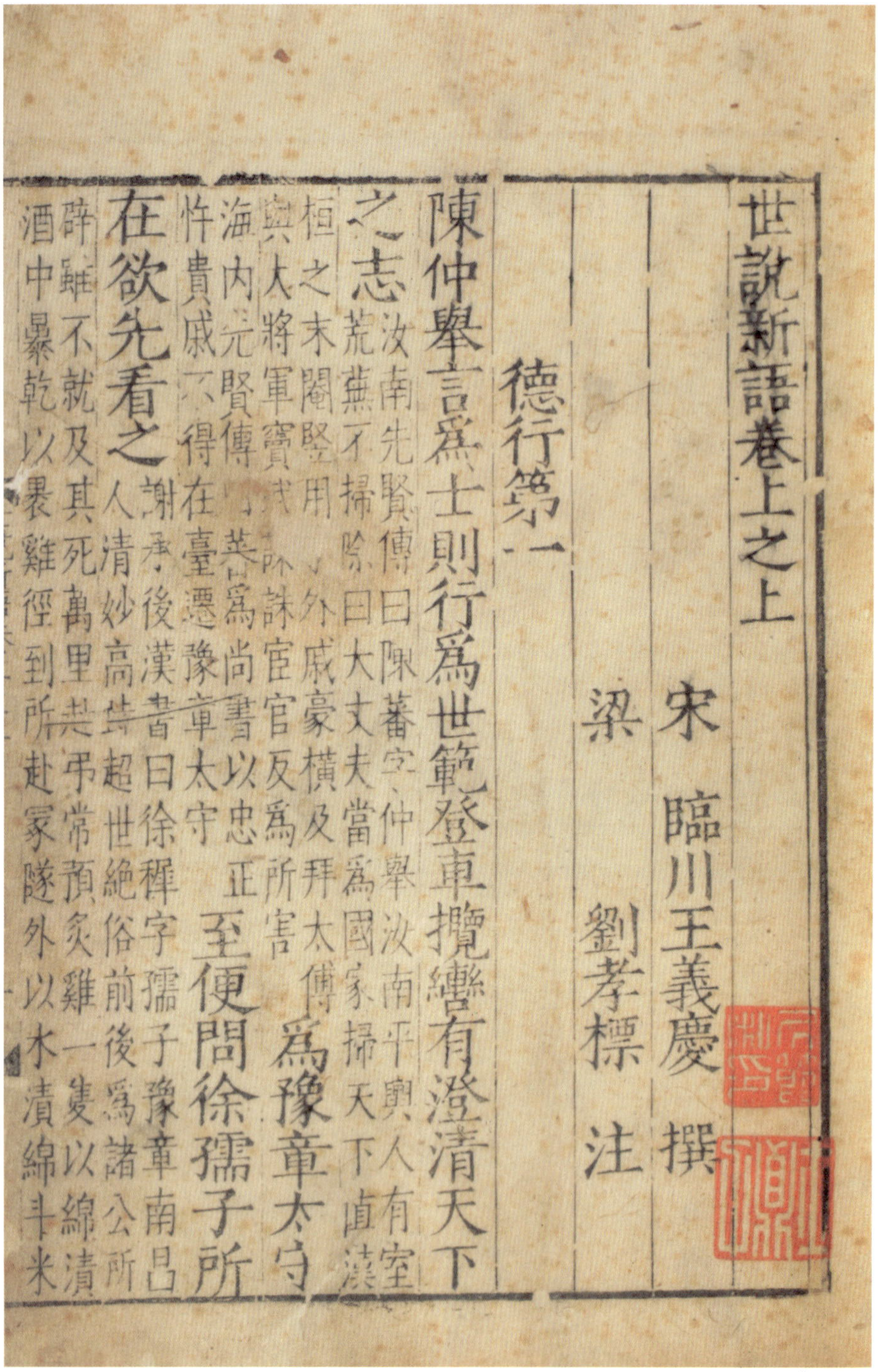
世說新語卷上之上

宋　臨川王義慶　撰

梁　劉孝標　注

德行第一

陳仲舉言爲士則行爲世範登車攬轡有澄清天下之志汝南先賢傳曰陳蕃字仲舉汝南平輿人有室荒蕪不掃除曰大丈夫當爲國家掃天下值漢桓之末閹豎用事外戚豪橫及拜太傅與大將軍竇武謀誅宦官反爲所害爲豫章太守海內先賢傳曰蕃爲尚書以忠正忤貴戚不得在臺遷豫章太守至便問徐孺子所在欲先看之謝承後漢書曰徐穉字孺子豫章南昌人清妙高峙超世絕俗前後爲諸公所辟雖不就及其死萬里赴弔常豫炙雞一隻以綿漬酒中暴乾以裹雞徑到所赴冢隧外以水漬綿斗米

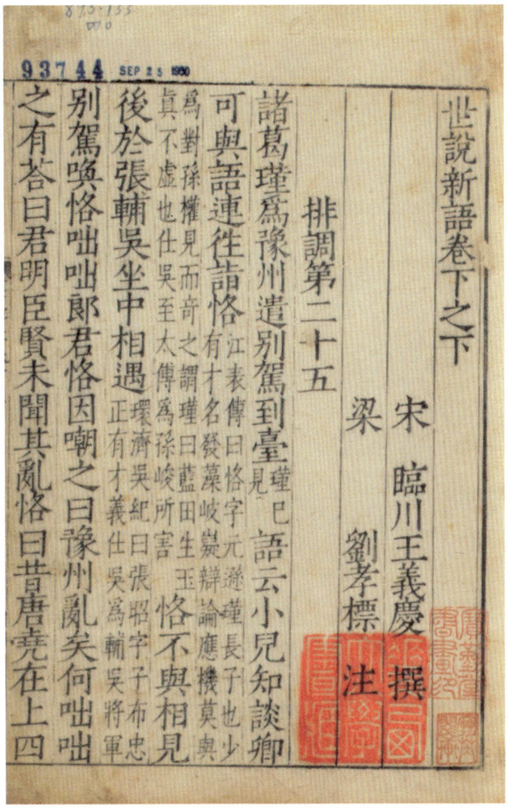

世說新語卷下之下

宋　臨川王義慶　撰

梁　劉孝標　注

排調第二十五

諸葛瑾爲豫州遣別駕到臺語云小兒知談卿瑾已見可與語連往詣恪江表傳曰恪字元遜瑾長子也少有才名發藻岐嶷辯論應機莫與爲對孫權見而奇之謂瑾曰藍田生玉真不虛也仕吳至太傅爲孫峻所害恪不與相見後於張輔吳坐中相遇環濟吳紀曰張昭字子布忠正有才義仕吳爲輔吳將軍別駕喚恪咄咄郎君恪因嘲之曰豫州亂矣何咄咄之有荅曰君明臣賢未聞其亂恪曰昔唐堯在上四

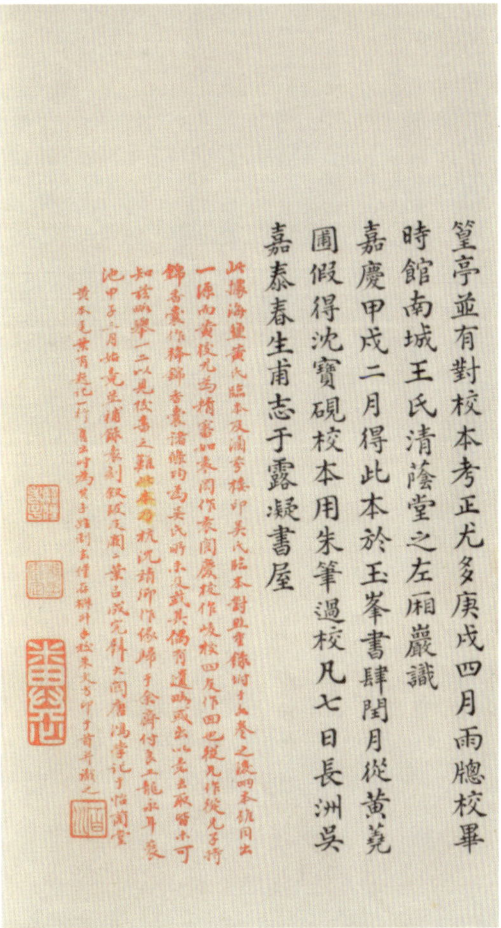

篁亭並有對校本考正尤多庚戌四月雨牕校畢
時館南城王氏清蔭堂之左廂巖識
嘉慶甲戌二月得此本於玉峯書肆閏月從黃蕘
圃假得沈寶硯校本用朱筆過校凡七日長洲吳
嘉泰春生甫志于露凝書屋

此據海鹽黃氏臨本及涵芬樓印吳氏臨本對勘重錄附于上卷之後明本雖同出
一源而實較元爲精審如秦同作秦閔慶按作岐校四反作四也從凡作從先子持
錦香囊作稱錦香囊諸條均爲吳氏所未及載其偶有遺略或出以意去取皆未可
知茲略舉一二以見校書之難此本爲杭沈靖卿作緣歸于余齋付良工能永其長
池中子三月始竟其補錄案刻敘跋及闕葉皆成完帙大開唐鴻學記于怡蘭堂

0215 孤樹裒談十卷

（明）李默撰

明刻本　四冊

匡高19.3釐米，廣13.7釐米。半葉十三行，行二十四字，白口，四週單邊。

李默，字時言，福建甌寧（今福建建甌）人。正德十六年（1521）進士。累官吏部尚書兼翰林學士。《孤樹裒談》，雜記類著作。是書所載者，皆明代事蹟，起自太祖洪武，迄於武宗正德（1368—1520）十朝一百五十年間事。體例以朝代為序，事涉帝王者，則計以年月乃至日，以繫事，頗類編年體史書。非此者，或記述前代帝王之事者，則不受此限。於明代故事、掌故、習俗、奇聞異事，博採旁收，大至國事，小至街談巷議均有所及。傅增湘論及是書，有『雜記明太祖迄武宗朝事最為纖悉』的評價。如引自《余冬稿》的明初服飾之變：元世祖『悉以胡俗變易中國之制……太祖心久厭之。洪武改元，乃詔悉複衣冠唐制』。其於元時士庶具體髮式和胡帽衣服有具體記述；明初之改易和具體髮式、冠服、配飾及在這些方面官民之別的記述，且『胡髻、胡服、胡語，一切禁止』朱元璋的與前朝決絕，可謂徹底；同時也使我們得以瞭解，明初士庶，皆着唐裝的史實。其所以如此，其一，時值明初，百廢待興，重新設計不大可能；其二，宋於元是勝朝，以宋裝為名，則更是不可能的；其三，服裝問題與一個民族的生產方式和生產力的發展水準緊密相關，服裝通過它的實際功用和與此相關的審美觀念與之相適應。而一個民族的生產方式和生活方式的變化則是一個漸進和漫長的過程，與之相應的服裝也不可能出現大的變化。因之，唐宋時代的服飾變化和區別應是不大的。況且，以唐王朝的輝煌和成就，基本上是後世所未能企及的，與之相應的唐裝，則應是古代服飾史的一個高峰，明初於服裝問題上對唐制的恢復，則應是唯一的選擇了。《孤樹裒談》所徵引者皆為明代著述，官私典籍有三十二種之多，有的典籍恐今已不存了。資料採擷，可謂雜矣，論其編排，不乏瑣散之感，皆『雜記』之故。四庫館臣有『皆委巷之談』之譏。然引述之富，其文獻於治明史或可徵引參酌，其資料價值是明顯的。李默以正德十六年（1521）成進士，是年四月，武宗崩，世宗得承大統，是書之撰，應是世宗朝的嘉靖（1522—1556）年間了。此十卷本之《孤樹裒談》，明代僅此一刻，雖無法確定具體的刻印時間，然視其風貌，當距成書之時不遠，應是《孤樹裒談》的最早刊本。且傳世不多，文獻和版本價值重要。

四川省圖書館藏。

孤樹裒談卷之一　甲集

太祖上之上洪武紀元

我

太祖高皇帝微時嘗託身濠之皇覺寺旋丁兵亂寺僧散去
上祝伽藍神以竹筊卜吉凶曰若容我出境避難則以陽報守
舊則以陰報祝訖擲筊一俯一仰如是三四後祝曰出不許
入不許神其欲我從戎而後昌乎則請如前暨之再擲如前
上驚悔以為难後祝而擲其一卓立知神意有在乃帰滁陽時
至正壬辰閏三月也昔宋太祖微時被酒入南京高辛廟香
案有竹杯筊因取以占已之名位以一俯一仰為聖筊自小
校而上至節度使一一擲之皆不應忽曰过則為天子乎一

0216 何氏語林三十卷

（明）何良俊撰

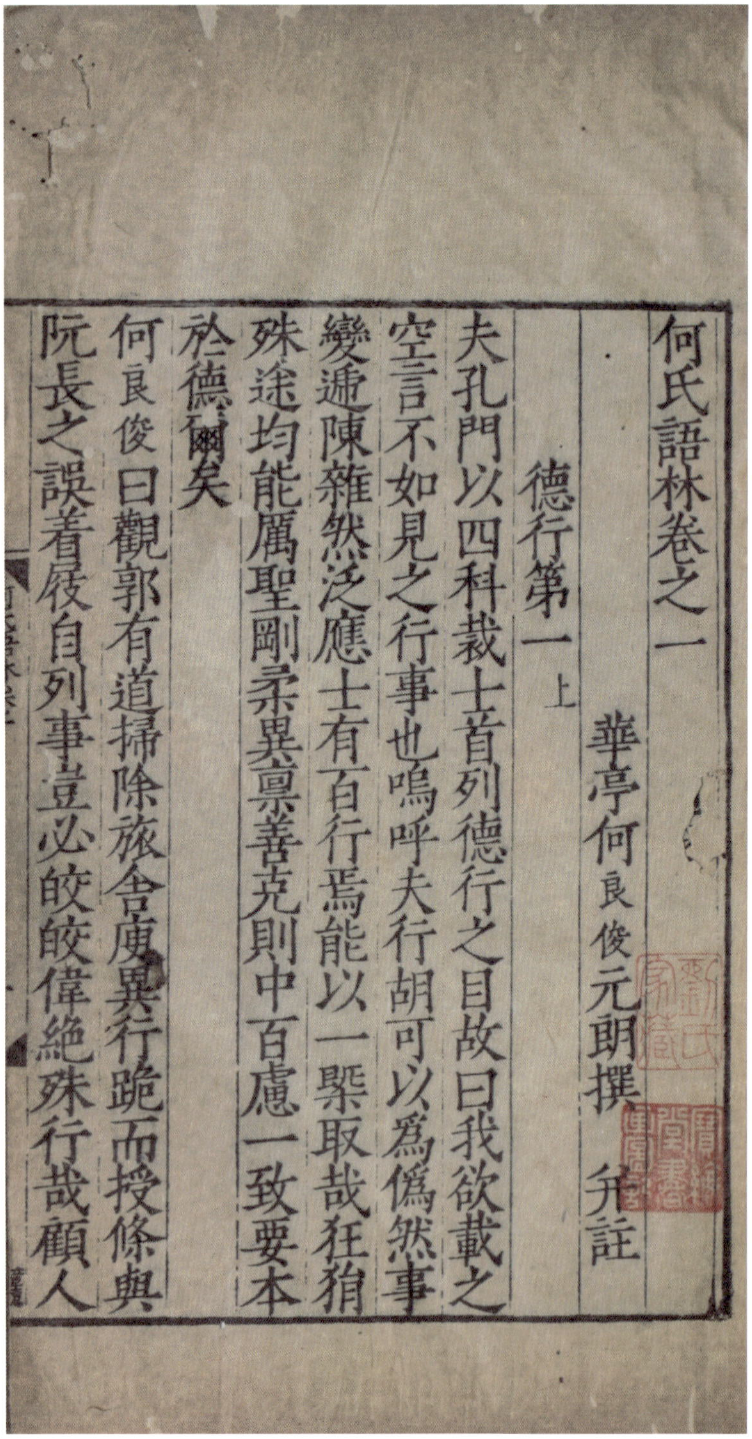
何氏語林卷之一

華亭何良俊元朗撰 并註

德行第一上

夫孔門以四科裁士首列德行之目故曰我欲載之空言不如見之行事也嗚呼夫行胡可以爲僞然事變遞陳雜然泛應士有百行焉能以一槩取哉狂狷殊途均能厲聖剛柔異禀善克則中百慮一致要本於德爾矣

何良俊曰觀郭有道掃除旅舍庾異行跪而授條與阮長之誤着屐自列事豈必皎皎偉絶殊行哉顧人

明嘉靖二十九年（1550）何氏清森閣刻本　十六册

匡高23釐米，廣15.1釐米。半葉十行，行二十字，小字雙行同，白口，左右雙邊。

何良俊（1506—1573），字元朗，號柘湖居士，松江華亭（今屬上海）人。以歲貢授翰林院孔目。有藏書四萬卷。清森閣乃其室名。《何氏語林》因襲東晉裴啓有《語林》（已佚）一書，成《何氏語林》，並依劉義慶《世説新語》體例，全書分德行、言語、政事、文學、言志等三十八門，其中三十六門皆《世説新語》之舊例，增益者，惟『言志』、『博識』二門，以類相從，專記人事。所輯者，上起兩漢，下訖宋元，千餘年間，正史所列，傳記所存，奇蹤勝踐，漁獵靡遺，凡二千七百餘條。每條之下又仿劉孝標《世説新語注》例，自爲之注。其注多採掇舊聞，『剪裁鎔鑄』而成，間有考證，亦算確核；於諸書舛互，多所訂正。雖引證頗爲博贍，論次卻也簡潔雋雅，與《世説新語》幾無二致，實爲《世説新語》之賡續者也。此嘉靖二十九年何氏清森閣刻本，爲是書之最佳版本。

四川師範大學圖書館藏。

0217 悦容編評林一卷

（題）長水天放生輯　（明）屠隆評

明刻朱墨套印本　二冊

匡高19.2釐米，廣14.1釐米。半葉七行，行十七字，白口，四週單邊。

所題『天放生』無考。評點者屠隆（1542—1605），字緯真，一字長卿，鄞（今屬浙江）人。萬曆五年（1577）進士。除潁上知縣，遷禮部主事。罷歸，以賣文爲生。《悦容編評林》為明代所謂的『閨中清玩之秘書』，它的成書應是在明代的萬曆時期。這個時期的明代社會，國家政治的基本穩定，促進了經濟的發展，出現了商業發達，城市繁榮；思想意識形態方面的容忍度相對寬鬆，帶來文化的繁華，各種形式反映市民意識、關注世俗文化的文學作品和其著作的大量出現，社會呈現一種相對的開放形態。《悦容編評林》之類的著作，在這時出現，則是必然的了。中國自古以來，有『女為悦己者容』的觀念，其實也是對婦女日常生活苛嚴要求的具體體現之一。然而這個『容』並非僅指外在的容貌要求，婦女要具備各個方面的內在素質修養：如持家技能、藝術才幹、道德修養等，方能為人所『悦』，且關乎婦女自身的名節事功，故應有一定的規範要求。《悦容編評林》從女子日常生活中的居家、裝飾、情緣、社交、學識諸多方面提出了自己的看法。但這些看法和敘述，若以朱夫子的要求來衡量，就做不到盡善盡美了。是書具有文字簡潔生動，評點之語亦頗具真情的特點。這個屠隆應是一個具有真性情，思想相對活躍，對婦女具同情心的文人。對於明人的審美觀和生活情趣的瞭解，是有價值的資料。此書傳世極罕，具有重要的文獻價值和版本價值。

四川省圖書館藏。

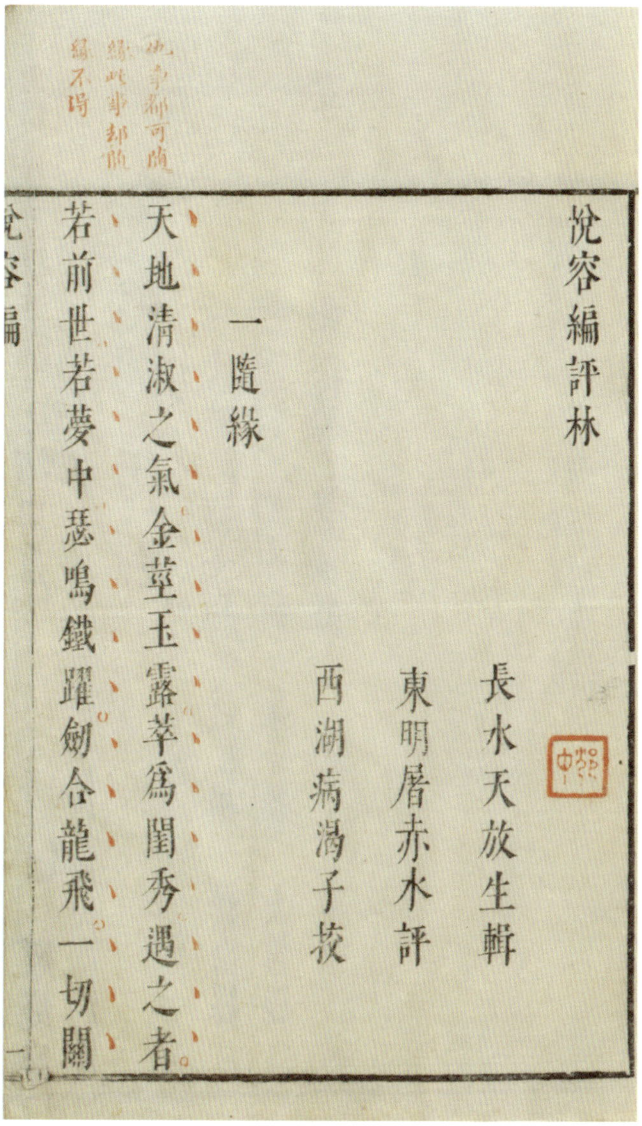

如此陳設故自雅韻

六博古

女人識字便有一種儒風故閱傳奇觀圖畫是閨中學識如大士像是女中佛何姑像是女中仙木蘭紅拂女中之俠以至舉案提甕截髮丸熊諸美女遺照皆女中模範閨閣宜懸如宮閨傳烈女傳諸家外傳豔異編金瓶梅水滸傳拜月亭西廂三弄玉茗堂還魂二

0218 聊齋志異十二卷

（清）蒲松齡撰

清乾隆初黃炎熙鈔本　十冊

半葉十行，行三十六字。存十卷（卷一、三至十一）。康生校。

蒲松齡（1640—1715）字留仙，一字劍臣，號柳泉居士，淄川（今山東淄博）人。清代文學家，小說家。『聊齋』爲其書屋名稱。《聊齋志異》爲蒲松齡壯年時期所創作的短篇小說集，收有文言短篇小說四百九十一篇。這些小說，題材廣泛，內容豐富。它成功地塑造了衆多的藝術典型，人物形象鮮明生動，故事情節曲折離奇，結構佈局嚴謹巧妙，文筆簡練，描寫細膩，藝術成就很高，堪稱中國古典文言短篇小說之巔峰。《聊齋志異》的傳世版本，除僅存二百三十一篇的稿本外，通行本爲十二卷本的乾隆三十一年（1768）趙氏青柯亭刻本、乾隆鑄雪齋抄本及後世據之刊印諸本。此黃炎熙鈔本據今人袁世碩考證，當是選鈔自鄭方坤自山東帶回的鈔自蒲氏後裔所藏稿本的全鈔本。從是本所存卷次看，蒲氏原稿所釐也應是十二卷。抄者黃氏無考。康生曾於一九六三年六月借閱是書，寫有校記三十餘條。其中《聊齋・唐序》中的校文云：『今再得其一卷』，異史本作『再得其全集』，『一卷』與『全集』區別甚大。至於《異史本》，康氏在致四川大學圖書館的信中又有提及，云：『看來，現有各本，當以異史本爲最好』。是本或爲康氏所獨有，未見著錄，具體內容不得而知。據此，此黃氏抄本於《聊齋志異》一書的版本校勘自有其價值。

四川大學圖書館藏。

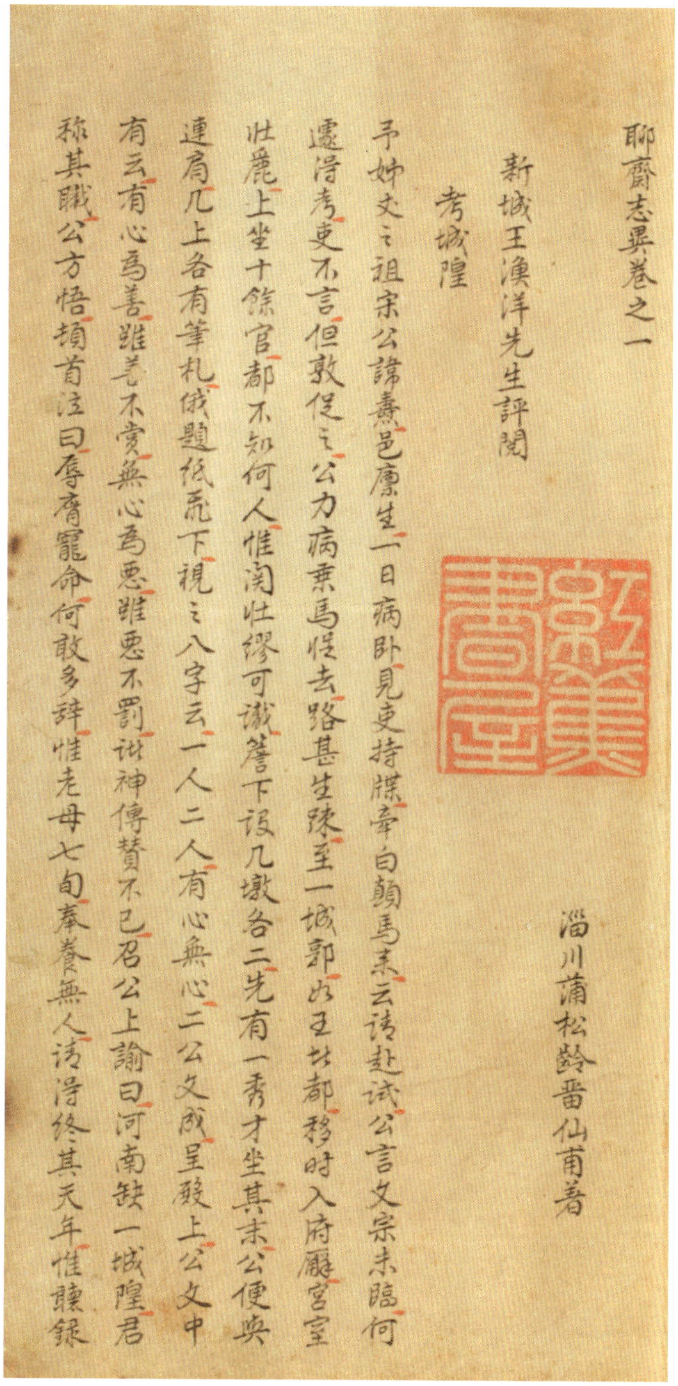

聊齋志異卷之一

新城王漁洋先生評閱

淄川蒲松齡留仙甫著

考城隍

予姊丈之祖宋公諱燾邑廩生一日病卧見吏持牒牽白顛馬來云請赴試公言文宗未臨何遽得考吏不言但敦促之公力病乘馬從去路甚生疎至一城郭如王者都移時入府廨宮室壯麗上坐十餘官都不知何人惟關壯繆可識簷下設几墩各二先有一秀才坐其末公便與連肩几上各有筆札俄題紙飛下視之八字云一人二人有心無心二公文成呈殿上公文中有云有心爲善雖善不賞無心爲惡雖惡不罰諸神傳贊不已召公上諭曰河南缺一城隍君稱其職公方悟頓首泣曰辱膺寵命何敢多辭惟老母七旬奉養無人請得終其天年惟聽錄

0219　藝文類聚一百卷　（唐）歐陽詢撰

明嘉靖六年至七年（1527—1528）胡纘宗、陸采刻本　二十冊

匡高22.3釐米，廣16釐米。半葉十四行，行二十八字，白口，左右雙邊，版心有字數。

歐陽詢（557—641），字信本，潭州臨湘（今湖南長沙）人。仕隋爲太常博士，入唐官至太子率更令，弘文館學士，封渤海縣男。唐代書法家。事蹟詳《唐書》本傳。是書據其自序，蓋亦奉詔所作。《唐書·藝文志》注令狐德棻、袁朗、趙宏智同修。在《藝文類聚》之前已有二十多種類書問世，歐陽詢認為以往的類書，如《流別》、《文選》專取其文；《皇覽》、《遍略》直書其事。文義既殊，尋檢難一。如果要查找與某事相關的詩文，則需要去翻檢總集，因此『文』與『事』的分離是前代類書的一大缺陷，給使用者造成極大的不便。《藝文類聚》全書分天部、歲時部、地部、州部、郡部……災異部，共計四十六部。採集經史子集各種書中資料，分類按目進行編次，採取『事與文兼，匯為一編』，故事居於前，詩文列於後的新體例，大致按作品時代的先後順序排列。所引故事，都注出書名；所引詩文，都注出時代、作者和題目，並按不同的文體用[詩]、[賦]、[贊]、[箴]等文字標明類別。《藝文類聚》在資料的徵引中加大了文學的比重，所引用的唐以前的古籍達一千四百三十一種，這些書到南宋時已大多失傳，現存者不足十分之一。大量自漢到隋的詞章名篇因《藝文類聚》得以保存下來，這些資料多爲唐以前的古本，爲其他唐宋類書所不及。因此，明清以來學者無不把它作爲輯佚的寶藏。如明馮惟訥《古詩紀》、清嚴可均《全上古三代秦漢三國六朝文》、王謨《漢唐地理書鈔》等，都從中輯出許多珍貴文獻。《藝文類聚》較於之前諸類書，有檢索便利，資料廣博的特點。有俾覽者易爲功，作者資其用之效。《藝文類聚》事與文並舉的編纂體例對後世的類書編纂影響極大，如宋之《事文類聚》，明之《永樂大典》，清之《淵鑑類涵》、《古今圖書集成》等，無不遵循此例。傳世《藝文類聚》較早的版本，除一種宋刊本外，餘皆明代刻印者，此為明刊諸本中較早刊本之一，具有重要的文獻和版本價值。胡纘宗（1480—1560），初字孝思，更字世甫，號可泉，自號鳥鼠山人，秦安（今甘肅）人。正德三年（1508）進士。官至右副都禦史，巡撫山東、河南。著述頗豐。陸采（1497—1537），初名灼，字子玄，號天池山人，長洲（今屬蘇州）人。不屑守章句。年十九，作《王仙客無雙傳奇》（一名《明珠記》），名重一時。有《冶城客論》、《太山稿》。

四川師範大學圖書館藏。

藝文類聚卷第一

唐太子率更令弘文館學士歐陽詢撰

天部上　天　日　月　星　雲　風

天

周易曰大哉乾元萬物資始乃統天雲行雨施品物流形大明終始六位時成時乘六龍以御天乾道變化各正性命　又曰立天之道曰陰與陽　又曰天行健　尚書曰乃命羲和欽若昊天　又曰皇天震怒命我文考肅將天威　禮記曰天地之道博也厚也高也明也悠也久也日月星辰繫焉萬物覆焉　論語曰天何言哉四時行焉百物生焉　老子曰天得一以清　春秋繁露曰天有十端天地陰陽水土金木火人凡十端天亦喜怒之氣哀樂之心與人相副以類合之天人一也　爾雅曰穹蒼蒼天也春爲蒼天夏爲昊天秋爲旻天冬爲上天　春秋元命苞曰天不足西北陽極於九故天周九九八十一萬里　渾天儀曰天如雞子天大地小天表裏有水地各乘氣而立載水而浮天轉如車轂之運　黃帝素問曰

0220 初學記三十卷

（唐）徐堅等輯

明嘉靖十年（1531）錫山安國桂坡館刻本　二十四冊

匡高20.6釐米，廣16.3釐米。半葉九行，行十八字，小字雙行二十四字，白口，左右雙邊。

徐堅（659—729），字元固，湖州長城（今浙江長興）人。進士及第。歷官則天、中宗、睿宗、玄宗四朝，至右散騎常侍、集賢院學士，封東海郡公。《初學記》是唐開元（713—741）中，徐堅等奉玄宗之命，仿《藝文類聚》體例所編撰的一部類書。因是爲皇子問學習文查事用典之便，故以《初學記》名之。成書於開元十五年（727）。全書分天、歲時、地、州郡、帝王……寶器（附花草）、果木、獸、鳥（附鱗介、蟲）等二十三部，部下分子目，如人部，就有二十子目，共三百一十三個子目。每個子目內又分敍事、事對、詩文三個部分。『敍事』引古書有關事物掌故之記載，對本目作概括敍述；『事對』彙集所取古代故事或文句熔鑄成對偶詞名；詩文，輯錄古今有關的詩文歌賦。特别是其中的『敍事』部分，不是簡單的資料排列，而是經過精心編纂，將類事連貫起來，成爲一篇文章，等於對子目標題作了一番源源本本的說明，而更具知識性。如卷二十八果木部•松第十三：[敍事]《說文》曰：松，木也，從木，公聲。古文榕，从木容声。《尚書》：青州，厥貢岱畎絲、枲、鉛、松、怪石。郭氏《玄中記》曰：松脂淪入地中，千歲爲伏苓。劉向《神仙傳》曰：偓佺好食松實，能飛行，速如走馬。以松子送堯，堯不能服。松者，橫也。時受服者，皆至三百歲……。引證諸書來解釋有關松樹的各個方面。[事對]在『松』這一子目下有『棲鸞，系馬』、『鹿尾，龍形』、『偃蓋，飛節』……幾個聯句。後引用古籍原文，講述與松有關的故事，並注明出處。如『偃蓋』，出自《玉策記》：『千歲松如偃蓋』。『系馬』出自劉琨《扶風詩》『系馬長松下，歇鞍高嶽頭。烈烈悲風起，冷冷澗水流。』《初學記》所取材者，群經諸子，歷代詩賦及唐初詩文，其中不乏有關歷史、地理、民俗方面的資料。分門别類，以類相從，既便於臨文時檢查事類和辭藻，還提供了可供參考的範文。於後世的類書編撰有較大的影響。《初學記》引書廣泛，不少初唐以前的古籍絕大部分已經亡佚，這些資料因其徵引得以保存下來，實際上已經起到了第一手資料的作用。《初學記》每引必注出處，於校勘古籍或搜集佚文頗具利用價值。《四庫總目》有『博不及《藝文類聚》，而精則勝之』的評價。《初學記》歷世刻印者衆，版本較多。宋刻今已不傳，此嘉靖十年錫山安國桂坡館刊本爲《初學記》今存傳世最早者。桂坡館，明无锡人安國（1481-1534）的室名。國字民泰，号桂坡，家富於赀，好古画彝鼎，蓄異书甚多，以铜版活字印书著称。

四川大學圖書館藏。

初學記卷第一

光祿大夫行右散騎常侍集賢院學士副知院事東海郡開國公徐堅等奉

勑撰　　錫山安國校刊

天部

天第一

敘事

河圖括地象云易有太極是生兩儀兩儀未分其氣混沌清濁既分伏者為天

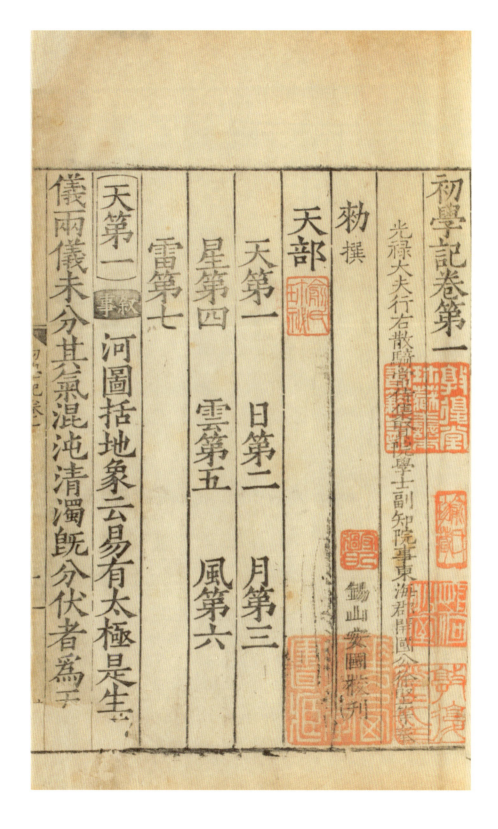

0221　初學記三十卷

（唐）徐堅等輯

明嘉靖十年（1531）錫山安國桂坡館刻本　十六冊

匡高20.6釐米，廣16.3釐米。半葉九行，行十八字，小字雙行二十四字，白口，四週單邊。

富順縣圖書館藏。

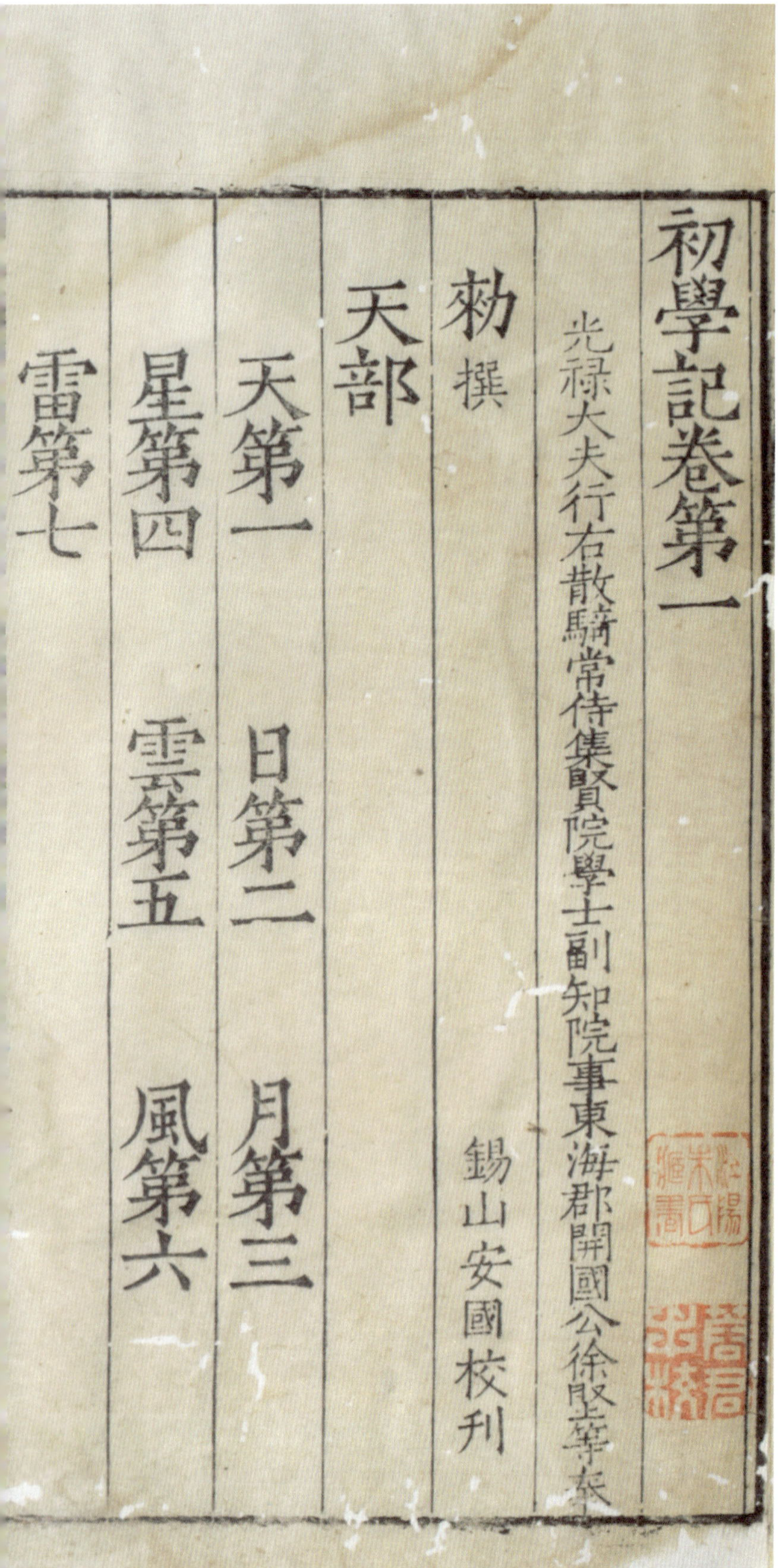
初學記卷第一
光祿大夫行右散騎常侍集賢院學士副知院事東海郡開國公徐堅等奉
勑撰
錫山安國校刊
天部
天第一　日第二　月第三
星第四　雲第五　風第六
雷第七

初學記卷第二

天部下　　錫山安國校刊

雨一　雪二　霜三

雹四　露五　霧六

虹蜺七　霽晴八

雨第一

敘事　釋名云雨水從雲下也雨者輔也言輔時生養尚書曰休徵則肅時雨若休美也肅敬也若順也孔安国注云君行敬則時雨順咎徵則狂恒雨若咎惡也孔安国注云君行狂妄則常雨順京房易候云太平之時十日一雨凡歲三十六雨

0222 唐宋白孔六帖一百卷目錄二卷 （唐）白居易 （宋）孔傳輯

明刻本 五十冊

匡高18.2釐米，廣14.3釐米。半葉十行，行十八字，小字雙行同，白口，左右雙邊。

是爲《白氏六帖》、《孔氏六帖》合稱者。「六帖」的具體含義，一說認爲，唐代考試制度以六科取士，試題叫「帖」，此書專供考生應試之用，故名「六帖」；一說認爲，《白氏六帖》共三十卷，合數卷爲一冊，共有六冊，每冊版心有帖一、帖二……至帖六的字樣，這是「六帖」的原意。二說孰是，尚無定論。《白氏六帖》乃唐代詩人白居易爲積累寫作材料而自編的一部類書。白居易（772—846），字樂天，晚年號香山居士，其先太原（今屬山西）人，後遷居下邽（今陝西渭南東北）。貞元（785—804）進士。歷官杭州刺史、蘇州刺史，至刑部尚書。全書分一千三百六十七門，附五百零三門，共計一千八百七十門，三十卷。每目之下，所輯資料爲唐代以前經傳百家書中的典故、詞語、重要字句以及詩文中的佳句、名篇，或提要，分門別類匯輯成書。體例與《北堂書鈔》略同，資料的排列無時代順序，且極少注明出處。原名《白氏經史事類》三十卷，又稱《六帖》。《白氏六帖》當時很流行，唐宋時就有人對其進行擴充和續編。南宋初年孔傳的《孔氏六帖》即其一也。孔傳，生卒年不詳。初名若古，字世文，兗州仙源（今山東曲阜東北）人。孔子四十七代孫。精於《易》學。建炎初，與孔端友南渡，寓居衢州。以朝散大夫知邠州，後官至右朝議大夫、知撫州軍州事。是書仿《白氏六帖》例，分爲一千三百七十一門，三十卷。名《孔氏六帖》，又稱《六帖新書》或《後六帖》。所輯資料爲唐五代典籍中的典故、詞語、重要字句以及詩文中的佳句、名篇，以成書。至南宋末年，白、孔二書被合併刊印，但以《白帖》爲主，題名爲《唐宋白孔六帖》。具體做法是，將兩書的子目逐個來合併，每一子目先列《白帖》，後列《孔帖》，每條都以[白]、[孔]兩字標分原作與續補，凡一百卷。全書有子目一千三百九十九門，較單行的《白帖》多三十二門，單行《孔帖》多二十八門，《白孔六帖》和其他類書一樣，保存了不少唐五代以前失傳的資料，於後世的輯佚和考訂古籍工作有可利用的價值，但也有資料摘錄瑣碎、排列無次序和注文簡略的不足。是書存世者，宋刻僅以殘卷行世，惟明刊本爲其全帙，此其一也。

四川大學圖書館藏。

唐宋白孔六帖卷第一

天一　地二

日三　月四

星五　明天文六

晨夜七　律曆八

天一

白

高明柔克高明天也柔克寒暑不干陰隲下人言天默定下人之命天尊地卑成象在天成象觀天之道而四時不忒天垂象見吉凶聖人則之天行健資始大哉乾元萬物資始上浮爲天下降天氣下降高遠窮高極遠貞觀天地之道無私不息者天清

0223　新刊監本册府元龜一千卷目錄十卷

（宋）王欽若等輯

明南岑書舍抄本　二百二册

匡高21釐米，廣15釐米。半葉十三行，行二十四字，小字雙行同，白口，四週單邊。

王欽若（962—1025），字定國，北宋臨江軍新喻（今江西新餘）人。淳化（990—994）進士。歷官同平章事、樞密使，昭文館大學士，封冀國公。

《册府元龜》編纂始於宋真宗景德二年（1005），成於大中祥符六年（1013）。初名《歷代君臣事蹟》，後改名《册府元龜》。『册府』，就是典册的淵藪，書册的府庫；『元龜』，就是大龜，古代用以占卜的寶物，可以知未來，定吉凶，凡是可以借鑒的，常稱爲『龜鑒』，如此命名，是說這是一部君臣上下行事可以借鑒的典籍。正如宋真宗詔書所言：『朕編此書，蓋取歷代君臣美德之事，爲將來取法。至於開卷覽古，亦頗資於學者。』（《玉海》卷五十四）此書分爲帝王、閏位、僭僞……至外臣等三十一部，每部前有《總序》，詳述本部事蹟沿革，等於一篇小史；部下又分門，全書共分一千一百零四門；每門有《小序》，議論本門內容，等於一篇總論。這些大小序，具有較高的學術價值，明人曹胤昌《册府元龜獨制》三十卷；清人張爾岐《册府元龜總序》五卷，就是後人關於這些大小序的專輯，足見後世學者對大小序的重視。《小序》之後即羅列歷代人物事蹟，各門材料按時代先後排列。它專門輯錄自上古至五代的歷代君臣事蹟，按事類、人物分門編撰；資料的選用，以『正史』爲主，概括全部十七史，也採用經、子類典籍，不收雜史、小說。所取者以正面材料，即『君臣德美之事』（《玉海》）爲主。引文整篇整章採錄，有典章制度賅備，資料豐富的特点，其中尤以唐五代史實更爲詳備，其史料價值亦不是他書可以取代的。因其所用史書都是古本，可以校補今本諸史訛脱衍倒。陳垣先生說：『《魏書》自宋南渡後即有缺頁，嚴可均輯《全後魏文》，其三十八卷劉芳上書言樂事，引《魏書·樂志》僅一行，即注「原有闕頁」；盧文弨撰《群書拾補》，於《魏書》此頁認爲「無從考補」，僅從《通典》補得十六字。不知《册府》五百六十七卷載有此頁全文，一字無闕。盧、嚴輯佚名家，號稱博洽，乃均失之交臂，致《魏書》此頁埋沒八百年。』（《影印明本册府元龜序》）然又有卷帙浩繁，刊印不易之累。兩宋均有刊本，今存者僅南宋殘本。其後，除明崇禎刊者外，多以抄本行世。題此刊者未見著錄。此本抄者『南岑書舍』無考。視其風格，應是明中期抄者。如此完整保存至今，當屬不易，文獻價值和版本價值堪稱珍貴。

四川省圖書館藏。

新刊監本冊府元龜卷之一

推忠恊謀同得守正佐理功臣樞密使特進行吏部尚書檢校太尉同中書門下平章事修國史上柱國太原郡開國公食邑七千户食實封二千八百户臣王欽若等奉

勅纂

帝王部

揔序

昔洛出書九章聖人則之以為世大法其初一曰五行一曰水二曰火三曰木四曰金五曰土帝王之起必承其王太古之世洪荒朴畧不可得而詳焉庖犧氏之王天下也継天之統為百王之先實承木德以建大號三墳所紀允居其首盖五精之運以相生為德木生火々生土々生金々生水々生木乘時迭王

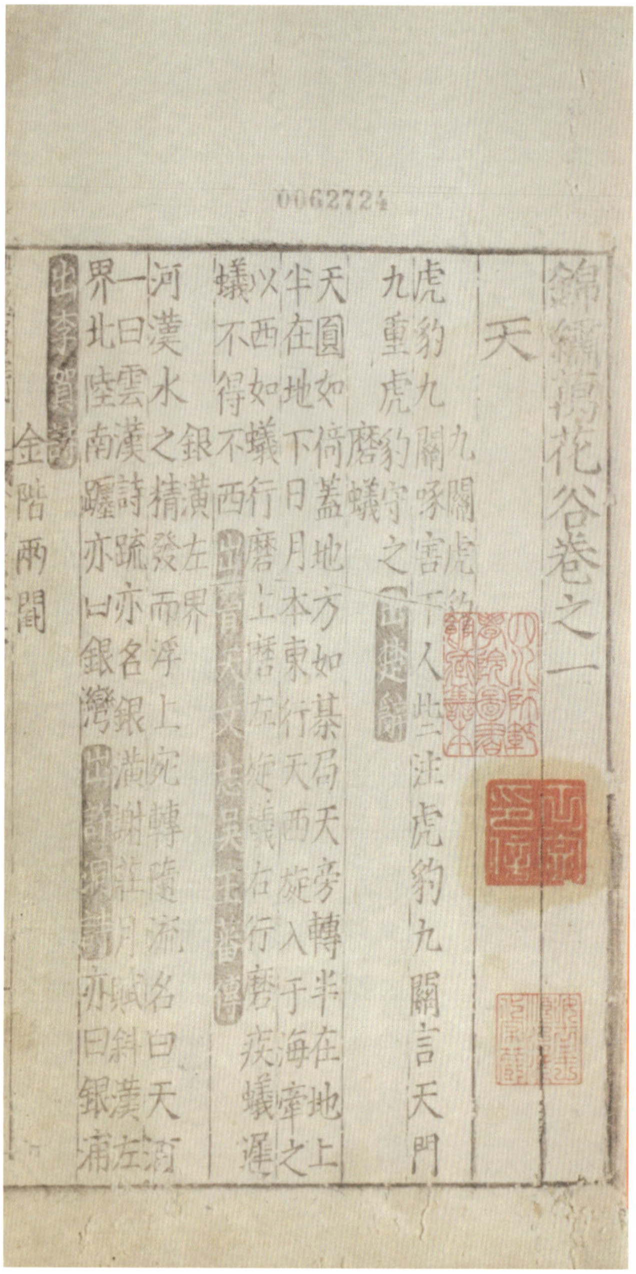

0224 錦繡萬花谷四十卷後集四十卷續集四十卷

明嘉靖十四年（1535）徽藩崇古書院刻本　二十冊

匡高22.9釐米，廣15.6釐米。半葉九行，行字數不等，小字雙行十七字，白口，四週單邊，版心有字數。

輯者姓氏無考，據書前自序所題淳熙十五年（1188），應為南宋孝宗時人。《錦繡萬花谷》亦為宋代所編大型類書之一，共計一百二十卷，分前集、後集、續集，各四十卷。前集凡二百四十二類，後集凡三百二十六類，續集自一卷至十四卷凡四十六類，自十五卷至四十卷則皆「類姓」，始冯終阿史那，以紀歷代名人也。每類下又分若干小類目，如前集《天道類》就分爲天、日、月、星、雨、雪六個小類目。每個小類目下分爲若干項，如前集《天道・星》下又分爲「五星」、「四星」、「景星」、「老人星」、「井中視星」等。每一項後面摘錄相關的古籍原文，首記事物，次附錄詩文。用雙行小字注明出處；也有的在摘錄之後用雙行小字解釋摘句中難解的詞語，再注明出處。如前集《天道・月》：嫦娥。羿得不死之藥於西王母，嫦娥竊之奔月，遂托身月中仙。嫦娥，羿妻也。服藥得仙，奔入月中，爲月精。出《淮南子》。是書所輯資料取材極廣，凡古人文集，佛老異書，至於百家傳記，醫技稗官，齊諧小說，均予收錄，保存了不少宋代的故事。清人周中孚《鄭堂讀書記》稱其「所引古書頗多，所載宋代軼事逸書甚夥，且一一注出處，頗有資於考證」。其中久經散佚的《職林》、《齋閣雅談》、《雅言係述》、《雲林異景記》等書，頗賴此書略存一二。保存遺文佚事爲該書特點，然亦有内容稍嫌雜蕪的不足。此書版本，宋刊者均殘缺不全；完整傳世者，唯明刊者也。因而具有重要的文獻資料價值和版本價值。此爲明代王府刻書，尚屬精審。徽藩，恭王朱厚烷，正德十六年（1521）嗣。

四川師範大學圖書館藏。

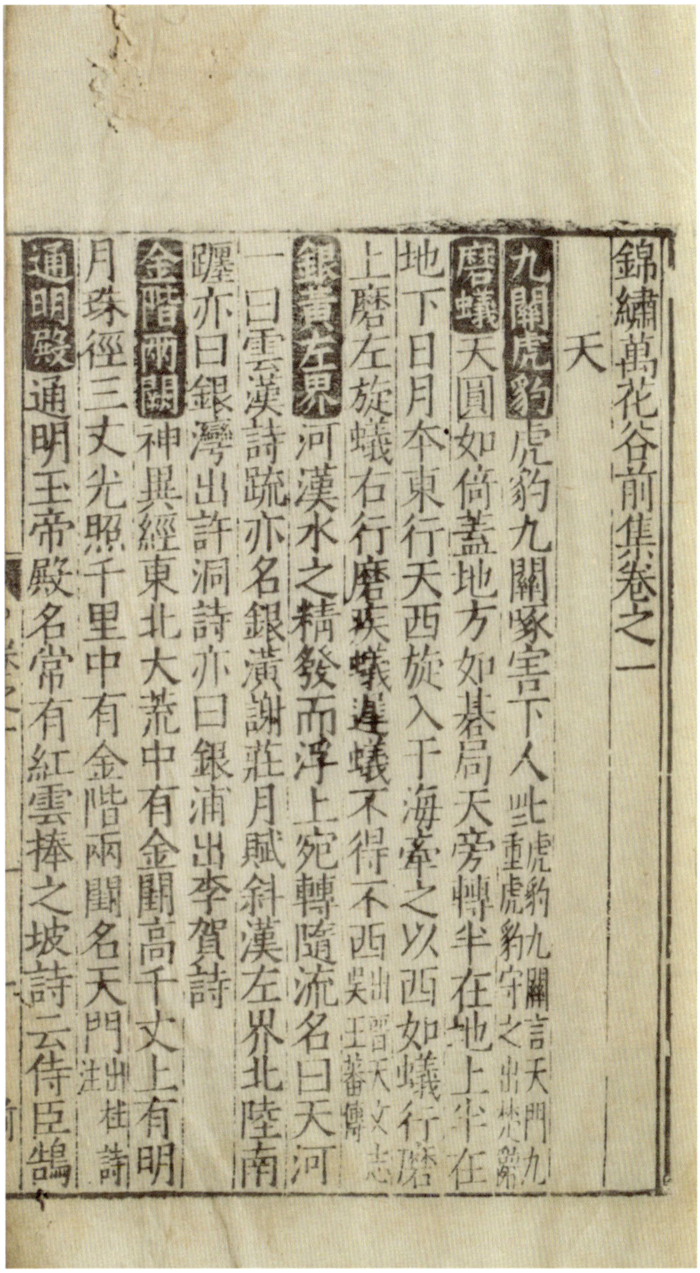

錦繡萬花谷前集卷之一
天
九關虎豹 虎豹九關啄害下人 此言天門九重虎豹守之出楚辭
磨蟻 天圓如倚蓋地方如棊局天旁轉半在地上半在
地下日月本東行天西旋入于海牽之以西如蟻行磨
上磨左旋蟻右行磨疾蟻遲蟻不得不西 出晉天文志吳王蕃傳
銀黃左界 河漢水之精發而浮上宛轉隨流名曰天河
一曰雲漢詩疏亦名銀漢謝莊月賦斜漢左界北陸南
躔亦曰銀灣出許洞詩亦曰銀浦出李賀詩
金階兩闕 神異經東北大荒中有金闕高千丈上有明
月珠徑三丈光照千里中有金階兩闕名天門 出杜詩注
通明殿 通明玉帝殿名常有紅雲捧之坡詩云侍臣鵠

0225 錦繡萬花谷前集四十卷後集四十卷續集四十卷

明刻本　二十八册

匡高19.2釐米，廣13.5釐米。半葉十二行，行二十一字，白口，左右雙邊。

此本雖不能確定其具體刊印年代，然審其風貌，似為嘉靖時刊者。

四川省圖書館藏。

錦繡萬花谷前集卷之四

元日

白獸樽 魏正旦元會設白獸樽於殿庭有能獻直言發樽飲酒晉書通典

放鳩 漢地里滎陽有厄井沛公避項羽處時雙鳩集井上故漢世正旦放之又孔叢子云邯鄲人正旦獻鳩於趙簡子曰正旦放生恩也

椒花頌 晉劉臻妻元日獻椒花頌晉六十六 栢葉銘周庾信服

桃湯荆楚歲時記 進椒酒崔寔月令 仙木白氏六帖 羽觴晉荀勖

說經奪席 漢武帝正旦命羣臣說經不通者奪席戴馮乃獨坐三十餘席東觀記

坐見孟嘉 庾亮元規正旦大會州府人士河南褚裒問

0226　錦繡萬花谷前集四十卷後集四十卷續集四十卷別集三十卷

明刻本　十冊

匡高19.2釐米，廣13.1釐米。半葉十二行，行二十一字，白口，左右雙邊。

四川大學圖書館藏。

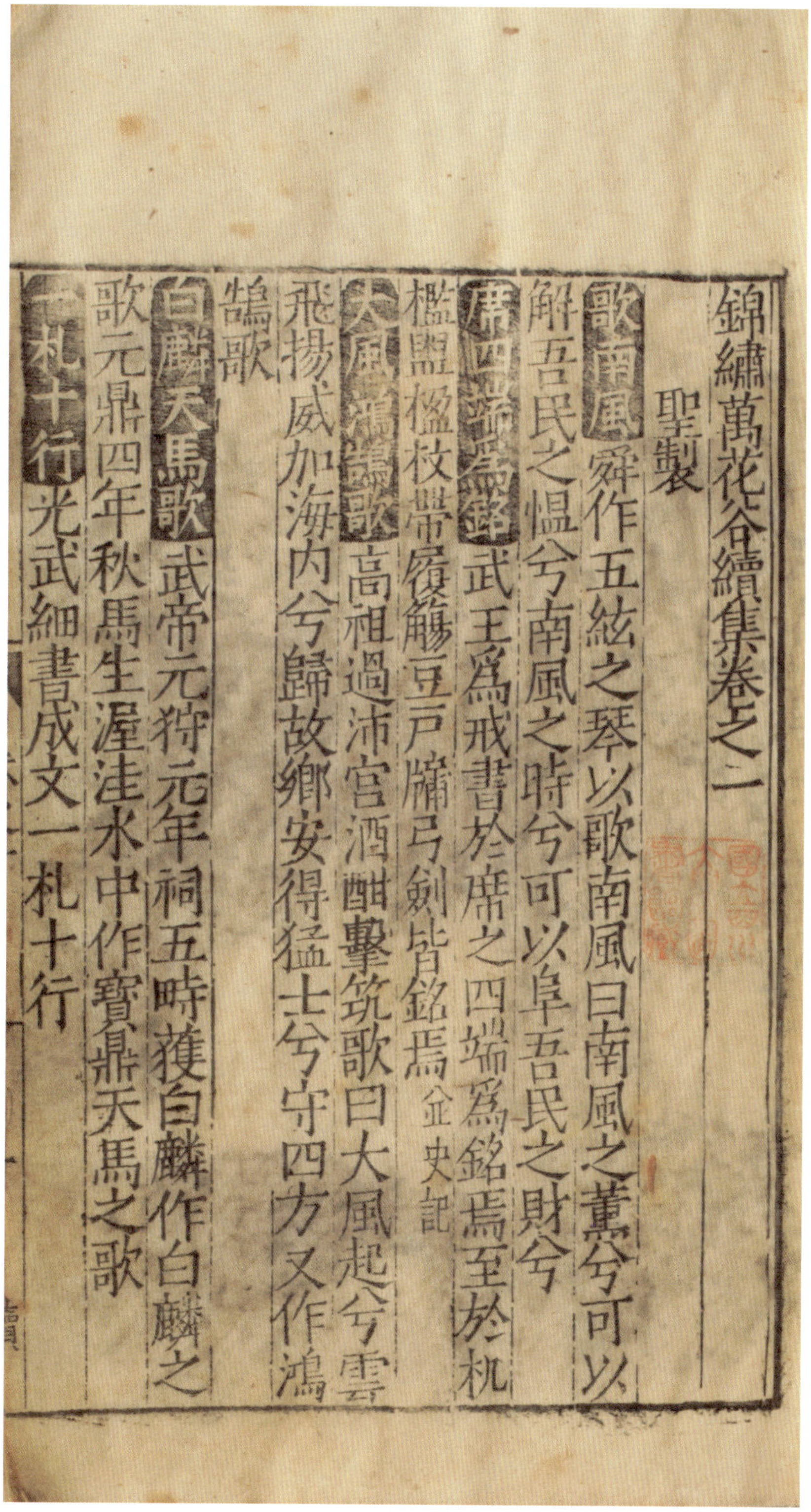

錦繡萬花谷續集卷之二

聖製

歌南風　舜作五絃之琴以歌南風曰南風之薰兮可以解吾民之慍兮南風之時兮可以阜吾民之財兮

席四端爲銘　武王爲戒書於席之四端爲銘焉至於机楹盥楹杖帶履觴豆戶牖弓劍皆銘焉 史記

大風鴻鵠歌　高祖過沛宮酒酣擊筑歌曰大風起兮雲飛揚威加海内兮歸故鄉安得猛士兮守四方又作鴻鵠歌

白麟天馬歌　武帝元狩元年祠五畤獲白麟作白麟之歌元鼎四年秋馬生渥洼水中作寶鼎天馬之歌

一札十行　光武細書成文一札十行

0227　古今合璧事類備要前集六十九卷後集八十一卷續集五十六卷　（宋）謝維新輯
古今合璧事類備要別集九十四卷外集六十六卷　（宋）虞載輯

明嘉靖三十一年（1552）至三十五（1556）年夏相刻本　四十八册

匡高19.6釐米，廣13.9釐米。半葉八行，行字數不一，小字雙行二十四字，白口，左右雙邊。有『嘉靖壬子春正月三衢近峰夏相宋板摹刻至丙辰冬十月事竣』牌記。

謝維新，字去咎，建安（今屬福建）人。生卒年及事蹟不詳。虞載，字子厚，建安（今屬福建）人。生卒年及事蹟不詳。《古今合璧事類備要》是一部廓彙事類流變的宋代大型類書。是書爲謝、虞二人應其友人書坊主刘德亨之約而輯。於南宋寶祐五年（1256）成書，共五集，三百六十六卷。是書前集爲三十九門，子目四百九十一條；後集爲四十六門，子目四百一十六條；續集爲十門，子目五百七十條；別集爲二十一門，子目四百一十條；外集爲三十六門，子目四百三十條。該書搜羅廣泛，各集每偏重彙集某一主題有關的事類。前集以天文地候、社會諸制爲主；後集以典制職官爲主；續集以姓氏稱謂爲主；別集包括都邑、花木等；外集則以日用器物爲主。每類首冠總論，以溯淵源，述流變，考沿革；次爲『事類』，序抄經史百家，羅列其中與主題相關的事物及事物別名稱代，名物山川，傳說典故，聖賢人物等，引文力求完整。故有自源流及流變等皆有條不紊，清晰可辨；由此及彼，使人窺一斑而知全豹，求其一則知其二，補前人不善紀事，『徒載首尾而不得其要，昈分門目而備失其倫』之弊，大大便益於考索。然有兩點值得注意：宋代官制冗雜，而《宋史》所載，不過僅存其名，不得其要，當時詩文所稱，後世多不知其爲何官；是書後集於宋代官制多有專論，闡述詳明，足資考證，此其一也。宋陳景沂輯編的有關植物學的專門類書《全芳備祖》，宋刻早已亡佚，僅以抄本傳世。然本書別集所載花果草木的卷二十二至六十一，爲虞載壓縮陳書編入者，這四十卷約占陳書篇幅的百分之五十五，儼然《全芳備祖》的縮編本。且是摹刻宋本，接近原書，足資校勘。對《全芳備祖》的校訂、整理，不失爲重要的參考資料，此其二也。書中所引宋以前的古籍，今多散佚，於後世的輯佚考證工作，不無資助之用。《古今合璧事類備要》的分門別類，多踵接前代，在體例方面無甚創新，然其博採廣引，收錄宏富，各集之分的事務詳實，呈現出的內容集中而標目鮮明、重點突出的特點。後世類書，如《永樂大典》、《唐類函》、《古今圖書集成》、《淵鑑類函》等，就廣採其文，成爲它們的重要資料來源。《古今合璧事類備要》存世版本：宋本已無完帙，以明代版本爲主要傳世者，諸明本中又以安國桂坡館銅活字本爲最著者。此夏相刊本爲摹刻宋本，甚精，版本價值重要。

四川省圖書館藏。

古今合璧事類前集目錄

嘉靖壬子春正月三衢近峯夏相
宋板摹刻至丙辰冬十月事竣

事類

羣物之祖 天者羣物之祖也故徧覆包含而無所殊建日月風雨以和之經陰陽寒暑以成之 前漢董仲舒傳

羣陽之精 天羣陽精也合為太一分為殊名故立字一大為天 春秋說題

高目下耳 敢問天聰明曰昭昭乎惟天為聰惟天為明夫能高其自而下其耳者匪天也夫 揚問明

積氣成形 杞國有憂天地崩墜者曉之曰天積氣耳亡處亡形奈何憂其崩 列子

道猶張弓 天之道其猶張弓乎高者抑之下者舉之有餘者損之不足者補之 老子

形如倚蓋 周髀家云

古今合璧事類卷一

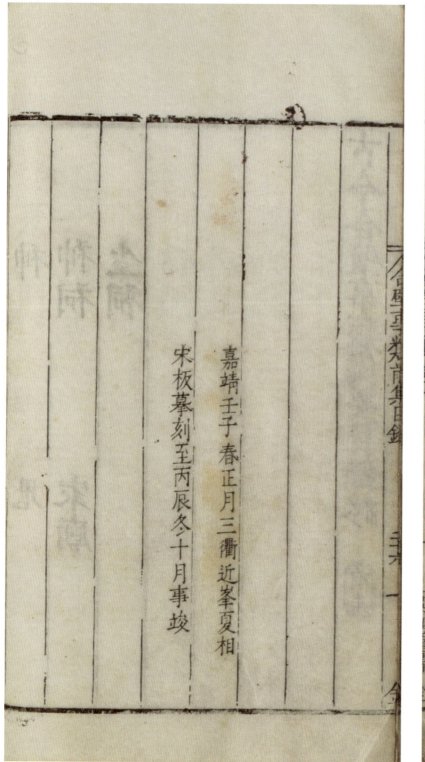

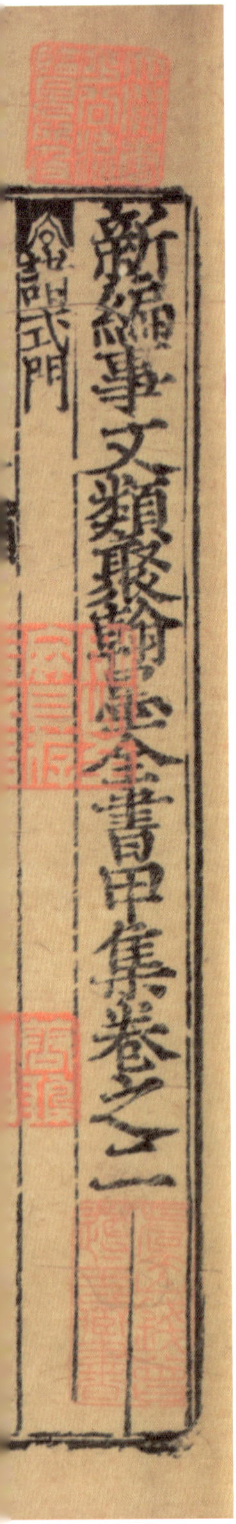

0228 新編事文類聚翰墨全書甲集十二卷乙集十八卷丙集十二卷丁集十四卷戊集五卷己集十二卷庚集二十四卷辛集十卷壬集十二卷癸集十一卷 （元）劉應李輯

明刻本（有補配） 六十六冊

匡高15.4釐米，廣10.5釐米。半葉十四行，行二十四字，小字雙行同，黑口，四週雙邊。存一百零六卷（甲集卷二至十二；乙集卷一、三至九、十一、十三至十八；丙集十二卷；丁集十四卷；戊集五卷；己集十二卷；庚集二十四卷；辛集十卷；壬集十二卷；癸集十一卷）。補配（甲、乙、丙、戊諸集爲明初刻大全本；丁、庚、辛、壬、癸諸集爲嘉靖楊氏本；己集爲另一明刻本）。

劉應李，初名桀，字希泌，建陽（今屬福建）人。咸淳（1265—1274）進士，授建陽主簿。宋亡不仕，退與熊禾、胡廷芳講道於淇源山。建化龍書院於莒潭，聚徒講授。是書仿祝穆《事文類聚》之例，分二十五門。唐宋時代，科舉考試對士子有博鑑廣取的要求；朝廷的詔令制誥、士大夫們的表啟箋劄，俱通行駢四儷六的對偶，長於散文者，也要求會寫四六。文體使然，於典故、辭藻非熟悉不可，類書之編，以應社會之需。熊禾序云：『省軒劉君應李，為此編命曰《翰墨大全》，凡儒者操翰行墨之文皆具，非但啟劄而已也。其所選之文，大略變俗歸雅，返澆從厚。去浮華，尚質實，多是先哲大家數，而時賢之作，亦在所不遺，斯亦可謂之大全書矣。』然又有『採摭頗博，而踳駁亦甚，下至對聯套語，皆紛紛闌入，尤為穢瑣』的缺點和不足。（《四庫全書總目提要》）《新編事文類聚翰墨全書》卷帙浩繁，保存不易，故有此以三個明代版本補配而成者，然其集衆本的特徵，於是書明刊者的研究，應有其參考價值。是書今之存世者亦不多，雖非完帙，亦應不棄。

四川大學圖書館藏。

尊卑長幼通問往來官員士夫賀謝辭謁書記啓劄備矣。
元戎虎帳飛書奏捷檄文露布雜著附見碑銘贊頌詩詞
諸體詞章散見各類有如公牘之行移解替之文牒亦各一
具焉體製新舊而不遺文簡繁而兼取參酌用之存乎其人。

詔誥

見辛集

新編事文類聚翰墨全書卷之四 甲集

諸式門 文類

啓劄

（啓）上官賀啓首末式

具位姓某

右某啓茲者某事

云云四句敘賀伏惟

某官稱呼云云頌德 居處歷 敘賀 期望 某云云自敘

一云云祝頌或求庇結末謹具啓專人捧詣

台階祗候臺

慰伏惟

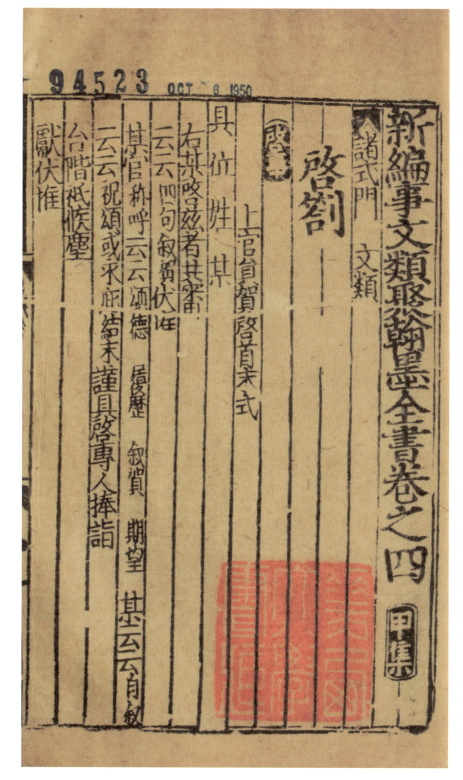

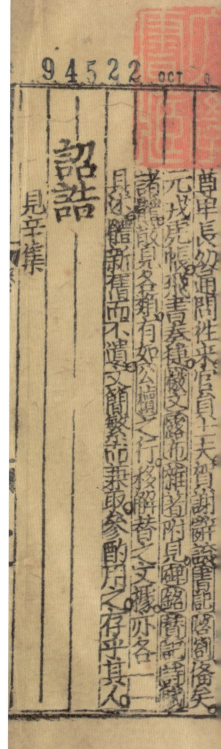

0229　聯新事備詩學大成三十卷　（元）林楨輯

明內府刻本　十六冊

匡高25.5釐米，廣16.1釐米。半葉八行，行字數不一，小字雙行同，黑口，四週雙邊。

本書題『後學三山林楨編集』。林楨，生卒年及事蹟不詳。前有皇慶第一中秋（1312）建安毛直方引，其於編輯者無隻字言及，林氏的生活時代大概是元中期，《聯新事備詩學大成》的成書應該也在這個時期。杜甫爲詩讀萬卷書之说，足見詩不易作。是書之編，『自讀萬卷來，則謂之大成』當然也是不易。既爲同源，益之者多矣。這是一部『爲學詩者之資』的類書。是書之例，仿《初學記》，全書分爲天文、地理、時令、節序、宮室、百花、百果、草木、五穀、蔬菜、君道、臣道、親屬、百官、儒學、僧道、人品、仕進、人事、雜伎、慶賀、吊慰、飲食、衣服、器用、音樂、圖畫、寶貝、飛禽、走獸、鱗介、昆蟲等，三十二門，八百二十一個子目。每個子目又分爲事類、散對、起、聯、結等部分，將所輯資料，經過精心編撰，有邏輯地連貫起來，就等於對子目作了一番說明，也更富於知識性。如卷十七《儒學門•字》：字爲『心畫也。傳千里之忞忞者，莫如書』；『鳥跡』、『篆書』、『草書』、『六書』、『八體』，乃至『學李衛書』、『草聖』、『論書』、『求書』。從書法之表達、作用，造字和書法各體，書林掌故、書家，書法評論及傳說等等；其後則是柳骨、顔筋、鐵畫、銀鉤等，書法藝術的相關術語；再其後則是有關書法的聯語和詩文了。《聯新事備詩學大成》所引資料，上自先秦兩漢之《春秋》、《戰國策》、《爾雅》、《論衡》，下迄唐宋之《茶經》、《東坡詩》等，舉凡諸經史籍、諸子小說、詩文歌賦無不涉及。引者亦注明書名、著者，亦有引今已不傳之典籍者。其於元代的資料也有不少的增輯，如卷十六《百官門》之『醫學教授』、『蒙古教授』、『山長』等。總的來看，《聯新事備詩學大成》的編撰，爲習詩者所编，資料的引用亦算廣泛，於習詩者有『忽有好詩生眼底，安排句法已難尋。此又有得於筌蹄之外者』（本書《毛直方引》）的特点。雖在體例方面談不上有多少創新之處，但有較爲簡略的特點，使用也有方便之處。類書的編撰，始於秦漢，完善和顯著者，則是在唐宋時期，後之如《永樂大典》、《古今圖書集成》之犖犖大端者，無不踵其旨也。縱觀古代類書發展史，由唐宋迄明清，類書之編撰，卻在元代呈現出一個低谷期，國祚不長之故也。《聯新事備詩學大成》等現存元代類書亦屬不多見者。此爲明代內府所刊印者，應屬明刊本之佳者。

四川省圖書館藏。

聯新事備詩學大成卷之一

後學三山林楨編集

天文門

天

事類

四時之名（爾雅云）春為蒼天夏為昊天秋為旻天冬為上天於春言色於夏言氣於秋言情於冬言位以相備也

群物之祖（董仲舒傳）天者｜｜｜｜也故徧覆包含而無所殊建日月風雨以和之經陰陽寒暑以成之

陽精（春秋說題）天者羣｜之｜｜

元氣（文中子）天統｜｜

張弓（老子）天之道其猶｜｜乎高者抑之下者舉之有餘者損之不足者補之

倚蓋（晉天文志）天形南高而北下日出高故見日入下故不見天之居如｜｜

0230 淵鑑類函四百五十卷目錄四卷

（清）張英王士禛等輯

清康熙四十九年（1710）內府刻本　一百四十冊

匡高17.2釐米，廣11.7釐米。半葉十行，行二十一字，小字雙行同，黑口，四週雙邊。

張英（1637—1708），字敦復，號樂圃，安徽桐城（今屬安徽）人。康熙六年（1667）進士。深受康熙帝賞識，官至文華殿大學士兼禮部尚書。王士禛（1634—1711），字子真，一字貽上，號阮亭，又號漁陽山人，新城（今山東桓台）人。順治十五年（1658）進士。官至刑部尚書。因王五、吳謙獄失察，罷官里居，從事著述。論詩創『神韻說』，清代文壇頗負盛世名者，門生甚衆，影響極大。明人俞安期《唐類函》，康熙帝有『頗爲詳括』的評語，然又有所收詩文故事僅限唐初的不足，故命張英等在《唐類函》的基礎上進行增補。所取《太平禦覽》、《事類合璧》、《玉海》等宋以來十七種類書及總集，擴及二十一史、子部、集部和雜著，補入了唐至明嘉靖時的材料；增其所無，詳其所略，彙編成書。康熙四十九年（1710）刊行於世。是書依《唐類函》例，除把『藥菜部』析爲『藥部』、『菜蔬部』，另立『花部』。全書分天、歲時、地、帝王……蟲豸等四十五部，每部又分若干類，共計二千五百三十六個小類。每類的內容又分爲五項，一為釋名、總論、沿革、緣起。其中的釋名、總論以《釋名》、《說文》、《爾雅》等書的訓詁列在最前，經史子集資料居其後；二是典故，按典故的時代先後排列；三是對偶，以構句精煉、辭藻美麗爲主，不拘朝代；四是摘句，或摘自序記，或採自詩賦，皆詞句富麗者；五是詩文，分體彙集，短章全錄，長篇節選。所引皆注出處。凡《唐類函》中原有的引證，都標明一個『原』字，續增部分則標明一個『增』字，以示區別。《淵鑑類函》資料豐富精審，其卷數雖不及《太平禦覽》的一半，但因每卷內容豐富，篇幅較之《太平禦覽》還多出一倍。查閱唐宋以至明嘉靖以前的典故、辭藻，本書是極有用的工具書。是爲初刻，且爲內府刊本，刻印甚精，紙墨極佳。

四川大學圖書館藏。

淵鑑類函卷一

天部一 天

天一

原釋名曰天坦也坦然高而遠也增又曰天顯也在上高顯也原物理論曰水土之氣升而爲天增又曰天者旋也均也積陽純剛其體廻旋羣生之所大仰原廣雅曰太初氣之始也淸濁未分太始形之始也淸者爲精濁者爲形太素質之始也已有素朴而未散也二氣相接剖判分離輕淸者爲天　河圖括地象云易有太極是生兩儀兩儀未分其氣混沌淸濁既分伏

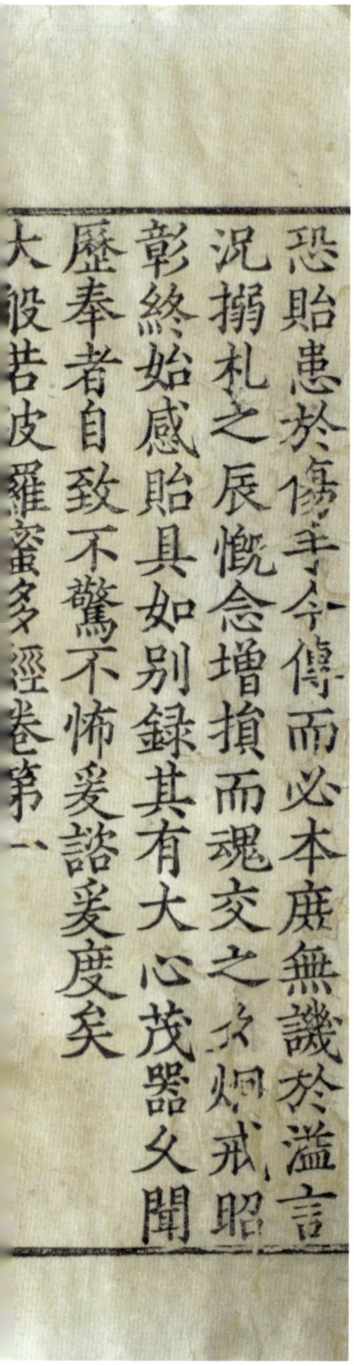
恐貽患於傷手今傳而必本庶無識於濫言
況搦札之辰慨念增損而魂交之夕炯戒昭
彰終始感貽具如别録其有大心茂器夕聞
歷奉者自致不驚不怖爰諮爰度矣
大般若波羅蜜多經卷第一

0231 洪武南藏六〇六五卷

明洪武間南京刻大藏經本　六千二百三十冊

匡高24釐米，廣56.5釐米。五折為一版，每折六行，行十七字。

明初官版釋氏《大藏經》的修造共有三次，於洪武、永樂二朝刻於南京者，爲前兩次；於永樂朝刻於北京者，爲第三次。後世對刊於南京者，稱爲『南藏』；而於刊於北京者，稱爲『北藏』。此部《大藏經》現存六千六十五卷，為明代刻造的三個官版大藏經之第一刊也。洪武五年（1372），敕令於金陵蔣山寺開始點校藏經，即為此經刊印之始，至三十一年（1398）刻畢，板存金陵天禧寺。全藏共六百七十八函，一千六百餘部，約七千卷。經折本。千字文編次自『天』至『魚』止。因其刻於南京，且爲三部《大藏經》中的最初版本，又有《初刻南藏》之謂。全藏整體依照唐釋智升《開元釋教錄·入藏錄》部分編撰，後面依次爲：入藏著述、宋代新譯經，最後爲補遺部分。永樂六年（1408）僧人釋本性縱火焚毀了天禧寺，貯於此的洪武刊大藏經板不復存在。其印本則幾乎沒有流傳下來。永樂年間於南京又有大藏之刻，始刻約在永樂十年至十五年（1412—1417）間，成於永樂十七年（1419），板存於金陵報恩寺。全藏一千六百一十部六千三百三十一卷，經折本，六百三十六函，千字文編次自『天』至『石』。此永樂重刻者，除略有更改外，基本為《洪武南藏》的覆刻本，後世多稱為《南藏》，便有了名稱雖同，卻是兩個不同版本的《南藏》，有混淆不清之虞，蓋因『不知曾有兩次於南京刻藏的事』之故。為示區別，學界有刊於洪武者名之曰《初刻南藏》也。是本1934年發現於四川省崇慶縣的上古寺，為明初之頒賜者。1950年該藏庋藏於四川省圖書館。全藏六百七十八函，千字文編號『天』字至『煩』字的五百九十一函係《磧砂藏經》的覆刻本，後八十七函，八十餘部，七百三十卷為補遺部分，基本上是後來《永樂南藏》依據的底本。此洪武南藏從現存數量上看，除略有殘缺外，全藏基本上可以說是完整的；從版刻方面看，後之重刻的《永樂南藏》『書寫和鏤刻都不及洪武本的工整』。更為重要的是，它是『《洪武南藏》唯一保留下來的印本，同《趙城金藏》一樣，也是僅存的孤本』，素為宗教界、學術界所關注。在古代藏經刊印史上亦有它獨特的地位和歷史資料價值、版本價值。

四川省圖書館藏。

如是我聞一時薄伽梵住王舍城鷲峯山頂
與大苾芻衆千二百五十人俱皆阿羅漢諸
漏已盡無復煩惱得真自在心善解脱慧善
解脱如調慧馬亦如大龍已作所作已辦所
辦棄諸重擔逮得己利盡諸有結正知解脱

深封蘊以居則尋香之堞彌峻焉識夫我之
所根者想想妄而我不存蘊之所繫者名名
假而蘊無託故即空之談啓亡言之理暢闡
紛俗於非動置蠢徒於不生齊谷響於百名
儔鏡姿於萬像筌宰失寄而後真宰獨融規
准莫施而後冲規妙立慮塗千泯言術四窮

天二　　四

使夫淺躁投機拘攣解桎嬈司南之有在同
拱北以知歸義既天悠詞仍海溢且爲諸分
之本又是前古未傳凡勒成四百卷八十五
品矣或謂權之方土理宜裁譯籥應之曰一
言可蔽而雅頌之作聯章二字可題而涅槃
之音積軸優柔闡綏其慈誨乎若譯而可削

三藏法師

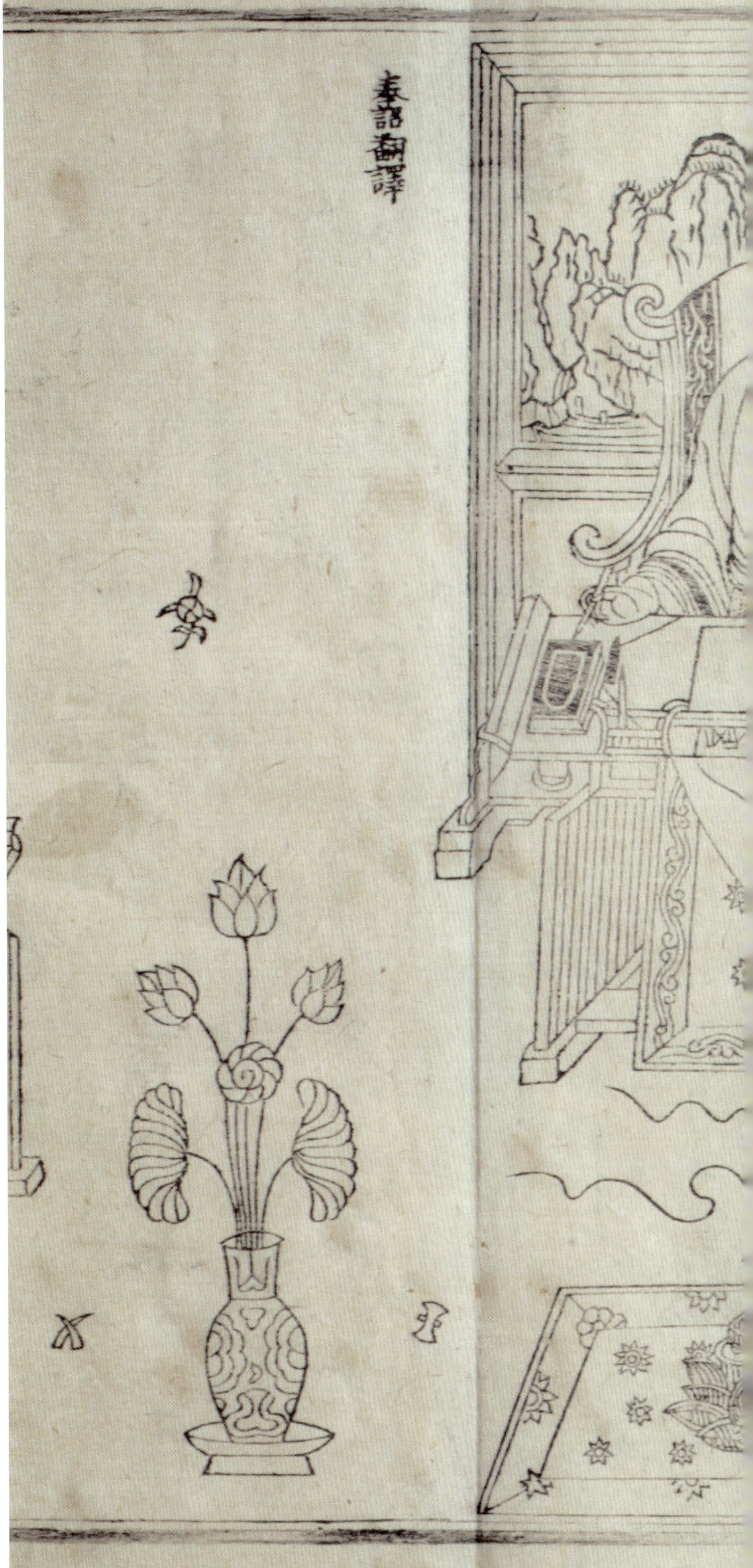
奉詔翻譯

0232 妙法蓮華經七卷

（後秦）鳩摩羅什譯 （明）仇英繪圖

明萬曆陳文華泥金寫本 六冊

行十五字，上下雙邊，存五卷（卷一、二、三、五、六）。明董其昌、民國羅慎余跋。

鳩摩羅什（344—413），一譯鳩摩羅什婆、鳩摩羅耆婆；略稱羅什。十六國時後秦僧人，佛經翻譯家，中國佛教四大譯經家之一。龜茲（今新疆庫車）人。其祖本天竺（今印度）人。父鳩摩羅炎棄相位出家，東渡蔥嶺，遠投龜茲，被龜茲王迎爲國師，並以妹耆婆妻之。東晋永和六年（350）羅什隨母出家。弘始四年（402）開始譯經活動，至弘始十五年（413）共譯經三十五部、二百九十四卷。《妙法蓮華經》，簡稱《法華經》。『妙法』意為所說教法微妙無上；『蓮華（花）經』以喻經典的潔白清淨。《法華經》原為二十七品，後增加《提婆達多品》，現為二十八品。始於《序品》，終於《普賢菩薩勸發品》。稱釋迦牟尼成佛以來，壽命無限，現各種化身，『以種種方便，說微妙法』。重點弘揚『三乘（指聲聞、緣覺、菩薩）歸一（佛乘）』，調和大小乘的各種說法。以為一切眾生悉具佛之知見，待眾開發。此經譯本較多，然此鳩摩羅什譯本，歷被後世所信奉。《法華經》不僅是佛教中影響極大、至為重要的經典之一，更爲佛教天台宗立宗所依據的主要經典。故天台宗又被稱爲『法華宗』。《妙法蓮華經》歷世版本極多，此泥金寫本《妙法蓮華經》，據題跋云為明太史陳文華以泥金在磁青紙上所寫。陳文華的生卒年和事蹟無考。卷首有仇英泥金繪經變人物圖，據之，是經的抄寫年代應與仇氏的時代相近，又有董其昌題識。全書七卷，今已佚第四卷一半及第七卷，現存五卷共六百三十九葉：卷一存一百零五葉，卷二存八十葉，卷三存一百五十葉，卷五存一百五十五葉，卷六存一百三十三葉。其中仇英佛畫和董其昌題識十六葉。此經初為鎮江丹徒（今江蘇省鎮江市丹徒區）北固山甘露寺藏經閣收藏（據傳時共寫：華嚴經一部、法華經一部、金剛藥師各一卷）之一。清軍南下後，豫王多鐸率軍襲踞北固，得到此經。嘉慶年間，鄰水（今四川鄰水縣）廖某任兩淮都將（疑爲廖寅，寅曾於嘉慶六年爲兩淮鹽運使），在豫王府得此寫經，子孫相傳，得以保存下來。民國十九年（1930），三瀘（今四川瀘州）羅慎余在保存下來的經卷後記下此經過。此經抄寫甚精，做佛畫和題跋的文、董二人均爲明代最爲著名的書畫藝術家，其書畫藝術和版本價值自不待言。

四川省瀘州市圖書館藏。

南徐北固山有李衛公造
造多寶佛塔高廣自由
有舍利從筆端出等記
甲寅九月初五日

0232 妙法蓮華經七卷

（後秦）鳩摩羅什譯 （明）仇英繪圖

生離諸苦惱此經能大饒益一切眾生
充滿其願如清涼池能滿一切諸渴乏
者如寒者得火如裸者得衣如商人得
主如子得母如渡得船如病得醫如闇
得燈如貧得寶如民得王如賈客得海
如炬除闇此法華經亦復如是能令眾
生離一切苦一切病痛能解一切生死
之縛若人得聞此法華經若自書若使
人書所得功德以佛智慧籌量多少不
得其邊若書是經卷華香瓔珞燒香末
香塗香幡蓋衣服種種之燈酥燈油燈
諸香油燈瞻蔔油燈須曼那油燈波羅
羅油燈婆利師迦油燈那婆摩利油燈
供養所得功德亦復無量宿王華若有
人聞是藥王菩薩本事品者亦得無量
無邊功德若有女人聞是藥王菩薩本
事品能受持者盡是女身後不復受若
如來滅後後五百歲中若有女人聞是
經典如說修行於此命終即往安樂世
界阿弥陀佛大菩薩眾圍繞住處生蓮
華中寶座之上不復為貪欲所惱亦復
不為瞋恚愚癡所惱亦復不為憍慢嫉
妒諸垢所惱得菩薩神通無生法忍得
是忍已眼根清淨以是清淨眼根見七
百萬二千億那由他恒河沙等諸佛如
來是時諸佛遙共讚言善哉善哉善男
子汝能於釋迦牟尼佛法中受持讀誦
思惟是經為他人說所得福德無量無
邊火不能焚水不能漂汝之功德千佛
共說不能令盡汝今已能破諸魔賊壞
生死軍諸餘怨敵皆悉摧滅善男子百
千諸佛以神通力共守護汝於一切世
間天人之中無如汝者唯除如來其諸
聲聞辟支佛乃至菩薩智慧禪定無有
與汝等者宿王華此菩薩成就如是功

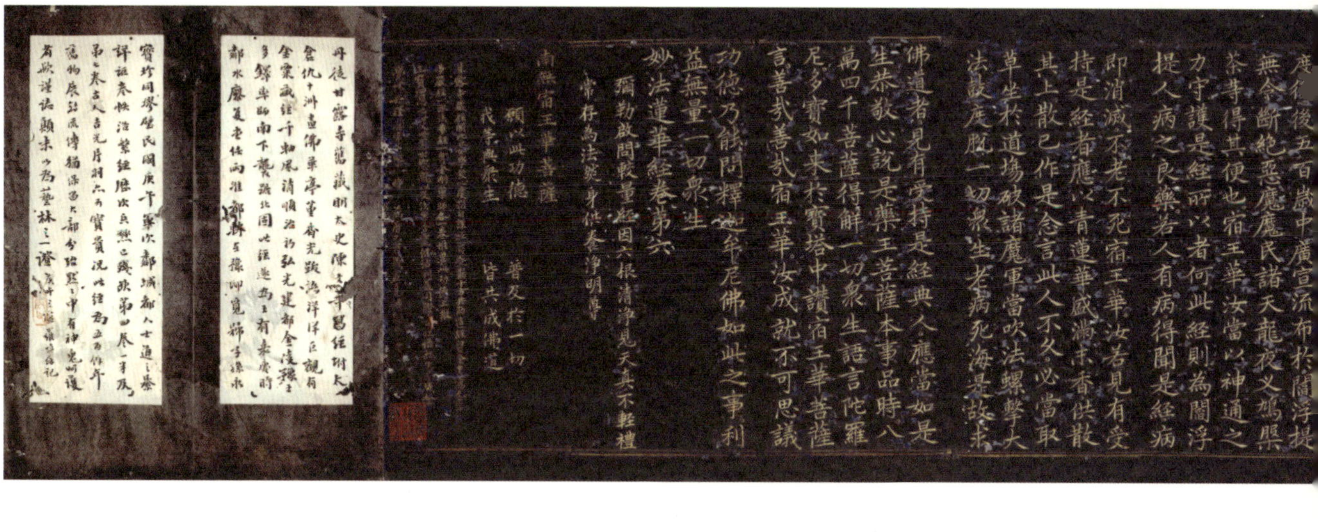
度後五百歲中廣宣流布於閻浮提
無令斷絕惡魔魔民諸天龍夜叉鳩槃
茶等得其便也宿王華汝當以神通之
力守護是經所以者何此經則為閻浮
提人病之良藥若人有病得聞是經病
即消滅不老不死宿王華汝若見有受
持是經者應以青蓮華盛滿末香供散
其上散已作是念言此人不久必當取
草坐於道場破諸魔軍當吹法螺擊大
法鼓度脫一切衆生老病死海是故求
佛道者見有受持是經典人應當如是
生恭敬心說是藥王菩薩本事品時八
萬四千菩薩得解一切衆生語言陀羅
尼多寶如來於寶塔中讚宿王華菩薩
言善哉善哉宿王華汝成就不可思議
功德乃能問釋迦牟尼佛如此之事利
益無量一切衆生
妙法蓮華經卷第六
南無宿王華菩薩
願以此功德 普及於一切
我等與衆生 皆共成佛道

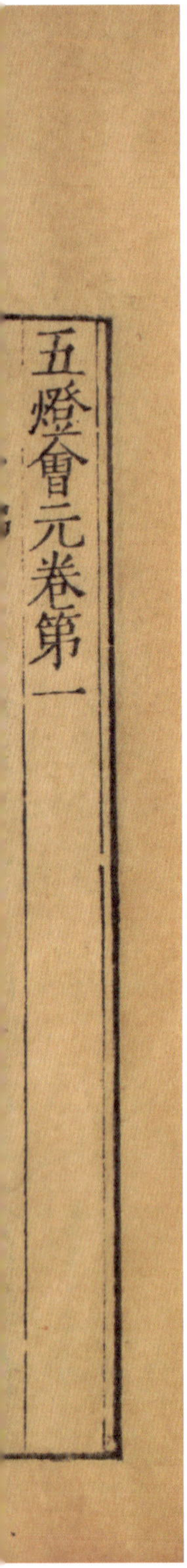

0233　五燈會元二十卷

（宋）釋普濟撰

明嘉靖四十年（1561）徑山寺釋道興等募刻本　二十冊

匡高19.3釐米，廣13.7釐米。半葉十行，行二十字，小字雙行同，白口，左右雙邊。

普濟（1179—1253），俗姓張，字大川，奉化（今屬浙江）人。初習儒，淹博能文，十九歲出家。屬臨濟宗楊岐派，爲大慧宗杲三世孫。南宋嘉定十年（1217）歷普陀、岳林、靈隱等名寺。深研佛學，遍讀群經。撰《五燈會元》一書。因燈能照明，禪宗謂以法傳人猶如傳燈，故有『傳燈錄』之作。五燈者，即五種語錄體禪宗史書：《景德傳燈錄》，北宋釋道元撰，書成於宋真宗景德元年（1004）；《天聖廣燈錄》，北宋駙馬都尉李遵勖撰，書成於宋仁宗天聖七年（1029）；《建中靖國續燈錄》，北宋釋維白撰，書成於宋徽宗建中靖國元年（1101）以前；《聯燈會要》，南宋釋悟明撰，書成於宋孝宗淳熙十年（1183）；《嘉泰普燈錄》，南宋釋悟明撰，書成於宋寧宗嘉泰（1201—1204）年間。這五燈原各三十卷，共一百五十卷。普濟刪繁就簡，撮其要旨，匯爲一書，故曰《五燈會元》。『會元』即會五燈爲一。卷一，記西天七佛及東土六祖；卷二，記四祖、五祖、六祖法嗣及西天東土應化聖賢；以下各卷則以南嶽、青原以下分敘，至南嶽下十七世楊岐派，各按傳法世數載入焉。全書以語錄問答體，敘述佛教七佛傳入中國，至唐宋時期禪宗各派各僧法師關於教義的闡述和論證，以及關於修持的戒律和要領等等。是書最爲突出的是，於禪宗世係，分篇臚列，考宗論係，詳確明晝。書中故事，比喻教化，警語偈語，啓人入禪。故有『禪宗語要，具在《五燈》』之說。《五燈會元》一書，不僅綱目明瞭，篇幅適中，極便於僧俗披覽；又以文字語言透徹灑脫，簡要精煉，公案語錄、問答對話趣味盎然，脫落世俗，尤爲世俗人士歡迎，元、明以來士大夫喜談禪者，多藏其書。因而自《會元》出，包括《景德錄》在內的前五種『燈錄』的地位逐漸被它取代，成爲最爲廣泛的『燈錄』。然《會元》一書的內容，較之前『五燈』略去了二分之一，有刪削過多的缺陷，於佛教禪宗史研究的資料價值要低於前『五燈』。但仍不失爲中國宗教史、文化史研究極具重要史料價值的典籍。《五燈會元》於宋寶祐元年（1253）已有刻本，以後元至正（1341—1368）以下各代多有刻印者。此嘉靖本則爲明刊中之較早且較佳者，文獻和版本價值重要。

四川大學圖書館藏。

七佛精進力放光滅暗冥各各坐樹下於中成正覺
又曼殊室利爲七佛祖師金華善慧大士登松山頂
行道感七佛引前維摩接後今之撰述斷自七佛而
下
毗婆尸佛（過去莊嚴劫第九百九十八尊）偈曰身從無相中受生猶
如幻出諸形象幻人心識本來無罪福皆空無所住

徑山寺募緣比丘道興
比丘明潮
比丘法相刊一卷
比丘明欽刊三卷
比丘明慶刊二卷
集慶寺比丘德澄
板畱嘉興府　縣　寺

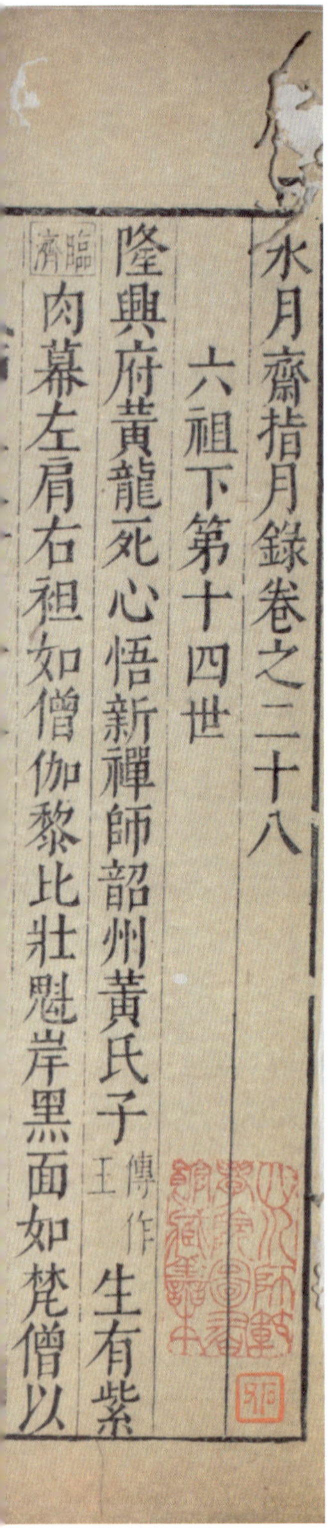

0234 水月齋指月錄三十二卷

（明）瞿汝稷撰

明萬曆二十九年（1601）嚴澂、嚴澤等刻本　三十二冊

匡高29.6釐米，廣22.2釐米。半葉十一行，行二十一字，小字雙行字數不等，白口，四週單邊，版心有字數。

瞿汝稷(1548—1610)，字元立，號洞觀，常熟（今屬江蘇）人。以父蔭官刑部主事。幼秉奇慧，博聞強記，尤盡心於禪法。上溯諸佛，下逮宗門，攝其語要，至萬曆二十三年已錄得三十二卷。由於作者的書房名『水月齋』，而撰作此書的目的，是爲了使讀者通過它（『指』，即手指的指點）而瞭解禪宗的法要（『月』，此處特指禪宗以心傳心的『心月』），故取名爲《水月齋指月錄》。是爲記錄禪宗傳承人物及其事蹟（主要是言語）的著作。全書記述禪宗世次，上始過去七佛、西天祖師、東土祖師，下至宋大慧宗杲止，共禪宗傳承法系六百五十人之言行事略，機緣語句。卷一：七佛；附《諸師拈頌諸經語句》。卷二：應化聖賢。始文殊菩薩，終清涼國澄觀國師。卷三：西天祖師。始一祖摩訶迦叶尊者，終二十八祖菩提達摩尊者。卷四：東土祖師。始初祖菩提達磨大師，終六祖慧能大鑒禪師；卷五：六祖下第一世，收南嶽懷讓禪師、南青原行思禪院師；六祖下第二世，收江西馬祖道一禪師、南嶽石頭希遷禪師。卷六：二祖旁出法嗣、四祖旁出法嗣、五祖旁出法嗣、六祖旁出法嗣。卷七：未祥法嗣。始泗州塔頭，終文通慧。卷八至卷三十收錄六祖慧能下第三世至第十六世。每一世均按先南嶽系，後青原系的順序敘述。卷三十的六祖下第十六世全是南嶽系僧人。上述世次中收載的人物，均有機語見錄，也就是說，沒有只載人名而不介紹事蹟的。這是《指月錄》不同於《傳燈錄》、《續傳燈錄》諸書的地方。卷三十一、卷三十二為徑山宗杲大慧普覺禪師語要。《指月錄》雖沒有以燈錄自命，卻是由儒士撰寫的談論禪門之事的著作，但究其性質而言，與燈錄並無二致，也是以禪宗的傳法世次爲經，禪師和受禪的居士的身世、機緣語句爲緯，編織起來的禪宗譜系類作品。全書除具有一般禪宗燈錄的特色外，還附載了許多禪宗名宿的拈頌評唱以及作者的辨析論議，收錄禪宗公案一千七百餘則，資料十分豐富。《指月錄》自問世以來十分流行，廣為僧俗兩界奉讀，『甚至斗大茅庵，亦皆供奉，腰包衲子，無不肩攜，儒者談禪之書，未有盛於此本者也』。是參禪證道、明心開慧不可不讀的禪宗名著。於中國佛教禪宗史研究極具資料價值。是書版本，《指月錄》成於萬曆二十三年（1595），先是由友人陳孟起抄錄了兩部，六年以後，由同鄉嚴澂（字道徵）付梓。清人聶先在《續指月錄凡例》中說：『虞山瞿幻寄（瞿汝稷）先生《指月錄》一書，先是嚴天池（嚴澂）先生，水月斋初刻』，即此萬曆二十九年刊本，爲本書第一刻。

四川師範大學圖書館藏。

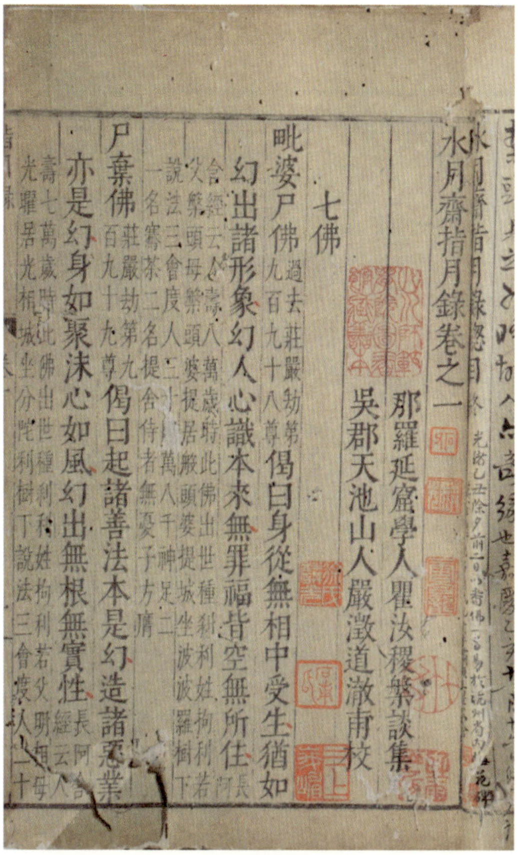
水月齋指月錄卷之一

那羅延窟學人瞿汝稷槃談集

吳郡天池山人嚴澂道澈甫校

七佛

毗婆尸佛 過去莊嚴劫第九百九十八尊 偈曰身從無相中受生猶如幻出諸形象幻人心識本來無罪福皆空無所住 長阿含經云人壽八萬歲時此佛出世種刹利姓拘利若父槃頭母槃頭婆提居槃頭婆提城坐波波羅樹下說法三會度人三十四萬八千神足二一名騫茶二名提舍侍者無憂子方膺

尸棄佛 莊嚴劫第九百九十九尊 偈曰起諸善法本是幻造諸惡業亦是幻身如聚沫心如風幻出無根無實性 長阿含經云人壽七萬歲時此佛出世種刹利姓拘利若父明相母光曜居光相城坐分陀利樹下說法三會度人二十

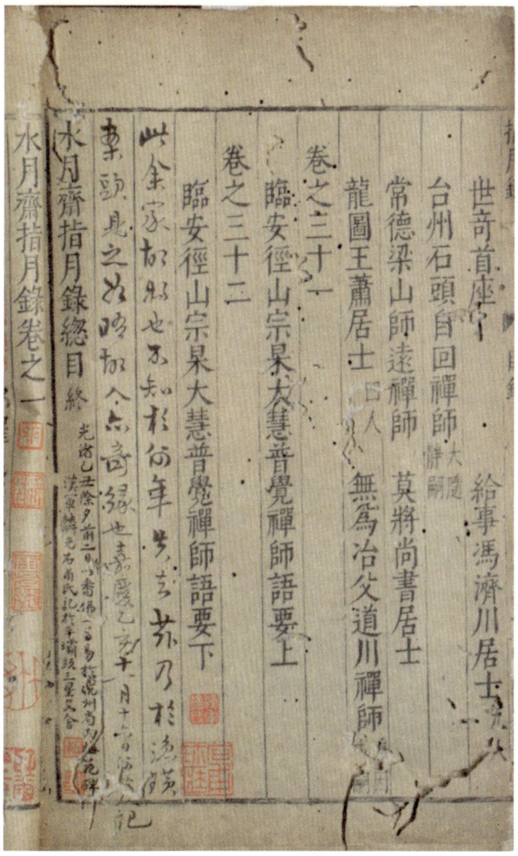
世奇首座 給事馮濟川居士 已上九人

台州石頭自回禪師 大隨靜嗣

常德梁山師遠禪師 莫將尚書居士

龍圖王蕭居士 已上五人 無爲冶父道川禪師

卷之三十一

臨安徑山宗杲大慧普覺禪師語要上

卷之三十二

臨安徑山宗杲大慧普覺禪師語要下

此余家故物也不知於何年失去……頭見之如晤故人亦奇緣也嘉慶乙亥十一月十六日……記

水月齋指月錄總目終

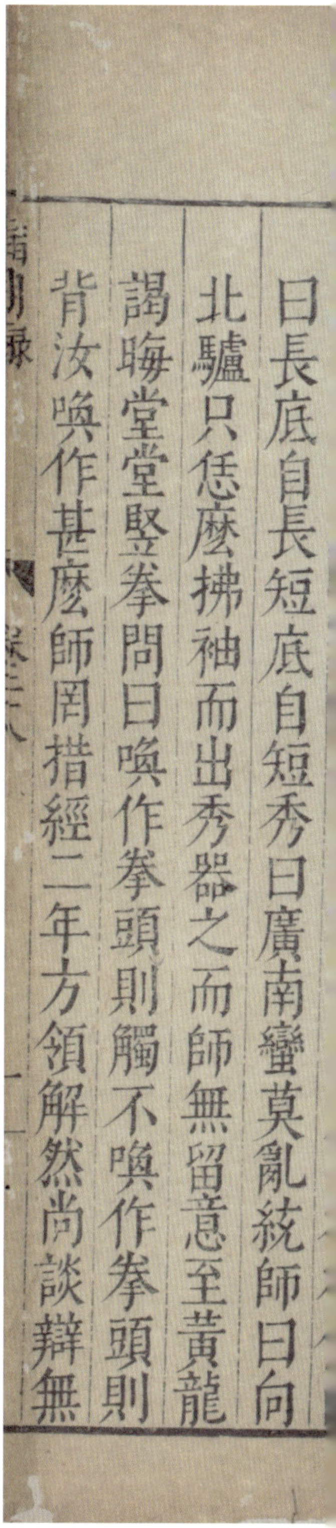
曰長底自長短底自短秀曰廣南蠻莫亂統師曰向北驢只恁麽拂袖而出秀器之而師無留意至黃龍謁晦堂堂竪拳問曰喚作拳頭則觸不喚作拳頭則背汝喚作甚麽師罔措經二年方領解然尚談辯無

0235　三子合刊十三卷

明閔齊伋刻朱墨套印本　七冊

匡高22.5釐米，廣15釐米。半葉九行，行十九字，白口，四週單邊。有『西吳閔齊伋遇五父校』牌記。

三子：《老子道德真經》二卷音義一卷；《莊子南華真經》四卷音義四卷；《列子沖虛真經》一卷音義一卷等，爲道教的三部著名經典。是本乃明代著名的閔刻套印本之一，且有紙墨俱佳，版印甚精的特點，頗具版本價值。

列子，名列禦寇，亦稱圄寇、圉寇，戰國時鄭國人。《莊子·逍遙遊》說他能『禦風而行』；《呂氏春秋·不二》說他主張『貴虛』。西漢劉向《列子新書目錄》說他『其學本於黃帝、老子，號曰道家』。後爲道教神化，唐天寶間詔號『沖虛真人』。《列子》，爲列禦寇的著作。又名《列子新書》，唐宋以後又名《沖虛真經》、《沖虛至德真經》。《漢書·藝文志》著錄《列子》八篇，早佚。今傳世之《列子》，研究者認爲，從思想內容和語言風格上看，可能是魏晉時人的作品，作僞者應是東晉時的張湛[字處度，高平（今屬山東）人。東晉武帝時，曾任中書侍郎、光祿勳。有《列子注》。]今本《列子》是一部着重反映魏晉時代思想的著作，其中也包含了一些道家和佛學的思想。內容多爲民間傳說、神話和寓言故事，如《愚公移山》、《杞人憂天》等。資料多出自《列子》、《晏子》、《論語》、《山海經》、《墨子》、《莊子》、《韓非子》、《呂氏春秋》、《韓詩外傳》等書。但也有不見於今日所傳先秦和西漢古籍，也不是魏晉人思想的反映，且爲魏晉時人所徵引的典故，這些大概出自一些今已不傳的古籍。《列子》中關於宇宙生於『有』；宇宙變化是自身運動的結果；宇宙是無限的思想等，這些思想屬於符合科學的合理猜想而頗具價值。

四川省圖書館藏。

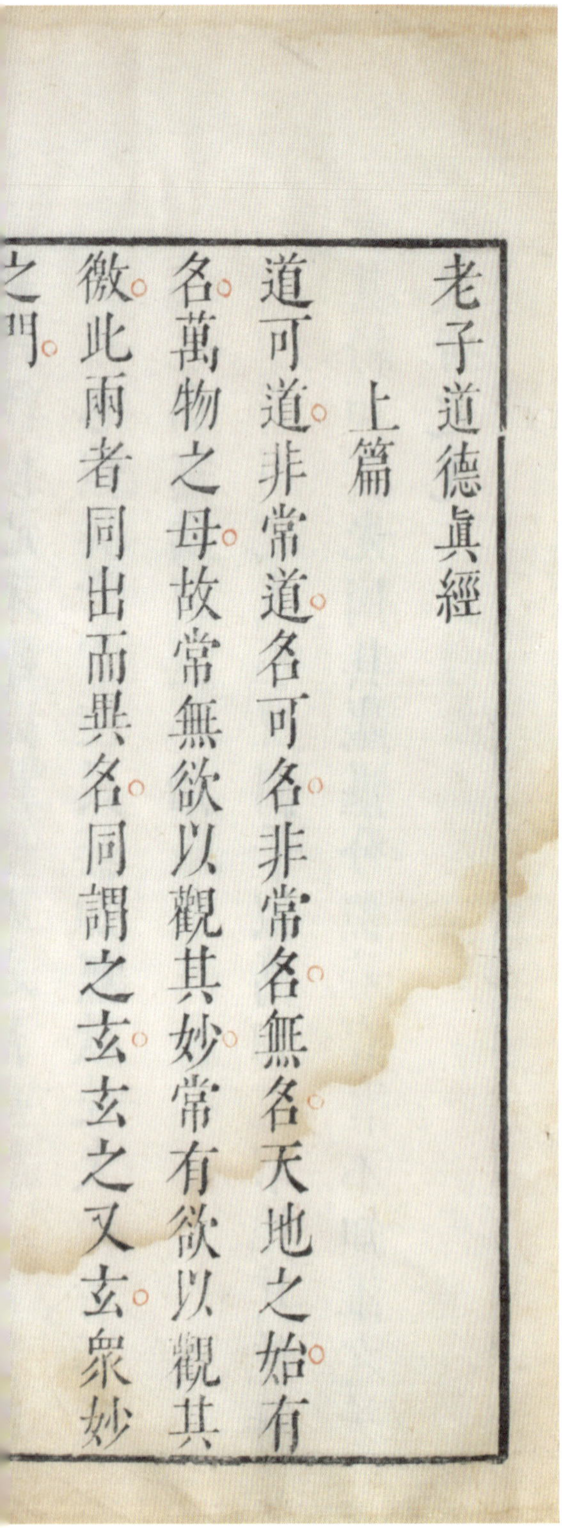
老子道德眞經

上篇

道可道非常道名可名非常名無名天地之始有名萬物之母故常無欲以觀其妙常有欲以觀其徼此兩者同出而異名同謂之玄玄之又玄衆妙之門

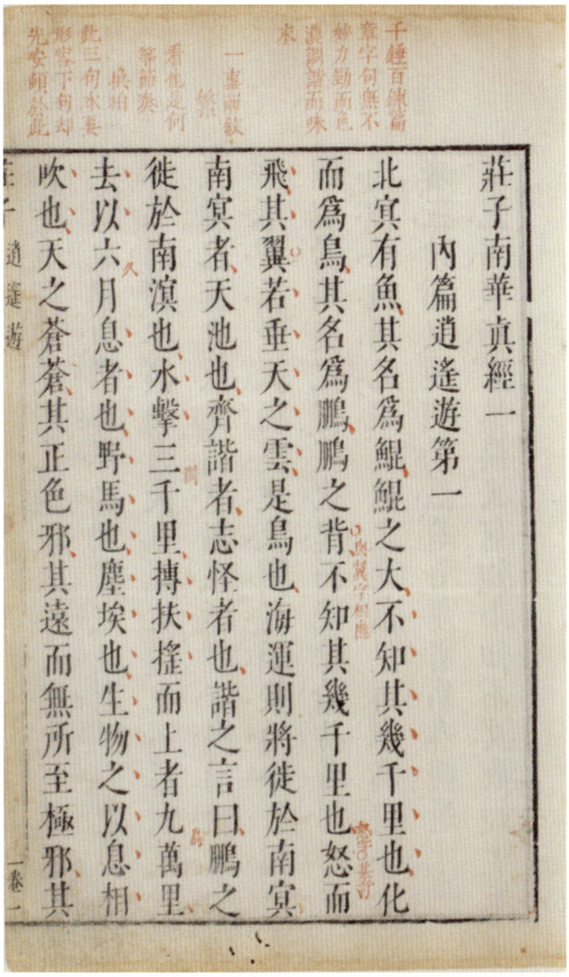
莊子南華真經一

內篇逍遙遊第一

北冥有魚其名爲鯤鯤之大不知其幾千里也化而爲鳥其名爲鵬鵬之背不知其幾千里也怒而飛其翼若垂天之雲是鳥也海運則將徙於南冥南冥者天池也齊諧者志怪者也諧之言曰鵬之徙於南溟也水擊三千里摶扶搖而上者九萬里去以六月息者也野馬也塵埃也生物之以息相吹也天之蒼蒼其正色邪其遠而無所至極邪其

莊子 逍遙遊 卷一

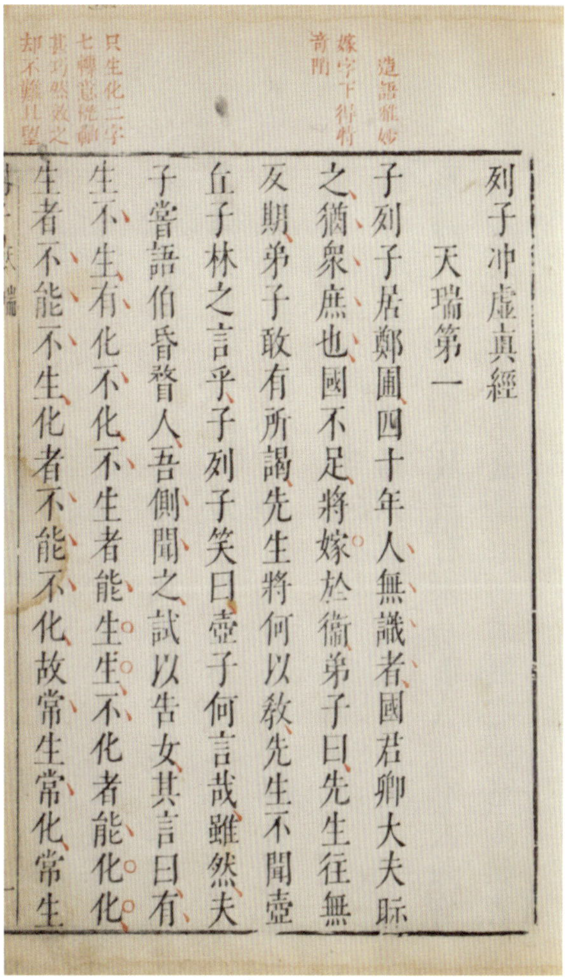
列子沖虛真經

天瑞第一

子列子居鄭圃四十年人無識者國君卿大夫眎之猶衆庶也國不足將嫁於衛弟子曰先生往無反期弟子敢有所謁先生將何以教先生不聞壺丘子林之言乎子列子笑曰壺子何言哉雖然夫子嘗語伯昏瞀人吾側聞之試以告女其言曰有生不生有化不化不生者能生生不化者能化化生者不能不生化者不能不化故常生常化常生

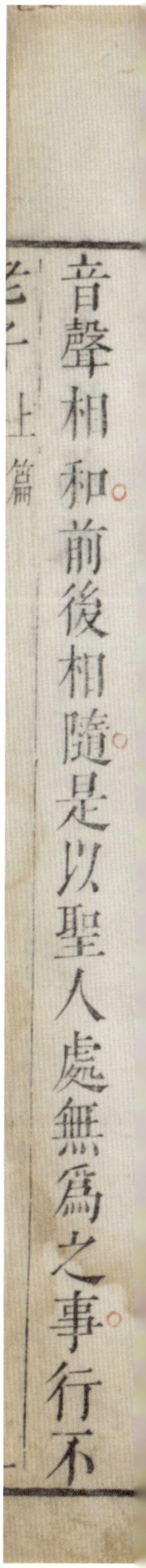
音聲相和前後相隨是以聖人處無爲之事行不

老子 上篇

0236 老子道德真經二卷 音義一卷

明閔齊伋刻三子合刊朱墨套印本 一册

匡高21.4釐米，廣15.1釐米。半葉九行，行十九字，小字雙行同，白口，四週單邊。

四川大學圖書館藏。

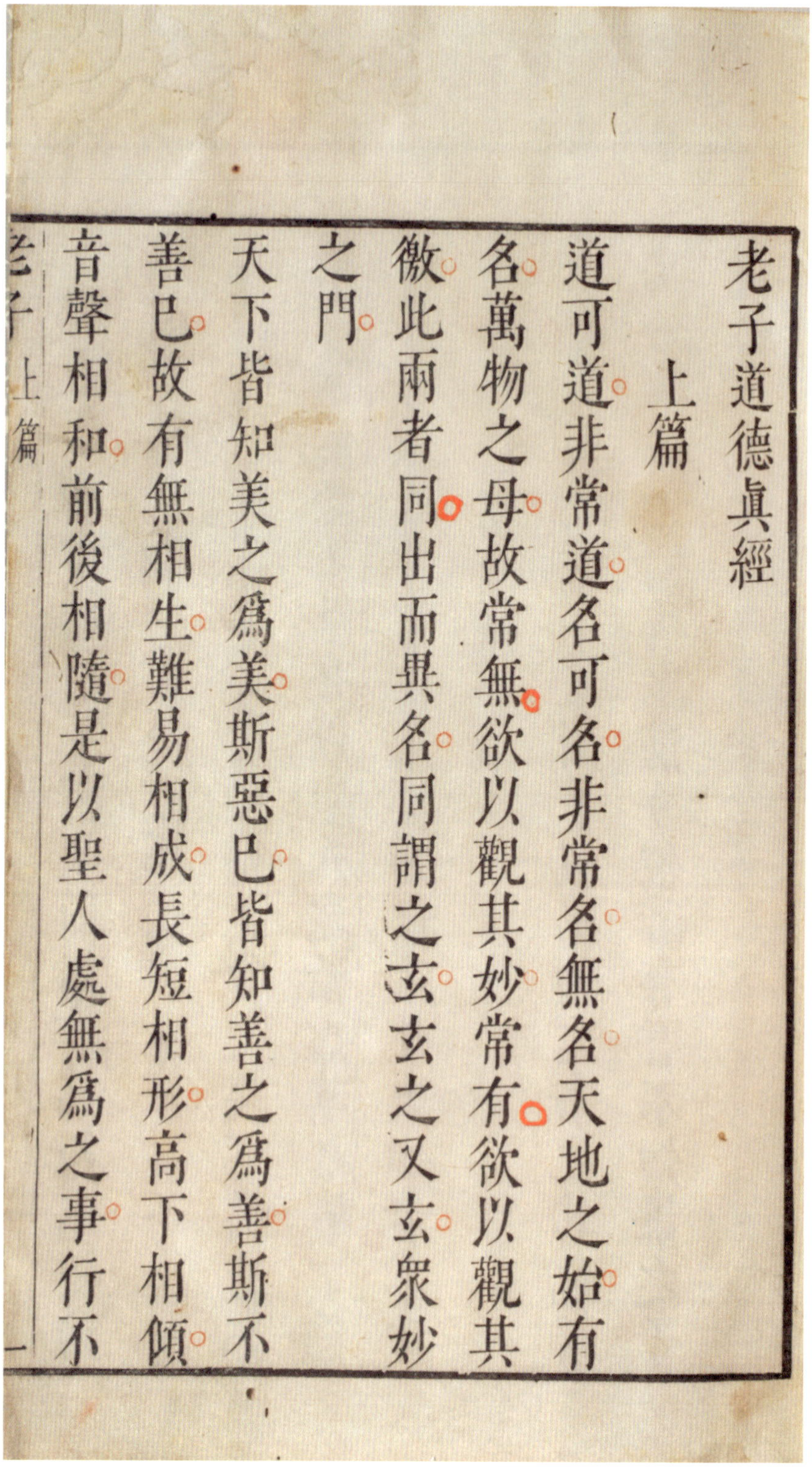
老子道德眞經

上篇

道可道非常道名可名非常名無名天地之始有名萬物之母故常無欲以觀其妙常有欲以觀其徼此兩者同出而異名同謂之玄玄之又玄衆妙之門

天下皆知美之爲美斯惡巳皆知善之爲善斯不善巳故有無相生難易相成長短相形高下相傾音聲相和前後相隨是以聖人處無爲之事行不

老子 上篇 一

0237 老子道德經二卷

題（漢）河上公章句

明刻本　二冊

匡高20釐米，廣14.2釐米。半葉八行，行十七字，小字雙行同，白口，左右雙邊。

河上公注《老子道德經》，始見於《隋書・經籍志》道家類載《老子道德經》二卷，漢文帝時河上公注。河上公注老子之說出自晉葛玄的《道德經序》：『河上公者，莫知其姓名也。漢孝文帝時，結草爲庵於河之濱，常讀《老子道德經》。文帝好老子之言，……河上公即授素書《老子道德經章句》二卷，謂帝曰：熟研此，則所疑自解……言畢，失公所在。』所云文帝時河上公授《老子道德經章句》，於史無徵。且《經序》多怪誕之言，此應爲神仙家之虛言。自西漢初迄三國，老子之學凡三變，其宗旨各不相同。漢初以黃老爲政術，主治國經世；東漢中至東漢末，以黃老爲長生之道術，主治身養性；三國之時，習老者大率爲虛無自然之玄論。晁公武《郡齋讀書志》河上公注《老子》條下云：『其書頗言吐故納新、按摩导引之術，近神仙家』。是書大概是出於後漢桓、靈之際，某個篤好黃老，且慕导引行氣之術者之手，並託名於河上公。《老子河上公章句》以論治身養生爲基本宗旨，其於『道可道，非常道』下注曰：道可道——『謂經術政教之道也』。非常道——『非自然長生之道也』。其辯《老子》之常道，爲自然生长之道，而非經術政教之道。其意顯與桓帝時老君之教合。該書囿於體制，依經爲注，雖不能成一首尾完整之養生論，然其治身之要旨，已曉明矣。《老子道德經》歷世治之者衆也，其著作版本可謂多矣。然是本，查《中國古籍善本書目》等書，諸明本中無此左右雙邊者，且刊印甚精，似為嘉靖間刊者。

四川省圖書館藏。

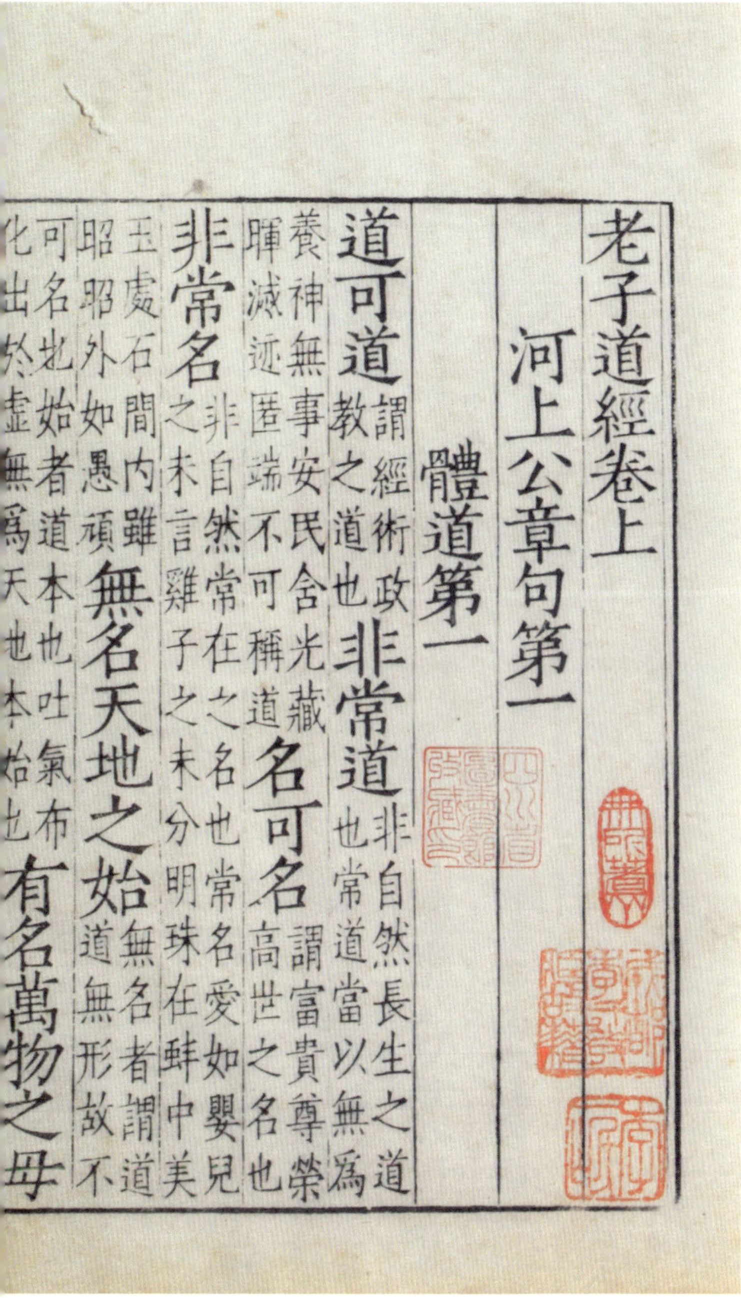

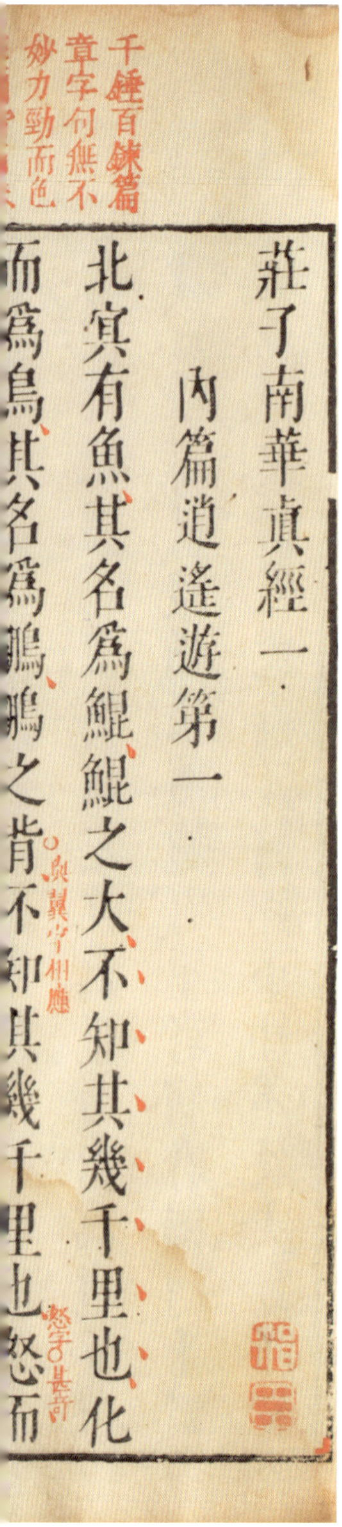

0238　莊子南華真經四卷

（唐）陸德明音義

明閔齊伋刻三子合刊朱墨套印本　四冊

匡高21.8釐米，廣15.1釐米。半葉九行，行十九字，白口，四週單邊。

《南華真經》即《莊子》。唐玄宗於天寶元年（742）詔封莊子為「南華真人」，尊其書為《南華真經》。據《漢書·藝文志》著錄，《莊子》一書，在漢代流傳時是五十二篇；現存者分《內篇》為：《逍遙遊》、《齊物論》至《大宗師》、《應帝王》，凡七篇；《外篇》為：《駢拇》、《馬蹄》至《田子方》、《知北遊》，凡十五篇；《雜篇》為：《庚桑楚》、《徐無鬼》至《列禦寇》、《天下》，凡十一篇。共計三十三篇。是書為戰國時莊周（約前369—前286）所撰。《莊子》認為，「道」是客觀真實的存在，「夫道，有情有信」，但又「無為無形」，「可傳而不可受，可得而不可見」，是最高的本體；其存在不以他物為條件，「自本自根，未有天地，自古以固存」（《大宗師》）；任何事物都是相對的、可轉化的，「臭腐復化為神奇，神奇複化為臭腐」（《知北遊》）等，在哲學上繼承並發展了老子的思想，成為道家學派最重要的代表作之一，在中國哲學史上佔有很重要的地位。其中的《天下》篇，對先秦墨翟、禽滑釐、宋鈃、尹文、彭蒙、田駢、慎到、關尹、老聃、莊周、惠施、桓團、公孫龍等的學說都作了介紹和評論。同時也談到了儒家的《六經》等。這是一篇介紹先秦幾個重要學派哲學思想的專論。自魏晉以後，有關《莊子》的研究至少在三百家以上，除文字考證、義理解釋外，多是借《莊子》以發揮自己的思想觀點者。《莊子》一書的版本，自宋以來，各代皆備，有單刻者，有合刻者，亦有叢書本，版本眾多。是書書口下鐫卷數，每卷末附《音義》。用紙潔白光潤，套印較佳，朱色豔麗，黑色沉厚，為閔氏套印精品。

四川大學圖書館藏。

兩語不作偶態致自勝漢六論畏影走者有數句然何如此一句

欲以勝人爲名是以與衆不適也弱於德強於物其塗隩矣由天地之道觀惠施之能其猶一蚉一蝱之勞者也其於物也何庸夫充一尚可曰愈貴道幾矣惠施不能以此自寧散於萬物而不厭卒以善辯爲名惜乎惠施之才駘蕩而不得逐萬物而不反是窮響以聲形與影競走也悲夫

西吳閔齊伋遇五父校

看他是何等節奏

換拍

此三句本要形容下句却先安頓於此

徙於南溟也水擊三千里摶扶搖而上者九萬里去以六月息者也野馬也塵埃也生物之以息相吹也天之蒼蒼其正色邪其遠而無所至極邪其

莊子　逍遙遊　卷一

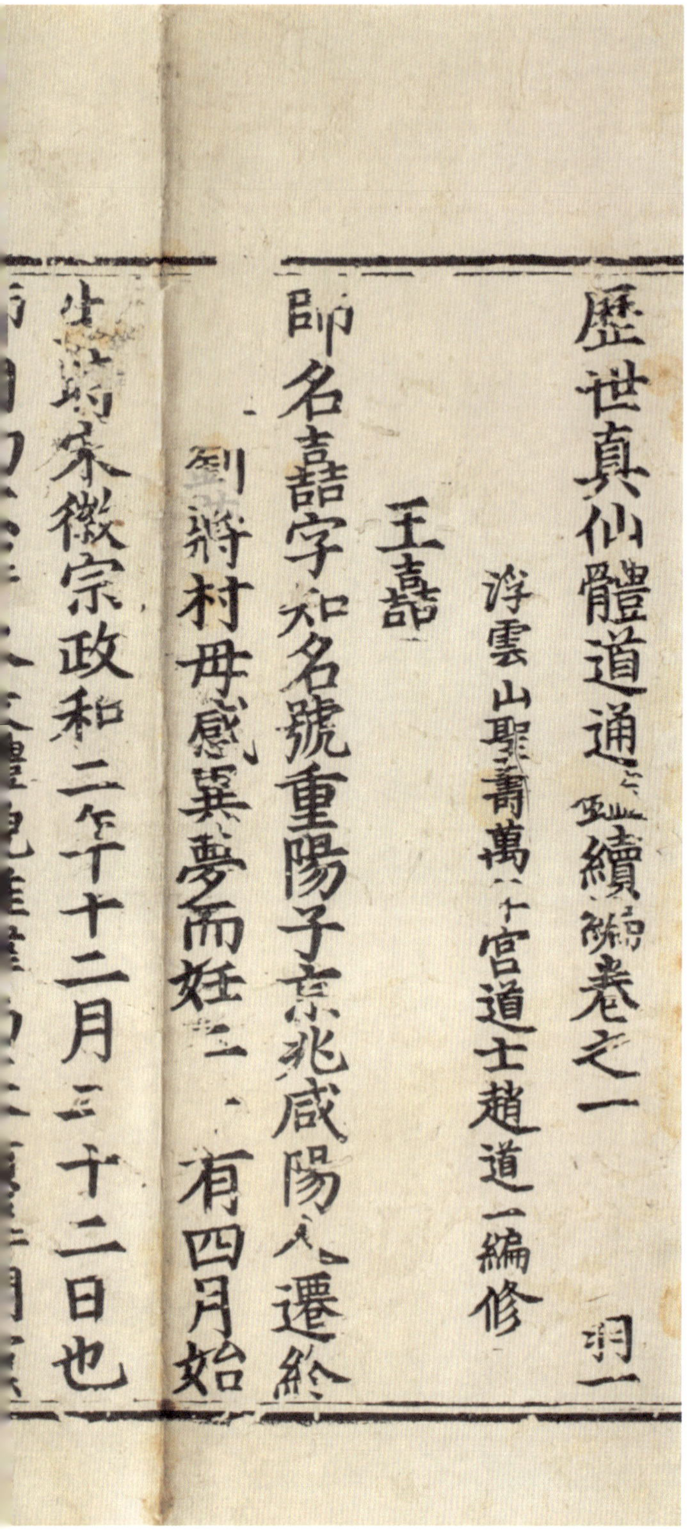
歷世真仙體道通鑑續編卷之一 羽一
浮雲山聖壽萬年宮道士趙道一編修
王嚞
師名嚞字知明號重陽子京兆咸陽人遷終
劉蔣村母感異夢而娠二十有四月始
生時宋徽宗政和二年十二月二十二日也

0239 道藏五千三百五卷 （明）張宇初等編

明正統十年（1445）刻本 二千六百六十九冊

匡高27.7釐米，廣12.9釐米。半葉五行，行十七字，上下雙邊。存二千六百六十九卷。

四川大學圖書館藏。

齊改元阜昌初金太宗天會八年封劉豫爲王國號齊是爲宋建炎四年

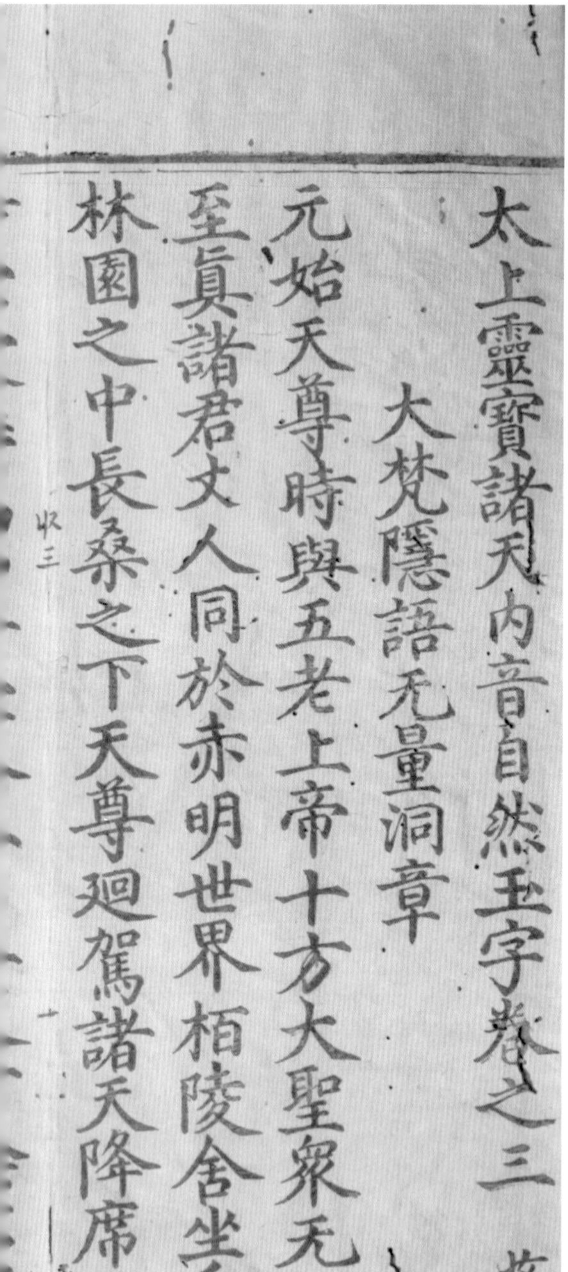
太上靈寶諸天内音自然玉字卷之三　收三
大梵隱語无量洞章
元始天尊時與五老上帝十方大聖衆无極
至眞諸君丈人同於赤明世界栢陵舍坐香
林園之中長桑之下天尊迴駕諸天降席是
收三

0240　道藏五千三百五卷　（明）張宇初等編

明正統十年（1445）内府刻萬曆二十六年（1598）官印本　經首護勑一卷　明萬曆二十七年（1599）内府寫本　三千二百〇九册

匡高27.7釐米，廣12.9釐米。半葉五行，行十七字，上下雙邊。存三千三百五十三卷。

道教文獻叢編。張宇初（？—1410），字子璿，又字信甫，別號耆山，又號無為子，張正常之子。洪武十年（1377）襲掌道教。為道教第四十三代天師。永樂元年（1403）、四年（1406）永樂帝兩次敕令張宇初重編《道藏》，至永樂八年（1410）宇初去世，又詔令第四十四代天師張宇清繼續主持編纂，至英宗正統間，詔通妙真人邵以正總其事，道士喻道純、湯希文等重加訂正，增所未備，共得五千三百零五卷，四百八十函；以《千字文》爲函目，自『天』字至『英』字。正統十年（1445）校勘完成，名《正統道藏》。萬曆年間神宗又敕第五十代天師張國祥［（？—1611），字心湛（或字文徵，號心湛），萬曆五年（1577）襲爵］續纂《道藏》。萬曆三十五年（1607）書成，計三十二函一百八十卷，《千字文》函目自『杜』至『纓』字，名萬曆《續道藏》。正續《道藏》共五千四百八十五卷。是書雖成於明代，然所據者為宋金元時期所刊的多部《道藏》，略有增加。道教典籍，除宋金元之零帙外，係統完整、版本較早之存世者，亦此明本，影響較大。《道藏》以三洞、四輔、十二部的分類方法進行編排，各函以《千字文》為函目。這種分類方法並不十分科學，但這畢竟是明代人的看法，對道教文獻而言，亦算可行。《道藏》以收錄文獻眾多，體係龐大為其特點，然亦有底本搜訪不夠周遍，失收《政和道藏》等；收錄文獻選擇不精，將偽託『呂祖』、『文昌』降筆等扶鸞之書，亦均刊入，使內容更為蕪雜等問題。儘管如此，道教作為中國的本土宗教，其典籍不僅是我國古代文化的重要內容之一，也是中國古籍的重要組成部分，於古代哲學、歷史、文學、藝術、化學、醫學研究是不可或缺的資料寶庫。

四川省圖書館藏。

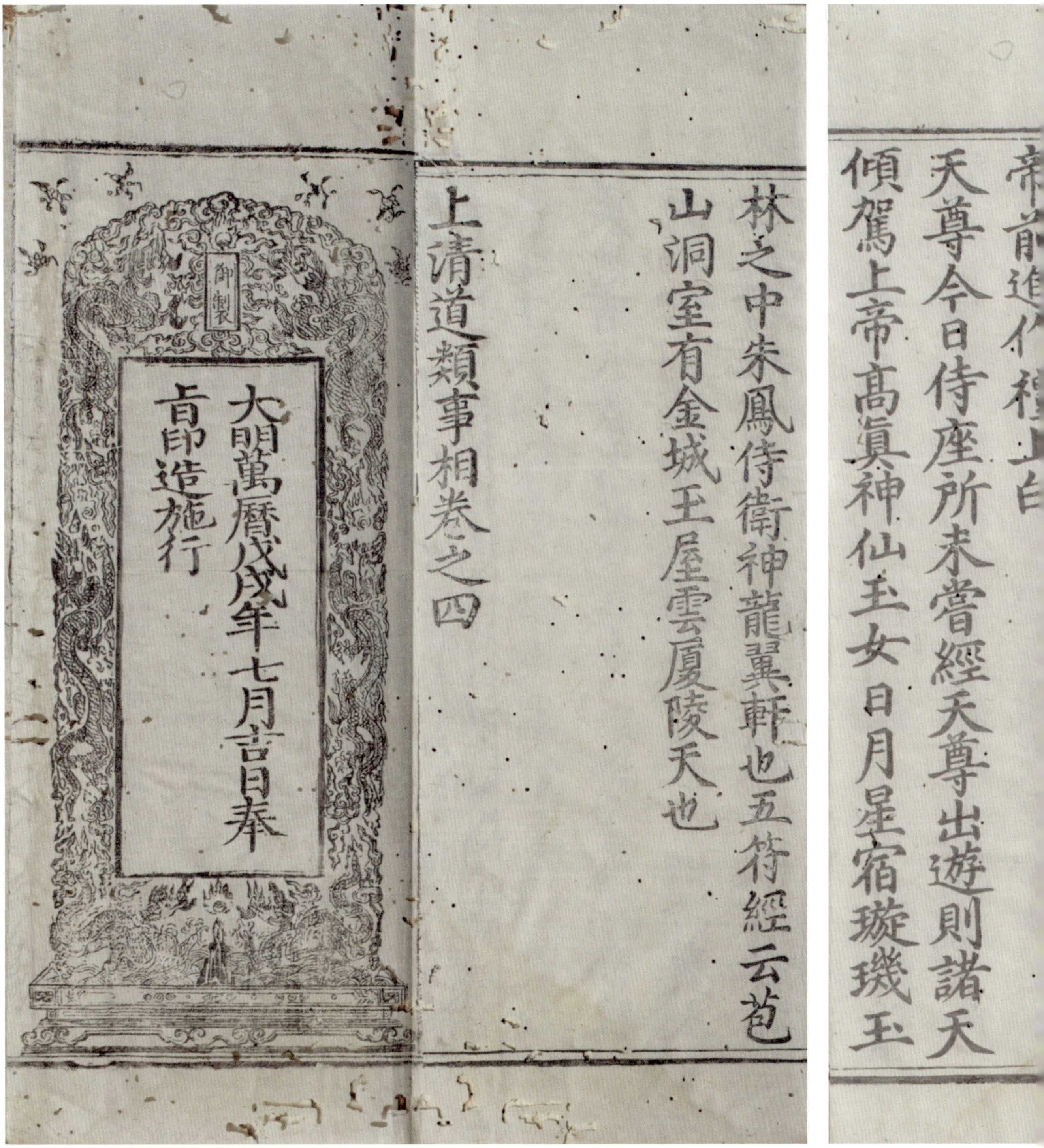

帝前進作禮上白
天尊今日侍座所未嘗經天尊出遊則諸天
傾駕上帝高真神仙玉女日月星宿璇璣玉

林之中朱鳳侍衛神龍翼軒也五符經云芭
山洞室有金城王屋雲厦陵天也

上清道類事相卷之四

御製

大明萬曆戊戌年七月吉日奉
旨印造施行

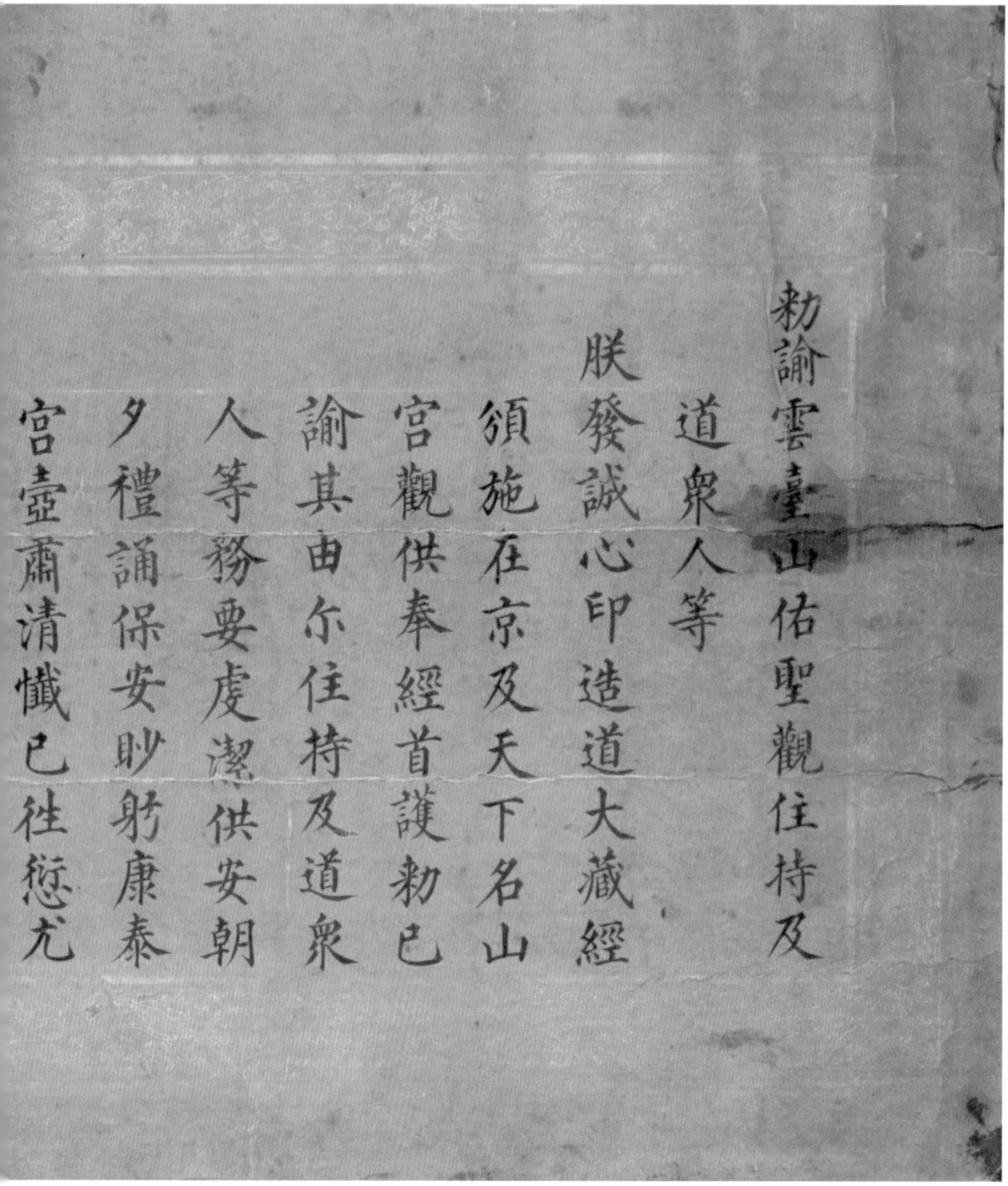
敕諭雲臺山佑聖觀住持及
道衆人等
朕發誠心印造道大藏經
頒施在京及天下名山
宮觀供奉經首護敕已
諭其由尓住持及道衆
人等務要虔潔供安朝
夕禮誦保安眇躬康泰
宮壼肅清懺已往愆尤

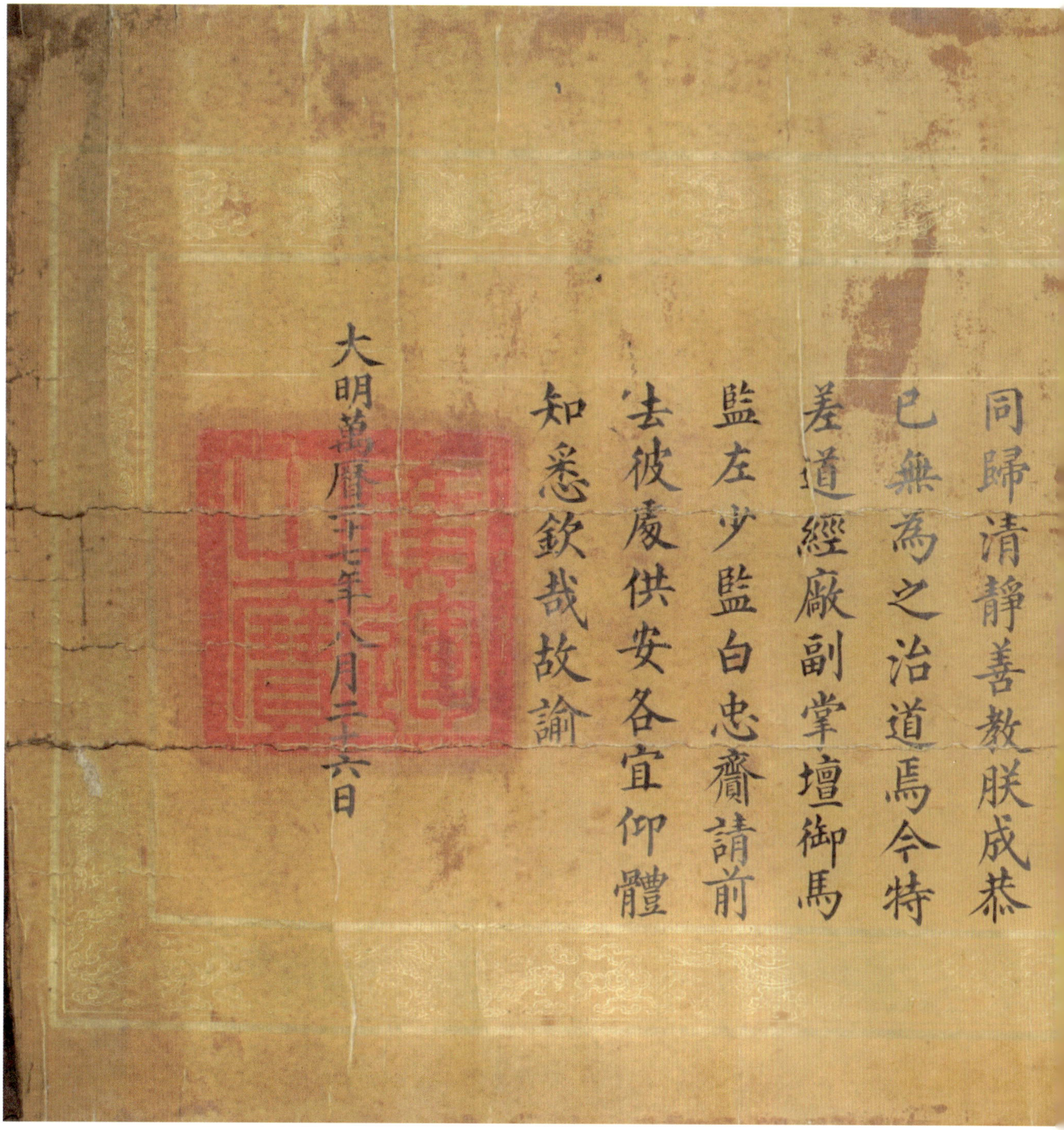

同歸清靜善教朕成恭
已無為之治道馬令特
差道經廠副掌壇御馬
監左少監白忠齎請前
去彼處供安各宜仰體
知悉欽哉故諭

大明萬曆二十七年八月二十六日

0241 抱朴子內篇二十卷外篇五十卷

〔晉〕葛洪撰

明抄本　六冊

匡高19.2釐米，廣13.8釐米。半葉十一行，行十七字，白口，左右雙邊。陸僎跋，佚名校。

葛洪（283—363），字稚川，自號抱朴子，丹陽句容（今屬江蘇）人。葛玄從孫。少好神仙導養之法，從葛玄的弟子鄭隱學道。官參軍，後遷伏波將軍，賜封關內侯。咸和（326—334）初，聞交趾出丹砂，求爲勾漏令。攜子侄經廣州，止於羅浮山煉丹，在山積年而卒。葛洪學識淵博，勤於著述，『凡著《內篇》二十卷，《外篇》五十卷，碑頌詩賦百卷，軍事檄移章表箋記三十卷，又撰俗所不列者爲《神仙傳》十卷，又撰高尚不仕者爲《隱逸傳》十卷，又抄五經、七史、百家之言、兵事方伎短雜奇要三百一十卷，別有目錄。』可謂博矣。然今傳世者主要有《抱朴子》內外篇七十卷，《神仙傳》十卷，《肘後要（備）急方》四卷等。道教本爲民間宗教，因統治階級的意志和權力將其引向代表上層社會官方意識的神仙道教。葛洪是神仙道教的大力提倡者，他不僅視民間道教爲『妖道』，還有一整套神仙道教的理論和衆多的神仙方術，代表作就是其所撰的《抱朴子·內篇》。《內篇》的主要內容爲神仙方藥、鬼怪變化、養生延年、禳邪卻禍之事；《內篇》一書認爲：『玄』（道）乃宇宙本體：『玄者，自然之始祖，而万殊之大宗也』；『道起于一其貴無隅，各居一處，以象天地人，故曰三一也。天得一以清，地得一以宁，人得一以生，神得一以灵。通過自《暢玄》、《地真》、《论仙》、《对俗》等篇闡述道教的宇宙觀，反復論證神仙實有，人通過金丹修煉也可成仙的論述，是對戰國以來的神仙思想的一次系統總結，使道教的神仙信仰理論化，爲神仙道教奠定了理論基礎。由於他的大力提倡和踐行，神仙道教從此取得了主導地位，在上層社會盛行不息，對道教的發展有深刻的影響。其中的《金丹》等篇記載了許多現已失傳的煉丹著作，提到許多煉丹藥物的品種，詳細記錄了煉製金丹的方法，這些關於煉丹術的記載，是中國古代化學史研究的重要資料。《外篇》則以儒家爲宗，論人間得失、世事臧否，主張克己忠君；人君應舉賢任能，愛民節慾，獨掌權柄的治民之法。《外篇》的撰述早於《內篇》，這應與葛洪早期習儒有關，或就是他早期的著作。在葛洪看來，道、儒皆爲社會教化所不可缺少，兩者是一致的。兩者的糅合是必要的，但這種糅合必須以道爲核心，因爲『道者儒之本也；儒者，道之末也』，《抱朴子》內外篇之撰，正體現的是這種認識，《釋滯》中『內寶養生之道，外則和光於世，治身而身長修，治國而國太平』，『內以治身，外以治國』也表述了本書的基本旨趣。是本為蘭格抄本，抄寫甚精。

四川省圖書館藏。

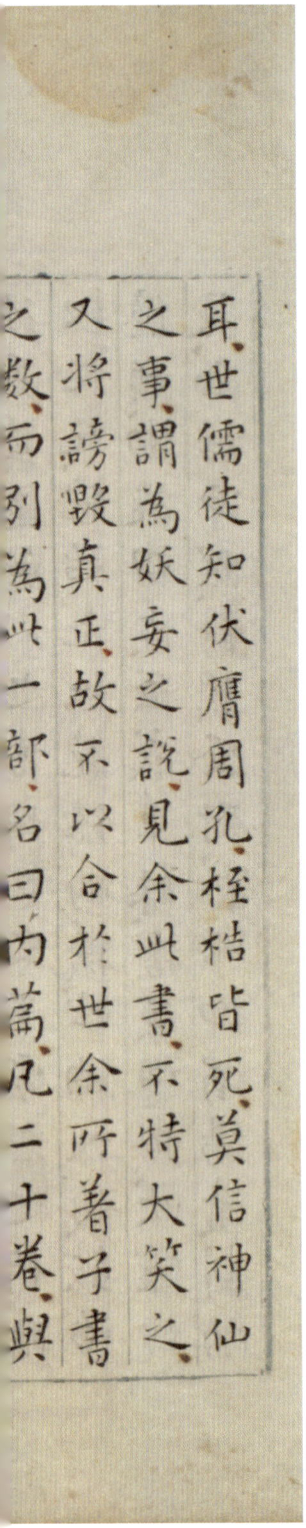

耳世儒徒知伏膺周孔桎梏皆死莫信神仙
之事謂為妖妄之說見余此書不特大笑之
又將謗毀真正故不以合於世余所著子書
之數而別為此一部名曰內篇凡二十卷與

信於不信者乎葛洪稚川謹序

抱朴子内篇卷之一

暢玄卷第一

抱朴子曰玄者自然之始祖而萬殊之大宗

抱朴子内篇卷之十五

雜應

或曰敢問斷人可以長生乎凡有幾法何者
最善與抱朴子荅曰斷人正可息肴粮之費
不能獨令人長生也問諸曾斷穀積久者云
差少病痛勝於食穀時其服朮及餌黄精又
禹餘粮九日再服三日令人多氣力堪負擔
遠行身輕不極其服諸石藥一服守中十年
五年者及吞氣服符飲神水輩但為不飢耳
體力不任勞也道書雖言欲得長生腸中當
清欲得不死腸中無滓又云食草者善走而

足則跡與衆迸內無金張之援外乏彈冠之
友循塗雖坦而足無騏驎六虛雖曠而翼非
大鵬上不能鷹揚匡國下無顯親垂名不
寄於良史聲不附乎鍾鼎故因著述之餘而
為自叙之篇雖無補於窮達亦賴將來之有
述焉

抱朴子外篇卷之五十

0242　形神俱妙篇二卷

（明）潛圃野叟撰

明萬曆三十七年（1609）刻藍印本　二冊

匡高18.6釐米，廣12.9釐米。半葉七行，行十五字，白口，四週雙邊。朱筆批點並跋。

作者無考。《形神俱妙篇》為作者據道家修身煉習之術，結合自身修習體會編撰而成。前卷為煉形之道，計三十八條；後卷煉神之道，計五十八條。全書徵引文獻眾多，『摭其簡明直指者』，『間嘗以身心實詣』，強調導引吐納之法，由外入內、從粗致精，於方法和成效闡述甚詳，以得形神雙修之道，以求延年之法。是書所彰者，乃道家『修仙之訣』，似為不經。然就客觀效果而言，於人們身心之調節不無裨益，且有簡明易行之效，不失為祖國文化遺產之心理醫學重要資料之一。查檢諸家書目，均未見本書之著錄，實為罕睹。其文獻價值和版本價值是值得重視的。

四川省圖書館藏。

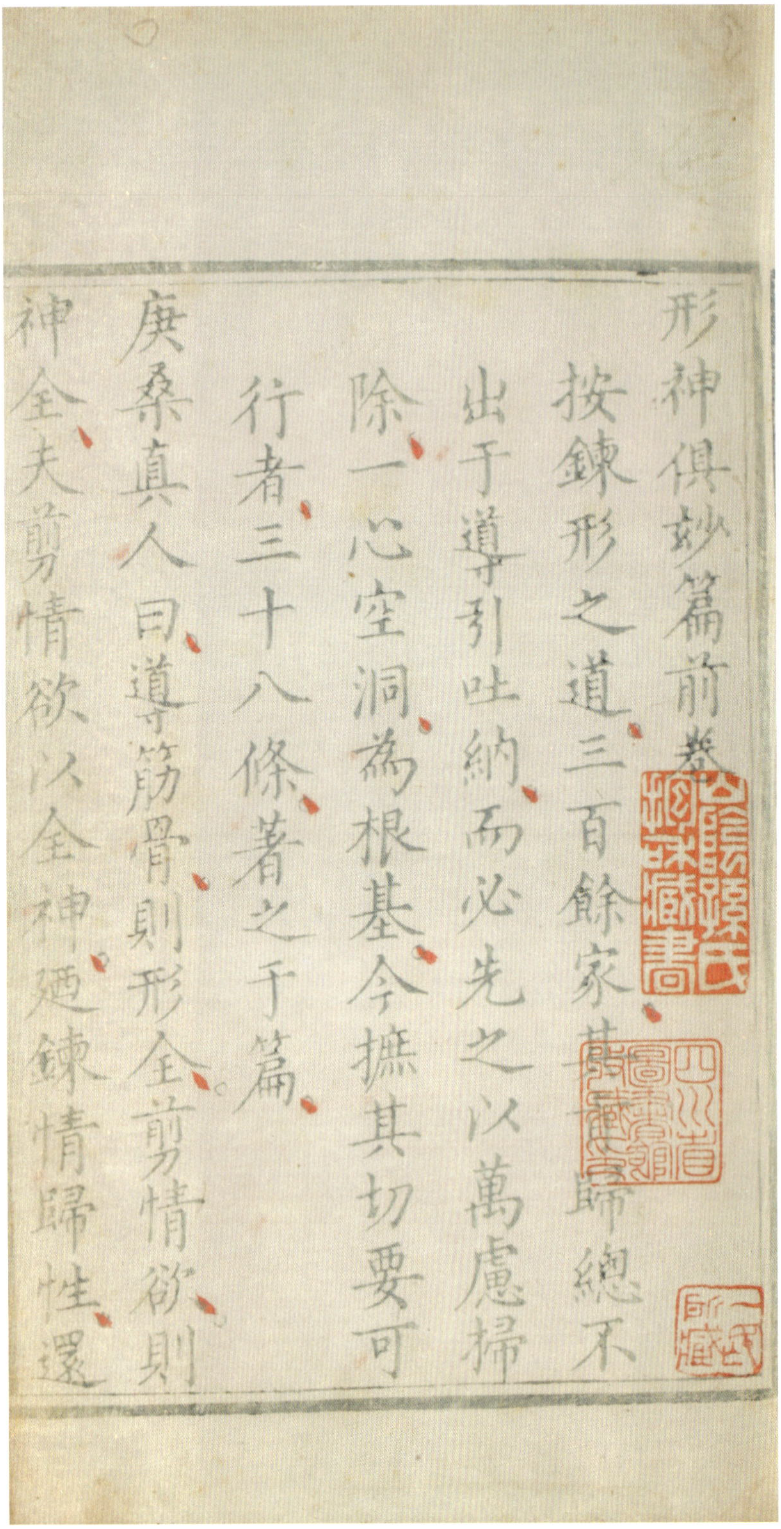
形神俱妙篇前卷
按鍊形之道三百餘家其[illegible]歸總不
出于導引吐納而必先之以萬慮掃
除一心空洞為根基今摭其切要可
行者三十八條著之于篇
庚桑真人曰導引筋骨則形全剪情欲則
神全夫剪情欲以全神廼鍊情歸性還

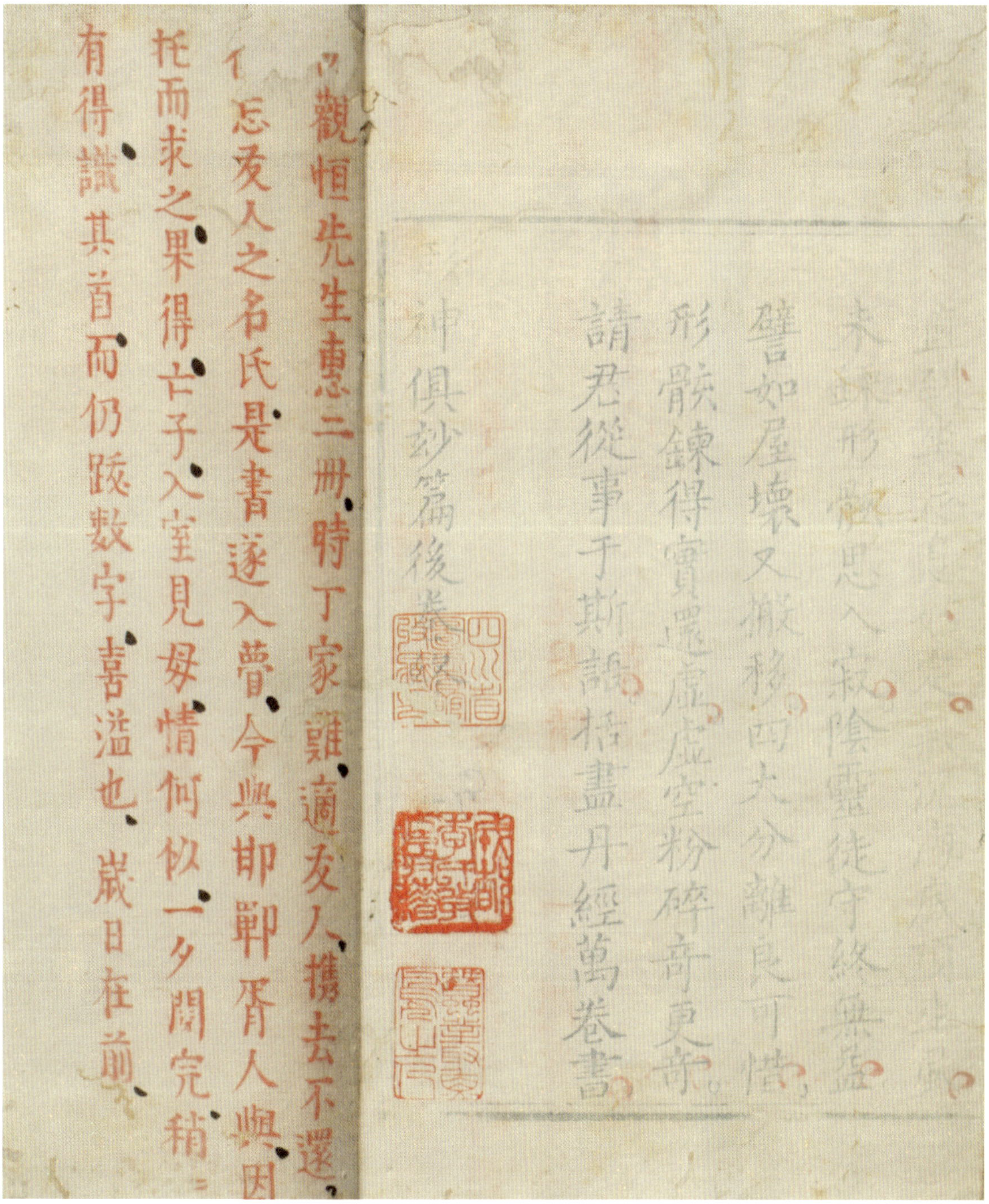

夫錄形骸思入寂陰靈徒守終無益
譬如屋壞又搬移四大分離良可惜
形骸鍊得實還虛虛空粉碎奇更奇
請君從事于斯語楷盡丹經萬卷書
神俱妙篇後

□觀恒先生惠二冊時丁家雖適友人攜去不還
亻忘友人之名氏是書遂入曹今與邱鄆胥人與因
托而求之果得古子入室見母情何似一夕閱完稍
有得識其首而仍跋數字喜溢也　歲日在前

0243　楚辭二卷

（楚）屈原　宋玉　（漢）賈誼等撰

明萬曆四十八年（1620）閔齊伋刻三色套印本　二册

匡高21釐米，廣14.9釐米。半葉九行，行十九字，白口，四週單邊。末刊『皇明萬曆庚申烏程閔齊伋遇五父校』。

屈原（約前340—約278），名平，字原；又自稱名正則，字靈均，戰國時楚人。是我國最早的大詩人。曾任左徒、三閭大夫。由於深感其政治理想不能實現，遂投汨羅江而死。宋玉，生卒年不詳。戰國時楚辭賦家。爲屈原之後比較重要的楚辭作者。賈誼（前200—前168），洛陽（今屬河南）人。文帝初，召爲博士，後爲梁懷王太傅。西漢政論家、文學家。楚辭作爲一種新的文體，『蓋屈宋諸騷，皆書楚語，作楚聲，紀楚地，名楚物，故可謂之「楚辭」』（宋黄伯思《校定楚辭序》）；內容所涉及的神話故事、歷史傳說、風俗習尚及表現手法等，無不帶有鮮明的楚文化色彩。具有濃厚的楚國地方特色，是楚辭的基本特徵。今傳世本《楚辭》包括戰國時代一些楚國人所創作的楚國地區一種新體裁詩及漢朝人用這種詩體所寫的詩。是集分上、下卷，所收以屈原作品爲主，其次爲宋玉及漢代賈誼、淮南小山、莊忌、東方朔、王褒、劉向、王逸等人的作品，篇目和數量均與十七卷本同。此二卷本之編次者，卷中之注語，各頁天頭及各篇篇末之評語均未署名。明人所爲者或是書刊印者閔氏所爲也，無可論定。此爲明代著名的套印本。

四川省圖書館藏。

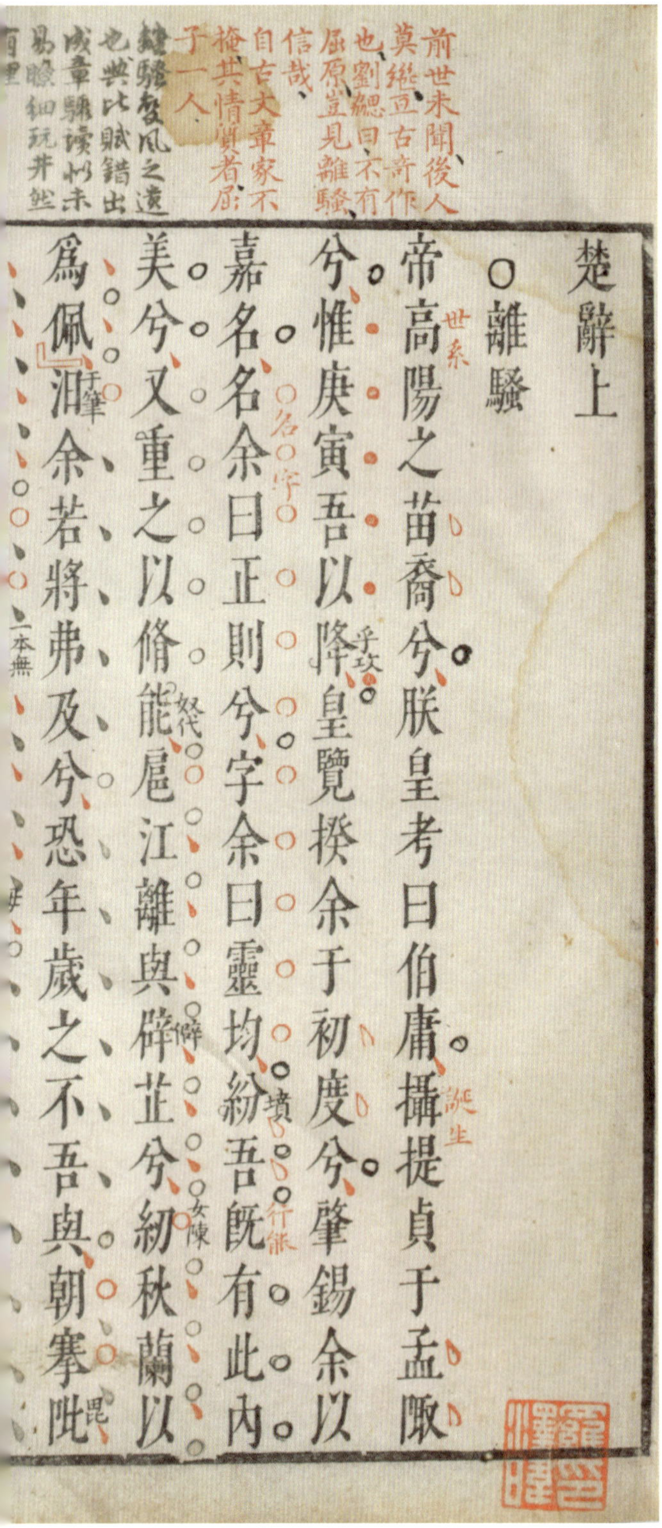
楚辭上

○離騷

帝高陽之苗裔兮朕皇考曰伯庸攝提貞于孟陬兮惟庚寅吾以降皇覽揆余于初度兮肇錫余以嘉名名余曰正則兮字余曰靈均紛吾既有此內美兮又重之以脩能扈江離與辟芷兮紉秋蘭以爲佩汨余若將弗及兮恐年歲之不吾與朝搴阰

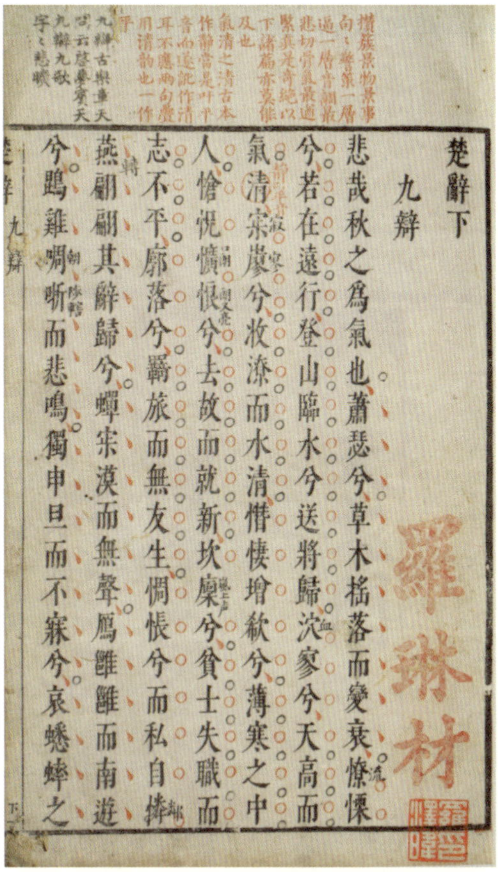
楚辭下
九辯
悲哉秋之爲氣也蕭瑟兮草木搖落而變衰憭慄
兮若在遠行登山臨水兮送將歸泬寥兮天高而
氣清寂寥兮收潦而水清憯悽增欷兮薄寒之中
人愴怳懭悢兮去故而就新坎廩兮貧士失職而
志不平廓落兮羇旅而無友生惆悵兮而私自憐
燕翩翩其辭歸兮蟬寂漠而無聲鴈廱廱而南遊
兮鶤雞啁哳而悲鳴獨申旦而不寐兮哀蟋蟀之
楚辭 九辯 下

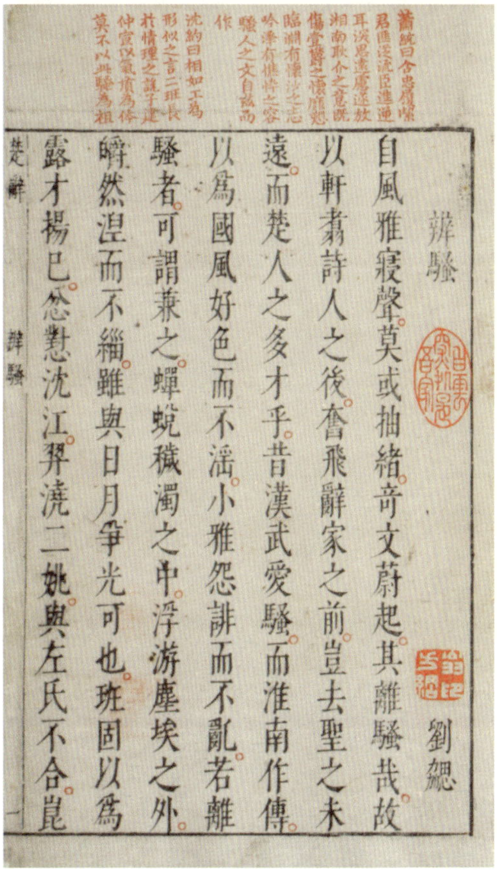
辨騷 劉勰
自風雅寢聲莫或抽緒奇文蔚起其離騷哉故
以軒翥詩人之後奮飛辭家之前豈去聖之未
遠而楚人之多才乎昔漢武愛騷而淮南作傳
以爲國風好色而不淫小雅怨誹而不亂若離
騷者可謂兼之蟬蛻穢濁之中浮游塵埃之外
皭然涅而不緇雖與日月爭光可也班固以爲
露才揚己忿懟沈江羿澆二姚與左氏不合崑
楚辭 辨騷 一

（楚）屈原 宋玉 （漢）賈誼等撰

泉當作淵唐本避諱改

有旃曰鮌號長異曰應龍何治水时有神龍以尾畫水徑所當決者因而治之康回共工名也共工与顓頊争為帝不得然而

楚辭

取九子伯强何處惠氣安在何闔而晦何開而明角宿未旦曜靈安藏不任汩鴻師何以尚之僉答何憂何不課而行之鴟龜曳銜鮌何聽焉順欲成功帝何刑焉永遏在羽山夫何三年不施伯禹腹鮌夫何以變化纂就前緒遂成考功何續初繼業而厥謀不同洪泉極深何以寘之地方九則何以墳之應龍何畫河海何歷鮌何所營禹何所成康回馮怒地何故以東南傾九州何錯川谷何洿東流不溢孰知其故東西南北其脩孰多南北順墮

0244　楚辭十七卷附錄一卷

（漢）王逸敘次　（明）陳深批點　淩毓枡校

明萬曆二十八年（1600）吳興淩毓枡刻朱墨套印本　四冊

匡高20.8釐米，廣14.4釐米。半葉八行，行十八字，白口，四週單邊。

楚辭之名，西漢初期已有之，且爲統治者所好，漢高祖劉邦就曾以『楚辭』的形式作歌辭《大風歌》。至西漢末期，劉向『典校經書』，將『楚辭』彙編成書，成十六卷本《楚辭》。所輯者，除了屈原的辭作外，還有宋玉、賈誼、淮南小山、東方朔、莊忌、王褒等人的作品。東漢王逸據之作《楚辭章句》，並附入己作《九思》一篇，成十七卷本《楚辭》。《楚辭》是繼《詩經》後而興起的一種新的詩體，在體裁方面較之《詩經》有如下特點：一是句式。《詩經》中的詩以四字句爲典型句式，而楚辭以六字句和五字句爲典型句式（不算語氣詞『兮』），從《詩經》到楚辭，詩歌的典型句式更富表現力。其二是語氣詞『兮』的運用。語氣詞『兮』在以前的詩歌中也有運用，但數量不多，在楚辭中則更普遍地使用，成爲楚辭語言形式上的一個顯著特徵。其三是楚辭的創作，運用楚地的文學樣式、方言聲韻和風土物産等，是具有濃厚地方色彩的詩歌總集。它的出現，對中國文學史的文學式樣是一種豐富。對後世有較大的影響。兩千多年來，歷代學者對楚辭的研究綿延不絕，在學術領域中自成體系，構成一項專門之學。淩毓枡，字殿卿，號學於居士。萬曆年間吳興（今屬浙江）人。明淩氏家族刻書以套印本著，與另一套印大家『閔刻』齊名。是刻紙白行疏，刊印較精。

四川省圖書館藏。

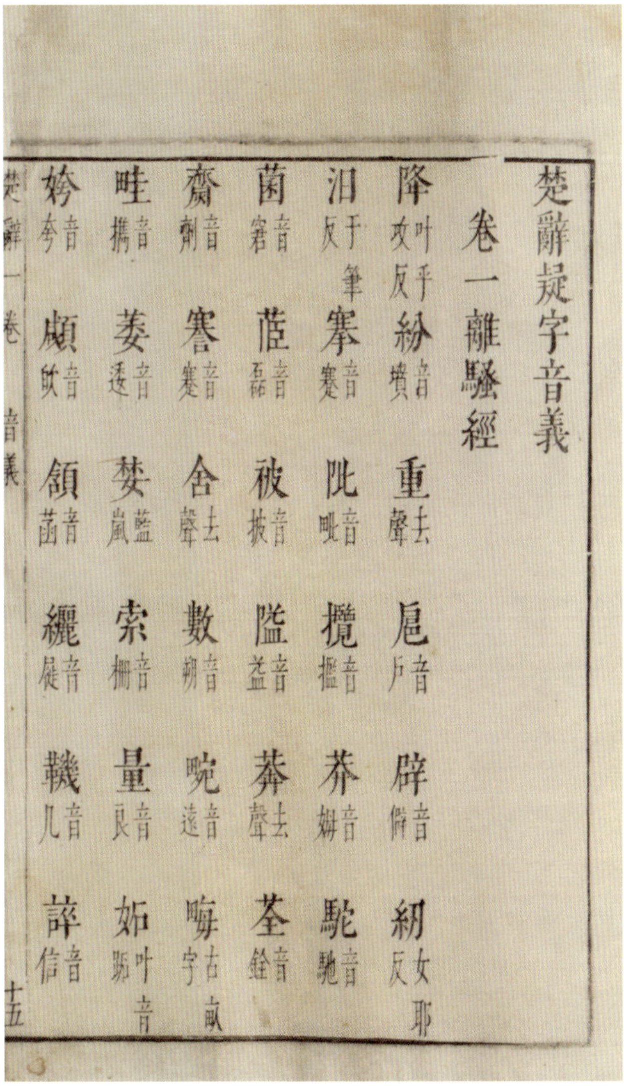

0245 楚辭十七卷 附録一卷

（漢）王逸敘次 （明）陳深批點 淩毓枏校

明萬曆二十八年（1600）吳興淩毓枏刻朱墨套印本 六冊

匡高21.5釐米，廣14.4釐米。半葉八行，行十八字，白口，四週單邊。

四川師範大學圖書館藏。

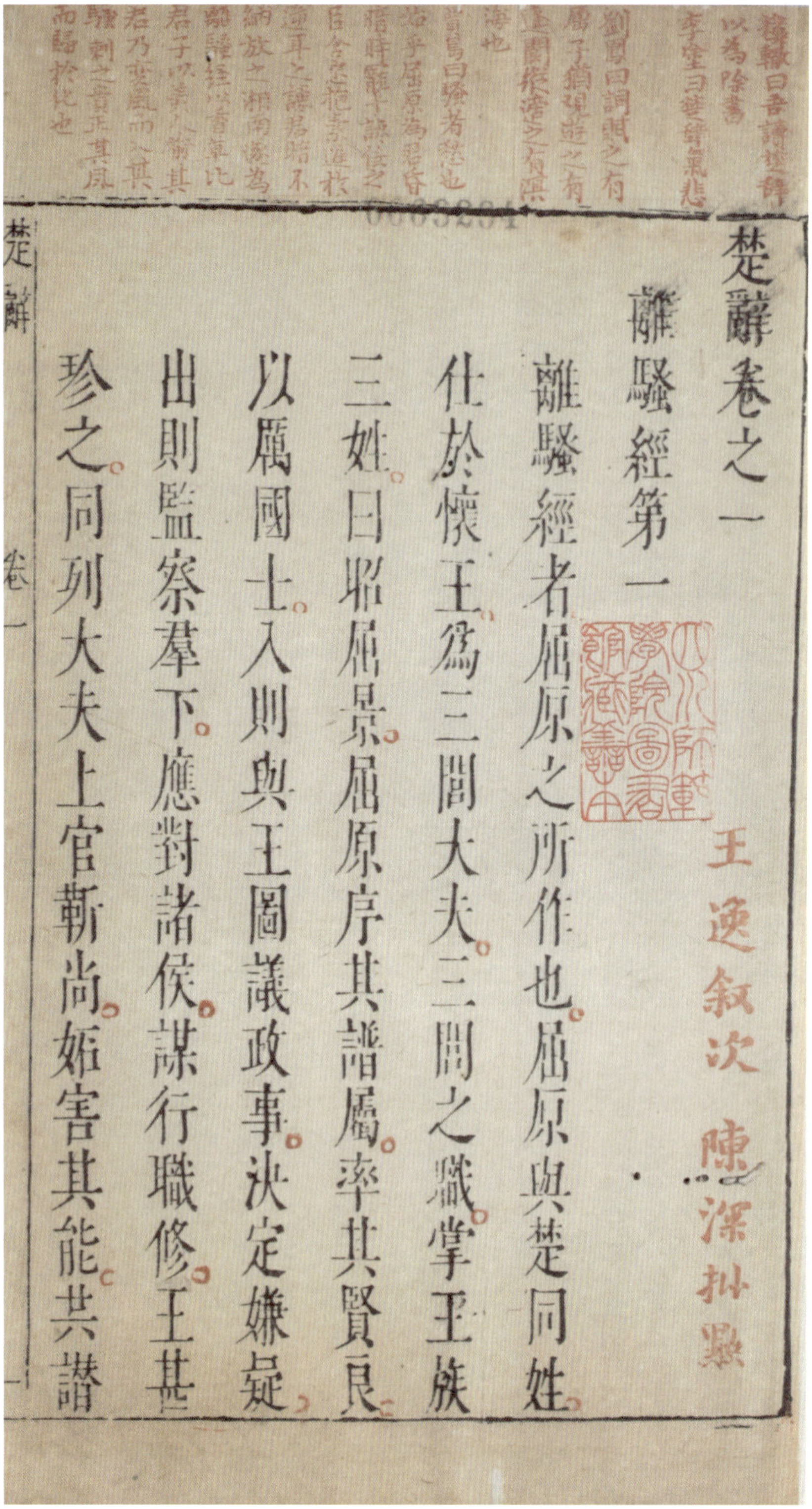

沈約曰相如工爲形似之言二班長於情理之說子建仲宣以氣質爲體莫不以此騷爲祖

辨騷

劉勰

自風雅寢聲莫或抽緒奇文蔚起其離騷哉故以軒翥詩人之後奮飛辭家之前豈去聖之未遠而楚人之多才乎昔漢武愛騷而淮南作傳以爲國風好色而不淫小雅怨誹而不亂若離騷者可謂兼之蟬蛻穢濁之中浮游塵埃之外皭然涅而不緇雖與日月爭光可也班固以爲露才揚已忿懟沈江羿澆二姚與左氏不合崑

0246 楚辭集注八卷辯證二卷後語六卷 （宋）朱熹撰 反離騷一卷 （漢）揚雄撰

明嘉靖十四年（1535）袁褧刻本 六冊

匡高19.1釐米，廣15.2釐米。半葉十行，行十八字，小字雙行同，白口，左右雙邊。李一氓題識。各冊為郭沫若、沈雁冰、馬衡、沈尹默、康生等題簽。

朱熹的《楚辭集注》以漢王逸[王逸，字叔師，南郡宜城（今湖北宜城）人。漢安帝元初（114—119）中爲校書郎。著《楚辭章句》。這是歷史上出現的第一個完整的《楚辭》注本，也是流傳至今的唯一的漢代《楚辭》注本。]敘次本為依據，但與王逸的《楚辭章句》略有不同，他刪去了東方朔的《七諫》，王褒的《九懷》，劉向的《九歎》，王逸的《九思》等四篇作品；增入了賈誼的《弔屈原》、《鵩鳥賦》（又称《服賦》）兩篇，並將揚雄的《反離騷》一篇附錄於後。在體例方面，重作劃分：將屈原之作二十五篇劃為『離騷類』，宋玉等之作十六篇劃為『續離騷類』，這是一個新的《楚辭》集本。撰著方式：按《詩集傳》體例，以賦、比、興等古詩創作不同手法分別進行解析，以宋洪興祖舊注為基礎並重作注釋。朱熹認爲，王、洪之注詳於訓詁名物，而未能得其意旨，所以朱注主要用力於串通章句，闡明意義。因而朱熹的注釋和辨證，具有簡明通達和近理的特點。因朱熹在明清兩代地位極高，他的《楚辭集注》被許多注家奉爲圭臬，影響極大。《楚辭辯證》是朱熹對《楚辭》許多具體問題之考證，因無法容於注釋中而獨立成篇。其中對舊注錯誤與牽強附會之處批評頗詳。《楚辭後語》則是依據晁補之《續楚辭》、《變離騷》增刪，錄荀卿至呂大臨的辭賦計五十二篇而成。是書刊成於宋端平二年（1235）。此明本應為現行《楚辭》諸通行本中最為完整的版本之一，刊印精審，紙墨上佳。

四川省圖書館藏。

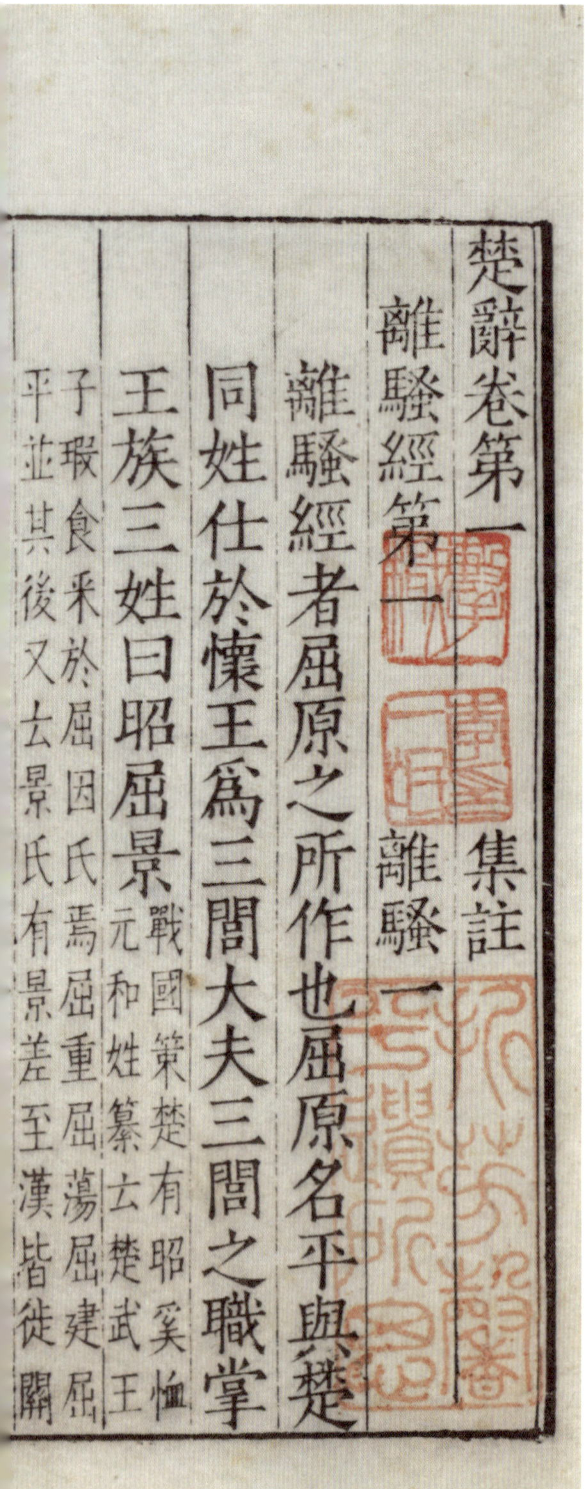

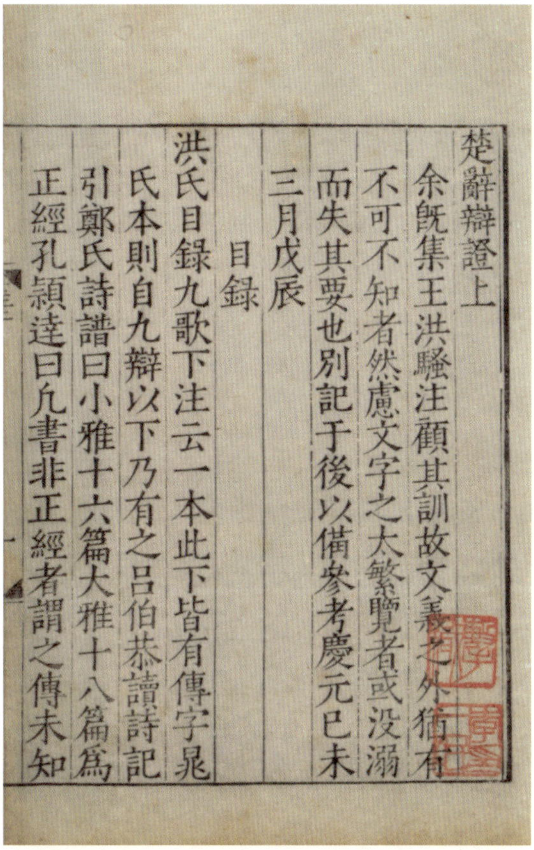
楚辭辯證上
余既集王洪騷注顧其訓故文義之外猶有
不可不知者然慮文字之太繁覽者或没溺
而失其要也别記于後以備參考慶元己未
三月戊辰
目録
洪氏目録九歌下注云一本此下皆有傳字晁
氏本則自九辯以下乃有之吕伯恭讀詩記
引鄭氏詩譜曰小雅十六篇大雅十八篇爲
正經孔穎達曰凡書非正經者謂之傳未知

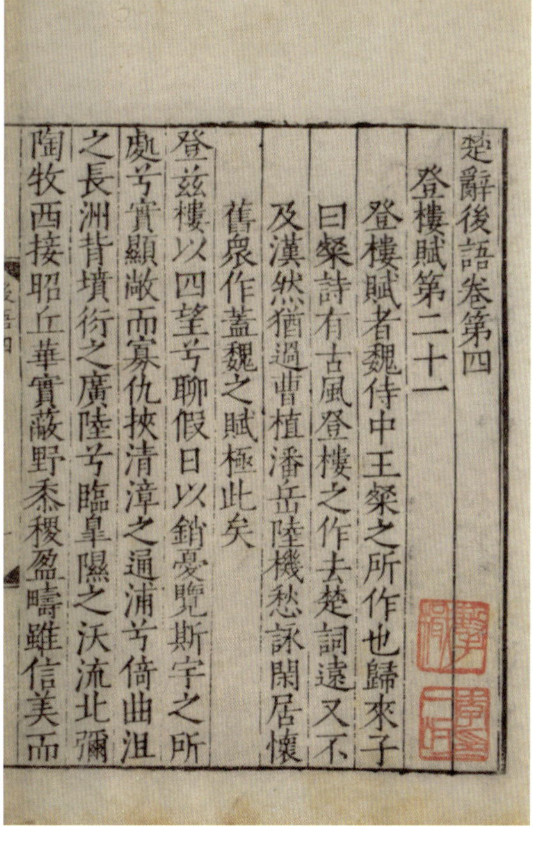
楚辭後語卷第四
登樓賦第二十一
登樓賦者魏侍中王粲之所作也歸來子
曰粲詩有古風登樓之作去楚詞遠又不
及漢然猶過曹植潘岳陸機愁詠閑居懷
舊衆作蓋魏之賦極此矣
登茲樓以四望兮聊假日以銷憂覽斯宇之所
處兮實顯敞而寡仇挾清漳之通浦兮倚曲沮
之長洲背墳衍之廣陸兮臨皋隰之沃流北彌
陶牧西接昭丘華實蔽野黍稷盈疇雖信美而

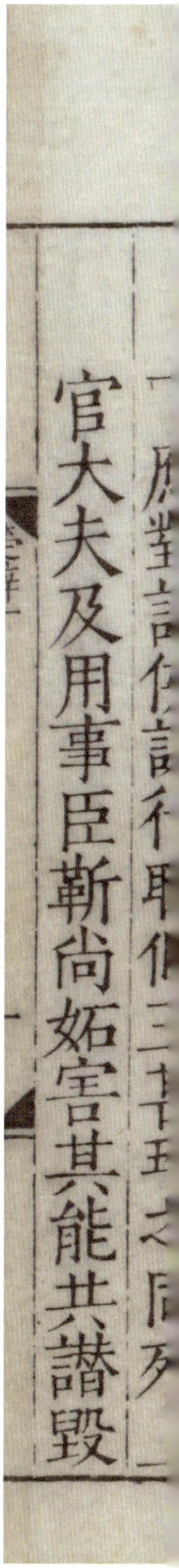
官大夫及用事臣靳尚妬害其能共譖毀

0246　楚辭集注八卷辯證二卷後語六卷　（宋）朱熹撰　反離騷一卷　（漢）揚雄撰

0247 蔡中郎集八卷 （漢）蔡邕撰

明萬曆天啟間汪士賢刻漢魏六朝二十一名家集本　四册

匡高19.5釐米，廣14.3釐米。半葉九行，行二十字，白口，左右雙邊。

蔡邕（132—192），字伯喈，陳留圉（今河南杞縣）人。東漢文學家、書法家。蔡邕少好學，師事太傅胡廣，好辭章、數術及天文，既妙識音律，又善鼓琴。建寧（168—171）間，召拜郎中，校書東觀，後遷議郎。董卓專政，強征爲官，拜中郎將，封高陽鄉侯，世人以蔡中郎稱之。後忤司徒王允，收付廷尉，死於獄中。蔡邕爲漢魏間文學名家之一，著述多湮沒不存。《蔡中郎集》，《隋志》、《唐志》、《宋志》皆有著録，然卷帙各不相同，乃流傳中的散佚故。是集所録蔡邕所著詩、賦及碑銘、頌誄、頌贊、議論等散文著作共一百餘篇。蔡邕的散文，以碑誌見稱，劉勰《文心雕龍·誄碑》篇說：『自後漢以來，碑碣雲起，才鋒所斷，莫高蔡邕。』且有音律諧美，工整典雅，多用偶句，在漢末頗受推崇；其賦作於時弊多有揭露。魯迅在《題未定草》文中認為蔡邕『也是有血性的人』。為中國文學史上較有影響的作家之一。蔡邕原集久佚，現存者皆為後人所輯。蔡集明清以來版本較多，此雖為叢書本，然亦屬佳者。

瀘州市圖書館藏。

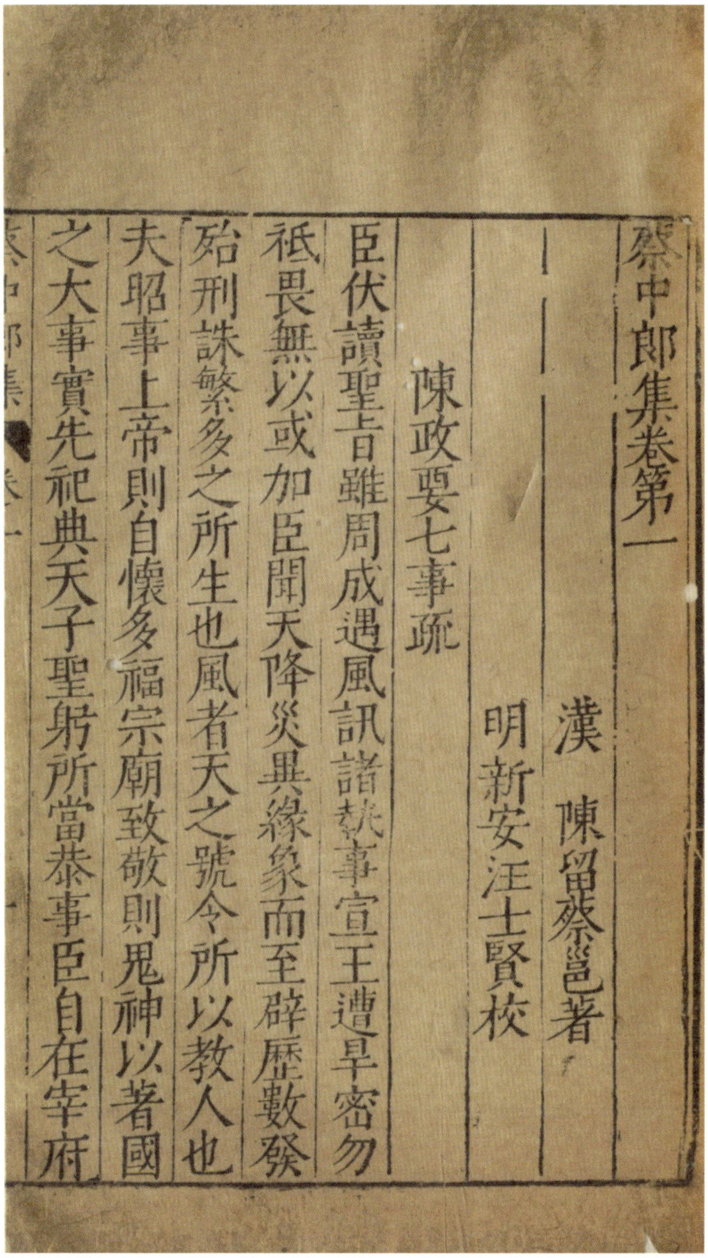
蔡中郎集卷第一
漢　陳留蔡邕著
明新安汪士賢校
陳政要七事疏
臣伏讀聖旨雖周成遇風訊諸執事宣王遭旱密勿
祗畏無以或加臣聞天降災異緣象而至辟歷數發
殆刑誅繁多之所生也風者天之號令所以教人也
夫昭事上帝則自懷多福宗廟致敬則鬼神以著國
之大事實先祀典天子聖躬所當恭事臣自在宰府

0248 陶靖節集十卷 （晉）陶潛撰 （宋）湯漢等箋注 總論一卷年譜一卷 （宋）吳仁傑撰

明嘉靖二十五年（1546）蔣孝刻本 四冊

匡高19.7釐米，廣13.7釐米。半葉九行，行十八字，小字雙行同，白口，左右雙邊。

陶潛（365—427），字元亮，入宋更名潛，字淵明，世號靖節先生，潯陽柴桑（今江西九江西南）人。淵明『閑静少言，不慕荣利。好读书，不求甚解，每有会意，欣然忘食』。雖『委懷在琴書』，卻『猛志逸四海』。自晉孝武帝太元十八年（393）至晉安帝義熙元年（405）三次出仕，以彭澤令終。結束了長達十三年的『以心爲役』的仕宦生活。這一年他寫了《歸去來兮辭》，以『悟已往之不諫，知來者之可追。實迷途其未遠，覺今是而昨非』之句，表達其自責之情和對官場憎惡和決絕的態度。他的這種歸隱態度對後世士大夫的影響極大。他的《歸園田居》、《飲酒》、《詠貧士》、《桃花源記》等名篇中，沒有躬耕生活的艱苦，而是『采菊東籬下，悠然見南山』，淡然處之；且『貧富常交戰，道勝無戚顔。至德冠邦閭，清節映西關』，在安貧守賤中並未喪失狷介高潔的人格。陶淵明的詩文風格省淨沖淡，質樸自然，在東晉文壇獨標高幟，不過在南北朝時代卻不大受重視。至唐代，因其人格和詩風的影響，《陶淵明集》漸爲世人所重。盛唐的王維、孟浩然，中唐的韋應物、柳宗元等，他們刻意學習陶淵明的田園詩，從而形成了獨特的唐代山水田園詩流派。其後陶詩益尊，影響益大，陶集益多，特別是明清以來屢見重刊，版本衆多。陶集的版本：最早者爲南朝梁昭明太子蕭統所編的七卷本《陶淵明集》；北齊陽休之所編的十卷本《陶潛集》。陽休之《陶潛集序錄》說：『余頗賞潛文，以爲三本不同，恐終致忘失。今錄統所闕，並序目等，合爲一帙十卷，以遺好事君子。』這是一個集諸本而成的本子。傳世《陶集》，以十卷本為最夥。陶集在兩宋時代已有刊行者，明、清以來，雖版次繁多，然大要亦不出於南宋諸本體系。這個蔣孝刻本，宋諱依舊，所祖者，大概應是南宋寧宗慶元（1195—1200）間的一個刊本。是本刊印甚精，傳世不多，為《陶集》重要的版本之一。湯漢，字伯紀，號東澗，安仁（今屬江西）人。淳祐四年（1244）進士。授太學博士，度宗時（1265—1274）以端明殿大學士致仕。吳仁傑，字門南，一字南英，號螙隱，又號蠹豪，洛陽（今屬河南）人。淳熙（1174—1189）進士。博洽經史，講學於朱熹之門。歷羅田令，仕至國子學錄。《總論》一卷，爲宋蘇軾以下至魏了翁等對陶氏及其詩文的評論彙編。

四川省圖書館藏。

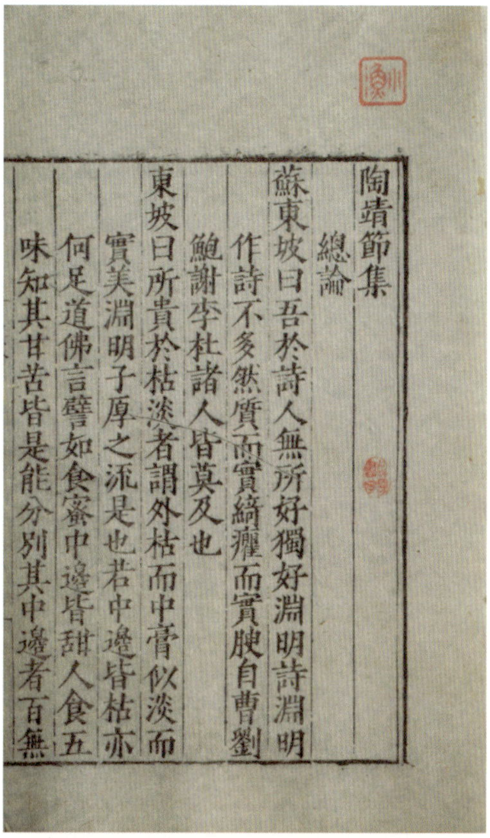
陶靖節集
總論
蘇東坡曰吾於詩人無所好獨好淵明詩淵明
作詩不多然質而實綺癯而實腴自曹劉
鮑謝李杜諸人皆莫及也
東坡曰所貴於枯淡者謂外枯而中膏似淡而
實美淵明子厚之流是也若中邊皆枯亦
何足道佛言譬如食蜜中邊皆甜人食五
味知其甘苦皆是能分別其中邊者百無

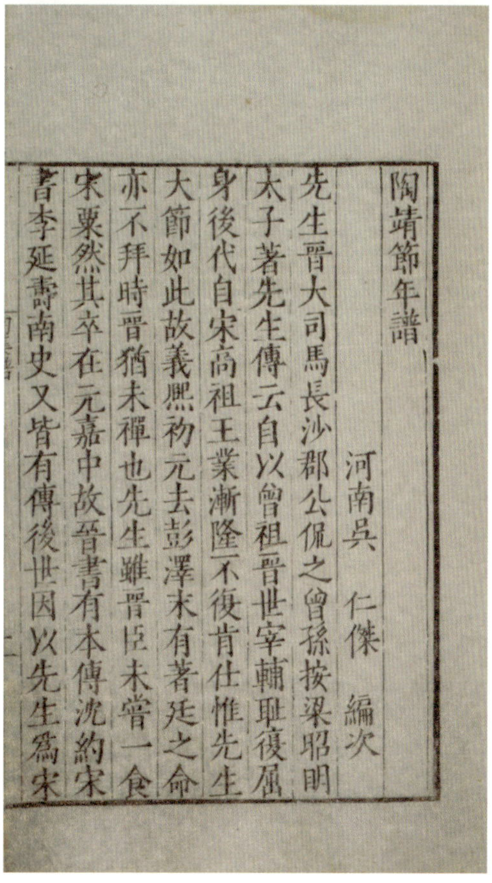
陶靖節年譜
河南吳　仁傑　編次
先生晉大司馬長沙郡公侃之曾孫按梁昭明
太子著先生傳云自以曾祖晉世宰輔恥復屈
身後代自宋高祖王業漸隆不復肯仕惟先生
大節如此故義熙初元去彭澤末有著廷之命
亦不拜時晉猶未禪也先生雖晉臣未嘗一食
宋粟然其卒在元嘉中故晉書有本傳沈約宋
書李延壽南史又皆有傳後世因以先生爲宋

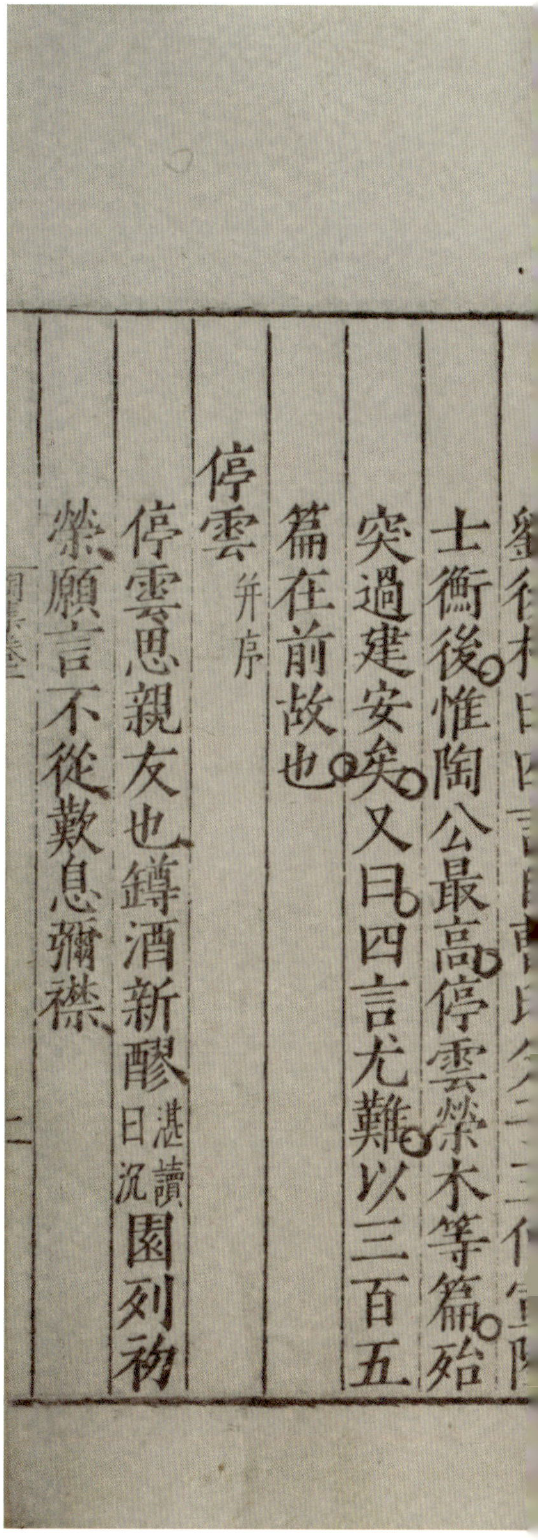
劉後村曰四言自曹氏父子王仲宣陸
士衡後惟陶公最高停雲榮木等篇殆
突過建安矣又曰四言尤難以三百五
篇在前故也
停雲 并序
停雲思親友也罇酒新醪湛讀曰沈園列初
榮願言不從歎息彌襟

0249　梁江文通文集十卷

（南朝梁）江淹撰

明刻本　四冊

匡高17.1釐米，廣12.6釐米。半葉十行，行十八字，白口，左右雙邊。

江淹（444—505），字文通，濟陽考城（今屬河南）人。歷官南朝宋、齊、梁三代。以詩賦著稱，南朝著名文學家。《梁書》卷十四、《南史》卷五十九有傳。江淹的著作，《梁書》本傳稱：『凡所著述百餘篇，自撰爲前後集，並《齊史》十志，並行於世。』《隋志》，新、舊《唐志》所著錄者，均爲前後集二十卷，可見江集在唐時仍爲全帙。《宋史·藝文志》的著錄就是十卷本了。研究者認爲，這個十卷本應是隋唐時的前、後集本的前集的內容。也就是說，現存江淹作品都是他永明初年以前的作品，其後官階日昇，政務煩冗，遂不再留意創作，史傳故有江淹晚年才思微退，時人謂之『才盡』的說法。是集爲十卷本，卷一、二為賦，卷三、四為詩，卷五至十為傳、書、奏記、表章、詔、墓誌、頌、樂府詩等。關於江淹的作品，梁鍾嶸《詩品》把他的詩列爲中品，其特點是『詩體總雜，善於摹擬，筋力於王微，成就於謝朓』。如《雜體詩三十首》，選取『古詩』及漢至劉宋二十九家詩，各擬一首。卻能突出原作精髓，近似原作情調。其賦作，清人何焯認爲『賦家至齊、梁，變態已盡，至文通已幾幾乎唐人之律賦矣。特其秀色，非後人所及也。』（《義門讀書記》）這些說法應是比較中肯的。江氏原集久佚，通行者多為清人所輯編之四卷本。此明刊十卷本，應屬翻印宋本者，其風格當為明中所刊，不多見，且刊印俱佳，文獻和版本價值自為重要。

四川省圖書館藏。

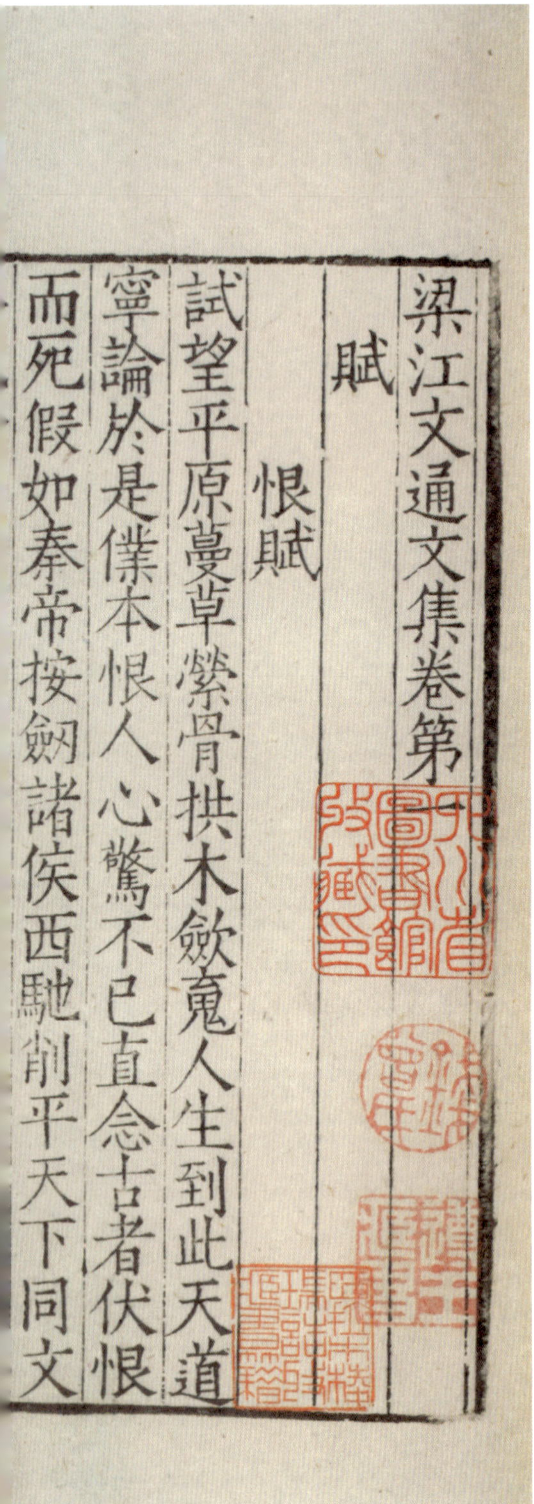
梁江文通文集卷第一
賦
恨賦
試望平原蔓草縈骨拱木斂魂人生到此天道
寧論於是僕本恨人心驚不已直念古者伏恨
而死假如秦帝按劒諸侯西馳削平天下同文

旦神興別艷姬與美女喪金輿及玉乘置酒欲

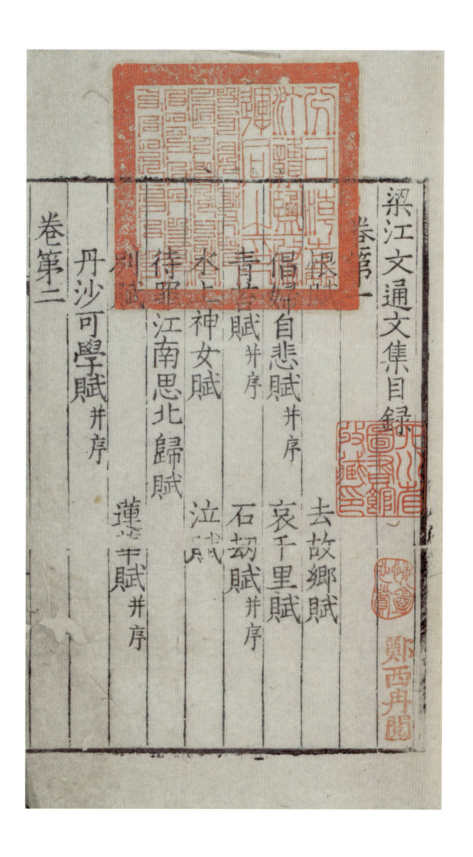

梁江文通文集目録

卷第一

恨賦　　去故鄉賦

倡婦自悲賦并序　　哀千里賦

青苔賦并序　　石劫賦并序

水上神女賦　　泣賦

待罪江南思北歸賦

別賦　　蓮花賦并序

丹沙可學賦并序

卷第二

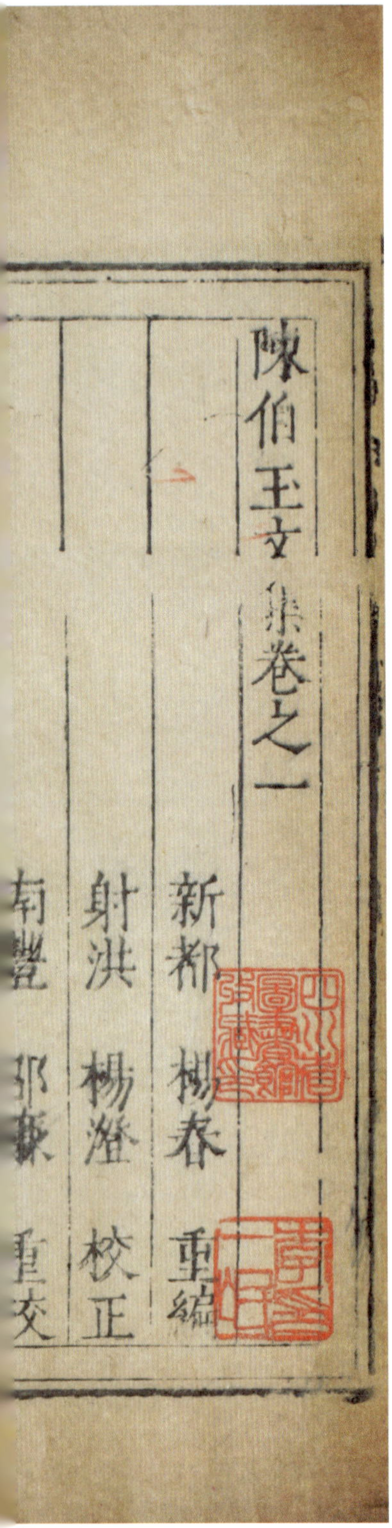

0250 陳伯玉文集十卷 （唐）陳伯玉撰（明）楊春輯 附錄一卷 （明）楊春重編

明隆慶五年（1571）邵廉刻萬曆二年（1574）楊沂補刻本 八冊

匡高19.7釐米，廣13.7釐米。半葉八行，行十七字，白口，四週雙邊。李一氓跋。

陳子昂（661—702），字伯玉，梓州射洪（今四川射洪縣）人。唐文明元年（684）成進士，上書論政，為武則天賞識，擢麟臺正字，後昇右拾遺。因屢諫不從，有志莫伸，又兩次從軍邊塞，然終不得志而引退歸里。後遭縣令誣害而冤死獄中。陳子昂出身於富厚之家，使氣任俠，年十八始發憤苦讀。他的朋友范陽盧藏用《陳氏別傳》云，他『慨然立志，因謝絕門客，精《墳》、《典》。數年之間，經史百家，罔不該覽。尤善屬文，雅有相如、子雲之風骨』。他的詩歌一反唐初宮廷詩人崇尚的齊梁間『彩麗競繁』、『逶迤頹靡』的形式主義詩風，主張標舉『風雅興寄』和『汉魏風骨』，從而達到『骨氣端翔，音情頓挫，光英朗練』的內容與形式的統一。他的《感遇詩》三十八首、《登幽州台歌》等代表作，歌雖悲涼，卻以雄渾有力的語言，質樸自然的音調，唱出了慷慨激昂，奮發向上的精神。陳子昂的創作實踐，以有內容，有形象，剛健質樸的風格，一掃六朝以來的華靡文風，開一代詩風，把初唐詩歌帶上了盛唐的光輝道路。他的散文比較樸實暢達，近於先秦兩漢古文，這在唐代也是開風氣之先的。總的說來，其散文方面的成就，不及詩歌方面突出。正如《新唐書・陳子昂傳》所說：『唐興，文章承徐、庾餘風，天下祖尚。子昂始變雅正。』他是唐代文學特別是詩歌方面革新的完成者。李白譽之爲『麟鳳』（見《贈僧行融》），杜甫尊其爲『雄才』（見《冬到金華山觀因得故拾遺陳公學堂遺跡》），韓愈則說：『國朝盛文章，子昂始高蹈。』见《荐士》明人胡应麟认为『唐初豖装、梁隋，陳子昂独开古雅之源。』（见《诗薮》）足见他对唐诗发展贡獻之大。陳子昂的著作向以十卷本《子昂集》、《陳伯玉集》傳世，以明弘治四年楊澄刻本為最早。此隆慶五年邵廉刻萬曆二年楊沂補刻本《陳伯玉集》十卷，計詩、賦二卷，文八卷，附录一卷，為明楊春所重編。楊春（1436—1515），字元之，號留耕，新都（四川新都）人。成化十七年（1481）進士。官湖廣僉事提督學政。是集涵括了陳子昂著作的全部，傳世版本多本此編，極具文獻價值。是本刊印較佳，且傳世極少。

四川省圖書館藏。

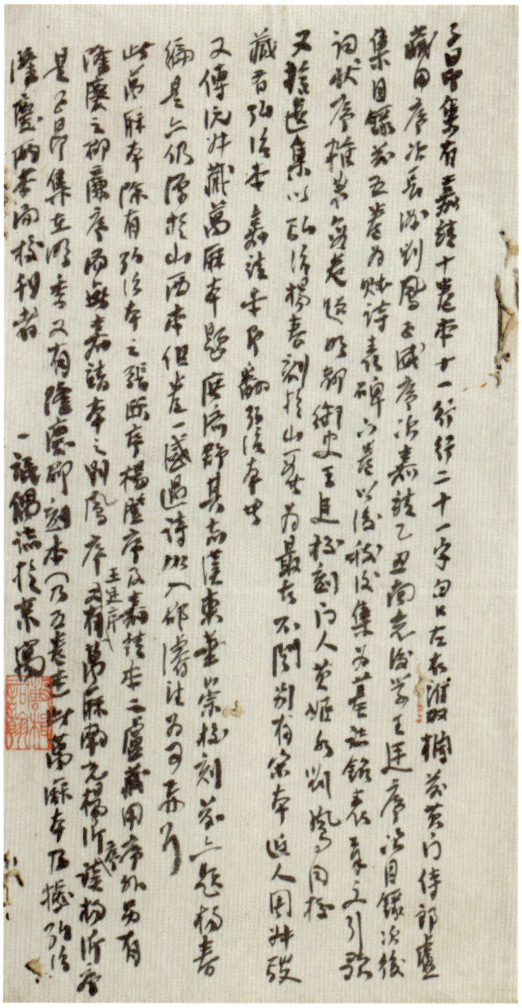

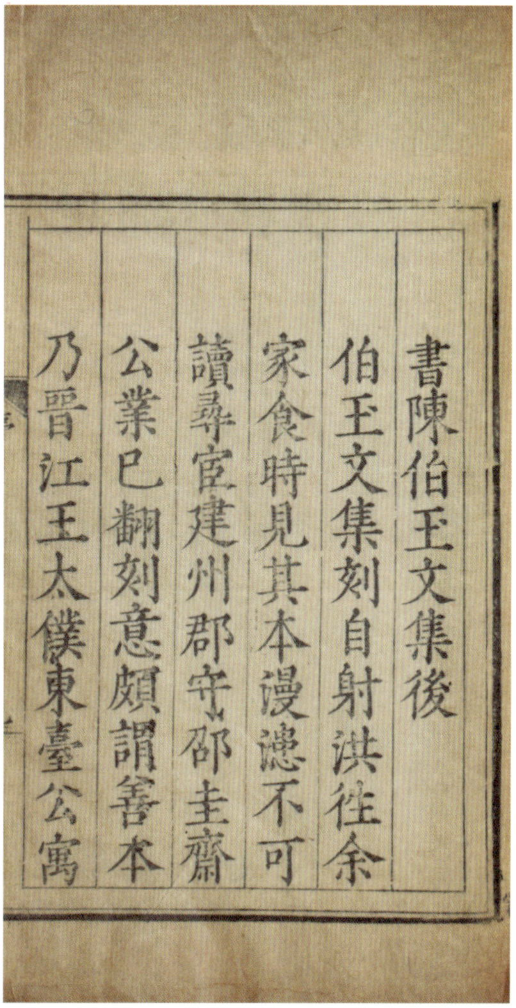

書陳伯玉文集後
伯玉文集刻自射洪往余
家食時見其本漫漶不可
讀尋宦建州郡守邵圭齋
公業已翻刻意頗謂善本
乃晉江王太僕東臺公寓

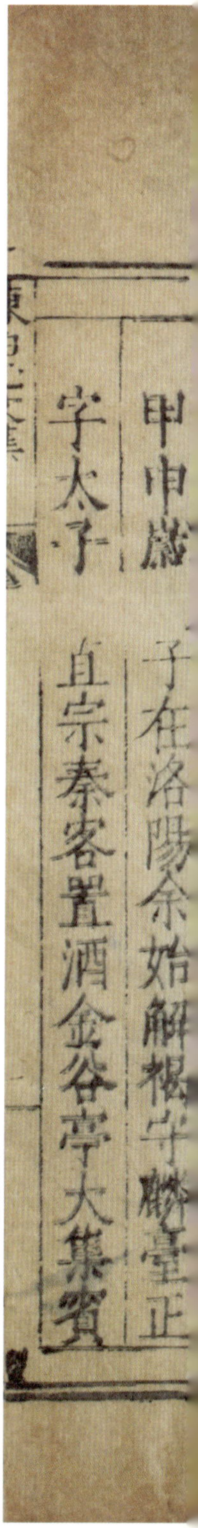

甲申歲予在洛陽余始解褐守麟臺正
字太子自宗秦客置酒金谷亭大集賓

0251 劉隨州文集十一卷外集一卷

（唐）劉長卿撰

明弘治十一年（1498）韓明、李紀刻本　四冊

匡高18釐米，廣12.5釐米。半葉十行，行十八字，黑口，四週雙邊。

劉長卿（？約789），字文房，河間（今河北獻縣）人。開元二十一年（733）進士。歷官監察御史、長洲縣尉，與人多忤，後竟為吳仲儒誣陷，以非罪係獄於姑蘇，貶為播州南巴尉，後爲鄂嶽轉運留後。德宗建中二年（781）受任隨州（今湖北隨縣）刺史任，世稱『劉隨州』。是集卷一至十、外集為詩，卷十一為文。長卿以詩名。其詩以描寫自然景物、田園風光見長，繼承了王維、孟浩然等人的山水田園詩風格。前期創作多為邊塞詩，中後期詩作內容更為廣泛。其詩氣韻流暢，音調諧美，七律以工秀見稱。他的五言詩最為出色，占其全集十之七八。權德輿稱他『嘗自以爲五言長城』（《秦征君校書與劉隨州唱和詩序》）。如《碧澗別墅喜皇甫侍禦相訪》，寫得荒若淒靜，卻又極具靜美，區區四十餘字的五律，竟如此深厚完美，實不愧『五言長城』之謂。他的七律也多名篇，如《長沙過賈誼宅》、《別嚴士元》等，格律謹嚴，含蓄蘊藉，膾炙人口。清人盧文弨說劉詩『衆體皆工，不獨五言爲長城也』（《劉隨州文集題辭》）。劉長卿的詩歌創作依其風格，明顯地分爲三個時期。在貶謫南巴以前，雖有研煉字句的傾向，但主要風格是雄渾粗獷的。貶謫南巴之後，原有的悲歌慷慨一變爲工秀哀婉。再貶睦州後，又轉爲清新自然，形成了自己的獨特風格。在唐代詩風由盛唐向中唐乃至晚唐的轉變過程中，劉長卿是一個承上啓下的人物。清人翁方綱有『啓中、晚之濫觴』（《石洲詩話》）的評價。可見，劉長卿的詩歌，在中國韻文學史上的地位是獨特的和重要的。此弘治本爲現存劉集中較早的刊印者，刊印俱佳，且傳世極少。

四川省圖書館藏。

逢雪宿芙蓉山主人
日暮蒼山遠天寒白屋貧柴門聞犬吠風雪夜
歸人
送張起崔載華之閩中
朝無寒士達家在舊山貧相送天涯裏憐君更
遠人
贈秦系徵君
群公誰讓位五柳獨知貧惆悵青山路煙霞老

劉隨州外集
隨州刺史劉　長卿
酬劉員外月下見呈　章八元
夜涼河漢白卷箔出南軒過月鴻爭遠辭枝葉
暗翻獨謠聞麗曲緩步接清言宣室思前席行
看拜主恩
重送
猿啼客散暮江頭人自傷心水自流同作逐臣
君更遠青山萬里一孤舟
恩勅重推使牒追赴蘇州次前溪館作

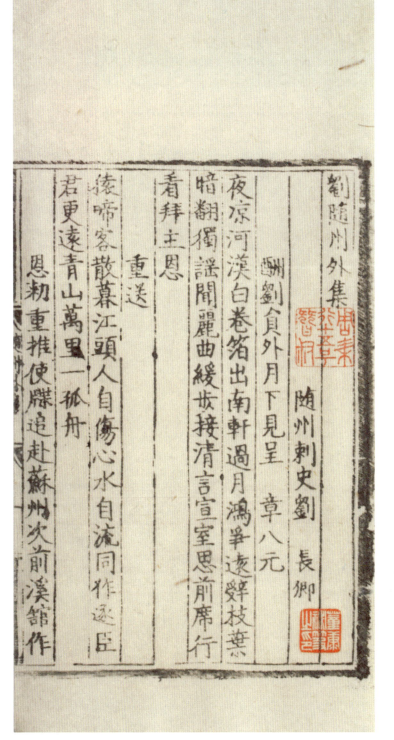

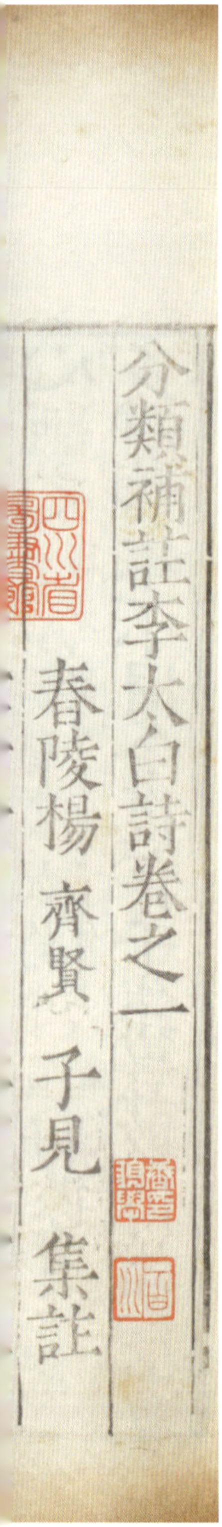

0252 分類補註李太白詩二十五卷分類編次李太白文五卷

（唐）李白撰 （宋）楊齊賢集注 （元）蕭士贇補注

明嘉靖二十二年（1543）郭雲鵬寶善堂刻本 十二冊

匡高22釐米，廣13.7釐米。半葉八行，行十七字，小字雙行同，白口，左右雙邊。有『嘉靖癸卯春元日寶善堂梓行』牌記。楊玉章跋。

李白（701—762），字太白，號青蓮居士。祖籍隴西成紀（今甘肅秦安），先代於隋末流徙碎葉（中亞的托克馬克城，唐時的安西都護府）。神龍初（705），隨父李客遷居綿州昌隆（今四川江油）。『五歲誦六甲，十歲觀百家』（《上安州裴長史書》）。二十五歲時『仗劍去國，辭親遠遊』。天寶元年（742），應詔入京，供奉翰林。與賀之章爲忘年交，賀譽之爲『謫仙人』。天寶三年（744）被『賜放還金』，在洛陽結識杜甫，與之同遊，『醉眠秋共被，攜手日同行』，成就文學史上一段佳話。後爲永王李璘案連累，下獄，流放夜郎。中途遇赦東還，漂泊於武昌、潯陽、宣城一帶，後卒於當塗（今屬安徽）。李白是盛唐詩人的主要代表人物之一。他的作品，以奇特的想像，大膽的誇張，加之種種新鮮而生動的比喻，可謂氣象萬千的詩國奇觀。不僅充分反映了盛唐時代上升發展的氣魄，也洋溢着追求理想，追求自由的熱情，無不蘊涵他『寄蒼生』、『安社稷』的壯志。詩體方面，七古歌行和五七言絕句，是李白最擅長者，也是成就最高者。正是七古和絕句的完全成熟並蔚爲大觀，成爲唐詩高潮的重要標誌。《唐宋詩醇》卷六云：『白詩天才縱逸，至於七言長古，往往風雨爭飛，魚龍百變；又如大江無風，波浪自湧，白雲從空，隨風變滅。誠可謂怪偉奇絕者矣！』李攀龍《唐詩選序》稱其『五七言絕句，實唐三百年一人』。誠如韓愈所言『李杜文章在，光焰萬丈長』，足見他的人格和作品，對我國文學和民族文化的影響是極其深遠的。南宋楊齊賢[字子見，寧遠人（今屬湖南）。慶元五年（1199）進士。官通直郎。]注本李白集，爲李集最早的注本，注釋頗繁而有錯誤。元初蕭士贇刪補楊注，成二十五卷本《分類補注李太白集》，仍繁蕪而有疏誤。明郭雲鵬增刪楊、蕭二本，重爲編次，成三十卷本。此本編則更爲合理，太白著述更完備矣。且刊印甚精，為李集之佳者。郭雲鵬，字萬程，明嘉靖間吳郡人。有寶善堂、濟美堂室名，以校刻古籍聞名於世。

四川省圖書館藏。

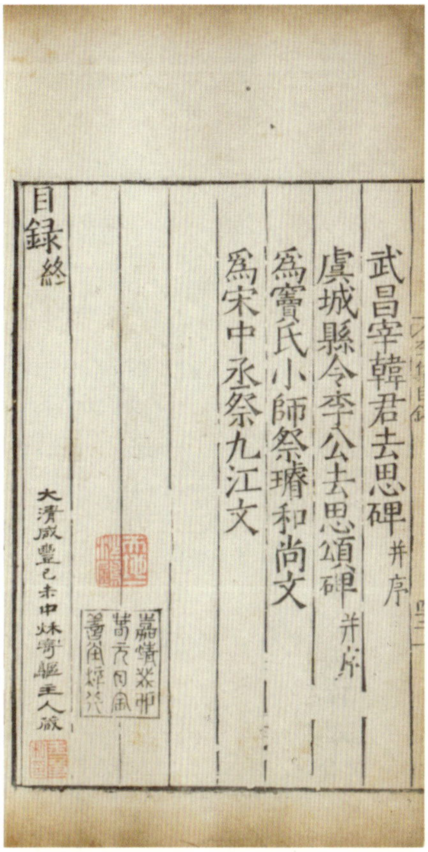
武昌宰韓君去思碑并序
虞城縣令李公去思頌碑并序
爲竇氏小師祭璿和尚文
爲宋中丞祭九江文
目録終
大清咸豐己未中秋寄軀主人識

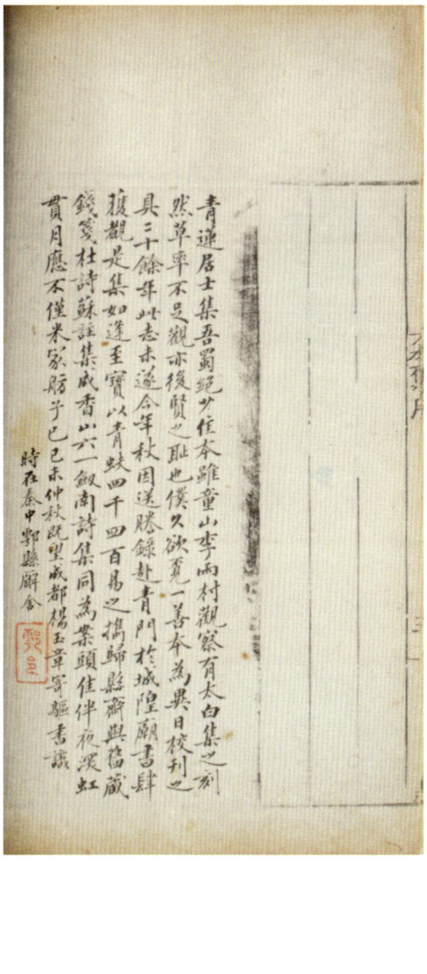
青蓮居士集吾蜀絕少佳本雖童山李雨村觀察有太白集之刻
然草率不足觀亦後賢之恥也僕久欲覓一善本爲與日校刊之
具三十餘年此志未遂今年秋因送賤録赴青門於城隍廟書肆
獲觀是集如逢至寶以青蚨四千四百易之携歸懸齋與舊藏
錢箋杜詩蘇註集成香山六一敘南詩集同爲案頭佳伴夜深虹
貫月應不僅米家舫子已
己未仲秋既望成都楊玉章寄軀書識
時在秦中鄠縣廨舍

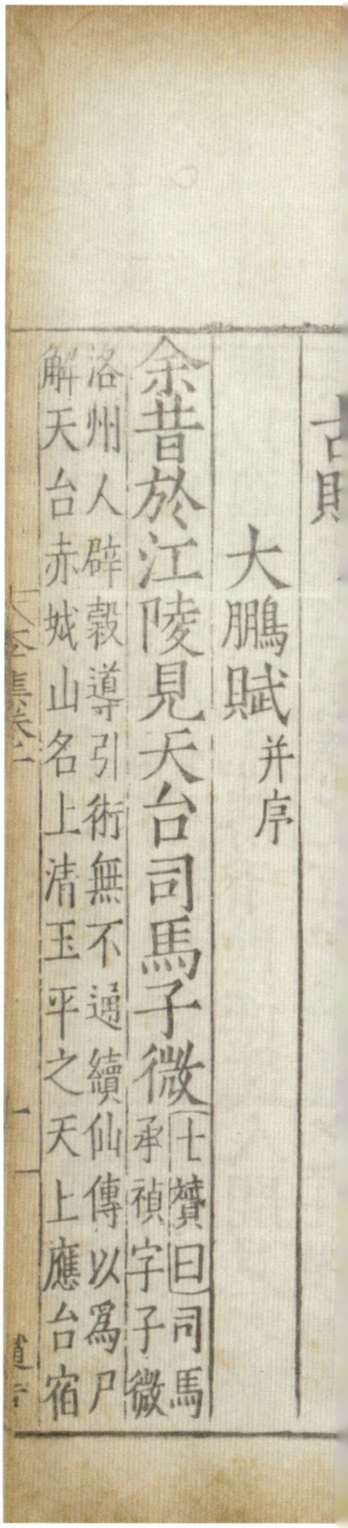
大鵬賦并序
余昔於江陵見天台司馬子微
七贊曰司馬承禎字子微洛州人辟穀導引術無不通續仙傳以爲尸解天台赤城山名上清玉平之天上應台宿

0253　分類補註李太白詩二十五卷分類編次李太白文五卷

（唐）李白撰　（宋）楊齊賢集注　（元）蕭士贇補注

明嘉靖二十二年（1543）郭雲鵬寶善堂刻本　十二冊

匡高22釐米，廣13.7釐米。半葉八行，行十七字，小字雙行同，白口，左右雙邊。有『嘉靖癸卯春元日寶善堂梓行』牌記。

四川大學圖書館藏。

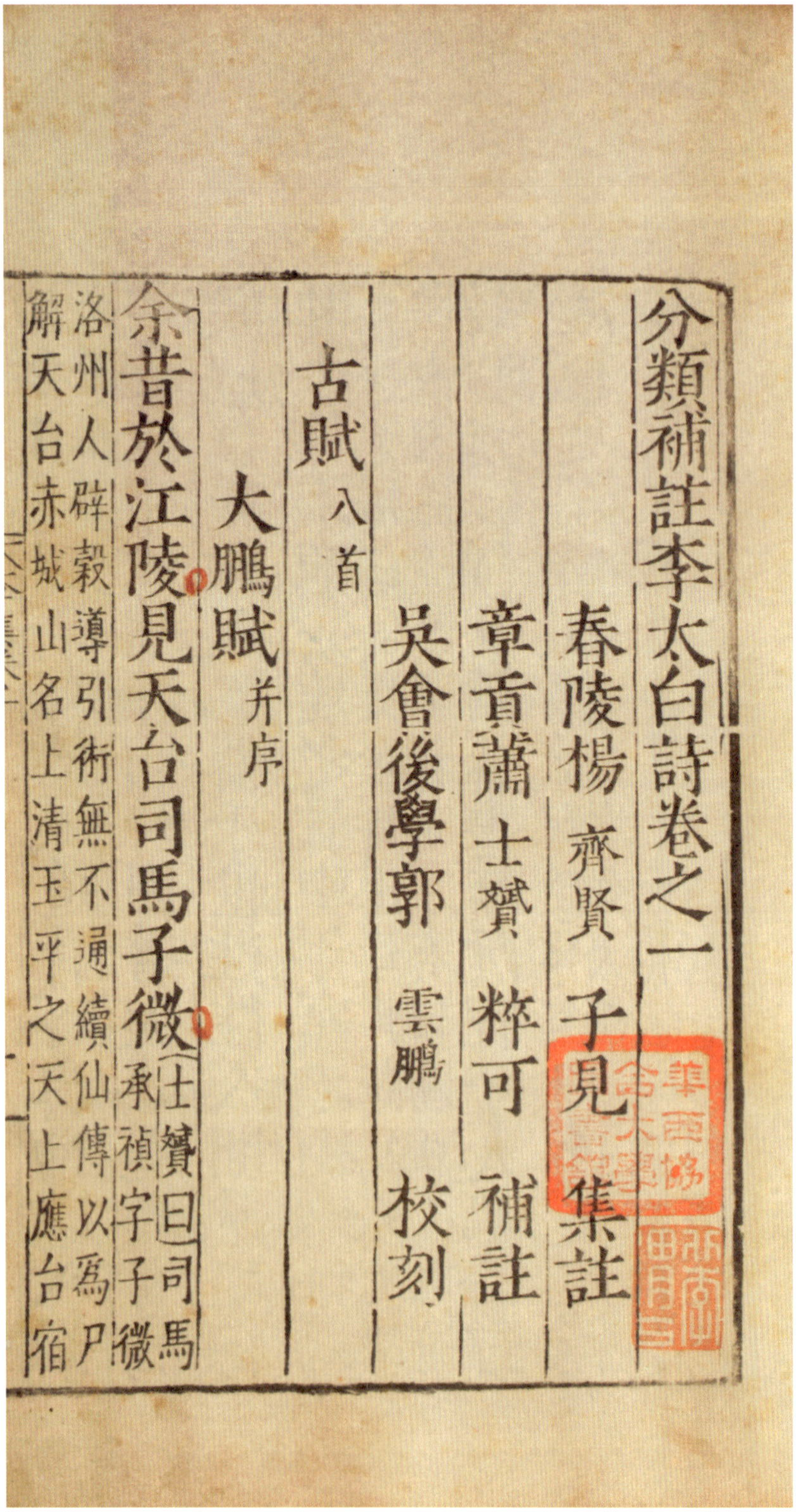
分類補註李太白詩卷之一
春陵楊　齊賢　子見　集註
章貢蕭　士贇　粹可　補註
吳會後學郭　雲鵬　校刻
古賦八首
大鵬賦并序
余昔於江陵見天台司馬子微（士贇曰司馬承禎字子微）
洛州人辟穀導引術無不通續仙傳以爲尸
解天台赤城山名上清玉平之天上應台宿

目録終

嘉靖癸卯葛氏巴陵寓善堂梓行

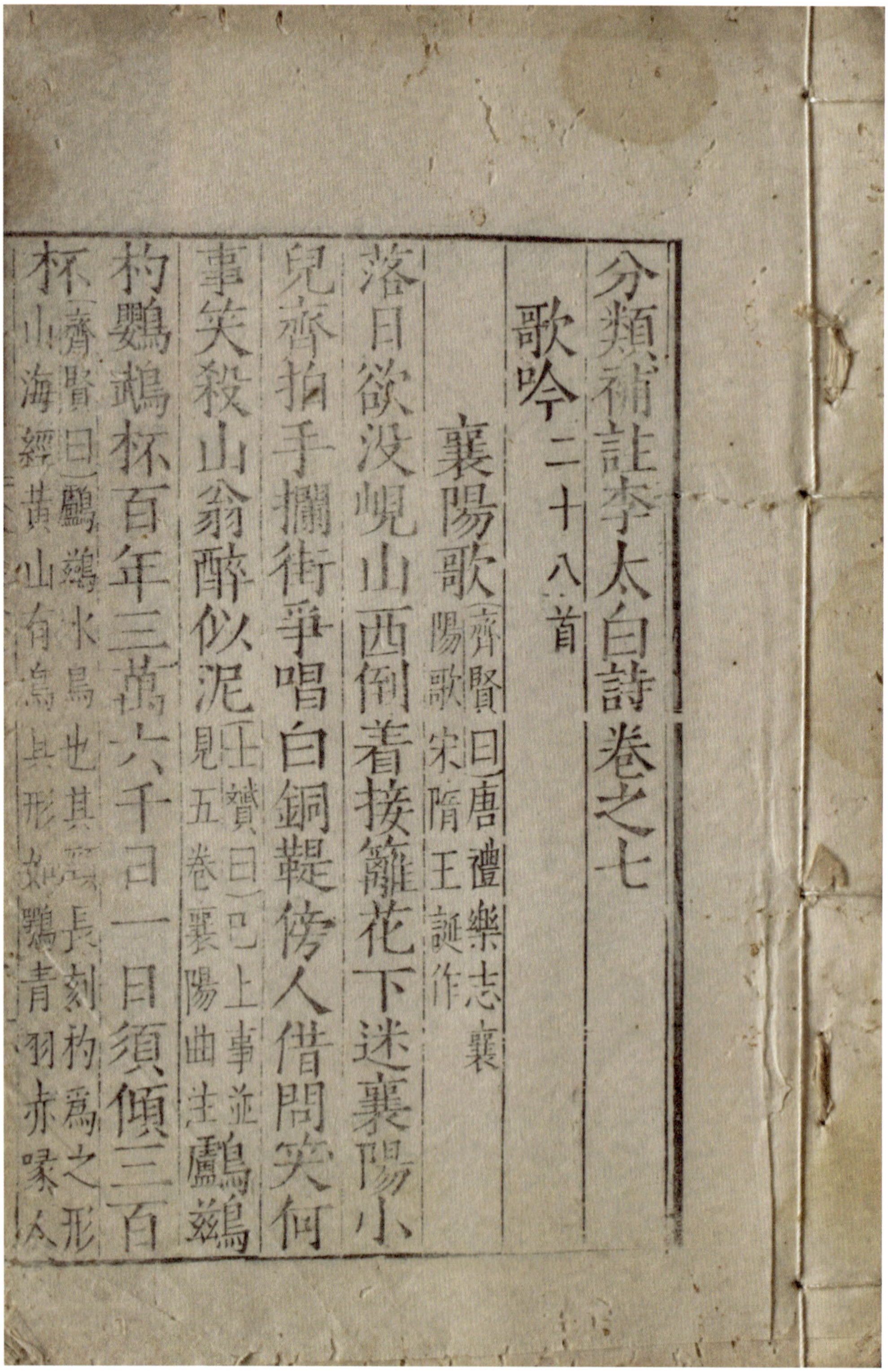

分類補註李太白詩卷之七
歌吟二十八首
襄陽歌（齊賢曰唐禮樂志襄陽歌宋隋王誕作）
落日欲没峴山西倒着接籬花下迷襄陽小
兒齊拍手攔街爭唱白銅鞮傍人借問笑何
事笑殺山翁醉似泥（士贇曰已上事並見五卷襄陽曲注）鸕鷀
杓鸕鷀杯百年三萬六千日一日須傾三百
杯（齊賢曰鸕鷀水鳥也其頸長刻杓爲之形山海經黄山有鳥其形如鴞青羽赤喙人）

0254　分類補註李太白詩二十五卷分類編次李太白文五卷

（唐）李白撰　（宋）楊齊賢集注　（元）蕭士贇補注

明嘉靖二十二年（1543）郭雲鵬寶善堂刻本　九册

匡高22釐米，廣13.7釐米。半葉八行，行十七字，小字雙行同，白口，左右雙邊。存二十二卷（詩存卷首、卷三至十一、十九至二十五，文二十六至三十）。

瀘州市圖書館藏。

武昌宰韓君去思碑 并序

虞城縣令李公去思頌碑 并序

爲竇氏小師祭璿和尚文

爲宋中丞祭九江文

嘉靖癸卯萬元回宅善本梓行

目録終

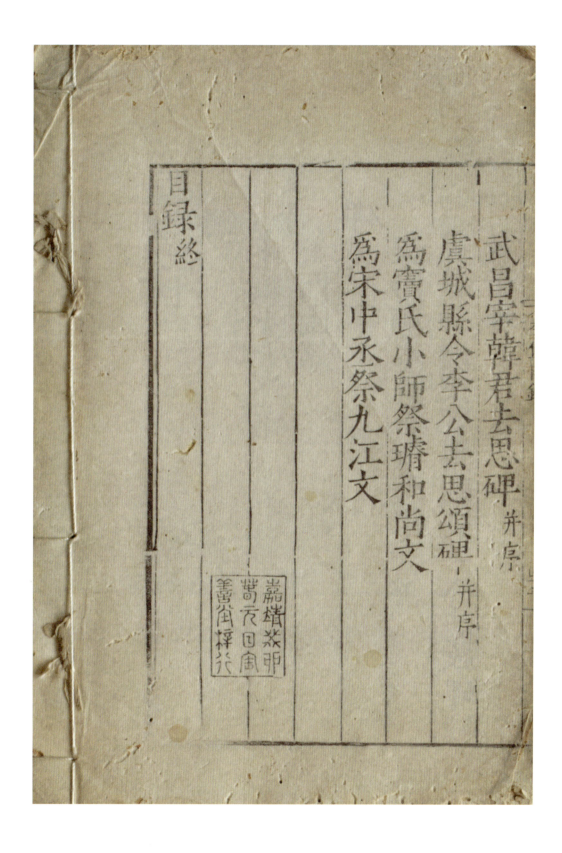

0255 集千家註杜工部詩集二十卷文集二卷 （唐）杜甫撰 （宋）黃鶴補注 附錄一卷

明嘉靖十五年（1536）玉几山人刻本 二十四冊

匡高22.1釐米，廣14.2釐米。半葉八行，行十七字，小字雙行同，白口，四週雙邊。

杜甫（712—770），字子美，祖籍襄陽（今屬湖北），自其曾祖時遷居鞏縣（今河南鞏義）。因曾居住長安杜陵附近之少陵，自稱『少陵野老』，後人亦稱『杜少陵』。曾任左拾遺和檢校工部員外郎，又稱『杜拾遺』、『杜工部』。杜甫二十歲開始他歷時十年的『裘馬清狂』的壯遊生活。三十五歲以後到長安求官職，居住十年。『安史之亂』後，肅宗至德二年（757），受任爲左拾遺。後棄官入蜀，在蜀八年。代宗廣德二年（764）經嚴武薦，爲檢校工部員外郎。永泰元年赴夔州。大曆三年（768）出峽，漂流於荊湘間。大曆五年（770）死於湘江舟中。杜甫一生寫詩不輟，流傳至今的詩有一千四百餘首。杜甫一生，歷經玄宗、肅宗、代宗三朝，社會的由盛世而衰，由治而亂，及個人大半生的轉徙流浪，國家命運和個人命運的不幸，成爲他詩歌創作的的重要內容。清人浦起龍說：『少陵之詩，一人之性情，而三朝之事會寄焉者也。』（《讀杜心解·少陵編年詩目譜附記》）杜詩於唐代社會的歷史巨變的憂慮之深廣，描寫之深刻，都是前無古人的。如《兵車行》、《麗人行》、《三吏》、《三別》等。杜甫可算得上是用詩的藝術語言表達重大社會題材的真正能手。從現存的杜詩看，杜甫善於駕馭各種詩體形式，如五古的描述旅途、人生世相；七古的抒寫豪放或沈鬱的情感。體現其自由運用，出神入化的技巧，於每種詩體都有所發展和貢獻。然五七言律詩是杜甫最擅長的詩體，他的律詩，屬對精工，功力甚深，成就高，數量多，佔現存杜詩半數篇幅；名篇佳作之多，不可枚舉，代表了唐人律詩的最高成就。從詩歌發展史來看，杜甫的詩歌創作，無論在內容还是形式上都大大開拓了詩歌的表現領域，於後人以重大的影響。其『詩史』和『詩聖』之名應是當之無愧的。據兩《唐書》記載，杜集原爲六十卷，至宋已不見存。後世流傳的版本為宋代及其以後編輯的本子。這個黃氏父子作注的本子，所據最早的版本應是宋徐居仁編輯的二十卷本《分門集注杜工部詩》。黃鶴，字叔似，臨川（今江西臨川）人。其父黃希『以杜詩舊注，每多遺舛，嘗為隨文補緝，未竟而歿。鶴因取槧本集注，即遺稿為之正定，又益以所見，積三十，余年之力，至嘉定丙子（1216）始克成編』。元大德間，高崇蘭（字楚芳，廬陵人），以蔡夢弼《草堂詩箋》、黃氏《補千家集注》為底本，『復刪舊注無稽者、氾濫者，特存精確必不可無者』，加入劉辰翁批點，成《集千家注批點杜工部詩集》。所集諸家之注，不過百數十家，題『千家』者，蓋詩大之詞也。是刻計詩二十卷，其排列次序，注文內容，與高楚芳本同，後附文集二卷，《附錄》為元稹《唐杜工部墓誌銘》、《新唐書·杜甫傳》。是書具有去粗取精，去偽存真，一改舊注繁複之貌，令人易讀易解的特點。其中的新添詩話筆記中材料，雖不多，卻為本書增色不少。故明代翻刻本甚多，此其一也。書名所題無『批點』二字。為杜詩諸版本中影響較大，文獻價值較高的版本。玉几山人，名曹道，休寧（今屬安徽）人。

四川省圖書館藏。

集千家註杜工部詩集卷之一

丙申玉几山人校刻

遊龍門奉先寺

魯訔曰龍門在東都河南縣地志云闕塞山一名伊闕而俗名龍門黃鶴曰唐志河南自龍門山東抵天津有伊水然後漢志唐志俱云馮翊有龍門山按馮翊與河中府爲鄰而河中有龍門縣又有龍門山志云即導河至龍門之地土記云梁山北有龍門並在河中之境故河中有龍門關龍門倉九域志云河南縣有龍門鎮又有闕塞山云即龍門薛仁貴傳云絳州龍門人則絳州亦有龍門公自秦赴同

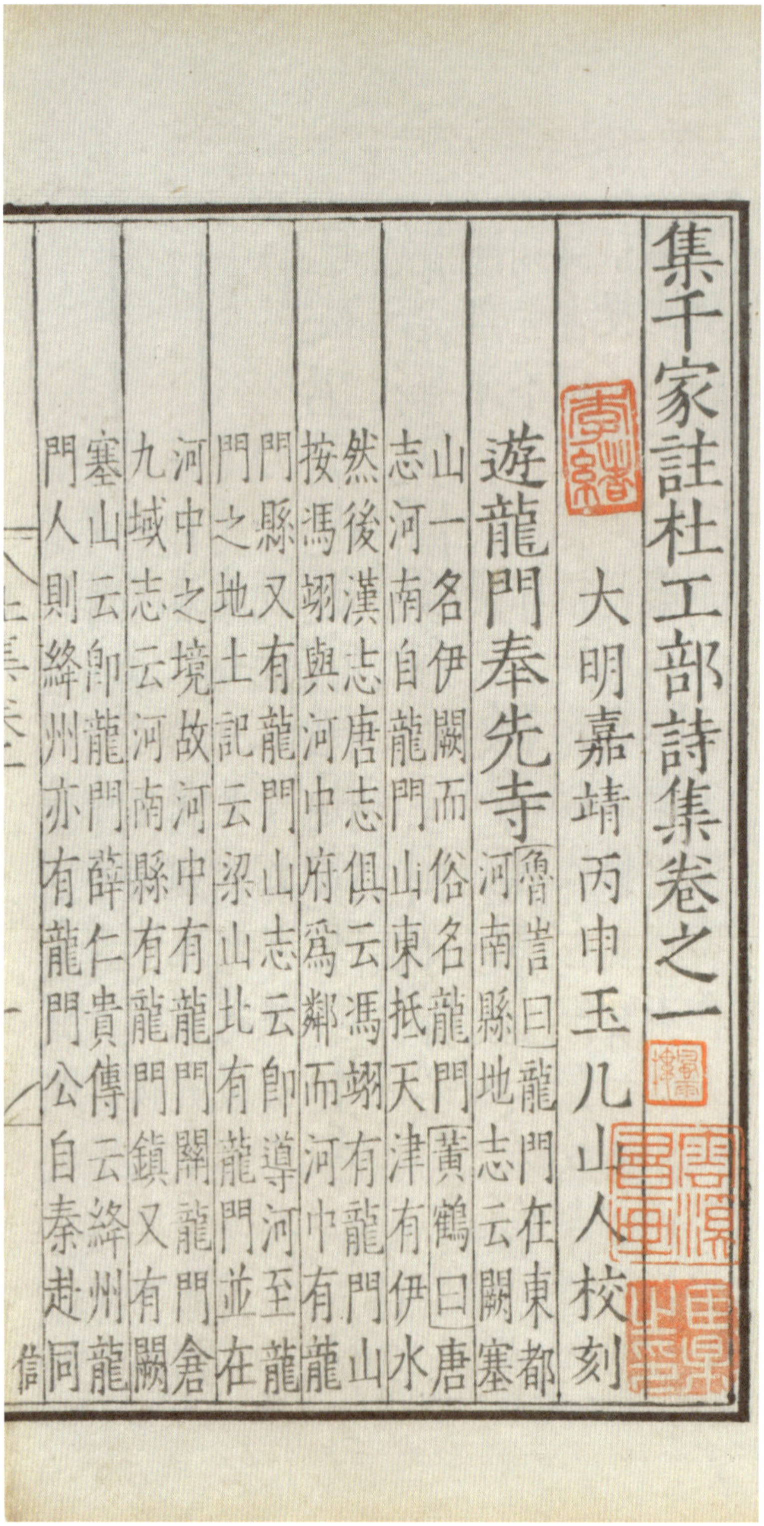

集千家註杜工部詩集卷之一
大明嘉靖丙申玉几山人校刻
遊龍門奉先寺〔魯訔曰〕龍門在東都
河南縣地志云闕塞
山一名伊闕而俗名龍門〔黃鶴曰〕唐
志河南自龍門山東抵天津有伊水
然後漢志唐志俱云馮翊有龍門山
按馮翊與河中府爲鄰而河中有龍
門縣又有龍門山志云即導河至龍
門之地土記云梁山北有龍門並在
河中之境故河中有龍門關龍門倉
九域志云河南縣有龍門鎮又有闕
塞山云即龍門薛仁貴傳云絳州龍
門人則絳州亦有龍門公自秦赴同

杜集卷之一　　信

0256 集千家註杜工部詩集二十卷文集二卷　（唐）杜甫撰　附録一卷

明嘉靖十五年（1536）玉几山人刻本　八冊

匡高22.1釐米，廣14.2釐米。半葉八行，行十七字，小字雙行同，白口，四週雙邊。

成都杜甫草堂博物館藏。

時李之芳自尚書郎出齊州製此亭

北海太守李邕

吾宗固神秀體物寫謀長形制開古跡曾冰延樂方太山雄地理巨壑耿雲莊高興泊煩促永懷清典常含弘知四大出入見三光負郭喜粳稻安時歌吉祥邕詩殆不可曉【師曰】曾冰延樂方謂此亭夏月陰涼如積氷然可以延引歡樂之方耳方讀如方術之方也【洙曰】易既有典常又含弘光大老子域中有四大此借用言四方廣大無所不見

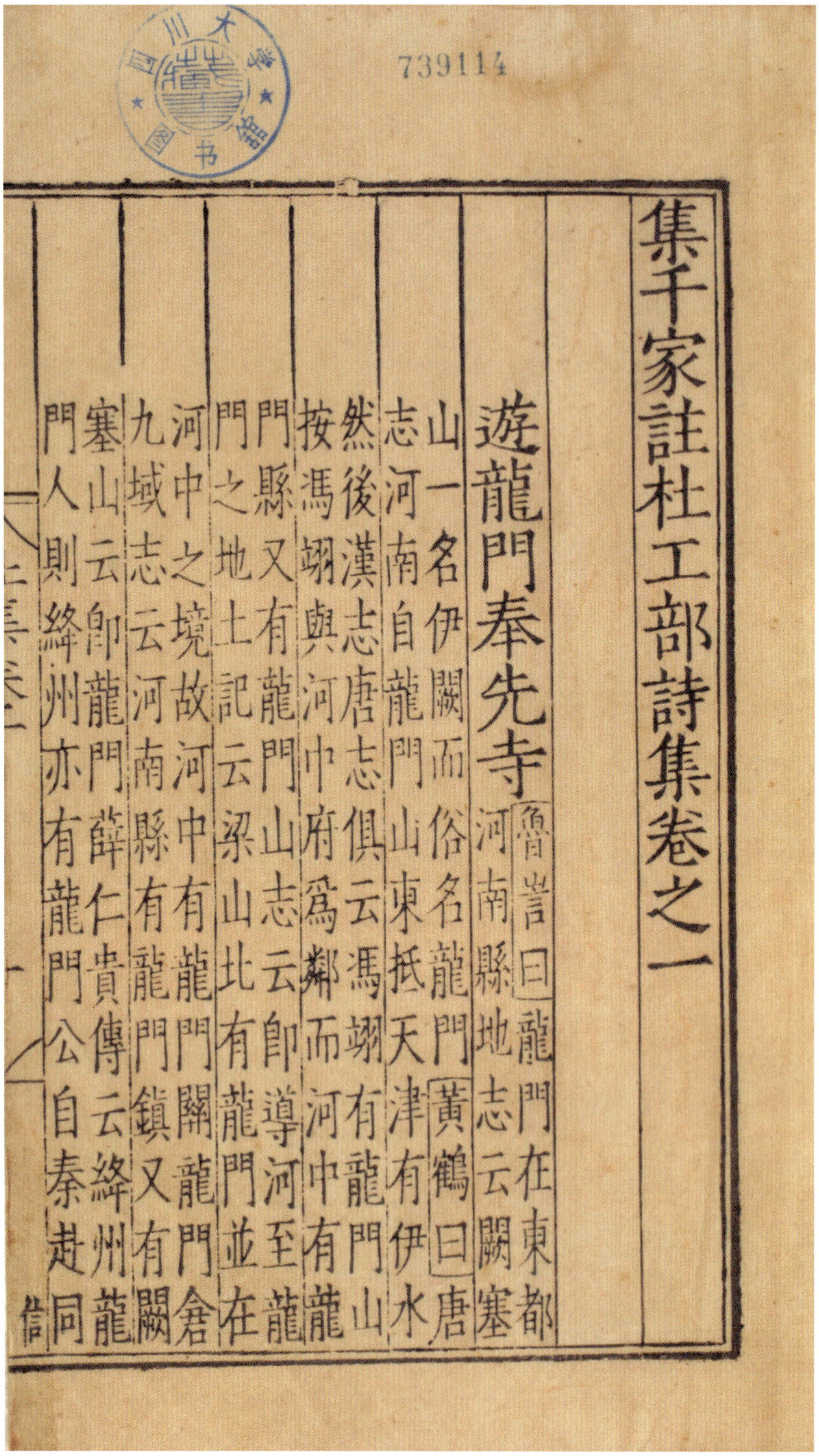

集千家註杜工部詩集卷之一
遊龍門奉先寺[魯訔曰]龍門在東都河南縣地志云闕塞山一名伊闕而俗名龍門[黃鶴曰]唐志河南自龍門山東抵天津有伊水然後漢志唐志俱云馮翊有龍門山按馮翊與河中府爲鄰而河中有龍門縣又有龍門山志云即導河至龍門之地土記云梁山北有龍門並在河中之境故河中有龍門關龍門倉九域志云河南縣有龍門鎮又有闕塞山云即龍門薛仁貴傳云絳州龍門人則絳州亦有龍門公自秦赴同信

0257 集千家註杜工部詩集二十卷文集二卷 （唐）杜甫撰 （宋）黄鶴補注 **附錄一卷**

明嘉靖十五年（1536）玉几山人刻本 四十冊

匡高22.1釐米，廣14.2釐米。半葉八行，行十七字，小字雙行同，白口，四週雙邊。

四川大學圖書館藏。

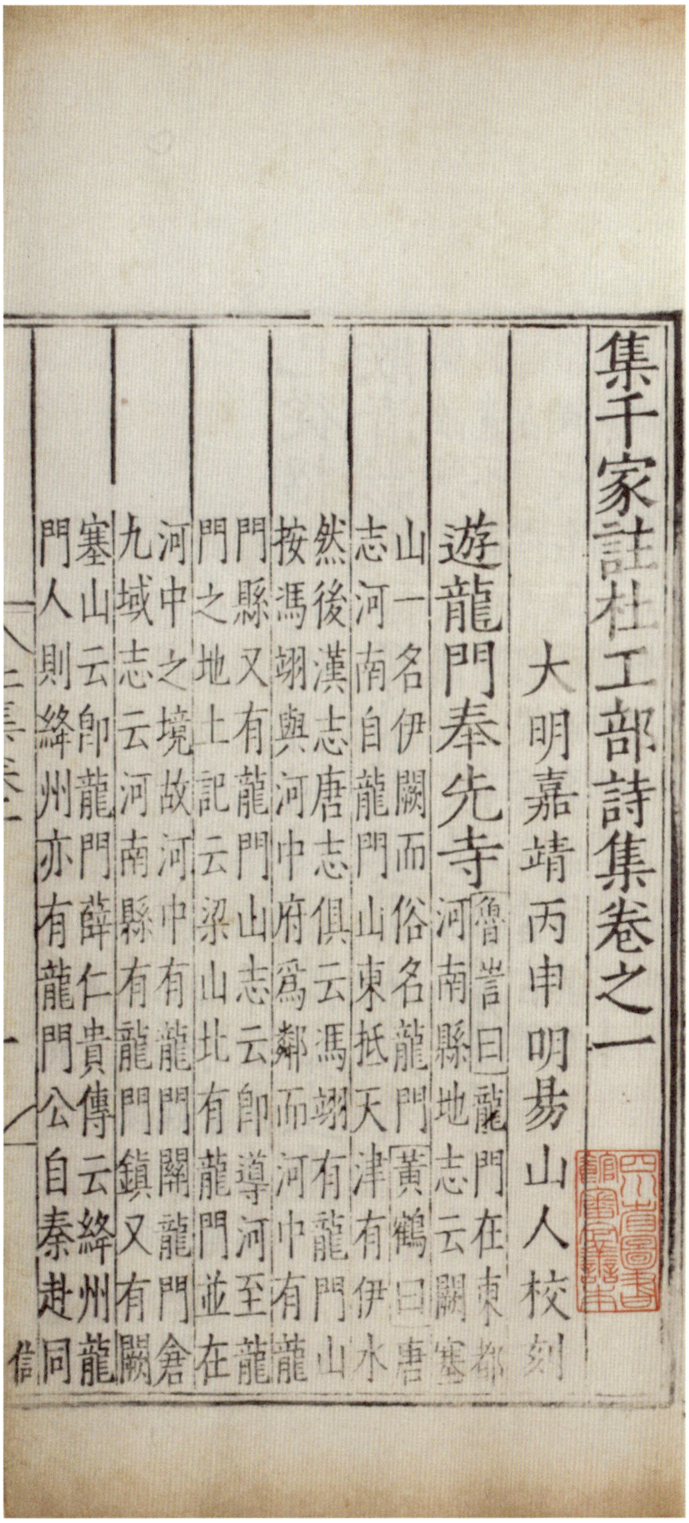

0258　集千家註杜工部詩集二十卷文集二卷　（唐）杜甫撰　（宋）黃鶴補注　附錄一卷

明嘉靖十五年（1536）玉几山人刻明易山人印本　十二冊

匡高22.3釐米，廣14釐米。半葉八行，行十七字，小字雙行同，白口，四週雙邊。

此本卷首次行題『大明嘉靖丙申（1536）明易山人校刻』。明易山人，其姓氏、籍貫、生卒年月、生平事蹟無考。是書內容、版本與玉几山人刻本同。唯其『明易』二字，顯與其他字體不合，應為剜改。細審全書，有於次行全空無字者，有僅留『玉几山人校刊（刻）』六字者，有挖去『大明嘉靖丙申』六字者，挖割『玉几山人』而補以『明易山人』款者。經與玉几山人刻本相比對，版式、字體等均同，故是書確繫玉几山人刻本無疑，且題玉几山人者為先印之本，題『明易山人校刻』者為後印之本，這種情況一般來講，應是版片易主後，新主所出割削補刻之計，以充己刊。從另一方面看，或是這部《杜集》因其刊印品質上佳，有良好的市場效益而出現的書版轉讓。本書應是中國古代雕版印製史上，書版易主，為證明所有權之變更而出現書版剜改現象的實證。存此，以作古代雕版印製史研究實物資料之一。明易山人之『易』，乃『陽』字之古體，諸家書目多作『易』，誤。

四川省圖書館藏。

0259 集千家註杜工部詩集二十卷文集二卷

（唐）杜甫撰 （宋）黄鶴補注

明嘉靖十五年（1536）玉几山人刻明易山人印本 十二册

匡高22.3釐米，廣14釐米。半葉八行，行十七字，小字雙行同，白口，四週雙邊，版心有字數。

四川師範大學圖書館藏。

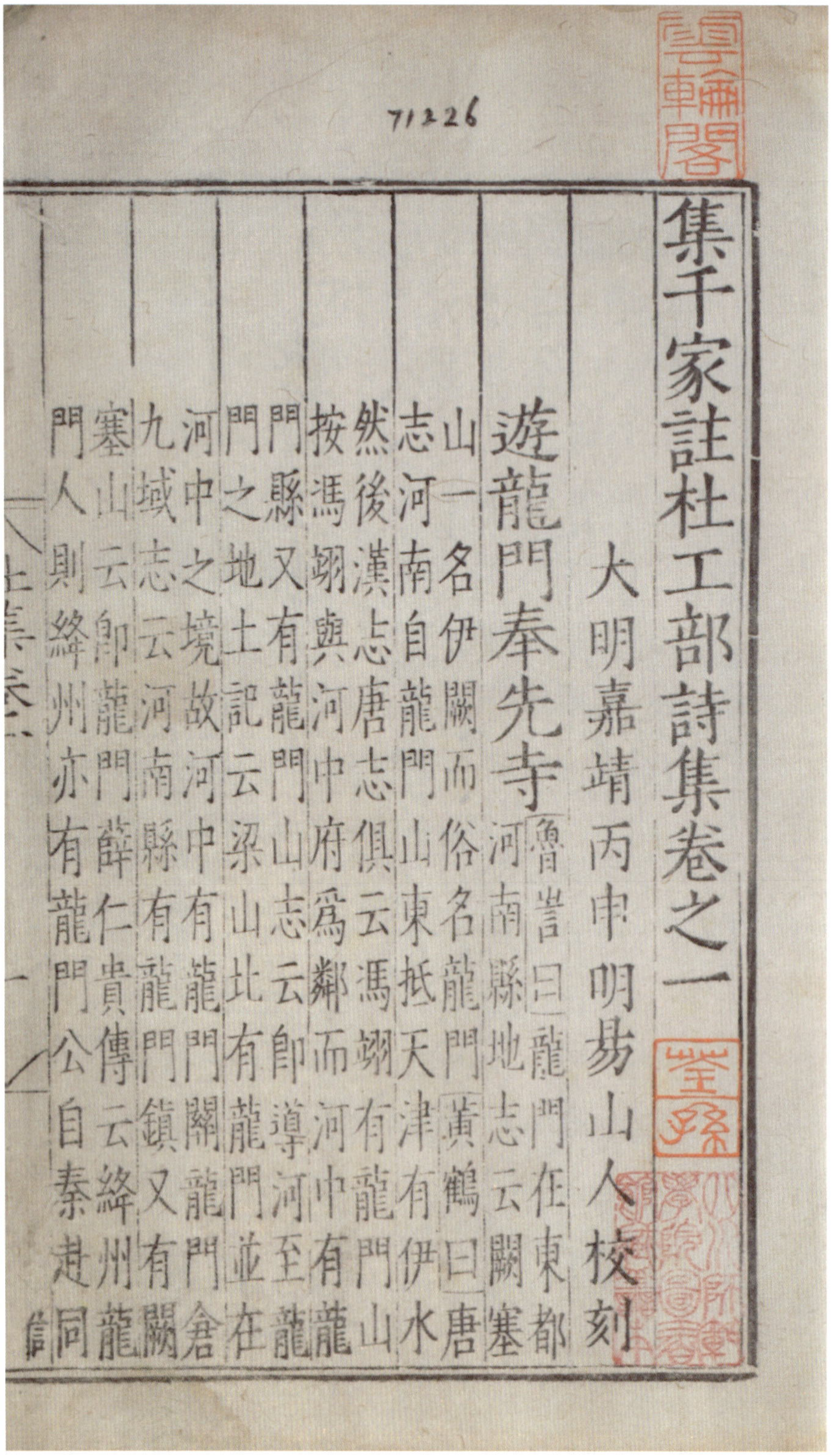

71226

集千家註杜工部詩集卷之一

大明嘉靖丙申明易山人校刻

遊龍門奉先寺 魯訔曰龍門在東都河南縣地志云闕塞山一名伊闕而俗名龍門 黄鶴曰唐志河南自龍門山東抵天津有伊水然後漢志唐志俱云馮翊有龍門山按馮翊與河中府爲鄰而河中有龍門縣又有龍門山志云即導河至龍門之地土記云梁山北有龍門並在河中之境故河中有龍門關龍門倉九域志云河南縣有龍門鎮又有闕塞山云即龍門薛仁貴傳云絳州龍門人則絳州亦有龍門公自秦甚同

0260 杜詩選六卷

（唐）杜甫撰 （明）楊慎等評 閔暎璧集評

明吳興閔氏刻朱墨套印本 三冊

匡高20.2釐米，廣14釐米。半葉八行，行十八字，白口，四週單邊。

是集輯選杜甫詩二百六十四首，多為名篇佳作，略以詩作年代先後編次。有宋劉辰翁評，經檢核，乃錄自元高楚芳千家註本。楊慎等評為閔暎璧所輯集者。閔序云：『我朝楊太史用修閱而批騭之，才致所關，俱經拈出，偶一寓目，輒欲搔首問天，是少陵之神得詩以傳，詩之神復得用修以傳。』其批註，多就杜詩之用語、引典，補充辨證前人注解之缺誤。因楊慎博聞強記，精於訓詁考據之學，故多有補前人注解之缺誤，或辯證舊注之失當者。是集乃明代杜集之輯選精當，評注賅博，刊印較精的杜集選本，具有較高的文獻資料價值和版本價值。

成都杜甫草堂博物館藏。

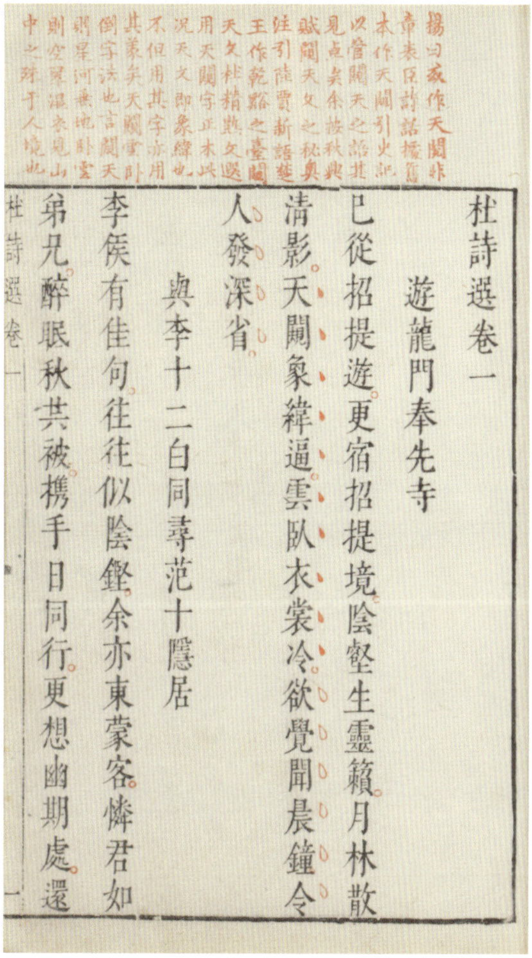

杜詩選卷一
遊龍門奉先寺
已從招提遊更宿招提境陰壑生靈籟月林散
清影天闕象緯逼雲臥衣裳冷欲覺聞晨鐘令
人發深省
與李十二白同尋范十隱居
李侯有佳句往往似陰鏗余亦東蒙客憐君如
弟兄醉眠秋共被携手日同行更想幽期處還

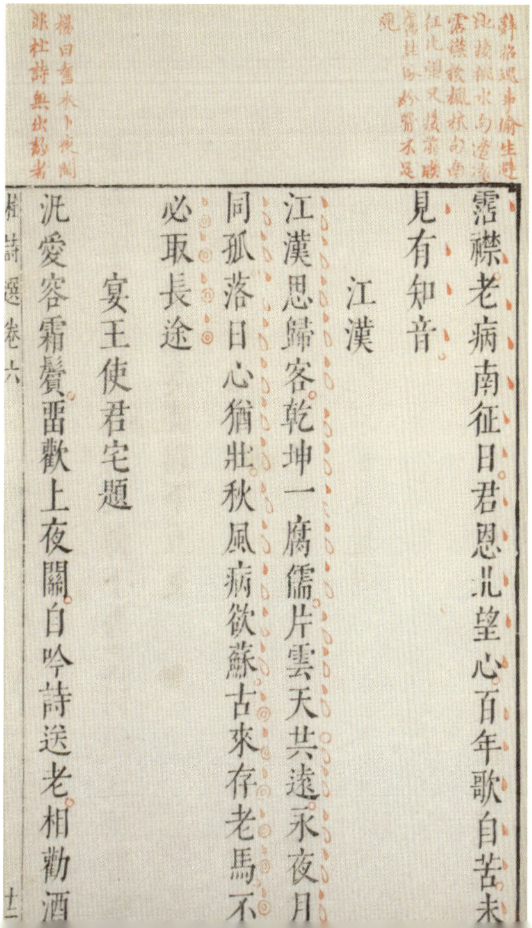

露襟老病南征日君恩北望心百年歌自苦未
見有知音
江漢
江漢思歸客乾坤一腐儒片雲天共遠永夜月
同孤落日心猶壯秋風病欲蘇古來存老馬不
必取長途
宴王使君宅題
泛愛容霜鬢留歡上夜闌自吟詩送老相勸酒

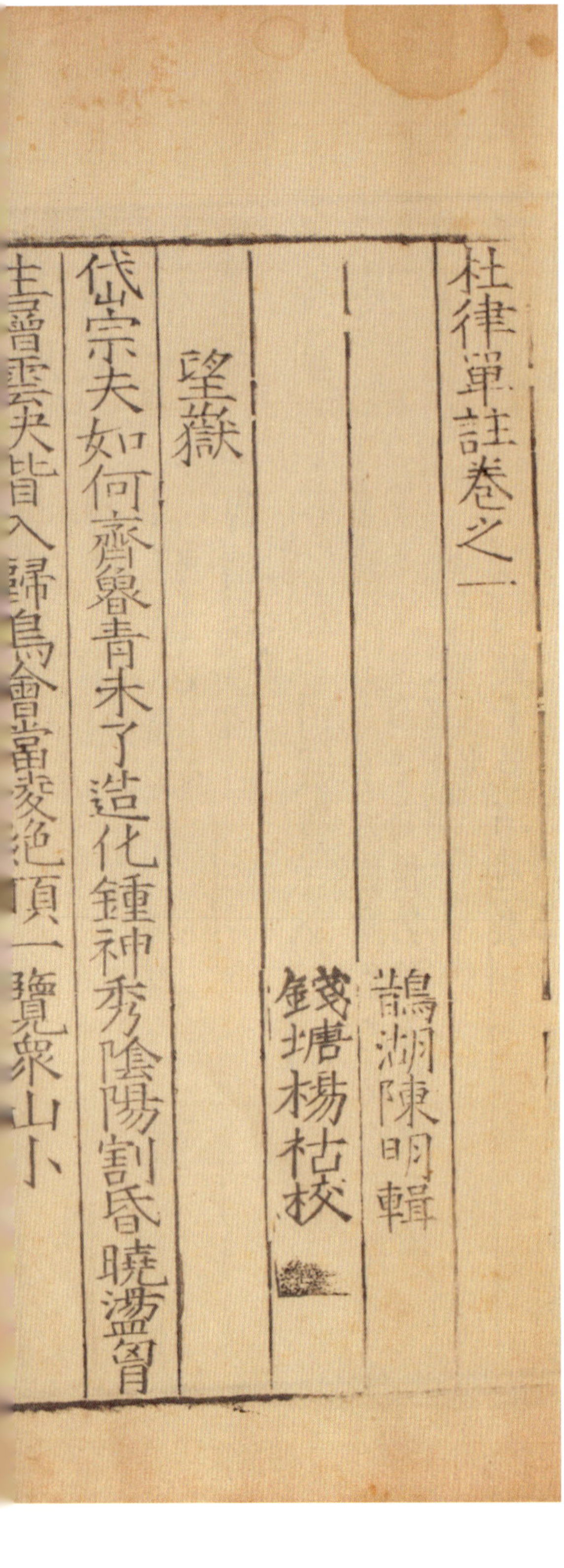
杜律單註卷之一
鵠湖陳明輯
錢塘楊祜校
望嶽
岱宗夫如何齊魯青未了造化鍾神秀陰陽割昏曉盪胷
生曾雲決眥入歸鳥會當凌絕頂一覽衆山小

0261 杜律單註十卷

（唐）杜甫撰 （明）單復註 陳明輯

明嘉靖景姚堂刻本 十冊

匡高21釐米，廣14.2釐米。半葉八行，行二十二字，小字雙行同，白口，四週雙邊。

中國詩歌史上，自《詩經》、《楚辭》以下，詩集版本最多，注本、評本最多的詩人，首推杜甫。律詩乃杜甫於中國詩歌史最偉大的成就和最重要的貢獻。明清兩代出現了大量關於『杜律』的書，是書即為其中之一。單復（一名復亨），字陽元，會稽（今屬浙江）人。《千頃堂書目》作嵊縣人，洪武（1368—1398）中為漢陽河泊官。舉懷才抱德科，授漢陽知縣，傳聞異詞，未詳孰是。撰有《讀杜詩愚得》十八卷。是集選輯杜甫五言律詩一百四十九首，乃明人陳明自單復《讀杜詩愚得》中選輯，自成一書者。陳明，山東歷城（濟南府治）人。嘉靖二年（1523）進士。官浙江僉事。生卒年及事蹟無考。注釋悉同於《讀杜詩愚得》，書眉輯有評語。多未標姓名，偶有標『劉云』者，乃宋劉辰翁評。其注釋，先訓釋典故，略陳時事，次則串解詩意，兼論及詩法，提示承接之處，並仿朱熹《詩外傳》體例，於每篇注釋中分別標以賦、比、興之體，此為明人注杜詩常用之體例。單注本為明代最早之杜集注本，因其多有駁正舊注之謬誤穿鑿，且間發前人所未發，故為明代以來較有影響的杜集注本之一，多為後之注杜者所徵引。陳明所輯，皆五律，乃專題選本，於杜詩研究學習亦是有資料價值的版本。景姚堂，楊祜的室名。楊祜，字汝承，錢塘人。嘉靖時在世。曾官興國知州、刑部員外郎、濟南知府。

四川大學圖書館藏。

為集大成云嘉靖中歷下陳僉
憲明來其注存七言律者彙為
十卷以式後學中丞天水胡公
見而韙之命刻于濮之景姚堂
刻云二年而江陵李子炯為濮
守貽書祜曰是不可不序延追
論之所由刻如此嗟夫律詩盛
於古詩廢久矣祜於是刻重有

感焉
嘉靖十有一年十一月五日
賜進士出身奉政大夫江西按
察司僉事錢塘楊祜書于濟南
之景韓堂

0262　杜工部詩通十六卷　（明）張綖撰

明隆慶六年（1572）張守中刻本　六冊

匡高21.2釐米，廣14.6釐米。半葉十行，行二十二字，小字雙行同，白口，四週單邊。存八卷（卷一、二、三、四、九、十、十一、十二）。配鈔五、六、七、八、十三、十四、十五、十六卷。李一氓跋。

張綖，字世文（《千頃堂書目》作『世昌』），高郵（今江蘇高郵縣）人。正德八年（1513）舉人。官武昌通判，後擢光州知州。辭官歸鄉，隱於南湖（亦名高郵湖），自號南湖居士。雅好古文詞，詩文操筆立就，時人有『後世少陵』之謂。此書以元范梈[字亨甫，一字德機，清江（今屬湖北）人。]《批選杜詩》為底本。綖子張守中記云：『先大夫南湖公，……契於杜者獨深，暇日取清江所選杜詩為之注釋，證事釋文，悉加考究，以會杜子之意，曰《杜詩通》。』詩作以時間先後編次，『大約標三宗（玄宗、肅宗、代宗）年號於卷首，其逐詩編年，頗為考定，分注於題下』。於宋人梁權道、蔡夢弼、黃鶴及明初單復諸譜編年之誤者，多有所辨證。每篇詩題目後有簡要題解，或解釋題意，或略述時事，以明背景作意，詳略不一，各有側重。詩之注釋，先逐一詮釋名物、典故，再字釋句解串講詩意，兼析章法句法，亦偶有標『賦也』、『比也』、『興也』者。雖多用舊注，然加以熔裁，『頗能去諸家鉤棘穿鑿』，如出己意。此類注釋體例，便於理解詩意，曉其作法，有助於研學，正是其長處所在；且亦時有新見，不失為杜詩諸本之頗具文獻價值的版本之一。張守中，綖子，字裕齋，江蘇高郵人。嘉靖四十一年（1562）進士。曾官戶部主事。是書補配者為李一氓先生，其跋云『《杜詩通》十六卷，明張綖撰。隆慶鐫本，傳世極罕。在京市為成都草堂收得半部，一、二、三、四、九、十、十一、十二各卷，一卷前並有缺葉，適覓得明紙，因假北京圖書館藏本，請書手抄補八卷，合為全璧』。老一輩革命家的保護文化，愛書之情無不躍然紙上。

成都杜甫草堂博物館藏。

黃氏以為追作者良是但其事在天寶仍依范

編

范註前後出塞皆傑作也有樂府之聲而理勝

戚戚去故里悠悠赴交河公家有程期亡命嬰禍羅君已

富土境開邊一何多棄絕父母恩吞聲行負戈

交河註見前程期程限期會也亡命脫其名籍而逃亡

中之憤軍中苦辛卒見虜群之盛便思立功然方為奴

僕無委任之權有難如頴者奴僕與衛青本事小異

挽弓當挽強用箭當用長射人先射馬擒賊先擒王殺人

亦有限立國自有疆苟能制侵陵豈在多殺傷

此章敘其制敵之畧一篇大意只在擒賊先擒王一句

上三句皆為此句起興下四句申言此意即所謂殲厥

渠魁者制侵陵應立國句多殺傷應殺人句

驅馬天雨雪軍行入高山逕危抱寒石指落層氷間已去

漢月遠何時築城還浮雲暮南征可望不可攀

此章敘其築城之苦雨雪高山地凍徑危因抱寒石指

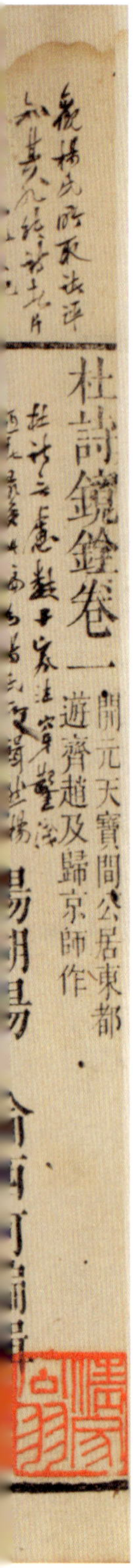

0263 杜詩鏡銓二十卷 （清）楊倫撰 年譜一卷 附錄一卷

清乾隆九柏山房刻本 八冊

匡高18.4釐米，廣13.8釐米。半葉九行，行二十字，小字雙行三十一字，白口，四週單邊。林思進批點。

楊倫（1747—1803）字敦五，一字西河（一作西禾），陽湖（今江蘇武進縣）人。乾隆四十六年（1781）進士。曾官荔浦知縣。晚年主講武昌江漢書院七年之久。《杜詩鏡銓》成於乾隆五十六年（1791）。楊倫自序云：『余自束髮後，即好誦少陵詩，二十年來，凡見有單詞隻字關於杜詩者，靡不採錄，於舊說多所折衷。年來主講武昌，閒居無事，重加排纂，義有觝滯，至忘寢食，不覺豁然開明，若有神相之者。凡閱五寒暑，始獲成書。』足見楊氏用功之勤。輯詩以編年為序，楊氏認為『詩以編年為善，可以考年力之老壯，交遊之聚散，世道之興衰』。於編次詳加校勘，故其編年為諸編年本杜詩中最善者。其注評，參考宋迄清各家，裁擇眾家之長，結合己見，融會貫通。注重時地背景，以闡明詩之作年和主旨，不作繁瑣的引證考據。其注評簡當扼要，讀來簡潔明快。其體例是，詞語注釋附於句下，章法字評，則置於行間，或置欄眉之上，簡評則附諸篇末。於前注的漏略、舛誤、鑿解，多所增益或糾正。其於詩文中『字有一字數音者，每致混讀，茲隨四聲圈出，使得一覽了然』的做法更為前注本所未及。今人郭紹虞於《杜詩鏡銓》有『以精簡著稱。不穿鑿，不附會，不矜奇，不逞博，而平正通達，自使少陵精神躍然紙上』之評。杜詩自宋以來，各種體例、各種形式的研究著作可謂夥矣，在這眾多的杜詩研究著作中，《杜詩鏡銓》為流傳刊本最廣，影響最大，頗具學術價值的常用讀本。是書的九柏山房本為初刻本，具有重要的文獻價值和版本價值。

四川大學圖書館藏。

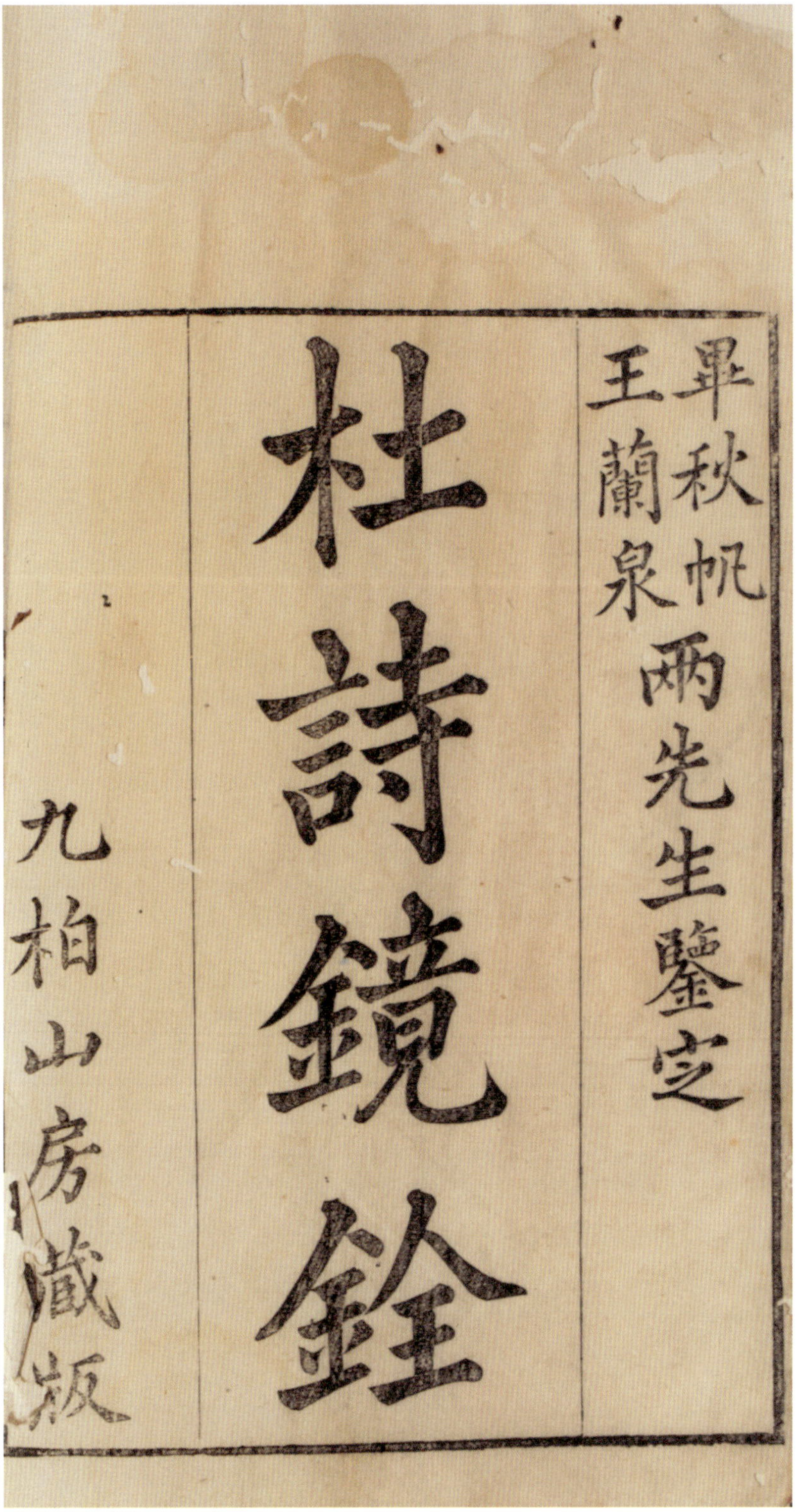

畢秋帆 王蘭泉 兩先生鑒定

杜詩鏡銓

九柏山房藏版

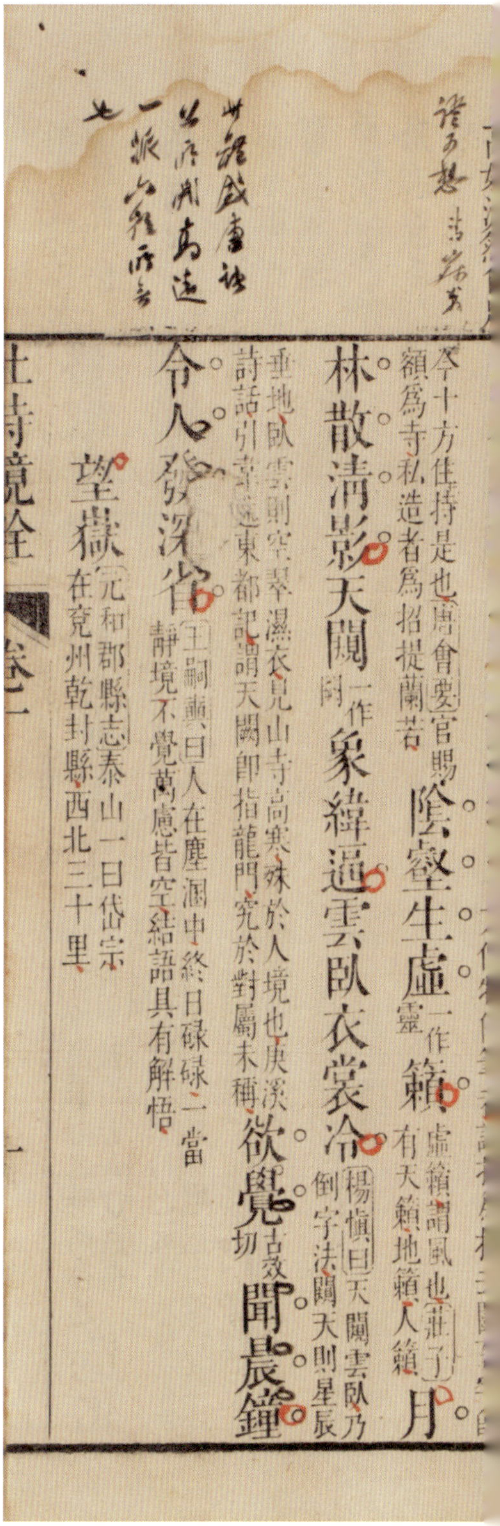

即十方住持是也（唐會要）官賜額爲寺私造者爲招提蘭若

陰壑生虛一作靈籟（虛籟謂風也莊子有天籟地籟人籟）月林散清影天闕一作闚象緯逼雲臥衣裳冷（楊慎曰天闕雲臥乃倒字法闕天則星辰垂地臥雲則空翠濕衣見山寺高寒殊於人境也庚溪詩話引韋述東都記謂天闕即指龍門究於對屬未稱）欲覺古效切聞晨鐘令人發深省（王嗣奭曰人在塵溷中終日碌碌一當靜境不覺萬慮皆空結語具有解悟）

望嶽

（元和郡縣志泰山一曰岱宗在兖州乾封縣西北三十里）

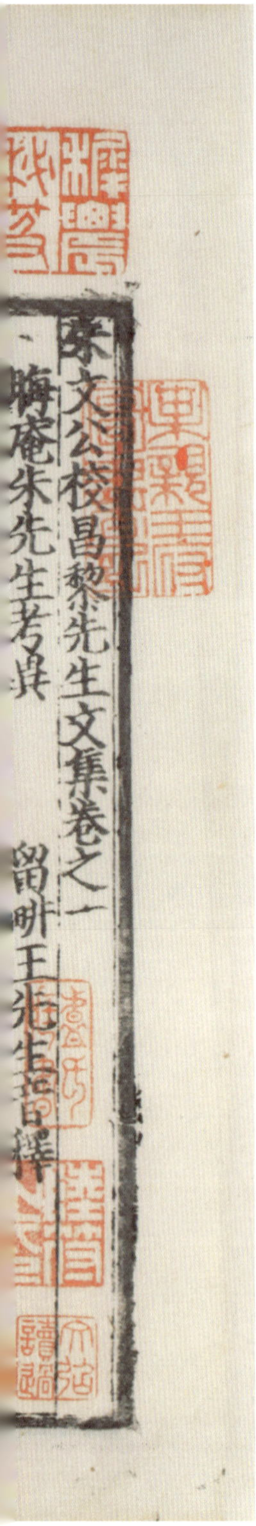

0264 朱文公校昌黎先生文集四十卷外集十卷遺文一卷集傳一卷

（唐）韓愈撰 （宋）朱熹考異 （宋）王伯大音釋

明刻本 十冊

匡高18.4釐米，廣12.4釐米。半葉十三行，行二十三字，小字雙行同，黑口，四週雙邊。

韓愈（768—824），字退之，河南河陽（今河南孟縣）人。先世昌黎，以郡望，世稱韓昌黎。唐代文學家。貞元（795—804）進士。歷官監察御史、國子監博士、陽山令、國子祭酒、兵部侍郎、吏部侍郎、京兆尹等職。韓愈在文學創作上力反六朝以來的駢偶文風，提倡散體，與柳宗元同爲古文運動的倡導者。他的散文創作，在繼承先秦、兩漢古文的基礎上，加以創新和發展，說理文、敍事文、雜文、抒情文，以及虛構的具有小說意味的散文，他都能寫得精彩獨詣，不同凡響。具有氣勢雄健，縱橫變化，雲譎波詭，巧譬善喻，而又嚴正有內容。杜牧有『杜詩韓筆』的說法，其散文可以比擬杜甫詩的地位。蘇軾則更有『文起八代之衰』的美譽。韓愈的詩歌創作也不同凡響，以雄偉奇特，千奇百怪爲其藝術特色。清人葉燮說：『韓愈爲唐詩之一大變，其力大，其思雄，崛起特爲鼻祖』（《原詩》）。開創了『以文爲詩』，以及在詩中發議論的新路。詩體的散文化，能容納更多的內容，詩歌的表達功能和表現手法得以擴大，這都是韓愈詩歌開拓新路的創新價值。韓愈的著作，由他的學生李漢編輯成書，以四十卷本《昌黎先生集》行世。韓集版本在宋代較為駁雜者，據《四庫》等書所載，就有十多個版本，然各本所收篇數、次序不同，文字亦有差異。南宋孝宗時，方崧卿編纂韓文，參校諸本，撰《韓集舉正》。韓集諸本，此爲精善者。朱熹以方氏所校未為盡善，更廣收眾本，斟酌權衡，使歸於當，成《昌黎先生集考異》一書。理宗時，王伯大將《考異》校文散入韓集正文之下，各卷附予音釋及洪興祖《韓愈年譜辨證》、樊汝霖《韓愈年譜注》及孫汝聽、韓諄、祝充注文，輯為是書。是為韓集研究之重要資料之一。王伯大（？—1253），字幼學，号留耕，長溪（今属福建）人。嘉定七年（1214）进士，淳祐中为刑部尚书，终资政殿學士、知建宁府。是本具體刊者時間不詳，審其風貌，為明刻者無疑。

四川師範大學圖書館藏。

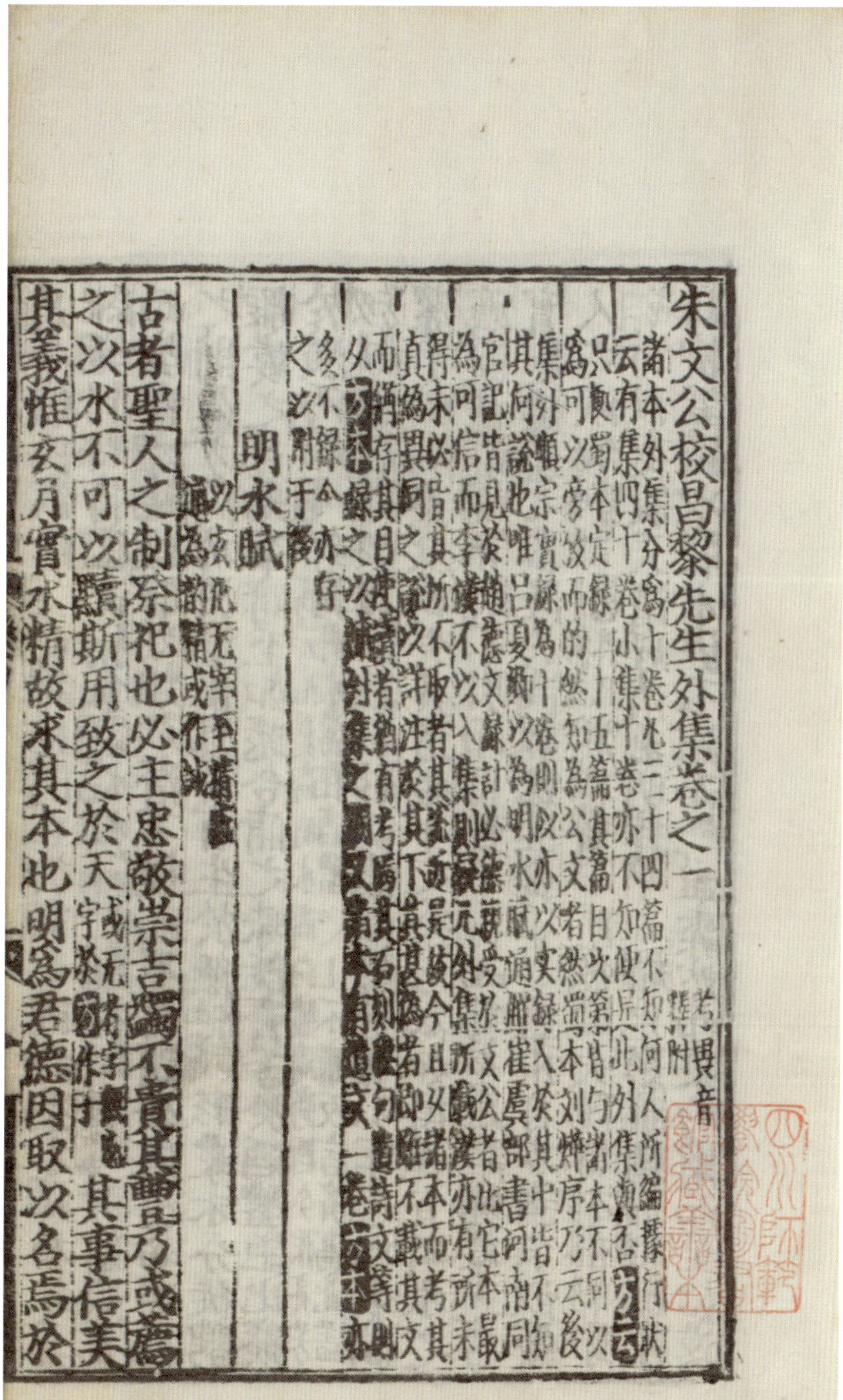

朱文公校昌黎先生外集卷之一 考異音釋附

明水賦

古者聖人之制祭祀也必主忠敬崇吉蠲不貴其豐乃或薦之以水不可以瀆斯用致之於天宇……其事信美其義惟玄月實水精故求其本也明爲君德因取以名焉於

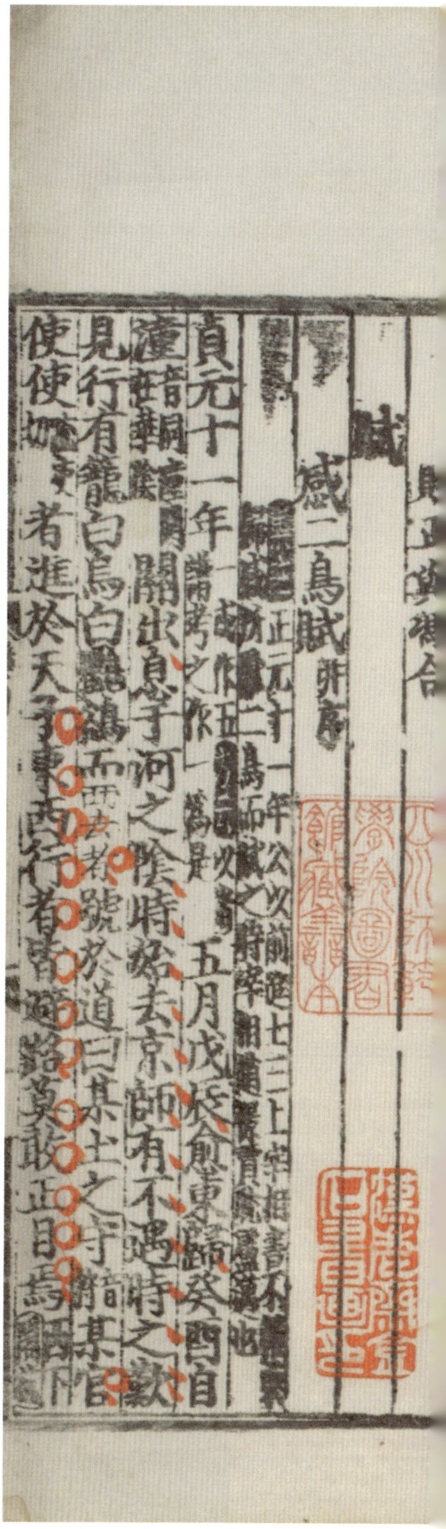

賦

感二鳥賦 并序

貞元十一年……五月戊辰愈東歸癸酉自潼關出息于河之陰時始去京師有不遇時之歎見行有籠白鳥白鸜鵒而西者號於道曰某土之守某官使使者進於天子東西行者皆避路莫敢正目焉

0265 柳文四十三卷附錄一卷 別集二卷後集一卷 外集二卷

（唐）柳宗元撰 （唐）劉禹錫編

明嘉靖二十八年（1549）王士翹刻三十一年（1552）朱有孚續刻本　十五册

匡高19釐米，廣13.5釐米。半葉十一行，行二十二字，白口，左右雙邊。存三十六卷（卷一至二十五、三十七至四十、四十三、別集上、下，外集上、下，附錄一卷，後集一卷）。王士翹，字民瞻，安福（今屬江西）人。嘉靖十七年（1538）進士。歷官溧水、瑞安縣令。

四川省瀘州市圖書館藏。

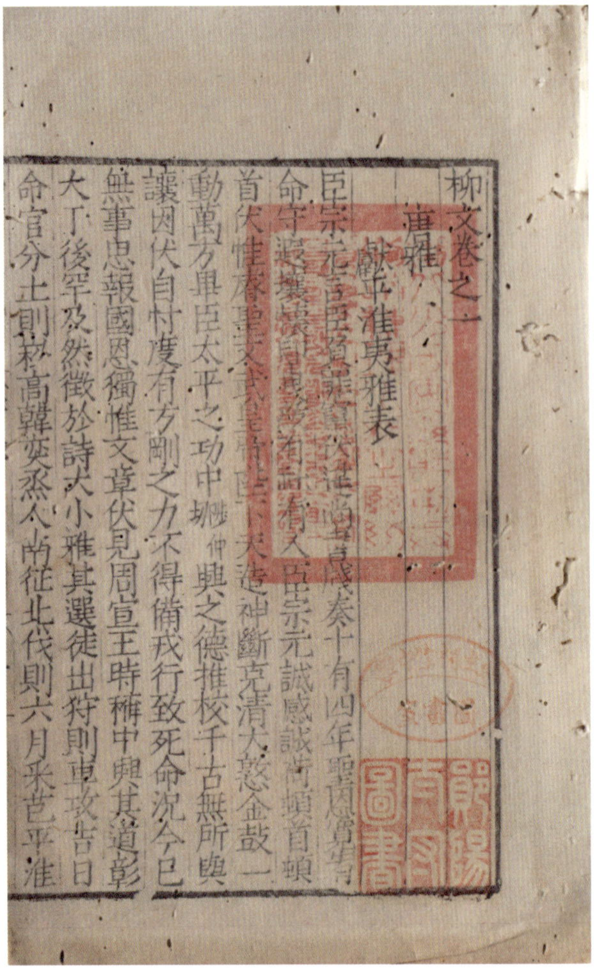

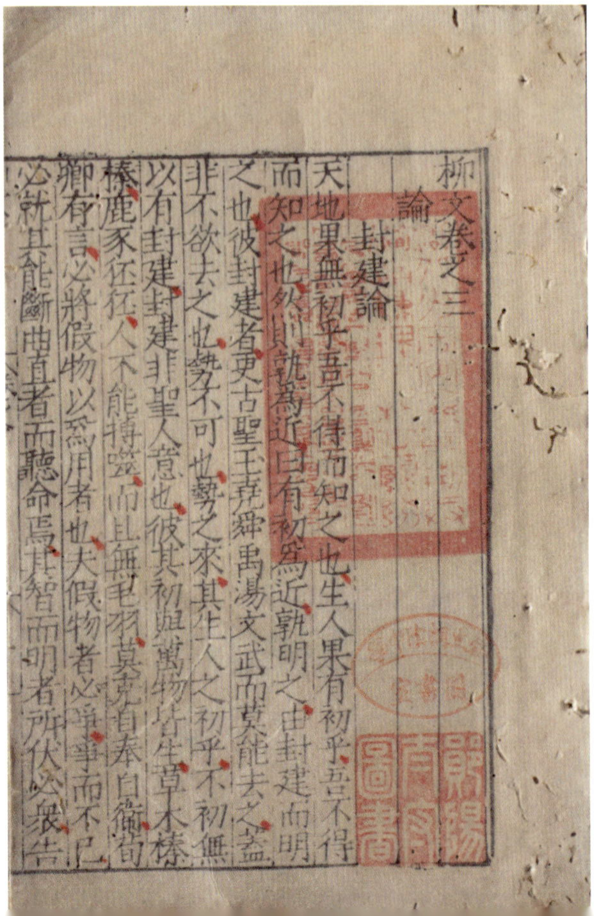

0266 柳文四十三卷別集二卷外集二卷 （唐）柳宗元撰 附録一卷（明）遊居敬校

嘉靖三十五年（1556）莫如士刻韓柳文本 十六冊

匡高18釐米，廣13.5釐米。半葉十一行，行二十二字，小字雙行同，白口，左右雙邊。存四十三卷。

四川師範大學圖書館藏。

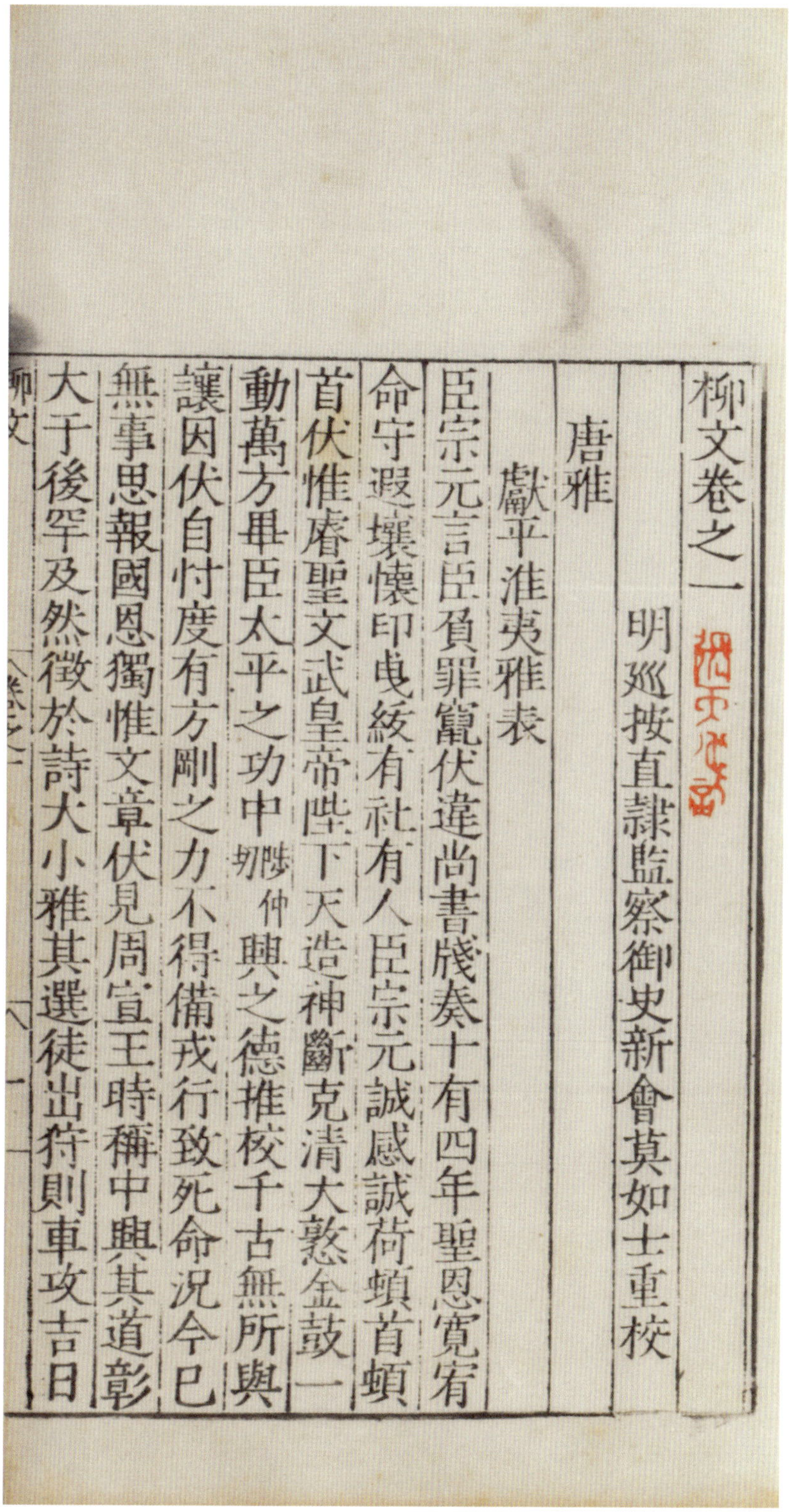

柳文卷之一

明巡按直隸監察御史新會莫如士重校

唐雅

獻平淮夷雅表

臣宗元言臣負罪竄伏違尚書牋奏十有四年聖恩寬宥命守遐壤懷印曳紱有社有人臣宗元誠感誠荷頓首頓首伏惟睿聖文武皇帝陛下天造神斷克清大憝金鼓一動萬方畢臣太平之功中陟仲切興之德推校千古無所與讓因伏自忖度有方剛之力不得備戎行致死命況今已無事思報國恩獨惟文章伏見周宣王時稱中興其道彰大于後罕及然徵於詩大小雅其選徒出狩則車攻吉日

柳文 卷之一 一

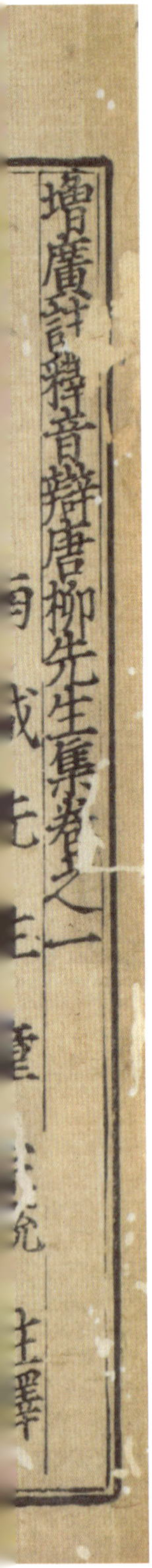

0267 增廣註釋音辯唐柳先生集四十三卷別集二卷外集二卷

（唐）柳宗元撰　（宋）童宗説注釋　張敦頤音辨　潘緯音義　年譜一卷附錄一卷

明初刻本　十三冊

匡高19.1釐米，廣12.7釐米。半葉十三行，行二十三字，小字雙行字數不一，黑口，四週雙邊。存三十一卷（卷一至十九、二十三至二十八、三十六至四十三）。

柳宗元（773—819），字子厚。唐代文學家。祖籍河東（今山西省永濟市西文學村柳家巷），後遷長安（今陝西西安）。貞元九年（793）進士。因為他歷官禮部員外郎，永貞革新失敗後，貶爲邵州刺史，再貶永州司馬。後爲柳州刺史。卒於任。因與韓愈共同宣導唐代古文運動，並稱『韓柳』。因為他是河東人，又爲柳州刺史，所以人稱『柳河東』或『柳柳州』。柳宗元一生留詩文作品達600餘篇，其文的成就大於詩。駢文有近百篇，散文論說性強，筆鋒犀利，諷刺辛辣，富於戰鬥性。遊記寫景狀物，多所寄託。柳宗元的文學創作，早期『以辭爲工』、『務采色，誇聲音』。貶官後遍閱百家書，專心於創作實踐和理論著述，總結寫作經驗，寫成《答韋中立論師道書》等著名的『論文八書』。在他的影響下，古文寫作在南方日漸盛世行，『衡湘以南，爲進士者，皆以子厚爲師。其經子厚口講指畫爲文者，悉有法度可觀。』（韓愈《柳子厚墓誌銘》）作爲優秀的『古文家』，其散文體裁多樣，尤以山水遊記、寓言、論說、傳記等成就最高，不少爲千古名篇。如《封建論》被稱爲『古今至文，直與《過秦》抗席』。（林紓《韓柳文研究法》），《新唐書》說他：『精敏絕倫，爲文章卓偉精緻，一時輩行推仰。』他與韓愈倡導的中唐『古文運動』，在文體、文風、文學語言的革新上作出了巨大貢獻，在中國文學史上佔有極爲重要的地位。柳宗元的詩文集是他的朋友劉禹錫編的。劉禹錫《唐故柳州刺史柳君集序》：『（柳宗元）病且革，留書抵其友中山劉禹錫曰：「我不幸，卒以謫死，以遺草累故人。」禹錫執書以泣，遂編次為三十通，行於世。』名爲《河東先生集》，是為柳集的三十卷本，但至北宋已是流傳稀少。北宋天聖元年（1023）穆修『常病柳（集）不全見於世，出人間者殘落百餘篇』。遂重加校訂，成四十五卷本。自是，柳集多以這兩個版本系統流傳於世。北宋政和四年（1114）沈晦以穆修本為底本，參以他本，凡他本有而穆本無的編為外集。全書總六百七十四篇，刻於四明，是為柳集的『四明新本』。至南宋，世間柳集雖然不少，但以此本最為流行。柳集的各種注本是在南宋陸續出現的。此童注本則其一也，其所據底本包括素為世所稱道的廖瑩中《世綵堂河東先生集》等，乃為沈晦本的重編本。然穆、沈二本均已亡佚，據此本仍可窺其貌。此為柳集之最為完整的通行本。柳氏乃文章大家，其著作自宋以來研習者夥，刊印者衆，版本甚繁，是為明初刊本，雖有殘缺，然仍屬可珍視者。

四川省圖書館藏。

獻平淮夷雅表

案毛詩注云淮夷在淮浦而夷行也吴元濟在淮蔡故曰淮夷宗元擬江漢之詩而作也

臣宗元言臣負罪竄伏違尚書牋奏十有四年（官掌尚書牋奏宗元以永貞元年自禮部員外郎貶爲刺史至是十四年）聖恩寬宥命守遐壤（謂元和十年爲柳州刺史）懷印曳紱有社有人臣宗元誠感誠荷首頓首伏惟

睿聖文武皇帝陛下天造神斷克清大憝（憝徒對反見康誥憝惡也謂平吳元濟）金鼓一動萬方畢臣太平之功中興之德（邢也……中興）……古無所與讓……度（……切……）

增廣註釋音辯唐柳先生集卷之三十六

啓

上權德輿補闕温卷啓（此貞元十八年……一本啓字上有決進退字）

補闕執事宗元聞之重遠輕邇賤視貴聽所由古矣切以宗元幼不知恥少又躁進拜揖長者自干幼年是以造後造之末跡（造初報切）厠牒計之下列賈藝求售（賈音古）闐無善價（闐苦必切）載文筆而都儒林者匪親乃舊率皆攜撫相示談笑見昵喔咿逡巡爲達者嗌（喔一角切 咿於祈切 逡七倫切 嗌音益）無乃覩其樸者鄙其成狎其幼者薄其長耶將行不拔異操不砥礪學不該廣文不炳耀實可鄙而薄耶今鴛鷺充朝而獨干執事者特以顧下念舊收接儒素異乎他人耳敢問厥由庶幾告之俾識去就幸甚幸甚今將慷慨激昂奮攘布衣縱談作者之筵曳裾名卿之門抵掌戟手厚自潤澤進越無恧汙達者之視聽

0268 安陽集五十卷 （宋）韓琦撰 別錄三卷 （宋）王巖叟撰 遺事一卷 （宋）強至撰 忠獻韓魏王家傳十卷

明正德九年（1514）張士隆刻本 十冊

匡高17.4釐米，廣13.7釐米。半葉十一行，行十八字，白口，左右雙邊。

韓琦（1008—1075），字稚圭，號贛叟，相州安陽（今屬河南）人。天聖五年（1027）進士。歷官右司諫、陝西安撫使，與范仲淹在兵間久，名重一時，人心歸之，朝廷倚以爲重，天下稱為『韓范』。邊人謠曰：軍中有一韓，西賊聞之心膽寒；軍中有一范，西賊聞之驚破膽。韓琦一生，疊任樞密使、宰相等職，封魏國公，歷仁宗、英宗、神宗三朝。嘉祐、治平間，朝廷多故，琦於危疑之際，決大策，以安社稷。論之者，以厚重比周勃，政事比姚崇。所謂：『琦相三朝，立二帝，厥功大矣。』歐陽修贊其：『臨大事，決大議，垂紳正笏，不動聲色，措天下於泰山之安，可謂社稷之臣。』事蹟詳《宋史》本傳。作為北宋重臣的韓琦，雖有『經略西夏，虜寒心膽；定策兩朝，功存社稷』之功，『而其文集，顧有經生皓首，不及見者』。蓋因其功蓋天下者，其文章或掩於功業而弗著於當時。《安陽集》者，幾為韓琦傳世之全集也。所輯為詩、記、序、雜文、表狀、奏狀、書啟、書狀、制詞、冊文、祭文、挽辭、墓誌等。然『公之志在經世』，《集》之要，皆經緯化機，根據理窟，豈屑於雕蟲者哉！故其文有非人所及知者可想見矣。雖不以文詞名，其文詞氣典重，敷陳剴切；詩則不事雕鏤，自然高雅。以其重臣地位之故，《安陽集》應是宋代政治史和宋代文學史研究資料。《別錄》三卷，為王巖叟撰於熙寧四年（1071）和六年（1073），琦以事既在安陽，王巖叟『閒居且無職事，方得從容獨侍公於便坐』時所記者。內容多為韓琦之宦事和言行。王巖叟（1043-1093）字彥霖，大名清平人。哲宗初为监察御史，居言职五年，罢为端明殿学士，知河阳。《遺事》一卷，所記者，多為仁宗朝事也。《家傳》十卷，撰之者未詳，當為其後人所著，於琦之事述之甚詳，可與《宋史》本傳互為補充者，資料價值較為重要。此正德九年（1514）張士隆刻本《安陽集》為存世韓集的最早版本，具有重要的文獻價值和版本價值。張士隆（1475—1525），安陽人也，與韓琦同里。字仲修，號西渠。弘治十八年（1505）進士。累官陝西副使。築堰溉田千頃，民賴其利。張氏之翻刻《安陽集》，不僅因韓琦是鄉賢之故，更有『曠百世而相感者』，『追媲韓范者，固有所感發而興起矣』。頗有些惺惺相惜，故有是書之刊。

四川省圖書館藏。

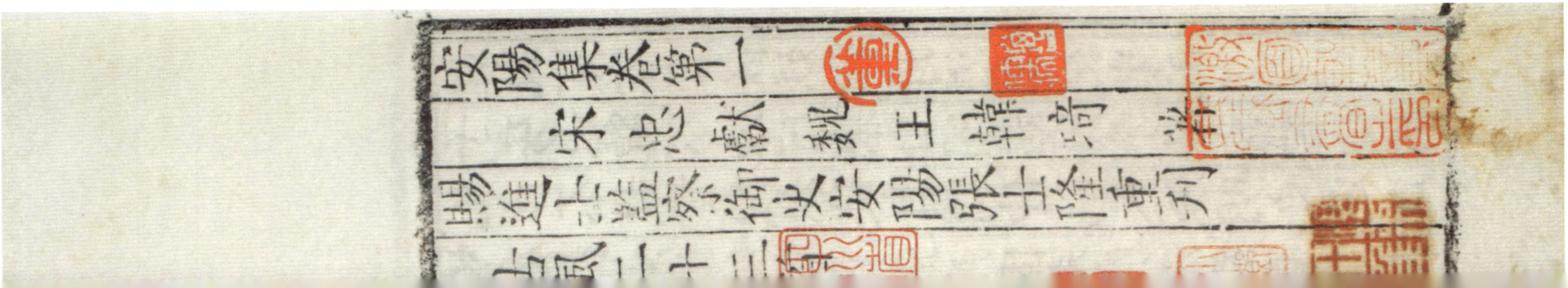

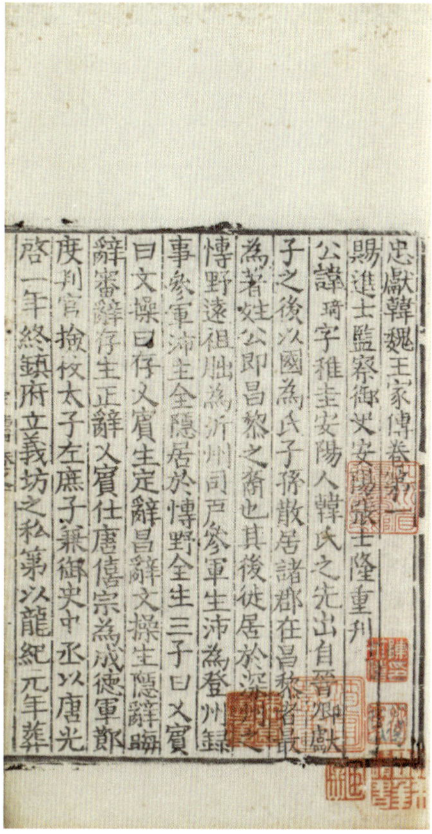
忠獻韓魏王家傳卷第一
賜進士監察御史安陽張士隆重刊
公諱琦字稚圭安陽人韓氏之先出自晉穆獻
子之後以國為氏子孫散居諸郡在昌黎者最
為著姓公即昌黎之裔也其後徙居於深州之
博野遠祖朏為沂州司戶參軍生沛為登州錄
事參軍沛生全隱居於博野全生三子曰乂賓
曰文操曰存乂賓生定辭昌辭文操生隱辭晦
辭審辭存生正辭乂賓仕唐僖宗為成德軍節
度判官檢校太子左庶子兼御史中丞以唐光
啓一年終鎮府立義坊之私第以龍紀元年葬

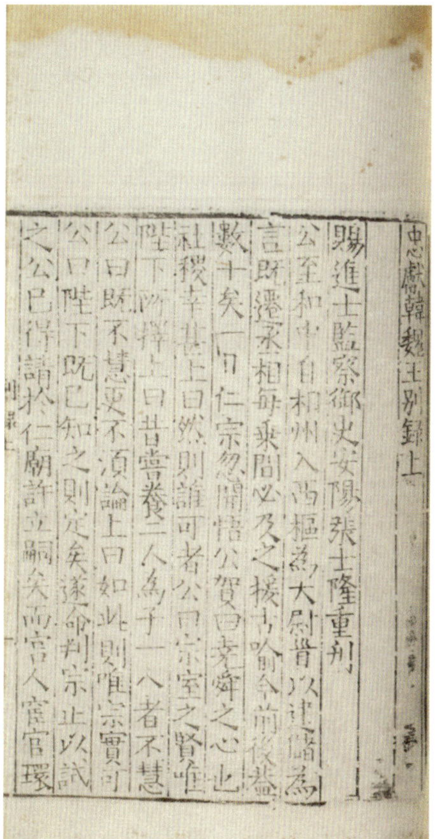
忠獻韓魏王別錄上
賜進士監察御史安陽張士隆重刊
公至和中自和州入西樞為大尉嘗以建儲為
言既遷家相每乘間必及之援古喻今前後蓋
數十矣一日仁宗忽開悟公賀曰堯舜之心也
社稷幸甚上曰然則誰可者公曰宗室之賢唯
陛下所擇上曰昔嘗養二人為子一人者不慧
公曰既不慧更不須論上曰如此則唯宗實可
公曰陛下既已知之則定矣遂命判宗正以試
之公已得請於仁廟許立嗣矣而宮人官環

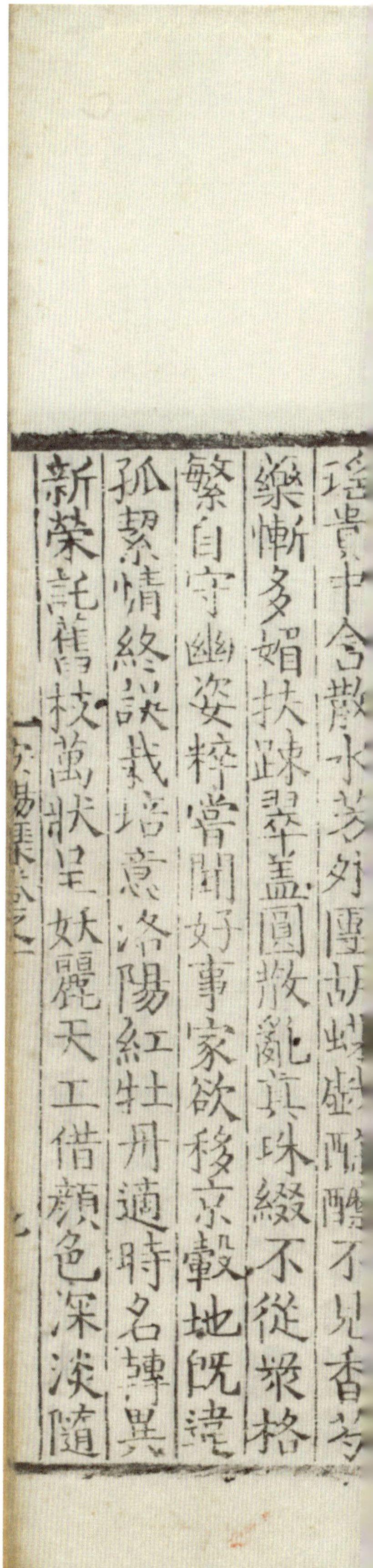
瑤貴中含散水芳列匣妨蠹蝕醽醴不見香芳
欒檞多媚扶疎翠蓋圓散亂真珠綴不從衆格
繁自守幽姿粹常聞好事家欲移京轂地既遠
孤絜情終誤栽培意洛陽紅牡丹適時名轉異
新榮託舊枝萬狀呈妖麗天工借顏色深淺隨
安陽集卷之一

0269 徂徠石先生全集二十卷 （宋）石介撰 附錄一卷

清康熙五十六年（1717）石鍵刻本 二冊

匡高18.2釐米，廣14釐米。半葉十行，行十九字，白口，左右雙邊。

石介（1005—1045），字守道，一字公操，兗州奉符（今山東泰安東南）人。因躬耕、講學徂徠山下，人號『徂徠先生』。宋仁宗天聖八年（1030）進士。官鄆州觀察推官、南京應天府學官、國子監直講、直集賢院、太子中允等。因政治上支援范仲淹『慶曆新政』，爲夏竦等權臣所害，不久病故。朱熹說：『自范文正以來，已有好議論，如山東有孫明復，徂徠有石守道，湖州有胡安定。』石介與胡瑗、孫復同為『宋初三先生』。事蹟詳《宋史》本傳。《徂徠石先生全集》，又作《石守道集》、《徂徠石先生文集》等，二十卷。爲石介的詩文集。卷一爲頌十首；卷二至三爲古詩五十四首；卷四爲律詩八十首；卷五至九爲雜著四十篇；卷十至十一爲史論十二篇；卷十二至十七爲書信四十篇；卷十八爲序八篇；卷十九爲記十一篇；卷二十爲表啟文十篇等。是集約成於慶曆三年（1043）前後。歐陽修《讀徂徠集》詩：『舊稿偶自錄，滄溟之一蠡，其餘誰付與，散失存幾何？』可見是集之編，應是石介自定者。石介的著作中，『道』和『文』是兩個常見的概念。他的為學，主張『通明經術，不由註疏之說』，而是靠己心與聖人之心相合。主張從心性根本上理解聖道。何謂聖道？他認為『道始於伏羲氏，而終成於孔子』，『孔子之道，治人之道也，一日無之，天下必亂』。因而主張『天下一君也，中國一教也，無他道也』。孔子儒學成為石介一生尊崇的根本聖道。他以極大的勇氣，對東漢經學大師鄭玄的傳注提出質疑，致力於倡明孔子之道，從一定意義上來看，他的思辨和激情，打破了訓詁傳注的沉悶空氣，為宋代理學的誕生，掃清了道路。關於『文』，石介是這樣定義的：『兩儀，文之體也；三綱，文之象也；五常，文之質也；九疇，文之數也；道德，文之本也；禮樂，文之飾也；孝悌，文之美也；功業，文之容也；教化，文之明也；刑政，文之綱也；號令，文之聲也；聖人，職文者也。』（卷十三《上蔡副樞書》）『文』的功能就是表達『聖人之道』，因而儒經纔是真正的『文』。『文』與『道』是互相關連和不分的，是典型的『文以載道』論。他的觀點，對其後程朱的文論有着極大的影響。可以說石介的《徂徠集》是一部反映北宋中期理學思潮興起之初學術狀況的重要著作，於中國思想史研究具有重要的價值。石介為官有直聲，詩文褒貶忠佞，亦多倔強勁質之氣。他的大量詩文所反映的慶曆前後社會、政治、經濟方面的情況，為治宋史者提供了極有價值的資料。《徂徠集》，晁公武《郡齋讀書志》、陳振孫《直齋書錄解題》均有著錄，可見是集在宋代應是頗爲流行的，然今存者，由宋至明，均無版刻傳世者，存世之最早版刻者，則僅康熙五十六年（1717）刻本。是本刊印極精，具有重要的版本和文獻價值。

四川省圖書館藏。

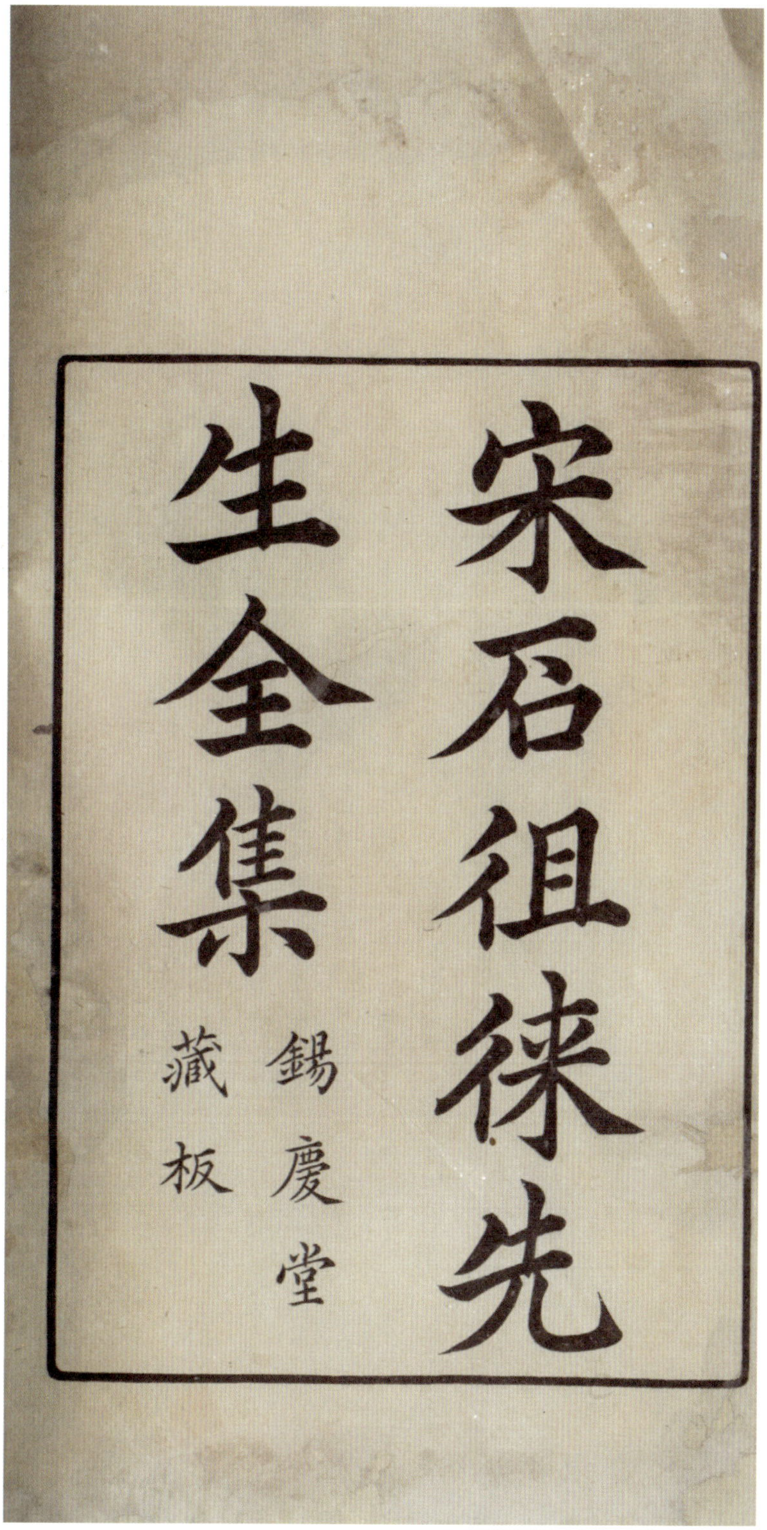

宋石徂徠先生全集

錫慶堂藏板

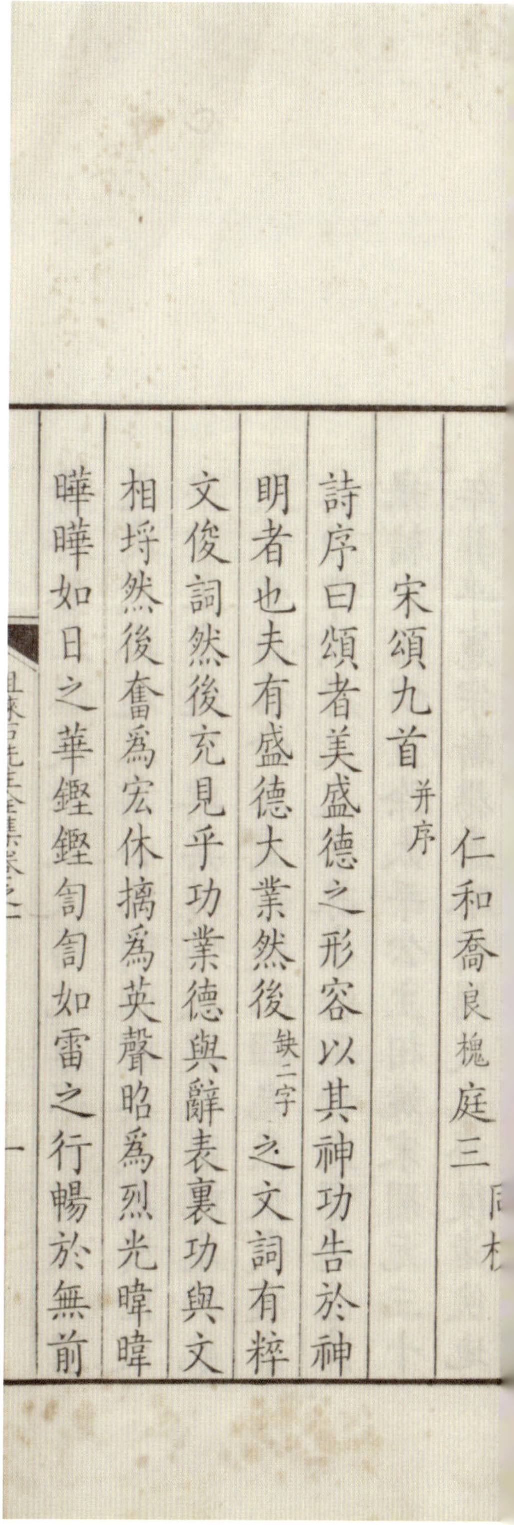

仁和喬良槐庭三

宋頌九首 并序

詩序曰頌者美盛德之形容以其神功告於神明者也夫有盛德大業然後缺二字之文詞有粹文俊詞然後充見乎功業德與辭表裏功與文相埒然後奮爲宏休摛爲英聲昭爲烈光暐暐曄曄如日之華鏗鏗訇訇如雷之行暢於無前

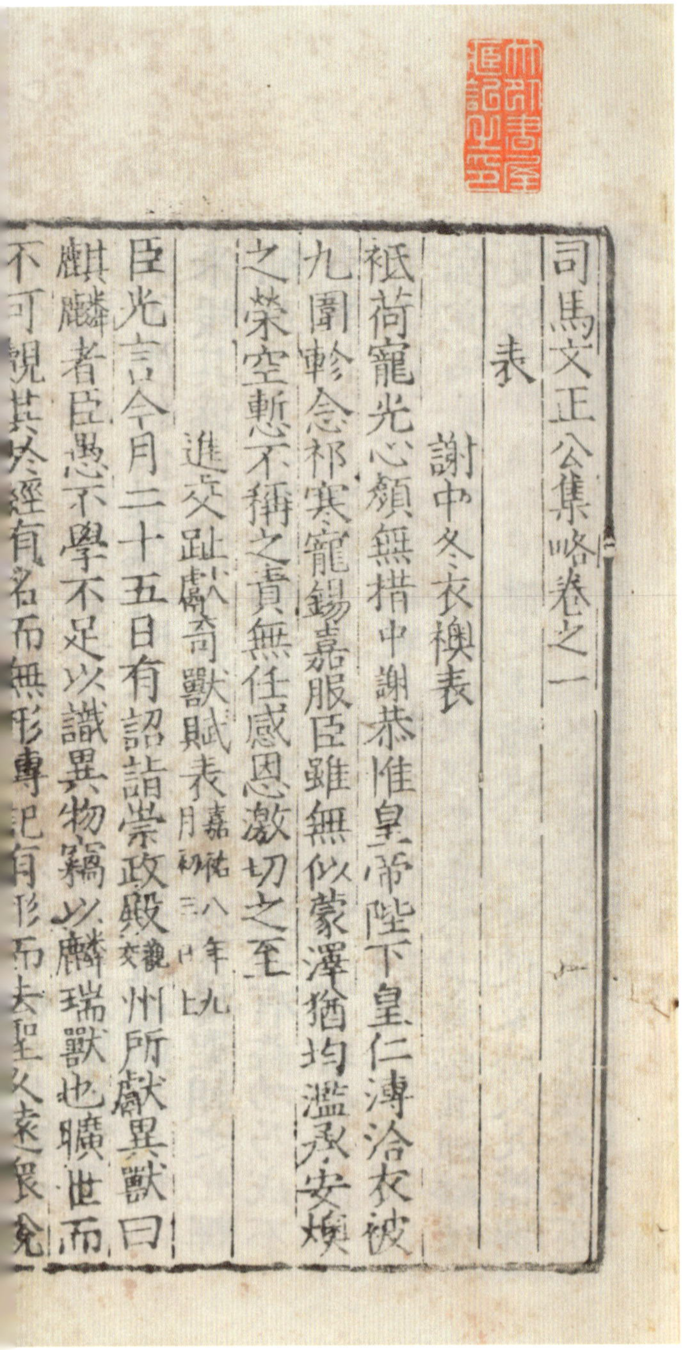

0270　司馬文正公集略三十一卷詩集七卷

（宋）司馬光撰

明嘉靖四年（1525）呂枏刻本　十二冊

匡高19.8釐米，廣14釐米。半葉十一行，行二十二字，白口，左右雙邊。

司馬氏精於史學，一生最顯著的業績便是他曾歷時多年率眾修成了在我國編年史中容量最大、記事詳盡、議論切至的《資治通鑒》。所謂『畢生精力，盡瘁於是』。因此，司馬光除史著之外，以他學問大家的身份來看，留傳下來的文章並不算多。這些著述雖不以詞章爲重，卻也極精煉周詳，後人有『氣象亦包括百家，凌跨一代』之評。《司馬文正公集略》乃明人呂枏所輯，『司馬先生《傳家集》，枏在史館得之於侍讀安陽崔子鐘，以簡帙重大，取其要，急屬吏抄出，曰《集略》，凡三十一卷』。其後，呂氏謫判解州，時值監察禦使初杲巡按山西等處，得見其書，謂：『溫公致君澤民之道盡在於是，不可以莫之傳也。』又以解夏乃其（司馬光）故里，刊書之事『尤宜急行，於是命枏校刊於河東書院』（呂枏《司馬文正公集略序》）。《集略》所輯者為文三十一卷：表、章奏、書啟、論、議、辯、銘、箴、頌、贊、評、原、說、述、贈、諭、訓、序、記、傳、題跋、疑孟、迂書、策問、志、碑、行狀、哀辭、祭文等；詩七卷。是集所選，基本涵蓋了司馬氏除史著之外的著述的各個方面，應是一個較好的選本，也是司馬氏傳世著述中的一個重要選本。此呂枏刻本存世亦不多。其文獻價值和版本價值足资重视。呂枏即呂柟（1479—1542），字仲木，號涇野，陝西高陵（今屬陝西）人。正德三年（1508）進士第一。累官禮部侍郎。爲官持正敢言，學守程朱理學。是書乃其任解州判官時所刊。

四川省圖書館藏。

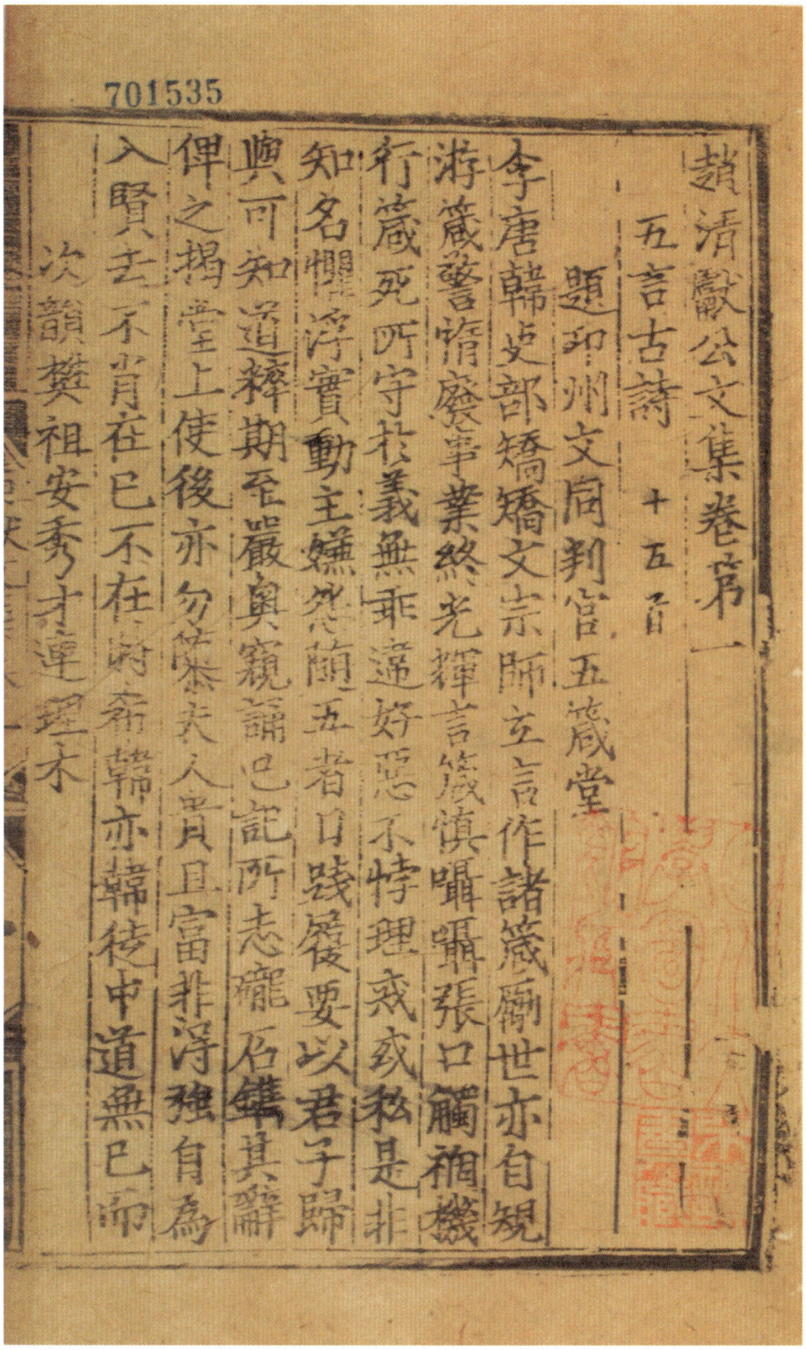
701535

趙清獻公文集卷第一

五言古詩　十五首

題邛州文同判官五箴堂

李唐韓吏部矯矯文宗師立言作諸箴勵世亦自規游箴警惰廢事業終光輝言箴愼囁囁張口觸禍機行箴死所守於義無乖違好惡不恃理或私是非知名懼浮實動主嬉然隨五者日踐履要以君子歸與可知道釋期至嚴與窺論已記所志寵石鐫其辭俾之揭堂上使後亦勿替夫人貴且富非浮獨自爲入賢去不肖在已不在時希韓亦韓徒中道無已而

次韻樊祖安秀才運經木

0271　趙清獻公文集十卷

（宋）趙抃撰

明成化七年（1471）閻鐸刻本　六冊

匡高20.2釐米，廣14釐米。半葉十一行，行二十字，黑口，四週雙邊。存五卷（卷一至五）。

趙抃（1008—1084），字閱道（一作悅道），號知非子，衢州西安（今浙江衢縣）人。宋仁宗景祐元年（1034）進士。任殿中侍禦史時，彈劾不避權貴，人稱『鐵面禦史』，後官至參知政事（副宰相），謚清獻。事見《東坡集》卷三十八《趙清獻公愛直之碑》，《宋史》卷三百一十六有傳。是集詩文各五卷。館所藏為詩集五卷，收各類詩七百一十九首。王士禎《居易錄》稱其五言律詩中如《暖風》、《芳草》、《杜鵑》、《寒食》等詩，『掩卷讀之，豈復知鐵面者所為』。趙集存世不多。此明成化七年閻鐸刻本，為明代較早刊印者。具有重要的文獻版本價值。閻鐸，陝西興平縣（今屬陝西）人。景泰二年（1451）進士。成化間為三衢郡守。

四川大學圖書館藏。

趙清獻公文集卷第三

五言排律十九首

謝賜飛白御書宴群玉殿

朝野歡和際君臣愷樂時聖謨天地久睿藻日星垂内閣群編啟靈函衆寶披光華須帝翰寵勿龍官師雨露神毫灑風雲上意綏翱翔轉鸞鳳夭矯奮龍螭侍宴聆清問啣杯拱睟儀御香篆領袖和氣入肝脾言念宸恩重曾非賤士遺天顏瞻咫尺臣職愧箴規補闕難忘衮傾心竊比葵養賢兼養正所願易求頤

同天節

立爲歡呼日天家慶誕辰虹光流渚異電彩繞樞頻

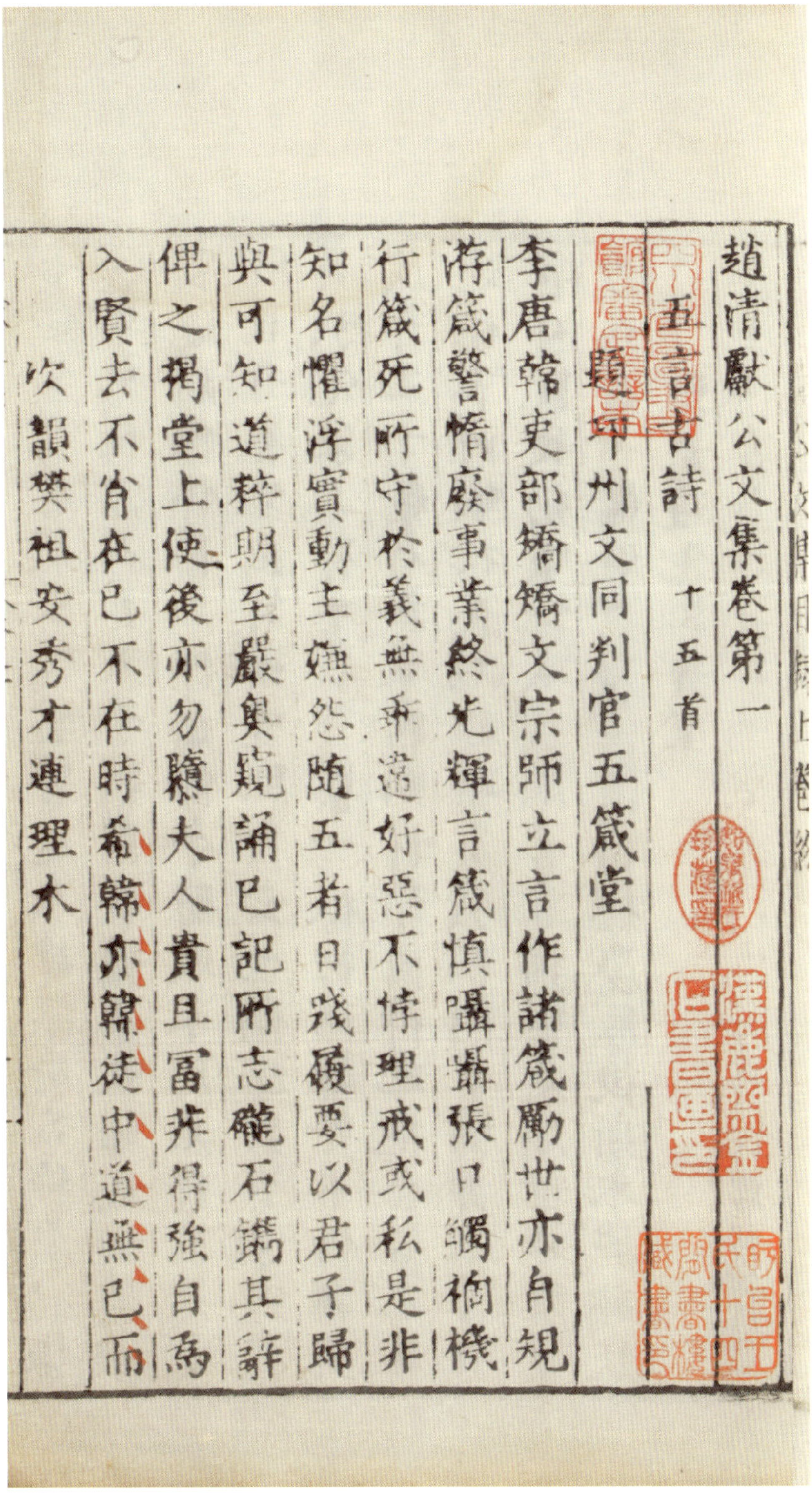
趙清獻公文集卷第一
五言古詩　十五首
題邛州文同判官五箴堂
李唐韓吏部矯矯文宗師立言作諸箴厲世亦自規
游箴警惰廢事業終光輝言箴慎囁嚅張口禍機
行箴死所守於義無乖違好惡不悖理戒忒私是非
知名懼浮實動主無怨隨五者日戕履要以君子歸
與可知道粹朗至嚴奧窺誦已記所志礲石鐫其辭
俾之揭堂上使後亦勿隳夫人貴且富非得強自為
入賢去不肖在己不在時希韓亦韓徒中道無已而
次韻樊祖安秀才連理木

0272　趙清獻公文集十卷　（宋）趙抃撰　附錄一卷

明嘉靖四十一年（1562）汪旦刻本　四冊

匡高19.4釐米，廣13.6釐米。半葉十一行，行二十字，白口，左右雙邊。

是集所輯詩、雜文五卷，奏議五卷。趙氏為官伉直不黨，有鐵面者之謂，然其詩卻頗具諧婉多姿的特點，『鐵面禦史』豐富細膩的感情，多愁善感的情調，寂寞孤獨的心境無不得以凸顯。是集以奏議為主，應是北宋政壇及政治史和文學史研究的資料之一。是集刊印俱佳。汪旦，字仲昭，福建惠安（今屬福建）人。嘉靖十四年（1535）進士。官吳縣令。

四川省圖書館藏。

0273　伊川擊壤集二十卷集外詩一卷

（宋）邵雍撰

明成化畢亨刻十六年（1480）劉尚文重修本　六冊

匡高25釐米，廣17釐米。半葉十行，行十八字，黑口，四週雙邊。

邵雍（1011—1077），字堯夫，謚號康節，河南共城（今河南輝縣）人。因其隱居共城蘇門山百源之上，潛心學問，學者稱百源先生。後半生隱居洛陽，堅辭入仕，自稱安樂先生。《宋史》卷四百二十七有傳。伊川，縣名，今屬洛陽。邵雍葬於此。邵雍從共城縣令李之才學習《周易》，之才授其『物理性命之學』，即《周易》的象數之學。邵雍在此基礎上，探頤索隱，多有體會，遂創立了自己的象數學思想體係。邵氏一生傳世的主要著作為《皇極經世》和《擊壤集》。《皇極經世》是邵雍運用他的先天象數學闡釋《周易》，旨在推演宇宙生成與變化周期的著作。《擊壤集》乃邵雍的詩歌集。南宋學者魏了翁指出『邵子平生之書，其心術之精微在《皇極經世》，其宣寄情意在《擊壤集》』。以詩言志，其創作以論理為本，以修辭為末，詩格為之大變。其詩作在南宋被稱為『邵康節體』，明人朱國楨有『佛語衍為寒山詩，儒語衍為《擊壤集》』之評。是為理學詩歌的奠基之作，理學詩派的創始人，則非其莫屬。《擊壤集》輯古風、律詩二千餘篇。邵雍門人邢恕元祐六年（1091）所作《後序》稱『其子伯溫裒類先生之詩凡若干首，先生固嘗自為序矣，又屬恕以繫其後云』。《擊壤集》應經邵雍手定，其子伯溫編類，刻成於宋哲宗（1086—1100）時。邵集後世多次重刊，此成化本則其一也。屬刊刻較早，且版印較精的版本之一。於中國理學思想史、特別是理學詩歌史研究的重要資料。畢亨，字嘉會，新城（今屬山東）人。成化十一年（1475）進士。歷官吏部主事，右副都禦史，南京工部尚書。好學多聞，耿介正直，有古大臣之風。

四川省圖書館藏。

伊川擊壤集卷之一

伊川邵雍堯夫

觀棊大吟

人有精游藝予甞觀奕棊筭餘知造化着外見幾微好勝心無已爭先意不低當人盡賓主對面如蠻夷財利激于衷喜怒見于頄生殺在于手與奪指于顧戾不殊氷炭和不侔塤箎義不及朋友情不通夫妻珠玉出懷袖龍蛇走肝脾金湯起樽俎劒戟交幈幃白晝役鬼神平地蟠蛟螭空江響雷霆陸海誅鯨鯢寒暑同舒慘昏

0274 歐陽文忠公文抄十卷

（宋）歐陽修撰 (明)茅坤評

明刻朱墨套印本　　五冊

匡高20釐米，廣14.7釐米。半葉八行，行十八字，白口，四週單邊。

歐陽修（1007—1072），字永叔，號醉翁，晚號『六一居士』，廬陵（今江西吉安）人。北宋文學家、史學家。謚文忠。歐陽修自宋真宗天聖八年（1030）入仕，至宋神宗熙寧四年（1071）致仕，歷真宗、仁宗、英宗、神宗四朝，官至樞密副使，居相位近十年。歐陽修在文學、經學、史學、乃至金石考古上的造詣都很深，著述頗富，『以文章道德爲一代宗師』（吳充《歐陽公行狀》），位列唐宋八大家之一。他的著述，尊崇者眾。傳世著作多為後人所輯集者，其輯集最爲詳允、鑑別考校最為精審者，應為南宋周必大所編訂的《歐陽文忠公集》。周本歐集遂成為後世刊印《歐集》共同採為依據的底本，流傳極廣。《歐陽文忠公文抄》所據者亦爲是本。本書選評者茅坤，字順甫，號鹿門，歸安（今浙江湖州）人。嘉靖十七年（1538）進士。累官廣西兵備僉史。茅氏於學，善古文，為明代文學『唐宋派』的代表人物之一。因其所選《唐宋八大家文抄》，不僅在當時『其書盛行海內，鄉里小兒無不知茅坤者』（《明史·茅坤傳》），且對後世影響極大。此十卷本《歐集》乃茅氏所選並評的《唐宋八大家文抄》之一，為傳世歐著較有影響的版本之一。明人有文不古，則無骨、無神之謂，茅氏乃信奉並踐行者也。歐陽修在文學上繼承中唐古文運動傳統，提倡古文，爲北宋詩文革新的領袖。他的古文創作深爲明中後期的『唐宋派』所推崇，其代表人物之一的茅坤，於歐陽氏則更是『獨愛其文，妄謂文人學士得太史公之逸者，獨歐陽子一人而已』。是集之編，是爲反對前後七子的復古主張，提倡唐宋古文。集中所選，大抵為論文、奏疏、劄子等類，多爲歐文忠之佳者，較為允當，可為學習古文之範文。本書版本為在中國雕版印製史上有著重要影響、刊印甚精的明閔刻、茅刻朱墨套印本之一，具有重要的版本價值。

四川省圖書館藏。

歐陽文忠公文抄卷一

準詔言事上書

歐公經畧已具見其概矣

月日臣脩謹昧死再拜上書于皇帝陛下臣近準詔書許臣上書言事臣學識愚淺不能廣引深遠以明治亂之原謹採當今急務條爲三弊五事以應詔書所求伏惟陛下裁擇臣聞自古王者之治天下雖有憂勤之心而不知致治之

0275　重刊嘉祐集十五卷

（宋）蘇洵撰

明弘治刻本　四冊

匡高23釐米，廣13.2釐米。半葉十行，行二十一字，黑口，四週雙邊。卷十三、十五有補配。

蘇洵（1009—1066）北宋著名文學家。字明允，號老泉，與他的兩個兒子蘇軾、蘇轍，被人稱為『三蘇』，又稱他為『老蘇』，眉山（今屬四川）人。《嘉祐集》為蘇洵詩文合集。蘇洵年二十七發奮為學，歲餘舉進士，又舉茂才異等，皆不中。歸而悉焚所為文。閉戶讀書，遂通六經百家之學，下筆頃刻數千言。他的散文，筆力雄健，古勁簡約，煉字鍛句處，二子猶有不及。曾鞏認為蘇洵之文，有指事析理，引物托喻侈能盡之約，遠能見之近，大能使之微，小能使之著，煩能不亂，肆能不流。歐陽修則更有『縱橫上下，出入馳驟，必造于深微而後止』，賈誼、劉向不能過也之評。《嘉祐集》之名，始見於晁公武《郡齋讀書志》，所題『蘇明允《嘉祐集》十五卷』，陳振孫《直齋書錄解題》、馬端臨《文獻通考・經籍考》皆從之。《嘉祐集》乃蘇洵著作之主要傳世者，於後世有較大影響。自宋季以來，輯印不斷，卷次不同，版本眾多。此十五卷本雖與宋本没有更直接的關係，卻為傳世老蘇文集影響最大之通行本。弘治本則為現存明刻老蘇文集的最早版本，版印紙墨俱佳，自有其文獻版本價值。

四川省圖書館藏。

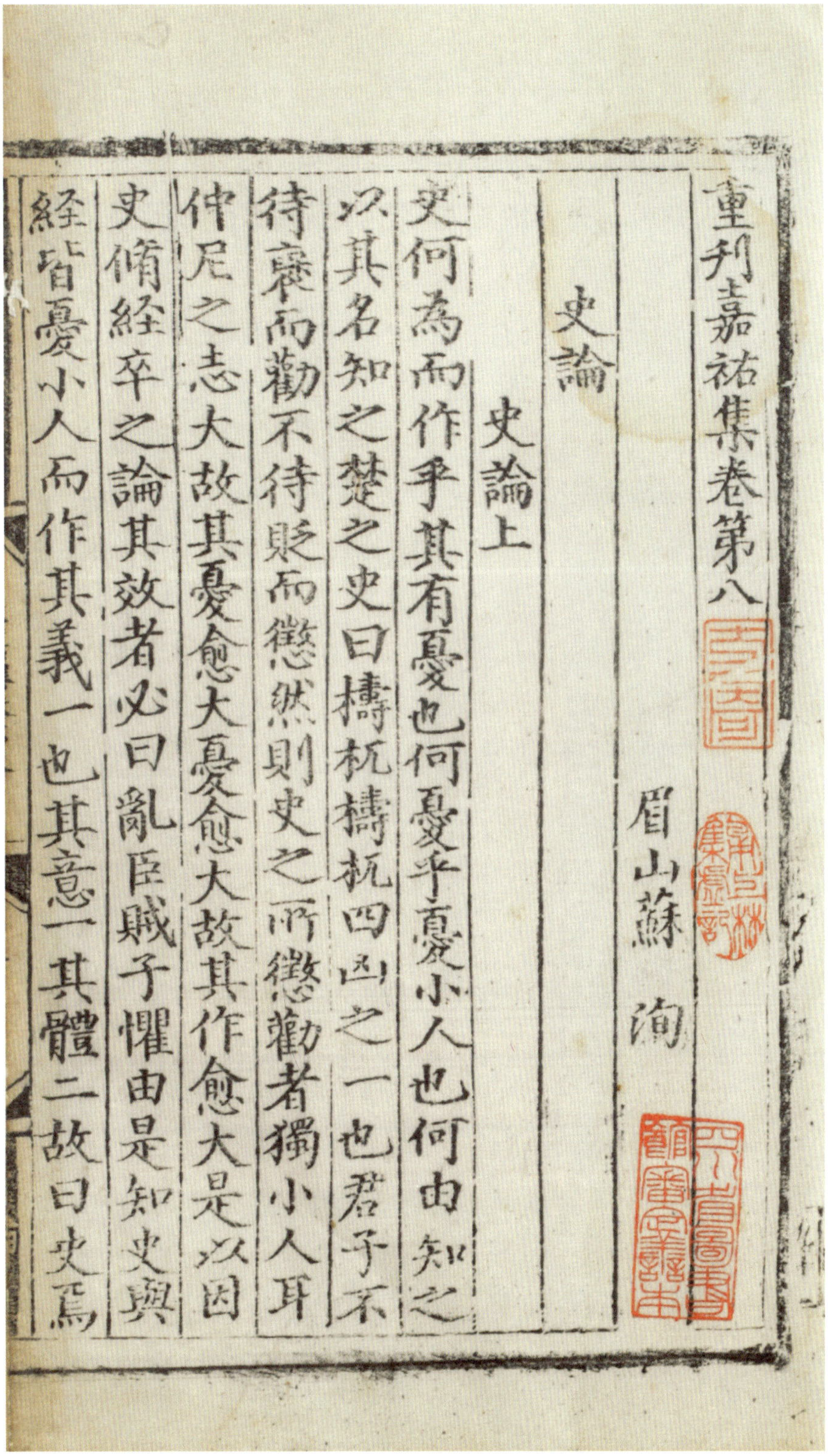
重刊嘉祐集卷第八

眉山蘇洵

史論

史論上

史何為而作乎其有憂也何憂乎憂小人也何由知之以其名知之楚之史曰檮杌檮杌四凶之一也君子不待褒而勸不待貶而懲然則史之所懲勸者獨小人耳仲尼之志大故其憂愈大憂愈大故其作愈大是以因史脩経卒之論其效者必曰亂臣賊子懼由是知史與経皆憂小人而作其義一也其意一其體二故曰史焉

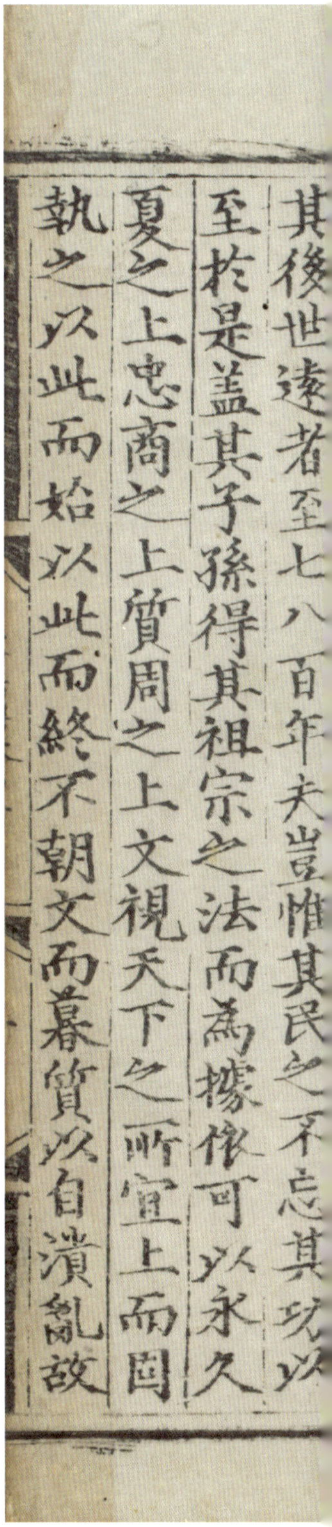
其後世遂者至七八百年夫豈惟其民之不忘其功以至於是蓋其子孫得其祖宗之法而為據依可以永久夏之上忠商之上質周之上文視天下之所宜上而固執之以此而始以此而終不朝文而暮質以自潰亂故

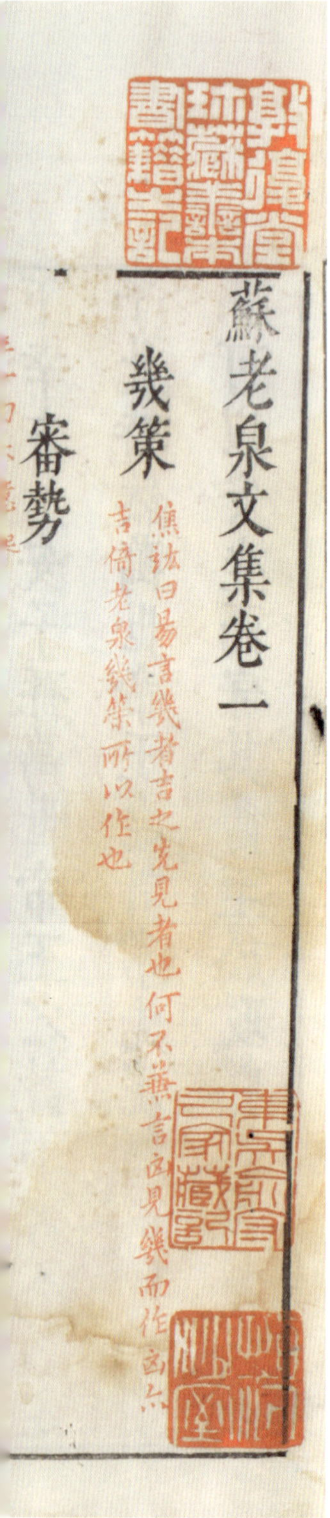

0276 蘇老泉文集十二卷蘇老泉詩集一卷

（宋）蘇洵撰 （明）茅坤 焦竑等評

明淩濛初刻朱墨套印本　七冊

匡高22釐米，廣14.5釐米。半葉八行，行十八字，白口，四週單邊。

蘇洵之文，上繼韓、歐，下為蘇軾兄弟之先引，明、清士子皆楷模之，有『共為家習而戶眇者』之謂。蘇洵著作，自宋以降，版本眾多，此其一也。是集所收，較洵集詩文最夥之十六卷本《嘉祐集》，僅略《洪範》數篇。所輯茅、焦等氏評點，當世就有『世奉為指南』之謂，亦為是編之要。編校慎審，紙墨、版刻亦佳，且為二色套印，傳世不多，其文獻價值和版本價值是明顯的。焦竑（1540—1620），字弱侯，號漪園，又號澹園，謚文憲，江寧（今江蘇南京）人。明學者、藏書家。萬曆十七年（1589）進士第一。授翰林院修撰。著述極富。

四川省圖書館藏。

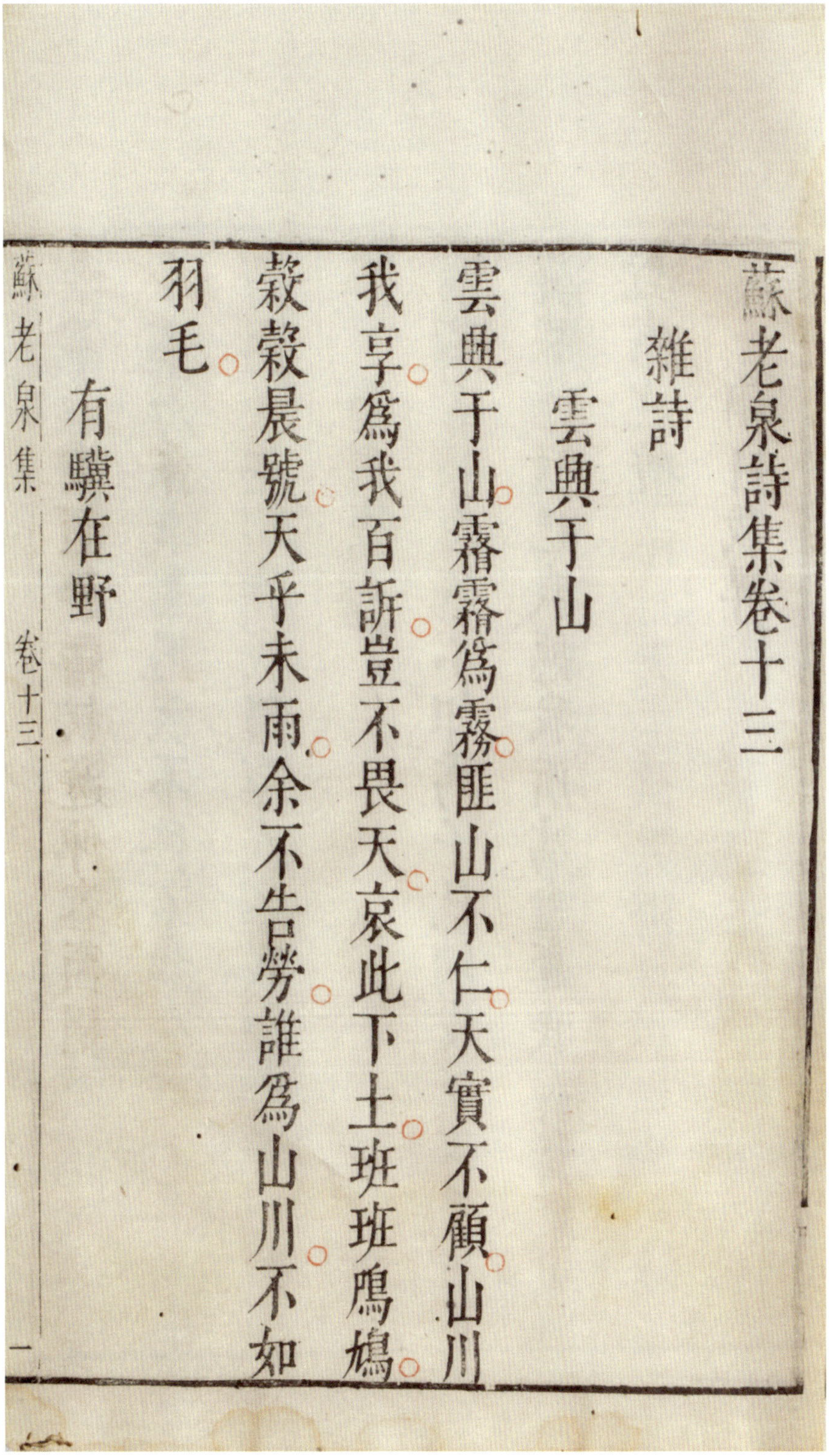

蘇老泉詩集卷十三

雜詩

雲興于山

雲興于山霿霿爲霧匪山不仁天實不顧山川我享爲我百訴豈不畏天哀此下土班班鳲鳩穀穀晨號天乎未雨余不告勞誰爲山川不如羽毛

有驥在野

蘇老泉集　卷十三　一

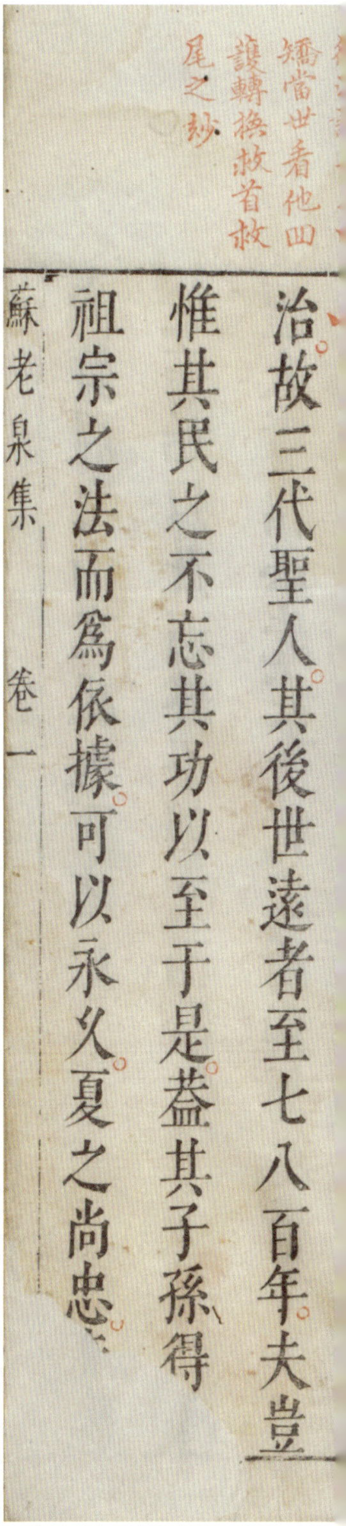

嬌當世看他四護轉換救首救尾之妙

治故三代聖人其後世遠者至七八百年夫豈惟其民之不忘其功以至于是蓋其子孫得祖宗之法而爲依據可以永久夏之尚忠

蘇老泉集　卷一

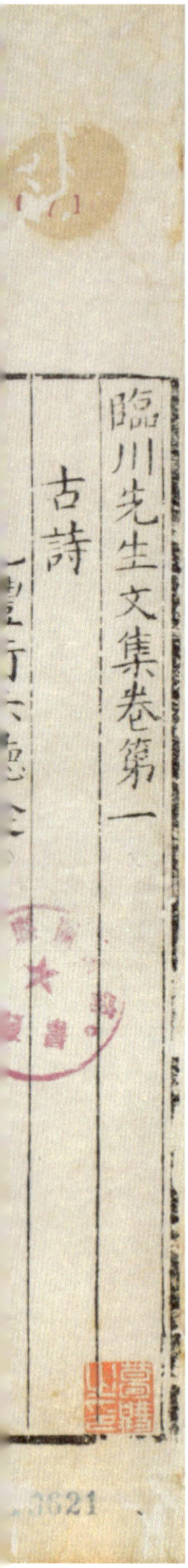

0277 臨川先生文集一百卷目錄二卷

（宋）王安石撰

明嘉靖三十九年（1560）何遷刻本　二十四冊

匡高20.4釐米，廣16釐米。半葉十二行，行二十字，白口，左右雙邊。

王安石（1021—1086），字介甫，號半山，小字獾郎，撫州臨川（今江西臨川縣）人。慶曆二年（1140）進士。他入仕極早，做地方官長達十數年之久，於時政利弊，所感至深。他在嘉祐三年（1058）曾向宋仁宗上過萬言書，申述自己的改革意見，但未被重視。宋神宗熙寧二年（1069）爲參政知事，次年，拜同中書門下平章事，遂得爲相主政，其籌劃已久的變法諸事得以實施。他積極推行青苗、均輸、市易、免役、保甲、保馬等法。因保守派的反對和用人不當，變法終於失敗，罷相。晚年退居江寧，封荊國公。王安石好學深思，讀書很多，著述甚豐。他的詩文險峭奇拔，自成一家，以政論文爲最著。他的各類小文，也都頗具深意，別具一格，於後世影響較大，位列唐宋八大家之一。王安石的詩文集是由他的門生故友編成的。宋刊傳世者，有《臨川先生文集》，爲南宋詹大和校定並於紹興十年（1140）刻印的，即所謂的『臨川本』；另有紹興二十一年（1151）安石曾孫、兩浙西路轉運司王珏刻印的《臨川王先生文集》，即所謂的『杭州本』。兩書均爲百卷本，計有詩、賦、集句等三十八卷，文六十二卷。詹刻『臨川本』今已不存，宋刊今存者，惟王刻『杭州本』的宋刻元明遞修本。王安石的詩文集，自明以來，翻刻者甚，版本衆多。然流傳最廣的爲『臨川本』系統的版本，此何遷刻本則其一也。雖有篇日龐亂、缺遺的問題，然不失爲傳世王集的最爲完備者。是集凡詩、賦、集句等三十六卷，文六十二卷，目錄二卷。編次以古詩、律詩、挽辭、集句、四言詩、賦、銘、贊、書跋、奏狀、劄子、內制、外制爲序。作爲宋代文章大家、改革家的王安石，其著述不僅在中國文學史佔有重要地位，對宋代政治史研究也是重要的資料。此本刊印較佳，爲王安石詩文集的重要版本之一。何遷（1501—1574），字益之，號吉陽，德安（今江西德安縣）人。嘉靖二十四年（1545）進士。歷官刑部侍郎。有《吉陽集》。

樂山市圖書館藏。

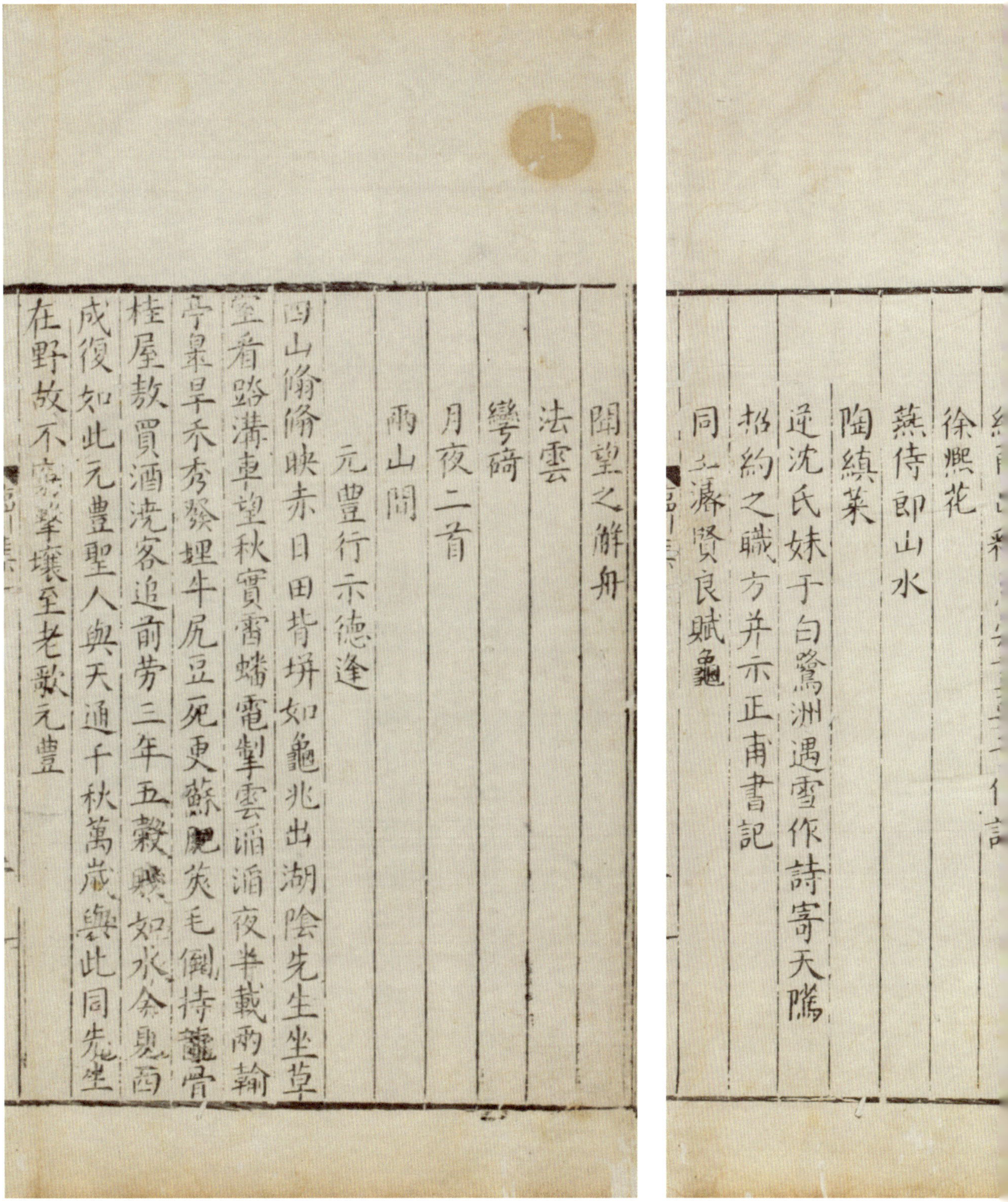
徐熙花
燕侍郎山水
陶縝菜
逆沈氏妹于白鷺洲遇雪作詩寄天隲
招約之職方并示正甫書記
同王瀑賢良賦龜
閲望之解舟
法雲
彎碕
月夜二首
兩山間
元豐行示德逢
四山翛翛映赤日田背坼如龜兆出湖陰先生坐草室看踏溝車望秋實雷蟠電掣雲滔滔夜半載雨輸亭皋旱禾秀發埋牛尻豆死更蘇肥莢毛倒持龍骨挂屋敖買酒澆客追前勞三年五穀賤如水今見西成復如此元豐聖人與天通千秋萬歲與此同先生在野故不窮擊壤至老歌元豐

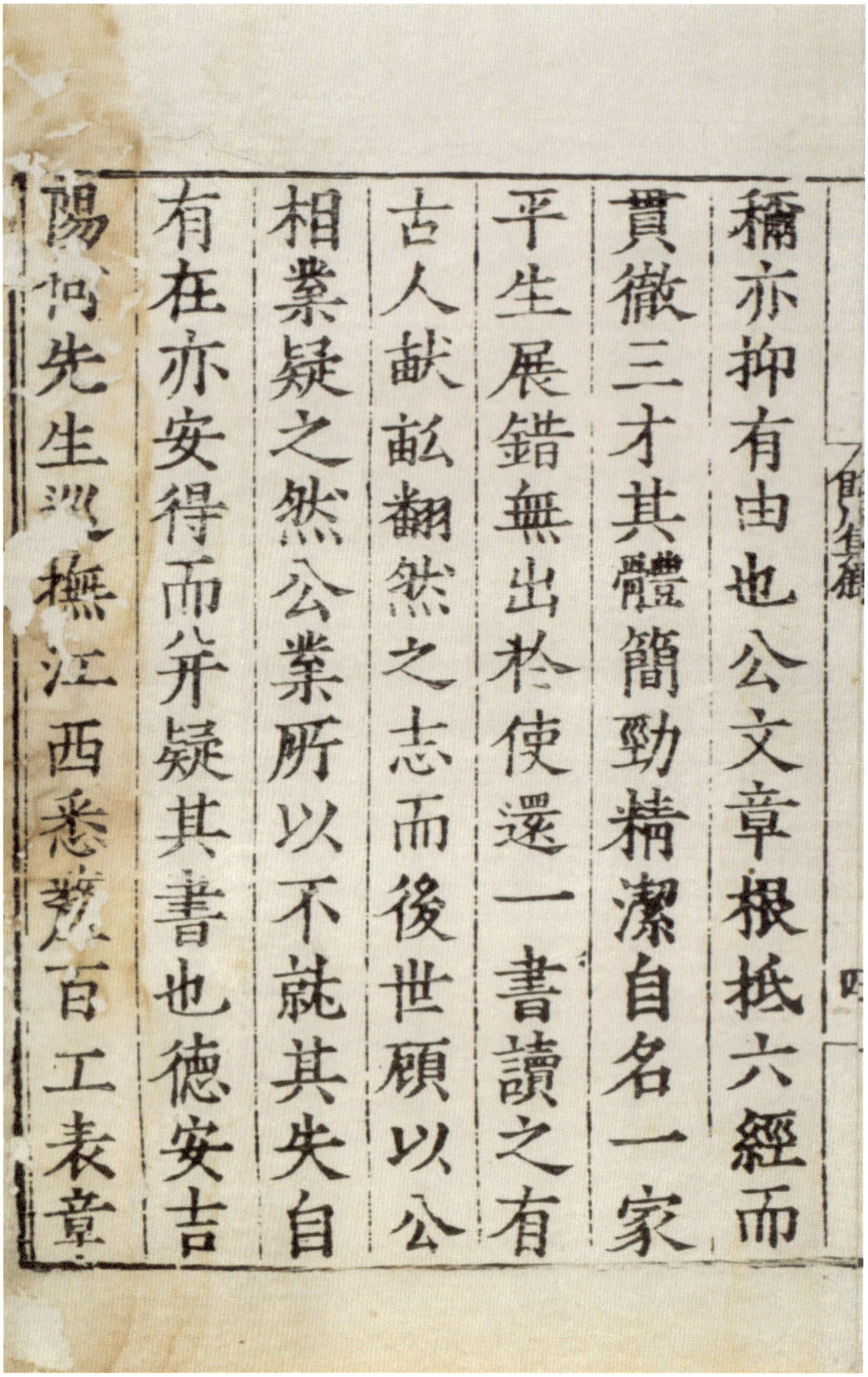
稱亦抑有由也公文章根柢六經而
貫徹三才其體簡勁精潔自名一家
平生展錯無出扵使還一書讀之有
古人畎畝翻然之志而後世顧以公
相業疑之然公業所以不就其失自
有在亦安得而并疑其書也德安吉
陽何先生巡撫江西悉蒐百工表章

0277 臨川先生文集一百卷目錄二卷

（宋）王安石撰

懿抒刻公集於撫州而命沐為序沐嘗從先生得聞天地萬物一體之學輒以此序公文且用以告後之相天下者

嘉靖三十九年四月吉

賜進士出身亞中大夫江西布政司

右叅政前奉

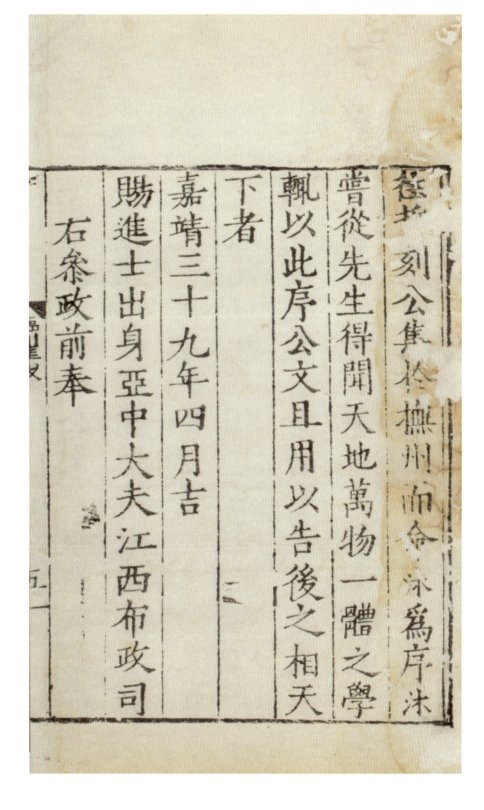

0278 蘇文忠公全集一百十二卷 （宋）蘇軾撰 東坡先生年譜一卷 （宋）王宗稷撰

明嘉靖十三年（1534）江西布政司刻本 三十冊

匡高19.5釐米，廣13釐米。半葉十行，行二十字，小字雙行同，白口，四週雙邊。

蘇軾（1036—1101），字子瞻，號東坡居士，眉山（今屬四川）人。嘉祐二年（1057）進士。《宋史》卷三百三十八有傳。蘇軾爲唐宋八大家之一。他是繼歐陽修之後，北宋古文運動的引領和宣導者。蘇軾爲文，主張辭達，反對浮豔、艱澀。他的散文比韓愈平易，比歐陽修條暢，不僅把散文的文學性、實用性、通俗性都推進了一大步，且以雄奇恣肆的特點被人稱道。人們把他和韓愈並稱，說是韓文有如潮湧，蘇文浩如大海，因而有了『蘇海韓潮』之謂。宋孝宗稱蘇軾爲『一代文章之宗』（《經進東坡文集事略》），在元明清，蘇氏的散文創作被奉爲正宗，爲我國的散文發展貢獻極大。不獨為文，蘇軾的詩和詞，以其豪放的、行雲流水般的、直抒胸臆的詩風，不僅顯示了宋詩的獨特力量，直接影響了北宋南宋之交的廣大詩人；其後的明代，公安袁宗道、袁宏道、袁中道兄弟三人、竟陵鍾惺、譚元春等大力提倡蘇詩，在他們那裏，蘇詩成瞭解脫『復古主義』、『形式主義』桎梏的武器。在書畫藝術方面，蘇軾也有很高的成就。他的書法取法於顏真卿、楊凝式兩家而又能自出新意，行、楷俱精，為宋四大書家之一；畫的方面，主神似說，尤以畫竹出名，為蘇畫的一大特色。因而他的詩、詞、文、書、畫被稱為『五絕』，在中國文學史、藝術史上有相當高的地位。南宋晁公武《郡齋讀書志》中說，蘇軾『所作文章才落筆，四海已皆傳誦』，可見蘇軾詩文在當時流佈極廣。正是因為四海傳誦的緣故，蘇軾詩詞文集刻印者眾，加之庸人書賈冒充作假，造成的亡佚羼亂，蘇軾自己就有過『世之蓄軾詩文者多矣，率真偽相半，又多為俗子所改竄，讀之，使人不平』之歎。故蘇集不僅版本眾多，且流傳的源流十分複雜和混亂。但從流傳的蘇集版本看，大體可以分為分集本與分類合編本兩大系統。《東坡七集》即分集本的代表，並在宋代已刻成傳世。明代七集本的代表則是成化四年（1468）江西吉安府守程宗刻本《東坡七集》。是為現存較早的七集本。計有：《東坡集》、《後集》、《奏議集》、《內制集》、《外制集》、《應詔集》、《續集》，另附《樂語》、《年譜》。這個刻本並非宋本嫡傳，而是明人的編輯本。其最大的特點是把宋本的《和陶詩》四卷改為《續集》，並加入了其他各集所未收的不少佚文佚詩，擴充為十二卷，可以說，這個七集本應是傳世蘇軾著作中的最為完整、影響較大的一個版本。此江西布政司刊本雖名為《蘇文忠公全集》，但從其內容和體例看，仍屬明成化四年所刻七集本系統，刊印尚佳，頗具文獻價值和版本價值。

四川師範大學圖書館藏。

西門之外馬上賦詩一篇寄之

不飲胡爲醉兀兀此心已逐歸鞍發歸人猶自念庭闈今我何以慰寂寞登高回首坡隴隔惟見烏帽出復沒苦寒念爾衣裘薄獨騎瘦馬踏殘月路人行歌居人樂僮僕怪我苦悽惻亦知人生要有別但恐歲月去飄忽寒燈相對記疇昔夜雨何時聽蕭瑟君知此意不可忘慎勿苦愛高官職嘗有夜雨對床之言故云爾

江西布政司重刊蘇文忠公全集義例

一舊本模糊及元寫差錯今有證據無疑者方填補改正凡二千餘字其無據而難明者仍舊闕疑蓋二什之一耳

一舊本每行二十字故五言詩數首聯載者混接成片而韻脚多少不倫不便觀覽今據韻分析於各首之末空白一字以別首數

一舊本於每集之首既有本集目録而逐卷之首又各加本卷目録似太重複今只詳集目而刪其卷端者

0278 蘇文忠公全集一百十二卷 （宋）蘇軾撰 東坡先生年譜一卷 （宋）王宗稷撰

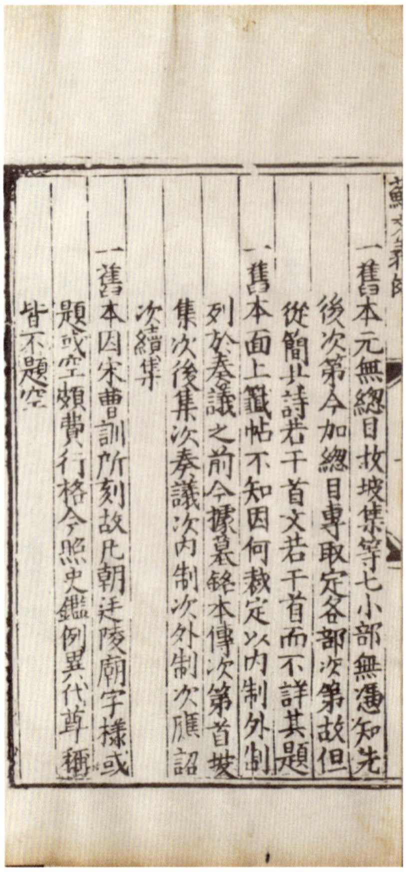

蘇文義例

一舊本元無總目故坡集等七小部無憑知先後次第今加總目專取定各部次第故但從簡共詩若干首文若干首而不詳其題

一舊本面上鐫帖不知因何裁定以內制外制列於奏議之前今據墓銘本傳次第首坡集次後集次奏議次內制次外制次應詔次續集

一舊本因宋曹訓所刻故凡朝廷陵廟字樣或題或空頗費行格今照史鑑例異代尊稱皆不題空

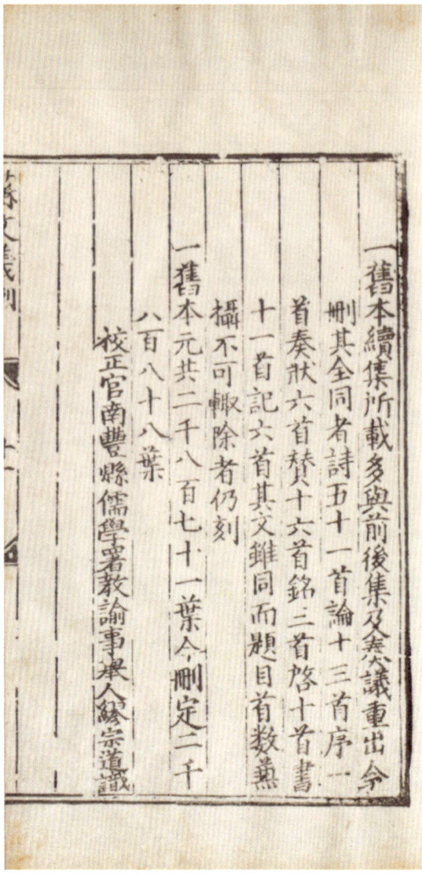

蘇文義例 十一

一舊本續集所載多與前後集及奏議重出今刪其全同者詩五十一首論十三首序一首奏狀六首贊十六首銘三首啓十首書十一首記六首其文雖同而題目首數兼攝不可輒除者仍刻

一舊本元共二千八百七十一葉今刪定二千八百八十八葉

校正官南豐縣儒學署教諭事舉人繆宗道識

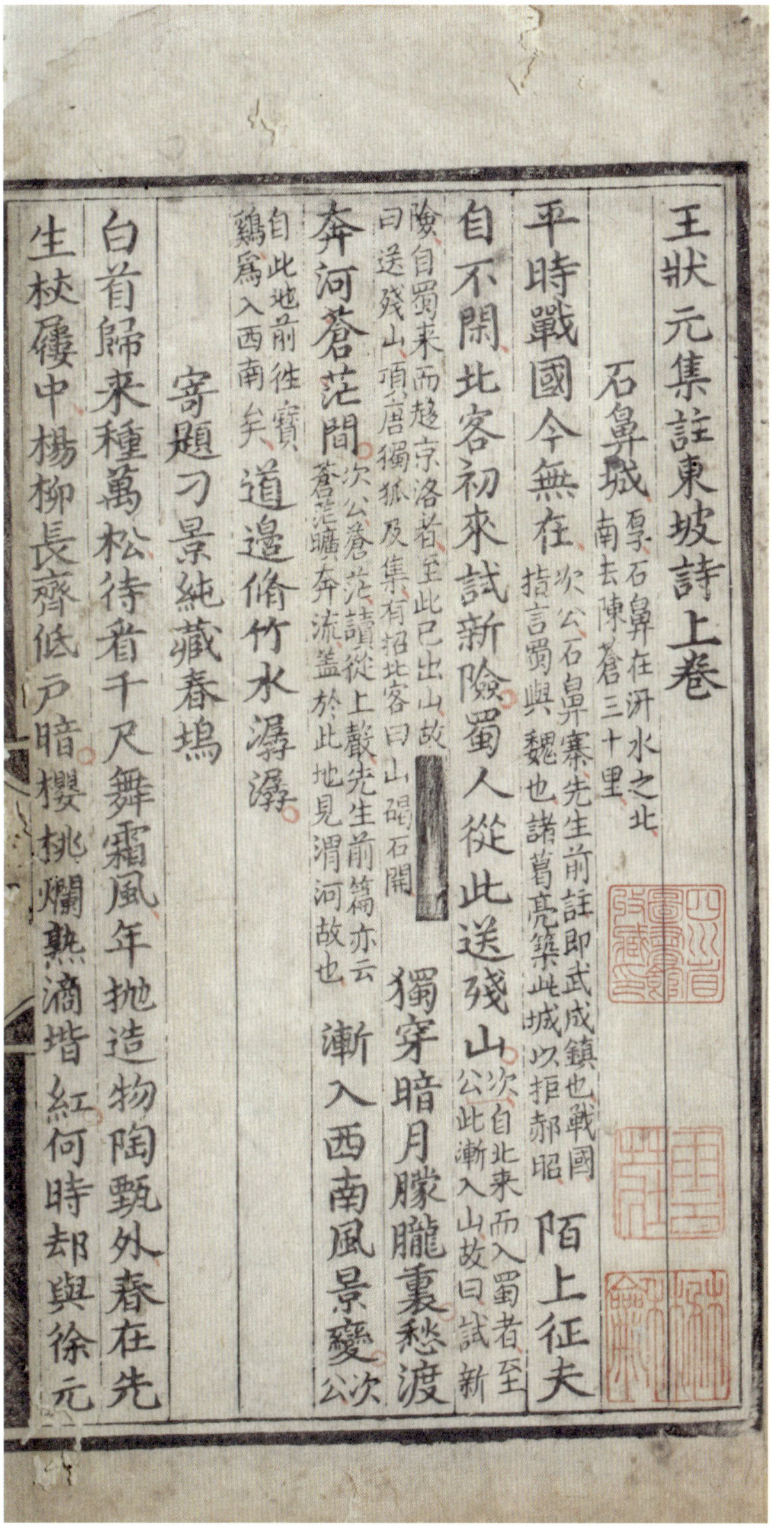

王狀元集註東坡詩上卷
石鼻城　厚石鼻在汧水之北南去陳蒼三十里
平時戰國今無在　次公石鼻寨先生前註即武成鎮也戰國指言蜀與魏也諸葛亮築此城以拒郝昭　陌上征夫
自不閑北客初來試新險蜀人從此送殘山　次自北來而入蜀者至公此漸入山故曰試新
險自蜀來而趨京洛者至此已出山故曰送殘山項唐獨孤及集有招北客曰山碣石開
獨穿暗月朦朧裏愁渡
奔河蒼茫間　次公蒼茫讀從上聲先生前篇亦云蒼茫曠奔流蓋於此地見渭河故也　漸入西南風景變　次公自此地前往寶鷄爲入西南矣　道邊脩竹水潺潺
寄題刁景純藏春塢
白首歸來種萬松待看千尺舞霜風年抛造物陶甄外春在先生杖屨中楊柳長齊低戶暗櫻桃爛熟滴堦紅何時却與徐元

0279　王狀元集註東坡詩二卷

（宋）蘇軾撰　題（宋）王十朋纂集　（明）趙克用輯

明弘治十六年（1503）趙克用刻本　二冊

匡高25釐米，廣15.5釐米。半葉十行，行二十四字，小字雙行三十字，黑口，四周雙邊。佚名批點。

王十朋（1112—1171），字龜齡，號梅溪，樂清（今屬浙江）人。紹興二十七年（1157）廷對忠鯁，高宗親擢第一。累官太子詹事，以龍圖閣學士致仕。此二卷本《王狀元集注東坡詩》爲東坡七言律詩選集。集中選詩四百五十八首，所據者當是劉辰翁批點之二十五卷本。所題王十朋集注者，當是沿用舊題。南京禮部右侍郎馬廷用序云：『南京舊有注東坡詩一帙，板行於世…總二十五卷，皆近世所罕聞者。監察御史趙君克用，一見幡然，摘取卷中七言律詩，捐資命工亟為翻刻之，以便學者。』此為蘇軾詩作之又一專體選本，為習律詩者多有俾益。其輯選者趙克用事跡及生卒年不詳，輯刻是書時爲南京監察禦史。是書版印亦佳，極為罕睹，版本價值重要。

四川省圖書館藏

所罕聞者監察御史趙君克用一見
即幡然摘取卷中七言律詩稍資命
工匠為翻刻之以便學者通得諸四
百五十八首且屬予引其端夫東坡
高才絕識卓冠一世其平生所歷
廊廟江湖登臨俯仰一屈一伸一顰
一嚬凡寒暑變化古今成敗山川流

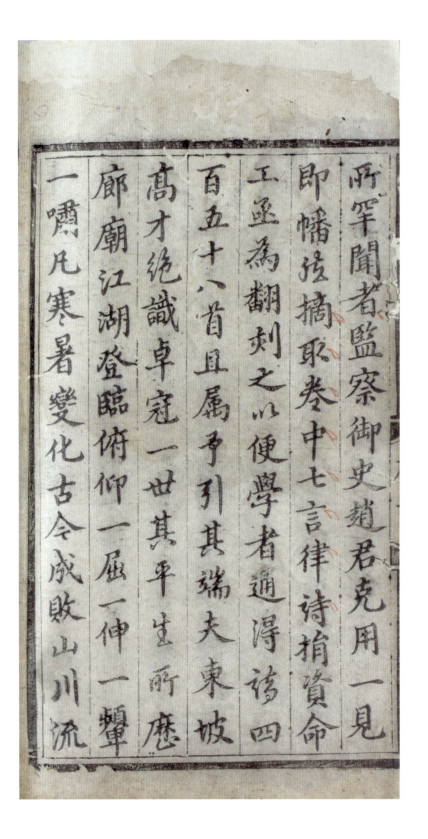

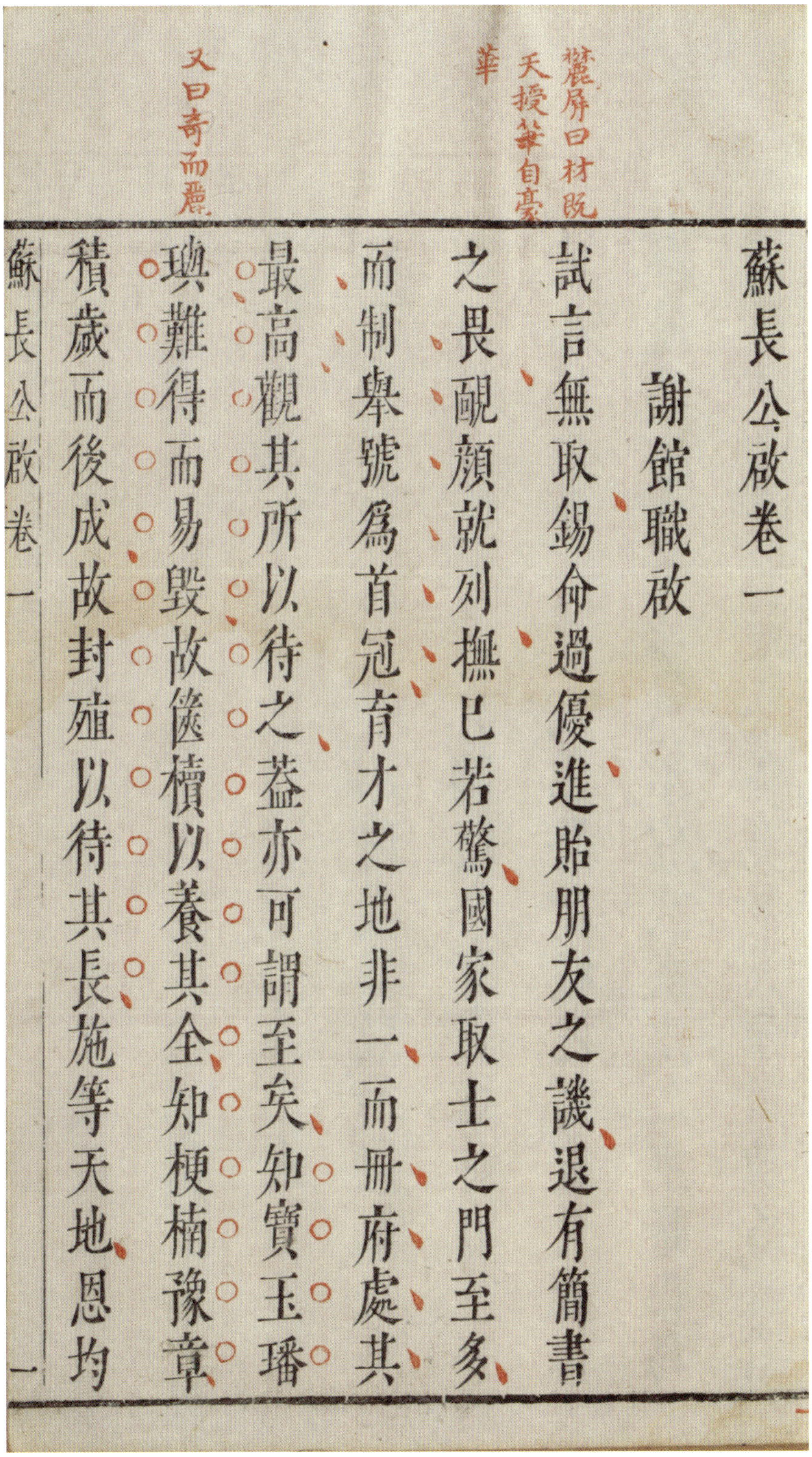

麓屏曰材既天授筆自豪華
又曰奇而麗
蘇長公啟卷一
謝館職啟
試言無取錫命過優進貽朋友之譏退有簡書
之畏靦顏就列撫巳若驚國家取士之門至多
而制舉號爲首冠育才之地非一而冊府處其
最高觀其所以待之葢亦可謂至矣知寶玉璠
璵難得而易毀故篋櫝以養其全知梗楠豫章
積歲而後成故封殖以待其長施等天地恩均
蘇長公啟卷一　一

0280　蘇長公表啟五卷　（宋）蘇軾撰　表三卷　（明）李贄等評　啟二卷　（明）錢櫝輯

明錢櫝刻朱墨套印本　五冊

匡高23釐米，廣14.5釐米。半葉八行，行十八字，白口，四週單邊。

是書乃蘇軾章奏、書信選集。蘇軾詩文，後世輯選、刊印者眾，此其一也。集中蘇文，或思考冷靜，用典精切，不失莊重典雅，卻也筆鋒犀利；或隨手拈出，信意直書，不矯飾，不做作，悲喜愛惡，發自內心，性情真實。所選尚屬精當，輯評亦為允慎。且為校定精審，刊印甚佳之明代朱墨套印本，傳世不多，自有其文獻價值和版本價值。本書輯者錢櫝，字嶽陽，浙江會稽（秦漢為吳郡屬地，故自云『吳郡』）人。萬曆八年（1580）進士，為官江西等地，以文章名。是書當刻於萬曆年間。

四川省圖書館藏。

0281 蘇長公合作八卷補二卷 （宋）蘇軾撰 （明）高啟等批點 附錄一卷 （明）鄭圭輯

明萬曆四十八年（1620）凌啟康刻三色套印本 八冊

匡高20.8釐米，廣14釐米。半葉八行，行十九字，小字雙行十七字，白口，四週單邊。

蘇文選本，自宋以來，可謂多矣，此其一也。卷一至二：賦九篇、詞一篇、記二十五篇；敘三篇；卷三：上書三篇、批答三篇、詔二篇、劄子一篇；卷四至五：表七篇、啓二篇、書一篇、疏一篇、策略三篇、策十一篇；策斷二篇；卷六至卷八：論二十篇、贊十六篇、頌六篇、偈一篇、碑四篇、銘八篇、書後四篇、雜文七篇、祭文六篇。補二卷：記九篇，敕、表、啓十二篇，上書、策問、策引、策十二篇；論、贊、偈、銘、書後八篇；雜文、傳、書牘十四篇。是書除少量宋人的評點外，基本上是一個明人選輯、明人批點、評注、考釋的蘇文選本。評者以唐荊川、李贄、茅坤、錢文登、陳繼儒等評語爲多。是集之旨，在於提倡蘇文，所謂『學蘇不合，弊甚於學韓，毋令長公歎我拙也』，以反對明代文壇自『正、嘉以來，文習沿陋名一家者』的現象，這應是申張明後期文壇『唐宋派』主張的一個蘇集選本，輯選者自是派中之人了。入選者多爲蘇文中的名篇，其注評頗詳。應是明人研習蘇文的著作之一，對今人於蘇文的學習或可參酌。凌啓康，字安國，又字天放，號且庵主人，明吳興（今屬江蘇）人。《附錄》為《蘇長公本傳》、《宋孝宗題蘇文忠文集贊》、《宋孝宗賜蘇文忠曾孫嶠誥詞》三篇和批點、評選、考釋、校閱姓氏。

四川省圖書館藏。

本

逍遥篇列子御
風而行冷然善
也

陳眉公曰述樂
景斐斐疊疊令
人心豁

月在水中謂空

窈窕之章少焉月出於東山之上徘徊於斗牛之
間白露橫江水光接天縱一葦之所如凌萬頃之
茫然浩浩乎如馮虚御風而不知其所止飄飄乎
如遺世獨立羽化而登仙於是飲酒樂甚扣舷而

自古譚黄老未
有如此暢且切
者大有關係之
文

茅鹿門曰通篇
以私錢爲案以
爲民祈福爲幟
此等應制文不
得不如此

蔡邕獨斷漢承
秦法群臣上書
但昧死言

蘇長公合作補上

上清儲祥宮記

元祐六年六月丙午制詔臣軾上清儲祥宮成當
書其書之右臣軾拜手稽首言曰臣以書命待罪
北門記事之成職也然臣愚不知宮之所以廢興
與凡材用之所從出敢昧死請乃命有司具其事
以詔臣軾始太宗皇帝以聖文神武佑太祖定天
下既即位盡以太祖所賜金帛作上清宮朝陽門

先爲總提記事大意

始興

始興材用從出

0282 蘇文六卷

（宋）蘇軾撰　（明）茅坤等評

明烏程閔爾容刻三色套印本　六冊

匡高20釐米，廣14.4釐米。半葉九行，行十九字，白口，四週單邊。

蘇軾著作選本。所選者，論、記、策略、策斷、上書、序、碑、賦、雜文等，共九十一篇。這是一個較爲簡略的選本，茅氏有《唐宋八大家文鈔》風行海內外，影響甚廣，『然覽者不無浩夥之歎。余友閔爾容複取而綜核之，批評以豐寰爲宗，間采鹿門附焉』（《沈閶章序》）。這是一個較爲簡略的選本，所據者當是茅氏的《文鈔》。此《蘇文》的編輯者應是閔爾容。所云『豐寰錢先生』者，應是錢文登，其事蹟不詳。雖爲宗者，然細審書中批點，仍以茅坤評點爲多。是集有考訂較爲嚴確的特點，而非泛選之本；評點亦爲簡略切要；刊印精審，朱墨燦然，爲套印本之佳者也。閔爾容者，應爲明吳興閔氏家族中人，其生活的時代應是萬曆時期，事蹟不詳。

四川省圖書館藏。

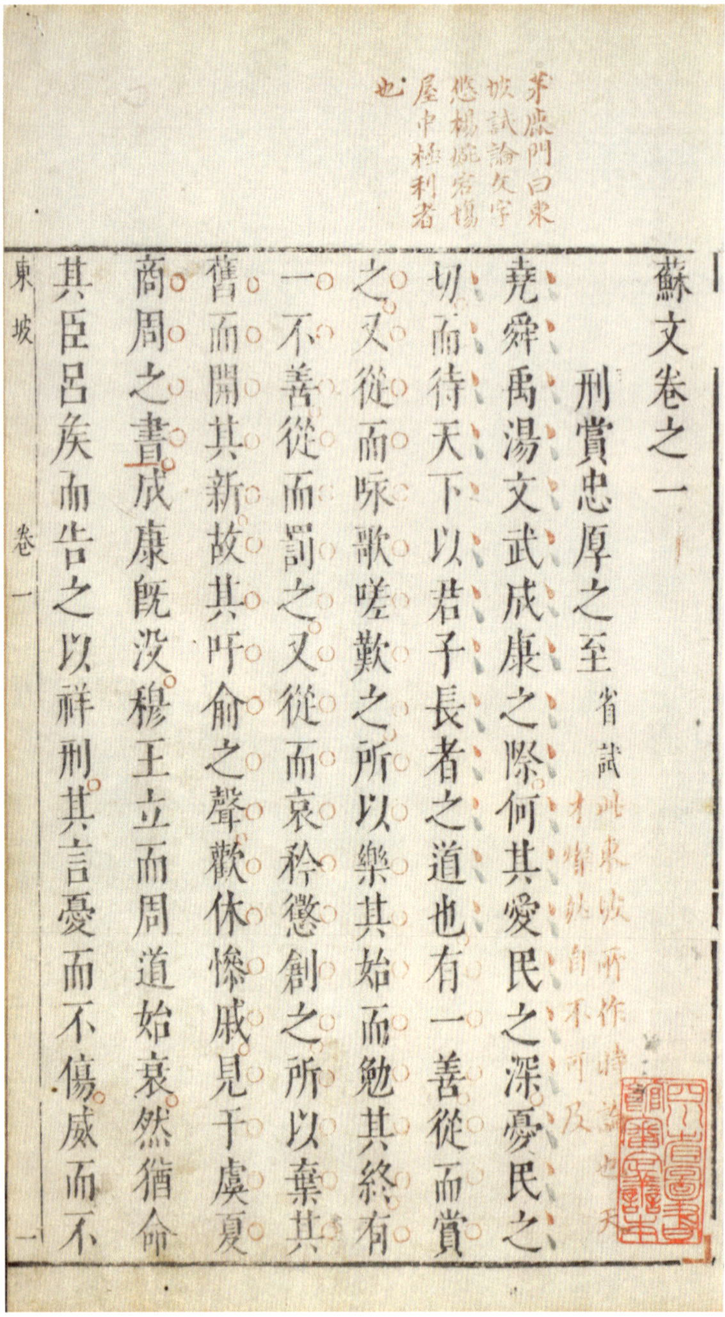
茅鹿門曰東坡試論文字悠揚婉宕場屋中極利者也

蘇文卷之一

刑賞忠厚之至　省試

堯舜禹湯文武成康之際何其愛民之深憂民之切而待天下以君子長者之道也有一善從而賞之又從而咏歌嗟歎之所以樂其始而勉其終有一不善從而罰之又從而哀矜懲創之所以棄其舊而開其新故其吁俞之聲歡休慘戚見于虞夏商周之書成康既没穆王立而周道始衰然猶命其臣呂侯而告之以祥刑其言憂而不傷威而不

東坡　卷一　一

0283 蘇長公小品四卷

（宋）蘇軾撰 （明）王納諫輯並評

明凌啟康刻朱墨套印本 三冊

匡高20.8釐米，廣14.4釐米。半葉八行，行十九字，白口，四週單邊。

王納諫，字聖俞，江都（今屬江蘇）人。萬曆三十五年（1607）進士。（雍正）《江都縣志》卷十四人物志有傳。是書卷一賦二篇、序二篇、記七篇、傳一篇、啟二通、策問五篇。卷二尺牘三十通、頌三篇、偈五篇、贊七篇。卷三銘十一篇、評史九篇、雜著八篇、題跋七篇。卷四題跋四十七篇、詞一首、雜記三十篇。凌啟康序云：『是乃聖俞所以評，二古生張氏鐫之，予讀而好，好而再鐫，鐫而哀所評，而加之丹鉛也。』按：啟康，字安國，又字天放，號且庵主人。此凌啟康刻朱墨套印本，刊印俱佳，乃習蘇氏小品文之較佳選本。

四川大學圖書館藏。

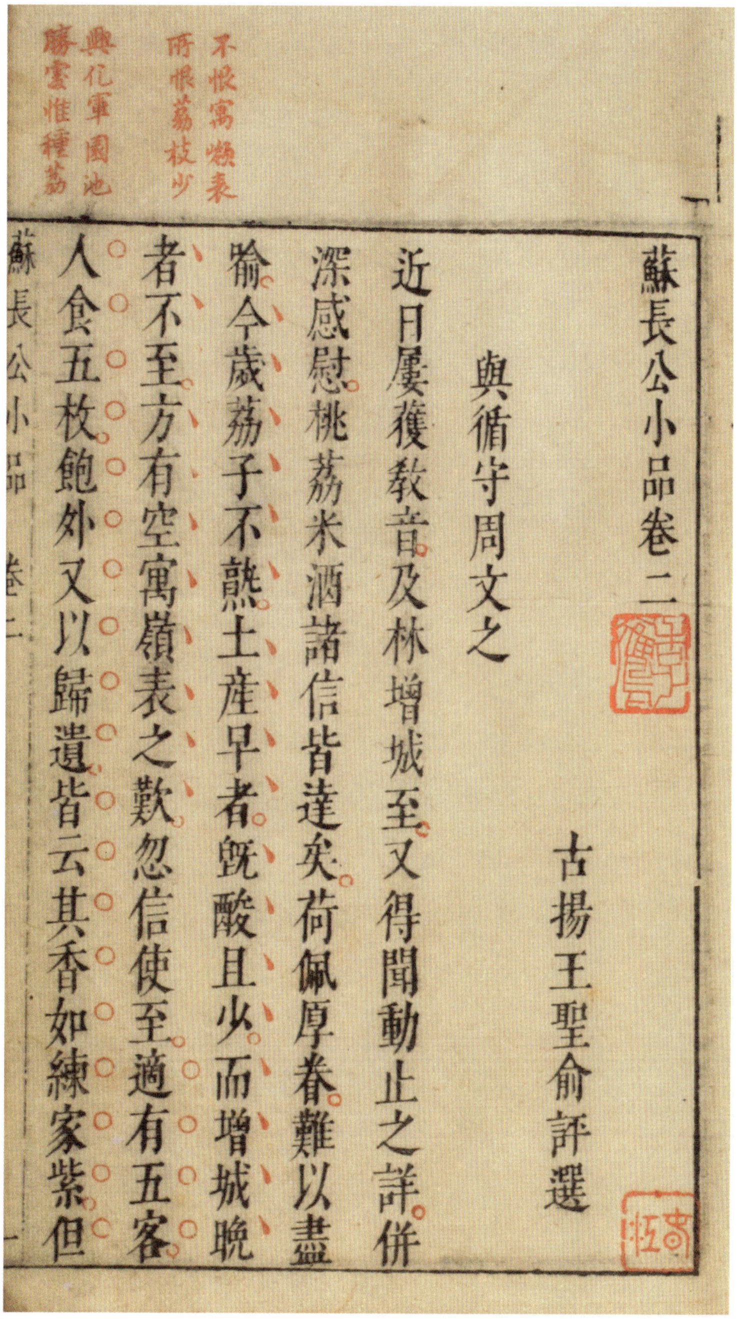
不恨寓嶺表
所恨荔枝少
興化軍園池
勝處惟種荔

蘇長公小品卷二

古揚王聖俞評選

與循守周文之

近日屢獲教音及林增城至又得聞動止之詳併
深感慰桃荔米酒諸信皆達矣荷佩厚眷難以盡
喻今歲荔子不熟土產早者既酸且少而增城晚
者不至方有空寓嶺表之歎忽信使至適有五客
人食五枚飽外又以歸遺皆云其香如練家紫但

蘇長公小品 卷二 一

（宋）蘇軾撰 （明）王訥諫輯並評

精華迸溢熀熀煜煜如百千日淮南子得意文字略可擬之

李龍眠善畫而壽說者謂

大還丹訣

凡物皆有英華軼於形器之外爲人所喜者皆其華也形自若也而不見可喜其華亡也作而爲聲發而爲光流而爲味蓄而爲力浮而爲膏者皆其華也吾有了然常知者存乎其內而不物於物則此六華者苟與吾接必爲吾所取非取之也此了然常知者與是六華者蓋嘗合而生我矣我生之初其所安在此了然常知者苟存乎中則必與是

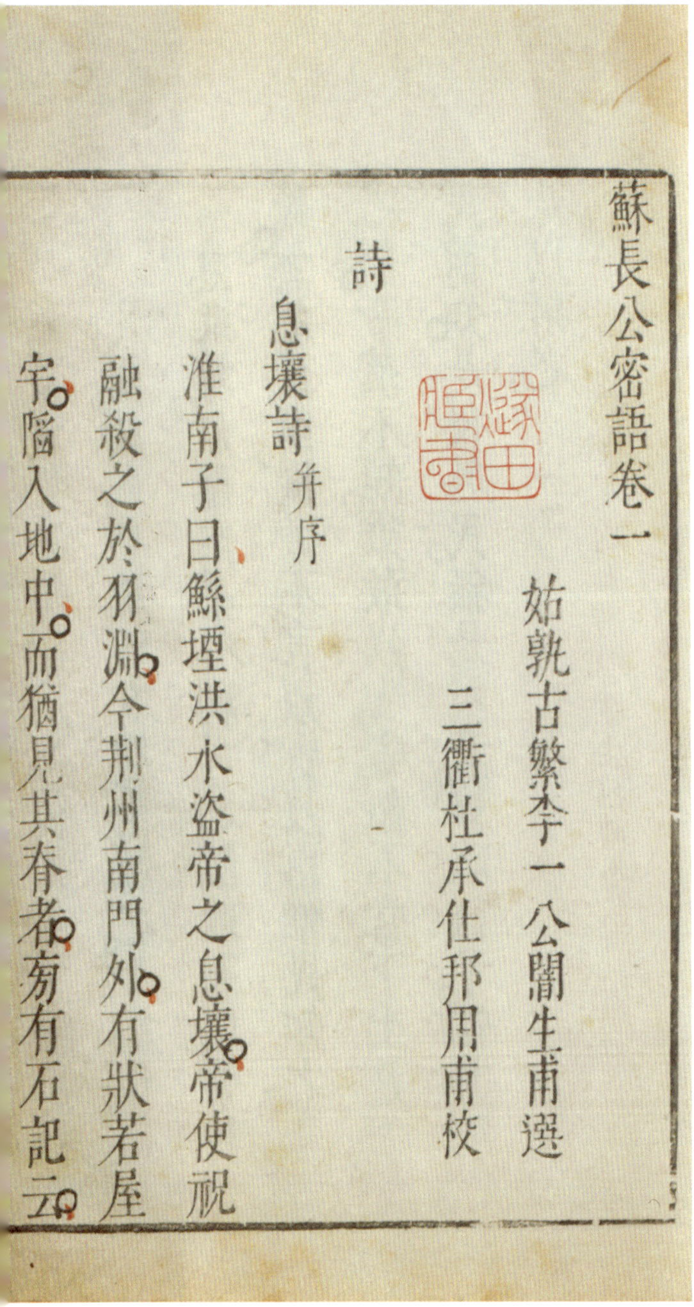

蘇長公密語卷一

詩
息壤詩并序
淮南子曰鯀堙洪水盜帝之息壤帝使祝
融殺之於羽淵今荊州南門外有狀若屋
宇陷入地中而猶見其脊者旁有石記云

0284 蘇長公密語十六卷　（宋）蘇軾撰　（明）李一公輯　首一卷

明天啟元年(1621)刻朱墨套印本　八冊

匡高20.7釐米，廣14.2釐米。半葉八行，行十九字，白口，四週單邊。

蘇軾作品集。據《東坡密語引》云：所選者，『略其論、策、奏、疏諸文之顯易窺者，而獨取，頌、偈、銘、贊、記、傳諸文之最沈密者』，然入選者還有詩、賦、序等類文體。其首卷爲本傳、像贊、自評文等。各卷首頁次行刊『姑孰古繁李一公闇生選，三衢杜承仕邦用甫校』。書首《東坡密語引》末無撰者署名，然於版心上端刊有『李敘』二字，或即李一公所撰者，不確定。然序中有『余家謫仙』之語，通過李、蘇互證，二人不僅『性習頗有相似焉』，故有『四同』之謂，更有『嬉笑怒罵，莫非文章，則長公與謫仙無不同』之論。至是，撰敘者爲李姓應是無疑。《東坡密語》輯編者當是撰敘之人了。此部《東坡密語》爲白紙印本，然館藏另一部黃紙印本的《東坡密語》所題者爲『新安後學吳京省之甫纂輯』，其吳用先《序坡仙密語》稱是書的輯者爲吳京，似爲兩書，然細加比較，兩書卷秩內容完全相同，不同的兩個編輯者，編出從書名、內容、卷帙別無二致的一部書來，這應是不可能的；細審二書，實爲同一版本，惟其版次不同，具體而言，應是白先黃後。故兩書實爲一書。至於所題輯編者各異的問題，孰是孰非？因李、吳二人的資料無從查找，故無定論。今依原書所題，暫作兩書，分別著錄。

四川省圖書館藏。

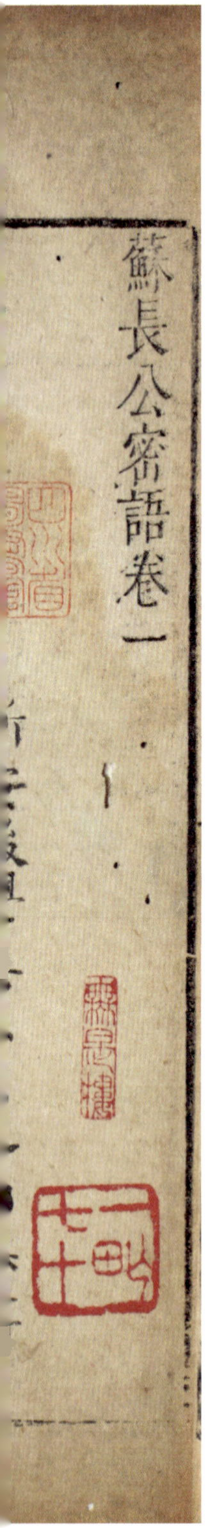

0285　蘇長公密語十六卷　（宋）蘇軾撰　（明）吳京輯

明天啟四年（1624）刻朱墨套印本　八冊

匡高20.7釐米，廣14釐米。半葉八行，行十九字，白口，四週單邊。有『安止堂選□□批評東坡密語』、『思誠齋週心吾允客』牌記。

蘇軾作品選集。卷二、四、十、十二等卷次行題『新安後學吳京省之甫纂輯』。關於吳京，本書吳用先序云：『自辛酉（天啓元年）以來，寄跡白下，予家小阮省之，嘗從予遊。予器重其人不能舍……而藏書處顏其居曰「安止堂」』，餘皆不詳。所輯為詩、賦、銘、頌、偈、贊、序、記等。蓋因『著韻而成趣，或致微而近幽，或摹寫而成景，或濃或淡，或近或遠……其神之所至，窮萬道而曜三靈，變化不可名狀……此密諦真種子也。』不似論策奏疏諸文，或束於功令，其顯易見，則其神不全，故有是輯。所評者，多為鐘惺、王訥諫（聖俞）語也。此明人所輯之二色套印本《東坡密語》，傳世不多。卷二目錄，佚其一頁，李一氓先生以明紙補配。此部《東坡密語》爲黃紙所印，館藏另有一部《東坡密語》爲白紙印本。兩部《密語》爲同一版本，惟印次不同。白紙本爲早印者，所題爲『天啓元年朱墨套印本』；黃紙印本，據吳用先序所題爲『天啓四年朱墨套印本』。這兩個刻印時間似可成立，然兩書所題輯者則各不相同：黃紙本題『新安後學吳京省之甫纂輯』；白紙本題『姑孰古繁李一公闇生甫選，三衢杜承仕邦用甫校』。然吳、李二人資料俱無從查考，孰是孰非，暫無定論。

四川省圖書館藏。

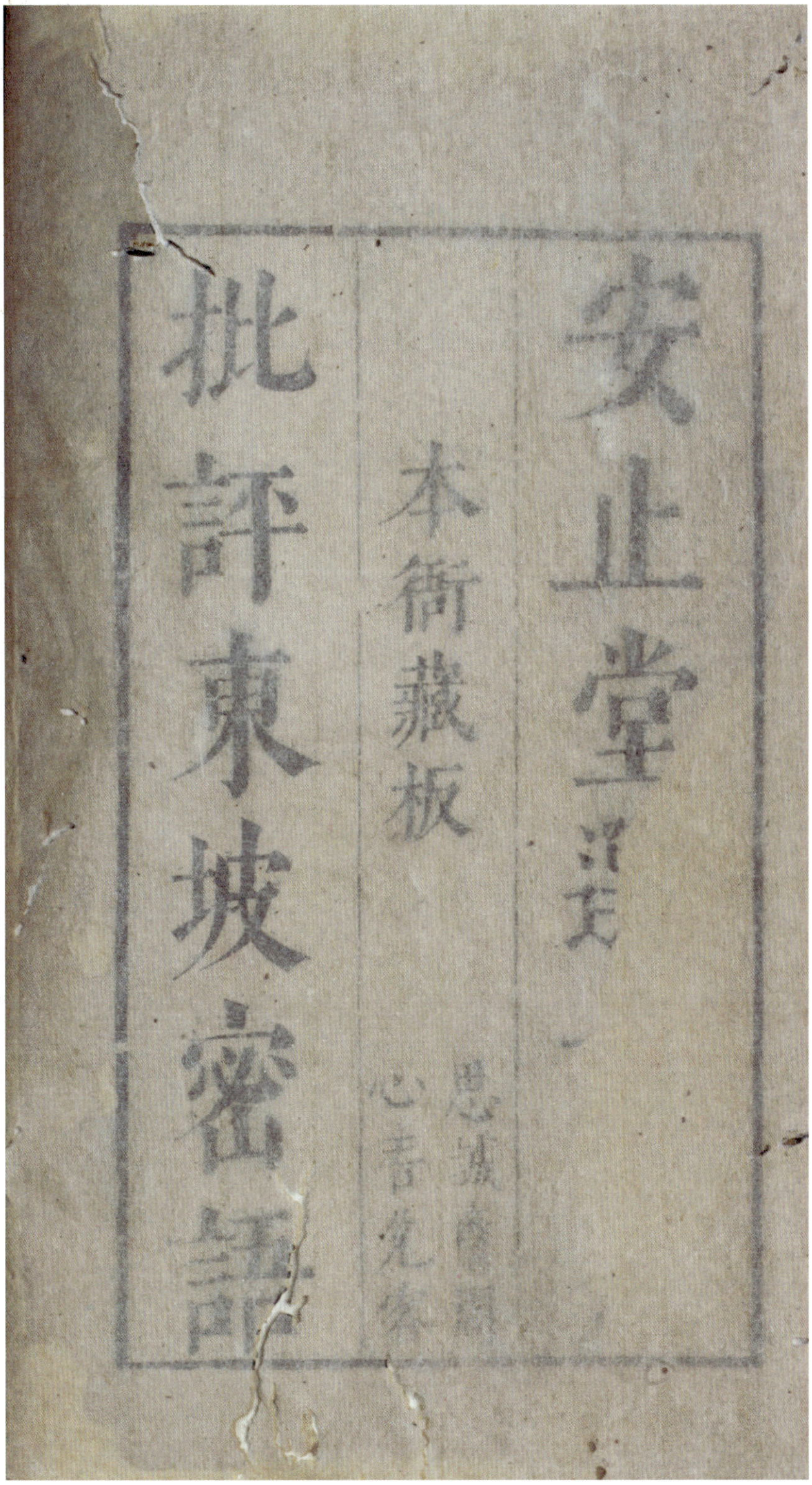
安止堂
本衙藏板
批評東坡密語

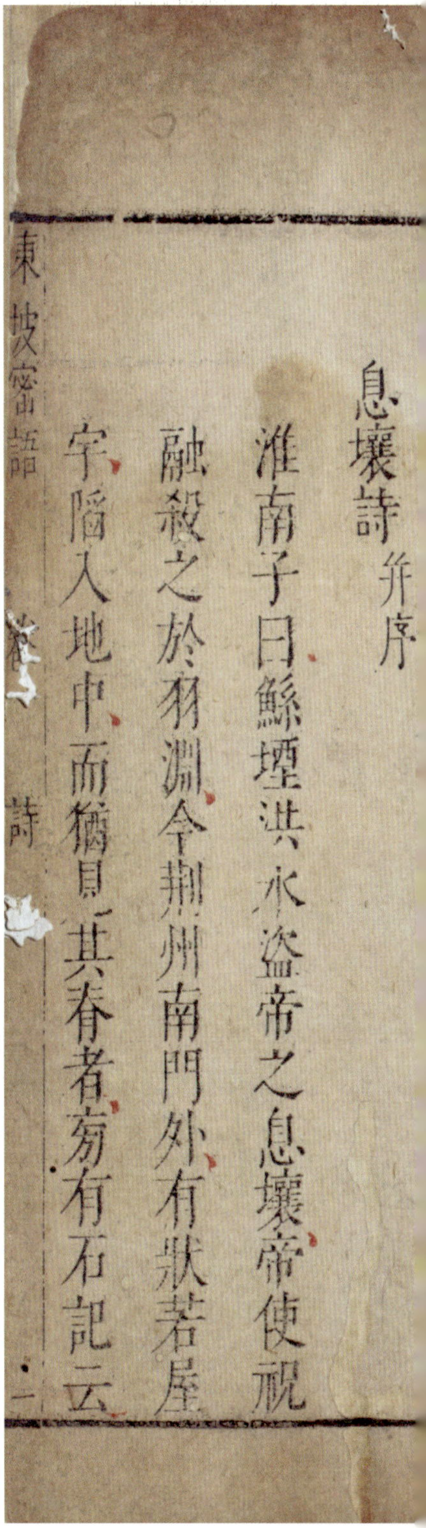
東坡密語 卷 詩 一

息壤詩 并序

淮南子曰鯀堙洪水盜帝之息壤帝使祝融殺之於羽淵今荆州南門外有狀若屋宇陷入地中而猶見其舂者旁有石記云

0286 欒城集五十卷目錄二卷後集二十四卷三集十卷

（宋）蘇轍撰

明活字本　四十八冊

匡高19釐米，廣14釐米。半葉十行，行二十字，白口，四週單邊。

蘇轍（1039—1112），字子由，一字同叔，晚號潁濱遺老，四川眉山人。蘇轍早慧而好學，十九歲時，便與其兄蘇軾同登嘉祐二年（1057）進士。入仕極早，官至尚書右丞、門下侍郎。然因反對新法、蘇軾文字獄等的影響，而屢遭罷貶。辭官後，隱居許州（今許昌），自號潁濱遺老。蘇轍一生著述甚富，有《欒城集》、《欒城後集》、《欒城三集》、《應詔集》、《詩集傳》、《春秋集解》、《孟子解》、《論語拾遺》、《古史》、《龍川志略》等。其散文極具特色，蘇軾認爲，蘇轍『其爲人，深不願人知之；其文如其爲人，故汪洋澹泊，有一唱三歎之聲，而其秀傑之氣，終不可沒』（《答張文潛書》）。他的史論《六國論》、《三國論》頗具朝氣和銳氣；而《上樞密朝太尉書》、《黃州快哉亭記》、《武昌九曲亭記》等，基本上反映了蘇轍作品的高度成就，在散文史上極具影響。就其文學成就而言，蘇轍雖不及其父兄，然其作品、聲望對北宋古文運動的貢獻，是無愧於唐宋八大家之名的。《欒城集》為蘇轍詩文合集。此八十六卷本，屬無《應詔集》本，蘇轍所有的詩賦文章及論學、論事之作基本都包括在內了。是集應為蘇轍研究最為主要的資料，對瞭解和研究北宋文壇及文學運動都是重要的資料，其文獻價值顯而易見。《欒城集》，宋、元、明、清各代均有刊印者，傳世版本較多。是本《欒城集》為以活字擺印者，較為精審，所據底本應為嘉靖間的蜀藩刻本。現存古籍中，明代的活字印本，傳世不多，已屬稀見。其版本價值重要。

四川省圖書館藏。

欒城集卷第一

詩五十三首

郭綸 綸本河西弓箭手屢戰有功不賞自黎州都監官滿貧不能歸權嘉州監稅

郭綸本蕃種騎鬬雄西戎流落初無罪因循遂龍鍾嘉州已經歲見我涕無窮自言將家子少小學彎弓長遇西鄙亂走馬救邊烽手挑丈八矛所往如投空平生事苦戰數與大冦逢昔在定川寨賊來如群蜂萬騎擁酋帥自謂白相公揮兵取其元糢糊腥血紅戰勝士氣振越敵如旋風蚩蚩氈裘將不信勇且忠遥語相勸誘一矢摧厥胷短兵接死地日落沙塵蒙

0287 斜川集十卷

（宋）蘇過撰

清抄本　一册

半葉十二行，行二十一字，白口。

蘇過（1072—1123），字叔黨，眉州眉山（今屬四川）人。蘇軾第三子。元祐六年（1091），以『以詩賦解兩浙路』，名噪一時。元祐七年（1092）以蔭任右承務郎。歷通判中山府。軾遭謫貶遷徙，皆奉侍左右，『凡生理晝夜寒暑所需者，一身百爲，不知其難』（《宋史》本傳）。軾卒常州，葬軾於汝州郟城小峨眉山，遂家潁昌，營湖陰水竹數畝，名曰『小斜川』，自號『斜川居士』。蘇過工詩文，善書畫，頗有父風，時稱『小坡』。軾之三子（邁、迨、過）『俱善爲文』，而以蘇過最有才華，蓋因其始終隨侍其父蘇軾左右，受蘇軾的薰陶也最深，因而對蘇過的文學創作影響最大。蘇轍有『吾兄遠居海上，惟成就此兒能文也』（《宋史》本傳）。故有『蘇氏三虎，季虎最怒』之譽。蘇軾的文章縱橫恣肆，氣勢磅礴，情致綿密，蘇過的文學成就雖不能同蘇軾相比，但其詩賦和部分散文，如《書〈張騫傳〉後》、《伏波將軍廟碑》、《論海南黎事書》、《颶風賦》、《思子台賦》等，也具有這樣的特點。（曾棗莊《斜川集校注·前言》）。《斜川集》爲蘇過的存世著作，也是研究蘇過的最主要資料。關於《斜川集》，《宋史》本傳云：『（蘇過）有《斜川集》二十卷。』《宋史·藝文志》則著錄『蘇過《斜川集》十卷』。兩相牴牾；晁說之《宋故通直郎眉山蘇叔党墓誌銘》也云『二十卷』。陳振孫《直齋書錄解題》、馬端臨《文獻通考·經籍考》，均作十卷。二十卷者，蓋從《墓誌銘》；陳馬二書成於南宋以後，時流通者應是十卷本也。因此，《斜川集》的初編者應是二十卷，至南宋有所散佚，始為十卷。《斜川集》十卷本，宋元明諸代均無刊本傳世，清代四庫館臣周永年從《永樂大典》中輯出蘇過詩文三百五十五篇，除重出的三篇，實爲三百五十二篇，編成六卷；嘉慶間，《全唐文》總纂官法式善又從《永樂大典》中輯得蘇過詩文六十八篇，釐爲二卷，鮑廷博將其散置於各卷之後，刻入叢書，成爲蘇過著作的一個較爲完整的版本。此十卷本《斜川集》爲蘇過詩集，分爲歌行、七古、五古、七律、七絕等部分。抄本字跡美觀，具有文獻和版本價值。

四川師範大學圖書館藏。

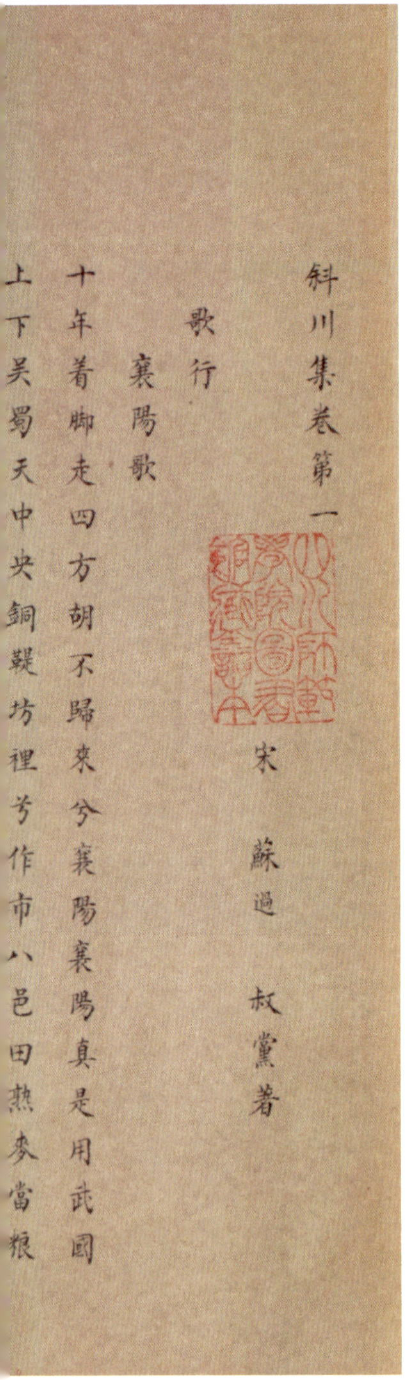

斜川集卷第一
宋　蘇過　叔黨著
歌行
襄陽歌
十年着脚走四方胡不歸來兮襄陽襄陽真是用武國
上下吳蜀天中央銅鞮坊裡爭作市八邑田熟麥當粮

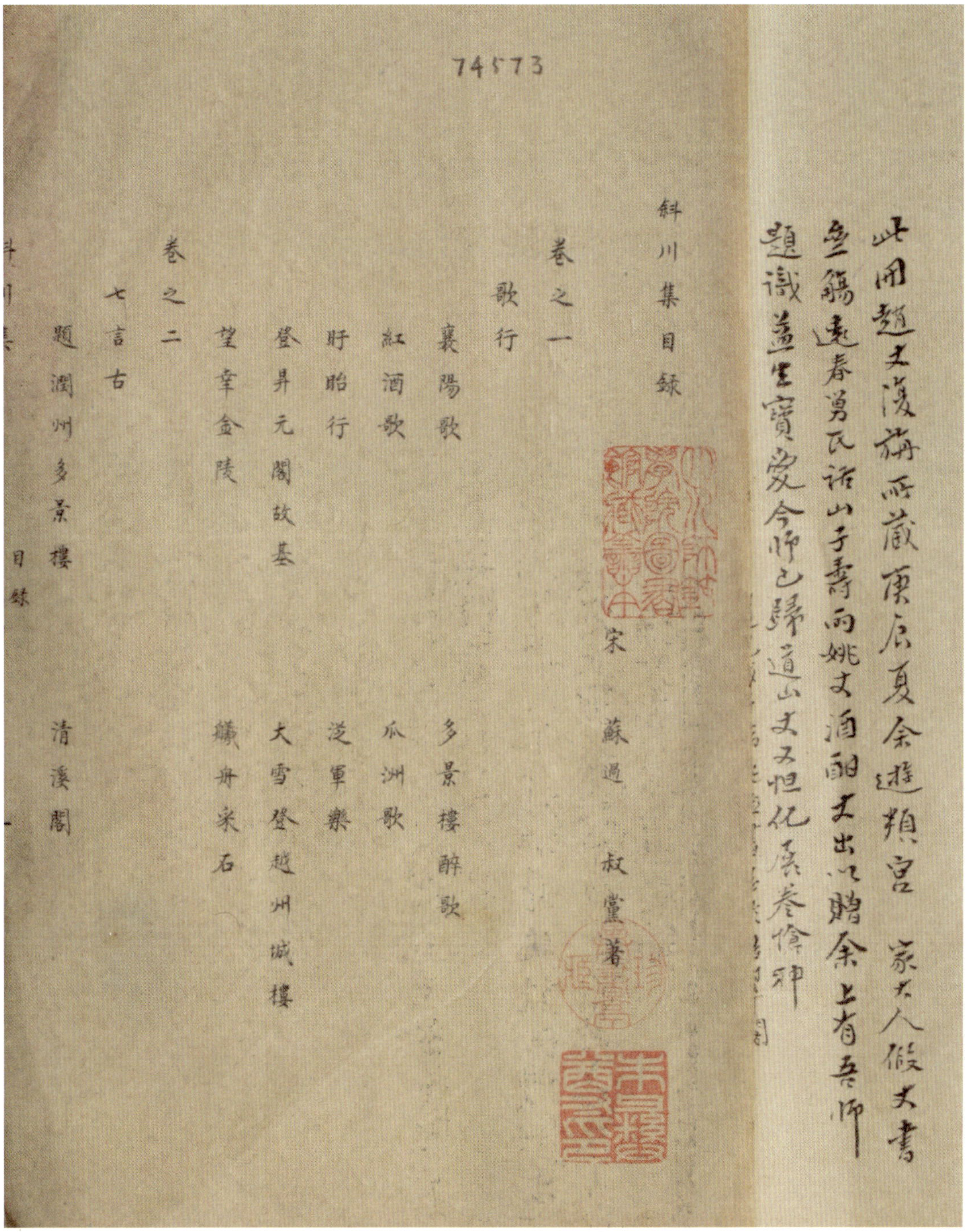

74573

此冊趙文後蔣所藏庚辰夏余遊頖宮　家大人假文書
並鶴遠春萬氏詒山子壽雨姚丈酒酣丈出以贈余上有吾師
題識蓋生寶愛今師已歸道山丈又惜化展卷愴神

斜川集目錄

宋　蘇過　叔黨　著

卷之一

歌行

襄陽歌　多景樓醉歌

紅酒歌　瓜洲歌

盱眙行　從軍樂

登昇元閣故基　大雪登越州城樓

望幸金陵　艤舟采石

卷之二

七言古

題潤州多景樓　清溪閣

斜川集　目錄　一

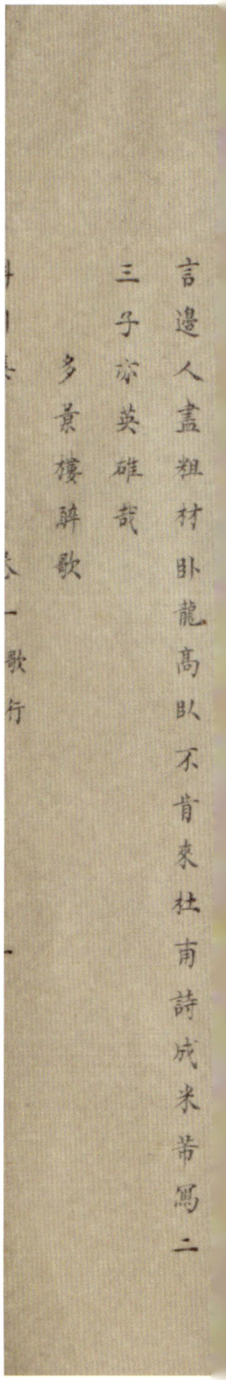

言邊人盡粗材卧龍高臥不肯來杜甫詩成米芾寫二

三子亦英雄哉

多景樓醉歌

斜川集　卷一　歌行　一

0288 龜山先生集三十五卷 （宋）楊時撰 龜山先生文靖楊公年譜一卷 （宋）黃去疾撰 附錄一卷

明正德十二年（1517）沈暉刻本 十二冊

匡高21.5釐米，廣13.3釐米。半葉十行，行二十字，黑口，四週雙邊。

楊時（1053—1135），字中立，南劍州將樂（今屬福建）人。曾爲余杭、蕭山知縣，後召爲秘書郎、著作郎。官至龍圖閣直學士。晚年隱居龜山，時稱『龜山先生』。事蹟詳《宋史·道學傳》。楊時曾先後師承程顥、程頤，與遊酢、呂大臨、謝良佐並稱為『程門四弟子』。其思想與程顥接近，故有『明道喜龜山』之說，其南歸時，程顥目送之曰：『吾道南矣！』學術上主張『合内外之道』（《語錄》），以主觀（内）融合客觀（外），取消主、客觀的界限。特別是對二程『理一分殊』觀點的發揮。他認爲『理一分殊，故聖人稱物而平施之，茲所以爲仁之至，義之盡也』（《答伊川先生》）。『天下之物，理一而分殊；知其理一，所以爲仁；知其分殊，所以爲義。』並以之具體運用於儒家的道德觀念和人生哲學。這時具有了明顯的理學色彩。楊氏之學，衣缽二程，有『程氏正宗』之謂。且南宋東南『三賢』朱熹、張栻、呂祖謙與之都有間接的師承關係。道學之派則開之於斯，影響極大，從者甚眾，為理學史上重要人物。楊時的著作，據《宋史·藝文志》載，有《楊時集》二十卷和《龜山集》三十五卷兩種，然今傳世者並無宋本。惟其最早者，則爲明弘治十五年（1502）李熙刊十六卷本。此正德十二年（1517）沈暉刻三十五卷本則明代之第二刻也。是集分詩、書、奏、表、啟、劄、記、序、講議、經解、答問、史論、雜著、題跋、哀辭、行狀、墓誌等，可謂雜矣。楊氏之思想和學說無不彙之於斯矣，具有重要的文獻和版本價值。黃去疾為將樂令，歎楊氏諸書已刊，『獨年譜闕中尚缺』，『念此書不可無傳，訪故家得寫本，因訂正其紀年，增補其書文。又取梁溪李丞相諸公祭文、謚議及水心東澗所作舊宅記而附入之，於是年譜遂為全書。先生之嘉言善行，開卷可得其大概矣！』（黃去疾《龜山年譜序》）這是一個編撰嚴謹，資料較為豐富的年譜，對其生平行年和學術活動的考察，頗具參考價值。《附錄》為李綱《李丞相祭文》，張守《張參政祭文》，呂聰問《呂提刑祭文》，張宦等《館中諸公祭文》等。沈暉（？—1518），字時暘，明南直隸宜興（今屬江蘇）人。天順四年（1460）進士。仕終南京工部侍郎。

四川省圖書館藏。

此日不再得頹波注扶桑蹝蹝黃小羣毛髮忽已蒼
願言媚學子共惜此日光術業貴及時勉之在青陽
行矣慎所之戒哉畏迷方舜跖善利間所差亦毫芒
富貴如浮雲苟得非所臧貧賤豈吾羞逐物乃自戕
胼胝奏艱食一瓢甘糟糠所逢義適然未殊行與藏
斯人已云沒簡編有遺芳希顏亦顏徒要在用心剛
譬猶適千里駕言勿徊徨驅車日云遠誰謂阻且長

龜山先生集卷第五

上書

上淵聖皇帝書

臣以凡庸之才叨被誤恩擢寘諫垣仍侍經幄絲毫未有所補而迫以桑榆晚暮衰病日侵不足以任職引年之請屢瀆天聽伏蒙陛下眷憐未忍擯弃授以宮祠之祿使畢此餘生天地之恩無以報稱念將去國必自此遂塡溝壑無復再瞻清光犬馬之情不能自已謹竭所聞以獻伏望陛下清閑之燕俯賜覽觀庶或有補於萬分臣不勝幸甚臣聞古之欲明明德

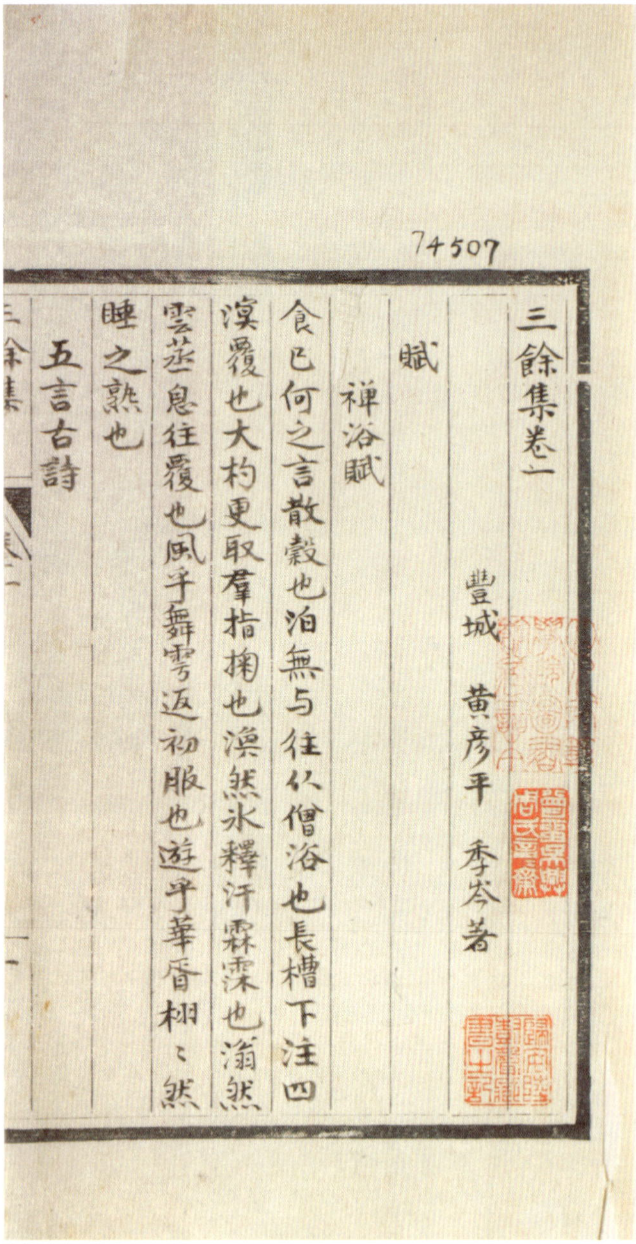

0289 三餘集四卷

（宋）黃彥平撰

清陸心源抄本 二冊

匡高19.4釐米，廣13.5釐米。半葉九行，行二十一字，白口，四週雙邊。

黃彥平，字季岑，又號次山，為宋黃得禮次子，豐城（今屬江西）人。黃山谷之族子。宣和（1119—1125）進士，官吏部郎中。靖康初，坐與李綱善，貶官。南渡後，黃氏數上疏劄，多所建白，且持論平允，為南宋初剛正有識之士。黃集世無傳本，惟散見於《永樂大典》中，此《三餘集》乃《四庫全書》之役，館臣之所輯者也。『其集名「三餘」，當取三國董遇三餘讀書之意。』是集為賦、五言古詩、七言古詩、五言律詩、七言律詩二卷；表、劄子、記、序、雜著等二卷，共四卷。《三余》詩文流誦士大夫間有年矣，論之者謂『其《湖南》諸篇，蓋窺其法，文由王臨川之簡而造昌黎氏之理，詩溯山谷之流而指少陵氏之源，由是無乎不之而合於古。』（謝諤《序》）雖『或以文非韓退之，詩非杜子美，有所不道，可謂知之深者。』（湯思謙《題》）可見，黃彥平的詩文在當時應是有一定影響的，雖有歧論，當屬文學上的仁智之見。此本爲陸氏所傳抄者也。陸心源（1834—1894），字剛甫，一字潛園，號存齋，浙江歸安人。咸豐九年（1859）舉人，官福建鹽運使。清後期全國四大藏書家之一。因有宋版書二百部，名其居『皕宋樓』。心源死後，其子陸樹藩將全部藏書賣給日本靜嘉堂文庫。

四川師範大學圖書館藏。

0290 滄浪先生吟卷二卷　（宋）嚴羽撰

明正德十五年（1520）尹嗣忠刻本　二冊

匡高19釐米，廣15.4釐米。半葉十行，行十八字，白口，左右雙邊。

嚴羽，字儀卿，一字丹丘，自號滄浪逋客，邵武（今福建邵武縣）人。南宋詩人、詩論家。生卒年及生平事蹟不詳。據其詩作推之，大約生活於宋寧宗、理宗時期（1195—1265）。嚴羽傳世的著作，以《滄浪詩話》最爲著名，這是一部系統論述詩歌藝術理論、對後世影響最大的詩話著作，他的其他著作多為其所掩。《滄浪先生吟卷》二卷，爲嚴羽的詩歌集，收錄古近體詩一百四十六首。嚴羽主張詩歌創作要重意境，具有『真識』、『興趣』、『妙悟』，應『言有盡而意無窮』，盛唐名家之作，均屬『妙悟』，李、杜之作乃詩家之經典，作詩者必須熟讀這些作品，『醞釀胸中』，才能『悟入』。此意境者，猶如禪道，詩道與禪道所存在的共同規律，那就是『妙悟』。創作中的『妙悟』與學力有關，孟襄陽學力下韓退之遠甚，而其詩獨出退之之上者，一味妙悟而已。他的詩歌創作亦行此道，妙語疊出，獨任性靈，清音獨遠，頗具禪意。是集刊印較早，傳世不多。

四川省圖書館藏。

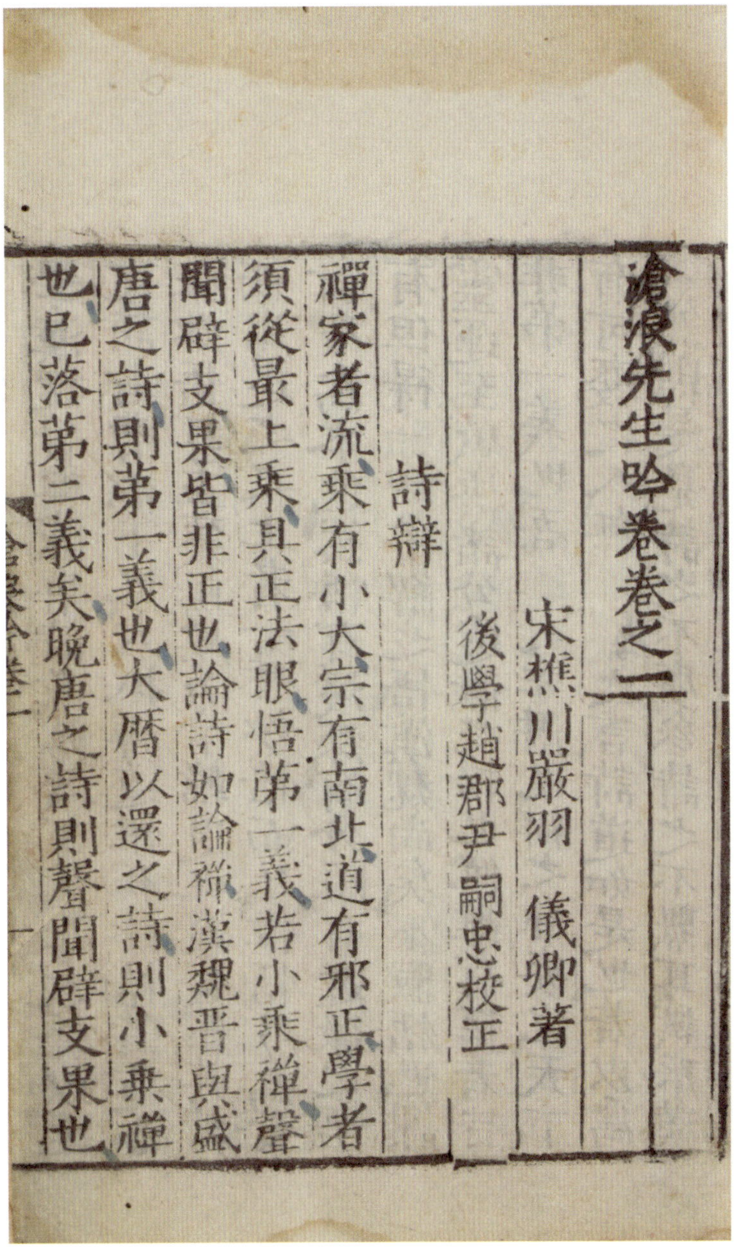
滄浪先生吟卷卷之二
宋樵川嚴羽　儀卿著
後學趙郡尹嗣忠校正
詩辯
禪家者流乘有小大宗有南北道有邪正學者須從最上乘具正法眼悟第一義若小乘禪聲聞辟支果皆非正也論詩如論禪漢魏晉與盛唐之詩則第一義也大曆以還之詩則小乘禪世已落第二義矣晚唐之詩則聲聞辟支果也

滄浪先生吟卷卷之二

宋樵川嚴羽　儀卿著
後學趙郡尹嗣忠校正

五言絶句

西陵望

西陵終日望柰見有帰橈欲去猶回首寒江起暮潮

閨怨

昨夜中秋月含愁顧影頻空留可憐影不見可憐人

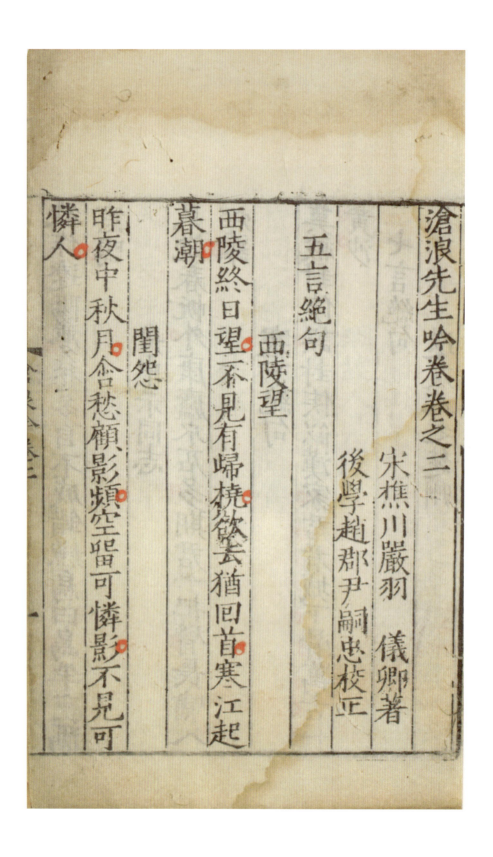

0291 晞髮集十卷

（宋）謝翱撰

明萬曆四十六年(1618)郭鳴琳刻本　二冊

匡高20釐米，廣14.2釐米。半葉九行，行十八字，白口，四週單邊。

謝翱（1249—1295），字皐羽，一字皐父，號晞髮子，長溪（今屬福建）人。元軍攻宋時，曾散家財募壯士數百人參加文天祥的抗元軍，為文之好友。以至『當丞相被執以死，晝夜哭不絕聲』，後世有『獨以一哭不朽千秋』之譽。宋亡，藏匿民間，以不忘故國的宋遺民自存。《晞髮集》乃謝翱的傳世詩文集。是集卷一至八所輯為謝氏所撰樂府，五古、七古、近體、排律、絕句詩、文等，九、十兩卷為附錄。謝氏詩文雖桀驁有奇氣，但面臨元代統治者民族壓迫政策的威脅，不能暢所欲言，所言者只能是亡國之痛了。其名聞後世之悼文天祥《西台哭所思》詩，及哭文天祥之散文名篇《登西台慟哭記》，就是一個宋遺民的沉痛感的真實流露。感憤激烈之氣發之於詞章，他所能做的也只有這些了，但其節操已是慨然所現的了。謝翱的詩文多為後人所推崇，修詞之士喜誦之。明初學者宋濂稱其詩：『直遡盛唐而上，文尤嶄拔峭勁。』且尤為楊慎所稱賞。所以如此，蓋尚其氣節也。作為附錄的九、十兩卷為後人所撰《行狀》、《謝皐父傳》、《碑記》、序跋、及各種志書和其他書籍中有關謝氏事蹟的資料彙集，可謂殆盡矣。謝翱的著作，『先後數集，編次紊亂，魚魯不一。虎林張維誠先生來令福安，正皐羽所生之地。下車首徵文獻，郭君時鏘乃取予所訂《晞髮集》以進。維誠先生複加考核，梓而傳之』（徐勃《謝皐羽晞髮集序》）。徐氏校訂之本，有《晞髮集》善本之譽。此為謝集十卷本之初刻者，因其收錄較夥，刊印甚佳，又有完璧之稱。

四川省圖書館藏。

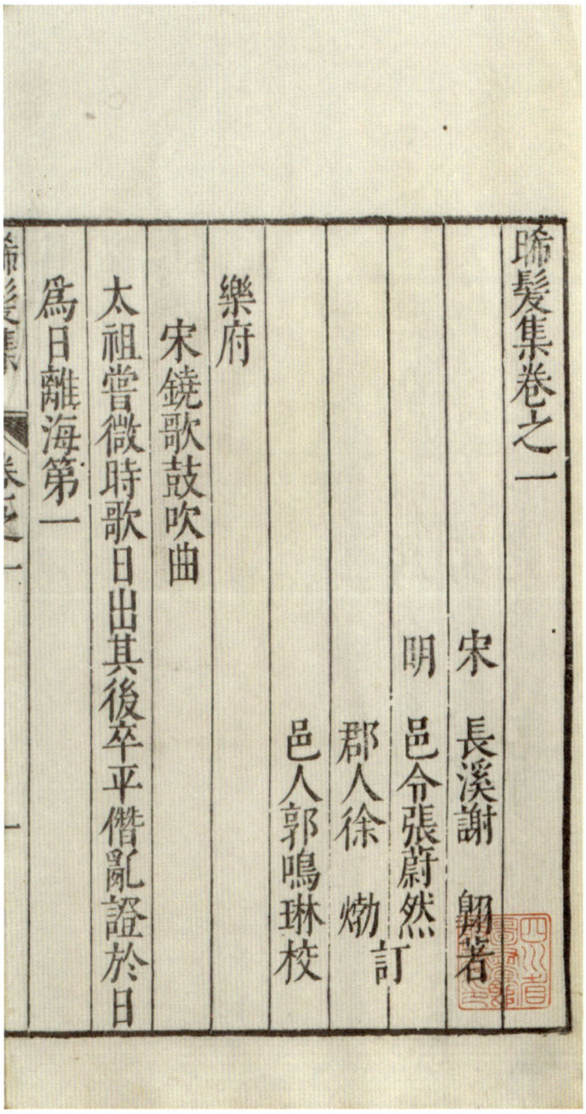

0292 詠物詩二卷

（元）謝宗可撰

清乾隆五十六年（1791）冰絲館刻本　二冊

匡高19.1釐米，廣13.6釐米。半葉九行，行二十一字，白口，左右雙邊。

謝宗可，金陵人。生卒年及事蹟無考。詠物之詩，乃詩歌之大宗也。詠物之詩的描形狀物，頗能體現作者情趣；至於藉以抒懷或寄情，則更能展現其寫作技巧的高下。《詠物詩》乃謝宗可個人詩集，集中詩作以日常生活中的器物用品、習俗、自然景觀、花卉植物、動物昆蟲等作為吟詠對象，以寄情抒懷。其詩有詩格尚工，構句新巧，清麗雅致的特點，為元人詩作之佳者。《四庫全書》於《詠物詩選》有收錄，然入《四庫》者，詩不足二百首。此乾隆五十六年（1791）冰絲館刻本，輯詩三百多首，較之《四庫》本者倍之。此本刻印甚精，傳世極罕。

四川省圖書館藏。

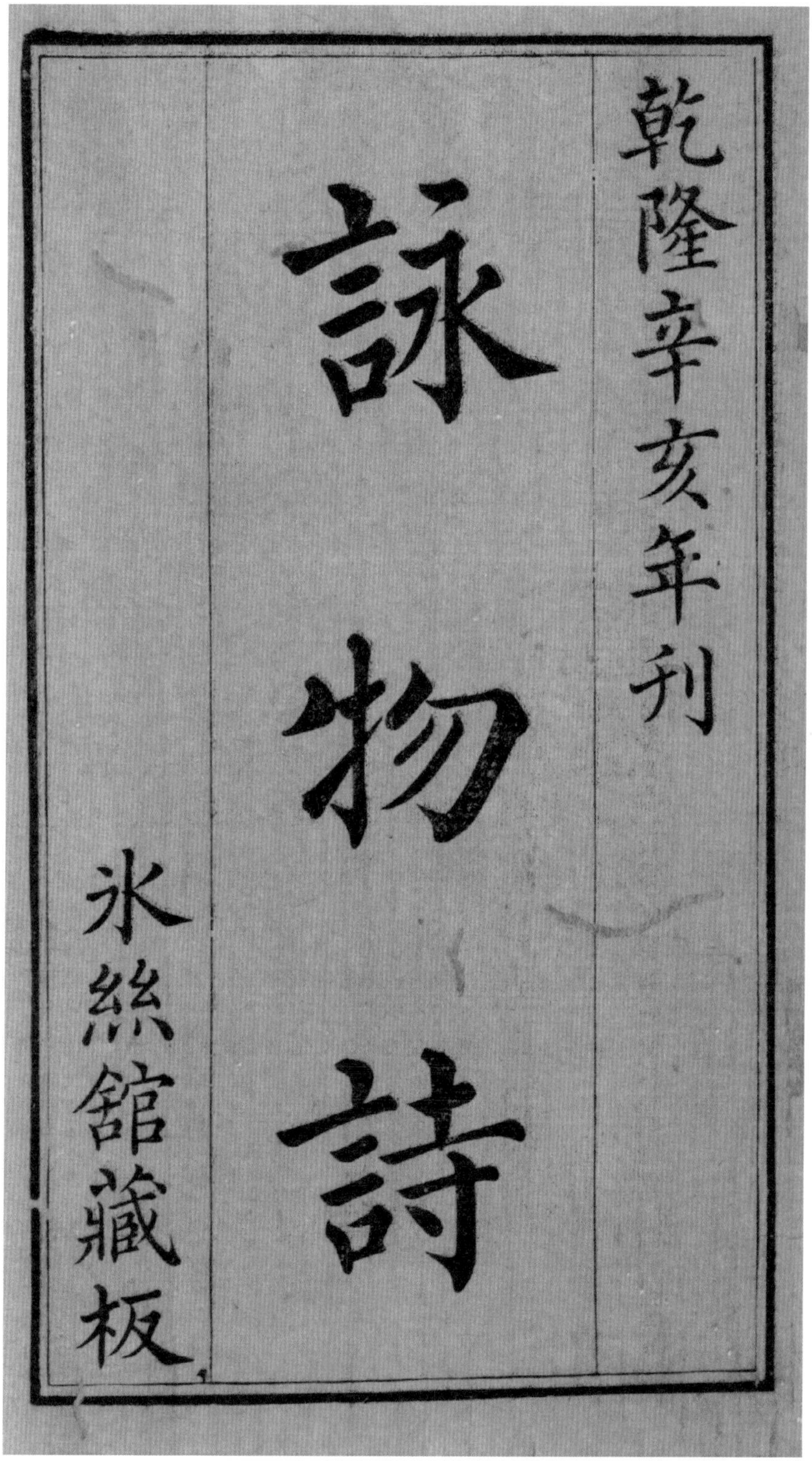

乾隆辛亥年刊

詠物詩

冰絲館藏板

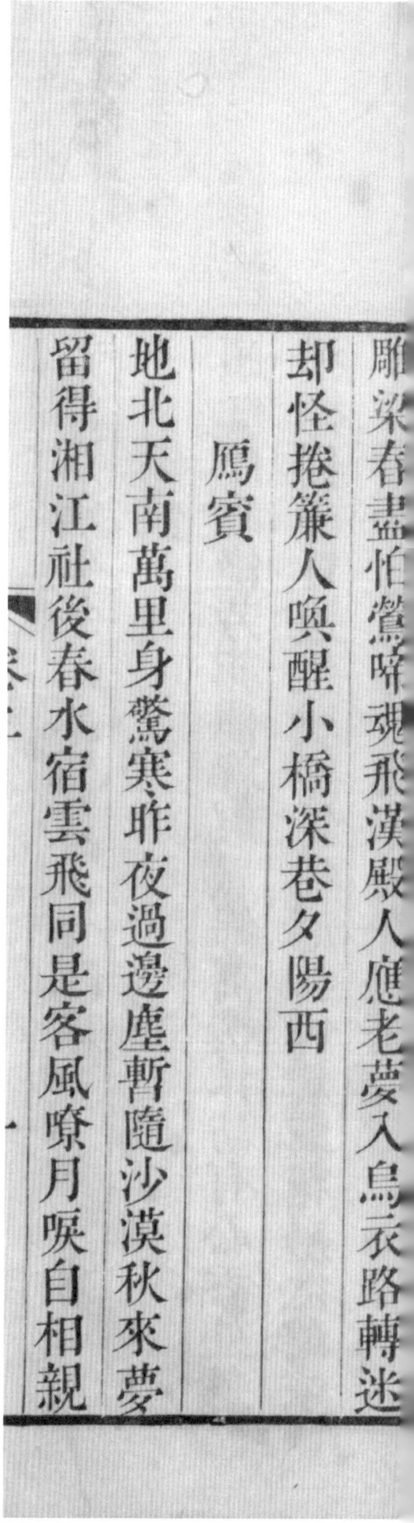

雕梁春盡怕鶯啼魂飛漢殿人應老夢入烏衣路轉迷
却怪捲簾人喚醒小橋深巷夕陽西

鴈賓

地北天南萬里身驚寒昨夜過邊塵暫隨沙漠秋來夢
留得湘江社後春水宿雲飛同是客風嘹月唳自相親

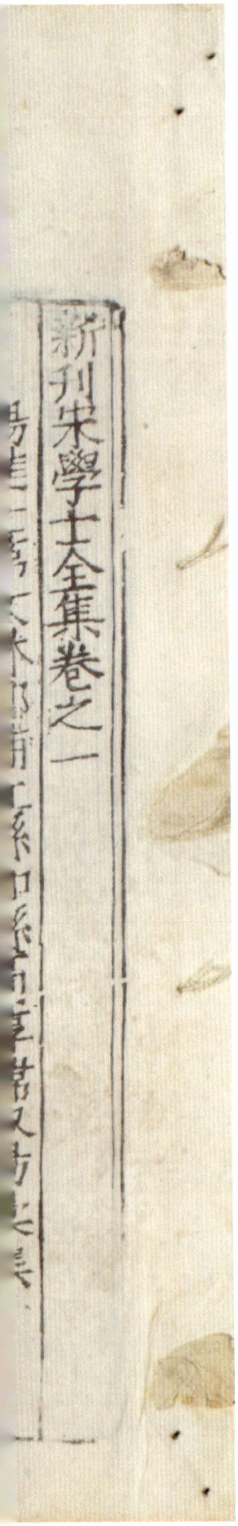

0293 新刊宋學士全集三十三卷 （明）宋濂撰 韓淑陽彙集 張元中編次

明嘉靖三十年（1551）韓叔陽刻本 二十冊

匡高20釐米，廣14.5釐米。半葉十一行，行二十四字，白口，左右雙邊，版心有字數。

宋濂（1310—1381），字景濂，號潛溪，浦江（今浙江金華）人。元至正九年（1349）薦爲翰林院編修，辭不就。隱居龍門山著書十餘年。入明，洪武二年（1369）受詔修《元史》，爲總裁官。累官至學士承旨知制誥，被明太祖稱為『開國文臣之首』。洪武十年（1377）因年老辭官回家。十三年（1380）因長孫宋慎牽涉胡惟庸一案，十四年（1381）被謫放茂州，中途卒於夔州。宋集元末即有刊印者，《明史·藝文志》著錄有宋濂《潛溪文集》三十卷，並注『皆元時作』。自明初以降，除宋氏手定七十五卷本外，宋集輯刊者眾，書名、卷帙各異，版本眾多。題《宋學士集》者：天順五年（1461），黃譽所編二十六卷本，但『凡涉二氏（指佛、道）者皆不錄』，因此也不是全備之本，這個本子傳世很少；明正德九年（1514）張溍得到宋濂自己編定的八集七十五卷本的《宋學士文集》，並刻印行世，這個本子後世流行很廣，但它只收入了入明以後的作品，也不能算宋濂的全集本。嘉靖間，浦江縣知縣韓叔陽合世所流傳各本如《潛溪集》、《芝園集》、《鑾坡集》、《浦陽人物志》等，以類合編，成三十三卷本《新刊宋學士全集》，嘉靖三十年（1551）刊行於世。是本共收詩文九百二十四題九百六十七篇，其中也有二百十五題為七十五卷本所未收者。這應算是明刊宋集最為完整的一個版本，具有重要的版本價值和文獻價值。韓叔陽（《嘉慶江寧府志》作『升陽』），應天高淳（今屬江蘇）人。嘉靖二十六年（1547）進士。現存宋集最完整者應為清嘉慶十五年（1810）嚴榮刻的《宋文憲公全集》。這是一個集各本之大成的版本。與之相較，韓叔陽刻本亦有不足之處。散文是宋濂在文學上的主要成就。他的《秦士錄》、《王冕傳》、《李疑傳》、《杜環傳》等傳記小品，以委曲具體的細節，個性化的對話刻畫人物，清新生動，且文筆順暢，樸實可讀，歷來爲人稱道，是膾炙人口的名篇。宋氏論文力主宗經，強調『余之所謂文者，乃堯、舜、文王、孔子之文』，反對除『溫柔敦厚』以外的其他文體。故其文又有雍容渾穆、簡潔典雅的特點，應是明初文學史的重要資料之一。

四川省圖書館藏。

大梁者尚延想於夷門遊九京者亦流連於隨會矧佐運之臣命世之士本原之地宗祀寂寥遺文凋落撫事懷賢能無興感韓尹叔陽及舉人張元中庠生張孟昂董彰明陳時雍張孟纓等能爲修其祀新其集於有司得爲國報功之美於諸 士見景行先哲之賢余忝守土安得不佳其成而識之故特爲之序云

嘉靖三十年辛亥春三月閩三山後學

表

○進 大明律表

臣聞天生烝民不能無欲欲動情勝詭僞日滋強暴縱其侵陵柔懦無以自立故聖人者出因時制治設刑憲以爲之防欲使惡者知懼而善者獲寧傳所謂獄者萬民之命所以禁暴止邪養育群生者也譬諸禾黍必刈稂莠而後苗始茂方於白粲必去沙礫而後食可飡苟梗化敗俗之徒不有以誅之雖堯舜不

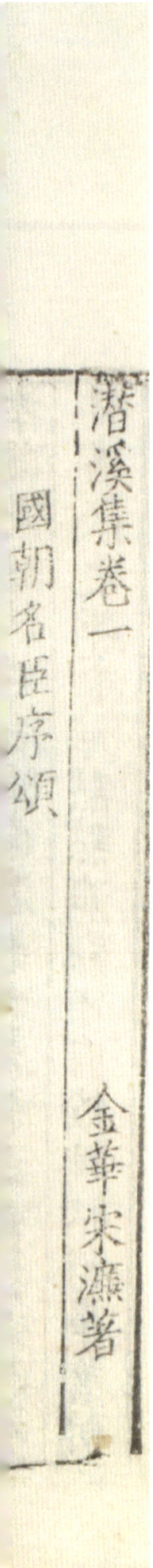

0294 潛溪集八卷 （明）宋濂撰 附錄一卷

明嘉靖十五年（1536）徐嵩、溫秀刻本　四冊

匡高18.2釐米，廣14.3釐米。半葉十行，行二十字，白口，四週單邊。

《潛溪集》，乃傳世宋濂詩文集之一者。《明史・藝文志》有《潛溪文集》三十卷本的著錄。這是一個內容『皆元時作』的本子。明初所輯之宋集多以《潛溪集》名之。潛溪者，為金華所屬之地名，宋濂先祖潛溪人也。宋濂的集子，已有元末至正間的刊本；明初劉基等人輯編過宋濂的集子，也有洪武間刊本。這時的宋集多以『潛溪』名之。其後，明清兩代所輯刻的宋濂的集子，有《新刊宋學士全集》、《宋學士文集》、《宋景濂先生未刻集》、《宋學士全集》、《宋文憲公全集》等；名『潛溪』者，僅此集耳。這些宋集，不僅書名不同，卷帙亦各異，版本則因時代而不同。此《潛溪集》為八卷本文集。輯者『海陵徐君中望氏，刺瀛之明載，政化既敷，將進諸士子於道，曰「近徵文獻，功足施也！」於是刻《潛溪集》。』（高節《潛溪集跋》）所輯為頌、贊、傳、辭、序、書、記、說、論、文、志、碑、銘、行狀、跋、解、雜考、雜文等。共收文一百四十三題二百五十六篇，皆為宋濂手定七十五卷本所未收者。是集又作『潛溪』之題，度其意，疑是補元末明初《潛溪集》之不備也。此八卷本《潛溪集》傳世不多，於宋集的文獻研究和版本考訂應是重要的資料。具有重要的資料和版本價值。徐嵩，字中望，號小石，泰州（今屬江蘇）人。正德十六年（1521）進士。歷官戶部郎中，出知保定府，山東布政使，擢右副都御史，巡撫順天，兼整飭薊州邊備。為政精而決，寬而能嚴。溫秀，字仲實，號中穀，洛陽（今屬河南）人。由舉人官至襄陽府同知，嘗游李夢陽之門。

四川省圖書館藏。

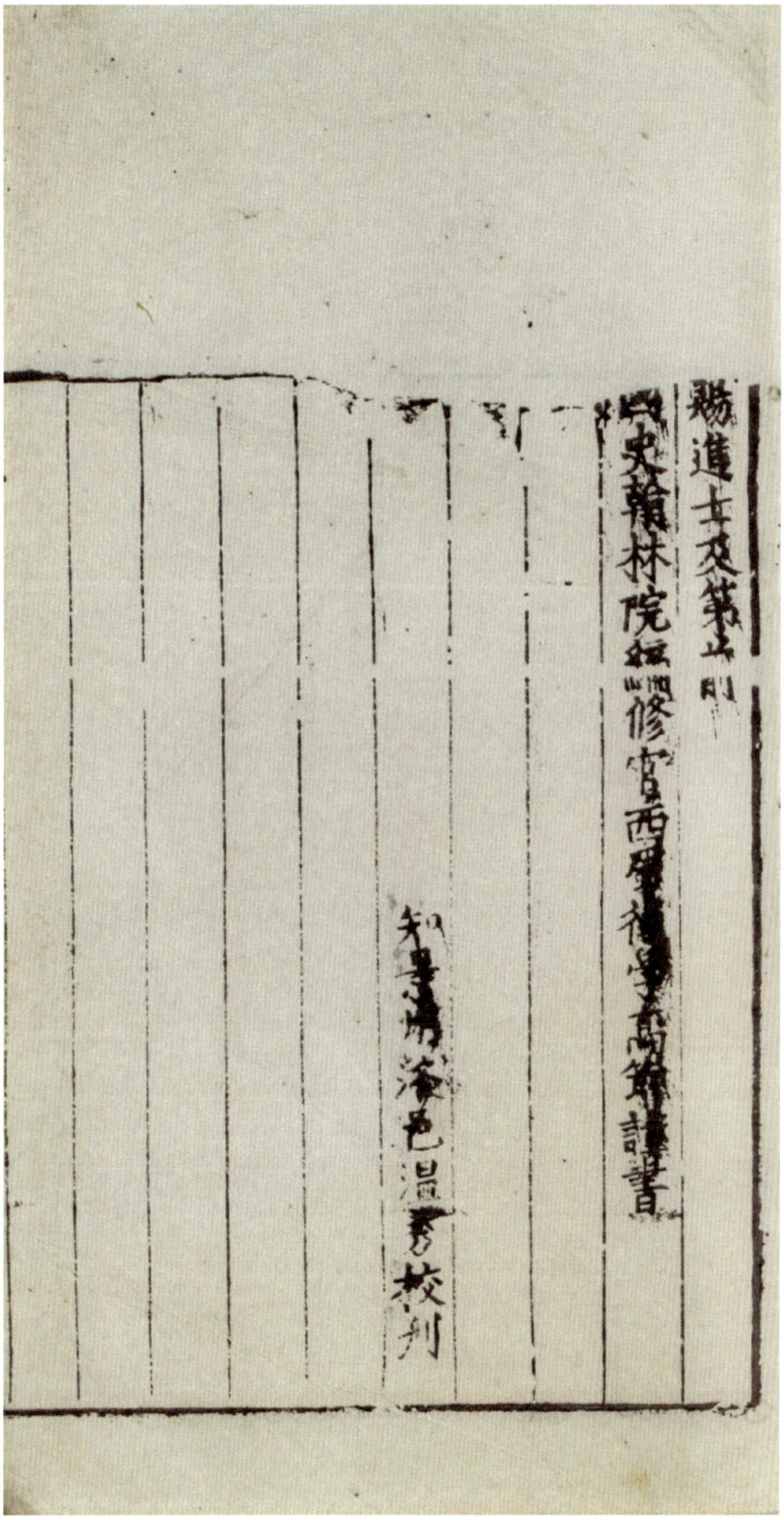
賜進士及第[illegible]
國史翰林院編修官西蜀後學高[illegible]謹書
知[illegible]州[illegible]邑溫[illegible]校刊

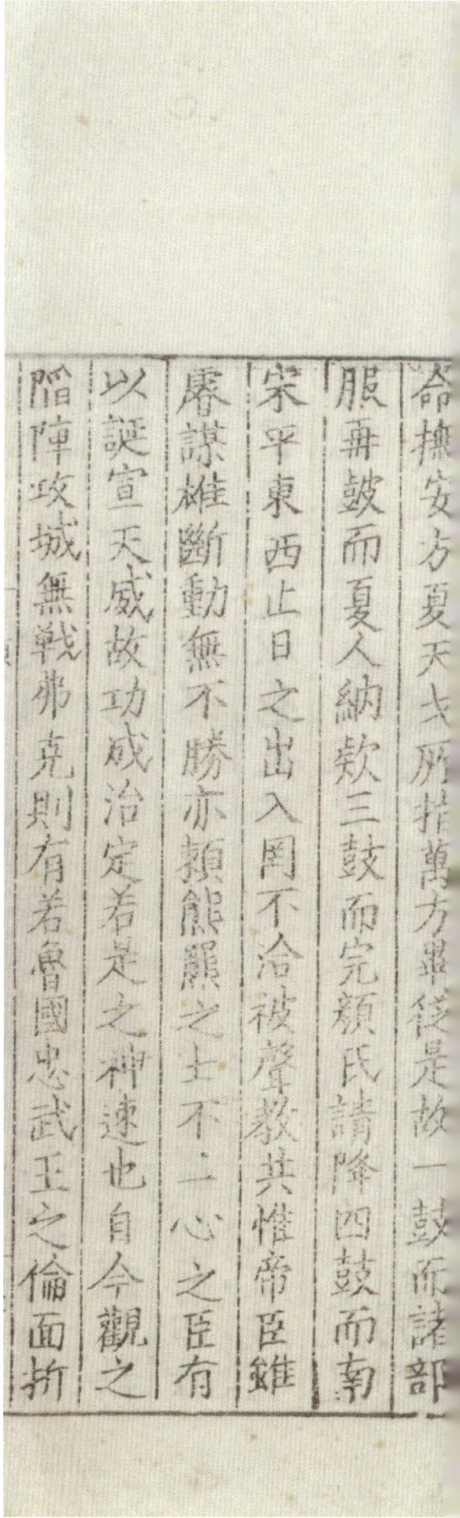
命撫安方夏天之所指萬方畢從是故一鼓而諸部
服再鼓而夏人納款三鼓而完顏氏請降四鼓而南
宋平東西止日之出入罔不洽被聲教共惟帝臣雖
睿謀雄斷動無不勝亦賴熊羆之士不二心之臣有
以誕宣天威故功成治定若是之神速也自今觀之
陷陣攻城無戰弗克則有若魯國忠武王之倫面折

0295 潛溪先生集十八卷 （明）宋濂撰

黃溥輯附錄一卷　明天順元年（1457）黃溥、嚴塤刻本　八冊

匡高22.5釐米，廣14.2釐米。半葉十一行，行二十三字，黑口，四週雙邊。徐湯殷跋。

此十八卷本《潛溪先生集》為黃溥據宋濂《潛溪集》、《潛溪續集》、《文粹》、《蘿山集》諸本，重新輯編成的一個新的《潛溪集》。是集所輯，為頌、曲、賦、辭、論、說、議、辯、雜著、書、表、記、序、傳、碑誌、行狀、墓誌、銘、贊、題、跋、雜文等。關於是本之輯，黃溥自云：『歲景泰甲戌（1454），幸叨官蜀憲台，詢知先生舊謫居成都，間為討訪之，而其曾孫賢盡出其家所藏遺稿，披閱之餘，遂與仁壽訓導黃明善考論而纂集之，複請鎮節松維秋官侍郎羅公再三複讎……集成，屬其外孫茂州醫學典科嚴塤繕寫入梓以傳。』（《題潛溪先生集後》）但黃溥與黃善明在選編這些遺稿時並非所有文稿都收，而是要通過他們的『考論』，那些『無補於人倫，無關於世教者，雖工亦刊去之』，『考論』的標準還是政治第一的，藝文水準是在其次的。可見此次選編，於宋濂的著述是有所刪削的。從全書所輯選者僅三百三十四篇來看，又有哪些文章遭到『刊去之』的待遇，已無從考之。所以，黃溥、黃善明的選編之本亦難稱完備。雖如此，這卻是宋濂詩文的第一個合集本，且刊印較早，傳世不多，具有重要的版本價值。黃溥，字澄濟，號石崖居士，弋陽（今屬江西）人。正統十三年（1448）進士。擢禦史，歷廣東按察使等官。

四川省圖書館藏。

潛溪先生集卷之一

後學弋陽黃溥澄濟選編

後學古相羅綺尚絅校正

古詩

雜體五首

丹桃艷陽質移自武陵源春風拂纖條鮮澤沃靈根吐葩當春茂結實俟秋蕃盈盈大如掌有色極華丹衛之不敢褻期以奉君餐君餐發靈和神滋生玉顏無爲升玄化恭默即軒轅效陸平原

流幻百年中有如水中泡虛形本不實何能永今朝悟此造化意肆情常逍遙夜來新雨至南園秀芳苗擷之薦羮酒冲懷正陶陶

斜川素心人叩門約遊遨相攜步迴澤神與品物交驚飈亂陵蟬

0296 遜志齋集二十四卷 （明）方孝孺撰 附録一卷 （明）范惟一輯

明嘉靖四十年（1561）王可大刻本 二十四冊

匡高19.8釐米，廣14.4釐米。半葉十行，行二十字，白口，左右雙邊。

方孝孺（1357—1402），字希直，一字希古，浙江寧海人（今屬浙江）。他是宋濂的弟子，詩文都得師承，極早就知名於世。洪武間入仕，後任漢中教授，應蜀獻王聘，為蜀世子師。其講舍有『正學』匾額，人稱『正學先生』。今成都市仍有名『方正街』者，謂方氏祠堂曾建於此，以之名街，紀其跡也。方孝孺，建文時為侍講學士，成爲建文帝主要謀士之一。燕王朱棣以『清君側』為名，攻入南京，建文帝失蹤。燕王欲登帝位，命孝孺草即位詔書，不從，為所殺，相傳被『誅十族』。《明史》卷一百四十一有傳。孝孺被殺時，正值壯年，生前所為詩文俱未整理成集行世。靖難之役後，『藏孝孺文者，罪至死』。幸得其門人王稌冒死搶出他的遺稿，藏在家中。因禁令森嚴，文稿仍無法付印。成化間由黃孔昭、謝鐸輯編為《遜志齋集》三十卷，十六年（1480）郭紳刊行於世，時距孝孺之死已七十年矣。正德中台州知府顧璘將三十卷本整理為二十四卷，於十五年（1520）刊印。嘉靖間，方集『舊有刻在郡，久而朽弊。督學中方范公（范惟一）謂兵憲貞山唐公曰：「予司文養士，而正學先生實公分地，曷相與以新之！」秋九月中方公校士於台，則命大可校梓而敘之。』（王可大《重刻正學方先生文集敘》）其時范氏為浙江按察司副使奉敕提督學校；王可大為台州知府。這個范惟一編輯，嘉靖四十年（1561）王可大刊本的方集，所據底本為正德本，計有：雜著八卷，書三卷、序三卷、記三卷、題跋一卷，贊一卷，祭文、誄、哀辭一卷，行狀、傳一卷，碑表、志一卷，古體詩一卷、近體詩一卷。孝孺之文，縱橫奔放，有如長江大河，其風格極似宋人蘇軾和陳亮，有『出入於東坡、龍川間』之謂，然其義烈更為後人所重。《四庫總目提要》在提到他的集子時，說他『氣節可謂貫金石，動天地矣。文以人重，則斯集固可懸諸日月，不可磨滅之書也』。這一評論，基本代表了明、清兩代人的看法。《附録》為范惟一等所輯：蜀王賜方氏、書、詩；宋濂贈詩；蘇伯衡、許繼、王紳等詩、書、文；《方先生小傳》、《正學先生事狀》；祭詩、祭文；《方公墓瘞文》、《方希學傳》、文集序等。是本刊印俱精，為傳世方集的重要版本之一。王可大，字元簡，南京人。嘉靖進士。官至台州知府。

四川省圖書館藏。

遜志齋集卷之一

中順大夫浙江按察司副使奉　勅提督學校雲間范惟一　編輯
奉政大夫浙江按察司僉事奉　勅整飭兵備南昌唐堯臣　校訂
中順大夫浙江台州府知府事前刑部郎中東吳王可大　校刊

雜著

幼儀雜箴二十首 有序

道之於事無乎不在古之人自少至長於其所在皆致謹焉而不敢忽故行跪揖拜飲食言動有其則喜怒好惡憂樂取予有其度或銘於盤盂或書于紳笏所以養其心志約其形體者至詳密矣其進於道也

0297　東岡文集十二卷

（明）柯暹撰

明嘉靖刻本　二冊

匡高18.3釐米，廣12.5釐米。半葉十行，行十九字，白口，左右雙邊。

柯暹，字啟暉，一字用晦，號雪齋，晚更號東岡，建德（今安徽貴池）人。永樂三年（1405）舉人。少有才學，工詞翰，予修《永樂大典》。洪熙（1425）間累官雲南，浙江按察使，所至有治聲。《明史》卷一百六十四有傳。據本書《東岡文集後跋》，是本為柯氏著作第三刻，乃其四世曾侄孫柯燾所輯刻。卷一至十為柯氏詩文，分記、序、詩、墓誌、祭文、書、題跋等；卷十一、十二為附錄，乃朋友、後人所撰行實、傳、詩、文等，為柯燾所增輯者。是書流傳稀少，為明初文集之罕睹者也。文獻價值和版本價值極重要。

四川省圖書館藏。

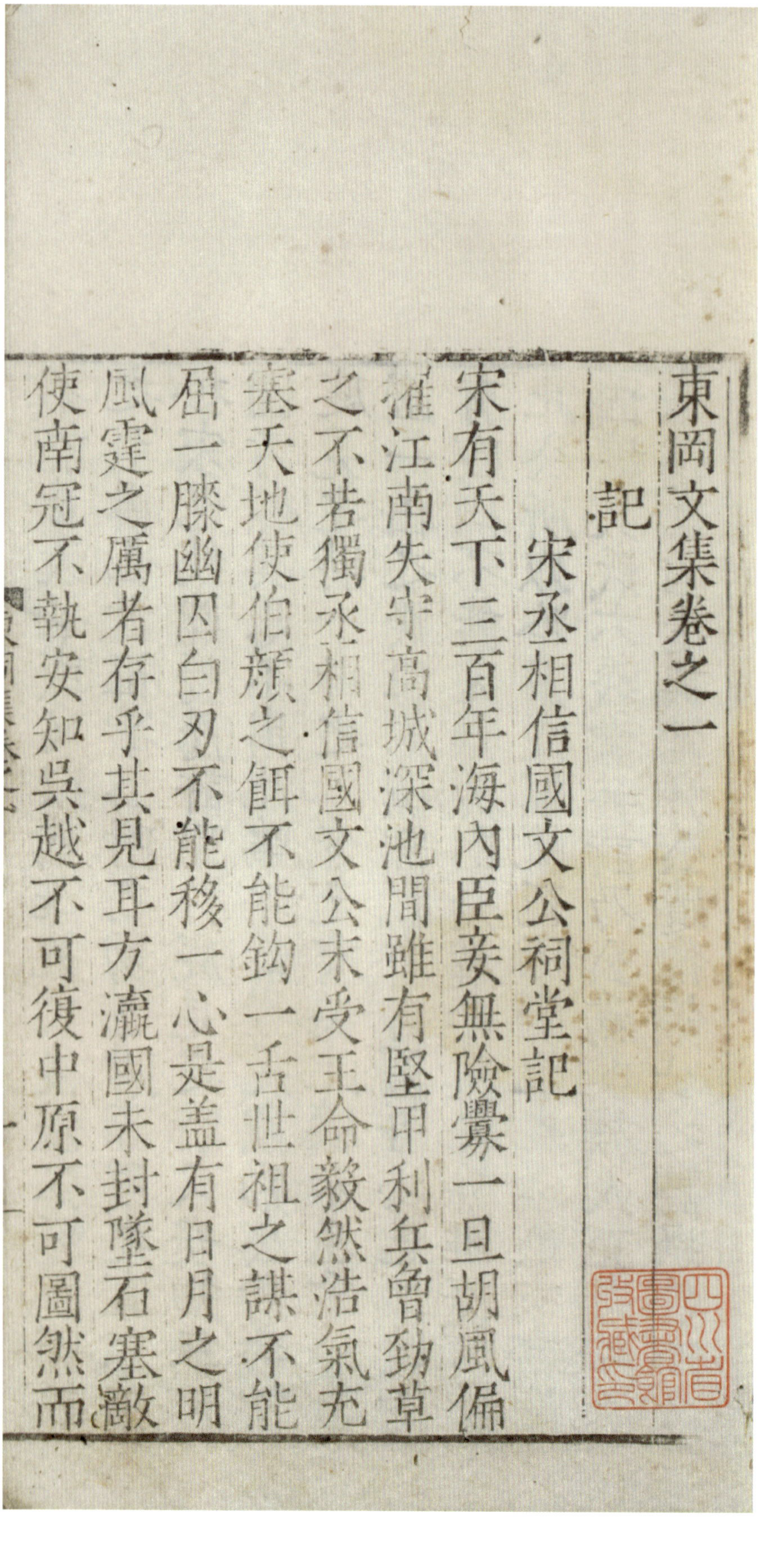
東岡文集卷之一
記
宋丞相信國文公祠堂記
宋有天下三百年海内臣妾無險釁一旦胡風偏
摧江南失守高城深池間雖有堅甲利兵曾勁草
之不若獨丞相信國文公未受王命毅然浩氣充
塞天地使伯顏之餌不能鈎一舌世祖之謀不能
屈一膝幽囚白刃不能移一心是盖有日月之明
風霆之厲者存乎其見耳方瀛國未封墜石塞徼
使南冠不執安知吳越不可復中原不可圖然而
四川省圖書館藏

曾伯祖東岡先生像

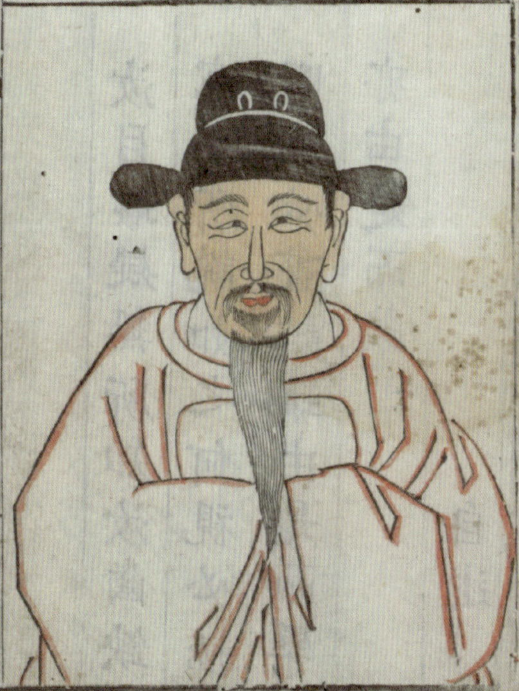

汝目聦疑無所知汝齒缺
宜無所説如之何視必極
明言必盡誠雖由是而辱
亦由是而榮
自述

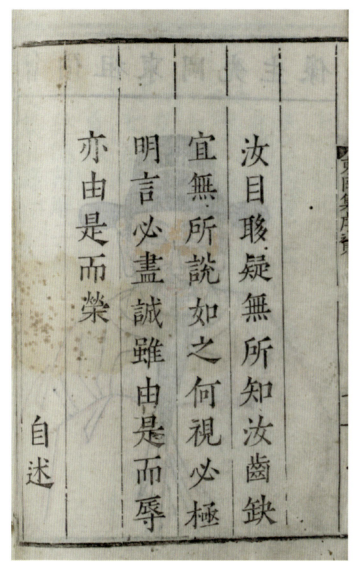

0298 商文毅公集十一卷

（明）商輅撰

明隆慶六年（1572）鄭應齡刻本　四冊

匡高19釐米，廣14.2釐米。半葉十行，行二十字，白口，四週雙邊。

商輅（1414—1486），字弘載，號素庵，淳安（今屬浙江）人。明正統十年（1445）進士第一。除修撰，進講經筵，升侍讀。郕王監國，入參機務；景泰朝（1450—1455），官至兵部尚書；英宗天順間（1457—1464），被誣下獄，斥為民；成化初（1465），以故官入閣，進謹身殿大學士。為人平粹簡重，寬厚有容，至臨大事，決大議，毅然莫能奪。卒謚文毅。《明史》卷一百七十六有傳。商氏一生，兩遭回祿，著作煨燼。商氏後人對於商輅著述的輯刊付出了不懈的辛勞，本書卷十一末商振禮等人的識記：『高大考文毅公遺稿亡慮數千，值兵燹存者什一二，曾大考侍講公曾蒐輯之，大考參藩公、叔考侍禦公並圖梓焉。』可見這種努力是代有所繼的，儘管辛勞頗費，圖梓之願，竟未果也。隆慶間，鄭應齡為淳安知縣，『重以先人為念，既葺之祠，豎之坊矣！』不僅如此，對於商著的『全集毀殘，僅存奏疏遺行諸刻』（徐楚《商文毅公文集序》）之現狀，鄭應齡不僅有博求散逸詩文的匯輯之舉，『又捐俸梓之先人集』。此淳安知縣鄭應齡輯刊者，為商輅著述的詩文合集。《商文毅公集》乃其詩文之首刻者。鄭應齡，莆田（今屬福建）人。隆慶五年至六年（1572—1573）為淳安知縣。

四川大學圖書館藏。

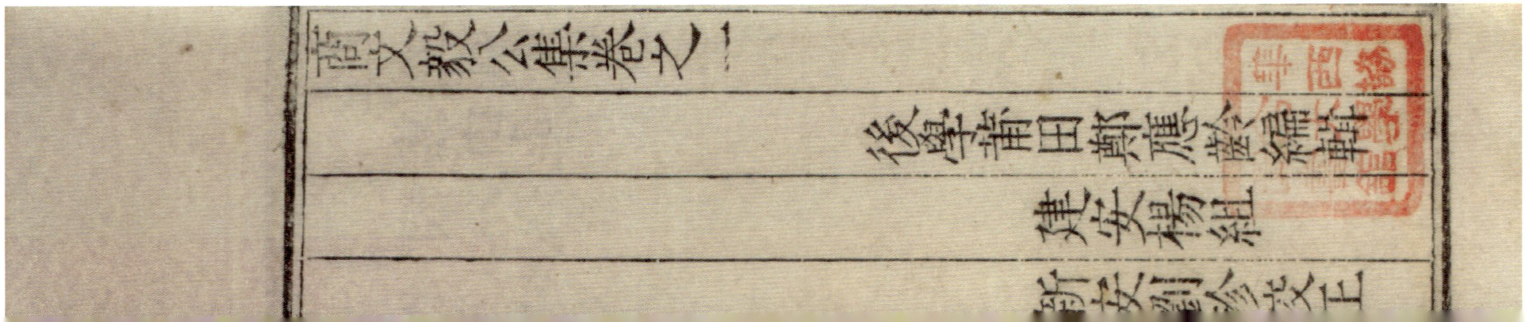

這是虞書益稷篇史臣記禹因帝舜有庶頑讒
說之慮欲其遠著德輝求賢勸功以感人心的
事禹是帝舜臣名曰俞哉者是以帝舜加威於
庶頑讒說之言爲然而有未盡然之意也帝是

高大考文毅公遺稿云應數千值兵燹存者十一
二曾大考侍講公曾蒐輯之大考叅藩公叔考侍
御公並圖梓焉未果也
鄭侯蒞吾邑重以先人爲念既葺之祠竪之坊矣又
捐俸梓先人集百年墜典待
侯而表章之豈非先人之幸而後嗣之光歟刻成竊
附一言以志佩頌之私云

裔孫監生商振禮
庠生商振樂　商振倫
商振家　商冕旒謹識

0299　楓山章先生文集九卷　（明）章懋撰

明嘉靖九年（1530）張大綸刻本　八冊

匡高18.3釐米，廣13.6釐米。半葉十行，行二十字，白口，左右雙邊。

章懋（1437—1522），字德懋，號闇然子，晚號穀濱遺老，蘭溪（今屬浙江）人。成化二年（1466）進士。授編修，累遷福建按察僉事，政績甚著，尋致仕。講學楓木山，世稱『楓山先生』。後起爲南京國子監祭酒。世宗（嘉靖）立，即家進南京禮部尚書。其為官以直諫著名，故命運多舛。是書為章懋從弟章沛所輯。所收者，計為奏疏、書簡、雜著、說銘傳、志銘祭文、表狀、序文、碑記、詩、詞、賦、贊等，幾為章氏一生著述。其文皆辭意醇正，有和平溫厚之風，蓋道德之腴，發為詞章也。是書之刊，『己丑（嘉靖八年）夏六月，吾郡守夏山張公手一篇授憲曰：「此先師楓山章先生遺稿，乃從弟井庵公所輯者，欲梓以傳，子為我校之。」憲敬受而批閱，往復考訂，稍加釐正，掇廷對策卷首，詮定書意之當複者數通，餘悉仍其舊，凡九卷。……刻始工於是年十月，畢工於明年庚寅（嘉靖九年）正月』（毛憲《校刊楓山文集引》）毛氏為常州人，時張大綸為常州知府。章懋之學，步規程朱，有『醇儒』之謂。《楓山章先生文集》為明代政治和理學士子思想研究資料之一。是書傳世不多。張大綸，字用載，號夏山，浙江東陽人（今屬浙江）。正德九年（1514）進士。授工部主事，歷常州知府、福建副使。

四川省圖書館藏。

楓山章先生文集卷之一

從弟并菴居士沛編輯
毘陵　後學毛憲校正

廷對策

皇帝制曰朕惟古昔帝王之爲治也其道亦多端矣然而有綱焉有目焉必大綱正而萬目舉可也若唐虞之治大綱固無不正矣不知萬目亦盡舉歟三代之隆其法寖備宜乎大綱正而萬目舉也可歷指其實而言歟說者謂漢大綱正唐萬目舉宋大綱亦正萬目未盡舉不知未正者何綱未舉者

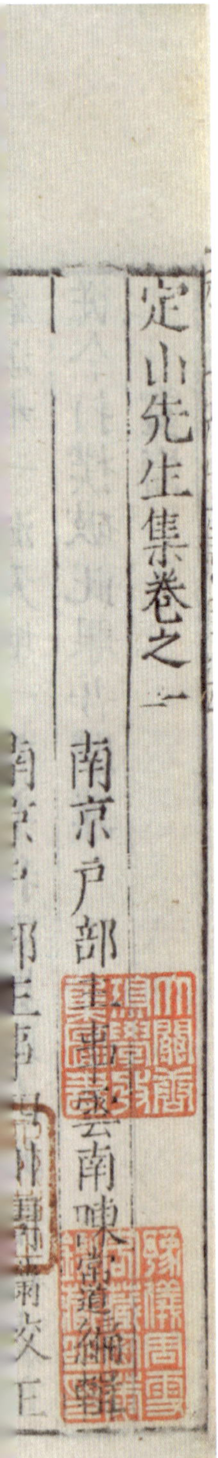

0300　定山先生集十卷

（明）莊昶撰

明嘉靖十四年（1535）劉縉等刻　蕭惟馨等增修本　五冊

匡高20.5釐米，廣14.4釐米。半葉十行，行十八字，白口，四週單邊。

莊昶（1437—1499）。字孔暘，號木齋，又號臥林居士，因卜居定山二十餘年，人稱『定山先生』，江浦（今南京）人。成化二年（1466）進士。弘治間官南京吏部尚書。明代理學名臣。事蹟詳《明史》本傳。莊昶之學，步規程朱，有『醇儒』之謂。是集為南京戶部主事陳常道編輯；南京戶部主事周滿校訂；江浦知縣劉縉等刻印。關於其書之成，周滿嘉靖十四年《定山先生集敘》云：『滿何幸，督先生之鄉，獲拜於先生之墓，思廣其教而樂傳之。慨自侍禦弓君刊後，其集湮沒久矣，遍訪書肆，乃得之一泉孔君家藏者……適縣宰劉君充飭祠宇，懋昭隱德……遂授而梓之。』是書之刊，參與者眾：陳道常為雲南人；周滿為四川人；劉縉為桂林人；蕭惟馨則是安徽人。參與其事的官員和里人，所題者，有編輯、校正、同刊、重訂、同校、校刊、類次等，均為其仰慕者。全書分為詩、序、記、雜著等。莊昶其學紹程朱，為文多演繹洙泗之微言；詩宗伊川，皆濂洛之遺響，為明代著名理學人物。是集為研究明代理學人物及思想的資料之一。莊氏一生不尚著述，是集傳世亦然不多。是集之刊印，參與者較多，其人其職銜的刊印占篇幅較多，故是書各卷首頁上半均為職銜半頁。卷十之後有隆慶三年《時祭告文》、萬曆十四年孫丕陽、萬曆二十五年南京禮部右侍郎楊起元等人祭文。據《光緒江浦縣誌·職官志》，蕭惟馨為劉縉之後第七任知縣。卷十之後所收者應是蕭氏所為，是書為蕭氏的增補重印本。

四川省圖書館藏。

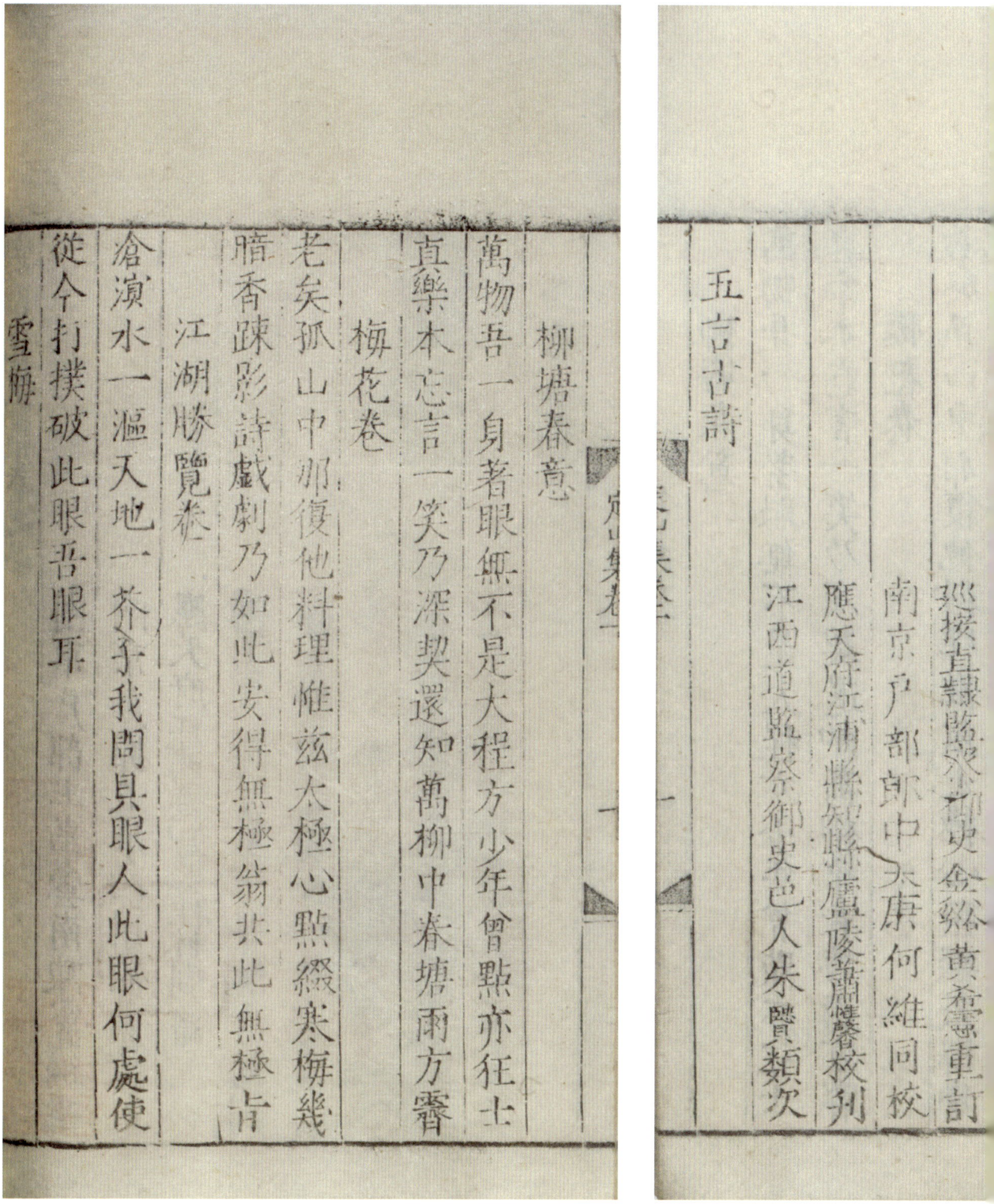

巡按直隸監察御史金谿黄希憲重訂
南京户部郎中太康何維同校
應天府江浦縣知縣廬陵蕭僅馨校刊
江西道監察御史邑人朱賢類次

冠山集卷一　一

五言古詩

柳塘春意

萬物吾一身著眼無不是大程方少年曾點亦狂士
真樂本忘言一笑乃深契還知萬柳中春塘雨方霽

梅花卷

老矣孤山中那復他料理惟兹太極心點綴寒梅幾
暗香踈影詩戲劇乃如此安得無極翁共此無極旨

江湖勝覽卷

滄溟水一漚天地一芥子我問具眼人此眼何處使
從今打撲破此眼吾眼耳

雪梅

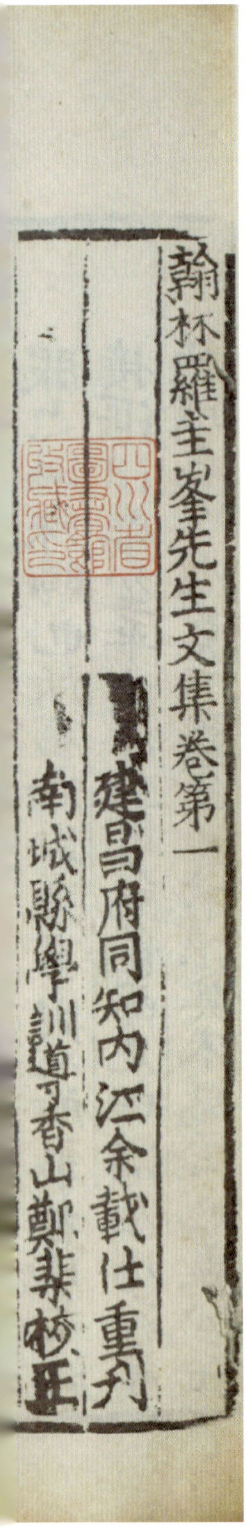

0301　翰林羅圭峯先生文集十八卷續集十五卷

（明）羅玘撰

明嘉靖五年（1526）陳洪謨、余載仕刻本　八冊

匡高20.3釐米，廣14.3釐米。半葉十一行，行二十二字，白口，四週單邊。

羅玘（1447—1519），字景鳴，南城（今屬江西）人。成化二十三年（1487）進士。官南京吏部右侍郎。事詳《明史・文苑傳》。是集所輯為序、記、誌銘、行狀、祭文、雜著、墓表、碑、賦、詩、調、跋、傳、書啟、劄、論、讃、奏議等。是集之刊，夏良勝嘉靖五年（1526）後序云：『高吾（陳洪謨）先生撫巡吾境……先搜致圭峯全集，爰命郡丞余子行義（載仕）刻於郡齋。』羅氏為官，尤尚節義，以氣節名重一時。羅玘為學，肆力於古文，務為奇奥，為時人所歎。此《翰林羅圭峯先生文集》乃集眾本而成，內容較為博雜，為羅氏著述較為完整者，对研究明中期文風士風有着重要參考價值。陳洪謨（1474—1527），字宗禹，居高吾山下，自號高吾子。武陵（今屬湖南）人。弘治九年（1496）進士。正德時知漳州，累擢雲南按察使。嘉靖初巡撫江西，節財愛民，遷兵部侍郎，致仕歸。余載仕，四川內江人。官建昌府同知。

四川省圖書館藏。

圭峯文集卷第一

建昌府同知蜀內江余載仕重刊

南城縣學訓導香山鄭槃校正

序

慶南京守備掌左軍都督府事魏國公六十壽序

正德四年冬十月戊申實維前南京守備掌左軍事魏國公六十之辰前事南京守備掌中軍事成國公偕駙馬都尉楊公晨至坐寺燕居之堂謂玘曰予宜序以頌公玘謝弗得至再又弗得乃進而言曰昔周之武王以有道伐無道撥亂而反之正寥寥千載我太祖高皇帝出又以有道伐無道而俾夷復為華盖又

保兵部尚書馬公之鄉也公以宣德丙午生生而有異質識者遂以其兆歸公公之為童也日卧几兒百十千地下識者又爲不已是異人也相與保抱之屬望之後二十有一年公果起賢科登進士入臺為御史遂為按察使為大理卿為副都御史進都御史為

0302 河東重刻陽明先生文錄五卷外集九卷別錄十卷

（明）王守仁撰

明嘉靖三十二年（1553）宋儀望刻本　二十冊

匡高19釐米，廣14.4釐米。半葉十行，行二十字，白口，左右雙邊。

王陽明（1472—1528），名守仁，字伯安，浙江余姚人。弘治十二年（1499）進士。曾官兵、刑部主事，南京兵部尚書。因曾築室故鄉陽明洞中，世稱『陽明先生』、『王陽明』，王守仁便以此自號。王陽明為明代著名思想家和哲學家。其學說在存在和思維關係上，強調『心』是第一性的本體，『無所不該』，一切都是『心』派生出來的。沒有人的意念，便沒有客觀事物，進而提出致良知說，所謂『知善知惡是良知』。強調『致知格物』，並提出以知代行的『知行合一』說。『知』即『良知』，而『行』非實踐，是『知良知』的功夫。認為知行都是心所生，知的時候就是行。否認『知』來源於『行』，而主張『行』來源於『知』。其『知行合一』與『致知格物』的命題都為『致良知』服務。此說一出，學者翕然從之，其所創立的心學體系，完成了明代理學向心學的轉變，扮演了明代中期思想史的主角地位。王氏心學，注重人的主體精神價值，以人的存在和精神品質為參照來確立世界萬物的意義，有着重要的理論意義和實踐意義。為中國思想史、哲學史、理學史研究的重要文獻。黃綰序云：『其僅存者，惟《文錄》、《傳習錄》、《居夷集》而已。其餘或散亡，及傳寫訛錯，撫卷泫然，豈勝斯文之慨！乃與歐陽崇一、錢洪甫、黃正之率一二子侄，檢粹而編訂之，曰《陽明先生存稿》。洪甫攜之吳中，與黃勉之重為釐類，曰《文錄》，曰《別錄》，謀諸提學侍御闻人邦正，刻梓以行。』這是嘉靖十四年（1535）的聞人詮刻本。應是明代輯編最早的王守仁的集子。此本，宋儀望云：『得關中所寄先生全錄，遂檄而刻之。』（宋儀望《河東重刻陽明先生文集序》）宋氏此刊，所據者應是嘉靖十四年聞人詮那個刻本。是集《文錄》所收，書、序、記、雜著等；《外集》爲詩、書、序、記、說、雜著、墓誌銘等；《別錄》爲奏疏、公移等。此嘉靖三十年（1551）刻本，亦應屬王集諸本中之較完備者，且刊印較早，傳世不多。宋儀望，字望之，號陽山，晚號華陽，永豐人。嘉靖二十六年（1547）進士。知吳縣，創子遊祠。徵授御史，陳時務十二策，為嚴嵩所忌，坐浮躁貶。萬曆中仕至大理寺卿，忤張居正，被劾歸。其學宗王守仁。

四川大學圖書館藏。

有志斯道者急宜鑒此
方是為己之學

河東重刻陽明先生文録卷之一

書一 始正德己巳至庚辰

與辰中諸生 己巳

謫居兩年，無可與語者。歸途乃得諸友，何幸何幸！方以為喜，又遽爾別去，極怏怏也。絕學之餘，求道者少，一齊衆楚，最易搖奪，自非豪傑，鮮有卓然不變者。諸友宜相砥礪夾持，務期有成。近世士夫亦有稍知求道者，皆因實德未成而先揭標榜，以來世俗之謗，是以往往隳墮無立，反為斯道之梗。諸友宜以是為鑒，刊落聲華，務於切己處着實用力。前在寺中所云靜

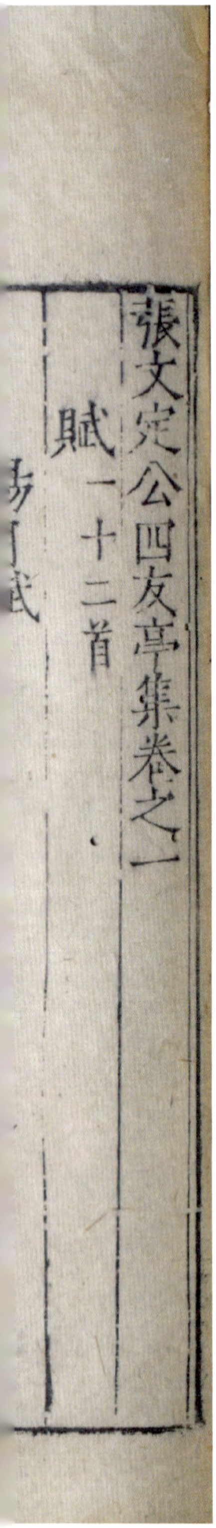

0303　張文定公觀光樓集十卷紆玉樓集十卷靡悔軒集十二卷環碧堂集十八卷養心亭集八卷四友亭集二十卷

（明）張邦奇撰

明刻本　二十冊

匡高19.5釐米，廣14.3釐米。半葉十行，行二十一字，白口，左右雙邊。存紆玉樓集十卷、靡悔軒集十二卷、環碧堂集十八卷、養心亭集八卷、四友亭集二十卷。

張邦奇（1483—1544），字常甫，號甬川，別號兀涯，鄞縣（今屬浙江）人。弘治十八年（1505）進士。累官南京兵部尚書。謚文定。事蹟詳《明史》本傳。邦奇之學以程、朱為宗。有躬修力踐，以身為教，跬步必謹之謂，乃明代理學之士。所集為古體詩、賦、經學、史論、序、書信、表啟、傳狀、墓誌等。是書共為六集，本館藏本缺『觀光樓集』十卷。餘具體如下：《紆玉樓集》卷一至十皆序；《靡悔軒集》卷一至三記，卷四碑，卷五至十墓誌銘，卷十一墓表，卷十二行狀；《環碧堂集》卷一至四書柬，卷五啟，卷六狀，卷七傳，卷八錄，卷九至十二祭文，卷十三字說，卷十四題跋，卷十五象贊，卷十六銘箴，卷十七至十八湖廣學政、四川學政之規制；《養心亭集》八卷，卷一大學傳，卷二中庸傳，卷三易說，卷四書說，卷五詩說，卷六春秋說；《四友亭集》卷一賦，卷二四古，卷三、四五古，卷五五絕、五律，卷六五律、五排、六絕，卷七七古，卷八至十七絕，卷十一至十七七律，卷十八七排，卷十九雜體，卷二十詩餘，著述甚夥。邦奇學識，可謂博也。文如其人，有規整謹嚴的特點。其於明代理學、文學、政治、人物的研究和瞭解，不失為有價值的資料。張文定集，以《中國古籍善本書目》考之，存世不多，且各藏書單位亦無全帙收藏者。然本館藏本無序無跋，卷端也不題編撰人名氏，更無刊印姓氏者，綜之各地所藏現存張集亦為如是者，然以是集的浩繁，竟無以上諸項，實在有些難以理解。究其原因，疑因現存之本的品種之和亦非完整之本；或是書即為未能完刻者。這個版本，審其風貌，似為明中期刊印者，以其視為罕睹者。

四川省圖書館藏。

而不波兮層冰積而成橋何乾坤之博大兮歛化工而無言偵機緘而莫窺兮悟本體其固然昔草木之苿蕣兮羌一陰之巳姤固有者其必向於無兮孰既新而不舊雕文刻鏤必於其朴兮繁華落而恒驟不有是之坎窞兮將發舒其何因戶必有闔而後闢兮尺蠖必屈以

張文定公靡悔軒集卷之一

記二十首

重修成都府廟學記

嘉靖甲申春二月邦奇領學政於蜀五越月矣知成都府王侯遵脩廟學成以告先是監察御史常熟陳公按蜀見廟學毀圮喟然曰茲全蜀首學也工其可緩方議葺新以憂去桂陽范公代之圖就厥緒公識度高曠而勤敏詳慎每臨事持其要不煩而集勵俗作士尤所注心數與諸生論道義剖析精微移時忘倦工既興檄邦奇曰

0303 張文定公觀光樓集十卷紆玉樓集十卷靡悔軒集十二卷環碧堂集十八卷養心亭集八卷四友亭集二十卷

（明）張邦奇撰

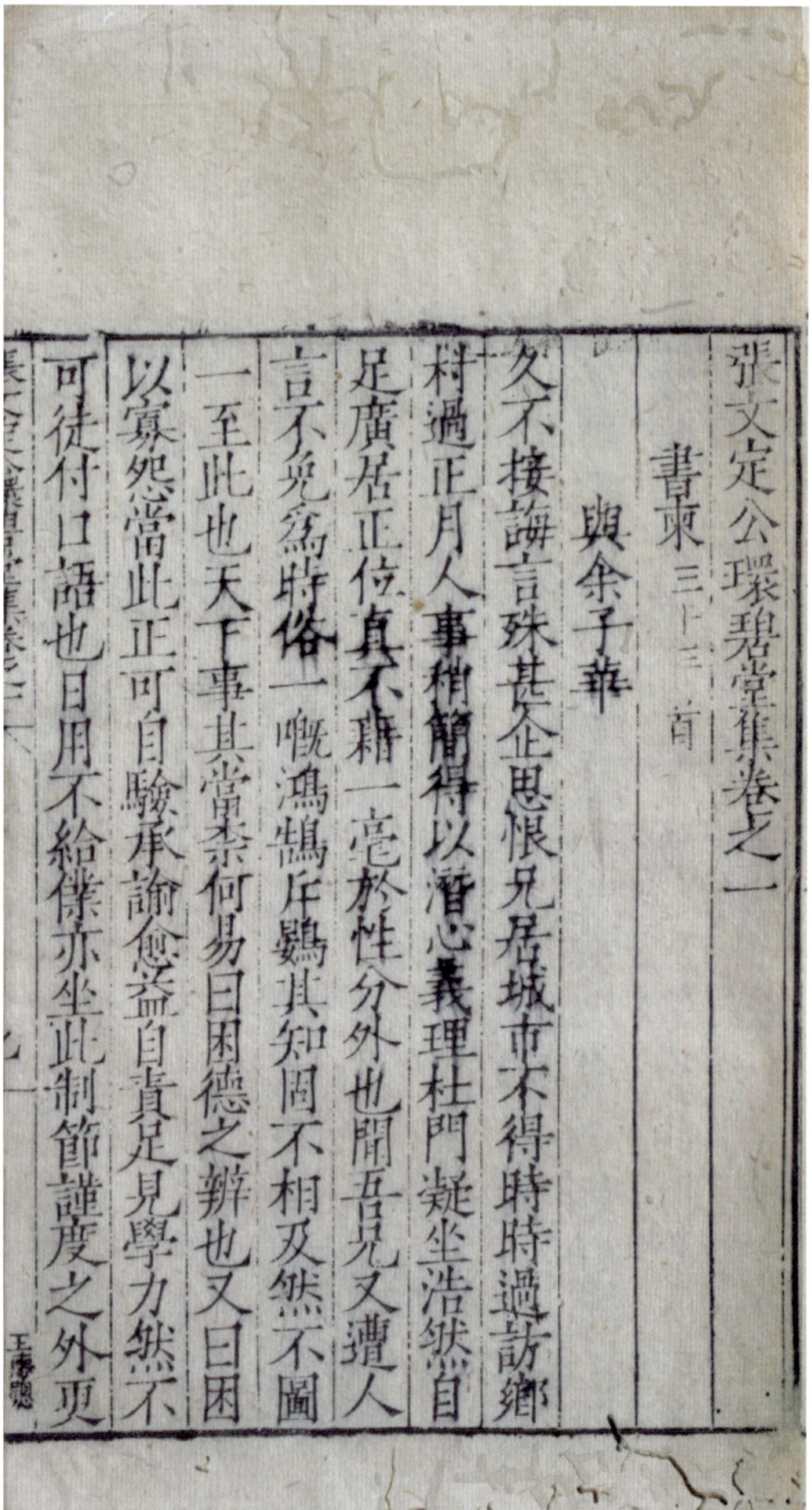

張文定公環碧堂集卷之一

書柬三十三首

與余子華

久不接誨言殊甚企思恨兄居城市不得時時過訪鄉村過正月人事稍簡得以潛心義理杜門凝坐浩然自足廣居正位真不藉一毫於性分外也聞吾兄又遭人言不免爲時俗一慨鴻鵠斥鷃其知固不相及然不圖一至此也天下事其當柰何易曰困德之辨也又曰困以寡怨當此正可自驗承諭愈益自責足見學力然不可徒付口語也日用不給僕亦坐此制節謹度之外更

張文定公養心亭集卷之一

大學傳

大學曰在明明德也者得也人之得於天者也德之明也如珠之不翳也如鑑之不塵也極幽微而無不燭也横六合之内而無弗具也體而達之天將昭焉地將察焉萬物將著明焉是天地之神明所以命於我者也其明之者何也如珠之翳也而濯之如鑑之塵也而磨之也爲其氣禀有昏明強弱之殊也去其昏則無弗燭者復矣植其弱則無弗具者完矣是明之之謂也或曰朱子曰虚靈不昧具衆理而應萬事

張文定公紆玉樓集卷之一

序 三十四首

會試録後序

國家取士之途惟進士爲榮重今觀諸士之文蔚乎炳然足以稱
盛典而無愧矣抑記有之德成而上藝成而下文詞亦藝也今登士于
朝將服官試政而顧于藝焉取之其亦有説乎蓋古之人有德言焉其出乎身也如風霆之爲聲雲漢之爲光而不可抑也其資乎民也如宫室舟車菽粟布帛然而

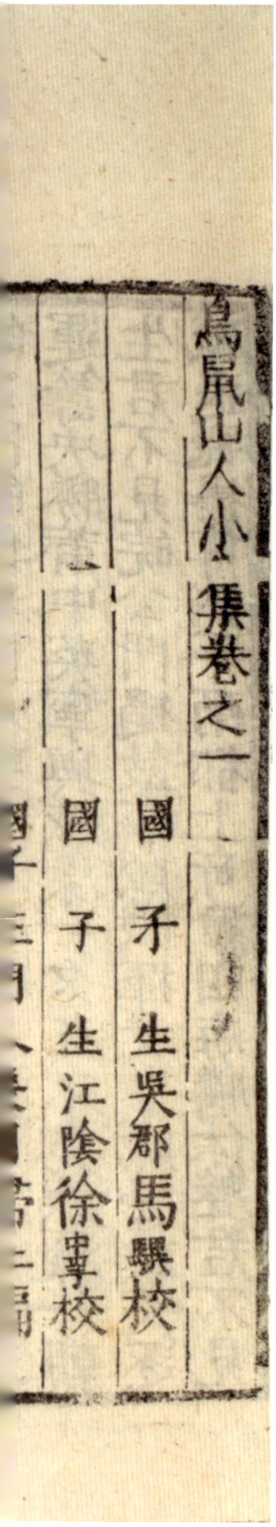

0304　烏鼠山人小集十六卷後集二卷近取編二卷願學編二卷可泉擬涯翁擬古樂府二卷擬漢樂府八卷附錄二卷補遺一卷雍音一卷唐雅八卷　（明）胡纘宗撰　榮哀錄二卷

明嘉靖刻清順治十三年（1656）周盛時修補印本　十六冊

匡高16.9釐米，廣13.5釐米。半葉十一行，行二十字，黑口，四週單邊。存二十九卷（烏鼠山人小集十六卷、後集二卷、擬古樂府二卷、擬漢樂府八卷、補遺一卷）。

胡纘宗（1480—1560），初字孝思，更字世甫，號可泉，自號烏鼠山人，陝西秦安（今屬甘肅）人。正德三年（1508）進士，授翰林檢討，出為嘉定判官，遷知潼川。歷吏部郎中、安慶知府，官至右副都御史，巡撫山東，改河南，俱有政績。時世宗喜告訐，纘宗為仇家所陷，革職歸，築室著書，卒年八十一。此為胡氏著述結集者，從各集自有其輯校者和序跋者，且自有其刊印者和刊印時間來看，這些集子曾分別出版，其時間由嘉靖初至嘉靖三十六年。然是集的彙集和彙印者為清初周盛時。其順治十三年（1656）跋云：『不佞盛時承乏而令秦安凡二年於茲矣……秦之宜顯、宜遂而宜彰者亦安能辭其責……故太史可泉胡老先生……其文集行諸世者有《烏鼠山人集》、《擬古樂府》、《擬漢樂府》，而《唐雅》、《雍音》蓋其選也。有可異者，綠林辛螫，城郭人民焦土可憐，而諸集棗梨無恙，何故也哉！……不佞簿書之餘，篝燈披玩。《烏鼠集》有散落者二十餘幅……於是捐俸金購棗梨，詣剞劂而壽梓焉！』（周盛時《烏鼠山人集跋》）周氏於此集，不僅是彙集，也有補刊者，參與其事的有路世龍等人。胡纘宗著述頗豐，其千餘首詩篇，從內容看，可分為四大類，即社會詩、山水詩、詠物詩和酬唱詩，有揭露和反映社會現實深刻的特點。其詩兼有北詩之豪放、南詩之靈秀之獨特風格，皆因長期在外地求學、宦遊及摯友的影響之故。他的七言又多豪放飄逸之作，其佳者大有太白、東坡遺風。《四庫全書總目提要》稱『其詩激昂悲壯，頗近秦聲，無嫵媚之態，是其所長』。是集乃胡氏著述之最為完備者，為明文學史有價值的資料之一。

四川大學圖書館藏。

勦逆賊逆賊逆賊如胡為來主將胸中有甲兵戰賊賊賊衄囊
賊賊蹶江邊魚鳥城頭振星月四海早知名　九
重先奏捷叶勦逆賊　君王撫劒勞將軍存張巡生
余闕

一字曲贈張太僕文錦

二

鳥鼠山人集跋

不佞盛時承乏而令秦安凡二年於玆矣嗟嗟秦安何地邪零露荒煌千山一洗重以甲馬蹂殘陵谷震疊嗸嗸飛鴻可賦也洎蜂衙雉堞荆棘瓦礫不佞目擊而心傷誠恐下辜民依上負
帝簡惴惴乎飲氷焉蒿目鞅掌厥可舉者綜畧次第舉矣所媿心者幽未顯滯未起一爾夫人生三不朽業立德立功立言既

一

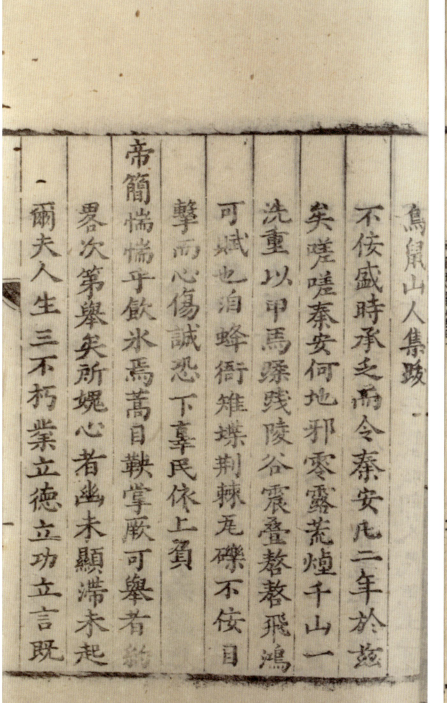

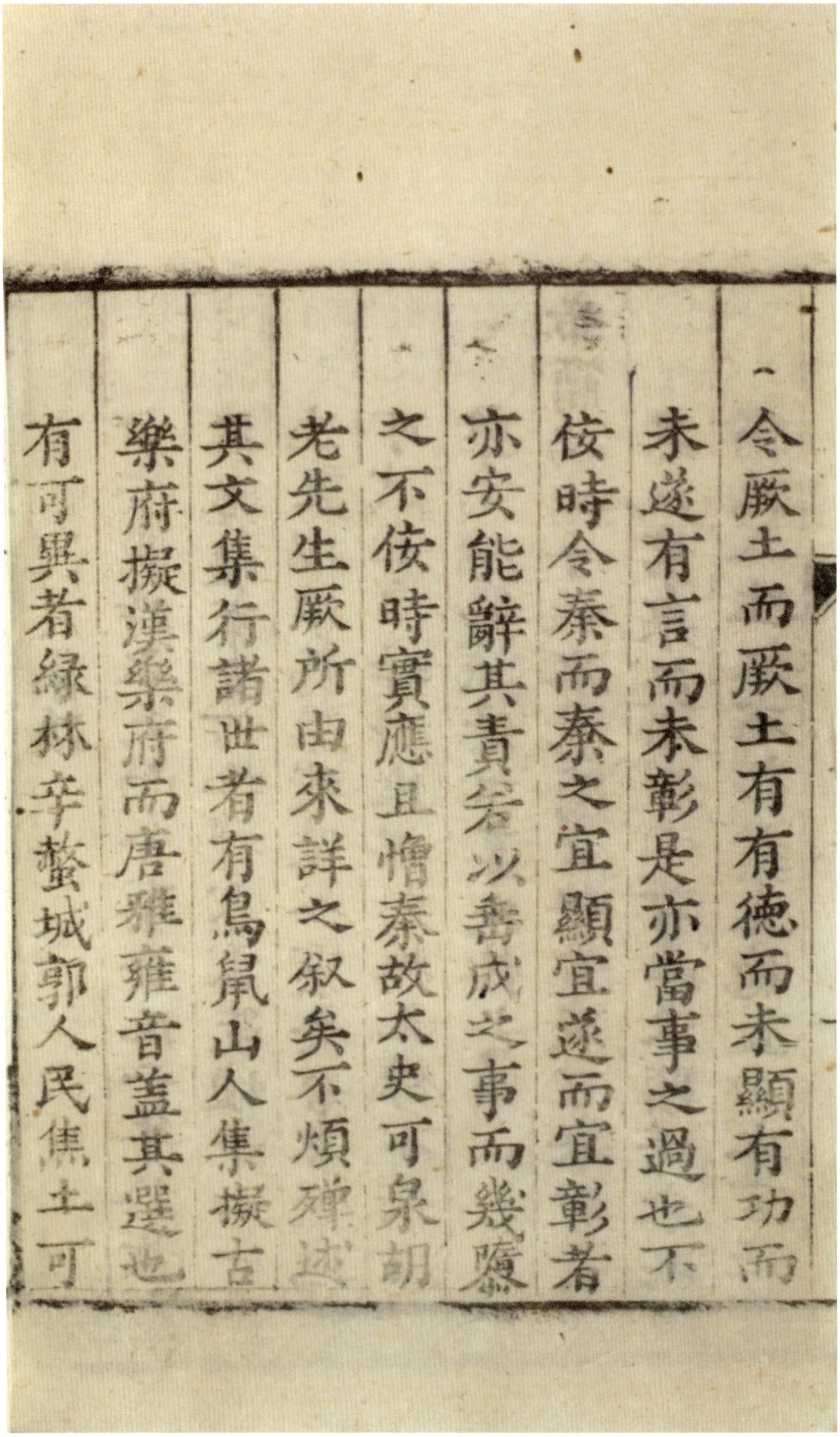
一令厥土而厥土有有德而未顯有功而
未遂有言而未彰是亦當事之過也不
佞時令泰而泰之宜顯宜遂而宜彰者
亦安能辭其責咎以垂成之事而幾隳
之不佞時實應且懵泰故太史可泉胡
老先生厥所由來詳之叙矣不煩殫述
其文集行諸世者有鳥鼠山人集擬古
樂府擬漢樂府而唐雅雍音蓋其選也
有可異者緑林辛螫城郭人民焦土一可

0304 鳥鼠山人小集十六卷後集二卷近取編二卷願學編二卷可泉擬涯翁擬古樂府二卷擬漢樂府八卷附錄二卷補遺一卷雍音一卷唐雅 八卷 （明）胡纘宗撰 榮哀錄二卷

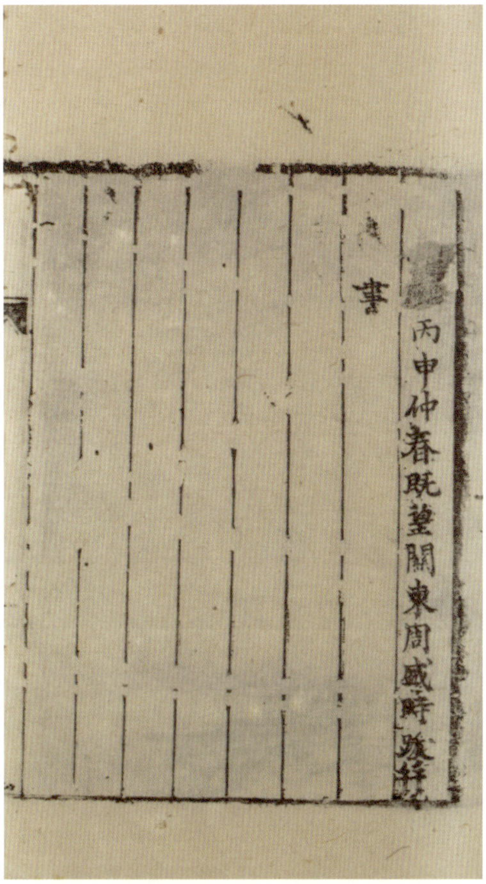
丙申仲春既望關東周盛時跋并
書

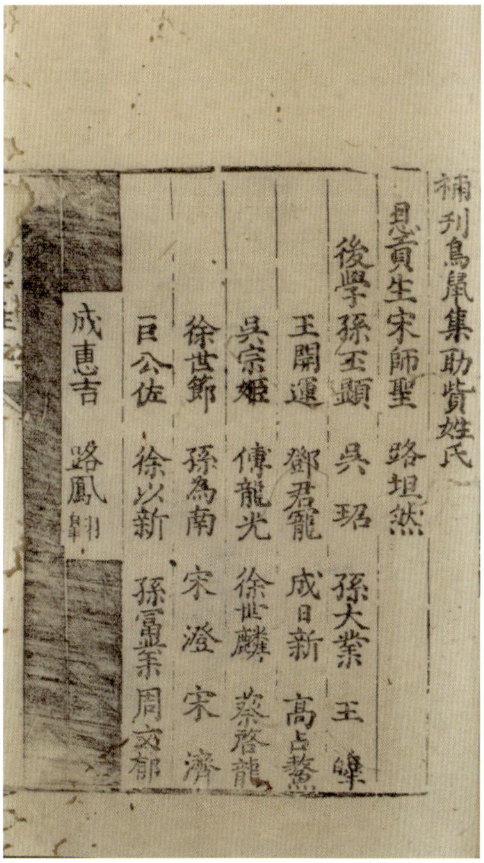
補刊鳥鼠集助貲姓氏
歲貢生宋師聖　路垣然
後學孫玉顯　吳珺　孫大業　王嶸
王開運　鄧君龍　成日新　高占鰲
吳宗姬　傅龍光　徐世麟　蔡啓龍
徐世節　孫為南　宋澄　宋濟
巨公佐　徐以新　孫富業　周效郁
成惠吉　路鳳翔

0305 芝園定集五十一卷別集十卷外集二十四卷

（明）張時徹撰

明刻本　二十八冊

定集　匡高19.6釐米，廣14.5釐米。半葉十一行，行二十二字，白口，左右雙邊。別集　匡高19.4釐米，廣14.5釐米。半葉十行，行二十字，四週雙邊。外集　匡高19.4釐米，廣14.7釐米。半葉十行，行十九字，四週雙邊。

張時徹，字維靜，一字九一，號東沙，鄞縣（今屬浙江）人。為張邦奇之族父，少邦奇二十歲。嘉靖二年（1523）進士。累官南京兵部尚書。諸集：《芝園定集》，卷一賦，卷二四古，卷三、四樂府，卷五雜歌，卷六、七五古，卷八七古，卷九至十二五律，卷十三五排，卷十四至十七七律，卷十八五絕，卷十九六絕，卷二十七絕，卷二十一族譜，卷二十二至二十五書啟，卷二十六至三十五敘，卷三十六記，三十七傳，三十八至四十一碑文，卷四十二至四十四墓誌銘，卷四十五墓表志狀，卷四十六祭文，卷四十七雜著，卷四十八至五十一史論；《芝園別集》，奏議五卷、公移五卷；《芝園外集》為《說林》二十四卷。此《說林》仿宋濂《龍門子》，劉基《鬱離子》，自正德至嘉靖二十一年，成是書；《說林》十六卷、《續說林》八卷。上至先秦諸子，下迄明代諸朝掌故、事件、史實，或記、或論、或評，不一而足，可謂博也。《諸家評》為楊慎、高第、李濂、歐陽德、朱廷立、任瀚、徐南金、徐良傅、王維楨、沈愷、皇叔汸、郭文涓、沈明臣、王文祿諸人的評文。時徹之文『非今之文，秦漢之文也。敘事匹馬班，議論過劉董，經濟超晁賈，辭賦淩屈宋；雄深雅健，典則麗華，振以晉唐之音，接以濂洛之緒，藝林獨步，昭代無雙。』這些評價還是有些過譽了。是書無具體的刊印時間，然其《定集》卷三十七《柯希齋傳》有『公生於弘治丁已（1497），卒於萬曆甲戌（1574），享年七十有八』語；卷十二有《甲戌至日燕李冊人讀騷軒》、《乙亥新正四日月湖精舍小集》等，這幾處干支紀年應為萬曆的二、三年。據此，這部張氏諸集的刊印時間當在萬曆三年之後了。因無確鑿的刊印時間，以『明刻本』定之。明中文壇，前後七子倡導文章學習秦漢，古詩推崇漢魏，近體宗法盛唐的文學主張，文學的復古運動出現了新的高潮，張時徹是推波助瀾者，他的文學創作是其積極踐行的體現。其文體有『秦漢之文』之謂，比之前後七子中之翹秀李（攀龍）、何（景明），有所謂俊亮清麗過之之論。張時徹集，時人評述甚高，乃傳世明人文集之較佳者，於明代文學史研究、明代文學復古運動的研究是重要資料之一。此合集傳世甚罕，且刊印精審，紙墨俱佳，為明萬曆時期刊本之上佳者也。

四川省圖書館藏。

芝園定集卷之一

賦

拙客窩賦

横山陳子以拙客名窩其言曰拙言性也客言寄也吾闇鈍稚朴生四十而無稱然私心安之以爲是天地之逆旅云耳張子聞而韙之遂摛詞賦焉

惟達人之玄覽兮握貞德以爲符慨品庶之馮生兮炳造化之靈樞或便儇以倖值兮或濩落而次且或華衣而結駟兮或氈塵而腹虛或比翼於霄漢兮或駢首於泥塗胡后皇之降生兮紛巧拙其萬殊就六籍以折衷兮師睿士之所謨曰木訥其近仁兮嗟恌巧其悖圖孰敦龎而非寶

0305　芝園定集五十一卷別集十卷外集二十四卷

（明）張時徹撰

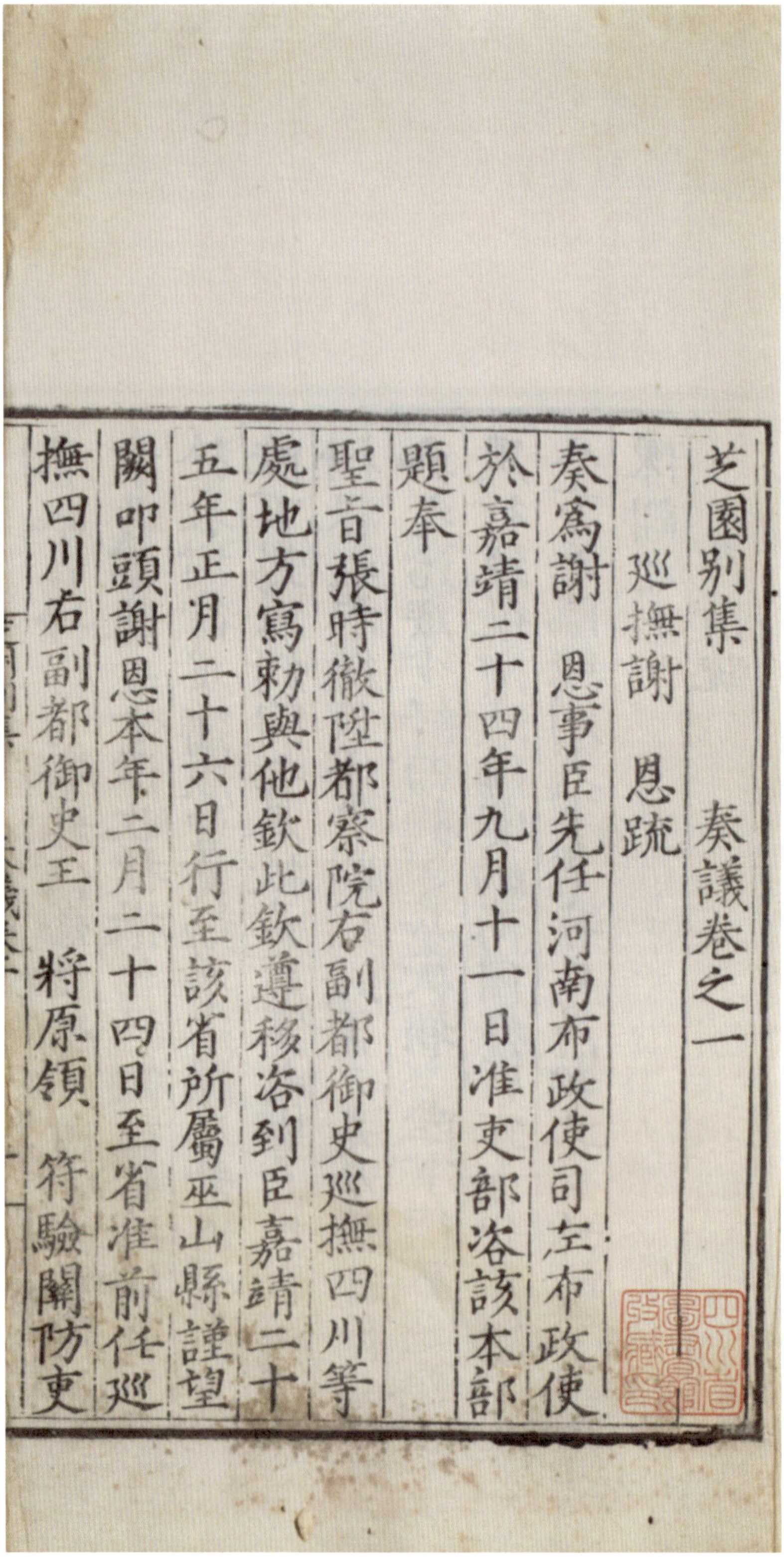
芝園別集　奏議卷之一
巡撫謝　恩疏
奏爲謝　恩事臣先任河南布政使司左布政使
於嘉靖二十四年九月十一日准吏部咨該本部
題奉
聖旨張時徹陞都察院右副都御史巡撫四川等
處地方寫勑與他欽此欽遵移咨到臣嘉靖二十
五年正月二十六日行至該省所屬巫山縣謹望
闕叩頭謝恩本年二月二十四日至省准前任巡
撫四川右副都御史王　将原領　符驗關防吏

芝園外集卷之一

說林一

辭命林

宋公陳侯蔡人衛人伐鄭圍其東門鄭莊公使行人辭於宋公曰孤不佞不能和其四隣以爲君憂使赫然辱於敝邑孤無所圖罪謹使下介以請夫自孤之學主宗廟社稷也亦惟先世之顯盟是共是以罔敢失隊頃者公子馮之辱也其以成穆公之讓而致國於君也孤惟昏姻之國館而賓之亦惟君故之以豈敢有所利焉如以馮爲討也是使

0306 遵巖先生文集四十一卷　（明）王慎中撰

明隆慶五年（1571）邵廉刻本　十四冊

匡高20釐米，廣14.2釐米。半葉十行，行二十一字，白口，四週單邊。

王慎中（1509—1559），字道思，號遵巖，又稱遵巖居士，後又號南江，晉江（今屬福建）人。嘉靖五年（1526）進士，事蹟詳《明史·文苑傳》。是集所輯為詩、詞、序、記、碑、墓誌、墓表、傳、行狀、祭文、雜著、書等。王氏為學，初受文壇摹古派李夢陽為首的『前七子』的影響，主張『文必秦漢，詩必盛唐』，後有悟於歐陽修、曾鞏的為文之法，轉而認為『學六經、《史》、《漢》最得旨趣根源者，莫如韓、歐、曾、蘇諸名家』。遂一心加以仿效，特別對於曾鞏，則更有心得，認為曾文『信手能道其中之所欲言；而不醇不該之蔽亦少矣』。著文應『直抒胸臆』，『能道其中之所欲言』，即能表達作者的思想感情，提倡『本色自然』，並以演迤詳贍的特點，卓然成家。王慎中為明代文壇『唐宋派』的發起者，與唐順之齊名的明代文章大家。李贄認為，王慎中『其為文也，恒以構意為難，每一篇必先反復沈思。意定而辭立就。細觀之，鋪敘詳明，部伍整密，語華贍而意深長』。如《海上平寇記》、《金溪遊記》、《朱碧潭詩序》等，就有文筆酣暢，氣勢雄姿的特點；其詩歌則是初豔麗，後自然清新，『無一淺語、滑語』，如《登金山口絕頂》、《遊白鹿洞》等。《遵巖集》乃輯集王慎中《玩芳堂摘稿》、《遵巖家居》等書，加以少年時的文稿而成。王慎中集子的明代版本刊行於嘉靖和隆慶間，嘉靖本有四卷本《玩芳堂摘稿》，七卷本《王遵巖家居集》，四十一卷本《遵巖先生文集》；隆慶本有嚴鎡刊十五卷本和邵廉刊四十一卷本，均題《遵巖先生文集》，且都刊於隆慶五年（1571）。其後又有施觀民隆慶六年（1572）刊十六卷本《遵巖王先生文粹》。其時正是王慎中在文壇風頭正勁之時。是集之刊，邵廉云：『今王子已逝，而侍禦蔣公手是集言其意，授余曰：「閔中文獻歐曾心法在此，邵守識之！」宋蘇公軾未面文正序其集，余守王子鄰邦，既不及面，然即面執業何能知王子也。以蔣侍禦公之意論敘刻焉！』（邵廉《王遵巖文集序》）是刻所據者當為嘉靖四十五年劉溱刻本。慎中所著，幾盡於此矣，應是明代文學史研究的重要資料，又有刊印精審的特點，為傳世王集的重要版本。邵廉，字茂齊，一字虛道，號圭齋，南豐（今屬江西）人。嘉靖四十四年（1565）進士。官工部主事，改兵部給事中，升建寧知府，遷知成都。有《圭齋集》。

四川省圖書館藏。

遵巖先生文集卷之一

五言古詩

郊工 頌成也

上親定南北郊之祀乃於國陽建南郊皇皇乎一代之盛觀王者之大制也作頌成

於辟翼承序祇德鑒昊蒼觀文鼇元命造哲煥令章諍臣秉周禮納議光文昌經始揆皇覽測臬卽靈壤巍基摩地軸層構羅天綱營陔三奇積疏陛四維張象形以紛規效運故秉陽躨跜白虎守蚴蟉青龍翔宅嶽旣岑岑傎河亦湯湯縣圃激神嶽蓬壺峙中央啓度非近算

0307　念菴羅先生集十三卷

（明）羅洪先撰

明嘉靖四十三年（1564）甄津刻本　六冊

匡高20.1釐米，廣14.2釐米。半葉十一行，行二十字，白口，四週單邊。

羅洪先（1504—1564），字達夫，號念菴，吉水（今江西省吉水縣）人。明世宗嘉靖八年（1529）進士第一名，授翰林院修撰，即請告歸。後召拜春坊左贊善，罷歸，著書以終。事詳《明史·儒林傳》。羅氏為學，無所不窺，然終以王守仁為宗，尚『良知』之學，自謂守仁門人。其學三變，文亦因之。初效李夢陽，既而厭之，後從唐順之，晚乃自行己意。其人有甘淡泊，人品高潔之譽。著有《念菴集》二十二卷，《冬遊記》一卷。此十三卷本《念菴羅先生集》所輯者為書二卷、《雜著》一卷，敘、記、傳、狀、銘、表各一卷，祭及雜文二卷，古律詩二卷。羅集在嘉靖四十二年（1563）有劉玠刻十三卷本《念菴羅先生文集》，『嘉靖甲子（四十三年）夏，五侍御毅所黃公以羅念菴先生集授邑侯甄君重刻成……毅所黃公，金谿人；甄君我溪，東魯之魚台人。集凡十三卷，目仍其舊。』（俞憲《重刻羅念菴先生文集序》）此嘉靖四十三年（1564）刊本乃甄津任無錫令時所刻印，所據底本應為劉本。是本刊印俱佳，為羅集之較佳者。甄津，字汝問，山東魚台人。嘉靖三十八年（1559）進士。初令句容，調無錫。

四川大學圖書館藏。

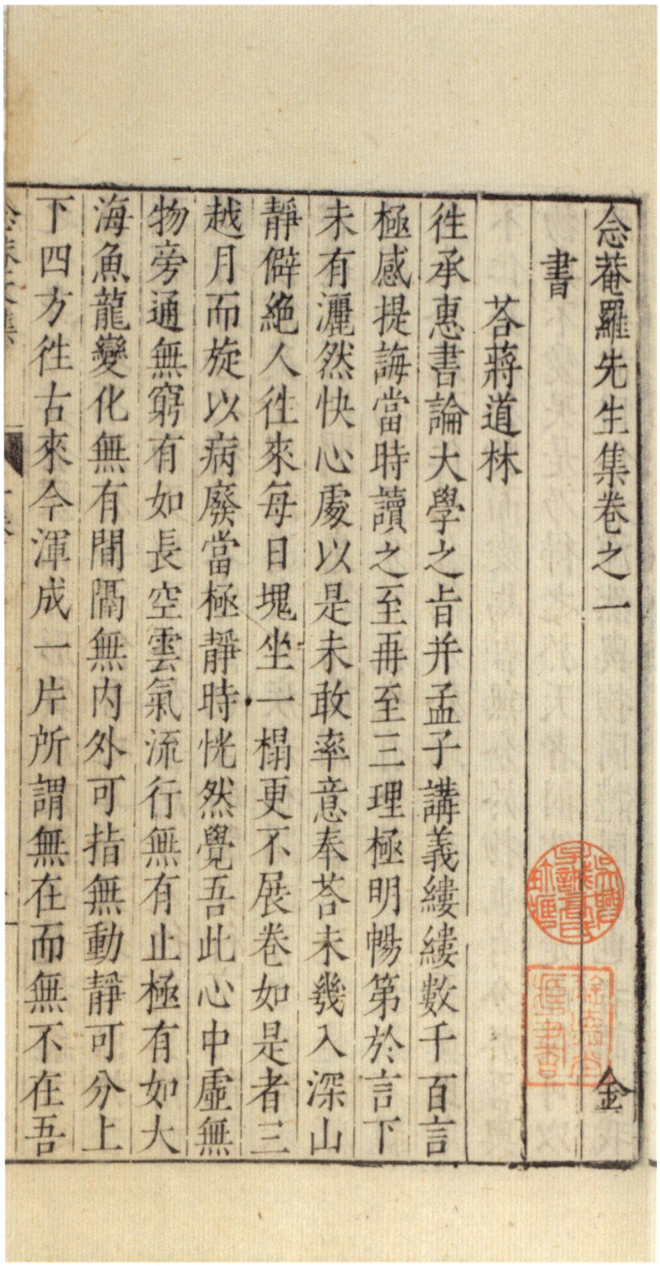
念菴羅先生集卷之一　金
書
荅蔣道林
往承惠書論大學之旨并孟子講義縷縷數千百言
極感提誨當時讀之至再至三理極明暢第於言下
未有灑然快心處以是未敢率意奉荅未幾入深山
靜僻絕人往來每日塊坐一榻更不展卷如是者三
越月而旋以病癈當極靜時恍然覺吾此心中虛無
物旁通無窮有如長空雲氣流行無有止極有如大
海魚龍變化無有間隔無內外可指無動靜可分上
下四方往古來今渾成一片所謂無在而無不在吾

0308　南沙先生文集八卷

（明）熊過撰

明泰昌元年（1620）熊胤衡刻本　八冊

匡高21.1釐米，廣14.3釐米。半葉九行，行十九字，黑口，四週單邊。

熊過，字叔仁（一作仁淑），號南沙，富順（今四川富順縣）人。生卒年不詳。明嘉靖八年（1529）進士，選翰林庶吉士，累官禮部祠祭司郎中。因剛正不阿，多次上書言事被貶。嘉靖二十六年（1547），又遭誣告，削職為民。後隱居驪澤山，閉門著述。《明史》有傳，然甚略。熊過博通經史，著述甚豐，成就頗著，名重其時。有《周易象旨決錄》、《春秋明志錄》等著作。其詩文與新都楊慎、內江趙貞吉、南充任瀚合稱明代『西蜀四大家』；與陳束、王慎中、唐順之、趙時春、任瀚、李開先、呂高等又有『嘉靖八才子』之譽。此《南沙先生文集》為其門人嚴清輯編於隆慶二年（1568），五十年後曾孫熊胤衡所刻印。從其所題『曾孫熊胤衡重梓』來看，在這個版本之前，是集應有刊印本，然未見有傳世者。《南沙先生文集》收文一百七十篇，熊過著述傳世者基本於此，是明代文學史的重要資料。此《南沙先生文集》，刻印於明泰昌（明光宗朱常洛的年號。朱常洛於是年八月繼位，九月即去世，至天啓元年，這個年號實際上只用了四個月。因而，現存古籍中使用該年號者極少）元年（1620），傳世極罕。

瀘州市圖書館藏。

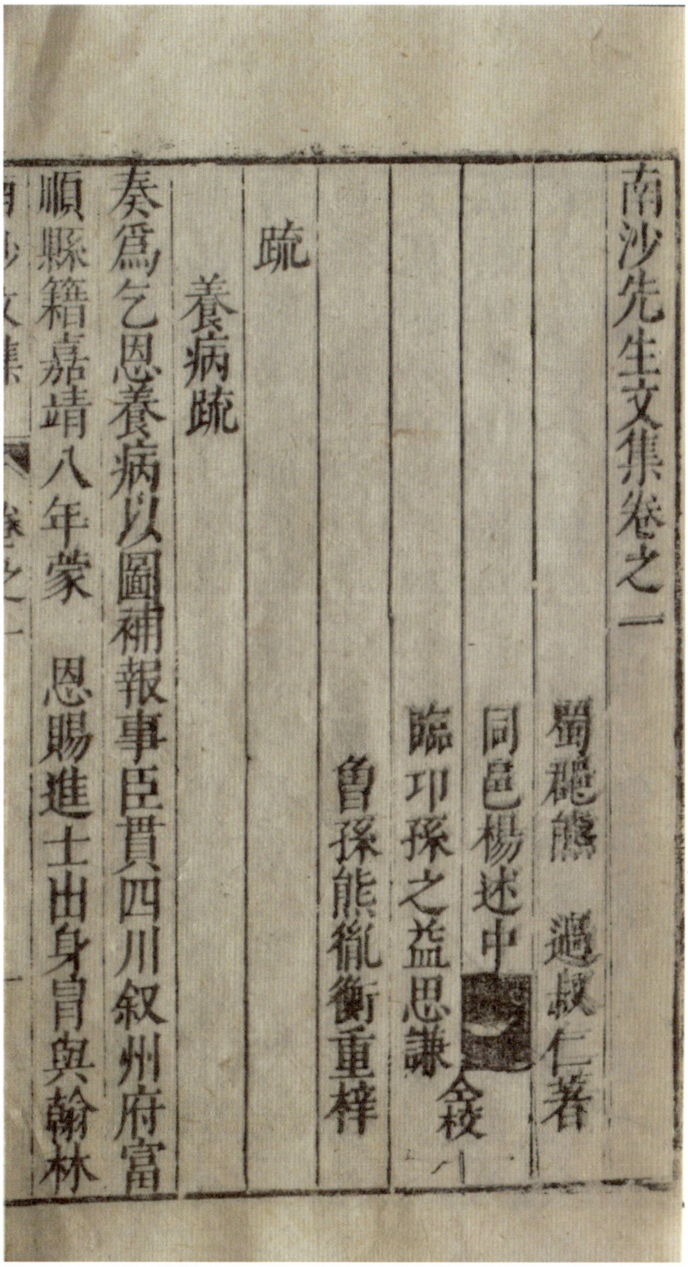

南沙先生文集卷之一

蜀[illegible]熊　過叔仁著

同邑楊述中

臨邛孫之益思謙　仝校

曾孫熊胤衡重梓

疏

養病疏

奏爲乞恩養病以圖補報事臣貫四川叙州府富順縣籍嘉靖八年蒙　恩賜進士出身㞐與翰林

南沙文集　卷之一　一

玄化願下臣章勑所司廉察臣病以例歸使臣深自省愆以遠囟邁庶幾不爲天厭當思後效若先身後公非臣之愚所敢萌諸心也

議儒臣從祀疏草

奏爲乞恩崇祀以光 聖治事先該御史楊瞻樊得仁各奏以前禮部侍郎兼翰林院學士薛瑄從祀孔廟幸奉旨議其事臣聞古者有道德則使之教死則以爲樂祖祭於瞽宗凡始立學者必釋奠於先聖先師釋奠必有合有國故則否先聖先師

譚夫亦共憶悟先生未竟之
藴耳是爲序
泰昌庚申孟冬浙江道監察御
史西蜀孫之益書

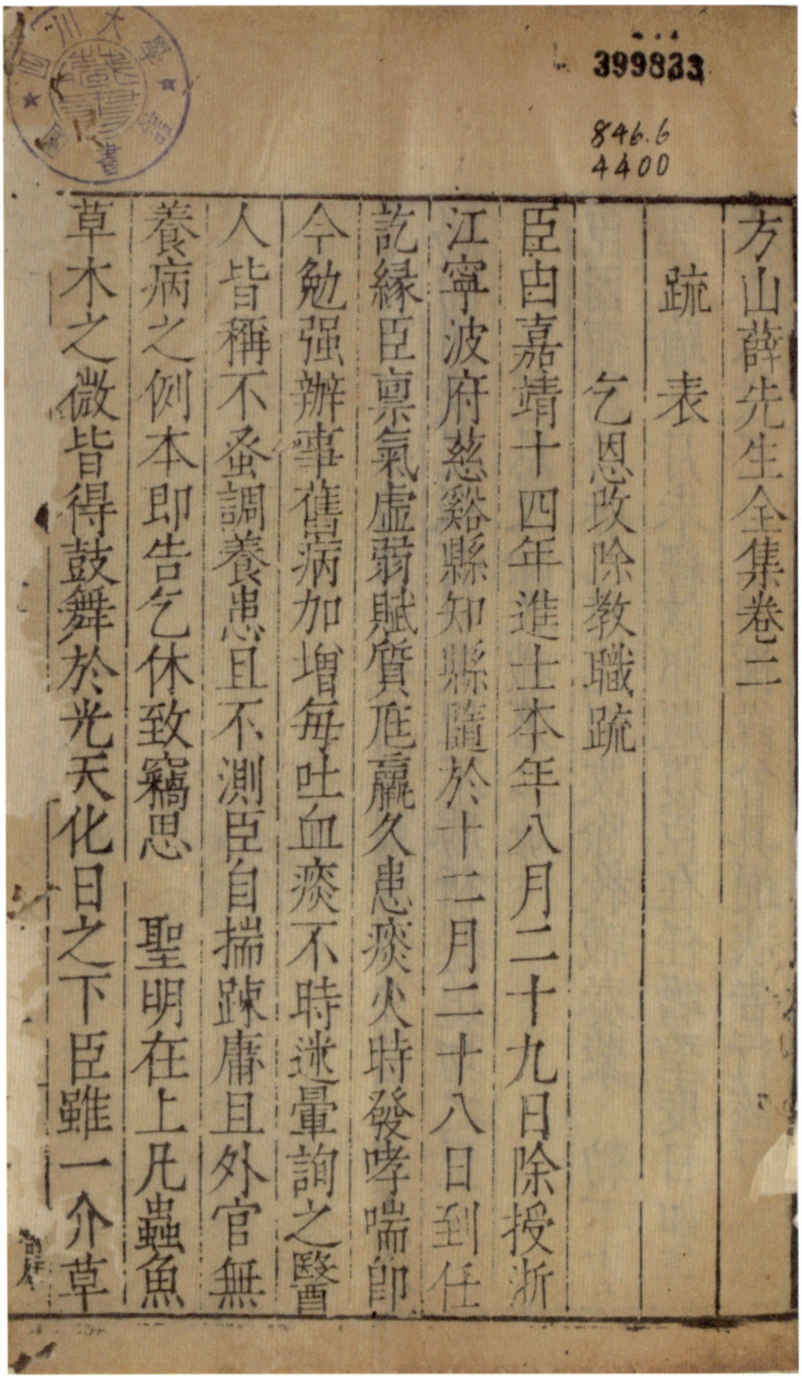

方山薛先生全集卷二
疏　表
乞恩改除教職疏
臣𠫓嘉靖十四年進士本年八月二十九日除授浙
江寧波府慈谿縣知縣隨於十二月二十八日到任
訖緣臣稟氣虛弱賦質尫羸久患痰火時發哮喘節
今勉强辦事舊病加增每吐血痰不時迷暈詢之醫
人皆稱不蚤調養患且不測臣自揣踈庸且外官無
養病之例本即告乞休致竊思　聖明在上凡蟲魚
草木之微皆得鼓舞於光天化日之下臣雖一介草

0309　方山薛先生全集六十八卷

（明）薛應旂撰

明嘉靖刻本　二十冊

匡高19.5釐米，廣14.2釐米。半葉十行，行二十字，白口，四週單邊。

薛應旂，字仲常，號方山。武進（今屬江蘇）人。明學者、藏書家。嘉靖十四年（1535）進士，官南京考工郎中。因對嚴嵩不滿，被貶為建昌通判、浙江提學副使。歸居後，專事著述。家富圖籍。清初姜紹書《韻石齋筆談》稱，其藏書可與吳寬、茅坤、王守仁等人並論。著述有《宋元資治通鑑》、《考亭淵源錄》、《四書人物考》、《方山文錄》、《甲子會記》、《憲章錄》、《高士傳》、《薛方山紀述》等。《全集》分爲殿試策、疏表、雜著、書、序、記、傳、碑、墓誌銘、論、策問、祭文、公移、詩等。此嘉靖刻本為薛氏著述最完備者，傳世稀少。

四川大學圖書館藏。

0310　丘隅集十九卷

（明）喬世寧撰

明嘉靖刻本　八冊

匡高18.2釐米，廣14釐米，半葉九行，行二十字，白口，四週單邊。

喬世寧，字景叔，號三石，耀州（今屬陝西）人，嘉靖十七年（1538）進士，授南京戶部主事，再擢至郎中，歷山西按察使。曾督學楚中，勁直明敏，文宗秦漢，下筆數千言，爲世所重。《丘隅集》乃喬世寧所自定也。嘉靖癸亥（四十二年）孫應鰲《丘隅集》序云：『三石子喬公世寧卒，友人孫應鰲志其墓矣，再序其詩文……集曰「丘隅」，本三石子所自命。《詩》云：「綿蠻黃鳥，止於丘隅。」小丘，三石子隱居所也，然其命意，抑又澹莫遠矣。』『……三石子既心於詩文，乃積書至萬余卷，鞫明究曛，纂英擷華，凡宇宙間廣長數千萬里，上下數千萬年，靡不融浹，隨意所向而出之，較若畫一，信博極其趣哉！』明中文壇復古風熾，世寧熱倡者也。文不作漢以後語，詩不作唐以後語，三石子詩文具在斯集。此嘉靖刻本傳世不多，乃明代文學史研究資料之一。

四川大學圖書館藏。

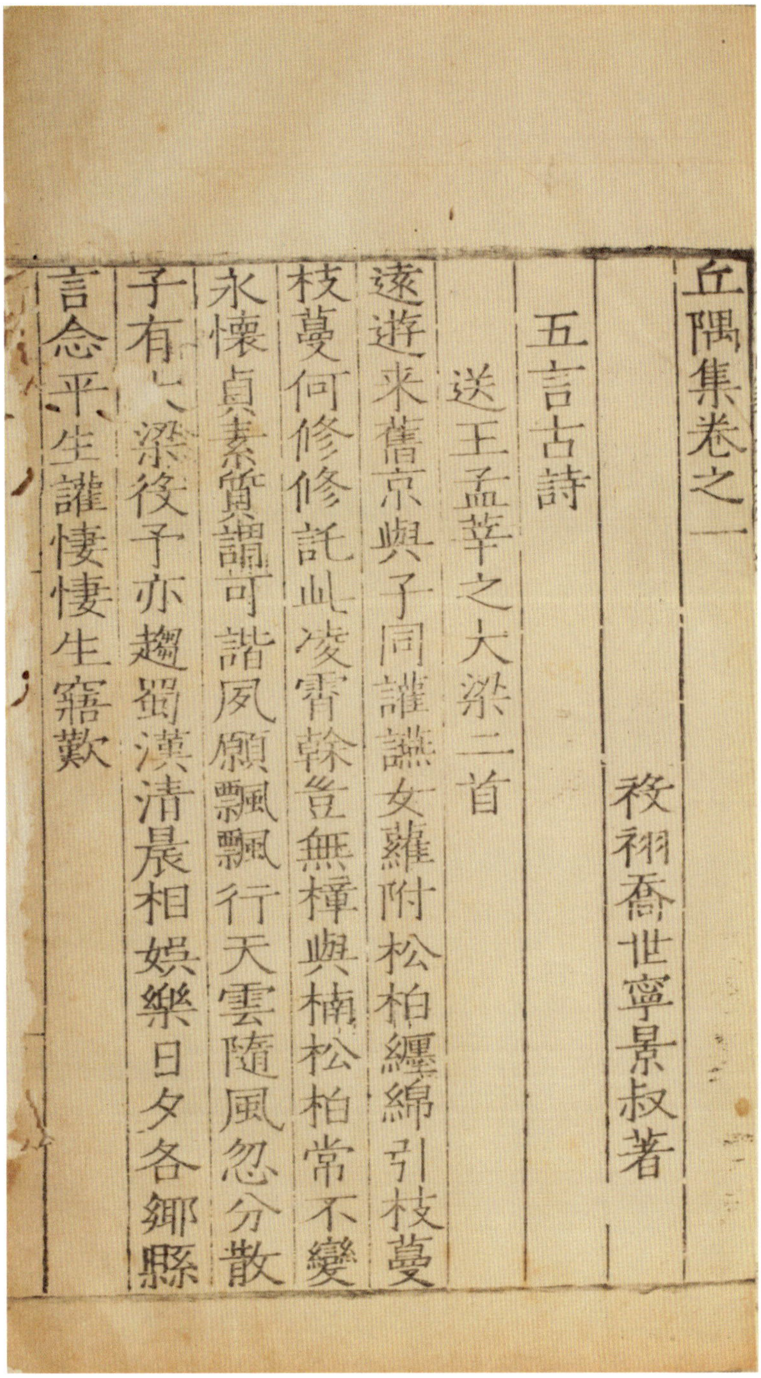
丘隅集卷之一
耀州喬世寧景叔著
五言古詩
送王孟莘之大梁二首
遠遊來舊京與子同讙讌女蘿附松柏纏綿引枝蔓
枝蔓何修修託此凌霄榦豈無樟與楠松柏常不變
永懷貞素質謂可諧夙願飄飄行天雲隨風忽分散
子有大梁役予亦趨蜀漢清晨相娛樂日夕各鄉縣
言念平生讙悽悽生竊歎

0311　無聞堂稿十七卷　（明）趙釴撰　附錄一卷

明隆慶四年（1570）趙鴻賜玄對樓刻本　六冊

匡高17.3釐米，廣13.5釐米。半葉九行，行十八字，白口，左右雙邊。

趙釴（1512—1569），字子舉，一字鼎卿，別號八柱野人，桐城（今屬安徽）人。嘉靖二十三年（1544）進士。由刑部主事改禮科給事中，歷南京太僕寺少卿，仕至都察院右僉都御史，巡撫貴州。趙釴，學出姚江，主『良知』之說。文頗磊落自喜，亦微近七子之派。《無聞堂稿》所輯者：贈言、賀言、壽言、序、記、碑銘、傳、祭文、雜說、疏書、賦等，爲文十二卷，詩五卷，都十七卷，乃其子趙鴻賜所編。隆慶四年趙鴻賜《先考中丞公無聞堂稿首言》云：『先考中丞公三十釋褐，五十懸車，其生平德業固已灼灼在人間世矣。第其詩文雜著皆神明英爽之所寄也，不肖孤懼其散失輯而梓之，凡十有七卷以藏於家塾。』是書卷一、三、六等卷末行刊『不肖孤鴻賜梓藏玄對樓中』，其編梓者確矣。南京國子監祭酒林樹聲所作《墓誌銘》於趙釴生平敘之甚詳；於其著作如《幾希圖說》、《辟方士論》、《講學諸說》等，有皆闡明理道，發前人所未發之評，極具推崇之語。然集中所見之者惟《幾希圖說》，餘皆不得見矣。趙集傳世者亦僅此隆慶四年趙鴻賜玄對樓刻本，存世較罕，文獻和版本價值重要。玄對樓，趙釴室名，子鴻賜繼之。

四川大學圖書館藏。

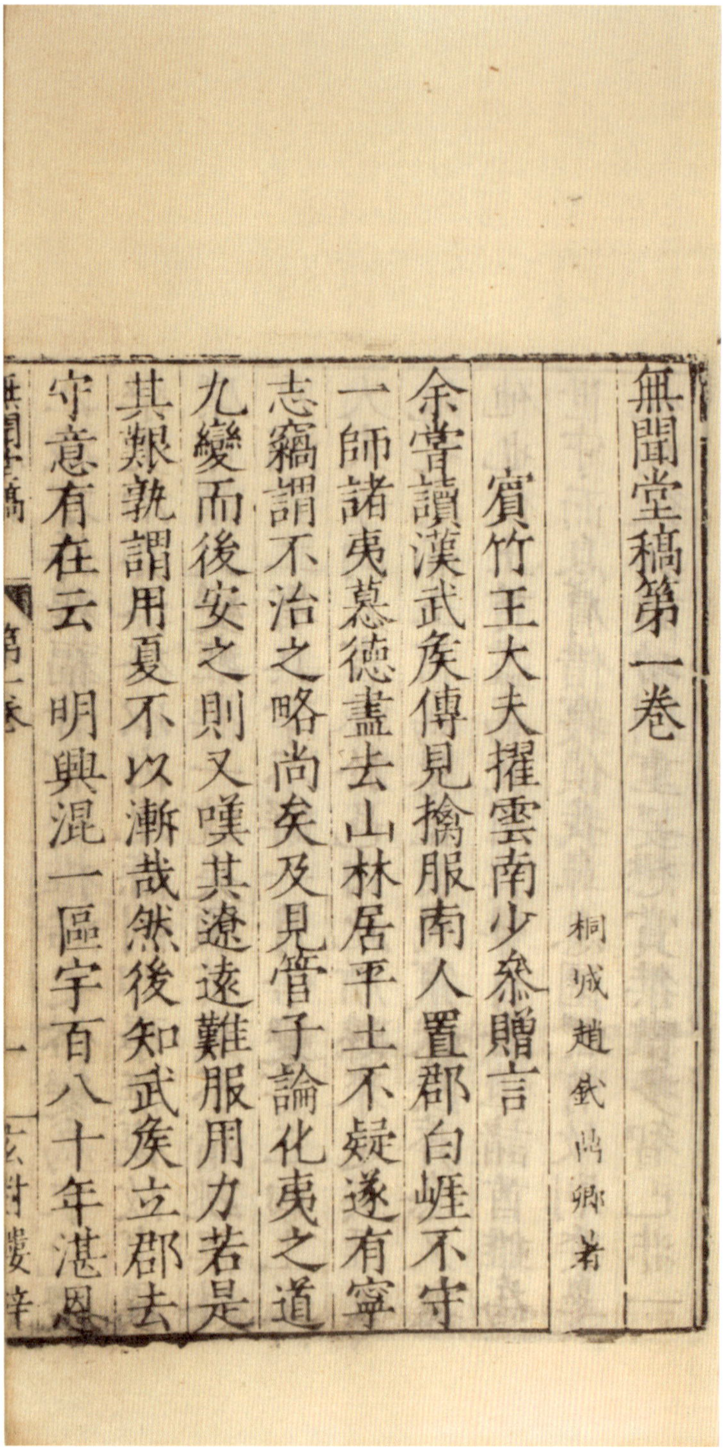

無聞堂稿第一卷

桐城趙釴鼎卿著

賓竹王大夫擢雲南少叅贈言

余嘗讀漢武矦傳見擒服南人置郡白崕不守一師諸夷慕德盡去山林居平土不疑遂有寧志竊謂不治之略尚矣及見管子論化夷之道九變而後安之則又嘆其遼遠難服用力若是其艱孰謂用夏不以漸哉然後知武矦立郡去守意有在云　明興混一區宇百八十年湛恩

無聞堂稿　卷第一　一　玄對樓梓

0312 滄溟先生集三十卷 （明）李攀龍撰 附録一卷

明刻本

匡高19.2釐米，廣14.2釐米。半葉十行，行二十字，白口，左右雙邊。存十三卷（卷一至十三）。

四川大學圖書館藏。

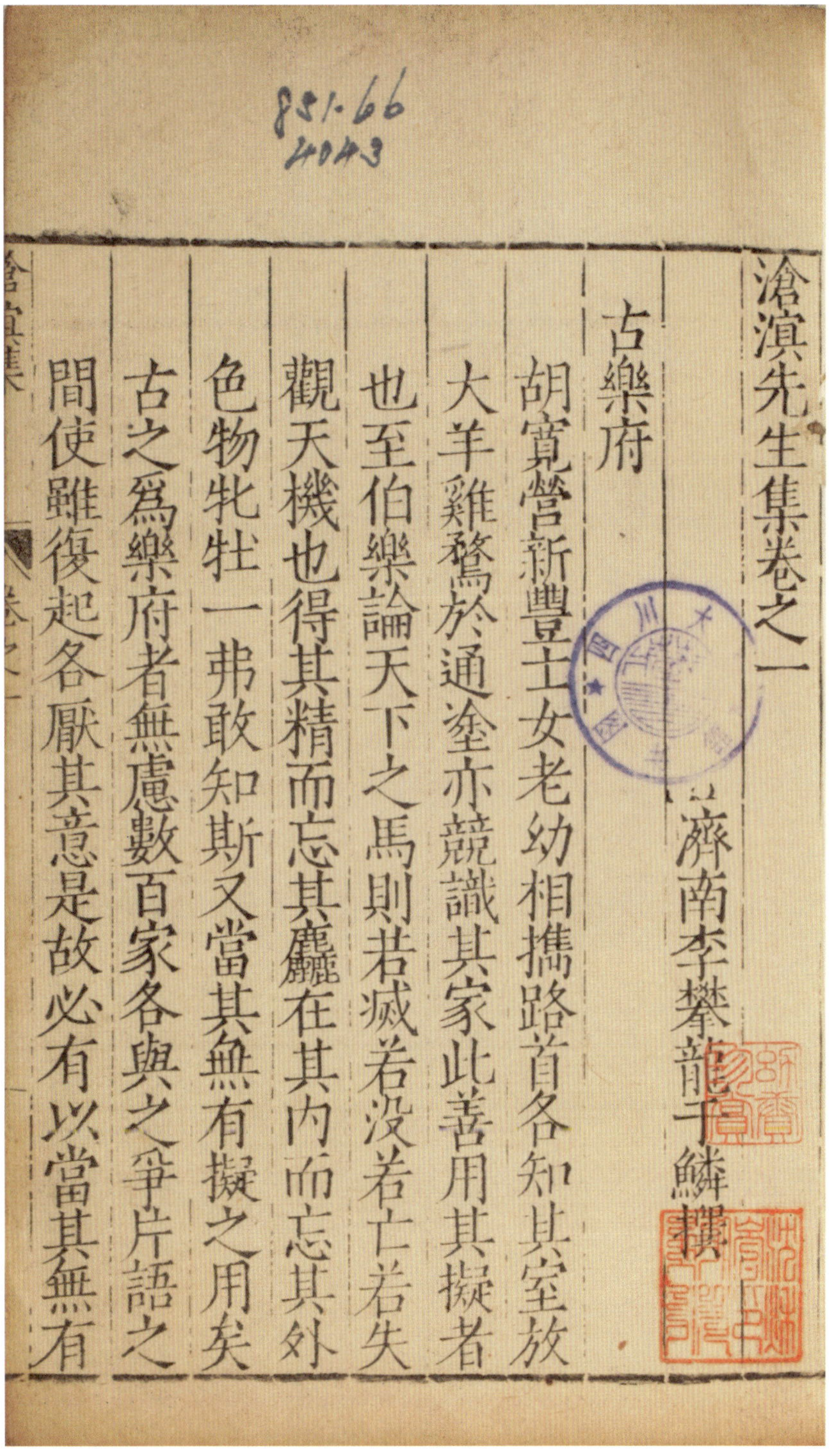

滄溟先生集卷之一

濟南李攀龍于鱗撰

古樂府

胡寬營新豐士女老幼相攜路首各知其室放大羊雞鶩於通塗亦競識其家此善用其擬者也至伯樂論天下之馬則若滅若没若亡若失觀天機也得其精而忘其麤在其内而忘其外色物牝牡一弗敢知斯又當其無有擬之用矣古之爲樂府者無慮數百家各與之爭片語之間使雖復起各厭其意是故必有以當其無有

滄溟集　卷之一

0313 滄溟先生集三十卷　（明）李攀龍撰　附錄一卷

明刻本　八冊

匡高19.5釐米，廣14.6釐米。半葉十行，行二十字，白口，左右雙邊。

李攀龍（1514—1570），字於鱗，號滄溟，山東歷城（今屬濟南）人。嘉靖二十三年（1544）進士。歷官刑部主事、員外郎、陝西提學副使，隆慶間官至河南按察使。事詳《明史·李攀龍傳》。李攀龍是明代文壇摹古派『後七子』的領袖，其文學主張與李夢陽相近，並以繼承其遺志為己任。指責『唐宋派』是『以易曉忘其鄙信，取合流俗，相沿竊譽，不自知其非，及見能為左氏司馬文者，則又猥以不便於時制，徒敝精神』，主張『學古人之法而作自己之詩』，創作只是『摭其華而裁其衰，琢字成辭，屬辭成篇，以求當於古之作者而已』。即不摹古人之作卻又不變古之立法，不是古人之作卻又酷似古人之作，不是擬古而是復古。以至於散文創作『無一語作漢以後，亦無一字不出漢以前』。持論比其他人都褊狹，其主張也影響了他的詩文創作。雖如此，李攀龍的詩文中還是有些很不錯的作品，如歌行類中的一些作品就有雄健英發，頗有氣勢的特點。《四庫全書總目》就有『才力富健，淩轢一時，實有不可磨滅者』的評判；否則，就無從解釋他的文學理論和創作有如此之大的影響，成風靡一時的文壇領袖的現象。李攀龍的著作，最早以嘉靖間刻印的《白雪樓詩集》行世，但其所收均為其五十歲以前的詩歌，未收散文作品。他死後第三年，即隆慶六年（1570），他的朋友王世貞在《白雪樓詩集》的基礎上，補入他晚年所作的詩歌，並加入他的散文作品，編成一個新的三十卷本，計詩十六卷，文十四卷，附錄一卷（為李攀龍傳、碑銘及他人與李攀龍的贈和詩等）名為《滄溟集》，刊行於世。此三十卷本為李攀龍作品集最為完備者。是本為隆慶本之外另一明刊本，應屬較早刊印者，刊印亦佳。

四川省圖書館藏。

滄溟先生集卷之一

濟南李攀龍于鱗撰

古樂府

胡寬營新豐士女老幼相攜路首各知其室放犬羊雞鶩於通塗亦競識其家此善用其擬者也至伯樂論天下之馬則若滅若没若亡若失觀天機也得其精而忘其麤在其內而忘其外色物牝牡一弗敢知斯又當其無有擬之用矣古之爲樂府者無慮數百家各與之爭片語之間使雖復起各厭其意是故必有以當其無有

0314 陳恭介公文集十二卷

（明）陳有年撰

明萬曆陳啓孫刻本　六冊

匡高21.8釐米，廣14.3釐米。半葉九行，行二十字，白口，四週單邊。

陳有年（1530—1598），字登之，號心穀，卒謚恭介，余姚（今屬浙江）人。嘉靖四十一年（1562）進士。授刑部主事，歷官吏部驗封郎中、考功文選，累遷吏部尚書。有年為官剛正清廉，『典京察，所黜咸當……引用僚屬，極一時之選』；『兩世膴仕，無宅居其妻孥，至以油幙障雨』。致仕，『歸裝，書一篋，衣一笥而已』。有『精品鑑身，都海宇重望者二十餘年』，『風節高天下』之譽。事蹟詳《明史》本傳。是集所輯為奏疏、序、記、傳、啟、墓表、墓誌、行狀、行實、祭文、詩、書等。其文沈深奧鬱，出入先輩，思與古作者齊軌。論事則直依名理，當實不諱。因而《陳恭介公文集》是明代文學史的研究資料，又因其作者獨具個性的為官經歷和作為，是集可謂研究明代官場政治有價值的資料。《陳恭介公文集》的輯印者，據其所題：『冢子（長子）陳啓端編輯』、『從子（侄子）陳啓孫付梓』，可見是集的出版行世乃其家族之所為也。是集為寫刻上版，刊印尚佳，且傳世不多。

四川省圖書館藏。

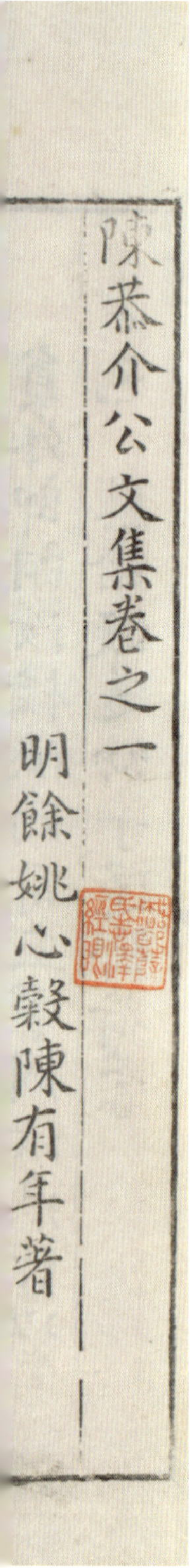

從子陳啓孫付梓
冢子陳啓端編輯

奏疏

送幼子還鄉疏

刑部河南清吏司主事臣陳有年奏為比例懇乞

大恩給假送幼子還鄉以圖補報事臣原籍浙江紹興府餘姚縣人由進士除授前職臣妻邵氏自家前來於嘉靖四十三年三月二十七日至濟寧地方患傷寒病症身故隨報臣知痛思臣妻停櫬旅泊遺有七歲幼男煢煢無依況去家數千里不能自歸實為狼狽臣舐犢私情感愴難堪遂嬰鬱懣查得嘉靖四十一年本部湖廣司員外郎胡汝桂陝西司主事周汝栗皆以妻故乞

恩給假送幼子還鄉荷蒙

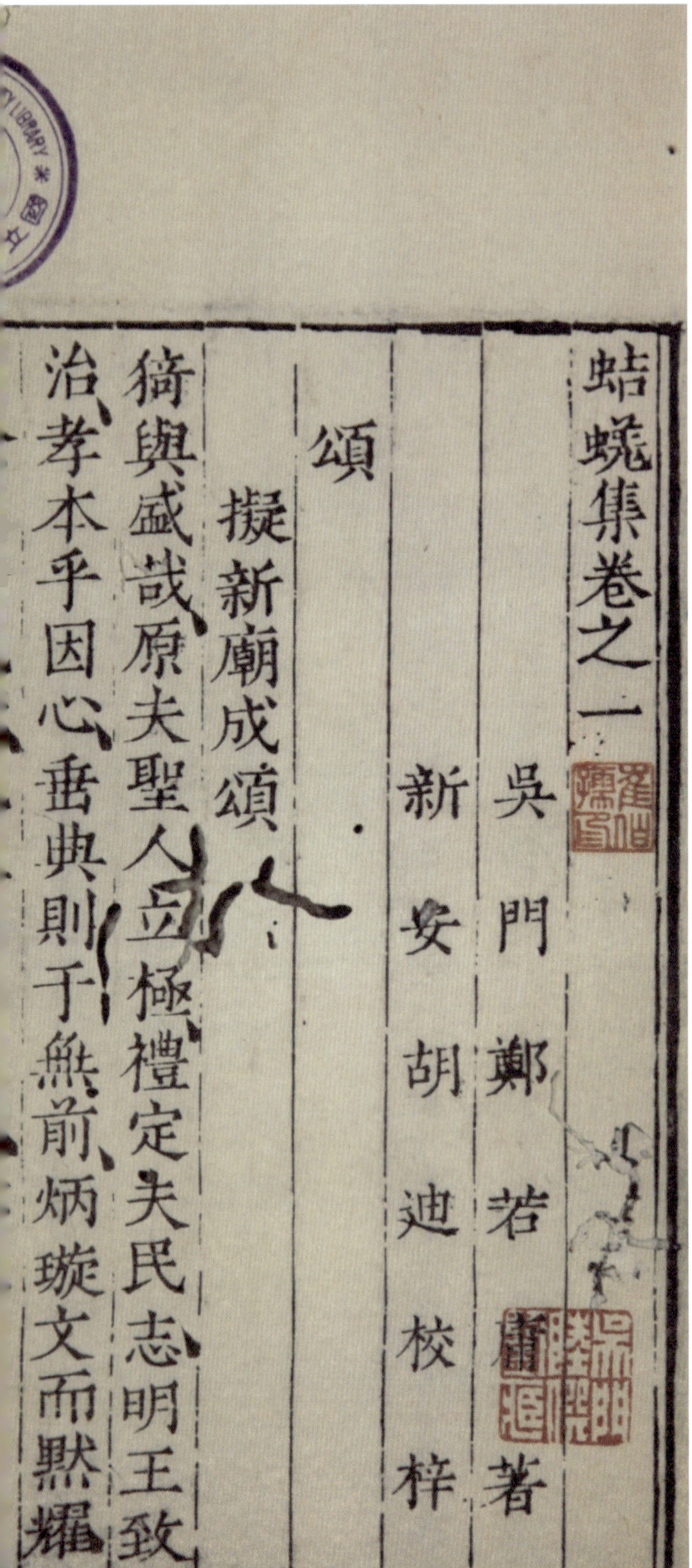
蛣蜣集卷之一
吳門鄭若庸著
新安胡迪校梓
頌
擬新廟成頌
猗與盛哉原夫聖人立極禮定夫民志明王致
治孝本乎因心垂典則于無前炳璇文而默耀

0315　蛣蜣集八卷

（明）鄭若庸撰

明隆慶四年（1570）胡迪刻本　八冊

匡高17.3釐米，廣12.6釐米。半葉九行，行十八字，白口，左右雙邊。

鄭若庸，字申伯，號虛舟，昆山（今屬江蘇昆山市）人。生卒年均不詳，約明世宗嘉靖十四年（1535）前後在世，年八十餘歲。少為諸生，以任俠不羈見斥。曾客趙康王朱厚煜邸中。厚煜給以筆劄，令其仿《初學記》、《藝文類聚》，越二十年而書成，名曰《類雋》。若庸精古文辭，尤工詩。其詩與謝榛齊名，然才力遜榛之富健，文又其餘事矣。是集凡文七卷，詩一卷。『蛣蜣生』其所自號，因以名集。關於鄭若庸著作的刊行，胡迪曰：『客歲余，鄉文學吳君左竹首刻其尺牘二編，汪君少石嗣刻北遊稿五卷，余因得其江南家居存稿，介左竹君再加簡訂，參以近作，前刻未盡者皆登梓焉。』（胡迪《刻蛣蜣集跋》）胡迪的跋語簡述了鄭若庸著作的刊行情況，其所云吳氏所刊之『尺牘』今不見傳世者；而今所傳者汪氏所刊之《北遊漫稿》，非所云之『五卷』而為三卷本，恐為著錄或刊印時的『五』和『三』的魯魚之誤。這個隆慶四年（1570）胡迪刻本的《蛣蜣集》，不僅因其底本為『江南家居存稿』，具有了文獻的原始性；又因在輯編時『參以近作，前刻未盡者皆登梓焉』，而成為鄭若庸著作傳世諸本中之最為完備者；因其稀見，又為傳世極罕的明人別集之一。

四川大學圖書館藏。

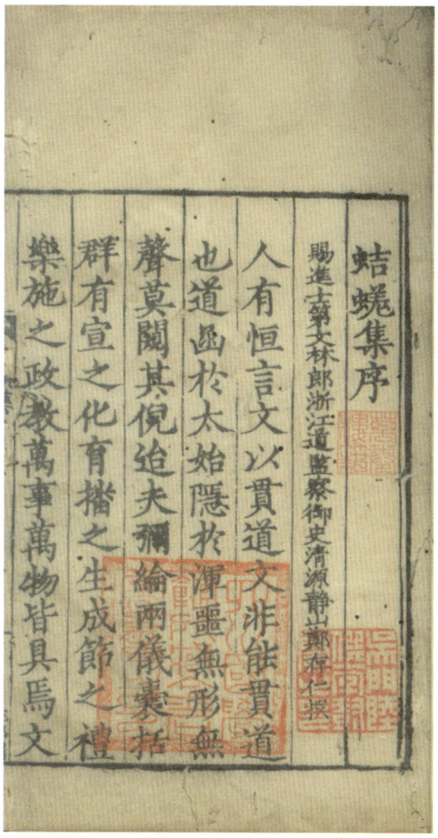

蛣蟯集序

賜進士第文林郎浙江道監察御史清源静山鄭存仁撰

人有恒言文以貫道文非能貫道也道函於太始隱於渾噩無形無聲莫闚其倪迨夫彌綸兩儀囊括群有宣之化育播之生成節之禮樂施之政教萬事萬物皆具焉文

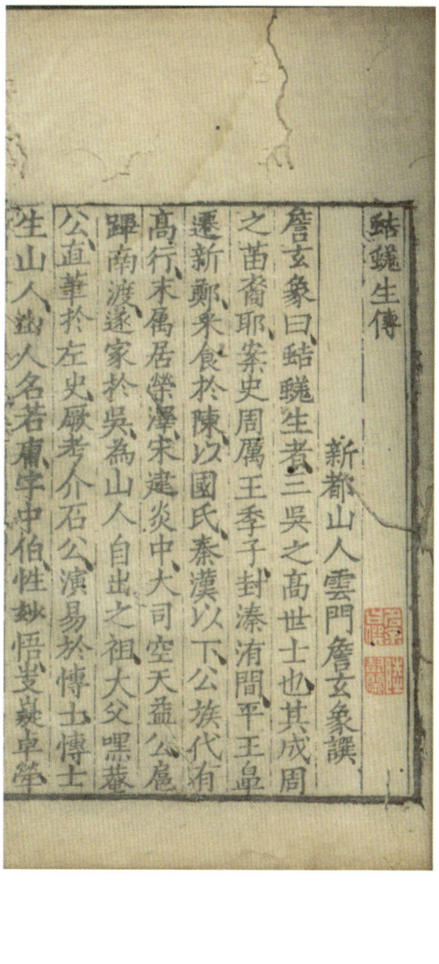

蛣蟯生傳

新都山人雲門詹玄象譔

詹玄象曰蛣蟯生者三吳之高世士也其成周之苗裔耶案史周厲王季子封溱洧間平王阜遷新鄭采食於陳以國氏秦漢以下公族代有高行宋寓居滎澤宋建炎中大司空天益公扈蹕南渡遂家於吳為山人自出之祖大父嘿菴公直華於左史厥考介石公演易於博士博士生山人幽人名若庸字中伯性妙悟岐嶷卓犖

0316 溪山堂艸四卷

（明）沈思孝撰

明萬曆刻本　二冊

匡高20.2釐米，廣13.9釐米。半葉八行，行十七字，白口，四週單邊。

沈思孝，字純父，號繼山，嘉興（今屬浙江）人。隆慶二年（1568）進士。授番禺知縣，以廉潔聞。萬曆間累官右都御史，巡撫陝西。事詳《明史》本傳。沈思孝不以文名，其為官，素以直節高天下，其為刑部主事，適『張居正父喪奪情，與艾穆合疏諫。廷杖，戍神電衛』。然尚氣好勝，動輒多忤，頗被物議。《溪山堂艸》乃沈思孝的詩文集，『溪山堂』者，沈氏所居也。其自云：『谿山堂者，吳興趙孟頫所書。予如秦還，愛其地分清遠，得而居之』，並以之名集。《溪山堂艸》『所作皆歸自秦後』，即沈思孝巡撫陝西以後的詩、文、疏等類著述彙編者。也就是萬曆初年以後的作品。按照湯顯祖萬曆二十三年（1595）《谿山堂艸序》的說法：沈氏還有一個由王元美、吳明卿、徐子與、汪伯玉為序的其居吳興和『其前入粵被徵諸草』的集子。然這個集子亦未見有傳世者，集中作品亦不在《溪山堂艸》中。可見沈氏一生的著述，非僅此《溪山堂艸》，然得以傳世者，卻僅此《溪山堂艸》一帙了。沈氏之文，有『大臣節度，其言君子小人亂治之際，甚辨甚斷而無橫厲峭覈之音，所謂雅而威，直而行』（湯顯祖《谿山堂艸序》），這與其為官之態大相徑庭，與通常所說的『文如其人』的說法，應算是一種悖論。《溪山堂艸》一書，除其所具有的文學價值外，可為瞭解和研究明代政治和官場人文資料之一，具有重要的文獻價值，是傳世極罕的明人別集之一。此刻本手寫上版，刊印俱佳，為萬曆時期刊印本中少見的精刊者。

四川省圖書館藏。

溪山堂艸卷之一

繡水沈思孝純父著

獻歲後同李伯遠艤舟雲川遲范東生

欲遠風塵色相將茗雲行梅會仍臘意鷗泛已春聲倚棹同元禮開尊憶巨卿山川信清宋良可結幽盟

憩慈感寺

名障那堪避空門暫托居山川法界裏臺殿

錢應兆刻

0317　中川遺藁三十三卷　（明）王教撰　王在阡編

明嘉靖三十九年（1560）清白堂刻本　八冊

匡高18.3釐米，廣13.1釐米。半葉九行，行十八字，白口，四週單邊。

王教（1479—1541），字庸之，號中川，祥符（今河南開封）人，嘉靖二年（1523）進士，授翰林院編修，晉國子祭酒，官至南京兵部右侍郎。是集乃其子王在阡所編，是集分為：賦二卷，古今體詩十三卷，樂章及詩餘一卷，雜文十九卷。關於王教，嘉靖三十八年（1559）李濂《中川遺稿序》稱其學窺本原，志在康濟，居嘗語人曰：『吾賦性蹇拙，詞翰誠非所長。』是教平日本不以詩文自命，故所作卷帙雖富，大抵縱筆所之，不甚翦裁結構也。這個《中川遺稿》為王教之子王在阡所編輯，嘉靖三十九年（1560）齊宗文《中川王公遺稿後序》云：『己未（嘉靖三十八年），余就選天曹，仰荷明聖，叨知儀封……視事數月，其賢嗣在阡整冊而進曰：「先君之文遺逸多矣，謹為收錄，得三之一耳。梓既成，嵩渚公序諸首簡矣，願公序諸後，何如？」余欣然受之。』此三十五卷本《中川遺稿》，雖僅為王教著述的三分之一，仍不失為明代文學史研究足可珍視的資料。此集傳世頗罕，為稀見明人別集之一。清白堂，王教室名，其子繼之。

四川大學圖書館藏。

中川遺藳卷之一

大梁王教庸之著

辭賦五首

祈靈賦有序

長至後四日 皇上以天親克敬雪兆豐年一陽已復三白未見爲是憂惶戒懼既致齋以告于 廟乃親詣南郊禱于天地以及山川諸神回禱于社稷一皆誠寓儀物敬洽情文士庶騰歡風雲改色臣備

0318　牧羊山人詩集四卷

（明）程頊撰

明程遠抄本　四冊

匡高11.3釐米，廣8.6釐米。半葉九行，行二十字，白口，四週單邊。

程頊，字堇之，婺源（今屬江西）人。生卒年及事蹟不詳。約正嘉時人。陸師道嘉靖三十一年（1552）《牧羊山人詩集序》云，程頊其人，『質實敦朴，平生不妄一語，踐履必於倫理』。『自少即絕去舉子業弗事，潛心理學，究極經書，深探道德性命之奧，而尤精於易』，『姬公孔父之書，研究肯綮；羲圖文爻之旨，悉探淵微』。有易學著述多種。光緒《婺源縣誌》卷四十一《隱逸》有傳，稱其字以正，環溪人。弱冠發憤，閉戶十餘年，遂成淹貫名士。書畫並工。不求仕進。題其書室曰『八可莊室 』，旁多白石，望之若羊群，故自號『牧羊山人』。程頊是一個『讀《易》詠詩，樂道不仕』的隱士。《牧羊山人詩集》所收，計五言、七言古風、七言、五言律詩四百八十三首。大抵詠物、紀行、贈友、紀事、風物、題贈、寄情等內容。詩風樸實自然，有性靈之氣。是為研究明代不仕學者心跡的資料之一。程頊著述的傳世，賴之於吳敖。嘉靖三十一年吳敖在其《牧羊山人詩集序》中對二人的交往有所記述，大概是嘉靖十四年（1535）曾有『山人放舟南下，僕亦挾策吳中，究極玄邈，追詠風雅，並館逾月，多所裨益』的同遊之舉。十七年後的嘉靖三十一年，吳氏『再來山中，相與講論易義，山人以為知己，間陳生平所著，命僕簡閱。僕以猥穢，豈堪重任，但命所加，不敢自韙。遂以《易翼八原》定為正本，詩詞浩瀚，雖便騷雅，悉屬英華，不同區畛，外分入卷。《南山倡和》與《偶然集》等作，本與諸公庚述，俱有旨歸，自為各集。業既甫定，山人復命為敘』。從是集首頁所題『歙友人吳敖輯刻』看，這個吳敖不僅是程頊著作編輯者，同時也是刊印者。然這個刊本，今存者，僅見吳江縣圖書館的《牧羊山人詩集》，這個本子也僅存卷二、三、六、七諸卷，也非全本。這個刻本的全帙的卷數應是多少，已不可考。這個四卷本的抄本《牧羊山人詩集》，從其卷一所題『歙友人吳敖輯刻、谿源程遠我康氏書』來看，應是抄自吳敖刻本；書中鈐有『程遠』、『我康』二印，抄者為程遠應是無疑的。這個四卷的抄本恐非完帙：一是從所存刻本有『卷六、卷七』看，刻本應是多於四卷之數；二是本書陸師道《牧羊山人詩集序》云：『間以緒餘，出為篇詠，發揮性靈，弘闡風教，為學士大夫所傳誦。敖為集合一千餘首，勒成若干卷。』此抄本為四百八十三首，只一半也，可見這個抄本也非全帙。雖如此，程頊著作傳世極罕，為稀見明人別集之一。是本抄寫甚精，其抄者程遠無考，當為程氏之後，或其族人。是本鈐有『黃丕烈印』、『複翁』印二方，原爲黃丕烈藏書。

四川省圖書館藏。

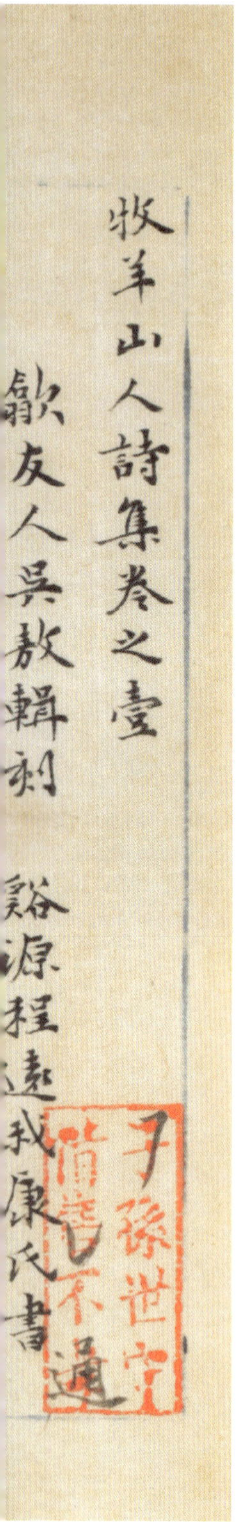

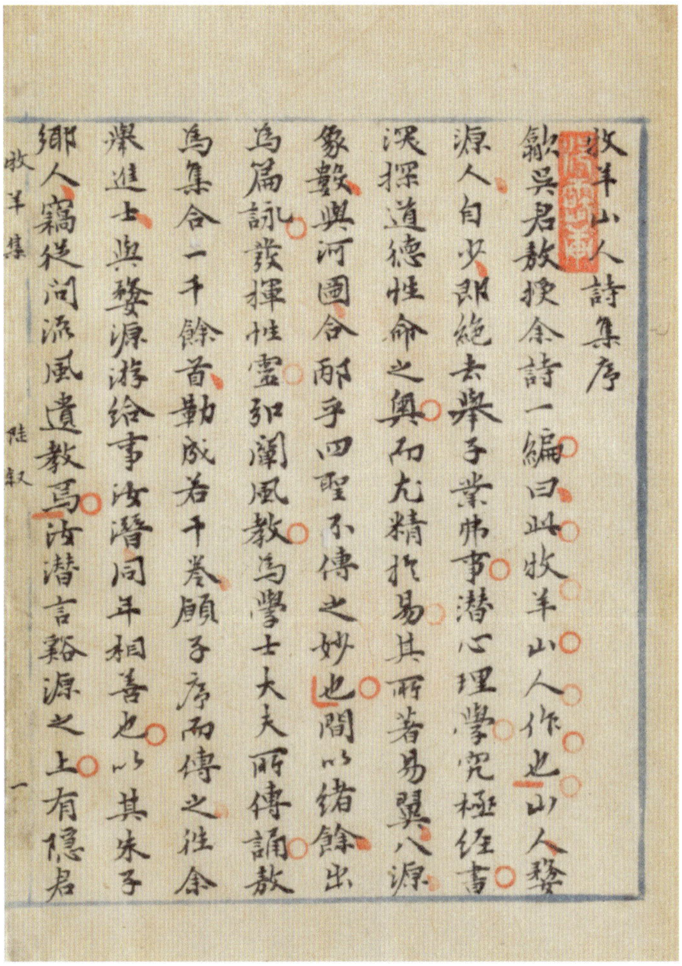

牧羊山人詩集序

歙吳君敖挾余詩一編曰此牧羊山人作也山人婺
源人自少即絕去舉子業弗事潛心理學究極經書
深探道德性命之奧而尤精於易其所著易翼八源
象數與河圖合所乎四聖不傳之妙也間以緒餘出
為篇詠發揮性靈弘闡風教為學士大夫所傳誦敖
為集合一千餘首勒成若干卷願子序而傳之往余
舉進士與婺源游給事汝潛同年相善也以其朱子
鄉人竊從問流風遺教焉汝潛言婺源之上有隱君

牧羊集　陸叙　一

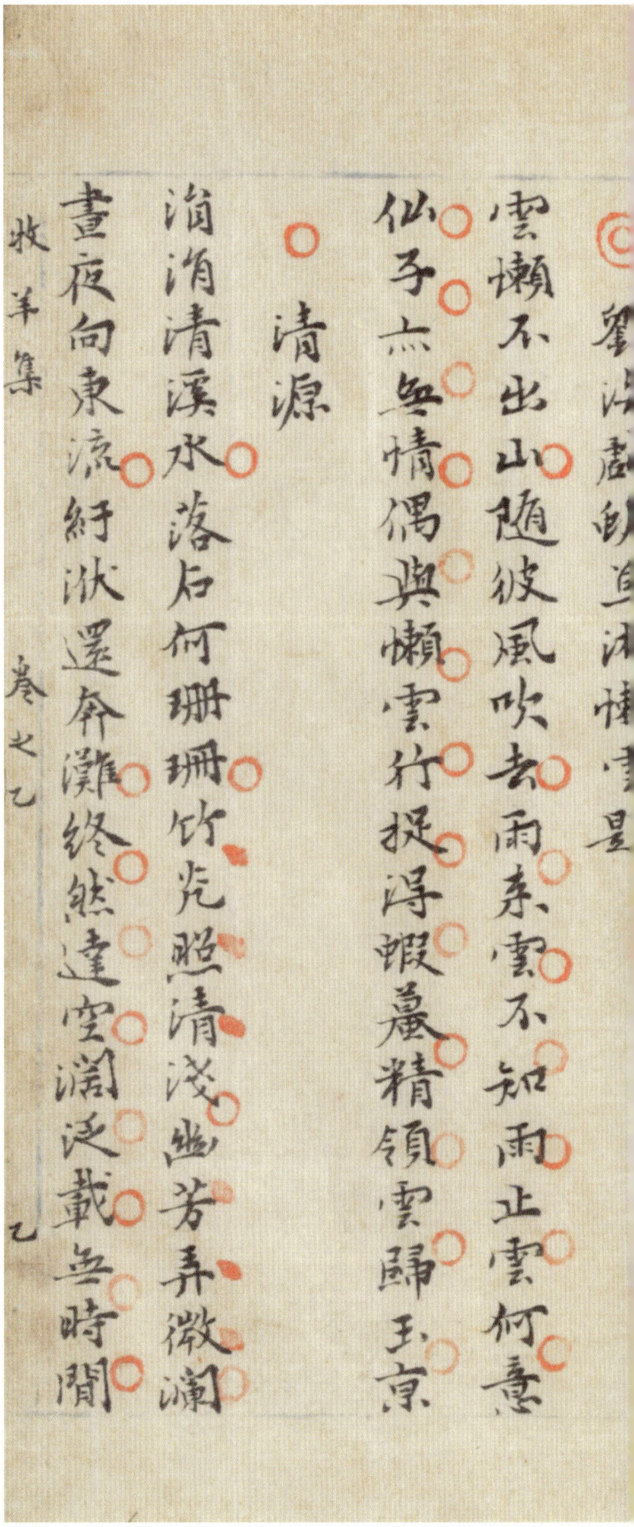

[illegible]

雲懶不出山隨彼風吹去雨來雲不知雨止雲何意
仙子亦無情偶與懶雲行提得蝦蟇精領雲歸玉京

清源

涓涓清溪水落石何珊珊竹光照清淺幽芳弄微瀾
晝夜向東流紆洑還奔灘終然達空濶泛載無時閒

牧羊集　卷之乙　乙

予讀易咏詩樂道不仕諸為朱氏學者咸拋所業就正焉其亦時〻往與之遊欲挽以出不能也余知其姓名不得及觀山人集則贈處汝潛之作在焉山人豈即汝潛昔所稱耶汝潛信道擇交未嘗妄許可人其所稱若是則山人信奇士哉抑山人既以不見為德高肥遯之志於聖明之世則凡聲譽望聞可以名當時而垂後世皆所厭棄不顧聞者而區〻詞章之末顧欲存而傳之無乃非山人意邪嘗聞之易曰脩辭立其誠王應麟氏釋之以為修其内則為誠修其

於世而千里之應自有不容已者山人其固深于易哉是可以弗傳乎其所以傳者又豈但辭焉已乎若夫原雅頌之根柢達古今之倫類而推作者之心以合風人之意則吳君論之詳矣余故弗著山人程姓名頊字堂之

嘉靖壬子仲冬望日前進士承德郎禮部儀制清吏司主事長洲陸師道撰

外則為巧言易以辭為重上繫終于默而成之存其誠也下繫終於六辭驗其誠不誠也則辭其可以已乎吳君又稱山人質實敦朴平生不妄一語踐履必於倫理有陳仲弓表正之風則其所以修于內者固皜皜焉實也然不觀其言又何以見光輝之發哉故曰頌其詩讀其書尚考其行古之人並稱之者要不可偏廢也今觀山人之言玄靖恬淡可以致知其願澗奧精搞可以考知其富寬良易直可以考知其履風属激切可以致知其感是皆宣寄情志以求知

畋羊集　陸序　二

0319 鳩茲集十二卷

（明）徐時進撰

明萬曆三十六年（1608）張萱刻本　八冊

匡高21.8釐米，廣15釐米。半葉九行，行十八字，白口，四週單邊，版心有字數。

徐時進，字見可，鄞縣（今屬浙江）人。萬曆二十三年（1595）進士。授南京工部主事，遷郎中，出守嶽州府，累官大理寺卿致仕。徐氏其人，馮時可云：『見可司榷……不私一錢，後屢出守及分守惠潮，皆有異政，庚戌歲與余同賀萬壽。』足見其為一個勤於為政，有良好操守的廉吏。這個庚戌為萬曆三十八年（1610）。此《鳩茲集》所輯，為徐氏所撰之序、記、墓誌、祭文、啟、尺牘、詩等。『鳩茲』，鄞地之古地名，以之名集。是書版刻：據萬曆四十五年（1617）徐時進《鳩茲集補刪自序》云：『余之有初剞自舊京司馬曹，同曹張大來氏好為詩，有行集，又謬推余莑𡨋，謂可以公同好而贊四方，以授剞人，不可罷已。又為張孟奇氏再剞於吳門，皆非本願所前期也。』本書卷一首頁所題『古循張萱孟奇甫選梓』；卷一至卷十一末均題『萬曆戊申（三十六年）夏日治下生員門生張元炳、張元煥、張元光、張元瑩同校』。張萱為這個《鳩茲集》的選編者和刊印者。至於那些署名同校者的元字輩張姓生員們與這個張萱是何關係，則不得而知了。由是我們可以認定，這個版本的《鳩茲集》應是徐氏作品集的初刻者。其後又有七卷本《鳩茲集選》，恐為此版是集的刪削者，或不完整者。另有萬曆四十五年徐氏補刪本《鳩茲集》：為十二卷，又三卷，雜著一卷。這個本子『又為張孟奇氏再剞於吳門』仍為張萱所刊者，但是一個徐氏認為的『皆非本所前期也』的本子。也就是說對這個本子有不滿意的地方。綜觀現存徐著諸本，應作如是觀：是本為初刻者；《鳩茲集選》應是十二卷本的不全本，或節選者；萬曆四十五年徐氏補刪本《鳩茲集》應是這個十二卷本基礎上有所增加者。因而，實際上的另刻部分應為《又三卷》和《雜著一卷》。徐時進乃明中後期文壇『唐宋派』之擁護者，時人謂『見可氏讀古人書殆遍，而又悉鉤其深』，故其為文『其會情切理，境與神傳，絕不為浮聲泛響』，不僅有文風古樸簡潔的特點，且具唐宋退之、子瞻之渾灝秀傑之氣，為明集之佳者。是集傳世極罕。張萱（1557—1641），字孟奇，號九嶽，別號西園，博羅（今屬廣東）人。仕至平越知府，好學博識，善畫，書法各體皆工。黛玉軒爲其室名，刻印書籍多種。

四川省圖書館藏。

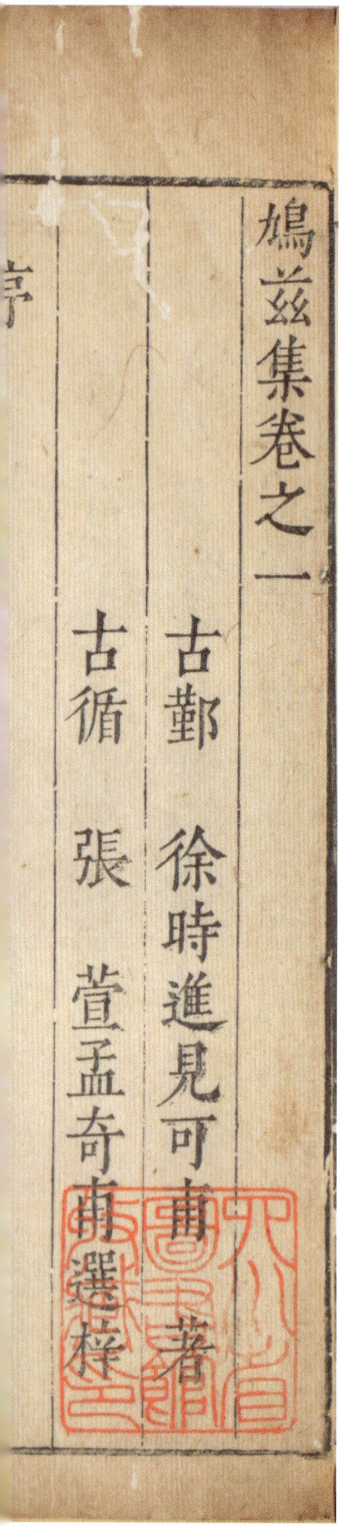

鳩茲集卷之三

古鄞　徐時進見可甫著

古循　張　萱孟奇甫選

序

壽廖母梁太夫人九十序

廖母者今鳩茲尹母夫人也余以試吏得留曹水衡越月則奉　簡書來境上而尹時以其餘襄余較籌暗室之游燭爲藉以此益歡然得云又越月朱明及季則母夫人壽九十中涓以告

鳩茲集卷之三　一

自余束髮行天下問徑俗覺吾甬東稱異焉大歸愿鄙纖約鮮公路氣而猶得有名稱諸郡國間徒以公路代不乏諸郡國吏用是嘉甬東結轄皆用物而其最則溽諸沈即今少保相君肩

0320　李小有詩紀二十五卷

（明）李盤撰

清順治刻本　八冊

匡高16釐米，廣14.4釐米或匡高23釐米，廣14.3釐米。半葉七或八行，行十五至十八字，白口，四週單邊。

李盤，原名長科，字小有，江蘇興化人。明諸生（事詳嘉慶《揚州府志》卷四十七），復社成員。官廣西懷遠，有政聲。小有長於詩歌，好遊歷，喜談兵，有《金湯十二籌》。《李小有詩紀》為李盤的《饑驅拙言》、《仗友隨鷗》、《葭園唱和》、《瞻烏歎》、《羈遊譜》、《蕪關吟》、《秋浦詠》、《茅城秋藁》、《牧懷詩紀》、《十六景詩》、《巡隘》、《桂遊雜詠》、《感懷和韻》、《廣武楯草》、《悼亡》、《湞水歸神紀》、《燕合》、《燕離》、《香山憶》、《汴州夢》、《青谿草》、《刻鳳齋吳吟》、《晨風吟》、《遊子意》、《水雲瓢》、《京江詠》等二十五種詩集的匯刻本。是書書簽所題《李小有詩紀》，版心多鐫『李小有詩紀』、『媚獨齋詩集』及子集名。『媚獨齋』應是李小有的室名。李盤著作傳世者有：八卷本《媚獨齋詩集》，五卷本《牧懷詩紀》等。這個二十五卷本的《李小有詩紀》，其內容基本包括了上述兩種集子的內容，可以算是李小有著作的全集。全書無總序，無輯刊始末，輯刻者亦無考。然各集均有序，或李盤自序，或他人序者。他序者，皆復社成員且與李氏相友者也。這些序的寫作時間為明崇禎十五、十六年、清順治三年等，《李小有詩紀》的刊印也應在這些時間段內。這些著作當然不是一次刻成，應是由明入清陸續刊印者。作爲復社成員的李盤，生活在明王朝日益腐朽沒落，直至『天崩地坼』的時代，他的憂國憂民之心，自是要鼓要呼，但也只能通過詩歌創作得以抒懷。故其詩多悲憤慷慨激昂之氣。《詩紀》每卷以經遊之地，或所歷之事名篇。這些詩作不僅可以作爲詩歌藝術作品的欣賞，而其紀事紀實的可靠性，則更是重要的明清史史料。如崇禎十二年（1639），清軍南下河北一帶，李小有時客冀西，與至友同澤共守廣武，抗戰拒敵，集中《廣武楯草》記其守城方略及冀西『千里丘墟，人煙斷絕』的民間慘狀可以概見。李小有的胸懷韜略和血性通過這些詩作和序跋可以見其大概。《詩紀》一書是明末清初史研究的重要資料之一，於明末江南士大夫政治集團——復社的瞭解和研究頗具價值。此書流傳極罕。

四川省圖書館藏。

瞻烏歎

淮南李　盤小有著

豫章喻　建偉節評

午日海安舟次同陳無極賦時避難

南歸得維陽警報

佳節頻將濁酒呼茱萸含淚泛菖蒲朱方

簫鼓今烽火白下笙歌尚畫圖問渡誰人

驅昭易省母聑諸弟謂居食也

諸弟僑寓西郊是夜共榻三清

道院

高沙雲影宕晴暉舊里蕭條生事微茆

0321　張船山手書詩稿不分卷

（清）張問陶撰

手稿本　一冊

匡高16.7釐米，廣10釐米。半葉八行，行十六字，黑口，四週單邊。張善子跋。

張問陶（1764—1814），字仲冶，一字柳門，號船山，亦稱老船，自號『蜀山老猿』，遂寧（今四川遂寧市）人。乾隆五十五年（1790）進士。歷官翰林院檢討、江南道御史、吏部郎中、萊州知府。因與上司齟齬，遂於嘉慶十七年（1812）辭官，僑居吳縣（今江蘇蘇州）之虎丘。問陶工書善畫，尤以詩歌名，其傳世的詩歌約有一千七百餘首。其論詩主性情，反對摹擬，主張詩歌要『有性情』，不應該『模宋規唐』，徒講形式；自己在形式上要立志創新，以求『出人頭地』。如《題屠琴塢論詩圖》十首之三。崇尚『空靈』而不滿『訓詁』，可見他的詩歌理論幾乎與袁枚相同，是袁枚的忠實追隨者。張問陶的詩歌創作，清警空靈，通俗曉暢；善言情理，工於寫景。就詩風而言，同屬『性靈』一派。特別是風趣詼諧，時以遊戲為詩，袁張二人更為酷肖。時人有謂張是有意向袁枚學習，但張問陶予以否定，其題作《頗有謂予詩學隨園者，笑而賦此》云：『詩成何必問淵源，放筆剛如所欲言。漢魏晉唐猶不學，誰能有意學隨園？』這是說自己的詩歌完全是言胸中之『所欲言』，『愧我性靈終是我，不成李杜不張王。』這種『酷肖』應是一種巧合，於問陶而言，不失為獨創。清人尚鎔《三家詩話》就指出『張船山之詩多近袁、趙』，但『亦能自出新意』。船山詩工近體，尤以七絕爲勝，有語言明暢，清新自然，更具時代氣息的特點。《清史稿》本傳稱『國朝二百年，蜀中詩人以張問陶爲最』。戴吉雙更有張問陶爲『李太白、蘇東坡、虞伯生、楊升庵之後一人也』的評價（《四川儒林文苑傳》）。由於其詩歌理論和創作總體上與袁枚接近，故人們時常將他同『江右三大家』（袁枚、趙翼、蔣士銓）相提並論，足見其影響之大，可謂清中葉乾嘉時期詩壇的標誌性人物之一。張問陶的書法，放逸險峻，蒼勁奇雅，妍媚古樸，頗具新意，以近米芾，得蘇、黃之神，足以名家。張問陶詩作傳世者有二十卷本《船山詩草》，李岑、江海清增注的《船山詩注》二十卷。此冊《張船山手書詩稿》為張問陶自書其詩作集，錄詩一百六十餘首。其內容為記事、贈友、唱和、詠景之作，所錄詩作中間有刊本《船山詩草》、《船山詩注》所不載者，可補其缺。問陶之詩，風流蘊籍；其字則恬淡舒和，《詩稿》一書堪稱詩書藝術之合璧。其文學和書法藝術價值自是不言自顯。張問陶手書詩作傳世極罕，因而《張船山手書詩稿》一書所具有的文獻版本價值是重要的和獨特的。張善子（1882—1940），自號虎癡，內江（今四川內江市）人。著名中國畫家。一生愛虎、養虎、畫虎，以『虎畫』著。

四川省圖書館藏。

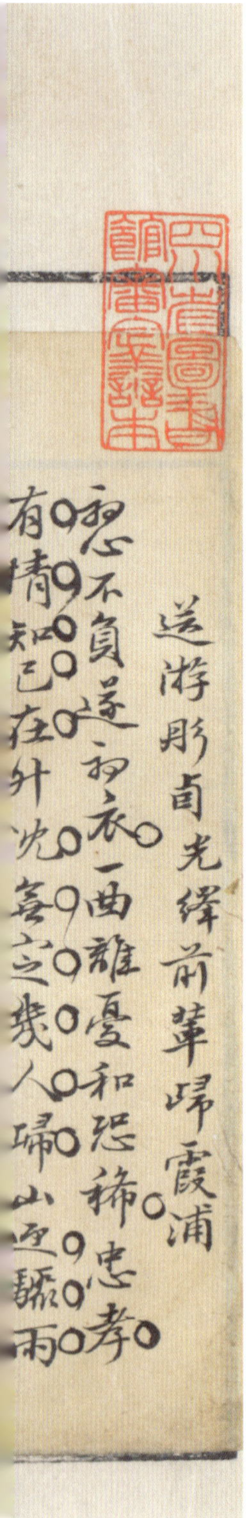

去歲還家逢臘日今年臘日遠思家兄[illegible]
弟勸情如昨物換星移事可嗟旅食一瓢
憐佛鄉鄉心萬里入梅花長宵歸夢分
明極社酒邨燈笑語譁

雪

一庭飛雪亂翩翻靜聽風檐凍雀喧何若
尖叉尋惡韻且傾盞茶作陳言閒中詩草
如春筍夢裏梅花滿故園五劉車聲忙

松菊猶存圖爲潛齋觀察作

纍滚危生影高寒誰信身爲見穿官遺
喜物德經世德還山勇比出山難松喬接喜

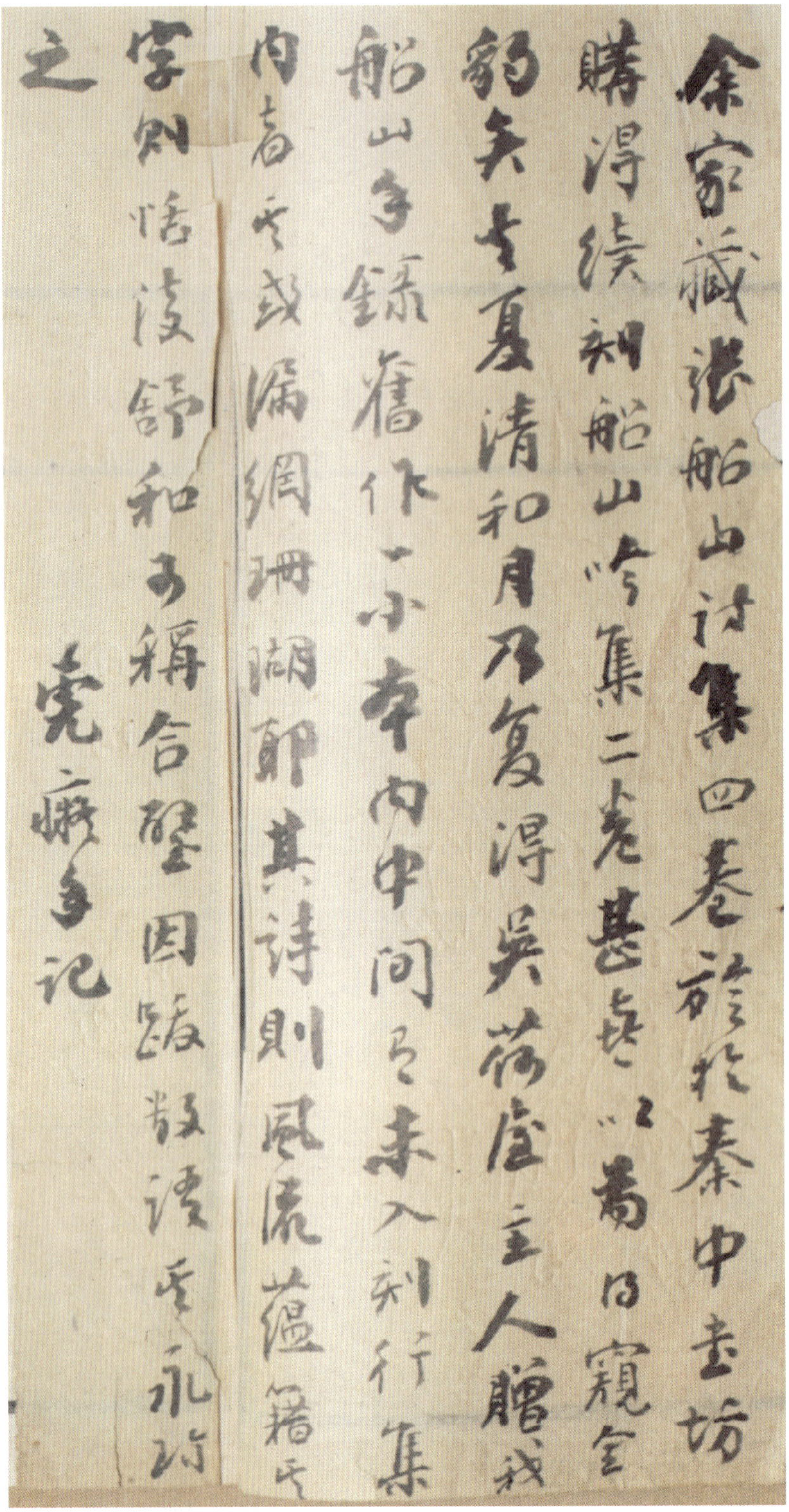
余家藏張船山詩集四卷旅於秦中書坊購得續刻船山吟集二卷甚喜以爲得窺全豹矣去夏清和月乃復得吳蓮庭主人贈我船山手録舊作一本中間已未入刻行集内者亦戲編網珊瑚郎其詩則風流蘊藉而字則恬淡歸和平稱合璧因跋數語爰永誌之
竟庵手記

0321 張船山手書詩稿不分卷

（清）張問陶撰

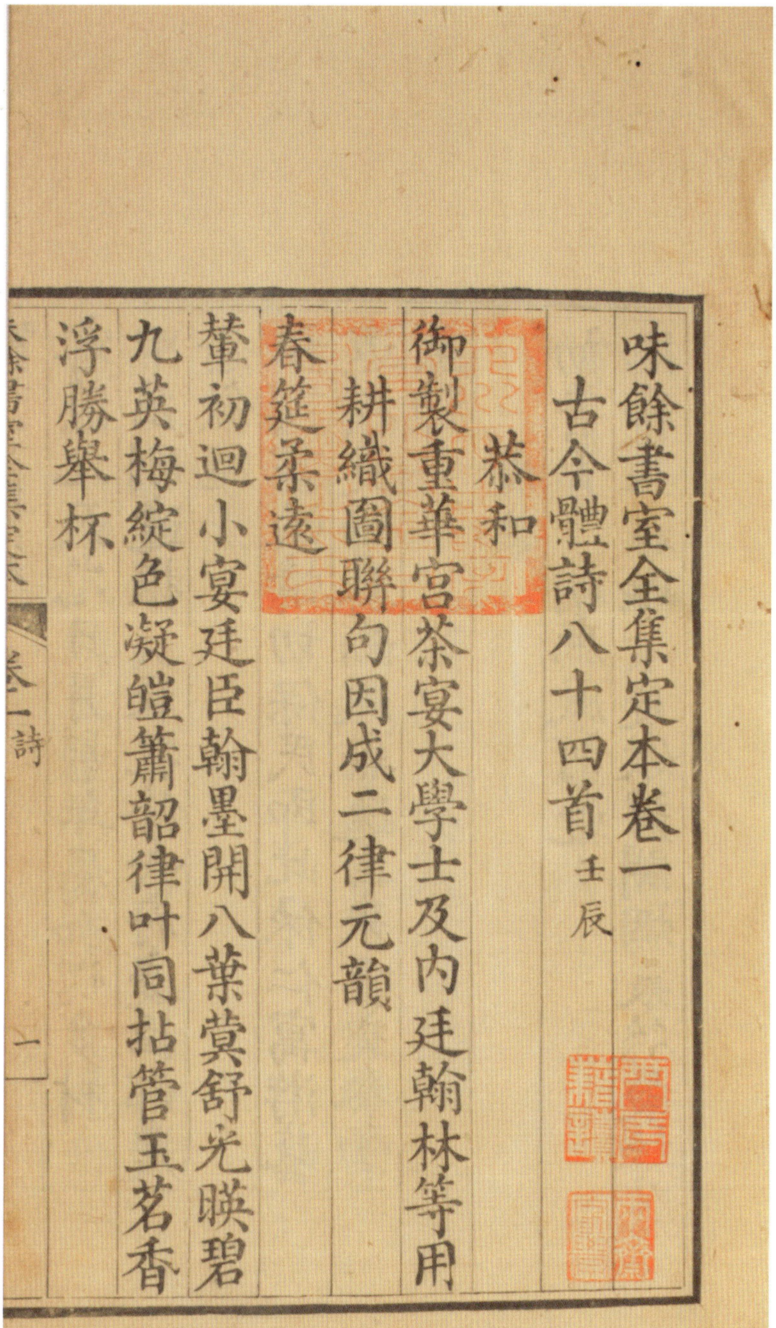
味餘書室全集定本卷一
古今體詩八十四首　壬辰
恭和
御製重華宮茶宴大學士及內廷翰林等用
耕織圖聯句因成二律元韻
春筵柔遠
輦初迴小宴廷臣翰墨開八葉蓂舒光暎碧
九英梅綻色凝鎧簫韶律叶同拈管玉茗香
浮勝舉杯
味餘書室全集定本　卷一　詩　一

0322　味餘書室全集定本四十卷　味餘書室隨筆二卷

（清）仁宗顒琰撰

清嘉慶五年（1800）內府刻本　八冊

匡高20釐米，廣14釐米。半葉九行，行十七字，白口，四週雙邊。

嘉慶帝（1760—1820），即清仁宗，姓愛新覺羅，名顒琰，滿族，高宗弘曆第十五子。乾隆五十四年（1789）封嘉親王，乾隆六十年（1795）策立為皇子。次年受禪繼帝位，改元嘉慶。嘉慶四年（1799）親政。雖『恭謹無違，迨躬萬幾，鋤奸登善，削平逋寇，捕治海盜。力握要樞，崇儉勤事』，然承高宗中年以後武備廢弛、吏治敗壞之弊，雖圖振作而終無起色。嘉慶二十五年（1820）猝卒於避暑山莊。味餘書室是嘉慶帝書房名。《味餘書室全集》乃其親政前於味餘書室讀書時的文學作品集。嘉慶帝的詩文，樸實無華，清新流暢，且近於陶淵明的田園詩。此本為清嘉慶五年（1800）內府刻本，版刻精良，字大行疏，開本闊大，品相頗佳，且存世稀少。

四川大學圖書館藏。

0323　二張詩集四卷

（明）高叔嗣編

明刻本　四冊

匡高18釐米，廣13.6釐米。半葉十一行，行十八字，白口，四週單邊。

《二張詩集》為唐張說《張燕公詩集》二卷、唐張九齡《張曲江詩集》二卷合刻者。張說（667—731），字道濟，一字說之，洛陽（今屬河南）人。玄宗時，任中書令，封燕國公。張說能詩擅文。為文俊麗，用思精密，長於碑文墓誌。如爲盛唐名相宋璟撰寫的頌德碑文《宋公遺愛碑頌》等，多為碑頌文中之上品。其詩頗多應制之作，但亦不乏佳篇。詩作高華精整，尤擅五古、五律。其七古、七律，有的已具盛唐風貌。如《送梁六至洞庭山》等，是七絕由初唐入盛唐的代表之作；其《鄴都引》，慷慨悲壯，已開盛唐七言歌行之先聲。張九齡（673—740），一名博物，字子壽，韶州曲江（今廣東韶關）人。張九齡生而穎異，七歲已能文。開元二十一年至二十四年（733—736），得拜同平章事中書令，為政很得人心，稱為賢相。為李林甫忌害而罷相，貶為荊州刺史。九齡雖以文章名冠一時，他的詩歌創作因具盛唐氣象，成為繼陳子昂之後，開盛唐詩風的功臣，在唐詩發展史佔有重要地位。從他存世的二百餘首詩看，早年偏於華豔，罷相後，風格為之一變。其《感遇詩》十二首與陳子昂詩風相近，以比興手法抒寫政治抱負及被貶後的感慨，情調深沈，最能使人感動。清人沈德潛《唐詩別裁》認為『唐初五言漸趨於律，風格未進。陳正字（陳子昂）起衰而詩品始正；張曲江繼續，而詩品乃醇』。近代劉熙載《藝概》也認為『陳射洪（陳子昂）、張曲江獨能超出一格，為李、杜開先』。足見他在唐代詩歌史上的繼承與推進作用。此合集為明人高叔嗣所輯，得以彙編成集，合刊行世。高叔嗣（1502—1538），字子業，號蘇門，祥符（今河南開封）人。嘉靖二年（1523）進士。累官湖廣按察使。叔嗣少受知李夢陽，為詩清新婉約。有《蘇門集》。二張同為盛唐前期的重要詩人，有着相同的經歷，近似的詩歌風格，其詩歌創作，對唐詩風格由初唐向盛唐時期的轉變有着承前啟後的意義。二張之詩，向無單行者，明以前之專刊者不得見。《二張詩集》之輯，於唐詩之研習其意義無疑是獨特的。是集傳世者，有明嘉靖三十三年（1554）黃榜刻本和此明刻者，傳世不多。此本刊印亦精，審其版刻風貌，應為明中刊本。

四川省圖書館藏。

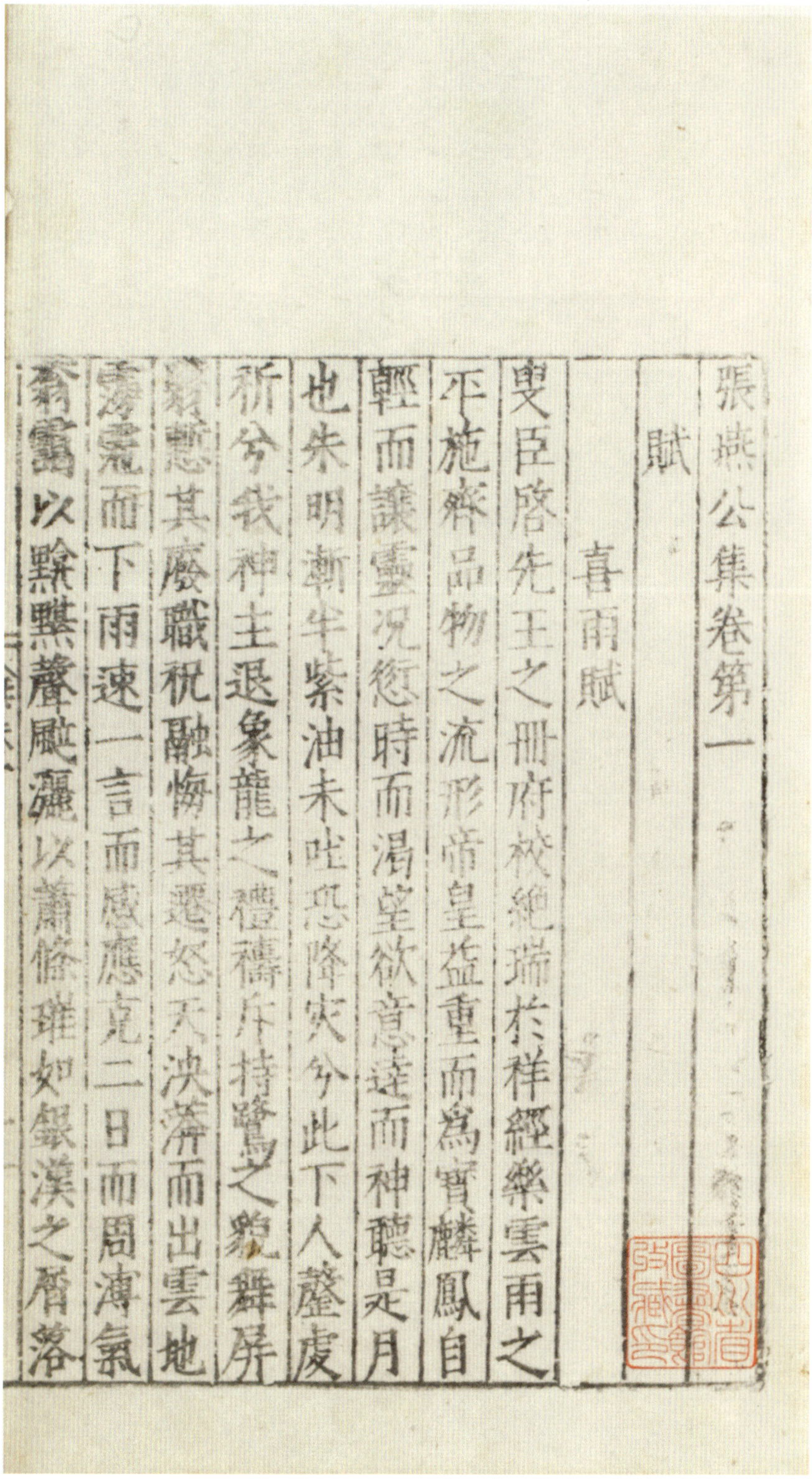
張燕公集卷第一

賦

喜雨賦

臾臣啓先王之冊府祕絶瑞於祥經樂雲雨之平施齊品物之流形帝皇益重而爲寶麟鳳自輕而讓靈況愆時而渴望欲意達而神聽是月也朱明漸半紫油未吐恐降灾兮此下人釐虔祈兮我神主退象龍之禮禱斥持鷺之貌舞屏翳懲其廢職祝融悔其遷怒天泱莽而出雲地霧霈而下雨速一言而感應竟二日而周溥氣翁靄以黯黮聲飋飂以蕭條雖如銀漢之晉落

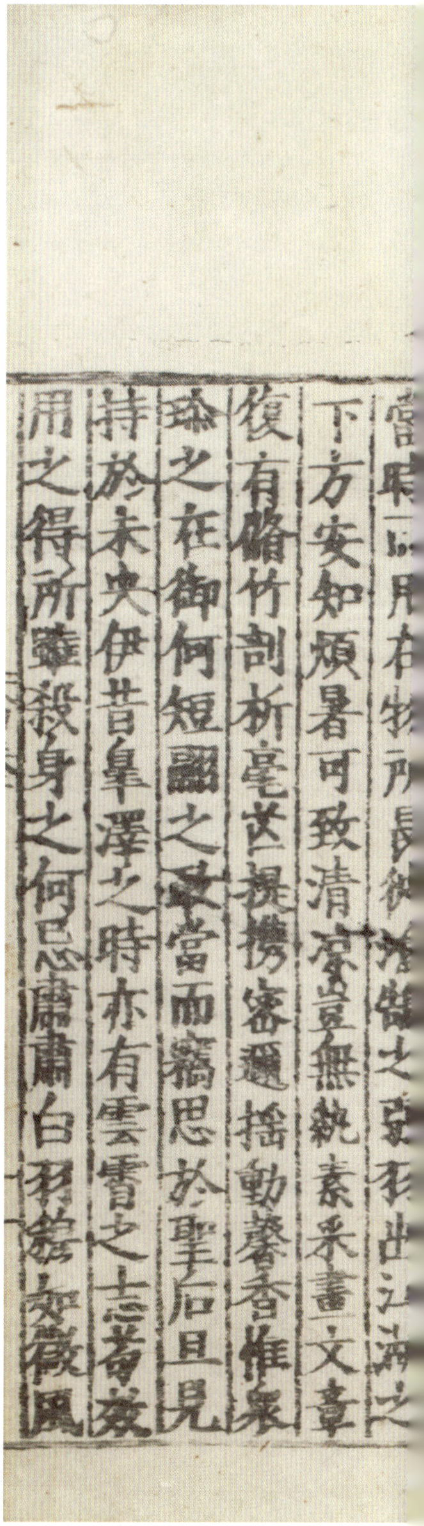
嘗聞以用在物所長微若翮之表出江海之下方安知煩暑可致清涼豈無紈素采畫文章復有篛竹剖析毫芒提携密邇搖動馨香惟衆珍之在御何短翮之敢當而竊思於聖后且見持於未央伊昔臯澤之時亦有雲霄之志苟效用之得所雖殺身之何忌肅肅白羽穆穆微風

0324　李杜詩選十一卷

（明）張含輯　楊慎等評

明刻朱墨套印本　六册

匡高20.2釐米，廣14.6釐米。半葉八行，行十八字，白口，四週單邊。

唐人詩集合刻。分別為李白《李詩選》五卷、杜甫《杜詩選》六卷。輯者張含，字愈光，永昌衛（今甘肅永昌縣）人。正德中舉鄉試。少與楊慎同學，能詩。有《禺山文集》、《禺山詩選》等書。明中期，文學上出現了前後七子的復古運動，形成了一股很大的文學復古潮流。前七子中的李夢陽提出『文必秦漢，詩必盛唐』的主張，所謂『法式古人』。作為盛唐傑出詩人的李、杜之作自是倡揚和法式的楷模。是編之輯則順其時也，足見張氏乃文學復古的熱衷者和參與者也。關於《李詩選》，《升菴文集》卷三《李太白詩題辭》云：『吾友張子愈光，乃取公集中膾炙人口者一百六十餘首，刻之明詩亭中，屬慎題辭其端云。』明詩亭為張含永昌別館之名，一稱明詩台。《杜詩選》，張含《空同詩選序》記楊慎語云：『子選太白子美詩不嚴乎？』是杜詩選亦出自愈光所選，今存者有嘉靖隆昌張氏家刻《杜詩選》六卷。此李、杜詩選合刻本，為烏程閔氏朱墨套印本，為李、杜作品集傳世諸版本之一，所選者，能夠諸體兼顧，內容方面且具代表性，總體來看亦算慎審。評取劉須溪、楊慎，『但取劉、楊盛名』，然所出者，張含所輯也。劉、楊等人之評，要言不煩，甚為簡明，有言簡意賅的特點。這個本子的輯編，應是閔氏所為，所據之者當是張含的李杜詩選本也。可謂明人研習李、杜詩作的較有代表性的一個選本，於今人研習者亦頗具參酌之效。

四川省圖書館藏。

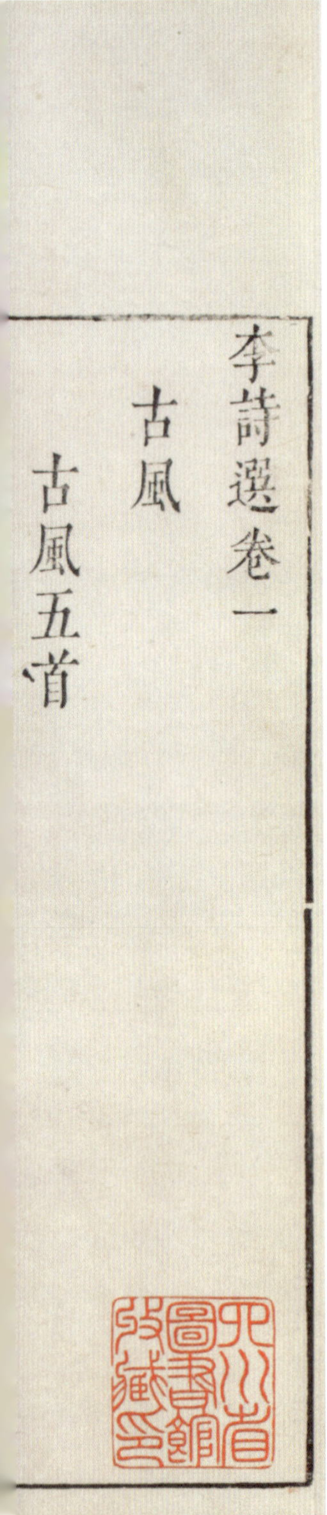

言臣所將隸徒七十二萬人治驪山者已深已極鑿之不入燒之不然即之空空如下天狀劓曰鑿之不入燒之不然其旁行三百丈乃止

谷正東開銘功會稽嶺騁望瑯琊臺刑徒七十萬起土驪山隈尚採不死藥茫然使心哀連弩射海魚長鯨正崔嵬額鼻象五嶽揚波噴雲雷

李詩選卷一　一

揚曰或作天關非章表臣詩話樞舊本作天闕引史記以管闚天之語且見卓矣余按秋興賦闚天文之秘奧注引陸賈新語楚王作乾谿之臺闚天文於精熟矣蹊用天闕字正本此況天文即象緯也不但用其字亦用其義矣天闕雲卧倒字法也言闕天則星河垂地卧雲則空翠濕衣見山中之殊于人境也

杜詩選卷一

遊龍門奉先寺

已從招提遊更宿招提境陰壑生靈籟月林散清影天闕象緯逼雲卧衣裳冷欲覺聞晨鐘令人發深省

與李十二白同尋范十隱居

李侯有佳句往往似陰鏗余亦東蒙客憐君如弟兄醉眠秋共被攜手日同行更想幽期處還

杜詩選卷一　一

0325　韓柳文一百卷　（明）游居敬編

明嘉靖三十五年（1556）莫如士刻本　十二冊

匡高18.5釐米，廣13釐米。半葉十一行，行二十二字，白口，左右雙邊。

唐人文集合刻。韓愈《韓文》四十卷、《外集》十卷、《遺集》一卷，《集傳》一卷；柳宗元《柳文》四十三卷、《別集》二卷、《外集》二卷，《附錄》一卷。韓愈、柳宗元二人，同為唐代古文運動的代表人物。他們的『古文』，其實就是對先秦兩漢散文的命名，用以針對時文——駢體文而言。主張為文應以長短錯落無韻律約束的散文單句為主，以古樸為尚，少用典事，不務辭藻華麗，便於反映現實，便於敍事、說理或抒情。用以反對六朝以來駢文造成的浮豔文風。他們通過自己的文學創作，影響了一大批文學家，造成一股宣傳及寫作古文的熱潮，從而形成一次涉及文體、文風及文學語言諸方面的散文革新運動——唐代的古文運動，在中國文學史上有着極為深遠的影響。二人也因其極高的文學成就，位為『唐宋八大家』之列。明中文壇，以李夢陽、李攀龍爲首的『前後七子』提出『文必秦漢，詩必盛唐』，以反對統治文壇的粉飾太平、陳陳相因的台閣體和道學體為出發點的文學復古運動，雖影響極大，卻也導致另一種結果的出現：詩類比古人，剽竊古人，內容和形式發生了矛盾。其時，以前後七子反對派出現的王慎中、唐順之、茅坤等，反對『文必秦漢』的觀點，主張繼承南宋以來推崇韓、柳、歐、曾、王、蘇古文的既成傳統，強調『直抒胸臆』，提倡『本色自然』。唐宋古文則是最好的榜樣，因之被稱為『唐宋派』。踐行主張，韓、柳之文則是他們最好的老師，承其衣鉢，效其主旨，則是其最好又最省事的方式。韓、柳之文以各種編纂形式和體例行之於世則是必然的了。是編應為踐行唐宋派主張的產品之一。本書編者游居敬（1509—1571）字行簡，號可齋，南平（今福建南平）人。嘉靖十一年（1498）進士。累官都察院副都御史，巡撫雲南，擢刑部左侍郎。韓柳著作世之所重，自唐宋以來屢有輯刊，歷代版本眾多。這個百卷本的《韓柳文》中的韓文基本為韓愈門人李漢所輯編的《韓文》，但有增加者，如《順宗實錄》五卷等；柳文則以劉禹錫編之柳集。是書之刊，游居敬序云：『丙申（1536）冬，奉命按至寧國。暇日以是諮於寧國黎守晨洎宣城知縣吳悌。僉曰：『便』。乃取蘇閩舊刻，稍加參校付之，命工梓焉。編次遵李劉二子所集，存舊也；……各仍其初，重更也《音切》，存其難解者，利習也；時本間有一二脫訛，取善本釐正焉，崇古也。工起今年春首，凡五閱月告竣。』（游居敬《刻韓柳文序》）這個本子基本能夠涵括韓、柳二人傳世文章，應是一個較為完備的文集合刻本，且具有體例較為嚴整，刊印較為精審的特點。為今之研習韓、柳之文應予參酌的文集之一。

四川省圖書館藏。

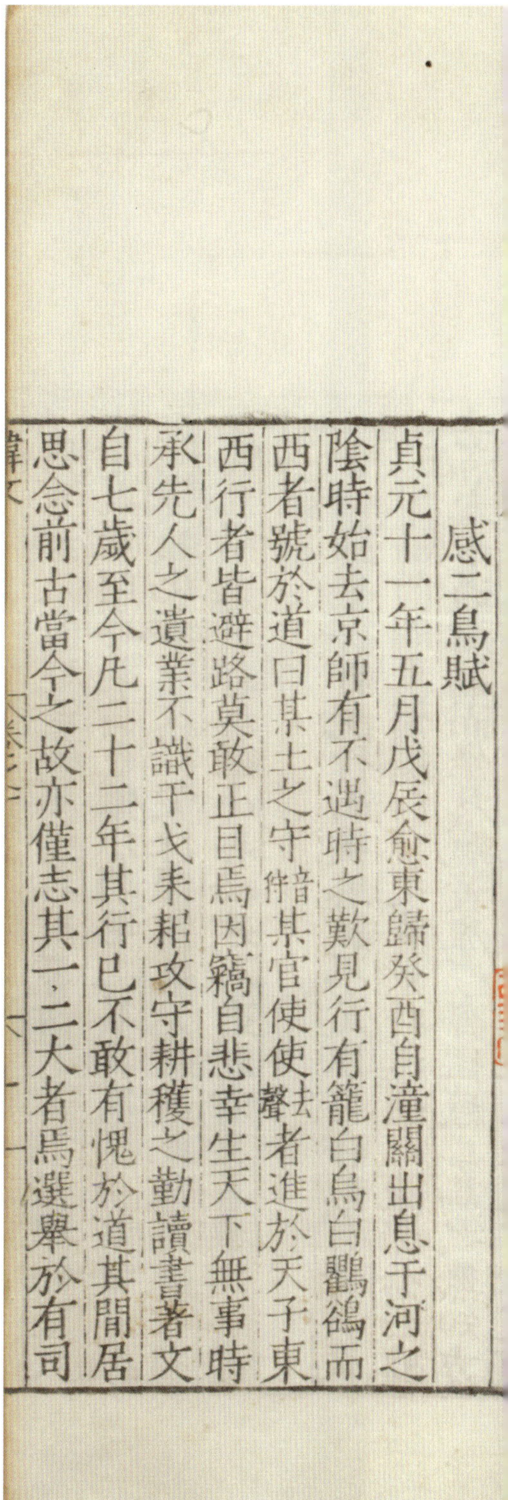

感二鳥賦

貞元十一年五月戊辰愈東歸癸酉自潼關出息于河之陰時始去京師有不遇時之歎見行有籠白烏白鸜鵒而西者號於道曰某土之守（音狩）某官使使（去聲）者進於天子東西行者皆避路莫敢正目焉因竊自悲幸生天下無事時承先人之遺業不識干戈耒耜攻守耕穫之勤讀書著文自七歲至今凡二十二年其行已不敢有愧於道其閒居思念前古當今之故亦僅志其一二大者焉選舉於有司

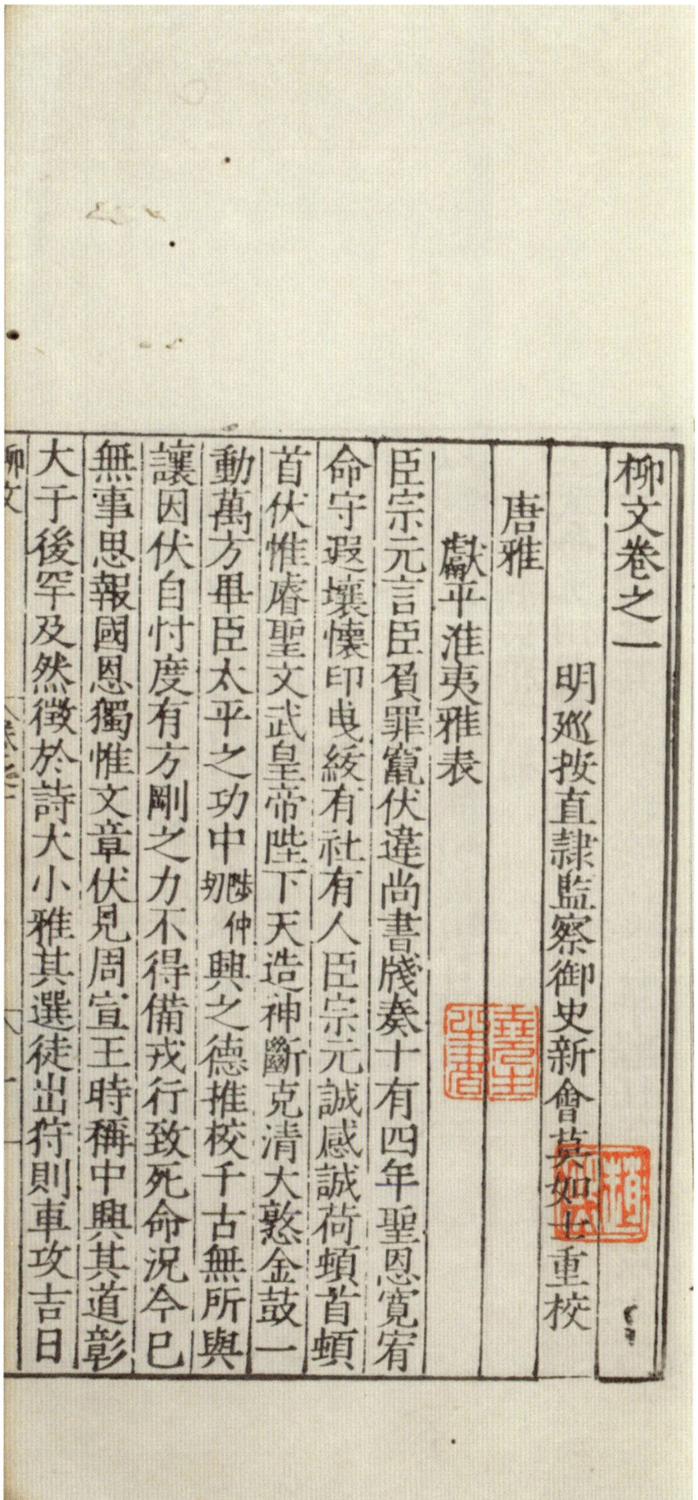

柳文卷之一

明巡按直隸監察御史新會莫如士重校

唐雅

獻平淮夷雅表

臣宗元言臣負罪竄伏違尚書牋奏十有四年聖恩寛宥命守遐壤懷印曳綬有社有人臣宗元誠感誠荷頓首頓首伏惟睿聖文武皇帝陛下天造神斷克清大憝金鼓一動萬方畢臣太平之功中（陟仲切）興之德推校千古無所與讓因伏自忖度有方剛之力不得備戎行致死命況今已無事思報國恩獨惟文章伏見周宣王時稱中興其道彰大于後罕及然徵於詩大小雅其選徒出狩則車攻吉日

0326 選詩補注八卷補遺二卷續編四卷

（梁）蕭統選　（元）劉履補注

明嘉靖三十一年（1552）顧存仁養吾堂刻本　十冊

匡高18.9釐米，廣13.6釐米。半葉十行，行十九字，白口，左右雙邊，版心有字數。

劉履，字坦之，元末明初上虞（今屬浙江）人。劉履元末避亂太平山，洪武十二年（1379）冬，徵天下博學老成之士，浙江布政使強起之，見太祖於奉天殿，將授官，以老辭。《選詩補注》對所選之詩，按照時間順序，重加編排，在編排方式上，同一作者的詩合於一處，分為漢詩（卷一）、魏詩（卷二—卷三）、晉詩（卷三—卷五）、宋詩（卷六—卷七）、齊梁詩（卷八）共五部分。於詩亦非全注，如《酬從弟惠連》、《於安城答靈運》、《西陵遇風獻康樂》等都是五章中只取一章進行詮解；先對作者進行簡介，後分列其詩，詩後附以詮釋。顧存仁（？—1573），字伯剛，號懷東，別號居庸山人，直隸太倉州（今屬江蘇）人。官禮科給事中，隆慶間遷南太僕卿。『養吾堂』爲其室名。

四川師範大學圖書館藏。

錄不可得矣姑存此篇於卷末以為之準焉

是編刻于嘉靖甲辰訖工今歲壬子刻李潮對姪書龔氏白谷技盡吳下可與茲編並傳而白谷文士卷袠謄寫非其業也遂至數年始克完局嗚呼難哉　東白齋識

選詩補遺卷下終

義特列之張衡四愁之可夫五言起蘇
李之說自唐人始然陳徐陵集玉臺新
詠分西北有高樓以下至生年不滿百

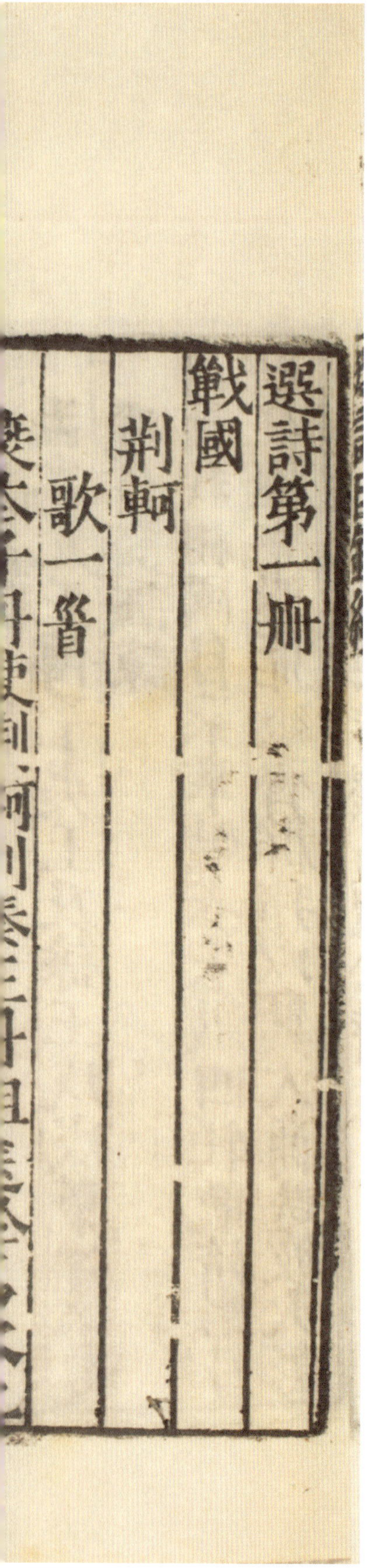

0327 選詩三卷 （明）許宗魯輯

明嘉靖六年（1527）劉士元、王鎣刻本　三冊

匡高18釐米，廣13.2釐米。半葉十行，行十八字，白口，左右雙邊。

此三卷本《選詩》所據之者，乃七卷本之梁昭明太子蕭統《選詩》也。爲《選詩》之選本。輯選者許宗魯（1490—1539），字東侯，號少華，陝西咸寧（今屬西安市）人。正德十二年（1517）進士。選庶吉士，擢監察御史，嘉靖初視湖廣學政，後以僉都禦史巡撫遼東，三十一年（1552）致仕。書前《刻〈選詩〉序》云：『少華許子集昭明太子統《選詩》，凡若干首，別為三冊。將入梓，乃有山東之擢，行，以告丹崖子，曰：詩從刪後，僅有此編。是故漢魏之詩渾以雅；晉宋之詩逸以放；齊梁之詩纖以麗。風沿世降，而統以類分，似未也。予哀其詩以人為紀，以言為續，而歧之以時代故焉，』是選多能體現己意，不失為學習唐以前詩歌有一定參酌價值的選本。劉士元，字伯儒，四川彭縣（今四川彭州市）人。正德六年（1511）進士。累官右副都御史，巡撫貴州。

四川大學圖書館藏。

遷志斯可以知詩也已或者病昭明之
選而欲損益於其間猶司馬遷之史記
議者紛如也政不知指著述之事易創
著述之始難假令無是書抑將何所考
邪吾於茲選亦云因與王學正參校而
刻之其然其否惟具眼者自有得夫爾
嘉靖六年歲次丁亥秋七月既望西蜀
丹崖劉士元謹序

漢高帝
歌一首
高祖還過沛置酒沛宮悉召故人父老子弟

0328　選詩七卷　（梁）蕭統輯　詩人世次爵里一卷　（明）郭正域評點　凌濛初輯評

明凌濛初刻朱墨套印本　八冊

匡高24釐米，廣14釐米。半葉八行，行十八字，白口，四週單邊。

《選詩》七卷，爲蕭統六十卷本《文選》的詩歌部分，即卷十九《詩甲》至卷三十一《詩庚·雜擬下》共計十三卷的內容。據書首凌濛初《輯諸名家合評選詩序》，淩氏不僅是本書的刊印者，同時也是本書的編輯者。凌氏認爲『宋人談詩，凡即景詠物，無一不謂托諷君臣；治亂賢佞，紛紛傅會，令人肌栗。』『言選詩者，當按選項於理，徵理於選，』『理者，格調情文，頓接開收，有道存焉。』這個理，乃『庖丁理解之理，非宋人理學之理也。』這裏也充分說明淩氏的思想傾向。淩濛初與『唐宋派』的重要人物茅坤是好友，惺惺之惜，同聲相應，爲其張目，至無二理。必須說明的是，本書的重點在於輯入的諸家之評。這些評家，上至南朝的沈約、謝靈運等，下迄唐之李白、王昌齡，宋之王安石、蘇軾，乃至明朝的楊慎、鍾惺等近四十餘人。《文選》之李善、呂延濟等六臣之注，取其簡明者，節錄之，一併附入。書中圈點，則用郭正域的《批評文選本》，凡不載名氏之批語，均爲郭氏所批者。郭氏的意見，應是淩氏輯刊此書的重要內容之一。此書所輯者，《批評選詩名公姓氏》；詩歌撰著者的《詩人世次爵里》；各卷末的《選詩卷口訂注》等，於詩中典故、人物、字詞亦有解注。這些資料於詩歌的解讀和理解及詩人的瞭解多所裨益。這個版本爲明代著名的雕版套印家淩氏所刊印者，有刊印精審，套色準確，紙白如玉的特点；讀之者，有賞心悅目之效，亦爲不可多得之版本。淩濛初（1580—1644），字稚成，一字玄房，號初成，別署即空觀主人，烏程（今屬浙江）人。崇禎四年（1631）以副貢選授上海縣丞、擢徐州判。與閔齊伋俱以刻套印本著稱。

四川省圖書館藏。

之意令人深思不如是之一覽無餘矣恐笙詩未可補

束皙

南陔孝子相戒以養也

循彼南陔言採其蘭眷戀庭闈心不遑安彼居之子罔或游盤馨爾夕膳潔爾晨餐

詩人世次爵里

戰國

荊軻

衛人爲燕太子丹刺秦王不克而誅於秦

漢

漢高祖

姓劉氏諱邦字季沛豐邑中陽里人項羽封爲漢王後平羽立爲天子謚曰高皇帝

0329　文選後集五卷

（梁）蕭統輯　（明）郭正域評

明閔於忱刻朱墨套印本　五册

匡高20.1釐米，廣14.3釐米。半葉八行，行十九字，白口，四週單邊。

五卷本《文選後集》分爲表、上書、啓、奏彈、箋、書、文類等五個部分。所輯選者實爲六十卷本《文選》之卷三十七至卷四十三共計七卷的內容，標目均沿原書所題。文中所評，均以朱墨刊之。除郭氏自評外，乃集宋蘇軾以下諸人的評語，以明人的評語爲多，計有楊慎、陳繼儒、王世貞、李攀龍、何俊明等。郭正域（1554—1612），字美命，號明龍，江夏（今屬湖北）人。萬曆十一年（1583）進士。授編修，歷禮部侍郎。有經濟大略，人望歸之。文選之爲學，肇始於唐初，其後各代均有撰述者。郭正域應是明代於《文選》研究用力甚勤者，是爲明代《文選》之學的評論者之一也。見之於傳世者則是《文選》的詩評和文評也。然是書之選，無甚新意或獨到之處；至於《後集》之題，意在何爲，實不可理解。大概是爲其時的文學復古運動張目者，或爲滿足當時社會於古文閱讀之需吧，或有射利之嫌。是書爲閔氏套印本，刊印俱佳。閔於忱，吴興（今屬浙江）人。萬曆時在世。有『松筠館』室名。

四川省圖書館藏。

荐之然正平
特一藻績之
士無裨世用
倘果如文舉
薦章何後來
草草無成竟
斃于江夏守

世宗繼統將弘祖業疇咨熙載群士嚮臻陛下叡
聖纂承基緒遭遇厄運勞謙日昃維嶽降神異人
並出竊見處士平原禰衡年二十四字正平淑質

選表　卷一　一

不浮不冶格
偉響調華實
並茂表家上
乘
陳眉公曰温
何人斯乃有
此舉文甚典
雅拒之作耶

薦譙元彥表

桓温

臣聞大朴既虧則高尚之標顯道喪時昏則忠貞
之義彰故有洗耳投淵以振玄邈之風亦有秉心
矯跡以敦在三之節是故上代之君莫不崇重斯
軌所以篤俗訓民靜一流競伏惟大晉應符御世
運無常通時有屯蹇神州丘墟三方圮裂兎罝絕
響於中林白駒無聞於空谷斯有識之所悼心大

選表　卷一　一

0330 文苑英華一千卷　（宋）李昉等纂

明隆慶元年（1567）胡維新，戚繼光刻本　一百冊

匡高21釐米，廣15.6釐米。半葉十一行，行二十二字，白口，四週單邊，版心有字數。

《文苑英華》一千卷，李昉、扈蒙、徐鉉、宋白等輯，蘇易簡、王祐等續輯。李昉（925—996），字明遠，深州饒陽（今屬河北）人。五代後漢乾祐（948—950）進士，歷仕後漢、後周兩朝。入宋，累官右僕射、中書侍郎平章事。《文苑英華》始輯於太平興國七年（982年），雍熙三年（986年）成書。關於本書的纂修，南宋王明清在《揮麈後錄》卷一中引朱敦儒的話說：『太平興國中，諸降王死，其舊臣或宣怨言。太宗盡收用之，置之館閣，使修群書，如《冊府元龜》、《文苑英華》、《太平廣記》之類，廣其卷帙，厚其廩祿贍給，以役其心。多卒老於文字之間云。』這是一個相當流行的說法。另一個說法，據李燾《續資治通鑒長編》記載，宋太宗是因為『諸家文集，其數實繁，雖各擅所長，亦蓁蕪相間』，纔命李昉、宋白『精加銓釋，以類編次為《文苑英華》』的。是為士大夫學習文章而編纂的。其實這兩個說法均可成立，前者不便於宣示其事而已，而後者則可以堂而皇之的，客觀效果都是相同的。是書資料的選輯與《文選》相銜接，上自南朝梁代，下至五代，輯錄作家二千二百餘人，並仿《文選》體例，按文體分賦、詩、歌行、雜文、詔誥、書判、表疏、碑誌等三十七類。作品近兩萬篇，其中唐人作品佔十分之九。《文苑英華》成書後，因其卷帙浩繁，刊行不易，在整個北宋期間，雖經宋真宗景德四年（1007）的『芟繁補闕』和大中祥符二年（1009）石待問、張秉和陳彭年的二次復校，仍未刊行，一直被束之秘閣。至南宋，周必大等，遍求別本，考定校正，『凡經史子集傳注、《通典》、《通鑒》及《藝文類聚》、《初學記》，下至樂府、釋老、小學之類，無不參用』（周必大《文苑英華跋》），嘉泰四年（1204）刻印問世。這是《文苑英華》唯一的宋本，也是最好的刻本。《文苑英華》迄元至明，嘉靖四十五年（1566）至隆慶元年（1567）纔由福建巡按御史胡維新倡議，得到巡撫涂澤民和總兵戚繼光的資助，纔又刻印了一次，即隆慶本。這個明人重刊本所據底本為一個傳抄本，通常抄本所存在的錯訛問題是否得以校訂糾謬，不得而知；又因刻印過速，成書極為倉促，失於校正，又有錯訛轉多的缺點。然此明刊本為今存世刊本唯一完整之最早者，不失為一個值得珍視的版本。《文苑英華》作為一部起於梁末，歷陳、隋而至唐末的通代文章總集，因其保存了梁至唐的大量詩文，於後世的文獻工作具有資考證、補輯和文字校勘所取資者，特別是文獻的輯佚：如李商隱《樊南集》甲乙已經散佚，南宋人只能靠《文苑英華》重新輯出；張說的傳世集子，較《文苑英華》所載已少雜文六十一篇；明人輯錄前人文集多資取《文苑英華》。清代的《四庫全書》、《全唐文》、《全上古三代秦漢三國六朝文》的編纂也多取資於《文苑英華》；而清人徐松《登科記考》、勞格《唐尚書省郎官石柱題名考》、吳廷燮《唐方鎮年表》，今人岑仲勉的有關唐史的著作，多來源於《文苑英華》中的詔誥、書判、表疏、碑誌等資料，其補充史料史傳的缺漏，作為研究資料的作用是明顯的；再就是文字校勘之需，古籍因來源不同，文字互有差異，所需的互相比勘，訂證訛誤的文字校勘工作的利用極具參考價值。其文獻價值的重要，可見一斑。《文苑英華》作為一部文獻巨著，出自眾手，錯誤自然很多，歷世研究者不少，他們的研究著作對《文苑英華》的錯誤改正很多，列出了很多異文，這些著作對於古文獻的整理和研究工作的參考作用是明顯的。其中較著者和足資利用者有南宋彭叔夏所撰《文苑英華辨證》和清人勞格的《文苑英華拾遺》等。胡維新，號雲屏，余姚（今屬浙江）人。嘉靖三十八年（1559）進士。歷監察御史。萬曆九年（1581）自大名道兵備副使擢廣西參政。戚繼光（1528—1587），字元敬，號南塘，晚號孟諸，山東登州（今蓬萊）人。明抗倭名將、軍事家。出身將家。歷登州衛指揮僉事、浙江參將、福建總兵官。隆慶二年（1568）以都督同知調鎮薊州，以功進左都督。

四川師範大學圖書館藏。

文苑英華卷第一　賦一

天象一

天賦　劉允濟

臣聞混成發粹大道含元興於物祖首自胚渾分泰階而立極光耀魄以司尊懸兩明而必照列五緯而無言驅馭陰陽裁成風雨叶乾位而凝化建坤儀而作輔錯落九垓岧嶤八柱爍黃道而開域闢紫宮而爲宇橫斗樞以旋運

巡撫福建地方兼督軍務都察院右僉都御史塗澤民
巡按福建監察御史胡維新
巡按福建監察御史王宗載
鎮守福浙地方總兵官中軍都督府署都督同知戚繼光
福建承宣布政使司左布政使陳大賓
左布政使劉光濟
右布政使劉佃
左叅政楊準
右叅政周賢宣
左叅議陳一松
右叅議黄希憲

0331 文苑英華一千卷

（宋）李昉等輯

明隆慶元年（1567）胡維新、戚繼光刻萬曆六年（1578）三十六年（1608）遞修本

匡高20.5釐米，廣15釐米。半葉十一行，行二十二字，小字雙行同，白口，四週單邊。

隆慶元年（1567）本《文苑英華》，乃胡維新、戚繼光等根據傳抄本刊印成編，是為《文苑英華》成書以來的第二次上版刻印，亦是刊本《文苑英華》存世的唯一明代版本。此為隆慶本之遞修本，經萬曆六年（1578）、三十六年（1608）兩次修版重印，以成此本。是書流傳不廣。

四川大學圖書館藏。

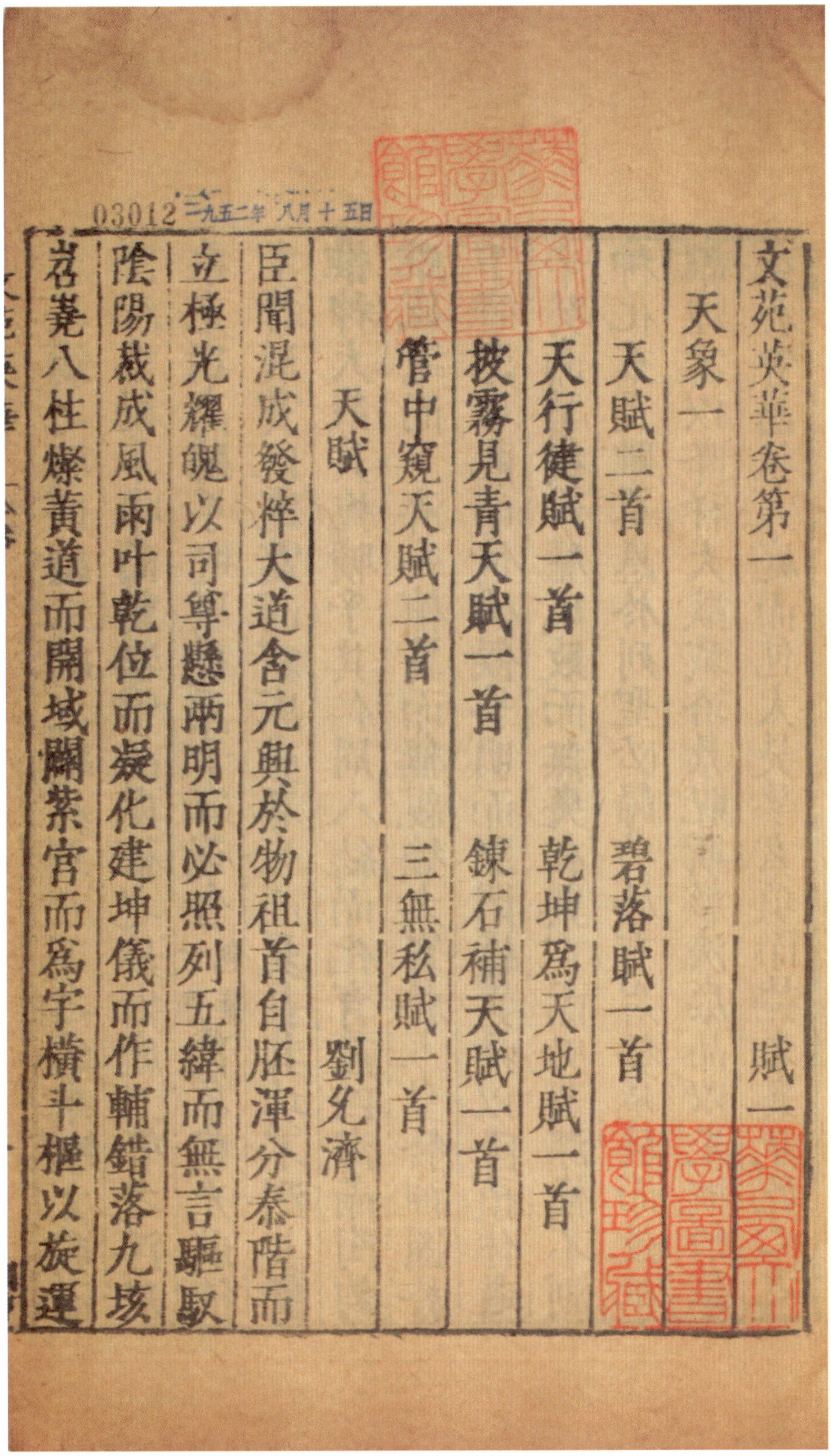
文苑英華卷第一　賦一
天象一
天賦二首　碧落賦一首
天行健賦一首　乾坤爲天地賦一首
披霧見青天賦一首　鍊石補天賦一首
管中窺天賦二首　三無私賦一首
天賦　劉允濟
臣聞混成發粹大道含元與於物祖首自胚渾分泰階而
立極光耀魄以司尊懸兩明而必照列五緯而無言驅馭
陰陽裁成風雨叶乾位而凝化建坤儀而作輔錯落九垓
岧嶤八柱爍黃道而開域闢紫宮而爲宇橫斗樞以旋運

理道之淵義合精微之矩非
玆集所該也尚俟后之君子
云
隆慶元年正月穀旦
賜進士第奉
命巡按福建承事郎江西道
監察御史姚江胡維新謹敘

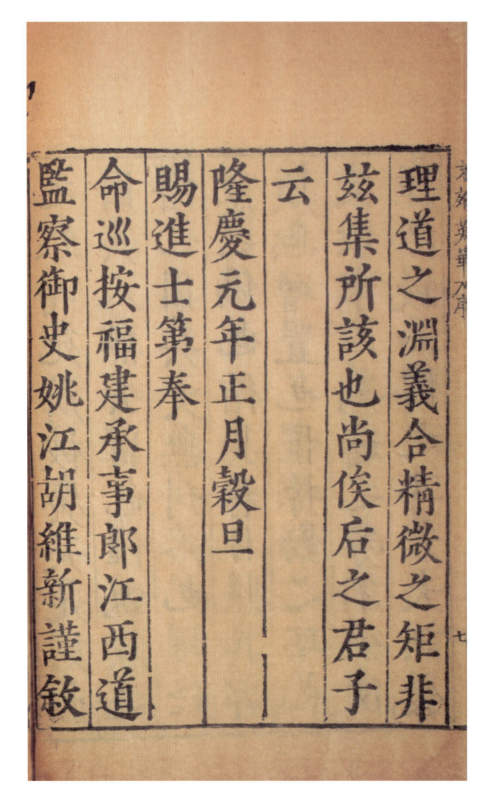

巡撫福建地方兼督軍務都察院右僉都御史塗澤民

巡按福建監察御史　劉維新

巡按福建監察御史　王宗載

鎮守福浙地方總兵官中軍都督府署都督同知戚繼光

福建承宣布政使司左布政使　陳大賓

左布政使　劉光濟

右布政使　劉佃

左參政　楊準

右參政　周賢宣

左參議　陳一松

右參議　黃希憲

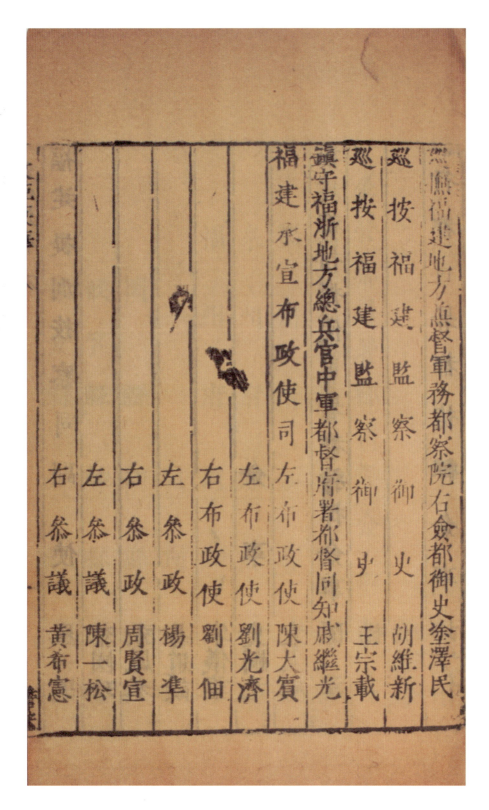

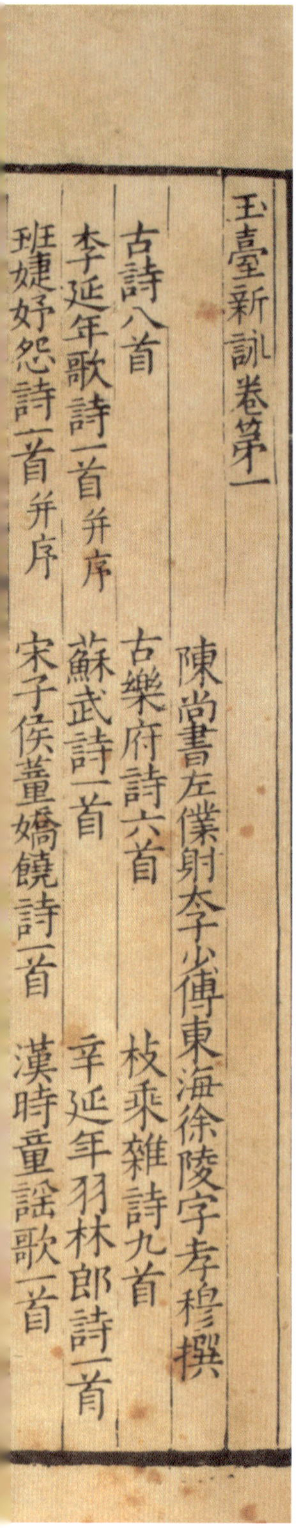

0332　玉臺新詠十卷

（南朝陳）徐陵輯

明崇禎六年（1633）趙均刻本　四冊

匡高20.8釐米，廣14.2釐米。半葉十五行，行三十字，黑口，左右雙邊。

徐陵（507—583），字孝穆。東海郯（今山東郯城縣）人。南朝梁、陳間著名詩人。梁武帝時為東宮學士，仕至尚書左僕射、中書監、太子少傅。徐陵八歲成文，釋寶志摩其頂曰，此天上石麒麟也。所為文頗變舊體，辭藻綺麗，與庾信齊名，世號徐庾體。梁代中葉，宮體詩日趨興盛，《玉臺新詠》則是其代表。何為『玉臺』？本書編纂的實際指使者梁簡文帝蕭綱在《臨安公主集序》中有『出玉臺之尊』一句，據此可知『玉臺』是指宮廷，即帝王居所。《漢書・禮樂志》『遊閶闔，觀玉臺』句，顏師古注也說：『玉臺，上帝之所居也。』可見，『玉臺』就是宮廷，《玉臺新詠》就是宮廷歌詠的新詩選集。《玉臺新詠》的收錄標準是『豔歌』（《玉臺新詠序》），即主要收閨情詩。唐劉肅《大唐新語》說：『梁文帝（蕭綱）為太子，好作豔詩，境內化之，浸以成俗，謂之「宮體」』。《玉臺新詠》不僅收錄了大量的宮體豔歌，梁代新興的民間歌詩和質樸的敍事詩，如《羽林郎》、《上山採蘼蕪》、《陌上桑》，尤其是我國第一部長篇敍事詩《古詩為焦仲卿妻作》（又名《孔雀東南飛》）等，不少反映真摯愛情和婦女痛苦，在思想藝術上都可稱為優秀作品，也因為它的採錄而得以保存下來；同時也為後人提供了考證古代詩歌作者、字句的線索，成為繼《詩經》、《楚辭》之後保存最古的詩歌總集。作為一部漢魏至南朝梁代詩歌總集的《玉臺新詠》，共收錄漢至梁代的六百九十一首詩歌，卷一至八大體按時代先後編排，均為五言詩，卷九為歌行，卷十為五言二韻的短詩。《玉臺新詠》在後世流傳很廣，版本也比較多，最早的刊本為南宋嘉定八年（1215）陳玉父序本，其他較早版本多爲明刊者。不知在什麼時候，這些明本中羼入了一百七十九首詩，全書成了八百六十九首詩了。而最早的南宋嘉定八年陳玉父序本卻為六百九十一首。足見古籍版本中宋刻本於校勘工作的重要。此本為明崇禎年間吳郡趙均以南宋嘉定八年陳玉父序本摩刊者（但仍保留了後來羼入的一百七十九首）。這個崇禎刊本以寫刻精雅，楮墨明湛，當世推為佳槧，為《玉臺新詠》最為重要的版本之一。具有重要文獻資料價值和版本價值。趙均（1591—1641），字靈均，吳縣（今屬江蘇）人。有『小宛堂』的室名。

四川大學圖書館藏。

古詩八首

上山采蘼蕪下山逢故夫長跪問故夫新人復何如新人雖言好未若故人姝顔色類相似手爪不相如新人從門入故人從閤去新人工織縑故人工織素織縑日一匹織素五丈餘將縑來比素新人不如故

凜凜歲云暮螻蛄多鳴悲涼風率已厲遊子寒無衣錦衾遺洛浦同袍與我違獨宿累長夜夢想見容輝良人惟古歡枉駕惠前綏願得常巧笑攜手同車歸既來不須臾又不處重闈諒無鷐風翼焉得凌風飛眄睞以適意引領遙相睎

後敘

右玉臺新詠集十卷幼時至外家李氏於廢書中得之舊京本也宋失一葉間復多錯謬版亦時有刓者欲求他本是正多不獲嘉定乙亥在會稽始從人借得豫章刻本財五卷蓋至刻者中徙故弗畢也又聞有得石氏所藏録本者復求觀之以補亡校脱於是其書復全可繕寫夫詩者情之發也征戍之勞苦室家之怨思動於中而形於言先王不能禁也豈惟不能禁且逆探其情而著之東山杕杜之詩是矣若其他變風化雅謂豈無膏沐誰適爲容終朝采緑不盈一掬之類以此集揆之語意未大異也顧其發乎情則同而止乎禮義者蓋鮮矣然其間僅合者亦一二焉其措詞託興高古要非後世樂府所能及自唐花間集已不足道而況近代狹邪之說號爲以筆墨動淫者乎又自漢魏以來作者皆在焉多蕭統文選所不載覽者可以覩歷世文章盛衰之變云是歲十月旦日書其後永嘉陳玉父

0333 樂府詩集一百卷目錄二卷　（宋）郭茂倩編

明末毛氏汲古閣刻本　二十冊

匡高18.6釐米，廣14.4釐米。半葉十一行，行二十一字，白口，左右雙邊。

郭茂倩，北宋人。據清人陸心源《儀顧堂題跋》考證，郭茂倩，字德粲，東平須城（今山東東平縣）人。元豐七年（1084）時曾當過河南府法曹參軍；他既擅長篆隸，又精通音律，是一個多才多藝的學者。樂府，本是指古代朝廷裏主管音樂的官署。漢惠帝時（前194—前188），就設立了掌管宮廷廟堂音樂的太樂令。漢武帝時（前140—前87），設立了樂府，專門採集俗樂即各地民間歌曲，並配上器樂來演奏。據《漢書·藝文志》說，這些歌謠『有代趙之謳，秦楚之風，皆感於哀樂，緣事而發』，地方色彩濃厚，生活內容豐富，藝術水準較高。久之，人們便把這些可以入樂的歌曲都稱為『樂府』，把這些歌曲的歌辭稱為『樂府詩』。後來，魏晉至唐代可以入樂的詩歌，後人擬作的古題新辭甚至新題新辭，都包括到『樂府』中來了。在郭茂倩之前，樂府的研究整理者不乏其人，或失之過簡，或失之繁瑣，不能正確反映樂府詩的形式及後世的演變。郭茂倩的《樂府詩集》是一部輯錄漢魏至唐五代樂府歌辭及先秦至唐末歌謠的總集，以收集歷代樂府詩最為完備著。全書分爲十二類：郊廟歌辭、燕射歌辭、鼓吹曲辭、橫吹曲辭、相和歌辭、清商曲辭、舞曲歌辭、琴曲歌辭、雜曲歌辭、近代曲辭、雜歌謠辭、新樂府辭等。他的這個十二分法，統括了幾乎所有的樂府詩歌，比較完備，也不太繁瑣。而且，各大類下，又按樂曲調分為若干小類；各小類中，再按古題古辭、古題新辭、新題新辭的順序編次每首詩歌。具體為：把每一種曲調的『古辭』（早期的無名氏作品）放在前面，把後人的擬作放在後面：《陌上桑》一曲，在《宋書·樂志》中只錄了曹操、曹丕的擬作，而本書引《古今樂錄》指出，《陌上桑》本是漢代『相和歌辭』中的『瑟調曲』，並錄有古辭。這樣，樂府詩的音樂類別、其來源和本意，它們的發展源流，對後代文人創作的深遠影響，就基本清楚地表現出來了。不僅如此，郭茂倩還在各大類前、各大類中的各樂曲調前都作了解題和說明。這些解題『引徵浩博，援據精審，宋以來考樂府者，無能出其範圍』（《四庫全書總目》）。《樂府詩集》不僅收集了上古到唐五代的幾乎全部樂府詩，也很好地保存了樂府詩，特別是其中精華部分的民間歌曲的豐富資料。郭茂倩鉤玄索隱，並依據大量史料，對樂府進行了分類和盡可能充分的說明，對於我們瞭解樂府詩的源流變化和它的音樂特徵，有着極高的價值。郭茂倩的《樂府詩集》不僅是收集歷代樂府詩最完備的一部總集，而且它的文獻類分法也能基本反映樂府詩的歷史發展和現狀，因而是合理的和可取的，應是我們今天研究樂府詩的一部最重要的書。此書傳世者，宋刻已不完整，元刊亦僅至正間刊者；此明崇禎間汲古閣刻本，乃明代版本之最重要者。汲古閣者，常熟人毛晉的藏書和刻書處。毛晉（1599—1659），原名鳳苞，字子晉，初字東美，一字子久，號潛在，常熟（今屬江蘇）人。喜藏書，名聞遠近，邑中諺語稱『三百六十行生意，不如鬻書於毛氏』。其盛況可以概見。汲古閣刊印的典籍，名目繁多，卷帙豐富，是中國古代私家刻書最多，影響最大的刊書名肆。汲古閣刊印的典籍，向以校勘精審、刻印精良名世，素為學界藏界所重。

四川大學圖書館藏。

樂府詩集卷第一

太原　郭茂倩　編次

郊廟歌辭

樂記曰王者功成作樂治定制禮是以五帝殊時不相沿樂三王異世不相襲禮明其有損益也然自黃帝已後至於三代千有餘年而其禮樂之備可以考而知者唯周而已周頌昊天有成命郊祀天地之樂歌也清廟祀太廟之樂歌也我將祀明堂之樂歌也載芟良耜藉田社稷之樂歌也然則祭樂之有歌其來尚矣兩漢已後世

0333 樂府詩集一百卷目錄二卷

（宋）郭茂倩編

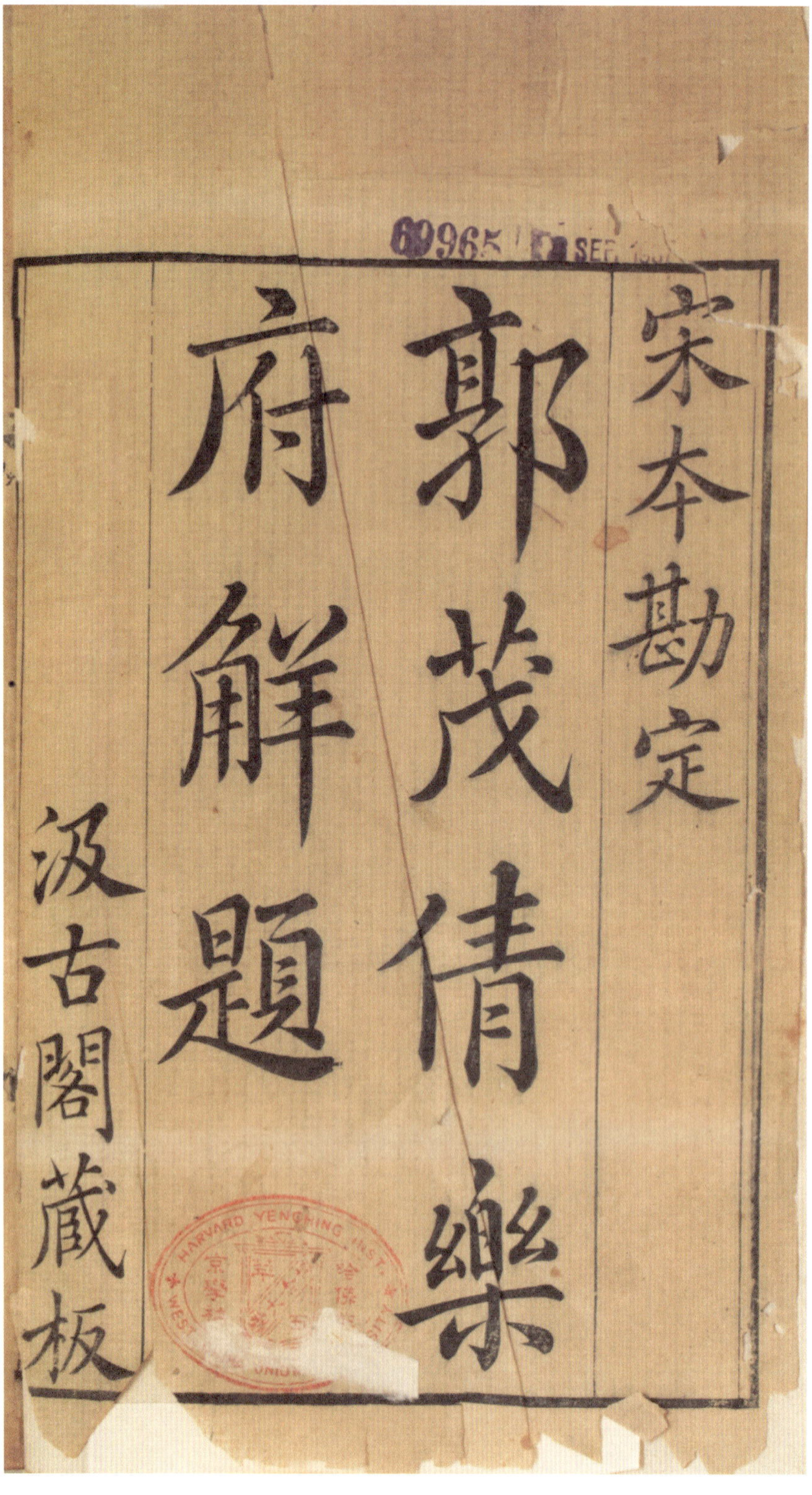
宋本勘定

郭茂倩樂府解題

汲古閣藏板

0334 古樂府三卷

（明）何景明輯

明崦西精舍刻本　一冊

匡高18釐米，廣13.5釐米。半葉十行，行十六字，白口，左右雙邊。

何景明（1483—1521），字仲默，號白坡，又號大復山人。信陽（今屬河南）人。弘治十五年（1502）進士。授中書舍人，歷官陝西提守副使。何景明在文學上的主張基本與李夢陽相同，提倡文宗秦漢，古詩宗漢魏，近體宗盛唐，是明代中期『文壇四傑』中的重要人物，也是明中文學復古運動著名的『前七子』之一，與李夢陽並稱文壇領袖。以致『四方學士咸願知先生，車馬填門巷』，影響頗大。《古樂府》之選，乃何氏文學主張『古詩宗漢魏』之實踐者也。其敘例云：『何景明曰，予讀左氏（左克明，元朝人。編《古樂府》十卷）《古樂府》，自唐虞三代以來逸詩至六朝之言備矣，然其錄不能無雜，要之不可盡矩。予乃擇其辭古訓雅者，凡九十一首爾，夫三百篇之外可以誦說者，盡在是已……詩釐上、中、下三卷，三卷各釐上下，取其倫類相添附。言辭高下，時代變異，作述源流，咸自著矣。』這是一個在左氏《古樂府》基礎之上的古樂府詩歌選本，符合何氏的『辭古訓雅者』標準。所選較爲精當，又因出自名家，影響較大，不失為學習樂府詩較好的選本。是本傳世不多，具有重要版本價值。崦西精舍，明徐縉（？—1545）的室名。縉字子容，號崦西，吳縣（今屬江蘇）洞庭西山人。弘治十八年（1505）進士。歷官禮部侍郎，吏部左侍郎兼翰林學士。

四川大學圖書館藏。

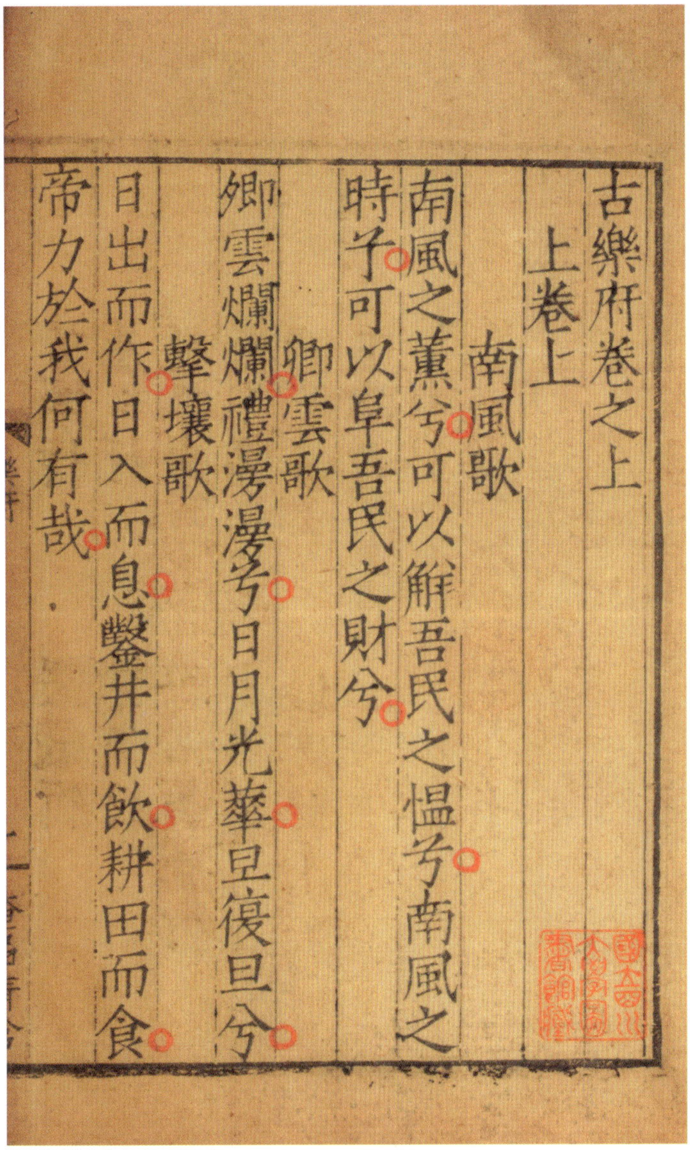
古樂府卷之上

上卷上

南風歌

南風之薰兮可以解吾民之慍兮南風之時兮可以阜吾民之財兮

卿雲歌

卿雲爛爛禮漫漫兮日月光華旦復旦兮

擊壤歌

日出而作日入而息鑿井而飲耕田而食帝力於我何有哉

0335 詩紀一百三十卷前集十卷外集四卷別集十二卷

(明)馮惟訥輯

明嘉靖三十九年（1560）甄敬刻本　四十冊

匡高18.7釐米，廣13.8釐米。半葉九行，行二十一字，小字雙行同，白口，四週單邊。

馮惟訥，字汝言，臨朐（今山東臨朐縣）人，嘉靖十七年（1538）進士，官至江西左布政使，加光祿寺卿，致仕，《明史·馮琦傳》列其名。《詩紀》之選，乃明中文學復古潮中整理的典籍之一，不外張其旨也。其書前集十卷，皆古逸詩；正集一百三十卷，則漢、魏以下，陳、隋以前之詩；外集四卷，附錄仙鬼之詩；別集十二卷，則前人論詩之語也。時代綿長，採摭繁富，其中真僞錯雜，以及牴牾舛漏，皆自是不免。故清人馮舒作《詩紀匡謬》，以糾其失。然上薄古初，下迄六代，有韻之作，無不兼收，溯詩家之淵源者，不能外是書而別求。固亦採珠之滄海，伐木之鄧林也。……故至今惟惟訥此編，為詩家圭臬。是編卷帙浩繁，網羅甚富，於古詩研習不無裨益。甄敬，字一平，嵐縣（今屬山西）人。嘉靖三十二年（1553）進士。曾任大名縣令、陝西巡按。

四川大學圖書館藏。

巡按陝西監察御史太原甄敬　裁正
陝西按察司僉事北海馮惟訥彙編

歌上

彈歌

吳越春秋曰越王欲謀復吳范蠡進善射者陳
音音楚人也越王請音而問曰孤聞子善射道
何所生音曰臣聞弩生于弓弓生於彈彈起于

莫唐虞漢之詩卒莫三代六朝之詩卒莫
漢魏則豈咸綴文之失哉夫世道之趨由
上古極于唐虞夏承其變由夏極于秦漢
承其變由漢極于六朝唐承其變即詩因
之矣自唐以下可略而言觀是輯者其必
有所感也夫其必有所感也夫肆命諸梓
兼附衆評匪徒曰將資藝藪之博洽也
嘉靖歲次庚申孟春

賜進士第文林郎巡按陝西監察御史兼
提督學校事太原甄敬敘

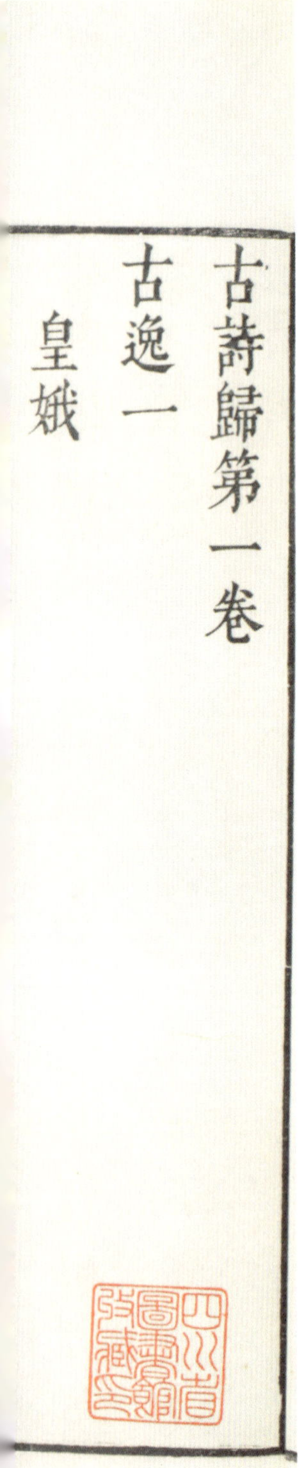

0336 古詩歸十五卷

（明）鍾惺 譚元春輯

明閔振業刻三色套印本 八冊

匡高20.7釐米，廣15.1釐米。半葉九行，行十八字，白口，四週單邊。

鍾惺（1574—1624），字伯敬，號退穀，湖廣竟陵（今湖北天門）人。萬曆三十八年（1610）進士。曾任工部主事，官至福建提學僉事。譚元春（1586—1631），字友夏，湖廣竟陵（今湖北天門）人。天啓七年（1627）鄉試第一。鍾、譚二人文學主張相同，他們認爲文學創作應抒寫『性靈』，反對復古派的機械摹擬古人詞句，所謂『法不前定，以筆所至爲法』，『詞不准古，以情所迫爲詞』，應學習古人詩詞的『精神』，即『幽情單緒』、『孤行靜寄』，這才是『真有性靈之言』的作品。倡導『幽深孤峭』的風格，以文風求新求奇，刻意追求字意深奧爲其特點：鍾惺的五古《經觀音巖》、《舟晚》，寄情繪景，別具一格；《浣花溪記》等小品文，可謂新奇雋永之作；譚元春的《夜次陽邏同夏平尋山》、《遊九峰山》、《得蜀中故人書》等詩，或幽冷峭拔，或語言朗秀，感情真摯而堪稱佳作；散文《遊南嶽記》，三篇《遊烏龍潭記》等，或氣勢磅礴，景象壯觀，或幽峭瑰奇，意境各異，乃寫景散文中不可多得的名篇。但他們的創作，多刻意雕琢，語言佶屈，艱深隱晦。行文喜用怪字，押險韻，故清人錢謙益評論說：『無字不啞，無句不迷，無一篇章不破碎斷落』。這些特點同時也束縛其創作的發展。雖如此，他們的文學活動和創作，在反對前後七子的復古主義中起過進步作用，特別是對晚明小品的大量産生也起了一定的促進作用，在明代後期文壇有一定的影響，並擁有一批追隨者。二人不僅文學主張相同，又同爲竟陵人，且爲持此類文學主張的代表人物，故人們對這批人稱之爲『竟陵派』，他們主要活動於萬曆後期至天啓、崇禎年間。鍾、譚二人所輯選古詩有《古詩歸》十五卷、《唐詩歸》三十六卷兩種，計五十一卷，以《詩歸》名而版行之。《古詩歸》上起皇娥之『皇娥歌』，下訖隋之無名氏『歎疆場』，凡十五卷，爲其古逸部分，意即爲『引古人之精神以接後人之心目，使其心目有所止焉』。《古詩歸》是明人所輯選隋以前古詩的一個較爲重要的選本，亦曾風行一時，有較大的影響。今天來看，它作爲一個古詩的通代選本，仍不失爲研習古詩或可參考的著作之一。是書版刻者閔振業，字士隆，烏程（今屬浙江湖州）人。此爲明代著名的閔刻套印本之一，有字體方正，紙色潔白，行疏幅廣，頗爲悅目的特點。

四川省圖書館藏。

乘桴木而畫游歷經窮桑滄茫之浦時有神
童容貌絕俗稱爲白帝之子即太白之精降
乎水際與皇娥讌戲並坐撫桐峰梓瑟皇娥
倚瑟而清歌云云白帝子答歌云云

男女讌狎作此大本領語

著日傍三字深切杜詩漾舟清光傍佔客庄隨返照來皆出于此

驅光逐影四字遊戲神通

璇宮句竟是齊梁妙語

天清地曠浩茫茫萬象廻薄化無方浛天蕩蕩
望滄滄乘桴輕漾著日傍當期何所至窮桑心
知和樂悅未央

漢郊祀樂府鈔語

著字鈔本有着落

白帝子

答歌

四維八埏眇難極驅光逐景窮水域璇宮夜靜
當軒織桐峰文梓千尋直代梓作器成琴瑟清
歌流暢樂難極滄湄海浦來棲息

二歌純乎七言古矣羲皇之時已有歌行其真僞自可存而不論然其奇渾高妙自非漢以下所辦

0337　佩文齋詠物詩選四百八十六卷

（清）張玉書　汪霦等輯

清康熙四十六年（1707）内府刻本　五十七冊

匡高16.2釐米，廣11.6釐米。半葉十一行，行二十一字，白口，左右雙邊。

張玉書（1642—1711），字素存，號潤甫，江南丹徒（今江蘇鎮江）人，順治十八年（1661）進士。官至文華殿大學士兼戶部尚書，謚文貞。是書為康熙帝敕令，文華殿大學士張玉書等編纂的一部歷代詠物詩的匯纂總集。『佩文齋』乃康熙帝書齋名。天地之間，江河湖海，五嶽三山；典章制度、文物器範；植物花卉，鳥獸蟲魚，皆世間萬物也。人者萬物之靈長也，或以之寄情，或以之喻意，或敬畏，或抒懷，皆詩歌之不竭之題材也。吟之歌之，或工或巧，或厚重，或輕靈，氣象萬千，歷歷相因，佳作名篇並不鮮見。詠物之詩，儼然古人詩歌內容之大端也，因而也成爲古代詩歌的重要組成部分。《佩文齋詠物詩選》之輯，《四庫全書總目提要》認為『全輯詠物之詩者，實始自是編。所錄上起古初，下訖明代，凡四百八十六類。又附見者四十九類。諸體咸備，庶匯畢陳，洋洋乎詞苑之大觀也』。卷帙浩繁，體系龐大，類分細密，內容廣博，諸體皆備，是其特點，習詩者應選習之也。

四川大學圖書館藏。

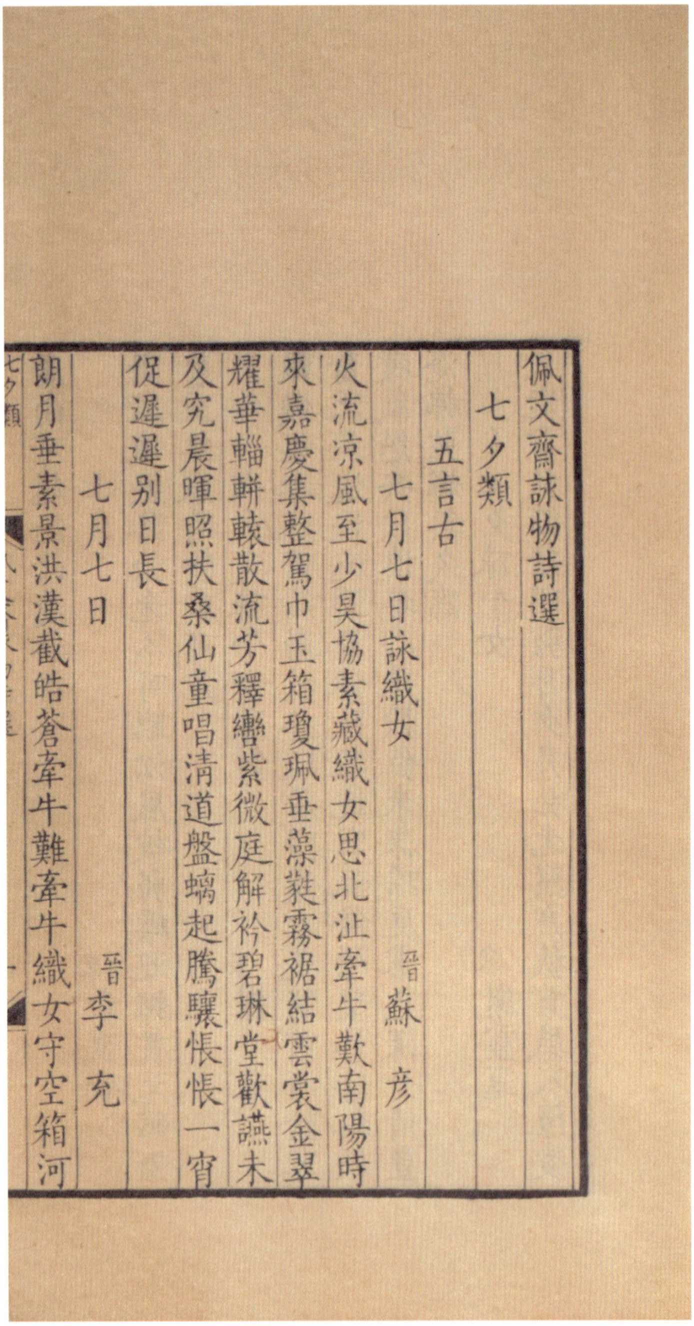

佩文齋詠物詩選
七夕類
五言古
七月七日詠織女　晉　蘇彥
火流涼風至少昊協素藏織女思北沚牽牛歎南陽時來嘉慶集整駕巾玉箱瓊珮垂藻蕤霧裾結雲裳金翠耀華輜軿轅散流芳釋轡紫微庭解衿碧琳堂歡讌未及究晨暉照扶桑仙童唱清道盤螭起騰驤悵悵一宵促遲遲別日長
七月七日　晉　李充
朗月垂素景洪漢截皓蒼牽牛難牽牛織女守空箱河

0338 御定歷代題畫詩類一百二十卷

（清）陳邦彥輯

清康熙四十六年（1707）内府刻本　五十冊

匡高18.4釐米，廣12.9釐米。半葉十一行，行二十三字，黑口，左右雙邊。

陳邦彥，字世南，號春暉，海寧（今屬浙江）人。康熙四十二年（1703）進士，官至禮部侍郎。《御定歷代題畫詩類》乃康熙帝欽定，陳邦彥等人奉敕編輯。康熙四十六年（1707）成書，又名《歷代題畫詩》、《佩文齋題畫詩》。此爲專類詩歌之輯，然專之者，詩之載體、詠頌物件之别也；其詩體和内容與它類詩歌亦無二致。故爲中國傳統詩歌的重要内容之一。作爲題詠詩，它已經成爲古代書畫作品構成的藝術形式之一，具有極重要的藝術價值，有的書畫作品或因這些題詠者而身價倍增。這些題賞，不僅是欣賞者的欣賞之作，同樣也是欣賞和研究物件，於是藝術價值之外又是藝術評論資料，具有了藝術史的史料價值。全書一百二十卷，分天文、地理、山水、名勝、古跡、故實、閑適、古相、寫真、行旅、羽獵、仕女、仙佛、鬼神、漁樵、耕織、牧養、樹石、竹蘭、花卉、禾麥蔬果、禽獸、鱗介、花鳥合景、草蟲、宮室、器用、人事、雜題，共三十門類，匯錄了清以前各代題畫詩篇八千九百六十二首，對研究古代繪畫具有一定參考價值。康熙時興復古之風，内府刻書多以手寫上版，此為康熙四十六年殿版則其一也。此書工楷寫刻，秀麗天成，刊印精工，是清初内府本之佳者。

四川大學圖書館藏。

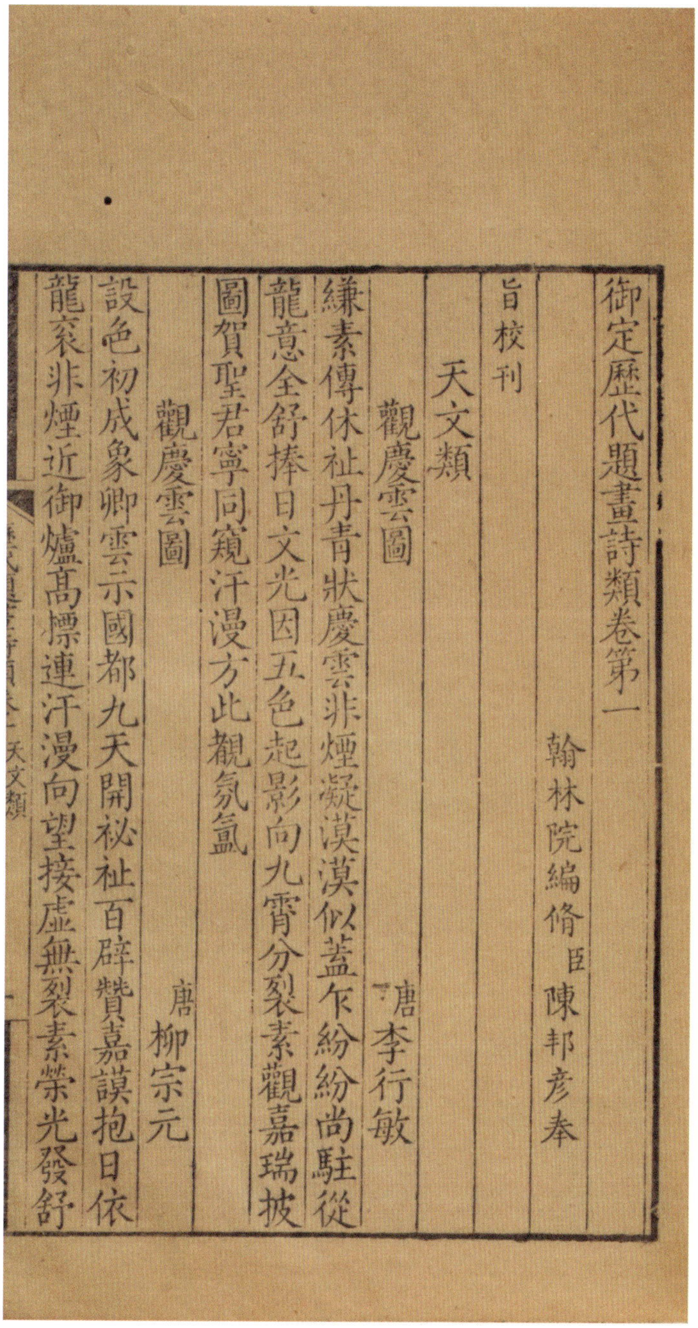

御定歷代題畫詩類卷第一　翰林院編脩臣陳邦彥奉
旨校刊
天文類
觀慶雲圖　唐　李行敏
縑素傳休祉丹青狀慶雲非煙凝漠漠似蓋乍紛紛尚駐從
龍意全舒捧日文光因五色起影向九霄分裂素觀嘉瑞披
圖賀聖君寧同窺汗漫方此覩氛氳
觀慶雲圖　唐　柳宗元
設色初成象卿雲示國都九天開祕祉百辟贊嘉謨抱日依
龍衮非煙近御爐高標連汗漫向望接虛無裂素榮光發舒

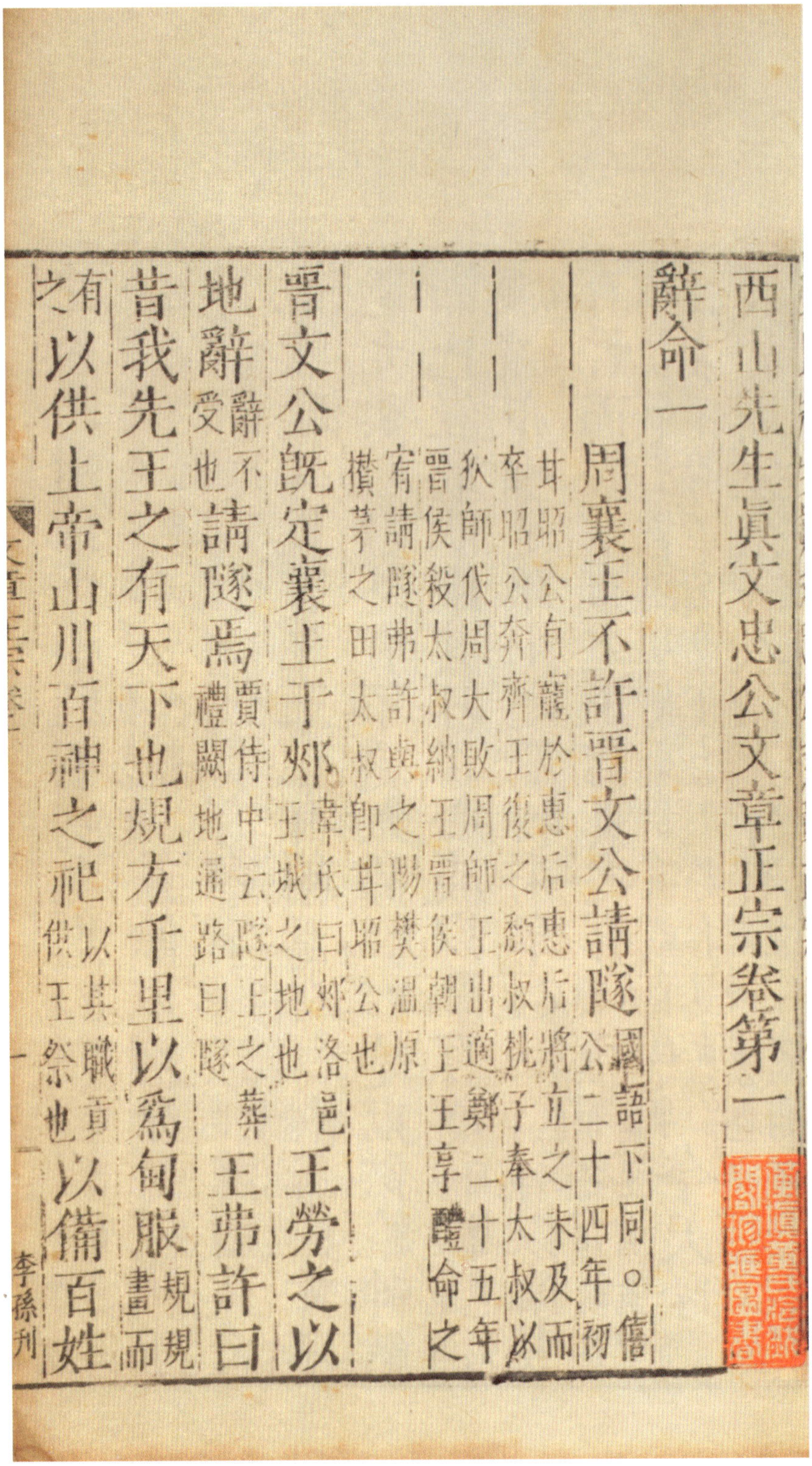

0339 西山先生真文忠公文章正宗二十四卷

（宋）真德秀輯

明嘉靖四十三年（1564）李豸 李磐刻本 十二冊

匡高21.5釐米，廣15.6釐米。半葉十行，行十九字，小字雙行同，白口，左右雙邊。

李豸，字直卿，陽城（今屬山西）人。嘉靖二十年（1541）進士。曾官郃陽縣令。

四川大學圖書館藏。

0340　西山先生真文忠公文章正宗二十四卷

（宋）真德秀輯

明嘉靖四十四年（1565）鍾沂刻本　二十四冊

匡高21.2釐米，廣14.4釐米。半葉十行，行二十一字，小字雙行同，白口，四週單邊。

真德秀（1178—1235），本姓慎，因避宋孝宗趙昚（慎）諱改姓真，字景元，後改希元，建州浦城（今屬福建）人。慶元五年（1199）進士。紹定（1208—1224）中拜參政知事，進資政殿直學士，提舉萬壽觀。人稱西山先生。學宗朱熹，與魏了翁同朝為官，思想志向頗相投合，所謂『嗣往聖，開來哲』，素有『從來西山、鶴山並稱，如鳥之雙翼，車之兩輪，不獨舉也』（《宋元學案》卷八十一《西山真氏學案》）之說。『敷求碩儒，開闡正學』，改變理學受壓抑的狀況，恢復其正統地位，並成為官方思想，他們盡了畢生之力。嘉定元年（1208）以後，理學得到朝廷的封錫和支持，真、魏的力言之功不可否認。《宋史·真德秀傳》說：『黨禁既開，而正學遂明於天下後世，多其力也。』接續道統，闡揚理學，使之成為天下士庶的一致思想，是真德秀的努力目標和最終願望，不獨思想學術如此，文學領域也不例外，他關於文學著述的編纂也要充分體現這一點。其《文章正宗序》云：『正宗者，以後世文辭之多變，欲學者識其源流之正也。』即爲後世爲學指其正也。是集所選者，上自《左傳》、《國語》，下迄唐代之作。分爲辭命、議論、敘事、詩歌四類。其『明義理、切世用』的選文標準，使道學家的文論觀得到充分反映。如其詩歌之選，後人有『一掃千古之陋，歸之正旨』之譽；又有『病其以理學爲宗，不得詩人之趣』之譏。將《左傳》、《國語》入選總集，肇始於《文章正宗》，後世古文選本多循此例者。這應是中國文獻編纂史上的一個創新。是書於古文的編選和學習應是一個好的範本。此鍾沂刻本亦傳世不多。

四川省圖書館藏。

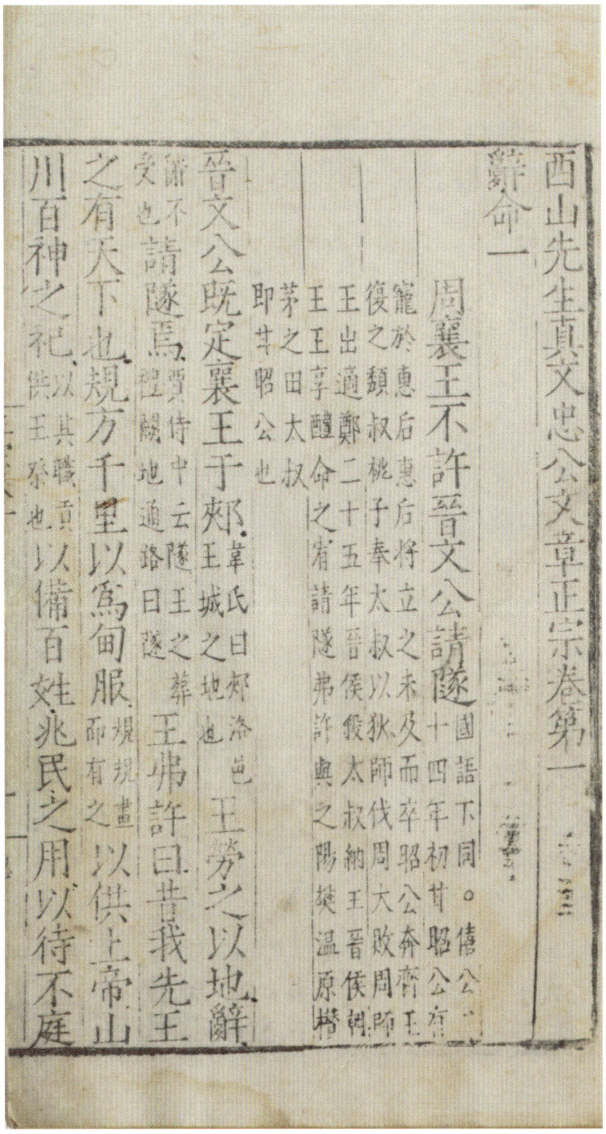

西山先生真文忠公文章正宗卷第一

辭命一

周襄王不許晉文公請隧 國語下同。僖公二十四年初，甘昭公有寵於惠后，惠后將立之，未及而卒。昭公奔齊，王復之，頹叔桃子奉太叔以狄師伐周，大敗周師，王出適鄭。二十五年，晉侯殺太叔，納王。晉侯朝王，王享醴，命之宥，請隧，弗許，與之陽樊、溫、原、欑茅之田。太叔即甘昭公也。

晉文公既定襄王于郟，韋氏曰：郟，洛邑王城之地也。王勞之以地，辭，請隧焉。賈侍中云：隧，王之葬禮，闕地通路曰隧。王弗許，曰：昔我先王之有天下也，規方千里以爲甸服，規，規畫。而有之。以供上帝山川百神之祀，以其職貢供王祭也。以備百姓兆民之用，以待不庭

管理校正姓名

山東布政司理問曹鑊管理

濟南府德州同知崔吉校正

兖州府儒學教授陳宗慶

青州府莒州儒學學正杜鶴

濟南府武定州儒學學正劉汝翱

濟南府德平縣儒學教諭周冲

濟南府新城縣儒學教諭華衷

兖州府曲阜縣儒學教諭崔文高

兖州府金鄉縣儒學教諭劉期遠

西山先生真文忠公文章正宗卷第二

辭命三

高祖入關告諭（漢元年十一月召諸縣豪傑云云）

父老苦秦苛法久矣，誹謗者族，耦語者棄市。吾與諸侯約，先入關者王之，吾當王關中。與父老約法三章耳：殺人者死，傷人及盜抵罪（顏氏曰：抵，當也），餘悉除去秦法。吏民皆按堵如故（應氏曰：按，次第；堵，牆也）。凡吾所以來，爲父兄除害，非有所侵暴，毋恐。且吾所以軍霸上，待諸侯至而定要束耳。乃使人與秦吏行至縣鄉邑告諭之。（按告諭之語財百餘言，而暴秦之弊爲之一洗，所謂若時雨降，民大說者。）

0341　真文忠公續文章正宗二十卷

（宋）真德秀輯

明嘉靖二十一年（1542）晉藩刻本　八冊

匡高19.4釐米，廣13.2釐米。半葉十行，行二十一字，白口，四週單邊。

真德秀《續文章正宗》，乃其晚年之所編。前有《文章正宗》之編，選文由先秦迄唐，《續文章正宗》之編，庚其秩也。所輯者，宋儒之文也。全書分論理、敘事、論事三部分，都二十卷。然卷二十『議論』，僅有其目而無文之选，蓋未完成之本。明胡松[（1503—1566），字汝茂，號柏泉，滁州（今屬安徽）人。嘉靖八年（1529）進士。知東平州，歷山西提學副使。]則取程頤、周敦頤、張栻、游定夫、朱熹諸人之作續之。本書之旨，梁椅《序》云：『文以理爲准，理到則辭達。公於論理一門，最爲留意，學者沈潛玩索而有得焉，則凡著其目而未錄其辭，與他名家有當錄而未既者，可概推也。』鄭圭《續文章正宗跋》云：『觀《正宗》筆削，可以概見。故其所次，論理爲先，敘事繼之，論事又繼之。夫敘事、論事而不先於理，則舍本根而事枝葉，非我朝諸儒之所謂文也。』《四庫總目》認爲所選『持論甚嚴，大意主於論理而不論文』。所輯者歐陽修、曾鞏、王安石、蘇軾、秦觀等，皆北宋諸文章大家之作，治學為文足為後世之範。是書應是學習古文和古代文學史有價值的參考資料。是集明代刻本較多，此藩府本爲其較佳者。晉藩，恭王朱棡，洪武三年（1370）封。十一年（1378）就藩太原。是書之刊者，乃簡王朱新典，嘉靖十二年（1533）嗣。

四川省圖書館藏。

佛法爲中國患千餘歲世之卓然不惑而有力者莫不
欲去之已嘗去矣而復大集攻之暫破而愈堅撲之未
滅而愈熾遂至於無可柰何是果不可去邪蓋亦未知（引入主意）
其方也夫醫者之於疾也必推其病之所自來而治其（且比喻）
受病之處病之中人乘乎氣虛而入焉則善醫者不攻
其疾而務養其氣氣實則病去此自然之効也故救天
下之患者亦必推其患之所自來而治其受患之處（應前受病之說）佛

晉藩楊承奉保雅愛斯文裒然爲
中官之特知余同斯好也請彙
行以惠晉學故書以告晉人使
知憶承奉於無窮焉
時
嘉靖二十有一年夏五月朔日

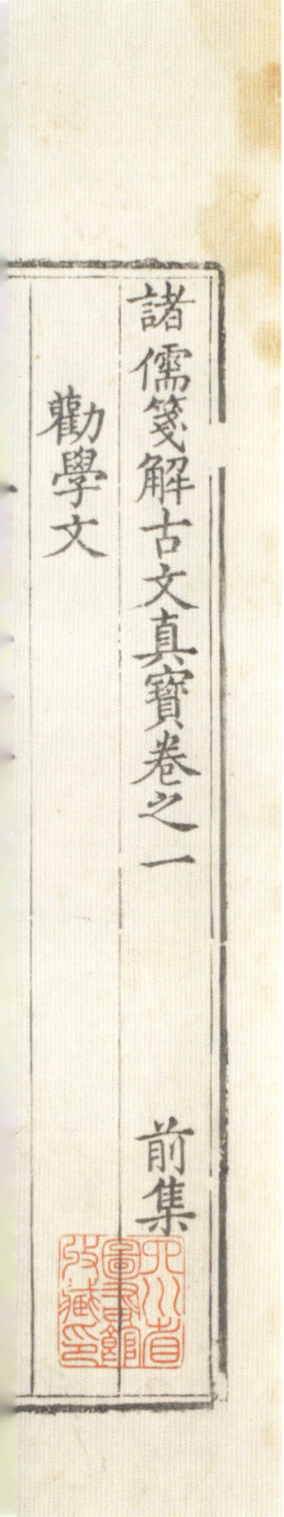

0342 諸儒箋解古文真寶前集十卷後集十卷 （元）黃堅輯

明萬曆十一年（1583）司禮監刻本　十二冊

匡高25.3釐米，廣17.3釐米。半葉八行，行二十字，小字雙行同，黑口，四週雙邊。

歷代詩文選集。元人黃堅輯。黃堅，生卒年及事蹟無考。前集卷一至卷二：勸學文、五言古風短篇，卷三：五言古風長篇，卷四至卷五：七言古風短篇，卷六：七言古風長篇，卷七：長短句、吟類、引類，卷八：歌類，卷九：行類，卷十：曲類、辭類。後集卷一：表類，卷二：賦類、說類，卷三：解類、文類，卷四：序類，卷五：記類，卷六：箴類、銘類，卷七：頌類、傳類，卷八：辯類、碑類，卷九：原類、論類，卷十：書類、贊類等，『凡二十七體』。所選上自漢初下迄宋代，皆歷代名家之作，『三百十有二篇』，各篇附以先秦孟子及其以下，迄及宋儒等諸家之說，是為諸儒；《詩經》及其以下，迄及唐宋諸書之論注之。從內容到體例有『依經以立言，本雅以訓俗。其詞茂而典，其義婉而章，條貫森然炳然，盰分井列，莫不可觀。誠九流之涉津，六藝之關鍵也』（《御制古文珍寶後跋》）之謂。是書選、注亦算精當簡略，可為學習古文的一個較好選本。是書傳世不多，且為內府本，刊印俱佳。較有版本價值。

四川省圖書館藏。

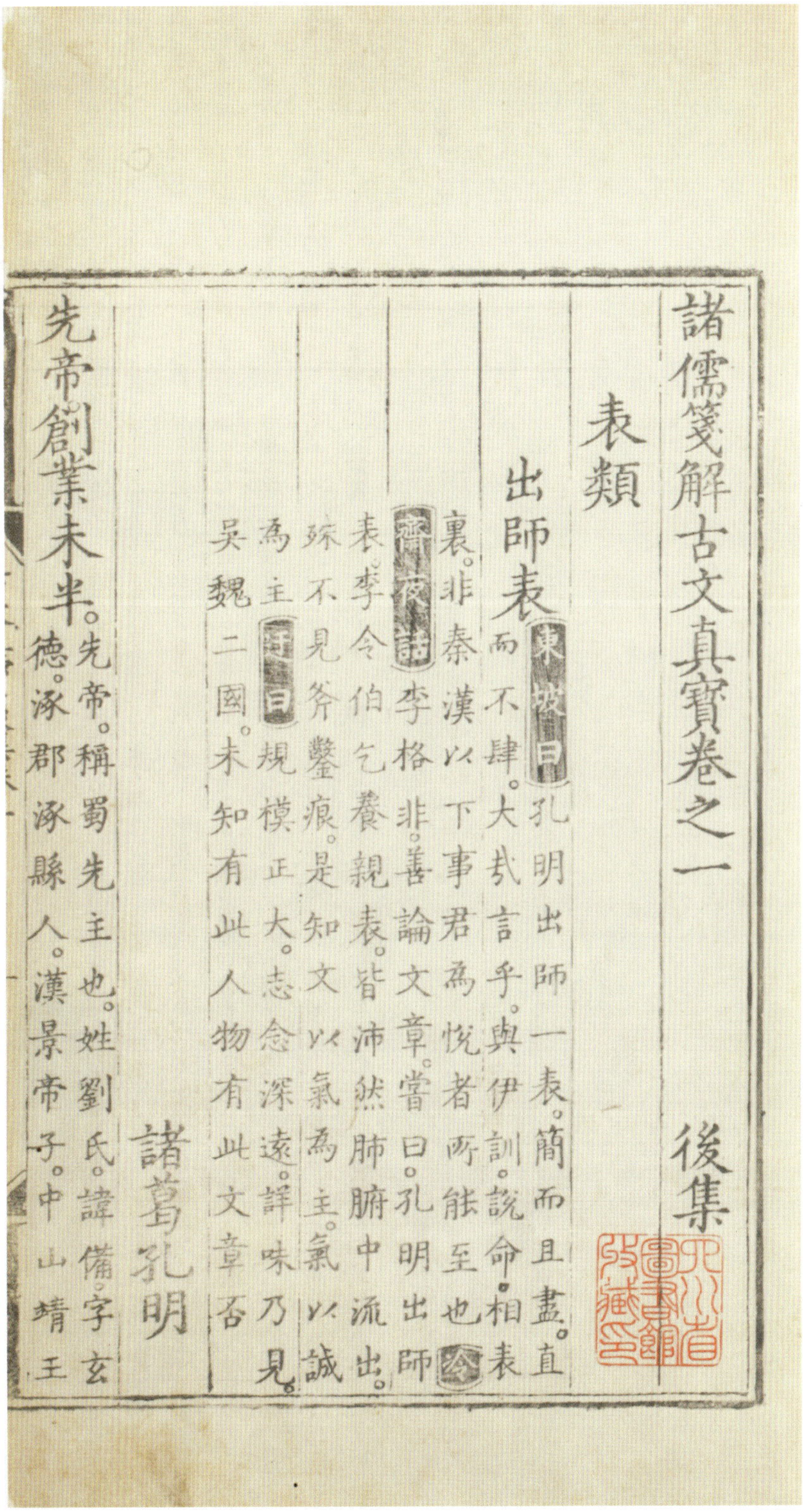

諸儒箋解古文真寶卷之一　後集

表類

出師表　東坡曰孔明出師一表。簡而且盡。直而不肆。大哉言乎。與伊訓。說命。相表裏。非秦漢以下事君爲悦者所能至也。冷齋夜話李格非。善論文章。嘗曰。孔明出師表。李令伯乞養親表。皆沛然肺腑中流出。殊不見斧鑿痕。是知文以氣爲主。氣以誠爲主　迂齋曰規模正大。志念深遠。詳味乃見。吳魏二國。未知有此人物有此文章否

諸葛孔明

先帝創業未半。先帝。稱蜀先主也。姓劉氏。諱備。字玄德。涿郡涿縣人。漢景帝子。中山靖王

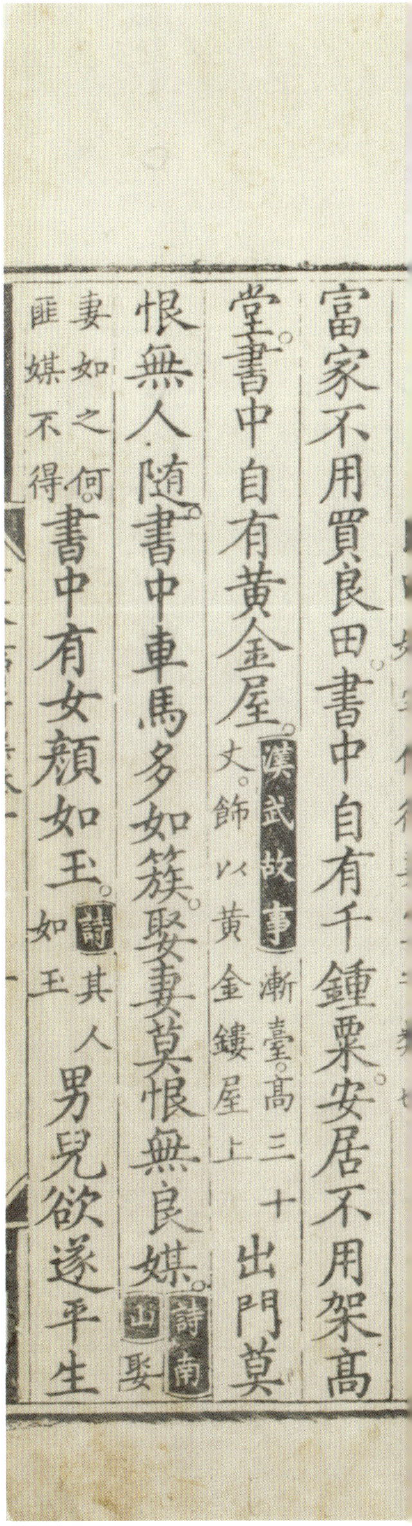

富家不用買良田。書中自有千鍾粟。安居不用架高堂。書中自有黄金屋。漢武故事漸臺。高三十丈。飾以黄金鏤屋上出門莫恨無人隨。書中車馬多如簇。娶妻莫恨無良媒。詩南山娶妻如之何。匪媒不得書中有女顔如玉。詩其人如玉男兒欲遂平生

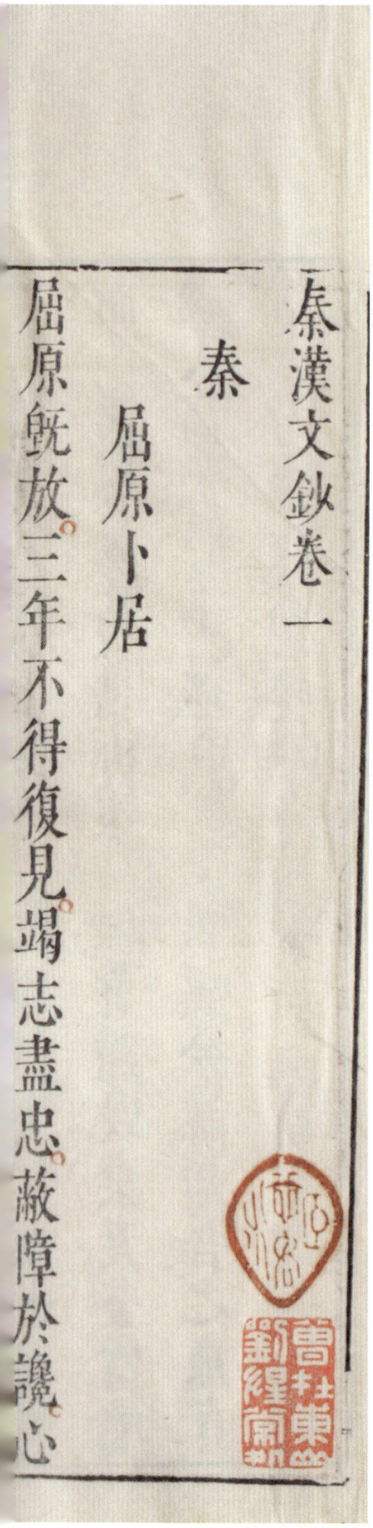
秦漢文鈔卷一
秦
屈原卜居
屈原既放三年不得復見竭志盡忠蔽障於讒心

0343 秦漢文鈔六卷

（明）閔邁德等輯　楊融博批點

明萬曆四十八年（1620）刻朱墨套印本　七冊

匡高20釐米，廣14.5釐米。半葉九行，行十九字，白口，四週單邊。

閔邁德，萬曆時人，大概也是吳興閔氏族內之人吧，生卒年及事蹟不詳。批點者楊融博生卒年及事蹟均不詳。是書所選：秦文二卷，西漢文三卷，東漢文一卷共六卷；秦文始《屈原卜居》至《李斯阿二世行督責書》；西漢文始《武帝賢良詔》至《揚雄劇秦美新》；東漢文始《馮衍說鮑永說》至《諸葛亮後出師表》止。皆爲名家名篇，耳熟能詳者。明初製定並推行的八股取士制度，到明中已成熟定型。文壇『台閣體』、『八股文』千篇一律的風氣嚴重束縛了社會文化的發展。以李夢陽、李攀龍爲代表的『前後七子』，主張以古代各種文體典範作品爲榜樣，反對『台閣體』、『八股文』千篇一律的風氣，並形成聲勢浩大的文學復古運動。他們強調文章學習秦漢，是書輯者亦有：『文不古則無骨，不古則無神』的主張。可見是編之輯，乃文學復古之張目和應聲者也。輯刻者閔氏素有『古文詞大半爲其家刻』之謂，其文學主張得窺一斑。是書之評，除楊氏外，另輯呂祖謙、洪適、真德秀、胡安國、楊慎、王世貞、唐順之、茅坤等人的評點於一帙。從章法、文體、詞句、背景等等，或簡或繁，不一而足，亦算精當。這應是學習秦漢文的一個較好的選評本。

四川省圖書館藏。

騷人章法變
換錯落不拘

疑願因先生決之詹尹乃端策拂龜曰君將何以
教之屈原曰吾寧悃悃款款朴以忠乎將送往勞
來斯無窮乎寧誅鋤草茅以力耕乎將遊大人以
成名乎寧正言不諱以危身乎將從俗富貴以媮

古則

秦漢文鈔卷二下

西漢

武帝賢良詔

朕聞昔在唐虞畫象而民不犯日月所燭罔不率
俾周之成康刑措不用德及鳥獸教通四海海外
肅慎北發渠搜氐羌來服星辰不孛日月不蝕山
陵不崩川谷不塞麟鳳在郊藪河洛出圖書烏虖
何施而臻此與今朕獲奉宗廟夙興以求夜寐以
思若涉淵水未知所濟猗歟偉歟何行而可以彰

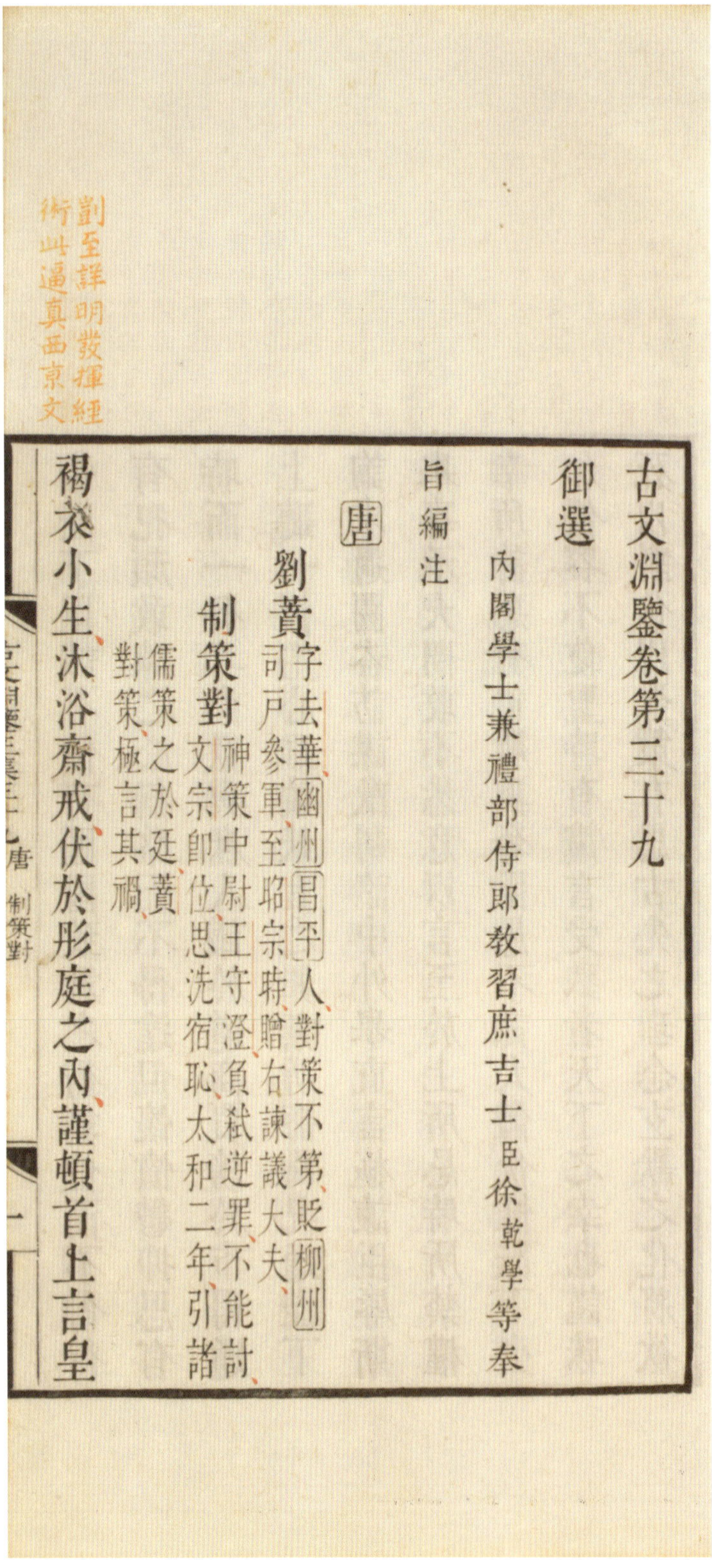

0344　古文淵鑒六十四卷

（清）徐乾學等輯並注

清康熙內府刻五色套印本　二十四冊

匡高18.6釐米，廣14釐米。半葉九行，行二十字，小字雙行同，黑口，四週單邊。

徐乾學（1631—1694），字原一，號健庵，江蘇昆山人。清初學者，顧炎武外甥。以文章名。康熙九年（1670）進士。授編修，充《明史》總裁官。入值南書房，充《大清會典》、《一統志》副總裁。後晉左都御史，官至刑部尚書。家富藏書，黄宗羲有『南北大家之藏書，盡歸先生』之說。其藏書處名『傳世樓』。此書亦名《淵鑒古文選》，是集歷代散文為一書的文學總集。選錄上起春秋、下迄宋末的文章，參照宋真德秀的《文章正宗》、李善注的《文選》、樓昉的《古文標注》等書例，擇其辭義精純可以鼓吹六經者彙為正集；間有瑰麗之篇，列為別集；旁採諸子錄其要論，以為外集，共合一千三百二十四篇，以成是書。徐乾學等人作注。有嚴格篩選、考證詳明、詳略得宜的特點。一般來講，此類總集的編纂，除類編者有自己的編選主張外，更主要的是為了推薦範文，因此，歷代的各種選本多會出現入選之文，選者皆選的現象，名氣稍遜者，皆不得入選編者的法眼，漏之多矣。《古文淵鑒》者也不例外。亦傳世文選諸本之一也。此內府刊者，有印精紙美之論。

四川大學圖書館藏。

臣英曰時按閎鉅波瀾壯濶詞藻瑰麗雅足與題相配

之百靈祕怪慌惚畢出蜿蜿蛇蛇來享飲食闔廟旋艫祥飆送颿旗纛旄麾飛揚晻藹鐃鼓嘲轟高管噭譟武夫奮權工師唱和穹龜長魚踊躍後先乾端坤倪軒豁呈露祀之之歲風災熄滅人厭魚蟹五穀胥熟明年祀歸又廣廟宮而大之治其庭壇改作東西兩序齋庖之房百用具修明年其時公又固往不懈益虔歲仍大和耋艾歌詠始公之至盡除他名之稅罷衣食於官之可去者四方之使不以資交以身爲帥燕享有時賞與以節公藏私畜上下與足於是免

臣杜訥曰古質極似西漢文在韓集中另為一格

屬州負逋之緡錢廿有四萬米三萬二千斛賦金之州耗金一歲八百困不能償皆以丐之加西南守長之俸誅其尤無良不聽令者由是皆自重慎法人士之落南不能歸者與流徙之胄百廿八族用其才良而廩其無告者其女子可嫁與之錢財令無失時刑德並流方地數千里不識盜賊山行海宿不擇處所事神治人其可謂備至耳矣咸願刻廟石以著厥美而繫以詩乃作詩曰

南海陰墟祝融之宅即祀於旁帝命南伯吏脩不躬

0345　赤牘清裁二十八卷　（明）楊慎輯　王世貞增修

明嘉靖三十七年（1558）刻本　六冊

匡高19.3釐米，廣14.5釐米。半葉十行，行二十字，小字雙行同，白口，左右雙邊，版心有字數。

尺牘，文體名。牘，古代書寫用的木簡。其長一尺，多用作書信，故稱尺牘。亦指文辭。是編即爲此意。楊慎注《賜嚴助書》云：『漢詔多矣，此獨稱書，且問閤、聞問之文，固書簡語也，故獨取此。』張含《赤牘清裁引》謂，慎編於大理。楊慎是書，先後增補，卷帙無定：陳第《世善堂藏書目》卷下『楊慎《赤牘清裁》二卷』；《北京圖書館善本書目》卷八：『《赤牘清裁》四卷，又《赤牘清裁》十卷』；《明史·藝文志》集部著錄為十一卷，有《拾遺》一卷，自二卷至十一卷，以卷帙为别的不同版本。王世貞《赤牘清裁敘》，謂是書原爲十一卷，乃『增葺自唐迄今爲二十八卷』。王世懋《赤牘清裁後敘》，謂『楊用修氏始輯是編，自《左》、《史》包兩漢，迄六朝而止』，故世貞增益唐以後作。增輯者有十七卷之多。刊於嘉靖三十七年，即是本也。明人梅鼎祚《書記洞詮》凡例，於是書頗有微詞，云：『世行《赤牘清裁》，出我明蜀太史楊公慎，斷自有隋，菫裒短語。吳司寇王公世貞，旁及近代，亦限單辭。』又云：『楊王《清裁》，業務精博。所未喻者，裁長適短，操刀惜美錦之傷；用舌代毫，移的負就羽之失。抑或代疑名舛，間偶彊合誤離。』此亦明世裁文割書之習弊，升菴、弇州亦不能免。雖如此，書簡文作爲古代文獻的重要組成部分，具有言簡意賅，情感真切的特點，於古文的研習，應是不可或缺的。作爲先秦迄明的一部書簡文總集，於後世亦有較大的影響，其資料價值應予肯定。此版本傳世不多。王世貞（1526—1590），字元美，號鳳洲，又號弇州山人，太倉（今屬江蘇）人。嘉靖八年（1529）進士，除南京刑部主事，出為山東副使，累官刑部尚書。明代文壇復古思潮的後七子之一。

四川師範大學圖書館藏。

赤牘清裁卷之一

西蜀楊　慎　輯
東吳王世貞校益

晉鮑葵

奉麇獻楚

以歲之非時獻禽之未至敢膳諸從者

射麇獻晉　楚潘黨

子有軍事獸人無乃不給於鮮敢獻於從者楊云左傳所載諸國辭命其春容大篇者已膾炙人口若其寂寥數字者肅括而敷含質直而耀艶固後世文人竿牘簡尺之濫觴也取此二條以冠卷首○按此行人口辭耳然以其類牘語故楊收之然不無遺者後輒爲補數則

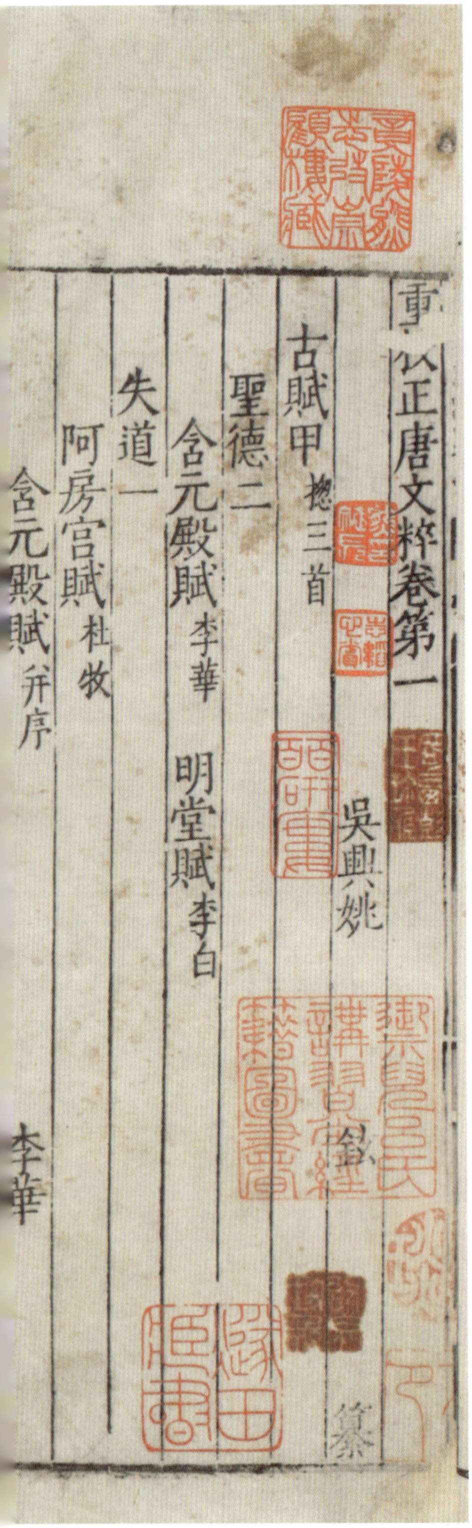

0346 重校正唐文粹一百卷

（宋）姚鉉輯

明嘉靖三年（1524）徐焴萬竹山房刻本　三十二冊

匡高20釐米，廣13.9釐米。半葉十四行，行二十五字，白口，左右雙邊。

姚鉉（967—1020），字寶之，廬州合肥（今安徽合肥）人。太平興國八年（983）進士。官兩浙轉運使。因與杭州知州薛映不合，爲薛密告，貶爲連州文學，後徙舒州團練副使。《宋史》卷四百四十一有傳。《唐文粹》的編纂始於兩浙轉運使任上，『雖被竄斥，猶傭夫荷擔以自隨』，『十年於茲，始就其事』。這時已是大中祥符四年（1011）了。宋初文學，沿晚唐五代頽風，表現出來的特點是綺靡軟弱全無風骨、花團錦簇而內容空泛。一些文人力主以提倡古文、古詩，來革除此弊。姚鉉便是其中之一。他是通過選編《唐文粹》，爲文人提供仿效的古詩文範本來實現自己的文學主張。他的選文宗旨是『止以古雅爲命，不以雕琢爲工，故侈言蔓辭，率皆不取』。對韓、柳古文特加推崇。全書以作品體裁分爲十六大類：古賦九卷、詩九卷、頌四卷、贊二卷、表奏書疏制策六卷、文三卷、論五卷、議四卷、古文八卷、碑十五卷、銘五卷、記七卷、箴誡銘一卷、書十二卷、序八卷、傳錄記事二卷，共一百卷兩千零六十七篇。其選錄範圍正如《四庫全書總目》所說，是『文賦惟取古體，而四六之文不錄；詩歌惟取古體，而五七言近體不錄』，完全體現了他的文學主張。總的來看，《唐文粹》作爲最早的唐代詩文選本，有選編簡括、篇幅適中、適宜誦讀之長。又因其博採衆書，保存資料豐富，對唐代文學作品的校勘、考證有着重要的資料價值。雖有分類過於繁瑣，大類之下又有若干子目和妄意刪改文句的毛病，但仍不失爲一個好的斷代詩文選本，因而對宋元明三代都有着極大的影響。《唐文粹》一書版本較多，宋元明各代均有版本行世。此徐焴刻本爲明代諸本中較好者。徐焴，字文明，蘇州人。有萬竹山房書室名。

四川省圖書館藏。

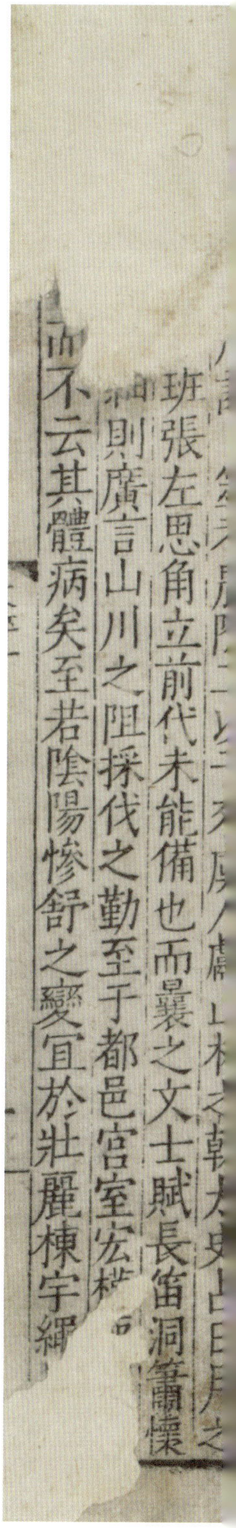

班張左思角立前代未能備也而曩之文士賦長笛洞簫懐
則廣言山川之阻採伐之勤至于都邑宮室宏
而不云其體病矣至若陰陽慘舒之變宜於壯麗棟宇綵

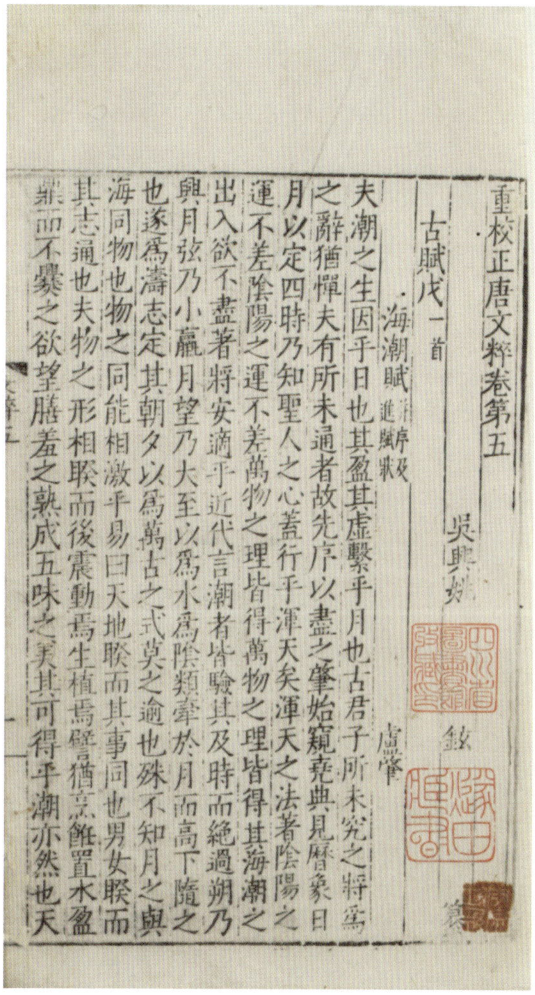

重校正唐文粹卷第五

吳興姚鉉纂

古賦戊 一首

海潮賦 并序 進賦狀及

盧肇

夫潮之生因乎日也其盈其虛繫乎月也古君子所未究之將爲之辭猶憚夫有所未通者故先序以盡之肇始窺堯典見曆象日月以定四時乃知聖人之心蓋行乎渾天矣渾天之法著陰陽之運不差陰陽之運不差萬物之理皆得萬物之理皆得其海潮之出入欲不盡著將安適乎近代言潮者皆驗其及時而絕過朔乃與月弦乃小羸月望乃大至以爲水爲陰類牽於月而高下隨之也遂爲濤志定其朝夕以爲萬古之式莫之逾也殊不知月之與海同物也物之同能相激乎易曰天地睽而其事同也男女睽而其志通也夫物之形相睽而後震動焉生植焉譬猶烹飪置水盈鼎而不爨之欲望膳羞之熟成五味之美其可得乎潮亦然也天

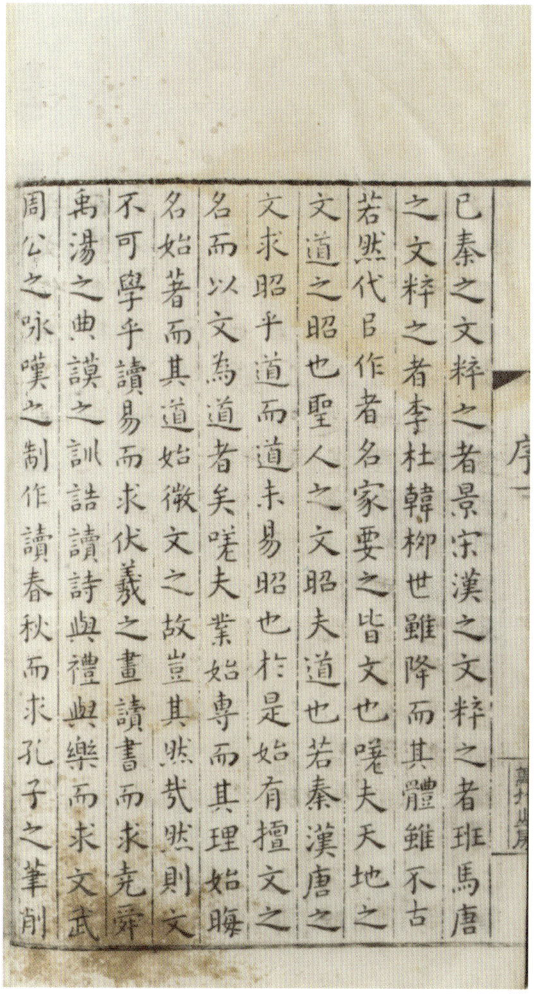

已秦之文粹之者景宋漢之文粹之者班馬唐之文粹之者李杜韓柳世雖降而其體雖不古若然代吕作者名家要之皆文也嗟夫天地之文道之昭也聖人之文昭夫道也若秦漢唐之文求昭乎道而道未易昭也於是始有擅文之名而以文為道者矣嗟夫業始專而其理始晦名始著而其道始微文之故豈其然哉然則文不可學乎讀易而求伏羲之畫讀書而求堯舜禹湯之典謨之訓誥讀詩與禮與樂而求文武周公之咏嘆之制作讀春秋而求孔子之筆削

0347 萬首唐人絶句一百一卷 （宋）洪邁輯

明嘉靖十九年（1540）陳敬學德星堂刻本 二十四册

匡高19.8釐米，廣14.8釐米。半葉十行，行二十字，白口，左右雙邊。

洪邁（1123—1202），字景盧，號容齋，别號野處，鄱陽(今屬江西)人。紹興十五年（1145）進士，官至端明殿學士。博覽經史百家及醫卜星算之書，尤熟悉宋代掌故。有《容齋隨筆》、《夷堅志》等書。淳熙（1174—1189）間錄唐人絶句五千四百首，以教幼兒誦讀，後進呈宋孝宗作帝王題扇之用。奉旨又輯得數千首，備足萬首之數。曾於紹熙元年至三年（1190—1192）自雇工雕印，『共二十一冊，用匣盛貯』，進呈宋光宗。《萬首唐人絶句》，凡七言絶句七十五卷，五言絶句二十五卷。計一百卷，每卷一百首，末附六言絶句一卷，僅三十八首。此書彙集了唐代諸家詩文集，旁及野史、筆記、雜説中的絶句詩，為唐人絶句之總匯。在唐人絶句資料保存方面亦是重要貢獻。同時對於唐人絶句在流傳過程中的張冠李戴的現象，如『王涯在翰林同學士令狐楚、張仲素所賦宮詞諸章，乃誤入於王維集，金華所刊杜牧之續别集，皆許渾詩也』（洪邁《萬首唐人絶句序》）等，作了改正。又，此書成書較早，所見多古本，因而在校勘上具有重要的價值。然亦有編次較亂，以致代不攝人，人不領詩；誤收非唐人之詩，一首詩數見的重出現象，訛舛較多的毛病。雖如此，作爲專題詩歌總集，以其彙集廣泛、資料豐富的特點，仍不失爲唐人詩歌集中影響較大之一種。此陳敬學刊本為明代首刊者，且為仿宋刊本，爲現存該集較爲重要的明代版本，一九五五年文學古籍刊印社曾據之影印。明萬曆三十四年（1606）趙宧光、黃習遠等人對《萬首唐人絶句》重加整理：刪去誤收、重出、非絶句之作『共二百一十九首』；『補入四唐（本書所採用高棅的初、盛、中、晚唐四段分期法）名公共一百零一人，遺詩六百五十九首，全書共收詩一萬零四百七十七首』；並對全書重加銓次，『詩以人匯，人以代次，釐爲四十卷』（黃習遠《重刻萬首唐人絶句跋》），并修正了其他一些錯誤。於萬曆三十五年（1607）刊行於世。陳敬學，蘇州人。德星堂乃其室名。

四川大學圖書館藏。

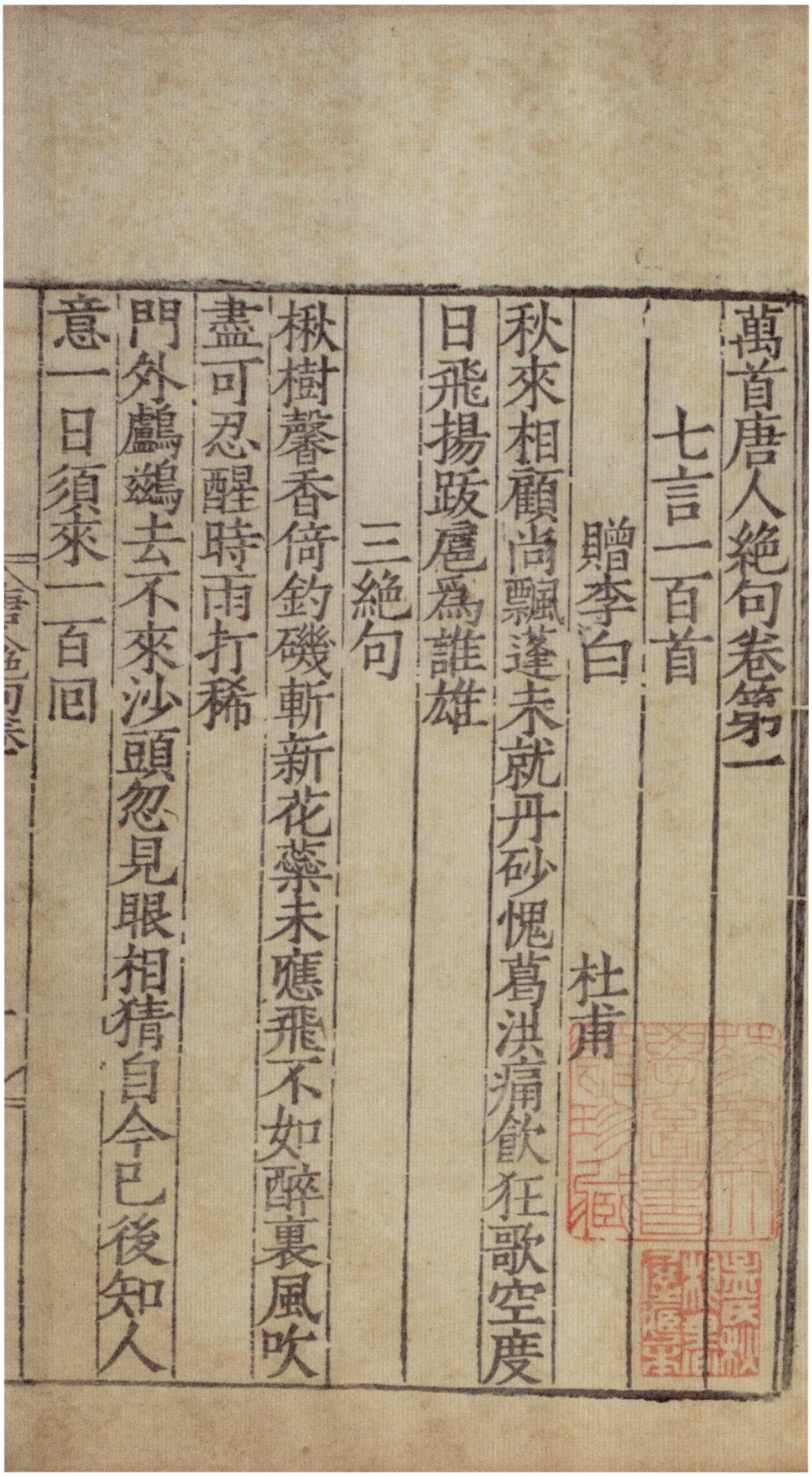

萬首唐人絕句卷第一

七言一百首

贈李白　杜甫

秋來相顧尚飄蓬未就丹砂愧葛洪痛飲狂歌空度日飛揚跋扈為誰雄

三絕句

楸樹馨香倚釣磯斬新花蘂未應飛不如醉裏風吹盡可忍醒時雨打稀

門外鸕鷀去不來沙頭忽見眼相猜自今已後知人意一日須來一百回

0348 唐詩品彙九十卷拾遺十卷詩人爵裏詳節一卷　（明）高棅輯

明嘉靖十六年（1537）姚芹泉刻本　十七冊

匡高17.3釐米，廣13.9釐米。半葉十一行，行二十字，小字雙行同，白口，四週雙邊。

高棅（1350—1423），一名廷禮，字彥恢，號漫士，長樂（今屬福建）人。博學能文，工詩；與時人林鴻、鄭定、王偁等人合稱『閩中十子』。永樂初，自布衣徵爲翰林待詔，升典籍。有《嘯台集》、《木天清氣集》傳世。《唐詩品彙》於明洪武二十六年（1393）成書，凡九十卷，選詩六百二十家，五千七百六十九首；後於洪武三十一年（1398）增補作者六十一人，詩九百五十四首，亦分體編排，為《唐詩拾遺》十卷，附於書後，足成百卷之數。此爲唐詩選集之一，按五古、七古、五絕、七絕、五律、五言排律、七律、七言排律等，分體編排；各體之中又分正始、正宗、大家、名家、羽翼、接武、正變、餘響、旁流九品。『品彙』者，乃此九品之彙也。『大略以初唐爲正始，盛唐爲正宗、大家、名家、羽翼，中唐爲接武，晚唐爲正變、餘響，方外異人等詩爲旁流。間有一二成家特立與時異者，則不以世次拘之，如陳子昂與太白列在正宗，劉長卿、錢起、韋、柳與高、岑諸人同在名家是也』（本書《凡例》）。每種體裁按入選作者時代先後爲序，卷首爲詩人小傳。所選唐詩諸體皆備，各個時期的名家名作基本入選，大致能反映唐代詩歌的全貌。書中提出了唐代詩歌分期的『初、盛、中、晚』四段劃分法，較之宋嚴羽《滄浪詩話》的『初唐體、盛唐體、大曆體、元和體、晚唐體』之說，對後世影響更大。四期之分與九品之說相結合，於唐詩的發展過程與演變規律的認識和探討，是很有益的，故其唐詩分期之説，常爲研究者所沿用。這應是高棅對唐詩宏觀研究的一大貢獻。詩作之選，推崇盛唐而尊李、杜，在選詩數量、排列位置、論講述評價等方面都竭力突出盛唐，尤突出李、杜：李白為諸體『正宗』，選詩二百七十四首；杜甫為五古、七古、五律、五排、七律獨一無二的『大家』，選詩二百九十六首，這樣的分法，似有揚杜抑李之嫌，後世學者多有爭論。這種突出盛唐的作法，成為明中期文壇前後七子『詩必盛唐』主張的先導。《唐詩品彙》一書，在明代作為館閣、家塾課本，流傳頗廣，影響甚大。其中的簡評，分別評述有唐一代之詩，介紹入選詩人生平，標明正詩及夾注出處，於唐詩校勘極具資料價值。《四庫全書總目提要》說：『平心而論，唐音之流為膚廓者，此書實啟其弊；唐音之不絕於後世者，亦此書實衍其傳。功過並存，不能互掩，後來過毀過譽，皆門戶之見，非公論也。』此評可謂公允。《唐詩品彙》的初刻本為弘治六年（1493）張璁刻本，此爲第二刻，爲存世《唐詩品彙》的重要版本之一。

四川大學圖書館藏。

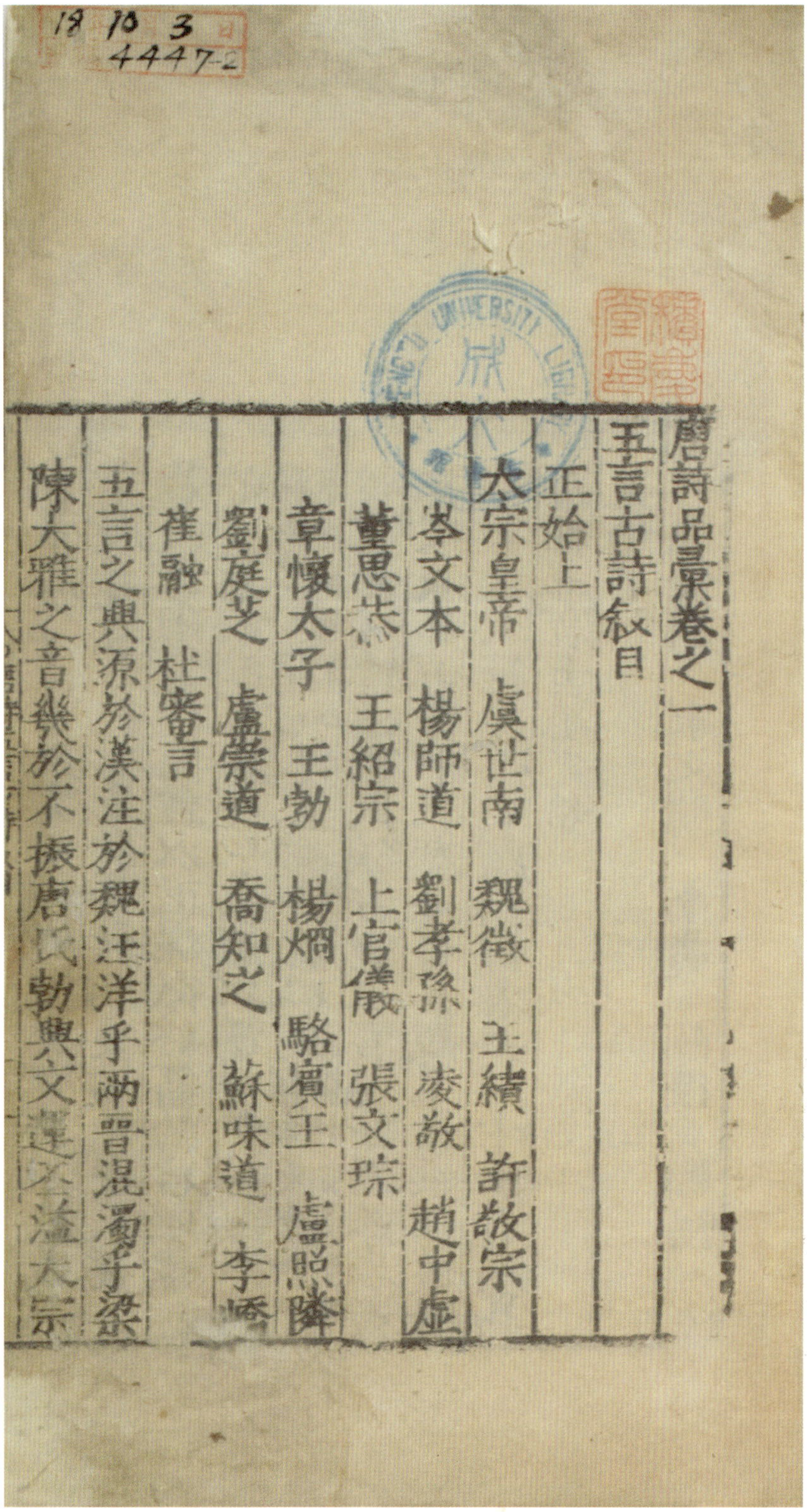

唐詩品彙卷之一

五言古詩敘目

正始上

太宗皇帝 虞世南 魏徵 王績 許敬宗

岑文本 楊師道 劉孝孫 凌敬 趙中虛

董思恭 王紹宗 上官儀 張文琮

章懷太子 王勃 楊炯 駱賓王 盧照鄰

劉庭芝 盧崇道 喬知之 蘇味道 李嶠

崔融 杜審言

五言之興源於漢注於魏汪洋乎兩晉混濁乎梁

陳大雅之音幾於不振唐氏勃興文運丕溢太宗

0349 唐詩品彙九十卷拾遺十卷

（明）高棅撰

明嘉靖十八年（1539）牛門刻本　十八冊

匡高18.3釐米，廣13.2釐米。半葉十行，行二十字，小字雙行同，白口，左右雙邊。存九十五卷（卷六至卷九十、拾遺十卷）

此爲《唐詩品彙》第三刻。距第二刻之姚氏本僅二年時間，足見是書於時影響還是比較大的。牛門，字應宿，直隸山陽（今屬江蘇）人。嘉靖十四年（1535）年進士。

四川師範大學圖書館藏。

唐詩拾遺卷之一

明新寧高棅編集　陽牛斗校刊

五言古詩上

太宗皇帝

帝京篇 三首

落日雙闕昏迴輿九重暮長煙散初碧皎月澄輕素
褰幌翫琴書開軒引雲霧斜漢耿層閣清風搖玉樹

二

鳴笳臨樂館眺聽歡芳節急管韻朱絃清歌凝白雪
彩鳳肅來儀玄鶴紛成列去茲鄭衛聲雅音方可悅

尋山僧不遇作

石逕入丹壑松門閉青苔閑堦有鳥跡禪室無人開
窺窗見白拂挂壁生塵埃使我空歎息欲去仍徘徊
香雲徧山起花雨從天來已有空樂好況聞青猿哀
了然絕世事此地方悠哉

0350 唐詩選七卷

（明）李攀龍輯　王穉登評

明閔氏刻朱墨套本　四冊

匡高21釐米，廣14.7釐米。半葉八行，行十八字，白口，左右雙邊。

李攀龍（1514—1570），字於鱗，號滄溟，歷城（今屬山東）人，嘉靖二十三年（1544）進士。為明代『後七子』領袖之一。李大力提倡『文必秦漢』、『詩必盛唐』的文學主張，所謂『秦漢以後無文』（李攀龙《答冯通府》滄溟集卷二十八），『唐無五言古詩』（李攀龙《选唐詩序》《滄溟集》卷十五）。並專選唐詩以成《唐詩選》。是書共分七卷，選收唐代詩人一百二十八家，詩四百六十五首，以詩體為序排列，以收錄初、盛唐詩人的作品為多。王重民在《中國善本書提要》中謂此版：『即唐汝詢、蔣一葵批註，而朱印王穉登等評語於眉端耳。』《唐詩選》刊行後，廣為流傳，影響極大，遠遠超越了明代的其他唐詩選本。此本為明閔氏刻朱墨套印本，版刻精良，紙墨俱佳。

四川大學圖書館藏。

唐詩選卷之一

濟南李攀龍選訂
太原王穉登叅評

五言古

魏徵

述懷

中原還逐鹿投筆事戎軒縱橫計不就慷慨志
猶存策杖謁天子驅馬出關門請纓繫南越憑

0351 御選唐詩三十二卷目錄三卷

（清）聖祖玄燁輯　陳廷敬等注

清康熙五十二年（1713）內府刻朱墨套印本　十五冊

匡高19釐米，廣12.1釐米。半葉七行，行十七字，小字雙行二十六字，白口，四週雙邊。

《御選唐詩》乃康熙帝所選所定。他認為，『從容諷詠，感人最深者，莫近於詩』，而詩歌『自三百篇降及漢魏六朝，體制遞增，至唐大備，故言詩者以唐為法』，然歷代唐詩選本『其所收擇，各有意指，而觀者每有不偏不該之歎。朕萬幾餘暇，留意篇什，廣搜博採，已刻《全唐詩集》，而自曩昔披覽，嘗取其尤者，匯為一編』。他的這個選本，是針對人們對《河嶽英靈》、《中興閒氣》、《才調集》等歷代唐詩選本『不偏不該之歎』而選編的。選詩的標準，一遵孔子謂之『溫柔敦厚，詩教也』。故『是編所取，雖風格不一，而皆以溫柔敦厚為宗，其憂思感憤，倩麗纖巧之作，雖工不錄』。目的在於『使覽者得宣志達情，以範於和平，蓋亦用古人以正聲感人之義』。服務於現實，『為道德之助』這是根本。這個選本中的詩歌，不僅是之前所刊九百卷本《全唐詩》中的『尤者』；更是康熙帝『每當臨朝聽政，巡行獮狩之余，展卷留連，未嘗不悠然而有得也』的名篇佳句。因命儒臣依次編注，康熙帝卻仍『親加考定，一字一句，必溯其源，條分縷析，其有徵引訛誤及脫漏者，隨論改定。』足見其重視。是編共三十二卷，計：五言古六卷，七言古三卷，五言律七卷，七言律七卷，排律二卷，五言絕句附六言絕句二卷，七言絕句五卷，古風近體，別體分類，以類相從。於作者姓氏，略載其爵里行歷，以備論考之資；於詩則逐句箋釋，分注於各句之下，各徵所用故實、名物訓詁，『悉引他書，旁推互證，不加疏解，並用李善注《文選》例也。』這是一個君選臣注的唐詩選本，康熙帝本是一個善於學習，有着很高文化藝術修養的帝王，詩歌之選，多佳什名篇，乃唐代詩歌中的精華也，考訂亦算精審；因是御定，其注自是詳賅嚴謹，詳略把握，頗為得當。這應是一個學習唐詩的較好選本。陳廷敬，初名敬，字子端，澤州（今屬山西）人。順治十五年（1658）進士，選庶吉士。命值南書房，遷禮部侍郎。歷官左都御史、工部尚書、戶部尚書，拜文淵閣大學士，兼吏部。陳廷敬初以賜石榴詩受知康熙帝，『後進所著詩集，上稱其清雅醇厚，賜詩題卷端』。並以文學有名於時。

四川大學圖書館藏。

御選唐詩第一卷

五言古

唐太宗皇帝 帝姓李氏諱世民神堯次子初建秦邸即開文學館既即位殿左置弘文館悉引內學士番宿更休聽朝之間則與討論典籍雜以文詠詩筆草隸卓越前古至於天文秀發沈麗高朗有唐三百年風雅之盛帝實有以啟之焉

帝京篇

秦川雄帝宅 三秦記長安正南秦嶺嶺根水流爲秦川一名樊川魏明帝詩出身秦川爰居伊洛

0352 全唐七律分韻集七絕分韻集

（清）程祖潤輯

清咸豐六年（1856）手稿本　十六冊

半葉九行，行二十一字不等，白口，七律四週雙邊，七絕無邊欄。

程祖潤（1804—1860），原名錫書，字雨琴，丹徒（今江蘇丹徒縣）人。道光二十四年（1844）進士。以知縣發四川，歷署合州、廣安州事，補授新繁縣知縣。升道員，總辦川東防剿軍務。光緒《丹徒縣志》卷二十八有傳。程祖潤詩法唐人，字宗魯公。尤善集唐著，有《妙香軒集》行世。《全唐七律分韻集七絕分韻集》爲唐人詩選集。卷首顧復初序云：『雨琴先生喜為集句詩，嘗就全唐詩中近體分韻編之，手自抄錄，得若干首，為卷若干。自念數十年勤勞，萃於此帙，將付剞劂……。』此為刻書序，時為咸豐六年，然是書未見有刊本傳世者，是否確已刊行，不得而知。律詩、絕句，詩歌創作的兩種形式，其創作和內容表達，在唐代獲得了很大的發展，且成就極高。杜甫之詩乃其標誌者也，律、絕二體，是為唐代詩歌成就的重要代表者。歷世崇之、遵之、習之。程祖潤乃猶好此者，其《全唐七律分韻集七絕分韻集》即為顯例。全書以韻分編唐詩，就其體例而言，是一種創造，且極方便學詩者。是書為程氏自書手稿本，僅此一帙，極為珍罕。

成都圖書館藏。

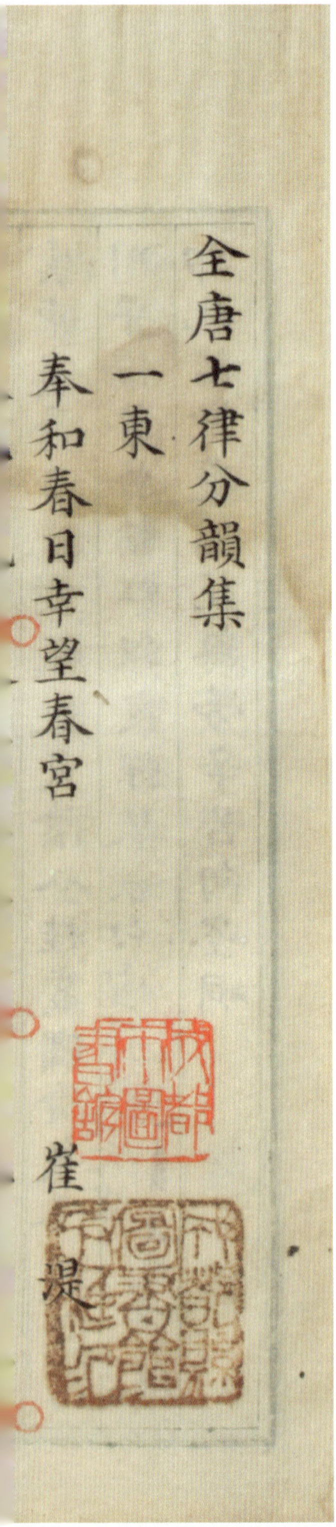

即此歡娛齊鎬宴惟應率舞樂薰風

大酺　杜審言

毘陵震澤九州通士女歡娛萬國同伐鼓撞鐘驚海上
新妝袨服照江東梅花落處疑殘雪柳絮開時任好風

全唐七絶分韻集

微

登封大酺歌　盧照隣

日觀仙雲隨鳳輦天門瑞雪照龍衣繁絃綺席方終夜
妙舞清歌歡未歸

奉和春日　元萬頃

鳳輦迎風乘紫閣鸞車避日轉彤闈中堂促管淹春望
後殿清歌開夜扉

送司馬道士遊天台　宋之問

萬端卒能易危為安至今蜀中言吏治者推先生先生何暇為此也先生嘗示余在官時所刊條教為書僅一册閱之皆古人已行之成法無絶殊者然而率而行之無乎不治余乃歎先生信古善述為不可及夫人不能無所嗜好苟非紛華是逐利達是耽一材一藝皆能養吾之性適吾之志擴充吾之局量況詩教至大根極於微渺彌被於無垠其於政教所裨豈尠又何疑先生之於詩乎先生曰　御製全唐詩備一代文獻其體例至正我豈敢變姑就我所業者刻之兼仿玉堂才調

集益加擴焉又我集唐人詩凡生平憂喜夷險之故罔
不如言而應唐人固有靈哉余曰詩自三百篇後於唐
為盛今先生并流濯為一氣合笙磬為同音唐人各出
其天賦之才以效能於先生而先生顛倒之驅策之譬
諸入鄧林而折其枝泛瀛海而勺其水是固春秋卿大
夫所未及而先生之輯之也其合於雅頌各正之旨者
乎　咸豐六年丙辰六月吳郡顧復初敘

0353　新雕宋朝文鑑一百五十卷目錄三卷

（宋）呂祖謙輯

明天順八年（1464）嚴州府刻本　四十冊

匡高19.2釐米，廣12.7釐米。半葉十三行，行二十一字，黑口，左右雙邊，版心有字數。

呂祖謙（1137—1181），字伯恭，婺州（今浙江金華）人。其祖呂好問封東萊郡侯，因稱東萊先生。隆興元年（1163）進士。累官著作郎兼國史院編修。南宋學者。爲學主明理躬行，治經史講求實用，開浙東學派先聲。與朱熹、張栻並稱『東南三賢』。《宋史》有傳。呂祖謙奉孝宗之命從『秘書集庫所藏，及因昔記憶訪求於外，所得文集凡於百家，搜檢編集，手不停披』（葉盛《水東日記》卷十九）於淳熙五年（1178）成書。孝宗賜名《皇朝文鑑》。現名乃據明商輅《宋文鑑序》所改。全書一百五十卷，爲賦八十餘篇，詩一千余篇，文一千四百餘篇，計二千五百餘篇；分爲賦、詩、騷、詔、敕文、冊、御劄、批答、制、誥、奏疏、表、箴、銘、頌、贊、碑文、記、序、論義、策、議、說、說戒、制策、說書、書、啟、策問、雜著、對問、移文、連珠、琴操、上樑文、書判、題跋、樂語、哀辭（誄附）、祭文、謚議、行狀、墓誌、神道碑表、神道碑銘、傳、露布等類，按類編排。收宋初建國至靖康末一百八十多年間二百多位作者的作品，是一部很有影響的北宋詩文選集。《宋文鑑》的選文標準，據周必大為本書寫的序言說：『古賦詩騷，則欲主文而譎諫；典冊詔誥，則欲溫厚而有體；奏疏表章，取其諒直而忠愛者；箴銘贊頌，取其精慤而詳明者；以至碑誌論序書啟雜著，大率事辭稱者為先，事勝辭則次之，文質備者為先，質勝文則次之；律賦經義，國家取士之源，亦加采掇，略存一代之制。』《宋文鑑》成書後，朱熹予以了高度關注，認為此書『篇篇有意』，體現了『文以致道，必切於世』的『義理』標準，可補治道之需。因此《宋文鑑》中有不少篇幅爲浮泛議論的義理說教，沒有多少藝術性的作品所充斥，而蘇軾《石鍾山記》、《喜雨亭記》等有很高藝術性的作品未能入選，政治標準使然。故是書後世爭論頗多：稱贊者認爲它『此編所選，篇篇有意，……非《選》、《粹》之比』（朱熹《直齋書錄解題引》），『自古類書未善於此者』（葉適《習學記言序目卷四十七》）；批評者認爲它『何補於治道，何補於後學』（張栻《文獻通考卷二四八引》）』。在具體選輯工作中，編者的考慮還是比較周全的：宋初的太祖、太宗、真宗三朝，作者不多，選錄較寬；自仁宗起，至神宗、哲宗而大盛，仁宗以後的作品選錄較嚴。對於文章大家如『歐陽公（修）、司馬公（光）、蘇內翰（軾）、黃門（蘇轍）諸公之文』，以其『自成一家，以文傳世』，乃『擇其尤者，以備篇帙』；對於那些山林隱逸、聲聞不彰的作者，收其作品，以『存其姓氏，使不淹沒』；雖有名，『其文不為後進所誦習』，亦搜其作品以入選。上述諸類，選錄標準較寬。總的來看，《宋文鑑》的選編工作，由於考慮到各個方面，較為符合實際需要。《宋文鑑》可以算作是收採較博的北宋一代文章總集，爲我們研究宋代文學史、思想史提供了豐富的資料，省卻了不少翻閱大量別集和選集之勞。其中有不少作者，選編時皆有集行世，然本书成編後的數百年間，這些集子先後散佚，他們的作品因本書得以保存下來，因此《宋文鑑》一書保存文獻的作用是明顯的。《宋文鑑》一書，宋、元、明、清諸代刻本較多，傳世者大致可以分爲兩個係統：一爲嘉泰四年（1204）刻印之『嘉泰本』，今《四部叢刊本》的祖本；一爲明代天順年間（1457—1464）嚴州太守邵齡據一個宋刻本重刻的『嚴州本』，即此本。因其與『嘉泰本』有異同，故其版本價值凸現。

四川大學圖書館藏。

聖一百銓次

賦

漁爾民不牟爾利一毫之費差足爲易乃詔共工虔[illegible]
之中因舊謀新庀徒僝功臺卑者豐棟易而隆椽斲而
龍宮去地百丈在天半空五鳳翹翼若鵬運風雙龍蟠首
若鼇載宮丹楯霞[illegible]神光何融朱檻虹植晴文始烘繡
楣焜燿彫栱玲瓏櫼壁塗赭綺窗暈紅雙闕偶立突然
如峯平見千里深映九重奔星墜而交觸靈景亙而相
逢門呀洞鈌若天之裂袞縱轝百武橫駕六轍金鋪爍人
光景明滅舞陽之力莫得而排叔梁之力胡可以抉其
下則冠蓋葳蕤劍佩陸離車如流水待漏而馳駕肩排
踵兼蠻渾夷萬衆紛錯魚龍尊卑咸去來之由此競奔
湊於玉墀亶皇風之無外豈朝盈之有時三事庶尹乃
拜表蕭牆謁帝未央以落大壯登訶永昌曰
元聖明兮帝道昌威四海兮君萬方時高闕兮冠百常

0354 御訂全金詩增補中州集七十二卷首二卷

（金）元好問輯　（清）郭元釪補輯

清康熙五十年（1711）內府刻本　十六冊

匡高18.1釐米，廣12.3釐米。半葉八行，行十九字，白口，四週單邊。

元好問（1190—1257），字裕之，號遺山，因他曾在遺山（今山西定襄縣城東北）讀過書，故自號遺山山人，秀容（今山西忻州市）人。金興定三年（1219）進士。官至行尚書省左司員外郎。金亡不仕，專心著述，『裕之避兵南渡，悼金源氏亡，誓不更仕，晚年以著作自任，曰「不可令一代之跡泯而不傳。」乃築亭（野史亭）於家，寒暑不出，有所聞見，隨以寸楮細字記錄之，名曰《野史》，不下百餘萬言。《中州集》其采詩一種也』（毛晉《中州集跋》）。可見，元好問所做的是一項『存亡繼絕』的工作。所輯《中州集》，以魏元道所輯《國朝百家詩》為基礎，加上自己所搜集的詩詞，合編而成。始於金哀宗天興二年（1233）至蒙古海迷失后二年（1249），歷時十六年書成。是乃金代詩歌總集，因其作者多集中於中州（泛指黃河中游地區）一帶，故名。《中州集》所收金代二百四十九名作家的二千二百五十九首詩詞。且每人各爲小傳，詳具始末，兼評其詩。元好問又是一位頗有成就的歷史學家，是編之輯，不僅在於保存一代文獻，且有以詩存史的用意，他的《中州集》把輯錄的詩詞，有機地結合在寫詩史的體例中，『選錄諸詩，頗極精審』；所撰詩人小傳，有他對史實的看法和對各家詩的評論，是其論詩論史思想的具體運用。通過詩人生平的記述，而涉及金代社會的政治、經濟、軍事、文化各個方面，於金代史料的保存作用也是明顯的：如卷十《李講議汾》中，詳細記載了國史院內的編制和分工。李汾是元好問的至交，曾任職國史院，好問據之得以瞭解國史院的情況，並寫於李汾傳中。因而對於金代官制、科舉、經濟制度、曆法，及某些重大歷史事件和文化的研究都有重要的價值。以至『元人撰修《金史》，多本其所著』。正於此，《中州集》又有錄詩不甚求全；而且由於當時在世的人皆不入選，遺漏頗多，未能完備的缺點。元好問的《中州集》為十卷，以十天干紀卷，詞附樂府卷。清康熙年間郭元釪對《中州集》作訂補工作，其於金人詩作此書則力求廣採旁搜，巨細不遺，凡金人入元不仕者皆附入其末，較好問之《中州集》（南宋詩人作品不計），卷數從十卷增加至七十四卷，作者從二百四十九人增加到三百五十八人，收詩從二千二百五十九首增加至五千五百四十四首。它保留《中州集》的作者小傳，又取劉祁《歸潛志》、《金史》和諸家文集、說部補其不足，以備考核；有所論說，亦附見其後。書成由康熙帝製序刊行。郭元釪，字於宮，江都（今屬江蘇）人。好學能詩，曾參加修《佩文韻府》等書，授中書，著有《一鶴庵詩鈔》。《四庫全書總目提要》指出：『宋自南渡以後，議論多而事功少，道學盛而文章衰。中原文獻，實併入於金。』然而有金一代的文學作品卻大量散佚。是書的編成，基本反映了現存金代詩歌的全貌，為研究金代文學提供了重要的資料。

四川大學圖書館藏。

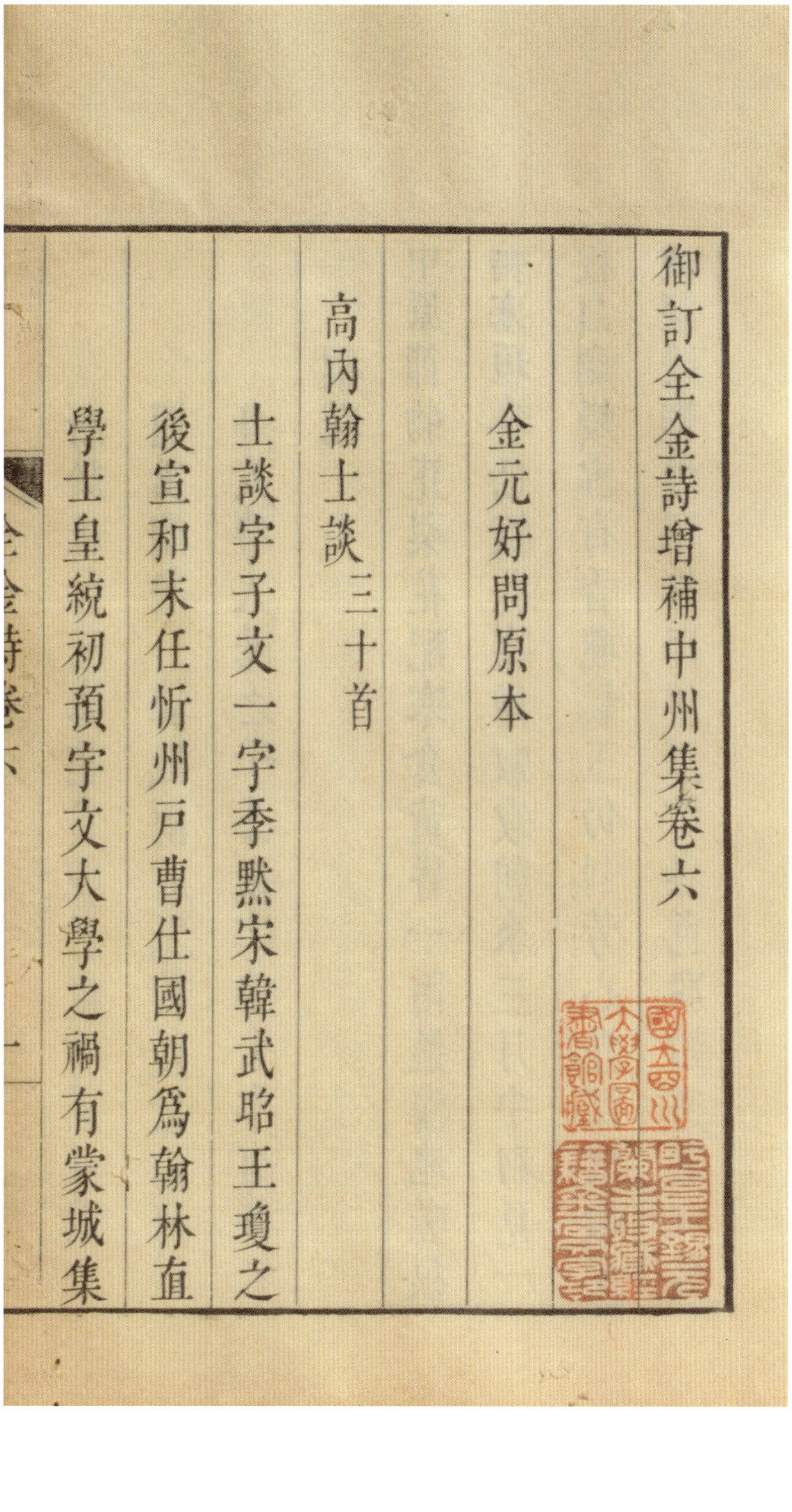

御訂全金詩增補中州集卷六

金元好問原本

高內翰士談 三十首

士談字子文一字季默宋韓武昭王叟之
後宣和末任忻州戶曹仕國朝為翰林直
學士皇統初預宇文大學之禍有蒙城集

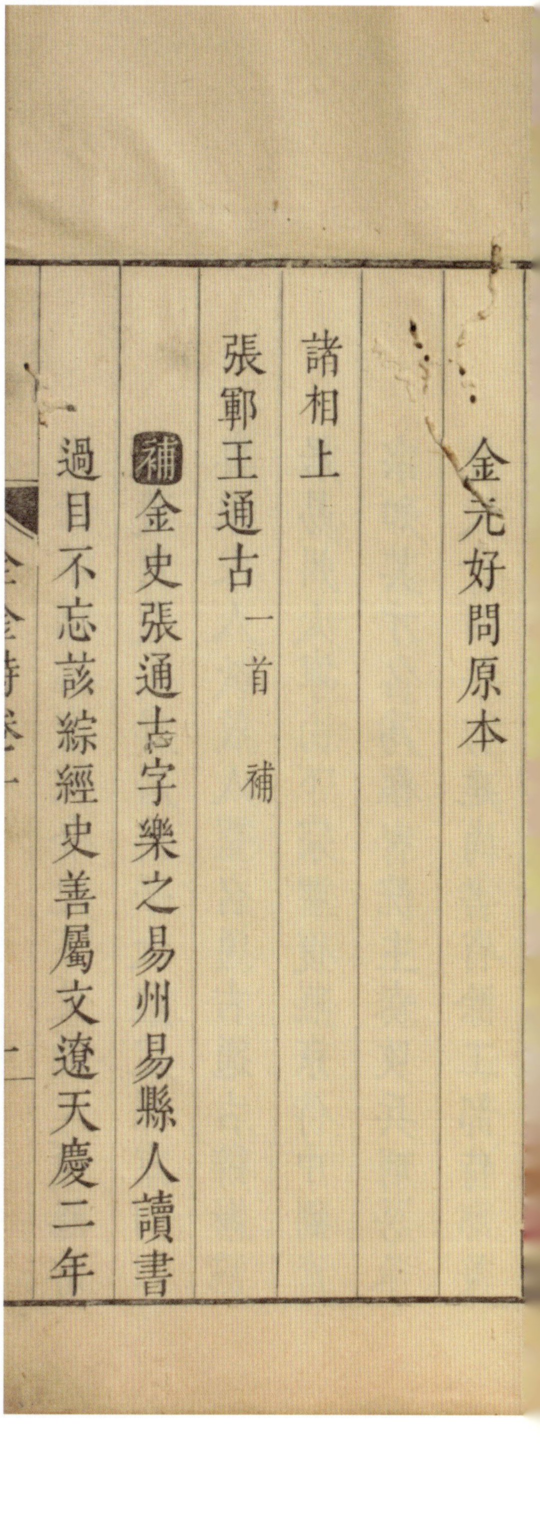

金元好問原本

諸相上

張鄆王通古 一首 補

補 金史張通古字樂之易州易縣人讀書
過目不忘該綜經史善屬文遼天慶二年

0355　皇明經濟文錄四十一卷　（明）萬表輯

明嘉靖三十三年（1554）曲入繩、游居敬刻本　二十三冊

匡高19.5釐米，廣13.6釐米。半葉十行，行二十二字，白口，四週單邊。存三十四卷（卷一至九、十一至十三、十五、十六、十八至二十二、二十五至三十三、三十六至四十一）。

萬表（1498—1556），字民望，號鹿園，鄞縣（今屬浙江）人。世襲寧波衛指揮僉事，正德十五年（1520）武會試及第，仕至漕運總兵，僉事南京中軍都督府。於先朝典故、國事無不曉暢，著書亦富。此書所據者黃君訓所集《名臣經濟錄》、章君檗所藏《九邊十三省錄》，及往歲所集《漕暇錄》、《疏義輯略》等四書，各有錄選者，彙編以成。是書前半部承《皇明名臣經濟錄》之例而稍作『減併』，後半部則增兩直隸、九邊十三省，前者側重朝廷、六部，後者側重京城、地方。全書原為三十一卷、四十一目，今則標為四十一卷、四十一目，疑繫後人所厘改。此爲明代經世文編之一，保存了不少史料價值較高的作品。游居敬（1509—1571），字行簡，號可齋，福建南平人。嘉靖十一年（1532）進士。累官都察院副都御史，巡撫雲南。

四川大學圖書館藏。

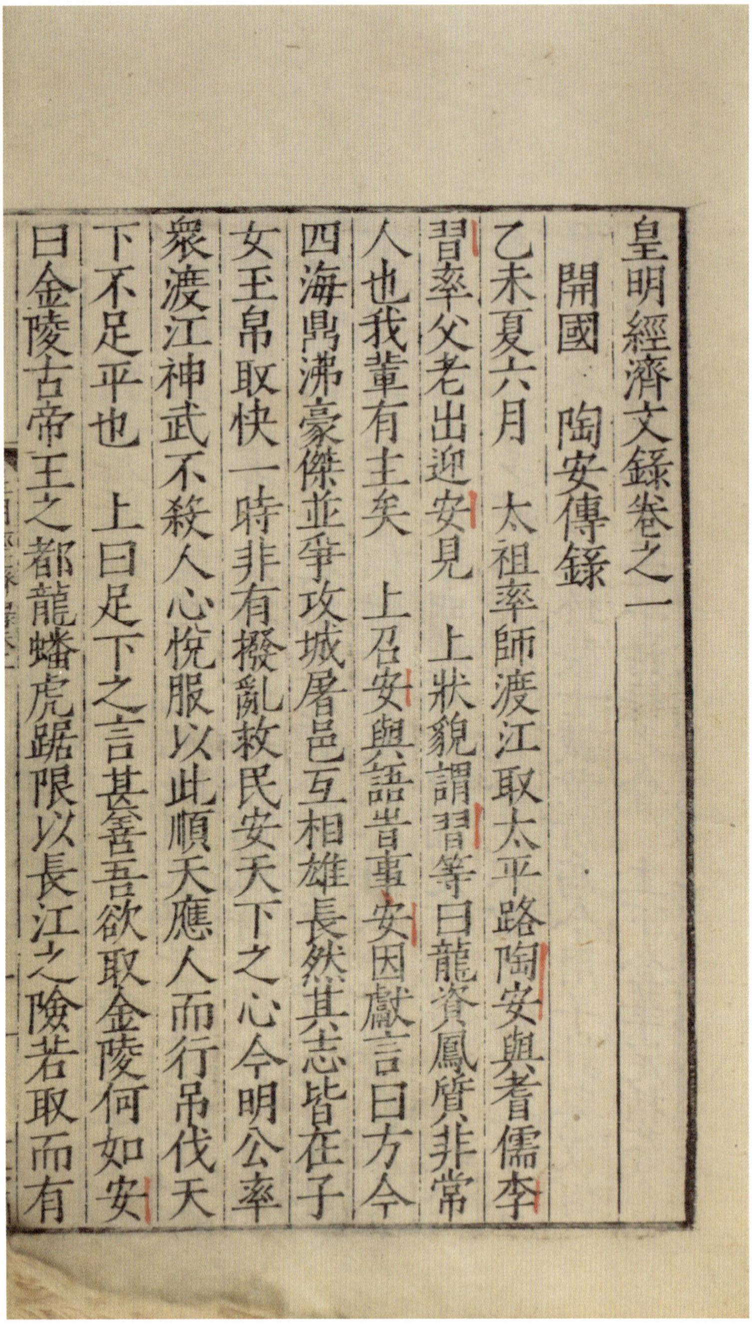
皇明經濟文錄卷之一
開國　陶安傳錄
乙未夏六月　太祖率師渡江取太平路陶安與耆儒李
習率父老出迎安見　上狀貌謂習等曰龍資鳳質非常
人也我輩有主矣　上召安與語昔事安因獻言曰方今
四海鼎沸豪傑並爭攻城屠邑互相雄長然其志皆在子
女玉帛取快一時非有撥亂救民安天下之心今明公率
衆渡江神武不殺人心悅服以此順天應人而行吊伐天
下不足平也　上曰足下之言甚善吾欲取金陵何如安
曰金陵古帝王之都龍蟠虎踞限以長江之險若取而有

0356 池陽遺愛集五卷　何公去思奏議一卷

（明）李呈祥　施宗道輯

明嘉靖元年（1522）刻遞修本　四冊

匡高20.5釐米，廣14釐米。半葉十行，行十九字，白口，四週雙邊。

輯者生卒年及事蹟無考。柯相《池陽遺愛集敘》云：『《池陽遺愛集》，集吾何侯之跡。』何侯，名紹正，字繼宗，浙江淳安（今屬金華）人。弘治十五年（1502）進士。正德九年（1514）知池州（今之貴池）。擢守是邦，以禮律身，以廉守己。有削剔奸蠹，興辦書院，築堤修圩，興利除害，莫可勝記。『利益吾池最大且遠也。』政聲頗著，『擢江西參政，去之日，老稚追送，號泣之聲震動江滸。』民心之不忘也，故有是集之編。《池陽遺愛集》所輯，為紀何氏政績之詩文：卷一為記；卷二為序；卷三為賦；卷四為詩；卷五為歌、辭、謠、詞、跋；附何公去思奏議一卷。皆池州地方士紳等所撰述。池州向為皖省股肱之郡，《池陽遺愛集》乃其重要的明代鄉邦文獻，於其地不僅有重要的文獻價值，也是研究明代吏治及地方官員操守問題的重要資料。本書張輝《池陽遺愛集序》後刊『徽州人黃仲武、黃仲文、黃仲安、黃仲虛、黃仲翔、黃汝清鋟』，可见，这个《池陽遺愛集》应是徽州黃氏家族所刊。這個徽州黃氏家族的刻書向以雕版技藝高超著，他們的版畫雕印更是將版畫雕印藝術推向高峰。是書刊印俱佳，傳世稀少，是明代徽派雕版印刷之典型代表。

四川省圖書館藏。

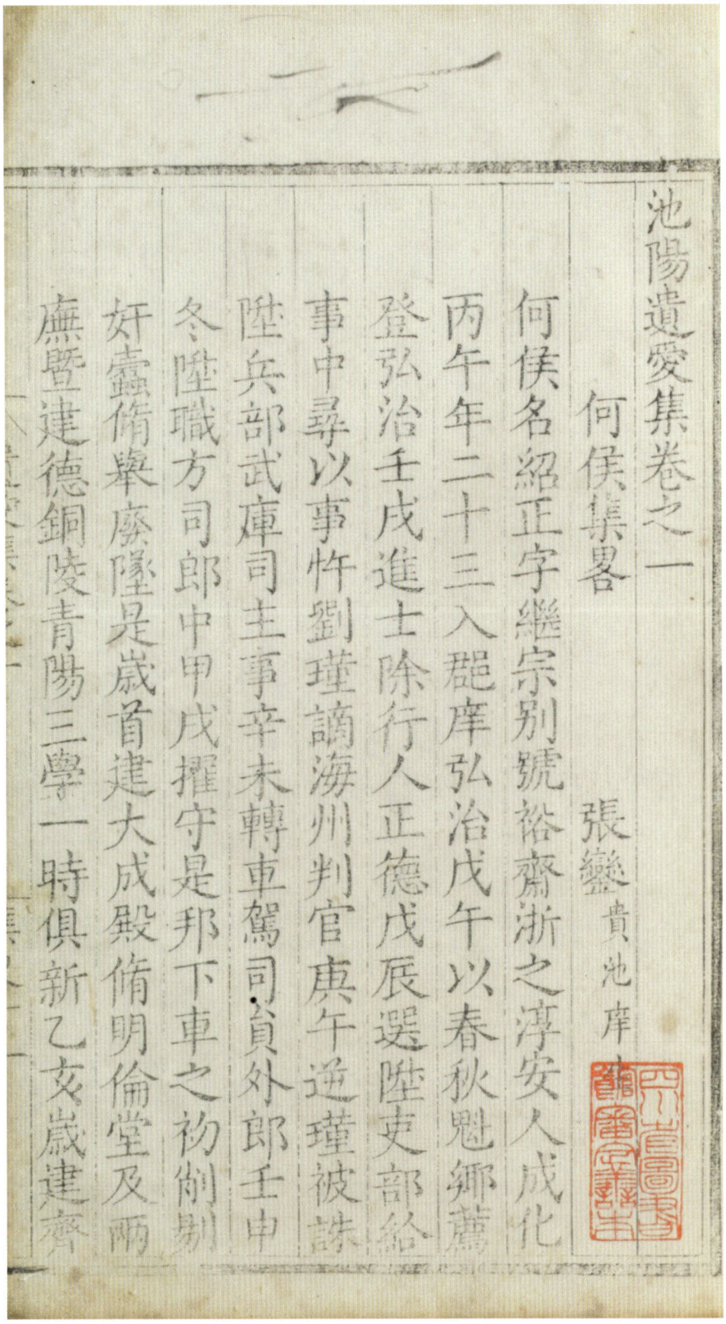

池陽遺愛集卷之一

何侯集畧　　張鑾 貴池庠生

何侯名紹正字繼宗別號裕齋浙之淳安人成化丙午年二十三入郡庠弘治戊午以春秋魁鄉薦登弘治壬戌進士除行人正德戊辰選陞吏部給事中尋以事忤劉瑾謫海州判官庚午逆瑾被誅陞兵部武庫司主事辛未轉車駕司員外郎壬申冬陞職方司郎中甲戌擢守是邦下車之初剷剔奸蠹脩舉廢墜是歲首建大成殿脩明倫堂及兩廡暨建德銅陵青陽三學一時俱新乙亥歲建齋

0356 池陽遺愛集五卷　何公去思奏議一卷

（明）李呈祥　施宗道輯

編輯校正名氏

編輯

周良會　貴池教諭

李呈祥　郡庠生

施宗道　青陽庠生

校正

謝明　東流教諭

胡太武　貴池庠生

彭棋　郡庠生

0357 劍閣芳華集二十卷附原目一卷

（明）費經虞輯 （清）費密補

清鈔本 半葉十行，行二十一字。

費經虞（1599—1671），字仲若，號鮮民，四川新繁（今屬成都）人。崇禎十二年（1639）舉人。知昆明縣。返里後，講學、著書。經虞博學能詩，著述甚豐。有《雅倫》、《古韻拾遺》等多部著作。費密（1625—1701），字此度，小字琪桃，號燕峰，別號跛道人，經虞次子。南明閣部呂大器署密為中書舍人、都禦史，與成都邱履程、雅州傅光昭以詩文雄西南，稱『三子』。費密生活於明末清初，遭逢離亂，經歷兵戈，後移家陝西、江蘇等地。他廣結文友，與王士禎、錢謙益、屈大均、萬斯同、陳維松、朱彝尊、孔尚任等交厚，由是詩名滿天下。後卜居鄉村，潛心著述，教授生徒，為清初著名學者、詩人和思想家。事蹟見《新繁縣志·人物志·孝弟》。有《中傳正紀》、《弘道書》、《文集》、《詩鈔》、《外集》等四十種二百九十八卷著作。清人張邦伸云：『蜀中著述之富，自楊升菴後，未有如密者。楊主綜覽舊聞，密則獨攄己見，較楊更精。』（《錦里新編》卷五）李調元則有『其詩以漢魏為宗，遂為西蜀巨靈手』的評價。（《雨村詩話》）對於費氏父子於清代學術的貢獻，胡適在《費經虞與費密——清學的兩個先驅者》一文中寫到『費氏父子一面提倡實事實功，開顏、李學派的先聲；一面尊崇漢儒，提倡古注疏的研究，開清朝二百餘年「漢學」的風氣，他們真不愧為時代精神的先驅者！』（嚴云受編《胡適學術代表作·中卷》，安徽教育出版社，2007）可謂贊賞有加。費氏父子所輯《劍閣芳華集》為元末至清康熙時期（約1362—1691）三百三十餘年間，三百六十五位川籍作者的詩歌作品輯集。這些作者包括蜀王、學者、釋道、閨秀等，起於元末的趙天澤，止於清初的婦女宋氏。每位作者的詩作少則一首，多至數十首者（楊慎）。多有詳略不同的詩人小傳，於詩人生平事蹟，所學所長及其影響均有輯錄和評述。《劍閣芳華集》為父子二人所輯所補者，二人中誰為輯者，誰又為補者，其內容孰為輯，孰為補，書中無可考者。若以二人的生卒年代作為區分的依據，那麼該集的明代部分應是經虞所為，而清代部分則應是費密所補者。若不是有了費氏父子這樣的鄉邦文獻的熱心者，有的古代作者的作品是不可能傳諸於世的。因此，《劍閣芳華集》作為川人著作的彙編本，於川省是極為重要的鄉邦文獻，不僅具有重要的文獻價值，於後世也有較大的影響。如乾隆年間李調元的《函海》之編，近人傅增湘的《宋代蜀文輯存》之輯，都堪稱蜀中鄉邦文獻之巨帙者，於川省之學術和文化的傳承與發展的貢獻是顯而易見的。從這個意義上來看，費氏父子《劍閣芳華集》之編，於巴蜀文化的貢獻是不言自明的。

四川大學圖書館藏。

劍閣芳華集卷第一
成都費經虞撰　男密補
趙天澤
天澤新都人，與同邑杜圭齊名。圭通五經，尤長春秋，學者甚衆。至廬舍不能容，邑人楊敏孚學可師圭。元末避兵雲南，還蜀，明玉珍欲官之，敏辭不就。洪武初，賜鈔歸隱。蜀獻王給田八十畝，賜敏詩云：流水畫橋題柱客，清風精舍讀書人。世稱清風先生。天澤亦以春秋名，元末棄官薄遊江南，無貴賤皆倒屣迎之。最善括蒼劉基伯

卷一　一

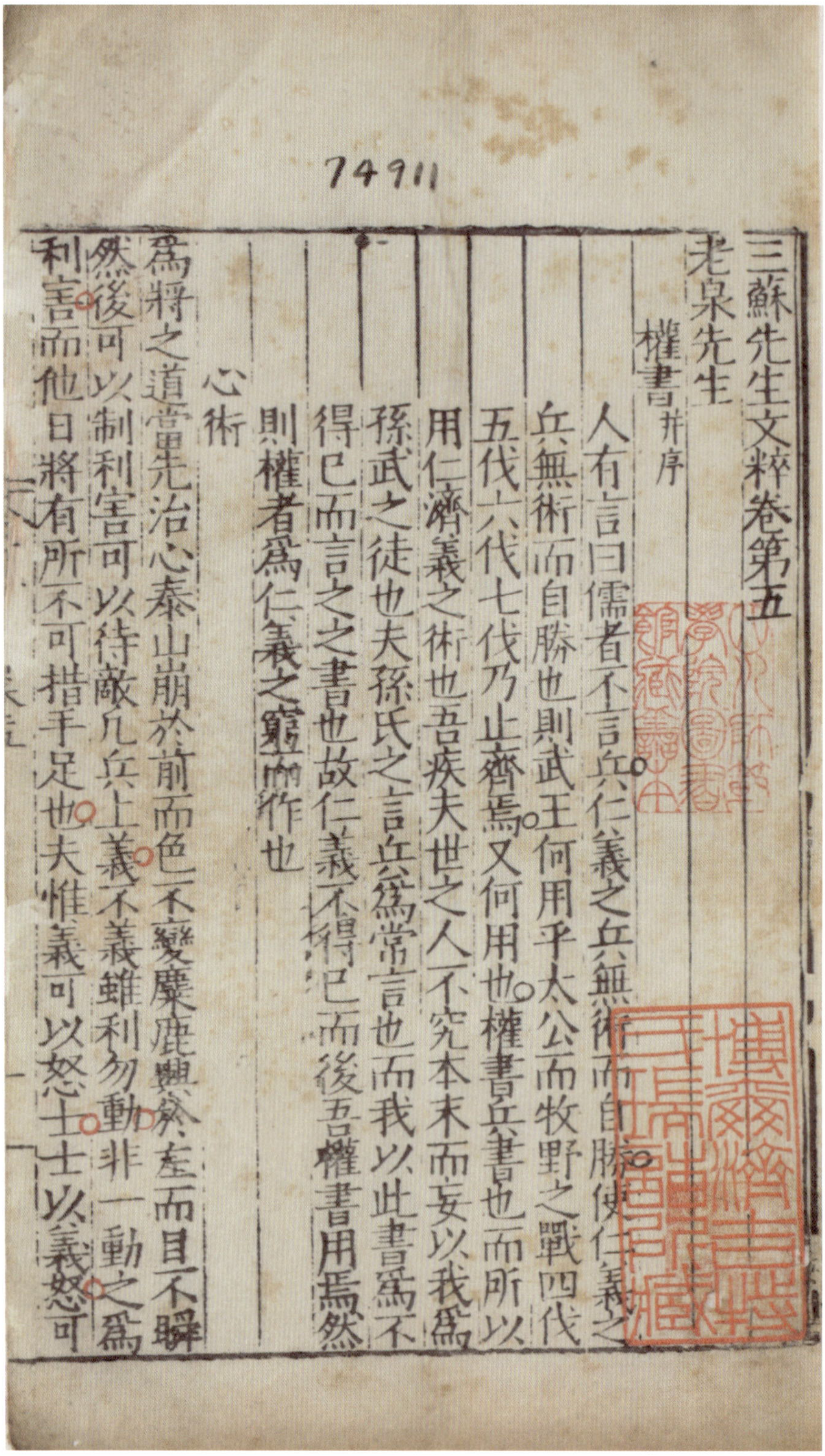

三蘇先生文粹卷第五
老泉先生
權書并序
人有言曰儒者不言兵仁義之兵無術而自勝使仁義之兵無術而自勝也則武王何用乎太公而牧野之戰四伐五伐六伐七伐乃止齊焉又何用也權書兵書也而所以用仁濟義之術也吾疾夫世之人不究本末而妄以我爲孫武之徒也夫孫氏之言兵爲常言也而我以此書爲不得已而言之之書也故仁義不得已而後吾權書用焉然則權者爲仁義之窮而作也
心術
爲將之道當先治心泰山崩於前而色不變麋鹿興於左而目不瞬然後可以制利害可以待敵凡兵上義不義雖利勿動非一動之爲利害而他日將有所不可措手足也夫惟義可以怒士士以義怒可

0358　三蘇先生文粹七十卷

（宋）蘇洵　蘇軾　蘇轍撰

明刻本　二十冊

匡高18.8釐米，廣13.9釐米。半葉十四行，行二十六字，白口，左右雙邊，版心有字數。

《三蘇先生文粹》，蘇洵、蘇軾、蘇轍父子三人文章選集。凡蘇洵文十一卷，蘇軾文三十二卷，蘇轍文二十七卷。此書不著編輯者名氏，前後亦無序跋。所錄皆議論之文，蓋備場屋策論之用。三蘇政論之文，為世所推崇，歷代皆有刊印者，此為較好的範文選本。是集有宋婺州吳宅桂堂刻本，此為翻刻者，刊印俱佳，屬典型浙刻風格，洵為珍貴。曾為汪士鐘、瞿氏鐵琴銅劍樓等名家所收藏。

四川師範大學圖書館藏。

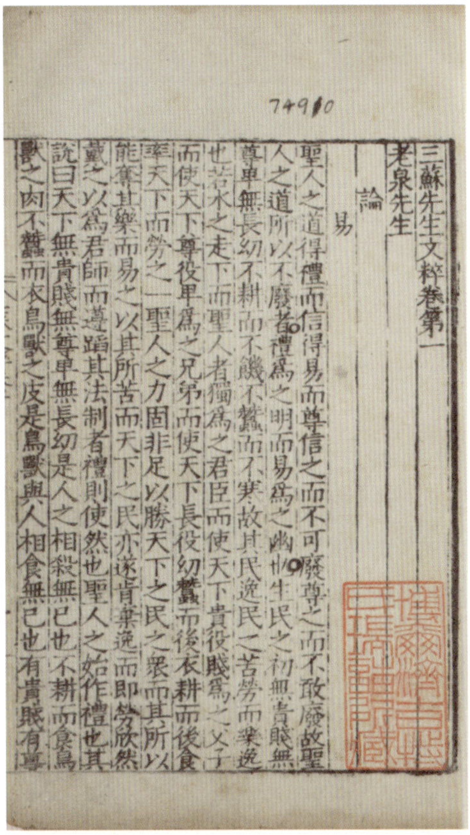

74910

三蘇先生文粹卷第一

老泉先生

論

易

聖人之道得禮而信得易而尊信之而不可廢尊之而不敢廢故聖人之道所以不廢者禮爲之明而易爲之幽也生民之初無貴賤無尊卑無長幼不耕而不饑不蠶而不寒故其民逸民之苦勞而樂逸也若水之走下而聖人者獨爲之君臣而使天下貴役賤爲之父子而使天下尊役卑爲之兄弟而使天下長役幼蠶而後衣耕而後食率天下而勞之一聖人之力固非足以勝天下之民之衆而其所以能奪其樂而易之以其所苦而天下之民亦遂肯棄逸而即勞欣然戴之以爲君師而遵蹈其法制者禮則使然也聖人之始作禮也其說曰天下無貴賤無尊卑無長幼是人之相殺無已也不耕而食鳥獸之肉不蠶而衣鳥獸之皮是鳥獸與人相食無已也有貴賤有尊

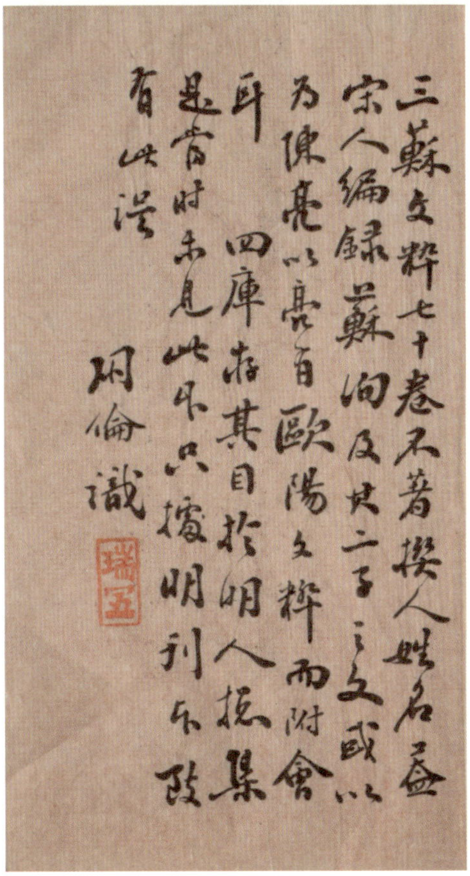

三蘇文粹七十卷不著撰人姓名蓋宋人編録蘇洵及其二子之文或以為陳亮以其有歐陽文粹而附會耳 四庫存其目於明人總集是書时未見此本只據明刊本故有此誤

炯倫識

0359 大宋眉山蘇氏家傳心學文集大全七十卷

（宋）蘇洵 蘇軾 蘇轍撰

明正德十二年（1517）劉弘毅慎獨齋刻本 十八册

匡高18.2釐米，廣11.9釐米。半葉十二行，行二十五字，黑口，四週雙邊。有『皇明正德丁丑慎獨齋新刊行』牌記。

蘇氏父子三人文章合集。輯者無題。全書計蘇洵文十一卷，蘇軾文五十九卷。蘇洵卷，論：六經、洪范、太玄、史；權書、衡論、幾策、書、譜、記、贊、字說、引、銘、祭文、奏議、雜詩；蘇軾卷，論：六經、三傳十事、經解、政論、策、進策、策略、策別、策斷、書（上皇帝）、奏議、書（上丞相）、書（答僚友）、記、序、邇英進讀、評史、評文選、雜說、字說、雜書（跋）、頌贊、碑銘、雜論、孟子解、史論、策論、序；蘇轍，颶風賦、思子台賦。是集之名，有『心學』之謂，何謂心學，其创始人陸九淵提出『心即理』的说法，天理、人理、物理只在吾心之中，心是唯一的实在，『宇宙便是吾心，吾心即是宇宙』。明人王陽明认为『夫万事物之理不外于吾心』，『心明便是天理』『心』即宇宙萬物的本原，提出『聖人之學，心學也』的命題。這個集子的編選應是在明中心學盛行之時，編者當是陸王之徒應是無疑的。三蘇父子，道德文章，名滿天下，世代所崇。這些文章雖非心學之論，以儒學的觀點來看，其所具有的微言大義，既有一脈相承之源，又符合宋明理學的思想和道德規範，故視之為家傳心學之文。既可作為修身養性之必備，大概也是以備場屋策論之用的範文選集。此為三蘇著作的專題選集，對研究三蘇思想，自有其文獻價值。是本刊印較精，傳世不多。劉弘毅，名洪，字宏毅，又作弘毅，號木石山人，建陽（今屬福建）人。以刻書著稱。葉德輝《書林餘話》有『劉洪慎獨齋刻書極夥，其版本校勘之精，亦頗爲藏書家所貴重』之谓。所刻以史部爲主，集部次之。慎獨齋乃其書坊名。

四川省圖書館藏。

王者不治夷狄

夷狄不可以中國之治治也譬若禽獸然求其大治必至於大亂先王知其然是故以不治治之治之以不治者乃所以深治之也春秋書公會戎于潛何休曰王者不治夷狄録戎來者不拒去者不追也夫天下之至嚴而用法之至詳者莫過於春秋凡春秋之書公書侯書字書名其君得為諸侯其臣得為大夫者舉皆齊晉也不然則齊晉之與國也其書州書國書氏書人其君不得為諸侯其臣不得為大夫者舉皆秦楚也不然則秦楚之與國也夫齊晉之君所以治其國家擁衛天子而愛養百姓者豈能盡如古法

大宋眉山蘇氏家傳心學文集大全卷一

閩進士　樂易　李良卿　公輔　校正

老泉先生

論

易

聖人之道得禮而信得易而尊信之而不可廢尊之而不敢廢故聖人之道所以不廢者禮為之明而易為之幽也生民之初無貴賤無尊卑無長幼不耕而不飢不蠶而不寒故其民逸民之苦勞而樂逸也若水之走下而聖人者獨為之君臣而使天下貴役賤為之父子而使天下尊役卑為之兄弟而使天下長役幼蠶而後衣耕而後食率天下而勞之一聖人之力固非足以勝天下之民之衆而其所以能奪其樂而易之以其所苦而天下之民亦遂肯

0359 大宋眉山蘇氏家傳心學文集大全七十卷

（宋）蘇洵　蘇軾　蘇轍撰

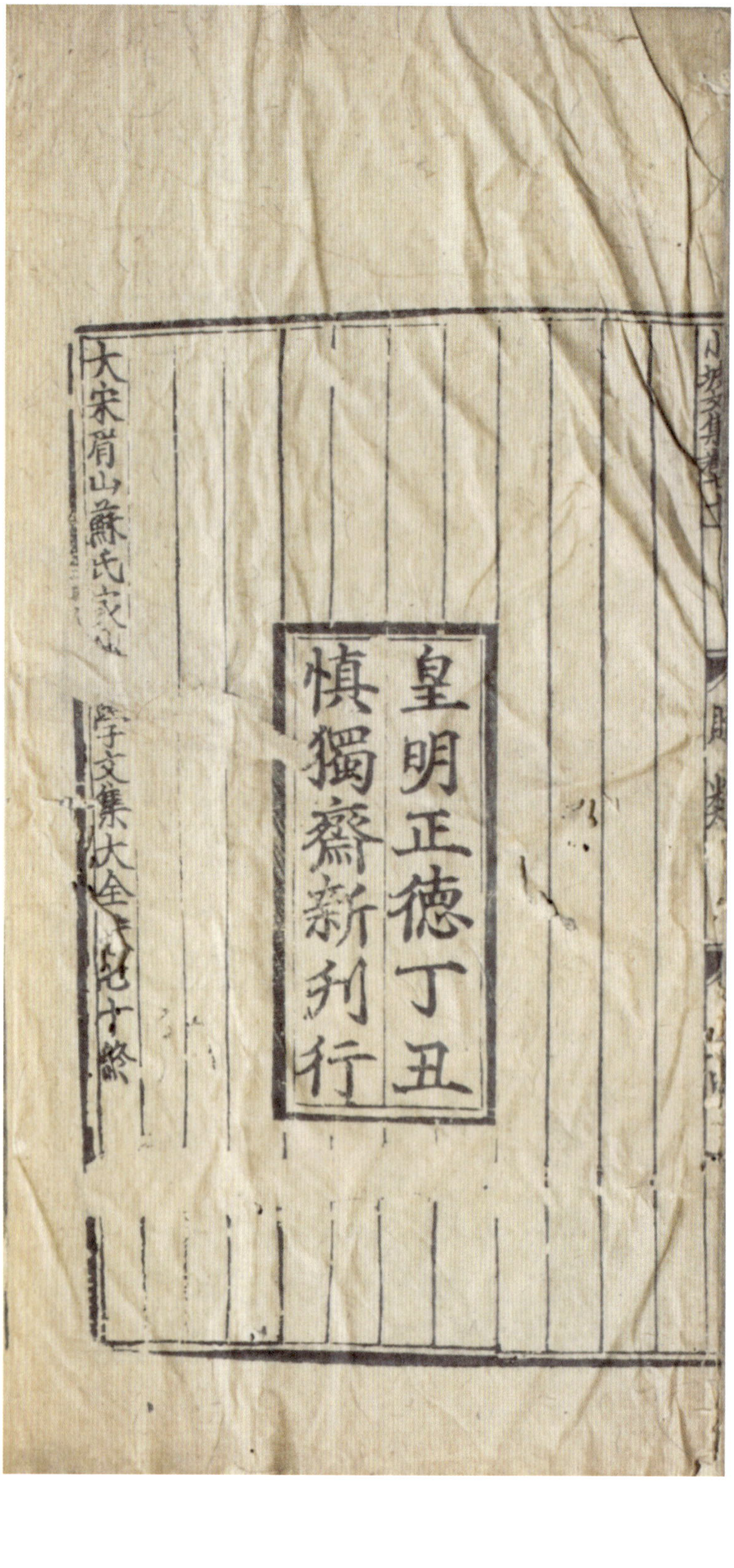

大宋眉山蘇氏家傳心學文集大全卷第四十五

潁濱先生

論

刑賞忠厚之至

古之君子立於天下非有求勝於斯民也為刑以待天下之罪戾而唯恐民之入於其中以不能自出也為賞以待天下之賢才而唯恐天下之無賢而其賞之無以加之也蓋以君子先天下之民而後有不得已焉夫不得已者非吾君子之所志也民自為而召之也故罪疑者從輕功疑者從重皆順民之所欲從且夫以君而臨民其彊弱之勢上下之分固不待乎與之爭尋常之是非而後能勝之矣故寧委之於利使之取其優而吾無求勝焉夫惟天下之罪戾暴露而不可掩别白而不可解不得已而後加之刑朝廷

0360　文心雕龍十卷　（南朝梁）劉勰撰

明嘉靖十九年（1540）汪一元刻本　二冊

匡高17.7釐米，廣13.3釐米。半葉十行，行二十字，白口。

劉勰（約465—522），字彦和，原籍東莞莒（今屬山東），世居京口（時稱南東莞，今江蘇鎮江）。他早年喪父，貧寒不能婚娶，至依釋僧佑生活，並學習佛教經論，遂博通經論。天監（502—519）中，官東宫通事舍人、步兵校尉，深受梁昭明太子蕭統推重。奉敕於南京定林寺撰經藏，後出家，改名慧定。不到一年便去世了。《梁書》卷五十、《南史》卷七十二均有傳。劉勰之前，已有不少人在探討文學創作、批評的理論，所謂『或臧否當時之才，或詮品前修之文，或泛舉雅俗之旨，或撮題篇章之意』（《文心雕龍序志》）。可是第一部真正成爲系統的、完整的文學理論著作的卻是劉勰的《文心雕龍》。《文心雕龍》用當時流行的駢文寫成，共五十篇，分爲上下兩編，每編各二十五篇。上編的《原道》至《辨騷》五篇爲『文之樞紐』，總論文學的意義、起源功用及原則；《明詩》至《書記》等二十篇，爲『論文敘筆，則囿別區分，原始以表末，釋名以章義，選文以定篇，敷理以舉統』，對各種文體的流變及前人作品的優劣作了分析與評論；下編的《神思》至《隱秀》十五篇爲『剖情析采，籠圈條貫：摛《神》、《性》，圖《風》、《勢》，苞《會》、《通》，閱《聲》、《字》，』（《文心雕龍·序志》），所論述的是文學創作中的構思、想像、風格、誇張及佈局謀篇、用字協調等問題；《指瑕》至《程器》九篇爲論述文學家的藝術修養和個人品質，批評當時的文風，論述文學的發展變化以及文學的批評標準、態度、方法。《序志》一篇，說明《文心雕龍》寫作的動機，全書結構，概括《文心雕龍》全書大旨，將全書各篇聯成整體，體現出『體大而慮週』的特色。《文心雕龍》評論了三十五種文體，一百六十三位作家，涉及的作品在千篇以上，概括了從《詩經》算起直到南北朝近一千五百年的文學歷史，並對這千餘年間的文學創作及批評經驗從理論上進行了總結；並對文章學、文藝學、美學以至文化學的一系列重要問題作了闡明。《文心雕龍》作爲我國第一部系統闡述文學理論專著，不僅體大思精，且頗多創見，頗具影響。當世梁昭明太子主編的《文選》，其文體分類大抵依從《文心雕龍》。劉勰認為優秀的作品，《文選》多為選入。後世的詩話類著作，如明代的《四溟詩話》、《談藝錄》、《詩藪》都曾以《文心雕龍》為據論述詩歌。清代《文心雕龍》則更受重視，文學評論的著作中對於《文心雕龍》的徵引則更為廣泛，足見其在中國文學批評史上的地位和影響。後人爲閱讀和收藏方便，將全書分爲十卷，每卷五篇，於是便有了傳世的十卷本《文心雕龍》。《文心雕龍》一書流傳很廣，版本甚多，今存世最早者爲上海圖書館所藏元至正十五年（1355）嘉興知府劉貞刻本。明代刊本的《文心雕龍》有二十多種，此汪一元刻本爲明代較早版本，從其文字闕脫的情況來看，其底本應從元本而來。是為白文本，且刊印較佳，傳世不多，版本價值重要。汪一元，安徽新安（今安徽歙縣）人。室名私淑軒。

四川省圖書館藏。

文心雕龍卷之一

梁通事舍人劉勰撰　明歙汪一元校

原道第一

文之爲德也大矣與天地並生者何哉夫玄黃色雜方圓體分日月疊璧以垂麗天之象山川煥綺以鋪理地之形此蓋道之文也仰觀吐曜俯察含章高卑定位故兩儀既生矣惟人參之性靈所鍾是謂三才爲五行之秀人實天地之心生心生而言立言立而文明自然之道也傍及萬品動植皆文龍鳳以藻繪呈瑞虎豹以炳蔚凝姿雲霞雕色有踰畫工之妙草

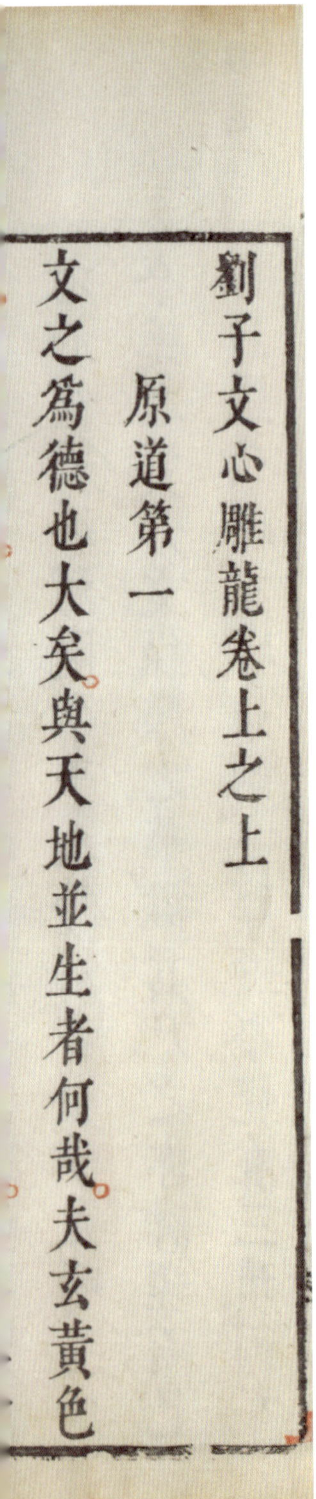
劉子文心雕龍卷上之上
原道第一
文之爲德也大矣與天地並生者何哉夫玄黃色

0361 劉子文心雕龍二卷 （南朝梁）劉勰撰 （明）楊慎 曹學佺等批點 注二卷 （明）梅慶生撰

明閔繩初刻五色套印本　三冊

匡高20.8釐米，廣15釐米。半葉九行，行十九字，小字雙行同，白口，四週單邊。

曹學佺（1574—1646），字能始，號石倉，又號澤雁，侯官（今屬福建）人。萬曆二十三年（1595）進士。曾官廣西、四川等地。南明唐王（1645-1646）時官禮部尚書。明亡，入山投繯而死。有《蜀中廣記》等書。《文心雕龍》現存世最早爲唐寫本，刊本則以元至正十五年（1355）刻本爲早，皆白文無注本。評注本《文心雕龍》現存者，則以明楊慎批點者爲早。蓋『升菴先生酷嗜其文，咀咬菁藻，爰以五色之管，標舉義』，故有是批。黄叔琳注本臚列前代參校姓氏，以慎冠焉。然楊批者相傳出自滇南，徐𤊹本辛丑（1601）題記云：『近於友生薛晦叔家，獲覩鈔本一副，乃其叔父觀察滇南得歸者。中間爲楊用修批評圈點，用朱黄雜色爲記』。徐氏本校讎始於萬曆二十九年（1601）辛丑，且校讎極詳，後之刊者多所取者，故升菴校本，從無單刻行世者，僅賴嘉、萬間諸本以傳之。明人好爲批點，萬曆間又竟尚套印，是書之刊，朱、墨、紫、藍、黄五色兼施。梅慶生注別為一冊，爲墨印本。雖用梅注，曹學佺參評，仍以楊評爲主，圈點施以五色，所謂『若大握五色管，點綴五色文，則吾明升菴先生實始基之』。其實，批點之學，雜色爲記，元人早已有之。危稹《巽齋小集》中有《借詩話於應祥弟，有不許點抹之約，作詩戲之》云：『我有讀書癖，每喜以筆界，抹黄飾句眼，施朱表事派。此手定權衡，衆理析眣澮，歷歷粲可觀，開卷如畫繪……』可見閔氏的『吾明升菴先生實始基之』之說不確。楊慎之批，手所指點，以標舉勝義，『若闇室而賜之燭，閉關而提之鑰也』（閔繩初《刻楊升菴先生文心雕龍引》）。今是書圈點用朱、紫、藍（即青）、綠（即黄）四色，即本楊氏原意。眉端載楊慎及梅氏同時人評語，則多用墨色；墨色純是校釋文字，餘四色非以人為別，乃以評文之意，為區別者也。此兩卷本，乃《文心雕龍》最初之上下編之分的沿襲者也。是本乃集明代諸學者評注於一帙，且於《隱秀》篇之脫文亦有增補，於《文心雕龍》的研習應是一個較好的版本。梅慶生，豫章（今屬江西）人。生卒年及事蹟不詳。

四川師範大學圖書館藏。

曹咏始曰先提起心字而後及有心無心之别

章高卑定位故兩儀既生矣惟人參之性靈所鍾是謂三才爲五行之秀人實天地之心生心生而言立言立而文明自然之道也傍及萬品動植皆文龍鳳以藻繪呈瑞虎豹以炳蔚凝姿雲霞雕色

正是偉以乱經者故特詆之総阮應璩猶存風雅之意所以補救萬一

來歸於正始力柔於建安蚌千古不易之言齊和已闡之矣

曹宗始曰此與前對詞

文心雕龍

晏（平叔）之徒率多浮淺唯嵇旨清峻阮旨遥深故能標焉若乃應璩（字休璉 詩）百一獨立不懼辭譎義貞亦魏之遺直也晉世羣才稍入輕綺張潘左陸比肩詩衢采縟於正始力柔於建安或析文以爲妙或流靡以自妍此其大略也江左篇製溺乎玄風嗤笑徇務之志崇盛亡機之談袁孫（袁宏字彥伯孫綽字興公）已下雖各有雕采而辭趣一揆莫與爭雄所以景純（郭璞字）仙篇挺拔而爲俊矣宋初文詠體有因革莊老告退而山水方滋儷采百字之偶爭價一句之奇情必極貌以寫物辭必

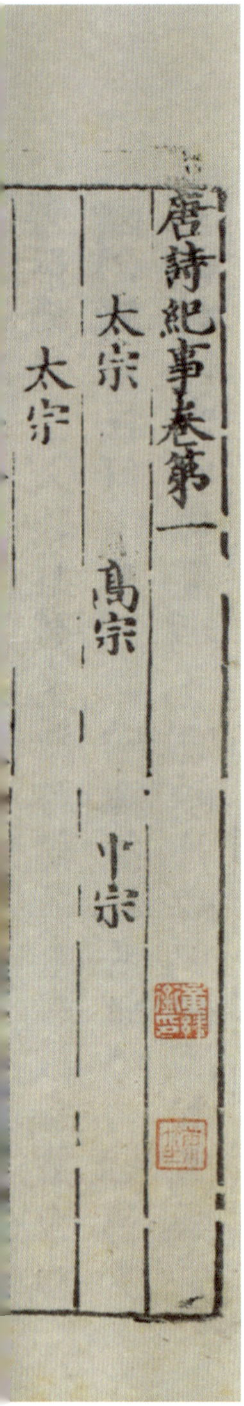

0362　唐詩紀事八十一卷

（宋）計有功撰

明嘉靖二十四年（1545）張子立刻本　二十冊

匡高19.2釐米，廣13釐米。半葉十行，行二十一字，白口，四週單邊，版心有字數。

計有功，字敏夫，自號灌園居士，生卒年不詳，臨邛（今四川邛崃市）人。宣和三年（1121）進士。官利州路轉運判官，嘉州等地知州。李心傳《建炎以來繫年要錄》載：『紹興五年（1135）秋七月戊子，右承議郎新知簡州計有功提舉兩浙西路常平茶鹽公事。計有功，安仁[唐高祖武德三年（620），割臨邛、依政、唐隆三縣置安仁縣。太宗貞觀十七年（643）省，高宗咸亨二年（671）復置，元初廢入大邑縣。]人，張浚（抗金名將）從舅也。』這個計有功籍貫的兩說，大概應是其出生地的分割關係所致。詩歌創作在唐代進入了它的鼎盛時期，作品空前，詩人輩出。然時至宋代，傳世的唐人詩集和詩人資料就十分有限了。計有功《唐詩紀事·序》云：『唐人以詩名家，姓氏著於後世，殆不滿百，其餘僅有聞焉，一時名輩滅沒失傳，蓋不可勝數。』這是南宋初年的情況。爲保存文獻，計有功『尋訪三百年間文集、雜說、傳記、遺史、碑誌、石刻，下至一聯一句，傳誦口耳，悉搜採善錄；間捧官牒，周遊四方，名山勝地，殘篇遺墨，未嘗棄去』。對一千一百五十家唐代詩人的作品，或輯名篇，或存全璧，或記其本事，並兼採各家品評；凡是可考之詩人，則簡要概述其生平行實，使用者能『讀其詩，知其人』。詩歌、評論、傳記的彙輯，《唐詩紀事》一書就有總集和詩話的功能。是書編例：帝王、后妃在前，其他詩人大體以時代先後排列，僧侶、婦女、佚名、方外於其後。每位詩人之下先引其詩，並於詩後附入其他有關資料。這種以詩係人、以事繫詩『詩與事蹟並載』的體例爲計有功所首創。《唐詩紀事》在材料收集上作了鉤玄索隱式的努力，那些地位、聲望較低、作品傳世較少的詩人的『詩』與『事』得以保存下來；特別是其獨家保存的許多行將佚亡或已不傳於後世的詩歌和詩人資料，如《四庫全書總目提要》指出張為的《詩人主客圖》一書，『獨藉此編以見梗概，猶可考其孰為主，孰為客，孰為及門，孰為入室，則其輯錄之功，亦不可沒也』。對於訂正或補充它書所誤所遺的詩歌文字和詩人事蹟也有極高的參考價值。《唐詩紀事》的『收採之博，考據之詳，有功於唐詩不細』（胡震亨《唐音癸籤》卷三十一）。可以考見，其豐富的資料，已經成爲我們今天研究唐代詩歌、詩人，乃至於唐代文學史、中國文學史、詩歌史最爲重要的文獻之一。《唐詩紀事》首創的因詩存人，因人存詩的『紀事』體編纂體例，不僅爲後世保存了極爲可貴的資料，同時也爲唐詩文獻的校勘和研究提供了極大的便利。其於後世此類著作的編纂也有較大的影響，如清人厲鶚之《宋詩紀事》、今人錢仲聯之《清詩紀事》等，都是其影響下的產物。《唐詩紀事》最早有南宋嘉定十七年（1224）王禧刊本，此宋刊者早已不傳，此嘉靖二十四年（1545）刊本，爲現存《唐詩紀事》最早的版本。張子立，字元禮，山東黃縣人。

四川師範大學圖書館藏。

周穆漢武魏明峻宇雕墻窮侈極靡征稅殫於宇宙轍跡徧於天下九域無以稱其求江海不能贍其欲覆亡顛沛不亦宜乎余遐覽百王之末馳心千載之下慷慨懷古想彼哲人庶以堯舜之風蕩秦漢之弊用咸英之曲變爛漫之音求之人情不為難矣故觀文教於六經

毛仙翁

余校唐詩紀事已竟曰嗟乎茲其為唐風也哉

論人者考其世觀風者尚其聲貫調以擅節標

格而著變雅道之選也是故初唐之音洪肆削六代之體渾而不率武德貞觀斯有開之基乎盛唐之音淳逸而永清越而淵廓屬興比象或臻名理有六義之遺焉風治嚮隆恢翊化權其開元天寶之間乎中唐之音靡綺而則婉而感章元和而後猶有所憾邇則倡遠則寡會固唐風之衰乎晚唐之旨靡濇而誕遷而宕時彥競奕轉相凌架襞飾而傷真美鮮雋上之韻罕體貳之才也理道弗興國其不競乎在昔王者有作立采風之官爰以聞四方之故孔子刪詩雅

0363 詩人玉屑二十卷 （宋）魏慶之輯

明處順堂刻本 四冊

匡高19.5釐米，廣13釐米。半葉十一行，行二十一字，黑口，四週雙邊。

魏慶之，字醇甫，號菊莊，建安（今屬福建）人。生卒年及事蹟不詳。《詩人玉屑》卷首黄昇淳祐四年（1244）《詩人玉屑》原序稱：其『有才而不屑科第，惟種菊千叢，日與騷人逸士，觴詠於其間。』《四庫總目》謂其『蓋亦江湖一派也』，是一個閒適隱逸的詩人。魏慶之對詩話一體評價很高，他認為『詩之有評，猶醫之有方也。評不精，何益於詩？方不靈，何益於醫？然惟善醫者能審其方之靈，善詩者能識其評之精，夫豈易言也哉？』因此他博觀約取，科別其條，若披砂簡金，別為此編。據黄序，《詩人玉屑》成書時間應是南宋中後期的理宗淳祐年間。《詩人玉屑》全書可分爲前後兩個部分，卷一至卷十一爲前部分，分爲詩辨、詩法、詩評、詩體、句法……古詩、律詩、絕句等四十多個門類，以論詩歌特徵、創作方法、體裁格律、詩歌風格、評論方法等。如『鍛煉』門，輯十八位論家言論，分列『總論』、『煉字』、『煉格』……『剩一字』等小題，然後以杜甫、白居易、歐陽修、蘇軾、王安石等人的詩句鍛煉爲例進一步闡發。卷十二至卷二十，共計九卷爲後部分，以品評歷代詩人詩作。卷十二『品藻古今人物』爲歷代詩人概論，選輯具有代表性的詩人品評。卷十三後，有以『兩漢』、『建安』、『晚唐』斷代爲目，下列詩人；有以詩人列目者，如『靖節』、『謫仙』、『草堂』等；或有以『禪林』、『方外』、『閨秀』、『靈異』、『西昆體』等詩人流派群體和詩人身份爲目，下列詩人的。所輯錄者，上自《詩經》，下迄南宋，上自世之名家大家，下逮曲巷里人、失其姓名者，亦有僧人道士、閨秀歌妓，諸家作品，凡『有補於詩道者，盡擇其精而錄之』，可謂廣矣。具體體例是以人爲綱，以時代爲序，體例近似《苕溪漁隱叢話》。他的這種編排方式，是基於當時對詩歌理論分類的認識，不同於當時的其他詩話著作，這是他的獨創。也是詩話內容和形式由隨筆紀事、品評鑒賞逐漸向詩歌理論方面發展，由漫筆散條逐漸向條理化發展的具體體現，這是一種進步。這種從詩論角度考慮的編排方式，能使使用者很清楚地了解當時詩歌理論的各個方面，免除了從各條具體品述中逐一提取歸納的麻煩，予詩論研究者方便極多。其中按時代順序編排的作家作品評論，對具體作家的研究頗具方便之處。《詩人玉屑》收錄很多南宋詩話詩論。如朱熹、楊萬里、黄昇等數十家詩話詩論，特別是亡佚已久的黄昇《玉林詩話》，都是足可珍貴的資料。這些南宋中後期的詩話詩論，恰恰可補胡仔《苕溪漁隱叢話》之不足。故《四庫全書總目》評曰：『（胡）仔書作於高宗時，所錄北宋人語爲多，慶之書作於度宗（此書成於理宗淳祐年間，此云作於度宗時，誤）時，所錄南宋人語較備。二書相輔，宋人論詩之概亦略具矣。』是書爲古代詩歌史、特別是南宋詩論、詩歌史研究的重要文獻之一。《詩人玉屑》明代以來版本較多，此處順堂刊本傳世不多。

四川大學圖書館藏。

詩人玉屑卷之一

詩辨 第一

滄浪謂當學古人之詩

夫學詩者以識爲主入門須正立志須高以漢魏盛唐爲師不作開元天寶以下人物若自生退屈即有下劣詩魔入其肺腑之間由立志之不高也行有未至可加工力路頭一差愈騖愈遠由入門之不正也故曰學其上僅得其中學其中斯爲下矣又曰見過於師僅堪傳授見與師齊減師半德也工夫須從上做下不可從下做上先須熟讀楚詞朝夕諷詠以爲之本及讀古詩十

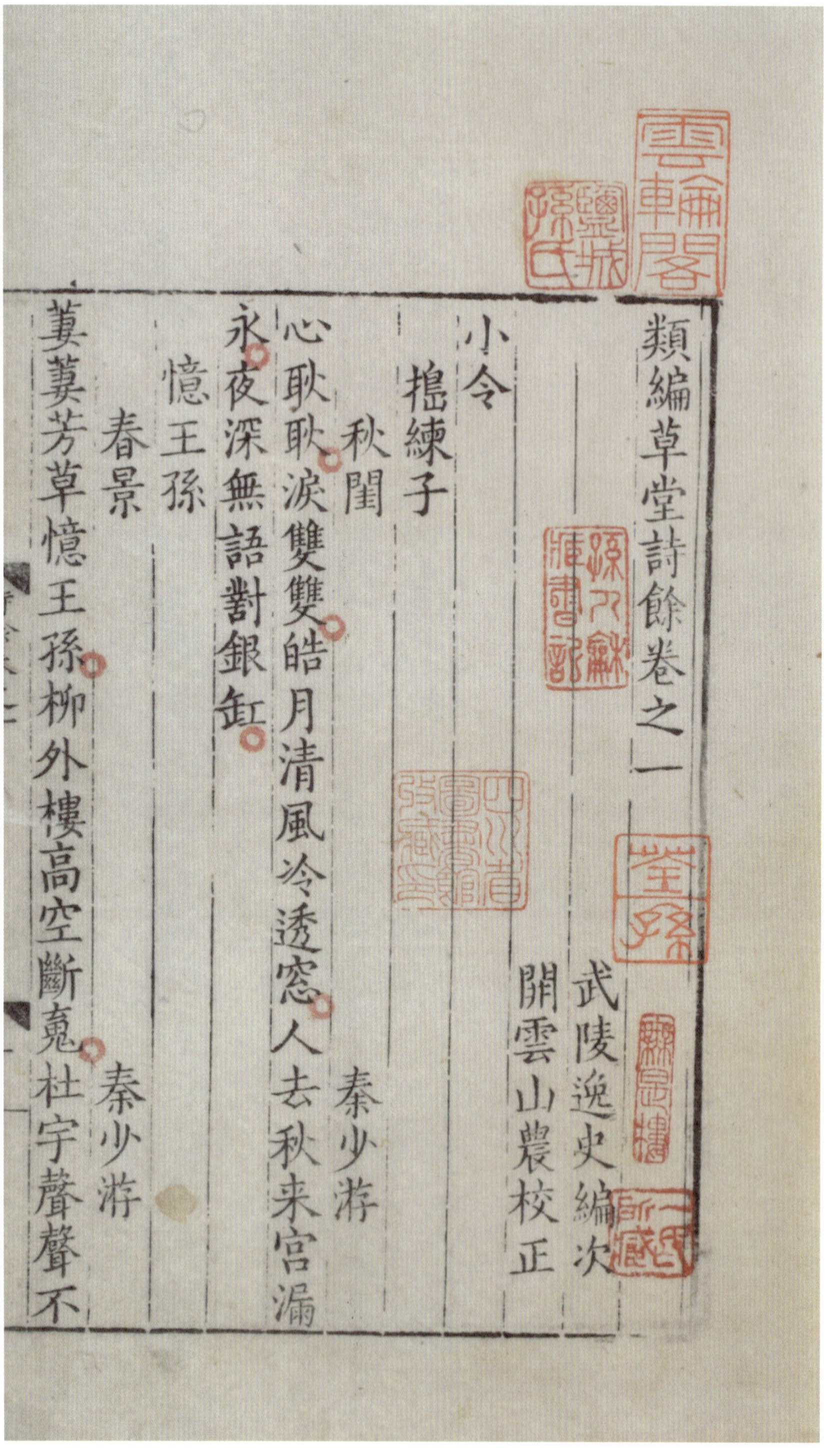
類編草堂詩餘卷之一
武陵逸史編次
開雲山農校正
小令
擣練子
秋閨 秦少游
心耿耿淚雙雙皓月清風冷透窻人去秋来宮漏
永夜深無語對銀釭
憶王孫
春景 秦少游
萋萋芳草憶王孫柳外樓高空斷魂杜宇聲聲不

0364 類編草堂詩餘四卷

（宋）何士信輯 （明）武林逸史編次

明嘉靖二十九年（1550）顧從敬刻本 四冊

匡高17釐米，廣12.2釐米。半葉十一行，行十九字，小字雙行不等，黑口，左右雙邊。

何士信，生卒年及事蹟不詳。明武林逸史編次。『武林逸史』者，即顧從敬之自號也。顧從敬，字汝所，上海人。曾任光祿寺監事。《草堂詩餘》選輯唐、五代、宋詞三百六十七首，以宋詞爲主。入選作品最多者爲柳永、蘇軾、秦觀、周邦彥之作。曾與《花間集》並稱。是研究詞史和宋詞的重要文獻。何士信爲是集的原輯選者，顧從敬乃其重編者。其類編者，則是以詞之字數多少，分為小令、中調、長調三類編排，改按詩編次爲依調排列，此體例當為顧從敬所為。是本所據，明人何良俊稱，『是編乃其（顧氏）家藏宋刻本，比世所行本多七十餘調』，又有『求其精絕者要，皆不出此編矣』之評。此本為顧氏自編自刻者，刊印較精，紙墨俱佳，爲《草堂詩餘》的重要版本之一。

四川省圖書館藏。

0365 草堂詩餘四卷

（宋）何士信輯　（明）武林逸史編次

明萬曆刻本　四冊

匡高20.5釐米，廣15釐米。半葉九行，行十八字，小字雙行不等，白口，左右雙邊。卷一目錄抄配。

此本《中國古籍善本書目》著錄為『明刻本』，今據本書刻工，定為『明萬曆刻本』。是本傳世極罕。

四川省圖書館藏。

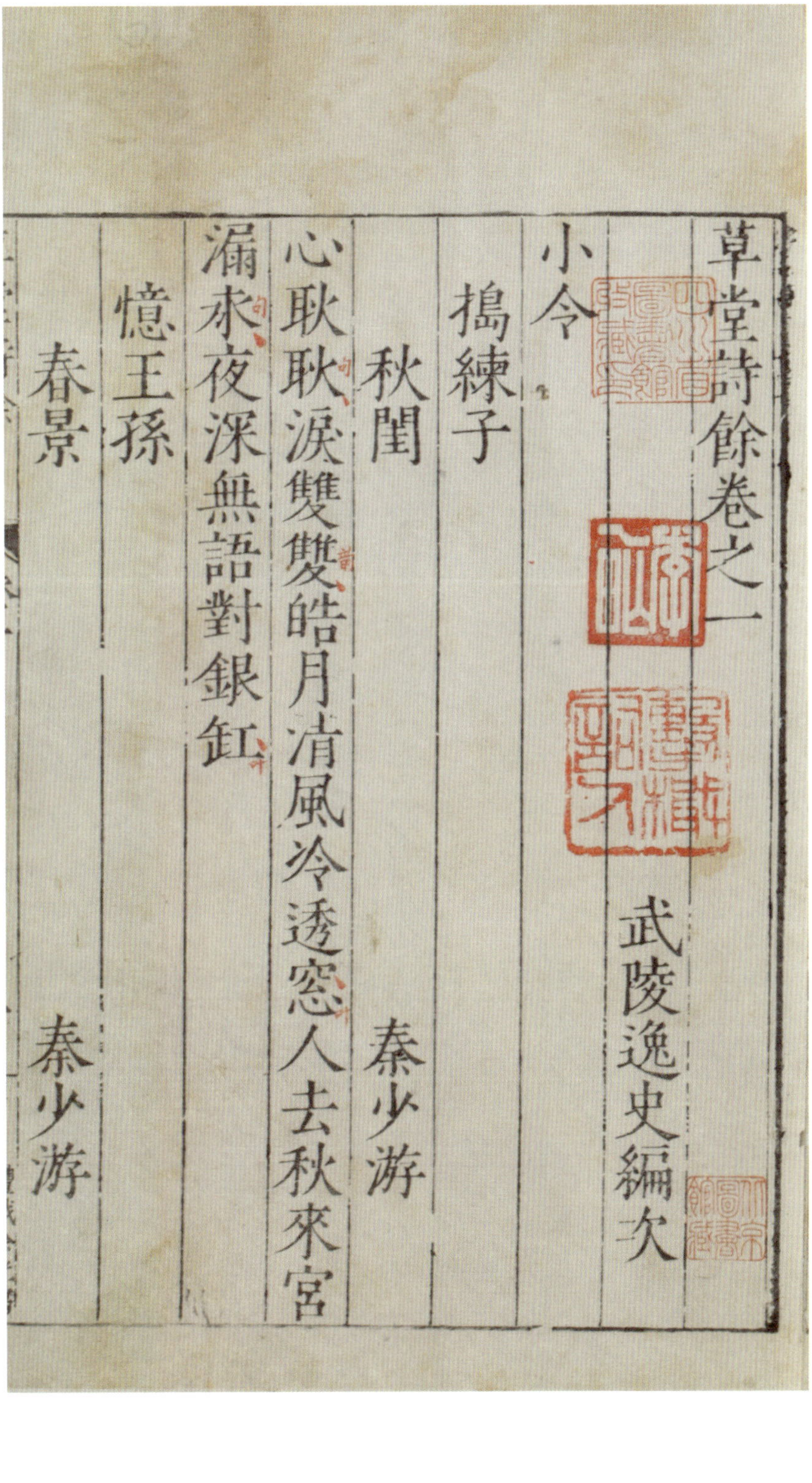
草堂詩餘卷之一　武陵逸史編次
小令
擣練子
秋閨　秦少游
心耿耿淚雙雙皓月清風冷透窗人去秋來宮
漏永夜深無語對銀釭
憶王孫
春景　秦少游

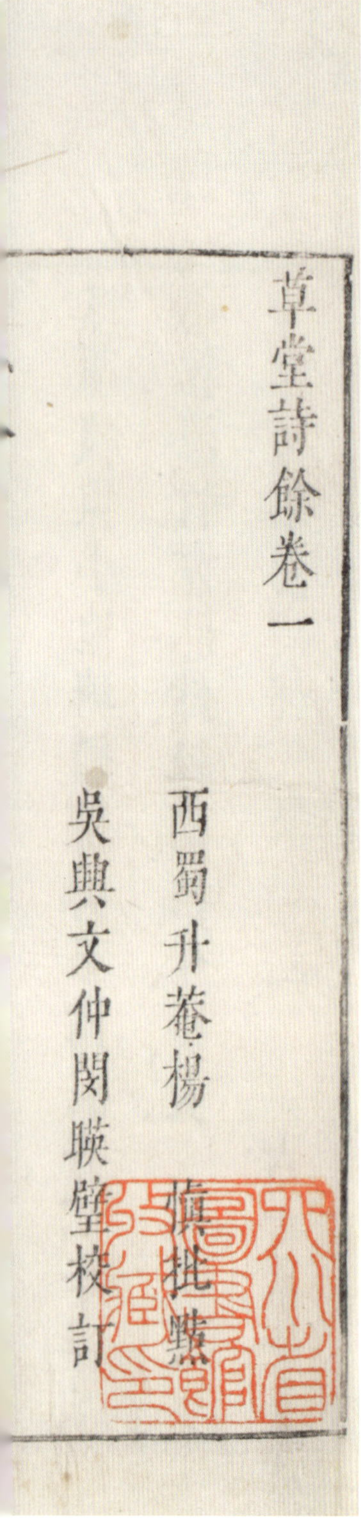

0366 草堂詩餘五卷 （明）楊慎評點

（明）閔暎璧刻朱墨套印本 五冊

匡高20釐米，廣14.6釐米。半葉八行，行十八字，白口，四週單邊。

《草堂詩餘》乃由宋人編輯，流傳至明的一個重要的宋人詞選集。其集宋時爲二卷，宋陳振孫謂出『書坊編輯』。元至正間有增注、添詞之舉。明洪武、嘉靖間重刻，題『建安古梅何士信君實編選』。嘉靖時顧從敬析爲四卷，改按詩編次爲依調排列，題『武林逸史編』，刊行於世。明何良俊謂，求宋人詩餘之精絕者，不出此編。集中多南宋佚作名篇，升菴《詞品》亦多資取，故爲之評。閔暎璧刊印是集，析其小令爲二卷，故又有五卷本之行世也。所題者『西蜀升菴楊慎批點，吳興文仲閔暎璧校訂』。何以『草堂』名詞？《全蜀藝文志》卷二十五詩餘類，慎有小序，釋義尤詳，其文云：『唐人長短句，宋人謂之填詞，實詩之餘也，今所行《草堂詩餘》是也。或問：詩餘何以繫於草堂也？曰：案梁簡文帝《草堂傳》云：「汝南周顒，昔經在蜀，以蜀草堂寺林壑可懷，乃於鍾山雷次宗學館立寺，因名草堂，亦號山茨。」謂草爲茨，亦述蜀語地名，別有蠶茨，是其旁證也。李太白客遊於外，有懷故鄉，故以「草堂」名其詩集。詩餘之繫於草堂，指太白也。太白作二詞，爲百代詞曲之祖，則今之填詞，非草堂之詩餘而何？』（《全蜀藝文志》劉琳、王曉波點校，綫裝書局2003年）楊慎之評，多論調名原起，論『唐詞本體』每緣題所賦，亦論詞之工拙情韻，拈出『景界』二字，其義以啓後來境界之說。乃至辯析詞調，謂詩詞共源，而分派於唐，又爲湯恩壽移用於散曲之興等等。於詞學史之了解和研究都是有重要價值的資料。楊慎乃明代文章大家，所著於明代文壇有極大的影響，是評亦不例外。因其版本亦爲明代著名的閔刊套印者，則更應珍視。

四川省圖書館藏。

擣練子

秋閨　　秦少游

心耿耿，淚雙雙，皓月清風冷透牕。人去秋來宮漏永，夜深無語對銀缸。

草堂詩餘卷一　　一

0367 草堂詩餘五卷 （明）楊慎評點

（明）閔暎璧刻朱墨套印本 四冊

匡高20釐米，廣14.6釐米。半葉八行，行十八字，白口，四週單邊。

四川大學圖書館藏。

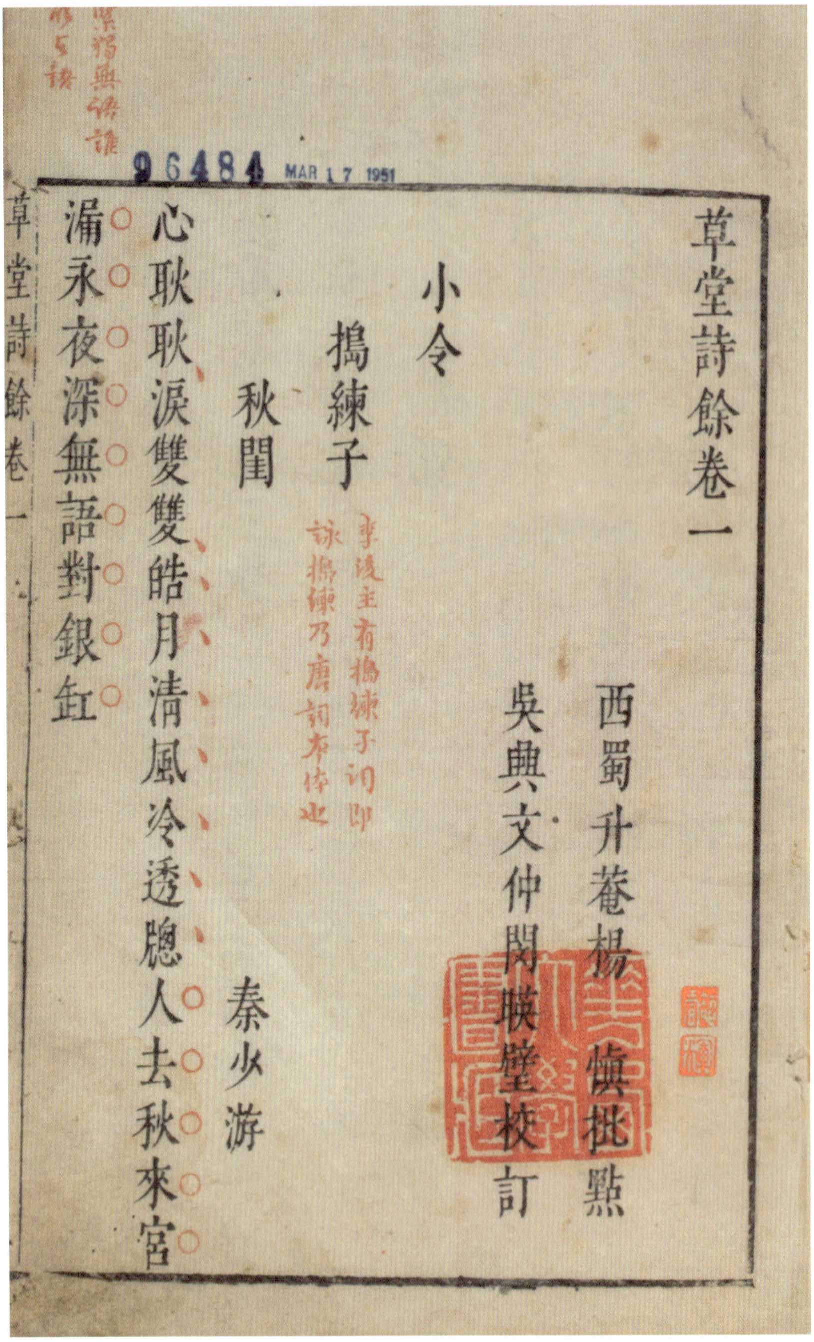

0368　新刊古今名賢草堂詩餘六卷

（明）李謹輯

明嘉靖十六年（1537）劉時濟刻本　四冊

匡高18.1釐米，廣13.8釐米。半葉十行，行二十字，白口，四週單邊。

李謹，號南津子，廣東四會縣（今廣東四會市）人。嘉靖十一年（1532）進士，曾官歙縣知縣。此書為李謹嘉靖間為歙縣令時所輯刊。他認為：『詩自三百篇而降，氣運相沿屢觀其變，已不純古。衰頹至於唐季而詩餘之變漸盛，至宋則又極焉。其體裁則繁，音節則輕，辭則近褻而妍，□混淪敦厚之意，存者寡矣。』所閱之集，『雖多名流，以詩道，咸未妙達，故不能高振而樂習之』（李謹《新刊草堂詩餘引》），故有是集之編。所輯為唐、五代、宋詞作；名賢者：歐陽永叔、溫飛卿、韋莊、李煜、蘇軾、黃庭堅、林和靖、秦觀、李清照、辛棄疾……等。其體例，不類《草堂詩餘》之小令、中調、長調之別，而以天時、地理、人物、人事、飲饌、器用、花鳥類分，所謂『按作者之遺，考時風之弊，其庶幾可以興也！故刻而傳之』。此《引》寫於嘉靖十六年（1537），本書亦刊印於是年。這個《新刊古今名賢草堂詩餘》詞作之選，算不上獨具新意，然其體例亦有可取之處，可謂詞集編纂的一家之言。是集流傳極罕。劉時濟，字白峰，餘干（今屬江西）人。曾為歙縣令。

四川省圖書館藏。

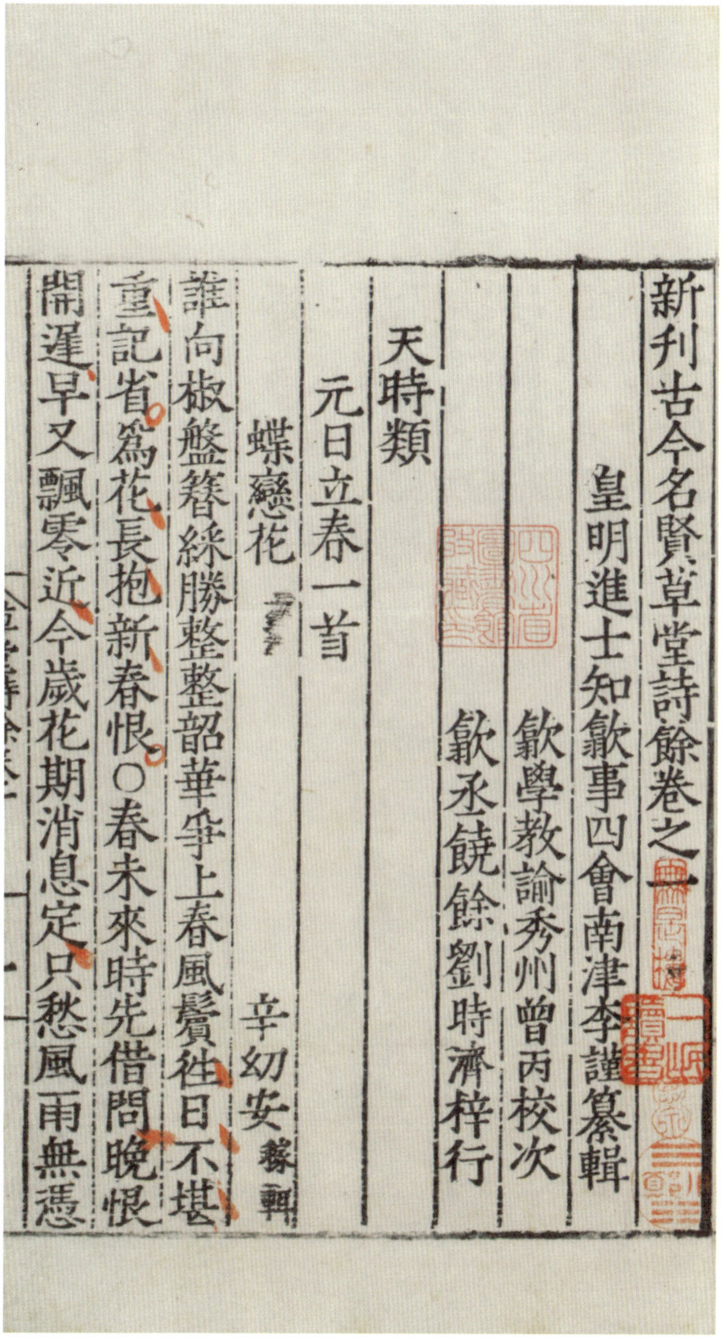

新刊古今名賢草堂詩餘卷之一
皇明進士知歙事四會南津李謹纂輯
歙學教諭秀州曾丙校次
歙丞饒餘劉時濟梓行
天時類
元日立春一首
蝶戀花　辛幼安
誰向椒盤簪綵勝整整韶華爭上春風鬢往日不堪
重記省爲花長抱新春恨○春未來時先借問晚恨
開遲早又飄零近今歲花期消息定只愁風雨無憑

0369 太和正音譜三卷

（明）朱權撰

明鈔本 一冊

匡高20.7釐米，廣14.1釐米。半葉九行，行十七字，小字雙行十三字，白口，四週單邊。存二卷（部分卷中及卷下）。

朱權（1378—1448），自稱大明奇士，別署臞仙、涵虛子、丹邱先生，明太祖第十七子。封寧王，國大寧（今屬遼寧），永樂元年（1403）改封南昌，死後封爲獻王。明代戲劇家。明初，在太祖朱元璋『立國之初，當先正綱紀』的主張下，強力推行嚴刑峻法，且經常『法外用刑』，造成人人自危的恐怖氣氛。但他也知道，此非長治久安之術，又『仿古為治，明禮以導民』。戲曲自元代以來，已是社會和皇家娛樂不可或缺的項目，如引導得法，自可成為『明禮』的重要工具。明朝統治者在戲曲方面也有所動作：李開先《張小山小令後序》說：『洪武初年，親王之國，必以詞曲一千七百本賜之。』可見詞曲是皇家的文化贈品。對於朱元璋來講，皇子們的文化素養自是重要；作為皇子們來講，得體會聖心，還得做些事情，為顯太平之盛，必有治世之音。作為皇子的朱權於『清讌之餘，采摭當代群英詞章及元之老儒所作，依聲定調，按名分譜，集為二卷，目之曰《太和正音譜》』，以顯禮樂之和。書成於明洪武三十一年（1398），分為：樂府體式、古今英賢樂府格式、雜劇十二科、群英所編雜劇、善歌之士、音律宮調、詞林須知、樂府等八個部分。內容可分為戲曲理論和史料、北雜劇的曲譜兩個部分，其主要成就是對音韻格律的論述。《樂府》三百三十五章為北曲雜劇曲譜，佔全書篇幅的五分之四，根據北曲黃鐘、正宮、大石調、小石調、仙呂、中呂、南呂、雙調、越調、商調、商角調、般涉調等十二宮調分類，逐一記述曲牌的句格譜式，詳注四聲平仄，標出正字、襯字，共收曲牌三百三十五支，每支曲牌還舉出元人或明初雜劇、散曲作品為例，是現存唯一最早的北雜劇曲譜。朱權編書之時，元代以來的北雜劇因南戲的發展，其局限性日漸明顯，作為一種藝術形式，在內容上已經不能滿足社會的需求，其衰落和在戲劇舞臺逐漸消失則是必然的。朱權此編，在客觀上起到了保存北雜劇資料的作用。《太和正音譜》一書因而成爲研究明北曲的重要典籍，甚為珍貴。《太和正音譜》，作爲一部戲曲理論和史料著作，廣泛地涉及戲曲的體制、流派、製曲方法、題材分類以及作家評價等內容，爲古典戲曲理論的研究提供了具有參考價值的史料，特別是曲譜部分，是現存最古的北雜劇曲譜，後來明清人的曲譜中北曲部分都是以《太和正音譜》為依據。此雖非完帙，然爲明代鈔本，其文獻和版本價值亦應珍視。

四川師範大學圖書館。

太和正音譜卷之下

南呂

一枝花 即占春魁 散套 李致遠

白雲留故山曉月流清澗西風吹渭水落日滿長安龍虎癡頑正要别真贗都來方寸間内册成未飲刀圭宦情遠不登仕版

梁州第七 前人

無中有嬰兒姹女有中無大棗金丹温温鉛鼎清光爛一泓水静一片雲閑一輪月滿一

0370 中原音韻二卷　（元）周德清撰

明錢穀抄本　一冊

匡高20.7釐米，廣14.1釐米。半葉九行，行十四字，小字雙行二十字，白口，四週單邊。

周德清（1277—1365），字日湛，號挺齋，江西高安（今屬江西）人。善音律，長北曲。散曲作家。周德清對北曲的創作和演唱都有深入的研究，深知戲曲創作必須講究音律，『先要明腔，後要識譜，審其音而作之』。而傳統韻書的分韻定音，與元代的實際語音已經不合，導致一部分作家和藝人在戲曲創作和演出上因不講究格律而『有傷於音律』的現象普遍存在，蓋因戲曲用韻的『無成格可守』，而用韻混亂；加之作者中的『世之泥古非今，不達時變者眾，呼吸之間，動引《廣韻》為證，寧受鴂舌之誚而不悔』之現狀，極大地影響了戲曲的創作。爲使北曲的體制、音韻和語言具有明確的規範，因而曲韻韻書的出現已成為社會的亟待需求。周德清《中原音韻》的創作便在這樣的社會背景下應運而生了。本書創作的直接動因，如他自己說：『泰定甲子（1324），存存托友張漢英以其說問作詞之法於予……因重張之請，遂分平聲陰陽，及撮其三聲同音兼以入聲派入三聲，如「鞞」字，次本聲後，葺成一帙，分十九，名之曰《中原音韻》。』（《中原音韻·自序》）就是說，這部《中原音韻》他是應蕭存存的問難而寫的。全書分《韻譜》、《正語作詞起例》兩部分：他以『中原之音』為標準，歸納元曲大家『關（漢卿）、鄭（光祖）、白（樸）、馬（致遠）』等人戲曲作品中的韻字彙編成《韻譜》，收集了曲子裏常用作韻腳的五千八百七十六字，分爲東鍾、江陽、支思、齊微至廉纖等十九個韻部，以韻統字；每一韻部中又以平聲陰、平聲陽、上聲、去聲等四聲分類。《中原音韻》未設入聲韻，入聲字分別附在平聲陰、平聲陽、去聲之後。本書的編撰目的是為樂府創作正言語，而『欲正言語，必宗中原之音』。因而《中原音韻》的基礎是北方話，反映的是實際語音的變化。漢語北方話發展到元代，其語音系統較之隋唐時代簡單多了，所以較之《廣韻》，它的語音系統要簡單得多。《正語作詞起例》，則是關於韻譜的編制體例。這部分共有二十五條：包括審音原則和宮調的創作方法。就其內容而言，《起例》是對《韻譜》從理論上和實踐上的說明。從其內容有重複，相關條目往往不相連，二十五條也非同時寫成，很像是其陸續積累的寫作劄記。但不論怎樣，《正語作詞起例》是周德清據自身的體驗總結出的一套創作方法應是無疑的。成書於元泰定元年（1324）的《中原音韻》，其中的有關理論創作方法都是植根於當時北曲的實際歸納出來的，並直接服務於詞曲創作，對北曲的創作和演唱發揮了很強的規範作用，尤其在審音定韻方面，成為北音學的基礎，後人甚至『兢兢無敢出入』。（明王驥德《曲律·論韻》）後世的此類著作，無不承襲它的體例，可見《中原音韻》不僅是歷史上最早的一部曲韻韻書，其在戲曲史上的權威性也是顯而易見的。又因《中原音韻》反映的是當時實際語音，而這個語音系統與現代北方話又比較接近，因而本書在漢語語音史研究中佔有重要的地位。《中原音韻》最初是以寫本傳世的，『蕭存存欲鋟梓以啟後學，直其蚤逝。泰定甲子（1324）以後，嘗寫數十本，散之江湖。』後經友人羅宗信等的奔走，於至正元年（1341）始刊於吉安。這個至正本今已不見傳世，今存世較早者為明代弘治以後的諸版本了。錢穀（1508—1584），字叔寶，號磬室，吳縣（今屬江蘇）人。遊文徵明之門，好讀書，聞有異書，雖病必強起請觀，手自鈔寫，窮日夜校勘，至老不衰。所錄古文金石書近萬卷，皆為當時之佳本秘籍。有懸磬室的室名。

四川師範大學圖書館。

中原音韻正語作詞起例

一音韻不能盡收廣韻如崆峒之崆要駕之要倥傯之倥鵓鴿之鵓字之類皆不可施於詞之韻脚毋譏其不備

一罷消呼為罷堅泉堅、而始流可乎陶淵明呼為陶烟明魚躍于烟可乎

一堆兒為一醉平声兒捲起千醉平声雪可乎羊尾子為羊椅子吴頭楚椅可乎来也未為来也異辰巳午異可乎

0371 古今說海一百三十五種一百四十二卷

（明）陸楫等編

明嘉靖二十三年（1544）刻本　四十冊

匡高17釐米，廣11.5釐米。半葉八行，行十六字，白口，左右雙邊，版心有字數。

陸楫（1515—1552），字思豫，上海人。《古今說海》所輯錄者爲漢至明代小說，尤以唐宋小說爲多。分四部七家。一曰說選，載小錄、偏記二家；二曰說淵，載別傳家；三曰說略，載雜記家；四曰說纂，載逸事、散錄、雜纂三家。所輯凡一百三十五種，每種各自為帙，而略有刪節，但故事情節完整，爲我國早期的小說叢書。是書編成於嘉靖二十三年（1544），所載諸書，雖不及曾慥《類說》之多，亦不及陶宗儀《說郛》之捃拾繁富、鉅細兼包，然其中歷史資料最多，不少是作者記錄其親身經歷及見聞，有較高的史料價值。如記載南唐原始材料的《江南別錄》，記述我國少數民族風土物產極為詳備的《溪蠻叢笑》及《桂海虞衡志》等書。且每書皆削其浮文，尚存始末，則視曾、陶二書為詳贍。參互比較，各有所長，其蒐羅之力，三家均不可沒焉。《古今說海》爲古代筆記小說彙纂之重要文獻之一，於文學研究和考史均有資料價值。是書明代版本僅此一帙。

四川師範大學圖書館藏。

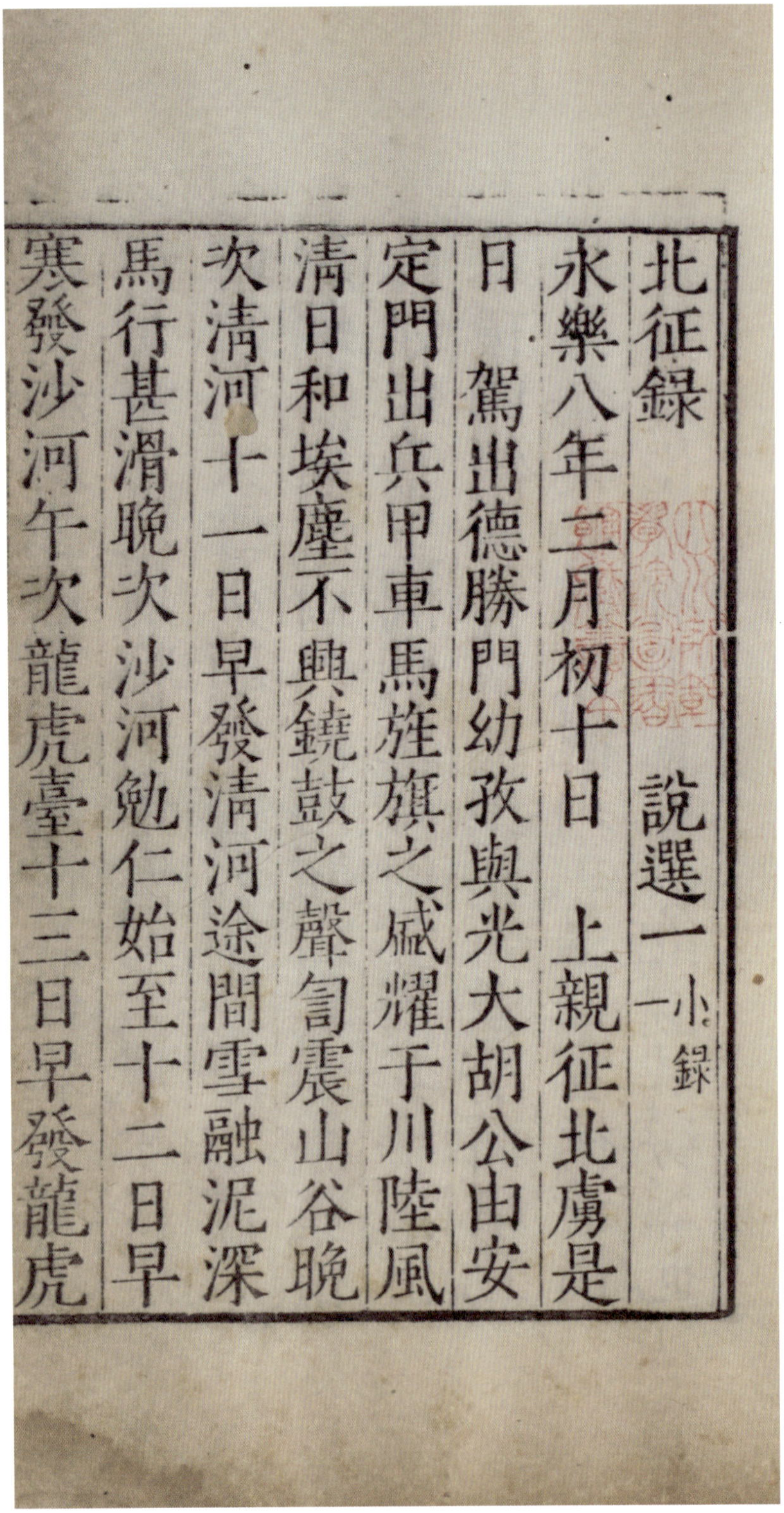

北征錄　說選一　小錄一

永樂八年二月初十日　上親征北虜是

日　駕出德勝門幼孜與光大胡公由安

定門出兵甲車馬旌旗之威耀于川陸風

清日和埃塵不興鐃鼓之聲訇震山谷晚

次清河十一日早發清河途間雪融泥深

馬行甚滑晚次沙河勉仁始至十二日早

寒發沙河午次龍虎臺十三日早發龍虎

0372 古今說海一百三十五種一百四十二卷 （明）陸楫等編

明嘉靖二十三年（1544）刻本 二十六冊

匡高17釐米，廣11.5釐米。半葉八行，行十六字，白口，左右雙邊，版心有字數。

四川省圖書館藏。

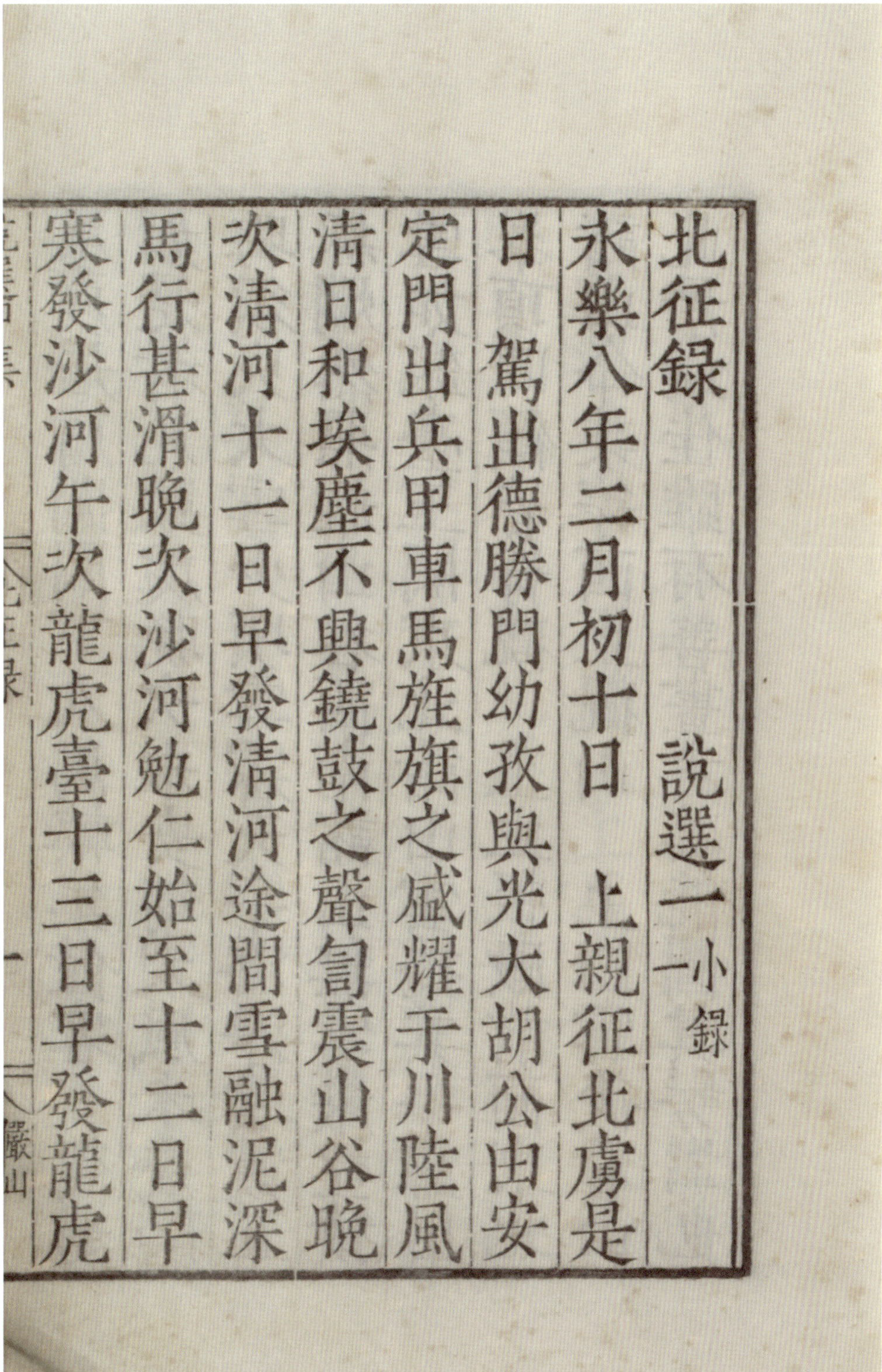

北征録　說選一　小録一

永樂八年二月初十日　上親征北虜是

日　駕出德勝門幼孜與光大胡公由安

定門出兵甲車馬旌旗之盛耀于川陸風

清日和埃塵不興鐃鼓之聲震山谷晚

次清河十二日早發清河途間雪融泥深

馬行甚滑晚次沙河勉仁始至十二日早

寒發沙河午次龍虎臺十三日早發龍虎

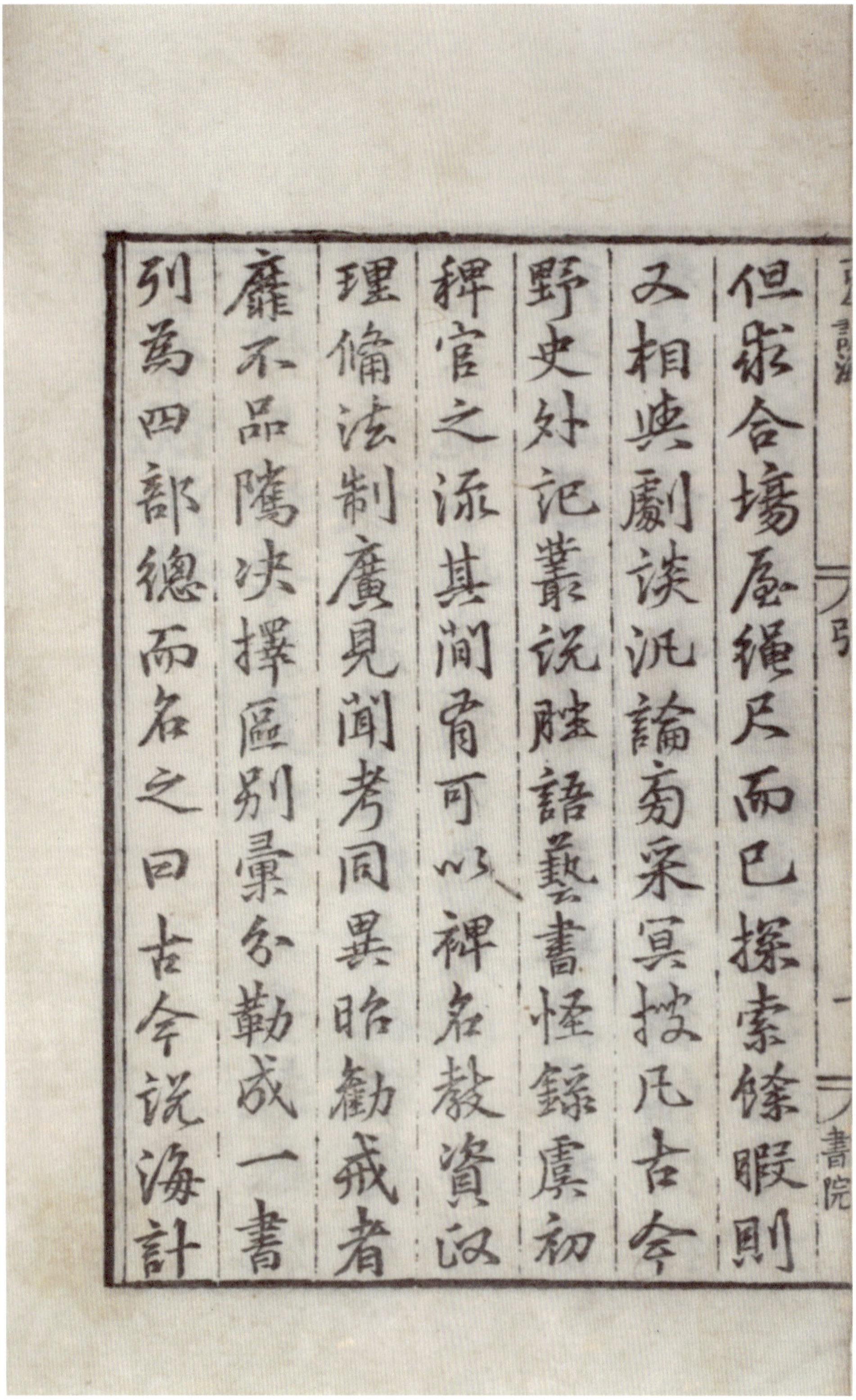
但取合塲屋繩尺而已探索餘暇則
又相與劇談汎論蒐采冥搜凡古今
野史外記叢說脞語藝書怪錄虞初
稗官之流其間有可以裨名教資政
理備法制廣見聞考同異昭勸戒者
靡不品隲決擇區別彙分勒成一書
列爲四部總而名之曰古今說海計

0372 古今說海一百三十五種一百四十二卷

（明）陸楫等編

校書名氏

蓉塘姜南 明叔浙江仁和人己卯舉人出藏書五卷校勘十卷

東川顧定芳 世安太學生授太醫院御醫出藏書二十卷

寅江談萬言 子約上海縣學生録副稾二十卷

雲谷黃標 良玉太學生出藏書三十卷總校勘編次

晉明姚昭 如晦上海縣學生校勘一十五卷

養愚瞿學召 南仲太學生出藏書十卷

雲山唐賛 世具太學生出藏書十卷校勘十四卷

永為士林之公器云

嘉靖甲辰歲夏四月朔龍江唐錦題

龍泉顧名世 應夫上海縣學生出藏書十四卷校勘二十卷

瞻岳沈希皐 叔明癸卯舉人

秀洲余采 元亮上海縣學生出藏書十二卷

西霞董宜陽 子元太學生出藏書五卷

王屋張之象 月鹿太學生出藏書一卷

月濵瞿成文 道夫録副稾二十卷

嘉靖甲辰四月己巳雲間陸楫思豫識

0373 抱蘭軒叢書

（清）陳太初撰

清嘉慶八年（1803）抱蘭軒活字印本　十六冊

匡高14.9釐米，廣10釐米。半葉九行，行二十一字，白口，四週雙邊。存十六卷：琅嬛天文集四卷、琅嬛地理書四卷、琅嬛詩集四卷、琅嬛秘書（又作琅嬛集）四卷。

陳太初，字遂軒，會稽（今屬浙江）人。生卒年及事蹟不詳。是乃陳太初著述彙編者也。書名亦系本館自擬。所據者本書所題藏版處也。至於這個「抱蘭軒」，或是書坊名，或是陳太初的書齋名，或自家書坊，均無考。陳太初著作的合輯本，其內容涉及《四庫分類法》的史、子、集三個大類，應屬叢書。然《中國叢書綜錄》、《中國叢書綜錄補證》均未見陳著的著錄。陳氏著述傳世者，見之於各家書目著錄者多爲其單行者，如《琅嬛青囊要》、《琅嬛天文集》等，大概是隨著隨刊。如此彙集者，未見著錄。此彙集者爲作者自編，或有好事者，書名爲何，不得而知。從這些著作的內容看，涉及天文、地理、醫學、文學諸方面，可見陳太初於學涉獵廣泛，算是一個學識廣博的人。其著作，我館所藏者為四種，曰《琅嬛天文集》、曰《琅嬛地理書》、曰《琅嬛詩集》、曰《琅嬛秘書》。每種四卷，共計十六卷。然據國家圖書館鮑國強《新入藏古籍劄記（二）》於陳太初著作有所記述，謂該館藏本《琅嬛覺世經序》《後序》云：『書六函，函四卷，共計二十有四本。首成者曰琅嬛小集、曰詩集。其大者曰天文集、曰地理書、曰青囊要、曰覺世經。』計六種。從其序中『首成者』的說法，是六種的一次成刊者，還是陸續刊成後的彙編者，不能確定；但可以確定的是，陳太初的著作應在六種以上，至於是否都得以刊行，無從考之。此為清嘉慶八年（1803）抱蘭軒活字印本，其木活字製作精緻，頗似近代鉛活字，存世稀少。

四川大學圖書館藏。

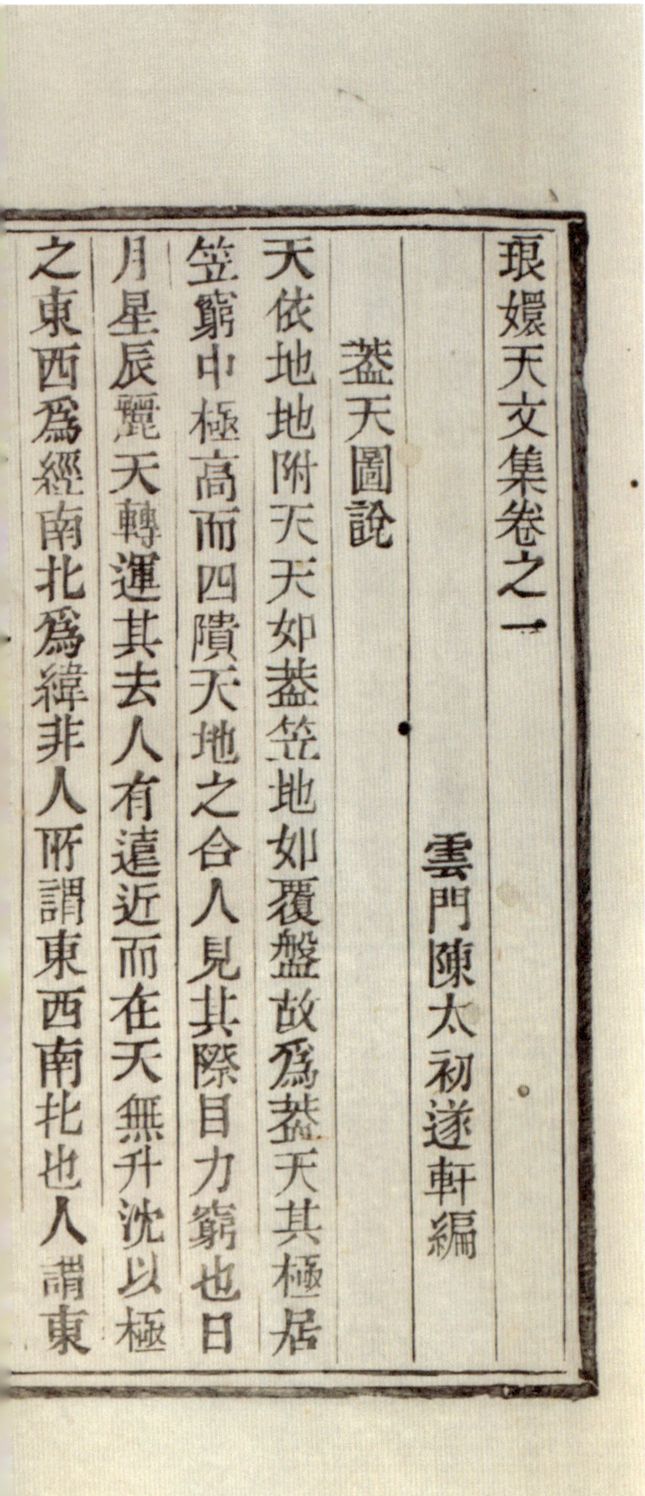
琅嬛天文集卷之一
雲門陳太初遂軒編
蓋天圖說
天依地地附天天如蓋笠地如覆盤故爲蓋天其極居笠窮中極高而四隤天地之合人見其際目力窮也日月星辰麗天轉運其去人有遠近而在天無升沈以極之東西爲經南北爲緯非人所謂東西南北也人謂東

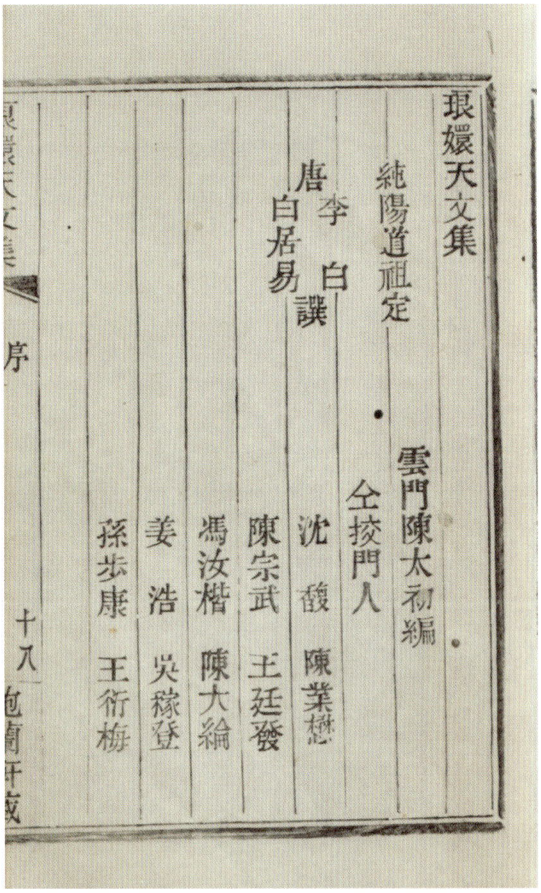
瑯嬛天文集

純陽道祖定　　雲門陳太初編

唐　李　白
　　白居易　譔　　仝挍門人

沈　馥　　陳業懋

陳宗武　　王廷發

馮汝楷　　陳大綸

姜　浩　　吳祿登

孫步康　　王衍梅

瑯嬛天文集　序　十八　抱蘭軒藏

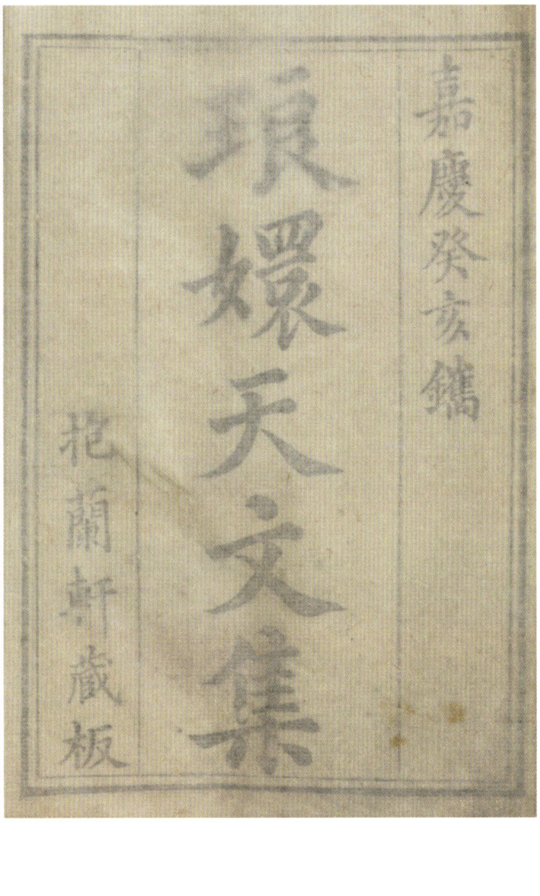
嘉慶癸亥鐫

瑯嬛天文集

抱蘭軒藏板

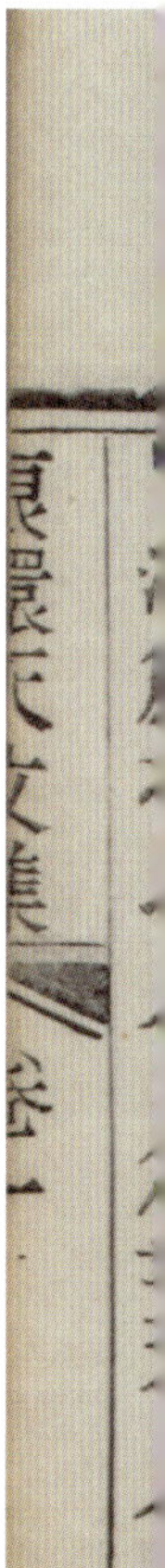
瑯嬛天文集　卷一　一　抱蘭軒藏

索引（按漢語拼音序列）

A

B

C

D

E

而庵（見徐增條） 贰佰捌拾肆
耳伯（見孫承澤條） 叁佰玖拾贰
二張詩集四卷 陸佰肆拾

F

范惟一 伍佰捌拾贰
方廣 叁佰柒拾
方山（見薛應旂條） 壹佰捌拾陸
陸佰壹拾肆
方山薛先生全集六十八卷 陸佰壹拾肆
方石（見謝鐸條） 贰佰叁拾肆
方孝孺 伍佰捌拾贰
非聞（見董邦達條） 贰佰陸拾肆
費經虞 柒佰壹拾
費密 柒佰壹拾
分類補注李太白詩二十五卷 陸拾
分類補注李太白詩二十五卷分類編次李太白文五卷 伍佰零肆
伍佰零陸
伍佰零捌
楓山章先生文集九卷 伍佰捌拾捌
馮繼先 零零陸
馮舒 壹拾玖
馮惟訥 陸佰陸拾陸
鳳洲（見王世貞條） 陸佰捌拾肆
佛助（見魏收條） 贰拾陸
弗遲（見陳洪綬條） 叁佰玖拾肆
芙蓉泉書屋 壹佰零玖
孚存（見董邦達條） 贰佰陸拾肆
輔機（見長孫無忌條） 贰拾玖
輔嗣（見王弼條） 捌拾陸
輔宜（見錢吉泰條） 壹佰叁拾陸
富春堂 叁佰伍拾贰
複堂（見廖寅條） 贰佰陸拾捌

G

贛叟（見韓琦條） 伍佰叁拾
剛甫（見陸心源條） 伍佰柒拾
剛主（見李塨條） 叁佰叁拾伍
皋父（見謝翱條） 伍佰柒拾叁
皋羽（見謝翱條） 伍佰柒拾叁
高賁亨 贰佰叁拾肆
贰佰叁拾伍
高棅 陸佰玖拾
陸佰玖拾贰
高啟 伍佰伍拾陸
高叔嗣 陸佰肆拾
高吾子（見陳洪謨條） 伍佰玖拾贰
高誘 肆拾陸
肆佰
肆佰零肆

高忠　零零壹
零零捌
壹拾
壹拾貳
戈直　貳佰壹拾
貳佰壹拾貳
貳佰壹拾肆
葛洪　肆佰捌拾貳
庚子銷夏記八卷附閑者軒帖考一卷　叁佰玖拾貳
公操（見石介條）　伍佰叁拾貳
恭介（見陳有年條）　陸佰貳拾
龔雷　壹佰玖拾捌
孤樹裒談十卷　肆佰叁拾
古庵（見方廣條）　叁佰柒拾
古今合璧事類備要前集六十九卷　後集八十一卷　續集五十六卷
古今合璧事類備要別集九十四卷　外集六十六卷　肆佰伍拾
古今列女傳三卷　貳佰叁拾叁
古今說海一百三十五種一百四十二卷　柒佰叁拾陸
柒佰叁拾柒
古今醫統大全一百卷　叁佰捌拾
古今原始十四卷　肆佰貳拾肆
古詩歸十五卷　陸佰陸拾捌

古文淵鑒六十四卷　陸佰捌拾貳
古言二卷　肆佰壹拾陸
古樂府三卷　陸佰陸拾伍
穀濱遺老（見章懋條）　伍佰捌拾捌
顧春　叁佰貳拾叁
叁佰貳拾伍
顧從德　叁佰壹拾陸
叁佰伍拾
顧從敬　柒佰貳拾陸
顧存仁　陸佰肆拾陸
顧鐸　肆佰零玖
顧廣圻　貳佰零捌
顧絳（見顧炎武條）　貳佰伍拾捌
顧炎武　貳佰伍拾捌
管涔山人（見孔天胤條）　壹佰捌拾貳
管仲　叁佰肆拾肆
管子二十四卷　叁佰肆拾肆
灌甫（見朱睦㮮條）　玖拾肆
灌園居士（見計有功條）　柒佰貳拾貳
光大（見胡廣條）　玖拾陸
叁佰叁拾肆
[光緒]溫江縣鄉土志十二卷　貳佰陸拾陸
廣勤堂　柒拾陸
廣廷（見阿桂條）　壹佰玖拾壹
廣韻五卷　壹拾肆
壹佰肆拾伍

圭峰禪師（見釋宗密條）　伍拾柒
圭齋（見邵廉條）　陸佰零捌
龜齡（見王十朋條）　捌拾
伍佰伍拾叁
龜山先生（見楊時條）　伍佰陸拾捌
龜山先生集三十五卷龜山先生文靖楊公年譜一卷附錄一卷　伍佰陸拾捌
癸巳老人（見馮舒條）　壹拾玖
貴與（見馬端臨條）　叁佰零貳
桂坡（見安國條）　肆佰叁拾捌
桂坡館　肆佰叁拾捌
肆佰肆拾
郭諶　叁佰玖拾叁
郭茂倩　陸佰陸拾貳
郭鳴琳　伍佰柒拾叁
郭元釪　柒佰零肆
郭雲鵬　伍佰零肆
郭允蹈　壹佰玖拾貳
郭正域　壹佰壹拾肆
壹佰壹拾陸
陸佰伍拾
陸佰伍拾貳
郭忠恕　壹佰叁拾陸
國寶（見郭忠恕條）　壹佰叁拾陸
國語九卷　壹佰玖拾陸

H

J

夾漈先生（見鄭樵條） 壹拾陸
嘉賓（見戴進賢條） 叁佰捌拾貳
嘉會（見畢亨條） 伍佰叁拾捌
嘉趣堂 壹佰貳拾貳
嘉魚（見丁丙條） 貳佰肆拾
賈誼 肆佰捌拾陸
監本附音春秋公羊注疏二十八卷 零零肆
見岡堂 叁佰貳拾玖
見可（見徐時進條） 陸佰叁拾貳
建安書院 捌拾肆
健庵（見徐乾學條） 陸佰捌拾貳
劍臣（見蒲松齡條） 肆佰叁拾伍
劍閣芳華集二十卷附原目一卷 柒佰壹拾
澗蘋（見顧廣圻條） 貳佰零捌
江淹 肆佰玖拾捌
江贇 壹佰捌拾肆
將明（見王黼條） 肆拾肆
蔣夢蘭 貳佰陸拾捌
焦竑 伍佰肆拾肆
蛣蜣集八卷 陸佰貳拾貳
蛣蜣生（見鄭若庸條） 陸佰貳拾貳
節齋（見趙與𥲅條） 肆拾
介甫（見王安石條） 伍佰肆拾陸
介侯（見張澍條） 貳佰柒拾肆
戒顯 貳佰捌拾肆
金川紀畧四卷 壹佰玖拾肆
金石韻府五卷學古編二卷正韻篆五卷
吟齋錄古四卷 壹佰肆拾
金史一百三十五卷 壹佰捌拾
堇之（見程項條） 陸佰貳拾捌
錦繡萬花谷前集四十卷後集四十卷續
集四十卷別集三十卷 肆佰肆拾玖
錦繡萬花谷四十卷後集四十卷
續集四十卷 肆佰肆拾陸
肆佰肆拾捌
近亭（見程穆衡條） 壹佰玖拾肆
晉藩 陸佰柒拾陸
覲臣（見張允隨條） 貳佰貳拾柒
荆川 貳佰貳拾貳
荆川先生右編四十卷 貳佰貳拾貳
荊國公（見王安石條） 伍佰肆拾陸
景濂（見宋濂條） 伍佰柒拾陸
景盧（見洪邁條） 陸佰捌拾捌
景鳴（見羅玘條） 伍佰玖拾貳
景參（見胡三省條） 叁拾貳
景叔（見喬世寧條） 陸佰壹拾伍
景宣（見盧辯條） 壹佰貳拾貳
景陽（見蕭子顯條） 貳拾貳
景姚堂 伍佰壹拾捌
景元（見真德秀條） 叁佰叁拾貳
陸佰柒拾叁
警石（見錢吉泰條） 壹佰叁拾陸
敬和堂 壹佰
靜夫（見徐志定條） 玖拾捌
靜齋（見陳鳳梧條） 叁佰伍拾肆
靜齋（見葉子奇條） 肆佰壹拾肆
靖節先生（見陶潛條） 肆佰玖拾陸
涇野（見呂柟條） 伍佰叁拾肆
鳩摩羅什 肆佰陸拾貳
鳩茲集十二卷 陸佰叁拾貳
九柏山房 伍佰貳拾貳
九品蓮台主者（見陳洪綬條） 叁佰玖拾肆
九一（見張時徹條） 陸佰零肆
九嶽（見張萱條） 陸佰叁拾貳
居仁（見郭允蹈條） 壹佰玖拾貳
居庸山人（見顧存仁條） 陸佰肆拾陸
崌崍山人（見張佳胤條） 貳佰零肆
菊莊（見魏慶之條） 柒佰貳拾肆
句曲山人（見朱載堉條） 壹佰貳拾肆
聚樂堂 玖拾肆
君實（見司馬光條） 叁拾貳
君複（見陳友仁條） 壹佰壹拾貳
君舉（見陳傅良條） 零零壹
君倩（見黃君倩條） 叁佰玖拾肆
君卿（見杜佑條） 貳佰玖拾捌
君禹（見蘇濬條） 壹佰捌拾貳
君直（見謝枋得條） 壹佰壹拾捌

K

L

李隆基 貳佰玖拾肆
貳佰玖拾陸
李默 肆佰叁拾
李攀龍 陸佰壹拾柒
陸佰壹拾捌
陸佰玖拾肆
李盤 陸佰叁拾肆
李磐 陸佰柒拾貳
李遷 叁佰陸拾
李若琳 貳佰肆拾貳
李時珍 叁佰陸拾貳
李湯卿 叁佰柒拾肆
李衛公（見李靖條） 叁佰肆拾貳
李衛公望江南集一卷 叁佰肆拾貳
李賢 貳佰伍拾叁
貳佰伍拾陸
李小有詩紀二十五卷 陸佰叁拾肆
李延壽 壹拾玖
壹佰陸拾捌
壹佰柒拾
李一公 伍佰陸拾壹
李一氓 陸拾貳
柒拾
貳佰叁拾陸
肆佰玖拾貳
伍佰
伍佰貳拾
李贊 伍佰伍拾伍
李豸 陸佰柒拾貳
禮記集說十六卷 壹佰壹拾柒
歷代史纂左編一百四十二卷 貳佰肆拾陸
歷代通鑑纂要九十二卷 壹佰捌拾捌
酈道元 貳佰柒拾捌
聯新事備詩學大成三十卷 肆佰伍拾肆
梁江文通文集十卷 肆佰玖拾捌
梁佐 肆佰貳拾
肆佰貳拾貳
亮工（見廖寅條） 貳佰陸拾捌
聊齋志異十二卷 肆佰叁拾伍
遼史一百十六卷 壹佰柒拾捌
廖寅 貳佰陸拾捌
林思進 貳佰零捌
林尧叟 零零陸
林億 叁佰伍拾
林鉞 叁拾肆
林楨 肆佰伍拾肆
鄰蘇（見楊守敬條） 叁佰陸拾陸
臨川先生文集一百卷目錄二卷 伍佰肆拾陸
淩濛初 伍佰肆拾肆
陸佰伍拾
淩啟康 伍佰伍拾陸
伍佰伍拾玖
淩汝亨 叁佰肆拾肆
淩毓枬 肆佰捌拾玖
肆佰玖拾
淩稚隆 貳佰肆拾捌
靈均（見屈原條） 肆佰捌拾陸
靈均（見趙均條） 陸佰陸拾
令威（見姚寬條） 肆佰壹拾
留耕（見王伯大條） 伍佰貳拾肆
留耕（見楊春條） 伍佰
留仙（見蒲松齡條） 肆佰叁拾伍
劉安 肆佰零貳
肆佰零肆
劉安世 肆佰零玖
劉長卿 伍佰零貳
劉辰翁 捌拾
劉法武（見劉孝標條） 肆佰貳拾陸
劉更生（見劉向條） 貳佰叁拾
叁佰貳拾陸
劉弘毅 柒佰壹拾肆
劉洪（見劉弘毅條） 壹佰捌拾捌
柒佰壹拾肆
劉懷恕 貳佰零貳
劉機 壹佰捌拾捌
劉錦文 伍拾
劉縉 伍佰玖拾
劉峻（見劉孝標條） 肆佰貳拾陸

M

N

R

S

T

X

Y

Z